DICIONÁRIO
de termos
GASTRONÔMICOS
em 6 idiomas

DICIONÁRIO
de termos
GASTRONÔMICOS
em 6 idiomas

ROBERTA MALTA SALDANHA

Editora Senac Rio de Janeiro – Rio de Janeiro – 2015

Dicionário de termos gastronômicos em seis idiomas © Roberta Malta Saldanha, 2015.

Direitos desta edição reservados ao Serviço Nacional de Aprendizagem Comercial – Administração Regional do Rio de Janeiro.

Vedada, nos termos da lei, a reprodução total ou parcial deste livro.

SISTEMA COMÉRCIO-RJ
SENAC RJ

Presidente do Conselho Regional do Senac RJ
Orlando Diniz

Diretor do Sistema Comércio
Orlando Diniz

Diretor Geral do Senac RJ (em exercício)
Marcelo Jose Salles de Almeida

Conselho Editorial
Ana Paula Alfredo, Wilma Freitas, Daniele Paraiso, Manuel Vieira, Nilson Brandão e Karine Fajardo

Editora Senac Rio de Janeiro
Rua Pompeu Loureiro, 45/11º andar
Copacabana – Rio de Janeiro
CEP: 22061-000– RJ
comercial.editora@rj.senac.br
editora@rj.senac.br
www.rj.senac.br/editora

Publisher
Wilma Freitas

Editora
Karine Fajardo

Prospecção
Emanuella Santos, Manuela Soares e Viviane Iria

Produção editorial
Ana Carolina Lins, Camila Simas, Cláudia Amorim e Jacqueline Gutierrez

Concepção de projeto editorial
Roberta Malta Saldanha

Colaboração
Eugenio Mariotto

Tradução, versão e revisão
Flash Idiomas, Roberta Malta Saldanha e Eugenio Mariotto

Copidesque
Cláudia Maria de Souza Amorim

Projeto gráfico
Cria Caso Publicações Customizadas | Mariana Nahoum

Ilustrações
Camila Simas

Foto da autora
Vivian Fernandez

Impressão
Imos Gráfica e Editora Ltda.

1ª edição: agosto de 2015

CIP-BRASIL. CATALOGAÇÃO-NA-FONTE
SINDICATO NACIONAL DOS EDITORES DE LIVROS, RJ

S154d

Saldanha, Roberta Malta
   Dicionário de termos gastronômicos em seis idiomas / Roberta Malta Saldanha ; [tradução: Flash Idiomas]. – Rio de Janeiro : Ed. Senac Rio de Janeiro, 2015.
   648 p. : il. ; 23 cm

   Inclui bibliografia e índice

   ISBN 978-85-7756-171-1

   1. Gastronomia – Dicionários. 2. Culinária – Dicionários. I. Título.

11-7091.
                                                                                             CDD: 641.503
                                                                           CDU: 641.5 (038)

*A Eugenio Mariotto e a você,
que aprecia a arte de
comer e beber bem.*

sumário

Prefácio	11
J. A. Dias Lopes	
Agradecimentos	15
Apresentação	17
Emmanuel Bassoleil	
Orientação ao leitor	21
Instructions to the reader	23
Orientación al lector	25
Orientation aux lecteurs	27
Orientamento al lettore	29
Anleitung für den Leser	31
Verbetes de A a Z	35
Entries from A to Z	35
Términos desde A hasta Z	35
Articles de A à Z	35
Voci da A a Z	35
A bis Z Stichwortverzeichnis	35
Tabelas de conversão de medidas	399
Conversion tables	403
Tablas de conversión	407

Tableaux de conversion	411
Tabelle di conversione	415
Umrechnungstabellen	419
Temperaturas do forno	423
Oven temperatures	424
Temperaturas de horno	425
Températures du four	426
Temperature del forno	427
Ofentemperaturen	428
Referências bibliográficas	431
Índice remissivo	443
Table of contents	484
Índice	517
Sommaire	550
Indice	583
Stichwortverzeichnis	616

prefácio

Ao bom comilão convém dominar os jargões internacionais da cozinha. O mesmo deve fazer o cozinheiro ambicioso. Isso vale para os brasileiros que, cada vez mais, viajam ao exterior ou que precisam entender os ingredientes das culinárias estrangeiras aportadas no país. Antigamente, a principal língua gastronômica era o francês. Nesse idioma vinham escritos os cardápios dos grandes restaurantes e os melhores livros de gastronomia. Saía-se bem quem sabia o significado de *confit de canard*, *émincer* e *navarin*. Menu se pronunciava obrigatoriamente "meni", e café da manhã muitas vezes se convertia em *petit déjeuner*.

No final do século XX, fez-se necessário conhecer a língua da Itália, cuja cozinha se espalhou pela América, promovida, sobretudo, pelos imigrantes napolitanos, sicilianos e calabreses. No início da década de 1990, uma importante revista gastronômica em São Paulo recebia mensagens de leitores que indagavam sobre as traduções para *penne* e *funghi*. Depois ascendeu ao pódio a moderna cozinha espanhola. Comilões e cozinheiros defrontaram-se com as expressões inovadoras que ela introduzia. Isso sem falar na necessidade da língua inglesa e – por que não? – da alemã também.

Apesar de não ser aprendiz de forno e fogão, a autora do *Dicionário de termos gastronômicos em seis idiomas*, Roberta Malta Saldanha, enfrentou esses problemas em 2003 ao se mudar de São Paulo para Washington (Estados Unidos). Por cerca de uma década, ela ajudou a organizar o Boa Mesa, principal evento gastronômico do Brasil na época. Teve contato profissional com inúmeros chefs nacionais e estrangeiros. Por suas mãos, passaram cardápios de centenas de aulas e *workshops*. Além disso, Roberta gostava de comer bem, e o marido, Eugenio Mariotto, que se revelava gastrônomo e ótimo cozinheiro, tornou-se chef profissional tempos depois.

Numa tarde de sábado, após saborear uma suculenta carne de cordeiro, os dois conversaram sobre os nomes que os cortes ovinos recebem em inglês. Em seguida, trataram dos bovinos. "Como é alcatra, em inglês?" "Nos Estados Unidos é *sirloin*; na Inglaterra, *rump*." "E picanha?" Descobriram que os americanos praticamente a ignoram. Além disso, chamam-na de *top sirloin cap*, enquanto os britânicos dizem *rump cap*. Em âmbito doméstico, o problema foi resolvido. O casal aproximou-se de Mr. Rub, gerente de uma cadeia de supermercados, e passou a comprá-la ali. Hoje, quando voa do Brasil para os Estados Unidos, Roberta leva na mala um pacote de sal grosso. Não é por superstição. Destina-se ao novo amigo, Mr. Rub, que aprendeu com o casal brasileiro a gostar de picanha e de churrasco.

Foi naquela tarde de sábado que este livro substancioso e útil começou a ser preparado. De indagação em indagação, nasceu a ideia de escrever o *Dicionário de termos gastronômicos em seis idiomas*: português, inglês, espanhol, francês, italiano e alemão. Há poucas obras semelhantes no mundo. Roberta trabalhou quase três anos em sua elaboração. Revisto e atualizado, contém mais de 4.500 termos de extrema utilidade para profissionais, estudantes e amantes da gastronomia em geral. Ensina, por exemplo, que cardápio do dia se chama *today's menu*, em inglês; *menú del día*, em espanhol; *carte du jour*, em francês; *carta del giorno*, em italiano; e *Tageskarte*, em alemão. Qualquer brasileiro pode viajar ao exterior ou cozinhar aqui ou em qualquer lugar do mundo sem este livro; mas, se o tiver nas mãos, seguramente sua vida ficará bem mais fácil. Ah, e sem precisar virar poliglota!

J. A. Dias Lopes
Diretor de redação da revista Gosto *e colunista gastronômico do caderno*
"Paladar", do jornal O Estado de S. Paulo

agradecimentos

Muito obrigada,

Breno Lerner, Caloca Fernandes, Elvira Cardoso, Emmanuel Bassoleil, Ennio Federico, Karine Fajardo e Marília Balbi, generosos e competentes profissionais.

Mario Galvão, Juliana Aoki, Oscar de Oliveira Júnior, Pyr Marcondes e Vera Julião, grandes incentivadores.

Monica Prota, Monica Stocco e Maria Beatriz Dal Pont, amigas muito queridas.

Marilena Mariotto, companheira frequente nos prazeres da boa mesa.

Yolanda Moreira de Góes e Maria Cristina Moreira de Góes Nunes, presentes do universo.

Flavio Caetano Grottera (*in memoriam*), apoiador incondicional.

João Manuel Veríssimo Fernandez Marinheiro, meu amigo, meu querido.

Henrique, Eugenia, João e Pedro, minha amada família daqui.

Cyrla, Felipe e Hannah, meu lado carioca mais feliz e sempre saudoso.

Júnior, sem palavras, meu irmão. Você não existe. *God bless you, Dileto*.

Eugenio, pela ideia, pela paciência, pela dedicação, pela colaboração, por tudo e mais um pouco, ao longo de todos esses anos.

Nina (*in memoriam*), por ter alimentado minha alma. Dona Aparecida (*in memoriam*), por ter alimentado meu espírito.

Pai e Mãe (*in memoriam*), onde quer que vocês estejam.

Meus pequenos, por me guardarem.

Vocês, de um jeito ou de outro, longe ou perto, atuando nas mais diversas frentes, ajudaram a viabilizar esta nova edição revista e atualizada.

Agradeço também aos milhares de internautas que acompanham meu trabalho e, carinhosamente, colaboram com sugestões, questionamentos e ponderações.

apresentação

Conheci Roberta nos anos 1990, no maior evento de enogastronomia da América Latina: o Boa Mesa. Ela ajudou a criar esse acontecimento inovador para a época, mas profundamente necessário para um mercado em franca expansão: era um *mix* inebriante de aromas e sabores, com chefs de várias partes do mundo, novos produtos e muitas pessoas interessadas em desvendar os segredos da boa gastronomia.

Depois disso, Roberta passou a frequentar o Roanne, restaurante que comandei por muitos anos. Ficamos grandes amigos e, toda vez que nossas agendas permitiam, nos encontrávamos para longos papos e boas risadas. Um sempre torcendo pelo outro.

Em 2007, ela lançou sua primeira obra: o *Dicionário tradutor de gastronomia em seis línguas* – aquele que poderia ser um simples livro para preencher um lugarzinho vazio na prateleira, mas ainda hoje é uma poderosa ferramenta de trabalho para estudantes, gourmets e profissionais da área. Para esta edição revista atualizada, Roberta incluiu tabelas de conversão de medidas e de temperaturas do forno, além de ter ampliado substancialmente a quantidade de verbetes, originando o título *Dicionário de termos gastronômicos em seis idiomas*.

Ninguém melhor que Roberta poderia traduzir, de forma didática sem parecer chata, os termos corretos da vasta gastronomia mundial. Eu, por exemplo, que trabalho há anos no mercado, graças a ela, hoje posso elaborar sem medo um orçamento em idiomas que não domino. Como o trânsito de executivos internacionais e os grandes eventos mudaram muito o mercado brasileiro, faz-se necessário falar a mesma língua do cliente.

Além disso, se pensarmos a tradução como ferramenta para a divulgação da gastronomia, e se considerarmos também o contínuo e crescente interesse por essa área, que vem sendo favorecido pela globalização, esta obra é oportuna, fundamental e preenche uma lacuna no mercado editorial brasileiro – e até mesmo internacional –, já que não existe publicação similar em seis idiomas.

A autora tomou gosto pelo tema e lançou mais outros dois excelentes livros, ambos pela Editora Senac Rio de Janeiro: o charmoso *Minidicionário de enologia em seis idiomas* e o incrível *Histórias, lendas e curiosidades da gastronomia*, com o qual foi premiada em 2º lugar com o Jabuti de 2012 na categoria "Gastronomia", o que me enche de muito orgulho e prova que ela está no caminho certo. Recentemente publicou, pela editora Arte Ensaio, as obras *Sabores da Copa* e *Vinho nacional*.

É gratificante ver uma profissional como Roberta dar continuidade a um legado iniciado após o Boa Mesa e alcançar cada vez mais apreciadores de seu talento e sabedoria. Este novo livro chega em boa hora, principalmente para mim: o meu antigo exemplar está detonado de tanto usar e é sempre motivo de "briga" em minha cozinha. Todos querem consultá-lo.

Emmanuel Bassoleil
Autor dos livros Uma cozinha sem chef *e* Os sabores da Borgonha.
É chef executivo do Hotel Unique e do restaurante Skye, em São Paulo, desde 2002.

orientação ao leitor

Este dicionário de termos gastronômicos foi redigido nos idiomas português, inglês, espanhol, francês, italiano e alemão. Todos os termos aparecem nesta sequência: português, inglês [INGL.], espanhol [ESP.], francês [FR.], italiano [IT.] e alemão [AL.].

Exemplo:

> *200.* **Alfarroba**
> [INGL.] carob
> [ESP.] algarroba
> [FR.] carobe
> [IT.] carobe
> [AL.] Johannisbrot

As variações do português de Portugal (PT), do inglês americano (U.S.), inglês britânico (U.K.), francês (FR.) e francês canadense (CA.) também são contempladas.

Exemplo:

> *248.* **Amêijoa fina**
> *(molusco)* (PT)
> [INGL.] fine clam (U.S.)/ carpet shells (U.K.)
> [ESP.] almeja fina
> [FR.] praires
> [IT.] vongola verace
> [AL.] Teppichmuscheln

Quando para determinado termo não se encontra uma versão para outra língua, sendo esse conhecido em seu idioma de origem, é em sua grafia original que ele aparecerá neste livro. Por exemplo, nos países de língua portuguesa, fala-se *apfelstrudel*, não havendo uma tradução desse termo para o português. Por esse motivo, você encontrará tal verbete desta forma:

> *308.* **Apfelstrudel**
> [INGL.] apfelstrudel
> [ESP.] apfelstrudel
> [FR.] apfelstrudel
> [IT.] apfelstrudel
> [AL.] Apfelstrudel

Isso ocorrerá também com outros verbetes, como bagel, banana split, brioche, cheeseburger, chorizo, crêpes Suzette, croissant, demi-glace, drops, gianduiotti, mizuna, wok etc.

Em todos os termos há um número à esquerda que auxilia a busca no índice remissivo localizado no fim deste livro. Nesse índice, todos os termos estão relacionados separadamente por idioma e em ordem alfabética. Para uma rápida localização, cada termo aparece com a indicação da página em que se encontra, além de seu respectivo número.

Exemplo:
abacate 35, *1*

Onde:

abacate	35	*1*
Termo	Página	Nº *do termo*

instructions to the reader

This dictionary of culinary terms is written in Portuguese, English, French, German, Italian and Spanish. All the terms appear in this sequence: Portuguese, English [INGL.], Spanish [ESP.], French [FR.], Italian [IT.], and German [AL.].

Example:

> *200.* **Alfarroba**
> [INGL.] carob
> [ESP.] algarroba
> [FR.] carobe
> [IT.] carobe
> [AL.] Johannisbrot

The differences from European Portuguese (PT), American (U.S.) and British English (U.K.), as well as between French (FR.) and Canadian French (CA.) are also considered.

Example:

> *248.* **Amêijoa fina**
> *(molusco)* (PT)
> [INGL.] fine clam (U.S.)/ carpet shells (U.K.)
> [ESP.] almeja fina
> [FR.] praires
> [IT.] vongola verace
> [AL.] Teppichmuscheln

When a particular term does not have a version for another language, being known in its native language, it is in its language of origin that it will appear in this book. For example, in countries where they speak Portuguese, one says apfelstrudel, but there is no translation for this term in Portuguese. For this reason, you will find such entry in this way:

> *308.* **Apfelstrudel**
> [INGL.] apfelstrudel
> [ESP.] apfelstrudel
> [FR.] apfelstrudel
> [IT.] apfelstrudel
> [AL.] Apfelstrudel

This will also occur with other entries, like bagel, banana split, brioche, cheeseburger, chorizo, crêpes Suzette, croissant, demi-glace, drops, gianduiotti, mizuna, wok, etc.

A number placed at the left of each term helps search through the index at the end of book. In this index all the terms are listed separately by idiom, in alphabetical order. In order to locate the terms rapidly, they are followed by the indication of the page on which they appear and by their respective number.

Example:
avocado; alligator pear **35**, *1*

Where:

avocado; alligator pear	**35**	*1*
Term	Page	Number of the term

orientación al lector

El diccionario de términos culinarios está redactado en portugués, inglés, francés, alemán, italiano y español. Todos los términos aparecen en esta secuencia: portugués, inglés [INGL.], español [ESP.], francés [FR.], italiano [IT.] e alemán [AL.].

Ejemplo:

> 200. **Alfarroba**
> [INGL.] carob
> [ESP.] algarroba
> [FR.] carobe
> [IT.] carobe
> [AL.] Johannisbrot

Se contemplan también las variaciones del portugués de Portugal (PT), el inglés norteamericano (U.S.) y el inglés británico (U.K.) y entre el francés (FR.) y el francés canadiense (CA.).

Ejemplo:

> 248. **Amêijoa fina**
> *(molusco)* (PT)
> [INGL.] fine clam (U.S.)/
> carpet shells (U.K.)
> [ESP.] almeja fina
> [FR.] praires
> [IT.] vongola verace
> [AL.] Teppichmuscheln

Cuando un determinado término no encuentre una versión en otra lengua, siendo conocido en su idioma de origen, es en su idioma de origen que aparecerá en este libro. Por ejemplo, en los países de lengua portuguesa se habla apfelstrudel, no habiendo una traducción al portugués de este término. Por este motivo, usted encontrará tal palabra de esta forma:

> *308.* **Apfelstrudel**
> [INGL.] apfelstrudel
> [ESP.] apfelstrudel
> [FR.] apfelstrudel
> [IT.] apfelstrudel
> [AL.] Apfelstrudel

Esto también sucederá con otras palabras como: bagel, banana split, brioche, cheeseburger, chorizo, crêpes Suzette, croissant, demi-glace, drops, gianduiotti, mizuna, wok, etc.

Todos los términos están señalados con un número a su izquierda, que ayuda en la búsqueda a través del índice ubicado en el fin del libro. En el índice los términos están listados separadamente, por idioma y en orden alfabético. Para su rápida localización, cada término aparece con la indicación de la página en que se encuentra y su respectivo número.

Ejemplo:
aguacate **35**, *1*

Donde:

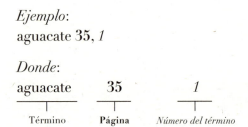

orientation aux lecteurs

Le dictionnaire des termes culinaires est rédigé en portugais, en anglais, en français, en allemand, en italien et en espagnol. Les termes y apparaissent dans l'ordre suivant: portugais, anglais [INGL.], espagnol [ESP.], français [FR.], italien [IT.], allemand [AL].

Exemple:

> *200.* **Alfarroba**
> [INGL.] carob
> [ESP.] algarroba
> [FR.] carobe
> [IT.] carobe
> [AL.] Johannisbrot

Les differences entre du portugais européen (PT), l'anglais américan (U.S.) et l'anglais britannique (U.K.) ainsi que le français (FR.) et le français canadien (CA.) sont aussi prises en compte.

Exemple:

> *248.* **Amêijoa fina**
> *(molusco)* (PT)
> [INGL.] fine clam (U.S.)/
> carpet shells (U.K.)
> [ESP.] almeja fina
> [FR.] praires
> [IT.] vongola verace
> [AL.] Teppichmuscheln

Quand un certain terme n'a pas de correspondant dans une autre langue, si l'on connaît sa langue d'origine, c'est dans cette langue qu'il apparaîtra dans ce livre. Par exemple, dans les pays de langue portugaise, on dit apfelstrudel, car il n'existe pas de traduction de ce terme en portugais. C'est pour cela que vous trouverez ce mot dans le format suivant:

> *308.* **Apfelstrudel**
> [INGL.] apfelstrudel
> [ESP.] apfelstrudel
> [FR.] apfelstrudel
> [IT.] apfelstrudel
> [AL.] Apfelstrudel

Cela se passera de la même façon avec d'autres mots, comme bagel, banana split, brioche, cheeseburger, chorizo, crêpes Suzette, croissant, demi-glace, drops, gianduiotti, mizuna, wok etc.

Le chiffre à gauche des termes permet de le repérer sur la table des matières à la fin du livre. Sur la table des matières les termes sont présentés séparemment par langue, en ordre alphabétique. Afin que les termes soient vite repérés, ils sont suivis du numéro de la page où ils se trouvent.

Exemple:
avocat **35**, *1*

Où:

avocat	**35**	*1*
Terme	**Page**	*Chiffre du terme*

orientamento al lettore

Il dizionario dei termini culinary è scritto in portoghese, inglese, francese, tedesco, italiano e spagnolo. Tutti i termini seguono questo ordine: portoghese, inglese [INGL.], spagnolo [ESP.], francese [FR.], italiano [IT.], tedesco [AL.].

Esempio:

> 200. **Alfarroba**
> [INGL.] carob
> [ESP.] algarroba
> [FR.] carobe
> [IT.] carobe
> [AL.] Johannisbrot

Le differenze dal portoghese europeo (PT), l'inglese americano (U.S.) e l'inglese britannico (U.K.) e tra il francese (FR.) ed il francese canadese (CA.) sono anche considerate.

Esempio:

> 248. **Amêijoa fina**
> *(molusco)* (PT)
> [INGL.] fine clam (U.S.)/ carpet shells (U.K.)
> [ESP.] almeja fina
> [FR.] praires
> [IT.] vongola verace
> [AL.] Teppichmuscheln

Quando un determinato termine non trova riscontro nella versione in un'altra lingua, se il termine è conosciuto nel suo idioma originale allora è in questo idioma che verrà esposto in questo libro. Per esempio, nei paesi di lingua portoghese si usa il termine "apfelstrudel", perché non vi è un termine corrispondente in portoghese. Per questo motivo, la voce per questo termine sarà:

> *308.* **Apfelstrudel**
> [INGL.] apfelstrudel
> [ESP.] apfelstrudel
> [FR.] apfelstrudel
> [IT.] apfelstrudel
> [AL.] Apfelstrudel

Lo stesso si applica ad altre voci, come bagel, banana split, brioche, cheeseburger, chorizo, crêpes Suzette, croissant, demi-glace, drops, gianduiotti, mizuna, wok ecc.

Tutti i termini vengono accompagnati da un numero a sinistra per facilitare la ricerca nell'indice analitico. In questo indice i termini sono elencati separatamente, secondo l'ordine alfabético. Per essere rapidamente trovati, i termini sono accompagnati dall'indicazione della pagina in cui si trovano e del rispettivo numero.

Esempio:
avocado 35, *1*

Dove:

avocado	35	*1*
Termine	**Pagina**	*Numero dello termine*

Anleitung für den Leser

Das gastronomische Wörterbuch umfasst die Sprachen Portugiesisch, Englisch, Französisch, Deutsch, Italienisch und Spanisch. Sämtliche Ausdrücke erscheinen in dieser Reihenfolge und sind mit dem entsprechenden Zeichen der jeweiligen Sprache gekennzeichnet: Portugiesisch, Englisch [INGL.], Spanisch [ESP.], Französisch [FR.], Italienisch [IT.] und Deutsch [AL.].

Beispiel:

> *200.* **Alfarroba**
> [INGL.] carob
> [ESP.] algarroba
> [FR.] carobe
> [IT.] carobe
> [AL.] Johannisbrot

Die Sprachvarianten gemäß portugiesischer Sprache aus Portugal (PT), amerikanischen (U.S.) und britischen Englisch (U.K.), sowie in der französischen Sprache Frankreich [FR.] und Kanada [CA.] wurden ebenfalls berücksichtigt.

Beispiel:

> *248.* **Amêijoa fina**
> *(molusco)* (PT)
> [INGL.] fine clam (U.S.)/
> carpet shells (U.K.)
> [ESP.] almeja fina
> [FR.] praires
> [IT.] vongola verace
> [AL.] Teppichmuscheln

Wenn ein bestimmter Begriff keine Übersetzung in einer anderen Sprache findet und dort in seiner eigener Form bekannt ist, so wird der Begriff, in diesem

Buch, in seiner Ausgangsform wiedergegeben. Zum Beispiel in den Portugiesisch sprechenden Ländern sagt man Apfelstrudel, da es keine eigene Übersetzung für dieses Wort gibt. Aus diesem Grund finden Sie diesen Eintrag als:

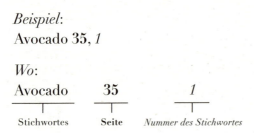

Dies wird auch mit anderen Einträgen wie Bagel, Banana-split, Brioche, Cheeseburger, Chorizo, Crêpes Suzette, Croissant, Demi-glace, Drops, Gianduiotti, Mizuna, Wok, usw. auftreten.

Sämtliche Stichwörter sind links mit einer Nummer versehen, die bei der Suche im Stichwortverzeichnis am Ende des Buches behilflich ist. In diesem Verzeichnis sind alle Stichwörter aufgelistet, getrennt nach Sprache und in alphabetischer Reihenfolge. Für eine schnelle Lokalisierung erscheint bei jedem Stichwort die entsprechenden Seite, auf welcher das Stichwort zufinden ist.

Beispiel:
Avocado **35**, *1*

Wo:

Avocado	**35**	*1*
Stichwortes	Seite	Nummer des Stichwortes

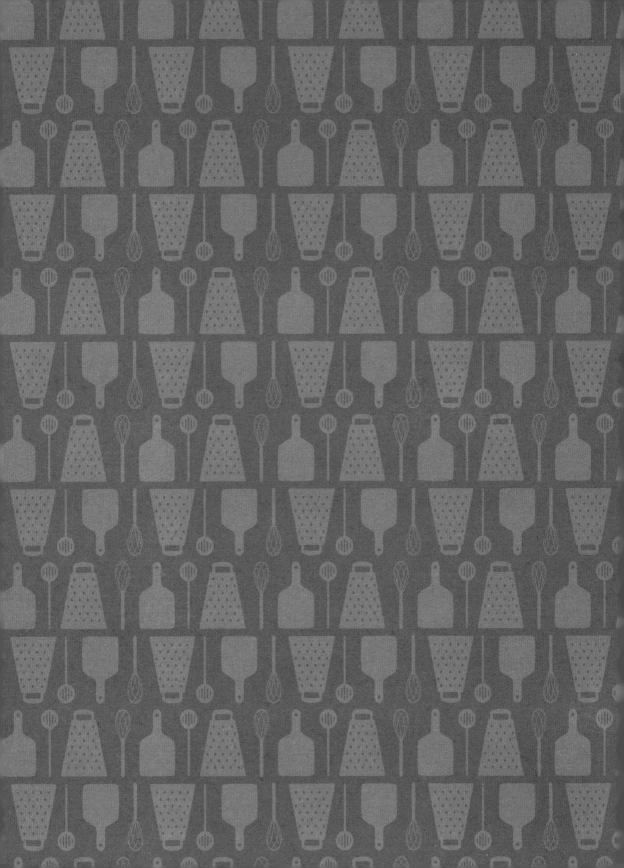

A

1. **Abacate**
[INGL.] avocado; alligator pear
[ESP.] aguacate
[FR.] avocat
[IT.] avocado
[AL.] Avocado

2. **Abacaxi**
[INGL.] pineapple
[ESP.] piña; ananás
[FR.] ananas
[IT.] ananas; ananasso
[AL.] Ananas

3. **Abadejo** *Ver* Badejo

4. **Abalone** *(molusco)*
[INGL.] abalone (U.S.)/ ormer (U.K.)
[ESP.] oreja de mar
[FR.] ormeau
[IT.] orecchia di mare; abalone
[AL.] Seeohr

5. **Abastecer**
[INGL.] supply, to; furnish, to
[ESP.] abastecer; suministrar
[FR.] approvisionner; fournir
[IT.] approvvigionare; fornire
[AL.] beliefern

6. **Abastecimento**
[INGL.] supply
[ESP.] abastecimiento; suministro
[FR.] approvisionnement
[IT.] provvista
[AL.] Versorgung; Vorrat

7. **Abate (de animais)**
[INGL.] slaughter
[ESP.] sacrificio; matanza
[FR.] abattage
[IT.] macellazione
[AL.] Schlachten

8. **Abater**
[INGL.] slaughter, to
[ESP.] sacrificar; matar
[FR.] abattre
[IT.] macellare
[AL.] schlachten

9. **Aberto**
[INGL.] open
[ESP.] abierto
[FR.] ouvert
[IT.] aperto
[AL.] offen

10. **Abertura**
[INGL.] opening
[ESP.] abertura
[FR.] ouverture
[IT.] apertura
[AL.] Öffnung

11. **Abiu-do-pará**
[INGL.] star-apple
[ESP.] caimito; estrella

A

[FR.] pomme de lait
[IT.] abiu
[AL.] Sternapfel

12. Abóbora; Jerimum (NE)
[INGL.] squash; pumpkin; gourd
[ESP.] calabaza; calabacín
[FR.] courge
[IT.] zucca
[AL.] Kürbis; Speisekürbis

13. Abóbora-cheirosa
[INGL.] musky squash
[ESP.] calabaza moscada
[FR.] courge muscarde
[IT.] zucca moscata; zucca torta
[AL.] Morchuskürbis

14. Abóbora-d'água
Ver ABOBRINHA

15. Abóbora espaguete
[INGL.] spaghetti squash
[ESP.] calabaza espagueti
[FR.] courge spaghetti
[IT.] spaghetti di zucca
[AL.] Spaghettikürbis

16. Abóbora gila; Gila (S)
[INGL.] Malabar squash; fig-leaf gourd
[ESP.] chilacayote
[FR.] gourge de Malabar
[IT.] zucca del Malabar
[AL.] Feigenblattkürbis

17. Abóbora-japonesa
[INGL.] jap squash; Japanese squash
[ESP.] calabaza jap; calabaza de Japón
[FR.] courge japonaise
[IT.] zucca giaponese
[AL.] Herbstkürbis

18. Abóbora-menina
[INGL.] winter squash
[ESP.] calabaza grande; zapallo
[FR.] giraumon
[IT.] zucca gigante
[AL.] Riesenkürbis

19. Abóbora-moranga; Moranga (S)
[INGL.] pumpkin
[ESP.] calabaza redonda
[FR.] potiron
[IT.] zucca
[AL.] Kürbis

20. Abóbora-pescoçuda
[INGL.] butternut squash
[ESP.] calabaza cidra
[FR.] courge musquée
[IT.] zucca butternut
[AL.] Butternut-Kürbis

21. Abobrinha; Abóbora--d'água
[INGL.] zucchini (U.S.)/ courgette (U.K.)
[ESP.] calabacín
[FR.] courgette; courge verte
[IT.] zucchina
[AL.] Zucchini

22. Abricó; Damasco
[INGL.] apricot
[ESP.] albaricoque
[FR.] abricot
[IT.] albicocca
[AL.] Aprikose

23. Abridor de garrafas
[INGL.] bottle opener
[ESP.] abrebotellas; abridor
[FR.] ouvre-bouteille
[IT.] apribottiglie
[AL.] Flaschenöffner

24. Abridor de latas
[INGL.] can opener (U.S.)/ tin opener (U.K.)
[ESP.] abrelatas
[FR.] ouvre-boîte
[IT.] apriscatole
[AL.] Dosenöffner; Büchsenöffner

25. Abridor de tampas universal
[INGL.] lid opener; jar opener
[ESP.] abridor para botes
[FR.] ouvre-bocal
[IT.] apribarattoli; apritutto
[AL.] Schraubdeckelzange; Glasöffner

26. Abrir
[INGL.] open, to
[ESP.] abrir
[FR.] ouvrir
[IT.] aprire
[AL.] öffnen

27. Abrir a massa com rolo; Estender a massa com rolo
[INGL.] roll out dough, to
[ESP.] estirar con rodillo
[FR.] étendre au rouleau; abaisser
[IT.] spianare; stendere col matterello
[AL.] teigausrollen

28. Abrótea
[INGL.] cusk
[ESP.] brótola
[FR.] brosme
[IT.] brosmio
[AL.] Lumb

29. Abrótea-da-costa
[INGL.] forkbeard

A

[ESP.] brótola de roca
[FR.] mostelle; moustelle de roche
[IT.] musdea
[AL.] Mittelmeer-Gabeldorsh

30. **Abrunho** *(semelhante à ameixa)*
[INGL.] sloe
[ESP.] endrina
[FR.] prunelle
[IT.] prugnola selvatica
[AL.] Schlehe

31. **Abruzzese, alla (com pimenta-vermelha)**
[INGL.] Abruzzo style (with red pepper)
[ESP.] a la abruza (con chile)
[FR.] à la mode des Abruzzes (au poivre rose)
[IT.] all'abruzzese (con peperoncino)
[AL.] nach abruzzesischer Art (mit rote Pfeffer)

32. **Absinto; Losna**
[INGL.] wormwood
[ESP.] ajenjo
[FR.] absinthe
[IT.] assenzio
[AL.] Absinth

33. **Absorver**
[INGL.] soak up, to; absorb, to
[ESP.] absorber
[FR.] absorber
[IT.] assorbire
[AL.] absorbieren

34. **Abundância**
[INGL.] abundance
[ESP.] abundancia
[FR.] abondance

[IT.] abbondanza
[AL.] Überfluss

35. **Abundante**
[INGL.] abundant
[ESP.] abundante
[FR.] abondant
[IT.] abbondante
[AL.] reichlich

36. **Açafrão**
[INGL.] saffron
[ESP.] azafrán
[FR.] safran
[IT.] zafferano
[AL.] Safran

37. **Açafrão-da-índia**
[INGL.] Indian saffron
[ESP.] azafrán árabe
[FR.] safran des Indes
[IT.] zafferano dell'India
[AL.] indischer Safran

38. **Açafrão-da-terra**
Ver Cúrcuma

39. **Açafrão-de-raiz**
Ver Cúrcuma

40. **Açafrão-do-amazonas**
Ver Cúrcuma

41. **Açafroa** Ver Cártamo

42. **Açaí**
[INGL.] assai; assai palm; acai palm; cabbage palm
[ESP.] asaí, azaí, huasaí
[FR.] açaï
[IT.] açaì
[AL.] Açai (ähnliche wie Pflaume)

43. **Acelga**
[INGL.] chard; Swiss chard
[ESP.] acelga
[FR.] bette; blette
[IT.] bietola
[AL.] Mangold

44. **Acelga japonesa; Couve-chinesa**
[INGL.] Chinese cabbage
[ESP.] col de China
[FR.] chou chinois
[IT.] cavolo cinese
[AL.] Chinakohl

45. **Acelga vermelha**
[INGL.] red Swiss chard
[ESP.] acelga de tallo rojo
[FR.] poirée rhubarbe, blette à carde rouge
[IT.] bietola rossa; bieta rossa
[AL.] rote Mangold

46. **Acém**
[INGL.] chuck
[ESP.] aguja
[FR.] paleron, surlonge; basses-côtes (FR.)/bloc d'épaule (CA.)
[IT.] sottospalla; braciole
[AL.] Zungenstück; Hochrippe; Querrippe

47. **Acendedor de gás**
[INGL.] gas lighter
[ESP.] encendedor de gas
[FR.] allume-gaz
[IT.] accendigas
[AL.] Gasanzünder

48. **Acerola; Cereja-das--antilhas**
[INGL.] acerola; Barbados cherry

A

[ESP.] acerola; cereza de las Antillas
[FR.] acérole; cerise des Antilles; azarole ; cerise des Antilles, acérola
[IT.] acerola
[AL.] Acerola (ähnliche wie Kirsche)

49. **Achiote** *Ver* URUCUM

50. **Acidez**
[INGL.] acidity
[ESP.] acidez
[FR.] acidité
[IT.] acidità
[AL.] Säuregehalt

51. **Ácido** *(adj.)*
[INGL.] acid
[ESP.] ácido
[FR.] acide
[IT.] acido
[AL.] sauer

52. **Ácido acético**
[INGL.] edible acid; acetic acid
[ESP.] ácido comestible
[FR.] acide comestible; acide acétique
[IT.] acido acetico
[AL.] Essigsäure

53. **Ácido ascórbico; Vitamina C**
[INGL.] ascorbic acid; vitamin C
[ESP.] ácido ascórbico; vitamina C
[FR.] acide ascorbique; vitamine C
[IT.] acido ascorbico; vitamina C
[AL.] Ascorbinsäure; Vitamin C

54. **Ácido cítrico**
[INGL.] citric acid
[ESP.] ácido cítrico
[FR.] acide citrique
[IT.] acido citrico
[AL.] Zitronesäure

55. **Ácido málico**
[INGL.] malic acid
[ESP.] ácido málico
[FR.] acide malique
[IT.] acido malico
[AL.] Apfelsäure

56. **Ácido tartárico**
[INGL.] tartaric acid
[ESP.] ácido tartárico
[FR.] acide tartrique
[IT.] acido tartarico
[AL.] Weinsäure

57. **Acidulado**
[INGL.] sour; acidic
[ESP.] acidulado
[FR.] acidulé
[IT.] acidulo; asprigno
[AL.] säuerlich

58. **Acini di pepe (massa própria para sopas)**
[INGL.] acini di pepe (pasta for soup)
[ESP.] acini di pepe (pasta para sopas)
[FR.] acini di pepe (pâtes à potage)
[IT.] tempestine; acini di pepe (pastina per minestre)
[AL.] Acini di Pepe (Suppennudeln)

59. **Acompanhamento** *(prato secundário que acompanha o principal)*
[INGL.] side dish; accompaniment
[ESP.] guarnición
[FR.] accompagnement
[IT.] contorno
[AL.] Beilage

60. **Acompanhar**
[INGL.] accompany, to
[ESP.] acompañar
[FR.] accompagner
[IT.] accompagnare
[AL.] begleiten

61. **Acondicionar**
[INGL.] condition, to
[ESP.] acondicionar
[FR.] conditionner
[IT.] imballare
[AL.] austatten

62. **Aconselhar**
[INGL.] advise, to
[ESP.] aconsejar
[FR.] conseiller
[IT.] consigliare
[AL.] beraten; raten

63. **Ácoro** *Ver* CÁLAMO-AROMÁTICO

64. **Açougue**
[INGL.] butchery
[ESP.] carnicería
[FR.] boucherie
[IT.] macelleria
[AL.] Fleischerei; Metzgerei

65. **Açougueiro**
[INGL.] butcher
[ESP.] carnicero
[FR.] boucher
[IT.] macellaio
[AL.] Fleischer; Metzger

A

66. Acrescentar
Ver ADICIONAR

67. Açúcar aromatizado com baunilha
[INGL.] vanilla-flavored sugar
[ESP.] azúcar aromatizado con vainilla
[FR.] sucre vanillé
[IT.] zucchero vanigliato
[AL.] Vanillezucker

68. Açúcar aromatizado com cevada
[INGL.] barley-flavored sugar
[ESP.] azúcar de cebada
[FR.] sucre d'orge
[IT.] zucchero d'orzo
[AL.] Gerstenzucker

69. Açúcar cristal *(comum)*
[INGL.] granulated sugar
[ESP.] azúcar granulado
[FR.] sucre granulé
[IT.] zucchero cristallizzato
[AL.] Kristallzucker

70. Açúcar de beterraba
[INGL.] beet sugar (U.S.)/ beetroot sugar (U.K.)
[ESP.] azúcar de remolacha
[FR.] sucre de betterave
[IT.] zucchero di barbabietola
[AL.] Rübenzucker

71. Açúcar de bordo
[INGL.] maple sugar
[ESP.] azúcar de arce
[FR.] sucre d'érable
[IT.] zucchero di acero
[AL.] Ahornzucker

72. Açúcar de cana-de--açúcar; Sacarose
[INGL.] cane sugar
[ESP.] azúcar de caña
[FR.] sucre de canne, saccharose
[IT.] zucchero di canna; saccarosio
[AL.] Rohrzucker

73. Açúcar de confeiteiro; Açúcar para glacê
[INGL.] powdered sugar; confectioners' sugar; confectioner's sugar (U.S.)/ icing sugar (U.K.)
[ESP.] azúcar glas; azúcar en polvo
[FR.] sucre glace
[IT.] zucchero a velo
[AL.] Puderzucker

74. Açúcar de fruta
Ver FRUTOSE

75. Açúcar demerara
[INGL.] brown sugar (U.S.)/ demerara sugar (U.K.)
[ESP.] azúcar demerara; azúcar terciado
[FR.] cassonade; sucre roux
[IT.] zucchero demerara
[AL.] brauner Zucker

76. Açúcar de palma
[INGL.] palm sugar
[ESP.] azúcar de palma
[FR.] sucre de palme
[IT.] zucchero di palma
[AL.] Palmzucker

77. Açúcar em tabletes
[INGL.] sugar lumps; sugar cubes

[ESP.] azúcar en torrones
[FR.] sucre en morceaux
[IT.] zollette di zucchero
[AL.] Würfelzucker

78. Açúcar granulado
[INGL.] coarse sugar; sanding sugar; crystal sugar
[ESP.] azúcar cristalizado
[FR.] sucre cristallisé
[IT.] zucchero cristallino
[AL.] Kristallzucker

79. Açúcar invertido; Açúcar líquido (1/3 glicose, 1/3 frutose e 1/3 sacarose)
[INGL.] invert sugar; inverted sugar syrup (1/3 glucose, 1/3 fructose, and 1/3 saccharose)
[ESP.] azúcar invertido (1/3 glucosa, 1/3 fructosa y 1/3 sacarosa)
[FR.] sucre inverti (1/3 glucose, 1/3 fructose et 1/3 saccharose)
[IT.] zucchero invertito; (1/3 glucosio, 1/3 fruttosio e 1/3 saccarosio)
[AL.] Invertflüssigzucker; Invertzuckersirup (1/3 Glucose, 1/3 Fruchtzucker und 1/3 Rohrzucker)

80. Açúcar líquido
Ver AÇÚCAR INVERTIDO

81. Açúcar mascavo claro
[INGL.] (soft) light brown sugar
[ESP.] azúcar moreno claro
[FR.] sucre roux

A

[IT.] zucchero bruno chiaro
[AL.] hellbrauner Zucker

82. Açúcar mascavo escuro
[INGL.] (soft) dark brown sugar
[ESP.] azúcar moreno oscuro
[FR.] sucre de mélasse
[IT.] zucchero bruno scuro
[AL.] brauner Zucker

83. Açúcar não refinado
[INGL.] raw sugar
[ESP.] azúcar sin refinar
[FR.] vergeoise
[IT.] zucchero grezzo
[AL.] Rohzucker

84. Açúcar para glacê *Ver* AÇÚCAR DE CONFEITEIRO

85. Açúcar refinado
[INGL.] superfine sugar (U.S.)/castor sugar; caster sugar (U.K.)
[ESP.] azúcar extrafino
[FR.] sucre semoule
[IT.] zuchero semolato
[AL.] Kastorzucker

86. Açucarado
[INGL.] sugared
[ESP.] azucarado
[FR.] sucré
[IT.] zuccheroso
[AL.] gezuckert

87. Açucareiro
[INGL.] sugar bowl
[ESP.] azucarero
[FR.] sucrier
[IT.] zuccheriera
[AL.] Zuckerdose

88. Adega
[INGL.] cellar; apotheke
[ESP.] bodega; apoteca

[FR.] cave; chai; cellier; aphothèque
[IT.] cantina; enoteca; apoteca; tinaia
[AL.] Weinkeller; Keller

89. Adega climatizada
[INGL.] acclimatized wine cellar
[ESP.] armario climatizado para vino
[FR.] cave à vin climatisée
[IT.] armadio climatizzato per vini
[AL.] Klimaschrank

90. Adeus
[INGL.] goodbye
[ESP.] adiós
[FR.] adieu
[IT.] addio
[AL.] auf Wiedersehen

91. Adicional
[INGL.] additional
[ESP.] adicional
[FR.] supplémentaire
[IT.] supplementare
[AL.] zusätzlich

92. Adicionar; Acrescentar
[INGL.] add, to
[ESP.] añadir
[FR.] ajouter
[IT.] aggiungere
[AL.] hinzufügen

93. Aditivo
[INGL.] additive
[ESP.] aditivo
[FR.] additive; supplément
[IT.] additivo
[AL.] Zusatzstoff

94. Adoçado
[INGL.] sweetened
[ESP.] edulcorado

[FR.] sucré
[IT.] zuccherato
[AL.] gezuckert

95. Adoçante
[INGL.] artificial sweetener
[ESP.] edulcorante
[FR.] édulcorant; sucrette; adoucissant
[IT.] dolcificante
[AL.] Süßstoff

96. Adoçar com açúcar
[INGL.] sugar, to
[ESP.] azucarar
[FR.] sucrer
[IT.] zuccherare
[AL.] zuckern

97. Adocicar
[INGL.] sweeten, to
[ESP.] edulcorar
[FR.] édulcorer; adoucir
[IT.] edulcorare; addolcire
[AL.] süßen

98. Aerar
[INGL.] air, to
[ESP.] airear
[FR.] aérer
[IT.] aerare
[AL.] lüften

99. Aferventar; Cozer ligeiramente
[INGL.] parboil, to
[ESP.] cocer a medias; sancochar; hervir brevemente
[FR.] cuire à demi
[IT.] bollire parzialmente; sbollentare; scottare
[AL.] blanchieren

100. Afiado
[INGL.] sharp

A

[ESP.] afilado; cortante
[FR.] aiguisé; tranchant
[IT.] affilato; tagliente
[AL.] scharf

101. Africaine, à l' (batata, pepino, berinjela ou abobrinha)
[INGL.] African style (potato, cucumber, eggplant (U.S.)/aubergine (U.K.) or zucchini (U.S.)/courgette (U.K.))
[ESP.] a la africana (patata, pepino, berenjena o calabacín)
[FR.] à l'africaine (pomme de terre, concombre, aubergine ou courgette)
[IT.] all'africana (patata, cetriolo, melanzana o zucchina)
[AL.] nach afrikanischer Art (Kartoffel, Gurke, Aubergine oder Zucchini)

102. Ágar-ágar (gelatina de algas)
[INGL.] agar-agar (gelatin made of seaweed)
[ESP.] agar-agar (gelatina de algas)
[FR.] agar-agar (gélatine d'algues)
[IT.] agar-agar (gelatina di alghe)
[AL.] Agar-Agar (Algen Gelee)

103. Agitar
[INGL.] shake, to
[ESP.] agitar
[FR.] agiter
[IT.] agitare
[AL.] schütteln

104. Agnès Sorel (peito de frango, cogumelos e língua de boi marinada)
[INGL.] Agnès Sorel (chicken breast, mushrooms, and marinated ox tongue)
[ESP.] Agnès Sorel (pechuga de pollo, setas y lengua de buey salada)
[FR.] Agnès Sorel (blanc de poulet, champignons et langue de bœuf à l'écarlate)
[IT.] Agnès Sorel (petto di pollo, funghi e lingua di manzo marinata)
[AL.] Agnès Sorel (Hähnchenbrust, Pilze und marinierte Rinderzunge)

105. Agnolotti (massa recheada feita de massa fresca)
[INGL.] agnolotti (stuffed pasta made of fresh pasta)
[ESP.] agnolotti (pasta rellena elaborada con pasta fresca)
[FR.] agnolotti (pâte farcie faite à partir de pâte fraiche)
[IT.] agnolotti (pasta ripiena preparata con pasta fresca)
[AL.] Agnolotti (gefüllte Nudel aus frischem Nudelteig)

106. Agraço Ver Verjus

107. Agradável
[INGL.] agreeable
[ESP.] agradable
[FR.] agréable
[IT.] gradevole; piacevole
[AL.] angenehm

108. Agraz Ver Verjus

109. Agrião-americano Ver Agrião-da-terra

110. Agrião-comum
[INGL.] watercress
[ESP.] berro (de agua); crenchas
[FR.] cresson (de fontaine), cresson (d'eau)
[IT.] crescione (d'acqua)
[AL.] Brunnenkresse

111. Agrião-da-terra; Agrião-americano; Erva-de-santa-bárbara
[INGL.] American cress; herb of St. Barbara
[ESP.] hierba de Santa Bárbara
[FR.] barbarée; printanière; cresson(s) de jardin(s)
[IT.] erba di Santa Barbara
[AL.] Echtes Barbarakraut

112. Agrião-do-brasil Ver Jambu

113. Agrião-do-pará Ver Jambu

114. Agrião-dos-jardins
[INGL.] garden cress; land cress; peppercress
[ESP.] lepidio
[FR.] cresson alénois; passerage cultivée
[IT.] agretto
[AL.] Gartenkresse

115. Agrião-dos-prados; Cardamina
[INGL.] bitter cress; cardamine

A

[ESP.] cardamina
[FR.] cardamine des prés; cresson élégant
[IT.] crescione dei prati; cardamine
[AL.] Bitterkresse

116. Agricultura
[INGL.] agriculture
[ESP.] agricultura
[FR.] agriculture
[IT.] agricoltura
[AL.] Landwirtschaft

117. Agridoce
[INGL.] sweet and sour
[ESP.] agridulce
[FR.] aigre-doux
[IT.] agrodolce
[AL.] süß-sauer

118. Agridoce, molho
[INGL.] sweet and sour sauce
[ESP.] salsa agridulce
[FR.] sauce aigre-douce
[IT.] salsa agrodolce
[AL.] süß-saure Sauce

119. Água
[INGL.] water
[ESP.] agua
[FR.] eau
[IT.] acqua
[AL.] Wasser

120. Água da torneira
[INGL.] tap water
[ESP.] agua del grifo
[FR.] eau du robinet
[IT.] acqua del rubinetto
[AL.] Leitungswasser

121. Água de flor; Água de flor de laranjeira
[INGL.] orange water; orange flower water
[ESP.] agua de azahar
[FR.] eau de fleur d'oranger
[IT.] acqua di fiori d'arancio
[AL.] Orangenblüttenwasser

122. Água de flor de laranjeira Ver ÁGUA DE FLOR

123. Água de manancial
[INGL.] spring water
[ESP.] agua de manantial
[FR.] eau de source
[IT.] acqua di sorgente
[AL.] Quellwasser

124. Água de rosas
[INGL.] rose water
[ESP.] agua de rosas
[FR.] eau de rose
[IT.] acqua di rose
[AL.] Rosenwasser

125. Aguado; Aquoso
[INGL.] watery; aqueous
[ESP.] aguado; acuoso
[FR.] aqueux
[IT.] acquoso
[AL.] wässerig

126. Água efervescente sem sabor
[INGL.] seltzer
[ESP.] agua de Seltz
[FR.] eau de Seltz; eau gazeuse
[IT.] acqua di seltz; seltz
[AL.] Selterswasser ohne Aroma

127. Água engarrafada
[INGL.] bottled water
[ESP.] agua en botella
[FR.] eau en bouteille
[IT.] acqua in bottiglia
[AL.] Flaschenwasser; Tafelwasser

128. Água fervente
[INGL.] boiling water
[ESP.] agua hirviendo
[FR.] eau bouillante
[IT.] acqua bollente
[AL.] kochendes Wasser

129. Água gaseificada Ver CLUB SODA

130. Água gelada
[INGL.] iced water; chilled water
[ESP.] agua fría
[FR.] eau glacée
[IT.] acqua ghiacciata
[AL.] Eiswasser

131. Água mineral
[INGL.] mineral water
[ESP.] agua mineral
[FR.] eau minérale
[IT.] acqua minerale
[AL.] Mineralwasser

132. Água mineral com gás
[INGL.] sparkling (mineral) water; carbonated water (U.S.)/fizzy water (U.K.)
[ESP.] agua mineral con gas
[FR.] eau gazeuse
[IT.] acqua minerale gassata; acqua con gas
[AL.] Sprudel; Mineralwasser

133. Água mineral sem gás
[INGL.] non carbonated mineral water; still water
[ESP.] agua mineral sin gas
[FR.] eau plate
[IT.] acqua minerale naturale
[AL.] stilles Mineralwasser

134. Água potável
[INGL.] drinking water

A

[ESP.] agua potable
[FR.] eau potable
[IT.] acqua potabile
[AL.] Trinkwasser

135. Aguardar; Esperar
[INGL.] wait, to
[ESP.] aguardar; esperar
[FR.] attendre
[IT.] aspettare
[AL.] warten

136. Aguardente
[INGL.] spirit
[ESP.] aguardiente
[FR.] eau-de-vie
[IT.] acquavite
[AL.] Schnaps

137. Aguardente da cana-de-açúcar
[INGL.] sugarcane distillate
[ESP.] aguardiente de caña de azúcar
[FR.] eau-de-vie de canne à sucre
[IT.] distillato di canna da zucchero
[AL.] Zuckerrohrschnaps

138. Aguardente (de caroços) de cereja
[INGL.] cherry brandy
[ESP.] aguardiente de cerezas
[FR.] eau-de-vie de cerise; cherry brandy
[IT.] cherry brandy
[AL.] Cherry Brandy

139. Aguardente de cereais
[INGL.] cereal distillate
[ESP.] aguardiente de cereales
[FR.] eau-de-vie de céréales
[IT.] distillato di cereali
[AL.] Kornbranntwein

140. Aguardente de fruta
[INGL.] fruit distillate
[ESP.] aguardiente de frutas
[FR.] eau-de-vie de fruits
[IT.] distillato di frutta
[AL.] Obstbranntwein

141. Aguardente de maçã
[INGL.] apple distillate
[ESP.] aguardiente de manzanas
[FR.] eau-de-vie de pomme
[IT.] distillato di mele
[AL.] Apfelkorn

142. Aguardente de vinho
[INGL.] wine distillate
[ESP.] aguardiente de vino
[FR.] eau-de-vie de vin
[IT.] distillato di vino
[AL.] Branntwein

143. Água tônica
[INGL.] tonic water
[ESP.] agua tónica
[FR.] eau tonic
[IT.] acqua tonica
[AL.] Tonicwasser

144. Água-viva
[INGL.] jellyfish
[ESP.] medusa
[FR.] méduse
[IT.] medusa
[AL.] Qualle

145. Agulhão *(peixe)* (PT); Marabumbo (PT)
[INGL.] Atlantic saury; saury
[ESP.] paparda del Atlántico
[FR.] aiguillette; aiguille de mer; balaou d l'Atlantique
[IT.] aguglia saira; costardella
[AL.] Makrelenhecht

146. Aïoli, molho; Alho, molho de (alho, gemas de ovos e azeite de oliva)
[INGL.] aïoli sauce (garlic, egg yolks, and olive oil)
[ESP.] salsa alioli (ajo, yemas de huevo e aceite de oliva)
[FR.] sauce aïoli; sauce aillloli (ail, jaunes d'œufs et huile d'olive)
[IT.] salsa aïoli (aglio, tuorli d'uovo e olio di oliva)
[AL.] Aïoli-Sauce (Knoblauch, Eigelb und Olivenöl)

147. Aipim (S) *Ver* MANDIOCA

148. Aipo branco
[INGL.] blanched celery
[ESP.] apio blanco
[FR.] céleri blanchi
[IT.] sedano da costa
[AL.] Stangensellerie

149. Aipo-rábano; Raiz de aipo
[INGL.] celeriac; celery root
[ESP.] apio-nabo; raíz de apio
[FR.] céleri-rave
[IT.] sedano rapa
[AL.] Knollensellerie

150. Aipo; Salsão
[INGL.] celery
[ESP.] apio
[FR.] céleri
[IT.] sedano; apio
[AL.] Sellerie

151. Aipo selvagem
[INGL.] wild celery
[ESP.] apio salvaje
[FR.] céleri sauvage
[IT.] sedano selvaggio
[AL.] Wildsellerie

A

152. **Ajowan**
[INGL.] ajowan; bishop's weed
[ESP.] ajowan
[FR.] ajowan
[IT.] ajowan
[AL.] Ajowan

153. **Ajuda**
[INGL.] help
[ESP.] ayuda
[FR.] aide
[IT.] aiuto
[AL.] Hilfe

154. **Ajudante**
[INGL.] assistant
[ESP.] ayudante
[FR.] aide
[IT.] aiutante
[AL.] Aushilfe

155. **Ajudante de cozinha**
[INGL.] assistant chef
[ESP.] cocinero asistente
[FR.] aide de cuisine
[IT.] assitente di cucina
[AL.] Küchenhilfe

156. **Ajudar**
[INGL.] help, to
[ESP.] ayudar
[FR.] aider
[IT.] aiutare
[AL.] helfen

157. **Alabote-da-gronelândia** *(peixe)* (PT); **Alabote negro** (PT)
[INGL.] Greenland halibut; black halibut
[ESP.] halibut negro; hipogloso negro
[FR.] flétan du Groenland; flétan noir
[IT.] halibut di Groenlandia
[AL.] schwarzer Heilbutt

158. **Alabote-do-atlântico** *(peixe)* (PT); **Hipoglosso** (PT)
[INGL.] halibut; Atlantic halibut
[ESP.] hipogloso
[FR.] flétan atlantique
[IT.] halibut; ipoglosso dell'Atlantico
[AL.] atlantischer Heilbutt

159. **Alabote negro** (PT)
Ver ALABOTE-DA-GRONELÂNDIA

160. **Alambique**
[INGL.] alambic; alembic
[ESP.] alambique
[FR.] alambic
[IT.] alambicco
[AL.] Destillierkolben

161. **Albacora-bandolim**
Ver ATUM-CACHORRA

162. **Albacora-branca; Atum-branco**
[INGL.] albacore; white tuna (U.S.)/albacore; white tunny (U.K.)
[ESP.] atún blanco
[FR.] germon; thon blanc
[IT.] tonno bianco; alalonga
[AL.] Germon; weißer Thun

163. **Albacora-de-laje**
[INGL.] yellowfin tuna (U.S.)/yellowfin tunny (U.K.)
[ESP.] rabil
[FR.] thon albacore
[IT.] tonno albacora
[AL.] Gelbflossenthun

164. **Albacorinha**
[INGL.] blackfin tuna (U.S.)/blackfin tunny (U.K.)
[ESP.] atún aletinegro
[FR.] tuna thon
[IT.] tonno pinna nera
[AL.] Schwarzflossen Thun; Bonitofisch

165. **Albigeoise, à l' (tomates recheados e croquetes de batata)**
[INGL.] Albigenese style (stuffed tomatoes and potato croquettes)
[ESP.] à la albigense (tomates rellenos y croquetas de patatas)
[FR.] à l'albigeoise (tomates farcies et croquettes de pommes de terre)
[IT.] all'albigese (pomodori farciti e crocchette di patate)
[AL.] Albigenser Art (gefüllte Tomaten und Kartoffelkroketten)

166. **Albufera (língua de boi marinada, moleja de vitela e cogumelos)**
[INGL.] Albufera (marinated ox tongue, calf sweetbreads, and mushrooms)
[ESP.] Albufera (lengua de buey salada, molleja de ternera y setas)
[FR.] Albufera (langue de bœuf à l'écarlate, ris de veau et champignons)
[IT.] Albufera (lingua di manzo marinata, animella di vitello e funghi)
[AL.] Albufera (marinierte gepökelte Rinderzunge, Kalbsbries und Pilze)

A

167. **Albufera, à la d'
(com frango ou pato)**
[INGL.] Albufera style (with chicken or duck)
[ESP.] à la d'albufera (con pollo o pato)
[FR.] d'albufera (au poulet ou canard)
[IT.] all'albufera (con pollo o anatra)
[AL.] Albufera Art (mit Hähnchen oder Ente)

168. **Alcachofra**
[INGL.] artichoke
[ESP.] alcachofa
[FR.] artichaut
[IT.] carciofo
[AL.] Artischocke

169. **Alcachofra chinesa**
Ver ALCACHOFRA JAPONESA

170. **Alcachofra-da-terra**
Ver TUPINAMBO

171. **Alcachofra-de-jerusalém** Ver TUPINAMBO

172. **Alcachofra japonesa;
Alcachofra chinesa**
[INGL.] Japanese artichoke; Chinese artichoke; crosne
[ESP.] crosne; alcachofa china
[FR.] crosne du Japon; crosne
[IT.] carciofo giapponese
[AL.] japanische Artichocke; chinesische Artichocke; Knollenziest

173. **Alcachofras marinadas**
[INGL.] marinated artichokes
[ESP.] alcachofas marinadas
[FR.] artichauts marinés
[IT.] carciofi marinati
[AL.] marinierte Artichocken

174. **Alcaçuz**
[INGL.] liquorice
[ESP.] regaliz
[FR.] réglisse
[IT.] liquirizia
[AL.] Bärendreck; Lakritze

175. **Alcaparra**
[INGL.] caper
[ESP.] alcaparra
[FR.] câpre
[IT.] cappero
[AL.] Kaper

176. **Alcaparras, molho de**
[INGL.] capers sauce
[ESP.] salsa de alcaparras
[FR.] sauce aux câpres
[IT.] salsa di capperi
[AL.] Kapernsauce

177. **Alcaravia; Carvi; Kümmel**
[INGL.] caraway
[ESP.] alcaravea; carvi
[FR.] carvi; cumin des prés
[IT.] carvi; comino dei prati
[AL.] Kümmel; Karbe; Feldkümmel

178. **Alcatra**
[INGL.] sirloin (U.S.)/rump (U.K.)
[ESP.] cadera; cuadril; palomilla
[FR.] rumsteak (FR.)/surlonge (CA.)
[IT.] scamone
[AL.] Hüfte

179. **Alcatra com picanha**
[INGL.] D-rump

[ESP.] cuadril con tapa
[FR.] rumsteak (FR)/surlonge (CA) avec aiguillette
[IT.] scamone con coperchio
[AL.] Hüfte mit Hüftdeckel

180. **Alcatra de porco**
[INGL.] boneless sirloin; chump (U.S.)/chump (U.K.)
[ESP.] punta de jamón
[FR.] point de longe
[IT.] fondello
[AL.] Hüfte

181. **Alce**
[INGL.] moose
[ESP.] alce
[FR.] élan
[IT.] alce
[AL.] Elch; Elentier

182. **Alcoólico**
[INGL.] alcoholic
[ESP.] alcohólico
[FR.] alcoolique
[IT.] alcolico
[AL.] alkoholisch

183. **Alecrim-do-norte**
[INGL.] bog myrtle; sweet gale
[ESP.] mirto holandês
[FR.] galé odorant; poivre de Brabant; myrte des marais
[IT.] mirica
[AL.] Gagel

184. **Alecrim; Rosmaninho; Rosmarinho**
[INGL.] rosemary
[ESP.] romero
[FR.] romarin; rosmarin
[IT.] rosmarino; ramerino
[AL.] Rosmarein; Rosmarin; Kranzenkraut

A

185. **Alergia**
[INGL.] allergy
[ESP.] alergia
[FR.] allergie
[IT.] allergia
[AL.] Allergie

186. **Alérgico**
[INGL.] allergic
[ESP.] alérgico
[FR.] allergique
[IT.] allergico
[AL.] allergisch

187. **Alexander (coquetel feito de conhaque ou brandy, creme de cacau, creme de leite e noz-moscada ralada)**
[INGL.] Alexander (cocktail made with cognac or brandy, crème de cacao, cream, and grated nutmeg)
[ESP.] Alexander (cóctel con coñac o brandy, crema de cacao, nata y nuez moscada en polvo)
[FR.] Alexander (cocktail de cognac, crème de cacao, crème et noix de muscade râpée)
[IT.] Alexander (cocktail fatto con cognac o brandy, crema di cacao, panna e noce moscata grattugiata)
[AL.] Alexander (Cocktail mit Cognac oder Brandy, Cacao Creme, Sahne und geriebene Muskatnuß)

188. **Alexandra (frango, trufas e pontas de aspargos)**
[INGL.] Alexandra (chicken, truffles, and asparagus tips)
[ESP.] Alexandra (pollo, trufas y puntas de espárragos)
[FR.] Alexandra (poulet, truffes et pointes d'asperges)
[IT.] Alexandra (pollo, tartufi e punte di asparagi)
[AL.] Alexandra (Hähnchen, Trüffeln und Spargelspitzen)

189. **Alface**
[INGL.] lettuce
[ESP.] lechuga
[FR.] laitue
[IT.] lattuga
[AL.] Kopfsalat

190. **Alface-americana**
[INGL.] iceberg lettuce; head lettuce
[ESP.] lechuga iceberg
[FR.] laitue iceberg; laitue reine-des-glaces; batavia
[IT.] lattuga iceberg
[AL.] Eisbergsalat

191. **Alface-crespa**
[INGL.] curly lettuce; green lollo
[ESP.] lechuga verde
[FR.] lollo verte
[IT.] lattuga verde riccia
[AL.] Lollo Verte

192. **Alface-de-cordeiro**
[INGL.] lamb's lettuce
[ESP.] valerianella
[FR.] valérianelle
[IT.] valerianella
[AL.] Feldsalat

193. **Alface-do-mar**
[INGL.] sea lettuce
[ESP.] lechuga marina
[FR.] laitue de mer; ulve
[IT.] lattuga di mare
[AL.] grüner Meerlattich

194. **Alface frisée**
[INGL.] curly endive; friseé
[ESP.] lechuga frisée
[FR.] frisée
[IT.] indivia riccia
[AL.] Frisée

195. **Alface-lisa**
[INGL.] Boston lettuce; Bibb lettuce (U.S.)/round; cabbage lettuce (U.K.)
[ESP.] lechuga arrepollada; lechuga francesa
[FR.] laitue beurre
[IT.] lattuga a cappuccio
[AL.] Kopfsalat

196. **Alface-mimosa**
[INGL.] green oak lettuce
[ESP.] lechuga hoja de roble verde
[FR.] feuille de chêne verte
[IT.] gentilina verde
[AL.] grüner Eichblattsalat

197. **Alface-romana**
[INGL.] romaine lettuce (U.S.)/cos lettuce (U.K.)
[ESP.] lechuga romana
[FR.] laitue romaine; chicon
[IT.] lattuga romana
[AL.] Romana-Salat

198. **Alface roxa**
[INGL.] red lettuce; red lollo
[ESP.] lechuga roja
[FR.] lollo rosso
[IT.] lattuga riccia rossa
[AL.] Lollo Rosso

199. **Alfafa; Luzerna**
[INGL.] alfafa

A

[ESP.] alfafa
[FR.] luzerne
[IT.] alfafa; luzerne
[AL.] Luzerne; Klee

200. Alfarroba
[INGL.] carob
[ESP.] algarroba
[FR.] carobe
[IT.] carobe
[AL.] Johannisbrot

201. Alfavaca
[INGL.] wild basil
[ESP.] albahaca silvestre
[FR.] basilic sauvage
[IT.] basilico selvaggio
[AL.] wilde Basilikum

202. Alfazema; Lavanda
[INGL.] lavender
[ESP.] lavanda
[FR.] lavande
[IT.] lavanda
[AL.] Lavendel

203. Alforba Ver FENO-GREGO

204. Algas
[INGL.] seaweed
[ESP.] algas
[FR.] algues
[IT.] alghe
[AL.] Algen

205. Algas marinhas
[INGL.] seaweed
[ESP.] algas marinas
[FR.] algues marines
[IT.] alghe marine
[AL.] Meeresalgen; Seetang

206. Algérienne, à la (tomates e croquetes de batata-doce)
[INGL.] Algerian style (tomatoes and sweet potatoes croquettes)
[ESP.] a la argelina (tomates y croquetas de boniato)
[FR.] à l'algérienne (tomates et croquettes de patate douce)
[IT.] all'algerina (pomodori e crocchette di patate dolci)
[AL.] nach algerische Art (Tomaten und Süsskartoffelkroketten)

207. Algodão-doce
[INGL.] cotton candy (U.S.)/candy floss (U.K.)
[ESP.] algodón dulce
[FR.] barbe-à-papa
[IT.] zucchero filato
[AL.] Zuckerwatte

208. Alho
[INGL.] garlic
[ESP.] ajo
[FR.] ail
[IT.] aglio
[AL.] Knoblauch

209. Alho, ao
[INGL.] garlicky
[ESP.] al ajo; con ajo
[FR.] aillé
[IT.] all'aglio
[AL.] mit Knoblauch

210. Alho-de-espanha Ver ALHO-ESPANHOL

211. Alho-de-urso Ver ALHO SELVAGEM

212. Alho e óleo, ao
[INGL.] with garlic and oil
[ESP.] alioli; ajoaceite
[FR.] à l'ail et huile; aïoli
[IT.] all'aglio e olio
[AL.] mit Knoblauch und Öl

213. Alho-espanhol; Alho-de-espanha; Alho-mourisco
[INGL.] rocambole; Spanish garlic
[ESP.] rocambola
[FR.] ail rocambole
[IT.] rocambola; aglio di Spagna
[AL.] Rockenbolle; Schlangenknoblauch

214. Alho, molho de Ver AÏOLI, MOLHO

215. Alho-mourisco Ver ALHO-ESPANHOL

216. Alho-poró; Alho-porro
[INGL.] leek
[ESP.] ajo puerro; porro
[FR.] poireau
[IT.] porro
[AL.] Porree

217. Alho-porro Ver ALHO-PORÓ

218. Alho selvagem; Alho-de-urso
[INGL.] bear's garlic
[ESP.] ajo de oso
[FR.] ail des ours
[IT.] aglio orsino
[AL.] Bärlauch

219. Aliária; Erva-aliária
[INGL.] garlic mustard; alliaria; sauce alone; onion nettle
[ESP.] erísimo
[FR.] alliaire
[IT.] alliaria; aglliaria

A

[AL.] Lauchhederich; Lauchkraut

220. Alimentação
[INGL.] food; alimentation
[ESP.] alimentación
[FR.] alimentation
[IT.] alimentazione
[AL.] Verpflegung; Ernährung

221. Alimentos
[INGL.] food
[ESP.] comida; alimentos
[FR.] nourriture
[IT.] cibo; alimenti
[AL.] Essen

222. Alimentos funcionais
[INGL.] functional food
[ESP.] alimentos funcionales
[FR.] aliments à propriétés fonctionnelles
[IT.] alimenti funzionali
[AL.] funkitionelle Lebensmittel

223. Allemande, molho; Parisienne, molho (velouté de vitela ligado com gemas de ovos)
[INGL.] allemande sauce; parisienne sauce (velouté sauce blended with egg yolks)
[ESP.] salsa alemana; salsa parisina (salsa velouté con yemas de huevo)
[FR.] sauce allemande; sauce parisienne (velouté de veau le tout lié aux jaunes d'œufs)
[IT.] salsa alemanna; salsa parigina (vellutata di vitello amalgamata con tuorli d'uovo)

[AL.] deutsche Sauce; pariser Sauce (samtige Kalbsauce mit Eigelb)

224. Almoço
[INGL.] lunch; luncheon
[ESP.] almuerzo
[FR.] déjeuner
[IT.] pranzo
[AL.] Mittagessen; Lunch

225. Almoço de negócios
[INGL.] business meal
[ESP.] comida de empresa
[FR.] déjeuner d'affaires
[IT.] pranzo d'affari
[AL.] Geschäftsessen

226. Almofariz *Ver* PILÃO

227. Almôndegas
[INGL.] meatballs
[ESP.] albóndigas
[FR.] boulettes
[IT.] polpette di carne; coppiette
[AL.] Fleischklößchen

228. Alpínia *Ver* GALANGA

229. Alquermes (licor)
[INGL.] Alchermes (liqueur)
[ESP.] Alquermes (licor)
[FR.] Alkermès (liqueur)
[IT.] Alchermes (liquore)
[AL.] Alkermes (Likör)

230. Alsacienne, à l' (chucrute, presunto, bacon e/ou salsichas)
[INGL.] Alsatian style (sauerkraut, ham, bacon, and/or sausages)
[ESP.] a la alsaciana (crucruta, jamón, tocino y/o salsichas)

[FR.] à l'alsacienne (choucroute, jambon, lard et/ou saucisses)
[IT.] all'alsaziana (crauti, prosciutto, pancetta e/o salsicce)
[AL.] nach Elsässer Art (Sauerkraut, Schinken, Speck mit/oder Würste)

231. Alsacienne, à l' (com patê de foie gras)
[INGL.] Alsatian style (with foie gras pâté)
[ESP.] a la alsaciana (con pasta de hígado graso de ganso)
[FR.] à l'alsacienne (au foie gras)
[IT.] all'alsaziana (con pâté di fegato grasso d'oca)
[AL.] nach Elsässer Art (mit Gänseleberpastete)

232. Alta estação
[INGL.] high season
[ESP.] temporada alta
[FR.] haute saison; en saison
[IT.] alta stagione
[AL.] Hochsaison

233. Altramuz *Ver* TREMOÇOS

234. Amaciar
[INGL.] tenderize, to
[ESP.] manir
[FR.] attendrir
[IT.] frollare
[AL.] weich klopfen

235. Amadurecer
[INGL.] ripen, to
[ESP.] madurar
[FR.] mûrir; aoûter

— 48 —

A

[IT.] maturare
[AL.] reifen

236. Amadurecido
[INGL.] ripened
[ESP.] madurado
[FR.] mûri
[IT.] maturato
[AL.] gereif

237. Amaretto (licor italiano de amêndoas)
[INGL.] Amaretto (Italian almond liqueur)
[ESP.] Amaretto (licor italiano de almendras)
[FR.] Amaretto (liqueur italienne d'amandes)
[IT.] Amaretto (liquore italiano alle mandorle)
[AL.] Amaretto (italienischer Mandellikör)

238. Amargo *(sabor)*
[INGL.] bitter
[ESP.] amargo
[FR.] amer
[IT.] amaro
[AL.] bitter

239. Amarrado de ervas aromáticas; Bouquet garni
[INGL.] bouquet garni (bunch of aromatic herbs)
[ESP.] manojo de hierbas aromáticas
[FR.] bouquet garni
[IT.] mazzetto di erbe aromatiche
[AL.] Kräuterbündel (klein)

240. Amarrar as asas e as coxas de uma ave para assar
[INGL.] truss, to
[ESP.] atar

[FR.] trousser
[IT.] legare
[AL.] zusammenbinden

241. Amassador de batatas
[INGL.] potato masher
[ESP.] aplasta patatas
[FR.] presse-purée
[IT.] schiacciapatate
[AL.] Kartoffelstampfer

242. Amatriciana, all' (salsa de tomate, bacon e pimenta)
[INGL.] amatriciana style (tomato sauce, bacon, and hot pepper)
[ESP.] a la amatriciana (salsa de tomate, tocino y pimienta)
[FR.] à l'amatriciana (sauce tomate, lard et piment)
[IT.] all'amatriciana (salsa di pomodoro, pancetta e peperoncino)
[AL.] nach Amatriciana Art (Tomatensauce, geräucherter Speck und Pfeffer)

243. Ambassadeur; Ambassadrice (corações de alcachofra recheados e batatas-duquesa)
[INGL.] Ambassador (stuffed artichoke hearts and potatoes duchess)
[ESP.] Embajador (fondos de alcachofas rellenos y patatas a la duquesa)
[FR.] Ambassadeur (cœur d'artichauts farcis et pommes de terre duchesse)
[IT.] Ambasciatore (cuori di carciofi ripieni e patate alla duchessa)
[AL.] Botschafter (gefüllte Artischockenherzen und Herzogin-Karttofeln)

244. Ambassadrice
Ver AMBASSADEUR

245. Ambiente
[INGL.] ambience; atmosphere
[ESP.] ambiente
[FR.] ambiance
[IT.] ambiente
[AL.] Ambiente; Atmosphäre

246. Amchoor (manga verde em pó)
[INGL.] amchoor (mango powder)
[ESP.] amchoor (mango verde en polvo)
[FR.] amchoor (poudre de mangue verte)
[IT.] amchoor (polvere di mango verde)
[AL.] Amchoor (grüne Mango im Pulver)

247. Amêijoa *(molusco)* (PT)
[INGL.] clam
[ESP.] concha
[FR.] clovisse; moule
[IT.] vongola
[AL.] Miesmuschel

248. Amêijoa fina *(molusco)* (PT)
[INGL.] fine clam (U.S.)/ carpet shells (U.K.)
[ESP.] almeja fina
[FR.] praires
[IT.] vongola verace
[AL.] Teppichmuscheln

A

249. **Ameixa fresca**
[INGL.] plum
[ESP.] ciruela
[FR.] prune
[IT.] prugna; susina
[AL.] frische Pflaume

250. **Ameixa, molho de**
[INGL.] plum sauce
[ESP.] salsa de ciruela
[FR.] sauce à la prune
[IT.] salsa di prugna
[AL.] Pflaumensauce

251. **Ameixa seca**
[INGL.] prune
[ESP.] ciruela pasa
[FR.] pruneau
[IT.] prugna secca
[AL.] getrocknete Pflaume

252. **Amêndoa**
[INGL.] almond
[ESP.] almendra
[FR.] amande
[IT.] mandorla
[AL.] Mandel

— amêndoa —

253. **Amêndoa doce**
[INGL.] sweet almond
[ESP.] almendra dulce
[FR.] amande douce
[IT.] mandorla dolci
[AL.] Mandelsüße

254. **Amêndoa do mar** *(molusco)* (PT)
[INGL.] dog cockle
[ESP.] almendra de mar
[FR.] amande de mer
[IT.] mandorla di mare
[AL.] Samtmuschel

255. **Amêndoa torrada**
[INGL.] roasted almond
[ESP.] almendra tostada
[FR.] amande grillée
[IT.] mandorla tostata
[AL.] geröstete Mandel

256. **Amendoim**
[INGL.] peanut; goober; monkey nut (U.K.)
[ESP.] cacahuete; maní
[FR.] cacahuète
[IT.] arachidi
[AL.] Erdnüss

257. **Américaine, à l' (lagosta e molho armoricaine)**
[INGL.] American style (lobster and armoricaine sauce)
[ESP.] a la americana (langosta y salsa armoricaine)
[FR.] à l'américaine (homard et sauce armoricaine)
[IT.] all'americana (aragosta e salsa armoricaine)
[AL.] nach amerikanischer Art (Hummer und Armoricaine-Sauce)

258. **Américaine, à l' (lagosta, molho de tomate, azeite de oliva, cebola e vinho)**
[INGL.] American style (lobster, tomato sauce, olive oil, onion, and wine)
[ESP.] a la americana (langosta, salsa de tomate, aceite de oliva, cebolla y vino)
[FR.] à l'américaine (homard, sauce tomate, huile d'olive, oignon et vin)
[IT.] all'americana (aragosta, salsa di pomodoro, olio di oliva, cipolla e vino)
[AL.] nach amerikanischer Art (Hummer, Tomatensauce, Olivenöl, Zwiebel und Wein)

259. **Américaine, à l' (ovos, aves ou carne, tomates e fatias de bacon na grelha)**
[INGL.] American style (eggs, poultry or meat, grilled tomatoes, and grilled slices of bacon)
[ESP.] a la americana (huevos, aves o carne, tomates a la parrila y lonjas de tocino a la parrilla)
[FR.] à l'américaine (œufs, volaille ou viande, tomates grillées et tranches de lard grillées)
[IT.] all'americana (uova, pollo o carne, pomodori e fette di pancetta alla griglia)
[AL.] nach amerikanischer (Eier, Geflügel oder Fleisch, gegrillten Tomaten und gegrillten Speckscheiben)

260. **Americano (coquetel feito de Campari®, vermute tinto e club soda)**
[INGL.] Americano (cocktail made with Campari®, red

A

vermouth, and club soda)
[ESP.] Americano (cóctel con Campari®, vermut rojo y agua carbonatada)
[FR.] Americano (cocktail de Campari®, vermouth rouge et eau gazeuse)
[IT.] Americano (cocktail fatto di Campari®, vermouth rosso e acqua gassata)
[AL.] Americano (Cocktail mit Campari®, roter Wermut und Sodawasser)

261. Amido de milho
[INGL.] cornstarch (U.S.)/corn flour (U.K.)
[ESP.] harina de maíz
[FR.] fécule de maïs; amidon
[IT.] amido di mais
[AL.] Speisestärke

262. Amiral, à l' (ostras, mexilhões, lagostins, cogumelos, trufas e molho Nantua)
[INGL.] Admiral style (oysters, mussels, crayfish, mushrooms, truffles, and Nantua sauce)
[ESP.] a la almirante (ostras, mejillones, cigalas, setas, trufas y salsa Nantua)
[FR.] à l'amiral (huîtres, moules, langoustines, champignons, truffes et sauce Nantua)
[IT.] all'ammiraglia (ostriche, cozze, scampi, funghi, tartufi e salsa Nantua)
[AL.] Admiralsart (Austern, Muscheln, Flusskrebse, Pilze, Trüffeln und Nantua-Sauce)

263. Amolador de facas
[INGL.] knife sharpener
[ESP.] afilador de cuchillos
[FR.] affûte-couteaux; aiguisoir
[IT.] affila coltelli
[AL.] Messerschärfer

264. Amolar
[INGL.] sharpen, to
[ESP.] afilar
[FR.] affûter; aiguiser
[IT.] affilare
[AL.] schleifen

265. Amora
[INGL.] mulberry
[ESP.] mora
[FR.] mûre
[IT.] mora di gelso
[AL.] Maulbeere

266. Amora-preta
[INGL.] blackberry
[ESP.] zarzamora
[FR.] mûre sauvage
[IT.] mora di rovo
[AL.] Brombeere

267. Amor-dos-homens (PT)
Ver DENTE-DE-LEÃO

268. Anato Ver URUCUM

269. Anchovas, molho de
[INGL.] anchovy sauce
[ESP.] salsa de anchoas
[FR.] sauce aux anchois
[IT.] salsa alle acciughe
[AL.] Sardellensauce

270. Ancienne, à l' (cebolinhas-pérola e cogumelos)
[INGL.] old fashioned style (pearl onions and mushrooms)
[ESP.] a la antigua (cebollitas y setas)
[FR.] à l'ancienne (oignons grelot et champignons)
[IT.] alla vecchia maniera (cipolline e funghi)
[AL.] alte Art (Silberzwiebelchen und Pilze)

271. Andalouse, à l' (carne, pimentão, berinjela, arroz e chipolata)
[INGL.] Andalusian style (meat, sweet pepper, eggplant (U.S.)/aubergine (U.K.), chipolata, and rice)
[ESP.] a la andaluza (carne, pimiento dulce, berenjena, chipolata y arroz)
[FR.] à l'andalouse (viande, poivron doux, aubergine, chipolata et riz)
[IT.] all'andalusa (carne, peperone, melanzana, chipolata e riso)
[AL.] andalusische Art (Fleisch, Paprika, Aubergine, Chipolata und Reis)

272. Andalouse, molho (maionese, molho de tomate e pimentão)
[INGL.] Andalusian sauce (mayonnaise, tomato sauce, and sweet pepper)
[ESP.] salsa andaluzia (mayonesa, salsa de tomate y pimiento dulce)
[FR.] sauce andalouse (mayonnaise, sauce tomate et poivron doux)
[IT.] salsa andalusa (maionese, salsa di pomodoro e peperone)

A

[AL.] andalusische Sauce (Mayonnaise, Tomatensauce und Paprika)

273. **Andu** (BA)
Ver FEIJÃO-GUANDO

274. **Anéis de lula fritos**
[INGL.] fried squid ring
[ESP.] anillos de calamar fritos
[FR.] anneaux de calmar frits
[IT.] anelli di calamaro fritti
[AL.] fritierte Tintenfischeringe

275. **Anellini (massa em forma de argolinhas)**
[INGL.] anellini (ringlet-shaped pasta)
[ESP.] anellini (pasta en forma de pequeños anillos)
[FR.] anellini (pâtes en forme de petites bagues)
[IT.] anellini (pasta a forma di anelli)
[AL.] Anellini (kleine Ringeförmige Nudeln)

276. **Anequim**
Ver TUBARÃO-BRANCO

277. **Aneto** Ver ENDRO

278. **Ânfora**
[INGL.] amphora
[ESP.] ánfora
[FR.] amphore
[IT.] anfora
[AL.] Amphore

279. **Angel food cake (bolo feito sem gemas de ovos)**
[INGL.] angel cake (cake without egg yolks)
[ESP.] bizcocho (bollo norteamericano sin yemas de huevo)
[FR.] biscuit mousseline (gâteau sans jaunes d'œufs)
[IT.] angel cake (torta dolce senza tuorli d'uovo)
[AL.] Engelskuchen (Kuchen ohne Eigelb)

280. **Angélica; Erva-do--espírito-santo; Jacinto--da-índia**
[INGL.] angelica
[ESP.] angélica
[FR.] angélique
[IT.] angelica
[AL.] Angelika; Engelwurz

281. **Angels on horseback (ostras fritas enroladas em fatias de bacon e servidas sobre torradas)**
[INGL.] angels on horseback (fried oysters wrapped in fine bacon strips and served on toasts)
[ESP.] broquetas de ostras sobre tostada
[FR.] brochettes d'huîtres sur toast (huîtres frites entourées de lard, sur toast)
[IT.] ostriche fritte arrotolate in pancetta, servite su crostini di pane
[AL.] gebratene Austern eingewickelte im Speck auf Toast

282. **Anglaise, à l' (alimentos cozidos ou escaldados e servidos com manteiga)**
[INGL.] English style (boiled and served with butter)
[ESP.] a la inglesa (hervido y aderezado con mantequilla)
[FR.] à l'anglaise (bouilli et servi avec du beurre)
[IT.] all'inglese (bollito e guarnito con burro)
[AL.] nach englischer Art (Nahrungsmittel gekocht oder gebrüht mit Butter gedient)

283. **Angostura**®
[INGL.] Angostura®
[ESP.] Angostura®
[FR.] Angostura®
[IT.] Angostura®
[AL.] Angostura®

284. **Anilina** Ver CORANTE

285. **Anis-da-china**
Ver ANIS-ESTRELADO

286. **Anis-estrelado; Anis--da-china; Badiana**
[INGL.] star anise; Chinese anise
[ESP.] badiana
[FR.] anis étoilé; badiane
[IT.] anice stelatto
[AL.] Sternanis

287. **Anisette**
[INGL.] anisette; anise-flavored liqueur
[ESP.] anisete
[FR.] anisette
[IT.] anisetta
[AL.] Anisett; Anislikör

288. **Anis verdadeiro**
Ver ERVA-DOCE

289. **Anis-verde**
Ver ERVA-DOCE

A

290. **Anis** *Ver* Erva-doce

291. **Anjo-do-mar**
Ver Cação-anjo

292. **Antepasto**
[INGL.] appetizer; hors-
-d'oeuvre
[ESP.] entremés
[FR.] mise en bouche; hors-
-d'oeuvre
[IT.] antipasto
[AL.] Vorspeise

293. **Antes**
[INGL.] before
[ESP.] antes
[FR.] avant
[IT.] prima
[AL.] vorher

294. **Antiaderente**
[INGL.] non-stick
[ESP.] antiadherente
[FR.] non adhésive
[IT.] antiaderente
[AL.] Antihaft-

295. **Antioxidante**
[INGL.] antioxidant
[ESP.] antioxidante
[FR.] antioxydant
[IT.] antiossidante
[AL.] Antioxidantien

296. **Anversoise, à l'** (tar-
telettes com brotos de
lúpulo e batatas cozidas
ou ovos quentes)
[INGL.] Antwerp style (tarts
(U.S.)/tartlets (U.K.) with hop
sprouts and boiled potatoes
or soft-boiled eggs)
[ESP.] a la amberina
(tartaletas a las brotes de
lúpulo y patatas cocidas o
huevos pasados por agua)
[FR.] à l'anversoise (tartelettes
aux pousses de houblon et
pommes de terre cuites ou
œufs à la coque)
[IT.] all'anversese (tortine ai
germogli di luppolo e patate
lesse o uova alla coque)
[AL.] Antwerpener
Art (Törtchen mit
Hopfensprossen und
Salzkartoffeln oder
weichgekocht Eier)

297. **Ao ar livre**
Ver Do lado de fora

298. **Aorta** *(miúdos)*
[INGL.] aorta
[ESP.] aorta
[FR.] aorte
[IT.] aorta
[AL.] Aorta

299. **Aparar**
[INGL.] trim, to
[ESP.] cortar
[FR.] tailler
[IT.] raffilare
[AL.] beschneiden

300. **Aparelho de chá**
[INGL.] coffee set; coffee
service
[ESP.] servicio de té
[FR.] service à thé
[IT.] servizio da caffè
[AL.] Kaffeegeschirr

301. **Aparelho de jantar**
[INGL.] dinner set; dinner
service
[ESP.] servicio de mesa
[FR.] service de table
[IT.] servizio di piatti;
servizio da tavola
[AL.] Essgeschirr

302. **Aparelho de jantar
de porcelana**
[INGL.] china (service)
[ESP.] servicio de porcelana
[FR.] service de porcelaine
[IT.] servizio di porcellana
[AL.] Essgeschirr aus
Porzelan

303. **À parte** *Ver* De lado

304. **Aperitivo** *(bebida)*
[INGL.] aperitif; short drink
[ESP.] aperitivo
[FR.] apéritif
[IT.] aperitivo
[AL.] Aperitif

305. **Aperitivos variados**
[INGL.] assorted appetizers
(U.S.)/assorted starters (U.K.)
[ESP.] entremeses variados
[FR.] hors-d'œuvre assortis
[IT.] antipasti assortiti
[AL.] gemischte Vorspeisen

306. **Apetite**
[INGL.] appetite
[ESP.] apetito
[FR.] appétit
[IT.] appetito
[AL.] Appetit

307. **Apetitoso**
[INGL.] appetizing
[ESP.] apetitoso
[FR.] appétissant
[IT.] appetitoso
[AL.] appetitlich

A

308. Apfelstrudel
[INGL.] apfelstrudel
[ESP.] apfelstrudel
[FR.] apfelstrudel
[IT.] apfelstrudel
[AL.] Apfelstrudel

— apfelstrudel —

309. Apimentado
[INGL.] peppery; spicy; deviled
[ESP.] picante
[FR.] poivré
[IT.] impepato
[AL.] scharf

310. Apimentar
[INGL.] pepper, to
[ESP.] sazonar con pimienta
[FR.] poivrer; pimenter
[IT.] pepare
[AL.] pfeffern; würzen

311. Appenzeller (queijo suíço, feito com leite de vaca)
[INGL.] Appenzeller (Swiss cheese, made from cow milk)
[ESP.] Appenzeller (queso suizo, elaborado con leche de vaca)
[FR.] Appenzeller (fromage suisse, au lait de vache)
[IT.] Appenzeller (formaggio svizzero, preparato con latte vaccino)
[AL.] Appenzeller (schweizer Kuhmilch-Käse)

312. Apreciar
[INGL.] appreciate, to
[ESP.] apreciar
[FR.] apprécier
[IT.] apprezzare
[AL.] schätzen; abschmecken

313. Aquavit (aguardente de cereais escandinava)
[INGL.] aquavit (Scandinavian cereal distillate)
[ESP.] aquavit (aguardiente de cereales escandinavo)
[FR.] aquavit (eau-de-vie de céréales scandinave)
[IT.] aquavit (distillato di cereali scandinavo)
[AL.] Aquavit (skandinavisches Kornbranntwein)

314. Aquecer; Esquentar
[INGL.] warm up, to; heat, to
[ESP.] calentar
[FR.] chauffer
[IT.] scaldare
[AL.] aufwärmen

315. Aquecido
[INGL.] warmed up
[ESP.] calentado
[FR.] chauffé
[IT.] scaldato
[AL.] erhitzt

316. Aquiléa
[INGL.] yarrow
[ESP.] milenrama
[FR.] achillée
[IT.] achillea; millefoglio
[AL.] Schafgarbe

317. Aquoso Ver AGUADO

318. Arababéu (BA)
Ver SERNAMBIGUARA

319. Arabaiana-azul
Ver XIXARRO-SALMÃO

320. Araçá (BA) Ver GOIABA

321. Arando; Mirtilo
[INGL.] blueberry (U.S.)/ bilberry (U.K.)
[ESP.] arándanos
[FR.] myrtille
[IT.] mirtillo
[AL.] Heidelbeere

322. Araruta
[INGL.] arrowroot (U.S.)/ arrowroot flour (U.K.)
[ESP.] arrurruz; maranta
[FR.] marante
[IT.] arundo; maranta
[AL.] Arrowroot; Pfeilwurz

323. Araximbora
Ver GUARAJUBA

324. Archiduc, à l' (com cebolas e páprica)
[INGL.] Archiduke style (with onions and paprika)
[ESP.] a la archiduque (con cebollas y páprika)
[FR.] à l'archiduc (aux oignons et paprika)
[IT.] alla arciduca (con cipolle e paprika)
[AL.] Erzherogsart (mit Zwiebeln und Paprika)

325. Área para não fumantes
[INGL.] non-smoking area
[ESP.] zona de no fumadores
[FR.] zone non-fumeurs

A

[IT.] zona non fumatori
[AL.] Nichtraucherzone

326. Arenque
[INGL.] herring
[ESP.] arenque
[FR.] hareng
[IT.] aringa
[AL.] Hering

327. Arenque defumado
[INGL.] smoked herring
[ESP.] arenque ahumado
[FR.] hareng fumé; hareng sour
[IT.] aringa affumicata
[AL.] Räucherhering

328. Argenteuil (com pontas de aspargos ou purê de aspargos)
[INGL.] Argenteuil (with asparagus tips or asparagus purée)
[ESP.] Argenteuil (con puntas de espárragos o puré de espárragos)
[FR.] Argenteuil (aux pointes d'asperges ou à la purée d'asperges)
[IT.] Argenteuil (con punte di asparagi o purea di asparagi)
[AL.] Argenteuil (mit Spargelspitzen oder Spargelpüree)

329. Argola para guardanapo
[INGL.] napkin ring
[ESP.] anillo para servilletas
[FR.] rond de serviette
[IT.] anello portatovaglioli
[AL.] Serviettenring

330. Arlésienne, à la (berinjelas, tomates e cebolas)
[INGL.] Arlesian style (eggplants (U.S.)/aubergines (U.K.), tomatoes, and onions)
[ESP.] a la arlesiana (berenjenas, tomates y cebollas)
[FR.] à l'arlésienne (aubergines, tomates et oignons)
[IT.] all'arlesiana (melanzane, pomodori e cipolle)
[AL.] arlesische Art (Auberginen, Tomaten und Zwiebeln)

331. Armanhaque (aguardente vínica)
[INGL.] armagnac (distilled from wine)
[ESP.] armagnac (aguardiente de vino)
[FR.] armagnac (eau-de-vie de vin)
[IT.] armagnac (distillate di vino)
[AL.] Armagnac (Weinbrand)

332. Armazenagem
[INGL.] storage
[ESP.] almacenamiento
[FR.] stockage
[IT.] stoccaggio
[AL.] Lagerung

333. Armoricaine, molho (tomates, cebolinha--verde, conhaque, vinho branco e estragão)
[INGL.] armoricaine sauce (tomatoes, scallion (U.S.)/spring onion (U.K.), cognac, white wine, and tarragon)
[ESP.] salsa armoricaine (tomates, cebolleta, coñac, vino blanco y estragón)
[FR.] sauce armoricaine (tomates, ciboule, cognac, vin blanc et estragon)
[IT.] salsa armoricaine (pomodori, cipolletta, cognac, vino bianco e dragoncello)
[AL.] Armoricaine-Sauce (Tomaten, Schnittzwiebel, Cognac, Weißwein und Estragon)

334. Aroma
[INGL.] aroma
[ESP.] aroma
[FR.] arôme
[IT.] aroma
[AL.] Aroma

335. Aromático
[INGL.] aromatic
[ESP.] aromático
[FR.] aromatique
[IT.] aromatico
[AL.] aromatisch

336. Aromatizado
[INGL.] aromatized
[ESP.] aromatizado
[FR.] aromatisé
[IT.] aromatizzato
[AL.] aromatisiert

337. Aromatizar
[INGL.] aromatize, to
[ESP.] aromatizar
[FR.] aromatiser
[IT.] aromatizzare
[AL.] aromatisieren

338. Arraia; Raia
[INGL.] stingray
[ESP.] raya
[FR.] raie

A

[IT.] razza
[AL.] Rochen

339. Arrefecer; Esfriar
[INGL.] cool, to
[ESP.] enfriar
[FR.] refroidir
[IT.] raffreddare
[AL.] abkühlen

340. Arroz
[INGL.] rice
[ESP.] arroz
[FR.] riz
[IT.] riso
[AL.] Reis

341. Arroz à grega
[INGL.] Greek rice
[ESP.] arroz a la griega
[FR.] riz à la grecque
[IT.] riso alla greca
[AL.] Reis auf griechische Art

342. Arroz arbóreo
[INGL.] arborio rice
[ESP.] arroz arborio
[FR.] riz arborio
[IT.] riso arborio
[AL.] Arborio-Reis; Risotosreis

343. Arroz basmati
[INGL.] basmati rice
[ESP.] arroz basmati
[FR.] riz basmati
[IT.] riso basmati
[AL.] Basmati-Reis

344. Arroz branco
[INGL.] white rice
[ESP.] arroz blanco
[FR.] riz à l'eau; riz blanc
[IT.] riso in bianco
[AL.] weißer Reis

345. Arroz branco de grão curto
[INGL.] white short-grain rice
[ESP.] arroz blanco de grano corto
[FR.] riz rond blanc
[IT.] riso bianco a chicco tondo
[AL.] weißer Rundkornreis

346. Arroz branco de grão longo *(agulhinha)*
[INGL.] white long-grain rice
[ESP.] arroz blanco de grano largo
[FR.] riz long blanc
[IT.] riso bianco a chicco lungo
[AL.] weißer Langkornreis

347. Arroz branco glutinoso
[INGL.] white glutinous rice
[ESP.] arroz blanco glutinoso
[FR.] riz gluant blanc
[IT.] riso glutinoso bianco
[AL.] weißer Klebereis

348. Arroz calasparra (próprio para paella)
[INGL.] calasparra rice (especially for paella)
[ESP.] arroz de calasparra (especial para paella)
[FR.] riz calasparra (idéal pour la paella)
[IT.] riso calasparra (per preparare la paella)
[AL.] Calasparra Reis (eignet sich hervorragend für Paella)

349. Arroz carnaroli
[INGL.] carnaroli rice
[ESP.] arroz carnaroli
[FR.] riz carnaroli
[IT.] riso carnaroli
[AL.] Carnaroli-Reis

350. Arroz cozido
[INGL.] boiled rice; cooked rice
[ESP.] arroz hervido
[FR.] riz au blanc; riz à la chinoise
[IT.] riso bollito
[AL.] gekochter Reis

351. Arroz de jasmim
[INGL.] jasmine rice
[ESP.] arroz de jazmín
[FR.] riz parfumé au jasmin
[IT.] riso jasmine
[AL.] Jasmin-Reis

352. Arroz-de-leite (s)
Ver ARROZ-DOCE

353. Arroz de pato
[INGL.] rice with duck
[ESP.] arroz de pato
[FR.] canard au riz
[IT.] anatra al riso
[AL.] Entenreis

354. Arroz de sushi
[INGL.] sushi rice
[ESP.] arroz de sushi
[FR.] riz à sushi
[IT.] riso per sushi
[AL.] Sushi-Reis

355. Arroz-doce; Arroz--de-leite (s)
[INGL.] rice pudding
[ESP.] arroz con leche
[FR.] riz au lait
[IT.] riso al latte
[AL.] Milchreis

356. Arroz integral
[INGL.] brown rice
[ESP.] arroz integral

A

[FR.] riz complet
[IT.] riso integrale
[AL.] Vollkornreis

357. **Arroz integral de grão curto**
[INGL.] brown short-grain rice
[ESP.] arroz integral de grano corto
[FR.] riz rond complet
[IT.] riso integrale a chicco tondo
[AL.] Vollkornrundreis

358. **Arroz integral de grão longo**
[INGL.] brown long-grain rice
[ESP.] arroz integral de grano longo
[FR.] riz long complet
[IT.] riso integrale a chicco lungo
[AL.] Vollkornlangreis

359. **Arroz japonês**
[INGL.] Japanese rice
[ESP.] arroz japonés
[FR.] riz japonais
[IT.] riso giapponese
[AL.] japanische Reis

360. **Arroz parboilizado**
[INGL.] parboiled rice
[ESP.] arroz sancochado
[FR.] riz précuit; riz étuvé
[IT.] riso parboiled
[AL.] Schnellkochreis

361. **Arroz polido**
[INGL.] polished rice
[ESP.] arroz pulido
[FR.] riz poli
[IT.] riso brillato
[AL.] Polierterreis

362. **Arroz puro**
[INGL.] plain rice
[ESP.] arroz sin salsa
[FR.] riz nature
[IT.] riso in bianco
[AL.] pur Reis

363. **Arroz selvagem**
[INGL.] wild rice
[ESP.] arroz silvestre
[FR.] riz sauvage; riz noir
[IT.] riso selvatico
[AL.] Wildreis

364. **Arroz tailandês**
[INGL.] Thai rice
[ESP.] arroz tailandés
[FR.] riz thaï
[IT.] riso thailandese
[AL.] Thai-Reis

365. **Arruda**
[INGL.] rue
[ESP.] ruda
[FR.] rue
[IT.] ruta
[AL.] Weinraute

366. **Artemísia**
[INGL.] mugwort
[ESP.] artemisia
[FR.] armoise
[IT.] artemisia
[AL.] Beifuß

367. **Asas**
[INGL.] wings
[ESP.] alas
[FR.] ailes
[IT.] ali
[AL.] Flügel

368. **Asas de frango**
[INGL.] chicken wings
[ESP.] alitas de pollo
[FR.] ailes de poulet
[IT.] alette di pollo
[AL.] Hähnchenflügel

369. **Asas de pato**
[INGL.] duck wings
[ESP.] alas de pato
[FR.] ailes de canard
[IT.] ali di anatra
[AL.] Enterflügel

370. **Aspargo**
[INGL.] asparagus
[ESP.] espárrago
[FR.] asperge
[IT.] asparago
[AL.] Spargel

371. **Aspargo dos pobres**
Ver CERCEFI-BRANCA

372. **Aspartame**
[INGL.] aspartame
[ESP.] aspartamo
[FR.] aspartam
[IT.] aspartame
[AL.] Aspartame

373. **Aspérula**
[INGL.] sweet woodruff; asperula
[ESP.] aspérula olorosa
[FR.] aspérule
[IT.] asperula; stellina odorosa
[AL.] Waldmeister; Aspik

374. **Aspic (gelatina salgada feita com caldo de carne, peixe ou legumes)**
[INGL.] aspic (salty jelly made of beef, fish or vegetable stock)
[ESP.] aspic (gelatina transparente y salada, preparada con caldo

— 57 —

A

clarificado de carne, o de pescado, o de verduras que se cuece en el horno en un molde)
[FR.] aspic (mets froid, de composition de viande, poisson ou légumes, moulé en gelée et décoré)
[IT.] aspic (una preparazione a base di carne, pesce o verdure presentata in gelatina)
[AL.] Aspik (Speisen mit Fleisch, Fisch oder Gemüse, die in Gelee eingesetzt Sülze)

375. **Assadeira**
[INGL.] roasting pan
[ESP.] tortera
[FR.] plat à four
[IT.] teglia
[AL.] Blech

376. **Assado** (adj.)
[INGL.] roasted
[ESP.] asado
[FR.] rôti
[IT.] arrostito
[AL.] gebraten

377. **Assado** (subst.)
[INGL.] roast
[ESP.] asado
[FR.] rôt
[IT.] arrosto
[AL.] Braten

378. **Assado no forno**
[INGL.] baked in foil; roasted; baked
[ESP.] cocido en horno; horneado
[FR.] rôti au four
[IT.] cotto al forno
[AL.] im Ofen gebacken

379. **Assa-fétida; Férula; Goma-fedorenta (tempero)**
[INGL.] asafoetida (spice)
[ESP.] asa fétida (condimento)
[FR.] asa foetida (assaisonnement)
[IT.] asafetida (condiment)
[AL.] Asant; Stinkasant; Teufelsdreck (Gewürz)

380. **Assar em calor seco**
[INGL.] roast, to; bake, to
[ESP.] asar
[FR.] rôtir
[IT.] arrostire
[AL.] braten; rösten

381. **Assar no forno**
[INGL.] bake in the oven, to; cook in the oven, to
[ESP.] cocer en horno; hornear
[FR.] cuire au four
[IT.] cuocere al forno
[AL.] im Ofen backen

382. **Assar sobre brasas**
[INGL.] grill, to; chargrill, to
[ESP.] asar en parrillas; asar sobre ascuas
[FR.] cuire à la braise
[IT.] cuocere alla brace; arrostire in graticola
[AL.] grillen; auf dem Rost braten

383. **Assar a massa antes de rechear**
[INGL.] bake blind, to

[ESP.] cocer en blanco
[FR.] cuire à blanc
[IT.] cuocere in bianco, senza ripieno
[AL.] Teig backen bevor gefüllt wird

384. **Assento**
[INGL.] seat
[ESP.] asiento
[FR.] place
[IT.] posto; sedile
[AL.] Sitz; Sitzplatz

385. **Assinar**
[INGL.] sign, to
[ESP.] firmar
[FR.] signer
[IT.] firmare
[AL.] unterschreiben

386. **Atapu** (molusco)
[INGL.] whelk; buckie
[ESP.] bocina
[FR.] buccin; bulot
[IT.] buccina
[AL.] Wellhornschnecke

387. **Até amanhã**
[INGL.] see you tomorrow
[ESP.] hasta mañana
[FR.] à demain
[IT.] a domani
[AL.] Bis morgen

388. **Até logo**
[INGL.] goodbye
[ESP.] hasta luego
[FR.] au revoir
[IT.] arrivederci
[AL.] auf Wiedersehen

389. **Atendimento**
Ver SERVIÇO

A

390. **Atum**
[INGL.] tuna (U.S.)/tunny (U.K.)
[ESP.] atún
[FR.] thon
[IT.] tonno
[AL.] Thunfisch

391. **Atum-branco**
Ver ALBACORA-BRANCA

392. **Atum-cachorra; Albacora-bandolim**
[INGL.] bigeye tuna (U.S.)/ bigeye tunny (U.K.)
[ESP.] patudo
[FR.] thon obèse
[IT.] tonno obeso
[AL.] Großaugenthun

393. **Atum no azeite**
[INGL.] tuna (U.S.) in olive oil/tunny (U.K.) in olive oil
[ESP.] atún en aceite
[FR.] thon à l'huile
[IT.] tonno sott'olio
[AL.] Thunfisch in Öl

394. **Aurora, molho (molho bechamel e extrato de tomate)**
[INGL.] Aurore sauce (béchamel sauce and tomato paste (U.S.)/tomato purée (U.K.))
[ESP.] salsa aurora (salsa bechamel y concentrado de tomate)
[FR.] sauce aurore (sauce béchamel et concentré de tomate)
[IT.] salsa aurora (salsa besciamella e concentrato di pomodoro)
[AL.] Aurora-Sauce (Béchamelsauce und Tomatenmark)

395. **Autrichienne, à l' (páprica, cebolas fritas, funcho e creme de leite azedo)**
[INGL.] Austrian style (paprika, fried onions, fennel, and sour cream (U.S.)/soured cream (U.K.))
[ESP.] a la austriaca (páprika, cebollas fritas, hinojo y nata ácida)
[FR.] à l'autrichienne (paprika, oignons frits, fenouil et crème aigre)
[IT.] all'austriaca (paprika, cipolle fritte, finocchio e panna acida)
[AL.] nach österreichischer Art (Paprika, gebratenen Zwiebeln, Fenchel und saure Sahne)

396. **Aveia**
[INGL.] oat
[ESP.] avena
[FR.] avoine
[IT.] avena
[AL.] Hafermehl

397. **Avelã**
[INGL.] hazelnut
[ESP.] avellana
[FR.] noisette; aveline
[IT.] nocciola
[AL.] Haselnüß

398. **Aveludado**
[INGL.] velvety
[ESP.] aterciopelado
[FR.] velouté
[IT.] vellutato
[AL.] samtig

399. **Avental**
[INGL.] apron
[ESP.] delantal
[FR.] tablier
[IT.] grembiule
[AL.] Schürze

400. **Aves domésticas**
[INGL.] poultry
[ESP.] aves
[FR.] volaille
[IT.] pollame
[AL.] Geflügel

401. **Avestruz**
[INGL.] ostrich
[ESP.] avestruz
[FR.] autruche
[IT.] struzzo
[AL.] Strauss

402. **Avinhado; Regado com vinho**
[INGL.] winy
[ESP.] avinado
[FR.] aviné
[IT.] avvinato
[AL.] weinig

403. **Azeda-brava**
Ver AZEDINHA

404. **Azedar**
[INGL.] turn sour, to
[ESP.] acedar
[FR.] aigrir; surir
[IT.] rendere agro
[AL.] säuern

405. **Azedeira**
Ver AZEDINHA

406. **Azedinha; Azedinha-da-horta; Azeda-brava; Azedeira**

A

[INGL.] sorrel; garden sorrel
[ESP.] acedera
[FR.] oseille de Belleville
[IT.] acetosa maggiore
[AL.] Sauerampfer

407. **Azedinha-da-horta**
Ver AZEDINHA

408. **Azedinha-miúda**
[INGL.] sheep sorrel
[ESP.] acedera pequeña
[FR.] petite oseille
[IT.] acetosa minore
[AL.] Kleiner Sauerampfer

409. **Azedo** (sabor)
[INGL.] sour
[ESP.] agrio
[FR.] aigre; sur
[IT.] agro
[AL.] sauer

410. **Azeite de dendê**
[INGL.] palm oil
[ESP.] aceite de palma
[FR.] huile de palme
[IT.] olio di palma
[AL.] Palmöl

411. **Azeite de ervas**
[INGL.] herb oil
[ESP.] aceite de hierbas
[FR.] huile aromatisée
[IT.] olio alle erbe
[AL.] Kräuter-Öl

412. **Azeite de laranja**
[INGL.] orange oil
[ESP.] aceite de naranja
[FR.] huile à l'orange
[IT.] olio all'arancia
[AL.] Orangenöl

413. **Azeite de limão**
[INGL.] lemon oil
[ESP.] aceite de limón
[FR.] huile au citron
[IT.] olio al limone
[AL.] Zitronenöl

414. **Azeite de oliva**
[INGL.] olive oil
[ESP.] aceite de oliva
[FR.] huile d'olive
[IT.] olio di oliva
[AL.] Olivenöl

415. **Azeite de oliva extra-virgem**
[INGL.] extra virgin olive oil
[ESP.] aceite extra virgen de oliva
[FR.] huile d'olive vierge extra
[IT.] olio extravergine di oliva
[AL.] natives Olivenöl extra

416. **Azeite de oliva virgem**
[INGL.] virgin olive oil
[ESP.] aceite virgen de oliva
[FR.] huile d'olive vierge
[IT.] olio vergine di oliva
[AL.] natives Olivenöl

417. **Azeite de trufa**
[INGL.] truffle oil
[ESP.] aceite de trufa
[FR.] huile de truffe
[IT.] olio aromatizzato al tartufo
[al.] Trüffelöl

418. **Azeiteiro**
[INGL.] cruet stand
[ESP.] aceitera
[FR.] huilier
[IT.] oliera
[AL.] Ölbehälter

419. **Azeite; Óleo**
[INGL.] oil
[ESP.] aceite
[FR.] huile
[IT.] olio
[AL.] Öl

420. **Azeitona**
[INGL.] olive
[ESP.] aceituna
[FR.] olive
[IT.] oliva
[AL.] Olive

421. **Azeitona kalamata (azeitonas gregas)**
[INGL.] kalamata olive (Greek olives)
[ESP.] aceituna kalamata (aceitunas griegas)
[FR.] olive kalamata (olives grecques)
[IT.] oliva kalamata (olive greche)
[AL.] Kalamata-Olive (griechische Oliven)

422. **Azeitona preta**
[INGL.] black olive
[ESP.] aceituna negra
[FR.] olive noire
[IT.] oliva nera
[AL.] schwarze Oliven

423. **Azeitonas recheadas**
[INGL.] stuffed olives
[ESP.] aceitunas rellenas
[FR.] olives fourrées
[IT.] olive ripiene
[AL.] gefüllte Oliven

424. **Azeitona verde**
[INGL.] green olive
[ESP.] aceituna verde
[FR.] olive verte
[IT.] oliva verde
[AL.] grüne Olive

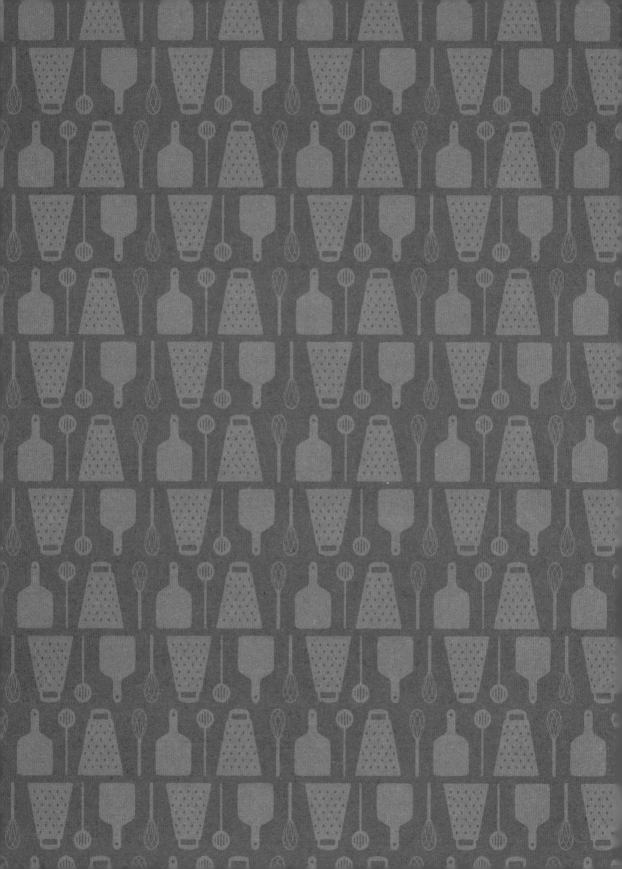

B

425. B & B® (Bénédictine e Brandy)
[INGL.] B & B® (Bénédictine and Brandy)
[ESP.] B & B® (Bénédictine y Brand)
[FR.] B & B® (Bénédictine et Brandy)
[IT.] B & B® (Bénédictine e Brandy)
[AL.] B & B® (Bénédictine und Brandy)

426. Baba ao rum
[INGL.] rum baba
[ESP.] babá al ron
[FR.] baba au rhum
[IT.] babà al rum
[AL.] Baba mit Rum

427. Babador
[INGL.] child's bib
[ESP.] babero
[FR.] bavette; bavoir
[IT.] bavaglino
[AL.] Latz; Lätzchen

428. Babycorn
Ver MINIMILHO

429. Bacalhau *(a espécie)*
[INGL.] cod
[ESP.] bacalao
[FR.] cabillaud
[IT.] merluzzo
[AL.] Kabeljau

430. Bacalhau fresco
[INGL.] fresh cod fish
[ESP.] bacalao fresco
[FR.] morue fraîche
[IT.] merluzzo fresco
[AL.] Dorsch (frische)

431. Bacalhau salgado
[INGL.] salted cod fish; salt cod
[ESP.] bacalao salado
[FR.] morue salée
[IT.] baccalà salato
[AL.] Salzdorsch

432. Bacalhau seco
[INGL.] stockfish (dried cod fish)
[ESP.] stockfish (bacalao seco)
[FR.] stockfish (morue séchée)
[IT.] stoccafisso; stocco
[AL.] Stockfisch

433. Baço *(miúdos)*
[INGL.] spleen
[ESP.] bazo
[FR.] rate
[IT.] milza
[AL.] Milz

434. Bacon (toucinho fatiado, curado e defumado)
[INGL.] bacon (cut into strips, cured, and smoked)
[ESP.] tocino (cortado en lonchas, curado y ahumado)

B

[FR.] lard (coupé en trainches, salé et fumé)
[IT.] pancetta (affettata, stagionata e affumicata)
[AL.] Speck (Speck in scheibe und geräuchert)

435. Bacon defumado
[INGL.] smoked bacon
[ESP.] tocino ahumado
[FR.] lard fumé
[IT.] pancetta affumicata
[AL.] Räucherspeck

436. Badejo; Abadejo
[INGL.] whiting; silver hake
[ESP.] merlán
[FR.] merlan
[IT.] merlano
[AL.] Merlan; Wittling

437. Badiana
Ver ANIS-ESTRELADO

438. Baga
[INGL.] berry
[ESP.] baya
[FR.] baie
[IT.] bacca
[AL.] Beere

439. Bagaceira (aguardente produzida da casca ou do bagaço da uva)
[INGL.] pomace brandy
[ESP.] aguardiente de orujo
[FR.] eau-de-vie de marc
[IT.] grappa; grappa de vino
[AL.] Schnaps

440. Bagas de sabugueiro
[INGL.] elderberries
[ESP.] bayas de saúco
[FR.] baies de sureau
[IT.] bacche di sambuco
[AL.] Holunderbeere

441. Bagas de zimbro
[INGL.] juniper berries
[ESP.] bayas de enebro
[FR.] baies de genièvre
[IT.] bacche di ginepro
[AL.] Wacholderbeeren

442. Bagel (pão judaico)
[INGL.] bagel (jewish bread)
[ESP.] bagel (pan judío)
[FR.] bagel (pain juif)
[IT.] bagel (pane ebraico)
[AL.] Bagel (jüdisches Brot)

443. Bagre
[INGL.] sheatfish; catfish
[ESP.] siluro
[FR.] poisson-chat; silure
[IT.] siluro
[AL.] Wels; Waller

444. Baguete
[INGL.] French loaf; baguette
[ESP.] barra de pan; baguette
[FR.] baguette
[IT.] filoncino; baguette
[AL.] Baguette; Stangenbrot

445. Baixa estação
[INGL.] low season
[ESP.] temporada baja
[FR.] basse saison; hors saison
[IT.] bassa stagione
[AL.] Vorsaison; Nachsaison

446. Baixas calorias
[INGL.] low calories; light; lite
[ESP.] bajo en calorías
[FR.] bas en calories
[IT.] poche calorie
[AL.] kalorienarm

447. Baixo nível de colesterol
[INGL.] low cholesterol
[ESP.] bajo en colesterol
[FR.] allégé
[IT.] basso colesterolo
[AL.] Cholesterinarm

448. Baixo teor de gordura
[INGL.] low fat
[ESP.] bajo en grasas
[FR.] allégé (produits laitiers); magre (viandes, charcuterie)
[IT.] basso contenuto di grassi; magro
[AL.] fettarm; Mager-

449. Bala de caramelo; Toffee
[INGL.] toffee
[ESP.] toffee; tofi
[FR.] caramel (au beurre); toffee
[IT.] caramello al burro; toffee
[AL.] Karamellbonbon; Toffee

450. Balança de cozinha
[INGL.] kitchen scale
[ESP.] balanza
[FR.] balance
[IT.] bilancia
[AL.] Küchewaage

451. Balas; Bombons
[INGL.] candy (U.S.)/sweets (U.K.)
[ESP.] caramelos; golosinas
[FR.] bombons
[IT.] caramelle, cioccolattini
[AL.] Süßigkeiten; Bonbons

452. Balas de goma
[INGL.] jelly diamonds; jelly beans
[ESP.] caramelos de goma
[FR.] boules de gomme
[IT.] gelatine colorate
[AL.] Geleebonbons

B

453. **Balcão do bar**
[INGL.] bar counter
[ESP.] barra de bar
[FR.] comptoir
[IT.] banco del bar
[AL.] Theke; Tresen

454. **Balde de champanhe**
[INGL.] champagne bucket
[ESP.] cubo de champán
[FR.] seau à champagne
[IT.] secchiello da champagne
[AL.] Champagnerkühler; Sektkühler

455. **Balde de gelo**
[INGL.] ice bucket
[ESP.] cubeta de hielo
[FR.] seau à glace
[IT.] secchiello da ghiaccio
[AL.] Eiskühler

456. **Balde de gelo térmico**
[INGL.] isotherm ice pail
[ESP.] cubo para hielo isotérmico
[FR.] seau à glace isotherme
[IT.] thermos per il ghiaccio
[AL.] Eiskübel isoliert; Thermos-Eiskübel

457. **Balde de vinho**
[INGL.] wine bucket
[ESP.] cubo del vino
[FR.] seau à vin
[IT.] secchiello da vino
[AL.] Weinkühler

458. **Baleia**
[INGL.] whale
[ESP.] ballena
[FR.] baleine
[IT.] balena
[AL.] Walfisch

459. **Balsamita; Hortelã-francesa**
[INGL.] bibleleaf (U.S.)/ costmary; alecost (U.K.)
[ESP.] balsamita
[FR.] balsamite
[IT.] balsamite
[AL.] Balsamkraut; Marienblatt; Frauenblatt; Pfefferblatt

460. **Banana**
[INGL.] banana
[ESP.] plátano
[FR.] banane
[IT.] banana
[AL.] Banane

461. **Banana-comprida**
Ver BANANA-DA-TERRA

462. **Banana-da-terra; Banana-comprida**
[INGL.] plantain
[ESP.] plátano macho; banano
[FR.] banane plantain
[IT.] platano
[AL.] Kochbanane

463. **Banana flambada**
[INGL.] flamed banana
[ESP.] plátano flambeado
[FR.] banane flambée
[IT.] banana alla fiamma
[AL.] flambiert Banane

464. **Banana-nanica**
[INGL.] finger banana; dwarf banana
[ESP.] plátano Cavendish
[FR.] banane Cavendish
[IT.] banana Cavendish
[AL.] Cavendish-Banane

465. **Banana split (banana, sorvete, creme chantili e amêndoas)**
[INGL.] banana split (banana, ice cream, whipped cream, and almonds)
[ESP.] banana split (plátano, helado, nata batida y almendras)
[FR.] banana split (banane, glace, crème fouettée et amandes)
[IT.] banana split (banana, gelato, panna montata e mandorle)
[AL.] Bananensplit (Banane, Eis, Schlagsahne und Mandel)

466. **Bananinha** *(corte de carne bovina)*
[INGL.] center of heel (U.S.)/ golden coin muscle (U.K.)
[ESP.] recorte especial de bife angosto
[FR.] coupe spéciale du faux-filet
[IT.] muscolo tra costole
[AL.] Ausgelöstes Zwischenrippenfleisch

467. **Bananinha do contrafilé** *(corte de carne bovina)*
[INGL.] rib fingers
[ESP.] recortes de tapa de asado
[FR.] coupe spéciale du faux-filet
[IT.] muscolo circostante del controfiletto
[AL.] Ausgelöstes Zwischenrippenfleisch

B

468. **Bandeja**
[INGL.] tray
[ESP.] bandeja
[FR.] plateau
[IT.] vassoio
[AL.] Tablett

469. **Banha; Gordura de porco derretida**
[INGL.] (pork) lard
[ESP.] grasa de cerdo
[FR.] saindoux
[IT.] strutto
[AL.] Schweineschmalz

470. **Banheiro**
[INGL.] restroom
[ESP.] servicios
[FR.] toilettes
[IT.] bagno
[AL.] Toilette

471. **Banheiro feminino**
[INGL.] ladies' restroom
[ESP.] servicio de señoras
[FR.] toilettes des dames
[IT.] bagno delle donne
[AL.] Damentoiletten

472. **Banheiro masculino**
[INGL.] men's restroom
[ESP.] servicio de caballeros
[FR.] toilettes des hommes
[IT.] bagno degli uomini
[AL.] Herrentoiletten

473. **Banon (queijo francês, feito com leite de vaca, cabra ou ovelha, envolto em folhas de castanha)**
[INGL.] Banon (French cheese, made from cow, goat or sheep milk, wrapped in chestnut leaves)
[ESP.] Banon (queso francés, elaborado con leche de vaca, cabra o oveja, envuelto en hojas de castaño)
[FR.] Banon (fromage français, à base de lait de vache, de chèvre ou de brebis, on l'enveloppe de feuills de châtaignier)
[IT.] Banon (formaggio francese, preparato con latte di vacca, capra o pecora, avvolto in foglie di castagno)
[AL.] Banon (französischer Käse kann aus Kuh-, Ziegen- oder Schafmilch bestehen und im Kastanienblätter gehüllt)

474. **Banquete**
[INGL.] banquet
[ESP.] banquete
[FR.] banquet
[IT.] banchetto
[AL.] Bankett

475. **Banquière, à la (quenelles de galinha, cogumelos e trufas)**
[INGL.] banker style (chicken dumplings, mushrooms, and truffles)
[ESP.] a la banquera (albondiguillas de ave, setas y trufas)
[FR.] à la banquière (quenelles de volaille, champignons et truffes)
[IT.] alla banchiera (polpettine di pollame, funghi e tartufi)
[AL.] Bankiersart (Geflügelklößchen, Pilze und Trüffeln)

476. **Bar**
[INGL.] bar
[ESP.] bar
[FR.] bar
[IT.] bar
[AL.] Bar

477. **Barato**
[INGL.] cheap
[ESP.] barato
[FR.] bon marché
[IT.] economico
[AL.] billiges

478. **Barba-de-bode**
Ver CERCEFI-BRANCA

479. **Barbatanas de tubarão**
[INGL.] shark fins
[ESP.] aletas de tiburón
[FR.] nageoires de requin
[IT.] pinne di pescecane
[AL.] Haifischflossen

480. **Barbecued** *(carne preparada em grelha ou espeto, sobre brasas)*
[INGL.] barbecued
[ESP.] a la barbacoa
[FR.] grillée; au barbecue
[IT.] cotto al barbecue
[AL.] gegrillt

481. **Barbecue, molho (tomate, cebola, mostarda, alho, açúcar mascavo e vinagre)**
[INGL.] barbecue sauce (tomato, onion, mustard, garlic, brown sugar, and vinegar)
[ESP.] salsa barbacoa (tomate, cebolla, mostaza, ajo, azúcar moreno y vinagre)

B

[FR.] sauce barbecue (tomate, oignon, moutarde, ail, sucre roux et vinaigre)
[IT.] salsa barbecue (pomodoro, cipolla, senape, aglio, zucchero bruno e aceto)
[AL.] Grill-Sauce (Tomate, Zwiebel, Senf, Knoblauch, hellbrauner Zucker und Essig)

482. **Barbo** *(peixe)* (PT)
[INGL.] barbel
[ESP.] barbo
[FR.] barbeau
[IT.] barbo; barbio
[AL.] Barbe

483. **Bardana**
[INGL.] burdock (root)
[ESP.] bardana
[FR.] bardane; gobo
[IT.] bardana
[AL.] Bardana; Klette

484. **Barigoule, à la (fundos de alcachofra recheados)**
[INGL.] Barigoule style (stuffed artichoke bottoms)
[ESP.] a la barigoule (fondos de alcachofas rellenos)
[FR.] à la barigoule (fonds d'artichauts farcis)
[IT.] alla barigoule (fondi di carciofi farciti)
[AL.] Barigoule Art (gefüllte Artischockenböden)

485. **Barman**
[INGL.] bartender; barkeeper; barman
[ESP.] cantinero; bartender; barman
[FR.] barman
[IT.] barista; bartender; barman
[AL.] Barmann

486. **Barquetes de lagosta**
[INGL.] lobster boat; lobster barquette
[ESP.] barquillas de langosta
[FR.] barquettes de homard
[IT.] barchette d'aragosta
[AL.] Hummer-Schiffchen

487. **Barra de chocolate**
[INGL.] chocolate bar
[ESP.] barra de chocolate
[FR.] barre de chocolat
[IT.] barretta di cioccolato
[AL.] Schokoladenriegel

488. **Barracuda; Bicuda--de-corso** (PE); **Carana** (CE)
[INGL.] salt water pike; barracuda (U.S.)/sea pike (U.K.)
[ESP.] picuda; barracuda
[FR.] barracuda; bécune
[IT.] barracuda
[AL.] Barrakuda

489. **Barramundi** *(peixe)* (PT)
[INGL.] barramundi
[ESP.] barramundi
[FR.] barramundi
[IT.] persico gigante di mare
[AL.] Barramundi

490. **Barriga com costela** *(corte de carne suína)*
[INGL.] belly bone, in
[ESP.] panceta con hueso
[FR.] poitrine avec os
[IT.] pancetta con costina
[AL.] Bauch mit Kotelette

491. **Barriga sem costela** *(corte de carne suína)*
[INGL.] belly single ribbed
[U.S.]/belly deboned (U.K.)
[ESP.] panceta sin hueso
[FR.] poitrine désossée
[IT.] pancetta senza costina
[AL.] saltazfertig Bauch

492. **Barril**
[INGL.] barrel
[ESP.] barril
[FR.] baril
[IT.] barile
[AL.] Faß

493. **Barulhento**
[INGL.] noisy
[ESP.] ruidoso
[FR.] bruyant
[IT.] rumoroso
[AL.] laut

494. **Barulho**
[INGL.] noise
[ESP.] ruido
[FR.] bruit
[IT.] rumore
[AL.] Lärm

495. **Base de, à**
[INGL.] based on
[ESP.] tomando como base
[FR.] à base de
[IT.] a base di
[AL.] auf der Grundlage

496. **Basilicão**
Ver MANJERICÃO

497. **Basquaise, à la (tomate, pimentão e presunto de Bayonne)**
[INGL.] Basque style (tomato, sweet pepper, and Bayonne ham)

B

[ESP.] a la vasca (tomate, pimiento dulce y jamón de Bayonne)
[FR.] à la basquaise (tomate, poivron doux et jambon de Bayonne)
[IT.] alla basca (pomodoro, peperone e prosciutto de Bayonne)
[AL.] nach baskischer Art (Tomate, Paprika und Bayonne-Schinken)

498. **Basta**
[INGL.] enough
[ESP.] basta
[FR.] assez
[IT.] basta
[AL.] genug

499. **Bastante (quantidade)**
[INGL.] enough (quantity)
[ESP.] bastante (cantidad)
[FR.] assez (quantité)
[IT.] abbastanza (quantità)
[AL.] genügend (Menge)

500. **Bastar; Ser suficiente**
[INGL.] suffice, to
[ESP.] bastar
[FR.] suffire
[IT.] bastare
[AL.] genügen

501. **Baster**
[INGL.] bulb baster
[ESP.] engrasador
[FR.] poire à jus; pompe à jus
[IT.] pompetta per salsa
[AL.] Gemürzspritze; Bratenspritze

502. **Batata**
[INGL.] potato
[ESP.] patata
[FR.] pomme de terre
[IT.] patata
[AL.] Kartoffel

503. **Batata-doce**
[INGL.] sweet potato; yam (U.S.)
[ESP.] boniato
[FR.] patate (douce)
[IT.] patata dolce; patata americana
[AL.] Sußkartoffel; Batate

504. **Batata-doce branca**
[INGL.] white sweet potato; white yam (U.S.)
[ESP.] boniato blanco
[FR.] patate douce blanche
[IT.] patata dolce bianca
[AL.] weiße Süßkartoffel

505. **Batata-doce roxa**
[INGL.] red sweet potato; red yam (U.S.)
[ESP.] boniato rojo
[FR.] patate douce rouge
[IT.] patata dolce rossa
[AL.] rote Süßkartoffel

506. **Batata Jersey Royal (a rainha das batatinhas-bolinha)**
[INGL.] Jersey Royal potato (the king of new potatoes)
[ESP.] patata Jersey Royal (la mejor de las patatas tempranas)
[FR.] pomme (de terre) Jersey Royal (la reine des pommes de terre nouvelles)
[IT.] patata Jersey Royal (la regina delle patate novelle)
[AL.] Jersey Royal-Kartoffel (eine der besten Frühkartoffelsorten)

507. **Batatas à boulangère (batatas assadas com cebolas)**
[INGL.] boulangère potatoes (baked with onions)
[ESP.] patatas a la panadera (asadas al horno con cebollas)
[FR.] pommes (de terre) boulangère (cuites au four avec oignons)
[IT.] patate alla fornaia (cotte in forno con cipolle)
[AL.] Backkartoffeln (mit Zwiebeln gebraten)

508. **Batatas Anna (rodelas de batatas comprimidas e fritas levadas ao forno com manteiga)**
[INGL.] potatoes Anna (sliced, layered potatoes cooked in melted butter)
[ESP.] patatas Anna (pastel de patatas al horno)
[FR.] pommes (de terre) Anna (timbale de pommes de terre)
[IT.] patate Anna (rondelle di patate pressate e fritte, poi cotte al forno con del burro)
[AL.] Kartoffeln-Anna (Kartoffelscheibe im Offen gebacken mit Butter)

509. **Batatas ao estilo inglês (cozidas e servidas com manteiga)**
[INGL.] potatoes English style (boiled, with butter)
[ESP.] patatas a la inglesa (cocidas, servidas con mantequilla)
[FR.] pommes (de terre) à l'anglaise (cuites au beurre)

B

[IT.] patate all'inglese (lessate e condite con del burro)
[AL.] Kartoffeln nach englischer Art (Salzkartoffeln mit Butter)

510. Batatas ao forno
[INGL.] baked potatoes (U.S.)/jacket potatoes (U.K.)
[ESP.] patatas al horno
[FR.] pommes (de terre) au four
[IT.] patate al forno
[AL.] Ofenkartoffeln

511. Batatas à Savoy (gratinadas com leite e queijo)
[INGL.] Savoy potatoes (potatoes au gratin (U.S.)/browned (U.K.) with milk and cheese)
[ESP.] patatas a la saboyarda (gratinadas con leche y queso)
[FR.] pommes (de terre) à la savoyarde (gratin de pommes de terre au lait et fromage)
[IT.] patate alla savoiarda (gratinate con latte e formaggio)
[AL.] Savoyer Kartoffeln (mit Käse und Milch überbacken)

512. Batatas assadas
[INGL.] roast potatoes
[ESP.] patatas asadas
[FR.] pommes (de terre) en robe de chambre
[IT.] patate arrosto
[AL.] Röstkartoffeln

513. Batatas Berny (bolinhos de batata com amêndoas)
[INGL.] potatoes Berny (potato croquettes with almonds)
[ESP.] patatas Berna (en buñuelos de patatas con almendras)
[FR.] pommes (de terre) Berny (en croquettes aux amandes)
[IT.] patate Berny (crocchette di patate con mandorle)
[AL.] Kartoffeln-Berny (Kartoffelkroketten mit Mandeln)

514. Batatas-bolinha
[INGL.] new potatoes (tiny)
[ESP.] patatas nuevas
[FR.] pommes (de terre) nouvelles
[IT.] patate novelle
[AL.] neue Kartoffeln

515. Batatas château (cortadas em forma de grossas azeitonas e salteadas na manteiga)
[INGL.] château potatoes (olive-shaped potatoes sautéed in butter)
[ESP.] patatas castillo (patatas cortadas en forma de gruesas aceitunas salteadas en mantequilla)
[FR.] pommes (de terre) château (tournées en grosses olives et sautées au beurre)
[IT.] patate château; patate castelo (tagliate in forma di grosse olive e rosolate nel burro)

[AL.] Schlosskartoffeln (olivenformig geschnitten und in Butter gebraten)

516. Batatas Chatouillard (batatas cortadas em tiras longas e fritas)
[INGL.] potatoes Chatouillard (potatoes cut into long strips and deep fried)
[ESP.] patatas Chatouillard (patatas cortadas en tiras largas e fritas)
[FR.] pommes (de terre) Chatouillard (pommes de terre détaillées en longs rubans et traitées en friture)
[IT.] patate Chatouillard (patate tagliate a strisce e fritte)
[AL.] Chatouillard Kartoffeln (lange, schmale Bänder von rohen Kartoffeln geschnitten, in Fett schwimmend gebacken)

517. Batatas com casca
[INGL.] unpeeled potatoes (U.S.)/potatoes in their jackets (U.K.)
[ESP.] patatas con cáscara
[FR.] pommes (de terre) en robe
[IT.] patate in camicia
[AL.] Kartoffeln in der Schale

518. Batatas cozidas
[INGL.] boiled potatoes
[ESP.] patatas hervidas
[FR.] pommes (de terre) cuites
[IT.] patate lesse; patate bollite
[AL.] Salzkartoffeln

B

519. **Batatas Dauphine (espécie de sonho feito de batata)**
[INGL.] potatoes Dauphine (fluffy potato croquettes)
[ESP.] patatas a la Delfina (suaves buñuelos de patatas)
[FR.] pommes (de terre) Dauphine (croquettes moelleuses de pommes de terre)
[IT.] patate alla Delfina (soffici crocchette di patate)
[AL.] Dauphine-Kartoffeln (zarte Kartoffelkroketten)

520. **Batatas douradas**
Ver BATATAS SALTEADAS

521. **Batatas duquesa (ninhos feitos de purê de batatas levados ao forno para gratinar)**
[INGL.] potatoes duchesse (moulds of potato purée au gratin)
[ESP.] patatas a la duquesa (rosetas de puré de patatas gratinadas)
[FR.] pommes (de terre) duchesse (rosettes de purée de pommes de terre au gratin)
[IT.] patate alla duchessa (rosette di patate passate e poi gratinate)
[AL.] Herzogin-Kartoffeln (Spritzgebackenes aus Kartoffelpüree)

522. **Batatas em papillote**
[INGL.] potatoes baked in foil
[ESP.] patatas en papillote
[FR.] pommes (de terre) en papillote
[IT.] patate al cartoccio
[AL.] Kartoffeln in Folie gebacken

523. **Batatas fondantes**
[INGL.] fondant potatoes
[ESP.] patatas fundentes
[FR.] pommes (de terre) fondantes
[IT.] patate fondenti
[AL.] Schmelzkartoffeln

524. **Batatas fritas**
[INGL.] French fries (U.S.)/chips (U.K.)
[ESP.] patatas fritas
[FR.] pommes (de terre) frites; frites
[IT.] patate fritte
[AL.] Fritten; Pommes frites

525. **Batatas fritas industrializadas**
[INGL.] potato chips (U.S.)/potato crisps (U.K.)
[ESP.] patatas chips
[FR.] pommes (de terre) industrialisées
[IT.] patatine
[AL.] Kartoffelchips

526. **Batatas gratinadas**
[INGL.] potatoes au gratin (U.S.)/browned potatoes (U.K.)
[ESP.] patatas gratinadas
[FR.] pommes (de terre) gratinées
[IT.] patate gratinate
[AL.] gratinierte Kartoffeln

527. **Batatas Lorette (espécie de sonho feito de batata, acrescido de queijo ralado)**
[INGL.] potatoes Lorette (fluffy croquettes with grated cheese)
[ESP.] patatas Loreta (suaves buñuelos con queso rallado)
[FR.] pommes (de terre) Lorette (croquettes moelleuses au fromage râpé)
[IT.] patate Lorette (soffici crocchette al formaggio grattugiato)
[AL.] Lorette-Kartoffeln (zarte Kroketten mit geriebener Käse)

528. **Batatas Lyonnaise (fritas com cebolas)**
[INGL.] potatoes Lyonnaise (fried with onions)
[ESP.] patatas a la lionesa (fritas con cebollas)
[FR.] pommes (de terre) lyonnaises (frites aux oignons)
[IT.] patate alla lionese (fritte con cipolle)
[AL.] Lyoner Kartoffeln (mit Zwiebeln gebraten)

529. **Batatas Macaire (bolinhos de batata fritos na manteiga)**
[INGL.] Macaire potatoes (potato cake fried in butter)
[ESP.] patatas Macaire (buñuelos de patatas dorado en mantequilla)
[FR.] pommes (de terre) Macaire (galette de pommes de terre rissolée a la poêle)
[IT.] patate Macaire (palline di patate fritte nel burro)

B

[AL.] Macaire-Kartoffeln (kleine Kartoffelkuchen in der Pfanne gebräunt)

530. Batatas noisette (batatas cortadas em forma de esferas)
[INGL.] noisette potatoes (sphere-shaped potatoes)
[ESP.] patatas salteadas (patatas en forma de esfera)
[FR.] pommes (de terre) noisettes (pommes de terre en forme de boulettes)
[IT.] patate nocciola (patate tagliate a forma di palline)
[AL.] Nußkartoffeln (Kartoffeln geschnitten im Kugelform)

531. Batatas palha (fritas)
[INGL.] straw potatoes (fried)
[ESP.] patatas paja (fritas)
[FR.] pommes (de terre) pailles (frites)
[IT.] patate paglia (fritte)
[AL.] Strohkartoffeln (fritiert)

532. Batatas palito (fritas)
[INGL.] matchstick potatoes (fried)
[ESP.] patatas cerilla (fritas)
[FR.] pommes (de terre) allumettes (frites)
[IT.] patate fiammifero (fritte)
[AL.] Streichholzkartoffeln (fritiert)

533. Batatas parisienne (batatas noisette com ervas aromáticas)
[INGL.] parisienne potatoes (noisette potatoes with aromatic herbs)
[ESP.] patatas a la parisina (patatas salteadas con hierbas aromáticas)
[FR.] pommes (de terre) à la parisienne (pommes de terre aux fines herbes)
[IT.] patate alla parigiana (patate nocciola alle erbe aromatiche)
[AL.] pariser Kartoffeln (Nußkartoffeln mit Würzkräuter)

534. Batatas parmentier (batatas cortadas em quadradinhos e fritas na manteiga)
[INGL.] Parmentier potatoes (cube-shaped potatoes fried in butter)
[ESP.] patatas Parmentier (patatas en forma de dado salteadas en mantequilla)
[FR.] pommes (de terre) Parmentier (pommes de terre en gros dés, sautées au beurre)
[IT.] patate Parmentier (patate a dadi rosolate nel burro)
[AL.] Parmentier-Kartoffeln (gebratene Kartoffelwürfel im Butter)

535. Batatas pont neuf (batatas fritas em bastonetes)
[INGL.] pont neuf potatoes (French fries (U.S.)/chips (U.K.); potato strips)
[ESP.] patatas pont neuf (patatas fritas en forma de bastoncillos)
[FR.] pommes (de terre) pont neuf (pommes de terre frites en bâtonnets)
[IT.] patate pont neuf (patate fritte a bastoncini)
[AL.] Pont Neuf--Kartoffeln (gebackene Kartoffelstäbchen)

536. Batatas salteadas; Batatas douradas
[INGL.] sautéed potatoes
[ESP.] patatas salteadas
[FR.] pommes (de terre) sautées
[IT.] patate saltate; patate rosolate
[AL.] Bratkartoffeln

537. Batatas sarladaises (batatas fatiadas salteadas em gordura de ganso)
[INGL.] Sarladaise potatoes (sliced potatoes sautéed in goose fat)
[ESP.] patatas sarladaises (cortadas y salteadas en crudo con grasa de oca)
[FR.] pommes (de terre) à la sarladaise (sautées à la graisse d'oie)
[IT.] patate alla sarladese (fette di patate rosolate in grasso d'oca)
[AL.] Sarladaise Kartoffeln (Kartoffelscheiben in Gänsefett gebraten)

538. Batatas soufflés (batatas que são fritas duas vezes)
[INGL.] sufflé potatoes (sliced potatoes fried twice in deep fat)
[ESP.] patatas soufflés (patatas fritas dos veces)

B

[FR.] pommes (de terre) soufflées (pommes de terre frites, replongées dans la friture)
[IT.] patate soffiate (fritte, quindi rituffate in una seconda frittura)
[AL.] Kartoffelsoufflées (zweimal in heißen Fett gebacken)

539. **Batatas Williams (croquetes em forma de pera)**
[INGL.] potatoes Williams (pear-shaped croquettes)
[ESP.] patatas Williams (croquetas con forma de pera)
[FR.] pommes (de terre) Williams (croquettes en forme de poire)
[IT.] patate Williams (crocchette a forma di pera)
[AL.] Williams-Kartoffeln (birneförmige Kroketten)

540. **Batedeira elétrica**
[INGL.] electric mixer
[ESP.] batidora eléctrica
[FR.] batteur électrique
[IT.] sbattitore elettrico
[AL.] Kuchenmaschine

541. **Batedeira manual**
[INGL.] hand mixer
[ESP.] batidora
[FR.] mixeur-batteur
[IT.] sbattitore
[AL.] Handrührgerät

542. **Batedor de carne**
[INGL.] meat tenderizer
[ESP.] aplastador de carne
[FR.] pilon à viande
[IT.] batticarne
[AL.] Fleischplätter

543. **Batedor de ovos; Fouet**
[INGL.] whisk
[ESP.] monta claras; batidor de huevos
[FR.] fouet; moussoir
[IT.] frusta
[AL.] Schneebesen

544. **Bâtelière, à la (camarões, lagostins, cogumelos, cebolas glaceadas e ovos fritos)**
[INGL.] boatman style (shrimp (U.S.)/prawn (U.K.), crayfish, mushrooms, glazed onions, and fried eggs)
[ESP.] a la barquera (camarones, cigalas, setas, cebollas glaseadas y huevos fritos)
[FR.] à la bâtelière (crevettes, langoustines, champignons, oignons glacés et œufs frits)
[IT.] alla canottiera (gamberetti, scampi, funghi, cipolle glassate e uova fritte)
[AL.] Schifferinart (Garnelen, Flusskrebse, Pilze, Zwiebeln glaciert und gebackene Eier)

545. **Bater**
[INGL.] beat, to
[ESP.] batir
[FR.] battre
[IT.] battere
[AL.] schlagen

546. **Bater no liquidificador**
[INGL.] mix, to
[ESP.] batir en la batidora
[FR.] battre
[IT.] frullare
[AL.] mixen

547. **Bater vigorosamente (creme, ovos)**
[INGL.] whip, to; whisk, to (cream, eggs)
[ESP.] batir (nata); montar (huevos)
[FR.] fouetter (crème); monter (oeufs)
[IT.] montare (panna, uova)
[AL.] verquirlen (Sahne, Eier)

548. **Batido**
[INGL.] beaten
[ESP.] batido
[FR.] battu
[IT.] battuto
[AL.] geschlagen

549. **Batido vigorosamente (creme, ovos)**
[INGL.] whipped (cream, eggs)
[ESP.] batido (nata); montado (huevos)
[FR.] fouetté (crème); monté (oeufs)
[IT.] montato (panna, uova)
[AL.] aufgeschlagen Sahne; Eierschnee

550. **Baunilha; Vanila**
[INGL.] vanilla
[ESP.] vainilla
[FR.] vanille
[IT.] vaniglia
[AL.] Vanille

551. **Bavaroise (creme chantili e gelatina)**
[INGL.] Bavarian cream (whipped cream and gelatin)
[ESP.] crema bávara (nata batida y gelatina)
[FR.] bavaroise (crème fouettée et gélatine)

B

[IT.] bavarese (panna montata e gelatina)
[AL.] bayerische Creme (Schlag und Gelee)

552. Bavaroise de chocolate
[INGL.] chocolate Bavarian cream
[ESP.] crema bávara de chocolate
[FR.] bavaroise au chocolat
[IT.] bavarese al cioccolato
[AL.] bayerische Creme mit Schokolade

553. Béarnaise, molho (molho holandês com estragão)
[INGL.] béarnaise sauce (hollandaise sauce with tarragon)
[ESP.] salsa bearnesa (salsa holandesa con estragón)
[FR.] sauce béarnaise (sauce hollandaise à l'estragon)
[IT.] salsa bearnese (salsa olandese al dragoncello)
[AL.] Bearner-Sauce (holländische Sauce mit Estragon)

554. Beatinha (BA)
Ver MANGANGÁ

555. Bêbado; Embriagado
[INGL.] drunk; pissed, bladdered (U.K.)
[ESP.] borracho
[FR.] ivre
[IT.] ubriaco
[AL.] betrunken; kruppeln

556. Beber
[INGL.] drink, to
[ESP.] beber
[FR.] boire
[IT.] bere
[AL.] trinken

557. Bebericar
[INGL.] sip, to
[ESP.] beber a sorbos
[FR.] boire à petites gorgées
[IT.] sorseggiare
[AL.] nippen

558. Bebida; Drinque
[INGL.] beverage; drink
[ESP.] bebida
[FR.] boisson
[IT.] bevanda; bibita
[AL.] Getränk; Drink

559. Bebida quente
[INGL.] hot drink
[ESP.] bebida caliente
[FR.] boisson chaude
[IT.] bevanda calda
[AL.] heißes Getränk

560. Bebidas alcoólicas
[INGL.] alcoholic drink
[ESP.] bebidas alcohólicas
[FR.] boissons alcooliques
[IT.] bevande alcoliche
[AL.] alkoholische Getränke

561. Bebidas sem álcool
[INGL.] non-alcoholic drinks; soft drinks
[ESP.] bebidas sin alcohol
[FR.] boissons sans alcool
[IT.] bevande analcoliche
[AL.] alkoholfreies Getränk

562. Bebida servida sem adição de água e gelo
[INGL.] straight (U.S.)/neat (U.K.)
[ESP.] sólo; sin hielo ni agua
[FR.] sans eau ni glace
[IT.] liscio; senza aggiunta di acqua o ghiaccio
[AL.] pur

563. Bebidas incluídas
[INGL.] drinks included
[ESP.] bebidas incluidas
[FR.] forfait boissons
[IT.] bevande incluse
[AL.] Getränke inclusive

564. Bechamel, molho (manteiga derretida, farinha de trigo e leite)
[INGL.] béchamel sauce (melted butter, all-purpose flour (U.S.)/plain flour (U.K.), and milk)
[ESP.] salsa bechamel; salsa besamel (mantequilla derretida, harina de trigo y leche)
[FR.] sauce béchamel (beurre fondu, farine de blé et lait)
[IT.] salsa besciamella; salsa balsamella (burro fuso, farina di grano e latte)
[AL.] Béchamelsauce (zerlassene Butter, Weizenmehl und Milch)

565. Beignet de banana
[INGL.] banana fritter
[ESP.] buñuelo de plátano
[FR.] beignet aux bananes
[IT.] bignè alle banane
[AL.] Banane-Beignet

566. Beignet de maçã
[INGL.] apple fritter
[ESP.] buñuelo de manzana
[FR.] beignet aux pommes
[IT.] bignè alle mele
[AL.] Apfel-Beignet

B

567. **Beignets** *(pequenos sonhos, feitos com frutas)*
[INGL.] French fritters
[ESP.] buñuelos
[FR.] beignets
[IT.] bignè
[AL.] Beignets (Klein süsses Brot mit Obst)

568. **Beijo-pirá** (RN)
Ver BIJUPIRÁ

569. **Beijupirá** (NE)
Ver BIJUPIRÁ

570. **Beldroega; Beldroega-da-horta**
[INGL.] purslane; pussley
[ESP.] verdolaga
[FR.] pourpier; portulaca
[IT.] portulaca
[AL.] Portulak

571. **Beldroega-da-horta**
Ver BELDROEGA

572. **Beliscar**
Ver MORDISCAR

573. **Belle Hélène (pedaços de carne, tomates, ervilhas, cenouras e croquetes de batata)**
[INGL.] Belle Hélène (cuts of meat, tomatoes, green peas, carrots, and potato croquettes)
[ESP.] Belle Hélène (pedazos de carne, tomates guisantes, zanahorias y croquetas de patatas)
[FR.] Belle Hélène (morceaux de viande, tomates, petits pois, carottes et croquettes de pommes de terre)
[IT.] Belle Hélène (pezzi di carne, pomodori, piselli, carote e crocchette di patate)
[AL.] Belle Hélène (Fleischstücke, Tomaten, Erbsen, Karotten und Kartoffelkroketten

574. **Bellini (suco de pêssego e champanhe)**
[INGL.] Bellini (peach juice and champagne)
[ESP.] Bellini (zumo de melocotón y champán)
[FR.] Bellini (jus de pêche et champagne)
[IT.] Bellini (succo di pesche e champagne)
[AL.] Bellini (Pfirsichsaft und Champagner)

575. **Bem malpassado**
[INGL.] very rare
[ESP.] muy crudo
[FR.] bleu
[IT.] molto al sangue
[AL.] blutig; englisch

576. **Bem passado**
[INGL.] well done; overdone
[ESP.] cocinado
[FR.] bien cuit
[IT.] ben cotto; troppo cotto
[AL.] durchgebraten

577. **Bénédictine, à la (com purê de bacalhau seco e purê de batatas)**
[INGL.] Benedictine style (dried cod fish purée and potatoes purée)
[ESP.] a la benedictina (con puré de bacalao seco y puré de patatas)
[FR.] à la bénédictine (purée de morue séchée et purée de pommes de terre)
[IT.] alla benedettina (con purè di stoccafisso e purè di patate)
[AL.] Benediktinerkrapfen (mit Stockfisch- und Kartoffelpüree)

578. **Bénédictine D.O.M.® (licor de ervas)**
[INGL.] Bénédictine D.O.M.® (herbal liqueur)
[ESP.] Bénédictine D.O.M.® (licor de hierbas)
[FR.] Bénédictine D.O.M.® (liqueur aux herbes)
[IT.] Bénédictine D.O.M.® (liquore alle erbe)
[AL.] Bénédictine D.O.M.® (Kräuterlikör)

579. **Berbigão** *(molusco)*
[INGL.] cockle
[ESP.] berberecho
[FR.] coque
[IT.] cuore di mare; cocciòla
[AL.] Herzmuschel

580. **Bercy, molho (caldo de peixe, manteiga, echalotas e vinho branco)**
[INGL.] Bercy sauce (fish stock, butter, shallots, and white wine)
[ESP.] salsa Bercy (salsa de pescado, mantequilla, escaloñas y vino blanco)
[FR.] sauce Bercy (fumet de poisson, beurre, échalotes et vin blanc)
[IT.] salsa Bercy (salsa di pesce, burro, scalogni e vino bianco)

B

[AL.] Bercy-Sauce (Fischsauce, Butter, Schalotten und Weißwein)

581. **Bergamota** (S)
Ver TANGERINA

582. **Bergamota**
Ver ERVA-BERGAMOTA

583. **Berinjela**
[INGL.] eggplant (U.S.)/aubergine (U.K.)
[ESP.] berenjena
[FR.] aubergine
[IT.] melanzana
[AL.] Aubergine; Eierfrucht

584. **Berinjela tailandesa**
[INGL.] Thai apple eggplant (U.S.)/Thai apple aubergine (U.K.)
[ESP.] berenjena tailandesa
[FR.] aubergine thaïlandaise
[IT.] melanzana thailandese
[AL.] thailändische Aubergine

585. **Berny (tartelettes com purê de lentilhas)**
[INGL.] Berny (tarts (U.S.)/tartlets (U.K.) with lentil purée)
[ESP.] Berny (tartaletas con puré de lentejas)
[FR.] Berny (tartelettes à la purée de lentilles)
[IT.] Berny (tortine alla purea di lenticchie)
[AL.] Berny (Törtchen mit Linsenpüree)

586. **Berrichonne, à la (repolho, cebolas, castanhas e bacon)**
[INGL.] Berry style (cabbage, onions, chestnuts, and bacon)
[ESP.] a la Berry (repollo, cebollas, castañas y tocino)
[FR.] à la berrichonne (chou, oignons, marrons et lard)
[IT.] alla Berry (cavolo, cipolle, castagne e pancetta)
[AL.] Beryer Art (Kohl, Zwiebeln, Kastanien und Speck)

587. **Bertalha**
[INGL.] vine spinach; night shade; malabar
[ESP.] espinaca de Malabar
[FR.] baselle; épinard de Malabar
[IT.] spinaci di Malabar
[AL.] Malabarspinat

588. **Besan** Ver FARINHA DE GRÃO-DE-BICO

589. **Besuntar**
[INGL.] grease, to; smear, to
[ESP.] untar
[FR.] enduire
[IT.] spalmare
[AL.] bestreichen

590. **Beterraba**
[INGL.] beet (U.S.)/beetroot (U.K.)
[ESP.] remolacha
[FR.] betterave
[IT.] barbabietola; bietola
[AL.] Rote Beete

591. **Beurre noir (manteiga, vinagre ou suco de limão, alcaparras e salsinha)**
[INGL.] black butter (butter, vinegar or lemon juice, capers, and parsley)
[ESP.] mantequilla tostada; mantequilla negra (mantequilla, vinagre o zumo de limón, alcaparras y perejil)
[FR.] beurre noir (beurre, vinaigre ou jus de citron, câpres et persil)
[IT.] burro nero (burro, aceto o succo di limone, capperi e prezzemolo)
[AL.] schwarze Butter (Butter, Essig oder Zitronensaft, Kapern und Petersilie)

592. **Bezerro**
[INGL.] young cow
[ESP.] becerra
[FR.] veau
[IT.] scottona; sorana
[AL.] Kalb

593. **Bicarbonato de sódio**
[INGL.] baking soda (U.S.)/bicarbonate of soda (U.K.)
[ESP.] bicarbonato de sodio
[FR.] bicarbonate de soude
[IT.] bicarbonato di sodio
[AL.] Natron

594. **Bico-doce** (RS)
Ver TUBARÃO-AZUL

595. **Bicuda-de-corso** (PE)
Ver BARRACUDA

596. **Bicuda; Gorana** (RJ); **Pescada-goirana** (PE)
[INGL.] guachanche barracuda
[ESP.] picuda guachanche; picúa china
[FR.] bécune guachanche; brochet de mer
[IT.] luccio marino
[AL.] americanischer Pfeilhecht

B

597. Bicudo *(peixe)* (PT)
[INGL.] Atlantic sailfish
[ESP.] pez vela del Atlántico
[FR.] voilier de l'Atlantique
[IT.] pesce vela
[AL.] atlantischer Fächerfisch

598. Bife a cavalo *(fatia de carne com um ovo frito em cima)*
[INGL.] beefsteak topped with a fried egg
[ESP.] bistec con huevo frito encima
[FR.] bifteck surmonté d'un œuf au plat
[IT.] bistecca con uovo fritto sopra
[AL.] Beefsteak mit Spiegeleie darauf

599. Bife de canguru
[INGL.] kangaroo steak
[ESP.] filete de canguro
[FR.] steak de kangourou
[IT.] bistecca di canguro
[AL.] Känguruhsteak

600. Bife de rena
[INGL.] reindeer steak
[ESP.] bistec de reno
[FR.] steak de renne
[IT.] bistecca di renna
[AL.] Rentiersteak

601. Bife do vazio; Pacu
[INGL.] flank steak; skirt steak
[ESP.] bife de vacío; carne de falda
[FR.] bavette de flanchet
[IT.] reale
[AL.] Fleischdünnung

602. Bigarade, molho (**molho de laranja**)
[INGL.] Bigarade sauce (orange sauce)
[ESP.] salsa Bigarade (salsa de naranjas)
[FR.] sauce Bigarade (sauce à l'orange)
[IT.] salsa Bigarade (salsa all'arancia)
[AL.] Bigarade-Sauce (Orangensauce)

603. Bijupirá; Parambiju (PA); **Peixe-rei** (PE); **Pirabiju** (RJ); **Beijo-pirá** (RN); **Parabiju** (SP); **Beijupirá** (NE)
[INGL.] cobia
[ESP.] cobia; peje palo; bacalao
[FR.] mafou
[IT.] cobia
[AL.] Königsbarsch; Kobia

604. Biltong (**tiras secas de carne de vaca ou de caça**)
[INGL.] biltong (dried strips of lean beef or game)
[ESP.] biltong (tiras de buey o caza curadas y secadas al aire)
[FR.] biltong (lamelles séchées de bœuf ou de gibier)
[IT.] biltong (listarelle di carne essicata di manzo o selvaggina)
[AL.] Biltong (getrockneten Streifen vom Rind- oder Wildfleisch)

605. Biodinâmico
[INGL.] biodynamic
[ESP.] biodinámico
[FR.] biodynamique
[IT.] biodinamico
[AL.] biologisch-dynamisch

606. Biscoito amanteigado
[INGL.] butter biscuit
[ESP.] galleta dulce de mantequilla
[FR.] sablé
[IT.] frollino
[AL.] Butterkeks

607. Biscoito integral
[INGL.] whole wheat cookie (U.S.)/whole meal biscuit (U.K.)
[ESP.] galleta integral
[FR.] biscuit à la farine intégrale
[IT.] biscotto integrale
[AL.] Vollkornkeks

608. Biscoito doce; Bolacha doce
[INGL.] cookie (U.S.)/biscuit (U.K.)
[ESP.] galleta
[FR.] biscuit
[IT.] biscotto
[AL.] Keks

609. Biscoito salgado
[INGL.] cracker
[ESP.] crácker
[FR.] biscuit salé
[IT.] cracker; salatini
[AL.] Cräcker

610. Biscoitos crocantes de amêndoas
[INGL.] almond cookies (U.S.)/almond biscuits (U.K.)
[ESP.] mostachones
[FR.] biscuits secs aux amandes
[IT.] amaretti
[AL.] Mandelmakronen

B

611. **Biscoitos de canela**
[INGL.] cinnamon cookies
(U.S.)/cinnamon biscuits (U.K.)
[ESP.] bizcochos de canela
[FR.] biscuits à la cannelle
[IT.] biscotti alla cannella
[AL.] Zimtplätzchen

612. **Biscoitos de Natal**
[INGL.] Christmas cookies
(U.S.)/Christmas biscuits (U.K.)
[ESP.] bizcochos de Navidad
[FR.] biscuits de Noël
[IT.] biscotti natalizi
[AL.] Weihnachtsplätzchen

613. **Bisque (sopa à base de crustáceos, vinho branco, conhaque e creme de leite)**
[INGL.] bisque (crustaceans soup with white wine, cognac, and cream)
[ESP.] bisquet (sopa a base de crustáceos con vino blanco, coñac y nata)
[FR.] bisque (soupe à base de crustacés au vin blanc, cognac et crème)
[IT.] bisquet (zuppa a base di crostacei con vino bianco, cognac e panna)
[AL.] Bisque (Krustentierensuppe mit Weißwein, Cognac und Sahne)

614. **Bisteca de porco; Costeleta de porco**
[INGL.] pork chop (U.S.)/ pork cutlet (U.K.)
[ESP.] chuleta
[FR.] steak d'aloyau; côtelette
[IT.] costolette
[AL.] Kotelett

615. **Bitter**
[INGL.] bitter
[ESP.] amargo; bitter
[FR.] bitter
[IT.] amaro
[AL.] Bitter

616. **Blachan** *Ver* Pasta de camarão seco

617. **Black Russian (coquetel feito de vodca e licor de café)**
[INGL.] Black Russian (cocktail made with vodka and coffee liqueur)
[ESP.] Black Russian (cóctel con vodka y crema de café)
[FR.] Black Russian (cocktail de vodka et liqueur de café)
[IT.] Black Russian (cocktail fatto con vodka e liquore di caffè)
[AL.] Black Russian (Cocktail mit Wodka und Kaffeelikör)

618. **Blanc manger (manjar branco feito com amêndoas reduzidas a pó)**
[INGL.] blancmange (a simple cooked pudding made of pulverized almonds)
[ESP.] manjar blanco (budín de leche con almendras en polvo)
[FR.] blanc-manger (crème au lait d'amandes)
[IT.] biancomangiare (budino di latte e polvere di mandorle)
[AL.] Blancmanger (Mandelmilch-Pudding)

619. **Bleu de Gex (queijo francês de consistência firme, feito com leite de vaca não pasteurizado)**
[INGL.] Bleu de Gex (French cheese, firm texture, made from unpasteurized cow milk)
[ESP.] Bleu de Gex (queso francés, textura dura, elaborado con leche de vaca sin pasteurizar)
[FR.] Bleu de Gex (fromage français, texture ferme, élaboré avec du lait de vache cru)
[IT.] Bleu de Gex (formaggio francese, pasta soda, preparato con latte vaccino crudo)
[AL.] Bleu de Gex (harter französischer unpasteurisierter Kuhmilch-Käse)

620. **Blinis (pequenas panquecas feitas com trigo-sarraceno)**
[INGL.] blinis (small buckwheat pancakes)
[ESP.] blinis (crepes pequeñas de trigo sarraceno)
[FR.] blinis (petites crêpes au sarrasin)
[IT.] blinis (piccole frittelle fatte con grano saraceno)
[AL.] Blinis (Hefeplinsen mit Buchweizenmehl)

621. **Bloody Mary (coquetel feito de suco de tomate, vodca, molho inglês, sal e Tabasco®)**

— 77 —

B

[INGL.] Bloody Mary (cocktail made with tomato juice, vodka, Worcestershire sauce, salt, and Tabasco®)
[ESP.] Bloody Mary (cóctel con zumo de tomate, vodka, salsa inglesa, sal y Tabasco®)
[FR.] Bloody Mary (cocktail de jus de tomate, vodka, sauce anglaise, sel et Tabasco®)
[IT.] Bloody Mary (cocktail fatto con succo di pomodoro, vodka, salsa worcester, sale e Tabasco®)
[AL.] Bloody Mary (Cocktail mit Tomatensaft, Wodka, Worcester-Sauce, Salz und Tabasco®)

622. Blue d'Auvergne (queijo francês, feito com leite de vaca)
[INGL.] Blue d'Auvergne (French cheese, made from cow milk)
[ESP.] Blue d'Auvergne (queso francés, elaborado con leche de vaca)
[FR.] Bleu d'Auvergne (fromage français, à base de lait de vache)
[IT.] Blue d'Auvergne (formaggio francese, preparato con latte vaccino)
[AL.] Blue d'Auvergne (französischer Kuhmilch-Käse)

623. Blue Hawaii (coquetel feito de rum, Cointreau® e Blue Curaçao)
[INGL.] Blue Hawaii (cocktail made with rum, Cointreau®, and Blue Curaçao)
[ESP.] Blue Hawaii (cóctel con ron, Cointreau® y Blue Curaçao)
[FR.] Blue Hawaii (cocktail de rhum, Cointreau® et Curaçao Bleu)
[IT.] Blue Hawaii (cocktail fatto con rum, Cointreau® e Curaçao Blu)
[AL.] Blue Hawaii (Cocktail mit Rum, Cointreau® und Blauer Curaçao)

624. Blue Hawaiian (coquetel feito de Blue Curaçao, rum, suco de abacaxi e leite de coco)
[INGL.] Blue Hawaiian (cocktail made with Blue Curaçao, rum, pineapple juice, and coconut milk)
[ESP.] Blue Hawaiian (cóctel con Blue Curaçao, ron, zumo de piña y leche de coco)
[FR.] Blue Hawaiian (cocktail de Curaçao Bleu, rhum, jus d'ananas et lait de coco)
[IT.] Blue Hawaiian (cocktail fatto con Curaçao Blu, rum, succo di ananas e latte di cocco)
[AL.] Blue Hawaiian (Cocktail mit Blauer Curaçao, Rum, Ananassaft und Kokosmilch)

625. Boa noite
[INGL.] good night
[ESP.] buenas noches
[FR.] bonsoir
[IT.] buona sera
[AL.] guten Abend

626. Boa tarde
[INGL.] good afternoon
[ESP.] buenas tardes
[FR.] bon après-midi
[IT.] buon pomeriggio
[AL.] guten Morgen

627. Boca de fogão; Queimador
[INGL.] burner
[ESP.] quemador
[FR.] bec de gaz
[IT.] bruciatore
[AL.] Brenner

628. Bocado
[INGL.] mouthful; morsel; bite
[ESP.] bocado
[FR.] bouchée
[IT.] boccone
[AL.] Bisschen

629. Bocconcini (bolinhas de mozarela fresca, conservadas em soro de leite)
[INGL.] Bocconcini (small balls of fresh mozzarella, preserved in whey)
[ESP.] Bocconcini (pequeñas bolas de mozzarella fresca conservada en suero de leche)
[FR.] Bocconcini (boules de mozzarelle fraîche conservées dans du petit-lait)
[IT.] Bocconcini (bocconcini di mozzarella fresca conservati nel loro siero)
[AL.] Bocconcini (kleinMozzarella-Kugeln,

B

die zum konservieren in Molke)

630. Bochecha de porco
[INGL.] pig cheek (U.S.)/ bath chap (U.K.)
[ESP.] careta de cerdo
[FR.] joue de porc
[IT.] guanciale
[AL.] Schweinsbacken

631. Bockwurst (salsicha alemã de carne de vitela e ervas)
[INGL.] bockwurst (German sausage made from veal and spices)
[ESP.] bockwurst (salchicha alemana preparada con carne de ternera y especias)
[FR.] bockwurst (saucisse allemande à base de veau et d'épices)
[IT.] bockwurst (wurstel a base di vitello e spezie)
[AL.] Bockwurst (Wurst aus Kalbfleisch und Gewürze)

– bockwurst –

632. Bodião; Budião (peixe)
[INGL.] parrot fish
[ESP.] vieja
[FR.] poisson-perroquet
[IT.] pesce pappagallo
[AL.] Papageienfisch

633. Boga-do-mar (peixe) (PT)
[INGL.] bogue
[ESP.] boga
[FR.] boga
[IT.] boga
[AL.] Gelbstriemen

634. Bok choy; Tatsoi (variedade de repolho chinês)
[INGL.] rosette bok choy; tatsoi (variety of Chinese cabbage)
[ESP.] bok choy variedad rosette (variedad de col China)
[FR.] bok choy (variété du chou chinois)
[IT.] bok choy; tatsoi (varietà del cavolo cinese)
[AL.] Bok Choy (Chinakolh)

635. Bolacha Ver DESCANSO PARA COPO DE CERVEJA

636. Bolacha doce Ver BISCOITO DOCE

637. Bola de sorvete
[INGL.] ice-cream scoop
[ESP.] bola de helado
[FR.] boule de glace
[IT.] pallina de gelato
[AL.] Eiskugel

638. Bolas de prata
[INGL.] silver dragée; silver bullets
[ESP.] caramelos plateados
[FR.] boules argentées
[IT.] confetti argentati
[AL.] Silberkugel

639. Boldo
[INGL.] boldo
[ESP.] boldo
[FR.] boldo
[IT.] boldo
[AL.] Boldo

640. Boleador de frutas
[INGL.] melon baller
[ESP.] cortador de frutas
[FR.] cuillère à melon
[IT.] scavino
[AL.] Melonenausstecher

641. Bolha Ver BORBULHA

642. Bolinha de manteiga
[INGL.] roll of butter; pat of butter
[ESP.] bolilla de mantequilla
[FR.] coquille de beurre
[IT.] ricciolo di burro
[AL.] Butterröllchen

643. Bolinhas de queijo
[INGL.] cheese balls
[ESP.] bolitas de queso
[FR.] boulettes de fromage
[IT.] palline al formaggio
[AL.] Käsebällchen

644. Bolinhos de peixe
[INGL.] fish cakes; fish balls
[ESP.] croquetas de pescado
[FR.] croquettes de poisson
[IT.] crocchette di pesce
[AL.] Fischfrikadellen; Fischbuletten

645. Bolo
[INGL.] cake
[ESP.] tarta; pastel
[FR.] gâteau
[IT.] torta
[AL.] Torte; Kuchen

646. Bolo de aniversário
[INGL.] birthday cake
[ESP.] tarta de cumpleaños

B

[FR.] gâteau d'anniversaire
[IT.] torta di compleanno
[AL.] Geburtstagstorte

647. Bolo de carne
[INGL.] meat loaf
[ESP.] pan de carne; rollo de carne
[FR.] pain de viande
[IT.] polpettone
[AL.] Hackbraten

648. Bolo de casamento
[INGL.] wedding cake
[ESP.] tarta nupcial
[FR.] gâteau nuptial
[IT.] torta nuziale
[AL.] Hochzeitstorte

649. Bolo de cenoura
[INGL.] carrot cake
[ESP.] pastel de zanahoria
[FR.] gâteau aux carottes
[IT.] torta di carote
[AL.] Karottenkuchen

650. Bolo de chocolate
[INGL.] chocolate cake
[ESP.] tarta de chocolate
[FR.] gâteau au chocolat
[IT.] torta al cioccolato
[AL.] Schokoladenkuchen

651. Bolo de coco
[INGL.] coconut cake
[ESP.] tarta de coco
[FR.] gâteau à la noix de coco
[IT.] torta alla noce di cocco
[AL.] Kokosnusstorte

652. Bolo de frutas
[INGL.] fruit cake
[ESP.] tarta de frutas
[FR.] gâteau aux fruits
[IT.] torta alla frutta
[AL.] Obstkuchen

653. Bolo de gengibre
[INGL.] ginger cake
[ESP.] tarta de jengibre
[FR.] gâteau au gingembre
[IT.] torta allo zenzero
[AL.] Ingwerkuchen

654. Bolo de laranja
[INGL.] orange cake
[ESP.] tarta de naranja
[FR.] gâteau à l'orange
[IT.] torta all'arancia
[AL.] Orangentorte

655. Bolo de Natal
[INGL.] Christmas cake
[ESP.] tarta de Navidad
[FR.] gâteau de Noël
[IT.] torta natalizia
[AL.] Weihnachtskuchen

656. Bolo Floresta Negra
[INGL.] Black Forest cake
[ESP.] tarta Selva Negra
[FR.] gâteau Forêt-Noire
[IT.] torta Foresta Nera
[AL.] Schwarzwälder Kirschtorte

657. Bolo mármore
[INGL.] marble cake
[ESP.] tarta mármol; torta marmolada
[FR.] gâteau marbré
[IT.] dolce marmorizzato
[AL.] Mamorkuchen

658. Bolonhesa, à (com ragu)
[INGL.] Bolognese style (with ragout)
[ESP.] a la boloñesa (con ragú)
[FR.] à la bolognaise (avec ragoût)
[IT.] alla bolognese (con ragù)

[AL.] Bologneser Art (mit Ragout)

659. Bolo-rei
[INGL.] twelfth cake
[ESP.] rosca de Reys
[FR.] galette des Rois
[IT.] torta dell'Epifania
[AL.] Königskuchen

660. Bolo Sacher (açúcar de confeiteiro, chocolate e vinho Madeira)
[INGL.] Sacher torte (confectioners' sugar (U.S.)/icing sugar (U.K.), chocolate, and Madeira wine)
[ESP.] tarta Sacher (azúcar glas, chocolate y vino de Madera)
[FR.] Sachertorte (sucre glace, chocolat et vin Madère)
[IT.] torta Sacher (zucchero a velo, cioccolato e vino Madeira)
[AL.] Sacher-Torte (Puderzucker, Schokolade und Madeira Wein)

661. Bolo Saint-Honoré (bolo de creme rodeado com carolinas)
[INGL.] Saint-Honoré cake (cream cake bordered with puffs)
[ESP.] tarta San Honorato (tarta de crema guarnecida de lionesas)
[FR.] gâteau Saint-Honoré (gâteau à la crème avec bordure de choux)
[IT.] torta Saint-Honoré (torta alla crema guarnita tutt'intorno di bignè)

B

[AL.] Saint-Honoré-
-Torte (Creme-Torte mit
Windbeutelchen garniert)

662. **Bolota** *(noz do carvalho)*
[INGL.] acorn
[ESP.] bellota
[FR.] gland
[IT.] ghianda
[AL.] Eichel

663. **Bom**
[INGL.] good
[ESP.] bueno
[FR.] bon
[IT.] buono
[AL.] gut

664. **Bom apetite**
[INGL.] enjoy your meal
[ESP.] que (le/les) aproveche
[FR.] bon appétit
[IT.] buon appetito
[AL.] guten Appetit

665. **Bombay duck (tempero à base de peixe seco e salgado)**
[INGL.] bombay duck (small, dried, strongly flavored fish)
[ESP.] bombay duck (condimento con pescado seco y salado)
[FR.] bombay duck (poisson apparenté au flétan, séché et consommé frit)
[IT.] bombay duck (condimento a base di pesce secco e salato)
[AL.] Bombay Duck (kleine, getrocknete und intensiv schmeckende Fischart)

666. **Bombe (camadas de sorvete variados moldadas em formato de cone, com cobertura de creme chantili ou frutas)**
[INGL.] bombe (layers of ice-cream covered with whipped cream or fruits in a spherical mould)
[ESP.] bombe (helado a capas y cubierto con nata o frutas)
[FR.] bombe (entremets glacé en forme de demi-sphère ou de cône, avec crème fouettée ou fruits)
[IT.] bombe (gelato a strati coperto con panna montata o frutta)
[AL.] Eisbombe (Schichteis und Schlagsahne oder Früchten)

667. **Bombinhas de chocolate**
[INGL.] chocolate éclairs
[ESP.] éclairs de chocolate
[FR.] éclairs au chocolat
[IT.] éclairs al cioccolato
[AL.] Schokoladeneclairs

668. **Bombons** *Ver* BALAS

669. **Bom dia**
[INGL.] good morning
[ESP.] buenos días
[FR.] bonjour
[IT.] buongiorno; buon giorno
[AL.] guten Tag

670. **Bonchester (queijo escocês, de textura cremosa, feito com leite de vaca não pasteurizado)**
[INGL.] Bonchester (Scottish cheese, creamy texture, made from unpasteurized cow milk)
[ESP.] Bonchester (queso escocés, consistencia cremosa, elaborado con leche de vaca sin pasteurizar)
[FR.] Bonchester (fromage écossais, consistance crémeuse, au lait de vache cru)
[IT.] Bonchester (formaggio scozzese, consistenza cremosa, preparato con latte crudo)
[AL.] Bonchester (schottischer unpasteurisierter Kuhmilch-Käse mit weichen Konsistenz)

671. **Bonito-de-barriga-
-listrada**
[INGL.] skipjack tuna; false albacore (U.S.)/skipjack tunny (U.K.)
[ESP.] barrilete
[FR.] bonite à ventre rayé
[IT.] tonnetto striato
[AL.] arktischer Bonito

672. **Bonito-pintado**
[INGL.] little tuna (U.S.)/little tunny (U.K.)
[ESP.] bacoreta
[FR.] thonine
[IT.] tonnetto; alletterato
[AL.] echter Bonito

673. **Bonne femme, molho (creme de leite, pão, cenoura, cebola e cogumelos)**
[INGL.] bonne femme sauce (cream, bread, carrot, onion, and mushrooms)
[ESP.] salsa bonne femme (nata, pan, zanahoria,

B

cebolla y setas)
[FR.] sauce bonne femme (crème, pain, carotte, oignon et champignons)
[IT.] salsa bonne femme (panna, pane, carota, cipolla e funghi)
[AL.] Bonne Femme-Sauce (Sahne, Brot, Karotte, Zwiebel und Pilze)

674. **Borboleta do coxão duro** (corte de carne bovina)
[INGL.] butterfly flat
[ESP.] mariposa
[FR.] bifteck de filet papillon
[IT.] sttofesa a farfalla
[AL.] Seemerrolle mit Fett und mit Haut

675. **Borbulha; Bolha**
[INGL.] bubble
[ESP.] burbuja
[FR.] bulle
[IT.] bolla; bollicine
[AL.] Bläschen

676. **Borda**
[INGL.] edge
[ESP.] borde
[FR.] bord
[IT.] bordo
[AL.] Rand

677. **Bordelaise, molho (vinho tinto com caldo à base de tutano)**
[INGL.] Bordeaux sauce (wine sauce with marrow)
[ESP.] salsa bordelesa (salsa de vino con tuétano)
[FR.] sauce bordelaise (sauce au vin avec moelle)
[IT.] salsa bordolese (salsa di vino con midollo)
[AL.] Bordelaise-Sauce (Weinsauce mit Knochenmark)

678. **Borra; Sedimento** (vinho)
[INGL.] lee; sediment
[ESP.] hez; madre del vino; sedimento
[FR.] lie; sédiment
[IT.] feccia; deposito
[AL.] Bodensatz; Depot

679. **Borracho** (pombo novo)
[INGL.] squab
[ESP.] pichón joven
[FR.] pigeonneau
[IT.] piccione novello
[AL.] junge Taube

680. **Borragem; Borrago**
[INGL.] borage
[ESP.] borraja
[FR.] bourrache
[IT.] borragine
[AL.] Borrestsch

681. **Borrago** Ver BORRAGEM

682. **Borrego** (cordeiro com menos de 1 ano)
[INGL.] spring lamb; baby lamb
[ESP.] cordero lechal
[FR.] agneau de lait
[IT.] agnello da latte; abbacchio
[AL.] Lamm

683. **Borrifar**
[INGL.] sprinkle, to
[ESP.] rociar
[FR.] asperger
[IT.] spruzzare
[AL.] spritzen; bespritzen

684. **Botarga** Ver OVA DE TAINHA SALGADA

685. **Boulangère, à la (batatas e cebolas assadas no forno)**
[INGL.] baker's wife style (baked potatoes and onions)
[ESP.] a la panadera (patatas e cebollas asadas al horno)
[FR.] à la boulangère (pommes de terre et oignons cuites au four)
[IT.] alla fornaia (patate e cipolle cotte in forno)
[AL.] nach Bäcker Art (gebraten Kartoffeln und Zwiebeln)

686. **Boule-de-neige (sorvete de chocolate e creme chantili)**
[INGL.] snowball (chocolate ice-cream and whipped cream)
[ESP.] bolas de nieve (helado de chocolate y nata batida)
[FR.] boule-de-neige (glace au chocolat et crème fouettée)
[IT.] palla di neve (gelato al cioccolato e panna montata)
[AL.] nach Boule-de-neige Art (Schokoladeneis und Schlagsahne)

687. **Boulette d'Avesnes (queijo fresco em formato de cone e de consistência firme)**
[INGL.] Boulette d'Avesnes (cone-shaped fresh cheese and firm texture)
[ESP.] Boulette d'Avesnes

B

(queso fresco en forma de cono y textura firme)
[FR.] Boulette d'Avesnes (fromage frais en forme de cône et consistance ferme)
[IT.] Boulette d'Avesnes (formaggio fresco modellato a cono e pasta molle)
[AL.] Boulette d'Avesnes (Frischkäse mit fest Konsistenz)

688. **Bouquet garni**
Ver AMARRADO DE ERVAS AROMÁTICAS

689. **Bouquetière, à la (com buquê de vegetais)**
[INGL.] florist style (with vegetables bouquet)
[ESP.] a la florera (con ramillete de verduras)
[FR.] à la bouquetière (au bouquet de légumes)
[IT.] alla fioraia (con mazzetto di verdure)
[AL.] Blumenmädchenart (mit Gemüsebukett)

690. **Bourgeoise, à la (cenouras, cebolas e bacon)**
[INGL.] Bourgeois style (carrots, onions, and bacon)
[ESP.] a la burguesa (zanahorias, cebollas y tocino)
[FR.] à la bourgeoise (carottes, oignons et lard)
[IT.] alla borghese (carote, cipolle e pancetta)
[AL.] bürgerliche Art (Karotten, Zwiebeln und Speck)

691. **Bourguignonne, à la (vinho tinto, cogumelos e cebolinha-pérola)**
[INGL.] Burgundy style (with red wine, mushrooms, and pearl onion)
[ESP.] a la borgoñona (con vino tinto, setas y cebollino)
[FR.] à la bourguignonne (au vin rouge, champignons et oignon grelot)
[IT.] alla borgognona (con vino rosso, funghi e cipollina)
[AL.] nach burgunder Art (mit Rotwein, Pilze und Silberzwiebel)

692. **Bourguignonne, molho (molho de vinho tinto)**
[INGL.] Burgundy sauce (red wine sauce)
[ESP.] salsa borgoñona (salsa de vino tinto)
[FR.] sauce bourguignonne (sauce au vin rouge)
[IT.] salsa alla borgognona (salsa di vino rosso)
[AL.] Burgunder-Sauce (Rotweinsauce)

693. **Boursin® (queijo francês, de textura cremosa, feito com leite de vaca)**
[INGL.] Boursin® (French cheese, creamy texture, made from cow milk)
[ESP.] Boursin® (queso francés, consistencia cremosa, elaborado con leche de vaca)
[FR.] Boursin® (fromage français, texture crémeuse, à base de lait de vache)
[IT.] Boursin® (formaggio francese, consistenza cremosa, prodotto con latte vaccino)
[AL.] Boursin® (weicher französischer Käse aus Kuhmilch)

694. **Brabançonne, à la (couve-de-bruxelas, chicória e lúpulo)**
[INGL.] Brabantine style (Brussels sprouts, chicory (U.S.)/endive (U.K.), and hops)
[ESP.] a la brabanzona (col de Bruselas, achicoria y lúpulo)
[FR.] à la brabançonne (choux de Bruxelles, chicorée et houblon)
[IT.] alla brabantina (cavoletti di Bruxelles, cicoria e luppolo)
[AL.] Brabanter Art (Rosenkohl, Zichorie und Hopfen)

695. **Branco, molho**
[INGL.] white sauce
[ESP.] salsa blanca
[FR.] sauce blanche
[IT.] salsa bianca
[AL.] weiße Sauce

696. **Brandy (qualquer bebida destilada proveniente de frutas)**
[INGL.] brandy
[ESP.] brandy
[FR.] brandy
[IT.] brandy
[AL.] Brandy

697. **Branqueado; Pelado em água fervente**
[INGL.] blanched
[ESP.] escaldado
[FR.] blanchi

B

[IT.] sbollentato
[AL.] blanchiert

698. Branqueador de café *(em pó)*
[INGL.] coffee whitener
[ESP.] blanqueador del café
[FR.] blanchissant de café
[IT.] surrogato del latte (per caffè)
[AL.] Kaffeeweißer

699. Branquear; Pelar com água fervente
[INGL.] blanch, to
[ESP.] blanquear; poner en agua hirviendo
[FR.] blanchir
[IT.] scottare nell'acqua bollente
[AL.] blanchieren

700. Brânquias
Ver GUELRAS

701. Braseado
[INGL.] braised
[ESP.] braseado; asado
[FR.] braisé
[IT.] brasato
[AL.] geschmort

702. Brasear *(dourar previamente o alimento em gordura quente e cozinhá-lo com pouco líquido em panela bem tampada)*
[INGL.] braise, to
[ESP.] brasear; cocer a fuego lento en olla tapada
[FR.] braiser; cuire à l'étouffée; cuire à l'étuvée
[IT.] brasare
[AL.] schmoren; brasieren

703. Bréhan *(corações de alcachofra recheados com purê de favas, couve-flor, molho holandês e batatas com salsinha)*
[INGL.] Bréhan (artichoke hearts with fava bean (U.S.)/broad bean (U.K.) purée, cauliflower, hollandaise sauce, and parsley potatoes)
[ESP.] Bréhan (fondos de alcachofas al puré de habas, coliflor, salsa holandesa y patatas al perejil)
[FR.] Bréhan (cœur d'artichauts à la purée de fèves, chou-fleur, sauce hollandaise et pommes de terre persillées)
[IT.] Bréhan (cuori di carciofi alla purea di fave, cavolfiore, salsa olandese e patate al prezzemolo)
[AL.] Bréhan (Artischockenherzen mit Saubohnen--Püree, Blumenkohl, holländische Sauce und Petersillienkarttofeln)

704. Brema *(peixe)*
[INGL.] bream
[ESP.] brema
[FR.] brème
[IT.] abramide
[AL.] Brasse

705. Bresaola *(carne bovina seca e curada com sal)*
[INGL.] bresaola (air-dried salted beef fillet)
[ESP.] bresaola (lonchas finísimas de buey secado)
[FR.] bresaola (viande séchée)
[IT.] bresaola (carne di manzo salata ed essiccata)
[AL.] Bresaola (Bündnerfleisch)

706. Brettone, à la *(com feijão)*
[INGL.] Bretonne style (with beans)
[ESP.] a la bretona (con judías)
[FR.] à la bretonne (aux haricots)
[IT.] alla bretone (con fagioli)
[AL.] nach bretonischer Art (mit Bohnen)

707. Bretonne, molho *(vinho branco, creme de leite, cenoura, salsão, cebola e alho-poró)*
[INGL.] Bretonne sauce (white wine, cream, carrot, celery, onion, and leek)
[ESP.] salsa Bretona (vino blanco, nata, zanahoria, apio, cebolla y puerro)
[FR.] sauce Bretonne (vin blanc, crème, carotte, céleri, oignon et poireau)
[IT.] salsa Bretone (vino bianco, panna, carota, sedano, cipolla e porro)
[AL.] Bretonne-Sauce (Weißwein, Sahne, Karotte, Sellerie, Zwiebel und Porree)

708. Brie *(queijo francês, de textura macia, feito de leite de vaca)*
[INGL.] Brie (French cheese, soft texture, made from

B

cow milk)
[ESP.] Brie (queso francés, pasta blanda, elaborado con leche de vaca)
[FR.] Brie (fromage français, pâte molle, à base de lait de vache)
[IT.] Brie (formaggio francese, pasta molle, prodotto con latte vaccino)
[AL.] Brie (weicher französischer Kuhmilch--Käse)

709. **Briex de Meaux (queijo francês, de casca branca e aveludada, e consistência cremosa depois de amadurecer, feito com leite de vaca não pasteurizado)**
[INGL.] Briex de Meaux (French cheese, white and bloomy rind, creamy texture when ripe, made from unpasteurized cow milk)
[ESP.] Briex de Meaux (queso francés, corteza aterciopelada y blanca, textura cremosa una vez maduro, elaborado con leche de vaca sin pasteurizar)
[FR.] Briex de Meaux (fromage français, croûte tendre et blanche, sa texture devient onctueuse en vieillissant, au lait de vache cru)
[IT.] Briex de Meaux (formaggio francese, crosta bianca e vellutata, pasta cremosa dopo la stagionatura, prodotto con latte vaccino crudo)
[AL.] Briex de Meaux (französischer unpasteurisierter Kuhmilch-Käse mit einem weichen Weiß-pelzige Rinde und ist bei voller Reife im Inneren cremig)

710. **Brigada de cozinha**
[INGL.] kitchen brigade
[ESP.] brigada de cocina
[FR.] brigade de cuisine
[IT.] brigata di cucina
[AL.] Küchenbrigade

711. **Brioche**
[INGL.] brioche
[ESP.] brioche
[FR.] brioche
[IT.] brioche
[AL.] Brioche

712. **Brócolis**
[INGL.] broccoli
[ESP.] brócoles; brécol
[FR.] brocoli
[IT.] broccoli; broccoletti
[AL.] Brokkoli

713. **Brócolis-chinês**
Ver GAI LAN

714. **Brotos**
[INGL.] sprouts; shoots
[ESP.] brotes
[FR.] pousses
[IT.] germogli
[AL.] Sprossen; Keime

715. **Brotos de alfafa**
[INGL.] alfafa sprouts
[ESP.] brotes de alfalfa
[FR.] germes de luzerne
[IT.] germogli di alfafa
[AL.] Alfafasprossen

716. **Brotos de bambu**
[INGL.] bamboo sprouts
[ESP.] brotes de bambú
[FR.] pousses de bambou
[IT.] germogli di bambù
[AL.] Bambussprossen

717. **Brotos de feijão**
[INGL.] bean sprouts
[ESP.] brotes de judía
[FR.] pousses de haricots
[IT.] germogli di fagiolo
[AL.] Bohnen-Sprossen

718. **Brotos de soja**
[INGL.] soy sprouts
[ESP.] brotes de soja
[FR.] germes de soja
[IT.] germogli di soia
[AL.] Sojasprossen

719. **Brunch** (refeição que combina café da manhã com almoço)
[INGL.] brunch
[ESP.] brunch
[FR.] brunch
[IT.] brunch
[AL.] Brunch

720. **Bruschetta (fatia de pão tostado com alho e azeite de oliva)**
[INGL.] bruschetta (toast with garlic and olive oil)
[ESP.] bruschetta (rebanada de pan tostado con ajo y aceite de oliva)
[FR.] bruschetta (pain grillé à l'ail et à l'huile d'olive)
[IT.] bruschetta (fetta di pane abbrustolito con aglio e olio di oliva)

B

[AL.] Bruschetta (geröstete Brotscheibe mit Knoblauch und Olivenöl)

721. Bruxelloise, à la (couve-de-bruxelas, chicória e batatas château)
[INGL.] Brussels style (Brussels sprouts, chicory (U.S.)/endive (U.K.), and château potatoes)
[ESP.] a la bruselense (col de Bruselas, achicoria y patatas castillo)
[FR.] à la bruxelloise (choux de Bruxelles, chicorée et pommes de terre château)
[IT.] alla brussellese (cavoletti di Bruxelles, cicoria e patate château)
[AL.] Brüsseler Art (Rosenkohl, Zichorie und Schlosskartoffeln)

722. Bubble and squeak (batata e repolho salteados)
[INGL.] bubble and squeak (sautéed potatoes and cabbage)
[ESP.] bubble and squeak (patata y repollo salteados)
[FR.] bubble and squeak (pommes de terre et choux sautés)
[IT.] bubble and squeak (patate e cavolo saltati in padella)
[AL.] Bubble and Squeak (gebacken Kartoffel und Kohl)

723. Bucatini (massa oca)
[INGL.] bucatini (hollow pasta)
[ESP.] bucatini (pasta hueca)
[FR.] bucatini (pâtes creuses)
[IT.] bucatini (pasta forata)
[AL.] Bucatini (hohlen Nudeln)

724. Bûche-de-Nöel (rocambole em formato de tronco de árvore, feito com castanhas e chocolate)
[INGL.] Christmas log (sponge cake flavored with chestnuts and chocolate)
[ESP.] tronco de Navidad (bizcochón hecho con castañas y chocolate)
[FR.] bûche de Noël (génoise aux marrons et au chocolat)
[IT.] tronchetto di Natale (pan di Spagna a forma di tronco d'albero, fatto con castagne e cioccolato)
[AL.] nach Bûche-de--Nöel Art (Biskuitkuchen aus Kastanien und Schokolade)

725. Buchinho *(miúdos)*
[INGL.] bible tripe; bible
[ESP.] librillo
[FR.] omassum
[IT.] foiolo
[AL.] Blättermagen

726. Bucho *(miúdos)*
[INGL.] tripe
[ESP.] mondongo
[FR.] tripes; bonnet
[IT.] trippa
[AL.] Pansen

727. Bucho branqueado *(miúdos)*
[INGL.] rumen (U.S.)/tripe bleached (U.K.)
[ESP.] mondongo blanqueado
[FR.] tripes blanchies
[IT.] trippa imbianchita
[AL.] gebleicht Pansen

728. Bucho-de-rã
Ver PHYSALIS

729. Budião *(peixe)* Ver BODIÃO

730. Bufê de saladas
[INGL.] salad buffet
[ESP.] buffet de ensaladas; bufé de ensaladas
[FR.] buffet de salades
[IT.] buffet delle insalate
[AL.] Salatbüffet

731. Bufê frio
[INGL.] cold buffet
[ESP.] buffet frío; bufé frío
[FR.] buffet froid
[IT.] buffet freddo
[AL.] kaltes Büffet

732. Bule de café
[INGL.] coffeepot
[ESP.] cafetera
[FR.] cafetière
[IT.] caffettiera
[AL.] Kaffeekanne

733. Bule de chá
[INGL.] teapot
[ESP.] tetera
[FR.] théière
[IT.] teiera
[AL.] Teekanne

734. Bulgare, à la (maionese, molho de tomate e salsão cortado em quadradinhos)

B

[INGL.] Bulgarian style (mayonnaise, tomato sauce, and diced celery)
[ESP.] a la búlgara (mayonesa, salsa de tomate y apio en daditos)
[FR.] à la bulgare (mayonnaise, sauce tomate et céleri en dés)
[IT.] alla bulgara (maionese, salsa di pomodoro e sedano tagliato a dadi)
[AL.] nach bulgarischer Art (Mayonnaise, Tomatensauce und Sellerie in Würfel geschitten)

735. **Bulgur** *(trigo utilizado no preparo de quibe e tabule)*
[INGL.] bulgur
[ESP.] bulgur
[FR.] boulghour
[IT.] bulgur
[AL.] Bulgur; Weizenkleie

736. **Bull Shot (vodca, caldo de carne, molho inglês, sal de aipo e Tabasco®)**
[INGL.] Bull Shot (vodka, beef bouillon, Worcestershire sauce, celery salt, and Tabasco®)
[ESP.] Bull Shot (vodka, caldo de buey, salsa inglesa, sal de apio y Tabasco®)
[FR.] Bull Shot (vodka, bouillon de bœuf, sauce anglaise, sel de céleri et Tabasco®)
[IT.] Bull Shot (vodka, brodo di carne, salsa Worcester, sale al sedano e Tabasco®)

[AL.] Bull Shot (Wodka, Fleischbouillon, Worcester-Sauce, Selleriesalz und Tabasco®)

737. **Bun** *(pãozinho inglês de uva-passa)*
[INGL.] bun
[ESP.] panecillo con pasas
[FR.] petit pain aux raisins secs
[IT.] panino all'uva passa
[AL.] Rosenbrötchen

738. **Burro** *(animal)*
[INGL.] donkey
[ESP.] burro
[FR.] âne
[IT.] asino
[AL.] Esel

739. **Busecca (sopa de tripas com feijão-branco comum)**
[INGL.] busecca (tripe soup with white beans (U.S)/haricot beans (U.K)
[ESP.] busecca (sopa de callos con judías blancas)
[FR.] busecca (gras-double de veau et haricots blancs)
[IT.] busecca (zuppa di trippa con fagioli bianchi)
[AL.] Busecca (Kuttelsuppe mit weißen Bohnen)

740. **Butterscotch, molho (creme de leite, manteiga, açúcar e limão)**
[INGL.] butterscotch sauce (cream, butter, sugar, and lemon)
[ESP.] salsa butterscotch (nata, mantequilla, azúcar y limón)
[FR.] sauce butter scotch (crème, beurre, sucre et citron)
[IT.] salsa butterscotch (panna, burro, zucchero e limone)
[AL.] Butterscotch-Sauce (Sahne, Butter, Zucker und Zitron)

– 87 –

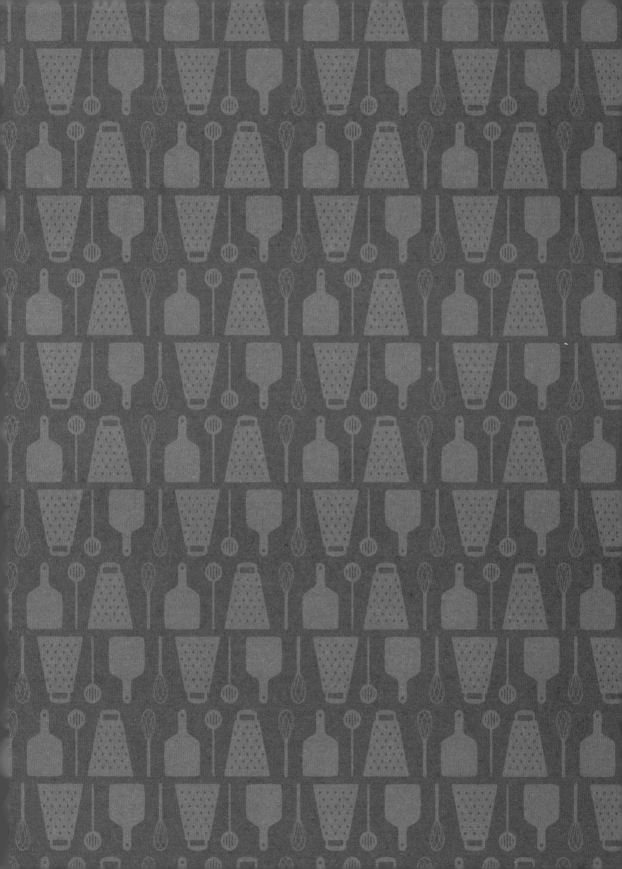

741. **Cabeça de cordeiro**
[INGL.] lamb head
[ESP.] cabeza de cordero
[FR.] tête d'agneau
[IT.] testina d'agnello
[AL.] Lammkopt

742. **Cabeça de ovelha**
[INGL.] sheep head
[ESP.] cabeza de oveja
[FR.] tête de mouton
[IT.] testa di pecora
[AL.] Schafskopf

743. **Cabeça de porco**
[INGL.] pig head
[ESP.] cabeza de cerdo
[FR.] tête de porc
[IT.] testa di maiale
[AL.] Schweinskopf

744. **Cabeçudo** (BA)
Ver XARÉU

745. **Cabelo de anjo**
Ver CAPELLINI D'ANGELO

746. **Cabra**
[INGL.] goat
[ESP.] cabra
[FR.] chèvre
[IT.] capra
[AL.] Ziege

747. **Cabrinha** *(peixe)* (PT)
[INGL.] searobin (U.S.)/ gurnard (U.K.)
[ESP.] rubio
[FR.] grondin
[IT.] pesce capone
[AL.] Knurrhahn

748. **Cabrito**
[INGL.] buck
[ESP.] cabrito
[FR.] chevreau
[IT.] capretto
[AL.] Zicklein

749. **Cabrito de montanha**
[INGL.] chamois
[ESP.] gamuza
[FR.] chamois
[IT.] camoscio
[AL.] Gemse

750. **Caça**
[INGL.] game
[ESP.] caza
[FR.] gibier
[IT.] selvaggina
[AL.] Wild

751. **Caçadora, molho à (vinho branco, echalotas, cogumelos e tomates)**
[INGL.] chasseur sauce (white wine, shallots, mushrooms, and tomatoes)
[ESP.] salsa a la cazadora (vino blanco, escaloñas, setas y tomates)

C

[FR.] sauce chasseur (vin blanc, échalotes, champignons et tomates)
[IT.] salsa alla cacciatora (vino bianco, scalogni, funghi e pomodori)
[AL.] Jägersauce (Weißwein, Schalotten, Pilze und Tomaten)

752. Cação
[INGL.] dogfish
[ESP.] pintarroja; cazón
[FR.] roussette
[IT.] gattuccio
[AL.] Katzenhai

753. Cação-anjo; Anjo-do-mar
[INGL.] angel shark; sand devil (U.S.)/monkfish; angel shark (U.K.)
[ESP.] angelote
[FR.] ange de mer
[IT.] squadro
[AL.] Engelhai

754. Cação-martelo; Chapéu-armado; Cornudo (RS)
[INGL.] hammerhead shark (U.S.)/common hammerhead (U.K.)
[ESP.] pez martillo
[FR.] requin-marteau; cagnole
[IT.] pesce martello
[AL.] Hammerhai

755. Cação-pena
Ver CAÇÃO-RAPOSA

756. Cação-raposa; Cação-pena
[INGL.] thresher shark (U.S.)/slasher (U.K.)
[ESP.] pez zorro
[FR.] renard
[IT.] pesce bandiera
[AL.] Fuchshai

757. Caçarola
[INGL.] saucepan; casserole
[ESP.] cacerola
[FR.] casserole
[IT.] casseruola
[AL.] Kasserole

758. Cacau
[INGL.] cocoa
[ESP.] cacao
[FR.] cacao
[IT.] cacao
[AL.] Kakao

759. Cacau em pó
[INGL.] cocoa powder
[ESP.] cacao en polvo
[FR.] poudre de cacao
[IT.] polvere di cacao; cacao in polvere
[AL.] Kakaopulver

760. Cacetão (RN) Ver TAINHA

761. Cachaça (aguardente da cana-de-açúcar)
[INGL.] cachaça (sugarcane distillate)
[ESP.] cachaza (aguardiente de caña de azúcar)
[FR.] cachaça (eau-de-vie de canne à sucre)
[IT.] cachaça (distillato di canna da zucchero)
[AL.] Cachaça (Zuckerrohrschnaps)

762. Cacho de uva
[INGL.] bunch of grapes
[ESP.] racimo
[FR.] grappe
[IT.] grappolo
[AL.] Traube

763. Cachorro-quente
[INGL.] hot-dog
[ESP.] perro caliente; hot dog
[FR.] hot dog
[IT.] hot dog
[AL.] Hot Dog

764. Cadeira
[INGL.] chair
[ESP.] silla
[FR.] chaise
[IT.] sedia
[AL.] Stuhl

765. Cadeirão Ver CADEIRA PARA CRIANÇA

766. Cadeira para criança; Cadeirão
[INGL.] high chair
[ESP.] silla de niño
[FR.] chaise d'enfant
[IT.] seggiolone per bambini
[AL.] Kinderstuhl

767. Caesar salad (alface-romana, anchovas e ovo)
[INGL.] Caesar salad (romaine lettuce (U.S.)/cos lettuce (U.K.), anchovies, and egg)
[ESP.] ensalada César (lechuga romana, anchoas y huevo)
[FR.] salade César (laitue romaine, anchois et œuf)
[IT.] insalata alla Cesare (lattuga romana, acciughe e uovo)
[AL.] Cäsarsalat (Romana-Salat, Sardellen und Ei)

C

768. Café
[INGL.] coffee
[ESP.] café
[FR.] café
[IT.] caffè
[AL.] Kaffee

769. Café carioca *Ver* CAFÉ EXPRESSO DILUÍDO EM TRÊS PARTES DE ÁGUA

770. Café com creme
[INGL.] coffee with cream
[ESP.] café crema
[FR.] café à la crème
[IT.] caffè crema
[AL.] Kaffee mit Sahne

771. Café com leite
[INGL.] coffee with milk; café au lait
[ESP.] café con leche
[FR.] café au lait
[IT.] caffè e latte
[AL.] Kaffee mit Milch

772. Café curto
[INGL.] strong coffee
[ESP.] café corto
[FR.] café serré
[IT.] caffè ristretto
[AL.] starker Kaffee

773. Café da manhã
[INGL.] breakfast
[ESP.] desayuno
[FR.] petit-déjeuner
[IT.] (prima) colazione
[AL.] Frühstück

774. Café da manhã completo
[INGL.] continental breakfast
[ESP.] desayuno continental
[FR.] café complet
[IT.] colazione continentale
[AL.] kontinentales Frühstuck

775. Café de coador
[INGL.] filtered coffee; American coffee
[ESP.] café filtro
[FR.] café filtré
[IT.] caffè filtro
[AL.] Filterkaffee

776. Café descafeinado
[INGL.] coffee without caffeine; decaffeinated coffee; decaf
[ESP.] café descafeinado
[FR.] café décaféiné; déca
[IT.] caffè decaffeinato
[AL.] entkoffeinierter Kaffee

777. Café em pó
[INGL.] coffee powder; ground coffee
[ESP.] polvo de café
[FR.] poudre de café
[IT.] polvere di caffè
[AL.] Kaffeepulver

778. Café expresso com creme chantili
[INGL.] espresso with whipped cream
[ESP.] café con nata
[FR.] express à la crème fouettée
[IT.] caffè con panna
[AL.] Espresso mit Schlagsahne

779. Café expresso com leite cremoso vaporizado
[INGL.] espresso with steamed milk
[ESP.] cortado
[FR.] café au lait
[IT.] caffelatte
[AL.] Milchkaffee

780. Café expresso com licor
[INGL.] espresso with liqueur
[ESP.] café correcto
[FR.] café arrosé
[IT.] caffè corretto
[AL.] Kaffee mit Schuss

781. Café expresso diluído em três partes de água; Café carioca; Café paulista
[INGL.] weak coffee (espresso diluted in three parts of water)
[ESP.] café largo
[FR.] café américain; café long
[IT.] caffè lungo
[AL.] schwacher Kaffee

782. Café expresso; Expresso
[INGL.] espresso
[ESP.] exprés
[FR.] express; café express
[IT.] espresso
[AL.] Espresso

783. Café expresso frio servido com gelo, em um copo
[INGL.] iced coffee
[ESP.] café frío
[FR.] café froid
[IT.] caffè freddo
[AL.] kalter Kaffee

784. Café grego *Ver* CAFÉ TURCO

785. Café irlandês (quente, à base de café e uísque irlandês)
[INGL.] Irish coffee (hot coffee with Irish whisky)

C

[ESP.] café irlandés (café hirviendo con whisky)
[FR.] irish coffee (café chaud au whisky)
[IT.] caffè irlandese (caffè bollente con whisky)
[AL.] Irish coffee (heißer Kaffee mit einem Schuss Whisky)

786. **Café marroquino (cappuccino preparado com leite e chocolate quente)**
[INGL.] Moroccan coffee (cappuccino prepared with milk and hot chocolate)
[ESP.] café marroquí (cappuccino preparado con leche y chocolate caliente)
[FR.] café marocain (cappuccino fait avec du lait chocolaté chaud)
[IT.] caffè marocchino (cappuccino ottenuto con latte e cioccolata calda)
[AL.] marokkanisch Kaffee (Cappuccino mit dampferhitzter Schokoladenmilch)

787. **Café Mocha (expresso misturado à calda de chocolate e leite quente)**
[INGL.] mocha coffee (espresso combined with chocolate syrup and hot milk)
[ESP.] café moca (exprés con chocolate deshecho y leche caliente)
[FR.] moka (express mélangé à du sirop de chocolat et du lait chaud)
[IT.] caffè moka (espresso mescolato con sciroppo di cioccolato e latte caldo)
[AL.] Mokka-Kaffee (Espresso mit Schokoladensirup und geschäumter Milch)

788. **Café paulista** *Ver*
CAFÉ EXPRESSO DILUÍDO EM TRÊS PARTES DE ÁGUA

789. **Café puro**
[INGL.] black coffee
[ESP.] café solo; café negro
[FR.] café noir; noir
[IT.] caffè nero
[AL.] schwarzer Kaffee

790. **Café quente**
[INGL.] hot coffee
[ESP.] café muy caliente
[FR.] café brûlant
[IT.] caffè bollente
[AL.] Filterkaffee

791. **Café solúvel**
[INGL.] instant coffee
[ESP.] café soluble
[FR.] café soluble
[IT.] caffè solubile
[AL.] Instantkaffee

792. **Cafeteira elétrica**
[INGL.] coffee machine
[ESP.] máquina de café
[FR.] cafetière électrique
[IT.] macchina per caffè elettrica
[AL.] Kaffeemaschine

793. **Cafeteria**
Ver LOJA DE CAFÉ

794. **Café turco; Café grego (pó de café misturado com açúcar e fervido com água)**
[INGL.] Turkish coffee; Greek coffee (ground coffee combined with sugar and boiled with water)
[ESP.] café turco (se mezclan juntos agua, azúcar y polvo de café)
[FR.] café turc (mélange d'eau, de sucre et de poudre de café)
[IT.] caffè turco (acqua, zucchero e polvere di caffè mescolati)
[AL.] türkischer Kaffee (Kaffeepulver gemischt mit Zucker und im Wasser gekocht)

795. **Caffè macchiato (expresso com leite espumante em cima)**
[INGL.] caffè macchiato (espresso with a dollop of steamed milk foam)
[ESP.] café macchiato (café cortado con leche espumosa)
[FR.] caffè macchiato (express recouvert d'un nuage de lait mousseux)
[IT.] caffè macchiato (caffè espresso guarnito con latte schiumoso)
[AL.] caffè macchiato (Espresso mit wenig schäumender Milch)

796. **Caipirinha (cachaça, limão-taiti e açúcar)**
[INGL.] caipirinha (cachaça, lime, and sugar)
[ESP.] caipirinha (cachaza, lima y azúcar)
[FR.] caipirinha (cachaça, lime et sucre)

C

[IT.] caipirinha (cachaça, limetta e zucchero)
[AL.] Caipirinha (Cachaça, Limette und Zucker)

797. Caipiroska (vodca, limão-taiti e açúcar)
[INGL.] caipiroska (vodka, lime, and sugar)
[ESP.] caipiroska (vodka, lima y azúcar)
[FR.] caipiroska (vodka, lime et sucre)
[IT.] caipiroska (vodka, limetta e zucchero)
[AL.] Caipiroska (Wodka, Limette und Zucker)

798. Caixa
[INGL.] box
[ESP.] caja
[FR.] boîte
[IT.] scatola
[AL.] Kiste

799. Caixa registradora
[INGL.] cash register
[ESP.] caja registradora
[FR.] caisse enregistreuse
[IT.] registratore di cassa
[AL.] Registrierkasse

800. Cajaleó (PE) Ver Voador

801. Caju
[INGL.] cashew
[ESP.] anacardo
[FR.] cajou
[IT.] mela d'anacardio
[AL.] Kaschu

802. Calaminta
[INGL.] calamint
[ESP.] calamento
[FR.] calament
[IT.] calaminta
[AL.] Bergminze

803. Cálamo-aromático; Ácoro; Cana-cheirosa
[INGL.] calamos; sweet grass; sweet rush; wild iris
[ESP.] cálamo aromático
[FR.] calamus; lis de marais; roseau aromatique; jonc odorant
[IT.] calamo aromatico
[AL.] Schilffeder; Schilfrohr

804. Calandra Ver Cotovia

805. Calda
[INGL.] syrup
[ESP.] jarabe
[FR.] sirop
[IT.] sciroppo
[AL.] Sirup

806. Calda de açúcar
[INGL.] sugar syrup
[ESP.] jarabe de azúcar
[FR.] sirop de sucre
[IT.] sciroppo di zucchero
[AL.] Zuckersirup

807. Calda de chocolate
[INGL.] chocolate syrup
[ESP.] jarabe de chocolate
[FR.] sirop de chocolat
[IT.] sciroppo di cioccolato
[AL.] Schokoladensirup

808. Calda de chocolate quente
[INGL.] chocolate hot fudge
[ESP.] jarabe de chocolate caliente
[FR.] fondant au chocolat
[IT.] salsa calda al cioccolato
[AL.] Schokoladenfondant

809. Calda de fruta
[INGL.] fruit syrup
[ESP.] jarabe de fruta
[FR.] coulis de fruits
[IT.] sciroppo di frutta
[AL.] Fruchtsirup

810. Calda de morango
[INGL.] strawberry syrup
[ESP.] jarabe de fresas
[FR.] coulis de fraises
[IT.] sciroppo di fragole
[AL.] Erdbeersirup

811. Caldeirada de peixe
[INGL.] pot-stew of fish
[ESP.] caldereta de pescado
[FR.] potée marinière
[IT.] zuppa di pesce
[AL.] Fischeintopf

812. Caldo
[INGL.] stock; broth; bouillon
[ESP.] caldo
[FR.] bouillon
[IT.] brodo
[AL.] Brühe

813. Caldo com pedaços de carne e verduras
[INGL.] stock with bits of meat and vegetables
[ESP.] caldo con pedazos de carne y verduras
[FR.] bouillon de viande et de légumes
[IT.] brodo con pezzi di carne e verdure
[AL.] Brühe mit Fleisch und Gemüsestückchen

814. Caldo concentrado em cubinho

C

[INGL.] bouillon cubes (U.S.)/ stock cubes (U.K.)
[ESP.] cubito de caldo
[FR.] bouillon cube
[IT.] dado per brodo
[AL.] Brühwürfel

815. **Caldo concentrado líquido**
[INGL.] liquid stock
[ESP.] caldo concentrado líquido
[FR.] bouillon liquide
[IT.] brodo liquido pronto
[AL.] Fond

816. **Caldo de carne**
[INGL.] beef stock; beef bouillon; brown stock (U.K.)
[ESP.] caldo de carne
[FR.] bouillon de boeuf; bouillon de viande
[IT.] brodo di carne
[AL.] Fleischbrühe

817. **Caldo de galinha**
[INGL.] chicken stock; chicken broth (U.S.)/white stock (U.K.)
[ESP.] caldo de pollo
[FR.] bouillon de poulet
[IT.] brodo di pollo
[AL.] Hühnerbrühe

818. **Caldo de peixe**
[INGL.] fish stock; fish broth (U.S.)/white stock (U.K.)
[ESP.] caldo de pescado
[FR.] bouillon de poisson
[IT.] brodo di pesce
[AL.] Fischbrühe

819. **Caldo de vegetais**
[INGL.] vegetable stock; vegetable broth
[ESP.] caldo de verduras
[FR.] bouillon de légumes
[IT.] brodo di verdure
[AL.] Gemüsebrühe

820. **Calêndula**
[INGL.] marigold
[ESP.] caléndula; maravilla
[FR.] souci
[IT.] calendula; florrancio
[AL.] Ringelblume

821. **Calor**
[INGL.] heat
[ESP.] calor
[FR.] chaleur
[IT.] calore
[AL.] Wärme

822. **Caloria**
[INGL.] calorie
[ESP.] caloría
[FR.] calorie
[IT.] caloria
[AL.] Kalorie

823. **Calórico**
[INGL.] caloric
[ESP.] calórico
[FR.] calorique
[IT.] calorico
[AL.] kalorisch

824. **Calvados (brandy de maçã)**
[INGL.] Calvados (apple brandy)
[ESP.] Calvados (brandy de manzana)
[FR.] Calvados (eau-de-vie de pommes)
[IT.] Calvados (brandy di mela)
[AL.] Calvados (Apfel-Brandy)

825. **Calzone (pizza recheada e dobrada no formato de um pastel)**
[INGL.] pizza calzone (stuffed)
[ESP.] pizza calzone (rellena)
[FR.] pizza en chausson (farcie)
[IT.] calzone (pizza farcita)
[AL.] Pizza Calzone (gefüllte)

826. **Camada**
[INGL.] layer; tier
[ESP.] capa
[FR.] couche
[IT.] strato
[AL.] Schicht

827. **Camapu** Ver Physalis

828. **Camarão-d'água-doce; Pitu**
[INGL.] crawfish
[ESP.] cangrejo de río
[FR.] écrevisse
[IT.] gambero d'acqua dolce
[AL.] Krebs

829. **Camarão-grande**
[INGL.] shrimp (U.S.)/ prawn (U.K.)
[ESP.] gamba; carabinero
[FR.] gamba
[IT.] gamberone
[AL.] Garnele

830. **Camarão, molho de**
[INGL.] shrimp sauce (U.S.)/ prawn sauce (U.K.)
[ESP.] salsa de camarones
[FR.] sauce aux crevettes
[IT.] salsa di gamberetti
[AL.] Garnelensauce

831. **Camarão-pequeno**
[INGL.] shrimp (U.S.)/prawn; baby prawn (U.K.)
[ESP.] camarón; quisquilla
[FR.] crevette; boucot
[IT.] gamberetto; gamberello
[AL.] Krabbe; Garnele

C

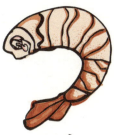
— camarão —

832. Camarão-tigre
[INGL.] tiger prawn; black tiger prawn
[ESP.] langostino tigre
[FR.] crevette tigrée
[IT.] gamberone tigre
[AL.] Riesengarnele

833. Camarões secos
[INGL.] dried shrimps (U.S.)/ dried prawns (U.K.)
[ESP.] camarones desecados; gambitas desecadas
[FR.] crevettes séchées
[IT.] gamberetti secchi
[AL.] getrocknete Garnelen

834. Cambacérès (lagostins, cogumelos e trufas)
[INGL.] Cambacérès (crayfish, mushrooms, and truffles)
[ESP.] Cambacérès (cigalas, setas y trufas)
[FR.] Cambacérès (langoustines, champignons et truffes)
[IT.] Cambacérès (scampi, funghi e tartufi)
[AL.] Cambacérès (Flusskrebse, Pilze und Trüffeln)

835. Cambão (PE) *Ver* TAINHA

836. Cameline, molho (canela, cravo-da-índia, gengibre, cardamomo, mace, pimenta e verjus)
[INGL.] cameline sauce (cinnamon, clove, ginger, cardamom, mace, pepper, and verjus)
[ESP.] salsa cameline (canela, clavo, jengibre, cardamomo, macís, pimienta y verjuice)
[FR.] sauce cameline (cannelle, clous de girofle, gingembre, cardamome, macis, poivre et verjuice)
[IT.] salsa cameline (cannella, chiòdo di garofano, zenzero, cardamomo, macis, peperoncino e agresto)
[AL.] Cameline-Sauce (Ceylonzimt, Gewürzenelke, Ingwer, Kardamom, Muskatblute, Pfeffer und Verjus)

837. Camembert da Normandia (queijo francês, de casca branca e aveludada e consistência cremosa depois de amadurecer, feito com leite de vaca não pasteurizado)
[INGL.] Camembert de Normandie (French cheese, has white and bloomy rind, creamy texture when ripe, made from unpasteurized cow milk)
[ESP.] Camembert de Normandie (queso francés, corteza aterciopelada y blanca, textura cremosa una vez maduro, elaborado con leche de vaca sin pasteurizar)
[FR.] Camembert de Normandie (fromage français, croûte tendre et blanche, sa texture devient onctueuse en vieillissant, au lait de vache cru)
[IT.] Camembert de Normandie (formaggio francese, crosta bianca e vellutata e pasta cremosa dopo la stagionatura, prodotto con latte vaccino crudo)
[AL.] Camembert de Normandie (französischer unpasteurisierter Kuhmilch-Käse mit einer samtigen und cremigen Schale nach der Reifezeit)

838. Camembert (queijo francês, de textura macia, feito com leite de vaca)
[INGL.] Camembert (French cheese, soft texture, made from cow milk)
[ESP.] Camembert (queso francés, pasta blanda, elaborado con leche de vaca)
[FR.] Camembert (fromage français, pâte molle, à base de lait de vache)
[IT.] Camembert (formaggio francese, pasta molle, prodotto con latte vaccino)
[AL.] Camembert (weicher französischer Kuhmilch-Käse)

C

839. **Camomila**
[INGL.] camomile; chamomile
[ESP.] manzanilla
[FR.] camomille
[IT.] camomilla
[AL.] Kamille

840. **Camorim** *Ver* ROBALO

841. **Campânula; Raponço; Rapúncio**
[INGL.] rampion (bellflower)
[ESP.] rapónchigo
[FR.] raiponce
[IT.] raperonzolo
[AL.] Rapunzel-Glockenblume

842. **Campari® (bitter italiano)**
[INGL.] Campari® (Italian bitter)
[ESP.] Campari® (amargo italiano)
[FR.] Campari® (bitter italien)
[IT.] Campari® (amaro italiano)
[AL.] Campari® (italienischer Bitter)

843. **Camponesa, molho à** *Ver* PAESANA, MOLHO

844. **Cana-cheirosa** *Ver* CÁLAMO-AROMÁTICO

845. **Canapés de caviar**
[INGL.] caviar canapés
[ESP.] canapés de caviar
[FR.] canapés au caviar
[IT.] canapès di caviale
[AL.] Kaviar-Canapés

846. **Canapés de salmão**
[INGL.] salmon canapés
[ESP.] canapés de salmón
[FR.] canapés au saumon
[IT.] canapès di salmone
[AL.] Lachs-Canapés

847. **Cancalaise, à la (ostras e molho de vinho branco)**
[INGL.] cancalaise style (oysters and white wine sauce)
[ESP.] a la cancalesa (ostras y salsa de vino blanco)
[FR.] à la cancalaise (huîtres et sauce au vin blanc)
[IT.] alla cancalese (ostriche e salsa di vino bianco)
[AL.] Cancaler Art (Austern und Weißweinsauce)

848. **Cancelar**
[INGL.] cancel, to
[ESP.] cancelar
[FR.] décommander
[IT.] cancellare
[AL.] abbestellen

849. **Candelabro**
[INGL.] candlestick
[ESP.] candelero; candelabro
[FR.] chandelier
[IT.] candelabro
[AL.] Kerzenhalter; Leuchter

850. **Caneca**
[INGL.] mug
[ESP.] taza
[FR.] tasse
[IT.] tazza
[AL.] Tasse

851. **Canela; Canela-do-ceilão; Cinamomo**
[INGL.] cinnamon
[ESP.] canela
[FR.] cannelle
[IT.] cannella
[AL.] Ceylonzimt; Zimt

852. **Canela-da-china** *Ver* CÁSSIA

853. **Canela-da-pérsia** *Ver* CÁSSIA

854. **Canela-do-ceilão** *Ver* CANELA

855. **Canela em pau**
[INGL.] cinnamon stick
[ESP.] astilla de canela
[FR.] bâton de cannelle
[IT.] stecca di cannella
[AL.] Zimtstock

856. **Canela-sassafrás** *Ver* SASSAFRÁS

857. **Canelone (massa em forma de tubos grandes e ocos)**
[INGL.] cannelloni (pasta shaped into big and hollow tubes)
[ESP.] cannelloni; canelones (pasta en forma de tubos)
[FR.] cannelloni (pâtes en forme de gros tubes)
[IT.] cannelloni (pasta arrotolata a forma di tubo)
[AL.] Cannelloni (dicke, hohle Röhren aus Nudeln)

858. **Caneta**
[INGL.] pen
[ESP.] bolígrafo
[FR.] stylo
[IT.] penna
[AL.] Kugelschreiber; Füller

C

859. **Cangulo-do-alto** (PE)
Ver CANGULO-REI

860. **Cangulo-rei; Cangurro, Capado** (CE)**; Peroá** (ES)**; Peixe-gatilho** (RJ)**; Lírio; Cangulo-do-alto** (PE)
[INGL.] old wife (U.S.)/queen trigger fish (U.K.)
[ESP.] pez puerco
[FR.] baliste royal
[IT.] pesce balestra; balistidi
[AL.] Horzfisch

861. **Cangurro**
Ver CANGULO-REI

862. **Canguru**
[INGL.] kangaroo
[ESP.] canguro
[FR.] kangourou
[IT.] canguro
[AL.] Känguruh

863. **Canja**
[INGL.] chicken broth with rice
[ESP.] sopa de gallina com arroz
[FR.] consommé de volaille
[IT.] brodo di pollo con riso
[AL.] Hühnersuppe mit Reis

864. **Cantal** Ver SALERS

865. **Cantarelo**
Ver CHANTERELLE

866. **Cantina**
[INGL.] canteen
[ESP.] cantina
[FR.] cantine
[IT.] mensa
[AL.] Kantine

867. **Cantuccini (biscoito italiano com amêndoas)**
[INGL.] cantuccini (dry biscuits with almonds)
[ESP.] cantuccini (bizcochos secos con almendras)
[FR.] cantuccini (biscuits croquants aux amandes)
[IT.] cantucci (biscotti secchi alle mandorle)
[AL.] Cantuccini (trockenes Gebäck mit Mandeln)

868. **Canudo** *(para beber)*
[INGL.] drinking straw
[ESP.] pajita
[FR.] paille
[IT.] cannuccia
[AL.] Strohhalm

869. **Capa da paleta** *(corte de carne bovina)*
[INGL.] shoulder
[ESP.] tapa de paleta
[FR.] bloc d'épaule
[IT.] coperchio del fesone di spalla
[AL.] Schaufeldeckel

870. **Capa de filé** *(corte de carne bovina)*
[INGL.] rib eye roll (U.S.)/cap of cube roll (U.K.)
[ESP.] lomo alto; tapa de bife de ancho
[FR.] noix d'entrecôte
[IT.] coperchio di filetto
[AL.] Entrecote; Hochrippendeckel

871. **Capado** (CE)
Ver CANGULO-REI

872. **Capão** *(galo castrado)*
[INGL.] capon
[ESP.] capón
[FR.] chapon
[IT.] cappone
[AL.] Kapaun

873. **Capatão** *(peixe)*(PT)
[INGL.] sea bream dentex
[ESP.] dentón
[FR.] denté
[IT.] dentice
[AL.] Zahnbrasse

874. **Capellini d'angelo; Cabelo de anjo (massa própria para sopas)**
[INGL.] capellini; angel hair (pasta for soup)
[ESP.] capellini; cabello de ángel (pasta para sopas)
[FR.] capellini; cheveux d'ange (pâtes à potage)
[IT.] capellini d'angelo (pastina per minestre)
[AL.] Capellini; Engelshaar (Suppennudeln)

875. **Capim-cidreira**
Ver CAPIM-LIMÃO

876. **Capim-limão; Capim--cidreira, Capim-santo**
[INGL.] lemon grass
[ESP.] hierba limón
[FR.] citronnelle
[IT.] cimbopogone
[AL.] Zitronengras

877. **Capim-santo**
Ver CAPIM-LIMÃO

878. **Capote** Ver GALINHA--D'ANGOLA

879. **Cappelletti in brodo**
[INGL.] cappelletti in stock
[ESP.] caldo con cappelletti
[FR.] cappelletti en bouillon
[IT.] cappelletti in brodo
[AL.] Cappelletti in Brühe

C

880. **Cappuccino**
[INGL.] cappuccino
[ESP.] cappuccino
[FR.] cappuccino
[IT.] cappuccino
[AL.] Cappuccino

881. **Capuchinha; Nastúrcio**
[INGL.] nasturtium; Indian cress
[ESP.] capuchina; nasturcia
[FR.] capucine
[IT.] nasturzio
[AL.] Kapuzinerkresse

882. **Caqui**
[INGL.] persimmon (U.S.)/ Sharon fruit (U.K.)
[ESP.] caqui
[FR.] kaki; plaquemine
[IT.] caco
[AL.] Kaki

883. **Caracóis**
[INGL.] snails
[ESP.] caracoles
[FR.] escargots
[IT.] lumache
[AL.] Schnecken

884. **Carambola**
[INGL.] carambola; stair fruit
[ESP.] carambola
[FR.] carambole
[IT.] carambola
[AL.] Karambole

885. **Caramelizado**
[INGL.] caramelized
[ESP.] caramelizado
[FR.] caramélisé
[IT.] caramellato
[AL.] karamellisiert

886. **Caramelizar**
[INGL.] caramelize, to
[ESP.] caramelizar
[FR.] caraméliser
[IT.] caramellare
[AL.] karamellisieren

887. **Caramelo (açúcar queimado)**
[INGL.] caramel (burnt sugar)
[ESP.] caramelo (azúcar tostado)
[FR.] caramel (sucre fondu)
[IT.] caramello (zucchero bruciato)
[AL.] Karamel (gebrannter Zucker)

888. **Caramujo**
Ver CORNETINHA

889. **Carana** (CE)
Ver BARRACUDA

890. **Caranguejo; Siri**
[INGL.] crab
[ESP.] cangrejo; jaiba
[FR.] crabe
[IT.] granchio
[AL.] Krebs

891. **Carapau** *(peixe)* (ES)
Ver GUARAJUBA

892. **Carapau** *(peixe)* (PT)
[INGL.] horse-mackerel; scad
[ESP.] jurel
[FR.] chinchard
[IT.] sgombro bastardo; surellu
[AL.] Bastardmarkrele

893. **Carboidratos**
[INGL.] carbohydrate
[ESP.] hidrato de carbono
[FR.] glucides (hydrates de carbone)
[IT.] carboidrati
[AL.] Kohlenhydrat

894. **Carbonara, molho à (bacon, ovos e queijo parmesão)**
[INGL.] carbonara sauce (bacon, eggs, and parmesan cheese)
[ESP.] salsa carbonara (tocino, huevos y parmesano)
[FR.] sauce carbonara (lard, œufs et parmesan)
[IT.] salsa alla carbonara (pancetta, uova e parmigiano)
[AL.] Carbonara-Sauce (Speck, Eier und Parmesankäse)

895. **Carcaça**
[INGL.] carcass
[ESP.] carcasa
[FR.] carcasse
[IT.] carcassa
[AL.] Karkasse

896. **Carcaça de frango**
[INGL.] chicken carcass
[ESP.] carcasa de pollo
[FR.] carcasse de poulet
[IT.] carcassa di pollo
[AL.] Hühnerkarkasse

897. **Carcaça de pato**
[INGL.] duck carcass
[ESP.] carcasa de pato
[FR.] carcasse de canard
[IT.] carcassa di anatra
[AL.] Entenkarkasse

898. **Carcaça de peru**
[INGL.] turkey carcass
[ESP.] carcasa de pavo
[FR.] carcasse de dindon
[IT.] carcassa di tacchino
[AL.] Putenkarkasse

C

899. **Cardamina**
Ver AGRIÃO-DOS-PRADOS

900. **Cardamomo; Eletária**
[INGL.] cardamom
[ESP.] cardamomo
[FR.] cardamome
[IT.] cardamomo
[AL.] Kardamone

901. **Cardápio**
[INGL.] menu
[ESP.] menú; carta
[FR.] carte; menu
[IT.] carta; lista
[AL.] Speisekarte

902. **Cardápio do dia**
[INGL.] today's menu
[ESP.] menú del día
[FR.] carte du jour
[IT.] carta del giorno
[AL.] Tageskarte

903. **Cardinal (lagosta e trufas)**
[INGL.] Cardinal (lobster and truffles)
[ESP.] Cardinal (langosta y trufas)
[FR.] Cardinal (homard et truffes)
[IT.] Cardinale (aragosta e tartufi)
[AL.] Kardinal (Hummer und Trüffeln)

904. **Cardinal, molho (velouté de peixe e manteiga de lagosta)**
[INGL.] cardinal sauce (fish sauce and lobster butter)
[ESP.] salsa cardenal (salsa de pescado y mantequilla de langosta)
[FR.] sauce cardinal (fond de poisson et beurre de homard)
[IT.] salsa cardinale (salsa vellutata a base di pesce e burro di aragosta)
[AL.] Kardinal-Sauce (Fischsauce und Hummerbutter)

905. **Cardoon** (espécie de alcachofra do mato)
[INGL.] cardoon
[ESP.] cardo
[FR.] cardon
[IT.] cardi
[AL.] Karde

906. **Caril** (PT) Ver CURRY

907. **Carne de búfalo**
[INGL.] bison meat; buffalo meat
[ESP.] carne de bisonte
[FR.] viande de bison
[IT.] carne di bufalo
[AL.] Büffelfleisch

908. **Carne de carneiro**
[INGL.] mutton
[ESP.] carne de carnero
[FR.] mouton
[IT.] carne di montone
[AL.] Hammelfleisch

909. **Carne de cavalo**
[INGL.] horse meat
[ESP.] carne de caballo
[FR.] viande de cheval
[IT.] carne di cavallo
[AL.] Pferdefleisch

910. **Carne defumada**
[INGL.] smoked meat
[ESP.] carne ahumada
[FR.] viande fumée
[IT.] carne affumicata
[AL.] Räuchfleisch

911. **Carne de veado**
[INGL.] venison
[ESP.] carne de corzo
[FR.] chevreuil
[IT.] carne di capriolo
[AL.] Rehfleisch

912. **Carne de vitela**
[INGL.] veal meat
[ESP.] carne de ternera
[FR.] viande de veau
[IT.] carne di vitello
[AL.] Kalbfleisch

913. **Carne do ceará**
Ver CARNE-SECA

914. **Carneiro assado**
[INGL.] roast mutton
[ESP.] asado de carnero
[FR.] rôti de mouton
[IT.] arrosto di montone
[AL.] Hammelbraten

915. **Carne magra**
[INGL.] lean meat
[ESP.] carne magra
[FR.] viande maigre
[IT.] carne magra
[AL.] mageres Fleisch

916. **Carne moída**
[INGL.] ground beef (U.S.)/ minced meat (U.K.)
[ESP.] carne picada; carne molida
[FR.] hachis
[IT.] carne macinata; carne trita
[AL.] Hackfleisch

917. **Carne preservada em salmoura**
[INGL.] corned beef

C

[ESP.] carne de buey en conserva
[FR.] bœuf salé en conserve
[IT.] carne di manzo in scatola; manzo salato
[AL.] Corned Beef

918. **Carnes (assadas) na brasa**
[INGL.] charcoal-grilled meats
[ESP.] carnes en la brasa
[FR.] grillades
[IT.] carni alla brace
[AL.] Fleisch vom Holzkohlegrill

919. **Carne-seca; Jabá; Carne do ceará; Charque** (s)
[INGL.] dried meat; jerky beef
[ESP.] carne seca
[FR.] viande sèche
[IT.] carne secca
[AL.] Dörrfleisch

920. **Carnes grelhadas**
[INGL.] grilled meats; grills
[ESP.] carnes a la parrilla
[FR.] grillades
[IT.] carni alla griglia
[AL.] Grilladen

921. **Caro** *(preço)*
[INGL.] expensive
[ESP.] caro
[FR.] cher
[IT.] caro
[AL.] teuer

922. **Carolina de chocolate; Profiterole de chocolate**
[INGL.] chocolate cream puff; chocolate profiterole
[ESP.] lionesa de chocolate; profiterole de chocolate
[FR.] choux au chocolat; profiterole au chocolat
[IT.] bignés al cioccolato; profiterole al cioccolato
[AL.] Windbeutel mit Schokolade; Profiterole mit Schokolate

923. **Carolinas; Profiteroles**
[INGL.] cream puffs; profiteroles
[ESP.] lionesas; profiteroles
[FR.] choux; profiteroles
[IT.] bignés; profiteroles
[AL.] Windbeutel; Profiteroles

924. **Carpa**
[INGL.] carp
[ESP.] carpa
[FR.] carpe
[IT.] carpa
[AL.] Karpfen

925. **Carpaccio de salmão (fatias finas de salmão)**
[INGL.] salmon carpaccio (thin slices of salmon)
[ESP.] carpaccio de salmón (tajadas finas de salmón)
[FR.] carpaccio de saumon (fines tranches de saumon)
[IT.] carpaccio di salmone (fette sottili di salmone)
[AL.] Lachscarpaccio (hauchdünne rohe Lachs)

926. **Carpaccio (fatias finas de carne crua temperada com azeite de oliva e queijo parmesão)**
[INGL.] carpaccio (thin slices of raw beef seasoned with olive oil and parmesan cheese)
[ESP.] carpaccio (tajadas finas de carne cruda de vaca con aceite de oliva y parmesano)
[FR.] carpaccio (fines tranches de viande de bœuf crue à l'huile d'olive et parmesan)
[IT.] carpaccio (fette sottili di carne di manzo cruda condite con olio di oliva e parmigiano)
[AL.] Carpaccio (hauchdünne rohe Rindfleischscheiben mit Olivenöl und Parmesankäse)

927. **Carpano**® **(vermute italiano)**
[INGL.] Carpano® (Italian vermouth)
[ESP.] Carpano® (vermut italiano)
[FR.] Carpano® (vermouth italien)
[IT.] Carpano® (vermouth italiano)
[AL.] Carpano® (italienischer Wermut)

928. **Carretilha** *(para cortar massa)*
[INGL.] pastry wheel; pastry cutter
[ESP.] corta pastas de rueda; rueda pasta
[FR.] roulette à pâtisserie
[IT.] rotella taglia pasta
[AL.] Teigrädchen

929. **Carrinho de sobremesas**
[INGL.] dessert cart
[ESP.] carrito de los postres
[FR.] farandole
[IT.] carrello dei dolci
[AL.] Dessertwagen

C

930. **Carta de vinhos**
[INGL.] wine list
[ESP.] carta de vinos
[FR.] carte des vins
[IT.] carta dei vini
[AL.] Weinkarte

931. **Cártamo; Açafroa; Falso-açafrão**
[INGL.] safflower; bastard saffron
[ESP.] cártamo
[FR.] carthame; safran bâtard
[IT.] cartamo; falso zafferano
[AL.] Saflor; Färbedistel

932. **Cartão de crédito**
[INGL.] credit card
[ESP.] tarjeta de crédito
[FR.] carte de crédit
[IT.] carta di credito
[AL.] Kreditkarte

933. **Cartilagem**
[INGL.] gristle
[ESP.] cartílago
[FR.] cartilage
[IT.] cartilagine
[AL.] Knorpel

934. **Caruru-azedo** *Ver* VINAGREIRA

935. **Carvão vegetal**
[INGL.] charcoal
[ESP.] carbón; carboncillo
[FR.] charbon
[IT.] brace; carbone di legna
[AL.] Holzkohle

936. **Carvi** *Ver* ALCARAVIA

937. **Casca de cebola**
[INGL.] onion skin
[ESP.] piel de cebolla
[FR.] pelure d'oignon
[IT.] buccia di cipolla
[AL.] Zwiebelschale

938. **Casca de cítricos**
[INGL.] zest
[ESP.] cáscara
[FR.] zeste
[IT.] scorza
[AL.] Zeste

939. **Casca de fruta cristalizada**
[INGL.] candied peel
[ESP.] corteza confitada
[FR.] écorce confite
[IT.] scorza candita
[AL.] kandierte Fruchtschale

940. **Casca de laranja cristalizada**
[INGL.] candied orange peel
[ESP.] cáscara de naranja confitada
[FR.] orangeat
[IT.] scorza d'arancia candita
[AL.] Orangeat; Aranzini

941. **Casca de limão**
[INGL.] lemon peel
[ESP.] corteza de limón
[FR.] zeste de citron; écorce de citron
[IT.] scorza di limone
[AL.] Zitronenschale

942. **Casca de limão cristalizada**
[INGL.] candied lemon peel
[ESP.] piel de limón confitada; cidra confitada
[FR.] citronnat
[IT.] scorza di limone candita
[AL.] Zitronat

943. **Casca de ovo**
[INGL.] eggshell
[ESP.] cáscara de huevo
[FR.] coquille d'oeuf
[IT.] guscio d'uovo
[AL.] Eierschale

944. **Casca de pão**
[INGL.] bread crust; crust
[ESP.] corteza de pan
[FR.] croûte de pain
[IT.] crosta di pane
[AL.] Brotkruste

945. **Casca do queijo**
[INGL.] cheese rind
[ESP.] costra de queso
[FR.] croûte de fromage
[IT.] crosta di formaggio
[AL.] Käserinde

946. **Casca ralada**
[INGL.] grated peel
[ESP.] cáscara rallada
[FR.] écorce râpée
[IT.] scorza grattugiata
[AL.] geriebene Schale

947. **Caseiro** *Ver* FEITO EM CASA

948. **Cashel Blue (queijo irlandês, com sabor picante, feito com leite de vaca)**
[INGL.] Cashel Blue (Irish cheese, with sharp taste, made from cow milk)
[ESP.] Cashel Blue (queso irlandés, sabor intenso, elaborado con leche de vaca)
[FR.] Cashel Blue (fromage irlandais, goût puissant, au lait de vache)
[IT.] Cashel Blue (formaggio irlandese, sapore pungente, preparato con latte vaccino)

C

[AL.] Cashel Blue (irischen Kuhmilch-Käse, mit scharfen Geschmack)

949. Cassata siciliana (bolo de sorvete com ricota, chocolate e frutas cristalizadas)
[INGL.] Sicilian cassata (cake filled with ricotta cheese, chocolate, and candied fruits (U.S.)/crystallized fruits (U.K.))
[ESP.] cassata siciliana (dulce relleno con ricotta, chocolate y frutas confitadas)
[FR.] cassate sicilienne (gâteau fourré de ricotta, chocolat et fruits confits)
[IT.] cassata siciliana (dolce farcito con ricotta, cioccolata e canditi)
[AL.] sizilianische Cassata (Kuchen gefüllte mit Ricotta, Schokolade und Kanditen)

950. Cassata (sorvete em camadas alternadas com frutas cristalizadas)
[INGL.] cassata (layers of ice-cream with candied fruits (U.S.)/crystallized fruits (U.K.))
[ESP.] cassata (helado a capas relleno con frutas confitadas)
[FR.] cassate (glace aux fruits confits)
[IT.] cassata (gelato a strati farcito con canditi)
[AL.] Cassata (Schichteis mit Kanditen)

951. Cássia; Canela-da--china; Canela-da-pérsia
[INGL.] cassia
[ESP.] casia
[FR.] casse
[IT.] cassia
[AL.] Kassia; Keneel

952. Cassoulet (feijoada de feijão-branco, com carnes de carneiro, de porco e de ganso)
[INGL.] cassoulet (casserole of white bean (U.S.)/haricot bean (U.K.), mutton, pork, and goose)
[ESP.] caussolet (estofado de judías brancas, con carnes de cerdo, de carnero y de ganso)
[FR.] cassoulet (ragoût de haricots blancs avec viande de mouton, de porc et confit d'oie)
[IT.] cassoulet (stufato di fagioli bianchi con carne di maiale, di montone e d'oca)
[AL.] Cassoulet (weiße Bohnen mit Hammel-, Schweine- und Gänsenfleisch)

953. Castanha-americana *(variedade)*
[INGL.] hickory nut
[ESP.] pacana; nogal americana
[FR.] noyer blanc d'Amérique
[IT.] noce d'America
[AL.] Hickorynuss

954. Castanha-d'água
[INGL.] water chestnut
[ESP.] castaña de agua
[FR.] châtaigne d'eau
[IT.] castagne d'acqua
[AL.] Wasserkastanien

955. Castanha-da-índia
[INGL.] horse chestnut tree
[ESP.] castaña de indias
[FR.] marronnier d'Inde
[IT.] ippocastano; castagno d'India
[AL.] Rosskastanie

956. Castanha-de-caju
[INGL.] cashew nut
[ESP.] anacardo; nuez de anacardo
[FR.] noix de cajou
[IT.] anacardo
[AL.] Cashewnüsse

957. Castanha-do-brasil; Castanha-do-pará
[INGL.] Brazil nut
[ESP.] nuez de Brasil; pacana
[FR.] noix du Brésil
[IT.] noce brasiliana
[AL.] Paranüss

958. Castanha-do-pará
Ver CASTANHA-DO-BRASIL

959. Castanha-portuguesa
[INGL.] chestnut
[ESP.] castaña
[FR.] châtaigne; marron
[IT.] castagna
[AL.] Kastanie

960. Castillane, à la (tomates, cebolas e croquetes de batata)
[INGL.] Castile style (tomatoes, onions, and potato croquettes)
[ESP.] a la castellana (tomates, cebollas y croquetas de patatas)
[FR.] à la castillane (tomates, oignons et croquettes de pommes de terre)

C

[IT.] alla castigliana (pomodori, cipolle e crocchette di patate)
[AL.] nach Castillane Art (Tomaten, Zwiebeln und Kartoffelkroketten)

961. **Catalene, à la (berinjela e pilaf)**
[INGL.] Catalan style (eggplant (U.S.)/aubergine (U.K.) and rice pilaf)
[ESP.] a la catalana (berenjena y arroz pilaf)
[FR.] à la catalane (aubergine et riz pilaf)
[IT.] alla catalana (melanzana e riso pilaf)
[AL.] nach katalanischer Art (Aubergine und Pilaf)

962. **Catalene, à la (tomates, castanhas, chipolata e azeitonas)**
[INGL.] Catalan style (tomatoes, chestnuts, chipolata, and olives)
[ESP.] a la catalana (tomates, castañas, chipolata y aceitunas)
[FR.] à la catalane (tomates, châtaignes, chipolata et olives)
[IT.] alla catalana (pomodori, castagne, chipolata e olive)
[AL.] nach katalanische Art (Tomaten, Kastanien, Chipolata und Oliven)

963. **Catinga-de-mulata**
Ver TANACETO

964. **Cavaco** (BA)
Ver XERELETE

965. **Cavala-aipim** (PE)
Ver CAVALA WAHOO

966. **Cavala-sardinheira** (PE)
Ver CAVALINHA

967. **Cavala-verdadeira**
[INGL.] king mackerel
[ESP.] carita
[FR.] thazard
[IT.] sgombro reale
[AL.] Königsmakrele

968. **Cavala wahoo; Cavala-aipim** (PE)
[INGL.] wahoo
[ESP.] peto
[FR.] thazard-bâtard
[IT.] acantocibio
[AL.] Wahoo

969. **Cavalinha; Cavala-sardinheira** (PE), **Muzundu** (RJ)
[INGL.] chub mackerel (U.S.)/ Spanish mackerel (U.K.)
[ESP.] estomino; macarela
[FR.] maquereau espagnol
[IT.] lanzardo; sgombro
[AL.] spanische Makrele

970. **Cavaquinha; Cigarra-do-mar**
[INGL.] flat lobster; slipper lobster
[ESP.] cigarra de mar
[FR.] cigale de mer
[IT.] cicale di mare; magnosa
[AL.] Bären

971. **Cavatappi (massa em forma espiralada)**
[INGL.] cavatappi (corkscrew-shaped pasta)
[ESP.] sacacorchos (pasta en forma de sacacorchos)
[FR.] cavatappi (pâtes en spirale)
[IT.] cellentani (pasta corta a spirale)
[AL.] Cavatappi (Korkenzieherförmige Nudeln)

972. **Caviar**
[INGL.] caviar
[ESP.] caviar
[FR.] caviar
[IT.] caviale
[AL.] Kaviar

973. **Cavour (croquetes de semolina e ravióli)**
[INGL.] Cavour (semolina croquettes and ravioli)
[ESP.] Cavour (croquetas de sémola y ravioli)
[FR.] Cavour (croquettes de semoule et ravioli)
[IT.] Cavour (crocchette di semolino e ravioli)
[AL.] Cavour (Grießkroketten und Ravioli)

974. **Cear**
[INGL.] supper, to
[ESP.] cenar
[FR.] souper
[IT.] cenare
[AL.] Abendbrot essen

975. **Cebola**
[INGL.] onion
[ESP.] cebolla
[FR.] oignon
[IT.] cipolla
[AL.] Zwiebel

976. **Cebola-branca**
[INGL.] white onion
[ESP.] cebolla blanca

C

[FR.] oignon blanc
[IT.] cipolla bianca
[AL.] weiße Zwiebel

977. Cebola-espanhola
[INGL.] Spanish onion (U.S.)/ large red onion (U.K.)
[ESP.] cebolla común; cebolla española
[FR.] oignon rouge; oignon d'Espagne
[IT.] cipolla rossa; cipolla dorata
[AL.] rote Gemüsezwiebel

978. Cebola-roxa
[INGL.] purple onion
[ESP.] cebolla roja redonda
[FR.] oignon rouge d'Italie
[IT.] cipolla rossa forte
[AL.] rote Zwiebel

979. Cebolas em conserva
[INGL.] pickled onion
[ESP.] cebollas en vinagre
[FR.] oignons au vinaigre
[IT.] cipolle in salamoia
[AL.] eingelegte Zwiebeln

980. Cebolinha-branca
Ver ECHALOTA

981. Cebolinha-calabresa; Cebolinha-selvagem
[INGL.] wild onion
[ESP.] cebolla silvestre
[FR.] oignon sauvage
[IT.] cipolla selvatica; lampascioni
[AL.] wilde Zwiebel

982. Cebolinha; Cebolinha-verde; Cebolinha-de-cheiro
[INGL.] scallion; green onion (U.S.)/spring onion; salad onion (U.K.)
[ESP.] cebolleta; cebolla verde; cebolla tierna
[FR.] ciboule
[IT.] cipolletta
[AL.] Schnittzwiebel

983. Cebolinha-de-cheiro
Ver CEBOLINHA

984. Cebolinha-de-flor-azul; Jacinto-de-tapetes
[INGL.] tassel grape hyacinth (U.S.)/tassel hyacinth (U.K.)
[ESP.] cebollas de albarrana
[FR.] muscaris à toupet
[IT.] cipollaccio; cipollaccio col fiocco; lampascioni
[AL.] Traubenhyazinthe

985. Cebolinha-francesa
[INGL.] chives
[ESP.] cebollino
[FR.] ciboulette
[IT.] erba cipollina
[AL.] Schnittlauch

986. Cebolinha-francesa, molho de
[INGL.] chives sauce
[ESP.] salsa de cebollino
[FR.] sauce (à la) ciboulette
[IT.] salsa all'erba cipollina
[AL.] Schnittlauchsauce

987. Cebolinha-pérola
[INGL.] pearl onion; pickling onion
[ESP.] cebollino
[FR.] oignon grelot
[IT.] cipollina
[AL.] Silberzwiebelche; Perlzwiebel

988. Cebolinha-selvagem
Ver CEBOLINHA-CALABRESA

989. Cebolinhas em conserva
[INGL.] pickled pearl onions
[ESP.] cebollitas en vinagre
[FR.] petits oignons au vinaigre
[IT.] cipolline in salamoia
[AL.] eingelegte Perlzwiebeln

990. Cebolinha-verde
Ver CEBOLINHA

991. Ceia
[INGL.] supper
[ESP.] cena
[FR.] souper
[IT.] cena
[AL.] Nachtessen; Abendbrot

992. Ceia de Ano-novo
[INGL.] New Year's Eve dinner
[ESP.] cena de Nochevieja
[FR.] Réveillon de la Saint-Sylvestre
[IT.] cenone di San Silvestro
[AL.] Silvesteressen

993. Ceia de Natal
[INGL.] Christmas dinner
[ESP.] cena de Navidad
[FR.] repas de Noël
[IT.] pranzo di Natale
[AL.] Weihnachtsessen

994. Cenoura
[INGL.] carrot
[ESP.] zanahoria
[FR.] carotte
[IT.] carota
[AL.] Karotte; Möhre

995. Cenoura-branca
Ver PASTINACA

C

— cenoura —

996. Cenouras Vicky (cozidas na água e servidas com manteiga e salsinha)
[INGL.] carrots Vicky (cooked in water and served with butter and parsley)
[ESP.] zanahorias Vichy (cocidas en agua, servidas con mantequilla y perejil)
[FR.] carottes Vichy (cuites à l'eau, au beurre et au persil)
[IT.] carote Vicky (lessate e servite con burro e prezzemolo)
[AL.] Karotten Vichy (in Wasser gekocht, mit Butter und Petersilie serviert)

997. Centeio
[INGL.] rye
[ESP.] centeno
[FR.] seigle; petit blé
[IT.] segale
[AL.] Roggen

998. Centola *(caranguejo gigante)*
[INGL.] spider crab
[ESP.] centollo
[FR.] araignée de mer
[IT.] grancevola
[AL.] Seespinne

999. Centrifugado
[INGL.] centrifuged
[ESP.] licuado
[FR.] centrifugé
[IT.] centrifugato
[AL.] schleudernt

1000. Centrifugar
[INGL.] centrifuge, to
[ESP.] licuar
[FR.] centrifuger
[IT.] centrifugare
[AL.] schleudern

1001. Cercefi-branca; Aspargo dos pobres; Barba-de-bode; Salsifi
[INGL.] salsify; oyster plant; goat's beard
[ESP.] salsifí blanca; barba de cabra
[FR.] salsifis blanc
[IT.] scorzonera bianca; barba di becco
[AL.] Haferwurzel; Bocksbart

1002. Cerceta
Ver MARRECO

1003. Cereais
[INGL.] cereals
[ESP.] cereales
[FR.] céréales
[IT.] cereali
[AL.] Getreide; Zerealie

1004. Cérebro Ver MIOLO

1005. Cerefólio; Cerefolho
[INGL.] garden chervil
[ESP.] perifollo
[FR.] cerfeuil
[IT.] cerfoglio
[AL.] Kerbel

1006. Cerefolho
Ver CEREFÓLIO

1007. Cereja
[INGL.] cherry
[ESP.] cereza
[FR.] cerise
[IT.] ciliegia
[AL.] Kirsche

1008. Cereja-das-antilhas
Ver ACEROLA

1009. Cereja-negra
[INGL.] black cherry
[ESP.] cerezo negro
[FR.] cerise tardive
[IT.] prugnolo tardivo
[AL.] amerikanische Traubenkirsche

1010. Cerveja
[INGL.] beer
[ESP.] cerveza
[FR.] bière
[IT.] birra
[AL.] Bier

1011. Cerveja bock
[INGL.] bock beer
[ESP.] cerveza bock
[FR.] bière bock
[IT.] birra bock
[AL.] Bockbier

1012. Cerveja de gengibre
[INGL.] ginger beer
[ESP.] cerveza de jengibre
[FR.] bière au gingembre
[IT.] birra allo zenzero
[AL.] Ingwerbier

1013. Cerveja engarrafada
[INGL.] bottled beer
[ESP.] cerveza en botella
[FR.] bière en bouteille
[IT.] birra in bottiglia
[AL.] Flaschenbier

C

1014. **Cerveja importada**
[INGL.] imported beer
[ESP.] cerveza extranjera
[FR.] bière étrangère
[IT.] birra estera
[AL.] ausländisches Bier

1015. **Cerveja inglesa amarga de barril**
[INGL.] bitter beer
[ESP.] cerveza oscura
[FR.] bière rousse
[IT.] birra scura; birra rossa
[AL.] rotes Bier

1016. **Cerveja inglesa amarga e clara**
[INGL.] pale ale
[ESP.] cerveza clara; cerveza blanca
[FR.] bière blonde
[IT.] birra chiara
[AL.] helles Bier

1017. **Cerveja inglesa escura e forte**
[INGL.] stout
[ESP.] cerveza negra
[FR.] bière brune
[IT.] birra scura
[AL.] Stout; dunkles Bier

1018. **Cerveja light**
[INGL.] light beer
[ESP.] cerveza ligera
[FR.] bière légère
[IT.] birra leggera
[AL.] leichtes Bier

1019. **Cerveja nacional**
[INGL.] national beer
[ESP.] cerveza nacional
[FR.] bière nationale
[IT.] birra nazionale
[AL.] inländisches Bier

1020. **Cerveja pilsen**
[INGL.] pilsen beer
[ESP.] cerveza Pilsen
[FR.] bière pilsen
[IT.] birra pilsen
[AL.] Pilsen Bier

1021. **Cervejaria** *(fábrica de produção de cervejas)*
[INGL.] brewery
[ESP.] cervecería
[FR.] brasserie
[IT.] birreria; birrificio
[AL.] Bierbrauerei

1022. **Cerveja sem álcool**
[INGL.] non-alcoholic beer
[ESP.] cerveza sin alcohol
[FR.] bière sans alcool
[IT.] birra analcolica
[AL.] alkoholfreies Bier

1023. **Cervelat** (tipo de salsicha alemã, feita de carne de boi e de porco moídas, ervas e especiarias)
[INGL.] cervelat (German sausage made from ground (U.S.)/minced (U.K.) beef and pork, herbs and spices)
[ESP.] cervelat (salsicha elaborada con carne de vacuno y de cerdo molidas, hierbas y especias)
[FR.] cervelat (saucisse allemande de bœuf et de porc hachés, herbes et épices)
[IT.] cervelat (salsiccia tedesca fatto con carne di manzo e maiale macinata, erbe e spezie)
[AL.] Cervelat (Wurst aus Rind- und Schweinefleisch, Kräuter und Gewürze)

1024. **Cervo; Veado**
[INGL.] deer
[ESP.] ciervo; venado
[FR.] daim
[IT.] daino
[AL.] Damhirsch

1025. **Cesta de frutas**
[INGL.] fruit basket
[ESP.] cesta para frutas
[FR.] corbeille à fruits
[IT.] cestino per la frutta
[AL.] Obstkorb

1026. **Cesta de pão**
[INGL.] bread basket
[ESP.] cesta para el pan
[FR.] panier
[IT.] cestino per il panne
[AL.] Brotkorb

1027. **Cesta para cozinhar no vapor**
[INGL.] steamer basket; vegetable basket
[ESP.] canasta de bambú; vaporera
[FR.] panier à vapeur
[IT.] cestello per cottura a vapore; cuoci verdure
[AL.] Dampfkorb

1028. **Cesta para repousar a garrafa de vinho**
[INGL.] wine basket; cradle
[ESP.] cesta para el vino
[FR.] panier (de vin)
[IT.] cestino per il vino
[AL.] Weinkorb

1029. **Cevada**
[INGL.] barley
[ESP.] cebada
[FR.] orge
[IT.] orzo
[AL.] Gerste

C

— cevada —

1030. Cevada perolada; Cevadinha
[INGL.] pearl barley
[ESP.] cebada perlada
[FR.] orge perlée
[IT.] orzo perlato; orzo mondato
[AL.] Perlgraupen

1031. Cevadinha
Ver CEVADA PEROLADA

1032. Chá
[INGL.] tea
[ESP.] té
[FR.] thé
[IT.] tè; thè
[AL.] Tee

1033. Chã de dentro
Ver COXÃO MOLE

1034. Chã de fora
Ver COXÃO DURO

1035. Chá com leite
[INGL.] tea with milk
[ESP.] té con leche
[FR.] thé au lait
[IT.] tè con latte
[AL.] Tee mit Milch

1036. Chá com limão
[INGL.] tea with lemon
[ESP.] té con limón
[FR.] thé au citron
[IT.] tè con limone
[AL.] Tee mit Zitrone

1037. Chá-da-indonésia; Chá-de-java (com um sabor forte, ideal para o café da manhã)
[INGL.] Java Malabar tea (with a strong flavour, best for breakfast)
[ESP.] té Java Malabar (con sabor fuerte, ideal para desayunar)
[FR.] thé Java Malabar (au goût fort, idéal au petit déjeuner)
[IT.] tè Java Malabar (con sabore forte, ideale per la prima colazione)
[AL.] Java Malabar Tee (er eignet sich sehr gut als Frühstückstee)

1038. Chá Darjeeling (chá-preto)
[INGL.] Darjeeling tea (black tea)
[ESP.] té Darjeeling (té negro)
[FR.] thé Darjeeling (thé noir)
[IT.] tè Darjeeling (tè nero)
[AL.] Darjeeling Tee (schwarzer Tee)

1039. Chá das cinco
[INGL.] five o'clock tea; afternoon tea
[ESP.] té de las cinco
[FR.] thé de cinq heures
[IT.] tè delle cinque
[AL.] Fünfuhrtee

1040. Chá de camomila
[INGL.] camomile tea
[ESP.] té de manzanilla
[FR.] thé à la camomille
[IT.] infuso di camomilla
[AL.] Kamillentee

1041. Chá de ervas; Tisana
[INGL.] herbal tea; tisane
[ESP.] té de hierbas; tisana
[FR.] tisane
[IT.] tisana
[AL.] Kräutertee

1042. Chá de jasmim
[INGL.] jasmine tea
[ESP.] té de jazmín
[FR.] thé au jasmin
[IT.] tè jasmine
[AL.] Jasmintee

1043. Chá-de-java
Ver CHÁ-DA-INDONÉSIA

1044. Chá de menta
[INGL.] mint tea
[ESP.] té de menta
[FR.] thé à la menthe
[IT.] tè alla menta
[AL.] Pfefferminztee

1045. Chá de tília
[INGL.] linden tea
[ESP.] infusión de tila
[FR.] tisane au tilleul
[IT.] infuso di tiglio
[AL.] Lindenblütentee

— chá —

C

1046. Chá-do-ceilão
[INGL.] Ceylon tea
[ESP.] té de Ceilán
[FR.] thé de Ceylan
[IT.] tè di Ceylon
[AL.] Ceylon-Tee

1047. Chá Earl Grey (chá-preto)
[INGL.] Earl Grey tea (black tea)
[ESP.] té Earl Grey (té negro)
[FR.] thé Earl Grey (thé noir)
[IT.] tè Earl Grey (tè nero)
[AL.] Earl Grey Tee (schwarzer Tee)

1048. Chá English breakfast (mistura de folhas de chá-preto)
[INGL.] English breakfast tea (black tea blend)
[ESP.] té de desayuno inglés (mezcla de tés negros)
[FR.] thé English breakfast (mélange de thés noirs)
[IT.] tè English breakfast (miscela di tè neri)
[AL.] English Breakfast Tee (Schwarzerteemischung)

1049. Chá gelado
[INGL.] iced tea
[ESP.] té frío
[FR.] thé glacé
[IT.] tè freddo
[AL.] kalter Tee

1050. Chaira
[INGL.] steel
[ESP.] afilón; chaira
[FR.] affiloir
[IT.] acciarino; acciaiolo
[AL.] Wetzstahl

1051. Chaleira
[INGL.] kettle; tea kettle
[ESP.] hervidor
[FR.] bouilloire
[IT.] bollitore
[AL.] Kessel

1052. Chá Lapsang Souchong (chá-preto)
[INGL.] Lapsang Souchong tea (black tea)
[ESP.] té Lapsang Souchong (té negro)
[FR.] thé Lapsang Souchong (thé noir)
[IT.] tè Lapsang Souchong (tè nero)
[AL.] Lapsang Souchong Tee (schwarzer Tee)

1053. Chalota
Ver Echalota

1054. Chamar
[INGL.] call, to
[ESP.] llamar
[FR.] appeler
[IT.] chiamare
[AL.] rufen

1055. Chá Matcha; Hiki-cha (chá-verde)
[INGL.] Matcha tea (green tea)
[ESP.] té Matcha (té verde)
[FR.] thé Matcha (thé vert)
[IT.] tè Matcha (tè verde)
[AL.] Matcha Tee (grüner Tee)

1056. Chá-mate
[INGL.] Brazil mate
[ESP.] mate brasileño
[FR.] maté
[IT.] mate brasiliano
[AL.] brasilianischer Mate

1057. Chambord (quenelles de peixe, cogumelos, ovas de peixe, lagostins e trufas)
[INGL.] Chambord (fish dumplings, mushrooms, soft roe, crayfish, and truffles)
[ESP.] Chambord (albondiguillas de pescado, setas, lechecillas de pescado, cigalas y trufas)
[FR.] Chambord (quenelles de poisson, champignons, laitances, langoustines et truffes)
[IT.] Chambord (polpettine di pesce, funghi, latte di pesce, scampi e tartufi)
[AL.] Chambord (Fischklößchen, Pilze, Fischmilch, Flusskrebse und Trüffeln)

1058. Chambrer Ver Deixar (o vinho) adquirir a temperatura do ambiente

1059. Champanhe
[INGL.] champagne
[ESP.] champán; champaña; champagne
[FR.] champagne
[IT.] champagne
[AL.] Champagner; Sekt

1060. Champanhe rosé
[INGL.] rosé champagne
[ESP.] champán rosé
[FR.] champagne rosé
[IT.] champagne rosé
[AL.] Champagner Rosé

1061. Champignon-de-paris Ver Cogumelo-de-paris

C

1062. **Chamuscar; Queimar de leve**
[INGL.] singe, to; scorch, to
[ESP.] chamuscar
[FR.] brûler légèrement; surprendre
[IT.] bruciacchiare
[AL.] versengen

1063. **Chá Nilgiri (feito com folhas de orange pekoe)**
[INGL.] Nilgiri tea (made from flowery, orange pekoe leaves)
[ESP.] té Nilgiri parkside (hecho de las hojas del orange pekoe)
[FR.] thé Nilgiri parkside (fait à partir des feuilles de orange pekoe)
[IT.] tè Nilgiri parkside (fatto con le foglie di orange pekoe)
[AL.] Nilgiri-Tee (aus duftigen Orange-Pekoe--Blättern)

1064. **Chanterelle; Cantarelo; Chapéu-de-cobra, Girolle (fungo comestível)**
[INGL.] chanterelle
[ESP.] cantarelo
[FR.] chanterelle; girolle
[IT.] cantarelo; galletto; gallinaccio; capo gallo
[AL.] Pfifferling; Eierschwamm

1065. **Chantili, molho**
Ver MOUSSELINE, MOLHO

1066. **Chá Oolong (mistura de folhas de chá-preto e chá-verde)**
[INGL.] Oolong tea (combining the black and green tea leaves)
[ESP.] té Oolong (mezcla de hojas de té negras y verdes)
[FR.] thé Oolong (mélange de feuilles de thé noires et vertes)
[IT.] tè Oolong (miscela di foglie di tè nero e verde)
[AL.] Oolong Tee (Mischung der schwarzen und grünen Teeblätter)

1067. **Chapa de metal para cozinhar**
[INGL.] griddle
[ESP.] plancha para cocinar
[FR.] gril en fonte
[IT.] piastra per cucinare
[AL.] Backblech

1068. **Chapa elétrica**
[INGL.] hot plate
[ESP.] calentador
[FR.] chauffe-plat
[IT.] scaldapiatti
[AL.] Warmeplatte

1069. **Chapa, na**
[INGL.] grilled
[ESP.] a la plancha
[FR.] sur la plaque; sur contre-feu
[IT.] alla piastra
[AL.] vom Grill

1070. **Chapéu-armado**
Ver CAÇÃO-MARTELO

1071. **Chapéu-de-cobra**
Ver CHANTERELLE

1072. **Chá-preto**
[INGL.] black tea
[ESP.] té negro
[FR.] thé noir
[IT.] tè nero
[AL.] schwarzer Tee

1073. **Charcutaria**
[INGL.] charcuterie
[ESP.] charcutería
[FR.] charcuterie
[IT.] salumeria
[AL.] Charcuterie

1074. **Charlotte (creme com biscoitos ingleses e frutas cristalizadas)**
[INGL.] charlotte (cream with ladyfingers (U.S.)/ sponge biscuits (U.K.) and candied fruits (U.S.)/ crystallized fruits (U.K.))
[ESP.] carlota (crema con soletillas y frutas confitadas)
[FR.] charlotte (crème avec biscuits à la cuillère et fruits confits)
[IT.] charlotte (crema con savoiardi e canditi)
[AL.] Charlotte (Creme mit Löffelbiskuits und Kanditen)

1075. **Charlotte de maçãs**
[INGL.] apple charlotte
[ESP.] carlota de manzanas
[FR.] charlotte aux pommes
[IT.] charlotte di mele
[AL.] Apfelcharlotte

1076. **Charque (s)**
Ver CARNE-SECA

1077. **Chartres, à la (com estragão)**
[INGL.] Charthes style (with tarragon)

C

[ESP.] a la Chartres (con estragón)
[FR.] à la Chartres (à l'estragon)
[IT.] alla Chartres (con dragoncello)
[AL.] Chartres Art (mit Estragon)

1078. Chartreuse® (licor francês feito com aguardente de vinho e mais de 130 ervas)
[INGL.] Chartreuse® (French liqueur composed of distilled wine alcohol flavored with more than 130 herbal extracts)
[ESP.] Chartreuse® (licor francés compuesto de un destilado de vino aromatizado con 130 extractos de hierbas)
[FR.] Chartreuse® (liqueur d'eau-de-vie de raisins élaborée avec 130 plantes)
[IT.] Chartreuse® (liquore francese composto da distillato di vino aromatizzato con 130 estratti d'erbe)
[AL.] Chartreuse® (Branntwein werden angeblich 130 verschiedene Heilkräuter und Würzpflanzen)

1079. Charuto
[INGL.] cigar
[ESP.] cigarro
[FR.] cigare
[IT.] sigaro
[AL.] Zigarre

1080. Charuto (SC)
Ver SARDINHA-VERDADEIRA

1081. Chá Sencha (chá-verde)
[INGL.] Sencha tea (green tea)
[ESP.] té Sencha (té verde)
[FR.] thé Sencha (thé vert)
[IT.] tè Sencha (tè verde)
[AL.] Sencha Tee (grüner Tee)

1082. Chasseur (com molho à base de cogumelos, echalotas, tomates e vinho branco)
[INGL.] Chasseur (with sauce made from mushrooms, shallots, tomatoes, and white wine)
[ESP.] Chasseur (con salsa de setas, cebollas, escaloñas, tomates y vino blanco)
[FR.] Chasseur (avec sauce à base de champignons, échalotes, tomates et vin blanc)
[IT.] Chasseur (con salsa a base di funghi, scalogni, pomodori e vino bianco)
[AL.] Chasseur (mit Soße aus Pilze, Schalotten, Tomaten und Weißwein)

1083. Chá Sichuan (chá-preto)
[INGL.] Sichuan tea (black tea)
[ESP.] té Sichuan (té negro)
[FR.] thé Sichuan (thé noir)
[IT.] tè Sichuan (tè nero)
[AL.] Sichuan Tee (schwarzer Tee)

1084. Chateaubriand, molho (echalotas, tomilho, louro, cogumelos, vinho branco, manteiga e salsinha)
[INGL.] Chateaubriand sauce (shallots, thyme, bay leaf, mushrooms, white wine, butter, and parsley)
[ESP.] salsa Chateaubriand (escaloñas, tomillo, laurel, setas, vino blanco, mantequilla y perejil)
[FR.] sauce Chateaubriand (échalotes, thym, laurier, champignons, vin blanc, beurrée et persil)
[IT.] salsa Chateaubriand (scalogni, timo, alloro, funghi, vino bianco, burro e prezzemolo)
[AL.] Chateaubriand-Sauce (Schalotten, Thymian, Lorbeer, Pilze, Weißwein, Butter und Petersilie)

1085. Chausson (pastel de massa folhada recheado com maçã)
[INGL.] apple turnover
[ESP.] empanada de manzana
[FR.] chausson aux pommes
[IT.] fagottino alle mele
[AL.] Apfeltasche

1086. Chá-verde
[INGL.] green tea
[ESP.] té verde
[FR.] thé vert
[IT.] tè verde
[AL.] grüner Tee

1087. Chá Yunnan (chá-preto)
[INGL.] Yunnan tea (black tea)
[ESP.] té Yunnan (té negro)
[FR.] thé Yunnan (thé noir)
[IT.] tè Yunnan (tè nero)
[AL.] Yunnan-Tee (schwarzer Tee)

C

1088. Cheddar (queijo inglês, feito com leite de vaca)
[INGL.] Cheddar (English cheese, made from cow milk)
[ESP.] Cheddar (queso inglés, elaborado con leche de vaca)
[FR.] Cheddar (fromage anglais, à base de lait de vache)
[IT.] Cheddar (formaggio inglese, prodotto con latte vaccino)
[AL.] Cheddar (englischer Kuhmilch-Käse)

1089. Cheeseburger
[INGL.] cheeseburger
[ESP.] cheeseburger; hamburguesa con queso
[FR.] cheeseburger
[IT.] cheeseburger
[AL.] Cheeseburger

1090. Chef Ver CHEFE DE COZINHA

1091. Chefe de cozinha; Chef
[INGL.] head cock; chef
[ESP.] jefe de cocina; chef
[FR.] chef (de cuisine)
[IT.] capocuoco; chef
[AL.] Küchenchef

1092. Chefe dos garçons; Maître
[INGL.] headwaiter; maître
[ESP.] jefe de comedor
[FR.] chef de rang
[IT.] capocameriere
[AL.] Oberkellner

1093. Chegar
[INGL.] arrive, to
[ESP.] llegar
[FR.] arriver
[IT.] arrivare
[AL.] ankommen

1094. Cheio
[INGL.] full
[ESP.] lleno
[FR.] plein
[IT.] pieno
[AL.] voll

1095. Cheirar
[INGL.] smell, to
[ESP.] oler (a)
[FR.] sentir (odeur)
[IT.] sentire l'odore
[AL.] riechen

1096. Cheiro
[INGL.] smell
[ESP.] olor
[FR.] odeur
[IT.] odore
[AL.] Geruch

1097. Cheque de viagem
[INGL.] traveler's check
[ESP.] cheque de viajero
[FR.] chèque de voyage
[IT.] traveller's cheque
[AL.] Reisescheck

1098. Cherimólia
[INGL.] cherimoya; custard apple (U.K.)
[ESP.] chirimoya
[FR.] chérimole; anone
[IT.] annona
[AL.] Chirimoya; Honigapfel

1099. Cheshire; Chester (queijo inglês, feito de leite de vaca não pasteurizado)
[INGL.] Cheshire; Chester (British cheese, made from unpasteurized cow milk)
[ESP.] Cheshire; Chester (queso británico, elaborado con leche de vaca sin pasteurizar)
[FR.] Cheshire; Chester (fromage britannique, au lait de vache cru)
[IT.] Cheshire; Chester (formaggio inglese, prodotto con latte vaccino crudo)
[AL.] Cheshire; Chester (britisch unpasteurisierter Kuhmilch-Käse)

1100. Chester Ver CHESHIRE

1101. Chianti (vinho italiano)
[INGL.] Chianti (Italian wine)
[ESP.] Chianti (vino italiano)
[FR.] Chianti (vin italien)
[IT.] Chianti (vino italiano)
[AL.] Chianti (italienischer Wein)

1102. Chicória
[INGL.] chicory (U.S.)/ endive (U.K.)
[ESP.] achicoria
[FR.] chicorée
[IT.] cicoria
[AL.] Chicorie; Indivia; Wegeleuchte; Wegwarte; Hindlauf

1103. Chicória-brava Ver SERRALHA

C

1104. **Chicória-crespa**
[INGL.] curly endive
[ESP.] escarola
[FR.] chicorée frisée
[IT.] endivia riccia
[AL.] krause Endivie

1105. **Chili com carne (ensopado picante de carne de vaca com feijão)**
[INGL.] chili con carne (chili flavored stew of ground beef (U.S.)/minced beef (U.K.) and beans)
[ESP.] chile con carne (estofado de vaca con guindilla y judías)
[FR.] chili con carne (ragoût de bœuf haché au piment et aux haricots)
[IT.] chili con carne (stufato di manzo tritato e fagioli al peperoncino)
[AL.] Chili con Carne (mit Chillies gewürztes Fleischragout mit Bohnen)

1106. **Chili em pó**
[INGL.] chili powder
[ESP.] chile en polvo
[FR.] piment fort en poudre
[IT.] peperoncino in polvere
[AL.] Chilipulver

1107. **Chilindrón, molho (pimentão, cebola, tomate e presunto)**
[INGL.] chilindrón sauce (sweet pepper, onion, tomato, and ham)
[ESP.] salsa chilindrón (pimiento dulce, cebolla, tomate y jamón)
[FR.] sauce chilindrón (poivron doux, oignon, tomate et jambon)
[IT.] salsa chilindrón (peperone, cipolla, pomodoro e prosciutto)
[AL.] Chilindrón-Sauce (Paprika, Zwiebel, Tomate und Schinken)

1108. **Chili** *Ver* Pimenta--malagueta

1109. **Chimichurri, molho (ervas, azeite de oliva, vinagre, orégano, cebola e alho)**
[INGL.] chimichurri sauce (herbs, olive oil, vinegar, oregano, onion, and garlic)
[ESP.] salsa chimichurri (hierbas, aceite de oliva, vinagre, orégano, cebolla y ajo)
[FR.] sauce chimichurri (herbes, huile d'olive, vinaigre, origan, oignon et ail)
[IT.] salsa chimichurri (erbe, olio di oliva, aceto, origano, cipolla e aglio)
[AL.] Chimichurri-Sauce (Kräuter, Olivenöl, Essig, Oregano, Zwiebel und Knoblauch)

1110. **Chinois; Peneira chinesa**
[INGL.] Chinese sieve
[ESP.] colador chino
[FR.] chinois
[IT.] colabrodo
[AL.] Spitzsieb

1111. **Chinotto (refrigerante digestivo italiano, composto de extratos vegetais)**
[INGL.] Chinotto (Italian soft drink flavored with sour orange)
[ESP.] Chinotto (bebida italiana elaborada con naranjo amargo)
[FR.] Chinotto (boisson italienne à base du fruit du bigaradier et d'extraits d'herbes)
[IT.] Chinotto (bevanda a base di agrume chinotto)
[AL.] Chinotto (italienischer Bitterorangengetränk)

1112. **Chipolata, à la (cebolinhas-pérola, castanhas, cenouras, bacon e chipolata)**
[INGL.] chipolata style (pearl onions, chestnuts, carrots, bacon, and chipolata)
[ESP.] a la chipolata (cebollitas, castañas, zanahorias, tocino y chipolata)
[FR.] à la chipolata (oignons grelot, châtaignes, carottes, lard et chipolata)
[IT.] alla chipolata (cipolline, castagne, carote, pancetta e chipolata)
[AL.] Chipolata Art (Silberzwiebeln, Kastanien, Karotten, Speck und Chipolata)

1113. **Chipolata (salsicha francesa feita com carne de porco)**
[INGL.] chipolata (French pork sausage)
[ESP.] chipolata (salchicha francesa elaborada con carne de cerdo)
[FR.] chipolata (saucisse à base de porc)

C

[IT.] chipolata (salsiccia francese preparata con carne di maiale)
[AL.] Chipolata (französische Wurst aus Schweinefleisch)

1114. Chocolate amargo
[INGL.] bitter chocolate; baking chocolate; unsweetened chocolate
[ESP.] chocolate amargo
[FR.] chocolat amer
[IT.] cioccolato fondente
[AL.] bittere Schokolade

1115. Chocolate ao leite
[INGL.] milk chocolate
[ESP.] chocolate con leche
[FR.] chocolat au lait
[IT.] cioccolato al latte
[AL.] Milchschokolade

1116. Chocolate branco
[INGL.] white chocolate
[ESP.] chocolate blanco
[FR.] chocolat blanc
[IT.] cioccolato bianco
[AL.] weisse Schokolade

1117. Chocolate derretido
[INGL.] melted chocolate
[ESP.] chocolate derretido
[FR.] chocolat fondant
[IT.] cioccolato fuso
[AL.] geschmolzene Schokolade

1118. Chocolate granulado
[INGL.] chocolate sprinkles (U.S.)/jimmies; chocolate vermicelli (U.K.)
[ESP.] fideos de chocolate
[FR.] chocolat granulé
[IT.] codine di cioccolato
[AL.] Schokoladenstreusel

1119. Chocolate meio-amargo
[INGL.] semisweet chocolate; bittersweet chocolate (U.S.)/dark cooking chocolate (U.K.)
[ESP.] chocolate medio amargo
[FR.] chocolat noir; chocolat mi-amer
[IT.] cioccolato leggermente dolce
[AL.] Zartbitterschokolade

1120. Chocolate quente
[INGL.] hot chocolate
[ESP.] chocolate caliente
[FR.] chocolat chaud
[IT.] cioccolata calda
[AL.] Schokolade

1121. Chocolates
[INGL.] chocolates
[ESP.] chocolates
[FR.] chocolats
[IT.] cioccolatini
[AL.] Pralinen

1122. Choisy (com alface)
[INGL.] Choisy (with lettuce)
[ESP.] Choisy (con lechuga)
[FR.] Choisy (avec laitue)
[IT.] Choisy (con lattuga)
[AL.] Choisy (mit Kopfsalat)

1123. Chope
[INGL.] draught beer; draft beer; tap beer
[ESP.] cerveza de barril
[FR.] bière (à la) pression
[IT.] birra alla spina
[AL.] Bier vom Faß; Faßbier

1124. Chorizo (salsicha espanhola feita com carne de porco)
[INGL.] chorizo (Spanish pork sausage)
[ESP.] chorizo (salchicha elaborada con carne de cerdo)
[FR.] chorizo (saucisse espagnole à base de porc)
[IT.] chorizo (salsiccia spagnola preparata con carne di maiale)
[AL.] Chorizo (spanische Wurst aus Schweinefleisch)

1125. Choron (corações de alcachofra, pontas de aspargos e batatas noisette)
[INGL.] Choron (artichoke hearts, asparagus tips, and noisette potatoes)
[ESP.] Choron (fondos de alcachofas, puntas de espárragos y patatas salteadas)
[FR.] Choron (cœur d'artichauts, pointes d'asperges et pommes de terre noisettes)
[IT.] Choron (cuori di carciofi, punte di asparagi e patate nocciole)
[AL.] Choron (Artischockenherzen, Spargelspitzen und Nußkartoffeln)

1126. Choron, molho (molho béarnaise com purê de tomate)
[INGL.] Choron sauce (béarnaise sauce with tomato purée)
[ESP.] salsa Choron (salsa bearnesa con purê de tomate)

C

[FR.] sauce Choron (sauce béarnaise à la purée de tomate)
[IT.] salsa Choron (salsa bearnaise con purea di pomodoro)
[AL.] Choron-Sauce (Béarnaise-Sauce mit Tomatenpüree)

1127. **Chouriço de sangue; Morcela (salsicha de sangue de porco, aveia e temperos)**
[INGL.] blood sausage; blood pudding; black pudding (Ireland) (sausage made from pig blood, oatmeal, and seasonings)
[ESP.] morcilla negra inglesa (con sangre de cerdo, avena y condimentos)
[FR.] boudin noir (saucisse à base de sang de porc, avoine et assaisonnements)
[IT.] sanguinaccio nero (salsiccia preparata con sangue di maiale, avena e condimenti)
[AL.] Black Pudding (Wurst aus Schweineblut, Hafer und Gewürze)

1128. **Chowder (sopa de frutos do mar)**
[INGL.] chowder (seafood soup)
[ESP.] chowder (sopa de mariscos)
[FR.] chowder (soupe de fruits de mer)
[IT.] chowder (zuppa di frutti di mare)
[AL.] Chowder (Meeresfrüchtesuppe)

1129. **Choy-sum (verdura chinesa)**
[INGL.] choy sum (Chinese green); flowering white cabbage
[ESP.] choy sum (verdura china)
[FR.] choï sam (légume chinois)
[IT.] choy sum (cavolo cinese)
[AL.] Choy Sum (chinesische Gemüse)

1130. **Chuchu**
[INGL.] chayote
[ESP.] chayote
[FR.] chayote
[IT.] chayote; zucchina spinosa
[AL.] Chayote

1131. **Chucrute**
[INGL.] sauerkraut
[ESP.] chucruta
[FR.] choucroute
[IT.] crauti
[AL.] Sauerkraut

1132. **Churrascaria**
[INGL.] steak house; barbecue restaurant
[ESP.] churrasquería
[FR.] restaurant grill
[IT.] ristorante specializzato in bistecche
[AL.] Steakhaus

1133. **Churrasco**
[INGL.] BBQ (U.S.)/chargrill (U.K.); barbecue
[ESP.] barbacoa parrillada
[FR.] barbecue; braise
[IT.] barbecue
[AL.] Barbecue; Grillfest

1134. **Chutney**
[INGL.] chutney
[ESP.] chutney
[FR.] chutney
[IT.] chutney
[AL.] Chutney

1135. **Chutney de manga**
[INGL.] mango chutney
[ESP.] chutney de mango
[FR.] chutney à la mangue
[IT.] chutney al mango
[AL.] Mango-Chutney

1136. **Chutney de tomate**
[INGL.] tomato chutney
[ESP.] chutney de tomate
[FR.] chutney à la tomate
[IT.] chutney al pomodoro
[AL.] Tomaten-Chutney

1137. **Cidra**
[INGL.] citron
[ESP.] cidra
[FR.] cédrat
[IT.] cedro
[AL.] Apfelwein

1138. **Cidrão** Ver LIMONETE

1139. **Cidrilha** Ver LIMONETE

1140. **Cigarra-do-mar** Ver CAVAQUINHA

1141. **Cigarrinhos de chocolate**
[INGL.] chocolate cigarettes
[ESP.] cigarrillos de chocolate
[FR.] cigarettes en chocolat
[IT.] sigarette al cioccolato
[AL.] Schokoladenzigaretten

1142. **Cigarro**
[INGL.] cigarette; fag (U.K.)
[ESP.] cigarrillo

C

[FR.] cigarette
[IT.] sigaretta
[AL.] Zigarette

1143. **Cinamomo**
Ver CANELA

1144. **Cinco especiarias chinesas (pimenta Sichuan, anis-estrelado, funcho, cravo-da-índia e canela)**
[INGL.] five spices powder (Sichuan pepper, star anise, fennel, clove, and cinnamon)
[ESP.] polvo de cinco especias (pimienta Sichuan, anís estrellado, hinojo, clavo y canela)
[FR.] mélange de cinq épices (poivre du Sichuan, anis étoile, fenouil, clou de girofle et cannelle)
[IT.] polvere delle cinque spezie (pepe di Sichuan, anice stellato, finocchio, chiòdo di garofano e cannella)
[AL.] Fünf Gewürze (Anis-Pfeffer, Sternanis, Fenchel, Gewürznelke und Zimt)

1145. **Cinzeiro**
[INGL.] ash tray
[ESP.] cenicero
[FR.] cendrier
[IT.] posacenere
[AL.] Aschenbecher

1146. **Cioba; Sioba** (ES)
[INGL.] mutton snaper; muttonfish
[ESP.] pargo criollo
[FR.] sorbe
[IT.] mutton snapper
[AL.] Hammelschnapper

1147. **Cioppino (ensopado de peixe e frutos do mar com molho de tomate)**
[INGL.] Cioppino (stew of fish and shellfish in tomato sauce)
[ESP.] Cioppino (guiso de pescado y mariscos en salsa de tomate)
[FR.] Cioppino (ragoût de poisson et de fruits de mer à la tomate)
[IT.] Cioppino (stufato di pesce e frutti di mare al pomodoro)
[AL.] Cioppino (Fisch- und Meeresfrüchteragout in Tomatensauce)

1148. **Ciriguela**
[INGL.] red mombin; Spanish plum
[ESP.] ciruela colorada; ciruelo; jocote
[FR.] mombin rouge; prune d'Espagne
[IT.] susine mombin rosse
[AL.] Mombinpflaume

1149. **Cítricos**
[INGL.] citrus fruit
[ESP.] agrios; cítricos
[FR.] agrumes
[IT.] agrumi
[AL.] Zitrusfrüchte

1150. **Citronela** Ver ERVA--CIDREIRA

1151. **Civet (carne de caça, cozida com o sangue do animal)**
[INGL.] civet (blood-flavored game stew)
[ESP.] civé (estofado de caza aromatizado con sangre)
[FR.] civet (ragoût de gibier cuit avec son sang)
[IT.] civet; civé (stufato di selvaggina aromatizado con sangue)
[AL.] Wildpfeffer (geschmortes Wildbret, mit Blut aromatisiert)

1152. **Clamart, à la (com ervilhas)**
[INGL.] Clamart style (with green peas)
[ESP.] a la Clamart (con guisantes)
[FR.] à la Clamart (aux petits-pois)
[IT.] alla Clamart (con piselli)
[AL.] nach Clamart Art (mit Erbsen)

1153. **Clara de ovo**
[INGL.] egg white
[ESP.] clara de huevo
[FR.] blanc d'œuf; glaire
[IT.] albume; bianco d'uovo; chiara
[AL.] Eiweiß

1154. **Clarete (vinho tinto de Bordeaux)**
[INGL.] Pale (red Bordeaux wine)
[ESP.] Clarete; tintillo (vino tinto de Burdeos)
[FR.] Clairet (bordeaux rouge)
[IT.] Chiaretto (vino rosso de Bordeaux)
[AL.] Klarettwein (roter Bordeauxwein)

C

1155. Clarificar
[INGL.] clarify, to
[ESP.] clarificar
[FR.] clarifier
[IT.] chiarificare
[AL.] klarifizieren; klären

1156. Cliente
[INGL.] customer
[ESP.] cliente
[FR.] client
[IT.] cliente
[AL.] Kunde

1157. Cliente habitual
[INGL.] regular customer
[ESP.] cliente habitual
[FR.] habitué
[IT.] cliente abituale
[AL.] Stammgast

1158. Clientela
[INGL.] customers
[ESP.] clientela
[FR.] clientèle
[IT.] clientela
[AL.] Kundschaft

1159. Climatizado
[INGL.] air-conditioned
[ESP.] climatizado
[FR.] climatisé
[IT.] climatizzato
[AL.] klimatisiert

1160. Club sandwich (fatias de frango ou peru, alface, tomate e bacon)
[INGL.] club sandwich (slices of chicken or turkey, lettuce, tomato, and bacon)
[ESP.] club sandwich (tajadas de pollo o pavo, lechuga, tomate y tocino)
[FR.] club sandwich (tranches de poulet ou dindon, laitue, tomate et lard)
[IT.] club sandwich (fette di pollo o tacchino, lattuga, pomodoro e pancetta)
[AL.] Club-Sandwich (Hähnchen oder Truthahn, Kopfsalat, Tomate und Speck)

1161. Club soda; Água gaseificada
[INGL.] club soda; soda water; carbonated water
[ESP.] agua carbonatada; club soda
[FR.] eau gazeuse; club soda
[IT.] acqua gassata; club soda
[AL.] Sodawasser

1162. Coador
[INGL.] strainer; sieve
[ESP.] colador
[FR.] passoire
[IT.] colino
[AL.] Sieb

1163. Coador de chá
[INGL.] tea strainer
[ESP.] colador de té
[FR.] passoire à thé
[IT.] colino a tè
[AL.] Teesieb

1164. Coador de chá (de bolinha)
[INGL.] tea ball
[ESP.] colador bola de té
[FR.] boule à thé
[IT.] colino per tè a forma di palla
[AL.] Tee-Ei

1165. Coagular
[INGL.] coagulate, to; clot, to
[ESP.] engrumecerse (hacer grumos)
[FR.] coaguler
[IT.] coagulare; coagularsi
[AL.] gerinnen

1166. Coalhada
[INGL.] curd cheese
[ESP.] cuajada
[FR.] caillebotte
[IT.] cagliata
[AL.] dicke Milch

1167. Coalhada de limão
Ver Pasta de limão

1168. Coalhar; Talhar
[INGL.] curdle, to
[ESP.] cuajar; cortar (leche, salsa)
[FR.] cailler (lait) ; tourner (sauce); tomber (mayonnaise)
[IT.] cagliare
[AL.] gerinnen; käsen (Milch)

1169. Coalho
[INGL.] rennet; curds
[ESP.] cuajo
[FR.] présure
[IT.] caglio
[AL.] Renette

1170. Coar
[INGL.] strain, to (to separate the solids from liquids)
[ESP.] colar
[FR.] couler
[IT.] colare
[AL.] filtrieren

1171. Cobb salad (frango, peru, bacon, ovos duros, tomates, abacate, agrião, cebolinha-verde, queijo cheddar e alface)
[INGL.] Cobb salad (chicken, turkey, bacon, hard-boiled

C

eggs, tomatoes, avocado, watercress, scallion (U.S.)/spring onion (U.K.), cheddar, and lettuce)
[ESP.] ensalada Cobb (pollo, pavo, tocino, huevos duros, tomates, aguacate, berro, cebolleta, cheddar y lechuga)
[FR.] salade Cobb (poulet, dindon, lard, œufs durs, tomates, avocat, cresson, ciboule, cheddar et laitue)
[IT.] insalata Cobb (pollo, tacchino, pancetta, uova sode, pomodori, avocado, crescione, cipolletta, cheddar e lattuga)
[AL.] Cobbsalat (Hähnchen, Truthahn, Speck, hartgekocht Eier, Tomaten, Avocado, Brunnenkresse, Schnittzwiebel, Cheddar und Kopfsalat)

1172. Coberto
[INGL.] covered
[ESP.] cubierto
[FR.] couvert
[IT.] coperto
[AL.] zugedeckt

1173. Cobertura para bolo
[INGL.] icing; frosting
[ESP.] glaseado
[FR.] glaçage
[IT.] glassa; glassatura
[AL.] Glace; Zuckerglasur; Zuckerguss

1174. Cobrar
[INGL.] charge, to
[ESP.] cargar
[FR.] débiter
[IT.] addebitare
[AL.] berechnen

1175. Cobre-mancha
[INGL.] small tablecloth
[ESP.] cubre mantel
[FR.] protège nappe
[IT.] coprimacchia
[AL.] Fleckenentferner

1176. Cobrir
[INGL.] cover, to; top, to
[ESP.] cubrir
[FR.] couvrir
[IT.] coprire
[AL.] zudecken

1177. Cobrir uma carne com camadas finas de toucinho ou gordura
[INGL.] bard, to
[ESP.] bardear; albardear
[FR.] barder
[IT.] bardare
[AL.] bardieren

1178. Cock-a-leekie (sopa de galinha e alho-poró)
[INGL.] cock-a-leekie (soup of chicken and leeks)
[ESP.] sopa de pollo y puerros
[FR.] cock-a-leekie (bouillon de volaille aux poireaux)
[IT.] zuppa di pollo e porri
[AL.] Hühnersuppe mit Porree

1179. Coco
[INGL.] coconut
[ESP.] coco
[FR.] noix de coco
[IT.] noce di cocco
[AL.] Kokosnuß

1180. Coco ralado
[INGL.] shredded coconut (U.S.)/desiccated coconut (U.K.)
[ESP.] coco rallado

[FR.] noix de coco râpée
[IT.] noce di cocco grattugiata
[AL.] Kokosraspeln

1181. Codorna
[INGL.] quail
[ESP.] codorniz
[FR.] caille
[IT.] quaglia
[AL.] Wachtel

1182. Codornas com arroz
[INGL.] quails with rice
[ESP.] codornices con arroz
[FR.] cailles au riz
[IT.] quaglie al riso
[AL.] Wachteln mit Reis

1183. Codorna sem osso
[INGL.] boneless quail
[ESP.] codorniz deshuesada
[FR.] caille désossée
[IT.] quaglia disossata
[AL.] entbeint Wachtel

1184. Coelho
[INGL.] rabbit
[ESP.] conejo
[FR.] lapin
[IT.] coniglio
[AL.] Kaninchen

1185. Coelho frito
[INGL.] fried rabbit
[ESP.] conejo frito
[FR.] lapin frit
[IT.] coniglio fritto
[AL.] Kaninchen gebacken

1186. Coelho selvagem
[INGL.] wild rabbit
[ESP.] conejo silvestre
[FR.] lapin de garenne
[IT.] coniglio selvatico
[AL.] Wildkaninchen

C

1187. Coentro; Erva-percevejo
[INGL.] (fresh) cilantro; Chinese parsley; (seeds) coriander (U.S.)/ coriander (U.K.)
[ESP.] cilantro; coriandro
[FR.] coriandre
[IT.] coriandolo
[AL.] Koriander; Krapfenkörner; Schwindelkraut

1188. Cogumelo
[INGL.] mushroom
[ESP.] seta; hongo
[FR.] champignon
[IT.] fungho
[AL.] Pilz

1189. Cogumelo branco Ver COGUMELO-DE-PARIS

1190. Cogumelo comum Ver COGUMELO-DE-PARIS

1191. Cogumelo-da-montanha Ver MOUSSERON

1192. Cogumelo-de-paris; Champignon-de-paris; Cogumelo branco; Cogumelo comum
[INGL.] Paris mushrooms
[ESP.] champiñon de Paris
[FR.] champignon de Paris
[IT.] champignon de Paris; funghi di coltura
[AL.] Kulturpilz; Zucht--Champignon

1193. Cogumelos cultivados
[INGL.] cultivated mushrooms
[ESP.] setas cultivadas
[FR.] champignons de couche
[IT.] funghi coltivati
[AL.] Zuchtpilze

— cogumelo-de-paris —

1194. Cogumelos, molho de
[INGL.] mushrooms sauce
[ESP.] salsa de setas
[FR.] sauce aux champignons
[IT.] salsa di funghi
[AL.] Pilze-Sauce

1195. Cogumelos silvestres
[INGL.] forest mushrooms
[ESP.] setas del bosque; hongos silvestres
[FR.] champignons des bois; champignons sylvestres
[IT.] funghi di bosco
[AL.] Wildpilze

1196. Coifa; Exaustor (de cozinha)
[INGL.] range hood; stove hood
[ESP.] campana extractora (de cucina)
[FR.] hotte
[IT.] cappa aspirante; cappa per cucina
[AL.] Dunstabzughaube

1197. Coifa; Redenho (membrana gordurosa que reveste a cavidade abdominal dos animais. Geralmente é retirada de porcos)
[INGL.] pig caul
[ESP.] omento; redaño
[FR.] crépine de porc
[IT.] omento di maiale
[AL.] Schweinenetz

1198. Cointreau® (licor de laranja)
[INGL.] Cointreau® (orange--flavored liqueur)
[ESP.] Cointreau® (licor de naranja)
[FR.] Cointreau® (liqueur à base d'écorces d'oranges douces et amères)
[IT.] Cointreau® (liquore di arancia)
[AL.] Cointreau® (Orangelikör)

1199. Colarinho Ver ESPUMA DA CERVEJA

1200. Colbert, molho (vinho Marsala, manteiga, estragão e suco de limão)
[INGL.] Colbert sauce (Marsala wine, butter, tarragon, and lemon juice)
[ESP.] salsa Colbert (vino Marsala, mantequilla, estragón y zumo de limón)
[FR.] sauce Colbert (vin Marsala, beurre, estragon et jus de citron)
[IT.] salsa Colbert (vino Marsala, burro, dragoncello e succo di limone)
[AL.] Colbert-Sauce (Marsala Wein, Butter, Estragon und Zitronensaft)

1201. Coleslaw (repolho, tomate, batata, alcaparras e anchovas)

C

[INGL.] coleslaw (U.S.)/ cabbage salad (U.K.) (cabbage, tomato, potato, capers, and anchovies)
[ESP.] ensalada de coles (col, tomate, patata, alcaparras y anchoas)
[FR.] salade de chou (chou, tomate, pomme de terre, câpres et anchois)
[IT.] insalata di cavoli (cavolo, pomodoro, patata, capperi e acciughe)
[AL.] Krautsalat (Kohl, Tomate, Kartoffel, Kapern und Sardellen)

1202. Colheita
[INGL.] harvest
[ESP.] cosecha
[FR.] récolte
[IT.] raccolta
[AL.] Ernte

1203. Colher *(utensílio de cozinha)*
[INGL.] spoon
[ESP.] cuchara
[FR.] cuillère; cuiller
[IT.] cucchiaio
[AL.] Löffel

1204. Colher de café
[INGL.] coffee spoon
[ESP.] cucharita de café; cucharadilla de café
[FR.] cuillère à café
[IT.] cucchiaino da caffè
[AL.] Kaffeelöffel

1205. Colher de chá
[INGL.] tea spoon
[ESP.] cucharita de té; cucharadilla de té
[FR.] cuillère à thé
[IT.] cucchiaino da tè
[AL.] Teelöffel

1206. Colher de medida
[INGL.] measuring spoon
[ESP.] cuchara medidora
[FR.] cuillère à mesurer
[IT.] cucchiai dosatori
[AL.] Messlöffel

1207. Colher de pau
[INGL.] wooden spoon
[ESP.] cuchara de madera
[FR.] cuillère en bois
[IT.] cucchiaio di legno
[AL.] Holzlöffel

1208. Colher de plástico
[INGL.] plastic spoon
[ESP.] cuchara de plástico
[FR.] cuillère plastique
[IT.] cucchiaio di plastica
[AL.] Plastiklöffel

1209. Colher de sobremesa
[INGL.] dessert spoon
[ESP.] cuchara de postre
[FR.] cuillère à dessert
[IT.] cucchiaio da dessert
[AL.] Kleinerlöffel

1210. Colher de sopa (medida)
[INGL.] tablespoon (measure)
[ESP.] cuchara de sopa (medida)
[FR.] cuillère à soupe (mesure)
[IT.] cucchiaio da tavola (misura)
[AL.] Esslöffel (Mass)

1211. Colher de sopa *(para tomar sopa)*
[INGL.] soup spoon
[ESP.] cuchara de sopa
[FR.] cuillère à soupe; cuillère à bouche
[IT.] cucchiaio da minestra
[AL.] Suppenlöffel

1212. Colher para servir
[INGL.] serving spoon
[ESP.] cuchara de servir
[FR.] cuillère de service
[IT.] cucchiaione
[AL.] Servierlöffel

1213. Colher para servir molho
[INGL.] sauce ladle
[ESP.] cuchara de la salsa
[FR.] cuillère à sauce
[IT.] mestolo per salsa
[AL.] Saucelöffel

1214. Colher para servir sorvete
[INGL.] ice cream scoop
[ESP.] cuchara para servir helado
[FR.] cuillère à glace
[IT.] paletta da gelato
[AL.] Eisportionierer

1215. Colher *(verbo)*
[INGL.] pick, to; pluck, to
[ESP.] cosechar; recoger
[FR.] cueillir
[IT.] cogliere
[AL.] pflücken

1216. Colherada *(porção que cabe em uma colher)*
[INGL.] spoonful
[ESP.] cucharada
[FR.] cuillerée
[IT.] cucchiaiata
[AL.] Löffelvoll

1217. Colmeia *(parte integrante do aparelho digestivo do boi)*

C

[INGL.] honeycomb
[ESP.] bonete
[FR.] réticulum
[IT.] reticolo
[AL.] Netzmagen

1218. Colocado; Posto
[INGL.] put
[ESP.] colocado
[FR.] placé; mis
[IT.] messo
[AL.] gestellt

1219. Colocar; Pôr
[INGL.] put, to
[ESP.] colocar; poner
[FR.] placer; mettre
[IT.] mettere
[AL.] stellen

1220. Colocar em infusão
[INGL.] infuse, to
[ESP.] hacer una infusión
[FR.] infuser
[IT.] mettere in infusione
[AL.] aufgießen

1221. Colocar na conta
[INGL.] put on the check, to (U.S.)/put on the bill, to (U.K.)
[ESP.] cargar en la cuenta
[FR.] mettre sur l'addition
[IT.] mettere sul conto
[AL.] auf die Rechnung setzen

1222. Colomba de Páscoa
[INGL.] Easter dove
[ESP.] paloma pascual
[FR.] colombe de Pâques
[IT.] colomba pasquale
[AL.] Ostertaube

1223. Colza; Couve-nabiça
[INGL.] rapeseed; rape; oilseed rape; rapa; rapaseed
[ESP.] rape
[FR.] colza
[IT.] cime di rapa
[AL.] Blätterkohl

1224. Com abobrinhas
[INGL.] with zucchini (U.S.)/courgettes (U.K.)
[ESP.] con calabacines
[FR.] aux courgettes
[IT.] alle zucchine
[AL.] mit Zucchini

1225. Com atum
[INGL.] with tuna (U.S.)/with tunny (U.K.)
[ESP.] con atún
[FR.] au thon
[IT.] al tonno
[AL.] mit Thunfisch

1226. Combinar
Ver COMPOR

1227. Com creme de leite
[INGL.] with cream
[ESP.] con nata; con crema
[FR.] à la crème
[IT.] alla crema; alla panna
[AL.] mit Rahmsauce; mit Sahnesauce

1228. Comer
[INGL.] eat, to
[ESP.] comer
[FR.] manger
[IT.] mangiare
[AL.] essen

1229. Com ervas aromáticas
[INGL.] with aromatic herbs
[ESP.] con hierbas aromáticas
[FR.] aux fines herbes
[IT.] alle erbe aromatiche
[AL.] mit Würzkräuter

1230. Com ervilhas
[INGL.] with green peas
[ESP.] con guisantes
[FR.] aux petit-pois
[IT.] con piselli
[AL.] mit Erbsen

1231. Com especiarias
[INGL.] with spices
[ESP.] con especias
[FR.] aux épices
[IT.] alle spezie
[AL.] mit Gewürze

1232. Com espinafre
[INGL.] with spinach
[ESP.] con espinacas
[FR.] aux épinards
[IT.] agli spinaci
[AL.] mit Spinat

1233. Comestível
[INGL.] edible
[ESP.] comestible
[FR.] comestible; mangeable
[IT.] commestibile
[AL.] essbar

1234. Com frutos do mar
[INGL.] with seafood
[ESP.] con mariscos
[FR.] aux fruits de mer
[IT.] ai frutti di mare
[AL.] mit Meeresfrüchten

1235. Com gelo
[INGL.] on the rocks
[ESP.] con hielo
[FR.] avec de la glace
[IT.] con ghiaccio
[AL.] mit Eis

1236. Com gordura
[INGL.] with fat
[ESP.] con grasa

C

[FR.] avec gras
[IT.] con grasso
[AL.] mit Fett

1237. Comida condimentada
[INGL.] spicy food
[ESP.] comida picante
[FR.] nourriture épicée
[IT.] cibo piccante
[AL.] stark gewürztes Essen

1238. Comida kosher
[INGL.] kosher meal
[ESP.] comida kosher; comida kasher
[FR.] repas cacher
[IT.] pasto kasher; pasto cascer
[AL.] koscher Gericht

1239. Comida para bebês
[INGL.] baby food
[ESP.] comida para bebé
[FR.] nourriture pour bébé
[IT.] omogeneizzati per bambini
[AL.] Babynahrung

1240. Comida para viagem
[INGL.] take out, to; go, to (U.S.)/take away, to (U.K.)
[ESP.] para llevar
[FR.] à emporter
[IT.] da portar via
[AL.] zum Mitnehmen

1241. Comida; Refeição
[INGL.] meal
[ESP.] comida
[FR.] repas
[IT.] pasto
[AL.] Mahlzeit

1242. Comilão; Glutão
[INGL.] greedy
[ESP.] glotón
[FR.] goinfre
[IT.] mangione; trangugiatore
[AL.] großer Esser; Gefrässig

1243. Cominho
[INGL.] cumin
[ESP.] comino
[FR.] cumin
[IT.] cumino
[AL.] Kreuzkümmel

1244. Cominho-negro
[INGL.] black cumin
[ESP.] comino negro
[FR.] cumin noir
[IT.] cumino nero
[AL.] schwarzer Kümmel

1245. Com legumes ou verduras
[INGL.] with vegetables
[ESP.] con legumbres o verduras
[FR.] aux légumes
[IT.] alle verdure
[AL.] mit Gemüse

1246. Com leite
[INGL.] with milk
[ESP.] con leche
[FR.] avec du lait; au lait
[IT.] con latte; al latte
[AL.] mit Milch

1247. Com linguiça
Ver COM SALSICHA

1248. Com manteiga
[INGL.] with butter
[ESP.] con mantequilla
[FR.] au beurre; avec beurre
[IT.] con burro; al burro
[AL.] mit Butter

1249. Commodore (quenelles de peixe, croquetes de lagostins e mexilhões)
[INGL.] Commodore (fish dumplings, crayfish croquettes, and mussels)
[ESP.] Commodore (albondiguillas de pescado, croquetas de cigalas y mejillones)
[FR.] Commodore (quenelles de poisson, croquettes de langoustines et de moules)
[IT.] Commodore (polpettine di pesce, crocchette di scampi e mitili)
[AL.] Commodore (Fischklößchen, Flusskrebsekroketten und Muscheln)

1250. Com molho de carne
[INGL.] with meat sauce
[ESP.] con salsa de carne
[FR.] à la sauce de viande
[IT.] al sugo di carne
[AL.] mit Fleischsauce

1251. Com molho de tomate
[INGL.] with tomato sauce
[ESP.] con tomate
[FR.] à la tomate
[IT.] al pomodoro
[AL.] mit Tomatensauce

1252. Com osso
[INGL.] on the bone
[ESP.] con hueso
[FR.] avec l'os
[IT.] con l'osso
[AL.] mit Knochen

1253. Com pele
[INGL.] skin on

C

[ESP.] con piel
[FR.] avec la peau
[IT.] con la pelle
[AL.] mit Haut

1254. Com pimenta
[INGL.] with pepper
[ESP.] con pimienta
[FR.] au poivre
[IT.] al pepe
[AL.] mit Pfeffer

1255. Completado
[INGL.] completed
[ESP.] completado
[FR.] complété
[IT.] completato
[AL.] ausgefüllt

1256. Completar
[INGL.] complete, to
[ESP.] completar
[FR.] compléter
[IT.] completare
[AL.] ausfüllen

1257. Completo
[INGL.] complete
[ESP.] completo
[FR.] complet
[IT.] completo
[AL.] vollständig

1258. Compor; Combinar
[INGL.] put together, to
[ESP.] componer; reunir
[FR.] composer; combiner
[IT.] comporre; combinare
[AL.] zusammenstellen

1259. Composição
[INGL.] composition
[ESP.] composición
[FR.] composition
[IT.] composizione
[AL.] Zusammensetzung

1260. Compota
[INGL.] compote; stewed fruit; preserves
[ESP.] compota
[FR.] compote
[IT.] frutta composta
[AL.] Kompott

1261. Compota de morango
[INGL.] strawberry preserves
[ESP.] confitura de fresas
[FR.] compote de fraises
[IT.] composta di fragole
[AL.] Erdbeerkonfitüre

1262. Compoteira
[INGL.] compote jar
[ESP.] compotera
[FR.] compotier
[IT.] compostiera
[AL.] Kompottschüssel

1263. Compote (pombo, perdiz ou coelho cozido com cebolinha-pérola e bacon)
[INGL.] Compote (pigeon, partridge or rabbit, pearl onions, and bacon)
[ESP.] Compote (pichón, perdiz o conejo, cebollinos y tocino)
[FR.] Compote (pigeon, perdrix ou lapin aux oignons grelot et au lard)
[IT.] Compote (piccione, pernice o coniglio cotto con cipolline e pancetta)
[AL.] Compote (Taube, Feldhuhn oder Kaninchen, Silberzwiebeln und Speck)

1264. Compra
[INGL.] purchase
[ESP.] compra
[FR.] achat
[IT.] compera
[AL.] Einkauf; Ankauf

1265. Comprar
[INGL.] buy, to
[ESP.] comprar
[FR.] acheter
[IT.] comperare
[AL.] kaufen

1266. Com presunto
[INGL.] with ham
[ESP.] con jamón
[FR.] au jambon
[IT.] al prosciutto
[AL.] mit Schinken

1267. Comprido
[INGL.] long
[ESP.] largo
[FR.] long
[IT.] lungo
[AL.] lang

1268. Com ricota
[INGL.] with ricotta cheese
[ESP.] con ricotta
[FR.] à la ricotta
[IT.] con ricotta
[AL.] mit Ricotta

1269. Com salsicha; Com linguiça
[INGL.] with sausage
[ESP.] con salchicha
[FR.] à la saucisse
[IT.] con salsiccia; con wurstel (frankfurter)
[AL.] mit Wurst

1270. Com trufas
[INGL.] with truffles
[ESP.] con trufas
[FR.] aux truffes

C

[IT.] con tartufi; al tartufo
[AL.] mit Trüffeln

1271. Comum
[INGL.] usual
[ESP.] ordinario
[FR.] ordinaire; habituel
[IT.] solito; usuale; ordinario; comune
[AL.] gewöhnlich

1272. Com vôngole
[INGL.] with clams
[ESP.] con almejas
[FR.] aux palourdes
[IT.] alle vongole
[AL.] mit Venusmuscheln

1273. Concha *(de moluscos)*
[INGL.] shell
[ESP.] concha
[FR.] coquille
[IT.] guscio; conchiglia
[AL.] Schale

1274. Concha *(talher)*
[INGL.] ladle
[ESP.] cazo
[FR.] louche
[IT.] mestolo
[AL.] Schöpfkelle

1275. Conchiglie (massa em forma de concha)
[INGL.] conchiglie (shell shaped pasta)
[ESP.] conchiglie (pasta en forma de conchas)
[FR.] conchiglie (pâtes en forme de coquille)
[IT.] conchiglie (pasta a forma di conchiglia)
[AL.] Conchiglie (Nudeln in Muschelform)

1276. Conchigliette (massa em forma de conchinhas)
[INGL.] conchigliette (tiny pasta shells)
[ESP.] conchigliette (pasta en forma de minúsculas conchas)
[FR.] conchigliette (petites pâtes en forme de coquillage)
[IT.] conchigliette (pasta a forma di piccolissime conchiglie)
[AL.] Cochigliette (kleine Muschelnudeln)

1277. Condé (com purê de feijão-mulatinho)
[INGL.] Condé (with red kidney bean purée)
[ESP.] Condé (con puré de judías rojas)
[FR.] Condé (à la purée de haricots rouges)
[IT.] Condé (con purè di fagioli rossi)
[AL.] Condé (mit rote Kidneybohnepüree)

1278. Condessa; Coração--de-boi
[INGL.] custard apple
[ESP.] anona corazón
[FR.] cœur de bœuf
[IT.] cuore di bue
[AL.] Netzannone

1279. Condimentado
[INGL.] seasoned
[ESP.] condimentado
[FR.] assaisonné
[IT.] condito
[AL.] gewürzt

1280. Condimentar; Temperar
[INGL.] season, to; spice, to
[ESP.] condimentar; sazonar
[FR.] assaisonner; condimenter
[IT.] condire; aromatizzare
[AL.] würzen

1281. Condimento
Ver TEMPERO

1282. Confeitaria
[INGL.] candy store(U.S.)/ candy shop (U.K.)
[ESP.] confitería; bombonería
[FR.] confiserie
[IT.] pasticceria
[AL.] Süßwarenladen

1283. Confeiteiro
[INGL.] confectioner
[ESP.] confitero
[FR.] confiseur
[IT.] pasticciere
[AL.] Konditor

1284. Confeitos
[INGL.] sprinkles; confection
[ESP.] fideos multicolores
[FR.] vermicelles arc-en-ciel
[IT.] codine multicolori
[AL.] bunte Zuckerstreusel

1285. Confeitos cintilantes
[INGL.] sparkling cachous
[ESP.] perlas multicolores
[FR.] boules brillantes
[IT.] confetti colorati
[AL.] bunte Glitzerperlen

1286. Confirmar
[INGL.] confirm, to
[ESP.] confirmar

C

[FR.] confirmer
[IT.] confermare
[AL.] bestätigen

1287. Confraria de vinho
[INGL.] brotherhood; wine society
[ESP.] cofradía
[FR.] confrérie
[IT.] confraternita
[AL.] Bruderschaft; Confrérie

1288. Congelado
[INGL.] frozen
[ESP.] congelado
[FR.] surgelé
[IT.] surgelato
[AL.] tiefgefroren

1289. Congelar
[INGL.] deep freeze, to; freeze, to
[ESP.] congelar
[FR.] surgeler
[IT.] surgelare
[AL.] tiefgefrieren

1290. Congro; Congro-rosa
[INGL.] conger
[ESP.] congrio
[FR.] congre; anguille de mer
[IT.] grongo
[AL.] Meeraal

1291. Congro-rosa
Ver Congro

1292. Conhaque
[INGL.] cognac; French brandy
[ESP.] coñac
[FR.] cognac
[IT.] cognac
[AL.] Cognac

1293. Conservado
[INGL.] preserved
[ESP.] conservado
[FR.] conservé
[IT.] conservato
[AL.] konserviert

1294. Conservante
[INGL.] preservative
[ESP.] conservante
[FR.] conservateur
[IT.] conservante
[AL.] Konservierungsmittel

1295. Conservar
[INGL.] preserve, to
[ESP.] conservar
[FR.] conserver
[IT.] conservare
[AL.] konservieren

1296. Conservar em sal
[INGL.] pickle, to; salt, to
[ESP.] adobar; salar
[FR.] saler; saumurer
[IT.] salmistrare; mettere in salamoia
[AL.] pökeln

1297. Conservas
[INGL.] preserves
[ESP.] conservas
[FR.] conserves
[IT.] conserve
[AL.] Eingemachtes

1298. Consomê
[INGL.] consommé
[ESP.] consomé
[FR.] consommé
[IT.] consommé; brodo ristretto
[AL.] Kraftbrühe

1299. Consomê Célestine (consomê de galinha guarnecido com tapioca)
[INGL.] consommé Célestine (chicken consommé with tapioca)
[ESP.] consomé Celestina (consomé de pollo con tapioca)
[FR.] consommé Célestine (consommé de poulet garnie de tapioca)
[IT.] consommé Celestina (consommé di pollo con tapioca)
[AL.] Célestine-Kraftbrühe (Hühnerkraftbrühe mit Tapioca)

1300. Consomê de galinha
[INGL.] chicken consommé
[ESP.] consomé de pollo
[FR.] consommé de poulet
[IT.] consommé di pollo
[AL.] Hühnerkraftbrühe

1301. Consomê de peixe
[INGL.] fish consommé
[ESP.] consomé de pescado
[FR.] consommé de poisson
[IT.] consommé di pesce
[AL.] Fischkraftbrühe

1302. Consomê frio
[INGL.] cold consommé
[ESP.] consomé frío
[FR.] consommé froid
[IT.] consommé freddo
[AL.] kalte Kraftbrühe

1303. Consomé princesse (consomê de galinha guarnecido com pontas de aspargos)
[INGL.] consommé princess (chicken consommé with asparagus tips)

C

[ESP.] consomé princesa (consomé de pollo con puntas de espárragos)
[FR.] consommé princesse (consommé de poulet garnie de pointes d'asperges)
[IT.] consommé principessa (consommé di pollo con punte di asparagi)
[AL.] Prinzessin-Kraftbrühe (Hühnerkraftbrühe mit Spargelspitzen)

1304. Consumir
[INGL.] consume, to
[ESP.] consumir
[FR.] consommer
[IT.] consumare
[AL.] verbrauchen; verzehren

1305. Consumo
[INGL.] consumption
[ESP.] consumo
[FR.] consommation
[IT.] consumo
[AL.] Verbrauch; Verzehr

1306. Conta de consumo em estabelecimento comercial
[INGL.] check (U.S.)/bill (U.K.)
[ESP.] cuenta
[FR.] addition
[IT.] conto
[AL.] Rechnung

1307. Contas separadas
[INGL.] separate checks (U.S.)/separate bills (U.K.)
[ESP.] cuentas separadas
[FR.] additions séparées
[IT.] conti separati
[AL.] getrennte Rechnung

1308. Conti (purê de lentilhas com bacon)
[INGL.] Conti (lentil purée with bacon)
[ESP.] Conti (puré de lentejas al tocino)
[FR.] Conti (purée de lentilles au lard)
[IT.] Conti (purè di lenticchie alla pancetta)
[AL.] Conti (Linsenpüree mit Speck)

1309. Contrafilé
[INGL.] beef strip loin (U.S.)/strip loin (U.K.)
[ESP.] lomo; solomillo
[FR.] faux filet (FR.)/contre-filet (CA.)
[IT.] controfiletto; roastbeef
[AL.] Faux-Filet

1310. Controle de qualidade
[INGL.] quality control
[ESP.] control de calidad
[FR.] contrôle de qualité
[IT.] controllo di qualità
[AL.] Qualitätskontrolle

1311. Convidado
[INGL.] guest
[ESP.] invitado
[FR.] invité
[IT.] invitato
[AL.] Gast

1312. Copo
[INGL.] glass
[ESP.] vaso
[FR.] verre
[IT.] bicchiere
[AL.] Glas

1313. Copo d'água
[INGL.] glass of water
[ESP.] vaso de agua
[FR.] verre d'eau
[IT.] bicchiere d'acqua
[AL.] Glas Wasser

1314. Copo de cerveja
[INGL.] beer glass
[ESP.] vaso de cerveza
[FR.] verre à bière
[IT.] bicchiere da birra
[AL.] Bierglas

1315. Copo de conhaque
[INGL.] cognac glass
[ESP.] copa de coñac
[FR.] verre ballon
[IT.] bicchiere da cognac
[AL.] Cognacschwenker

1316. Copo limpo
[INGL.] clean glass
[ESP.] vaso limpio
[FR.] verre propre
[IT.] bicchiere pulito
[AL.] sauberes Glas

1317. Copo medidor
[INGL.] measuring cup
[ESP.] medidor; taza medidora
[FR.] verre gradué
[IT.] bicchiere graduato
[AL.] Messbecher

1318. Copo para água
[INGL.] water glass
[ESP.] vaso para agua
[FR.] verre à eau
[IT.] bicchiere per l'acqua
[AL.] Wasserglas

1319. Copo plástico
[INGL.] plastic cup
[ESP.] vaso de plástico
[FR.] verre plastique
[IT.] bicchiere di plastica
[AL.] Plastikglas

C

1320. Copra (gordura derivada do coco)
[INGL.] copra (fat derived from the coconut)
[ESP.] copra (grasa obtenida del coco)
[FR.] huile de coprah (extraite de la noix de coco)
[IT.] olio di copra (ricavato dalla polpa di noce di cocco)
[AL.] Kokosfett (Kokosnüssen hiergestellte Fett)

1321. Coq au vin (frango preparado com vinho tinto)
[INGL.] coq au vin (rooster in wine sauce)
[ESP.] coq au vin (gallo con vino)
[FR.] coq au vin
[IT.] coq au vin (gallo al vino)
[AL.] Coq au vin (Hähnchen in Weinsauce)

1322. Coquetel
[INGL.] cocktail
[ESP.] cóctel
[FR.] cocktail
[IT.] cocktail
[AL.] Cocktail

1323. Coquetel de camarão
[INGL.] shrimp cocktail (U.S.)/prawn cocktail (U.K.)
[ESP.] cóctel de camarones
[FR.] cocktail de crevettes
[IT.] cocktail di gamberetti
[AL.] Krabbencocktail

1324. Coquetel de frutas
[INGL.] fruit cocktail
[ESP.] cóctel de frutas
[FR.] cocktail de fruits
[IT.] cocktail di frutta
[AL.] Früchtecocktail

1325. Coqueteleira
[INGL.] cocktail shaker; mixing glass
[ESP.] coctelera
[FR.] coquetelier; shaker
[IT.] bicchiere miscelatore
[AL.] Cocktail Shaker

1326. Coração (*miúdos*)
[INGL.] heart
[ESP.] corazón
[FR.] cœur
[IT.] cuore
[AL.] Herz

1327. Coração da alcatra Ver MIOLO DA ALCATRA

1328. Coração da paleta Ver MIOLO DA PALETA

1329. Coração-de-boi Ver CONDESSA

1330. Coração do filé-mignon Ver MIOLO DO FILÉ-MIGNON

1331. Corações de alcachofra
[INGL.] artichoke hearts
[ESP.] fondos de alcachofas
[FR.] cœur d'artichaut
[IT.] cuore di carciofi
[AL.] Artischockenherzen

1332. Corado
[INGL.] browned
[ESP.] colorado
[FR.] rissolé
[IT.] rosolato
[AL.] braungebratenes

1333. Coral
[INGL.] coral
[ESP.] coral
[FR.] corail
[IT.] corallo
[AL.] Koralle

1334. Corallini (massa própria para sopas)
[INGL.] corallini (pasta for soup)
[ESP.] corallini (pasta para sopas)
[FR.] corallini (pâtes à potage)
[IT.] corallini (pastina per minestre)
[AL.] Corallini (Suppennudeln)

1335. Corante; Anilina
[INGL.] food coloring
[ESP.] colorantes alimenticios
[FR.] colorants alimentaires
[IT.] coloranti alimentari
[AL.] Lebensmittelfarbe

1336. Corça
[INGL.] roe deer
[ESP.] corza
[FR.] chevrette
[IT.] capriola
[AL.] Reh

1337. Cordão do filé-mignon
[INGL.] filet mignon side chain
[ESP.] cordón de solomillo pequeño
[FR.] chaînette de filet mignon
[IT.] catena del filetto mignon
[AL.] Filet-Kette

1338. Corneta siciliana (recheada com ricota e frutas cristalizadas)

C

[INGL.] Sicilian cornets (with ricotta cheese and candied fruits (U.S.)/ crystallized fruits (U.K.))
[ESP.] canutos sicilianos (con ricotta y frutas confitadas)
[FR.] cornets siciliens (à la ricotta et aux fruits confits)
[IT.] cannoli siciliani (con ricotta e canditi)
[AL.] Sizilianische Waffelrollen (mit Füllung aus Ricotta und Kanditen)

1339. **Cornetinha; Caramujo**
[INGL.] winkle
[ESP.] bígaro
[FR.] bigorneau
[IT.] chiocciola di mare (di scogliera); littorina di mare
[AL.] Strandschnecke

1340. **Cornudo** (RS)
Ver CAÇÃO-MARTELO

1341. **Coroa assada de cordeiro**
[INGL.] crown roast of lamb
[ESP.] corona de cordero asada
[FR.] couronne d'agneau rôtie
[IT.] corona d'agnello arrosto
[AL.] gebratener Lammkrone

1342. **Corta-cápsula**
[INGL.] foil cutter
[ESP.] corta cápsula
[FR.] coupe-capsules
[IT.] tagliacapsule
[AL.] Kapselschneider

1343. **Cortado**
[INGL.] cut
[ESP.] cortado
[FR.] coupé
[IT.] tagliato
[AL.] geschnitten

1344. **Cortador de batatas**
[INGL.] potato chipper
[ESP.] cortador de patatas
[FR.] coupe-frites
[IT.] tagliapatate
[AL.] Pommes-frites-Schneider

1345. **Cortador de frios**
[INGL.] food slicer
[ESP.] máquina para cortar fiambres; cortafiambres
[FR.] trancheuse
[IT.] affettatrice
[AL.] Allesschneider

1346. **Cortador de maçãs**
[INGL.] apple divider
[ESP.] cortador de manzana
[FR.] coupe-pomme
[IT.] affettamela
[AL.] Äpfelteiler

1347. **Cortador de ovo**
[INGL.] egg slicer
[ESP.] rebanador de huevos
[FR.] tranche à œuf coque; coupe-œuf
[IT.] tagliauova
[AL.] Eierschneider

1348. **Cortador de pizza**
[INGL.] pizza cutter; pizza wheel
[ESP.] cortador de pizza
[FR.] coupe-pizza
[IT.] tagliapizza
[AL.] Pizzaschneider

1349. **Cortador de verduras**
[INGL.] vegetable cutter
[ESP.] cortaverduras
[FR.] coupe-légumes; hache-légumes
[IT.] affettaverdure; mandolino
[AL.] Gemüsehobel

1350. **Cortar**
[INGL.] cut, to
[ESP.] cortar
[FR.] couper
[IT.] tagliare
[AL.] schneiden

1351. **Cortar ao meio**
[INGL.] halve, to
[ESP.] partir por la mitad
[FR.] couper en deux
[IT.] tagliare a metà
[AL.] halbieren

1352. **Cortar em cubos**
[INGL.] cube, to; dice, to
[ESP.] cortar en cubitos
[FR.] couper en cubes
[IT.] tagliare a cubetti
[AL.] würfelchen

1353. **Cortar em fatias; Fatiar**
[INGL.] cut into slices; slice, to
[ESP.] cortar en rodajas (carne); en rebanadas (pan); en lonchas (queso); en rajas (limón, salchicha)
[FR.] couper en tranches
[IT.] affettare; tagliare a fette
[AL.] in Scheiben schneiden

1354. **Cortar em filés**
[INGL.] fillet, to
[ESP.] cortar en filetes
[FR.] préparer en filets
[IT.] sfilettare
[AL.] filetieren

C

1355. **Cortar em Julienne**
[INGL.] cut in Julienne, to
[ESP.] cortar en Juliana
[FR.] couper en Julienne
[IT.] tagliare a Julienne
[AL.] schneiden Julienne

1356. **Cortar em pedacinhos**
[INGL.] cut into pieces, to; chop up, to
[ESP.] cortar en pedacitos
[FR.] couper en morceaux; tronçonner
[IT.] tagliare a pezzetti
[AL.] in Stücke schneiden

1357. **Cortar em quadradinhos**
[INGL.] dice, to
[ESP.] cortar en daditos
[FR.] couper en dés
[IT.] tagliare a dadi
[AL.] in Würfel schneiden

1358. **Cortar em tiras**
[INGL.] cut into strips, to; shred, to
[ESP.] cortar en tiritas
[FR.] couper en rubans; chiffonnade
[IT.] tagliare a striscioline
[AL.] in Streifen schneiden

1359. **Corte** (de carne)
[INGL.] cut
[ESP.] corte
[FR.] morceau
[IT.] taglio
[AL.] Stück

1360. **Corvina; Cururuca** (PE); **Murucaia** (BA)
[INGL.] croaker
[ESP.] corbina
[FR.] tambour
[IT.] corvina
[AL.] atlantischer Adlerfisch

1361. **Costela** (corte de carne suína)
[INGL.] sparerib (belly)
[ESP.] tira de costilla (panceta)
[FR.] plat de côte
[IT.] costina della pancetta
[AL.] Sparerib; Bauchrippe

1362. **Costela do dianteiro** (corte de carne bovina)
[INGL.] chuck short ribs (U.S.)/ribs roast (U.K.)
[ESP.] asado de tira; sobrecostilla
[FR.] plat de côte; rôti de carré
[IT.] costine di pancia; costole anteriore
[AL.] Querrippe

1363. **Costeleta de porco**
Ver BISTECA DE PORCO

1364. **Costelinha** (corte de carne suína)
[INGL.] back ribs (U.S.)/loin ribs (U.K.)
[ESP.] tira de costilla; chuletera
[FR.] côte de longe
[IT.] costina di lombata
[AL.] Loinrib; Kotelettrippe

1365. **Cotechino** (embutido italiano feito de uma mistura de carne de porco, pele de porco e especiarias)
[INGL.] cotechino (Italian sausage made from pork meat and the skin of the pig, and seasoned with spices)
[ESP.] cotechino (salchicha italiana, con carne de cerdo y sazonada con especias)
[FR.] cotechino (saucisson italien à base de porc et épices)
[IT.] cotechino (salsiccia preparata con carne e pelle di maiale e condita con spezie)
[AL.] Cotechino (italienischer Wurst aus Schweinefleisch und Gewürze)

1366. **Cotovia; Calandra**
[INGL.] skylark
[ESP.] alondra
[FR.] alouette; mauviette
[IT.] allodola
[AL.] Lerche

1367. **Cottage** (queijo inglês, fresco, com baixo teor de gordura, feito com leite de vaca)
[INGL.] cottage (English cheese, fresh, low fat, made from cow milk)
[ESP.] cottage (queso inglés, bajo en grasas, elaborado con leche de vaca)
[FR.] cottage (fromage anglais, frais allégé, à base de lait de vache)
[IT.] cottage (formaggio inglese, fresco, magro, preparato con latte vaccino)
[AL.] Hüttenkäse (fettarme Käse besteht aus Kuhmilch)

1368. **Coupe** (sorvete, com frutas e marrom-glacê)
[INGL.] coupe (ice cream,

C

fruits, and marron glacé)
[ESP.] copa (helado, frutas y marron glacé)
[FR.] coupe (glace, fruits et marrons glacés)
[IT.] coppa (gelato, frutta e marron glacé)
[AL.] Coupe (Eis, Obst und kandierten Maronen)

1369. **Court bouilon (caldo de cozimento de legumes em vinho ou vinagre)**
[INGL.] court bouillon (broth made by cooking various vegetables in wine or vinegar)
[ESP.] court bouillon (caldo hecho con varias verduras cocidas con vino o vinagre)
[FR.] court bouillon (à base de vin blanc ou vinaigre et peut comporter légumes et aromates)
[IT.] court bouillon (brodo vegetale acidulato)
[AL.] Fischsud (Fischfond mit Weißwein, geröstete Gemüse und Gewürzen)

1370. **Couve**
[INGL.] collard; collard greens
[ESP.] col
[FR.] chou
[IT.] cavolo
[AL.] Kohl

1371. **Couve-chinesa**
Ver ACELGA JAPONESA

1372. **Couve-crespa**
Ver COUVE-DE-SABOIA

1373. **Couve-de-bruxelas**
[INGL.] Brussels sprouts
[ESP.] col de Bruselas
[FR.] chou de Bruxelles
[IT.] cavoletti di Bruxelles
[AL.] Rosenkohl

1374. **Couve-de-saboia; Couve-crespa; Couve-lombarda**
[INGL.] Savoy cabbage
[ESP.] col rizada de Milán
[FR.] chou-vert
[IT.] cavolo verza
[AL.] Wirsingkohl

1375. **Couve-flor**
[INGL.] cauliflower
[ESP.] coliflor
[FR.] chou-fleur
[IT.] cavolfiore
[AL.] Blumenkohl

1376. **Couve-flor gratinada**
[INGL.] cauliflower au gratin
[ESP.] coliflor gratinada al gratén
[FR.] chou-fleur au gratin
[IT.] cavolfiore gratinato
[AL.] gratiniert Blumenkohl

1377. **Couve-galega**
[INGL.] curly kale
[ESP.] col rizada
[FR.] chou frisé; chou cavalier
[IT.] cavolo riccio
[AL.] Grünkohl

1378. **Couve-lombarda**
Ver COUVE-DE-SABOIA

1379. **Couve-nabiça**
Ver COLZA

1380. **Couve-nabo; Rutabaga**
[INGL.] rutabaga (U.S.)/ swede (U.K.)
[ESP.] nabo sueco; rutabaga
[FR.] rutabaga; chou-navet; navet de Suède
[IT.] rutabaga
[AL.] Steckrübe

1381. **Couve-rábano**
[INGL.] turnip cabbage; kohlrabi
[ESP.] colirábano
[FR.] chou-rave
[IT.] cavolo-rafano; cavolo rapa
[AL.] Kohlrabi

1382. **Coxa de ave**
[INGL.] drumsticks
[ESP.] muslos de pollo o pavo
[FR.] cuisse de volaille
[IT.] fusi
[AL.] Geflügelunterschenkel; Keule; Schlegel

1383. **Coxa de javali**
[INGL.] wild boar haunch
[ESP.] pierna de jabalí
[FR.] cuisse de sanglier
[IT.] coscia di cinghiale
[AL.] Wildschweinkeule

1384. **Coxa de peru**
[INGL.] turkey thigh
[ESP.] muslo de pavo
[FR.] cuisse de dindon
[IT.] coscia di tacchino
[AL.] Putenoberkeule

1385. **Coxão-bola (corte de carne bovina)**
[INGL.] round
[ESP.] bola
[FR.] gîte arrière
[IT.] coscia
[AL.] Keule

1386. **Coxão duro; Chã de fora (corte de carne bovina)**

C

[INGL.] gooseneck; bottom round (U.S.)/silverside (U.K.)
[ESP.] cuadrada con peceto
[FR.] gîte
[IT.] sottofesa con girello
[AL.] Unterschale mit Seemerrolle

1387. **Coxão duro** *(corte de carne suína)*
[INGL.] leg outside muscle (U.S.)/silverside muscle (U.K.)
[ESP.] contra
[FR.] sous noix
[IT.] sottofesa
[AL.] Unterschale

1388. **Coxão duro sem lagarto** *(corte de carne bovina)*
[INGL.] outside flat; flat
[ESP.] cuadrada sin peceto
[FR.] gîte à la noix
[IT.] sottofesa senza girello
[AL.] Unterschale ohne Seemerrolle, ohne Kniekehlfleisch und ohne Fett

1389. **Coxão mole; Chã de dentro** *(corte de carne bovina)*
[INGL.] inside round (U.S.)/topside (U.K.)
[ESP.] tapa; nalga de adentro con tapa
[FR.] tendre de tranche (rosbif)
[IT.] fesa con coperchio
[AL.] Oberschale

1390. **Coxão mole** *(corte de carne suína)*
[INGL.] leg inside muscle (U.S.)/topside muscle (U.K.)
[ESP.] tapa

[FR.] noix (de jambon)
[IT.] fesa di maiale
[AL.] Oberschale mit Deckel

1391. **Coxinha de frango**
[INGL.] chicken drumstick
[ESP.] muslitos de pollo
[FR.] pilon de poulet
[IT.] fusello di pollo
[AL.] Unterkeule vom Hahn

1392. **Coxinha de pato**
[INGL.] duck drumstick
[ESP.] muslito de pato
[FR.] pilon de canard
[IT.] fusello di anatra
[AL.] Unterkeule von der Ente

1393. **Cozer ligeiramente**
Ver AFERVENTAR

1394. **Cozido**
[INGL.] cooked
[ESP.] cocido
[FR.] cuit
[IT.] cotto
[AL.] gekocht

1395. **Cozido demais**
[INGL.] overcooked
[ESP.] muy cocido
[FR.] trop cuit
[IT.] troppo cotto
[AL.] verkocht; verbraten

1396. **Cozido no leite**
Ver ESCALFADO NO LEITE

1397. **Cozido no vapor**
[INGL.] steamed
[ESP.] cocido al vapor
[FR.] cuit à la vapeur
[IT.] cotto al vapore
[AL.] gedämpft

1398. **Cozimento**
[INGL.] cooking
[ESP.] cocción
[FR.] cuisson; cuite
[IT.] cottura
[AL.] Kochen

1399. **Cozinha**
[INGL.] kitchen
[ESP.] cocina
[FR.] cuisine
[IT.] cucina
[AL.] Küche

1400. **Cozinha caseira**
[INGL.] homemade cooking
[ESP.] cocina casera
[FR.] cuisine de ménage
[IT.] cucina casalinga; cucina casareccia
[AL.] Hausmannskost

1401. **Cozinha internacional**
[INGL.] international cuisine
[ESP.] cocina internacional
[FR.] cuisine internationale
[IT.] cucina internazionale
[AL.] internationale Küche

1402. **Cozinhar**
[INGL.] cook, to
[ESP.] cocer
[FR.] (faire) cuire
[IT.] cuocere
[AL.] kochen; garen

1403. **Cozinha regional**
[INGL.] regional cuisine
[ESP.] cocina regional
[FR.] cuisine régionale
[IT.] cucina regionale
[AL.] regionale Küche

1404. **Cozinhar em água fervente** Ver ESCALFAR

C

1405. Cozinhar em fogo baixo, sem ferver
[INGL.] simmer, to
[ESP.] cocer a fuego lento
[FR.] cuire à petit feu; mijoter
[IT.] cuocere a fuoco lento
[AL.] schmoren lassen

1406. Cozinhar em fogo brando em panela com tampa bem fechada
Ver SUAR

1407. Cozinhar no vapor
[INGL.] steam, to
[ESP.] cocer al vapor
[FR.] cuire à la vapeur; à l'étuvée
[IT.] cuocere al vapore
[AL.] dämpfen

1408. Cozinha vegetariana
[INGL.] vegetarian cooking
[ESP.] cocina vegetariana
[FR.] cuisine végétarienne
[IT.] cucina vegetariana
[AL.] vegetarische Küche

1409. Cozinheira
[INGL.] (female) cook
[ESP.] cocinera
[FR.] cuisinière
[IT.] cuoca
[AL.] Köchin

1410. Cozinheiro
[INGL.] cook
[ESP.] cocinero
[FR.] cuisinier; queux
[IT.] cuoco
[AL.] Koch

1411. Cravo-da-índia
[INGL.] clove
[ESP.] clavo
[FR.] clou de girofle; girofle
[IT.] chiòdo di garofano
[AL.] Gewürznelke; Nelke

1412. Cravo-rosa
[INGL.] clove pink; gillyflower
[ESP.] alhelí; clavel
[FR.] œillet-giroflée
[IT.] garofano
[AL.] Gartennelke

1413. Cream cheese (queijo inglês, fresco, feito com leite integral de vaca)
[INGL.] cream cheese (English, fresh, made from whole cow milk)
[ESP.] queso crema (inglés, fresco, elaborado con leche de vaca entera)
[FR.] cream cheese (fromage anglais à la crème, frais, à base de lait de vache entier)
[IT.] cream cheese (formaggio inglese, fresco, preparato con latte vaccino intero)
[AL.] Frischkäse; Rahmkäse (englischer Käse aus Vollmilch)

1414. Crécy, à la (com cenouras)
[INGL.] Crécy style (with carrots)
[ESP.] a la Crécy (con zanahorias)
[FR.] Crécy (aux carottes)
[IT.] alla Crécy (con carote)
[AL.] nach Crecy Art (mit Karotten)

1415. Crema catalana
[INGL.] Catalan cream
[ESP.] crema catalana
[FR.] crème catalane
[IT.] crema catalana
[AL.] katalanische Creme

1416. Creme aromatizado de baunilha
[INGL.] vanilla cream
[ESP.] natillas
[FR.] crème à la vanille
[IT.] crema alla vaniglia
[AL.] Vanillecreme

1417. Crème brûlée
[INGL.] crème brûlée (U.S.)/ burnt cream (U.K.)
[ESP.] crema quemada
[FR.] crème brûlée
[IT.] crema bruciata
[AL.] Créme Brülee

1418. Creme chantili Ver
CREME DE LEITE BATIDO

1419. Creme de confeiteiro
[INGL.] pastry cream
[ESP.] crema pastelera
[FR.] crème pâtissière
[IT.] crema pasticciera
[AL.] Konditorcreme

1420. Creme de leite
[INGL.] cream
[ESP.] nata; crema
[FR.] crème
[IT.] panna; crema
[AL.] Sahne; Rahm

1421. Creme de leite azedo
[INGL.] sour cream (U.S.)/ soured cream (U.K.)
[ESP.] nata ácida
[FR.] crème aigre
[IT.] panna acida
[AL.] saure Sahne

1422. Creme de leite batido; Creme chantili

C

[INGL.] whipped cream; chantilly
[ESP.] nata batida
[FR.] crème fouettée; crème chantilly
[IT.] panna montata
[AL.] Schlagsahne

1423. Creme de leite com teor de gordura em torno de 18% a 30%
[INGL.] light cream; table cream (U.S.)/single cream (U.K.)
[ESP.] nata para cocinar
[FR.] crème fraîche
[IT.] panna da cucina
[AL.] Einzelsahne

1424. Creme de leite com teor de gordura em torno de 36% a 40%
[INGL.] heavy (whipping) cream (U.S.)/double cream (U.K.)
[ESP.] nata para dulces
[FR.] crème pour pâtisserie
[IT.] panna per dolci
[AL.] Doppelsahne; Crème double

1425. Crème diplomate (frutas cristalizadas, ladyfingers e creme inglês)
[INGL.] diplomate pudding (candied fruits (U.S.) / crystallized fruits (U.K.), ladyfingers (U.S.)/sponge biscuits (U.K.), and crème anglaise)
[ESP.] budín diplomático (frutas confitadas, soletillas y crema inglesa)
[FR.] diplomate (pudding à la crème anglaise, fruits confits et biscuits à la cuillère)
[IT.] budino diplomatico (canditi, savoiardi e crema inglese)
[AL.] Diplomatenpudding (Kanditen, Löffelbiskuits und englischer Creme)

1426. Creme inglês (creme doce, à base de leite e gemas)
[INGL.] crème anglaise (a rich custard sauce)
[ESP.] crema inglesa (crema hecha con leche y yemas)
[FR.] crème anglaise (crème au lait et aux œufs)
[IT.] crema inglese (crema di latte e uova)
[AL.] englischer Creme

1427. Cremor tártaro
[INGL.] cream of tartar
[ESP.] cremor tártaro
[FR.] crème de tartre
[IT.] cremor tartaro
[AL.] Weinstein

1428. Cremoso *(textura)*
[INGL.] creamy
[ESP.] cremoso
[FR.] crémeux
[IT.] cremoso
[AL.] cremig

1429. Créole, à la (tomates, cebolas, pimentão e arroz)
[INGL.] Creole style (tomatoes, onions, sweet pepper, and rice)
[ESP.] a la criolla (tomates, cebollas, pimiento dulce y arroz)
[FR.] à la créole (tomates, oignons, poivron doux et riz)
[IT.] alla creola (pomodori, cipolle, peperone e riso)
[AL.] nach kreolischer Art (Tomaten, Zwiebeln, Paprika und Reis)

1430. Crepe de salmão
[INGL.] salmon crêpe
[ESP.] crepe de salmón
[FR.] crêpe au saumon
[IT.] crespella al salmone
[AL.] Crêpe mit Lachs

1431. Crêpes Suzette (com suco de laranja e licor Curaçao)
[INGL.] crêpes Suzette (with orange juice and Curaçao)
[ESP.] crepes Suzette (con zumo de naranja y Curaçao)
[FR.] crêpes Suzette (au jus d'orange et Curaçao)
[IT.] crêpes Suzette (con succo d'arancia e Curaçao)
[AL.] Crêpes Suzette (mit Oragensaft und Curaçao)

1432. Cristalino
[INGL.] crystalline
[ESP.] cristalino
[FR.] cristallin
[IT.] cristallino
[AL.] kristallklar

1433. Cristalizar
[INGL.] crystallize, to
[ESP.] confitar; escarchar
[FR.] (se) candir; confire
[IT.] candire
[AL.] kandileren

1434. Cristas de galo
[INGL.] cocks' combs; rooster's combs
[ESP.] crestas de gallo
[FR.] crêtes de coq
[IT.] creste di gallo
[AL.] Hahnkämme

C

1435. **Crocante**
[INGL.] crisp; crunchy
[ESP.] crujiente
[FR.] croquant; croustillant
[IT.] croccante
[AL.] knusprig

1436. **Crocodilo**
[INGL.] crocodile
[ESP.] cocodrilo
[FR.] crocodile
[IT.] coccodrillo
[AL.] Krokodil

1437. **Croissant**
[INGL.] croissant
[ESP.] croissant
[FR.] croissant
[IT.] cornetto
[AL.] Croissant

1438. **Cronômetro de cozinha**
[INGL.] timer
[ESP.] cronómetro de cocina
[FR.] minuteur
[IT.] contaminuti
[AL.] Timer; Küchenwecker

1439. **Croque madame (sanduíche de presunto e queijo tostados e ovo frito)**
[INGL.] croque madame (toasted ham and cheese, and fried egg sandwich)
[ESP.] croque madame (emparedado tostado de jamón y queso con huevo frito)
[FR.] croque madame (sandwich grillé au jambon, fromage et œuf au plat)
[IT.] croque madame (toast con prosciutto e formaggio servito con uovo fritto)
[AL.] Croque madame (getoasteter Schinken--Käse-Sandwich und Spiegelei)

1440. **Croque monsieur (sanduíche de presunto e queijo tostados)**
[INGL.] croque monsieur (toasted ham and cheese sandwich)
[ESP.] croque monsieur (emparedado tostado de jamón y queso)
[FR.] croque monsieur (sandwich grillé au jambon et fromage)
[IT.] croque monsieur (toast con prosciutto e formaggio)
[AL.] Croque monsieur (getoasteter Schinken--Käse-Sandwich)

1441. **Croquetes de arroz**
[INGL.] rice croquettes
[ESP.] croquetas de arroz
[FR.] croquettes de riz
[IT.] crocchette di riso
[AL.] Reiskroketten

1442. **Croquetes de batata**
[INGL.] potato croquettes
[ESP.] croquetas de patatas
[FR.] croquettes de pommes de terre
[IT.] crocchette di patate
[AL.] Kartoffelkroketten

1443. **Croquetes de frango**
[INGL.] chicken croquettes
[ESP.] croquetas de pollo
[FR.] croquettes de poulet
[IT.] crocchette di pollo
[AL.] Hähnchenkroketten

1444. **Crostata (torta italiana de frutas)**
[INGL.] crostata (Italian fruit pie (U.S.)/fruit tart (U.K.))
[ESP.] crostata (tarta italiana de frutas)
[FR.] crostata (tarte aux fruits italienne)
[IT.] crostata alla frutta
[AL.] Crostata (italienische Obstkuchen)

1445. **Crottin de Chavignol (queijo do Loire, feito com leite de cabra não pasteurizado)**
[INGL.] Crottin de Chavignol (cheese originates in Loire, made from unpasteurized goat milk)
[ESP.] Crottin de Chavignol (queso procedente del Loira, elaborado con leche de cabra sin pasteurizar)
[FR.] Crottin de Chavignol (fromage du Sancerrois, à base de lait de chèvre cru)
[IT.] Crottin de Chavignol (formaggio della regione della Loira, preparato con latte di capra crudo)
[AL.] Crottin de Chavignol (Käse an der Loire aus unpasteurisierter Ziegenmilch hergestellt)

1446. **Croûtons** *(cubinhos de pão torrados)*
[INGL.] croutons
[ESP.] crostoncitos; pedacitos de pan frito
[FR.] croûtons
[IT.] crostini
[AL.] Croûtons

C

1447. Cru
[INGL.] raw
[ESP.] crudo
[FR.] cru
[IT.] crudo
[AL.] roh

1448. Crustáceos
[INGL.] crustaceans
[ESP.] crustáceos
[FR.] crustacés
[IT.] crostacei
[AL.] Krustentiere

1449. Cuarenta y Tres® (licor espanhol)
[INGL.] Cuarenta y Tres® (Spanish liqueur)
[ESP.] Cuarenta y Tres® (licor español)
[FR.] Cuarenta y Tres® (liqueur espagnole)
[IT.] Cuarenta y Tres® (liquore spagnolo)
[AL.] Cuarenta y Tres® (spanischer Likör)

1450. Cuba Libre (coquetel feito de rum, Coca-Cola® e suco de limão)
[INGL.] Cuba Libre (cocktail made with rum, Coke®, and lemon juice)
[ESP.] Cuba Libre (cóctel con ron, Coca-Cola® y zumo de limón)
[FR.] Cuba Libre (cocktail de rhum, Coca-Cola® et jus de citron)
[IT.] Cuba Libre (cocktail fatto con rum, Coca-Cola® e succo di limone)
[AL.] Cuba Libre (Cocktail mit Rum, Coca-Cola® und Zitronensaft)

1451. Cuba; Tina
[INGL.] tank; vat; fermenter; fermentation tank; holding vat
[ESP.] cuba; dornajo; tina de depósito; tina de fermentación
[FR.] cuve; cuve de fermentation; tine
[IT.] tino; tino di deposito; tino di fermentazione
[AL.] Bottich; Kübel; Bütte; Gärbehälter

1452. Cubos de gelo
[INGL.] ice cubes
[ESP.] cubitos de hielo
[FR.] glaçons
[IT.] cubetti di ghiaccio
[AL.] Eiswürfel

1453. Cuidadosamente
[INGL.] careful
[ESP.] cuidadosamente
[FR.] avec soin; soigneusement
[IT.] con attenzione; con cura
[AL.] sorgfältig

1454. Culinária
[INGL.] culinary
[ESP.] culinaria
[FR.] culinaire
[IT.] culinaria
[AL.] Kochkunst

1455. Cumberland, molho (geleia de groselha, tirinhas de casca de laranja e mostarda)
[INGL.] Cumberland sauce; Oxford sauce (currant jelly, shreds of orange rind, and mustard)
[ESP.] salsa Cumberland (jalea de grosellas, tiritas de cáscara de naranja y mostaza)
[FR.] sauce Cumberland (gelée de groseilles, zeste d'orange en julienne et moutarde)
[IT.] salsa Cumberland (marmellata di ribes, julienne di scorze d'arancia e senape)
[AL.] Cumberland-Sauce (Johannisbeergelee, Streifen von Orangen und Senf)

1456. Cumquat
Ver LARANJA-KINKAN

1457. Cup (ponche feito de vinho branco e frutas)
[INGL.] cup (chilled drink with white wine and fruits)
[ESP.] bowle (bebida fría de vino blanco y frutas)
[FR.] cup (boisson froide à base de vin blanc et de fruits)
[IT.] bowle (bevanda fredda di vino bianco e frutta)
[AL.] Bowle (kaltes Getränk aus Weißwein und Früchten)

1458. Cupim (corte de carne bovina)
[INGL.] hump
[ESP.] joroba
[FR.] croupe mamelon
[IT.] gobba
[AL.] Höcker

1459. Curaçao (licor holandês feito com cascas de laranjas amargas)

C

[INGL.] Curaçao (Dutch liqueur made with peels of bitter oranges)
[ESP.] Curaçao (licor holandés de cortezas amargas)
[FR.] Curaçao (liqueur hollandaise aromatisée avec l'écorce séchée d'oranges amères)
[IT.] Curaçao (liquore olandese a base di scorze di arancia amara)
[AL.] Curaçao (holländisch Bitterorangenlikör)

1460. **Curado** (queijos, embutidos, carnes etc.)
[INGL.] cured
[ESP.] curado
[FR.] salé
[IT.] salato
[AL.] gepökelt

1461. **Cúrcuma; Açafrão--da-terra, Açafrão-de--raiz; Açafrão-do-amazo-nas; Gengibre dourado**
[INGL.] turmeric
[ESP.] cúrcuma
[FR.] curcuma
[IT.] curcuma
[AL.] Gelbwurz

1462. **Curry, ao**
[INGL.] with curry
[ESP.] con curry
[FR.] au cari
[IT.] al curry
[AL.] mit Curry

1463. **Curry; Caril** (PT)
[INGL.] curry
[ESP.] curry
[FR.] cari; curry
[IT.] curry
[AL.] Curry

1464. **Curry em pó**
[INGL.] curry powder
[ESP.] curry en polvo
[FR.] cari en poudre
[IT.] polvere di curry
[AL.] Curry-Pulver

— curry em pó —

1465. **Curso de cozinha**
[INGL.] cookery course
[ESP.] curso de cocina
[FR.] cours de cuisine
[IT.] corso di cucina
[AL.] Kochkurs

1466. **Cururuca** (PE) Ver CORVINA

1467. **Cuscuz**
[INGL.] couscous
[ESP.] cuscús
[FR.] couscous
[IT.] cuscus
[AL.] Couscous

1468. **Cussy (corações de alcachofra recheados com purê de cogumelos, rins de galo, trufas e molho Madeira)**
[INGL.] Cussy (artichoke hearts with mushrooms purée, cocks' kidneys, truffles, and Madeira sauce)
[ESP.] Cussy (fondos de alcachofas con puré de setas, riñones de ave, trufas y salsa Madera)
[FR.] Cussy (cœur d'artichauts à la purée de champignons, rognons de volaille, truffes et sauce au Madère)
[IT.] Cussy (cuori di carciofi farciti con purea di funghi, rognoni di pollame, tartufi e salsa al Madeira)
[AL.] Cussy Artischockenherzen mit Pilzepüree, Geflügelnierchen, Trüffeln und Madeirasauce)

1469. **Cuxá** Ver VINAGREIRA

1470. **Cynar® (bitter à base de alcachofras)**
[INGL.] Cynar® (artichoke flavored bitter)
[ESP.] Cynar® (aperitivo amargo elaborado con alcachofa)
[FR.] Cynar® (bitter à base d'artichaut)
[IT.] Cynar® (amaro a base di carciofo)
[AL.] Cynar® (Artichocke Bitter)

1471. **Da fazenda (ovos, aves)**
[INGL.] free-range (eggs, chickens)
[ESP.] de granja (huevos, pollos)
[FR.] fermier (œufs, poulets)
[IT.] di allevamento a terra (uova, polli)
[AL.] Freiland- (Eier, Huhn)

1472. **Da granja (ovos, aves)**
[INGL.] farm (eggs, chickens)
[ESP.] de granja (huevos, pollos)
[FR.] de la ferme (œufs, poulets)
[IT.] di fattoria (uova, polli)
[AL.] Land- (Eier, Huhn)

1473. **Daikon; Mooli (rabanete japonês)**
[INGL.] daikon radish (U.S.)/ mooli (U.K.) (Japanese radish)
[ESP.] daikon (rábano japonés)
[FR.] daikon (racine japonaise)
[IT.] daikon (ravanello giapponese)
[AL.] Daikon-Rettich (japanische Radieschen)

1474. **Daiquiri (coquetel feito de rum, suco de limão, açúcar e grenadine)**
[INGL.] Daiquiri (cocktail made with rum, lemon juice, sugar, and grenadine)
[ESP.] Daiquiri (cóctel con ron blanco, zumo de limón, azúcar y granadina)
[FR.] Daiquiri (cocktail de rhum blanc, jus de citron, sucre et grenadine)
[IT.] Daiquiri (cocktail fatto con rum bianco, succo di limone, zucchero e granatina)
[AL.] Daiquiri (Cocktail mit weiß Rum, Zitronensaft, Zucker und Grenadine)

1475. **Damasco** *Ver* ABRICÓ

1476. **Danablu; Danish Blue (queijo dinamarquês, de veios azuis, feito com leite de vaca)**
[INGL.] Danish Blue (Danish cheese, blue veins, made from cow milk)
[ESP.] Danablu (queso veteado azul, elaborado con leche de vaca)
[FR.] Danablu (fromage danois, pâte persillée, à base de lait de vache)

D

[IT.] Danablu (formaggio danese, muffe blu, preparato con latte vaccino)
[AL.] Danablu (blauschimmelkäse danischer aus Kuhmilch)

1477. **Danish Blue**
Ver DANABLU

1478. **Danish Port Salut**
Ver ESRAM

1479. **Dar liga**
[INGL.] thicken, to
[ESP.] ligar
[FR.] lier
[IT.] legare, addensare
[AL.] legieren

1480. **d'Artois (croquetes de batata recheados com ervilhas, acompanhados de molho Madeira)**
[INGL.] d'Artois (potato croquettes with green peas stuffing and Madeira sauce)
[ESP.] d'Artois (croquetas de patatas rellenas de guisantes y salsa Madera)
[FR.] d'Artois (croquettes de pommes de terre farcies aux petits pois et sauce Madère)
[IT.] d'Artois (crocchette di patate farcite con piselli e salsa al Madeira)
[AL.] d'Artois (Erbsen gefüllte Kartoffelkroketten und Madeira-Sauce)

1481. **Dashi (caldo básico japonês)**
[INGL.] dashi (Japanese stock)
[ESP.] dashi (caldo japonés)
[FR.] dashi (bouillon japonais)
[IT.] dashi (broto giapponese)
[AL.] Dashi (japanische Brühe)

1482. **Daumont, à la (quenelles de peixe, trufas, lagostins ao molho Nantua, cogumelos e migalhas de pão)**
[INGL.] Daumont style (fish dumplings, truffles, crayfish with Nantua sauce, mushrooms, and bread crumbs)
[ESP.] a la Daumont (albondiguillas de pescado, trufas, cigalas, setas y migas de pan)
[FR.] à la Daumont (quenelles de poisson, truffes, langoustines à la sauce Nantua, champignons et miettes de pain)
[IT.] alla Daumont (polpettine di pesce, tartufi, scampi alla salsa Nantua, funghi e briciole di pain)
[AL.] Daumont Art (Fischklößchen, Trüffeln, Flusskrebsen mit Nantua--Sauce, Pilze und Brösel)

1483. **Decantação**
[INGL.] decantation; decanting
[ESP.] decantación
[FR.] decantation; décantage
[IT.] decantazione
[AL.] Dekantieren

1484. **Decantar**
[INGL.] decant, to
[ESP.] decantar
[FR.] décanter
[IT.] decantare
[AL.] dekantieren

1485. **Decorado; Enfeitado** (bolo)
[INGL.] decorated
[ESP.] adornado
[FR.] décoré
[IT.] decorato
[AL.] verziert

1486. **Decorar; Enfeitar** (bolo)
[INGL.] decorate, to
[ESP.] decorar; adornar
[FR.] décorer
[IT.] decorare
[AL.] verzieren

1487. **Dedo-de-moça**
Ver PIMENTA-VERMELHA

1488. **De fácil digestão**
[INGL.] digestible
[ESP.] de fácil digestión
[FR.] facile à digérer
[IT.] di facile digestione
[AL.] verdaulich (leicht)

1489. **Defumado**
[INGL.] smoked
[ESP.] ahumado
[FR.] fumé
[IT.] affumicato
[AL.] geräuchert

1490. **Defumar**
[INGL.] smoke, to
[ESP.] ahumar
[FR.] fumer
[IT.] affumicare
[AL.] räuchern

D

1491. Degelar; Descongelar *(geladeira, freezer)*
[INGL.] defrost, to
[ESP.] deshelar; descongelar
[FR.] dégivrer
[IT.] sbrinare
[AL.] aubtauen

1492. Deglaçar
[INGL.] deglaze, to
[ESP.] deglasar
[FR.] déglacer
[IT.] deglassare
[AL.] deglacieren

1493. Deixar esfriar
[INGL.] (let) cool off, to; (let) cool down, to
[ESP.] (dejar) enfriar
[FR.] (laisser) refroidir
[IT.] (lasciar) raffreddare
[AL.] abkühlen (lassen)

1494. Deixar *(o vinho)* **adquirir a temperatura do ambiente; Chambrer**
[INGL.] chambrer
[ESP.] chambrer
[FR.] chambrer
[IT.] ambientare
[AL.] zimmertemperatur

1495. De lado; À parte
[INGL.] aside
[ESP.] aparte
[FR.] à part
[IT.] da parte
[AL.] beiseite

1496. Delicado
[INGL.] delicate
[ESP.] delicado
[FR.] délicat
[IT.] delicato
[AL.] schmackhaft

1497. Delicatessen
[INGL.] delicatessen
[ESP.] delicatessen
[FR.] épicerie fine
[IT.] specialità alimentari
[AL.] Delikatessen; Feinkostgeschäft

1498. Delicioso
[INGL.] delicious
[ESP.] delicioso
[FR.] délicieux
[IT.] delizioso
[AL.] lecker

1499. Demasiado
[INGL.] too much
[ESP.] demasiado
[FR.] trop
[IT.] troppo
[AL.] allzu gern; allzu sehr

1500. Demi-glace *(redução em quantidades iguais de molho de fundo escuro e de molho espanhol)*
[INGL.] demi-glace (sauce resulting from a reduction of brown stock and Spanish sauce)
[ESP.] demi-glace (reducción de un fondo de ternera y de una salsa española)
[FR.] demi-glace; sauce brune (réduction d'un fond brun et sauce espagnole)
[IT.] demi-glace; salsa bruna (riduzione di un fondo bruno di vitello con salsa spagnola)
[AL.] Demi-glace; braune Sauce

1501. Demitasse *(xícara própria para servir café turco ou espresso)*
[INGL.] demitasse
[ESP.] tacita (de café)
[FR.] demi-tasse; tasse à expresso
[IT.] tazzina (da caffè)
[AL.] Mokkatasse

1502. Demora
[INGL.] delay
[ESP.] demora; retraso
[FR.] retardement
[IT.] ritardo
[AL.] Verspätung

1503. Dente, ao
[INGL.] firm to the bite; not overcooked
[ESP.] al dente
[FR.] al dente; pas trop cuit
[IT.] al dente
[AL.] nicht zu weich gekocht

1504. Dente de alho
[INGL.] clove of garlic
[ESP.] diente de ajo
[FR.] gousse d'ail
[IT.] spicchio d'aglio
[AL.] Knoblauchzehe

1505. Dente-de-leão; Amor-dos-homens (PT); **Taráxaco** (PT)
[INGL.] dandelion
[ESP.] diente de león; amargón
[FR.] pissenlit; dent de lion
[IT.] dente di leone; soffione
[AL.] Löwenzahn

1506. Dentro
[INGL.] inside
[ESP.] dentro

D

[FR.] à l'intérieur; dedans
[IT.] dentro
[AL.] innen

1507. Denver sandwich (alface, presunto, cebola e ovos mexidos)
[INGL.] Denver sandwich; Western sandwich (lettuce, onion, ham, and scrambled eggs)
[ESP.] Denver sandwich (lechuga, cebolla, jamón y huevos revueltos)
[FR.] Denver sandwich (laitue, oignon, jambon et œufs brouillés)
[IT.] Denver sandwich (lattuga, prosciutto, cipolla e uova strapazzate)
[AL.] Denver Sandwich (Kopfsalat, Zwiebel, Schinken und Rührei)

1508. Depenar
[INGL.] pluck, to
[ESP.] desplumar
[FR.] plumer
[IT.] spennare
[AL.] zupfen

1509. Depois
[INGL.] after
[ESP.] después
[FR.] après
[IT.] dopo
[AL.] nacher; danach

1510. Depressa
[INGL.] quick
[ESP.] aprisa
[FR.] vite
[IT.] presto
[AL.] schnell

1511. Depurar
[INGL.] depurate, to
[ESP.] depurar
[FR.] dépurer
[IT.] depurare
[AL.] reinigen

1512. Derramar
[INGL.] spill, to
[ESP.] derramar
[FR.] renverser
[IT.] versare
[AL.] verschütten

1513. Derreter; Fundir
[INGL.] melt, to
[ESP.] derretir; fundir
[FR.] fondre
[IT.] fondere; sciogliere
[AL.] zerlassen; ausgelassen

1514. Derretido; Fundido
[INGL.] melted
[ESP.] derretido; fuso
[FR.] fondu
[IT.] fuso; sciolto
[AL.] geschmolzene; zerlassen

1515. Desagradável
[INGL.] disagreeable
[ESP.] desagradable
[FR.] désagréable
[IT.] spiacevole
[AL.] peinlich; unangenehm

1516. Desarrolhar; Desrolhar
[INGL.] uncork, to
[ESP.] descorchar
[FR.] déboucher
[IT.] stappare
[AL.] entkorken

1517. Desrolhar
Ver DESARROLHAR

1518. Descafeinado
[INGL.] decaffeinated
[ESP.] descafeinado
[FR.] décaféiné
[IT.] decaffeinato
[AL.] koffeinfrei

1519. Descanso para copo de cerveja; Bolacha
[INGL.] beermat
[ESP.] posavasos de cerveza
[FR.] rond à bière; sous-bock
[IT.] sottobicchiere per birra
[AL.] Bierteller

1520. Descanso para copos
[INGL.] (glass) coaster
[ESP.] posavasos
[FR.] dessous-de-verre
[IT.] sottobicchiere
[AL.] Glasuntersetzer

1521. Descanso para pratos
[INGL.] table mat
[ESP.] posaplatos
[FR.] dessous-de-plat
[IT.] sottopiatto
[AL.] Untersetzer

1522. Descanso para talher
[INGL.] knife rest
[ESP.] porta cuchillo
[FR.] porte-couteau
[IT.] reggiposata
[AL.] Messerbänkchen

1523. Descar (croquetes de batata e corações de alcachofra na manteiga, recheados de peito de galinha)
[INGL.] Descar (potato croquettes and artichoke

D

hearts in butter with chicken breast stuffing)
[ESP.] Descar (croquetas de patatas y fondos de alcachofas en mantequilla rellenos de pechuga de pollo)
[FR.] Descar (croquettes de pommes de terre et fonds d'artichauts au beurre farcis de blanc de poulet)
[IT.] Descar (crocchette di patate e cuori di carciofi al burro ripieni di petto di pollo)
[AL.] Descar (Kartoffelkroketten und Artischockenherzen im Butter eingefüllt mit Hähnchenbrust)

1524. **Descaroçador de frutas** Ver DESCAROÇADOR DE MAÇÃ

1525. **Descaroçador de maçã; Descaroçador de frutas**
[INGL.] apple corer
[ESP.] descorazonador de manzana; vaciador
[FR.] vide-pomme
[IT.] levatorsoli; vuotamele
[AL.] Apfelausstecher

— descaroçador de maçã —

1526. **Descaroçar**
[INGL.] core, to; pit, to; seed, to (U.S.)/stone, to (U.K.)
[ESP.] despepitar; descorazonar
[FR.] dénoyauter; enlever le cœur
[IT.] togliere il torsolo
[AL.] entkernen

1527. **Descartar**
[INGL.] discard, to; dispose of, to
[ESP.] descartar; desechar
[FR.] mettre au rebut
[IT.] scartare
[AL.] ausrangieren

1528. **Descascador de batata**
[INGL.] potato peeler
[ESP.] pela patatas
[FR.] épluche-légumes
[IT.] pelapatate
[AL.] Kartoffelschäler

1529. **Descascar**
[INGL.] peel, to (fruit, vegetables); skin, to (almond, tomato); shell, to (eggs)
[ESP.] pelar; mondar (legumbres, frutas, agrios); limpiar (almendras); quitar la cáscara (huevos, nueces)
[FR.] peler, éplucher (fruits, légumes); monder (amandes); écailler (œufs, noix); zester (agrumes); décortiquer
[IT.] sbucciare; pelare (frutta); sgusciare (uova); mondare (cereali)
[AL.] schälen (Tomaten, Mandeln, Eier); enthäuten (Frucht)

1530. **Descer**
[INGL.] go down, to
[ESP.] bajar
[FR.] descendre
[IT.] scendere
[AL.] hinuntergehen

1531. **Descongelado**
[INGL.] thawed
[ESP.] descongelado
[FR.] décongelé
[IT.] scongelato
[AL.] aufgetaut

1532. **Descongelar** *(comida)*
[INGL.] thaw, to; defrost, to
[ESP.] descongelar
[FR.] décongeler
[IT.] scongelare
[AL.] auftauen

1533. **Descongelar** Ver DEGELAR

1534. **Desconto**
[INGL.] discount
[ESP.] descuento
[FR.] deduction; rabais
[IT.] sconto
[AL.] Rabatt

1535. **Desculpar-se**
[INGL.] be sorry, to
[ESP.] disculparse
[FR.] s'excuser
[IT.] scusarsi
[AL.] bedauren; sich entschuldigen

1536. **Desculpe-me**
[INGL.] I am sorry
[ESP.] lo siento; perdón
[FR.] je regrette; je suis désolé
[IT.] mi dispiace, chiedo scusa
[AL.] es tut mir leid

D

1537. Desejar
[INGL.] wish, to
[ESP.] desear
[FR.] désirer
[IT.] desiderare
[AL.] wünschen

1538. Desembrulhar
[INGL.] unwrap, to
[ESP.] abrir
[FR.] déballer; ouvrir
[IT.] svolgere; scartare
[AL.] auswickeln

1539. Desenformar
[INGL.] unmold, to; turn out, to
[ESP.] desmoldar
[FR.] démouler
[IT.] sformare
[AL.] entformen

1540. Desengordurar
[INGL.] skim the fat off, to
[ESP.] desengrasar
[FR.] dégraisser
[IT.] sgrassare
[AL.] entfetten; Fett abschöpfen

1541. Desfiar
[INGL.] shred, to
[ESP.] deshilar
[FR.] défiler
[IT.] sfilare
[AL.] klein schneiden

1542. Desidratação
[INGL.] dehydration
[ESP.] deshidratación
[FR.] déshydratation
[IT.] disidratazione
[AL.] Entwässerung

1543. Desidratar
[INGL.] dehydrate, to
[ESP.] deshidratar
[FR.] déshydrater
[IT.] disidratare
[AL.] dehydrieren

1544. Desnatar
Ver TIRAR A NATA

1545. Desossado
[INGL.] boneless
[ESP.] deshuesado
[FR.] désossé
[IT.] disossato
[AL.] entbeint

1546. Desossar
[INGL.] bone, to
[ESP.] deshuesar
[FR.] désosser
[IT.] disossare
[AL.] auslösen

1547. Despejar *(líquido)*
[INGL.] pour, to
[ESP.] versar
[FR.] verser
[IT.] versare
[AL.] einschenken

1548. Despelar
Ver PELAR

1549. Despensa
[INGL.] pantry; larder
[ESP.] despensa
[FR.] garde-manger
[IT.] dispensa
[AL.] Speisekammer

1550. Dessalgar
[INGL.] desalt, to
[ESP.] desalar
[FR.] dessaler

[IT.] dissalare
[AL.] entsalzen

1551. Destampar
[INGL.] uncover, to
[ESP.] destapar
[FR.] déboucher; découvrir
[IT.] scoperchiare
[AL.] aufdecken

1552. Destilação
[INGL.] distillation
[ESP.] destilación
[FR.] distillation
[IT.] distillazione
[AL.] Destillation

1553. Destilado
[INGL.] distillate
[ESP.] destilado
[FR.] distillat
[IT.] distillato
[AL.] Destillat

1554. Destilar
[INGL.] distil, to
[ESP.] destilar
[FR.] distiller
[IT.] distillare
[AL.] destillieren

1555. Destilaria
[INGL.] distillery
[ESP.] destilería
[FR.] distillerie
[IT.] distilleria
[AL.] Brennerei

1556. Detergente
[INGL.] detergent
[ESP.] detergente
[FR.] détergent
[IT.] detersivo
[AL.] Waschmittel; Reinigungsmittel; Spülmittel

D

1557. **Detestar**
[INGL.] hate, to
[ESP.] detestar
[FR.] détester
[IT.] detestare
[AL.] verabscheuen; hassen

1558. **Devagar**
[INGL.] slowly
[ESP.] despacio
[FR.] lentement
[IT.] piano
[AL.] langsam

1559. **Dextrose**
Ver GLICOSE

1560. **Diabético**
[INGL.] diabetic
[ESP.] diabético
[FR.] diabétique
[IT.] diabetico
[AL.] diabetiker

1561. **Diable, à la (aves grelhadas, empanadas e fritas)**
[INGL.] devilled style (grilled, breaded, and fried poultry)
[ESP.] a la diabla (aves asadas a la parrilla, empanadas y fritas)
[FR.] à la diable (volaille grillée, panée et frite)
[IT.] alla diavolla (pollame cotto alla griglia, impanato e fritto)
[AL.] Teufelsart (gegrilltes, paniertes und gebratenes Geflügel)

1562. **Diable, molho (vinho, vinagre e pimenta-do-reino)**
[INGL.] devil's sauce (wine, vinegar, and black pepper)
[ESP.] salsa diabla (vino, vinagre y pimienta negra)
[FR.] sauce diable (vin, vinaigre et poivre noir)
[IT.] salsa alla diavola (vino, aceto e pepe nero)
[AL.] Teufelssauce (Wein, Essig und schwarzer Pfeffer)

1563. **Diana, molho (muito apimentado)**
[INGL.] Diana sauce (with plenty of peppers)
[ESP.] salsa Diana (con mucha pimienta)
[FR.] sauce Diana (très poivre)
[IT.] salsa Diana (molto piccante)
[AL.] Diana-Sauce (mit viel Pfeffer)

1564. **Diane, à la (com purê de carne de caça)**
[INGL.] Diana style (with game purée)
[ESP.] a la Diana (con puré de caza)
[FR.] à la Diana (à la purée de gibier)
[IT.] alla Diana (con purè di selvaggina)
[AL.] Diane-Art (mit Wildbretpüree)

1565. **Dianteiro sem paleta** *(corte de carne bovina)*
[INGL.] chuck with brisket
[ESP.] aguja con pecho
[FR.] surlonge avec poitrine; basses-côtes avec poitrine
[IT.] sottospalla con petto
[AL.] Zungenstück mit Brust

1566. **Dieppoise, à la (camarões e mexilhões com molho de vinho branco)**
[INGL.] Dieppe style (shrimps (U.S.)/prawns (U.K.) and mussels with white wine sauce)
[ESP.] a la diepesa (camarones y mejillones a la salsa al vino blanco)
[FR.] à la dieppoise (crevettes et moules à la sauce au vin blanc)
[IT.] alla dieppese (gamberetti e mitilli alla salsa al vino bianco)
[AL.] Diepper-Art (Garnelen und Muscheln mit Weißweinsauce)

1567. **Dieta**
[INGL.] diet
[ESP.] dieta
[FR.] régime
[IT.] dieta
[AL.] Diät

1568. **Dietético**
[INGL.] dietetic
[ESP.] dietético
[FR.] diététique
[IT.] dietetico
[AL.] diätisch

1569. **Digerir**
[INGL.] digest, to
[ESP.] digerir
[FR.] digérer
[IT.] digerire
[AL.] verdauen

1570. **Digerível**
[INGL.] digestible
[ESP.] digestible; digerible

D

[FR.] digeste
[IT.] digeribile
[AL.] verdaulich

1571. Digestão
[INGL.] digestion
[ESP.] digestión
[FR.] digestion
[IT.] digestione
[AL.] Verdauung

1572. Digestivo (*aperitivo*)
[INGL.] liqueur
[ESP.] digestivo
[FR.] digestif
[IT.] digestivo
[AL.] Verdauungslikör

1573. Dijonnaise, à la (com mostarda de Dijon)
[INGL.] Dijon style (with Dijon mustard)
[ESP.] a la dijonesa (con mostaza de Dijon)
[FR.] à la dijonnaise (à la moutarde de Dijon)
[IT.] alla digionese (con senape di Digione)
[AL.] nach Dijoner Art (mit Dijon-senf)

1574. Dill *Ver* ENDRO

1575. Diluído
[INGL.] diluted
[ESP.] diluido
[FR.] dilué
[IT.] diluito
[AL.] verdünnt

1576. Diluído, não
[INGL.] undiluted; neat (alcohol)
[ESP.] puro; sin diluir
[FR.] non dilué; pur
[IT.] non diluito
[AL.] unverdünnen

1577. Diluir
[INGL.] dilute, to
[ESP.] diluir; desleír
[FR.] diluer
[IT.] diluire
[AL.] verdünnen

1578. Dinheiro
[INGL.] money
[ESP.] dinero
[FR.] argent
[IT.] soldi
[AL.] Geld

1579. Diplomate, à la (com lagosta e trufas)
[INGL.] diplomatic style (with lobster and truffles)
[ESP.] a la diplomática (con langosta y trufas)
[FR.] à la diplomate (avec homard et truffes)
[IT.] alla diplomatica (con aragosta e tartufi)
[AL.] Diplomaten Art (mit Hummer und Trüffeln)

1580. Dispor em camadas
[INGL.] layer, to
[ESP.] disponer en capas
[FR.] disposer en couches
[IT.] disporre a strati
[AL.] schichten

1581. Dissolver
[INGL.] dissolve, to
[ESP.] disolver
[FR.] dissoudre
[IT.] sciogliere
[AL.] auflösen

1582. Distribuir
[INGL.] distribute, to
[ESP.] distribuir

[FR.] distribuer
[IT.] distribuire
[AL.] verteilen

1583. Ditalini (massa própria para sopas); Tubetti
[INGL.] ditali; tubetti (pasta for soup)
[ESP.] ditalini; daditos (pasta para sopas)
[FR.] ditali; tubetti (pâtes à potage)
[IT.] ditali; ditalini; ditaloni (pastina per minestre)
[AL.] Ditali; Tubetti (Suppennudeln)

1584. Dividir
[INGL.] divide, to
[ESP.] dividir; partir
[FR.] diviser; partager
[IT.] dividere
[AL.] aufteilen; teilen

1585. Dividir em porções; Porcionar
[INGL.] divide into portions, to;
[ESP.] dividir en porciones
[FR.] couper en portions
[IT.] dividere in porzioni; porzionare
[AL.] in Portionen teilen

1586. Dobrada (PT)
Ver DOBRADIÇA

1587. Dobrar
[INGL.] fold, to
[ESP.] doblar
[FR.] plier; replier
[IT.] piegare
[AL.] falten

1588. Dobradiça (*peixe*) (PT); **Dobrada** (PT)

D

[INGL.] saddled bream
[ESP.] oblada
[FR.] oblade
[IT.] occhiata
[AL.] Blandbrasse; Seebrasse

1589. Doce *(adj.)*
[INGL.] sweet
[ESP.] dulce
[FR.] doux; douce
[IT.] dolce
[AL.] süß

1590. Do lado de fora; Ao ar livre
[INGL.] outdoors; outside
[ESP.] al aire libre
[FR.] dehors; à l'extérieur
[IT.] fuori; all'aperto
[AL.] im Freien

1591. Dolcelatte® (queijo italiano, de veios azuis, feito com leite de vaca)
[INGL.] Dolcelatte®; gorgonzola dolce (Italian cheese, blue veins, made from cow milk)
[ESP.] Dolcelatte® (queso italiano, veteado azul, elaborado con leche de vaca)
[FR.] Dolcelatte® (fromage italien, pâte persillée, élaboré au lait de vache)
[IT.] Dolcelatte®; gorgonzola dolce (formaggio italiano, muffa blu, preparato con latte vaccino)
[AL.] Dolcelatte® (italienische Kuhmilch--Käse, mit blauen Adern)

— doughnut —

1592. Doçura
[INGL.] sweetness
[ESP.] dulzura
[FR.] douceur
[IT.] dolcezza
[AL.] Süße

1593. Dono de restaurante
[INGL.] restaurant owner; restaurateur
[ESP.] dueño de un restaurante
[FR.] restaurateur
[IT.] ristoratore
[AL.] Gastwirt

1594. Donzela *(peixe)* (PT); **Maroca** (PT)
[INGL.] ling
[ESP.] maruca; arbitán; brezo común
[FR.] lingue
[IT.] molva
[AL.] Leng

1595. Dosador para bebidas
[INGL.] jigger
[ESP.] dosador
[FR.] doseur
[IT.] dosatore
[AL.] Dosierer

1596. Dose
[INGL.] dose
[ESP.] ración
[FR.] dose
[IT.] dose
[AL.] Menge; Dose

1597. Doughnut
[INGL.] doughnut; donut
[ESP.] dónut
[FR.] donut; beignet
[IT.] ciambella
[AL.] Doughnut; Donut; Berliner

1598. Dourada *(peixe)* (PT)
[INGL.] gilthead bream
[ESP.] dorada
[FR.] daurade
[IT.] orata
[AL.] Goldbrasse

1599. Dourado *(peixe)*
[INGL.] dolphinfish
[ESP.] dorado; llampuga
[FR.] coryphène
[IT.] lampuga
[AL.] Goldmakrele

1600. Dourar
[INGL.] brown, to
[ESP.] soasar; dorar a fuego vivo
[FR.] rissoler; blondir; dorer
[IT.] rosolare; abbrustolire
[AL.] anrösten

1601. Dourar levemente
[INGL.] brown slightly, to
[ESP.] sofreír; rehogar
[FR.] faire revenir
[IT.] soffriggere
[AL.] anbraten

1602. Drambuie® (licor feito de malt whisky e mel silvestre)
[INGL.] Drambuie® (liqueur made with malt whisky and wild honey)

D

[ESP.] Drambuie® (licor elaborado con malt whisky y miel silvestre)
[FR.] Drambuie® (liqueur de malt whisky et de miel sauvage)
[IT.] Drambuie® (liquore fatto con malt whisky e miele silvestre)
[AL.] Drambuie® (Likör mit Malt Whisky und wilder Honig)

1603. Drink gelado
[INGL.] cold drink
[ESP.] refresco; bebida fría
[FR.] boisson froide
[IT.] bibita fredda
[AL.] kalts Getränk

1604. Drinque
Ver BEBIDA

1605. Drops
[INGL.] drops
[ESP.] drops
[FR.] drops
[IT.] drops
[AL.] Drops

1606. Dry Martini (coquetel feito de gim, vermute e azeitona verde)
[INGL.] Dry Martini (cocktail made with gin, vermouth, and green olive)
[ESP.] Dry Martini (cóctel con ginebra, vermut y aceituna verde)
[FR.] Dry Martini (cocktail de gin, vermouth et olive verte)
[IT.] Dry Martini (cocktail fatto con gin, vermouth e oliva verde)
[AL.] Dry Martini (Cocktail mit Gin, Wermut und grüne Olive)

1607. Du Barry (couve-flor e batatas château com molho Mornay)
[INGL.] Du Barry (cauliflower and château potatoes with Mornay sauce)
[ESP.] du Barry (coliflor y patatas castillo a la salsa Mornay)
[FR.] du Barry (chou-fleur et pommes de terre château à la sauce Mornay)
[IT.] du Barry (cavolfiore e patate château alla salsa Mornay)
[AL.] Du Barry (Blumenkohl und Schlosskartoffeln mit Mornay-Sauce)

1608. Duchesse, à la (com ninhos de purê de batatas, levados ao forno para gratinar)
[INGL.] duchess style (with moulds of mashed potatoes au gratin)
[ESP.] a la duquesa (rosetas de puré de patatas gratinadas)
[FR.] à la duchesse (aux rosettes de purée de pommes de terre au gratin)
[IT.] alla duchessa (rosette di papate passate e poi gratinate)
[AL.] Herzogin Art (mit Spritzgebackenes aus Kartoffelpüree)

1609. Dukkah (coentro, cominho, sementes de gergelim e avelãs)
[INGL.] dukkah (cilantro (U.S.)/coriander (U.K.), cumin, sesame seeds, and hazelnuts)
[ESP.] dukkah (cilantro, comino, semillas de sésamo y avellanas)
[FR.] dukkah (coriandre, cumin, graines de sésame et noisettes)
[IT.] dukkah (coriandolo, cumino, semi di sesamo e nocciole)
[AL.] Dukkah (Koriander, Kreuzkümmel, Sesamsaat und Haselnüsse)

1610. Dulse (alga vermelha)
[INGL.] dulse (red seaweed)
[ESP.] dulse (alga roja)
[FR.] dulse (alghe rouge)
[IT.] dulse (alga rossa)
[AL.] Dulse (Rotalge)

1611. Dumpling (pequeno bolinho de massa cozido)
[INGL.] dumpling
[ESP.] albóndiga de masa
[FR.] dumpling (boulette de pâte)
[IT.] gnocco
[AL.] Knödel; Nockerl

1612. Duplo
[INGL.] double
[ESP.] doble
[FR.] double
[IT.] doppio
[AL.] das Doppelt

D

1613. Dura (carne)
[INGL.] tough (meat)
[ESP.] correoso (carne)
[FR.] coriace (viande)
[IT.] dura (carne)
[AL.] zäh (Fleisch)

1614. Duro
[INGL.] hard
[ESP.] duro
[FR.] dur
[IT.] duro
[AL.] hart

1615. Duse (vagens, tomates e batatas parmentier)
[INGL.] Duse (green beans (U.S.)/French beans (U.K.), tomatoes, and parmentier potatoes)
[ESP.] Duse (judías verdes, tomates y patatas parmentier)
[FR.] Duse (haricots verts, tomates et pommes de terre parmentier)
[IT.] Duse (fagiolini, pomodori e patate parmentier)
[AL.] Duse (Fisole, Tomaten und Parmentier-Kartoffeln)

1616. Duxelles, molho (cogumelos, cebola e vinho branco)
[INGL.] Duxelles sauce (mushrooms, onion, and white wine)
[ESP.] salsa Duxelles (setas, cebolla y vino blanco)
[FR.] sauce Duxelles (champignons, oignon et vin blanc)
[IT.] salsa Duxelles (funghi, cipolla e vino bianco)
[AL.] Duxelles-Sauce (Pilze, Zwiebel und Weißwein)

1617. Dúzia
[INGL.] dozen
[ESP.] docena
[FR.] douzaine
[IT.] dozzina
[AL.] Dutzend

1618. **Ebulição**
[INGL.] ebullition
[ESP.] ebullición
[FR.] ébullition
[IT.] ebollizione
[AL.] Wallung

1619. **Echalota; Cebolinha-
-branca; Chalota**
[INGL.] shallot; Spanish garlic
[ESP.] escaloña; chalota
[FR.] échalote
[IT.] scalogno
[AL.] Schalotte

1620. **Écossaise, à la (ovos
pochés com salmão)**
[INGL.] Scottish style
(poached eggs with salmon)
[ESP.] a la escocesa (huevos
escalfados con salmón)
[FR.] à l'écossaise (œufs
pochés au saumon)
[IT.] alla scozzese (uova
pochés con salmone)
[AL.] schottische Art
(verlorene Eier mit Lachs)

1621. **Edam (queijo
holandês de textura
semidura, feito com leite
de vaca semidesnatado)**
[INGL.] edam (Dutch cheese,
semi-hard texture, made
from low fat cow milk)
[ESP.] edam (queso
holandés, textura
semiblanda, elaborado
con leche de vaca
semidesnatada)
[FR.] edam (fromage
hollandais, pâte pressée, à
base de lait de vache demi-
écrémé)
[IT.] edam (formaggio
olandese, pasta semidura,
prodotto con latte vaccino
parzialmente scremato)
[AL.] Edamer (halbfester
holländischer Käse aus
teilentrahmte Milch)

1622. **Efervescente**
[INGL.] effervescent
[ESP.] efervescente
[FR.] effervescent
[IT.] effervescente
[AL.] sprudelnd

1623. **Eisbein (joelho de
porco cozido) com
chucrute**
[INGL.] ham hock with
sauerkraut
[ESP.] jarrete de cerdo con
chucruta
[FR.] jarret de porc à la
choucroute
[IT.] zampetto di maiale
con crauti
[AL.] Eisbein mit Sauerkraut

E

1624. Eletária
Ver CARDAMOMO

1625. Eletrodomésticos
[INGL.] home appliance
[ESP.] electrodomésticos
[FR.] appareils ménagers
[IT.] elettrodomestici
[AL.] Haushaltsgerät

1626. Ema
[INGL.] emus
[ESP.] emú
[FR.] émeu
[IT.] emù
[AL.] Emu

1627. Emagrecer
[INGL.] lose weight, to
[ESP.] adelgazar
[FR.] maigrir
[IT.] dimagrire
[AL.] abmagern

1628. Embalado a vácuo
[INGL.] vacuum packed
[ESP.] envasado al vacio
[FR.] emballé sous vide
[IT.] sottovuoto
[AL.] vakuumverpackt

1629. Embalar
[INGL.] pack, to; wrap (up), to
[ESP.] embalar; envasar
[FR.] emballer
[IT.] imballare; confezionare
[AL.] verpacken

1630. Em banho-maria
[INGL.] in bain-marie; in double water; in water bath
[ESP.] a baño maría
[FR.] au bain-marie
[IT.] a bagnomaria
[AL.] im Wasserbad; im Bainmarie

1631. Embeber
[INGL.] soak, to
[ESP.] mojar
[FR.] imbiber; tremper
[IT.] inzuppare
[AL.] durchnässen

1632. Embriagado
Ver BÊBADO

1633. Embrulhar
[INGL.] wrap, to
[ESP.] envolver
[FR.] emballer
[IT.] alvogere; incartare
[AL.] einwickeln

1634. Embutidos
[INGL.] preserved meats (all kinds of sausages and cold meats)
[ESP.] embutidos
[FR.] charcuterie
[IT.] salumi; insaccati
[AL.] Wurstwaren

1635. Em diagonal
[INGL.] sloping
[ESP.] oblicuamente; sesgadamente
[FR.] de biais
[IT.] di sbieco; obliquamente
[AL.] schräg

1636. Em jejum
[INGL.] on a empty stomach
[ESP.] en ayunas
[FR.] à jeun
[IT.] a digiuno
[AL.] Auf nüchternen Magen

1637. Emmenthal (queijo suíço, com buracos de tamanhos variados e sabor de amêndoas)
[INGL.] Emmental; Emmentaler; Emmethaler (Swiss cheese, with large holes and nutty taste)
[ESP.] Emmental (queso suizo, con grandes agujeros y sabor a nuez)
[FR.] Emmental (fromage suisse à pâte cuite, aux gros yeux et arôme fruité)
[IT.] Emmental (formaggio svizzero, con grandi occhi e sapore dolce)
[AL.] Emmental (schweizer Hartekäse mit großen Löchern und nussige Geschmack)

1638. Empadão de carne
[INGL.] meat pie
[ESP.] empanada de carne
[FR.] tourte de viande
[IT.] torta di carne
[AL.] Fleischpastete

1639. Empanado
[INGL.] breaded
[ESP.] rebozado; empanado
[FR.] pané
[IT.] impanato
[AL.] paniert

1640. Empanar; Panar
[INGL.] bread, to; crumb, to
[ESP.] empanar
[FR.] paner
[IT.] impanare; panare
[AL.] panieren

1641. Emulsão
[INGL.] emulsion
[ESP.] emulsión
[FR.] emulsion
[IT.] emulsione
[AL.] Emulsion

E

1642. Emulsionar
[INGL.] emulsify, to
[ESP.] emulsionar
[FR.] émulsionner
[IT.] emulsionare
[AL.] emulgieren

1643. Encaroçado
[INGL.] lumpy
[ESP.] empelotado
[FR.] grumeleux
[IT.] grumoso
[AL.] klumpig

1644. Encaroçar
[INGL.] become lumpy, to
[ESP.] empelotar
[FR.] faire des grumeaux; grumeler
[IT.] diventare grumoso
[AL.] klumpig werden

1645. Encher; Preencher
[INGL.] fill, to
[ESP.] llenar
[FR.] remplir
[IT.] riempire
[AL.] füllen

1646. Enchova; Enchoveta (pequeno porte)
[INGL.] bluefish
[ESP.] anjova
[FR.] tassergal
[IT.] pesce serra
[AL.] Blaufisch

1647. Enchoveta
Ver ENCHOVA

1648. Encorpado (molho, sopa)
[INGL.] thickened (sauce, soup)
[ESP.] espeso (salsa, sopa)
[FR.] épaissi (sauce, potage)
[IT.] addensato (salsa, zuppa)
[AL.] eingedickt (Sauce, Suppe)

1649. Encorpar (molho, sopa)
[INGL.] thicken, to (sauce, soup)
[ESP.] espesar (salsa, sopa)
[FR.] épaissir (sauce, potage)
[IT.] addensare (salsa, zuppa)
[AL.] eindicken (Sauce, Suppe)

**1650. Endívia; Endívia-
-belga**
[INGL.] Belgian endive; French endive (U.S.)/ chicory (U.K.)
[ESP.] endivia de Bruselas
[FR.] endive
[IT.] indivia belga
[AL.] Endivie

1651. Endívia-belga
Ver ENDÍVIA

1652. Endro; Aneto; Dill; Funcho-bastardo
[INGL.] dill
[ESP.] eneldo
[FR.] aneth; anet; fenouil bâtard
[IT.] aneto
[AL.] Dill

1653. Endro, molho de
[INGL.] dill sauce
[ESP.] salsa de eneldo
[FR.] sauce à l'aneth
[IT.] salsa all'aneto
[AL.] Dill-Sauce

1654. Enfarinhado
[INGL.] floured; dredged
[ESP.] enharinado
[FR.] enfariné
[IT.] infarinato
[AL.] gewendet

1655. Enfarinhar
[INGL.] flour, to; dredge, to
[ESP.] enharinar
[FR.] enfariner
[IT.] infarinare
[AL.] bestreuen mit Mehl

1656. Enfeitar a salada
[INGL.] dress a salad, to
[ESP.] aderezar la ensalada
[FR.] assaisonner la salade
[IT.] condire l' insalata
[AL.] anmachen den Salat

1657. Enfeitado
Ver DECORADO (BOLO)

1658. Enfeitar
Ver DECORAR (BOLO)

1659. Engarrafado
[INGL.] bottled
[ESP.] embotellado
[FR.] embouteillé
[IT.] imbottigliato
[AL.] abgefüllt

1660. Engarrafar
[INGL.] bottle, to
[ESP.] embotellar
[FR.] embouteiller
[IT.] imbottigliare
[AL.] abfüllen

1661. Engolir
[INGL.] swallow, to
[ESP.] tragar
[FR.] avaler

E

[IT.] deglutire
[AL.] schlucken

1662. Engordar
[INGL.] fatten, to
[ESP.] engordar
[FR.] engraisser
[IT.] ingrassare
[AL.] mästen

1663. Engordurado
[INGL.] greasy
[ESP.] grasiento
[FR.] gras
[IT.] unto
[AL.] fettig

1664. Enguia
[INGL.] eel
[ESP.] anguila
[FR.] anguille
[IT.] anguilla; bisato
[AL.] Aal

1665. Enguia *(bebê)*
[INGL.] baby eel; elver
[ESP.] anguila
[FR.] pibales; civelles
[IT.] cieche
[AL.] Baby-Aal

1666. Enguia defumada
[INGL.] smoked eel
[ESP.] anguila ahumada
[FR.] anguille fumée
[IT.] anguilla affumicata
[AL.] Räucheraal

1667. Enlatado
[INGL.] canned (U.S.)/ tinned (U.K.)
[ESP.] en lata
[FR.] en boîte; en conserve
[IT.] in scatola
[AL.] dosen

1668. Enlatar
[INGL.] can, to
[ESP.] enlatar; envasar
[FR.] mettre en conserve
[IT.] inscatolare
[AL.] eindosen

1669. Enófilo
[INGL.] oenophilist; oenophile; winelover
[ESP.] enófilo
[FR.] oenophile; amateur de vin
[IT.] enofilo
[AL.] Oenophil

1670. Enogastronomia
[INGL.] oenogastronomy
[ESP.] enogastronomía
[FR.] oenogastronomie
[IT.] enogastronomia
[AL.] Önogastronomie

1671. Enokitake (variedade de cogumelo)
[INGL.] enokitake mushroom; enoki mushroom (mushroom variety)
[ESP.] enoki; agujas doradas (variedad de setas)
[FR.] enokitake (genre de champignon)
[IT.] enokitake (specie di funghi)
[AL.] Enokitake (verschiedene Pilze)

1672. Enologia
[INGL.] oenology; enology
[ESP.] enología
[FR.] oenologie
[IT.] enologia
[AL.] Önologie; Weinkunde

1673. Enólogo
[INGL.] oenologist; enologist
[ESP.] enólogo
[FR.] oenologue
[IT.] enologo
[AL.] Önologe

1674. Enoteca
[INGL.] wine collection
[ESP.] vinoteca
[FR.] œnothèque; vinothèque
[IT.] enoteca
[AL.] Vinothek

1675. Enroladinho de salsicha
[INGL.] sausage roll
[ESP.] salchicha envuelta en hojaldre
[FR.] saucisses roulées dans une pâte feuilletée; friand
[IT.] rotolino di wurstel in crosta
[AL.] Würstchen im Schlafrock

1676. Enrolado
[INGL.] rolled
[ESP.] enrollado
[FR.] roulé
[IT.] arrotolato
[AL.] eingerollt

1677. Enrolar
[INGL.] roll (up), to
[ESP.] enrollar
[FR.] rouler
[IT.] arrotolare
[AL.] rollen

1678. Ensopado de carneiro à moda irlandesa (com batatas e cebolas)
[INGL.] Irish stew (with potatoes and onions)

— 152 —

E

[ESP.] estofado de cordero a la irlandesa (con patatas y cebollas)
[FR.] ragoût de mouton à l'irlandaise (aux pommes de terre et oignons)
[IT.] stufato di montone all'irlandese (con patate e cipolle)
[AL.] Irish-Stew (Eintopfgericht aus Hammelfleisch, Kartoffeln und Zwiebeln)

1679. **Entornar**
[INGL.] spill, to
[ESP.] derramar
[FR.] verser
[IT.] spandere
[AL.] vergiessen

1680. **Entrada; Primeiro prato**
[INGL.] entrée; first course
[ESP.] primer plato
[FR.] entrée
[IT.] primo piatto
[AL.] erster Gang; Vorpseisen

1681. **Entrecôte** Ver FILÉ DE COSTELA

1682. **Entremear a carne com tiras de toucinho** Ver LARDEAR

1683. **Envelhecido**
[INGL.] aged
[ESP.] envejecido
[FR.] vieilli
[IT.] invecchiato
[AL.] gereift

1684. **Envolto em massa** (feita de ovos e farinha)
[INGL.] wrapped in pastry
[ESP.] envuelto en hojaldre
[FR.] en croûte
[IT.] in crosta
[AL.] im Teigmantel

1685. **Envolver**
[INGL.] envelop, to
[ESP.] envolver
[FR.] envelopper
[IT.] avviluppare
[AL.] einhüllen

1686. **Enxaguar**
[INGL.] rinse, to
[ESP.] enjuagar
[FR.] rincer
[IT.] sciacquare
[AL.] abspülen

1687. **Enxugar**
[INGL.] wipe, to; dry, to
[ESP.] enjugar
[FR.] essuyer
[IT.] asciugare
[AL.] abtrocken

1688. **Epazote** Ver ERVA--DE-SANTA-MARIA

1689. **Eperlano** (peixe) (PT)
[INGL.] smelt
[ESP.] eperlano
[FR.] éperlan
[IT.] sperlano
[AL.] Stint

1690. **Equilibrado**
[INGL.] balanced; harmonious
[ESP.] equilibrado
[FR.] équilibré
[IT.] armonico; equilibrato
[AL.] ausgeglichen

1691. **Equivocar-se**
[INGL.] be mistaken, to
[ESP.] equivocarse
[FR.] se tromper
[IT.] sbagliare
[AL.] sich irren

1692. **Erva**
[INGL.] herb
[ESP.] hierba
[FR.] herbe
[IT.] erba
[AL.] Kräut

1693. **Erva-aliária** Ver ALIÁRIA

1694. **Erva-benta** Ver MÂCHE

1695. **Erva-bergamota; Bergamota; Monarda**
[INGL.] bergamot
[ESP.] bergamota
[FR.] monarde
[IT.] bergamotto; monarda
[AL.] Zitronenminze; Bergamotte; Scharlach--Monarde

1696. **Erva-cidreira; Citronela; Melissa**
[INGL.] lemon balm; sweet balm
[ESP.] melisa; toronjil
[FR.] mélisse; citronnelle
[IT.] melissa; melisa; cedronella
[AL.] Zitronenmelisse

1697. **Erva-de-santa-bárbara** Ver AGRIÃO-DA-TERRA

1698. **Erva-de-santa-maria; Epazote; Mastruz**
[INGL.] epazote
[ESP.] epazote
[FR.] épazote
[IT.] epazote
[AL.] Epazote

E

1699. **Erva-de-são-lourenço**
Ver POEJO

1700. **Erva-doce; Anis; Anis-
-verde; Anis verdadeiro**
[INGL.] anise
[ESP.] hinojo; anís
[FR.] anis
[IT.] anice
[AL.] Anis

1701. **Erva-doce-de-cabeça**
Ver FUNCHO

1702. **Erva-do-espírito-
-santo** Ver ANGÉLICA

1703. **Erva-do-tomate**
Ver MANJERICÃO

1704. **Erva-luísa**
Ver LIMONETE

1705. **Erva-percevejo**
Ver COENTRO

1706. **Ervas finas**
[INGL.] aromatic herbs
[ESP.] hierbas aromáticas
[FR.] fines herbes
[IT.] erbe aromatiche
[AL.] Gewürzkräuter

1707. **Ervas frescas**
[INGL.] fresh herbs
[ESP.] hierbas frescas
[FR.] herbes fraîches
[IT.] erbe fresche
[AL.] frischen Kräuter

1708. **Erva-sagrada**
Ver HISSOPO

1709. **Ervilha-de-galinha**
Ver GRÃO-DE-BICO

1710. **Ervilha-egípcia**
Ver GRÃO-DE-BICO

1711. **Ervilhas**
[INGL.] green peas; peas
[ESP.] guisantes; chícharos
[FR.] petits pois
[IT.] piselli
[AL.] Erbsen

1712. **Ervilhas secas
partidas**
[INGL.] split peas; dried peas
[ESP.] guisantes secos
[FR.] pois cassés
[IT.] piselli secchi
[AL.] getrocknete Erbsen

1713. **Ervilha-torta;
Mange-tout**
[INGL.] snow peas (U.S.)/
mange-tout (U.K.)
[ESP.] tirabeque
[FR.] pois mange-tout;
pois gourmand
[IT.] taccole
[AL.] Mangetout-Erbse

1714. **Escabeche (frito e
marinado)**
[INGL.] escabeche (fried and
marinated)
[ESP.] escabeche (frito y
marinado)
[FR.] escabèche (frit et mariné)
[IT.] scapece (fritto e marinato)
[AL.] Escabeche (fritiert
und mariniert)

1715. **Escaldar**
[INGL.] scald, to
[ESP.] escaldar
[FR.] échauder
[IT.] scottare
[AL.] verbrühen

1716. **Escalfado no leite;
Cozido no leite**
[INGL.] poached in milk
[ESP.] escalfado en leche
[FR.] poché dans du lait
[IT.] affogato nel latte
[AL.] in Milch pochiert

1717. **Escalfado; Poché**
[INGL.] poached
[ESP.] escalfado
[FR.] poché
[IT.] affogato
[AL.] pochiert

1718. **Escalfar; Cozinhar
em água fervente**
[INGL.] poach, to
[ESP.] escalfar; pochar
[FR.] pocher
[IT.] affogare
[AL.] pochieren

1719. **Escalope**
[INGL.] escalope
[ESP.] escalope
[FR.] escalope
[IT.] scaloppina
[AL.] Schnitzel

1720. **Escalope Cordon
Bleu (recheados de pre-
sunto e queijo e empa-
nados)**
[INGL.] escalope Cordon
Bleu (filled with ham and
cheese, and breaded)
[ESP.] escalope Cordon
Bleu (relleno con jamón y
queso y empanado)
[FR.] escalope Cordon
Bleu (farcie de jambon et
fromage et panée)
[IT.] scaloppina Cordon
Bleu (fettina farcita con

E

prosciutto e formaggio e poi impanata)
[AL.] Escalope Cordon Bleu (panierte Schnitzel, mit Schinken und Käse gefüllte)

1721. **Escalope de peru**
[INGL.] turkey escalope
[ESP.] escalope de pavo
[FR.] escalope de dinde
[IT.] scaloppine di tacchino
[AL.] Putenschnitzel

1722. **Escalope de vitela**
[INGL.] veal escalope
[ESP.] escalope de ternera
[FR.] escalope de veau
[IT.] scaloppine di vitello
[AL.] Kalbsschnitzel

1723. **Escamar**
[INGL.] scale, to
[ESP.] escamar
[FR.] écailler; enlever les écailles
[IT.] squamare
[AL.] schuppen; entschuppen (Fisch)

1724. **Escamudo** *(peixe)* (PT)
[INGL.] saithe
[ESP.] palero
[FR.] lieu noir
[IT.] merluzzo nero
[AL.] Seelachs

1725. **Escarola**
[INGL.] escarole; Batavian endive
[ESP.] escarola
[FR.] scarole
[IT.] scarola
[AL.] glatte Endivie

1726. **Escolha**
[INGL.] choice
[ESP.] elección
[FR.] choix
[IT.] scelta
[AL.] Wahl

1727. **Escolha, à sua**
[INGL.] at choice; at pleasure
[ESP.] a elección
[FR.] au choix
[IT.] a scelta
[AL.] nach Wahl

1728. **Escolher**
[INGL.] choose, to
[ESP.] elejir; escoger
[FR.] choisir
[IT.] scegliere
[AL.] wählen

1729. **Escorcioneira**
[INGL.] scorzonera; black salsify; vegetable oyster
[ESP.] escorzonera
[FR.] salsifis noir; scorsonère
[IT.] scorzonera
[AL.] spanische Schwarzwurzel

1730. **Escorredor de massa**
[INGL.] colander
[ESP.] colador de pasta
[FR.] passoire
[IT.] scolapasta
[AL.] Durchschlag

1731. **Escorredor de pratos**
[INGL.] dish drainer
[ESP.] escurridor de platos; escurreplatos
[FR.] égouttoir à vaisselle
[IT.] scolapiatti
[AL.] Abtropfständer

1732. **Escorrer**
[INGL.] drain, to (to use the solids)
[ESP.] escurrir
[FR.] égoutter
[IT.] scolare
[AL.] abgiessen

1733. **Escorrido**
[INGL.] drained
[ESP.] escurrido
[FR.] égoutté
[IT.] scolato
[AL.] abgegossen

1734. **Escova**
[INGL.] brush
[ESP.] cepillo
[FR.] brosse
[IT.] spazzola
[AL.] Bürste

1735. **Escova para limpar vegetais**
[INGL.] vegetable brush
[ESP.] cepillo para limpiar verduras
[FR.] brosse à légumes
[IT.] spazzola per verdure
[AL.] Spülbürste

1736. **Escrever**
[INGL.] write, to
[ESP.] escribir
[FR.] écrire
[IT.] scrivere
[AL.] schreiben

1737. **Escumadeira**
[INGL.] skimming ladle; skimmer
[ESP.] espumadera
[FR.] écumoire
[IT.] schiumarola
[AL.] Schaumlöffel

1738. **Escumar**
[INGL.] skim, to
[ESP.] espumar

E

[FR.] écumer
[IT.] schiumare
[AL.] abschöpfen

1739. Escuro
[INGL.] dark
[ESP.] oscuro; tostado
[FR.] sombre (pièce, salle); foncé (sauce, pâtisserie)
[IT.] scuro; cupo
[AL.] dunkel

1740. Escuro, molho
[INGL.] brown sauce
[ESP.] salsa oscura
[FR.] sauce brune
[IT.] salsa bruna
[AL.] braune Sauce

1741. Esfregão
[INGL.] mop
[ESP.] fregadera
[FR.] serpillière
[IT.] mocio
[AL.] Mopp; Schrubber

1742. Esfregar
[INGL.] rub, to
[ESP.] frotar
[FR.] frotter
[IT.] sfregare; strofinare
[AL.] rebeln

1743. Esfriar
Ver ARREFECER

1744. Esmagar
[INGL.] crush, to
[ESP.] machacar
[FR.] écraser
[IT.] schiacciare
[AL.] erdrücken

1745. Esmigalhar
[INGL.] crumble, to
[ESP.] desmigar; desmigajar; desmenuzar
[FR.] émietter
[IT.] sgretolare
[AL.] zerkrümeln

1746. Esôfago
[INGL.] weasand meat
[ESP.] esófago
[FR.] œsophage
[IT.] esofago
[AL.] Speiseröhre

1747. Espadana
Ver TABOA

1748. Espadarte *(peixe)*
[INGL.] swordfish
[ESP.] pez espada
[FR.] espadon
[IT.] pesce spada
[AL.] Schwertfisch

1749. Espadilha *(peixe)* (PT)
[INGL.] sprat
[ESP.] espadín
[FR.] sprat
[IT.] papalina
[AL.] Sprotte

1750. Espagnole, à l' (tomates, cebolas, alho e pimentão)
[INGL.] Spanish style (tomatoes, onions, garlic, and sweet pepper)
[ESP.] a la española (tomates, cebollas, ajo y pimiento dulce)
[FR.] à l'espagnole (tomates, oignons, ail et poivron doux)
[IT.] alla spagnola (pomodori, cipolle, aglio e peperoni)
[AL.] nach spanischer Art (Tomaten, Zwiebeln, Knoblauch und Paprika)

1751. Espaguete (a mais conhecida das massas)
[INGL.] spaghetti (the most popular pasta)
[ESP.] espaguetis (el tipo más popular de pasta)
[FR.] spaghetti (la plus connue des pâtes)
[IT.] spaghetti (la pasta più conosciuta)
[AL.] Spaghetti (die wohl beliebtesten aller Nudeln)

1752. Espaguete com molho à bolonhesa
[INGL.] spaghetti with Bologna sauce
[ESP.] espaguetis a la boloñesa
[FR.] spaghetti à la bolognaise
[IT.] spaghetti alla bolognese
[AL.] Spaghetti nach Bologneser Art

1753. Espaguete marinho (alga marinha)
[INGL.] sea spaghetti (seaweed)
[ESP.] judía marina (alga marina)
[FR.] haricot de mer; spaghetti de mer (algue marine)
[IT.] fagiolino di mare (alga marina)
[AL.] Meerbohne (Seetang)

1754. Espátula; Pão-duro
[INGL.] spatula; rubber spatula; rubber scraper (U.S.)/fish slice (U.K.)

E

[ESP.] espátula
[FR.] spatule; maryse
[IT.] spatola
[AL.] Teigschaber

1755. **Espátula para fritura**
[INGL.] turner
[ESP.] espátula para freír
[FR.] palette
[IT.] spatula per frittura
[AL.] Pfannenwender

1756. **Especialidade**
[INGL.] specialty
[ESP.] especialidad
[FR.] spécialité
[IT.] specialità
[AL.] Spezialität

1757. **Especialidade da casa**
[INGL.] house specialty
[ESP.] especialidad de la casa
[FR.] spécialité de la maison
[IT.] specialità della casa
[AL.] Spezialität des Hauses

1758. **Especialidade regional**
[INGL.] local specialty
[ESP.] especialidad regional
[FR.] spécialité régionale
[IT.] specialità regionale
[AL.] Spezialität aus der Gegend

1759. **Especialidades**
[INGL.] special dishes
[ESP.] especialidades
[FR.] spécialités
[IT.] specialità
[AL.] Spezialitäten

1760. **Especiaria**
[INGL.] spice
[ESP.] especia

[FR.] épice
[IT.] spezia
[AL.] Gewürz

1761. **Espelta; Trigo- -vermelho**
[INGL.] spelt
[ESP.] farro
[FR.] épeautre
[IT.] farro
[AL.] Dinkel

1762. **Esperar**
Ver AGUARDAR

1763. **Espetinho**
[INGL.] small skewer
[ESP.] espetón; broqueta
[FR.] brochette
[IT.] spiedino
[AL.] Spießchen

1764. **Espetinhos para milho**
[INGL.] corn skewers
[ESP.] pinchos para maíz
[FR.] pique-épis
[IT.] forchettina per miglio
[AL.] Maisspieß

1765. **Espeto**
[INGL.] spit (grill); skewer (for meat)
[ESP.] asador; pincho; broqueta
[FR.] broche
[IT.] spiedo
[AL.] Spieß

1766. **Espeto, no**
[INGL.] on the spit
[ESP.] al asador; al pincho
[FR.] à la broche
[IT.] allo spiedo
[AL.] vom Spieß

1767. **Espiga de milho**
[INGL.] cob; corn on the cob
[ESP.] mazorca de maíz
[FR.] épi de maïs; maïs en épi
[IT.] pannocchia di mais
[AL.] Maiskolben

1768. **Espinafre**
[INGL.] spinach
[ESP.] espinaca
[FR.] épinard
[IT.] spinacio
[AL.] Spinat

1769. **Espinafre-da-nova- -zelândia**
[INGL.] New Zealand spinach
[ESP.] tetragonias
[FR.] tétragones
[IT.] tetragonie
[AL.] neuseeländer Spinat

1770. **Espinhas de peixe**
[INGL.] fish bones
[ESP.] espinas
[FR.] arêtes
[IT.] spine; lische
[AL.] Gräten

1771. **Esponja**
[INGL.] sponge
[ESP.] esponja
[FR.] éponge
[IT.] spugna
[AL.] Schwamm

1772. **Espremedor de alho**
[INGL.] garlic press
[ESP.] prensador de ajo
[FR.] presse-ail
[IT.] spremiaglio
[AL.] Knoblauchpress

1773. **Espremedor de legumes e verduras**

E

[INGL.] vegetable mill
[ESP.] pasa verduras
[FR.] moulin à légumes
[IT.] passaverdura
[AL.] Passiergerät; Passiermühle

1774. Espremedor de limão
[INGL.] lemon squeezer
[ESP.] exprimidor; exprimidor de cítricos
[FR.] presse-citron
[IT.] spremiagrumi
[AL.] Zitronenpresse

1775. Espremedor de suco
[INGL.] juice extractor
[ESP.] exprimidor de suco
[FR.] centrifugeuse
[IT.] estrattore di succhi
[AL.] Entsafter

1776. Espremer frutas
[INGL.] squeeze, to
[ESP.] exprimir
[FR.] presser les fruits
[IT.] spremere
[AL.] auspressen

1777. Espremido
[INGL.] squeezed
[ESP.] exprimido
[FR.] pressé
[IT.] spremuto
[AL.] ausgepresst

1778. Espuma
[INGL.] foam
[ESP.] espuma
[FR.] mousse
[IT.] schiuma
[AL.] Schaum

1779. Espuma da cerveja; Colarinho
[INGL.] bear head

[ESP.] espuma de la cerveza
[FR.] mousse de la bière
[IT.] schiuma della birra
[AL.] Bierschaum

1780. Espuma de leite
[INGL.] milk froth
[ESP.] espuma de leche
[FR.] mousse de lait
[IT.] schiumma di latte
[AL.] Milchschaum

1781. Esquentar
Ver AQUECER

1782. Esrom; Danish Port Salut (queijo dinamarquês de textura semidura, feito com leite de vaca)
[INGL.] Esrom; Danish Port Salut (Danish cheese, semi-hard texture, made from cow milk)
[ESP.] Esrom; Danish Port Salut (queso danés, textura semiblanda, elaborado con leche de vaca)
[FR.] Esrom; Danish Port Salut (fromage danois, pâte pressée, à base de lait de vache)
[IT.] Esrom; Danish Port Salut (formaggio danese, pasta semidura, preparato con latte vaccino)
[AL.] Esrom (halbfester dänischer Käse aus Kuhmilch)

1783. Essência
[INGL.] essence
[ESP.] esencia
[FR.] essence; extrait
[IT.] essenza
[AL.] Essenz

— espremedor de suco —

1784. Essência de amêndoas
[INGL.] almond extract (U.S.)/ almond essence (U.K.)
[ESP.] esencia de almendras
[FR.] essence d'amande
[IT.] essenza di mandorle
[AL.] Mandelessenz

1785. Essência de baunilha
[INGL.] vanilla extract (U.S.)/ vanilla essence (U.K.)
[ESP.] esencia de vainilla
[FR.] essence de vanille; vanilline
[IT.] essenza di vaniglia
[AL.] Vanilleessenz

1786. Essência de laranja
[INGL.] orange extract (U.S.)/ orange essence (U.K.)
[ESP.] esencia de naranja
[FR.] essence d'orange
[IT.] essenza d'arancia
[AL.] Orangenessenz

1787. Essência de rosas
[INGL.] rose extract (U.S.)/ rose essence (U.K.)
[ESP.] esencia de rosas
[FR.] essence de rose
[IT.] essenza di rose
[AL.] Rosenenessenz

1788. Estacionamento
[INGL.] parking-lot (U.S.)/ parking-pot (U.K.)

E

[ESP.] aparcamiento
[FR.] parking
[IT.] parcheggio
[AL.] Parkplatz

1789. **Estar atrasado**
[INGL.] be delayed, to
[ESP.] con retraso
[FR.] en retard
[IT.] essere in ritardo
[AL.] mit Verspätung

1790. **Estar com fome**
[INGL.] be hungry, to
[ESP.] tener hambre
[FR.] avoir faim
[IT.] aver fame
[AL.] Hunger haben

1791. **Estar com pressa**
[INGL.] be in a hurry, to
[ESP.] tener prisa
[FR.] être pressé
[IT.] aver fretta
[AL.] Es eilig haben

1792. **Estar com sede**
[INGL.] be thirsty, to
[ESP.] tener sed
[FR.] avoir soif
[IT.] aver sete
[AL.] Durst haben

1793. **Estar de dieta**
[INGL.] be on a diet, to
[ESP.] estar a dieta
[FR.] être au régime
[IT.] essere a dieta
[AL.] eine Diät machen

1794. **Estender a massa com rolo** *Ver* ABRIR A MASSA COM ROLO

1795. **Esterilizar**
[INGL.] sterilize, to
[ESP.] esterilizar
[FR.] stériliser
[IT.] sterilizzare
[AL.] sterilisieren

1796. **Estévia**
[INGL.] stevia
[ESP.] hierba dulce
[FR.] stevia
[IT.] eupatorio
[AL.] Saccharinpflanze

1797. **Estragado**
[INGL.] spoiled; soured
[ESP.] malo
[FR.] gâté
[IT.] andato male; marcio
[AL.] faul

1798. **Estragão**
[INGL.] tarragon
[ESP.] estragón
[FR.] estragon
[IT.] dragoncello; estragone
[AL.] Estragon

1799. **Estragar**
[INGL.] spoil, to
[ESP.] echar a perder
[FR.] gâter
[IT.] rovinare
[AL.] verderben

1800. **Estrelinha (massa própria para sopas)**
[INGL.] stelline; stellette (pasta for soup)
[ESP.] stelline; estrellitas (pasta para sopas)
[FR.] stelline; stellette (pâtes à potage)
[IT.] stelline (pastina per minestre)
[AL.] Stelline; Stellette (Suppennudeln)

1801. **Estripar; Retirar as tripas** *(animal)*
[INGL.] gut, to
[ESP.] destripar
[FR.] vider
[IT.] sventrare
[AL.] ausnehmen

1802. **Estrogonofe (iscas de carne, creme de leite e cogumelos)**
[INGL.] beef stroganoff (cubed with cream and mushrooms)
[ESP.] solomillo strogonoff (a pedacitos con nata y setas)
[FR.] bœuf strogonoff (en dès, à la crème et aux champignons)
[IT.] filetto strogonoff (a pezzetti, con panna e funghi)
[AL.] Filet Stroganov (gehackte Fleisch mit Sahne und Pilze)

1803. **Esturjão**
[INGL.] sturgeon
[ESP.] esturión
[FR.] esturgeon
[IT.] storione
[AL.] Stör

1804. **Esvaziar**
[INGL.] empty, to
[ESP.] vaciar
[FR.] vider
[IT.] vuotare; svuotare
[AL.] leeren

E

1805. **Etiqueta** Ver Rótulo

1806. **Evaporar**
[INGL.] evaporate, to
[ESP.] evaporar
[FR.] évaporer
[IT.] evaporare
[AL.] verdunsten

1807. **Exato; Preciso**
[INGL.] exact; precise
[ESP.] exacto; preciso
[FR.] exact; précis
[IT.] esatto; preciso
[AL.] genau

1808. **Exaustor** *(de cozinha)* Ver Coifa

1809. **Excelente**
[INGL.] excellent
[ESP.] excelente
[FR.] excellent
[IT.] eccellente
[AL.] ausgezeichnet

1810. **Exótico**
[INGL.] exotic
[ESP.] exótico
[FR.] exotique
[IT.] esotico
[AL.] exotisch

1811. **Experimentar**
[INGL.] try, to
[ESP.] probar; degustar
[FR.] essayer; goûter
[IT.] provare; assaggiare
[AL.] versuchen

1812. **Expresso** Ver Café
EXPRESSO

1813. **Extrato**
[INGL.] extract
[ESP.] extracto
[FR.] extrait
[IT.] estratto
[AL.] Extrakt

1814. **Extrato de amêndoa**
[INGL.] almond extract
[ESP.] extracto de almendra
[FR.] extrait d'amande
[IT.] estratto di mandorle
[AL.] Mandelextrakt

1815. **Extrato de carne**
[INGL.] meat extract
[ESP.] extracto de carne
[FR.] extrait de viande
[IT.] estratto di carne
[AL.] Fleischextrakt

1816. **Extrato de levedura**
[INGL.] yeast extract
[ESP.] extracto de levadura
[FR.] extrait de levure
[IT.] estratto di lievito
[AL.] Hefeextrakt

1817. **Extrato de malte**
[INGL.] malt extract
[ESP.] extracto de malta
[FR.] extrait de malt
[IT.] estratto di malto
[AL.] Malzenxtrakt

1818. **Extrato de tomate**
[INGL.] tomato paste (U.S.)/ tomato purée (U.K.)
[ESP.] concentrado de tomate
[FR.] concentré de tomate
[IT.] concentrato di pomodoro
[AL.] Tomatenmark

1819. **Extrato de vegetais**
[INGL.] vegetable extract
[ESP.] extracto de vegetales
[FR.] extrait végétal
[IT.] estratto di verdure
[AL.] Gemüseextrakt

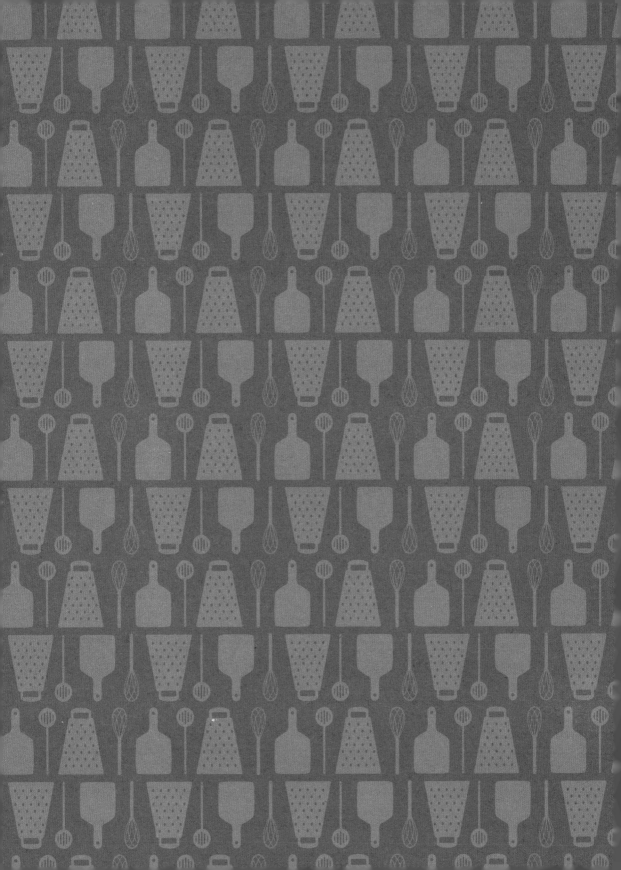

F

1820. **Faca**
[INGL.] knife
[ESP.] cuchillo
[FR.] couteau
[IT.] coltello
[AL.] Messer

1821. **Faca de carne**
[INGL.] steak knife
[ESP.] cuchillo de carne
[FR.] couteau à viande
[IT.] coltello da bistecca
[AL.] Sägemesser

1822. **Faca de cozinha; Faca do chef**
[INGL.] cook's knife
[ESP.] cuchillo de cocina; cuchillo del chef
[FR.] couteau de cuisinier
[IT.] coltello da cuoco
[AL.] Kochmesser

1823. **Faca de desossar**
[INGL.] boning knife
[ESP.] cuchillo de deshuesar
[FR.] couteau à désosser
[IT.] coltello per disossare
[AL.] Knochenmesser

1824. **Faca de lardear** Ver
FACA DE TRINCHAR

1825. **Faca de pão**
[INGL.] bread knife
[ESP.] cuchillo del pan
[FR.] couteau à pain; taille-pain
[IT.] coltello da pane
[AL.] Brotmesser

1826. **Faca de peixe**
[INGL.] fish knife
[ESP.] cuchillo de pescado
[FR.] couteau à poisson; truelle
[IT.] coltello da pesce
[AL.] Fischmesser

1827. **Faca de sobremesa**
[INGL.] dessert knife
[ESP.] cuchillo de postre
[FR.] couteau à dessert
[IT.] coltello da dessert
[AL.] Dessertmesser

1828. **Faca de trinchar; Faca de lardear**
[INGL.] carving knife; slicing knife
[ESP.] cuchillo trinchante
[FR.] couteau à dépecer
[IT.] coltello trinciante
[AL.] Tranchiermesser; Vorlegemesser

1829. **Faca do chef** Ver
FACA DE COZINHA

F

1830. **Faca elétrica**
[INGL.] electric knife
[ESP.] cuchillo eléctrico
[FR.] couteau électrique
[IT.] coltello elettrico
[AL.] Elektromesser

1831. **Faca para abrir ostra**
[INGL.] oyster knife
[ESP.] cuchillo para ostras; abreostras
[FR.] couteau à huîtres; ouvre-huîtres
[IT.] apriostrice
[AL.] Austernmesser

1832. **Faca para descascar**
[INGL.] paring knife
[ESP.] cuchillo mondador
[FR.] couteau à légumes
[IT.] spelucchino
[AL.] Gemüsemesser

1833. **Faca para filetar**
[INGL.] slicing knife
[ESP.] cuchillo de rebanar
[FR.] couteau tranchelard
[IT.] coltello per affettare
[AL.] Tranchiermesser

— faca para filetar —

1834. **Fácil**
[INGL.] easy
[ESP.] fácil
[FR.] facile
[IT.] facile
[AL.] leicht

1835. **Fágara** Ver PIMENTA SICHUAN

1836. **Fagottini (massa fresca recheada)**
[INGL.] fagottini (stuffed pasta made of fresh pasta)
[ESP.] fagottini (pasta rellena elaborada con pasta fresca)
[FR.] fagottini (pâte farcie faite à partir de pâte fraiche)
[IT.] fagottini (pasta ripiena tradizionalmente preparata con pasta fresca)
[AL.] Fagottini (gefüllte Nudeln werden aus frischem Nudelteig hergestellt)

1837. **Faisão**
[INGL.] pheasant
[ESP.] faisán
[FR.] faisan
[IT.] fagiano
[AL.] Fasan

1838. **Faisão de montanha**
[INGL.] blackcock
[ESP.] grigallo
[FR.] faisan de montagne
[IT.] fagiano di monte
[AL.] Birkhahn

1839. **Faláfel (bolinhos feitos com fava e grão-de-bico, moídos e temperados)**
[INGL.] falafel (small, deep-fried balls made of fava bean (U.S.)/broad bean (U.K.) and chickpeas)
[ESP.] falafel (croqueta de garbanzos y habas)
[FR.] falafel (boulettes frites de pois chiches et de fèves)
[IT.] falafel (polpette fritte e speziate, a base di fave e ceci)
[AL.] Falafel (frittierte Bällchen aus pürierten Bohnen und Kichererbsen, Kräuter und Gewürzen)

1840. **Falsa-erva-cidreira** Ver LIMONETE

1841. **Falso-açafrão** Ver CÁRTAMO

1842. **Falso-anis** Ver FUNCHO

1843. **Falso-tomilho** Ver SERPILHO

1844. **Farelo**
[INGL.] bran
[ESP.] salvado
[FR.] son
[IT.] crusca
[AL.] Kleie

1845. **Farelo de arroz**
[INGL.] rice bran
[ESP.] salvado de arroz
[FR.] son de riz
[IT.] crusca di riso
[AL.] Reiskleie

1846. **Farelo de aveia**
[INGL.] oat bran
[ESP.] salvado de avena
[FR.] son d'avoine
[IT.] crusca di avena
[AL.] Haferkleie

1847. **Farelo de trigo**
[INGL.] wheat bran
[ESP.] salvado de trigo
[FR.] son de blé

F

[IT.] crusca di grano
[AL.] Weizenkleie

1848. Farfalle (massa em forma de borboleta ou gravatinha)
[INGL.] farfalle (butterfly--shaped pasta)
[ESP.] farfalle; mariposas (pasta en forma de mariposa)
[FR.] farfalle (pâtes en forme de papillons)
[IT.] farfalle (pasta a forma di farfalla)
[AL.] Farfalle (Schmetterlingnudeln)

1849. Farinha
[INGL.] flour
[ESP.] harina
[FR.] farine
[IT.] farina
[AL.] Mehl

1850. Farinha de amaranto
[INGL.] amaranth flour
[ESP.] harina de amaranto
[FR.] farine d'amarante
[IT.] farina di amaranto
[AL.] Amaranthmehl

1851. Farinha de arroz
[INGL.] rice flour (U.S.)/ ground rice (U.K.)
[ESP.] harina de arroz
[FR.] farine de riz
[IT.] farina di riso
[AL.] Reismehl

1852. Farinha de castanha
[INGL.] chestnut flour
[ESP.] harina de castañas
[FR.] farine de châtaignes
[IT.] farina di castagne; farina dolce
[AL.] Kastanienmehl

1853. Farinha de centeio
[INGL.] rye flour
[ESP.] harina de centeno
[FR.] farine de seigle
[IT.] farina di segale
[AL.] Roggenmehl

1854. Farinha de cevada
[INGL.] barley flour
[ESP.] harina de cebada
[FR.] farine d'orge
[IT.] farina di orzo
[AL.] Gerstenmehl

1855. Farinha de espelta
[INGL.] spelt meal
[ESP.] harina de espelta
[FR.] farine d'épeautre
[IT.] farina di spelta
[AL.] Spelzmehl; Dinkelmehl

1856. Farinha de grão--de-bico; Besan; Farinha gram
[INGL.] chickpeas flour; besan (U.S.)/gram flour; besan (U.K.)
[ESP.] harina de garbanzo; besan
[FR.] farine de pois chiche
[IT.] farina di ceci
[AL.] Besan

1857. Farinha de lentilha
[INGL.] lentil flour
[ESP.] harina de lentejas
[FR.] farine de lentilles
[IT.] farina di lenticchie
[AL.] Linsenmehl

1858. Farinha de linhaça
[INGL.] linseed meal
[ESP.] harina de linaza
[FR.] farine de lin
[IT.] farina di semi di lino
[AL.] Leinsamenschrot

1859. Farinha de mandioca
[INGL.] cassava flour; manioc flour
[ESP.] harina de mandioca; yuca
[FR.] farine de manioc
[IT.] farina de manioca
[AL.] Maniok-Mehl

1860. Farinha de matzá
[INGL.] matzo meal
[ESP.] harina de matzá
[FR.] farine de matsa
[IT.] farina de matzo
[AL.] Matzemehl

1861. Farinha de milho; Fubá
[INGL.] cornmeal
[ESP.] harina de maíz
[FR.] farine de maïs
[IT.] farina di mais; farina gialla
[AL.] Maismehl

1862. Farinha de pão
[INGL.] bread flour
[ESP.] harina para pan
[FR.] farine à pain
[IT.] farina da pane
[AL.] Brotmehl

1863. Farinha de peixe
[INGL.] fish flour
[ESP.] harina de pescado
[FR.] farine de poisson
[IT.] farina di pesce
[AL.] Fischmehl

F

1864. **Farinha de rosca**
[INGL.] bread crumbs
[ESP.] pan rallado
[FR.] chapelure
[IT.] pangrattato
[AL.] Semmelbrösel

1865. **Farinha de soja**
[INGL.] soy flour
[ESP.] harina de soja
[FR.] farine de soja
[IT.] farina di soia
[AL.] Sojamehl

1866. **Farinha de trigo** *(comum)*
[INGL.] all-purpose flour (U.S.)/plain flour (U.K.)
[ESP.] harina de trigo
[FR.] farine de blé
[IT.] farina di grano
[AL.] Weizenmehl

1867. **Farinha de trigo duro**
[INGL.] durum wheat flour
[ESP.] harina de trigo duro
[FR.] farine de boulangerie
[IT.] farina di grano duro
[AL.] Hartweizenmehl

1868. **Farinha de trigo integral**
[INGL.] whole wheat flour; graham flour (U.S.)/whole meal flour (U.K.)
[ESP.] harina integral
[FR.] farine intégrale
[IT.] farina integrale
[AL.] Vollkornmehl

1869. **Farinha de trigo--sarraceno**
[INGL.] buckwheat flour
[ESP.] harina de trigo sarraceno
[FR.] farine de sarrasin
[IT.] farina di grano saraceno
[AL.] Buchweizenmehl

1870. **Farinha gram** *Ver* FARINHA DE GRÃO-DE-BICO

1871. **Farinhento**
[INGL.] floury; mealy
[ESP.] harinoso
[FR.] farineux
[IT.] farinoso
[AL.] mehlig

1872. **Fast food**
[INGL.] fast food
[ESP.] comida rápida
[FR.] fast-food; prêt-à--manger
[IT.] fast food
[AL.] Schnellimbiß

1873. **Fatia**
[INGL.] slice
[ESP.] rodaja (de carne); rebanada (de pan); loncha (de queso); raja (de limón, de salchicha)
[FR.] tranche
[IT.] fetta
[AL.] Scheibe

1874. **Fatia de pão**
[INGL.] slice of bread
[ESP.] rebanada de pan
[FR.] tranche de pain
[IT.] fetta di pane
[AL.] Brotscheibe

1875. **Fatiado**
[INGL.] sliced
[ESP.] cortado en rodajas (carne); en rebanadas (pan); en lonchas (queso); en rajas (limón, salchicha)
[FR.] coupé en tranches
[IT.] affettato
[AL.] in Scheiben geschnitten

1876. **Fatiador de ovos**
[INGL.] egg slicer
[ESP.] corta huevos
[FR.] coupe-œuf sur socle
[IT.] tagliauova a fette
[AL.] Eierschneider

1877. **Fatiador de queijo**
[INGL.] cheese plane; cheese slicer
[ESP.] cortador de queso
[FR.] éminceur à fromage
[IT.] tagliaformaggio
[AL.] Käsehobel

1878. **Fatia fina**
[INGL.] small slice
[ESP.] laminilla
[FR.] lamelle
[IT.] fettina
[AL.] Scheibchen

1879. **Fatiar** *Ver* CORTAR EM FATIAS

1880. **Fatura**
[INGL.] invoice
[ESP.] factura
[FR.] facture
[IT.] fattura
[AL.] Rechnung

1881. **Fava de baunilha**
[INGL.] vanilla bean (U.S.)/vanilla pod (U.K.)
[ESP.] vaina; chaucha de vainilla
[FR.] gousse de vanille
[IT.] stecca di vaniglia
[AL.] Vanilleschote

F

1882. **Fava; Feijão-verde**
[INGL.] fava bean (U.S.)/ broad bean (U.K.)
[ESP.] haba
[FR.] fève
[IT.] fava
[AL.] Saubohne

1883. **Favart (quenelles de galinha, estragão e tartelettes de cogumelos)**
[INGL.] Favart (chicken dumplings, tarragon, and mushroom tarts (U.S.)/ tartlets (U.K.))
[ESP.] Favart (albondiguillas de ave, estragón y tartaletas a las setas)
[FR.] Favart (quenelles de volaille, estragon et tartelettes aux champignons)
[IT.] Favart (polpettine di pollo, dragoncello e tortine ai funghi)
[AL.] Favart (Geflügelklößchen, Estragon und Pilzetörchen)

1884. **Favo de mel**
[INGL.] honeycomb
[ESP.] panal de miel
[FR.] rayon de miel; gaufre
[IT.] favo di miele
[AL.] Honigwabe

1885. **Favorite, à la (pontas de aspargos, foie gras e trufas)**
[INGL.] favorite style (asparagus tips, foie gras, and truffles)
[ESP.] a la favorita (puntas de espárragos, hígado graso de ganso y trufas)
[FR.] à la favorite (pointes d'asperges, foie gras et truffes)
[IT.] alla favorita (punte di asparagi, fegato grasso d'oca e tartufi)
[AL.] Lieblingsart (Spargelspitzen, Gänseleber und Trüffeln)

1886. **Fazer espuma**
[ingl.] foam, to; froth, to; lather, to
[ESP.] hacer espuma
[FR.] mousser
[IT.] fare schiuma
[al.] schäumen

1887. **Fazer um purê**
[INGL.] mash, to; puree, to
[ESP.] hacer puré
[FR.] mettre en purée; réduire en purée
[IT.] fare una purea; fare un purè; schiacciare
[AL.] pürieren

1888. **Fechado**
[INGL.] closed
[ESP.] cerrado
[FR.] fermé
[IT.] chiuso
[AL.] geschlossen

1889. **Fécula**
[INGL.] starch
[ESP.] fécula
[FR.] fécule
[IT.] fecola
[AL.] Stärkenmehl

1890. **Fécula de batata**
[INGL.] potato flour; potato starch
[ESP.] fécula de patata
[FR.] fécule de pommes de terre
[IT.] fecola di patate
[AL.] Kartoffelmehl

1891. **Fédora (barquete recheado com pontas de aspargos, cenoura, nabo, laranja e castanha)**
[INGL.] Fédora (boats filled with asparagus tips, carrot, turnip, orange, and chestnut)
[ESP.] Fédora (barquillas rellenas de puntas de espárragos, zanahoria, nabo, naranja y castaña)
[FR.] Fédora (barquettes remplies de pointes d'asperges, carotte, navet, orange et châtaigne)
[IT.] Fédora (barchette ripiene di punte di asparagi, carota, rape, arancia e castagna)
[AL.] Fédora (Spargelspitzen--Schiffchen, Karotte, Rübe, Orange und Kastanie)

1892. **Feijão**
[INGL.] bean
[ESP.] judía; fríjol; habichuela
[FR.] haricot; faséole
[IT.] fagiolo
[AL.] Bohne

1893. **Feijão-azuki**
[INGL.] adzuki bean
[ESP.] judía adzuki
[FR.] haricot adzuki
[IT.] azuki
[AL.] Adzuki-Bohne

F

1894. **Feijão-alado**
[INGL.] wing bean; Goa bean
[ESP.] fríjol alado
[FR.] pois de Nouvelle-Guinée
[IT.] fagiolino wing
[AL.] Goa Bohne

1895. **Feijão-borlotti; Feijão-romano**
[INGL.] borlotti bean
[ESP.] judía borlotti
[FR.] haricot italien
[IT.] fagiolo borlotti
[AL.] Borlotti-Bohne

1896. **Feijão-branco comum**
[INGL.] white bean; navy bean (U.S.)/haricot bean (U.K.)
[ESP.] judía blanca
[FR.] haricot blanc
[IT.] fagiolo bianco
[AL.] weiß Bohne

1897. **Feijão-branco** *(tipo)*
[INGL.] cannellini bean
[ESP.] judía cannellini; judía blanca alargada
[FR.] haricot blanc
[IT.] cannellini
[AL.] Cannellini-Bohne

1898. **Feijão-carioquinha; Feijão-rajado**
[INGL.] pinto bean
[ESP.] judía pinto
[FR.] haricot pinto
[IT.] fagiolo pinto
[AL.] Wachtelbohne

1899. **Feijão-da-espanha**
[INGL.] Kentucky wonder bean (U.S.)/runner bean (U.K.)
[ESP.] judía española
[FR.] haricot grimpant
[IT.] fagiolio di Spagna
[AL.] Stangenbohne

1900. **Feijão-de-lima; Feijão-fava**
[INGL.] Lima bean
[ESP.] judía de Lima
[FR.] haricot de Lima
[IT.] fagiolo di Lima
[AL.] Limabohne

1901. **Feijão-de-soja**
[INGL.] soybean (U.S.)/soya bean (U.K.)
[ESP.] judía de soja
[FR.] graine de soja
[IT.] fagiolo di soia
[AL.] Sojabohne

1902. **Feijão-de-vagem**
Ver VAGEM

1903. **Feijão-fava** Ver FEIJÃO-DE-LIMA

1904. **Feijão-fradinho**
[INGL.] black-eyed pea
[ESP.] judía de careta; alubia de ojo
[FR.] haricot cornille
[IT.] fagiolo dall'occhio; fagiolo cornetto
[AL.] Schwarzaugen-Bohne

1905. **Feijão-grande-de--jardim**
[INGL.] yard-long bean; Chinese bean
[ESP.] judía chino
[FR.] haricot kilomètre
[IT.] fagiolo cinese
[AL.] chinesische Bohne

1906. **Feijão-guando; Andu** (BA); **Guandu**
[INGL.] pigeon pea; Congo bean
[ESP.] guisante de Angola; guando
[FR.] pois d'Angola; pois cajan
[IT.] pisello d'Angola; caiano
[AL.] Straucherbse; Strauchbohne

1907. **Feijão-mulatinho; Feijão-roxinho**
[INGL.] pink bean (U.S.)/red kidney bean; red bean; kidney bean
[ESP.] judía roja; fríjol; habichuela
[FR.] haricot rouge
[IT.] fagiolo rosso
[AL.] rote Kidneybohne

1908. **Feijão-mungo**
[INGL.] mung bean
[ESP.] judía mungo
[FR.] haricot mungo jaune
[IT.] mungo giallo
[AL.] gelbe Mungobohne

1909. **Feijão-preto**
[INGL.] black bean
[ESP.] judía negra
[FR.] haricot noir
[IT.] fagiolo nero
[AL.] schwarze Kidneybohne

1910. **Feijão-preto, molho de**
[INGL.] black bean sauce
[ESP.] salsa de judías negras
[FR.] sauce de haricots noirs
[IT.] salsa di fagioli neri
[AL.] schwarze Kidneybohnen

1911. **Feijão-rajado**
Ver FEIJÃO-CARIOQUINHA

1912. **Feijão-romano**
Ver FEIJÃO-BORLOTTI

F

1913. **Feijão-roxinho**
Ver FEIJÃO-MULATINHO

1914. **Feijão-verde** Ver FAVA

1915. **Feijoada (especialidade brasileira à base de feijão-preto)**
[INGL.] feijoada (Brazilian specialty with black beans)
[ESP.] feijoada (plato brasileño de judías negras)
[FR.] feijoada (plat brésilien aux haricots noirs)
[IT.] feijoada (piatto brasiliano a base di fagioli neri)
[AL.] Feijoada (brasilianischer Eintopf mit schwarzen Kidneybohnen)

1916. **Feito em casa; Caseiro**
[INGL.] homemade
[ESP.] hecho en casa
[FR.] maison
[IT.] fatto in casa; casareccio
[AL.] hausgemacht

1917. **Feno-grego; Alforba**
[INGL.] fenugreek
[ESP.] fenugreco; alhova
[FR.] fenugrec
[IT.] fieno greco
[AL.] Bockshomklee

1918. **Fermentação**
[INGL.] fermentation
[ESP.] fermentación
[FR.] fermentation
[IT.] fermentazione
[AL.] Gärung

1919. **Fermentado**
[INGL.] leavened
[ESP.] fermentado; leudado
[FR.] fermenté; au levain
[IT.] lievitato
[AL.] gegoren

1920. **Fermentar**
[INGL.] leaven, to
[ESP.] fermentar
[FR.] fermenter; lever
[IT.] lievitare; fermentare
[AL.] gären

1921. **Fermento biológico**
[INGL.] yeast
[ESP.] levadura
[FR.] levure biologique; levure de boulanger
[IT.] lievito
[AL.] Hefe

1922. **Fermento em pó**
[INGL.] baking powder
[ESP.] levadura química
[FR.] levure chimique; poudre à lever; poudre levante
[IT.] lievito in polvere
[AL.] Backpulver

1923. **Fermento seco**
[INGL.] dry yeast
[ESP.] levadura seca
[FR.] levure de boulanger sèche
[IT.] lievito granulare
[AL.] Trockenhefe

1924. **Férula** Ver ASSA-FÉTIDA

1925. **Ferval (croquetes de batata, recheados de presunto e corações de alcachofra)**
[INGL.] Ferval (potato croquettes stuffed with ham and artichoke hearts)
[ESP.] Ferval (croquetas de patatas rellenas de jamón y fondos de alcachofas)
[FR.] Ferval (croquettes de pommes de terre farcies au jambon et aux cœurs d'artichauts)
[IT.] Ferval (crocchette di patate farcite con prosciutto e cuori di carciofi)
[AL.] Ferval (Kartoffelkroketten mit Schinken und Artischockenherzen)

1926. **Ferver**
[INGL.] boil, to
[ESP.] (hacer) hervir
[FR.] bouillir
[IT.] bollire; far bollire; lessare
[AL.] kochen lassen

1927. **Fervido**
[INGL.] boiled
[ESP.] hervido
[FR.] bouilli
[IT.] bollito
[AL.] abgesotten

1928. **Festa**
[INGL.] party
[ESP.] fiesta
[FR.] fête
[IT.] festa
[AL.] Gesellschaft

1929. **Feta (queijo grego, feito com leite de cabra, ovelha ou vaca)**
[INGL.] feta (Greek cheese, made from goat, sheep or cow milk)

F

[ESP.] feta (queso griego, elaborado con leche de oveja, cabra o vaca)
[FR.] feta (fromage grec, à base de lait de chèvre, de brebis ou de vache)
[IT.] feta (formaggio greco, preparato con latte di capra, di pecora o di vacca)
[AL.] Feta (griechischen Käse kann aus Kuh-, Schaf- oder Ziegenmilch bestehen)

1930. **Fettuccine (ninhos de massa em forma de fita)**
[INGL.] fettuccine (ribbon-shaped pasta nests)
[ESP.] fettuccine (nidos de cintas de pasta)
[FR.] fettuccine (nids de pâtes en ruban)
[IT.] fettuccine (pasta nastriforme che viene raccolta a nido)
[AL.] Fettuccine (Nester aus bandförmigen Nudeln)

1931. **Fibra**
[INGL.] fibre
[ESP.] fibra
[FR.] fibre
[IT.] fibra
[AL.] Faser

1932. **Fibroso**
[INGL.] fibrous
[ESP.] fibroso
[FR.] fibreux
[IT.] fibroso
[AL.] faserig

1933. **Fidelinho (fios de massa finos e curtos)**
[INGL.] filini (thin and short threads of pasta)

[ESP.] filini (hilos de pasta finos y cortos)
[FR.] filini (pâtes très fines et courtes)
[IT.] filini (pastina a fili sottile)
[AL.] Filini (kurze, dünne Nudelfäden)

1934. **Fígado**
[INGL.] liver
[ESP.] hígado
[FR.] foie
[IT.] fegato
[AL.] Leber

1935. **Fígado de cordeiro**
[INGL.] lamb liver
[ESP.] hígado de cordero
[FR.] foie d'agneau
[IT.] fegato d'agnello
[AL.] Lammleber

1936. **Fígado de frango**
[INGL.] chicken liver
[ESP.] hígado de pollo
[FR.] foie de poulet
[IT.] fegatini
[AL.] Hühnerleber

1937. **Fígado de ganso**
[INGL.] goose liver
[ESP.] hígado de ganso
[FR.] foie d'oie
[IT.] fegato d'oca
[AL.] Gänseleber

1938. **Fígado de pato**
[INGL.] duck liver
[ESP.] hígado de pato
[FR.] foie de canard
[IT.] fegato d'anatra
[AL.] Entenleber

1939. **Fígado de porco**
[INGL.] pig liver
[ESP.] hígado de cerdo

[FR.] foie de porc
[IT.] fegato di maiale
[AL.] Schweineleber

1940. **Fígado de vitela**
[INGL.] veal liver
[ESP.] hígado de ternera
[FR.] foie de veau
[IT.] fegato di vitello
[AL.] Kalbsleber

1941. **Fígado (gordo) de ganso com trufas** Ver
FOIE GRAS COM TRUFAS

1942. **Fígado (gordo) de ganso ou de pato; Foie gras**
[INGL.] foie gras
[ESP.] hígado graso de ganso o de pato; foie gras
[FR.] foie gras d'oie ou de canard; foie gras
[IT.] fegatto grasso d'oca o d'anatra; foie gras
[AL.] Gänseleber oder Entenleber; Foie Gras

1943. **Figo**
[INGL.] fig
[ESP.] higo
[FR.] figue
[IT.] fico
[AL.] Feige

1944. **Figo-da-índia; Figo-da-palma**
[INGL.] prickly pear
[ESP.] higo chumbo; tuna
[FR.] figue de Barbarie
[IT.] fico d'India
[AL.] Kaktusfeige

1945. **Figo-da-palma** Ver
FIGO-DA-ÍNDIA

F

1946. **Figo seco**
[INGL.] dried fig
[ESP.] higo seco
[FR.] figue séchée
[IT.] fico secco
[AL.] getrocknete Feige

1947. **Filé à Wellington (filé-mignon, foie gras e cogumelos)**
[INGL.] beef tenderloin Wellington (filet mignon, foie gras, and mushrooms)
[ESP.] beef Wellington (solomillo pequeño, hígado graso de ganso y setas)
[FR.] filet de bœuf Wellington (filet mignon, foie gras et champignons)
[IT.] beef Wellington (mignon, fegato grasso d'oca e funghi)
[AL.] Beef Wellington (Filet Mignon, Gänseleber und Pilze)

1948. **Filé ao molho Madeira**
[INGL.] beef tenderloin in Madeira gravy
[ESP.] solomillo de vaca al Madera
[FR.] filet de bœuf au Madère
[IT.] filetto di manzo al Madeira
[AL.] Rinderfilet in Madeirasauce

1949. **Filé de costela; Entrecôte**
[INGL.] rib eye (U.S.)/prime rib; cube roll (U.K.)
[ESP.] bife ancho
[FR.] entrecôte
[IT.] noce costata
[AL.] Hochrippe

1950. **Filé de frango**
[INGL.] chicken filet
[ESP.] filete de pollo
[FR.] filet de poulet
[IT.] filetto di pollo
[AL.] Hähnchenfilet

1951. **Filé de lebre**
[INGL.] hare filet
[ESP.] filete de liebre
[FR.] filet de lièvre
[IT.] filetto di lepre
[AL.] Hasenfilet

1952. **Filé de salmão**
[INGL.] salmon steak
[ESP.] filete de salmón
[FR.] darne de saumon
[IT.] filetto di salmone
[AL.] Lachsfilet

1953. **Filé-mignon**
[INGL.] filet mignon; beef tenderloin
[ESP.] solomillo pequeño; lomo/filete (Chile)
[FR.] filet mignon
[IT.] filetto mignon
[AL.] Filet Mignon

1954. **Filé-mignon com cordão**
[INGL.] filet mignon chain on
[ESP.] solomillo pequeño con cordón/filete con cordón (Chile)
[FR.] filet mignon avec chaînette
[IT.] filetto mignon con catena
[AL.] Filet Mignon mit Kette

1955. **Filé-mignon sem cordão**
[INGL.] filet mignon chain off
[ESP.] solomillo pequeño sin cordón/filete con cordón (Chile)
[FR.] filet mignon sans chaînette
[IT.] filetto mignon senza catena
[AL.] Filet Mignon ohne Kette

1956. **Filés de anchova**
[INGL.] anchovy filets
[ESP.] filetes de anchoa
[FR.] filets d'anchois
[IT.] filetti d'acciuga
[AL.] Sardellenfilets

1957. **Filme plástico**
[INGL.] plastic wrap (U.S.)/cling film (U.K.)
[ESP.] film transparente
[FR.] film alimentaire
[IT.] pellicola
[AL.] Folie

1958. **Filtrar**
[INGL.] filter, to
[ESP.] filtrar
[FR.] filtrer
[IT.] filtrare
[AL.] filtern

1959. **Filtro**
[INGL.] filter
[ESP.] filtro
[FR.] filtre
[IT.] filtro
[AL.] Filter

1960. **Filtro de água**
[INGL.] water filter
[ESP.] filtro de agua

F

[FR.] filtre à eau
[IT.] filtro acqua
[AL.] Wasserfilter

1961. **Filtro de café**
[INGL.] coffee filter
[ESP.] filtro de café
[FR.] filtre à café
[IT.] filtro per caffè
[AL.] Kaffeefilter

1962. **Financière, à la (cristas de galo, quenelles de galinha, cogumelos, trufas e molho Madeira)**
[INGL.] financier style (cockscombs, chicken dumplings, mushrooms, truffles, and Madeira sauce)
[ESP.] a la financiera (crestas de gallo, albondiguillas de ave, setas, trufas y salsa Madera)
[FR.] à la financière (crêtes de coq, quenelles de volaille, champignons, truffes et sauce au Madère)
[IT.] alla finanziera (creste di gallo, polpettine di pollo, funghi, tartufi e salsa al Madeira)
[AL.] nach Finanzmannsart (Hahnkämme, Geflügelklößchen, Pilze, Trüffeln und Madeirasauce)

1963. **Financière, molho (vinho Madeira e trufas)**
[INGL.] financier sauce (Madeira wine and truffles)
[ESP.] salsa financiera (vino de Madera y trufas)
[FR.] sauce financière (vin Madère et truffes)
[IT.] salsa finanziera (vino Madeira e tartufi)
[AL.] Finanzmann-Sauce (Madeira Wein und Trüffeln)

1964. **Fines herbs (salsinha, estragão, cerefólio e cebolinha)**
[INGL.] aromatic herbs (parsley, tarragon, garden chervil, and chives)
[ESP.] hierbas aromáticas (perejil, estragón, perifollo y cebollino)
[FR.] fines herbes (persil, estragon, cerfeuil et ciboulette)
[IT.] erbe aromatiche (prezzemolo, dragoncello, cerfoglio ed erba cipollina)
[AL.] Gewürzkräuter (Petersilie, Estragon, Kerbel und Schnittlauch)

1965. **Fino** *(espessura)*
[INGL.] thin
[ESP.] fino
[FR.] mince
[IT.] sottile
[AL.] dünn

1966. **Fiore Sardo (queijo da Sardenha, de textura dura, feito com leite de ovelha)**
[INGL.] Fiore Sardo (Sardinian cheese, hard texture, made from ewe milk)
[ESP.] Fiore Sardo (queso de Cerdeña, textura firme, elaborado con leche de oveja)
[FR.] Fiore Sardo (fromage sarde, texture dure, à base de lait de brebis)
[IT.] Fiore Sardo (formaggio sardo, pasta dura, preparato con latte di pecora)
[AL.] Fiore Sardo (sardinien Schafsmilchkäse, mit feste Konsistenz)

1967. **Firme**
[INGL.] firm
[ESP.] firme
[FR.] ferme
[IT.] sodo; compatto
[AL.] fest

1968. **Flambado**
[INGL.] flambé; flamed; covered with flaming brandy
[ESP.] flambeado; flameado
[FR.] flambé
[IT.] alla fiamma; flambato
[AL.] flambiert

1969. **Flambar**
[INGL.] flame, to; cover with flaming brandy, to
[ESP.] flambear; flamear
[FR.] flamber
[IT.] fiammeggiare; flambare
[AL.] flambieren

1970. **Fleur du Maquis (queijo da Córsega, feito de leite de ovelha não pasteurizado)**
[INGL.] Fleur de Maquis (cheese originates in Corsica, made from unpasteurized sheep milk)
[ESP.] Fleur de Maquis (queso procedente de Córcega, elaborado con leche de oveja sin pasteurizar)

F

[FR.] Fleur du Maquis (fromage originaire de Corse, à base de lait de brebis cru)
[IT.] Fleur de Maquis (formaggio della Corsica, preparato con latte di pecora crudo)
[AL.] Fleur de Maquis (unpasteurisierter Schafsmilchkäse aus der Korsika Insel)

1971. **Fleuron (massa bem fina cortada em formato de meia-lua, assada no forno)**
[INGL.] fleuron (a crescent-shaped piece of puff pastry (U.S.)/puff (U.K.)
[ESP.] fleuron (hojaldre en forma de media luna)
[FR.] fleuron (morceau de pâte feuilletée en forme de croissant)
[IT.] fleuron (sfoglia sottile tagliata a forma di mezzaluna, cotta al forno)
[AL.] Fleuron (Blätterteig--Halbmonde)/ dünne Blätterteig im Halbmondeformat

1972. **Flocos de arroz**
[INGL.] rice flakes
[ESP.] copos de arroz
[FR.] flocons de riz
[IT.] fiocchi di riso
[AL.] Reis-Crips

1973. **Flocos de aveia**
[INGL.] oat flakes
[ESP.] copos de avena
[FR.] flocons d'avoine
[IT.] fiocchi di avena
[AL.] Haferflocken

1974. **Flocos de centeio**
[INGL.] rye flakes
[ESP.] copos de centeno
[FR.] flocons de seigle
[IT.] fiocchi di segale
[AL.] Roggenflocken

1975. **Flocos de cereais**
[INGL.] cereal flakes
[ESP.] copos de cereales
[FR.] flocons de céréales
[IT.] fiocchi di cereali
[AL.] Getreideflocken

1976. **Flocos de cevada**
[INGL.] barley flakes
[ESP.] copos de cebada
[FR.] flocons d'orge
[IT.] fiocchi d'orzo
[AL.] Gerstenflocken

1977. **Flocos de milho**
[INGL.] corn flakes
[ESP.] copos de maíz
[FR.] flocons de maïs
[IT.] fiocchi di mais
[AL.] Maisflocken

1978. **Flocos de trigo**
[INGL.] wheat flakes
[ESP.] copos de trigo
[FR.] flocons de blé
[IT.] fiocchi di grano
[AL.] Weizenflocken

1979. **Flor**
[INGL.] flower
[ESP.] flor
[FR.] fleur
[IT.] fiore
[AL.] Blume

1980. **Florentine, à la (com espinafre)**
[INGL.] Florentine style (with spinach)
[ESP.] a la florentina (con espinacas)
[FR.] à la florentine (aux épinards)
[IT.] alla fiorentina (con spinaci)
[AL.] Florentiner Art (mit Spinat)

1981. **Florian (alface braseada, cebolas, cenouras e croquetes de batata)**
[INGL.] Florian (braised lettuce, onions, carrots, and potato croquettes)
[ESP.] Florian (lechuga braseada, cebollas, zanahorias y croquetas de patatas)
[FR.] Florian (laitue braisée, oignons, carottes et croquettes de pommes de terre)
[IT.] Florian (lattuga brasata, cipolle, carote e crocchette di patate)
[AL.] Florian (brasierte Salat, Zwiebeln, Karotten und Kartoffelkroketten)

1982. **Focaccia (pão italiano)**
[INGL.] focaccia (Italian flat bread)
[ESP.] focaccia (pan italiano)
[FR.] focaccia (pain italien)
[IT.] focaccia; fugazza
[AL.] Focaccia (italienisches Fladenbrot)

F

1983. **Fogão**
[INGL.] stove; cooker
[ESP.] cocina
[FR.] cuisinière
[IT.] cucina
[AL.] Herd

1984. **Fogão a gás**
[INGL.] gas cooker
[ESP.] cocina de gas
[FR.] cuisinière à gaz
[IT.] cucina a gas
[AL.] Gasherd

1985. **Fogão elétrico**
[INGL.] electric stove
[ESP.] cocina eléctrica
[FR.] cuisinière électrique
[IT.] cucina elettrica
[AL.] Elektroherd

1986. **Fogo alto**
[INGL.] high heat
[ESP.] fuego vivo
[FR.] feu vif
[IT.] fuoco alto
[AL.] starke Hitze

1987. **Fogo baixo**
[INGL.] low heat
[ESP.] fuego lento
[FR.] feu doux
[IT.] fuoco lento; fuoco basso
[AL.] kleiner Hitze

1988. **Fogo médio**
[INGL.] medium heat
[ESP.] fuego medio
[FR.] feu moyen
[IT.] fuoco medio
[AL.] mittlerer Hitze

1989. **Foice**
[INGL.] sickle
[ESP.] hoz
[FR.] faucille
[IT.] falce
[AL.] Sichel

1990. **Foie gras com trufas; Fígado (gordo) de ganso com trufas**
[INGL.] truffled foie gras; truffled goose liver
[ESP.] foie gras con trufas; hígado graso de ganso con trufas
[FR.] foie gras truffé
[IT.] foie gras tartufato; fegato d'oca grasso tartufato
[AL.] getruffelte Foie Gras; getruffelte Gänsenleber

1991. **Foie gras**
Ver Fígado (gordo) de ganso ou de pato

1992. **Folha de curry**
[INGL.] curry leaf
[ESP.] hoja de curry
[FR.] feuille de cari
[IT.] foglia di curry
[AL.] Curryblatt

1993. **Folha de lima Kaffir**
[INGL.] Kaffir lime leaf
[ESP.] hoja de limero Kaffir
[FR.] feuille de citronnier Kaffir
[IT.] foglia della limetta Kaffir
[AL.] Kaffir-Limettenblatt

1994. **Folha de louro**
[INGL.] bay leaf
[ESP.] hoja de laurel
[FR.] feuille de laurier
[IT.] foglia d'alloro
[AL.] Lorbeerblatt

1995. **Folha de manjericão**
[INGL.] basil leaf
[ESP.] hoja de albahaca
[FR.] feuille de basilic
[IT.] foglia di basilico
[AL.] Basilikumblatt

1996. **Folha de ouro**
[INGL.] gold leaf
[ESP.] hoja de oro
[FR.] feuille d'or
[IT.] foglia d'oro
[AL.] Goldfblatt

1997. **Folha de pandan**
[INGL.] pandanus leaf; screw pine leaf
[ESP.] hoja de pandano
[FR.] feuille de pandanus
[IT.] foglia di pandano
[AL.] Pandanusblatt

1998. **Folha de parreira**
Ver Folha de uva

1999. **Folha de uva; Folha de parreira**
[INGL.] vine leaf
[ESP.] hoja de parra
[FR.] feuille de vigne
[IT.] foglia di vite
[AL.] Weinblatt

2000. **Folhado**
[INGL.] puff pastry
[ESP.] hojaldre
[FR.] feuilleté
[IT.] fogliato
[AL.] Blätterteig

2001. **Folhas de uva em conserva**
[INGL.] preserved vine leaf
[ESP.] hojas de parra en salmuera
[FR.] feuilles de vigne en conserve

F

[IT.] foglie di vite conservate
[AL.] eingelegte Weinblätter

2002. **Folhas de wonton (massa oriental)**
[INGL.] wonton wrappers (Asian wrappers)
[ESP.] pasta wontón (fideos asiáticos)
[FR.] pâte à wonton (pâtes asiatiques)
[IT.] pasta per wonton (pasta asiatica)
[AL.] Wantan-Blätter (asiatische Nudeln)

2003. **Fome**
[INGL.] hunger
[ESP.] hambre
[FR.] faim
[IT.] fame
[AL.] Hunger

2004. **Fondant (cobertura açúcarada, de consistência marmórea, usada para recobrir bolos e pequenos doces)**
[INGL.] fondant (an icing mixture used as a coating in confectionery and pastry)
[ESP.] fondant (a base de azúcar y glucosa, se utiliza mucho en la repostería)
[FR.] fondant (pâte à base de sucre et de glucose dont on se sert pour glacer les pâtisseries)
[IT.] fondant (pasta di zucchero indurita, di colore bianco che in pasticceria si usa per decorare torte o pasticcini)
[AL.] Fondant (Glasur)

2005. **Fondue**
[INGL.] fondue
[ESP.] fondue
[FR.] fondue
[IT.] fonduta
[AL.] Fondue

2006. **Fontina (queijo italiano, de textura cremosa, feito com leite de vaca integral)**
[INGL.] Fontina (Italian cheese, creamy texture, made from whole cow milk)
[ESP.] Fontina (queso italiano, textura blanda, elaborado con leche de vaca entera)
[FR.] Fontina (fromage italien, texture tendre, à base de lait de vache entier)
[IT.] Fontina (formaggio italiano, pasta elastica, preparato con latte vaccino intero)
[AL.] Fontina (italienische Käse aus Vollmilch, mit seiner weichen Konsistenz)

2007. **Fool (musse feita de frutas e creme inglês)**
[INGL.] fool (mousse prepared with fruits and crème anglaise)
[ESP.] fool (mousse hecha con frutas y crema inglesa)
[FR.] fool (mousse faite de fruits et de crème anglaise)
[IT.] fool (mousse fatta con frutta e crema inglese)
[AL.] Fool (süßspeise aus Obstpüree und englischer Creme)

2008. **Fora da estação**
[INGL.] out of season
[ESP.] fuera de la temporada
[FR.] hors de saison
[IT.] fuori stagione
[AL.] außer Saison

2009. **Forestière, à la (com morels, batatas noisette ou rissoles e bacon)**
[INGL.] woodman style (with morels, noisette potatoes or rissoles, and bacon)
[ESP.] a la forestal (con morillas, patatas salteadas o risoles y tocino)
[FR.] à la forestière (aux morilles, pommes de terre noisettes ou rissoles et lard)
[IT.] alla forestale (con spugnole, patate nocciola o rissoles e pancetta)
[AL.] nach Försterart (mit Morcheln, Nußkartoffeln und Speck)

2010. **Fôrma**
[INGL.] mould
[ESP.] molde
[FR.] forme; moule
[IT.] teglia; stampo
[AL.] Förm

2011. **Fôrma com fundo removível**
[INGL.] spring form
[ESP.] molde de paredes desmontables
[FR.] moule fond démontable
[IT.] teglia con gancio a molla
[AL.] Springform

2012. **Fôrma de bolo**
[INGL.] cake pan (U.S.)/ cake tin (U.K.)

F

[ESP.] molde para pastel
[FR.] moule à gâteaux
[IT.] stampo per torta
[AL.] Kuchenform

2013. **Fôrma de pão**
[INGL.] bread pan (U.S.)/bread tin (U.K.)
[ESP.] molde de pan
[FR.] moule à pain
[IT.] forma per il pane
[AL.] Brotform

2014. **Fôrma de torta**
[INGL.] pie pan (U.S.)/pie tin (U.K.)
[ESP.] molde para tarta
[FR.] moule à tarte
[IT.] stampo per torta
[AL.] Tortenform

2015. **Fôrma para assar biscoitos**
[INGL.] baking sheet; cookie sheet (U.S.)/baking tray (U.K.)
[ESP.] bandeja para hornear galletas
[FR.] tôle à biscuits
[IT.] teglia per biscotti
[AL.] Backblech

2016. **Fôrminhas**
[INGL.] small moulds
[ESP.] moldes pequeños
[FR.] petits moules
[IT.] formine
[AL.] Förmchen

2017. **Fornada**
[INGL.] batch
[ESP.] hornada
[FR.] fournée
[IT.] infornata
[AL.] Schub

2018. **Fornecedor**
[INGL.] supplier
[ESP.] proveedor; sumistrador
[FR.] fournisseur
[IT.] fornitore
[AL.] Lieferant

2019. **Fornecer**
[INGL.] supply, to; furnish, to
[ESP.] proveer; suministrar
[FR.] livrer; fournir
[IT.] fornire
[AL.] liefern

2020. **Forninho de pizza**
[INGL.] pizza oven
[ESP.] horno para pizza
[FR.] four à pizza
[IT.] forno per pizza
[AL.] Pizza Ofen

2021. **Forninho elétrico**
[INGL.] toaster oven
[ESP.] horno tostador
[FR.] four électrique
[IT.] forno a grill
[AL.] Grill

2022. **Forno**
[INGL.] oven
[ESP.] horno
[FR.] four
[IT.] forno
[AL.] Ofen

2023. **Forno a vapor**
[INGL.] steam oven
[ESP.] horno a vapor
[FR.] four à vapeur
[IT.] forno a vapore
[AL.] Dampfofen

2024. **Forno de convecção**
[INGL.] convection oven
[ESP.] horno de convección
[FR.] four à convection
[IT.] forno a convezione
[AL.] Konvektionsofen

2025. **Forno micro-ondas**
[INGL.] microwave oven
[ESP.] horno microondas
[FR.] four à micro-ondes
[IT.] forno a microonde
[AL.] Mikrowelle

2026. **Forno, no**
[INGL.] baked
[ESP.] al horno
[FR.] au four
[IT.] al forno
[AL.] überbacken

2027. **Forte**
[INGL.] strong
[ESP.] fuerte
[FR.] fort
[IT.] forte
[AL.] kräftig

2028. **Fósforos**
[INGL.] matches
[ESP.] cerillas
[FR.] allumettes
[IT.] fiammiferi
[AL.] Streichhölzer

2029. **Fouet** *Ver* BATEDOR DE OVOS

2030. **Fougasse (pão francês)**
[INGL.] fougasse (French bread)
[ESP.] fougasse (pan francés)
[FR.] fougasse; fouace
[IT.] fougasse (pane francese)
[AL.] Fougasse (französisches Brot)

F

2031. Fourme d'Ambert (queijo francês, de veios azuis, feito com leite de vaca)
[INGL.] Fourme d'Ambert (French cheese, blue veins, made from cow milk)
[ESP.] Fourme d'Ambert (queso francés, veteado azul, elaborado con leche de vaca)
[FR.] Fourme d'Ambert (fromage français, pâte persillée, au lait de vache)
[IT.] Fourme d'Ambert (formaggio francese, muffa blu, preparato con latte vaccino)
[AL.] Fourme d'Ambert (französischer Blauschimmelkäse aus Kuhmilch)

2032. Foyot, molho (molho béarnaise com glacê de carne)
[INGL.] Foyot sauce (béarnaise sauce with meat glaze)
[ESP.] salsa Foyot (salsa bearnesa con glasa de carne)
[FR.] sauce Foyot (sauce béarnaise avec glace de viande)
[IT.] salsa Foyot (salsa bearnaise con glassa di carne)
[AL.] Foyot-Sauce (Béarnaise-Sauce mit Fleisch-Glace)

2033. Frágil
[INGL.] fragile
[ESP.] frágil
[FR.] fragile
[IT.] fragile
[AL.] zerbrechlich

2034. Fralda *(corte de carne bovina)*
[INGL.] thin flank; skirt
[ESP.] carne de falda
[FR.] bavette d'aloyau
[IT.] carne di pancia
[AL.] Dicker Bauchlappen

2035. Fraldinha *(diafragma) (corte de carne bovina)*
[INGL.] outside skirt; diaphragm (U.S.)/thin skirt (U.K.)
[ESP.] entraña fina
[FR.] hampe
[IT.] lombatello sottile
[AL.] Saumfleisch

2036. Framboesa
[INGL.] raspberry
[ESP.] frambuesa
[FR.] framboise
[IT.] lampone
[AL.] Himbeere

2037. Framboesa-amarela
[INGL.] golden raspberry
[ESP.] frambuesa dorada
[FR.] framboise jaune
[IT.] lampone dorata
[AL.] gelbe Himbeere

2038. Française, à la (pontas de aspargos, alface braseada e couve-flor com molho holandês)
[INGL.] French style (asparagus tips, braised lettuce, and cauliflower with hollandaise sauce)
[ESP.] a la francesa (puntas de espárragos, lechuga braseada y coliflor a la salsa holandesa)
[FR.] à la française (pointes d'asperges, laitue braisée et chou-fleur à la sauce hollandaise)
[IT.] alla francese (punte di asparagi, lattuga brasata e cavolfiori alla salsa olandese)
[AL.] nach französische Art (Spargelspitzen, brasierte Salat und Blumenkohl mit holländischer Sauce)

2039. Frangelico® (licor italiano de avelãs)
[INGL.] Frangelico® (Italian hazelnut liqueur)
[ESP.] Frangelico® (licor italiano de avellanas)
[FR.] Frangelico® (liqueur italienne aux noisettes)
[IT.] Frangelico® (liquore italiano alle nocciole)
[AL.] Frangelico® (italienischer Haselnüßlikör)

2040. Frango
[INGL.] chicken
[ESP.] pollo
[FR.] poulet
[IT.] pollo
[AL.] Hähnchen

2041. Frango à la king (com cogumelos e Xerez)
[INGL.] chicken à la king (with mushrooms and Sherry)
[ESP.] pollo a la real (con setas y Jerez)
[FR.] poulet à la royale (aux champignons et Xérès)
[IT.] pollo alla reale (con funghi e Xeres)
[AL.] Hühnchen nach Königsart (Pilze und Sherry)

— 177 —

F

2042. **Frango à Marengo (com cogumelos e tomates)**
[INGL.] chicken Marengo (with mushrooms and tomatoes)
[ESP.] pollo a la Marengo (con setas y tomates)
[FR.] poulet sauté Marengo (aux champignons et aux tomates)
[IT.] pollo alla Marengo (con funghi e pomodori)
[AL.] Huhn Marengo (mit Pilze und Tomaten)

2043. **Frango ao curry**
[INGL.] chicken curry
[ESP.] pollo con curry
[FR.] poulet au cari
[IT.] pollo al curry
[AL.] Curryhähnchen

2044. **Frango assado**
[INGL.] roast chicken
[ESP.] pollo asado
[FR.] poulet rôti
[IT.] pollo arrosto
[AL.] gebatren Huhn

2045. **Frango-d'água**
[INGL.] water hen; marsh hen
[ESP.] polla de agua; rascón
[FR.] poule d'eau
[IT.] gallinella d'acqua; folaga
[AL.] Wasserhuhn

2046. **Frango de leite; Galeto**
[INGL.] spring chicken; cock
[ESP.] gallito; pollito
[FR.] coquelet
[IT.] galletto
[AL.] junges Hähnchen

2047. **Frango frito**
[INGL.] fried chicken
[ESP.] pollo frito
[FR.] poulet frit
[IT.] pollo fritto
[AL.] Backhähnchen

2048. **Frango Kiev (peito de frango recheado com pedaços de manteiga e empanado)**
[INGL.] chicken Kiev (chicken breast filled with butter and breaded)
[ESP.] pechugas de pollo a la Kiev (rellenas con mantequilla y empanadas)
[FR.] poulet à la Kiev (blanc de poulet farci au beurre et pané)
[IT.] pollo alla Kiev (petto di pollo farcito con burro e impanato)
[AL.] Hähnchenbrust Kiev (panierte Hähnchenbrust mit Butterfüllung)

2049. **Frascati, à la (foie gras, pontas de aspargos, cogumelos, trufas e batatas duquesa)**
[INGL.] Frascati style (foie gras, asparagus tips, mushrooms, truffles, and potatoes duchesse)
[ESP.] a la Frascati (hígado graso de ganso, puntas de espárragos, setas, trufas y patatas a la duquesa)
[FR.] à la Frascati (foie gras, pointes d'asperges, champignons, truffes et pommes de terre duchesse)
[IT.] alla Frascati (fegato grasso d'oca, punte di asparagi, funghi, tartufi e patate alla duchessa)
[AL.] Frascati (Gänseleber, Spargelspitzen, Pilze, Trüffeln und Herzogin--Kartoffeln)

2050. **Freira** (PT) *Ver* Xaputa

2051. **Fresco**
[INGL.] fresh
[ESP.] fresco
[FR.] frais
[IT.] fresco
[AL.] frisch

2052. **Fricassê de frango**
[INGL.] chicken fricassée
[ESP.] fricasé de pollo
[FR.] fricassée de poulet
[IT.] fricassea di pollo
[AL.] Hühnerfrikassee

2053. **Fricassê de vitela**
[INGL.] veal fricassée
[ESP.] fricasé de ternera
[FR.] fricassée de veau
[IT.] fricassea di vitello
[AL.] Kalbsfrikassee

2054. **Frigideira**
[INGL.] skillet; frying pan; pan
[ESP.] sartén
[FR.] poêle
[IT.] padella
[AL.] Bratpfanne

2055. **Frigideira para saltear**
[INGL.] sauté pan
[ESP.] sartén para saltear
[FR.] sautoir; poêle à sauter; sauteuse

F

[IT.] padella per saltare
[AL.] Sauteuse

2056. **Frio**
[INGL.] cold
[ESP.] frío
[FR.] froid
[IT.] freddo
[AL.] kalt

2057. **Frios**
[INGL.] cold cuts
[ESP.] fiambres
[FR.] assiette anglaise
[IT.] affettati
[AL.] Aufschnitt

2058. **Fritadeira elétrica**
[INGL.] electric fryer
[ESP.] freidora eléctrica
[FR.] friteuse électrique
[IT.] friggitrice elettrica
[AL.] elektrische Fritteuse

2059. **Fritar**
[INGL.] fry, to
[ESP.] freír
[FR.] frire; faire sauter
[IT.] friggere
[AL.] fritieren

2060. **Fritar em fogo alto mexendo sempre**
[INGL.] stir-fry, to
[ESP.] freír y mezclar durante poco tiempo
[FR.] faire sauter à feu vif en remuant
[IT.] rosolare a fuoco vivo mescolando
[AL.] unter Rühren schnell braten

2061. **Fritar em frigideira com pouca gordura**
[INGL.] pan-fry, to
[ESP.] freír en sartén
[FR.] frire à la poêle
[IT.] friggere in padella
[AL.] in der Pfanne braten

2062. **Fritar pela imersão em grande quantidade de óleo quente ou gordura**
[INGL.] deep-fry, to
[ESP.] freír en aceite abundante
[FR.] faire frire
[IT.] friggere in olio abbondante
[AL.] in Fett schwimmend backen

2063. **Fritar rapidamente; Saltear**
[INGL.] sauté, to
[ESP.] saltear; sofreír
[FR.] sauter
[IT.] saltare
[AL.] sautieren

2064. **Frito**
[INGL.] fried
[ESP.] frito
[FR.] sauté
[IT.] fritto
[AL.] gebraten; fritiert

2065. **Fritura**
[INGL.] frying; fritter
[ESP.] fritura
[FR.] friture
[IT.] frittura
[AL.] Backfett

2066. **Fruta**
[INGL.] fruit
[ESP.] fruta
[FR.] fruit
[IT.] frutta
[AL.] Obst

2067. **Fruta-cobra; Salak**
[INGL.] snake fruit; salak
[ESP.] salak; fruta serpiente
[FR.] salak
[IT.] salak
[AL.] Salak; Schlangenfrucht

2068. **Fruta cristalizada**
[INGL.] candied fruit (U.S.)/ crystallized fruit; glacé fruit (U.K.)
[ESP.] fruta confitada
[FR.] fruit confit
[IT.] frutta candita
[AL.] kandierte Frücht

2069. **Fruta da estação**
[INGL.] fruit in season
[ESP.] fruta del tiempo
[FR.] fruit de saison
[IT.] frutta di stagione
[AL.] Obst der Saison

2070. **Fruta-da-rainha**
Ver MANGOSTÃO

2071. **Fruta desidratada**
Ver FRUTA SECA

2072. **Frutado**
[INGL.] fruity
[ESP.] frutado
[FR.] fruité
[IT.] fruttato
[AL.] fruchtig

2073. **Fruta em calda**
[INGL.] fruit in syrup
[ESP.] fruta en almíbar

F

[FR.] fruit au sirop
[IT.] frutta sciroppata
[AL.] eingemachtes Obst

2074. **Fruta em conserva**
[INGL.] canned fruit (U.S.)/ tinned fruit (U.K.)
[ESP.] fruta en conserva
[FR.] fruit en conserve
[IT.] frutta in scatola
[AL.] Obstkonserve

2075. **Fruta fresca**
[INGL.] fresh fruit
[ESP.] fruta fresca
[FR.] fruit frais
[IT.] frutta fresca
[AL.] frisches Obst

2076. **Fruta-pão**
[INGL.] breadfruit
[ESP.] fruta del pan
[FR.] fruit de l'arbre à pain
[IT.] frutta dell'albero del pane
[AL.] Brotfrucht

2077. **Fruta seca; Fruta desidratada**
[INGL.] dried fruit
[ESP.] fruta seca; fruta pasa
[FR.] fruit séché
[IT.] frutta secca
[AL.] Dürrobst

2078. **Frutas cristalizadas**
[INGL.] candied fruits (U.S.)/ crystallized fruits; glacé fruits (U.K.)
[ESP.] frutas confitadas; frutas escarchadas
[FR.] fruits confits
[IT.] canditi
[AL.] Kanditen

2079. **Frutas silvestres**
[INGL.] forest berries
[ESP.] frutas silvestres
[FR.] fruits des bois
[IT.] frutti di bosco
[AL.] Waldfrüchte

2080. **Fruteira**
[INGL.] fruit bowl
[ESP.] frutero
[FR.] coupe à fruits
[IT.] fruttiera
[AL.] Obstschale

2081. **Fruto**
[INGL.] fruit
[ESP.] fruto
[FR.] fruit
[IT.] frutto
[AL.] Frucht

2082. **Fruto-de-genebra** Ver Zimbro

2083. **Frutos do mar**
[INGL.] seafood
[ESP.] mariscos
[FR.] fruits de mer
[IT.] frutti di mare
[AL.] Meeresfrüchte

2084. **Frutose; Açúcar de fruta; Levulose**
[INGL.] fructose; fruit sugar
[ESP.] fructosa; azúcar de frutas
[FR.] fructose; sucre de fruit; lévulose
[IT.] fruttosio; zucchero di frutta
[AL.] Fruktose; Fruchtzucker

2085. **Fubá** Ver Farinha de milho

2086. **Fumaça**
[INGL.] smoke
[ESP.] humo
[FR.] fumée
[IT.] fumo
[AL.] Qualm; Rauch

2087. **Fumante**
[INGL.] smoker
[ESP.] fumador
[FR.] fumeur
[IT.] fumatore
[AL.] Raucher

2088. **Fumar**
[INGL.] smoke, to
[ESP.] fumar
[FR.] fumer
[IT.] fumare
[AL.] rauchen

2089. **Funcho; Erva-doce--de-cabeça; Falso-anis; Funcho-romano**
[INGL.] fennel; Florence fennel
[ESP.] hinojo
[FR.] fenouil; aneth doux
[IT.] finocchio
[AL.] Fenchel

2090. **Funcho-bastardo** Ver Endro

2091. **Funcho-do-mar** Ver Salicórnia

2092. **Funcho-romano** Ver Funcho

2093. **Fundido** Ver Derretido

2094. **Fundir** Ver Derreter

F

2095. Fundo de torta
[INGL.] cake base
[ESP.] fondo de tarta
[FR.] fond de tarte; abaisse
[IT.] fondo di torta
[AL.] Kuchenboden

2096. Fundos de alcachofra
[INGL.] artichoke bottoms
[ESP.] fondos de alcachofas
[FR.] fonds d'artichauts
[IT.] fondi di carciofi
[AL.] Artischockenböden

2097. Funghi, ao
[INGL.] with mushrooms
[ESP.] al funghi
[FR.] aux champignons
[IT.] ai funghi
[AL.] mit Pilze

2098. Funghi porcino
Ver PORCINO

2099. Funil
[INGL.] funnel
[ESP.] embudo
[FR.] entonnoir
[IT.] imbuto
[AL.] Trichter

2100. Fusilli (massa em forma de parafuso)
[INGL.] fusilli (spring-shaped pasta)
[ESP.] fusilli (pasta en forma de espiral)
[FR.] fusilli (pâtes en forme de ressorts)
[IT.] fusilli (pasta a forma di spirale)
[AL.] Fusilli (Spiralförmige Nudeln)

G

2101. Gado
[INGL.] cattle
[ESP.] ganado
[FR.] bétail
[IT.] bestiame
[AL.] Vieh

**2102. Gai Lan; Brócolis-
-chinês**
[INGL.] gai lan; Chinese broccoli
[ESP.] brécol chino
[FR.] kaïlan; brocoli chinois
[IT.] gai-lan; broccoli cinese
[AL.] Gai Lan; Chinabrokkoli

**2103. Galanga; Alpínia;
Galangal; Gengibre
tailandês**
[INGL.] galanga; galangal; Thai ginger
[ESP.] galanga
[FR.] galanga
[IT.] galanga
[AL.] Galanga; Thai-Ingwer

2104. Galangal
Ver GALANGA

**2105. Galantina (pedaços
de carnes brancas, desos-
sadas, picadas e cozidas
numa fôrma com a ge-
latina feita do caldo do
cozimento)**
[INGL.] galantine (white meat, boned, cooked, and pressed into a shape with gelatin)
[ESP.] galantina (carne de aves rellenas, cocidas y recubiertas con gelatina)
[FR.] galantine (à base d'un mélange de viandes blanches désossées, avec l'ajout d'une farce épicé et aromatisée et gélatine
[IT.] galantina (carne bianca e disossata a pezzetti, lessata in uno stampo con la gelatina fatta con il brodo di cottura)
[AL.] Galantine; Sülzplatte (weiße Fleisch in Aspik)

2106. Galeto Ver FRANGO DE LEITE

2107. Galha-branca
[INGL.] whitetip shark
[ESP.] tiburón oceánico
[FR.] requin océanique
[IT.] squalo alalunga
[AL.] Hochsee-
-Weißflossenhai

2108. Galhudo malhado
(peixe) (PT); **Melga** (PT)
[INGL.] picked dogfish
[ESP.] galludo; melga

G

[FR.] aiguillat
[IT.] spinarolo
[AL.] Dornhai

2109. Galinha
[INGL.] hen
[ESP.] gallina
[FR.] poule
[IT.] gallina
[AL.] Henne

2110. Galinha-d'angola; Capote; Pintada
[INGL.] guinea hen (U.S.)/ guinea fowl (U.K.)
[ESP.] pintada; gallina de Guinea
[FR.] pintade
[IT.] gallina faraona; galinella
[AL.] Perlhuhn

2111. Galinha-do-mato
[INGL.] hazel grouse
[ESP.] grévol; bonasa
[FR.] gelinotte de bois
[IT.] francolino di monte
[AL.] Hazelhuhn

2112. Galinha-gorda própria para assar
[INGL.] poulard
[ESP.] pularda
[FR.] poularde
[IT.] pollastra
[AL.] Poularde

2113. Galinhola
[INGL.] woodcock
[ESP.] becada; chocha
[FR.] bécasse
[IT.] beccaccia
[AL.] Schnepfe

2114. Galliano® (licor de anis italiano)
[INGL.] Galliano® (Italian anise liqueur)
[ESP.] Galliano® (licor italiano de anís)
[FR.] Galliano® (liqueur italienne d'anis)
[IT.] Galliano® (liquore italiano all'anice)
[AL.] Galliano® (italienischer Anislikör)

2115. Galo
[INGL.] rooster; cock
[ESP.] gallo
[FR.] coq
[IT.] gallo
[AL.] Hahn

2116. Ganso
[INGL.] goose
[ESP.] ganso
[FR.] oie
[IT.] oca
[AL.] Gans

2117. Ganso à alsacienne (com chucrute)
[INGL.] goose Alsatian style (with sauerkraut)
[ESP.] ganso a la alsaciana (con chucruta)
[FR.] oie à l' alsacienne (à la choucroute)
[IT.] oca all'alsaziana (con crauti)
[AL.] Gans Elsässer Art (mit Sauerkraut)

2118. Garacimbora (PE)
Ver Guarajuba

2119. Garam Masala (mistura indiana de especiarias)
[INGL.] garam masala (Indian spice mixture)
[ESP.] garam masala (mezcla de especias indiana)
[FR.] garam masala (mélange d'épices indien)
[IT.] garam masala (miscela di spezie indiane)
[AL.] Garam masala (indische Gewürzmischung)

2120. Garão dianteiro
Ver Músculo mole

2121. Garão traseiro
Ver Músculo duro

2122. Garbure (sopa de vegetais com repolho e carne de ganso)
[INGL.] garbure (vegetable soup with cabbage and goose meat)
[ESP.] garbure (sopa de verduras con coles y carne de oca)
[FR.] garbure (soupe de légumes aux choux et au confit d'oie)
[IT.] garbure (zuppa di verdure con cavolo e oca)
[AL.] Garbure (Gemüsesuppe mit Kohl und Gansenfleisch)

2123. Garçom
[INGL.] waiter
[ESP.] camarero
[FR.] garçon
[IT.] signore; cameriere
[AL.] Ober; Kellner

2124. Garçonete
[INGL.] waitress
[ESP.] camarera
[FR.] serveuse
[IT.] signorina
[AL.] Kellnerin

G

2125. Garfo
[INGL.] fork
[ESP.] tenedor
[FR.] fourchette
[IT.] forchetta
[AL.] Gabel

2126. Garfo de cozinha
[INGL.] kitchen fork
[ESP.] tenedor de cocina
[FR.] fourchette de cuisine
[IT.] forchetta da cucina
[AL.] Küchengabel

2127. Garfo de ostra
[INGL.] oyster fork
[ESP.] tenedor de ostra
[FR.] fourchette à huître
[IT.] forchetta da ostriche
[AL.] Austerngabel

2128. Garfo de peixe
[INGL.] fish fork
[ESP.] tenedor de pescado
[FR.] fourchette à poisson
[IT.] forchetta da pesce
[AL.] Fischgabel

2129. Garfo de plástico
[INGL.] plastic fork
[ESP.] tenedor plástico
[FR.] fourchette plastique
[IT.] forchetta di plastica
[AL.] Plastikgabel

2130. Garfo de sobremesa
[INGL.] dessert fork
[ESP.] tenedor de postre
[FR.] fourchette à dessert
[IT.] forchetta da dessert
[AL.] Dessertgabel

2131. Garfo para carne; Trinchante
[INGL.] meat fork
[ESP.] tenedor para trinchar
[FR.] fourchette à viande; bident
[IT.] forchettone
[AL.] Fleischgabel; Tranchiergabel

2132. Gargalo *(parte superior da garrafa)*
[INGL.] (bottle) neck
[ESP.] cuello; gollete
[FR.] col; collet; cou
[IT.] collo
[AL.] Hals; Flaschenhals

2133. Garoupa
[INGL.] grouper
[ESP.] mero
[FR.] mérou
[IT.] cernia
[AL.] Zackenbarsch

2134. Garrafa
[INGL.] bottle
[ESP.] botella
[FR.] bouteille
[IT.] bottiglia
[AL.] Flasche

2135. Garrafa de água mineral
[INGL.] bottle of mineral water
[ESP.] botella de agua mineral
[FR.] bouteille d'eau minérale
[IT.] bottiglia di acqua minerale
[AL.] Flasche Mineralwasser

2136. Garrafa de vinho
[INGL.] bottle of wine
[ESP.] botella de vino
[FR.] bouteille de vin
[IT.] bottiglia di vino
[AL.] Flasche Wein

2137. Garrafa de vinho branco
[INGL.] bottle of white wine
[ESP.] botella de vino blanco
[FR.] bouteille de vin blanc
[IT.] bottiglia di vino bianco
[AL.] Flasche Weißwein

2138. Garrafa de vinho tinto
[INGL.] bottle of red wine
[ESP.] botella de vino tinto
[FR.] bouteille de vin rouge
[IT.] bottiglia di vino rosso
[AL.] Flasche Rotwein

2139. Garrafa de vidro ou cristal, de pescoço curto e embocadura larga
[INGL.] carafe
[ESP.] garrafa; jarra
[FR.] carafe
[IT.] caraffa
[AL.] Karaffe

2140. Garrafa térmica
[INGL.] thermos jug; thermal carafe
[ESP.] termo
[FR.] bouteille thermos; verseuse isolante
[IT.] thermos
[AL.] Isolierkanne

2141. Gasoso
[INGL.] sparkling
[ESP.] gaseoso
[FR.] gazeux
[IT.] gassato
[AL.] kohlensäure

2142. Gastronome, à la *(galinha recheada ou timo de vitela com castanhas, trufas e morels)*

G

[INGL.] gastronome style (stuffed chicken or calf's sweetbreads with chestnuts, truffles, and morels)
[ESP.] a la gastrónomo (pollo relleno o malejas de ternera con castañas, trufas y morillas)
[FR.] à la gastronome (poulet farci ou ris de veau aux châtaignes, aux truffes et aux morilles)
[IT.] alla gastronomo (pollo farcito o animelle di vitello con castagne, tartufi e spugnole)
[AL.] nach Art des Feinschmeckers (Hähnchen mit Füllung oder Kalbsbries mit Kastanien, Trüffeln und Morcheln)

2143. Gastronomia
[INGL.] gastronomy
[ESP.] gastronomía
[FR.] gastronomie
[IT.] gastronomia
[AL.] Gastronomie

2144. Gastronômico
[INGL.] gastronomic
[ESP.] gastronómico
[FR.] gastronomique
[IT.] gastronomico
[AL.] feinschmeckerisch

2145. Gastrônomo; Gourmet
[INGL.] gastronome; epicure; gourmet
[ESP.] gastrónomo
[FR.] gourmet
[IT.] buongustaio
[AL.] Feinschmecker

2146. Gauloise, à la (cristas de galo e rins)
[INGL.] Gaulish style (cockscombs and chicken kidneys)
[ESP.] a la gala (crestas de gallo y riñones de ave)
[FR.] à la gauloise (crêtes de coq et rognons de volaille)
[IT.] alla gallica (creste e rognoni di gallo)
[AL.] gallische Art (Hahnkämme und Geflügelnierchen)

2147. Gazpacho (sopa fria de verduras cruas com vinagre e azeite de oliva)
[INGL.] gazpacho (cold soup of uncooked vegetables with vinegar and olive oil)
[ESP.] gazpacho (sopa fría de legumbres crudos con vinagre y aceite de oliva)
[FR.] gazpacho (potage froide de légumes crus au vinaigre et à l'huile d'olive)
[IT.] gazpacho (crema fredda di verdure crude con aceto e olio di oliva)
[AL.] Gazpacho (kalte Suppe aus rohem Gemüse mit Essig und Olivenöl)

2148. Geladeira
[INGL.] refrigerator; fridge
[ESP.] nevera; heladera
[FR.] réfrigérateur
[IT.] frigorifero
[AL.] Kühlschrank

2149. Gelado
[INGL.] iced
[ESP.] helado
[FR.] frappé; glacé
[IT.] ghiacciato
[AL.] eiskalt

2150. Gelar
[INGL.] freeze, to
[ESP.] helar
[FR.] frapper; glacer
[IT.] ghiacciare
[AL.] gefrieren

2151. Gelatina
[INGL.] jello (U.S.)/jelly (U.K.); gelatin
[ESP.] gelatina
[FR.] gélatine
[IT.] gelatina
[AL.] Gelatine

2152. Gelatina em folhas
[INGL.] sheet gelatin; leaf gelatin
[ESP.] hoja de gelatina
[FR.] gélatine en feuille
[IT.] gelatina in foglia
[AL.] Blattgelatine

2153. Gelatinizar
Ver GELIFICAR

2154. Gelatinoso
[INGL.] jellied
[ESP.] en gelatina
[FR.] en gelée
[IT.] gelatinoso
[AL.] mit Gelee

2155. Geleia de abacaxi
[INGL.] pineapple jam
[ESP.] mermelada de piña
[FR.] confiture d'ananas
[IT.] marmellata di ananas
[AL.] Ananasmarmelade

2156. Geleia de ameixa
[INGL.] plum jelly
[ESP.] mermelada de ciruelas

G

[FR.] confiture de prunes
[IT.] marmellata di prugne
[AL.] Pflaumengelee

2157. Geleia de amora--preta
[INGL.] blackberry jam
[ESP.] mermelada de zarzamoras
[FR.] confiture de mûres
[IT.] marmellata di more
[AL.] Brombeeremarmelade

2158. Geleia de cereja
[INGL.] cherry jam
[ESP.] mermelada de cerezas
[FR.] confiture de cerises
[IT.] marmellata de ciliegie
[AL.] Kirschmarmelade

2159. Geleia de damasco
[INGL.] apricot jam
[ESP.] mermelada de albaricoques
[FR.] confiture d'abricots
[IT.] marmellata di albicocche
[AL.] Aprikosenmarmelade

2160. Geleia de framboesa
[INGL.] raspberry jam
[ESP.] mermelada de frambuesas
[FR.] confiture de framboises
[IT.] confettura di lamponi
[AL.] Himbeermarmelade

2161. Geleia de frutas vermelhas
[INGL.] red berry jam
[ESP.] mermelada de frutas rojas
[FR.] confiture de baies rouges
[IT.] marmellata di frutti di bosco
[AL.] rote Beeremarmelade

2162. Geleia de goiaba
[INGL.] guava jam
[ESP.] mermelada de guayaba
[FR.] confiture de goyave
[IT.] marmellata di guaiava
[AL.] Guavenmarmelade

2163. Geleia de groselha
[INGL.] currant jelly; gooseberry jelly
[ESP.] jalea de grosella
[FR.] confiture de groseille
[IT.] gelatina di ribes
[AL.] Johannisbeermarmelade

2164. Geleia de groselha--vermelha
[INGL.] red currant jelly
[ESP.] jalea de grosellas rojas
[FR.] confiture de groseilles rouges
[IT.] gelatina di ribes rosso
[AL.] rote Johannisbeermarmelade

2165. Geleia de hortelã
[INGL.] mint jelly
[ESP.] jalea de menta
[FR.] gelée à la menthe
[IT.] gelatina di menta
[AL.] Minzmarmelade

2166. Geleia de laranja
[INGL.] orange marmalade
[ESP.] mermelada de naranja
[FR.] marmelade d'oranges
[IT.] marmellata d'arance
[AL.] Orangenkonfitüre

2167. Geleia de morango
[INGL.] strawberry jelly
[ESP.] jalea de fresas
[FR.] confiture de fraises
[IT.] marmellata di fragole
[AL.] Erdbeermarmelade

2168. Geleia de pêssego
[INGL.] peach jam
[ESP.] mermelada de melocotón
[FR.] confiture de pêches
[IT.] marmellata di pesche
[AL.] Pfirsichmarmelade

2169. Geleia de uva
[INGL.] grape jam
[ESP.] mermelada de uva
[FR.] confiture de raisin
[IT.] marmellata di uva
[AL.] Traubenmarmelade

2170. Geleia *(feita com a fruta inteira ou com pedaços de fruta)*
[INGL.] jam (U.S.)/preserves (U.K.)
[ESP.] confitura; mermelada
[FR.] confiture; marmelade
[IT.] confettura; marmellata
[AL.] Konfitüre

2171. Geleia *(feita com o sumo da fruta)*
[INGL.] jelly
[ESP.] jalea
[FR.] gelée
[IT.] gelatina
[AL.] Gelee

2172. Geleia real
[INGL.] royal jelly
[ESP.] jalea real
[FR.] gelée royale
[IT.] pappa reale
[AL.] Gelee royal

G

2173. Gelificar; Gelatinizar
[INGL.] gel, to; jell, to
[ESP.] gelificar
[FR.] gélifier
[IT.] gelificare; gelatinizzare
[AL.] gelieren

2174. Gelo
[INGL.] ice
[ESP.] hielo
[FR.] glace
[IT.] ghiaccio
[AL.] Eis

2175. Gelo picado; Gelo triturado
[INGL.] cracked ice; crushed ice
[ESP.] hielo triturado
[FR.] glace pilée
[IT.] ghiaccio tritato
[AL.] zerkleinertes Eis

2176. Gelo triturado Ver **GELO PICADO**

2177. Gema de ovo
[INGL.] egg yolk
[ESP.] yema de huevo
[FR.] jaune d'œuf
[IT.] tuorlo d'uovo
[AL.] Eigelb

2178. Geneticamente modificado
[INGL.] genetically modified
[ESP.] genéticamente modificado
[FR.] génétiquement modifié
[IT.] geneticamente modificato
[AL.] genmanipuliert

2179. Genevoise, molho (consomê e molho espanhol)
[INGL.] Genevoise sauce (consommé and Spanish sauce)
[ESP.] salsa ginebrina (consomé y salsa española)
[FR.] sauce genevoise (consommé et sauce espagnole)
[IT.] salsa alla ginevrina (consommé e salsa spagnola)
[AL.] Genfer-Sauce (Kraftbrühe und spanische-Sauce)

2180. Genevoise, molho (mirepoix, vinho tinto e manteiga)
[INGL.] Genevoise sauce (mirepoix, red wine and butter)
[ESP.] salsa ginebrina (mirepoix, vino tinto con mantequilla)
[FR.] sauce genevoise (mirepoix, vin rouge et beurre)
[IT.] salsa alla ginevrina (mirepoix, vino rosso e burro)
[AL.] Genfer-Sauce (Mirepoix, Rotwein und Butter)

2181. Gengibre
[INGL.] ginger
[ESP.] jengibre
[FR.] gingembre
[IT.] zenzero
[AL.] Ingwer

2182. Gengibre-canadense Ver **GENGIBRE-SELVAGEM**

2183. Gengibre-dourado Ver **CÚRCUMA**

2184. Gengibre-selvagem; Gengibre-canadense
[INGL.] wild ginger
[ESP.] asaro de Canadá
[FR.] asaret du Canada; gingembre sauvage
[IT.] asarum canadense
[AL.] Kanadische Haselwurz

2185. Gengibre tailandês Ver **GALANGA**

2186. Genovese, alla (ervas frescas, verduras e frutos do mar)
[INGL.] Genoese style (fresh herbs, vegetables and seafood)
[ESP.] a la genovesa (hierbas frescas, verduras y mariscos)
[FR.] à la génoise (herbes fraîches, légumes et fruits de mer)
[IT.] alla genovese (erbe fresche, verdure e frutti di mare)
[AL.] Genueser Art (frischen Kräuter, Gemüse und Meeresfrüchte)

2187. Gerânio
[INGL.] geranium
[ESP.] geranio
[FR.] bec-de-grue; géranium rosat
[IT.] geranio odoroso
[AL.] Geranie

2188. Gergelim; Sésamo
[INGL.] sesame
[ESP.] sésamo
[FR.] sésame
[IT.] sesamo
[AL.] Sesam

G

2189. Germe de trigo
[INGL.] wheat germ
[ESP.] germen de trigo
[FR.] germe de blé
[IT.] germe di grano
[AL.] Weizenkeime

2190. Ghee (manteiga sem sal, clarificada)
[INGL.] ghee (clarified unsalted butter)
[ESP.] ghee (mantequilla sin sal, clarificada)
[FR.] ghee (beurre doux, clarifié)
[IT.] ghee (burro non salato, chiarificato)
[AL.] Ghee (ungesalzene Butter)

2191. Gianduiotti (chocolate italiano recheado com creme de avelãs)
[INGL.] gianduiotti (Italian chocolate with hazelnut cream)
[ESP.] gianduiotti (chocolate italiano con crema de avellanas)
[FR.] gianduiotti (chocolat italien à la crème de noisettes)
[IT.] gianduiotti; giandujotti (cioccolatini italiani con ripieno di crema di nocciole)
[AL.] Gianduiotti (Nußcreme-Pralinen)

2192. Gigante
[INGL.] giant; jumbo
[ESP.] gigante
[FR.] géant
[IT.] gigante
[AL.] riesen

2193. Gila (S)
Ver ABÓBORA GILA

2194. Gim
[INGL.] gin
[ESP.] ginebra
[FR.] gin; genièvre
[IT.] gin
[AL.] Gin

2195. Gim-tônica
[INGL.] gin and tonic
[ESP.] gin tonic
[FR.] gin-tonic
[IT.] gin tonic
[AL.] Gin Tonic

2196. Gin Fizz (coquetel feito de gim, suco de limão e club soda)
[INGL.] Gin Fizz (cocktail made with gin, lemon juice and club soda)
[ESP.] Gin Fizz (cóctel con ginebra, zumo de limón y agua carbonatada)
[FR.] Gin Fizz (cocktail de gin, jus de citron et eau gazeuse)
[IT.] Gin Fizz (cocktail fatto con gin, succo di limone e acqua gassata)
[AL.] Gin Fizz (Cocktail mit Gin, Zitronensaft und Sodawasser)

2197. Ginger Ale (água mineral gaseificada acrescida de gotas de essência de gengibre)
[INGL.] ginger ale (carbonated water flavored with extract of ginger (U.S.)/ essence of ginger (U.K.)
[ESP.] ginger ale (gaseosa de jengibre)
[FR.] ginger ale (boisson gazeuse au gingembre)
[IT.] ginger ale (acqua minerale gassata con gocce di essenza di zenzero)
[AL.] Ginger Ale (Ingwerlimonade)

2198. Gingerbread (pão de gengibre)
[INGL.] gingerbread
[ESP.] alajú
[FR.] pain d'épices au gingembre; pain de gingembre
[IT.] pan di zenzero
[AL.] Ingwerbrot

2199. Girassol
[INGL.] sunflower
[ESP.] girasol
[FR.] tournesol
[IT.] girasole
[AL.] Sonnenblume

2200. Girolle Ver CHANTERELLE

2201. Glaceado
[INGL.] glazed
[ESP.] glaseado
[FR.] glacé
[IT.] glassato
[AL.] glasiert

2202. Glacear
[INGL.] glaze, to
[ESP.] glasear
[FR.] glacer
[IT.] glassare
[AL.] glasieren

G

2203. Glacê de carne
[INGL.] meat glaze
[ESP.] glasa de carne
[FR.] glace de viande
[IT.] glassa di carne
[AL.] Fleisch-Glace

2204. Glacê (molho forte, grosso e reduzido)
[INGL.] glaze (very thick sauce)
[ESP.] glasa (salsa muy densa)
[FR.] glace (sauce très concentrée)
[IT.] glassa (salsa molto ristretta)
[AL.] Glace (sehr konzentrierte Sauce)

2205. Glicose de milho
[INGL.] corn syrup (U.S.)/ glucose syrup (U.K.)
[ESP.] jarabe de glucosa; jarabe de maíz
[FR.] sirop de glucose; sirop de maïs
[IT.] sciroppo di glucosio; sciroppo di mais
[AL.] Glukosesirup

2206. Glicose; Glucose; Dextrose
[INGL.] glucose
[ESP.] glucosa
[FR.] glucose
[IT.] glucosio
[AL.] Glukose; Traubenzucker

2207. Glucose Ver GLICOSE

2208. Glutamato monossódico
[INGL.] monosodium glutamate; MSG
[ESP.] glutamato
[FR.] glutamate
[IT.] glutammato
[AL.] Glutamat

2209. Glutão Ver COMILÃO

2210. Glúten
[INGL.] gluten
[ESP.] gluten
[FR.] gluten
[IT.] glutine
[AL.] Gluten

2211. Gobio *(peixe)* (PT)
[INGL.] gudgeon
[ESP.] gobio
[FR.] goujon; goujon de rivière
[IT.] gobione
[AL.] Gründling

2212. Godard (quenelles, moleja de cordeiro, cristas de galo, rins, trufas e cogumelos)
[INGL.] Godard (dumplings, lamb sweetbreads, cockscombs, chicken kidneys, truffles and mushrooms)
[ESP.] Godard (albondiguillas, molleja de cordero, crestas de gallo, riñones de ave, setas y trufas)
[FR.] Godard (quenelles, ris d'agneau, crêtes de coq, rognons de volaille, truffes et chamignons)
[IT.] Godard (polpettine, timo d'agnello, creste e rognoni di pollo, tartufi e funghi)
[AL.] Godard (Klößchen, Kalbsbries, Hahnkämme, Gemuflügelnierchen, Trüffeln und Pilze)

2213. Goiaba; Araçá (BA)
[INGL.] guava; bay plum
[ESP.] guava; guayaba
[FR.] goyave
[IT.] guaiava
[AL.] Guave

2214. Goma (N/NE) Ver TAPIOCA

2215. Goma-fedorenta Ver ASSA-FÉTIDA

2216. Gorana (RJ) Ver BICUDA

2217. Gordura
[INGL.] fat; grease
[ESP.] grasa
[FR.] graisse
[IT.] grasso
[AL.] Fett

2218. Gordura de ganso
[INGL.] goose fat; goose grease
[ESP.] grasa de ganso
[FR.] graisse d'oie
[IT.] grasso d'oca
[AL.] Gansfett

2219. Gordura de porco derretida Ver BANHA

2220. Gordura resultante da carne e/ou ossos de animais, aquecida ou fervida
[INGL.] rendered fat from cooked meat (U.S.)/ dripping (U.K.)
[ESP.] grasa derretida
[FR.] graisse de rôti

G

[IT.] grasso dell'arrosto
[AL.] Bratenfett

2221. **Gordura saturada**
[INGL.] saturated fat
[ESP.] grasa saturada
[FR.] graisse saturée
[IT.] grasso saturo
[AL.] gesättigtes Fett

2222. **Gorduroso**
[INGL.] greasy; fattening; fatty
[ESP.] grasiento
[FR.] gras
[IT.] grasso
[AL.] fettig

2223. **Gorgonzola (queijo italiano, cremoso, feito com leite de vaca)**
[INGL.] Gorgonzola (Italian cheese, creamy texture, made from cow milk)
[ESP.] Gorgonzola (queso italiano, textura cremosa, elaborado con leche de vaca)
[FR.] Gorgonzola (fromage italien, texture tendre, à base de lait de vache)
[IT.] Gorgonzola (formaggio italiano, pasta cremosa, preparato con latte vaccino)
[AL.] Gorgonzola (italienische Kuhmilch-Käse, mit cremig Struktur)

2224. **Gorjeta**
[INGL.] tip; gratuity
[ESP.] propina
[FR.] pourboire
[IT.] mancia
[AL.] Trinkgeld

2225. **Gorjeta incluída**
[INGL.] tip included
[ESP.] propina incluida
[FR.] pourboire compris
[IT.] mancia inclusa
[AL.] Trinkgeld inbegriffen

2226. **Gosto** Ver Sabor

2227. **Gostoso; Saboroso**
[INGL.] tasty
[ESP.] sabroso
[FR.] savoureux
[IT.] gustoso
[AL.] schmackhaft

2228. **Gota; Pingo**
[INGL.] drop
[ESP.] gota
[FR.] goutte
[IT.] goccia
[AL.] Tropfen

2229. **Gouda (queijo holandês de textura semidura, feito com leite de vaca)**
[INGL.] Gouda (Dutch cheese, semi-hard texture, made from cow milk)
[ESP.] Gouda (queso holandés, textura semiblanda, elaborado con leche de vaca)
[FR.] Gouda (fromage hollandais, pâte pressée, à base de lait de vache)
[IT.] Gouda (formaggio olandese, pasta semidura, prodotto con latte vaccino)
[AL.] Gouda (halbfester holländischer Käse aus Kuhmilch)

2230. **Goulash (cozido húngaro)**
[INGL.] goulash (Hungarian stew)
[ESP.] goulash (estofado húngaro)
[FR.] goulash (ragoût hongrois)
[IT.] goulash (stufato ungherese)
[AL.] Gulasch (ungarisches Eintopfgericht)

2231. **Gourmet** Ver Gastrônomo

2232. **Grama** (peso)
[INGL.] gram
[ESP.] gramo
[FR.] gramme
[IT.] grammo
[AL.] Gramm

2233. **Grana Padano (queijo italiano de textura dura, feito com leite de vaca semidesnatado)**
[INGL.] Grana Padano (Italian cheese, hard texture, made from low fat cow milk)
[ESP.] Grana Padano (queso italiano, textura dura, elaborado con leche de vaca desnatada)
[FR.] Grana Padano (fromage italien, pâte dure, à base de lait de vache demi-écrémé)
[IT.] Grana Padano (formaggio italiano, pasta dura, prodotto con latte vaccino parzialmente scremato)
[AL.] Grana Padano (italienische Hartkäse aus teilentrahmter Kuhmilch)

G

2234. Grand-Duc (pontas de aspargos, trufas e molho Mornay)
[INGL.] Grand-Duc (asparagus tips, truffles, and Mornay sauce)
[ESP.] Grand-Duc (puntas de espárragos, setas y salsa Mornay)
[FR.] Grand-Duc (pointes d'asperges, truffes et sauce Mornay)
[IT.] Grand-Duc (punte di asparagi, tartufi e salsa Mornay)
[AL.] Grand-Duc (Spargelspitzen, Trüffeln und Mornay-Sauce)

2235. Grande
[INGL.] big; large
[ESP.] grande
[FR.] grand
[IT.] grande
[AL.] groß

2236. Grand Marnier® (licor francês feito de laranjas maceradas em conhaque)
[INGL.] Grand Marnier® (French orange-flavored, cognac-based liqueur)
[ESP.] Grand Marnier® (licor francés, se elabora a partir de la maceración de naranjas en coñac)
[FR.] Grand Marnier® (liqueur française faite à partir de différents cognacs, distillés avec des essences d'orange)
[IT.] Grand Marnier® (liquore francese, a base di cognac e essenzi d'arancia)
[AL.] Grand Marnier® (französischer Orangenliköre)

2237. Grand-Mère (cebolas, cogumelos, batatas e bacon)
[INGL.] Grand-Mère (onions, mushrooms, potatoes, and bacon)
[ESP.] Grand-Mère (cebollas, setas, patatas y tocino)
[FR.] Grand-Mère (oignons, champignons, pommes de terre et lard)
[IT.] Grand-Mère (cipolle, funghi, patate e pancetta)
[AL.] Grand-Mère (Zwiebeln, Pilze, Kartoffeln und Speck)

2238. Grand-Veneur, molho (com geleia de groselha-vermelha)
[INGL.] grand-veneur sauce (with red currant jelly)
[ESP.] salsa grand-veneur (con jalea de grosellas rojas)
[FR.] sauce grand-veneur (à gelée de groseilles rouges)
[IT.] salsa grand-veneur (con gelatina di ribes rosso)
[AL.] Grand-Veneur Sauce (mit rote Johannisbeermarmelade)

2239. Granita (sorvete italiano não cremoso)
[INGL.] water ice; sherbet
[ESP.] granizado
[FR.] granité
[IT.] granita
[AL.] Granita

2240. Granulado
[INGL.] granulated
[ESP.] granulado
[FR.] granulé
[IT.] granulato; granuloso; in granuli
[AL.] gekörnt; körnig; granulat

2241. Granular
[INGL.] granulate, to
[ESP.] granular
[FR.] granuler
[IT.] granulare
[AL.] granulieren

2242. Grão-de-bico; Ervilha-de-galinha; Ervilha-egípcia
[INGL.] chick pea; garbanzo bean
[ESP.] garbanzo
[FR.] pois chiche
[IT.] ceci; cicero
[AL.] Kichererbsen

— grão-de-bico

2243. Grãos de pimenta
[INGL.] peppercorns
[ESP.] granos de pimienta
[FR.] grains de poivre
[IT.] granelli di pepe
[AL.] Pfefferkörner

G

2244. Grapefruit vermelha
[INGL.] pink grapefruit
[ESP.] pomelo rosado
[FR.] pomelo; pamplemousse rose
[IT.] pompelmo rosa
[AL.] rosafarben Grapefruit

2245. Grapefruit *Ver* POMELO

2246. Grappa
[INGL.] marc brandy; grappa
[ESP.] grapa; aguardiente de orujo
[FR.] marc
[IT.] grappa
[AL.] Grappa

2247. Gratinado
[INGL.] au gratin (U.S.)/ browned (U.K.)
[ESP.] gratinado
[FR.] gratiné
[IT.] gratinato
[AL.] gratiniert

2248. Gratinar
[INGL.] cock au gratin, to (U.S.)/brown a dish, to (U.K.)
[ESP.] gratinar
[FR.] gratiner
[IT.] gratinare
[AL.] gratinieren; überbacken

2249. Grátis *Ver* GRATUITO

2250. Gratuito; Grátis
[INGL.] free (of charge)
[ESP.] gratis
[FR.] gratuit
[IT.] gratis
[AL.] kostenlos; frei; gratis

2251. Graúna (SP)
Ver PIRAÚNA

2252. Graviola
[INGL.] soursop
[ESP.] guanábana
[FR.] annone; anone
[IT.] graviola
[AL.] Sauersack

2253. Gravy (molho feito do suco da carne)
[INGL.] gravy; jus (U.S.)/roast gravy (U.K.)
[ESP.] salsa a base del jugo de la carne asada
[FR.] jus de viande
[IT.] fondo di carne trasformato in una salsa
[AL.] Bratensoße; Bratensauce

2254. Grega, à (azeite de oliva, suco de limão e ervas aromáticas)
[INGL.] Greek style (olive oil, lemon juice, and aromatic herbs)
[ESP.] a la griega (aceite de oliva, zumo de limón y hierbas aromáticas)
[FR.] à la grecque (huile d'olive, jus de citron et fines herbes)
[IT.] alla greca (olio di oliva, succo di limone e erbe aromatiche)
[AL.] nach griechischer Art (Olivenöl, Zitronensaft und Würzkräuter)

2255. Grelha
[INGL.] grate; grill
[ESP.] parrilla
[FR.] grille; gril
[IT.] griglia
[AL.] Grill

2256. Grelhado no forno
[INGL.] broiled (U.S.)/ grilled (U.K.)
[ESP.] hecho a la parilla
[FR.] grillé
[IT.] cotto alla griglia
[AL.] gegrillt

2257. Grelhar no forno
[INGL.] broil, to (U.S.)/grill, to (U.K.)
[ESP.] emparrillar
[FR.] (faire) griller
[IT.] grigliare
[AL.] grillen

2258. Grenadine
Ver XAROPE DE ROMÃ

2259. Grenobloise, à la (alcaparras e limão em cubinhos)
[INGL.] Grenoble style (capers and diced lemon)
[ESP.] a la grenoblesa (alcaparras y cubitos de limón)
[FR.] à la grenobloise (câpres et citron en dés)
[IT.] alla grenoblese (capperi e cubetti di limone)
[AL.] Grenobler Art (Kapern und Zitronenwürfelchen)

2260. Gribiche, molho (maionese com alcaparras, pepinos em conserva, ovos cozidos e ervas aromáticas)
[INGL.] gribiche sauce (mayonnaise with capers, gherkins, hard-boiled eggs, and aromatic herbs

G

[ESP.] salsa gribiche (mayonesa con alcaparras, pepinillos, huevos duros y hierbas aromáticas)
[FR.] sauce gribiche (mayonnaise aux câpres, cornichons, œufs durs et fines herbes)
[IT.] salsa gribiche (maionese con capperi, cetriolini, uova sode e erbe aromatiche)
[AL.] Gribiche-Sauce (Mayonnaise mit Kapern, Cornichons, hartegekocht Eier und Würzkräuter)

2261. **Grissini** *(palitinhos crocantes e salgados)*
[INGL.] breadsticks
[ESP.] grisines
[FR.] gressin
[IT.] grissini
[AL.] Grissini

2262. **Grog** *(bebida quente à base de rum)*
[INGL.] Grog (hot rum-based drink)
[ESP.] Grog (cóctel caliente elaborado con ron)
[FR.] Grog (cocktail chaud fait avec du rhum)
[IT.] Grog (cocktail caldo fatto con rum)
[AL.] Grog (heißes Cocktail mit Rum)

2263. **Groselha-branca**
[INGL.] white currant
[ESP.] grosella blanca
[FR.] groseille blanche
[IT.] ribes biancho
[AL.] weiße Johannisbeere

2264. **Groselha-da-china**
Ver Kiwi

2265. **Groselha-espinhosa**
Ver Groselha-verde

2266. **Groselha-preta**
[INGL.] black currant
[ESP.] grosella negra
[FR.] cassis
[IT.] ribes nero
[AL.] schwarze Johannisbeere

2267. **Groselha-verde; Groselha-espinhosa**
[INGL.] gooseberry
[ESP.] uva espina
[FR.] groseille verte
[IT.] uva spina
[AL.] Stachelbeere; Agrasel

2268. **Groselha-vermelha**
[INGL.] red currant
[ESP.] grosella roja
[FR.] groseille rouge
[IT.] ribes rosso
[AL.] rote Johannisbeere

2269. **Grosso** *(espessura)*
[INGL.] thick
[ESP.] grueso
[FR.] gros
[IT.] spesso
[AL.] dick

2270. **Grudar**
[INGL.] stick, to
[ESP.] pegar
[FR.] coller
[IT.] attaccare; appiccicare
[AL.] kleben

2271. **Gruyère (queijo suíço de textura dura)**
[INGL.] Gruyère (Swiss cheese, hard texture)
[ESP.] Gruyère (queso suizo, textura dura)
[FR.] Gruyère (fromage suisse, pâte dure)
[IT.] Gruyère; Groviera (formaggio svizzero, pasta dura)
[AL.] Gruyère; Greyerzer (schweizer Hartkäse)

2272. **Guandu**
Ver Feijão-guando

2273. **Guaraiúba** (BA)
Ver Guarajuba

2274. **Guarajuba; Araximbora; Carapau** (ES); **Garacimbora** (PE); **Guaraiúba** (BA); **Guaricema** (RJ)
[INGL.] horse-eye jack; bigeye jack
[ESP.] jurel caballo; jurel ojón
[FR.] carangue mayole
[IT.] carangide
[AL.] grossaugen Stachelmakrele

2275. **Guaraná**
[INGL.] guarana
[ESP.] guaraná
[FR.] guarana
[IT.] guaranà
[AL.] Guarana

2276. **Guarassuma** (PE)
Ver Xerelete

G

2277. Guardanapo
[INGL.] table napkin
[ESP.] servilleta
[FR.] serviette
[IT.] tovagliolo
[AL.] Serviette

2278. Guardanapo de papel
[INGL.] paper napkin
[ESP.] servilleta de papel
[FR.] serviette en papier
[IT.] tovagliolo di carta
[AL.] Papierserviette

2279. Guardar
[INGL.] keep, to
[ESP.] guardar
[FR.] garder
[IT.] tenere
[AL.] bewahren

2280. Guarde o troco
[INGL.] keep the change
[ESP.] quédese con el cambio
[FR.] gardez la monnaie
[IT.] tenga la moneta
[AL.] behalten Sie das Wechselgeld

2281. Guaricema (RJ)
Ver GUARAJUBA

2282. Guarnecer
[INGL.] garnish, to
[ESP.] guarnecer
[FR.] garnir
[IT.] guarnire
[AL.] garnieren

2283. Guarnecido
[INGL.] garnished
[ESP.] guarnecido
[FR.] garni
[IT.] guarnito
[AL.] garniert

2284. Guarnição
[INGL.] garnish
[ESP.] guarnición
[FR.] garniture
[IT.] guarnizione
[AL.] Beilage

2285. Guelras; Brânquias
[INGL.] gills
[ESP.] branquias; agallas
[FR.] ouïes; branchies
[IT.] branchie
[AL.] Kieme

2286. Guisado *(adj.)*
[INGL.] stewed
[ESP.] estofado (adj.)
[FR.] à l'étouffée
[IT.] in umido
[AL.] geschmort

2287. Guisar *(semelhante a brasear)*
[INGL.] stew, to
[ESP.] guisar; estofar
[FR.] cuire en ragoût; cuire à la casserole; mijoter
[IT.] cuocere in umido; stufare
[AL.] schmoren

2288. Guloseima
[INGL.] delicacy
[ESP.] golosina
[FR.] gourmandise
[IT.] ghottonería
[AL.] Schleckerei

2289. Gumbo (sopa de caldo de galinha e quiabo)
[INGL.] chicken gumbo
[ESP.] sopa de pollo y gombo
[FR.] potage de poulet et gombo
[IT.] zuppa di pollo e gombo
[AL.] Hühner-Gombo

2290. Gustativo
[INGL.] gustative
[ESP.] gustativo
[FR.] gustatif
[IT.] gustativo
[AL.] geschmacks

H

2291. **Hadoque defumado**
[INGL.] smoked haddock (U.S.)/finnanhaddie (U.K.)
[ESP.] eglefino ahumado
[FR.] haddock (églefin fumé)
[IT.] eglefino affumicato
[AL.] Haddock (geräucherter Schellfisch)

2292. **Hadoque fresco**
[INGL.] haddock
[ESP.] eglefino
[FR.] aiglefin; églefin; aigrefin
[IT.] eglefino
[AL.] Schellfisch

2293. **Haggis (estômago de carneiro, recheado com carne picada do animal, cebola e aveia)**
[INGL.] haggis (sheep variety meat (U.S.)/sheep offal (U.K.) boiled in the animal's stomach)
[ESP.] haggis (picado de cordero, cebolla y avena en forma de embutido)
[FR.] haggis (estomac de mouton contenant un hachis d'abattis de mouton, oignon et avoine, le tout bouilli)
[IT.] Haggis (stomaco di montone ripieno di carne macinata, cipolla e avena e poi bollito)
[AL.] Haggis (im Schafsmagengekochte, gehackte Schafsinnereien und Haferschrot)

2294. **Halloumi (queijo do Oriente Médio, feito com leite de cabra)**
[INGL.] Haloumi (cheese originates in Middle Eastern, made from goat milk)
[ESP.] Haloumi (queso procedente de Oriente Medio, elaborado con leche de cabra)
[FR.] Haloumi (fromage originaire du Moyen--Orient, à base de lait de chèvre)
[IT.] Haloumi (formaggio originario del Medioriente, preparato con latte di capra)
[AL.] Haloumi (Ziegenkäse stammt aus dem Mittleren Osten)

2295. **Hambúrguer**
[INGL.] hamburger
[ESP.] hamburger; hamburguesa
[FR.] hamburger
[IT.] hamburger
[AL.] Hamburger

H

2296. Hambúrguer de frango
[INGL.] chicken hamburger
[ESP.] hamburguesa de pollo
[FR.] hamburger au poulet
[IT.] hamburger di pollo
[AL.] Geflügel-Hamburger

2297. Hambúrguer vegetariano
[INGL.] vegetarian hamburger
[ESP.] hamburguesa vegetariana
[FR.] hamburger végétarien
[IT.] hamburger vegetariano
[AL.] vegetarischer Hamburger

2298. Harissa, molho (pimenta-vermelha, alho, cominho, coentro, alcaravia e azeite de oliva)
[INGL.] harissa sauce (red pepper, garlic, cumin, cilantro (U.S.)/coriander (U.K.), caraway, and olive oil)
[ESP.] salsa harissa (chile, ajo, comino, coriandro, alcaravea y aceite di oliva)
[FR.] sauce harissa (poivre rouge, ail, cumin, coriandre, carvi et huile d'olive)
[IT.] salsa harissa (peperoncino , aglio, cumino, coriandolo, carvi e olio di oliva)
[AL.] Harissa-Sauce (roter Pfeffer, Knoblauch, Kreuzkümmel, Koriander, Kümmel und Olivenöl)

2299. Harvey Wallbanger (coquetel feito com vodca, suco de laranja e Galliano®)
[INGL.] Harvey Wallbanger (cocktail made with vodka, orange juice, and Galliano®)
[ESP.] Harvey Wallbanger (cóctel con vodka, zumo de naranja y Galliano®)
[FR.] Harvey Wallbanger (cocktail de vodka, jus d'orangeet Galliano®)
[IT.] Harvey Wallbanger (cocktail fatto con vodka, succo di arancia e Galliano®)
[AL.] Harvey Wallbanger (Cocktail mitWodka, Orangensaft und Galliano®)

2300. Hash browns (batatas e cebolas salteadas)
[INGL.] hash browns (sautéed potatoes and onions)
[ESP.] hash browns (salteado de patatas y cebollas)
[FR.] hash browns (pommes de terre rapées et sautées avec des oignons)
[IT.] hash browns (pezzi di patate e cipolle in padella)
[AL.] Hash Browns (Kartoffelpuffer)

2301. Hashi Ver PAUZINHOS COM OS QUAIS OS ORIENTAIS COMEM

2302. Hedgehog Ver PIED DE MOUTON

2303. Helder (batatas noisette e molho de tomate)
[INGL.] Helder (noisette potatoes and tomato sauce)
[ESP.] Helder (patatas salteadas y salsa de tomate)
[FR.] Helder (pommes de terre noisettes et sauce tomate)
[IT.] Helder (patate nocciola e salsa di pomodoro)
[AL.] Helder (Nußkartoffeln und Tomatensauce)

2304. Henri IV (batatas pont-neuf e molho béarnaise)
[INGL.] Henry IV (pont-neuf potatoes and béarnaise sauce)
[ESP.] Enrique IV (patatas pont-neuf y salsa bearnesa)
[FR.] Henri IV (pommes de terre pont-neuf et sauce béarnaise)
[IT.] Enrico IV (patate pont-neuf e salsa bearnaise)
[AL.] Heinrich IV (Pont-Neuf-Kartoffeln und Bearner-Sauce)

2305. Henri IV (corações de alcachofra, recheados com batatas noisette e molho béarnaise)
[INGL.] Henry IV (artichoke hearts with noisette potatoes and béarnaise sauce)
[ESP.] Enrique IV (fondos de alcachofas a las patatas salteadas y salsa bearnesa)
[FR.] Henri IV (cœurs d'artichauts farcis de pommes de terre noisettes et sauce béarnaise)
[IT.] Enrico IV (cuori di

H

carciofi farciti con patate noisette e salsa bearnaise)
[AL.] Heinrich IV (Artischockenherzen mit Nußkartoffeln und Bearner-Sauce)

2306. **Herbes de Provence (manjericão, alecrim, segurelha, louro e tomilho)**
[INGL.] herbes de Provence (basil, rosemary, savory, bay leaf, and thyme)
[ESP.] hierbas de Provenza (albahaca, romero, ajedrea, laurel y tomillo)
[FR.] herbes de Provence (basilic, romarin, sarriette, laurier et thym)
[IT.] erbe di Provenza (basilico, rosmarino, santoreggia, alloro e timo)
[AL.] Provencekräuter (Basilikum, Rosmarein, Bohnenkraut, Lorbeer und Thymian)

— herbes de Provence —

2307. **Hidromel (bebida alcoólica fermentada à base de mel e água)**
[INGL.] mead (alcoholic beverage, made by fermenting honey and water)
[ESP.] aguamiel; hidromiel (bebida alcohólica fermentada a base de miel y agua)
[FR.] hydromel (boisson fermentée, faite d'eau et de miel)
[IT.] idromele (bevanda alcolica, prodotto dalla fermentazione del miele)
[AL.] Honigwein; Met (alkoholischesGetränkaus Honig und Wasser)

2308. **Highball (uísque e club soda)**
[INGL.] Highball (whisky and club soda)
[ESP.] Highball (whisky y agua carbonatada)
[FR.] Highball (whisky et eau gazeuse)
[IT.] Highball (whisky e acqua gassata)
[AL.] Highball (Whisky und Sodawasser)

2309. **Hijiki; Hiziki (algas secas)**
[INGL.] hijiki; hiziki (dried kelp)
[ESP.] hijiki; hiziki (algas desecadas)
[FR.] hijiki; hiziki (algues séchées)
[IT.] hijiki; hiziki (alghe secche)
[AL.] Hijiki; Hiziki (getrockneten Algen)

2310. **Hiki-cha** Ver CHÁ MATCHA

2311. **Hipercalórico**
[INGL.] high in calories
[ESP.] hipercalórico
[FR.] hypercalorique
[IT.] ipercalorico
[AL.] kalorienhaltig

2312. **Hipocalórico**
[INGL.] low in calories
[ESP.] hipocalórico
[FR.] hypocalorique
[IT.] ipocalorico
[AL.] kalorienarm

2313. **Hipoglosso** (PT) Ver ALABOTE-DO-ATLÂNTICO

2314. **Hissopo; Erva-sagrada**
[INGL.] hyssop
[ESP.] hisopo
[FR.] hysope
[IT.] issopo
[AL.] Ysop

2315. **Hiziki** Ver HIJIKI

2316. **Ho Fen (massa de trigo chinesa)**
[INGL.] ho fen (Chinese wheat noodles)
[ESP.] ho fen (fideos chinos de trigo)
[FR.] ho fen (nouilles de blé chinoises)
[IT.] ho fen (tagliatellecinesi di grano)
[AL.] Ho Fen (chinesische Weizennudeln)

2317. **Hoisin, molho; Pequim, molho de (à base de soja, alho, pimenta-vermelha e especiarias)**
[INGL.] hoisin sauce; Peking sauce (soybean (U.S.)/soya bean (U.K.), garlic, red pepper, and spices)
[ESP.] salsa hoisin (soja, ajo, chile y especias)
[FR.] sauce hoisin (soja, ail, poivre rose et épices)

— 199 —

H

[IT.] salsa hoisin (soia, aglio, peperoncino e spezie)
[AL.] Hoisin-Sauce (Soja, Knoblauch, rote Pfeffer und Gewürze)

2318. Hokkien (massa fresca de ovos)
[INGL.] hokkien (fresh yellow egg noodles)
[ESP.] hokkien (fideos amarillos frescos, al huevo)
[FR.] hokkien (nouilles de blé fraîches jaunes)
[IT.] hokkien (tagliatelle fresche all'uovo)
[AL.] Hokkien (frische gelbe Eiernudeln)

2319. Holandês, molho (gemas de ovos, manteiga derretida e suco de limão)
[INGL.] Hollandaise sauce (egg yolks, melted butter, and lemon juice)
[ESP.] salsa holandesa (yemas de huevo, mantequilla derretida y zumo de limón)
[FR.] sauce hollandaise (jaunes d'œufs, émulsion de beurre et jus de citron)
[IT.] salsa olandese (tuorli d'uovo, burro fuso e succo di limone)
[AL.] holländische Sauce (Eigelb, zerlassene Butter und Zitronensaft)

2320. Hollandaise, à la (ovos pochés, vegetais fervidos ou peixe escaldado e molho holandês)
[INGL.] Dutch style (poached eggs, boiled vegetables or poached fish, and hollandaise sauce)
[ESP.] a la holandesa (huevos escalfados, verduras hervidas o pescado escalfado y salsa holandesa)
[FR.] à la hollandaise (œufs pochés, légumes bouillis ou poisson poché et sauce hollandaise)
[IT.] alla olandese (uova affogate, verdure bollite o pesce affogato e salsa olandese)
[AL.] nach holländischer Art (verlorene Eier, gekochtes Gemüse oder pochierte Fisch und holländische Sauce)

2321. Hollandaise, à la (peixe com batatas cozidas)
[INGL.] Dutch style (fish with boiled potatoes)
[ESP.] a la holandesa (pescado con patatas hervidas)
[FR.] à la hollandaise (poisson aux pommes de terre bouillies)
[IT.] alla olandese (pesce con patate lesse)
[AL.] nach holländischer Art (Fisch mit Salzkartoffeln)

2322. Homus *Ver* Hummus

2323. Hora
[INGL.] hour
[ESP.] hora
[FR.] heure
[IT.] ora
[AL.] Stundee

2324. Hora do almoço
[INGL.] lunchtime
[ESP.] hora del almuerzo
[FR.] l'heure du déjeuner
[IT.] ora dipranzo
[AL.] Mittagpause

2325. Hora do jantar
[INGL.] dinner time
[ESP.] hora de la comida; hora de la cena
[FR.] l'heure du dîner
[IT.] ora di cena
[AL.] Essenszeit

2326. Horário
[INGL.] timetable
[ESP.] horario
[FR.] horaire
[IT.] orario
[AL.] Fahrplan

2327. Horário de funcionamento
[INGL.] opening times
[ESP.] horas de apertura
[FR.] heures d'ouverture
[IT.] orari d'apertura
[AL.] Öffnungszeiten

2328. Horse's Neck (coquetel de uísque bourbon, Angostura® e ginger ale)
[INGL.] Horse's Neck (cocktail made with bourbon whisky, Angostura®, and ginger ale)
[ESP.] Horse's Neck (cóctel con whisky bourbon, Angostura® y ginger ale)
[FR.] Horse's Neck (cocktail de cognac ou whisky bourbon, Angostura® et ginger ale)

H

[IT.] Horse's Neck (cocktail fatto con whisky bourbon, Angostura® e ginger ale)
[AL.] Horse's Neck (Cocktail mit Bourbon Whisky, Angostura® und Ginger Ale)

2329. **Horta**
[INGL.] vegetable garden; kitchen garden
[ESP.] huerta; huerto
[FR.] jardin potager
[IT.] orto
[AL.] Gemüsegarden

2330. **Hortelã-d'água; Hortelã-rasteira**
[INGL.] marsh mint; water mint
[ESP.] menta de agua
[FR.] menthe aquatique; menthe aux grenouilles
[IT.] mentastro d'acqua
[AL.] Wasserminze

2331. **Hortelã-das-cozinhas; Hortelã-verde**
[INGL.] spearmint
[ESP.] hierba buena
[FR.] menthe verte
[IT.] menta verde
[AL.] Grüneminze

2332. **Hortelã-das-hortas**
[INGL.] curly leafed mint
[ESP.] menta crispa
[FR.] menthe frisée
[IT.] menta (crispa)
[AL.] Krauseminze

2333. **Hortelã-de-folhas-grossas; Hortelã-do-maranhão**
[INGL.] horehound
[ESP.] marrubio
[FR.] marrube
[IT.] marrobio
[AL.] weißer Andorn

2334. **Hortelã-do-maranhão** Ver HORTELÃ-DE-FOLHAS-GROSSAS

2335. **Hortelã-francesa** Ver BALSAMITA

2336. **Hortelã; Menta**
[INGL.] mint
[ESP.] menta; hierbabuena
[FR.] menthe
[IT.] menta
[AL.] Minze

2337. **Hortelã-pimenta**
[INGL.] peppermint
[ESP.] menta piperita
[FR.] menthe poivrée
[IT.] menta piperita
[AL.] Pfefferminze

2338. **Hortelã-rasteira** Ver HORTELÃ-D'ÁGUA

2339. **Hortelã-verde** Ver HORTELÃ-DAS-COZINHAS

2340. **Hortaliça**
[INGL.] vegetable
[ESP.] hortaliza
[FR.] légume vert
[IT.] ortaggio
[AL.] Gemüse

2341. **Hortulana**
[INGL.] ortolan
[ESP.] hortelano
[FR.] ortolan
[IT.] ortolano
[AL.] Gartenammen

2342. **Hóspede**
[INGL.] guest
[ESP.] cliente
[FR.] client
[IT.] cliente
[AL.] Gast

2343. **Hotel**
[INGL.] hotel
[ESP.] hotel
[FR.] hôtel
[IT.] hotel
[AL.] Hotel

2344. **Hotpot (cozido de carne de carneiro e cevada)**
[INGL.] hotpot (stew made with mutton and barley)
[ESP.] estofado de carnero y cebada
[FR.] hotpot (ragoût de mouton etorge)
[IT.] stufato di montone e orzo
[AL.] Hammelragout mit Gerste

2345. **Hummus; Homus (grão-de-bico, pasta de gergelim, suco de limão, alho, azeite de oliva, salsinha e hortelã)**
[INGL.] hummus (chick-pea, sesame paste, lemon juice, garlic, olive oil, parsley, and mint)
[ESP.] hummus; pasta de garbanzos (garbanzo, pasta de sésamo, zumo de limón, ajo, aceite de oliva, perejil y menta)
[FR.] hummus (pois chiches, pâte de sésame, jus de citron, ail, huile d'olive, persil et menthe)

H

[IT.] hummus (ceci, pasta di sesamo, succo de limone, aglio, olio di oliva, prezzemolo e menta)
[AL.] Hummus (Kichererbsen, Sesampaste, Zitronensaft, Knoblauch, Oivenöl, Petersilie und Minz)

2346. **Húngara, à (couve-
-flor, páprica e batatas salteadas)**
[INGL.] Hungarian style (cauliflower, paprika, and sautéed potatoes)
[ESP.] a la húngara (coliflor, páprika y patatas salteadas)
[FR.] à la hongroise (chou-fleur, paprika et pommes de terre sautées)
[IT.] all'ungherese (cavolfiore, paprika e patatesaltate)
[AL.] nach ungarischer Art (Blumenkohl, Paprika und Bratkartoffeln)

2347. **Hussarde, à la (to-
mates recheados com purê de cebola e cogu-
melos recheados com purê de espinafre)**
[INGL.] Hussarde style (tomatoes stuffed with onion purée and mushrooms stuffed with spinach purée)
[ESP.] a la hussarde (tomates rellenos con puré de cebolla y setas rellenas con puré de espinacas)
[FR.] à la hussarde (tomates farcies à la purée d'oignon et champignons farcis à la purée d'épinards)
[IT.] all'ussara (pomodori ripieni di purè di cipolla e funghi ripieni di purè di spinaci)
[AL.] Hussarenart (Tomatenmit Zwiebelpüree und Pilze mit Spinatpurrée)

2348. Ibérico (feito de uma mistura de leite de vaca, ovelha e cabra, é um queijo prensado e de breve maturação)
[INGL.] Ibérico (cheese made from a blend of cow, sheep and goat milk, it is pressed and short maturing)
[ESP.] Ibérico (elaborado con leche de vaca, oveja y cabra, es un queso prensado de maduación corta)
[FR.] Ibérico (fromage fait avec un mélange de lait de vache, de lait de brebis et lait de chèvre, pressé et affiné peu de temps)
[IT.] Ibérico (prodotto con latte vaccino, di pecora e di capra, è un formaggio a pasta pressata e che richiede una breve stagionatura)
[AL.] Ibérico (eine Mischung aus Kuh-, Schafs- und Ziegenmilch wird für diesen gepreßten Käse mit kurzer Reifungszeit verwendet)

2349. Idiazabal (queijo espanhol, feito com leite de ovelha não pasteurizado)
[INGL.] Idiazabal (Spanish cheese, made from unpasteurized sheep milk)
[ESP.] Idiazabal (queso español, elaborado con leche cruda de oveja)
[FR.] Idiazabal (fromage espagnol, à base de lait de brebis cru)
[IT.] Idiazabal (formaggio spagnolo, prodotto con latte di pecora crudo)
[AL.] Idiazabal (spanische Käse aus unpasteurisierter Schafsmilch hergestellt)

2350. Iguaria
[INGL.] delicacy
[ESP.] exquisitez
[FR.] spécialité gastronomique
[IT.] specialità
[AL.] Delikatesse

2351. Ikam teri
Ver IKAN BILIS

2352. Ikan bilis; Ikam teri (anchovas secas)
[INGL.] Ikan bilis (dried anchovies)
[ESP.] Ikan bilis (anchoas desecadas)
[FR.] Ikan bilis (anchois séchés)
[IT.] Ikan bilis (acciughe secche)
[AL.] Ikan Bilis (getrockneten Sardellen)

I

2353. Imperador-
-vermelho *(peixe)* (PT)
[INGL.] emperor red snapper
[ESP.] pargo imperial
[FR.] vivaneau bourgeois
[IT.] azzannatore imperiale
[AL.] Kaiserschnapper

2354. Imperial, à (escalopes de foie gras, trufas e cogumelos)
[INGL.] imperial style (foie gras escalope, truffles, and mushrooms)
[ESP.] a la imperial (escalopes de hígado graso de ganso, trufas y setas)
[FR.] à l'impériale (escalopes de foie gras, truffes et champignons)
[IT.] all'imperiale (scaloppine di fegato grasso d'oca, tartufi e funghi)
[AL.] nach Kaiserart (Gänseleberschnitzel, Trüffeln und Pilze)

2355. Incisão
[INGL.] incision
[ESP.] incisión
[FR.] incision
[IT.] incisione
[AL.] Einschnitt

2356. Indiano, molho (maionese, curry em pó e cebolinha-francesa)
[INGL.] Indian sauce (mayonnaise, curry powder, and chives)
[ESP.] salsa india (mayonesa, curry en polvo y cebollino)
[FR.] sauce indienne (mayonnaise, cari en poudre et ciboulette)
[IT.] salsa indiana (maionese, polvere di curry e erba cipollina)
[AL.] indische Sauce (Mayonnaise, Curry-Pulver und Schnittlauch)

2357. Indigestão
[INGL.] indigestion
[ESP.] indigestión
[FR.] indigestion
[IT.] indigestione
[AL.] Magenverstimmung

2358. Indigesto
[INGL.] indigestible
[ESP.] indigesto
[FR.] indigeste
[IT.] indigesto
[AL.] verdauungsstörung; unverdaulich

2359. Infusão
[INGL.] infusion
[ESP.] infusión
[FR.] infusion
[IT.] infusione
[AL.] Aufguss

2360. Inglesa, à (cozido na água e servido com manteiga)
[INGL.] English style (boiled and served with butter)
[ESP.] a la inglesa (hervido y aderezado con mantequilla)
[FR.] à l'anglaise (bouilli et servi avec du beurre)
[IT.] all'inglese (bollito e guarnito con burro)
[AL.] nach englischer Art (gekocht und mit Butter ganiert)

2361. Inglês, molho
[INGL.] Worcestershire sauce
[ESP.] salsa inglesa
[FR.] sauce anglaise; sauce Worcestershire
[IT.] salsa Worcester
[AL.] Worcester-Sauce

2362. Ingredientes
[INGL.] ingredients
[ESP.] ingredientes
[FR.] ingrédients
[IT.] ingredienti
[AL.] Zutaten

2363. Inhame havaiano
Ver T<small>ARO</small>

2364. Inhame japonês
Ver T<small>ARO</small>

2365. Inhame
[INGL.] yam
[ESP.] ñame
[FR.] igname
[IT.] yam
[AL.] Yamswurzel

2366. Insípido
[INGL.] insipid
[ESP.] insípido
[FR.] insipide
[IT.] insipido
[AL.] geschmacklos

– inhame –

– 206 –

I

2367. **Insosso**
[INGL.] unsalted
[ESP.] soso
[FR.] fade
[IT.] sciapo; sciocco
[AL.] ungesalzen

2368. **Instantâneo**
[INGL.] instantaneous
[ESP.] instantáneo
[FR.] instantané
[IT.] instantaneo
[AL.] instant

2369. **Inteiro**
[INGL.] whole
[ESP.] entero
[FR.] entier
[IT.] intero
[AL.] ganz

2370. **Intolerância à lactose**
[INGL.] lactose intolerance
[ESP.] intolerancia a la lactosa
[FR.] intolérance au lactose
[IT.] intolleranza al lattosio
[AL.] Lactoseunverträglichkeit

2371. **Intoxicação alimentar**
[INGL.] food poisoning
[ESP.] intoxicación alimenticia
[FR.] intoxication alimentaire
[IT.] intossicazione alimentare
[AL.] Lebensmittelvergiftung

2372. **Iogurte**
[INGL.] yogurt; yoghurt
[ESP.] yogur
[FR.] yaourt
[IT.] yogurt
[AL.] Joghurt

— iogurte —

2373. **Iogurte com cereais**
[INGL.] cereal yogurt
[ESP.] yogur con cereales
[FR.] yaourt aux céréales
[IT.] yogurt ai cereali
[AL.] Körnerjoghurt

2374. **Iogurte com frutas**
[INGL.] fruit yogurt
[ESP.] yogur con frutas
[FR.] yaourt aux fruits
[IT.] yogurt alla frutta
[AL.] Fruchtjoghurt

2375. **Iogurte desnatado**
[INGL.] low-fat yogurt
[ESP.] yogur magro
[FR.] yaourt maigre
[IT.] yogurt magro
[AL.] Magerjoghurt

2376. **Iogurte grego**
[INGL.] Greek yogurt
[ESP.] yogur griego
[FR.] yaourt à la grecque
[IT.] yogurt alla greca
[AL.] griechischer Joghurt

2377. **Iogurteira**
[INGL.] yogurt maker
[ESP.] yogurtera
[FR.] yaourtière
[IT.] yogurtiera
[AL.] Joghurtbereiter

2378. **Iogurte, molho de**
[INGL.] yogurt sauce
[ESP.] salsa de yogur
[FR.] sauce au yaourt
[IT.] salsa allo yogurt
[AL.] Joghurtsauce

2379. **Iogurte natural**
[INGL.] plain yogurt
[ESP.] yogur natural
[FR.] yaourt nature
[IT.] yogurt naturale
[AL.] Naturjoghurt

2380. **Isqueiro**
[INGL.] lighter
[ESP.] encendedor
[FR.] briquet
[IT.] accendino
[AL.] Feuerzeug

2381. **Italiano, molho (azeite de oliva, vinagre de vinho, suco de limão, alho, orégano, endro e erva-doce)**
[INGL.] Italian sauce (olive oil, wine vinegar, lemon juice, garlic, oregano, dill, and anise)
[ESP.] salsa italiana (aceite de oliva, vinagre de vino, zumo de limón, ajo, orégano, eneldo y anís)
[FR.] sauce italienne (huile d'olive, vinaigre de vin, jus de citron, ail, origan, aneth et anis)
[IT.] salsa italiana (olio di oliva, aceto di vino, succo di limone, aglio, origano, aneto e anice)

I

[AL.] italienische Sauce (Olivenöl, Weinessig, Zitronensaft, Knoblauch, Oregano, Dill und Anis)

2382. Italiano, molho (presunto, cogumelos e molho de tomate)

[INGL.] Italian sauce (ham, mushrooms, and tomato sauce)
[ESP.] salsa italiana (jamón, setas y salsa de tomate)
[FR.] sauce italienne (jambon, champignons et sauce tomate)
[IT.] salsa italiana (prosciutto, funghi e salsa di pomodoro)
[AL.] italienische Sauce (Schinken, Pilze und Tomatensauce)

2383. Italienne, à la (corações de alcachofra ou macarrão)

[INGL.] Italian style (artichoke hearts or noodles)
[ESP.] a la italiana (fondos de alcachofas o pasta)
[FR.] à l'italienne (cœurs d' artichauts ou pâtes)
[IT.] all'italiana (cuori di carciofi oppure pasta)
[AL.] nach italienischer Art (Artischockenherzen oder Makkaroni)

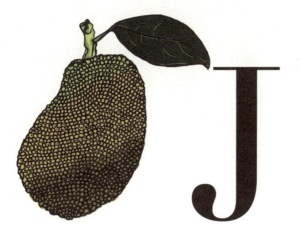

2384. **Jabá** Ver Carne-seca

2385. **Jabaí** Ver Tamarindo

2386. **Jabão** Ver Tamarindo

2387. **Jabuticaba**
[INGL.] jabuticaba
[ESP.] jabuticaba
[FR.] jabuticaba
[IT.] jabuticaba
[AL.] Jabuticaba (ähnlich wie Pflaume)

2388. **Jaca**
[INGL.] jackfruit; honey jack
[ESP.] fruta de jack
[FR.] jacque
[IT.] jackfruit
[AL.] Jackfrucht

2389. **Jacinto-da-índia** Ver Angélica

2390. **Jacinto-de-tapetes** Ver Cebolinha-de-flor-azul

2391. **Jaguara** (NE) Ver Tintureira

2392. **Jambalaya (arroz com camarões, frango, presunto e tomates)**
[INGL.] jambalaya (rice with shrimp, (U.S.)/prawn (U.K.), chicken, ham, and tomatoes)
[ESP.] jambalaya (arroz con camarones, pollo, jamón y tomates)
[FR.] jambalaya (riz avec crevettes, poulet, jambon et tomates)
[IT.] jambalaya (riso con gamberetti, pollo, prosciutto e pomodori)
[AL.] Jambalaya (Reis mit Garnelen, Huhn, Schinken und Tomaten)

2393. **Jambo**
[INGL.] rose apple; Malay apple
[ESP.] pomarrosa
[FR.] pomme rosée; pomme de Malacca; guibolle
[IT.] mela rosa
[AL.] Malay-Apfel

2394. **Jambu; Nhambu; Agrião-do-brasil; Agrião-do-pará**
[INGL.] Brazil cress; Para cress
[ESP.] jambu
[FR.] cresson de Pará
[IT.] spilante
[AL.] Brasilkresse

2395. **Jantar à luz de velas**
[INGL.] candlelight dinner
[ESP.] cena a la luz de las velas

J

[FR.] dîner aux chandelles
[IT.] cena a lume di candele
[AL.] Diner bei Kerzenlicht

2396. **Jantar dançante**
[INGL.] evening with dancing
[ESP.] noche con bailable
[FR.] soirée dansante
[IT.] serata danzante
[AL.] Tanzabend

2397. **Jantar de gala**
[INGL.] gala evening
[ESP.] cena de gala
[FR.] soirée de gala
[IT.] serata di gala
[AL.] Gala-Abend

2398. **Jantar é servido às ...**
[INGL.] dinner is served at...
[ESP.] se come a las ...
[FR.] on dîne à... heures
[IT.] si cena alle...
[AL.] Das Abendessen wird um... uhr serviert

2399. **Jantar** *(subst.)*
[INGL.] dinner; supper
[ESP.] cena
[FR.] dîner; souper
[IT.] cena
[AL.] Abendessen

2400. **Jantar** *(verbo)*
[INGL.] have dinner, to; dine, to
[ESP.] cenar
[FR.] dîner
[IT.] cenare
[AL.] abendessen

2401. **Japonesa, à (alcachofras japonesas e croquetes de batata)**
[INGL.] Japanese style (Japanese artichokes and potato croquettes)
[ESP.] a la japonesa (crosnes y croquetas de patatas)
[FR.] à la japonaise (crosnes et croquettes de pommes de terre)
[IT.] alla giapponese (carciofi giapponesi e crocchette di patate)
[AL.] nach japanischer Art (japanische Artischocken und Kartoffelkroketten)

2402. **Jardineira, à (com legumes variados)**
[INGL.] gardener style (with assorted vegetables)
[ESP.] a la jardinera (con verduras variadas)
[FR.] à la jardinière (aux légumes assortis)
[IT.] alla giardiniera (con verdure assortite)
[AL.] nach Gärtnerinart (mit gemischtes Gemüse)

2403. **Jarra**
[INGL.] jug; pitcher
[ESP.] jarra
[FR.] cruche
[IT.] brocca
[AL.] Krug

2404. **Javali**
[INGL.] wild boar
[ESP.] jabalí
[FR.] sanglier
[IT.] cinghiale
[AL.] Wildschwein

2405. **Javali assado**
[INGL.] wild boar roast
[ESP.] asado de jabalí
[FR.] sanglier rôti
[IT.] arrosto di cinghiale
[AL.] Wildschweinbraten

2406. **Javali novo** *(até 6 meses)*
[INGL.] young wild boar
[ESP.] jabato
[FR.] marcassin
[IT.] cinghialetto
[AL.] Frischling

2407. **Jee choy** Ver LAVER

2408. **Jejuar**
[INGL.] fast, to
[ESP.] ayunar
[FR.] jeûner
[IT.] digiunare
[AL.] fasten

2409. **Jenipapo**
[INGL.] genipap; jagua
[ESP.] genipapo; jagua
[FR.] jenipaye; jagua
[IT.] genipapo; jagua
[AL.] Genipapo; Jagua

2410. **Jerez** Ver XEREZ

2411. **Jerimum** (NE) Ver ABÓBORA

2412. **Jicama**
[INGL.] jicama; yam bean root; Mexican potato
[ESP.] jícama
[FR.] jicama
[IT.] jicama
[AL.] Jicamawurzel; Yambohne

— jicama —

J

2413. **Joá-de-capote** *Ver* Physalis

2414. **Jogo americano**
[INGL.] place mat
[ESP.] salvamantel individual
[FR.] set de table
[IT.] tovaglietta all'americana
[AL.] Plattedeckchen

2415. **Jogo de panelas**
[INGL.] panset
[ESP.] juego de ollas
[FR.] set de casseroles; batterie de cuisine
[IT.] batteria di tegami
[AL.] Geschirrserie

2416. **Jogo de tigelas**
[INGL.] set of bowls
[ESP.] juego de tazones
[FR.] saladiers
[IT.] ciotoloni
[AL.] Küchenschüsseln

2417. **Joinville (camarões, trufas e cogumelos)**
[INGL.] Joinville (shrimp (U.S.)/prawn (U.K.), truffles, and mushrooms)
[ESP.] Joinville (camarones, trufas y setas)
[FR.] Joinville (crevettes, truffes et champignons)
[IT.] Joinville (gamberetti, tartufi e funghi)
[AL.] Joinville (Garnelen, Trüffeln und Pilze)

2418. **Joinville, molho (molho normande com manteiga de camarão)**
[INGL.] Joinville sauce (normande sauce with shrimp butter (U.S.)/prawn butter (U.K.))
[ESP.] salsa Joinville (salsa normanda y mantequilla de camarones)
[FR.] sauce Joinville (sauce normande au beurre de crevettes)
[IT.] salsa Joinville (salsa normanda con burro al gamberetti)
[AL.] Joinville-Sauce (Normannische Sauce mit Krabbenbutter)

2419. **Judic (alface braseada, tomates recheados e batatas château)**
[INGL.] Judic (braised lettuces, stuffed tomatoes, and château potatoes)
[ESP.] Judic (lechuga braseada, tomates rellenos y patatas castillo)
[FR.] Judic (laitue braisée, tomates farcies et pommes de terre château)
[IT.] Judic (lattuga brasata, pomodori ripieni e patate château)
[AL.] Judic (brasierte Salat, gefülte Tomaten und Schlosskartoffeln)

2420. **Jujuba-selvagem**
[INGL.] jujube; Chinese date
[ESP.] jujuba
[FR.] jujubier; jujube
[IT.] giuggiole
[AL.] Brustbeere; chinesische Dattel

2421. **Jules-Verne (batatas recheadas, nabos e cogumelos)**
[INGL.] Jules-Verne (stuffed potatoes, turnips, and mushrooms)
[ESP.] Jules-Verne (patatas rellenas, nabos y setas)
[FR.] Jules-Verne (pommes de terre farcies, navets et champignons)
[IT.] Jules-Verne (patate ripiene, rape e funghi)
[AL.] Jules-Verne (gefülte Kartoffeln, Rüben und Pilze)

2422. **Juliana** *(peixe)* (PT); **Pescada-polaca** (PT)
[INGL.] pollack
[ESP.] juliana
[FR.] lieu jaune
[IT.] merlano nero
[AL.] Pollack

2423. **Junípero** *Ver* Zimbro

2424. **Junipo** *Ver* Zimbro

2425. **Juve, à la (carpa, cebolas, vinho branco e ervas)**
[INGL.] Jewish style (carp, onions, white wine, and herbs)
[ESP.] a la judía (carpa, cebollas, vino blanco y hierbas)
[FR.] à la juive (carpe, oignons, vin blanc et herbes)
[IT.] alla giudea (carpa, cipolle, vino bianco e erbe)
[AL.] nach jüdischer Art (Karpfen, Zwiebeln, Weißwein und Kräuter)

2426. Kabanos (linguiça de carne de porco e/ou boi picada)

[INGL.] kabanos (sausage with ground pork and/or beef (U.S.)/minced pork and/or beef (U.K.))
[ESP.] kabanos (salchicha elaborada con carne de cerdo y/o vacuno picado)
[FR.] kabanos (saucisse à base de porc et/ou de bœuf haché)
[IT.] cabanossi (salsiccia preparata con carne di maiale e/o di manzo tritata)
[AL.] Kabanos (Wurst aus Schweine-und/oder Rindfleisch)

2427. Kamaboko (bolo de peixe, especialidade japonesa)

[INGL.] kamakobo (fish cake, Japanese specialty)
[ESP.] kamakobo (pasta de pescados, especialidad japonesa)
[FR.] kamakobo (blocs de poisson, spécialité japonaise)
[IT.] kamakobo (pasta di pesce, specialità giapponese)
[AL.] Kamakobo (Fischkäse japanische Spezialität)

2428. Kasseler (lombo do porco curado e defumado)

[INGL.] kasseler (cured and smoked pig loin)
[ESP.] kasseler (lomo de cerdo curado y ahumado)
[FR.] kasseler (longe de porc salé et fumé)
[IT.] kasseler (lonza di maiale posta in salamoia e affumicata)
[AL.] Kasseler (gepökelte und geräucherte Schweinefleisch)

2429. Kebab (pedaços de carne de carneiro, no espeto)

[INGL.] kebab (mutton on skewers)
[ESP.] kebab (broquetas de cordero al pincho)
[FR.] kebab (brochettes de mouton)
[IT.] kebab (spiedini di montone)
[AL.] Kebab (Hammelspießchen)

K

2430. Kecap manis (molho doce de soja)
[INGL.] ketjab manis; kecap manis (sweet soy sauce)
[ESP.] ketjap manis (salsa de soja dulce)
[FR.] ketjab manis (sauce de soja douce)
[IT.] kecap manis (salsa di soia dolce)
[AL.] Kecap Manis (süße Sojasausse)

2431. Kedgeree (arroz com peixe defumado, ovos cozidos, lentilhas e cebola)
[INGL.] kedgeree (rice with smoked fish, hard-boiled eggs, lentils, and onion)
[ESP.] kedgeree (arroz con pescado ahumado, huevos duros, lentejas y cebolla)
[FR.] kedgeree (riz au poisson fumé avec œufs durs, lentilles et oignon)
[IT.] kedgeree (riso al pesce affumicato con uova sode, lenticchie e cipolla)
[AL.] Kedgeree (geräucherter Fischrisotto mit hartgekocht Eier, Linsen und Zwiebel)

2432. Ketchup
[INGL.] ketchup; catsup (U.S.)/tomato sauce (U.K.)
[ESP.] ketchup
[FR.] ketchup
[IT.] ketchup
[AL.] Ketchup

2433. Kino; Kiwano; Melão-africano-chifrudo; Pepino chifrudo
[INGL.] kiwano; African horned cucumber
[ESP.] kiwano; pepino silvestre africano
[FR.] kiwano; spoutnik
[IT.] kiwano
[AL.] Kiwano

2434. Kir (coquetel feito de creme de cassis e vinho branco)
[INGL.] Kir (cocktail made with crème de cassis and white wine)
[ESP.] Kir (cóctel de crema de casis y vino blanco)
[FR.] Kir (cocktail de crème de cassis et vin blanc)
[IT.] Kir (cocktail fatto con creme de cassis e vino bianco)
[AL.] Kir (Crème de Cassis und Weißwein)

2435. Kir Royal (coquetel feito de creme de cassis e champanhe)
[INGL.] Kir Royal (cocktail made with crème de cassis and champagne)
[ESP.] Kir Royal (cóctel de crema de casis y champán)
[FR.] Kir Royal (cocktail de crème de cassis et champagne)
[IT.] Kir Royal (cocktail fatto con creme de cassis e champagne)
[AL.] Kir Royal (Cocktail mit Crème de Cassis und Champagner oder Sekt)

2436. Kirsch (aguardente de cerejas)
[INGL.] kirsch (sour-cherry distillate)
[ESP.] kirsch (aguardiente de guindas garrafales)
[FR.] kirsch (eau-de-vie de griottes)
[IT.] kirsch (distillato di ciliegie marasche)
[AL.] Kirsch; Kirschwasser (Sauerkirschdestillat)

2437. Kiwano Ver Kino

2438. Kiwi; Groselha-da-china
[INGL.] kiwi
[ESP.] kiwi
[FR.] kiwi; groseille de Chine
[IT.] kiwi
[AL.] Kiwi

2439. Knäckebrot (pão integral sueco)
[INGL.] knäckerbrot (Swedish whole wheat (U.S.)/whole meal (U.K.) crisp bread)
[ESP.] knäckerbrot (pan integral sueco)
[FR.] knäckerbrot (pain complet suédois)
[IT.] knäckerbrot (pane integrale svedese)
[AL.] Knäckebrot (schwedisches Vollkornbrot)

– Kir Royal –

K

2440. Knackwurst (salsicha feita de carne de porco e/ou boi e alho)
[INGL.] knackwurst (sausage made with beef and/or pork meat and garlic)
[ESP.] knackwurst (salchicha de carne de buey y/o cerdo y ajo)
[FR.] knackwurst (saucisse de bœuf et/ou de porc et ail)
[IT.] knackwurst (wurstel a base di manzo e/o maiale e aglio)
[AL.] Knackwurst (Wurst aus Rind- und/oder Schweinefleisch und Knoblauch)

2441. Kombu; Konbu (algas secas)
[INGL.] laver; purple laver (dried seaweed)
[ESP.] laver (algas desecadas)
[FR.] porphyrée pourpre (algues séchées)
[IT.] alga rossa; alga laver (alghe secche)
[AL.] Laver-Algen (getrockneter Algen)

2442. **Konbu** *Ver* Kombu

2443. Kugel (pudim salgado, feito de batata ou macarrão)
[INGL.] kugel (salty pudding made with potato or noodles)
[ESP.] kugel (budín salado hecho de patata o pasta)
[FR.] kugel (pudding salé fait de pommes de terre ou pâtes)
[IT.] kugel (budino salato a base di patata o pasta)
[AL.] Kugel (salziger Pudding aus Kartoffel oder Makkaroni)

2444. Kugelhopf (bolo austríaco com uvas-passas e amêndoas)
[INGL.] Kugelhopf (Austrian cake with raisins and almonds)
[ESP.] kugelhopf (dulce austríaco con pasas y almendras)
[FR.] kugelhopf (gâteau autrichien aux raisins secs et amandes)
[IT.] kugelhopf (dolce austriaco con uvetta e mandorle)
[AL.] Gugelhupf (österreichischer Kuchen mit Rosinen und Mandel)

2445. **Kümmel**
Ver Alcaravia

2446. **Kumquat**
Ver Laranja-kinkan

— 217 —

L

2447. Lábios (miúdos)
[INGL.] lips
[ESP.] labios
[FR.] lèvres; babine
[IT.] labbra
[AL.] Lippen

2448. Lactose (açúcar natural do leite)
[INGL.] lactose
[ESP.] azúcar de leche; lactosa
[FR.] lactose; sucre de lait
[IT.] lattosio
[AL.] Laktose; Milchzucker

2449. Ladyfingers (bolinhos de massa leve, em formato alongado)
[INGL.] ladyfingers (U.S.)/ sponge biscuits (U.K.)
[ESP.] soletillas; soletas
[FR.] biscuits à la cuillère
[IT.] biscotti savoiardi
[AL.] Löffelbiskuits

2450. Lagarto (corte de carne bovina)
[INGL.] eye of round; eye round
[ESP.] peceto; redondo
[FR.] noix de ronde
[IT.] girello; magatello
[AL.] Seemerrolle

2451. Lagosta
[INGL.] lobster
[ESP.] langosta
[FR.] homard; langouste
[IT.] aragosta
[AL.] Hummer

2452. Lagosta à Thermidor (lagosta na casca, gratinada)
[INGL.] lobster Thermidor style (au gratin (U.S.)/browned (U.K.) in its carapace)
[ESP.] langosta Thermidor (gratinada en el caparazón)
[FR.] langouste Thermidor (gratinée dans sa carapace)
[IT.] aragosta Thermidor (gratinata nel carapace)
[AL.] Hummer Thermidor (in der Schale gratiniert)

2453. Lagostins
[INGL.] (freshwater) crayfish; scampi
[ESP.] cigalas
[FR.] langoustines; scampi
[IT.] scampi
[AL.] Flusskrebse; Kaisergranatschwänze; Scampi

2454. Lamber
[INGL.] lick, to
[ESP.] lamer
[FR.] lécher
[IT.] leccare
[AL.] lecken

L

2455. Lamentar
[INGL.] regret, to
[ESP.] lamentar; desagradar
[FR.] regretter
[IT.] lamentare; dispiacere
[AL.] bedauern

2456. Lâmina *(de faca)*
[INGL.] blade
[ESP.] hoja
[FR.] lame
[IT.] lama
[AL.] Klinge

2457. Lampreia
[INGL.] lamprey
[ESP.] lamprea
[FR.] lamproie
[IT.] lampreda
[AL.] Neunauge

2458. Lanche; Refeição rápida
[INGL.] snack
[ESP.] pincho; comida ligera; piscolabis
[FR.] casse-croûte
[IT.] spuntino
[AL.] Snack

2459. Languedocienne, à la (tomates, beringelas e cogumelos)
[INGL.] Languedoc style (tomatoes, eggplants (U.S.)/ aubergines (U.K.), and mushrooms)
[ESP.] a la languedociana (tomates, berenjenas y setas)
[FR.] à la languedocienne (tomates, aubergines et champignons)
[IT.] alla linguadoca (pomodori, melanzane e funghi)
[AL.] Languedoc Art (Tomaten, Auberginen und Pilze)

2460. Lapa *(molusco)* (PT)
[INGL.] limpet
[ESP.] lapa
[FR.] patelle
[IT.] patella
[AL.] Napfschnecke

2461. Lap Cheong; Lap Chong (linguiça chinesa de carne de porco)
[INGL.] lap cheong; lap chong (Chine sausage made from pork)
[ESP.] lap cheong; lap chong (salchicha china elaborada con carne de cerdo)
[FR.] lap cheong; lap chong (saucisse chinoise faite à base de porc)
[IT.] lap cheong; lap chong (salsiccia cinese di carne di maiale)
[AL.] Lap Cheong; Lap Chong (chinesische Würst aus Schweinnefleisch)

2462. Lap Chong *Ver* L**AP** C**HEONG**

2463. Laranja
[INGL.] orange
[ESP.] naranja
[FR.] orange
[IT.] arancia
[AL.] Orange

2464. Laranja-amarga; Laranja-da-terra; Laranja-de-sevilha
[INGL.] bitter orange; Seville orange
[ESP.] naranja amarga; naranja de Sevilla
[FR.] orange amère; bigarade; orange de Séville
[IT.] arancia amara; arancia di Siviglia
[AL.] Pomeranze

2465. Laranja-baía
[INGL.] navel orange
[ESP.] naranja navel
[FR.] orange navel
[IT.] navel
[AL.] Navel Orange

2466. Laranjada *Ver* S**UCO** **NATURAL DE LARANJA**

2467. Laranja-da-china *Ver* L**ARANJA**-**DOCE**

2468. Laranja-de-sevilha *Ver* L**ARANJA**-**AMARGA**

2469. Laranja-da-sicília; Laranja-sanguínea
[INGL.] blood orange
[ESP.] naranja sanguina
[FR.] orange sanguine
[IT.] sanguinella
[AL.] Blutorange

2470. Laranja-da-terra *Ver* L**ARANJA**-**AMARGA**

2471. Laranja-doce; Laranja-da-china
[INGL.] sweet orange
[ESP.] naranja China
[FR.] orange douce
[IT.] arancia dolce
[AL.] Apfelsine; süße Orange

2472. Laranja, molho de
[INGL.] orange sauce
[ESP.] salsa de naranja

L

[FR.] sauce à l'orange
[IT.] salsa all'arancia
[AL.] Orangensauce

2473. Laranja-kinkan; Kumquat
[INGL.] kumquat
[ESP.] naranja japonesa
[FR.] kumquat
[IT.] kumquat
[AL.] japanische Orange

2474. Laranja-sanguínea *Ver* LARANJA-DA-SICÍLIA

2475. Lardeado
[INGL.] larded
[ESP.] mechado; lardeado
[FR.] lardé
[IT.] lardellato
[AL.] füllen das Fleisch mit Speckstreifen

2476. Lardear; Entremear a carne com tiras de toucinho
[INGL.] lard, to
[ESP.] mechar; lardear
[FR.] larder
[IT.] lardellare; lardare
[AL.] spicken; belegen

2477. Lardo *Ver* TOUCINHO EM TIRAS

2478. Lasanha (encontrada em folhas, pode ser seca ou fresca)
[INGL.] lasagne (in sheets, available dried and fresh)
[ESP.] lasaña (pasta en hojas, se puede encontrar seca o fresca)
[FR.] lasagne (en feuilles, elles peuvent être sèches ou fraîches)
[IT.] lasagne (sfoglie di pasta, essicate o fresche)
[AL.] Lasagne (die nudeln werden zu Platten ausgerollt, man kann Lasagne getrocknet und frisch kaufen)

2479. Lasanha vegetariana
[INGL.] vegetarian lasagne
[ESP.] lasaña vegetariana
[FR.] lasagne végétarienne
[IT.] lasagne vegetariane
[AL.] vegetarische Lasagne

2480. Lasanha verde (preparada com espinafre)
[INGL.] green lasagne (spinach is added to the basic pasta dough)
[ESP.] lasaña verde (con espinacas)
[FR.] lasagne verte (aux épinards)
[IT.] lasagne verdi (aromatizzate con spinaci)
[AL.] grüne Lasagne (mit Spinat)

2481. Lascas de trufa
[INGL.] truffle slivers
[ESP.] laminillas de trufa
[FR.] lamelles de truffe
[IT.] lamelle di tartufo
[AL.] Trüffelscheibchen

2482. Lata
[INGL.] can (U.S.)/tin (U.K.)
[ESP.] lata
[FR.] boîte
[IT.] latta
[AL.] Dose

2483. Laticínios
[INGL.] dairy product
[ESP.] producto lácteo
[FR.] produit laitier; laitage
[IT.] latticino
[AL.] Milchprodukt

2484. Lava-dedos
[INGL.] finger bowl
[ESP.] lavadedos
[FR.] rince-doigts
[IT.] lavadita
[AL.] Fingerschale

2485. Lavadeira *Ver* LAVANDEIRA

2486. Lavado
[INGL.] washed
[ESP.] limpiado
[FR.] lavé
[IT.] lavato
[AL.] gewaschen

2487. Lavallière (cordeiro, corações de alcachofra recheada com purê de aspargos e molho Bordelaise)
[INGL.] Lavallière (lamb, artichoke hearts with asparagus tips, and Bordelaise sauce)
[ESP.] Lavallière (cordero, fondos de alcachofas a las puntas de espárragos y salsa bordelesa)
[FR.] Lavallière (agneau, cœur d'artichauts aux pointes d'asperges et sauce bordelaise)
[IT.] Lavallière (agnello, cuori di carciofi ripieni di purea di asparagi e salsa bordolese)
[AL.] Lavallière (Lamm, Artischockenherzen

L

mit Spargelspitzen und Bordeleser-Sauce)

2488. Lavanda
Ver ALFAZEMA

2489. Lavandeira; Lavadeira (*pássaro*)
[INGL.] plover
[ESP.] chorlito
[FR.] pluvier
[IT.] piviere
[AL.] Regenpfeifer

2490. Lavar
[INGL.] wash, to
[ESP.] limpiar
[FR.] laver
[IT.] lavare
[AL.] waschen

2491. Laver; Jee choy (algas secas)
[INGL.] laver; purple laver (dried seaweed)
[ESP.] laver (algas desecadas)
[FR.] porphyrée pourpre (algues séchées)
[IT.] alga rossa; alga laver (alghe secche)
[AL.] Laver-Algen (getrockneter Algen)

2492. Lebre
[INGL.] hare
[ESP.] liebre
[FR.] lièvre
[IT.] lepre
[AL.] Hase

2493. Lechia Ver LICHIA

2494. Legumes
[INGL.] vegetables
[ESP.] legumbres
[FR.] légumes
[IT.] verdure
[AL.] Gemüse

2495. Legumes cozidos no vapor
[INGL.] steamed vegetables
[ESP.] verduras al vapor
[FR.] légumes à la vapeur
[IT.] verdure cotte al vapore
[AL.] gedünstetes Gemüse

2496. Legumes ou verduras congelados
[INGL.] frozen vegetables
[ESP.] verduras congeladas
[FR.] légumes congelés
[IT.] verdure surgelate
[AL.] Feinfrostgemüse

2497. Legumes ou verduras em conserva
[INGL.] canned vegetables (U.S.)/tinned vegetables (U.K.)
[ESP.] legumbres en conserva
[FR.] conserve de légumes
[IT.] conserva di verdure
[AL.] Dosengemüse

2498. Leidsekaas
Ver LEYDEN

2499. Leitãozinho
[INGL.] suckling pig; piglet
[ESP.] lechón; cochinillo de leche
[FR.] cochon-de-lait; porcelet
[IT.] porcellino da latte; maialino
[AL.] Spanferkel

2500. Leite
[INGL.] milk
[ESP.] leche
[FR.] lait
[IT.] latte
[AL.] Milch

2501. Leite ácido; Leitelho
[INGL.] buttermilk
[ESP.] suero de leche ácida
[FR.] lait de beurre; babeurre
[IT.] latticello (siero di latte acido)
[AL.] Buttermilch

2502. Leite aromatizado
[INGL.] flavored milk
[ESP.] leche con sabor
[FR.] lait aromatisé
[IT.] latte aromatizzato
[AL.] Milchmischgetränke

2503. Leite com baixo teor de gordura
[INGL.] low-fat milk
[ESP.] leche desnatada
[FR.] lait maigre
[IT.] latte magro
[AL.] fettarme Milch; Leichtmilch

2504. Leite concentrado sem açúcar Ver LEITE EVAPORADO

2505. Leite condensado
[INGL.] sweetened condensed milk
[ESP.] leche condensada
[FR.] lait concentré sucré
[IT.] latte condensato
[AL.] gesüßte Kondensmilch

2506. Leite de amêndoa
[INGL.] almond milk
[ESP.] leche de almendra
[FR.] lait d'amande

L

[IT.] latte di mandorla; mandorlato
[AL.] Mandelmilch

2507. Leite de búfala
[INGL.] bison milk; buffalo milk
[ESP.] leche de bisonte
[FR.] lait de bison
[IT.] latte di bisonte
[AL.] Bisonmilch

2508. Leite de cabra
[INGL.] goat milk
[ESP.] leche de cabra
[FR.] lait de chèvre
[IT.] latte di capra
[AL.] Ziegenmilch

2509. Leite de coco
[INGL.] coconut milk
[ESP.] leche de coco
[FR.] lait de coco
[IT.] latte di cocco
[AL.] Kokosmilch

2510. Leite de ovelha
[INGL.] sheep milk
[ESP.] leche de oveja
[FR.] lait de brebis
[IT.] latte di pecora
[AL.] Schafmilch

2511. Leite de soja
[INGL.] soymilk
[ESP.] leche de soja
[FR.] lait de soja
[IT.] latte di soia
[AL.] Sojamilch

2512. Leite desnatado
[INGL.] nonfat milk; skim milk; skimmed milk
[ESP.] leche desnatada
[FR.] lait écrémé
[IT.] latte scremato
[AL.] Magermilch; entrahmte Milch

2513. Leite desnatado em pó
[INGL.] skim powdered milk
[ESP.] leche desnatada en polvo
[FR.] lait écrémé en poudre
[IT.] latte in polvere scremato
[AL.] Magermilchpulver

2514. Leite de vaca
[INGL.] cow milk
[ESP.] leche de vaca
[FR.] lait de vache
[IT.] latte vaccino
[AL.] Kuhmilch

2515. Leite em pó
[INGL.] powdered milk
[ESP.] leche en polvo
[FR.] lait en poudre
[IT.] latte in polvere
[AL.] Milchpulver

2516. Leite evaporado; Leite concentrado sem açúcar
[INGL.] evaporated milk
[ESP.] leche evaporada
[FR.] lait concentré
[IT.] latte concentrato
[AL.] Kondensmilch; Büchsenmilch

2517. Leite integral
[INGL.] whole milk
[ESP.] leche cremosa
[FR.] lait entier
[IT.] latte intero
[AL.] Vollmilch

2518. Leiteira
[INGL.] milk jug
[ESP.] jarro de leche
[FR.] pot-au-lait
[IT.] bollilatte
[AL.] Milchtopf

2519. Leitelho
Ver LEITE ÁCIDO

2520. Leite longa vida
[INGL.] long-life milk
[ESP.] leche de larga duración
[FR.] lait de longue conservation
[IT.] latte a lunga conservazione
[AL.] H-Milch

2521. Leite não pasteurizado
[INGL.] raw milk
[ESP.] leche cruda
[FR.] lait cru
[IT.] latte crudo
[AL.] Rohmilch

2522. Leite pasteurizado
[INGL.] pasteurized milk
[ESP.] leche pasteurizada
[FR.] lait pasteurisé
[IT.] latte pastorizzato
[AL.] pasteurisierte Milch

2523. Leiteria
[INGL.] diary; creamery
[ESP.] lechería
[FR.] crémerie
[IT.] latteria
[AL.] Milchgeschäft

2524. Leite semidesnatado
[INGL.] low-fat milk; semi-skimmed milk
[ESP.] leche semidesnatada

L

[FR.] lait demi-écrémé
[IT.] latte parzialmente scremato
[AL.] teilentrahmte Milch

2525. Leite talhado
[INGL.] curdled milk
[ESP.] leche cuajada
[FR.] lait caillé
[IT.] latte cagliato
[AL.] Sauermilch

2526. Leite UHT
[INGL.] UHT milk (ultrahigh temperature treated milk)
[ESP.] leche UHT (leche submetida a temperatura altíssima)
[FR.] lait UHT; lait de longue conservation
[IT.] latte UHT (riscaldato a temperatura ultraalta)
[AL.] UHT Milch (ultrahocherhizte Milch)

2527. Leitoso
[INGL.] milky
[ESP.] lechoso
[FR.] laiteux
[IT.] latteo
[AL.] milchig

2528. Lenha
[INGL.] firewood
[ESP.] leña
[FR.] bois à brûler
[IT.] legna
[AL.] Brennholz

2529. Lentilha
[INGL.] lentil
[ESP.] lenteja
[FR.] lentille
[IT.] lenticchia
[AL.] Linse

2530. Lentilhas Puy
[INGL.] puy lentils
[ESP.] lentejas de Puy
[FR.] lentilles vertes de Puy
[IT.] lenticchie di Puy
[AL.] Puy Linsen

2531. Lépiote *(cogumelo)*
[INGL.] parasol mushrooms
[ESP.] parasole; apagador
[FR.] lépiotes
[IT.] funghi lepiote brune
[AL.] Parasolpilze

2532. Letrinhas (massa própria para sopas)
[INGL.] alphabet (pasta for soup)
[ESP.] alfabeto (pasta para sopas)
[FR.] pâtes alphabet (pâtes à potage)
[IT.] alfabeto (pastina per minestre)
[AL.] kleine Buchstabenudeln (Suppennüdeln)

2533. Levantar-se
[INGL.] get up, to
[ESP.] levantarse
[FR.] se lever
[IT.] alzarci
[AL.] aufstehen

2534. Leve
[INGL.] light
[ESP.] ligero
[FR.] léger
[IT.] leggero
[AL.] leicht

2535. Levedo de cerveja
[INGL.] brewer's yeast
[ESP.] levadura de cerveza
[FR.] levure de bière
[IT.] lievito di birra
[AL.] Bierhefe

2536. Levístico; Ligústica
[INGL.] lovage
[ESP.] levístico; apio de montaña
[FR.] céleri de montagne
[IT.] levistico
[AL.] Liebstöckel

2537. Levulose
Ver FRUTOSE

2538. Leyden; Leidsekaas (queijo holandês de textura firme, feito com leite de vaca semi-desnatado)
[INGL.] Leyden; Leidsekaas (Dutch cheese, close textured, made from low fat cow milk)
[ESP.] Leyden; Leidsekaas (queso holandés, textura compacta, elaborado con leche de vaca semidesnatada)
[FR.] Leyden; Leidsekaas (fromage hollandais, pâte compacte, à base de lait de vache demi-écrémé)
[IT.] Leyden; Leidsekaas (formaggio olandese, pasta compatta, prodotto con latte vaccino parzialmente scremato)
[AL.] Leyden; Leidsekaas (holländischer Käse aus teilentrahmter Kuhmilch, mit harter Rinde)

2539. Libra *(peso)*
[INGL.] pound

L

[ESP.] libra
[FR.] livre
[IT.] libbra
[AL.] Libra

2540. Lichia; Lechia
[INGL.] lychee; litchi
[ESP.] lichi
[FR.] letchi; litchi; lychee
[IT.] litchi
[AL.] Litchi

2541. Lichia tailandesa
[INGL.] Thai lychee; Thai litchi
[ESP.] lichi tailandés
[FR.] litchi thaïlandais
[IT.] litchi thailandese
[AL.] Thai-Litchi

2542. Licor
[INGL.] liqueur
[ESP.] licor
[FR.] liqueur
[IT.] liquore
[AL.] Likör

2543. Licor de amoras selvagens
[INGL.] sloe gin
[ESP.] licor de endrinas
[FR.] liqueur de mûres sauvages
[IT.] liquore di prugnola selvatica
[AL.] Schlehenlikör

2544. Licor de ervas
[INGL.] herbal liqueur
[ESP.] licor de hierbas
[FR.] liqueur aux herbes
[IT.] liquore alle erbe
[AL.] Kräuterlikör

2545. Licor de laranja
[INGL.] orange liqueur
[ESP.] licor de naranja
[FR.] liqueur à l'orange
[IT.] liquore all'arancia
[AL.] Orangenlikör

2546. Licor de pêssego
[INGL.] peach liqueur
[ESP.] licor de melocotón
[FR.] liqueur à la pêche
[IT.] liquore alla pesca
[AL.] Pfirsichlikör

2547. Ligamento cervical *(miúdos)*
[INGL.] neck tendon
[ESP.] ligamento cervical
[FR.] ligament cervical
[IT.] legamento cervicale
[AL.] Nackenband

2548. Ligar; Unir
[INGL.] bind, to
[ESP.] unir
[FR.] lier
[IT.] legare
[AL.] abbinden

2549. Ligurienne, à la (carne com tomates recheados e risoto de açafrão)
[INGL.] Ligurian style (meat, stuffed tomatoes, and saffron risotto)
[ESP.] a la ligurina (carne, tomates rellenos y risotto al azafrán)
[FR.] à la ligurienne (viande, tomates farcies et risotto au safran)
[IT.] alla ligure (carne, pomodori farciti e risotto allo zafferano)
[AL.] nach ligurischer Art (Fleisch, gefüllte Tomaten und Safran-Risotto)

2550. Ligústica
Ver LEVÍSTICO

2551. Lima Kaffir
[INGL.] Thai lime; Kaffir lime
[ESP.] limero kaffir
[FR.] citronnier Kaffir; limettier hérissé
[IT.] limetta Kaffir
[AL.] Kaffir-Limette

2552. Limão em conserva
[INGL.] preserved lemon
[ESP.] limón en conserva
[FR.] citron en conserve
[IT.] conserva di limone
[AL.] engelegte Zitrone

2553. Limão, molho de
[INGL.] lemon sauce
[ESP.] salsa de limón
[FR.] sauce au citron
[IT.] salsa al limone
[AL.] Zitronensauce

2554. Limão-siciliano
[INGL.] lemon
[ESP.] limón
[FR.] citron
[IT.] limone
[AL.] Zitrone

2555. Limão-taiti
[INGL.] lime
[ESP.] lima
[FR.] lime; citron verte
[IT.] limetta; lime
[AL.] Limette; Limone

2556. Limburger (queijo belga de textura semi-dura, feito com leite de vaca)
[INGL.] Limburger (Belgian cheese, semi-hard texture, made from cow milk)

L

[ESP.] Limburger (queso belga, textura semiblanda, elaborado con leche de vaca)
[FR.] Limbourg (fromage belge, pâte pressée, à base de lait de vache)
[IT.] Limburger (formaggio belga, pasta semidura, prodotto con latte vaccino)
[AL.] Limburger (halbfester belgischer Käse aus Kuhmilch)

2557. **Limonada** Ver Suco natural de limão

2558. **Limonete; Cidrão; Cidrilha; Erva-luísa; Falsa erva-cidreira**
[INGL.] lemon verbena
[ESP.] hierba luisa
[FR.] verveine-citronnelle
[IT.] limoncina
[AL.] Zitronenstrauch

2559. **Limpar**
[INGL.] clean, to
[ESP.] limpiar
[FR.] nettoyer
[IT.] pulire
[AL.] putzen; reinigen

2560. **Limpo**
[INGL.] clean
[ESP.] limpio
[FR.] nettoyé
[IT.] pulito
[AL.] sauber

2561. **Língua** (miúdos)
[INGL.] tongue
[ESP.] lengua
[FR.] langue
[IT.] lingua
[AL.] Zunge

2562. **Língua de boi**
[INGL.] ox tongue
[ESP.] lengua de buey
[FR.] langue de bœuf
[IT.] lingua di bue
[AL.] Ochsenzunge

2563. **Língua de cordeiro**
[INGL.] lamb tongue
[ESP.] lengua de cordero
[FR.] langue d'agneau
[IT.] lingua d'agnello
[AL.] Lammzunge

2564. **Língua de gato** (tipo de chocolate)
[INGL.] cat tongue cookies (U.S.)/cat tongue biscuits (U.K.)
[ESP.] lengua de gato
[FR.] langue de chat
[IT.] lingua di gatto
[AL.] Katzenzungen

2565. **Língua de porco**
[INGL.] pig tongue
[ESP.] lengua de cerdo
[FR.] langue de porc
[IT.] lingua di maiale
[AL.] Schweinezunge

2566. **Linguado**
[INGL.] sole
[ESP.] lenguado
[FR.] sole
[IT.] sogliola
[AL.] Seezunge

2567. **Linguado Choiseul (ao molho de vinho branco trufado)**
[INGL.] sole Choiseul (with truffled white wine sauce)
[ESP.] lenguado Choiseul (a la salsa al vino blanco trufada)
[FR.] sole à la Choiseul (à la sauce au vin blanc truffée)
[IT.] sogliola Choiseul (alla salsa al vino bianco tarturfata)
[AL.] Seezunge Choiseul (mit getrüffelter Weißweinsauce)

2568. **Linguiça**
[INGL.] sausage
[ESP.] salchicha
[FR.] saucisse
[IT.] salsiccia
[AL.] Wurst

2569. **Linguiça de fígado de porco**
[INGL.] liver sausage; liverwurst
[ESP.] salchicha de hígado
[FR.] saucisse de foie
[IT.] salsiccia di fegato
[AL.] Leberwurst

2570. **Linguine (massa de forma chata e longa)**
[INGL.] linguine (flat long shape pasta)
[ESP.] linguine (pasta alargada y plana)
[FR.] linguine (pâte en forme longue et plate)
[IT.] linguine (pasta lunga ed appiattita)
[AL.] Linguine (lange und flache Nudeln)

2571. **Linzertorte (torta feita com especiarias e coberta de geleia)**
[INGL.] linzertort (tart made of spices and covered with jam)
[ESP.] tarta de Linz (tarta hecha con especias y

L

cubierta con mermelada)
[FR.] linzertarte (tarte aux épices et garnie de confiture)
[IT.] torta di Linz (torta con spezie e coperta di marmellata)
[AL.] Linzer torte (mit Gewürzen und Marmelade überzogen)

2572. **Liofilizado**
[INGL.] freeze-dried
[ESP.] liofilizado
[FR.] lyophilisée
[IT.] liofilizzato
[AL.] gefriergetrocknet

2573. **Liofilizar**
[INGL.] freeze-dry, to
[ESP.] liofilizar
[FR.] lyophiliser
[IT.] liofilizzare
[AL.] gefriertrocknen

2574. **Liquidificador**
[INGL.] blender
[ESP.] licuadora
[FR.] mixeur; blender
[IT.] frullatore
[AL.] Mixer

2575. **Líquido** *(adj.)*
[INGL.] liquid
[ESP.] líquido
[FR.] liquide
[IT.] liquido
[AL.] flüssig

2576. **Líquido para tirar gordura**
[INGL.] grease cleaner
[ESP.] líquido para limpiar grasa
[FR.] dégraissant

[IT.] liquido sgrassante
[AL.] Fettrennungsmittel; Entfetter

2577. **Lírio**
Ver CANGULO-REI

2578. **Liso** *(textura)*
[INGL.] even; smooth
[ESP.] liso
[FR.] lisse
[IT.] liscio
[AL.] glatt

2579. **Lista de compras**
[INGL.] shopping list
[ESP.] lista de compras
[FR.] liste d'achats
[IT.] lista della spesa
[AL.] Einkaufsliste

2580. **Lista de preços**
[INGL.] price list
[ESP.] lista de precios
[FR.] tarif
[IT.] listino prezzi
[AL.] Preisliste

2581. **Litro**
[INGL.] litre; liter
[ESP.] litro
[FR.] litre
[IT.] litro
[AL.] Liter

2582. **Livarot (queijo da Normandia, de textura semimacia, feito com leite de vaca não pasteurizado)**
[INGL.] Livarot (cheese originates in Normandy, semi-soft texture, made from unpasteurized cow milk)
[ESP.] Livarot (queso procedente de Normandia, textura elástica, elaborado con leche de vaca sin pasteurizar)
[FR.] Livarot (fromage de Normandie, texture élastique, à base de lait de vache cru)
[IT.] Livarot (formaggio originario della Normandia, pasta semimolle, preparato con latte vaccino crudo)
[AL.] Livarot (Käse in der Normandie aus unpasteurisierter Kuhmilch)

2583. **Lixo**
[INGL.] garbage, trash (U.S.)/ rubbish (U.K.)
[ESP.] basura
[FR.] ordures
[IT.] rifiuti
[AL.] Müll

2584. **Local; Regional**
[INGL.] local
[ESP.] local
[FR.] du pays; local(e); régional(e)
[IT.] locale
[AL.] regional; der Region

2585. **Loganberry (variedade híbrida de framboesa e amora-preta)**
[INGL.] loganberry
[ESP.] frambuesa americana
[FR.] mûre-framboise
[IT.] loganberry (varietà ibrida di lampone e mora)
[AL.] Loganbeere

L

2586. **Loja**
[INGL.] store
[ESP.] tienda
[FR.] magasin
[IT.] negozio
[AL.] Geschäft; Laden

2587. **Loja de bebidas**
[INGL.] liquor store (U.S.)/off license (U.K.)
[ESP.] tienda de bebidas alcohólicas
[FR.] boutique de vins et spiritueux
[IT.] negozio di liquori
[AL.] Spirituosengeschäft

2588. **Loja de café; Cafeteria**
[INGL.] coffee shop; cafeteria
[ESP.] café; cafetería
[FR.] café; cafétéria
[IT.] caffè; caffeteria
[AL.] Coffee-Shop; Schnellgaststättte

2589. **Loja de vinhos**
[INGL.] wine shop
[ESP.] bodega de vinos
[FR.] boutique de vins et spiritueux
[IT.] negozio di vini
[AL.] Weinhandlung

2590. **Lombinho** *(corte de carne bovina)*
[INGL.] hanging tender (U.S.)/thick skirt (U.K.)
[ESP.] entraña gruesa
[FR.] onglet
[IT.] lombatello
[AL.] Lendchen; Nierenzapfen

2591. **Lombinho** *(corte de carne suína)*
[INGL.] pork tenderloin
[ESP.] solomillo de cerdo
[FR.] filet mignon de porc
[IT.] filetto di maiale
[AL.] Schweinefilet

2592. **Lombo de boi**
[INGL.] sirloin
[ESP.] solomillo
[FR.] aloyau
[IT.] lombata
[AL.] Lende; Rippenstück; Rinderrrücken

2593. **Lombo de carneiro**
[INGL.] saddle of mutton
[ESP.] silla de carnero
[FR.] selle de mouton
[IT.] sella di montone
[AL.] Hammelrücken

2594. **Lombo de coelho**
[INGL.] saddle of rabbit
[ESP.] silla de conejo
[FR.] râble de lapin
[IT.] sella di coniglio
[AL.] Kaninchenrücken

2595. **Lombo de javali**
[INGL.] saddle of wild boar
[ESP.] silla de jabalí
[FR.] selle de sanglier
[IT.] sella di cinghiale
[AL.] Wildschweinrücken

2596. **Lombo de lebre**
[INGL.] saddle of hare
[ESP.] lomo de libre
[FR.] râble de lièvre
[IT.] lombo di lepre
[AL.] Hasenrücken

2597. **Lombo de lebre à la Saint Hubert (com cogumelos e molho poivrade)**
[INGL.] saddle of hare Saint Hubert style (with mushrooms and poivrade sauce)
[ESP.] lomo de libre San Huberto (con setas y salsa poivrade)
[FR.] râble de lièvre Saint Hubert (aux champignons et à la sauce poivrade)
[IT.] lombo di lepre Sant'Uberto (con funghi e salsa poivrade)
[AL.] Hasenrücken St. Hubertus (mit Pilze und Pfeffersauce)

2598. **Lombo de porco**
[INGL.] pork loin
[ESP.] lomo de cerdo
[FR.] longe de porc
[IT.] lombata di maiale
[AL.] Schweinelende

2599. **Long Island (coquetel feito com tequila, gim, vodca, Coca-Cola® e limão)**
[INGL.] Long Island (cocktail made with tequila, gin, vodka, Coke®, and lemon juice)
[ESP.] Long Island (cóctel con tequila, ron, vodka, Coca-Cola® y zumo de limón)
[FR.] Long Island (cocktail de tequila, gin, vodka, Coca-Cola® et jus de citron)

L

[IT.] Long Island (cocktail fatto con tequila, rum, vodka, Coca-Cola® e succo di limone)

[AL.] Long Island (Cocktail mit Tequila, Gin, Wodka, Coca-Cola® und Zitronensaft)

2600. **Lorette (croquetes de frango, pontas de aspargos e trufas)**
[INGL.] Lorette (chicken croquettes, asparagus tips, and truffles)
[ESP.] Lorette (croquetas de ave, puntas de espárragos y trufas)
[FR.] Lorette (croquettes de volaille, pointes d'asperges et truffes)
[IT.] Lorette (crocchette di pollo, punte di asparagi e tartufi)
[AL.] Lorette (Geflügelkroketten, Spargelspitzen und Trüffeln)

2601. **Lorraine, à la (repolho roxo, maçãs e vinho tinto)**
[INGL.] Lorraine style (red cabbage, apples, and red wine)
[ESP.] a la lorenesa (col lombarda, manzanas y vino tinto)
[FR.] à la lorraine (chou rouge, pommes et vin rouge)
[IT.] alla lorenese (cavolo rosso, mele e vino rosso)

[AL.] Lorraine Art (Rotkohl, Äpfel und Rotwein)

2602. **Losna** Ver ABSINTO

2603. **Lota-do-rio**
[INGL.] burbot
[ESP.] lota; lota de río
[FR.] lotte (d'eau douce)
[IT.] bottatrice
[AL.] Quappe

2604. **Louça**
[INGL.] dishware; chinaware; crockery
[ESP.] vajilla
[FR.] vaisselle
[IT.] stoviglie; piatti
[AL.] Geschirr

2605. **Loukanika (salsicha grega, feita com carne de porco, temperada com coentro)**
[INGL.] loukanika (Greek sausage, made with pork, seasoned with cilantro (U.S.)/coriander (U.K.))
[ESP.] loukanika (salchicha griega, elaborada con carne de cerdo y sazonada con coriandro)
[FR.] loukanika (saucisse grecque, à base de porc et coriandre)
[IT.] loukanika (salsiccia greca a base di carne di maiale condita con coriandolo)
[AL.] Loukanika (griechische Wurst aus Schweinefleisch und Koriander)

2606. **Louro**
[INGL.] bay leaf
[ESP.] laurel
[FR.] laurier
[IT.] alloro
[AL.] Lorbeer

— louro —

2607. **Lúcio** *(peixe)* (PT)
[INGL.] pike
[ESP.] lucio
[FR.] brochet
[IT.] luccio
[AL.] Hecht

2608. **Lucioperca** *(peixe)* (PT)
[INGL.] pike perch
[ESP.] lucioperca
[FR.] sandre
[IT.] lucioperca
[AL.] Zander

2609. **Lula**
[INGL.] squid
[ESP.] calamar
[FR.] calmar
[IT.] calamaro; calameretto
[AL.] Tintenfisch

2610. **Lúpulo**
[INGL.] hop
[ESP.] lúpulo
[FR.] houblon
[IT.] luppolo
[AL.] Hopfen

L

2611. Luva
[INGL.] glove
[ESP.] guante
[FR.] gant
[IT.] guanto
[AL.] Handschuh

2612. Luva de cozinha
[INGL.] kitchen glove; hot pads
[ESP.] guante de cocina
[FR.] gant de cuisine
[IT.] guanto da cucina
[AL.] Küchenhandschuh; Topfhandschuh

2613. Luz
[INGL.] light
[ESP.] luz
[FR.] lumière
[IT.] luce
[AL.] Licht

2614. Luzerna Ver ALFAFA

2615. Lyonnaise, à la (cebolas e batatas)
[INGL.] Lyonese style (onions and potatoes)
[ESP.] a la lionesa (cebollas y patatas)
[FR.] à la lyonnaise (oignons et pommes de terre)
[IT.] alla lionese (cipolle e patate)
[AL.] nach Lyoner Art (Zwiebeln und Kartoffeln)

2616. Lyonnaise, à la (com cebolas fritas em manteiga)
[INGL.] Lyonnese style (fried onions in butter)
[ESP.] a la lionesa (cebollas fritas en mantequilla)
[FR.] à la lyonnaise (oignons frits au beurre)
[IT.] alla lionese (cipolle fritte nel burro)
[AL.] nach Lyoner Art (gebackene Zwiebeln in Butter)

2617. Lyonnaise, molho (cebolas e vinho branco)
[INGL.] Lyonnaise sauce (onions and white wine)
[ESP.] salsa lionesa (cebollas y vino blanco)
[FR.] sauce lyonnaise (oignons et vin blanc)
[IT.] salsa lionese (cipolle e vino bianco)
[AL.] Lyoner-Sauce (Zwiebeln und Weißwein)

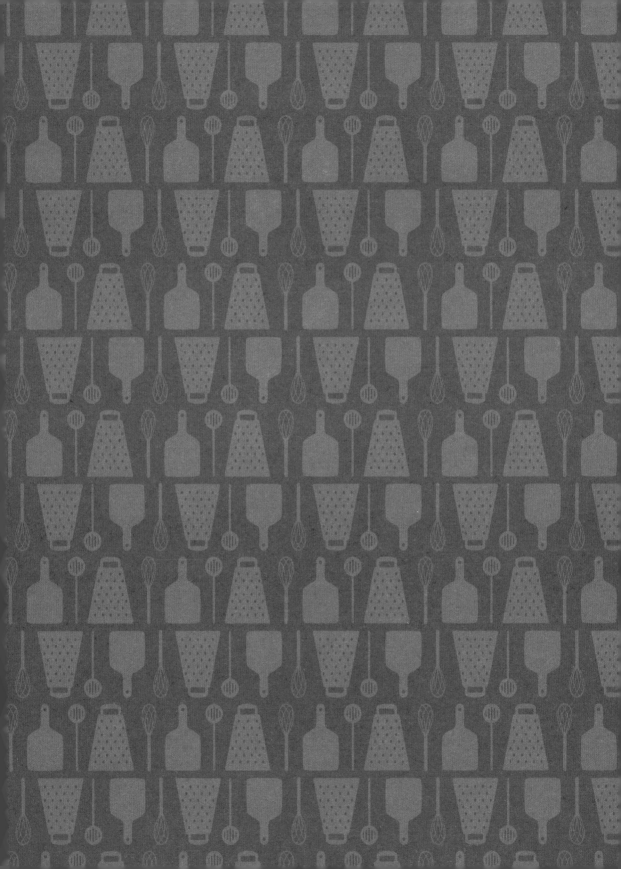

M

2618. **Maçã**
[INGL.] apple
[ESP.] manzana
[FR.] pomme
[IT.] mela
[AL.] Apfel

2619. **Maçã Fuji**
[INGL.] Fuji apple
[ESP.] manzana Fuji
[FR.] pomme Fuji
[IT.] mela Fuji
[AL.] Fuji-Apfel

2620. **Maçã Gala**
[INGL.] Gala apple
[ESP.] manzana Gala
[FR.] pomme Royal Gala
[IT.] mela Gala
[AL.] Gala-Apfel

2621. **Maçã, molho de**
[INGL.] apple sauce
[ESP.] salsa de manzana
[FR.] sauce aux pommes
[IT.] salsa di mele
[AL.] Äpfelsauce

2622. **Macarrão** *(nome genérico, em português, para designar diversos tipos de massas italianas)*
[INGL.] noodles
[ESP.] pasta
[FR.] pâtes
[IT.] pasta
[AL.] Makkaroni; Nudeln

2623. **Macarrão com molho de tomate**
[INGL.] noodles with tomato sauce
[ESP.] pasta con salsa de tomate
[FR.] pâtes sauce tomate
[IT.] pasta al pomodoro
[AL.] Makkaroni mit Tomatensauce

2624. **Macarrão transparente (massa oriental)**
[INGL.] cellophane noodles (Asian noodles)
[ESP.] fideos de celofán (fideos asiáticos)
[FR.] vermicelle de soja (nouilles asiatiques)
[IT.] spaghetti di soia (pasta asiatica)
[AL.] Glasnudeln (asiatische Nudeln)

2625. **Maçãs ao forno**
[INGL.] baked apples
[ESP.] manzanas al horno
[FR.] pommes au four
[IT.] mele al forno
[AL.] Bratäpfel

2626. **Macaxeira** (NE)
Ver MANDIOCA

M

2627. **Maccheroni (tubinhos de massa curtos e ocos)**
[INGL.] maccheroni (short length hollow pasta tubes)
[ESP.] maccheroni (pasta en forma de pequeños tubos huecos)
[FR.] macaroni (petits tubes de pâtes creux)
[IT.] maccheroni (pasta forata a forma di piccolo tubetto)
[AL.] Maccheroni (kurze, dünne Nudelröhrchen)

2628. **Mace; Macis**
[INGL.] mace
[ESP.] macís
[FR.] macis; fleur de muscade
[IT.] macis
[AL.] Muskatblüte

2629. **Macedônia de legumes**
[INGL.] mixed vegetable salad
[ESP.] macedonia de verduras
[FR.] macédoine de légumes
[IT.] macedonia di verdure
[AL.] Germüsesalat

2630. **Macerar**
[INGL.] macerate, to
[ESP.] macerar
[FR.] macérer
[IT.] macerare
[AL.] macerieren

2631. **Mâche; Erva-benta** *(folhas ligeiramente amargas)*
[INGL.] lamb's lettuce
[ESP.] valeriana
[FR.] mâche
[IT.] lattughella; dolcetta
[AL.] Feldsalat

2632. **Macio**
[INGL.] tender; soft
[ESP.] blando
[FR.] tendre; mou; moelleux
[IT.] molle; tenero
[AL.] mürb

2633. **Macis** Ver MACE

2634. **Macrobiótico**
[INGL.] macrobiotic
[ESP.] macrobiótico
[FR.] macrobiotique
[IT.] macrobiotico
[AL.] makrobiotisch

2635. **Madeira**
[INGL.] wood
[ESP.] madera
[FR.] bois
[IT.] legno
[AL.] Holz

2636. **Madeira (vinho português)**
[INGL.] Madeira (Portuguese wine)
[ESP.] Madera (vino portugués)
[FR.] Madère (vin portugais)
[IT.] Madeira (vino portoghese)
[AL.] Madeira (portugiesischer Wein)

2637. **Madeira, molho (caldo da carne com vinho Madeira)**
[INGL.] Madeira sauce (meat sauce with Madeira wine)
[ESP.] salsa Madera (salsa de carne con vino de Madera)
[FR.] sauce au Madère (fond de viande au vin Madère)
[IT.] salsa al Madeira (salsa di carne con vino Madeira)
[AL.] Madeirasauce (Fleischsauce mit Madeira Wein)

2638. **Madrilène, à la (com tomates ou suco de tomate)**
[INGL.] Madrilene style (with tomatoes or tomato juice)
[ESP.] a la madrileña (con tomates o zumo de tomate)
[FR.] à la madrilène (avec tomates ou jus de tomate)
[IT.] alla madrilena (con pomodori o succo di pomodoro)
[AL.] nach Madrid Art (mit Tomaten oder Tomatensaft)

2639. **Maduro**
[INGL.] ripe
[ESP.] maduro
[FR.] mûr
[IT.] maturo
[AL.] reif

2640. **Magret** Ver PEITO DE PATO SEM OSSO

2641. **Mahlab** Ver MAHLEB

2642. **Mahleb; Mahlab (tempero feito de caroços de cerejas negras)**
[INGL.] mahleb (the inner core of sour cherry pips)
[ESP.] mahleb (corazones de huesos de guindas)
[FR.] mahleb (intérieur de noyaux de cerises aigres)
[IT.] mahleb (semi di ciliegia amara)
[AL.] Mahleb (das Innere von Sauerkirschkernen)

M

2643. Mahón (queijo da Minorca, prensado, mas não cozido, feito com leite de vaca)
[INGL.] Mahón (cheese originates in Minorca, pressed but not cooked, made from cow milk)
[ESP.] Mahón (queso de Menorca, prensado pero sin cocer, elaborado con leche de vaca)
[FR.] Mahón (fromage de Minorque, pressé mais pas cuit, à base de lait de vache)
[IT.] Mahón (formaggio di Minorca, pasta pressata ma non cotta, prodotto con latte vaccino)
[AL.] Mahón (Käse aus Kuhmilch stammt von der Insel Menorca, er wird gepreßt, aber nicht erwärmt)

2644. Maionese
[INGL.] mayonnaise
[ESP.] mayonesa
[FR.] mayonnaise
[IT.] maionese
[AL.] Mayonnaise

2645. Maionese à la suédoise (com purê de maçã e raiz-forte)
[INGL.] Swedish mayonnaise (with apple purée and horseradish)
[ESP.] mayonesa a la sueca (puré de manzanas y rábano picante)
[FR.] mayonnaise à la suédoise (avec purée de pommes et raifort)
[IT.] maionese alla svedese (con purè di mele e rafano)
[AL.] schwedische Mayonnaise (mit Apfelmus und Meerrettich)

2646. Maionese de alho
[INGL.] garlic mayonnaise
[ESP.] mayonesa alioli
[FR.] mayonnaise à l'ail
[IT.] maionese aioli; maionese aglioli
[AL.] Knoblauchmayonnaise

2647. Mais
[INGL.] more
[ESP.] más
[FR.] plus
[IT.] più
[AL.] mehr

2648. Maisena
[INGL.] cornstarch (U.S.)/corn flour (U.K.)
[ESP.] maicena
[FR.] maïzena
[IT.] maizena
[AL.] Maizena; Maisstärke

2649. Mai Tai (coquetel feito de rum claro, rum escuro, Curaçao, suco de laranja, suco de limão e suco de abacaxi)
[INGL.] Mai Tai (cocktail made with light rum, dark rum, Curaçao, orange juice, lemon juice, and pineapple juice)
[ESP.] Mai Tai (cóctel con ron claro, ron oscuro, Curaçao, zumo de naranja, zumo de limón y zumo de piña)
[FR.] Mai Tai (cocktail de rhum blanc, rhum ambré, Curaçao, jus d'orange, jus de citron et jus d'ananas)
[IT.] Mai Tai (cocktail fatto con rum bianco, rum escuro, Curaçao, succo di arancia, succo di limone e succo di ananas)
[AL.] Mai Tai (Cocktail mit weißer Rum, brauner Rum, Curaçao, Orangensaft, Zitronensaft und Ananassaft)

2650. Maître Ver CHEFE DOS GARÇONS

2651. Maître d'Hôtel, à la (grelhado e com manteiga maître d'hôtel)
[INGL.] maître d'hôtel style (grilled and with maître d'hôtel butter)
[ESP.] a la maître d'hôtel (a la parrila con mantequilla a la maître d'hôtel)
[FR.] à la maître d'hôtel (au gril et au beurre maître d'hôtel)
[IT.] alla maître d'hôtel (alla griglia e con burro alla maître d'hôtel)
[AL.] nach Maître d'Hôtel Art (gegrillt, mit Kräuterbutter)

2652. Majorana Ver MANJERONA

2653. Malcozido
[INGL.] undercooked
[ESP.] medio crudo
[FR.] pas assez cuit
[IT.] poco cotto
[AL.] halbgar

2654. Malmsey (vinho Madeira)
[INGL.] Malmsey (Madeira wine)
[ESP.] Malmsey (vino Madera)
[FR.] Malmsey (vin Madère)

M

[IT.] Malmsey (vino Madeira)
[AL.] Malmsey (Madeira Wein)

2655. **Malpassado**
[INGL.] rare
[ESP.] medio crudo; poco cocinado
[FR.] saignant
[IT.] al sangue
[AL.] blutig

2656. **Maltaise, molho (molho holandês, raspas e suco de laranja)**
[INGL.] Maltese sauce (Hollandaise sauce, orange peel, and juice)
[ESP.] salsa maltesa (salsa holandesa, cortezas y jugo de naranja)
[FR.] sauce maltaise (sauce hollandaise, écorces et jus d'orange)
[IT.] salsa maltese (salsa olandese, scorze e succo di arancia)
[AL.] Malteser-Sauce (holländische Sauce, Schale und Saft von Orangen)

2657. **Malte**
[INGL.] malt
[ESP.] malta
[FR.] malt
[IT.] malto
[AL.] Malz

2658. **Maltose** *(açúcar de malte)*
[INGL.] malt sugar
[ESP.] azúcar de malta; maltosa
[FR.] maltose; sucre de malt
[IT.] maltosio
[AL.] Maltose; Mallzzucker

2659. **Mamadeira**
[INGL.] baby's bottle
[ESP.] biberón
[FR.] biberon
[IT.] biberon
[AL.] Babyflasche

2660. **Mamão**
[INGL.] papaya
[ESP.] papaya
[FR.] papaye
[IT.] papaia
[AL.] Papaya

2661. **Maminha**
[INGL.] botton sirloin; tri tip (U.S.)/rump tail; tail of round (U.K.)
[ESP.] colita de cuadril; rabillo
[FR.] aiguillette baronne
[IT.] fianchetto; spinacino
[AL.] Hüftspitze

2662. **Manchego (queijo espanhol, feito com leite de ovelha cru ou pasteurizado)**
[INGL.] Manchego (Spanish cheese, made from raw or pasteurized sheep milk)
[ESP.] Manchego (queso español, elaborado con leche cruda o pasteurizada de oveja)
[FR.] Manchego (fromage espagnol, élaboré à partir du lait de brebis cru ou pasteurisé)
[IT.] Manchego (formaggio spagnolo, prodotto con latte di pecora crudo o pastorizzato)
[AL.] Manchego (spanische Käse aus pasteurisierten milch dort lebender)

2663. **Mandioca; Aipim** (S); **Macaxeira** (NE)
[INGL.] cassava; manioc; yucca
[ESP.] mandioca; yuca
[FR.] manioc; yucca
[IT.] manioca; cassava; iucca
[AL.] Maniok

2664. **Mandolin** *(utensílio de cozinha)*
[INGL.] mandolin
[ESP.] mandolina
[FR.] mandoline
[IT.] mandolino
[AL.] Mandoline

2665. **Manga**
[INGL.] mango
[ESP.] mango
[FR.] mangue
[IT.] mango
[AL.] Mango

2666. **Mangaba**
[INGL.] mangaba
[ESP.] mangaba
[FR.] mangaba
[IT.] mangaba
[AL.] Mangaba

2667. **Mangangá; Beatinha** (BA); **Moriati** (ES); **Sarão** (RJ)
[INGL.] scorpionfish
[ESP.] sapo negro
[FR.] rascasse
[IT.] pesce scorpione
[AL.] Drachenkopf

2668. **Mange-tout** *Ver* ERVILHA-TORTA

2669. **Mangostão; Fruta-da-rainha**
[INGL.] mangosteen; queen of fruits

M

[ESP.] mangostán
[FR.] mangoustan
[IT.] mangostano
[AL.] Mangostane

2670. **Manhã** *(período do dia)*
[INGL.] morning
[ESP.] mañana
[FR.] matin
[IT.] mattina
[AL.] Morgen

2671. **Manhattan (coquetel de gim, uísque, vermute seco e vermute tinto)**
[INGL.] Manhattan (cocktail made with gin, whisky, dry vermouth, and red vermouth)
[ESP.] Manhattan (cóctel con ginebra, whisky, vermut seco y vermut rojo)
[FR.] Manhattan (cocktail de gin, whisky, vermouth sec et vermouth rouge)
[IT.] Manhattan (cocktail fatto con gin, whisky, vermouth secco e vermouth rosso)
[AL.] Manhattan (Cocktail mit Gin, Whisky, trocken Wermut und roter Wermut)

2672. **Manjericão; Basilicão; Erva-do-tomate**
[INGL.] basil
[ESP.] albahaca
[FR.] basilic
[IT.] basilico
[AL.] Basilikum; Basilienkraut

2673. **Manjerona; Majorana**
[INGL.] marjoram
[ESP.] mejorana
[FR.] marjolaine
[IT.] maggiorana
[AL.] Majoran

2674. **Manteiga**
[INGL.] butter
[ESP.] mantequilla; manteca
[FR.] beurre
[IT.] burro
[AL.] Butter

2675. **Manteiga clarificada (manteiga que teve o soro eliminado depois de aquecida)**
[INGL.] clarified butter (melted and separated from whey)
[ESP.] mantequilla clarificada (fundida y separada del suero)
[FR.] beurre clarifié (fondu et séparé du petit-lait)
[IT.] burro chiarificato (fuso e separato dal siero)
[AL.] geklärte Butter (zerlassen und von der Molke getrennt)

2676. **Manteiga Colbert (manteiga maître d'hôtel misturada com estragão picado e glacê de carne)**
[INGL.] Colbert butter (maître d'hôtel butter mixed with chopped tarragon and meat glaze)
[ESP.] mantequilla Colbert (mantequilla maître d'hôtel con estragón picado y glasa de carne)
[FR.] beurre Colbert (beurre maître d'hôtel additionné d'estragon haché et de glace de viande)
[IT.] burro Colbert (burro alla maître d'hôtel con dragoncello tritato e glassa di carne)
[AL.] Colbert Butter (Kräuterbutter mit gehacktem Estragon und Fleisch-Glace vermischt)

2677. **Manteiga de alho**
[INGL.] garlic butter
[ESP.] mantequilla de ajo
[FR.] beurre d'ail; beurre à l'ail
[IT.] burro d'aglio
[AL.] Knoblauchbutter

2678. **Manteiga de amêndoa**
[INGL.] almond butter
[ESP.] mantequilla de almendra
[FR.] beurre d'amande
[IT.] burro di mandorle
[AL.] Mandelbutter

2679. **Manteiga de amendoim**
[INGL.] peanut butter
[ESP.] mantequilla de cacahuete
[FR.] beurre d'arachide
[IT.] burro di arachide
[AL.] Erdnußbutter

2680. **Manteiga de anchova**
[INGL.] anchovy butter
[ESP.] mantequilla de anchoa
[FR.] beurre d'anchois
[IT.] burro di acciuga
[AL.] Sardellenbutter

2681. **Manteiga de cacau**
[INGL.] cocoa butter
[ESP.] mantequilla de cacao
[FR.] beurre de cacao
[IT.] burro di cacao
[AL.] Kakaobutter

M

2682. **Manteiga de camarão**
[INGL.] shrimp butter (U.S.)/ prawn shrimp (U.K.)
[ESP.] mantequilla de camarones
[FR.] beurre de crevette
[IT.] burro di gamberetti
[AL.] Garnelenbutter

2683. **Manteiga de caviar**
[INGL.] caviar butter
[ESP.] mantequilla de caviar
[FR.] beurre de caviar
[IT.] burro di caviale
[AL.] Kaviarbutter

2684. **Manteiga de ervas**
[INGL.] herb butter
[ESP.] mantequilla de hierbas
[FR.] beurre aux fines herbes
[IT.] burro di erbe
[AL.] Kräuterbutter

2685. **Manteiga de estragão**
[INGL.] tarragon butter
[ESP.] mantequilla de estragón
[FR.] beurre d'estragon
[IT.] burro al dragoncello
[AL.] Estragonbutter

2686. **Manteiga de lagosta**
[INGL.] lobster butter
[ESP.] mantequilla de langosta
[FR.] beurre de homard
[IT.] burro di aragosta
[AL.] Hummerbutter

2687. **Manteiga de leite de cabra**
[INGL.] goat butter
[ESP.] mantequilla de cabra
[FR.] beurre de chèvre
[IT.] burro di capra
[AL.] Ziegebutter

2688. **Manteiga de mostarda**
[INGL.] mustard butter
[ESP.] mantequilla de mostaza
[FR.] beurre de moutarde
[IT.] burro di senape
[AL.] Senfbutter

2689. **Manteiga derretida**
[INGL.] melted butter
[ESP.] mantequilla derretida
[FR.] beurre fondu
[IT.] burro fuso
[AL.] zerlassene Butter

2690. **Manteiga de salmão**
[INGL.] salmon butter
[ESP.] mantequilla de salmón
[FR.] beurre de saumon
[IT.] burro di salmone
[AL.] Lachsbutter

2691. **Manteiga de trufa**
[INGL.] truffle butter
[ESP.] mantequilla de trufa
[FR.] beurre de truffe
[IT.] burro di tartufo
[AL.] Trüffelbutter

2692. **Manteiga ligeiramente tostada**
[INGL.] brown butter
[ESP.] mantequilla dorada
[FR.] beurre noisette
[IT.] burro nocciola; burro rosso
[AL.] braune Butter; Nußbutter

2693. **Manteiga maître d'hôtel (com salsinha picada e suco de limão ou vinagre)**
[INGL.] maître d'hôtel butter (with chopped parsley and lemon juice or vinegar)
[ESP.] mantequilla maître d'hôtel (con perejil picado y zumo de limón o vinagre)
[FR.] beurre maître d'hôtel (beurre avec persil haché et jus de citron ou vinaigre)
[IT.] burro alla maître d'hôtel (con prezzemolo trito e succo di limone o aceto)
[AL.] Kräuterbutter (Butter mit gehackter Petersilie und Zitronensaft oder Essig)

2694. **Manteiga, molho de**
[INGL.] butter sauce
[ESP.] salsa de mantequilla
[FR.] sauce aux beurre
[IT.] salsa al burro
[AL.] Buttersauce

2695. **Manteiga sem sal**
[INGL.] unsalted butter; sweet butter
[ESP.] mantequilla sin sal
[FR.] beurre doux
[IT.] burro non salato
[AL.] ungesalzene Butter

2696. **Manteigueira**
[INGL.] butter dish
[ESP.] mantequillera
[FR.] beurrier
[IT.] burriera
[AL.] Butterdose

2697. **Manter refrigerado**
[INGL.] keep refrigerated
[ESP.] mantener refrigerado
[FR.] à conserver au froid; à conserver au réfrigérateur

M

[IT.] tenere in frigorifero
[AL.] kühl aufbewahren

2698. **Maple syrup** *(xarope da seiva do bordo)*
[INGL.] maple syrup
[ESP.] jarabe de arce
[FR.] sirop d'érable
[IT.] sciroppo d'acero
[AL.] Ahornsirup

2699. **Máquina de lavar louça**
[INGL.] dish washer
[ESP.] lavaplatos
[FR.] lave-vaisselle
[IT.] lavastoviglie
[AL.] Geschirrspüler

2700. **Máquina para fazer massa**
[INGL.] pasta machine
[ESP.] máquina para pasta
[FR.] machine à pâtes
[IT.] macchina per pasta
[AL.] Nudelmaschine

2701. **Marabumbo** (PT)
Ver AGULHÃO

2702. **Maracujá**
[INGL.] passion fruit
[ESP.] maracuyá; granadilla
[FR.] fruit de la passion
[IT.] frutto della passione
[AL.] Passionsfrucht

2703. **Maracujá-banana**
[INGL.] banana passion fruit
[ESP.] plátano de la pasión
[FR.] banane fruit de la passion
[IT.] frutto della passione a banana
[AL.] Bananen-Passionsfrucht

2704. **Maraîchère, à la (com cenouras e cebolas glaceadas, pepino recheado e corações de alcachofra)**
[INGL.] greengrocer style (glazed onions and carrots, stuffed cucumber, and artichoke hearts)
[ESP.] a la verdulera (con cebollas y zanahorias glaseadas, pepino relleno y fondos de alcachofas)
[FR.] à la maraîchère (oignons et carottes glacées, concombre farci et cœurs d'artichauts)
[IT.] all'ortolana (cipolle e carote glassate, cetriolo farcito e cuori di carciofi)
[AL.] nach Art der Gemüsegärtnerin (glasierte Zwiebeln und Karotten, gefüllt Gurke und Artischockenherzen)

2705. **Marasquino (licor feito de cerejas maraska fermentadas)**
[INGL.] maraschino (sweet liqueur from sour-cherries)
[ESP.] marrasquino (licor dulce de guindas garrafales)
[FR.] marasquin (liqueur de marasques)
[IT.] maraschino (liquore dolce di ciliegie marasche)
[AL.] Maraschino (süßer Likör aus Maraschino-Kirschen)

2706. **Maréchale, à la (pontas de aspargos, trufas e molho Chateaubriand)**
[INGL.] Marshal style (asparagus tips, truffles, and Chateaubriand sauce)
[ESP.] a la mariscale (puntas de espárragos, trufas y salsa Chateaubriand)
[FR.] à la maréchale (pointes d'asperges, truffes et sauce Chateaubriand)
[IT.] alla marescialla (punte di asparagi, tartufi e salsa Chateaubriand)
[AL.] Marschalsart (Spargelspitzen, Trüffeln und Chateaubriand-Sauce)

2707. **Margarina**
[INGL.] margarine; butterine
[ESP.] margarina
[FR.] margarine
[IT.] margarina
[AL.] Margarine

2708. **Margarita**
Ver MARGUERITA

2709. **Marguerita; Margarita (coquetel feito de tequila, licor de laranja e suco de limão)**
[INGL.] Margarita (cocktail made with tequila, orange liqueur, and lemon juice)
[ESP.] Margarita (cóctel con tequila, licor de naranja y zumo de limón)
[FR.] Margarita (cocktail de tequila, liqueur d'orange et jus de citron)
[IT.] Margarita (cocktail fatto con tequila, liquore di arancia e succo di limone)
[AL.] Margarita (Cocktail mit Tequila, Orangelikör und Zitronensaft)

M

2710. **Maria-mole** *(peixe)* (PT); **Pechelim** (PT)
[INGL.] blue whiting
[ESP.] bacaladilla
[FR.] merlan bleu
[IT.] melù
[AL.] Blauer Wittling

2711. **Marie-Louise (batatas noisette, fundos de alcachofra recheados com purê de cogumelos e de cebolas)**
[INGL.] Marie-Louise (noisette potatoes, artichoke hearts with mushrooms, and onions purée)
[ESP.] Marie-Louise (patatas salteadas, fondos de alcachofas al puré de setas y de cebollas)
[FR.] Marie-Louise (pommes noisettes, fonds d'artichauts farcis à la purée de champignons et d'oignons)
[IT.] Marie-Louise (patate nocciola, fondi di carciofi con ripieno di purea di funghi e di cipolle)
[AL.] Marie-Louise (Nußkarttofeln, Artischockenböden mit Pilz-Zwiebel Püree)

2712. **Marigny (batatas fondantes, tartelettes recheadas com ervilhas e vagens)**
[INGL.] Marigny (fondant potatoes, tarts (U.S.)/tartlets (U.K.) with green peas and green beans (U.S.)/ French beans (U.K.))
[ESP.] Marigny (patatas fundentes, tartaletas a los guisantes y a las judías verdes)
[FR.] Marigny (pommes de terre fondantes, tartelettes aux petits pois et aux haricots verts)
[IT.] Marigny (patate fondenti, tortine ai piselli e ai fagiolini)
[AL.] Marigny (Schemelzkartoffeln, Törtchen mit Erbsen und Fisole)

2713. **Marinado**
[INGL.] marinated
[ESP.] marinado
[FR.] mariné
[IT.] marinato
[AL.] mariniert

2714. **Marinar**
[INGL.] marinate, to
[ESP.] marinar
[FR.] mariner
[IT.] marinare
[AL.] marinieren

2715. **Marinara, alla (tomates, alho, azeite de oliva e vinho)**
[INGL.] marinara style (with tomatoes, garlic, olive oil, and wine)
[ESP.] a la marinera (tomates, ajo, aceite de oliva y vino)
[FR.] marinière (tomates, ail, huile d'olive et vin)
[IT.] alla marinara (pomodori, aglio, olio di oliva e vino)
[AL.] nach Matrosenart (Tomaten, Knoblauch, Olivenöl und Wein)

2716. **Mariscos** *(designação comum a todos os moluscos e crustáceos)*
[INGL.] clams
[ESP.] almejas
[FR.] palourdes; moules
[IT.] vongole
[AL.] Venusmuscheln

2717. **Marlim-azul**
[INGL.] Atlantic blue marlin
[ESP.] aguja azul
[FR.] makaire bleu
[IT.] marlin azzurro
[AL.] Blauer Marlin

2718. **Marlim-branco**
[INGL.] white marlin
[ESP.] aguja blanca
[FR.] makaire blanc; marlin
[IT.] marlin bianco
[AL.] weißer Marlin

2719. **Marmelada**
[INGL.] quince sweet
[ESP.] dulce de membrillo
[FR.] confiture de coing
[IT.] cotognate
[AL.] Quittemarmelade

2720. **Marmelo**
[INGL.] quince
[ESP.] membrillo
[FR.] coing
[IT.] cotogna; mela cotogna
[AL.] Quitte

2721. **Mármore**
[INGL.] marble
[ESP.] mármol
[FR.] marbre

M

[IT.] marmo
[AL.] Marmor

2722. Marmorizada *(carne)*
[INGL.] marble (meat)
[ESP.] marmoleada; entreverada (carne)
[FR.] marbré; persillé (viande)
[IT.] marmorizzata (carne)
[AL.] durchwachsen (Fleisch)

2723. Maroca (PT)
Ver DONZELA

2724. Marocaine, à la (arroz pilaf, abobrinhas e pimentões recheados)
[INGL.] Moroccan style (rice pilaf, zucchini (U.S.)/courgettes (U.K.), stuffed sweet peppers)
[ESP.] a la marroquina (arroz pilaf, calabacines y pimientos dulces rellenos)
[FR.] à la marocaine (riz pilaf, courgettes et poivrons doux farcis)
[IT.] alla marocchina (riso pilaf, zucchini e peperoni farciti)
[AL.] marokkanische Art (Pilafreis, Zucchini und gefülte Paprikas)

2725. Maroilles (queijo francês, quadrado, feito com leite de vaca)
[INGL.] Maroilles (French cheese, square, made from cow milk)
[ESP.] Maroilles (queso francés, forma cuadrada, elaborado con leche de vaca)
[FR.] Maroilles (fromage français en forme de pavé, à base de lait de vache)
[IT.] Maroilles (formaggio francese, forma quadrata, preparato con latte vaccino)
[AL.] Maroilles (französischer quadratischen Käse aus Kuhmilch)

2726. Maromba (ES, RJ) *Ver*
SARDINHA-VERDADEIRA

2727. Marreco; Cerceta
[INGL.] teal
[ESP.] cerceta
[FR.] sarcelle
[IT.] alzavola
[AL.] Krickente

2728. Marrom-glacê
[INGL.] marron glacé
[ESP.] marron glacé
[FR.] marron glacé
[IT.] marron glacé
[AL.] kandierte Maronen

2729. Marsala (vinho de sobremesa siciliano)
[INGL.] Marsala (Sicilian dessert wine)
[ESP.] Marsala (vino licoroso de Sicilia)
[FR.] Marsala (vin liquoreux sicilien)
[IT.] Marsala (vino liquoroso siciliano)
[AL.] Marsala (sizilianischer Likörwein)

2730. Marshmallow
[INGL.] marshmallow
[ESP.] marshmallow
[FR.] marshmallow
[IT.] marshmallow
[AL.] Marshmallow

2731. Martelo para amaciar carne
[INGL.] (meat) mallet
[ESP.] ablandador de carne; martillo para carnes
[FR.] attendrisseur à viande
[IT.] batticarne
[AL.] Fleischklopfer

2732. Martini® (vermute italiano)
[INGL.] Martini® (Italian vermouth)
[ESP.] Martini® (vermut italiano)
[FR.] Martini® (vermouth italien)
[IT.] Martini® (vermouth italiano)
[AL.] Martini® (italienischer Wermut)

2733. Marzipã
[INGL.] marzipan
[ESP.] mazapán
[FR.] massepain
[IT.] marzapane
[AL.] Marzipan

2734. Masala Chai (chá--preto, canela, cardamomo, gengibre e cravo--da-índia)
[INGL.] Chai (black tea, cinnamon, cardamom, ginger, and cloves)
[ESP.] chai (té negro, canela, cardamomo, jengibre y clavos)
[FR.] Chaï (thé noir, cannelle, cardamome, gingembre et clous de girofle)

M

[IT.] chai (tè nero, cannella, cardamomo, zenzero e chiòdi di garofano)
[AL.] Tchai (schwarzer Tee, Zimt, Kardomom, Ingwer und Gewürzenelken)

2735. **Mascarpone (queijo italiano, feito com creme de leite fresco)**
[INGL.] mascarpone (Italian cheese, made from fresh cream)
[ESP.] mascarpone (queso italiano, elaborado con crema fresca de leche)
[FR.] mascarpone (fromage italien, élaboré à partir de crème fraîche)
[IT.] mascarpone (formaggio italiano, prodotto con panna fresca)
[AL.] Mascarpone (italienische Käse aus purer Sahne hergestellt)

2736. **Mascotte (corações de alcachofra na manteiga, batatas e trufas)**
[INGL.] Mascotte (artichoke hearts in butter, potatoes, and truffles)
[ESP.] Mascotte (fondos de alcachofas en mantequilla, patatas y trufas)
[FR.] Mascotte (cœur d'artichauts au beurre, pommes de terre et truffes)
[IT.] Mascotte (cuori di carciofi saltati al burro, patate e tartufi)
[AL.] Maskotchen (Artischockenherzen in Butter, Kartoffeln und Trüffeln)

2737. **Massa com ovos**
[INGL.] egg pasta
[ESP.] pasta al huevo
[FR.] pâtes aux œufs
[IT.] pasta all'uovo
[AL.] Eiernudeln

2738. **Massa crua de bolo** Ver MASSA MOLE

2739. **Massa crua de pão, pizza ou torta**
[INGL.] dough
[ESP.] masa
[FR.] pâte
[IT.] pasta; impasto
[AL.] Teig

2740. **Massa de arroz (feita de farinha de arroz e água)**
[INGL.] rice noodles (made of rice flour (U.S.)/ground rice (U.K.) and water)
[ESP.] fideos de arroz (elaborados con harina de arroz y agua)
[FR.] nouilles de riz (faites de farine de riz et d'eau)
[IT.] pasta di riso (preparata con farina di riso e acqua)
[AL.] Reisnudeln (werden aus Reismehl und Wasser hergestellt)

2741. **Massa de bomba** Ver MASSA FOLHADA PASTOSA

2742. **Massa de grano duro, de trigo duro**
[INGL.] durum wheat pasta
[ESP.] pasta de trigo duro
[FR.] pâte de boulangerie
[IT.] pasta di grano duro
[AL.] Hartweizennudeln

2743. **Massa de semolina**
[INGL.] semolina pasta
[ESP.] pasta de sémola
[FR.] pâte de semoule
[IT.] pasta di semolino
[AL.] Grießnudeln

2744. **Massa filo** (massa folhada laminada)
[INGL.] filo pastry; phyllo pastry
[ESP.] pasta de hojaldre muy fina
[FR.] pâte à pâtisserie très mince; pâte phyllo
[IT.] pasta fillo (sfoglia)
[AL.] Filo-Teig

2745. **Massa folhada amanteigada**
[INGL.] puff pastry (U.S.)/ puff (U.K.)
[ESP.] pasta de hojaldre
[FR.] pâte feuilletée
[IT.] pasta sfoglia; sfogliata
[AL.] Blätterteig

2746. **Massa folhada pastosa; Massa de bomba**
[INGL.] choux pastry; cream-puff pastry
[ESP.] pasta lionesa; pasta de petisù
[FR.] pâte à choux
[IT.] impasto per bignè
[AL.] Brandteig

2747. **Massa folhada quebradiça**
[INGL.] short pastry
[ESP.] pasta brisa
[FR.] pâte brisée; pâte à foncer
[IT.] pasta brisée
[AL.] Kuchen

M

2748. **Massa folhada quebradiça doce**
[INGL.] sweet shortcrust pastry
[ESP.] pasta azucarada
[FR.] pâte sucrée
[IT.] pasta frolla
[AL.] Mürbeteig

2749. **Massa fresca**
[INGL.] fresh pasta
[ESP.] pasta fresca
[FR.] pâte fraîche
[IT.] pasta fresca
[AL.] frischgemachte Nudeln

2750. **Massa integral**
[INGL.] whole wheat pasta (U.S.)/whole meal pasta (U.K.)
[ESP.] pasta integral
[FR.] pâte intégrale
[IT.] pasta integrale
[AL.] Vollkornnudeln

2751. **Massa mole; Massa crua de bolo**
[INGL.] batter
[ESP.] pasta para freír
[FR.] pâte à frire
[IT.] pastella
[AL.] Tropfteig

2752. **Massa podre**
[INGL.] short crust pastry
[ESP.] pasta quebrada
[FR.] pâte sablée
[IT.] pasta frolla sablée
[AL.] Mürbeteig

2753. **Massa própria para sopas**
[INGL.] pasta for soup
[ESP.] pasta para sopas
[FR.] pâtes à potage
[IT.] pastina per minestre
[AL.] Suppennüdeln

2754. **Massa recheada**
[INGL.] stuffed pasta; filled pasta
[ESP.] pasta rellena
[FR.] pâte farci
[IT.] pasta ripiena
[AL.] Nudeln mit Füllung

2755. **Masséna (com fundos de alcachofra, tutano e molho de trufas)**
[INGL.] Masséna (artichoke bottoms, marrow, and truffle sauce)
[ESP.] Masséna (fondos de alcachofas, tuétano y salsa de trufas)
[FR.] Masséna (fonds d'artichauts, moelle et sauce aux truffes)
[IT.] Masséna (fondi di carciofi, midollo e salsa di tartufi)
[AL.] Masséna (Artischockenböden, Knochenmark und Trüffelnsauce)

2756. **Mastigar**
[INGL.] chew, to
[ESP.] masticar
[FR.] mâcher; mastiquer
[IT.] masticare
[AL.] kauen

2757. **Mastruz** Ver Erva--de-santa-maria

2758. **Matelote (croûtons, cebolinhas-pérola, cogumelos e lagostins)**
[INGL.] Matelote (bread croutons, pearl onions, mushrooms, and crayfish)
[ESP.] Matelote (crostoncitos, cebollitas, setas y cigalas)
[FR.] Matelote (croûtons, oignons grelot, champignons et langoustines)
[IT.] Matelote (crostini, cipolline, funghi e scampi)
[AL.] Matelote (Croûtons, Silberzwiebelchen, Pilze und Flusskrebse)

2759. **Maturar (carne)**
[INGL.] (let) hang (meat)
[ESP.] (dejar) madurar (carne)
[FR.] (faire) rassir (viande)
[IT.] (lasciar) frollare (la carne)
[AL.] abhängen (lassen)

2760. **Maturar** *(queijo)*
[INGL.] mature, to
[ESP.] curar
[FR.] affiner
[IT.] stagionare
[AL.] reifen

2761. **Mau** *(adj.)*
[INGL.] bad
[ESP.] malo
[FR.] mauvais
[IT.] cattivo
[AL.] schlecht

2762. **Máximo** *(quantidade)*
[INGL.] maximum
[ESP.] máximo
[FR.] maximum
[IT.] massimo
[AL.] Maximum

2763. **Maxixe**
[INGL.] West Indian gherkin; maroon cucumber
[ESP.] pepinito; pepino espinoso

— 243 —

M

[FR.] concombre des Antilles; concombre marron
[IT.] anguria delle Antilles
[AL.] amerikanische Gurke; Auguriengurke

2764. Mazarine, à la (croquetes de arroz, cogumelos e corações de alcachofra recheadas com legumes)
[INGL.] mazarine style (rice croquettes, mushrooms, and artichoke hearts with vegetables)
[ESP.] a la mazarine (croquetas de arroz, setas y fondos de alcachofas a las verduras)
[FR.] à la mazarine (croquette de riz, champignons et cœurs d'artichauts aux légumes)
[IT.] alla mazarine (crocchette di riso, funghi e cuori di carciofi con ripieno di verdure)
[AL.] Mazarinesart (Reiskroketten, Pilze und Artischockenherzen mit Gemüse)

2765. Médicis (batatas noisette, corações de alcachofra na manteiga, ervilhas, cenouras e nabos)
[INGL.] Médicis (noisette potatoes, artichoke hearts in butter, green peas, carrots, and turnips)
[ESP.] Médicis (patatas salteadas, fondos de alcachofas en mantequilla, guisantes, zanahorias y nabos)
[FR.] Médicis (pommes noisettes, cœurs d'artichauts au beurre, petits pois, carottes et navets)
[IT.] Médicis (patate nocciola, cuori di carciofi al burro, piselli, carote e rape)
[AL.] Médicis (Nußkartoffeln, Artischockenböden in Butter, Erbsen, Karotten und Rüben)

2766. Medida (capacidade)
[INGL.] measure
[ESP.] medida
[FR.] mesure
[IT.] misura
[AL.] Mass

2767. Médio (tamanho)
[INGL.] medium
[ESP.] medio
[FR.] moyen
[IT.] medio
[AL.] mitte

2768. Medir
[INGL.] measure, to
[ESP.] medir
[FR.] mesurer
[IT.] misurare
[AL.] messen

2769. Medula espinhal (miúdos)
[INGL.] spinal cord
[ESP.] medula espinal
[FR.] moelle épinière
[IT.] midollo spinale
[AL.] Rückenmark

2770. Meia dúzia
[INGL.] half-dozen
[ESP.] media docena
[FR.] demi-douzaine
[IT.] mezza dozzina
[AL.] halbe Dutzend

2771. Meia garrafa
[INGL.] half bottle
[ESP.] media botella
[FR.] demi-bouteille
[IT.] mezza bottiglia
[AL.] halbe Flasche

2772. Meia-porção
[INGL.] half portion
[ESP.] media ración
[FR.] demi-portion
[IT.] mezza porzione
[AL.] halbe Portion

2773. Meio cozido
[INGL.] half-cooked
[ESP.] medio crudo
[FR.] à moitié cuit
[IT.] mezzo crudo
[AL.] nicht fertiggekocht

2774. Meio litro
[INGL.] half-liter
[ESP.] medio litro
[FR.] demi-litre
[IT.] mezzo litro
[AL.] halbe Liter

2775. Meio quilo
[INGL.] half a kilo
[ESP.] medio kilo
[FR.] demi-kilo
[IT.] mezzo chilo
[AL.] halbe Kilo

2776. Mel
[INGL.] honey
[ESP.] miel
[FR.] miel
[IT.] miele
[AL.] Honig

M

2777. **Melaço**
[INGL.] black molasses (U.S.)/ dark treacle (U.K.)
[ESP.] melaza negra; miel de caña
[FR.] mélasse noire; doucette
[IT.] melassa scura
[AL.] schwarze Rohrzuckermelasse

2778. **Melaço de romã**
[INGL.] pomegranate molasses
[ESP.] melaza de granada
[FR.] mélasse de grenade
[IT.] melassa di melograno
[AL.] Granatapfel-Melasse

2779. **Melado** *(de cana-de-açúcar)*; **Mel de engenho**
[INGL.] molasses (U.S.)/ treacle (U.K.)
[ESP.] melaza de caña
[FR.] mélasse
[IT.] melassa
[AL.] Melasse; Zuckerdicksaaft

2780. **Melancia**
[INGL.] watermelon
[ESP.] sandía; melón de agua
[FR.] pastèque; melon d'eau
[IT.] cocomero; anguria
[AL.] Wassermelone

2781. **Melão**
[INGL.] melon
[ESP.] melón
[FR.] melon
[IT.] melone; popone
[AL.] Melone

2782. **Melão-africano-chifrudo** *Ver* K<small>INO</small>

2783. **Melão-amargo-chinês; Melão-de-são-caetano**
[INGL.] Chinese bitter melon; Persian melon
[ESP.] melón amargo
[FR.] margose
[IT.] melone amaro
[AL.] Bittergurke

2784. **Melão-cantalupo**
[INGL.] cantaloupe
[ESP.] cantalupo
[FR.] cantaloup
[IT.] cantalupo
[AL.] Cantaloupe-Melone

2785. **Melão-charentais**
[INGL.] charentais
[ESP.] melón charentais
[FR.] charentais lisse
[IT.] cantalupo di charentais
[AL.] Charentais-Melone

2786. **Melão-de-são-caetano** *Ver* M<small>ELÃO-AMARGO-CHINÊS</small>

2787. **Melão e presunto cru**
[INGL.] raw ham and melon
[ESP.] jamón serrano con melón
[FR.] jambon cru et melon
[IT.] prosciutto crudo e melone
[AL.] roher Schinken mit Melone

2788. **Melão-gália**
[INGL.] Galia melon
[ESP.] melón Galia
[FR.] melon Galia
[IT.] melone Galia
[AL.] Galia-Melone

2789. **Mel de acácia**
[INGL.] acacia honey
[ESP.] miel de acacia
[FR.] miel d'acacia
[IT.] miele di acacia
[AL.] Akazienhonig

2790. **Mel de alecrim**
[INGL.] rosemary honey
[ESP.] miel de romero
[FR.] miel de romarin
[IT.] miele di rosmarino
[AL.] Rosmarinhonig

2791. **Mel de castanha**
[INGL.] chestnut honey
[ESP.] miel de castaño
[FR.] miel de châtaignier
[IT.] miele di castagno
[AL.] Kastanienhonig

2792. **Mel de engenho** *Ver* M<small>ELADO</small>

2793. **Mel de laranjeira**
[INGL.] orange honey
[ESP.] miel de azahar
[FR.] miel d'oranger
[IT.] miele di fiori di arancio
[AL.] Orangenblütenhonig

2794. **Mel de tomilho**
[INGL.] thyme honey
[ESP.] miel de tomillo
[FR.] miel de thym
[IT.] miele di timo
[AL.] Thymianhonig

2795. **Mel de trevo**
[INGL.] clover honey
[ESP.] miel de trébol
[FR.] miel de trèfle
[IT.] miele di trifoglio
[AL.] Kleehonig

M

2796. **Mel de urze**
[INGL.] heather honey
[ESP.] miel de brezo
[FR.] miel de bruyère
[IT.] miele di erica
[AL.] Heidehonig

2797. **Melga** (PT)
Ver GALHUDO MALHADO

2798. **Melhor**
[INGL.] better
[ESP.] mejor
[FR.] meilleur
[IT.] migliore
[AL.] besser

2799. **Meliloto; Trevo-de-
-cheiro**
[INGL.] melilot; sweet clover
[ESP.] mililoto; trébol dulce
[FR.] mélilot
[IT.] meliloto
[AL.] Honigklee

2800. **Melissa** Ver ERVA-
-CIDREIRA

2801. **Melro**
[INGL.] blackbird
[ESP.] mirlo
[FR.] merle
[IT.] merlo
[AL.] Amsel

2802. **Membrana do dia-
fragma** (miúdos)
[INGL.] diaphragm membrane
[ESP.] membrana del diafragma
[FR.] membrane du diaphragme
[IT.] membrana del diaframma
[AL.] Zwerchfell

2803. **Menos**
[INGL.] less
[ESP.] menos
[FR.] moins
[IT.] meno
[AL.] weniger

2804. **Menta, molho de**
[INGL.] mint sauce
[ESP.] salsa de menta
[FR.] sauce à la menthe
[IT.] salsa alla menta
[AL.] Minzsauce

2805. **Menta** Ver HORTELÃ

2806. **Mentinha**
[INGL.] mints
[ESP.] caramelos de menta
[FR.] bonbons à la menthe
[IT.] caramelle alla menta
[AL.] Pfefferminzbonbons

2807. **Menu**
[INGL.] menu
[ESP.] menú
[FR.] menu
[IT.] menù
[AL.] Menü

2808. **Menu à la carte**
[INGL.] a la carte menu
[ESP.] menú a la carta
[FR.] menu à la carte
[IT.] menù alla carta
[AL.] Menü à la carte

2809. **Menu de Natal**
[INGL.] Christmas menu
[ESP.] menú de Navidad
[FR.] menu de Noël
[IT.] menù di Natale
[AL.] Weihnachtsmenü

— menu —

2810. **Menu degustação**
[INGL.] tasting menu
[ESP.] menú degustación
[FR.] menu dégustation
[IT.] menù degustazione
[AL.] Probiermenü

2811. **Menu dietético**
[INGL.] dietetic menu
[ESP.] menú dietético
[FR.] menu diététique; menu régime
[IT.] menù dietetico
[AL.] Diätmenü

2812. **Menu do dia**
[INGL.] menu of the day
[ESP.] menú del día
[FR.] menu du jour
[IT.] menù del giorno
[AL.] Tagesmenü

2813. **Menu gastronômico**
[INGL.] gastronomic menu; gastronomical menu
[ESP.] menú gastronómico
[FR.] menu gastronomique
[IT.] menù gastronomico
[AL.] Feinschmeckerischmenü

2814. **Menu para crianças**
[INGL.] children's menu
[ESP.] menú para niños
[FR.] menu pour enfant

M

[IT.] menù per bambini
[AL.] Menü für Kinder

2815. **Menu turístico**
[INGL.] tourist menu
[ESP.] menú de turista
[FR.] menu touristique
[IT.] menù turistico
[AL.] Touristenmenü

2816. **Mercado**
[INGL.] market
[ESP.] mercado
[FR.] marché
[IT.] mercato
[AL.] Markt

2817. **Mercado de frutas**
[INGL.] fruit market
[ESP.] frutería
[FR.] marché aux fruits
[IT.] mercato di frutta
[AL.] Obstgeschäft

2818. **Mercearia**
[INGL.] grocery store
[ESP.] tienda de alimentación
[FR.] épicerie
[IT.] negozio di alimentari; drogheria
[AL.] Lebensmittelgeschäft

2819. **Mercédès (tomates, cogumelos, alface braseada e croquetes de batata)**
[INGL.] Mercédès (tomatoes, mushrooms, braised lettuce, and potato croquettes)
[ESP.] Mercédès (tomates, setas, lechuga braseada y croquetas de patatas)
[FR.] Mercédès (tomates, champignons, laitue braisée et croquettes de pommes de terre)
[IT.] Mercédès (pomodori, funghi, lattuga brasata e crocchette di patate)
[AL.] Mercédès (Tomaten, Pilze, braisierte Salat und Kartoffelkroketten)

2820. **Merengue; Suspiro**
[INGL.] meringue
[ESP.] merengue
[FR.] meringue
[IT.] meringa
[AL.] Meringue

2821. **Merluza**
[INGL.] Argentine hake (U.S.)/Atlantic hake (U.K.)
[ESP.] merluza argentina
[FR.] merluche
[IT.] merluzzo; nasello
[AL.] argentinischer Seehecht

2822. **Mero** *(peixe)*
[INGL.] giant grouper
[ESP.] mero guasa
[FR.] mérou géant
[IT.] cernia gigante
[AL.] Riesenzackenbarsch

2823. **Mesa**
[INGL.] table
[ESP.] mesa
[FR.] table
[IT.] tavolo
[AL.] Tisch

2824. **Mesa ao ar livre**
[INGL.] outside table
[ESP.] mesa fuera
[FR.] table à l'extérieur
[IT.] tavolo all'aperto
[AL.] Tisch im Freien

2825. **Mesa com vista para o mar**
[INGL.] table with sea view
[ESP.] mesa con vistas al mar
[FR.] table vue sur la mer
[IT.] tavolo con vista sul mare
[AL.] ein Tisch mit Meerblick

2826. **Mesa de apoio** *Ver* MESA DE SERVIÇO

2827. **Mesa de serviço; Mesa de apoio**
[INGL.] service table; side table
[ESP.] mesita de servicio
[FR.] guéridon; table de service
[IT.] tavolino di servizio
[AL.] Beistelltisch

2828. **Mesa livre**
[INGL.] free table
[ESP.] mesa libre
[FR.] table libre
[IT.] tavolo libero
[AL.] freier Tisch

2829. **Mesa no canto**
[INGL.] table in the corner
[ESP.] mesa en el rincón
[FR.] table dans le coin
[IT.] tavolo d'angolo
[AL.] Tisch in der Ecke

2830. **Mesa no terraço**
[INGL.] table on the terrace
[ESP.] mesa en el patio
[FR.] table sur la terrasse
[IT.] tavola sulla terrazza
[AL.] Tisch auf der Terrasse

2831. **Mesa ocupada**
[INGL.] occupied table
[ESP.] mesa ocupada

M

[FR.] table occupée
[IT.] tavolo occupato
[AL.] besetzter Tisch

2832. Mesa para… pessoas
[INGL.] table for… people
[ESP.] mesa para… personas
[FR.] table pour… personnes; table pour … couverts
[IT.] tavolo per… persone
[AL.] Tisch für… Personen

2833. Mesa perto da janela
[INGL.] table by the window
[ESP.] mesa cerca de la ventana
[FR.] table près de la fenêtre
[IT.] tavolo vicino alla finestra
[AL.] Tisch am Fenster

2834. Mesa quadrada
[INGL.] square table
[ESP.] mesa cuadrada
[FR.] table carrée
[IT.] tavolo quadrato
[AL.] quadratischer Tisch

2835. Mesa redonda
[INGL.] round table
[ESP.] mesa redonda
[FR.] table ronde
[IT.] tavolo tondo
[AL.] runder Tisch

2836. Mesa reservada
[INGL.] reserved table
[ESP.] mesa reservada
[FR.] table réservée
[IT.] tavolo riservato
[AL.] reservierter Tisch

2837. Mesa retangular
[INGL.] rectangular table
[ESP.] mesa rectangular

[FR.] table rectangulaire
[IT.] tavolo rettangolare
[AL.] rechteckiger Tisch

2838. Metade
[INGL.] half
[ESP.] mitad
[FR.] demi; moitié
[IT.] mezzo
[AL.] Halb

2839. Mettwurst; Schmierwurst (salsicha alemã feita de carne de porco)
[INGL.] mettwurst; schmierwurst (German salami made with pork)
[ESP.] mettwurst (salami alemán, elaborado con carne de cerdo)
[FR.] mettwurst (saucisse allemande à base de porc)
[IT.] wurstel tedesco (fatto con carne di maiale)
[AL.] Mettwurst; Schmierwurst (aus Schweinefleisch)

2840. Meunière, à la (peixes passados na farinha de trigo e dourados na manteiga)
[INGL.] miller's style (floured fish and fried in butter)
[ESP.] a la molinera (pescado rebozado con harina de trigo y cocinado con mantequilla)
[FR.] à la meunière (poisson passé dans la farine de blé et sauté au beurre)
[IT.] alla mugnaia (pesce infarinato e cotto nel burro)
[AL.] nach Müllerin Art (Fisch in Weizenmehl gewendet mit Butter gebacken)

2841. Mexer
[INGL.] stir, to
[ESP.] mover
[FR.] remuer
[IT.] mescolare
[AL.] rühren

2842. Mexerica
[INGL.] clementine
[ESP.] clementina
[FR.] clémentine; mandarine
[IT.] mandarancio; clementina
[AL.] Klementine

2843. Mexerica-poncã
Ver Poncã

2844. Mexicane, à la (cogumelos recheados com tomates, pimentões e berinjelas)
[INGL.] Mexican style (mushrooms with tomato stuffing, sweet peppers, and eggplants (U.S.)/ aubergines (U.K.)
[ESP.] a la mejicana (setas rellenas de tomates, pimientos dulces y berenjenas)
[FR.] à la mexicaine (champignons farcis aux tomates, poivrons doux et aubergines)
[IT.] alla messicana (funghi farciti con pomodori, peperoni e melanzane)
[AL.] nach mexikanischer Art (mit Pilze gefülte Tomaten, Paprika und Auberginen)

M

2845. **Mexilhões**
[INGL.] mussels
[ESP.] mejillones
[FR.] moules
[IT.] mitili; cozze
[AL.] Muscheln

2846. **Mexilhões marinados**
[INGL.] mussels marinara style; marinated mussels
[ESP.] mejillones a la marinera
[FR.] moules marinière
[IT.] mitili alla marinara
[AL.] Muscheln nach Matrosenart

2847. **Mezzaluna** *(tipo de faca)*
[INGL.] vegetable chopper; mezzaluna
[ESP.] medialuna
[FR.] mezzaluna
[IT.] mezzaluna
[AL.] Wiegemesser

2848. **Migalhas de pão**
[INGL.] bread crumbs; raspings
[ESP.] migas de pan
[FR.] miettes de pain
[IT.] briciole di pane
[AL.] Brösel

2849. **Mikado (receitas francesas elaboradas com ingredientes da cozinha japonesa)**
[INGL.] Mikado (French recipes made with ingredients of Japanese cuisine)
[ESP.] Mikado (recetas francesas elaboradas con ingredientes de la cocina japonesa)
[FR.] Mikado (recettes françaises à base d'ingrédients de la cuisine japonaise)
[IT.] Mikado (ricette francesi preparate con ingredienti della cucina giapponese)
[AL.] Mikado (französisch Rezepte mit Zutaten der japanischen Küche)

2850. **Milanesa, à** *(empanado)*
[INGL.] Milanese style (breaded)
[ESP.] a la milanesa (rebozado; empanado)
[FR.] à la milanaise (pané)
[IT.] alla milanese (impanato)
[AL.] nach Mailänder Art (paniert)

2851. **Milanaise, à la (macarrão com queijo parmesão, língua de boi marinada, presunto, cogumelos, trufas e molho de tomate)**
[INGL.] Milanese style (noodles with parmesan cheese, pickled ox tongue, ham, mushrooms, truffles, and tomato sauce)
[ESP.] a la milanesa (pasta con parmesano, lengua de buey salada, jamón, setas, trufas y salsa de tomate)
[FR.] à la milanaise (pâtes au parmesan, langue de bœuf écarlate, jambon, champignons, truffes et sauce tomate)
[IT.] alla milanese (pasta con parmigiano, lingua di manzo marinata, prosciutto, funghi, tartufi e salsa di pomodoro)
[AL.] nach Mailänder Art (Makkaroni mit Parmesankäse, gepökelte Rinderzunge, Schinken, Pilze, Trüffeln und Tomatensauce)

2852. **Mil-folhas**
[INGL.] millefeuille
[ESP.] milhojas
[FR.] millefeuille
[IT.] millefoglie
[AL.] Cremeschnitte

2853. **Mil-folhas de chocolate**
[INGL.] chocolate millefeuille
[ESP.] milhojas de chocolate
[FR.] millefeuille au chocolat
[IT.] millefoglie al cioccolato
[AL.] Schokoladencremeschnitte

2854. **Milho de pipoca**
[INGL.] popcorn kernel
[ESP.] palomitas de maíz
[FR.] maïs à pop-corn
[IT.] mais da popcorn
[AL.] Popcorn-Mais

2855. **Milho-verde**
[INGL.] corn (U.S.)/sweetcorn (U.K.)
[ESP.] maíz dulce
[FR.] maïs doux
[IT.] mais
[AL.] Zuckermais

M

2856. **Milk-shake**
[INGL.] milk shake
[ESP.] batido
[FR.] milk-shake; mousse lait
[IT.] frappé
[AL.] Milkshake

2857. **Milk-shake com fruta**
[INGL.] fruit milk shake
[ESP.] batido natural de fruta
[FR.] milk-shake aux fruits
[IT.] frullato
[AL.] Obst-Milkshake

2858. **Milk-shake de chocolate**
[INGL.] chocolate milk shake
[ESP.] batido de chocolate
[FR.] milk-shake au chocolat
[IT.] frappé al cioccolato
[AL.] Schokoladen-Milkshake

2859. **Milleens (queijo irlandês, feito com leite de vaca não pasteurizado)**
[INGL.] Millens (Irish cheese, made from unpasteurized cow milk)
[ESP.] Millens (queso irlandés, elaborado con leche de vaca sin pasteurizar)
[FR.] Millens (fromage irlandais, au lait de vache cru)
[IT.] Millens (formaggio irlandese, prodotto con latte vaccino crudo)
[AL.] Millens (irische Käse unpasteurisierter Kuhmilch)

2860. **Mimolette Vieille (queijo francês, de consistência firme, feito com leite de vaca)**
[INGL.] Mimolette Vieille (French cheese, firm texture, made from cow milk)
[ESP.] Mimolette Vieille (queso francés, pasta dura, elaborado con leche de vaca)
[FR.] Mimolette Vieille (fromage français, pâte ferme, à base de lait de vache)
[IT.] Mimolette Vieille (formaggio francese, pasta dura, prodotto con latte vaccino)
[AL.] Mimolette Vieille (harter französischer Kuhmilch-Käse)

2861. **Mincemeat (recheio doce de frutas secas, amêndoas e brandy)**
[INGL.] mincemeat (preserve made of dried fruits, almonds, and brandy)
[ESP.] mincemeat (picadillo de frutos secos, almendras y brandy)
[FR.] mincemeat (préparation sucrée à base d'un mélange de fruits secs, d'amandes et de brandy)
[IT.] mincemeat (preparato zuccherato a base di frutti secchi, mandorle e brandy)
[AL.] Mincemeat (süße Füllung aus Dörrobst, Mandeln und Brandy)

2862. **Minestra (tubérculos e cogumelos ou lentilhas)**
[INGL.] minestra (tubers and mushrooms or lentils)
[ESP.] minestra (tubérculos y setas o lentejas)
[FR.] minestra (tubercules et champignons ou lentilles)
[IT.] minestra (tuberi e funghi o lenticchie)
[AL.] Minestra (Knollen und Pilze oder Linsen)

2863. **Minestrone (sopa de vegetais com arroz ou pasta)**
[INGL.] minestrone (vegetable soup with rice or pasta)
[ESP.] minestrone (sopa de verduras con arroz o pasta)
[FR.] minestrone (soupe de légumes avec riz ou pâtes)
[IT.] minestrone (minestra di verdure con riso o pasta)
[AL.] Minestrone (Gemüsesuppe mit Reis oder Teigwaren-Einlage)

2864. **Mingau de aveia**
[INGL.] oat meal (U.S.)/ porridge (U.K.)
[ESP.] gachas; papilla de avena
[FR.] bouillie d'avoine; porridge
[IT.] pappa di avena
[AL.] Haferbrei

2865. **Minialho-poró**
[INGL.] baby leeks
[ESP.] puerros pequeñitos
[FR.] petits poireaux
[IT.] porri piccoli
[AL.] Baby-Poree

2866. **Minilegumes**
[INGL.] baby vegetables
[ESP.] verduras enanas

M

[FR.] petits légumes
[IT.] verdure piccole
[AL.] Baby-Gemüse

2867. **Minimilho; Babycorn**
[INGL.] baby corn
[ESP.] maíz mini; maíz baby
[FR.] mini-maïs
[IT.] pannocchiette
[AL.] Babymais

2868. **Mínimo** *(quantidade)*
[INGL.] minimum
[ESP.] mínimo
[FR.] minimum
[IT.] minimo
[AL.] Minimum

2869. **Minutos de espera**
[INGL.] waiting time… minutes
[ESP.] …minutos de espera
[FR.] …minutes d'attente
[IT.] …minuti di attesa
[AL.] Zübereitungszeit… minuten

2870. **Miolo; Cérebro** *(miúdos)*
[INGL.] brain
[ESP.] seso
[FR.] cervelle
[IT.] cervella
[AL.] Hirn

2871. **Miolo da alcatra; Coração da alcatra**
[INGL.] top sirloin; centre cut (U.S.)/rump heart (U.K.)
[ESP.] corazón de cadera; corazón de cuadril
[FR.] cœur de rumsteak
[IT.] cuore dello scamone
[AL.] Steakhüfte

2872. **Miolo da paleta; Coração da paleta**
[INGL.] shoulder heart
[ESP.] centro de carnaza de paleta
[FR.] cœur de macreuse
[IT.] cuore de fesone di spalla
[AL.] Dicker Bug

2873. **Miolo de pão**
[INGL.] crumb
[ESP.] miga de pan
[FR.] mie de pan
[IT.] mollica di pane
[AL.] weicher teil des Brotes

2874. **Miolo de vitela**
[INGL.] veal brain
[ESP.] seso de ternera
[FR.] cervelle de veau
[IT.] cervella di vitello
[AL.] Kalbsgehirn

2875. **Miolo do filé-mignon; Coração do filé-mignon**
[INGL.] heart of filet mignon
[ESP.] corazón de solomillo pequeño
[FR.] cœur du filet mignon
[IT.] cuore del filetto mignon
[AL.] Filetherz

2876. **Mirabeau** (filés de anchovas, azeitonas, folhas de estragão e manteiga de anchova)
[INGL.] Mirabeau (anchovy fillets, olives, tarragon leaves, and anchovy butter)
[ESP.] Mirabeau (filetes de anchoa, aceitunas, hojas de estragón y mantequilla de anchoa)
[FR.] Mirabeau (filets d'anchois, olives, feuilles d'estragon et beurre d'anchois)
[IT.] Mirabeau (filetti di acciuga, olive, foglie di dragoncello e burro di acciugha)
[AL.] Mirabeau (Sardellenfilets, Oliven, Estragonblätter und Sardellenbutter)

2877. **Mirepoix** (caldo feito com salsão, cenoura e cebola)
[INGL.] mirepoix (broth made of celery, carot, and onion)
[ESP.] mirepoix (caldo hecho de apio, zanahoria y cebolla)
[FR.] mirepoix (bouillon fait de céleri, carotte et oignon)
[IT.] mirepoix (brodo fatto con sedano, carota e cipolla)
[AL.] Mirepoix; Röstgemüse (Brühe gebildet von Sellerie, Karotte und Zwiebel)

2878. **Mirin** (vinho de arroz japonês)
[INGL.] mirin (Japanese rice wine)
[ESP.] mirin (vino de arroz japonés)
[FR.] mirin (vin de riz japonais)
[IT.] mirin (vino di riso giapponese)
[AL.] Mirin (Reiswein aus Japan)

2879. **Mirtilo** Ver ARANDO

2880. **Mistura** *(subst.)*
[INGL.] blend

— 251 —

M

[ESP.] mezcla
[FR.] mélange
[IT.] miscela
[AL.] Mischung

2881. Misturado
[INGL.] blended; mixed
[ESP.] mezclado
[FR.] mélangé
[IT.] mescolato
[AL.] gemischt

2882. Misturador de massa
[INGL.] pastry blender
[ESP.] batidora de pastelería
[FR.] malaxeur à pâtisserie
[IT.] miscelatore da pasticceria
[AL.] Einhandwiegemesser

2883. Misturar
[INGL.] blend, to; mix, to
[ESP.] mezclar
[FR.] mélanger
[IT.] mescolare
[AL.] mischen

2884. Miúdos Ver Vísceras e extremidades

2885. Miúdos de aves de granja
[INGL.] chicken giblets
[ESP.] menudillos de aves
[FR.] abattis de volailles
[IT.] rigaglie di pollo
[AL.] Hühnerklein

2886. Miúdos de ganso
[INGL.] goose giblets
[ESP.] menudillos de ganso
[FR.] abattis d'oie
[IT.] rigaglie d'oca
[AL.] Gänseklein

2887. Mixer
[INGL.] blender (U.S.)/ mixer (U.K.)
[ESP.] batidora
[FR.] mélangeur
[IT.] frullatore
[AL.] Mixer

2888. Mizuna (verdura japonesa)
[INGL.] mizuna (Japanese green)
[ESP.] mizuna (verdura de Japón)
[FR.] mizuna (légume japonais)
[IT.] mizuna (ortaggio giapponese)
[AL.] Mizuna (japanisches Gemüse)

2889. Moda, à (carne assada com cenouras e cebolas)
[INGL.] à la mode (braised beef with carrots and onions)
[ESP.] a la moda (carne de vaca braseada con zanahorias y cebolas)
[FR.] à la mode (bœuf braisé aux carottes et oignons)
[IT.] alla moda (manzo brasato con carote e cipolle)
[AL.] nach modische Art (Rinderschmorbraten mit Karotten und Zwiebeln)

2890. Moda da casa, à
[INGL.] the home way
[ESP.] a la casera
[FR.] à bonne femme
[IT.] alla casalinga; alla casareccia
[AL.] nach Hausfrauenart

2891. Moda de, à
[INGL.] in the style of; with
[ESP.] a la; al
[FR.] à la; à l'; au; aux; à la mode de
[IT.] all'; alla; alle; allo
[AL.] nach Art

2892. Moderne, à la (alface braseada e repolho)
[INGL.] modern style (braised lettuce and cabbage)
[ESP.] a la moderna (lechuga braseada y col)
[FR.] à la moderne (laitue braisée et chou)
[IT.] alla moderna (lattuga brasata e cavolo)
[AL.] Moderne Art (braisierte Salat und Kohl)

2893. Modo de preparo
[INGL.] ways to prepare
[ESP.] maneras de prepararse
[FR.] façon de préparer; préparation
[IT.] preparazione
[AL.] Zubereitungsarten

2894. Moedor de café
[INGL.] coffee grinder
[ESP.] molinillo de café
[FR.] moulin à café
[IT.] macinino di caffè; macinacaffè
[AL.] Kaffeemühle

2895. Moedor de carne
[INGL.] meat grinder (U.S.)/ mincer (U.K.)
[ESP.] triturador de carne; máquina de picar carne
[FR.] hachoir à viande
[IT.] tritacarne
[AL.] Fleischwolf

M

2896. **Moedor de ervas**
[INGL.] herb grinder
[ESP.] molinillo de hierbas
[FR.] moulin à herbes
[IT.] macinaerbe
[AL.] Kräutermühle

2897. **Moedor de pimenta**
[INGL.] pepper grinder; pepper mill
[ESP.] molinillo de pimienta
[FR.] moulin à poivre
[IT.] macinino di pepe; macinapepe
[AL.] Pfeffermühle

2898. **Moela**
[INGL.] gizzard
[ESP.] molleja
[FR.] gésier
[IT.] ventriglio
[AL.] Geflügelmagen

2899. **Moer**
[INGL.] grind, to (U.S.)/ mince, to (U.K.)
[ESP.] moler
[FR.] moudre; broyer
[IT.] macinare
[AL.] mahlen

2900. **Mofar**
[INGL.] go mouldy, to
[ESP.] enmohecer
[FR.] moisir
[IT.] ammuffire
[AL.] schimmeln

2901. **Moído**
[INGL.] ground (U.S.)/ minced (U.K.)
[ESP.] molido
[FR.] moulu; haché; pilé
[IT.] macinato
[AL.] gemahlen

2902. **Moleja de vitela; Timo de vitela**
[INGL.] veal sweetbreads
[ESP.] molleja de ternera
[FR.] ris de veau
[IT.] animella di vitello
[AL.] Kalbsbries

2903. **Moleja; Timo** (*miúdos*)
[INGL.] sweetbreads; thymus glands
[ESP.] molleja
[FR.] ris; thymus
[IT.] animella; timo
[AL.] Kalbsbries; Milchen

2904. **Mole-mole** (ES)
Ver Tubarão-azul

2905. **Molhado**
[INGL.] wet
[ESP.] mojado
[FR.] mouillé
[IT.] bagnato
[AL.] angefeuchtet

2906. **Molhar**
[INGL.] wet, to
[ESP.] mojar
[FR.] mouiller
[IT.] bagnare
[AL.] anfeuchten

2907. **Molheira**
[INGL.] sauce boat; gravy boat
[ESP.] salsera
[FR.] saucière
[IT.] salsiera
[AL.] Sauciere

2908. **Molho à parte**
[INGL.] sauce on the side; dressing on the side
[ESP.] salsa a parte; aliño a parte
[FR.] sauce à part
[IT.] il condimento a parte
[AL.] sauce separat; salatsosse separat

2909. **Moluscos**
[INGL.] mollusks
[ESP.] moluscos
[FR.] mollusques
[IT.] molluschi
[AL.] Weichtiere

2910. **Mônaco (ostras pochés e croûtons)**
[INGL.] Monaco (poached oysters and croutons)
[ESP.] Monaco (ostras escalfadas y crostoncitos)
[FR.] Monaco (huîtres pochées et croûtons)
[IT.] Monaco (ostriche affogate e crostini)
[AL.] Monaco (pochierte Austern und Croûtons)

2911. **Monarda** Ver Erva--bergamota

2912. **Montbazon (moleja de cordeiro, quenelles de galinha, cogumelos e trufas)**
[INGL.] Montbazon (lamb sweetbreads, chicken dumplings, mushrooms, and truffles)
[ESP.] Montbazon (molleja de cordero, albondiguillas de ave, setas y trufas)
[FR.] Montbazon (ris d'agneau, quenelles de volaille, champignons et truffes)
[IT.] Montbazon (timo d'agnello, polpettine di

M

pollo, funghi e tartufi)
[AL.] Montbazon (Lammkalbsbries, Geflügelklößchen, Pilze und Trüffeln)

2913. Mont Blanc (purê de castanhas com creme chantili)
[INGL.] Mont Blanc (chestnut purée with whipped cream)
[ESP.] Negro en camisa (puré de castañas con nata batida)
[FR.] Mont Blanc (purée de marrons et crème fouettée)
[IT.] Monte bianco (purè di castagne con panna montata)
[AL.] Montblanc (Kastanienpüree mit Schlagsahne)

2914. Montmorency (fundos de alcachofra recheados de batatas noisette e cenouras)
[INGL.] Montmorency (artichoke bottoms stuffed with carrots and noisette potatoes)
[ESP.] Montmorency (fondos de alcachofas rellenas de patatas salteadas y zanahorias)
[FR.] Montmorency (fonds d'artichauts farcis de carottes et pommes de terre aux noisettes)
[IT.] Montmorency (fondi di carciofi ripieni di carote e patate nocciola)
[AL.] Montmorency (Artischockenböden mit Karotten und Nußkartoffeln)

2915. Montpensier (corações de alcachofra, pontas de aspargos, trufas e molho Madeira)
[INGL.] Montpensier (artichoke hearts, asparagus tips, truffles and Madeira sauce)
[ESP.] Montpensier (fondos de alcachofas, puntas de espárragos, trufas y salsa Madera)
[FR.] Montpensier (cœurs d'artichauts, pointes d'asperges, truffes et sauce Madère)
[IT.] Montpensier (cuori di carciofi, punte di asparagi, tartufi e salsa al Madeira)
[AL.] Montpensier (Artischockenherzen, Spargelspitzen, Trüffeln und Madeira-Sauce)

2916. Montreuil (corações de alcachofra recheados de ervilhas e cenouras)
[INGL.] Montreuil (artichoke hearts stuffed with green peas and carrots)
[ESP.] Montreuil (fondos de alcachofas rellenas con guisantes y zanahorias)
[FR.] Montreuil (cœurs d'artichauts farcis aux petits pois et carottes)
[IT.] Montreuil (cuori di carciofi ripieni di piselli e carote)
[AL.] Montreuil (Artischockenherzen mit Erbsen und Karotten)

2917. Mooli Ver Daikon

2918. Moranga
Ver Abóbora-moranga

2919. Morango
[INGL.] strawberry
[ESP.] fresa
[FR.] fraise
[IT.] fragola
[AL.] Erdbeere

2920. Morango Mara de bois
[INGL.] Mara de bois strawberry
[ESP.] fresa Mara de bois
[FR.] fraise Mara des bois
[IT.] fragola Mara di bosco
[AL.] Mara de Bois Erdebeer

2921. Morango-silvestre
[INGL.] wild strawberry; alpine strawberry
[ESP.] fresita silvestre
[FR.] fraise des bois
[IT.] fragoline di bosco
[AL.] Walderdbeere

2922. Morcela
Ver Chouriço de sangue

2923. Morchella Ver Morel

2924. Morder
[INGL.] bite, to
[ESP.] morder
[FR.] mordre
[IT.] mordere
[AL.] beissen

2925. Mordiscar; Beliscar
[INGL.] nibble, to
[ESP.] mordisquear
[FR.] grignoter
[IT.] rosicchiare
[AL.] knabbern

M

2926. Moreia
[INGL.] moray
[ESP.] morena
[FR.] murène
[IT.] murena
[AL.] Muräne

2927. Morel; Morchella (*fungo comestível*)
[INGL.] morel
[ESP.] cagarria; murgula; colmenilla
[FR.] morille
[IT.] spugnola rotonda
[AL.] Speisemorchel

2928. Morello (*variedade de cereja*)
[INGL.] sour cherries (U.S.)/ Morella cherry; English Morella cherry (U.K.)
[ESP.] guinda
[FR.] griotte
[IT.] amarena; marasca; marasche
[AL.] Schattenmorelle

2929. Moriati (ES)
Ver MANGANGÁ

2930. Mornay, molho (queijos gruyère e parmesão)
[INGL.] Mornay sauce; cheese sauce (gruyère and parmesan cheese)
[ESP.] salsa Mornay (gruyère y parmesano)
[FR.] sauce Mornay (gruyère et parmesan)
[IT.] salsa Mornay (groviera e parmigiano)
[AL.] Mornay Sauce; Käsesauce (Gruyère und Parmesankäse)

2931. Morno; Tépido
[INGL.] lukewarm
[ESP.] templado
[FR.] tiède
[IT.] tiepido
[AL.] warm

2932. Mortadela (embutido italiano feito com carne de porco)
[INGL.] mortadella (Italian salami made from pork meat)
[ESP.] mortadela (salchichón italiano elaborado con carne de cerdo)
[FR.] mortadelle (saucisson italien, à base de porc)
[IT.] mortadella (salume a base di carne di maiale)
[AL.] Mortadella (italienische Salami aus Schweinefleisch)

2933. Moscatel (vinho doce natural)
[INGL.] Muscatel; Muscat (natural sweet wine)
[ESP.] Moscatel (vino dulce natural)
[FR.] Muscat (vin doux naturel)
[IT.] Moscato (vino dolce naturale)
[AL.] Muskateller (natürlich sußer Wein)

2934. Mostarda
[INGL.] mustard
[ESP.] mostaza
[FR.] moutarde
[IT.] senape
[AL.] Senf

2935. Mostarda alemã
[INGL.] German mustard
[ESP.] mostaza alemana
[FR.] moutarde allemande
[IT.] senape tedesca
[AL.] deutscher Senf

– mostarda –

2936. Mostarda-amarela
Ver MOSTARDA-BRANCA

2937. Mostarda americana
[INGL.] American mustard
[ESP.] mostaza americana
[FR.] moutarde américaine
[IT.] senape americana
[AL.] amerikanischer Senf

2938. Mostarda-branca; Mostarda-amarela
[INGL.] white mustard; yellow mustard
[ESP.] mostaza silvestre
[FR.] moutarde blanche
[IT.] senape bianca
[AL.] weißer Senf; echter Senf

2939. Mostarda de Cremona (frutas em calda e mostarda em pó)
[INGL.] Cremona mustard (fruit in syrup and mustard powder)
[ESP.] mostaza de Cremona (fruta en almíbar y mostaza en polvo)
[FR.] moutarde de Crémone

M

(fruit au sirop et moutarde en poudre)
[IT.] mostarda di Cremona (frutta sciroppata e senape in polvere)
[AL.] Cremona-Senf (eingemachtes Obst und Senfpulver)

2940. **Mostarda de Dijon**
[INGL.] Dijon mustard
[ESP.] mostaza de Dijon
[FR.] moutarde de Dijon
[IT.] senape di Digione
[AL.] Dijon-Senf

2941. **Mostarda de ervas**
[INGL.] herb mustard
[ESP.] mostaza a la hierbas
[FR.] moutarde aux fines herbes
[IT.] senape alle erbe
[AL.] Kräutersenf

2942. **Mostarda de grãos grosseiramente picados**
[INGL.] wholegrain mustard
[ESP.] mostaza a la antigua
[FR.] moutarde à l'ancienne
[IT.] senape granulosa
[AL.] körniger Senf

2943. **Mostarda de tomate**
[INGL.] tomato mustard
[ESP.] mostaza con tomate
[FR.] moutarde à la tomate
[IT.] senape al pomodoro
[AL.] Tomatensenf

2944. **Mostarda inglesa**
[INGL.] hot English mustard
[ESP.] mostaza inglesa picante
[FR.] moutarde forte anglaise
[IT.] senape inglese piccante
[AL.] scharfer englischer Senf

2945. **Mostarda, molho de**
[INGL.] mustard sauce
[ESP.] salsa de mostaza
[FR.] sauce à la moutarde
[IT.] salsa alla senape
[AL.] Senfsauce

2946. **Mostarda-negra**
Ver MOSTARDA-PRETA

2947. **Mostarda-preta; Mostarda-negra**
[INGL.] black mustard; brown mustard (U.K.)
[ESP.] mostaza negra
[FR.] moutarde noire
[IT.] senape nera
[AL.] schwarzen Senf

2948. **Mostarda provençal**
[INGL.] provençal mustard
[ESP.] mostaza de Provenza
[FR.] moutarde provençale
[IT.] senape provenzale
[AL.] provenzalischer Senf

2949. **Mostrar**
[INGL.] show, to
[ESP.] mostrar
[FR.] montrer
[IT.] mostrare
[AL.] zeigen

2950. **Moussaka (camadas intercaladas de fatias de berinjelas e carne de cordeiro assadas no forno)**
[INGL.] moussaka (consists of sliced eggplant (U.S.)/aubergine (U.K.) and ground lamb that are layered, then baked)
[ESP.] musaca (consiste de berenjena en rebanadas y carne de cordero cocidas en horno)
[FR.] moussaka (composé d'aubergines et de viande hachée de mouton et mis au four)
[IT.] moussaka (sformato a base di melanzane e carne d'agnello tritata da cuocere in forno)
[AL.] Moussaka (Schichtaubergine und Lammfleisch)

2951. **Mousseline, molho; Chantili, molho (molho holandês com creme chantili)**
[INGL.] mousseline sauce (Hollandaise sauce with whipped cream)
[ESP.] salsa muselina (salsa holandesa con nata batida)
[FR.] sauce mousseline (sauce hollandaise et crème fouettée)
[IT.] salsa mousseline (salsa olandese con panna montata)
[AL.] Mousseline-Sauce (holändische Sauce mit geschlagener Schlagsahne)

2952. **Mousseron; Cogumelo-da-montanha (cogumelo branco silvestre)**
[INGL.] fairy ring mushroom
[ESP.] camasec; moxerno
[FR.] faux mousseron; marasme montagnard
[IT.] gambasecche
[AL.] Feldschwindling

M

2953. Mozarela
[INGL.] mozzarella
[ESP.] mozzarella
[FR.] mozzarelle
[IT.] mozzarella
[AL.] Mozzarella

2954. Mozarela de búfala
[INGL.] buffalo milk mozzarella
[ESP.] mozzarella di bufala
[FR.] mozarelle de bufflonne
[IT.] mozzarella di bufala
[AL.] Mozzarella aus Büffelmilch

2955. Mozart (corações de alcachofra, recheados com purê de salsão e batatas)
[INGL.] Mozart (artichoke hearts with celery purée and potatoes)
[ESP.] Mozart (fondos de alcachofas a la puré de apio y patatas)
[FR.] Mozart (cœurs d'artichauts à la purée de céleri et pommes de terre)
[IT.] Mozart (cuori di carciofi farciti con purea di sedano e patate)
[AL.] Mozart (Artischockenherzen mit Selleriepürre und Kartoffeln)

2956. Mudar
[INGL.] change, to
[ESP.] mudar
[FR.] changer
[IT.] mutare
[AL.] wechseln

2957. Muesli; Müsli
[INGL.] muesli
[ESP.] muesli
[FR.] muesli
[IT.] muesli
[AL.] Müsli

2958. Muffin *(bolinho que pode ser doce ou salgado)*
[INGL.] muffin
[ESP.] mollete
[FR.] muffin
[IT.] muffin inglese
[AL.] Muffin

2959. Muito ácido
[INGL.] too sour
[ESP.] demasiado agrio
[FR.] trop aigre
[IT.] troppo acido
[AL.] zu sauer

2960. Muito amargo
[INGL.] too bitter
[ESP.] demasiado amargo
[FR.] trop amer
[IT.] troppo amaro
[AL.] zu bitter

2961. Muito cru
[INGL.] too rare
[ESP.] demasiado crudo
[FR.] trop saignant
[IT.] troppo al sangue
[AL.] zu roh

2962. Muito doce
[INGL.] too sweet
[ESP.] demasiado dulce
[FR.] trop sucré
[IT.] troppo dolce
[AL.] zu süß

2963. Muito duro
[INGL.] too tough
[ESP.] demasiado duro
[FR.] trop dur
[IT.] troppo duro
[AL.] zu zäh

2964. Muito frio
[INGL.] too cold
[ESP.] demasiado frío
[FR.] trop froid
[IT.] troppo freddo
[AL.] zu kalt

2965. Muito gorduroso
[INGL.] too fatty
[ESP.] demasiado grasiento
[FR.] trop gras
[IT.] troppo grasso
[AL.] zu fett

2966. Muito quente *(sabor)*
[INGL.] too spicy
[ESP.] demasiado picante
[FR.] trop épicé
[IT.] troppo piccante
[AL.] zu scharf

2967. Muito quente *(temperatura)*
[INGL.] too hot
[ESP.] demasiado caliente
[FR.] trop chaud
[IT.] troppo caldo
[AL.] zu heiss

2968. Muito salgado
[INGL.] too salty
[ESP.] demasiado salado
[FR.] trop salé
[IT.] troppo salato
[AL.] zu salzig

2969. Muito seco
[INGL.] very dry
[ESP.] muy seco
[FR.] trop sec
[IT.] molto secco
[AL.] sehr trocken

M

2970. Multiprocessador
[INGL.] food processor
[ESP.] robot de cocina
[FR.] robot; ménager
[IT.] tritatutto
[AL.] Küchenmaschine

2971. Munster (queijo da Alsácia, feito com leite de vaca)
[INGL.] Munster; Muenster (cheese originates in Alsace, made from cow milk)
[ESP.] Munster (queso elaborado en Alsacia, con leche de vaca)
[FR.] Munster (fromage fabriqué en Alsace, à base de lait de vache)
[IT.] Munster (formaggio alsaziano, preparato con latte vaccino)
[AL.] Munster (Kuhmilch-Käse aus dem Elsaß)

2972. Murcho
[INGL.] wilted
[ESP.] marchito
[FR.] fané
[IT.] appassito
[AL.] welk

2973. Murta-cheirosa; Murta-das-noivas
[INGL.] myrtle
[ESP.] mirto; arrayán
[FR.] myrte
[IT.] mirto mortella
[AL.] Myrte

2974. Murta-das-noivas
Ver MURTA-CHEIROSA

2975. Murta-limão
[INGL.] lemon myrtle
[ESP.] mirto de limón
[FR.] myrte citronné
[IT.] mirto limoncello
[AL.] Zitronenmyrte

2976. Murucaia (BA)
Ver CORVINA

2977. Músculo do dianteiro *(corte de carne bovina)*
[INGL.] shank; fore shank (U.S.)/shin (U.K.)
[ESP.] garrón delantero; morcillo delantero
[FR.] jarret avant; gîte avant
[IT.] geretto anteriore; musculo anteriore
[AL.] Beinscheibe

2978. Músculo duro; Garão traseiro *(corte de carne bovina)*
[INGL.] shank
[ESP.] garrón trasero; ossobuco
[FR.] jarret arrière
[IT.] geretto posteriore; muscolo posteriore
[AL.] Beinscheibe (Hinterteil)

2979. Músculo mole; Garão dianteiro *(corte de carne bovina)*
[INGL.] heel meat (U.S.)/heel muscle (U.K.)

[ESP.] tortuguita
[FR.] nerveux; tendron
[IT.] campanello; pesce
[AL.] Kniekehlfleisch

2980. Müsli Ver MUESLI

2981. Musse de chocolate
[INGL.] chocolate mousse
[ESP.] mousse de chocolate
[FR.] mousse au chocolat
[IT.] mousse al cioccolato
[AL.] Schokoladenmousse

2982. Musse de morango
[INGL.] strawberry mousse
[ESP.] mousse de fresas
[FR.] mousse aux fraises
[IT.] mousse alla fragola
[AL.] Erdbeer-Mousse

2983. Musse de salmão
[INGL.] salmon mousse
[ESP.] mousse de salmón
[FR.] mousse de saumon
[IT.] mousse di salmone
[AL.] Lachsmousse

2984. Muzundu (RJ)
Ver CAVALINHA

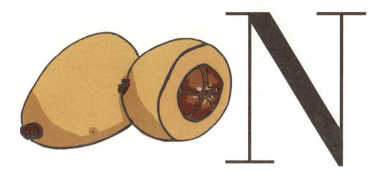

2985. **Nabo**
[INGL.] turnip
[ESP.] nabo
[FR.] navet
[IT.] rapa
[AL.] Rübe

2986. **Nabo-roxo**
[INGL.] purple-top turnip
[ESP.] nabo morado
[FR.] navet à collet violet
[IT.] rapa bianca dal colletto rosso
[AL.] Kohlrübe

2987. **Na brasa**
[INGL.] on the grill
[ESP.] a la brasa
[FR.] à la braise
[IT.] alla brace
[AL.] vom Holzkohlengrill

2988. **Na grelha**
[INGL.] grilled
[ESP.] a la parrilla
[FR.] sur le gril
[IT.] alla griglia
[AL.] vom Grill

2989. **Nam pla, molho (molho asiático de peixe)**
[INGL.] nam pla (Asian fish sauce)
[ESP.] nam pla (salsa asiática de pescado)
[FR.] nam pla (sauce asiatique de poisson)
[IT.] nam pla (salsa asiatica a base di pesce)
[AL.] Nam pla (asiatische Fischsauce)

2990. **Nameko (cogumelo japonês)**
[INGL.] nameko (Japanese mushroom)
[ESP.] nameko (seta japonesa)
[FR.] nameko (champignon japonais)
[IT.] nameko (fungo giapponase)
[AL.] Nameko (japanische Pilze)

2991. **Nantua, à la (com lagostins e trufas)**
[INGL.] Nantua style (with crayfish and truffles)
[ESP.] a la Nantua (con cigalas y trufas)
[FR.] à la Nantua (aux langoustines et aux truffes)
[IT.] alla Nantua (con scampi e tartufi)
[AL.] Nantua Art (mit Flusskrebse und Trüffeln)

2992. **Nantua, molho (molho bechamel, manteiga e lagostins)**

N

[INGL.] Nantua sauce (béchamel sauce, butter, and crayfish)
[ESP.] salsa Nantua (salsa bechamel, mantequilla y cigalas)
[FR.] sauce Nantua (sauce béchamel, beurre et langoustines)
[IT.] salsa Nantua (salsa besciamella, burro e scampi)
[AL.] Nantua-Sauce (Béchamel-Sauce, Butter und Flusskrebse)

2993. **Não fumante**
[INGL.] non-smoking
[ESP.] no fumador
[FR.] non fumeur
[IT.] non fumatore
[AL.] Nichtraucher

2994. **Napoletana, alla (tomates e azeite de oliva)**
[INGL.] Neapolitan style (tomatoes and olive oil)
[ESP.] a la napolitana (tomates y aceite de oliva)
[FR.] à la napolitaine (tomates et huile d'olive)
[IT.] alla napoletana (pomodori e olio di oliva)
[AL.] nach neapoletanischer Art (Tomaten und Olivenöl)

2995. **Narceja**
[INGL.] snipe
[ESP.] becacina
[FR.] bécassine
[IT.] beccaccino
[AL.] Sumpfschnepfe

2996. **Nastúrcio**
Ver C<small>APUCHINHA</small>

2997. **Natural**
[INGL.] natural
[ESP.] natural
[FR.] naturel
[IT.] naturale
[AL.] naturel

2998. **Navalheira-azul** *(caranguejo)* (PT)
[INGL.] blue crab
[ESP.] cangrejo azul
[FR.] crabe bleu
[IT.] granchio asiatico
[AL.] Blaukrabbe

2999. **Néctar de frutas**
[INGL.] fruit nectar
[ESP.] néctar de frutas
[FR.] nectar de fruits
[IT.] nettare di frutta
[AL.] Fruchtnektar

3000. **Nectarina**
[INGL.] nectarine
[ESP.] nectarina
[FR.] nectarine; brugnon
[IT.] pesca nettarina; pesca noce
[AL.] Nektarine

3001. **Negroni (coquetel feito de gim, vermute tinto e Campari®)**
[INGL.] Negroni (cocktail made with gin, red vermouth, and Campari®)
[ESP.] Negroni (cóctel con ginebra, vermut rojo y Campari®)
[FR.] Negroni (cocktail de gin, vermouth rouge et Campari®)
[IT.] Negroni (cocktail fatto con gin, vermouth rosso e Campari®)
[AL.] Negroni (Cocktail mit Gin, roter Wermut und Campari®)

3002. **Nemours (quenelles, cogumelos e molho normande)**
[INGL.] Nemours (dumplings, mushrooms and Normande sauce)
[ESP.] Nemours (albondiguillas, setas y salsa normanda)
[FR.] Nemours (quenelles, champignons et sauce normande)
[IT.] Nemours (polpettine, funghi e salsa normanna)
[AL.] Nemours (Klößchen, Pilze und normannische Sauce)

3003. **Nervo**
[INGL.] nerve
[ESP.] nervio
[FR.] nerf
[IT.] nervo
[AL.] Nerv

3004. **Nêspera japonesa**
[INGL.] loquat
[ESP.] níspero japonés
[FR.] nèfle du Japon
[IT.] nespola giapponese
[AL.] Loquat; japanische Mispel

3005. **Nesselrode (com purê de castanhas)**
[INGL.] Nesselrode (with chestnut purée)
[ESP.] Nesselrode (con puré de castañas)
[FR.] Nesselrode (avec purée de marrons)

N

[IT.] Nesselrode (con purè di castagne)
[AL.] Nesselrode (mit Kastanienpüree)

3006. Nesselrode pudding (pudim gelado de castanhas)
[INGL.] Nesselrode pudding (iced chestnut pudding)
[ESP.] budín Nesselrode (budín helado de castañas)
[FR.] pudding Nesselrode (pudding glacé aux marrons)
[IT.] budino Nesselrode (budino gelato di marroni)
[AL.] Pudding Nesselrode (Maronen-Eispudding)

3007. Neufchâtel (queijo francês, fresco, de textura cremosa, feito com leite de vaca)
[INGL.] Neufchâtel (French cheese, fresh, creamy texture, made from cow milk)
[ESP.] Neufchâtel (queso francés, fresco, consistencia blanda, elaborado con leche de vaca)
[FR.] Neufchâtel (fromage français, frais, pâte tendre, à base de lait de vache)
[IT.] Neufchâtel (formaggio francese, fresco, pasta compatta, prodotto con latte vaccino)
[AL.] Neufchâtel (weicher französischer Kuhmilch--Frischkäse)

3008. Nhambu Ver Jambu

3009. Nhoque
[INGL.] gnocchi
[ESP.] ñoqui
[FR.] gnocchi
[IT.] gnocchi
[AL.] Gnocchi

3010. Nhoque de ricota
[INGL.] ricotta cheese gnocchi
[ESP.] ñoqui de ricotta
[FR.] gnocchi de ricotta
[IT.] gnocchi di ricotta
[AL.] Ricotta-Gnocchi

3011. Niçoise, à la (anchovas, azeitonas pretas e alcaparras)
[INGL.] Nice style (anchovies, black olives and capers)
[ESP.] a la nizarda (anchoas, aceitunas negras y alcaparras)
[FR.] à la niçoise (anchois, olives noires et câpres)
[IT.] alla nizzarda (acciughe, olive nere e capperi)
[AL.] Nizza-Art (Sardellen, schwarze Oliven und Kapern)

– nhoque –

3012. Nigela (semente negra indiana)
[INGL.] nigella (Indian black seed)
[ESP.] nigela (semilla negra indiana); neguilla
[FR.] nigelle (graines noires indiennes); cheveux de Vénus
[IT.] nigella (seme nero indiano)
[AL.] Nigella (indische schwarzer Samen); Schwarzkummel

3013. Nirá (cebolinha chinesa)
[INGL.] nira (Chinese chives)
[ESP.] nira (cebollino chino)
[FR.] nira (ciboulette chinoise)
[IT.] nira (cipollina cinese)
[AL.] Schnittknoblauch

3014. Nivernaise, à la (com cebolas glaceadas e cenouras)
[INGL.] Nivernais style (with glazed onions and carrots)
[ESP.] a la nivernesa (con cebollas glaseadas y zanahorias)
[FR.] à la nivernaise (aux oignons glacées et aux carottes)
[IT.] alla nivernesa (con cipolle glassate e carote)
[AL.] Nizza-Art (mit Zwiebeln glaciert und Karotten)

3015. Nó
[INGL.] knot
[ESP.] nudo

N

[FR.] nœud
[IT.] nodo
[AL.] Knoten

3016. Nocivo
[INGL.] noxious
[ESP.] nocivo
[FR.] nuisible
[IT.] nocivo
[AL.] schädlich

3017. Noisette (licor francês de avelãs)
[INGL.] noisette (French hazelnut liqueur)
[ESP.] noisette (licor francés de avellanas)
[FR.] noisette (liqueur française de noisette)
[IT.] noisette (liquore francese di nocciole)
[AL.] Noisette (franzosischer Haselnüßlikör)

3018. Noite (período do dia)
[INGL.] night
[ESP.] noche
[FR.] nuit
[IT.] notte
[AL.] Nacht

3019. Nori (folhas de alga marinha processada)
[INGL.] nori (paper-thin sheets of dried seaweed)
[ESP.] nori (trozos de algas prensados)
[FR.] nori (fines lamelles d'algue)
[IT.] nori (fogli di alghe sottili come carta)
[AL.] Nori (getrocknete Blätter aus Seealgen, die an Papier erinnern)

3020. Normal (tamanho)
[INGL.] regular
[ESP.] normal
[FR.] réguler
[IT.] normale
[AL.] normal

3021. Normande, à la (ostras, mexilhões, cogumelos, trufas e lagostins)
[INGL.] Normandy style (oysters, mussels, mushrooms, truffles, and crayfish)
[ESP.] a la normanda (ostras, mejillones, setas, trufas y cigalas)
[FR.] à la normande (huîtres, moules, champignons, truffes et langoustines)
[IT.] alla normanna (ostriche, mitilli, funghi, tartufi e scampi)
[AL.] normannische Art (Austern, Muscheln, Pilze, Trüffeln und Flusskrebse)

3022. Normande, molho (caldo de peixe e cogumelos)
[INGL.] normande sauce (fish stock and mushrooms
[ESP.] salsa normanda (salsa de pescado y setas)
[FR.] sauce normande (fond de poisson et champignons)
[IT.] salsa normanna (brodo di pesce e funghi)
[AL.] normannische Sauce (Fischsauce und Pilze)

3023. Norvégienne, à la (peixe ou frutos do mar, pepino recheado, ovos duros e salada russa)
[INGL.] Norwegian style (fish or seafood, stuffed cucumber, hard-boiled eggs, and Russian salad)
[ESP.] a la noruega (pescado o mariscos, pepino relleno, huevos duros y ensalada rusa)
[FR.] à la norvégienne (poisson ou fruits de mer, concombre farci, œufs durs et salade russe)
[IT.] alla norvegese (pesce o frutti di mare, cetriolo farcito, uova sode e insalata russa)
[AL.] nach norwegischer Art (Fisch oder Meeresfrüchten, gefüllt Gurke, hartgekocht Eier und russischer Salat)

3024. Norvégienne, molho (gemas de ovos duras, mostarda e vinagre)
[INGL.] Norwegian sauce (hard-boiled egg yolks, mustard, and vinegar)
[ESP.] salsa noruega (yemas de huevo duro, mostaza y vinagre)
[FR.] sauce norvégienne (jaunes d'œufs durs, moutarde et vinaigre)
[IT.] salsa norvegese (tuorli d'uovo sodo, senape e aceto)
[AL.] norwegische Sauce (hartgekochtes Eigelb, Senf und Essig)

N

3025. **Novo**
[INGL.] new
[ESP.] nuevo
[FR.] nouveau
[IT.] nuovo
[AL.] neu

3026. **Noz**
[INGL.] walnut
[ESP.] nuez
[FR.] noix
[IT.] noce
[AL.] Walnuß

3027. **Noz-americana**
Ver Pecã

3028. **Noz-macadâmia**
[INGL.] macadamia nut
[ESP.] nuez de macadamia
[FR.] noix de macadamia
[IT.] noce di macadamia
[AL.] Macadamianuß

3029. **Noz-moscada**
[INGL.] nutmeg
[ESP.] nuez moscada
[FR.] noix de muscade
[IT.] noce moscata
[AL.] Muskatnuß

3030. **Número da mesa**
[INGL.] table number
[ESP.] número de mesa
[FR.] numéro de la table
[IT.] numero del tavolo
[AL.] Tischnummer

3031. **Nutrição**
[INGL.] nutrition
[ESP.] nutrición
[FR.] nutrition
[IT.] nutrizione
[AL.] Ernährung

– noz-moscada –

3032. **Nutricionista**
[INGL.] nutritionist
[ESP.] nutricionista
[FR.] nutritionniste
[IT.] nutrizionista
[AL.] Ernährungswissenschaftler; Ernährungswissenschaftlerin

3033. **Nutriente**
[INGL.] nutrient
[ESP.] nutriente
[FR.] nutritive
[IT.] nutriente
[AL.] Nährstoff

3034. **Nutritivo**
[INGL.] nutrient
[ESP.] nutritivo
[FR.] nutritif
[IT.] nutritivo
[AL.] nährend

– 265 –

3035. **Oatcake** *(biscoito de farinha de aveia)*
[INGL.] oatcake
[ESP.] galleta de avena
[FR.] oatcake (biscuit à la farine d'avoine)
[IT.] biscotto alla farina d'avena
[AL.] Haferkeks

3036. **Obrigado(a)**
[INGL.] thank you
[ESP.] gracias
[FR.] merci
[IT.] grazie
[AL.] danke

3037. **Ocupado**
[INGL.] occupied (U.S.)/ engaged (U.K.)
[ESP.] ocupado
[FR.] occupé
[IT.] occcupato
[AL.] besetzt

3038. **Old Fashioned (coquetel feito de uísque bourbon, Angostura®, açúcar em cubinhos e club soda)**
[INGL.] Old Fashioned (cocktail made with bourbon whisky, Angostura®, sugar lump, and club soda)
[ESP.] Old Fashioned (cóctel con whisky bourbon, Angostura®, cubos de azúcar y agua carbonatada)
[FR.] Old Fashioned (cocktail de whisky bourbon, Angostura®, sucre en morceaux et eau gazeuse)
[IT.] Old Fashioned (cocktail fatto con whisky bourbon, Angostura®, zolette di zucchero e acqua gassata)
[AL.] Old Fashioned (Cocktail mit Bourbon Whisky, Angostura®, Würfelzucker und Sodawasser)

3039. **Óleo de abacate**
[INGL.] avocado oil
[ESP.] aceite de aguacate
[FR.] huile d'avocat
[IT.] olio di avocado
[AL.] Avocadoöl

3040. **Óleo de açafroa**
[INGL.] safflower oil
[ESP.] aceite de cártamo
[FR.] huile de carthame
[IT.] olio di semi di cartamo
[AL.] Saflordistelöl

3041. **Óleo de amêndoa**
[INGL.] almond oil
[ESP.] aceite de almendra
[FR.] huile d'amande
[IT.] olio di mandorle
[AL.] Mandelöl

O

3042. **Óleo de amendoim**
[INGL.] peanut oil (U.S.)/ groundnut oil (U.K.)
[ESP.] aceite de cacahuete
[FR.] huile d'arachide
[IT.] olio di arachidi
[AL.] Erdnußöl

3043. **Óleo de avelã**
[INGL.] hazelnut oil
[ESP.] aceite de avellana
[FR.] huile de noisette
[IT.] olio di nocciole
[AL.] Haselnussöl

3044. **Óleo de baleia**
[INGL.] whale oil
[ESP.] aceite de ballena
[FR.] huile de baleine
[IT.] olio di balena
[AL.] Wallöl

3045. **Óleo de canola**
[INGL.] canola oil (U.S.)/rape oil; rapeseed oil (U.K.)
[ESP.] aceite de canola
[FR.] huile de colza
[IT.] olio di canola
[AL.] Canolaöl

3046. **Óleo de chili**
[INGL.] chili oil
[ESP.] aceite de chile
[FR.] huile pimentée
[IT.] olio al peperoncino
[AL.] Chiliöl

3047. **Óleo de fígado de bacalhau**
[INGL.] cod liver oil
[ESP.] aceite de hígado de bacalao
[FR.] huile de foie de morue
[IT.] olio di fegato di merluzzo
[AL.] Dorschleberöl

3048. **Óleo de gergelim**
[INGL.] sesame oil
[ESP.] aceite de sésamo
[FR.] huile de sésame
[IT.] olio di sesamo
[AL.] Sesamöl

3049. **Óleo de girassol**
[INGL.] sunflower oil
[ESP.] aceite de girasol
[FR.] huile de tournesol
[IT.] olio di girasole
[AL.] Sonnenblumenöl

3050. **Óleo de milho**
[INGL.] corn oil
[ESP.] aceite de maíz
[FR.] huile de maïs
[IT.] olio di mais
[AL.] Maisöl

3051. **Óleo de nozes**
[INGL.] walnut oil
[ESP.] aceite de nuez
[FR.] huile de noix
[IT.] olio di noci
[AL.] Walnußöl

3052. **Óleo de pistache**
[INGL.] pistachio oil
[ESP.] aceite de pistacho
[FR.] huile de pistache
[IT.] olio di pistacchio
[AL.] Pistazienöl

3053. **Óleo de sementes de abóbora**
[INGL.] pumpkin seed oil
[ESP.] aceite de semillas de calabaza
[FR.] huile de graines de courge
[IT.] olio di semi di zucca
[AL.] Kürbiskernöl

3054. **Óleo de sementes de mostarda**
[INGL.] mustard seed oil
[ESP.] aceite de semillas de mostaza
[FR.] huile de moutarde
[IT.] olio di semi di senape
[AL.] Senfsaatöl

3055. **Óleo de sementes de uva**
[INGL.] grape seed oil
[ESP.] aceite de pepita de uva
[FR.] huile de pépins de raisin
[IT.] olio di vinaccioli
[AL.] Traubenkernöl

3056. **Óleo de soja**
[INGL.] soybean oil (U.S.) / soya bean oil (U.K.)
[ESP.] aceite de soja
[FR.] huile de soja
[IT.] olio di soia
[AL.] Sojaöl

3057. **Oleoso**
[INGL.] oily
[ESP.] aceitoso
[FR.] huileux
[IT.] oleoso
[AL.] ölig

3058. **Óleo vegetal**
[INGL.] vegetable oil
[ESP.] aceite vegetal
[FR.] huile végétale
[IT.] olio di semi
[AL.] Pflanzenöl

3059. **Óleo** *Ver* AZEITE

3060. **Olhete**
[INGL.] yellowtail
[ESP.] seriola

O

[FR.] sériole
[IT.] ricciola australiana
[AL.] Gelbschwanz; Bernsteinfisch

3061. Olhete (SP)
Ver OLHO-DE-BOI

3062. Olho-de-boi; Pintagola (RJ); Olhete (SP); Urubaiana (NE)
[INGL.] amberjack; bull eye
[ESP.] medregal coronado; pez de limón
[FR.] poisson-limon
[IT.] ricciola
[AL.] Gelbschwanzmakrele

3063. Omelete
[INGL.] omelet; omelette
[ESP.] tortilla
[FR.] omelette
[IT.] omelette; frittata
[AL.] Omelett

3064. Omelete com abobrinhas
[INGL.] omelet with zucchini (U.S.)/courgettes (U.K.)
[ESP.] tortilla de calabacines
[FR.] omelette aux courgettes
[IT.] omelette alle zucchine
[AL.] Omelett mit Zucchini

3065. Omelete com bacon
[INGL.] omelet with bacon
[ESP.] tortilla con tocino
[FR.] omelette au lard
[IT.] omelette alla pancetta
[AL.] Omelett mit Speck

3066. Omelete com batatas
[INGL.] omelet with potatoes
[ESP.] tortilla de patatas
[FR.] omelette aux pommes de terre
[IT.] omelette alle patate
[AL.] Omelett mit Kartoffeln

3067. Omelete com cebolas
[INGL.] omelet with onions
[ESP.] tortilla de cebollas
[FR.] omelette aux oignons
[IT.] omelette con cipolle
[AL.] Omelett mit Zwiebeln

3068. Omelete com cogumelos
[INGL.] omelet with mushrooms
[ESP.] tortilla de setas
[FR.] omelette aux champignons
[IT.] omelette ai funghi
[AL.] Omelett mit Pilze

3069. Omelete com molho de tomate
[INGL.] omelet with tomato sauce
[ESP.] tortilla con salsa de tomate
[FR.] omelette à la sauce tomate
[IT.] omelette con salsa di pomodori
[AL.] Omelett mit Tomatensauce

3070. Omelete com presunto
[INGL.] omelet with ham
[ESP.] tortilla de jamón
[FR.] omelette au jambon
[IT.] omelette al prosciutto
[AL.] Omelett mit Schinken

3071. Omelete com queijo
[INGL.] cheese omelet
[ESP.] tortilla de queso
[FR.] omelette au fromage
[IT.] omelette al formaggio
[AL.] Käse-Omelett

3072. Omelete com salsicha
[INGL.] omelet with sausage
[ESP.] tortilla de salchicha
[FR.] omelette à la saucisse
[IT.] omelette con il wurstel
[AL.] Omelett mit Wurst

3073. Omelete com tomates
[INGL.] omelet with tomatoes
[ESP.] tortilla de tomates
[FR.] omelette aux tomates
[IT.] omelette ai pomodori
[AL.] Omelett mit Tomaten

3074. Omelete doce
[INGL.] sweet omelet
[ESP.] tortilla dulce
[FR.] omelette sucrée
[IT.] omelette dolce
[AL.] süße Omelett

3075. Omelete espanhola (com tomates, cebolas e pimentões)
[INGL.] Spanish omelet (with tomatoes, onions, and sweet peppers)
[ESP.] tortilla a la española (con tomates, cebollas y pimientos dulces)
[FR.] omelette espagnole (aux tomates, oignons et poivrons doux)
[IT.] omelette alla spagnola (con pomodori, cipolle e peperoni)
[AL.] Omelett auf spanische Art (mit Tomaten, Zwiebeln und Paprika)

3076. Omelete Savoy (com batatas e queijo gruyère)

O

[INGL.] Savoy omelet (with potatoes and gruyère)
[ESP.] tortilla a la saboyarda (con patatas y gruyère)
[FR.] omelette savoyarde (aux pommes de terre et gruyère)
[IT.] omelette alla savoiarda (con patate e groviera)
[AL.] Omelett auf savoyische Art (mit Kartoffeln und Gruyère)

3077. **Omelete simples, preparada sem recheio**
[INGL.] plain omelet
[ESP.] tortilla francesa
[FR.] omelette nature
[IT.] omelette al naturale
[AL.] natur Omelett

3078. **Onça** *(peso)*
[INGL.] ounce
[ESP.] onza
[FR.] once
[IT.] oncia
[AL.] Unze

3079. **Ondulador de manteiga**
[INGL.] butter curler
[ESP.] ondulador de mantequilla
[FR.] coquilleur à beurre
[IT.] arricciaburro
[AL.] Butterformer

3080. **Opaco**
[INGL.] opaque
[ESP.] opaco
[FR.] opaque
[IT.] opaco
[AL.] undurchsichtig

3081. **Opéra (pontas de aspargos e tartelettes recheadas de fígado de galinha)**
[INGL.] Opéra (asparagus tips and tarts (U.S.)/tartlets (U.K.) with chicken liver)
[ESP.] Opéra (puntas de espárragos y tartaletas rellenas de hígado de ave)
[FR.] Opéra (pointes d'asperges et tartelettes au foie de volaille)
[IT.] Opéra (punte di asparagi e tortine di fegatini)
[AL.] Opéra (Spargelspitzen und Törtchen mit Geflügelleber)

3082. **Orchata** *(bebida à base de amêndoas)*
[INGL.] orgeat (almond--based flavoring)
[ESP.] orchata
[FR.] orgeat
[IT.] orzata
[AL.] Mandelmilch

3083. **Orecchiette (massa em forma de orelhinha)**
[INGL.] orecchiette (small ear-shaped pasta)
[ESP.] orecchiette (pasta en forma de orejas pequeñas)
[FR.] orecchiette (petits pâtes en forme d'oreille)
[IT.] orecchiette (pasta a forma di piccole orecchie)
[AL.] Orecchiette (kleine, ohrenförmige Nudeln)

3084. **Orégano; Orégão**
[INGL.] oregano
[ESP.] orégano
[FR.] origan
[IT.] origano
[AL.] Oregano

3085. **Orégão** *Ver* Orégano

3086. **Orelha de porco**
[INGL.] pig's ear
[ESP.] orejas de cerdo
[FR.] oreille de porc
[IT.] orecchio di maiale
[AL.] Schweinsohren

3087. **Orgânico**
[INGL.] organic
[ESP.] orgánico
[FR.] organique
[IT.] biologico
[AL.] organish

3088. **Orientale, à l' (tomates recheados e batata-doce)**
[INGL.] Eastern style (stuffed tomatoes and sweet potato)
[ESP.] a la oriental (tomates rellenos y boniato)
[FR.] à l'orientale (tomates farcies et patate douce)
[IT.] all'orientale (pomodori farciti e patata dolce)
[AL.] nach orientalischer Art (gefüllte Tomaten und Süßkartoffel)

3089. **Origem**
Ver Procedência

3090. **Ossau-Iraty (queijo originário dos Pirineus, feito com leite de ovelha)**
[INGL.] Ossau-Iraty (cheese originates in the Pyrénées, made from sheep milk)
[ESP.] Ossau-Iraty (queso originario de los Pirineos, elaborado con leche de oveja)
[FR.] Ossau-Iraty (fromage originaire des Pyrénées, à base de lait de brebis)

O

[IT.] Ossau-Iraty (formaggio de pecora prodotto nei Pirenei)
[AL.] Ossau-Iraty (Schafsmilchkäse stammt aus den Pyrenäen)

3091. **Ossobuco (canela da vitela assada)**
[INGL.] ossobuco (braised veal shank slice)
[ESP.] ossobuco (tajada de jarrete de ternera braceada)
[FR.] osso buco (tranche de jarret de veau braisée)
[IT.] ossobuco (fetta di geretto di vitello brasato)
[AL.] Ossobuco (geschmorter Kalbshaxenscheibe)

3092. **Osso com tutano**
[INGL.] marrow bone
[ESP.] hueso con tuétano
[FR.] os à moelle
[IT.] osso com midolo
[AL.] Markknochen

3093. **Osso(s)**
[INGL.] bone(s)
[ESP.] hueso(s)
[FR.] os
[IT.] osso(i)
[AL.] Knochen

3094. **Ostras**
[INGL.] oysters
[ESP.] ostras
[FR.] huîtres
[IT.] ostriche
[AL.] Austern

3095. **Ostras, molho de**
[INGL.] oyster sauce
[ESP.] salsa de ostras
[FR.] sauce d'huîtres
[IT.] salsa alle ostriche
[AL.] Austernsauce

3096. **Ostra Sidney rock**
[INGL.] Sidney rock oyster
[ESP.] ostra de Sidney
[FR.] huître creuse de Sidney
[IT.] ostrica Sidney
[AL.] australische Felsenauster

3097. **Ouriço-do-mar; Pinaúma** (N)
[INGL.] sea urchin
[ESP.] erizo de mar
[FR.] oursin; hérisson de mer
[IT.] ricci di mare; echino
[AL.] Seeigel

3098. **Ova de tainha salgada; Botarga**
[INGL.] botarga
[ESP.] botarga
[FR.] boutargue; poutargue
[IT.] bottarga
[AL.] Botarga

3099. **Ovas de ouriço-do-mar**
[INGL.] sea urchin roe
[ESP.] carne de erizos
[FR.] œufs d'oursin
[IT.] uova di riccio di mare
[AL.] Seigelrogen

3100. **Ovas de peixe**
[INGL.] roe; hard roe
[ESP.] huevas; ovas
[FR.] œufs de poisson; frai
[IT.] uova di pesce; fregola
[AL.] Fischlaich; Rogen

3101. **Ovas de salmão**
[INGL.] salmon roe (U.S.)/ keta (U.K.)

– ovas de peixe –

[ESP.] huevas de salmón
[FR.] œufs de saumon
[IT.] uova di salmone
[AL.] Lachskaviar

3102. **Ovo**
[INGL.] egg
[ESP.] huevo
[FR.] œuf
[IT.] uovo
[AL.] Ei

3103. **Ovo cru**
[INGL.] raw egg
[ESP.] huevo crudo
[FR.] œuf cru
[IT.] uovo crudo
[AL.] rohes Ei

3104. **Ovo da dinastia Ming; Ovo dos cem anos; Ovo dos mil anos (ovo de pata, coberto com uma pasta de folhas, cinzas, limão e sal)**
[INGL.] 100-year-old egg; 1000-year-old egg (duck's egg covered with a paste of leaves, wood ash, lemon, and salt)
[ESP.] huevo de 100 años; huevo de 1.000 años (huevo de pato cubierto con una pasta de hojas, cenizas de madera, limón y sal)

– 271 –

O

[FR.] œuf de cent ans; œuf de mille ans (oeuf de cane recouvert d'une pâte de feuilles, de cendre de bois, de citron et de sel)
[IT.] uovo centenario (uovo d'anatra coperto con un miscuglio di foglie, cenere di legna, limone e sale)
[AL.] Hundertjähriges Ei; Tausendjähriges Ei (Entenei mit einer Paste aus Blättern, Holzasche, Zitron und Salz bestrichen)

3105. Ovo de avestruz
[INGL.] ostrich egg
[ESP.] huevo de avestruz
[FR.] œuf d'autruche
[IT.] uovo di struzzo
[AL.] Straußenei

3106. Ovo de ema
[INGL.] emu egg
[ESP.] huevo de emú
[FR.] œuf d'émeu
[IT.] uovo di emu
[AL.] Emu-Ei

3107. Ovo de faisão
[INGL.] pheasant egg
[ESP.] huevo de faisán
[FR.] œuf de faisan
[IT.] uovo di fagiano
[AL.] Fasanei

3108. Ovo de gaivota
[INGL.] gull egg
[ESP.] huevo de gaviota
[FR.] œuf de mouette
[IT.] uovo di gabbiano
[AL.] Möveei

3109. Ovo de galinha
[INGL.] hen egg
[ESP.] huevo de gallina
[FR.] œuf de poule
[IT.] uovo di gallina
[AL.] Hühnerei

3110. Ovo de galinha-d'angola
[INGL.] Guinea hen eggs (U.S.)/Guinea fowl egg (U.K.)
[ESP.] huevo de pintada
[FR.] œuf de pintadeau
[IT.] uovo di faraona
[AL.] Perlhuhnei

3111. Ovo de ganso
[INGL.] goose egg
[ESP.] huevo de ganso
[FR.] œuf d'oie
[IT.] uovo d'oca
[AL.] Gänseei

3112. Ovo de Páscoa
[INGL.] Easter egg
[ESP.] huevo de Pascua
[FR.] œuf de Pâques
[IT.] uovo di Pasqua
[AL.] Osterei

3113. Ovo de pata
[INGL.] duck egg
[ESP.] huevo de pato
[FR.] œuf de cane
[IT.] uovo d'anatra
[AL.] Entenei

3114. Ovo dos cem anos
Ver Ovo da dinastia Ming

3115. Ovo dos mil anos
Ver Ovo da dinastia Ming

3116. Ovo estragado
[INGL.] rotten egg
[ESP.] huevo podrido
[FR.] œuf pourri
[IT.] uovo marcio
[AL.] faules Ei

3117. Ovos à escocesa (ovos cozidos, cobertos com salsicha picada, empanados e fritos)
[INGL.] Scotch egg (hard-boiled egg coated with sausage, breaded and fried)
[ESP.] huevo escocés (huevos duros envueltos en carne picada de salchicha y rebozado)
[FR.] œufs écossais (œuf dur enrobé de chair à saucisse, pané et frit)
[IT.] uova alla scozzese (uova sode coperti con wurstel, impanate e fritte)
[AL.] schottisches Ei (paniertes, in Wurstbrät gerolltes Ei)

3118. Ovos à la Berny (ovos mexidos com chipolata e molho de tomate)
[INGL.] eggs Berny style (scrambled eggs with chipolata and tomato sauce)
[ESP.] huevos revueltos a la Berny (con chipolata y salsa de tomate)
[FR.] œufs brouillés à la Berny (à la chipolata et sauce tomate)
[IT.] uova strapazzate alla Berny (con chipolata e salsa di pomodoro)
[AL.] Rühreier nach Berny Art (mit Chipolata und Tomatensauce)

O

3119. Ovos à la Sardou (ovos pochés, presunto, anchovas, trufas, coração de alcachofras e molho holandês)
[INGL.] poached eggs Sardou (with ham, anchovies, truffles, artichoke hearts, and hollandaise sauce)
[ESP.] huevos escalfados a la Sardou (con jamón, anchoas, trufas, fondos de alcachofas y salsa holandesa)
[FR.] œufs pochés à la Sardou (au jambon, anchois, truffes, cœur d'artichaut et sauce hollandaise)
[IT.] uova affogate alla Sardou (con prosciutto, acciughe, tartufi, fondi di carciofi e salsa olandese)
[AL.] verlorene Eier nach Sardou Art (mit Schinken, Sardellen, Trüffeln, Artichockenböden und holländische Sauce)

3120. Ovos Benedict (ovos pochés, presunto, molho holandês e pão de forma)
[INGL.] (poached) eggs Benedict (with ham, hollandaise sauce, and white bread)
[ESP.] huevos (escalfados) Benedict (con jamón, salsa holandesa y pan blanco)
[FR.] œufs (pochés) Bénédicte (au jambon, sauce hollandaise et pain blanc)
[IT.] uova (affogate) alla Benedict (con prosciutto, salsa olandese e pancarré)
[AL.] (verlorene) Eier Benedikt (mit Schinken, holländische Sauce und Weißbrot)

3121. Ovos cozidos
[INGL.] hard-boiled eggs
[ESP.] huevos duros
[FR.] œufs durs
[IT.] uova sode
[AL.] hartgekocht Eier

3122. Ovos cozidos à la Chimay (gratinados e recheados com cogumelos)
[INGL.] hard-boiled eggs Chimay style (au gratin (U.S.)/browned (U.K.) with mushrooms stuffing)
[ESP.] huevos duros a la Chimay (al gratén rellenos de setas)
[FR.] œufs durs Chimay (gratinés, farcis aux champignons)
[IT.] uova sode alla Chimay (gratinate e ripiene di funghi)
[AL.] hartgekocht Eier nach Chimay Art (überbackene Eier mit Pilzfülle)

3123. Ovos de codorna
[INGL.] quail egg
[ESP.] huevos de codorniz
[FR.] œufs de caille
[IT.] uova di quaglia
[AL.] Wachteleier

3124. Ovos en cocotte (ovos cozidos em formas de cerâmica, chamadas cocottes)
[INGL.] shirred eggs; eggs en cocotte
[ESP.] huevos cocinados al horno en cocotera; huevos en cazuela
[FR.] œufs cocotte
[IT.] uova in cocotte
[AL.] Eier in Backförmchen; Eier in Cocotte

3125. Ovos escalfados
Ver Ovos POCHÉS

3126. Ovos estrelados
Ver Ovos FRITOS

3127. Ovos fritos com bacon
[INGL.] fried eggs with bacon
[ESP.] huevos fritos con tocino
[FR.] œufs au plat au lard
[IT.] uova fritte alla pancetta
[AL.] Spiegeleier mit geräuchertem Speck

3128. Ovos fritos com presunto
[INGL.] fried eggs with ham
[ESP.] huevos fritos con jamón

— ovos en cocotte —

O

[FR.] œufs au plat au jambon
[IT.] uova fritte al prosciutto
[AL.] Spiegeleier mit Schinken

3129. **Ovos fritos Holstein (com filés de anchovas)**
[INGL.] fried eggs Holstein (with anchovy fillets)
[ESP.] huevos fritos Holstein (con filetes de anchoa)
[FR.] œufs au plat Holstein (aux filets d'anchois)
[IT.] uova fritte Holstein (con filetti d'acciuga)
[AL.] Spiegeleier Holstein (mit Sardellenfilets)

3130. **Ovos fritos Meyerbeer (com rins de cordeiro grelhados e molho de trufas)**
[INGL.] fried eggs Meyerbeer (with grilled lamb kidney and truffle sauce)
[ESP.] huevos fritos Meyerbeer (con riñones de cordero a la parrila y salsa de trufas)
[FR.] œufs au plat Meyerbeer (aux rognons d'agneau grillés et sauce aux truffes)
[IT.] uova fritte Meyerbeer (con rognone d'agnello alla griglia e salsa di tartufi)
[AL.] Spiegeleier Meyerbeer (mit gegrillter Lammniere und Trüffelnsauce)

3131. **Ovos fritos Mirabeau (com filés de anchovas, azeitonas e estragão)**
[INGL.] fried eggs Mirabeau (with anchovy fillets, olives, and tarragon)
[ESP.] huevos fritos Mirabeau (con filetes de anchoas, aceitunas y estragón)
[FR.] œufs au plat Mirabeau (aux filets d'anchois, olives et estragon)
[IT.] uova fritte Mirabeau (con filetti d'acciuga, olive e dragoncello)
[AL.] Spiegeleier Mirabeau (mit Sardellenfilets, Oliven und Estragon)

3132. **Ovos fritos; Ovos estrelados**
[INGL.] fried eggs
[ESP.] huevos fritos; huevos estrellados
[FR.] œufs au plat; œufs frits
[IT.] uova fritte; uova al piatto
[AL.] Spiegeleier; Setzeier

3133. **Ovos mexidos**
[INGL.] scrambled eggs
[ESP.] huevos revueltos
[FR.] œufs brouillés
[IT.] uova strapazzate
[AL.] Rühreier

3134. **Ovos modelados**
[INGL.] shaped eggs
[ESP.] huevos en molde
[FR.] œufs en caissette
[IT.] uova in forma
[AL.] Eier in der Form

3135. **Ovos moles (fervidos 5-6 min)**
[INGL.] medium-boiled eggs (cooked 5-6 min)
[ESP.] huevos cocidos (hervidos 5-6 min)
[FR.] œufs mollets (cuits 5-6 min)
[IT.] uova bazzotte (bollite 5-6 min)
[AL.] halbweich gekochte Eier (5-6 min)

3136. **Ovos nevados**
[INGL.] floating islands
[ESP.] huevos a la nieve
[FR.] œufs à la neige
[IT.] uova alla neve
[AL.] Eierschnee

3137. **Ovos pochés à Joinville (com camarões)**
[INGL.] poached eggs Joinville style (with shrimps (U.S.)/with prawns U.K.)
[ESP.] huevos escalfados Joinville (con gambas)
[FR.] œufs pochés à la Joinville (aux crevettes)
[IT.] uova affogate Joinville (con gamberetti)
[AL.] verlorene Eier Joinville Art (mit Garnelen)

3138. **Ovos pochés à l'américaine (com tomate e bacon)**
[INGL.] poached eggs American style (with tomato and bacon)
[ESP.] huevos escalfados a la americana (con tomate y tocino)
[FR.] œufs pochés à l'américaine (à la tomate et au lard)
[IT.] uova affogate all'americana (con pomodoro e pancetta

O

[AL.] verlorene Eier nach amerikanischer Art (mit Tomate und Speck)

3139. **Ovos pochés alla fiorentina (com espinafre e molho Mornay)**
[INGL.] poached eggs Florentine style (with spinach and Mornay sauce)
[ESP.] huevos escalfados a la fiorentina (con espinacas y salsa Mornay)
[FR.] œufs pochés à la florentine (aux épinards et sauce Mornay)
[IT.] uova affogate alla fiorentina (con spinaci e salsa Mornay)
[AL.] verlorene Eier nach Florentiner Art (mit Spinat und Mornay-Sauce)

3140. **Ovos pochés ao molho Mornay (gratinados no molho Mornay)**
[INGL.] poached eggs Mornay (au gratin (U.S.)/browned (U.K.) with Mornay sauce)
[ESP.] huevos escalfados a la Mornay (gratinados con salsa Mornay)
[FR.] œufs pochés à la Mornay (gratinés à la sauce Mornay)
[IT.] uova affogate alla Mornay (gratinate con salsa Mornay)
[AL.] verlorene Eier nach Mornay Art (mit Mornay Sauce gratiniert)

3141. **Ovos pochés na torrada**
[INGL.] poached eggs on toast
[ESP.] huevos escalfados sobre tostada
[FR.] œufs pochés sur toast
[IT.] uova affogate sul pane tostato
[AL.] verlorene Eier auf Toast

3142. **Ovos pochés; Ovos escalfados**
[INGL.] poached eggs
[ESP.] huevos escalfados
[FR.] œufs pochés
[IT.] uova affogate
[AL.] verlorene Eier

3143. **Ovos quentes (fervidos 3-4 min)**
[INGL.] soft-boiled eggs (cooked 3-4 min)
[ESP.] huevos pasados por agua (hervidos 3-4 min)
[FR.] œufs à la coque (cuits 3-4 min)
[IT.] uova alla coque (bollite 3-4 min)
[AL.] weichgekocht Eier; weiche Eier (3-4 Min)

3144. **Ovos recheados**
[INGL.] stuffed eggs
[ESP.] huevos rellenos
[FR.] œufs farcis
[IT.] uova ripiene
[AL.] gefüllte Eier

3145. **Oxicoco**
[INGL.] cranberry
[ESP.] arándano rojo
[FR.] canneberge
[IT.] mirtillo palustre
[AL.] Preiselbeere

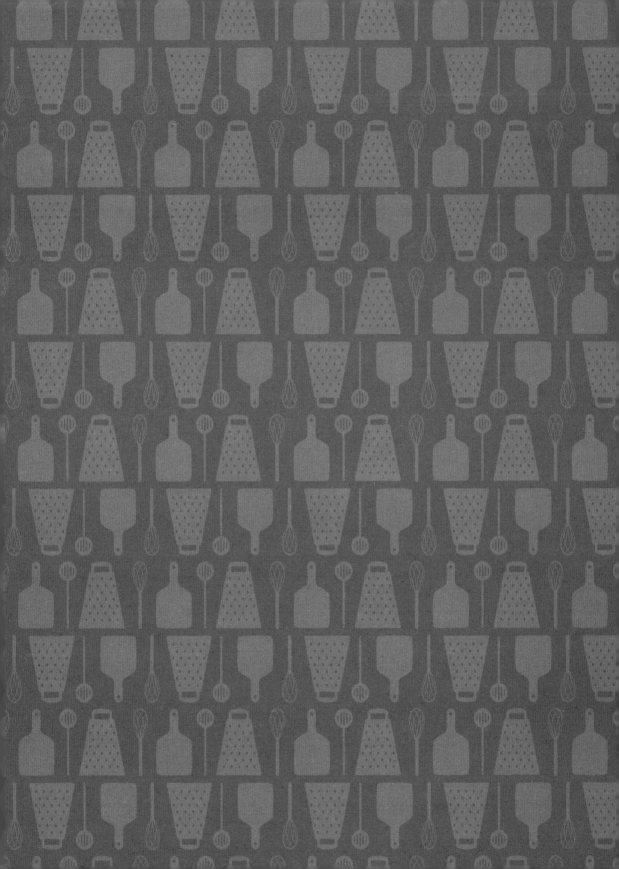

P

3146. **Pá** *(corte de carne bovina)*
[INGL.] shoulder clod
[ESP.] carnaza de paleta; espadilla
[FR.] pointe d'épaule; boule de macreuse
[IT.] spalla alta
[AL.] Dickes Bugstück

3147. **Pacote**
[INGL.] pack; packet
[ESP.] paquete
[FR.] paquet
[IT.] pacco; pacchetto
[AL.] Päckchen

3148. **Pacu** *Ver* BIFE DO VAZIO

3149. **Padaria**
[INGL.] bakery
[ESP.] panadería
[FR.] boulangerie
[IT.] panetteria
[AL.] Bäckerei

3150. **Padeiro**
[INGL.] baker
[ESP.] panadero
[FR.] boulanger
[IT.] fornaio; panettiere
[AL.] Bäcker

3151. **Pá de lixo**
[INGL.] dust pan
[ESP.] recogedor
[FR.] pelle
[IT.] paletta per la spazzatura
[AL.] Kehrichtschaufel

3152. **Paella**
[INGL.] paella
[ESP.] paella
[FR.] paella
[IT.] paella
[AL.] Paella

3153. **Paesana, molho; Camponesa, molho à (cogumelos, bacon, manteiga e queijo parmesão)**
[INGL.] paesana sauce (mushrooms, bacon, butter, and parmesan cheese)
[ESP.] salsa paesana (setas, tocino, mantequilla y parmesano)
[FR.] sauce paesana (champignons, lard, beurre et parmesan)
[IT.] salsa paesana (funghi, pancetta, burro e parmigiano)
[AL.] Paesana-Sauce (Pilze, Speck, Butter und Parmesankäse)

3154. **Pagar**
[INGL.] pay, to
[ESP.] pagar

P

[FR.] payer
[IT.] pagare
[AL.] zahlen

3155. Painço
[INGL.] millet
[ESP.] mijo
[FR.] millet; mil
[IT.] miglio
[AL.] Hirse

3156. Paineira-do-brejo
Ver TABOA

3157. Paleta *(corte de carne bovina)*
[INGL.] shoulder
[ESP.] paleta
[FR.] macreuse
[IT.] fesone di spalla
[AL.] Schulter mit Knochen

3158. Paleta *(corte de carne suína)*
[INGL.] shoulder; picnic (U.S.)/shoulder (U.K.)
[ESP.] paletilla; paleta; cabeza de lomo
[FR.] épaule
[IT.] spalla; collo
[AL.] Schulter

3159. Palha de aço
[INGL.] steel wool
[ESP.] lana de acero
[FR.] paille de fer
[IT.] lana d'acciaio
[AL.] Stahlwolle

3160. Paliteiro
[INGL.] toothpick holder
[ESP.] palillero
[FR.] porte-cure-dents
[IT.] portastuzzicadenti
[AL.] Zahnstocherbehälter

3161. Palito de bambu
[INGL.] bamboo skewer
[ESP.] palillo de bambú
[FR.] brochette de bambou
[IT.] spiedo di bambú
[AL.] Bambusstäbchen

3162. Palitos de dente
[INGL.] toothpicks
[ESP.] palillos; mondadientes
[FR.] cure-dents
[IT.] stuzzicadenti
[AL.] Zahnstocher

3163. Palmier *(biscoito feito com massa folhada amanteigada e açúcar de confeiteiro)*
[INGL.] puff pastry fans (U.S.)/ puff fans (U.K.)
[ESP.] abanicos
[FR.] palmier (biscuit fair de pâte feuilletée sablée et sucre glace)
[IT.] ventagli
[AL.] Blätterteigfächer

3164. Palmito
[INGL.] heart of palm
[ESP.] palmito
[FR.] cœur de palmier; palmiste
[IT.] cuore di palme
[AL.] Palmenmark

3165. Pâmpano-manteiga
Ver PEIXE-MANTEIGA

3166. Pampo (PE)
Ver SERNAMBIGUARA

3167. Pampo *(peixe)* (PT); **Sereia** (PT)
[INGL.] Florida pompano
[ESP.] pámpano amarillo

[FR.] pompaneau sole
[IT.] leccia stella
[AL.] Gemeiner Pampano

3168. Panar Ver EMPANAR

3169. Pancetta (toucinho italiano)
[INGL.] pancetta (type of Italian bacon)
[ESP.] panceta (tipo de tocino italiano)
[FR.] pancetta (sorte de lard italien)
[IT.] pancetta; carnesecca (Toscana)
[AL.] Pancetta (geräucherter Speck)

3170. Panch Phoron (cominho, mostarda preta, nigela, feno-grego e sementes de funcho)
[INGL.] panch phora (cumin, black mustard, nigella, fenugreek, and fennel seeds)
[ESP.] panch phora (comino, mostaza negra, nigela, fenugreco y semillas de hinojo)
[FR.] panch phora (cumin, moutarde noire, nigelle, fenugrec et graines de fenouil)
[IT.] panch phora (cumino, senape nera, nigelia, fieno greco e semi di finocchio)
[AL.] Panch Phora (Kreuzkümmel, schwarze Senf, Nigella, Bockshornklee und Fenchelsaat)

3171. Panela
[INGL.] pan
[ESP.] olla; cazuela

P

[FR.] casserole
[IT.] pentola
[AL.] Topf

3172. **Panela de barro**
[INGL.] earthenware pot
[ESP.] cazuela de barro
[FR.] pot de terre
[IT.] coccio
[AL.] Tontopf

3173. **Panela de barro, em**
[INGL.] in earthenware pot
[ESP.] en cazuela de barro
[FR.] en pot de terre
[IT.] al coccio
[AL.] im Tontopf

3174. **Panela de pressão**
[INGL.] pressure cooker
[ESP.] olla de presión
[FR.] autocuiseur; cocotte-minute; marmite à pression
[IT.] pentola a pressione
[AL.] Schnellkochtopf

3175. **Panela para cozinhar no vapor**
[INGL.] steamer
[ESP.] vaporera
[FR.] couscoussier
[IT.] pentola per cottura a vapore
[AL.] Dampfkochtopf

3176. **Panela para frituras**
[INGL.] chip pan
[ESP.] freidora
[FR.] panier de la friteuse
[IT.] friggitrice
[AL.] Frites-Topf

3177. **Panela própria para fondue**
[INGL.] fondue casserole
[ESP.] sartén para fondue
[FR.] caquelon à fondue
[IT.] pentolino per fondue; pentolino per fonduta
[AL.] Fondue-Caquelon; Fondue-Pfanne

3178. **Panetone**
[INGL.] panettone
[ESP.] panettone
[FR.] panettone
[IT.] panettone
[AL.] Panettone

3179. **Panforte (bolo de Natal de mel, chocolate, frutas secas e cristalizadas)**
[INGL.] panforte (cake with honey, chocolate, dried and candied fruits (U.S.)/crystallized fruits (U.K.)
[ESP.] panforte (bolo de miel, chocolate, frutas secas y confitadas)
[FR.] panforte (gâteau aux fruits secs, confits, miel et chocolat)
[IT.] panforte (dolce con miele, cioccolato, frutta secca e canditi)
[AL.] Panforte (Kuchen mit Honig, Schokolade, getrockneten und kandierten Früchten)

3180. **Panna cotta** *(sobremesa preparada com creme de leite, semelhante a um pudim)*
[INGL.] cream pudding
[ESP.] budín de nata
[FR.] crème cuite
[IT.] panna cotta
[AL.] Sahnepudding

3181. **Pano para segurar panelas e pratos quentes**
[INGL.] pot holder
[ESP.] agarradera
[FR.] manique; protège-main
[IT.] sotto pentola
[AL.] Topflappen

3182. **Panqueca fina**
[INGL.] crepe
[ESP.] crepe; tortita
[FR.] crêpe
[IT.] crespelle
[AL.] Crêpe

3183. **Panzotti (massa recheada, feita de massa fresca)**
[INGL.] panzotti (stuffed pasta made from fresh pasta)
[ESP.] panzotti (pasta rellena elaborada con pasta fresca)
[FR.] panzotti (pâte farcie faite à partir de pâte fraiche)
[IT.] panzotti (pasta ripiena tradizionalmente preparata con pasta fresca)
[AL.] Panzotti (gefüllte Nudeln werden aus frischem Nudelteig hergestellt)

3184. **Pão**
[INGL.] bread
[ESP.] pan
[FR.] pain; bricheton; brignolet
[IT.] pane
[AL.] Brot

3185. **Pão americano**
Ver PÃO DE FÔRMA

P

3186. **Pão árabe**
[INGL.] pita bread
[ESP.] pan de pita
[FR.] pain pita
[IT.] pane pitta
[AL.] Pittabrot

3187. **Pão ázimo**
[INGL.] unleavened bread
[ESP.] pan ázimo
[FR.] pain azyme
[IT.] pane azzimo
[AL.] ungesäuertes Brot

3188. **Pão com frutas**
[INGL.] fruit bread; fruit loaf
[ESP.] pan de frutas
[FR.] pain aux fruits
[IT.] pane di frutta
[AL.] Früchtebrot

3189. **Pão com manteiga**
[INGL.] bread and butter
[ESP.] pan con mantequilla
[FR.] pain beurré
[IT.] pane con burro
[AL.] Butterbrot

3190. **Pão de alho**
[INGL.] garlic bread
[ESP.] pan tostado con ajo
[FR.] pain à l'ail
[IT.] pane con aglio
[AL.] Knoblauchbrot

3191. **Pão de centeio**
[INGL.] rye bread
[ESP.] pan de centeno
[FR.] pain de seigle
[IT.] pane di segale
[AL.] Roggenbrot

3192. **Pão de especiarias**
[INGL.] gingerbread
[ESP.] pan de especias
[FR.] pain d'épices
[IT.] pane di spezie
[AL.] Lebkuchen

3193. **Pão de fôrma; Pão americano**
[INGL.] sandwich loaf; white bread
[ESP.] pan de molde; pan inglés
[FR.] pain de mie
[IT.] pancarré
[AL.] Kastenbrot; Toastbrot

3194. **Pão de ló**
[INGL.] sponge cake
[ESP.] pan de España; bizcochón
[FR.] pain de Gênes; génoise
[IT.] pan di Spagna
[AL.] Biskuitkuchen

3195. **Pão de milho**
[INGL.] corn bread
[ESP.] pan de maíz
[FR.] pain de maïs
[IT.] pane di granturco
[AL.] Maisbrot

3196. **Pão de nozes**
[INGL.] walnut bread
[ESP.] pan de nueces
[FR.] pain aux noix
[IT.] pane alle noci
[AL.] Walnußbrot

3197. **Pão de soda** *(elaborado com bicarbonato de sódio)*
[INGL.] soda bread
[ESP.] pan de levadura
[FR.] pain au bicarbonate de soude
[IT.] pane al bicarbonato di sodio
[AL.] mit Backpulver gebackenes Brot

3198. **Pão de trigo**
[INGL.] white bread; wheat bread
[ESP.] pan blanco
[FR.] pain anglais
[IT.] pane bianco
[AL.] Weizenbrot

3199. **Pão-duro** *Ver* ESPÁTULA

3200. **Pão feito em casa**
[INGL.] homemade bread
[ESP.] pan casero
[FR.] pain de ménage
[IT.] pane casereccio
[AL.] hausbackenes Brot

3201. **Pão fresco**
[INGL.] fresh bread
[ESP.] pan fresco
[FR.] pain frais
[IT.] pane fresco
[AL.] frisches Brot

3202. **Pão integral**
[INGL.] whole wheat bread (U.S.)/whole meal bread; brown bread (U.K.)
[ESP.] pan integral
[FR.] pain complet
[IT.] pane integrale
[AL.] Vollkornbrot

3203. **Pão, molho de (migalhas de pão, leite, cebolas e cravos-da-índia)**
[INGL.] bread sauce (bread crumbs, milk, onions, and cloves)
[ESP.] salsa de pan (migas de pan, leche, cebollas y clavos)
[FR.] sauce au pain (miettes

P

de pain, lait, oignons et clous de girofle)
[IT.] salsa di pane (briciole di pane, latte, cipolle e chiòdi di garofano)
[AL.] Brotsauce (Brösel, Milch, Zwiebeln und Gewürznelken)

3204. Pão preto
[INGL.] black bread (U.S.)/ brown bread (U.K.)
[ESP.] pan moreno
[FR.] pain noir
[IT.] pane nero
[AL.] Schwarzbrot

3205. Pão velho
[INGL.] stale bread
[ESP.] pan duro
[FR.] pain rassis
[IT.] pane raffermo
[AL.] altbackenes Brot

3206. Pãozinho
[INGL.] roll
[ESP.] panecillo
[FR.] petit pain
[IT.] panino
[AL.] Brötchen

3207. Pãozinho com sementes de papoula
[INGL.] poppy-seed roll
[ESP.] panecillo con adormidera
[FR.] petit pain au pavot
[IT.] panino al papavero
[AL.] Mohnbrötchen

3208. Pãozinho de leite
[INGL.] milk roll
[ESP.] bollo de leche
[FR.] petit pain au lait
[IT.] panino al latte
[AL.] Milchbrötchen

3209. Pãozinho doce com uvas-passas
[INGL.] raisins roll
[ESP.] panecillo con pasas
[FR.] petit pain aux raisins secs
[IT.] panino all'uvetta
[AL.] Rosinenbrötchen

3210. Papaia
[INGL.] papaya
[ESP.] papaya
[FR.] papaye
[IT.] papaia
[AL.] Papaya; Baummelone

3211. Pá para pizza
[INGL.] pizza peel
[ESP.] pala para pizza
[FR.] palette à pizza
[IT.] spatola per pizza
[AL.] Pizzaheber

3212. Papel absorvente; Papel-toalha
[INGL.] paper towels (U.S.)/ kitchen roll (U.K.)
[ESP.] papel de cocina
[FR.] essuie-tout
[IT.] carta da cucina
[AL.] Küchenrolle

3213. Papel-alumínio
[INGL.] aluminum foil; tinfoil (U.K.)
[ESP.] papel de aluminio
[FR.] papier aluminium
[IT.] carta stagnola
[AL.] Alufolie

3214. Papel de arroz (elaborado com farinha de arroz, água e sal, colocado em esteiras e seco ao sol)
[INGL.] rice papers (made of rice flour (U.S.)/ground rice (U.K.), water, and salt, are dried in the sun on mats)
[ESP.] papel de arroz (elaborado con harina de arroz, agua y sal, y secada al sol sobre esteras)
[FR.] galettes de riz (faites de farine de riz, d'eau et de sel, séchées au soleil sur des nattes)
[IT.] carta di riso (preparata con farina di riso, acqua e sale, quindi stesa su piccole stuoie ed essicata al sole)
[AL.] Reispapier (Nudeln aus Reismehl, Wasser und Salz werden auf Matten in der Sonne getrocknet)

3215. Papel-manteiga; Papel vegetal
[INGL.] waxed paper (U.S.)/ parchment paper (U.K.)
[ESP.] papel de cera
[FR.] papier cuisson; papier sulfurisé
[IT.] carta da forno
[AL.] Wachspapier; Backpapier

3216. Papel-toalha
Ver PAPEL ABSORVENTE

3217. Papel vegetal
Ver PAPEL-MANTEIGA

3218. Papillote, em *(embrulhado em papel-manteiga ou papel-alumínio)*
[INGL.] baked in foil
[ESP.] en papillote
[FR.] en papillote

P

[IT.] al cartoccio
[AL.] in Folie gebacken

3219. Pappadam (pão indiano, feito com farinha de lentilhas)
[INGL.] pappadam (Indian bread made with lentil flour)
[ESP.] pappadam (pan indio hecho con harina de lentejas)
[FR.] pappadam (pain indien à base de farine de lentilles)
[IT.] pappadam (pane indiano fatto con farina di lenticchie)
[AL.] Pappadam (indisches Brot mit Linsenmehl)

3220. Pappardelle (vendida em ninhos, a mais larga das massas em forma de fita)
[INGL.] parpadelle (sold in nests, the widest ribbon-shaped pasta)
[ESP.] parpadelle (en forma de cintas más ancho, comercializadas en nidos)
[FR.] parpadelle (très larges pâtes en ruban, vendues en nids)
[IT.] pappardelle (la più larga delle paste nastriformi, disposta a forma di nido)
[AL.] Parpadelle (die breitesten Bandnudeln werden in Form von Nestern verkauft)

3221. Páprica, molho de
[INGL.] paprika sauce
[ESP.] salsa de páprika
[FR.] sauce au paprika
[IT.] salsa alla paprika
[AL.] Paprikasauce

3222. Páprica; Pimenta-doce
[INGL.] paprika; hot paprika
[ESP.] páprika
[FR.] paprika; piment doux
[IT.] paprika
[AL.] Paprika

3223. Parabiju (SP)
Ver BIJUPIRÁ

3224. Parambiju (PA)
Ver BIJUPIRÁ

3225. Parfait americano (frutas, sorvete e creme chantili)
[INGL.] parfait (fruits, ice-cream, and whipped cream)
[ESP.] parfait (frutas, helado y nata batida)
[FR.] parfait (fruits, glace et crème fouettée)
[IT.] parfait (frutta, gelato e panna montata)
[AL.] Parfait (Früchten, Eis und Schlagsahne)

3226. Parfait francês (purê de frutas, gemas de ovos e creme chantili)
[INGL.] parfait (fruit purée, egg yolks, and whipped cream)
[ESP.] parfait (puré de frutas, yemas de huevo y nata batida)
[FR.] parfait (purée de fruits, jaunes d'œufs et crème fouettée)
[IT.] Parfait (purea di frutta, tuorli d'uovo e panna montata)
[AL.] Parfait (Früchtpüree, Eigelb und Schlagsahne)

3227. Pargo-liso (NE)
Ver PARGO

3228. Pargo (NE)
Ver VERMELHO

3229. Pargo; Pargo-liso (NE); Pargo-róseo (RS)
[INGL.] red porgy (U.S.)/ porgy (U.K.)
[ESP.] pargo
[FR.] pagre
[IT.] pagro
[AL.] germeine Meerbrasse

3230. Pargo-róseo (RS)
Ver PARGO

3231. Parisienne, à la (batatas parisienne, alface braseada e corações de alcachofra)
[INGL.] Parisian style (parisienne potatoes, braised lettuce, and artichoke hearts)
[ESP.] a la parisina (patatas a la parisina, lechuga braseada y fondos de alcachofas)
[FR.] à la parisienne (pommes de terre à la parisienne, laitue braisée et cœurs d'artichauts)
[IT.] alla parigina (patate alla parigiana, lattuga brasata e cuori di carciofi)
[AL.] nach Pariser Art (pariser Kartoffeln, braisierte Salat und Artichockenherzen)

P

3232. **Parisienne, molho**
Ver ALLEMANDE, MOLHO

3233. **Parmesão**
[INGL.] Parmesan cheese
[ESP.] parmesano
[FR.] parmesan
[IT.] parmigiano
[AL.] Parmesankäse

3234. **Parmiggiana, alla (com queijo parmesão ralado)**
[INGL.] Parmesan style (with grated parmesan cheese)
[ESP.] a la parmesana (con parmesano rallado)
[FR.] à la parmesane (au parmesan râpé)
[IT.] alla parmigiana (con parmegiano grattugiato)
[AL.] nach Parma Art (mit geriebener Parmesankäse)

3235. **Parmigiano Reggiano (queijo originário de Parma, de consistência dura, feito com leite de vaca)**
[INGL.] Parmigiano Reggiano (cheese originates in Parma, hard texture, made from cow milk)
[ESP.] Parmigiano Reggiano (queso de Parma, pasta dura, elaborado con leche de vaca)
[FR.] Parmigiano Reggiano (fromage italien, pâte dure, à base de lait de vache)
[IT.] Parmigiano Reggiano (formaggio italiano, pasta dura, prodotto con latte vaccino)
[AL.] Parmigiano Reggiano (italienischen Hartkäse aus Kuhmilch)

3236. **Páscoa**
[INGL.] Easter
[ESP.] Pascua
[FR.] Pâques
[IT.] Pasqua
[AL.] Ostern

3237. **Passado** *(maturação)*
[INGL.] off (food, wine)
[ESP.] passado
[FR.] mauvais; pourri; tounê
[IT.] andato a male
[AL.] verdorben; korkig

3238. **Pasta de amêndoas**
[INGL.] almond paste
[ESP.] pasta de almendras
[FR.] pâté d'amandes
[IT.] pasta di mandorle
[AL.] Mandelnpaste

3239. **Pasta de anchovas**
[INGL.] anchovy paste
[ESP.] pasta de anchoas
[FR.] pâté d'anchois
[IT.] pasta di acciughe
[AL.] Sardellenpaste

3240. **Pasta de avelãs**
[INGL.] hazelnut paste
[ESP.] pasta de avellanas
[FR.] pâté de noisettes
[IT.] pasta di nocciole
[AL.] Hasselnußpaste

3241. **Pasta de azeitonas pretas**
[INGL.] black olive paste
[ESP.] pasta de aceitunas negras
[FR.] tapenade
[IT.] pasta di olive nere
[AL.] schwarze Olivenpaste

3242. **Pasta de camarão seco; Blachan; Trassi**
[INGL.] dried shrimp paste
[U.S.]/dried prawn paste
[U.K.]; blachan; trasi
[ESP.] pasta de camarones; blachan; trasi
[FR.] pâté de crevettes séchées; blachan; trasi
[IT.] pasta secca di gamberetti; blachan; trasi
[AL.] getrocknete Garnelenpaste; Belachan

3243. **Pasta de limão; Coalhada de limão**
[INGL.] lemon curd
[ESP.] crema de limón
[FR.] crème au citron
[IT.] pasta di limone
[AL.] Zitronencreme

3244. **Pasta de tomates secos**
[INGL.] sun-dried tomato paste
[ESP.] pasta de tomate seco
[FR.] pâté de tomates séchées
[IT.] pasta di pomodori secchi
[AL.] Tomatenmark aus Dörrtomaten

3245. **Pastelão da Cornualha (feito com carne e batatas)**
[INGL.] meat turnover
[U.S.]/Cornish pasty [U.K.] (turnover with meat and potatoes)
[ESP.] pastel relleno de carne y patatas
[FR.] chausson de viande et de pommes de terre

P

[IT.] pasticcio ripieno de carne e patate
[AL.] Cornish Fleischpastete mit Kartoffeln

3246. Pasteurizar
[INGL.] pasteurize, to
[ESP.] pasteurizar
[FR.] pasteuriser
[IT.] pastorizzare
[AL.] pasteurisieren

3247. Pastiera (torta recheada com grãos de trigo integral, ricota e frutas cristalizadas)
[INGL.] pastiera (cake with wheat grains, ricotta cheese, and candied fruits (U.S.)/crystallized fruits (U.K.)
[ESP.] pastiera (tarta de granos de trigo con ricotta y frutas confitadas)
[FR.] pastiera (gâteau aux grains de blé, ricotta et fruits confits)
[IT.] pastiera di grano (torta di chicchi di grano con ricotta e canditi)
[AL.] Pastiera (Weizenkorn-Kuchen mit Ricotta und Kanditen)

3248. Pastinaca; Cenoura-branca
[INGL.] parsnip
[ESP.] pastinaca; chirivía
[FR.] panais
[IT.] pastinaca
[AL.] Pastinake

3249. Pastoso
[INGL.] pasty
[ESP.] pastoso
[FR.] pâteux

[IT.] pastoso
[AL.] dickflüssig

3250. Pastrami (carne bovina curada e temperada, servida fria)
[INGL.] pastrami (cured and spiced cold meat)
[ESP.] pastrami (carne curada, condimentada y cocida en seco, servida fría)
[FR.] pastrami (viande salée, épicée et cuite à sec)
[IT.] pastrami (carne di manzo speziata e stagionata, consumata fredda)
[AL.] Pastrami (gepökeltes und würziges kaltes Rindfleisch)

3251. Patê de foie gras
[INGL.] foie gras pâté
[ESP.] pasta de hígado graso de ganso; pasta de foie gras
[FR.] pâté de foie gras
[IT.] pâté di fegato grasso d'oca; pâté de foie gras
[AL.] Gänseleberpastete

3252. Patê de presunto
[INGL.] ham pâté
[ESP.] pasta de jamón
[FR.] pâté de jambon
[IT.] pâté di prosciutto
[AL.] Schinkenpastete

3253. Patê de queijo
[INGL.] cheese pâté
[ESP.] pasta de queso
[FR.] pâté de fromage
[IT.] pâté di formaggio
[AL.] Käsepastete

3254. Patinho (corte de carne bovina)

[INGL.] knuckle
[ESP.] bola de lomo; babilla
[FR.] tranche grasse du jarret; araignée
[IT.] noce
[AL.] Kugel

3255. Patinho (corte de carne suína)
[INGL.] (pork) knuckle
[ESP.] babilla
[FR.] tranche grasse
[IT.] noce (di maiale)
[AL.] Nuß (Kugel mit Nase)

3256. Pato
[INGL.] duck
[ESP.] pato
[FR.] canard
[IT.] anatra
[AL.] Ente

3257. Pato com laranja
[INGL.] duckling with oranges
[ESP.] pato a la naranja
[FR.] canard à l'orange
[IT.] anatra all'arancia
[AL.] Ente mit Orangen

3258. Pato jovem
[INGL.] duckling
[ESP.] patito
[FR.] caneton
[IT.] anatra novella
[AL.] Jungente

3259. Pato selvagem
[INGL.] wild duck; mallard
[ESP.] pato silvestre
[FR.] canard sauvage
[IT.] anatra selvatica
[AL.] Stockente; Wildente

3260. Pauzinhos com os quais os orientais comem; Hashi

P

[INGL.] chopsticks
[ESP.] palillos chinos
[FR.] baguettes chinoises
[IT.] bacchette cinesi
[AL.] Essstäbchen

3261. **Pavão jovem**
[INGL.] lapwing
[ESP.] avefría
[FR.] vanneau
[IT.] vanello; pavoncella
[AL.] Kiebitz

3262. **Paysanne, à la (cenouras, cebolas, batatas e bacon)**
[INGL.] peasant style (carrots, onions, potatoes, and bacon)
[ESP.] a la campesina (zanahorias, cebollas, patatas y tocino)
[FR.] à la paysanne (carottes, oignons, pommes de terre et lard)
[IT.] alla campagnola (carote, cipolle, patate e pancetta)
[AL.] nach ländlicher Art (Karotten, Zwiebeln, Kartoffeln und Speck)

3263. **Pecã; Noz-americana**
[INGL.] pecan nut
[ESP.] pacana; nuez de pecán
[FR.] noix d'Amérique; noix de pécan
[IT.] nocciolina americana; noce di pecan
[AL.] Pecannuß

3264. **Pechelim** (PT)
Ver MARIA-MOLE

3265. **Pecorino romano (queijo italiano, de consistência dura, feito com leite de ovelhas)**
[INGL.] Pecorino Romano (Italian cheese, hard texture, made from sheep milk)
[ESP.] Pecorino Romano (queso italiano, pasta dura, elaborado con leche de oveja)
[FR.] Pecorino Romano (fromage italien, pâte dure, à base de lait de brebis)
[IT.] Pecorino Romano (formaggio italiano, pasta dura, prodotto con latte di pecora)
[AL.] Pecorino Romano (italienische Hartkäse aus Schafsmilch)

3266. **Pedaço**
[INGL.] piece
[ESP.] porción; trozo
[FR.] morceau
[IT.] pezzo
[AL.] Stück

3267. **Pedaços pequenos de pão tostado ou frito**
[INGL.] canapé; toast
[ESP.] tostadita; crostroncito
[FR.] canapé; croûte
[IT.] crostini
[AL.] Röstbrot

3268. **Pé dianteiro**
[INGL.] fore foot
[ESP.] mano
[FR.] pied avant
[IT.] piede anteriore
[AL.] Vorderpfote

3269. **Pedido**
[INGL.] order
[ESP.] pedido
[FR.] commande
[IT.] ordine
[AL.] Bestellung

3270. **Pedir**
[INGL.] order, to
[ESP.] pedir; ordenar
[FR.] commander
[IT.] ordinare
[AL.] bestellen

3271. **Pedir licença**
[INGL.] excuse me
[ESP.] pedir permiso
[FR.] s'excuser
[IT.] chiedere scusa
[AL.] Entschuldigung

3272. **Pegador de mel**
[INGL.] honey dipper
[ESP.] cuchara para la miel
[FR.] cuillère à miel
[IT.] servimiele
[AL.] Honignehmer

3273. **Pegador** Ver PINÇA

3274. **Peito**
[INGL.] brisket
[ESP.] pecho
[FR.] poitrine
[IT.] petto
[AL.] Brust

3275. **Peito de cordeiro**
[INGL.] lamb breast
[ESP.] pechuga de cordero
[FR.] poitrine d'agneau
[IT.] petto d'agnello
[AL.] Lammbrust

3276. **Peito de faisão**
[INGL.] pheasant breast
[ESP.] pechuga de faisán

P

[FR.] blanc de faisan
[IT.] petto di fagiano
[AL.] Fasanenbrust

3277. Peito de frango
[INGL.] chicken breast
[ESP.] pechuga de pollo
[FR.] blanc de poulet
[IT.] petto di pollo
[AL.] Hähnchenbrust; Hühnerbrust

3278. Peito de galinhola
[INGL.] woodcock breast
[ESP.] pechuga de becada
[FR.] blanc de bécasse
[IT.] petto di beccaccia
[AL.] Waldschnepfenbrust

3279. Peito de pato
[INGL.] duck breast
[ESP.] pechuga de pato
[FR.] blanc de canard
[IT.] petto d'anatra
[AL.] Entenbrust

3280. Peito de pato sem osso; Magret
[INGL.] boneless duck breast; magret
[ESP.] pechuga de pato deshuesado; magret
[FR.] magret
[IT.] petto d'anatra disossato; magret
[AL.] Entenbrust ohne Knochen; Magret

3281. Peito de perdiz
[INGL.] partridge breast
[ESP.] pechuga de perdiz
[FR.] blanc de perdreau
[IT.] petto di pernice
[AL.] Rebhuhnbrust

3282. Peito de peru
[INGL.] turkey breast
[ESP.] pechuga de pavo
[FR.] blanc de dindon
[IT.] petto di tacchino
[AL.] Truthahnbrust

3283. Peixaria
[INGL.] fish market
[ESP.] pescadería
[FR.] poissonnerie
[IT.] pescheria
[AL.] Fischgeschäft

3284. Peixe
[INGL.] fish
[ESP.] pescado
[FR.] poisson
[IT.] pesce
[AL.] Fisch

3285. Peixe-agulha
[INGL.] garfish
[ESP.] pez aguja
[FR.] orphie
[IT.] aguglia
[AL.] Hornhechte

3286. Peixe assado no forno
[INGL.] baked fish
[ESP.] pez cocido al horno
[FR.] poisson cuit au four
[IT.] pesce cotto al forno
[AL.] gebacken Fisch

3287. Peixe cru
[INGL.] raw fish
[ESP.] pescado crudo
[FR.] poisson cru
[IT.] pesce crudo
[AL.] roher Fisch

3288. Peixe de água doce
[INGL.] fresh water fish
[ESP.] pescado de agua dulce
[FR.] poisson de rivière
[IT.] pesce d'acqua dolce
[AL.] Süßwasserfisch

3289. Peixe de água salgada
[INGL.] sea fish
[ESP.] pescado marino
[FR.] poisson de mer
[IT.] pesce di mare
[AL.] Salzwasserfisch

3290. Peixe defumado
[INGL.] smoked fish
[ESP.] pescado ahumado
[FR.] poisson fumé
[IT.] pesce affumicato
[AL.] Räucherfisch

3291. Peixe-espada
[INGL.] cutlass fish; largehead tail
[ESP.] pez sable
[FR.] poisson sabre
[IT.] pesce coltello
[AL.] Haarschwanz

3292. Peixe-espada--branco (PT)
[INGL.] frostfish
[ESP.] pez cinto
[FR.] sabre d'argent
[IT.] pesce sciabola
[AL.] Degenfisch

3293. Peixe frito
[INGL.] fried fish
[ESP.] pescado frito
[FR.] poisson frit
[IT.] pesce fritto
[AL.] Backfisch

3294. Peixe-gatilho (RJ)
Ver CANGULO-REI

P

3295. **Peixeira** *(panela própria para o preparo de peixe)*
[INGL.] fish poacher; fish kettle
[ESP.] besuguera
[FR.] poissonnière
[IT.] pesciera
[AL.] Fischkochkessel

3296. **Peixe-manteiga; Pâmpano-manteiga**
[INGL.] Atlantic butterfish
[ESP.] palometa pintada
[FR.] stomatée
[IT.] fieto
[AL.] Butterfisch

3297. **Peixe-rei** (PE) Ver Bijupirá

3298. **Peixe-rei** (PT)
[INGL.] atherine
[ESP.] pejerrey
[FR.] athérine
[IT.] lattarino
[AL.] Ährenfisch

3299. **Peixe-sapo**
[INGL.] anglerfish; monkfish
[ESP.] rape; pejesapo
[FR.] lotte
[IT.] coda di rospo
[AL.] Seeteufel

3300. **Peixe-sombra** (PT)
[INGL.] grayling
[ESP.] timalo
[FR.] ombre
[IT.] temolo
[AL.] Äsche

3301. **Peixinho** *(corte de carne bovina)*
[INGL.] top blade portion (U.S.)/chuck tender (U.K.)
[ESP.] pez; chingolo
[FR.] jumeau de bifteck (FR.)/ macreuse de palette (CA.)
[IT.] girello di spalla
[AL.] falsches Filet

3302. **Pelado** *(sem pele)*
[INGL.] peeled
[ESP.] pelado
[FR.] pelé
[IT.] sbucciato
[AL.] geschält

3303. **Pelado em água fervente** Ver Branqueado

3304. **Pelar com água fervente** Ver Branquear

3305. **Pelar; Despelar**
[INGL.] peel, to
[ESP.] pelar
[FR.] peler
[IT.] sbucciare
[AL.] schälen

3306. **Pele**
[INGL.] peel
[ESP.] piel
[FR.] pelure; peau
[IT.] pelle
[AL.] Schale; Haut

3307. **Pele crocante do porco assado**
[INGL.] crackling
[ESP.] chicharra; chicharrón; corteza de cerdo asado
[FR.] couenne croquante du rôti de porc
[IT.] cotenna di maiale arrosto
[AL.] Bratenkruste; Kruste

3308. **Peneira**
[INGL.] sieve
[ESP.] tamiz
[FR.] tamis
[IT.] setaccio
[AL.] Durchschlag

3309. **Peneira chinesa** Ver Chinois

3310. **Peneirado**
[INGL.] sifted; sieved
[ESP.] tamizado
[FR.] tamisé
[IT.] setacciato
[AL.] gesiebt

3311. **Peneirar**
[INGL.] sift, to; sieve, to
[ESP.] tamizar
[FR.] tamiser; sasser
[IT.] setacciare
[AL.] sieben

3312. **Penne** *(massa curta e oca)*
[INGL.] penne (short and hollow pasta)
[ESP.] penne (pasta corta y hueca)
[FR.] penne (pâtes courtes et creuses)
[IT.] penne (pasta corta e forata)
[AL.] Penne (kurze, Hohlnudeln)

3313. **Peperonata** *(pimentão vermelho, tomates, cebolas e azeite de oliva)*
[INGL.] peperonata (red bell pepper, tomatoes, onions, and olive oil)
[ESP.] peperonata (pimiento rojo, tomates, cebollas y aceite de oliva)
[FR.] peperonata (poivron rouge, tomates, oignons et huile d'olive)

P

[IT.] peperonata (peperone rosso, pomodori, cipolle e olio di oliva)
[AL.] Peperonata (rote Paprika, Tomaten, Zwiebeln und Olivenöl)

3314. Pepino
[INGL.] cucumber
[ESP.] pepino
[FR.] concombre
[IT.] cetriolo
[AL.] Gurke

3315. Pepino-chifrudo
Ver Kino

3316. Pepinos em conserva
[INGL.] gherkins
[ESP.] pepinillos en vinagre
[FR.] cornichons
[IT.] cetriolini sottaceto
[AL.] Cornichons; Essiggurken

3317. Pepperoni (embutido italiano, feito com carne de porco e carne de boi)
[INGL.] pepperoni (Italian salami made from pork and beef meat)
[ESP.] pepperoni (salchichón italiano elaborado con carne de cerdo y vacuno)
[FR.] pepperoni (saucisson italien, à base de porc e de bœuf)
[IT.] pepperoni (salsiccia a base di maiale o di manzo)
[AL.] Pepperoni (italienische Salami aus Schweine- und Rinderfleisch)

3318. Pequeno
[INGL.] small
[ESP.] pequeño
[FR.] petit
[IT.] piccolo
[AL.] klein

3319. Pequeno peixe de rio
[INGL.] bleaks
[ESP.] albures
[FR.] abiettes
[IT.] alborelle
[AL.] Ukeleien

3320. Pequim, molho de
Ver Hoisin, molho

3321. Pera
[INGL.] pear
[ESP.] pera
[FR.] poire
[IT.] pera
[AL.] Birne

3322. Pera Bourdaloue (com creme de amêndoas)
[INGL.] pear Bourdaloue (with almond cream)
[ESP.] pera Bourdaloue (con crema de almendras)
[FR.] poire Bourdaloue (à la crème d'amandes)
[IT.] pera Bourdaloue (con crema di mandorle)
[AL.] Birne Bourdaloue (mit Mandelcreme)

3323. Pera d'Anjou
[INGL.] Anjou pear
[ESP.] pera Anjou
[FR.] poire Anjou
[IT.] pera Anjou verte
[AL.] Anjou-Birne

3324. Pera d'Anjou vermelha
[INGL.] red Anjou pear
[ESP.] pera Anjou roja
[FR.] poire Anjou rouge
[IT.] pera Anjou rossa
[AL.] rote Anjou-Birne

3325. Pera Hélène (pera cozida, servida com sorvete de baunilha, creme chantili e calda de chocolate)
[INGL.] pear Helena (pear with vanilla ice cream, whipped cream, and chocolate syrup)
[ESP.] pera Helena (pera con helado de vainilla, nata batida y jarabe de chocolate)
[FR.] poire Hélène (poire cuite à la glace à la vanille, crème fouettée et sirop de chocolat)
[IT.] pera Elena (pera con gelato di vaniglia, panna montata e sciroppo di cioccolato)
[AL.] Birne Helene (Birne mit Vanilleeis, Schlagsahne und Schokoladensirup)

3326. Pera Nashi (pera asiática)
[INGL.] Nashi pear
[ESP.] pera Nashi
[FR.] poire Nashi
[IT.] Nashi; pera asiatica
[AL.] Nashi-birne

– pera –

P

3327. Pera portuguesa
[INGL.] Rocha pear
[ESP.] pera Rocha
[FR.] poire Rocha
[IT.] pera Rocha
[AL.] Rocha-Birne

3328. Pera Williams
[INGL.] Williams pear
[ESP.] pera Williams
[FR.] poire Williams
[IT.] pera Williams
[AL.] Williams-Birne

3329. Perca
[INGL.] perch
[ESP.] perca
[FR.] perche
[IT.] persico perca
[AL.] Flussbarsch

3330. Perciatelli (massa longa e oca)
[INGL.] perciatelli (long and hollow pasta)
[ESP.] perciatelli (pasta alargada y hueca)
[FR.] perciatelli (pâtes longues et creuses)
[IT.] perciatelli (pasta lunga e forada)
[AL.] Perciatelli (langen und hohlen Nudeln)

3331. Perdiz
[INGL.] partridge
[ESP.] perdiz
[FR.] perdrix
[IT.] pernice
[AL.] Feldhuhn

3332. Perdiz-cinzenta
[INGL.] grey-legged partridge
[ESP.] perdiz de pata gris
[FR.] perdrix grise
[IT.] pernice grigia; pernice starna
[AL.] Grünfuß Waldrebhuhn

3333. Perdiz-vermelha
[INGL.] red-legged partridge; French partridge
[ESP.] perdiz de pata roja; perdiz francesa
[FR.] perdrix rouge
[IT.] pernice rossa
[AL.] Rothuhn

3334. Perecível
[INGL.] perishable
[ESP.] perecedero
[FR.] périssable
[IT.] deperibile
[AL.] verderblich

3335. Périgueux, molho (com trufas e vinho Madeira)
[INGL.] Périgueux sauce (truffles and Madeira wine)
[ESP.] salsa Périgueux (trufas y vino de Madera)
[FR.] sauce Périgueux (truffes et vin Madère)
[IT.] salsa Périgueux (tartufi e vino Madeira)
[AL.] Périgueux-Sauce (Trüffeln und Madeira Wein)

3336. Permitido o uso em micro-ondas
[INGL.] microwaveable
[ESP.] apropiado para microondas
[FR.] pour four à micro-ondes
[IT.] adatto al microonde
[AL.] für Mikrowelle geeignet

3337. Perna de carneiro
[INGL.] mutton leg
[ESP.] pierna de carnero
[FR.] gigot d'agneau
[IT.] cosciotto di montone; lacchetta
[AL.] Lammkeule

3338. Perna de lebre
[INGL.] hare leg
[ESP.] pierna de liebre
[FR.] cuisse de lièvre
[IT.] coscia di lepre
[AL.] Hasenkeule

3339. Perna-de-moça (PT)
Ver TUBARÃO-DA-SOPA

3340. Peroá (ES)
Ver CANGULO-REI

3341. Peru
[INGL.] turkey
[ESP.] pavo
[FR.] dindon
[IT.] tacchino
[AL.] Truthahn; Puter

3342. Peru jovem
[INGL.] young turkey
[ESP.] pavipollo; pavo joven
[FR.] dindonneau
[IT.] tacchinotto; tacchino giovane
[AL.] junger Truthahn

3343. Peru recheado e assado no forno
[INGL.] roast stuffed turkey
[ESP.] pavo relleno al horno
[FR.] dindon farci au four
[IT.] tacchino ripieno al forno
[AL.] gefüllter Truthahn, im Ofen gebraten

P

3344. **Pesado** *(adj.)*
[INGL.] heavy
[ESP.] pesado
[FR.] lourd
[IT.] pesante
[AL.] schwer

3345. **Pés de porco**
[INGL.] pig feet (U.S.)/ trotters (U.K.)
[ESP.] pies de cerdo
[FR.] pieds de porc
[IT.] zampetto di maiale
[AL.] Schweinefüße

3346. **Pesar** *(verbo)*
[INGL.] weigh, to
[ESP.] pesar
[FR.] peser
[IT.] pesare
[AL.] wiegen

3347. **Pescada**
[INGL.] hake
[ESP.] merluza
[FR.] merlu
[IT.] nasello
[AL.] Seehecht

3348. **Pescada-goirana** (PE)
Ver BICUDA

3349. **Pescada-polaca** (PT)
Ver JULIANA (PT)

3350. **Pescar**
[INGL.] fish, to
[ESP.] pescar
[FR.] pêcher
[IT.] pescare
[AL.] fischen

3351. **Pescoço**
[INGL.] neck
[ESP.] cuello; cogote
[FR.] collier
[IT.] collo
[AL.] Hals

3352. **Pés de vitela**
[INGL.] veal feet
[ESP.] manitas de ternera
[FR.] pieds de veau
[IT.] piedini di vitello
[AL.] Kalbfüße

3353. **Peso**
[INGL.] weight
[ESP.] peso
[FR.] poids
[IT.] peso
[AL.] Gewicht

3354. **Pêssego**
[INGL.] peach
[ESP.] melocotón
[FR.] pêche
[IT.] pesca
[AL.] Pfirsich

3355. **Pêssego-do-deserto**
Ver QUANDONG

3356. **Pêssego-selvagem**
Ver QUANDONG

3357. **Pêssegos Melba (pêssegos com sorvete de baunilha e calda de framboesa)**
[INGL.] peach Melba (peach with vanilla ice cream and raspberry sauce)
[ESP.] melocotón Melba (melocotón con helado de vainilla y salsa de frambuesas)
[FR.] pêche Melba (pêche à la glace à la vanille et coulis de framboises)
[IT.] pesca Melba (pesca con gelato alla vaniglia e salsa ai lamponi)
[AL.] Pfirsich Melba (Pfirsich mit Vanilleeis und Himbeersauce)

3358. **Pesto, molho (queijo pecorino romano, pignoli e manjericão)**
[INGL.] pesto sauce (pecorino romano, pignoli, and basil)
[ESP.] salsa pesto (pecorino romano, pignoli y albahaca)
[FR.] sauce pesto (pecorino romano, pignoli et basilic)
[IT.] salsa pesto (pecorino romano, pignoli e basilico)
[AL.] Pesto-Sauce (Pecorino Romano, Pignoli und Basilikum)

3359. **Pétalas de rosas cristalizadas**
[INGL.] crystallized rose petals
[ESP.] pétalos de rosa confitados
[FR.] pétales de rose cristallisés
[IT.] petali di rosa canditi
[AL.] kandierte Rosenblätter

3360. **Petinga** *(peixe ou sardinha miúda)* (PT)
[INGL.] whitebait
[ESP.] moralla; chanquetes
[FR.] blanchaille
[IT.] bianchetti
[AL.] Fleckengalaxie

3361. **Petiscos de camarão**
[INGL.] shrimp bites (U.S.)/ prawn bites (U.K.)
[ESP.] bocaditos de camarones
[FR.] bouchée de crevettes
[IT.] bocconcini ai gamberetti
[AL.] Garnelen-Häppchen

P

3362. Petiscos; Salgadinhos
[INGL.] bites; tidbits
[ESP.] tapas
[FR.] amuse-gueule; amuse-bouche
[IT.] spuntini
[AL.] zum Knabbern

3363. Petit-Duc (tartelettes com purê de galinha, pontas de aspargos e trufas)
[INGL.] Petit-Duc (tarts (U.S.)/tartlets (U.K.) with chicken purée, asparagus tips, and truffles)
[ESP.] Petit-Duc (tartaletas al puré de pollo, puntas de espárragos y trufas)
[FR.] Petit-Duc (tartelettes à la purée de poulet, pointes d'asperges et truffes)
[IT.] Petit-Duc (tortine alla purea di pollo, punte di asparagi e tartufi)
[AL.] Petit-Duc (Törtchen mit Hähnchenpüree, Spargelspitzen und Trüffeln)

3364. Petite marmite (caldo com carnes, aves, tutano e vegetais)
[INGL.] petite marmite (stock with meat, marrow, and vegetables)
[ESP.] petite marmite (caldo con carnes, tuétano y verduras)
[FR.] petite marmite (bouillon de viande, moelle et légumes)
[IT.] petite marmite (brodo con carni, midollo e verdure)
[AL.] Petite Marmite (Brühe mit Fleisch, Knochenmark und Gemüsen)

3365. Petit four
[INGL.] petit four
[ESP.] pastas de té; petit four
[FR.] petit four
[IT.] pasticcini da tè; petit four
[AL.] Petit Four; Teegebäck

3366. Petit-suisse (queijo francês, de textura cremosa)
[INGL.] petit-suisse (French cheese, creamy texture)
[ESP.] petit-suisse (queso francés, cremoso)
[FR.] petit-suisse (fromage français, texture crémeuse)
[IT.] petit-suisse (formaggio francese, cremoso)
[AL.] Petit-suisse (französischer Käse mit weichen Konsistenz)

3367. Pé traseiro
[INGL.] hind foot
[ESP.] pie
[FR.] pied arrière
[IT.] piede posteriore
[AL.] hinteres Spitzbein

3368. Physalis; Bucho-de-rã; Camapu; Joá-de-capote
[INGL.] cape gooseberries
[ESP.] alquequenjes; physalis
[FR.] physalis; alkékenges
[IT.] alchechengi
[AL.] Blasenkirschen

3369. Picado
[INGL.] chopped (U.S.)/minced (U.K.)
[ESP.] triturado; picado
[FR.] haché; charpie
[IT.] tritato
[AL.] gehackt

3370. Picanha
[INGL.] top sirloin cap (U.S.)/rump cap (U.K.)
[ESP.] tapa de cuadril; tapilla
[FR.] aiguillette du rumsteck; culotte
[IT.] punta di scamone; copertura dello scamone
[AL.] Hüftdeckel

3371. Picante
[INGL.] hot; spicy; sharp
[ESP.] picante
[FR.] piquant
[IT.] piccante
[AL.] scharf

3372. Picante, molho
[INGL.] hot spicy sauce
[ESP.] salsa picante
[FR.] sauce piquante
[IT.] salsa piccante
[AL.] scharfe Sauce

3373. Picante, molho (molho espanhol com echalotas, vinho branco, vinagre, pepinos em conserva e salsinha)
[INGL.] piquant sauce (Spanish sauce with shallots, white wine, vinegar, gherkins and parsley)
[ESP.] salsa picante (salsa española con escaloñas, vino blanco, vinagre, pepinillos y perejil)
[FR.] sauce piquante (sauce espagnole aux échalotes, vin blanc, vinaigre, cornichons et persil)
[IT.] salsa piccante (salsa spagnola con scalogni, vino bianco, aceto, cetriolini e prezzemolo)

P

[AL.] Pikante-Sauce (spanische Sauce, Schalotten, Weißwein, Essig, Cornichons und Petersillie)

3374. **Picar**
[INGL.] chop, to; hash, to; cut up, to
[ESP.] picar
[FR.] hacher; piquer
[IT.] tagliare
[AL.] (zer) hacken

3375. **Piccalilli (vinagre, pepinos em conserva e mostarda)**
[INGL.] piccalilli (vinegar, gherkins, and mustard)
[ESP.] piccalilli (vinagre, pepinillos en vinagre y mostaza)
[FR.] piccalilli (vinaigre, cornichons et moutarde)
[IT.] piccalilli (aceto, cetriolini sottaceto e senape)
[AL.] Piccalilli (Senf-Relish)

3376. **Piccata (escalopes de vitela com cebolinha e suco de limão)**
[INGL.] piccata (veal escalope with parsley and lemon juice)
[ESP.] piccata (escalope de ternera con perejil y zumo de limón)
[FR.] piccata (escalope de veau sautée au persil et au jus de citron)
[IT.] piccata (scaloppine di vitello con prezzemolo e succo di limone)
[AL.] Piccata (Wierner Schnitzel mit Petersillie und Zitronensaft)

3377. **Picles (mistura de legumes, conservada em sal, vinagre e açúcar)**
[INGL.] pickles (mixture of vegetables preserved in salt, vinegar, and sugar)
[ESP.] encurtidos (mezcla de hortalizas fermentada en una salmuera con sal, vinagre a azúcar)
[FR.] pickles (mélange de légumes conservés au vinaigre aromatisé)
[IT.] sottoaceti (verdure miste lessate conservate in sale, aceto e zucchero)
[AL.] Pickles (Eine bunte Gemüsemischung, eingelegt in Salz, Essig und Zucker)

3378. **Picolé**
[INGL.] popsicle; ice-cream bars (U.S.)/ice lolly (U.K.)
[ESP.] polo; paleta
[FR.] esquimau
[IT.] ghiacciolo
[AL.] Eis am Stiel

3379. **Pied de mouton; Hedgehog** *(variedade de cogumelo)*
[INGL.] pied de mouton; hedgehog mushroom
[ESP.] lengua de gato; gamuza
[FR.] pied-de-mouton
[IT.] steccherino
[AL.] Semmel-Stoppelpilz

3380. **Piémontaise, alla (com risoto de trufas brancas)**
[INGL.] Piemontese style (risotto with white truffles)
[ESP.] a la manera de Piemonte (risotto con trufas blancas)
[FR.] à la piémontaise (risotto aux truffes blanches)
[IT.] alla piemontese (risotto con tartufi bianchi)
[AL.] nach piemontesischer Art (Risotto mit weißen Trüffeln)

3381. **Pilaf** *(arroz frito em azeite de oliva e cozido com caldo de carne)*
[INGL.] pilaf; pilau
[ESP.] arroz pilaf
[FR.] riz pilaf; riz pilau
[IT.] riso pilaf
[AL.] Pilaf; Pilaw; Pilau

3382. **Pilão; Almofariz**
[INGL.] mortar; pestle
[ESP.] mortero
[FR.] mortier; égrugeoir
[IT.] mortaio
[AL.] Mörser

3383. **Pimenta**
[INGL.] pepper
[ESP.] pimienta
[FR.] poivre
[IT.] pepe
[AL.] Pfeffer

3384. **Pimenta-anis** Ver **PIMENTA SICHUAN**

3385. **Pimenta-caiena**
[INGL.] Cayenne pepper
[ESP.] pimienta de Cayena

P

[FR.] poivre de Cayenne; piment de Cayenne
[IT.] pepe di Caienna
[AL.] Cayenne-Pfeffer

3386. Pimenta-chinesa
Ver PIMENTA SICHUAN

3387. Pimenta chipotle
[INGL.] chipotle chili
[ESP.] guindilla chipotle
[FR.] piment chipotle
[IT.] peperoncino chipotle
[AL.] Chipotle-Chili

3388. Pimenta-cravo
Ver PIMENTA-DA-JAMAICA

3389. Pimenta-da-costa
[INGL.] Guinea pepper; African pepper
[ESP.] pimienta africana
[FR.] poivre de Guinée
[IT.] pepe di Guinea
[AL.] afrikanischer Pfeffer

3390. Pimenta-da-jamaica; Pimenta-cravo
[INGL.] Jamaica pepper; allspice
[ESP.] pimienta de Jamaica; pimento
[FR.] poivre de Jamaïque; piment; toute-épice
[IT.] pepe di Giamaica; pimiento
[AL.] Jamaika-Pfeffer

3391. Pimenta-doce
Ver PÁPRICA

3392. Pimenta-do-reino branca
[INGL.] white pepper
[ESP.] pimienta blanca
[FR.] poivre blanc

— pimenta-caiena —

[IT.] pepe bianco
[AL.] weißer Pfeffer

3393. Pimenta-do-reino (preta)
[INGL.] black pepper
[ESP.] pimienta negra
[FR.] poivre noir
[IT.] pepe nero
[AL.] schwarzer Pfeffer

3394. Pimenta-do-reino verde
[INGL.] green pepper
[ESP.] pimienta verde
[FR.] poivre vert
[IT.] pepe verde
[AL.] grüner Pfeffer

3395. Pimenta em grão
[INGL.] peppercorn
[ESP.] pimienta en granos
[FR.] poivre en grain
[IT.] pepe in grani
[AL.] Pfefferkörner

3396. Pimenta habanera
[INGL.] habanero chili
[ESP.] pimienta habanero
[FR.] piment habañero
[IT.] peperoncino habanero
[AL.] Habanero-Chili

3397. Pimenta jalapeña
[INGL.] jalapeno chili
[ESP.] pimienta jalapeño
[FR.] piment jalapeño
[IT.] peperoncino jalapeño
[AL.] Jalapeño-Chili

3398. Pimenta-malagueta; Chili
[INGL.] chili pepper; bird pepper; hot pepper
[ESP.] chile; chilli; guindilla
[FR.] piment fort
[IT.] peperoncino; diavoletto (sud dell'Italia)
[AL.] Chilipfeffer

3399. Pimentão
[INGL.] sweet pepper; bell pepper
[ESP.] pimiento dulce
[FR.] poivron doux; piment doux
[IT.] peperone
[AL.] Paprika

3400. Pimentão amarelo
[INGL.] yellow (bell) pepper
[ESP.] pimiento amarillo
[FR.] poivron jaune
[IT.] peperone giallo
[AL.] gelbe Paprika

3401. Pimentão laranja
[INGL.] orange (bell) pepper
[ESP.] pimiento naranja
[FR.] poivron orange
[IT.] peperone arancione
[AL.] orange Paprika

3402. Pimentão verde
[INGL.] green (bell) pepper
[ESP.] pimiento verde
[FR.] poivron vert
[IT.] peperone verde
[AL.] grüne Paprika

P

3403. Pimentão vermelho
[INGL.] red (bell) pepper; sweet red pepper
[ESP.] pimiento rojo
[FR.] poivron rouge
[IT.] peperone rosso
[AL.] rote Paprika

3404. Pimenta poblana
[INGL.] poblano chili
[ESP.] pimienta poblano
[FR.] piment poblano
[IT.] peperoncino poblano
[AL.] Poblano-Chili

3405. Pimenta recheada
[INGL.] stuffed pepper
[ESP.] pimiento relleno
[FR.] poivron farci
[IT.] peperoni ripieno
[AL.] gefülte Paprika

3406. Pimenta-rosa
[INGL.] pink pepper
[ESP.] pimienta rosa
[FR.] poivre rose
[IT.] pepe rosa
[AL.] blassroter Pfeffer

3407. Pimenta serrano
[INGL.] Serrano chili
[ESP.] pimienta serrano
[FR.] piment serrano
[IT.] peperoncino serrano
[AL.] Serrano-Chili

3408. Pimenta Sichuan; Pimenta chinesa; Pimenta-anis; Fágara
[INGL.] Sichuan pepper; Chinese pepper; anise pepper; fagara
[ESP.] pimienta Sichuan; pimienta china; pimienta de anís
[FR.] poivre du Sichuan; poivre chinois; poivre anisé
[IT.] pepe di Sichuan; pepe cinese; pepe d'anice
[AL.] Anispfeffer

3409. Pimenta-vermelha; Dedo-de-moça
[INGL.] red pepper
[ESP.] chile
[FR.] poivre rouge
[IT.] peperoncino
[AL.] roter Pfeffer

3410. Pimenteira
[INGL.] pepper shaker (U.S.)/pepper-pot (U.K.)
[ESP.] pimentero
[FR.] poivrière
[IT.] pepiera
[AL.] Pfefferstreuer

3411. Pimpinela-da-itália
Ver SANGUISSORBA

3412. Piña Colada (coquetel feito de rum branco, leite de coco e suco de abacaxi)
[INGL.] Piña Colada (cocktail made with white rum, coconut milk, and pineapple juice)
[ESP.] Piña Colada (cóctel con ron, leche de coco y zumo de piña)
[FR.] Piña Colada (cocktail de rhum, lait de coco et jus d'ananas)
[IT.] Piña Colada (cocktail fatto con rum, latte di cocco e succo di ananas)
[AL.] Piña Colada (Cocktail mit Rum, Kokosmilch und Ananassaft)

3413. Pinaúma (N)
Ver OURIÇO-DO-MAR

3414. Pinça; Pegador
[INGL.] tong
[ESP.] pinza
[FR.] pince
[IT.] pinza
[AL.] Zange

3415. Pinça para crustáceos
[INGL.] shellfish tong
[ESP.] pinza para crustáceos
[FR.] pince à crustacés
[IT.] pinza per crostacei
[AL.] Zange für Krustentiere

3416. Pinça para gelo
[INGL.] ice tong
[ESP.] pinza para hielo
[FR.] pince à glace
[IT.] pinza per ghiaccio
[AL.] Eiszange

3417. Pinça para lagosta
[INGL.] lobster tong; lobster cracker
[ESP.] pinza para langosta
[FR.] pince à homard
[IT.] pinza per aragosta
[AL.] Hummerzange

3418. Pinça para pegar cubinhos de açúcar
[INGL.] sugar tong
[ESP.] tenacillas para coger cúbitos de azúcar
[FR.] pince à sucre
[IT.] molla per zucchero
[AL.] Zuckerzange

3419. Pincel
[INGL.] paint brush
[ESP.] pincel
[FR.] pinceau

P

[IT.] pennello
[AL.] Pinsel

3420. Pincelar
[INGL.] brush, to
[ESP.] untar con pincel
[FR.] enduire au pinceau
[IT.] ungere con il pennello
[AL.] bürsten

3421. Pincel de cozinha
[INGL.] pastry brush; basting brush
[ESP.] pincel de pastelería
[FR.] pinceau pâtissier
[IT.] pennello per dolci
[AL.] Kuchenpinsel

3422. Pingo Ver GOTA

3423. Pinhão
[INGL.] Brazilian pine nut
[ESP.] piñon brasileño
[FR.] pignon brésilien
[IT.] pinoli brasiliano
[AL.] brasilianische Pinienkerne

3424. Pink Lady (coquetel feito de gim, suco de limão, clara de ovo e grenadine)
[INGL.] Pink Lady (cocktail made with gin, lemon juice, egg white, and grenadine)
[ESP.] Pink Lady (cóctel con ginebra, zumo de limón, clara de huevo y granadina)
[FR.] Pink Lady (cocktail de gin, jus de citron, blanc d'œuf et grenadine)
[IT.] Pink Lady (cocktail fatto con gin, succo di limone, albume d'uovo e granatina)
[AL.] Pink Lady (Cocktail mit Gin, Zitronensaft, Eiweiß und Grenadine)

3425. Pinoli; Snoubar
[INGL.] pine nuts
[ESP.] piñones
[FR.] pignons; pignoli; snoubar
[IT.] pinoli
[AL.] Pinienkerne

3426. Pintada Ver GALINHA--D'ANGOLA

3427. Pintagola (RJ) Ver OLHO-DE-BOI

3428. Pintinho
[INGL.] chick
[ESP.] polluelo
[FR.] poussin
[IT.] pulcino
[AL.] Küken

3429. Piperade (omelete basca, feita com pimentões e tomates)
[INGL.] pipérade (Basque omelet made of sweet peppers and tomatoes)
[ESP.] piperade (tortilla vasca con pimientos dulces y tomates)
[FR.] pipérade (omelette basque aux poivrons doux et aux tomates)
[IT.] piperade (omelette basca con peperoni e pomodori)
[AL.] Pipérade (baskisches Omelett mit Paprika und Tomaten)

3430. Pipe Rigate (massa em forma de conchinhas de caracol)
[INGL.] pipe rigate (snail shells-shaped)
[ESP.] pipe rigate (pasta en forma de caracoles)
[FR.] pipe rigate (pâtes en forme des coquilles d'escargot)
[IT.] pipe rigate (pasta di forma a guscio di lumaca)
[AL.] Pipe Rigate (Schneckenhäuserförmige Nudeln)

3431. Pipoca
[INGL.] popcorn
[ESP.] palomitas de maíz
[FR.] pop-corn
[IT.] popcorn
[AL.] Popkorn

3432. Piquenique
[INGL.] picnic
[ESP.] picnic
[FR.] pique-nique
[IT.] picnic
[AL.] Picknick

3433. Pirabebe (ES) Ver VOADOR

3434. Pirabiju (RJ) Ver BIJUPIRÁ

3435. Pirapema
[INGL.] Atlantic tarpon
[ESP.] tarpón
[FR.] tarpon de l'Atlantique; savale
[IT.] tarpone
[AL.] Tarpon

P

3436. Piraúna; Graúna (SP)
[INGL.] black drum
[ESP.] corvinón negro; tambor
[FR.] grand tambour
[IT.] scienidi
[AL.] schwarzer Trommler

3437. Pires
[INGL.] saucer
[ESP.] platillo
[FR.] soucoupe
[IT.] piattino
[AL.] Untertasse

3438. Pyrex® *Ver* PRATO REFRATÁRIO

3439. Pirulito
[INGL.] lollypop; lollipop
[ESP.] chupa-chups
[FR.] sucette
[IT.] lecca-lecca
[AL.] Lutscher

3440. Pisco Sour (coquetel feito de pisco, suco de limão, clara de ovo e açúcar)
[INGL.] Pisco Sour (cocktail made with Pisco, lemon juice, egg white, and sugar)
[ESP.] Pisco Sour (cóctel con Pisco, zumo de limón, clara de huevo y azúcar)
[FR.] Pisco Sour (cocktail de Pisco, jus de citron, blanc d'œuf et sucre)
[IT.] Pisco Sour (cocktail fatto con Pisco, succo di limone, albume d'uovo e zucchero)
[AL.] Pisco Sour (Cocktail mit Pisco, Zitronensaft, Eiweiß und Zucker)

3441. Pistache
[INGL.] pistachio
[ESP.] pistacho
[FR.] pistache
[IT.] pistacchio
[AL.] Pistazie

3442. Pitada
[INGL.] pinch
[ESP.] pizca
[FR.] pincée
[IT.] pizzico
[AL.] Prise

3443. Pitanga
[INGL.] Surinam cherry; Brazilian cherry
[ESP.] pitanga
[FR.] pitanga
[IT.] pitanga
[AL.] Pitanga; Surinam-Kirsche

3444. Pitomba
[INGL.] pitomba
[ESP.] pitomba
[FR.] pitomba
[IT.] pitomba
[AL.] Pitomba

3445. Pitu *Ver* CAMARÃO-D'ÁGUA-DOCE

3446. Pizza à romana (tomates, mozarela e anchovas)
[INGL.] pizza Roman style (tomatoes, mozzarella, and anchovies)
[ESP.] pizza a la romana (tomates, mozzarella y anchoas)
[FR.] pizza à la romaine (tomates, mozzarelle et anchois)
[IT.] pizza alla romana (pomodori, mozzarella e acciughe)
[AL.] römische Pizza (Tomaten, Mozzarella und Sardellen)

3447. Pizzaiola, molho (tomates, alho, azeite de oliva e manjericão)
[INGL.] pizzaiola sauce (tomatoes, garlic, olive oil, and basil)
[ESP.] salsa pizzaiola (tomates, ajo, aceite de oliva y albahaca)
[FR.] sauce pizzaiola (tomates, ail, huile d'olive et basilic)
[IT.] salsa pizzaiola (pomodori, aglio, olio d'oliva e basilico)
[AL.] Pizzaiola-Sauce (Tomaten, Knoblauch, Olivenöl und Basilikum)

3448. Pizzaria
[INGL.] pizzeria
[ESP.] pizzería
[FR.] pizzeria
[IT.] pizzeria
[AL.] Pizzeria

3449. Planter's Punch (coquetel feito com rum, marasquino, Curaçao, suco de laranja, suco de limão e suco de abacaxi)
[INGL.] Planter's Punch (cocktail made with rum, maraschino, Curaçao, orange juice, lemon juice, and pineapple juice)
[ESP.] Planter's Punch (cóctel con ron,

P

marrasquino, Curaçao, zumo de naranja, zumo de limón y zumo de piña)
[FR.] Planter's Punch (cocktail de rhum, marasquin, Curaçao, jus d'orange, jus de citron et jus d'ananas)
[IT.] Planter's Punch (cocktail fatto con rum, maraschino, Curaçao, succo di arancia, succo di limone e succo di ananas)
[AL.] Planter's Punch (Cocktail mit Rum, Maraschino, Curaçao, Orangensaft, Zitronensaft und Ananassaft)

3450. **Plástico**
[INGL.] plastic
[ESP.] plástico
[FR.] plastique
[IT.] plastico
[AL.] Plastik; Kunststoff

3451. **Poché** Ver ESCALFADO

3452. **Podre**
[INGL.] rotten
[ESP.] podrido
[FR.] pourri
[IT.] marcio
[AL.] verfault; faulig

3453. **Poejo; Erva-de--são-lourenço; Poejo--das-hortas**
[INGL.] pennyroyal
[ESP.] poleo
[FR.] menthe pouliot
[IT.] puleggio
[AL.] Poleiminze

3454. **Poejo-das-hortas** Ver POEJO

3455. **Poire (aguardente de pera)**
[INGL.] Poire (pear distillate)
[ESP.] Poire (aguardiente de peras)
[FR.] Poire (eau-de-vie de poire)
[IT.] Poire (distillato di pere)
[AL.] Poire (Birnenkorn)

3456. **Poivrade, molho (demi-glace, vinagre, ervas, pepinos em conserva e salsinha)**
[INGL.] poivrade sauce (demi-glace, vinegar, herbs, gherkins, and parsley)
[ESP.] salsa poivrade (demi-glace, vinagre, hierbas, pepinillos en vinagre y perejil)
[FR.] sauce poivrade (demi-glace, vinaigre, herbes, cornichons et persil)
[IT.] salsa poivrade (demi-glace, aceto, erbe, cetriolini sottaceto e prezzemolo)
[AL.] Pfeffersauce (Demi--Glace, Essig, Kräuter, Cornichons und Petersilie)

3457. **Pólen**
[INGL.] pollen
[ESP.] polen
[FR.] pollen
[IT.] polline
[AL.] Pollen

3458. **Polenta**
[INGL.] polenta
[ESP.] polenta
[FR.] polenta
[IT.] polenta
[AL.] Polenta

3459. **Polenta branca**
[INGL.] white polenta
[ESP.] polenta blanca
[FR.] polenta blanche
[IT.] polenta bianca
[AL.] weiße Polenta

3460. **Polenta frita**
[INGL.] fried polenta
[ESP.] polenta frita
[FR.] polenta frite
[IT.] polenta fritta
[AL.] gebackene Polenta

3461. **Polenta instantânea**
[INGL.] instant polenta
[ESP.] polenta instantánea
[FR.] polenta précuite
[IT.] polenta non sbiancata
[AL.] instant Polenta

3462. **Polonaise, à la (com croûtons)**
[INGL.] Polish style (with croutons)
[ESP.] a la polaca (con crostoncitos)
[FR.] à la polonaise (avec croûtons)
[IT.] alla polaca (con crostini)
[AL.] nach polnischer Art (mit Croûtons)

3463. **Polpa de fruta**
[INGL.] fruit pulp; fruit flesh
[ESP.] pulpa
[FR.] pulpe
[IT.] polpa del frutto
[AL.] Fruchtfleisch

3464. **Polvilhado**
[INGL.] spread
[ESP.] espolvoreado; rociado
[FR.] poudré; saupoudré
[IT.] cosparso
[AL.] bestreut; bestäubt

P

3465. Polvilhar; Salpicar *(açúcar, sal, farinha etc.)*
[INGL.] sprinkle, to
[ESP.] espolvorear
[FR.] saupoudrer
[IT.] spolverizzare
[AL.] streuen

3466. Polvo
[INGL.] octopus
[ESP.] pulpo
[FR.] poulpe
[IT.] polpo
[AL.] Krake

3467. Pomar
[INGL.] orchard
[ESP.] huerto
[FR.] verger
[IT.] frutteto
[AL.] Obstgarden

3468. Pomba selvagem
[INGL.] wood pigeon
[ESP.] palomo torcaz
[FR.] ramier
[IT.] colombaccio
[AL.] Wildtaube

3469. Pombo
[INGL.] pigeon
[ESP.] pichón
[FR.] pigeon
[IT.] piccione
[AL.] Taube

3470. Pomelo; Toranja; Grapefruit
[INGL.] grapefruit
[ESP.] pomelo
[FR.] pamplemousse; grapefruit
[IT.] pompelmo
[AL.] Pampelmuse

3471. Poncã; Mexerica Poncã
[INGL.] ugli fruit; ponkan orange
[ESP.] ugli
[FR.] orange ponkan
[IT.] ugli
[AL.] Ugli

3472. Ponche
[INGL.] punch
[ESP.] ponche
[FR.] punch
[IT.] punch; ponce
[AL.] Punsch

3473. Ponta do peito *(corte de carne bovina)*
[INGL.] brisket point (U.S.)/ brisket navel end (U.K.)
[ESP.] punta del pecho
[FR.] pointe de poitrine
[IT.] punta di petto
[AL.] Nachbrust

3474. Pontas de aspargos
[INGL.] asparagus tip
[ESP.] puntas de espárragos
[FR.] pointes d'asperges
[IT.] punte di asparagi
[AL.] Spargelspitzen

3475. Ponto, ao
[INGL.] medium
[ESP.] al punto
[FR.] à point; rose
[IT.] al punto; al puntino
[AL.] durchgebraten

3476. Ponto de condensação
[INGL.] dewpoint
[ESP.] punto de rocío
[FR.] point de rosée
[IT.] punto di rugiada
[AL.] Taupunkt

3477. Ponto para malpassado, ao
[INGL.] medium rare
[ESP.] medio hecho; semicocinado
[FR.] mi-saignant
[IT.] poco cotto
[AL.] halb durchgebraten

3478. Pôr *Ver* COLOCAR

3479. Pôr a mesa
[INGL.] set the table, to
[ESP.] poner la mesa
[FR.] mettre le couvert
[IT.] apparecchiare
[AL.] den Tisch decken

3480. Por cabeça
Ver POR PESSOA

3481. Porção
[INGL.] portion
[ESP.] porción
[FR.] portion
[IT.] porzione
[AL.] Portion

3482. Porcelana
[INGL.] porcelain
[ESP.] porcelana
[FR.] porcelaine
[IT.] porcellana
[AL.] Porzellan

3483. Porcino; Funghi porcino *(cogumelo selvagem)*
[INGL.] porcini; cèpe
[ESP.] rodelón
[FR.] cèpe
[IT.] porcino
[AL.] Steinpilz

3484. Porcionar
Ver DIVIDIR EM PORÇÕES

P

3485. **Porco assado**
[INGL.] roast pork
[ESP.] cerdo asado
[FR.] porc rôti
[IT.] maiale arrosto
[AL.] gebraten Schwein

3486. **Por copo**
[INGL.] per glass
[ESP.] por vaso
[FR.] le verre
[IT.] al bicchiere
[AL.] pro Glas

3487. **Pôr de molho**
[INGL.] soak, to
[ESP.] poner en remojo
[FR.] faire tremper
[IT.] mettere ammollo
[AL.] einweichen

3488. **Por favor**
[INGL.] please
[ESP.] por favor
[FR.] s'il vous plaît
[IT.] prego; per favore
[AL.] bitte

3489. **Por favor, não fume**
[INGL.] please, do not smoke
[ESP.] se ruega no fumar
[FR.] prière de ne pas fumer
[IT.] si prega di non fumare
[AL.] Wir bitten Sie, nicht zu rauchen

3490. **Pôr no espeto**
[INGL.] skewer, to
[ESP.] ensartar
[FR.] embrocher
[IT.] infilzare (in uno spiedo)
[AL.] aufspießen

3491. **Por pessoa; Por cabeça**
[INGL.] per person; per head
[ESP.] por persona
[FR.] par personne; par tête
[IT.] a persona; a testa
[AL.] pro Person

3492. **Porta-guardanapos**
[INGL.] napkin holder
[ESP.] servilletero
[FR.] porte-serviette
[IT.] portatovaglioli
[AL.] Serviettenhalter

3493. **Porta-temperos**
[INGL.] spice rack
[ESP.] especiero
[FR.] étagère à épices
[IT.] portaspezie
[AL.] Gewürzregal

3494. **Port Salut® (queijo francês de textura semi-macia, feito de leite de vaca)**
[INGL.] Port-Salut® (French cheese, semi-soft texture, made from cow milk)
[ESP.] Port-Salut® (queso francés, textura blanda, elaborado con leche de vaca)
[FR.] Port-Salut® (fromage français, pâte molle, à base de lait de vache)
[IT.] Port-Salut® (formaggio francese, pasta molle, preparato con latte vaccino)
[AL.] Port-Salut® (halbfester französischer Kuhmilch-Käse)

3495. **Portugaise, à la (com tomates)**
[INGL.] Portuguese style (with tomatoes)
[ESP.] a la portuguesa (con tomates)
[FR.] à la portugaise (aux tomates)
[IT.] alla portoghese (con pomodori)
[AL.] nach portugiesischer Art (mit Tomaten)

3496. **Posto** *Ver* COLOCADO

3497. **Pot-au-feu (cozido de carne de segunda, legumes e ossobuco)**
[INGL.] pot-au-feu (beef cooked with vegetables and ossobuco)
[ESP.] pot-au-feu (cocido de carne de vaca con verduras y ossobuco)
[FR.] pot-au-feu (viandes de bœuf, légumes et osso buco cuits)
[IT.] pot-au-feu (manzo bollito con verdure e ossobuco)
[AL.] Feuertopf (gekochtes Rindfleisch mit Gemüse und Ossobuco)

3498. **Potável**
[INGL.] drinkable
[ESP.] potable; que se puede beber
[FR.] potable
[IT.] potabile
[AL.] trinkbar

3499. **Pouco**
[INGL.] little
[ESP.] poco
[FR.] peu
[IT.] poco
[AL.] wenig

3500. **Prairie-oyster (gema crua temperada com sal, pimenta e limão)**

P

[INGL.] Prairie-oyster (raw yolk with salt, pepper, and lemon)
[ESP.] huevo a la ostra (yema cruda con sal, pimienta y limón)
[FR.] œuf à l'huître (jaune cru au sel, poivre et citron)
[IT.] uovo all'ostrica (tuorlo crudo con sale, pepe e limone)
[AL.] Ei nach Austernart (rohes Eigelb mit Salz, Pfeffer und Zitrone gewurst)

3501. **Praliné (crocante de noz-pecã)**
[INGL.] praliné (crunchy pecan nut)
[ESP.] praliné (crocante de nuez de pecán)
[FR.] praliné (croquant aux noix de pécan)
[IT.] praliné (croccante di noce di pecan)
[AL.] Praliné (Pecanusskrokant)

3502. **Prato**
[INGL.] plate
[ESP.] plato
[FR.] assiette; auge
[IT.] piatto
[AL.] Teller

3503. **Prato de carne**
[INGL.] meat dish
[ESP.] plato de carne
[FR.] plat de viande
[IT.] piatto di carne
[AL.] Fleischgericht

3504. **Prato de pão**
[INGL.] bread plate
[ESP.] plato de pan
[FR.] assiette à pain
[IT.] piatto per il pane
[AL.] Brotteller

3505. **Prato de papelão**
[INGL.] paper plate
[ESP.] plato de papel
[FR.] assiette en papier
[IT.] piatto di carta
[AL.] Papierteller

3506. **Prato de peixe**
[INGL.] fish dish
[ESP.] plato de pescado
[FR.] plat de poisson
[IT.] piatto di pesce
[AL.] Fischgericht

3507. **Prato de queijo**
[INGL.] cheese tray
[ESP.] bandeja para queso
[FR.] plateau à fromage
[IT.] piatto da formaggio
[AL.] Käsetablett; Käsebrett

3508. **Prato de sobremesa**
[INGL.] dessert plate
[ESP.] plato para postre
[FR.] assiette à dessert
[IT.] piatto da dolci
[AL.] Dessertteller

3509. **Prato de sopa**
Ver PRATO FUNDO

3510. **Prato de um cardápio**
[INGL.] course
[ESP.] plato
[FR.] mets
[IT.] portata
[AL.] Gang

3511. **Prato do dia**
[INGL.] daily special
[ESP.] plato del día
[FR.] plat du jour
[IT.] piatto del giorno
[AL.] Tagesgericht

3512. **Prato encomendado**
[INGL.] dish to order
[ESP.] plato a pedido
[FR.] plat sur commande
[IT.] piatto da farsi
[AL.] Speise auf Bestellung

3513. **Prato frio**
[INGL.] cold dish
[ESP.] plato frío
[FR.] plat froid
[IT.] piatto freddo
[AL.] Kaltespeisen

3514. **Prato fundo; Prato de sopa**
[INGL.] soup plate
[ESP.] plato sopero
[FR.] assiette creuse
[IT.] piatto fondo
[AL.] Suppenteller

3515. **Prato para escargot**
[INGL.] snail service
[ESP.] plato para escargot
[FR.] plat à escargot
[IT.] piatto per lumache
[AL.] Schneckenteller

3516. **Prato para peixe**
[INGL.] fish plate
[ESP.] plato para pescado
[FR.] assiette à poisson
[IT.] piatto per pesce
[AL.] Fischteller

3517. **Prato principal**
[INGL.] entrée (U.S.)/main dish; main course (U.S./U.K.)
[ESP.] plato principal
[FR.] plat de résistance

P

[IT.] piatto principale
[AL.] Hauptgerichte

3518. Prato quente
[INGL.] hot dish
[ESP.] plato caliente
[FR.] plat chaud
[IT.] piatto caldo
[AL.] Warmespeisen

3519. Prato raso
[INGL.] shallow plate
[ESP.] plato llano
[FR.] assiette plate
[IT.] piatto piano
[AL.] flacher Teller

3520. Prato refratário; Pyrex®
[INGL.] ovenware
[ESP.] vajilla refractaria
[FR.] plat pour le four
[IT.] pirofila
[AL.] feuerfeste Form

3521. Pratos para crianças
[INGL.] children's meal
[ESP.] porciones para niños
[FR.] portions pour les enfants
[IT.] porzioni per bambini
[AL.] Kindermenü; Kinderteller

3522. Pratos prontos
[INGL.] ready dishes
[ESP.] platos listos
[FR.] plats tout prêts
[IT.] piatti pronti
[AL.] fertige Gerichte

3523. Pratos recomendados
[INGL.] suggested dishes
[ESP.] platos recomendados
[FR.] plats recommandés

[IT.] piatti consigliati
[AL.] empfohlene Gerichte

3524. Pratos regionais Ver Pratos típicos

3525. Pratos típicos; Pratos regionais
[INGL.] regional dishes; local dishes
[ESP.] platos típicos; platos locales
[FR.] mets locaux; plats locaux
[IT.] piatti tipici
[AL.] regionale Spezialitäten; heimische Spezialitäten

3526. Prazo de validade para consumo
[INGL.] sell by date; shelf life
[ESP.] fecha de caducidad
[FR.] date limite de vente
[IT.] data di scadenza
[AL.] Verfallsdatum

3527. Preaquecer
[INGL.] preheat, to
[ESP.] precalentar
[FR.] préchauffer
[IT.] preriscaldare
[AL.] vorwärmen

3528. Preciso Ver Exato

3529. Preço
[INGL.] price
[ESP.] precio
[FR.] prix
[IT.] prezzo
[AL.] Preis

3530. Preço fixo
[INGL.] fixed price
[ESP.] precio fijo

[FR.] prix fixe
[IT.] prezzo fisso
[AL.] fester Preis

3531. Pré-cozido
[INGL.] par-boiled
[ESP.] precocinado
[FR.] pré-cuit; mi-cuit
[IT.] precotto
[AL.] vorgebacken; vorgerkocht

3532. Preencher Ver Encher

3533. Preferir
[INGL.] prefer, to
[ESP.] preferir
[FR.] préférer
[IT.] preferire
[AL.] vorziehen

3534. Pré-frito
[INGL.] pre-fried
[ESP.] prefrito
[FR.] préfrit
[IT.] prefritto
[AL.] vorfrittiert

3535. Pregado (peixe) (PT)
[INGL.] turbot
[ESP.] rodaballo
[FR.] turbot
[IT.] rombo chiodato
[AL.] Steinbutt

3536. Preparado em forno a lenha
[INGL.] cooked in a wood burning oven
[ESP.] cocido en horno de leña
[FR.] cuite au four à bois
[IT.] cotto nel forno a legna
[AL.] im Holzofen gebackene

P

3537. **Preparado na mesa do cliente**
[INGL.] prepared at guest's table
[ESP.] preparado en la mesa del cliente
[FR.] préparé à la table
[IT.] preparato al tavolo del cliente
[AL.] am Tisch zubereiten

3538. **Preparar**
[INGL.] prepare, to
[ESP.] preparar
[FR.] préparer; apprêter
[IT.] preparare
[AL.] zubereiten

3539. **Presunto**
[INGL.] ham
[ESP.] jamón
[FR.] jambon
[IT.] prosciutto (cotto)
[AL.] Schinken

3540. **Presunto defumado**
[INGL.] smoked ham (U.S.)/ gammon (U.K.)
[ESP.] jamón ahumado
[FR.] jambon fumé
[IT.] prosciutto affumicato
[AL.] Räucherschinken

3541. **Presunto de Paris (ligeiramente salgado)**
[INGL.] Paris ham (slight salty)
[ESP.] jamón de París (ligeramente salado)
[FR.] jambon de Paris; jambon blanc (légèremente salé)
[IT.] prosciutto di Parigi (leggermente salato)
[AL.] Vorderschinken (leicht Salzig)

3542. **Presunto de Parma; Prosciutto**
[INGL.] Parma ham
[ESP.] jamón de Parma
[FR.] jambon de Parme
[IT.] prosciutto di Parma
[AL.] Parmaschinken

3543. **Presunto desossado, curado e fervido lentamente em água**
[INGL.] boiled ham
[ESP.] jamón cocido
[FR.] jambon poché
[IT.] prosciutto bollito
[AL.] gekochter Schinken

3544. **Presunto de York (defumado)**
[INGL.] York ham (smoked)
[ESP.] jamón de York (ahumado)
[FR.] jambon d'York (fumé)
[IT.] prosciutto di York (affumicato)
[AL.] Yorkerschinken (geräuchert)

3545. **Presunto espanhol (curado)**
[INGL.] Serrano ham; Spanish ham (cured)
[ESP.] jamón serrano (curado)
[FR.] jambon serrano (salé)
[IT.] prosciutto serrano (salato)
[AL.] Serrano-Schinken; spanischer Schinken (gepökelt)

3546. **Pretzel (biscoitinho alemão salgado)**
[INGL.] pretzel (German cracker)
[ESP.] pretzel (cracker alemán)
[FR.] pretzel (biscuit salé allemand)
[IT.] pretzel (cracker tedesco)
[AL.] Bretzel

3547. **Primeiro prato**
Ver ENTRADA

3548. **Prímula**
[INGL.] primroses
[ESP.] velloritas
[FR.] primevères
[IT.] primule
[AL.] Primeln

3549. **Princesse, à la (com pontas de aspargos e trufas)**
[INGL.] princess style (asparagus tips and truffles)
[ESP.] a la princesa (puntas de espárragos y trufas)
[FR.] à la princesse (pointes d'asperges et truffes)
[IT.] alla principessa (con punte di asparagi e tartufi)
[AL.] Prinzessin Art (Spargelspitzen und Trüffeln)

3550. **Printanière, à la (com uma mistura de vegetais)**
[INGL.] Spring style (with a mixture of vegetables)
[ESP.] a la primavera (con mezcla de verduras)
[FR.] à la printanière (avec un mélange de légumes)
[IT.] alla primavera (con verdure miste)
[AL.] Frühlingsart (mit Gemüsemischung)

P

3551. **Procedência; Origem**
[INGL.] origin
[ESP.] origen
[FR.] origine; provenance
[IT.] provenienza; origine
[AL.] Herkunft

3552. **Produto**
[INGL.] product
[ESP.] producto
[FR.] produit
[IT.] prodotto
[AL.] Erzeugnis

3553. **Produtor**
[INGL.] producer
[ESP.] productor
[FR.] producteur
[IT.] produttore
[AL.] Produzent

3554. **Profissionais da cozinha**
[INGL.] kitchen staff
[ESP.] profesionales de cocina
[FR.] professionnel de cuisine
[IT.] professionisti di cucina
[AL.] Küchenpersonal

3555. **Profissionais do salão**
[INGL.] dining room staff
[ESP.] profesionales del salón
[FR.] professionnel de la salle
[IT.] professionisti di salone
[AL.] Restaurantsberufe

3556. **Profiterole de chocolate** *Ver* Carolina de chocolate

3557. **Profiteroles** *Ver* Carolinas

3558. **Pronto**
[INGL.] ready
[ESP.] listo
[FR.] prêt
[IT.] pronto
[AL.] fertig

3559. **Prosciutto** *Ver* Presunto de Parma

3560. **Proteína**
[INGL.] protein
[ESP.] proteína
[FR.] protéine
[IT.] proteina
[AL.] Eiweiß; Proteine

3561. **Provar**
[INGL.] taste, to
[ESP.] probar
[FR.] goûter
[IT.] assaggiare
[AL.] kosten

3562. **Provençal, à (azeite de oliva e alho)**
[INGL.] Provençal style (olive oil and garlic)
[ESP.] a la provenzal (aceite de oliva y ajo)
[FR.] à la provençale (huile d'olive et ail)
[IT.] alla provenzale (olio di oliva e aglio)
[AL.] auf provenzalische Art (Olivenöl und Knoblauch)

3563. **Provolone (queijo italiano, feito com leite de vaca)**
[INGL.] provolone (Italian cheese, made from cow's milk)
[ESP.] provolone (queso italiano, elaborado con leche de vaca)
[FR.] provolone (fromage italien, à base de lait de vache)
[IT.] provolone (formaggio italiano, prodotto con latte vaccino)
[AL.] Provolone (italienische Kuhmilch-Käse)

3564. **Pudim**
[INGL.] pudding
[ESP.] budín; pudín
[FR.] pudding; pouding
[IT.] budino
[AL.] Pudding

3565. **Pudim de chocolate**
[INGL.] chocolate pudding
[ESP.] budín de chocolate
[FR.] pudding au chocolat
[IT.] budino al cioccolato
[AL.] Schokoladenpudding

3566. **Pudim de leite**
[INGL.] custard; flan
[ESP.] flan
[FR.] crème caramel; crème renversée
[IT.] créme caramel
[AL.] Karamelcreme

3567. **Pudim de pão**
[INGL.] bread pudding
[ESP.] budín de pan
[FR.] flan au pain
[IT.] budino di pane
[AL.] Brotpudding

3568. **Pudim inglês de Natal**
[INGL.] plum pudding
[ESP.] budín de ciruela; budín inglés
[FR.] pudding de Noël; plum pudding
[IT.] budino di prugna
[AL.] Plum Pudding

P

3569. Pumpernickel (pão de centeio alemão)
[INGL.] pumpernickel (German rye bread)
[ESP.] pumpernickel (pan de centeno alemán)
[FR.] pumpernickel (pain de seigle allemand)
[IT.] pumpernickel (pane di segale tedesco)
[AL.] Pumpernickel (deutsch Roggenbrot)

3570. Punhado *(mão cheia)*
[INGL.] handful
[ESP.] puñado
[FR.] poignée
[IT.] manciata
[AL.] Handvoll

3571. Purê
[INGL.] purée
[ESP.] puré
[FR.] purée
[IT.] purè; purea
[AL.] Püree

3572. Purê de batata
[INGL.] mashed potatoes
[ESP.] puré de patatas
[FR.] purée de pommes de terre
[IT.] purè di patate
[AL.] Kartoffelpüree

3573. Purê de castanhas
[INGL.] chestnut purée
[ESP.] puré de castañas
[FR.] purée de marrons
[IT.] purè di castagne
[AL.] Maronenpüree

3574. Purê de ervas
[INGL.] herbs purée
[ESP.] puré de hierbas
[FR.] purée d'herbes
[IT.] purè di erbe
[AL.] Kräuterpüree

3575. Purê de espinafre
[INGL.] spinach purée
[ESP.] puré de espinacas
[FR.] purée d'épinards
[IT.] purè di spinaci
[AL.] Spinatpüree

3576. Purê de maçã
[INGL.] apple purée
[ESP.] puré de manzanas
[FR.] purée de pommes
[IT.] purè di mele
[AL.] Äpfelmus

3577. Purê de tomate
[INGL.] tomato purée
[ESP.] puré de tomate
[FR.] purée de tomate
[IT.] purè di pomodoro
[AL.] Tomatenpüree

3578. Purê Soubisse (de cebolas)
[INGL.] Soubise purée (of onions)
[ESP.] puré Soubisse (de cebollas)
[FR.] purée Soubisse (d'oignons)
[IT.] purè Soubisse (di cipolle)
[AL.] Soubisepüree (von Zwiebein)

3579. Puro
[INGL.] pure
[ESP.] puro
[FR.] pur
[IT.] puro
[AL.] rein

3580. Puttanesca, molho (tomates, anchovas, alcaparras, azeitonas pretas, orégano, alho e azeite de oliva)
[INGL.] puttanesca sauce (tomatoes, anchovies, capers, black olives, oregano, garlic, and olive oil)
[ESP.] salsa puttanesca (tomates, anchoas, alcaparras, aceitunas negras, orégano, ajo y aceite de oliva)
[FR.] sauce puttanesca (tomates, anchois, câpres, olives noires, origan, ail et huile d'olive)
[IT.] salsa puttanesca (pomodori, acciughe, capperi, olive nere, origano, aglio e olio di oliva)
[AL.] Puttanesca-Sauce (Tomaten, Sardellen, Kapern, schwarze Oliven, Oregano, Knoblauch und Olivenöl)

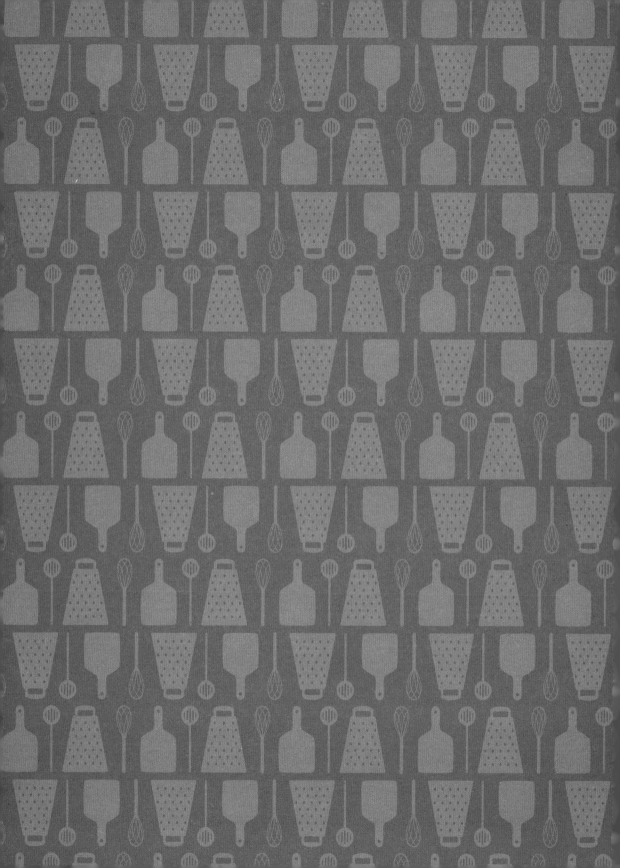

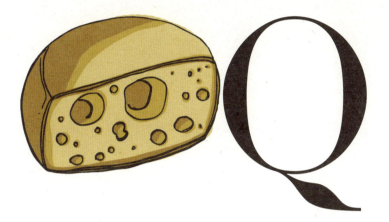

3581. **Qualidade**
[INGL.] quality
[ESP.] calidad
[FR.] qualité
[IT.] qualità
[AL.] Qualität

3582. **Quandong; Pêssego-do-deserto; Pêssego-selvagem**
[INGL.] quandong
[ESP.] quandong
[FR.] quandong; pêche du désert
[IT.] quandong
[AL.] Quandong; wild Pfirsich

3583. **Quantidade**
[INGL.] quantity
[ESP.] cantidad
[FR.] quantité
[IT.] quantità
[AL.] Menge

3584. **Quark (queijo sem sal, feito com leite de vaca desnatado)**
[INGL.] quark (unsalted cheese, made from nonfat cow milk)
[ESP.] quark (queso sin sal, elaborado con leche de vaca desnatada)
[FR.] quark (fromage non salé, à base de lait de vache écrémé)
[IT.] quark (formaggio senza sale, prodotto con latte scremato)
[AL.] Quark (ungesalzener Käse aus entrahmter Milch)

3585. **Quarto** *(habitação)*
[INGL.] room
[ESP.] habitación
[FR.] chambre
[IT.] camera
[AL.] Zimmer

3586. **Quarto** *(medida)*
[INGL.] quarter
[ESP.] cuarto
[FR.] quart
[IT.] quarto
[AL.] Viertel

3587. **Quarto-dianteiro** *(corte de carne bovina)*
[INGL.] forequarter
[ESP.] cuarto delantero
[FR.] quartier avant
[IT.] quarto anteriore
[AL.] Vonderviertel

3588. **Quarto-traseiro** *(corte de carne bovina)*
[INGL.] hindquarter
[ESP.] cuarto trasero
[FR.] quartier arrière

Q

[IT.] quarto posteriore
[AL.] Hinterviertel

3589. **Quatre-quarts (bolo feito com partes iguais de farinha de trigo, açúcar, ovos e manteiga)**
[INGL.] pound cake (made of equal portions of all-purpose flour (U.S.)/plain flour (U.K.), sugar, eggs and butter)
[ESP.] bizcocho cuatro cuartos (contiene partes iguales de harina de trigo, azúcar, huevos y mantequilla)
[FR.] quatre-quarts (gâteau fait avec la même quantité de farine de blé, de sucre, d'œufs et de beurre)
[IT.] torta paradiso; quattro quarti (fatta con farina, zucchero, uova e burro in uguali quantità)
[AL.] Sandkuchen (Kuchen, der mit den gleichen Mengen an Weinzenmehl, Zucker, Eier und Butter gemacht ist)

3590. **Quatro queijos**
[INGL.] with four cheeses
[ESP.] con cuatro quesos
[FR.] aux quatre fromages
[IT.] ai quattro formaggi
[AL.] vier Käsesorten

3591. **Quebra-nozes**
[INGL.] nutcracker
[ESP.] cascanueces
[FR.] casse-noisette; casse-noix
[IT.] schiaccianoci
[AL.] Nussknacker

— quebra-nozes —

3592. **Quebrar**
[INGL.] break, to
[ESP.] romper
[FR.] casser
[IT.] rompere
[AL.] zerbrechen; abrechen

3593. **Quebrar os ovos**
[INGL.] break the eggs, to
[ESP.] romper los huevos
[FR.] casser les œufs
[IT.] rompere le uova
[AL.] die Eier aufschlagen

3594. **Queijeira**
[INGL.] cheese bowl
[ESP.] quesera
[FR.] fromagère
[IT.] formaggiera
[AL.] Käsedose

3595. **Queijo**
[INGL.] cheese
[ESP.] queso
[FR.] fromage
[IT.] formaggio
[AL.] Käse

3596. **Queijo com ervas**
[INGL.] herb cheese; green cheese
[ESP.] queso con hierbas
[FR.] fromage aux herbes
[IT.] formaggio alle erbe
[AL.] Kräuterkäse

3597. **Queijo curado**
[INGL.] matured cheese
[ESP.] queso curado
[FR.] fromage affiné
[IT.] formaggio stagionato
[AL.] gereiften Käse

3598. **Queijo da região**
[INGL.] local cheese
[ESP.] queso local
[FR.] fromage de pays
[IT.] formaggio locale
[AL.] Käse der Region

3599. **Queijo de búfala**
[INGL.] buffalo cheese
[ESP.] queso de búfalo
[FR.] fromage de bufflonne
[IT.] formaggio di bufala
[AL.] Büffelkäse

3600. **Queijo de cabra**
[INGL.] goat cheese
[ESP.] queso de cabra
[FR.] fromage de chèvre
[IT.] formaggio di capra; caprino
[AL.] Ziegenkäse

3601. **Queijo defumado**
[INGL.] smoked cheese
[ESP.] queso ahumado
[FR.] fromage fumé
[IT.] formaggio affumicato
[AL.] Räucherkäse

3602. **Queijo de ovelha**
[INGL.] sheep cheese
[ESP.] queso de oveja
[FR.] fromage de brebis
[IT.] formaggio pecorino
[AL.] Schafkäse

3603. **Queijo derretido**
[INGL.] melted cheese

Q

[ESP.] queso fundido
[FR.] fromage fondu
[IT.] formaggio fuso
[AL.] geschmolzener Käse

3604. Queijo de vaca
[INGL.] cow cheese
[ESP.] queso de vaca
[FR.] fromage de vache
[IT.] formaggio vaccino
[AL.] Käse aus Kuhmilch

3605. Queijo duro
[INGL.] hard cheese
[ESP.] queso duro
[FR.] fromage dur
[IT.] formaggio duro
[AL.] Hartkäse

3606. Queijo fresco
[INGL.] fresh cheese
[ESP.] queso fresco
[FR.] fromage frais
[IT.] formaggio fresco
[AL.] Frischkäse

3607. Queijo macio
[INGL.] soft cheese
[ESP.] queso blando
[FR.] fromage moelleux
[IT.] formaggio morbido
[AL.] weich Käse

3608. Queijo ralado
[INGL.] grated cheese
[ESP.] queso rallado
[FR.] fromage râpé
[IT.] formaggio grattugiato; cacio grattato
[AL.] geriebener Käse

3609. Queijo semiduro
[INGL.] medium hard cheese
[ESP.] queso textura semiblanda
[FR.] fromage demi-dur
[IT.] formaggio semiduro
[AL.] halbhart Käse

3610. Queijo semimacio
[INGL.] medium soft cheese
[ESP.] queso semiblando
[FR.] fromage demi-mou
[IT.] formaggio semimorbido
[AL.] halbweich Käse

3611. Queijo típico
[INGL.] typical cheese
[ESP.] queso típico
[FR.] fromage typique
[IT.] formaggio tipico
[AL.] typisch Käse

3612. Queimado
[INGL.] burnt
[ESP.] quemado
[FR.] brûlé
[IT.] bruciato
[AL.] brandig

3613. Queimador Ver
BOCA DE FOGÃO

3614. Queimar
[INGL.] burn, to
[ESP.] quemar
[FR.] brûler
[IT.] bruciare
[AL.] brennen; anbrennen

3615. Queimar de leve
Ver CHAMUSCAR

3616. Quenelles *(bolinho salgado de massa leve, recheado de peixe, ave ou carne de vitela)*
[INGL.] dumplings
[ESP.] albondiguillas
[FR.] quenelles
[IT.] polpettine
[AL.] Klößchen; Knödel

3617. Quente *(temperatura)*
[INGL.] hot
[ESP.] caliente
[FR.] chaud
[IT.] caldo
[AL.] warm

3618. Querer
[INGL.] want, to
[ESP.] querer
[FR.] vouloir
[IT.] volere
[AL.] wünschen

3619. Quiabo
[INGL.] gumbo; okra
[ESP.] gombo; quimbombó
[FR.] okras
[IT.] gombo
[AL.] Gombo; Okra

— quiabo —

3620. Quiche de legumes
[INGL.] vegetable quiche
[ESP.] tarta de verduras
[FR.] quiche aux légumes
[IT.] quiche di verdure
[AL.] Gemüse-Quiche

3621. Quiche lorraine (torta com toucinho e creme de leite)
[INGL.] quiche lorraine (tart with bacon and cream)

Q

[ESP.] quiche lorraine (tarta con tocino y nata)
[FR.] quiche lorraine (tarte à la crème et au lard)
[IT.] quiche lorraine (torta con pancetta e panna)
[AL.] Quiche Lorraine (Lothringer Specktorte)

3622. **Quilo**
[INGL.] kilo
[ESP.] kilo
[FR.] kilo
[IT.] chilo
[AL.] Kilo

3623. **Quinoa**
[INGL.] quinoa (Inca rise)
[ESP.] quinoa; quinua
[FR.] quinoa (riz des incas)
[IT.] quinoa
[AL.] Quinoa; Reismelde

3624. **Quitanda**
[INGL.] greengrocer (seller of fresh fruits and vegetables)
[ESP.] verdulería
[FR.] marchand aux légumes; fruiterie
[IT.] alimentari
[AL.] Obst- und Gemüsegeschäft

3625. **Rã**
[INGL.] frog
[ESP.] rana
[FR.] grenouille
[IT.] rana
[AL.] Frosch

3626. **Rabanada**
[INGL.] French toast (U.S.)/ poor knights of Windsor (U.K.)
[ESP.] torrijas; torrejas
[FR.] pain perdu
[IT.] pan dorato
[AL.] Arme Ritter

3627. **Rabanete**
[INGL.] radish
[ESP.] rábano
[FR.] radis
[IT.] ravanello
[AL.] Radieschen

3628. **Rabanete preto**
[INGL.] black radish
[ESP.] rábano negro
[FR.] radis noir
[IT.] ravanello nero
[AL.] Schwarzrettich

3629. **Rabanete vermelho**
[INGL.] red radish
[ESP.] rábano rojo; rabanillo
[FR.] radis rose
[IT.] ravanello rosso
[AL.] Radies

3630. **Rabo**
[INGL.] tail
[ESP.] cola; rabo
[FR.] queue
[IT.] coda
[AL.] Schwanz

3631. **Rabo de cordeiro**
[INGL.] lamb tail
[ESP.] cola de cordero
[FR.] queue d'agneau
[IT.] coda d'agnello
[AL.] Lammschwanz

3632. **Rabo de porco**
[INGL.] pig tail
[ESP.] cola de cerdo
[FR.] queue de porc
[IT.] coda di maiale
[AL.] Schweineschwanz

3633. **Ração**
[INGL.] ration
[ESP.] rácion
[FR.] ration
[IT.] razione
[AL.] Ration

3634. **Rachado (copo, prato)**
[INGL.] chipped (glass, plate)
[ESP.] desportillado (vaso, plato)

R

[FR.] ébréchée (verre, assiette)
[IT.] scheggiato (bicchieri, piatto)
[AL.] angeschlagen (Glas, Teller)

3635. **Rachel (corações de alcachofra, recheados com tutano e molho bordelaise)**
[INGL.] Rachel (artichoke hearts with marrow and bordelaise sauce)
[ESP.] Rachel (fondos de alcachofas rellenos de tuétano y salsa bordelesa)
[FR.] Rachel (cœurs d'artichauts farcis à la moelle et sauce bordelaise)
[IT.] Rachel (cuori di carciofi ripieni di midollo e salsa bordolese)
[AL.] Rachel (Artischockenherzen mit Knochenmark und Bordeleser Sauce)

3636. **Racionar**
[INGL.] ration, to
[ESP.] racionar
[FR.] rationner
[IT.] razionare
[AL.] rationieren

3637. **Radicchio**
[INGL.] radicchio; red chicory
[ESP.] achicoria de Treviso
[FR.] trévise
[IT.] radicchio di Treviso
[AL.] Radicchio

3638. **Ragu**
[INGL.] ragout

[ESP.] estofado; ragú
[FR.] ragoût
[IT.] ragù
[AL.] Ragout

3639. **Raia** Ver ARRAIA

3640. **Raia-cravadora**
Ver RAIA-PREGO

3641. **Raia-gererera** (RS)
Ver RAIA-MANTEIGA

3642. **Raia-manteiga; Raia-gererera** (RS)
[INGL.] spiny butterfly ray
[ESP.] mantellina; vela italiana; vaca
[FR.] pastenague ailée; masca
[IT.] altavela
[AL.] breitflossiger Stechrochen

3643. **Raia-prego; Raia--cravadora**
[INGL.] Southern stingray
[ESP.] pastinaca; raya látigo americana
[FR.] pastenague
[IT.] pastinaca; trigono
[AL.] Schmetterlingrochen

3644. **Rainha-cláudia** (variedade de ameixa)
[INGL.] greengage
[ESP.] ciruela claudia
[FR.] reine-claude
[IT.] prugna regina claudia
[AL.] Renekloden

3645. **Raiz de aipo**
Ver AIPO-RÁBANO

3646. **Raiz-de-lótus**
[INGL.] lotus root

[ESP.] raíz de loto
[FR.] racine de lotus
[IT.] radice di loto
[AL.] Lotuswurzel

3647. **Raiz-forte**
[INGL.] horseradish
[ESP.] rábano picante
[FR.] raifort; cranson de Bretagne
[IT.] rafano; cren
[AL.] Meerrettich; Kren

3648. **Ralado**
[INGL.] grated
[ESP.] rallado
[FR.] râpé
[IT.] grattugiato
[AL.] gerieben

3649. **Ralador**
[INGL.] grater
[ESP.] rallador
[FR.] râpe
[IT.] grattugia
[AL.] Reibe

3650. **Ralar**
[INGL.] grate, to
[ESP.] rallar
[FR.] râper
[IT.] grattugiare
[AL.] reiben

3651. **Rambutão**
[INGL.] rambutan
[ESP.] rambután
[FR.] rambutan
[IT.] rambutan
[AL.] Rambutan

3652. **Ramekin** (recipiente refratário de cerâmica, porcelana ou vidro temperado)
[INGL.] ramekin
[ESP.] flanera individual

— 314 —

R

[FR.] ramequin
[IT.] ramequin; tartelleta
[AL.] Auflaufförmchen

3653. Ramen (massa fresca japonesa, feita de farinha de trigo, ovos e água)
[INGL.] ramen (fresh Japanese noodles made of all-purpose flour (U.S.)/plain flour (U.K.), egg, and water)
[ESP.] ramen (fideos frescos japoneses elaborados con harina de trigo, huevo y agua)
[FR.] ramen (nouilles fraîches japonaises faites de farine de blé, d'œuf et d'eau)
[IT.] ramen (pasta lunga giapponese preparata con farina di grano, uova ed acqua)
[AL.] Ramen (japanischen Nudeln aus Weizenmehl, Eiern und Wasser)

3654. Rançoso
[INGL.] rancid
[ESP.] rancio
[FR.] rance
[IT.] rancido
[AL.] ranzig

3655. Rápido
[INGL.] rapid
[ESP.] rápido
[FR.] rapide
[IT.] rapido
[AL.] rasch

3656. Raponço
Ver CAMPÂNULA

3657. Rapúncio
Ver CAMPÂNULA

3658. Raquete (corte de carne bovina)
[INGL.] top blade (U.S.)/oyster blade; blade (U.K.)
[ESP.] marucha; llata
[FR.] paleron; raquette (FR.)/haut de palette (CA.)
[IT.] copertina di spalla
[AL.] Schaufelstück

3659. Raro
[INGL.] unusual
[ESP.] raro
[FR.] rare
[IT.] raro
[AL.] selten

3660. Rascasso-vermelho (peixe) (PT)
[INGL.] red scorpion fish
[ESP.] escorpena; cabracho
[FR.] rascasse rouge
[IT.] scorfano rosso
[AL.] roter Drachenkopff

3661. Rasgar
[INGL.] tear, to
[ESP.] rasgar
[FR.] déchirer
[IT.] stracciare
[AL.] zerreissen

3662. Raso
[INGL.] even; level; plain
[ESP.] raso
[FR.] ras; plan
[IT.] raso
[AL.] flach

3663. Raspado
[INGL.] scraped
[ESP.] raspado
[FR.] raclé
[IT.] raschiato
[AL.] geriebt

3664. Raspador de limão
[INGL.] lemon zester
[ESP.] pelador de cítricos
[FR.] zesteur
[IT.] sbuccialimoni
[AL.] Zitronenschaber

3665. Raspar
[INGL.] scrape, to
[ESP.] raspar
[FR.] racler
[IT.] raschiare
[AL.] schaben; reiben

3666. Raspas de chocolate
[INGL.] chocolate shavings; chocolate curls
[ESP.] copos de chocolate
[FR.] éclats de chocolat
[IT.] scaglie di cioccolato
[AL.] Schokoladenraspel

3667. Ravigote, molho (pepinos em conserva, alcaparras, estragão, salsinha e vinagre)
[INGL.] ravigote sauce (gherkins, capers, tarragon, parsley, and vinegar)
[ESP.] salsa ravigote (pepinillos en vinagre, alcaparras, estragón, perejil y vinagre)
[FR.] sauce ravigote (cornichons, câpres, estragon, persil et vinaigre)
[IT.] salsa ravigote (cetriolini sottaceto, capperi, dragoncello, prezzemolo e aceto)
[AL.] Ravigote-Sauce (Cornichons, Kapern, Estragon, Petersilie und Essig)

R

3668. Ravióli de carne
[INGL.] meat ravioli
[ESP.] ravioli de carne
[FR.] ravioli de viande
[IT.] ravioli di carne
[AL.] Fleisch-Ravioli

3669. Ravióli (massa recheada, feita de massa fresca)
[INGL.] ravioli (stuffed pasta made from fresh pasta)
[ESP.] ravioli (pasta rellena elaborada con pasta fresca)
[FR.] ravioli (pâte farcie faite à partir de pâte fraiche)
[IT.] ravioli (pasta ripiena tradizionalmente preparata con pasta fresca)
[AL.] Ravioli (gefüllte Nudeln aus frischem Nudelteig)

3670. Reaquecer
Ver REQUENTAR

3671. Reaquecido
Ver REQUENTADO

3672. Rebeca (PT)
Ver VIOLA

3673. Receita
[INGL.] recipe
[ESP.] receta
[FR.] recette
[IT.] ricetta
[AL.] Rezept

3674. Receita tradicional
[INGL.] classic recipe
[ESP.] receta clásica
[FR.] recette classique
[IT.] ricetta classica
[AL.] traditionelle Rezept

3675. Réchaud
[INGL.] chafing dish
[ESP.] réchaud
[FR.] réchaud
[IT.] scaldapietanze
[AL.] Rechaud; Wärmplatte

3676. Recheado
[INGL.] stuffed; filled
[ESP.] relleno
[FR.] farci; étouffé
[IT.] farcito
[AL.] gefüllte

3677. Recheado com trufas
Ver TRUFADO

3678. Rechear
[INGL.] stuff, to; fill, to
[ESP.] rellenar
[FR.] farcir
[IT.] farcire
[AL.] füllen

3679. Rechear com trufas
Ver TRUFAR

3680. Recheio
[INGL.] filling (general and with cream, chocolate etc., for cakes); stuffing (with sausage, chestnuts etc., for meat vegetables etc.)
[ESP.] relleno
[FR.] farce (en général salée); garniture (en général sucrée)
[IT.] ripieno; farcia (composto per farcire)
[AL.] Farce (Fleisch- und Fischspeisen); Füllung (im allg)

3681. Recibo
[INGL.] receipt

[ESP.] recibo
[FR.] reçu
[IT.] ricevuta (ristorante); scontrino (bar)
[AL.] Quittung

3682. Reclamação
[INGL.] complaint
[ESP.] reclamación; queja
[FR.] réclamation
[IT.] reclamo; critica
[AL.] Beanstandung; Beschwerde

3683. Reclamar
[INGL.] complain, to
[ESP.] reclamar
[FR.] réclamer
[IT.] reclamare
[AL.] fordern; reklamieren; beanstanden

3684. Recoberto
[INGL.] coated
[ESP.] recubierto
[FR.] recouvert
[IT.] ricoperto
[AL.] zugedeckt

3685. Recobrir
[INGL.] coat, to
[ESP.] recubrir
[FR.] recouvrir
[IT.] ricoprire
[AL.] zudecken

3686. Recomendar
[INGL.] recommend, to
[ESP.] recomendar; aconsejar
[FR.] recommender; conseiller
[IT.] consigliare
[AL.] empfehlen

R

3687. Recortes de desossa
[INGL.] trimmings
[ESP.] recortes de troceo
[FR.] coupes de désossage
[IT.] ritagli di carne disossata
[AL.] Zerlegtes

3688. Recusar
[INGL.] refuse, to
[ESP.] recusar
[FR.] refuser
[IT.] rifiutare
[AL.] ablehnen

3689. Redenho Ver Coifa

3690. Redondo
[INGL.] round
[ESP.] redondo
[FR.] rond
[IT.] rotondo
[AL.] rund

3691. Reduzir
[INGL.] reduce, to
[ESP.] reducir
[FR.] réduire
[IT.] ridurre
[AL.] reduzieren

3692. Refeição Ver Comida

3693. Refeição rápida Ver Lanche

3694. Refinado
[INGL.] refined
[ESP.] refinado
[FR.] raffiné
[IT.] raffinato
[AL.] raffiniert

3695. Refinar
[INGL.] refine, to
[ESP.] refinar
[FR.] raffiner
[IT.] raffinare
[AL.] raffinieren

3696. Refrescante
[INGL.] refreshing
[ESP.] refrescante
[FR.] rafraîchissant
[IT.] rinfrescante
[AL.] erfrischend

3697. Refrescar
[INGL.] refresh, to
[ESP.] refrescar
[FR.] rafraîchir
[IT.] rinfrescare
[AL.] erfrischen

3698. Refresco de cidra
[INGL.] citron lemonade
[ESP.] cidrada
[FR.] eau de cédrat
[IT.] cedrata
[AL.] Cedrolimonengetränk

3699. Refrigerante
[INGL.] soft drink
[ESP.] refresco
[FR.] boisson non alcoolisée
[IT.] bibita analcolica
[AL.] Erfrischungsgetränk; Soft Drink

3700. Refrigerante à base de laranja
[INGL.] orangeade; orange soda
[ESP.] refresco de naranja
[FR.] orangeade
[IT.] aranciata
[AL.] Orangenlimonade

3701. Refrigerante à base de limão
[INGL.] lemonade; lemon soda
[ESP.] refresco de limón; limonada
[FR.] citronnade; limonade
[IT.] limonata
[AL.] Limonade

3702. Regado com vinho Ver Avinhado

3703. Regar *(com molho, gordura etc.)*
[INGL.] baste, to
[ESP.] enlardar
[FR.] arroser
[IT.] ungere
[AL.] begießen

3704. Régence, molho (vinho branco, cogumelos e trufas)
[INGL.] regency sauce (white wine, mushrooms, and truffles)
[ESP.] salsa regencia (vino blanco, setas y trufas)
[FR.] sauce régence (vin blanc, champignons et truffes)
[IT.] salsa reggenza (vino bianco, funghi e tartufi)
[AL.] Régence-Sauce (Weißwein, Pilze und Trüffeln)

3705. Régence (quenelles, cogumelos e trufas)
[INGL.] Regency (dumplings, mushrooms, and truffles)
[ESP.] Regencia (albondiguillas, setas y trufas)
[FR.] Régence (quenelles, champignons et truffes)
[IT.] Reggenza (polpettine, funghi e tartufi)

R

[AL.] Régence (Klößchen, Pilze und Trüffeln)

3706. **Regional** *Ver* LOCAL

3707. **Regra**
[INGL.] rule
[ESP.] regla
[FR.] règle; ordre
[IT.] norma
[AL.] Regel

3708. **Regular** *(tamanho)*
[INGL.] regular
[ESP.] regular
[FR.] régulier
[IT.] regolare
[AL.] regeln

3709. **Reine, à la (com galinha e molho suprême)**
[INGL.] queen style (with chicken and suprême sauce)
[ESP.] a la reina (con pollo y salsa suprema)
[FR.] à la reine (au poulet et sauce suprême)
[IT.] alla regina (con pollo e salsa suprema)
[AL.] Königin Art (mit Hähnchen und Suprême-Sauce)

3710. **Remontar**
[INGL.] lift up, to
[ESP.] remontar
[FR.] remonter
[IT.] rimontare
[AL.] remontieren

3711. **Rémoulade, molho (maionese com pepinos em conserva, alcaparras e mostarda)**
[INGL.] rémoulade sauce (mayonnaise with gherkins, capers, and mustard)
[ESP.] salsa remolada (mayonesa con pepinillos en vinagre, alcaparras y mostaza)
[FR.] sauce rémoulade (mayonnaise aux cornichons, câpres et moutarde)
[IT.] salsa rémoulade (maionese con cetriolini sottaceto, capperi e senape)
[AL.] Remouladen-Sauce (Mayonnaise mit Cornichons, Kapern und Senf)

3712. **Remover**
[INGL.] remove, to
[ESP.] quitar; sacar
[FR.] retirer; enlever
[IT.] togliere; levare
[AL.] entfernen; wegnehmen

3713. **Rena**
[INGL.] reindeer
[ESP.] reno
[FR.] renne
[IT.] renna
[AL.] Rentier

3714. **Renovar**
[INGL.] renew, to
[ESP.] renovar
[FR.] renouveler
[IT.] rinnovare
[AL.] emeuern; renovieren

3715. **Repartir**
[INGL.] split, to
[ESP.] repartir
[FR.] partager
[IT.] ripartire
[AL.] teilen

3716. **Repetir**
[INGL.] repeat, to
[ESP.] repetir
[FR.] répéter
[IT.] ripetere
[AL.] wiederholen

3717. **Repolho**
[INGL.] cabbage
[ESP.] col; repollo
[FR.] chou
[IT.] cavolo
[AL.] Kohl

3718. **Repolho-branco**
[INGL.] white cabbage
[ESP.] repollo
[FR.] chou blanc
[IT.] cavolo bianco; verza
[AL.] Weißkohl

3719. **Repolho-roxo**
[INGL.] red cabbage
[ESP.] col lombarda
[FR.] chou rouge
[IT.] cavolo rosso
[AL.] Rotkohl

3720. **Repolho-verde**
[INGL.] green cabbage
[ESP.] col verde
[FR.] chou vert
[IT.] cavolo verde
[AL.] grüner Weißkohl

3721. **Repor**
[INGL.] replace, to
[ESP.] reponer
[FR.] replacer
[IT.] rimpiazzare
[AL.] wiederhinlegen

R

3722. Requentado; Reaquecido
[INGL.] warmed up; reheated
[ESP.] recalentado
[FR.] réchauffé
[IT.] riscaldato
[AL.] aufgewärmt

3723. Requentar; Reaquecer
[INGL.] warm up, to; reheat, to
[ESP.] recalentar
[FR.] réchauffer
[IT.] riscaldare
[AL.] aufwärmen

3724. Reserva
[INGL.] reservation
[ESP.] reserva
[FR.] réservation
[IT.] prenotazione
[AL.] Reservierung

3725. Reservado
[INGL.] reserved
[ESP.] reservado
[FR.] réservé
[IT.] riservato
[AL.] reserviert

3726. Reservar
[INGL.] make a reservation, to
[ESP.] reservar
[FR.] réserver
[IT.] riservare
[AL.] reservieren

3727. Reservar (uma mesa)
[INGL.] make a reservation, to (U.S.)/book, to (a table) (U.K.)
[ESP.] reservar (una mesa)
[FR.] réserver (une table)
[IT.] riservare (un tavolo)
[AL.] reservieren (einen Tisch)

3728. Reserva telefônica
[INGL.] phone reservation
[ESP.] reserva telefónica
[FR.] réservation par téléphone
[IT.] prenotazione telefonica
[AL.] telefonische Reservierung

3729. Resfriado *(temperatura)*
[INGL.] cooled
[ESP.] enfriado
[FR.] refroidi
[IT.] raffreddato
[AL.] gekühlt

3730. Resfriar *(temperatura)*
[INGL.] chill, to
[ESP.] enfriar
[FR.] frapper
[IT.] raffreddare
[AL.] frappieren

3731. Resíduo
[INGL.] residue
[ESP.] residuo
[FR.] résidu
[IT.] residuo
[AL.] Reste

3732. Resistir
[INGL.] resist, to
[ESP.] resistir
[FR.] résister
[IT.] resistere
[AL.] ausdauern

3733. Ressaca
[INGL.] hangover
[ESP.] resaca
[FR.] gueule-de-bois
[IT.] sbornia
[AL.] Kater

3734. Restaurante
[INGL.] restaurant
[ESP.] restaurante
[FR.] restaurant
[IT.] ristorante
[AL.] Restaurant

3735. Restaurante ao ar livre
[INGL.] open-air restaurant
[ESP.] restaurante al aire libre
[FR.] restaurant en plein air
[IT.] ristorante all'aperto
[AL.] Restaurant im Freien

3736. Restaurante típico
[INGL.] traditional local restaurant
[ESP.] restaurante típico
[FR.] restaurant local traditionnel
[IT.] ristorante tipico
[AL.] traditionelles Gutbürgerliches

3737. Restaurante vegetariano
[INGL.] vegetarian restaurant
[ESP.] restaurante vegetariano
[FR.] restaurant végétarien
[IT.] ristorante vegetariano
[AL.] vegetarisches Restaurant

3738. Restos de comida
[INGL.] leftovers
[ESP.] restos; sobras
[FR.] restes
[IT.] avanzi
[AL.] Speciereste

3739. Retalhar
[INGL.] cut into small pieces, to; slash, to

R

[ESP.] retazar
[FR.] râper; couper en lanières
[IT.] ritagliare
[AL.] zerschneiden

3740. Retirar a gordura da carne
[INGL.] trim, to
[ESP.] quitar la grasa
[FR.] enlever le gras
[IT.] togliere il grasso
[AL.] Fett abschneiden

3741. Retirar as tripas
Ver ESTRIPAR

3742. Riche, à la (medalhão de fígado de ganso, trufas e fundos de alcachofra)
[INGL.] rich style (medallion of goose liver, truffles, and artichoke bottoms)
[ESP.] a la rica (medallón de hígado de ganso, trufas y fondos de alcachofas)
[FR.] à la riche (médaillon de foie d'oie, truffes et fonds d'artichauts)
[IT.] alla ricca (medaglione di fegato d'oca, tartufi e fondi di carciofi)
[AL.] nach reicher Art (Gänseleber--Medailon, Trüffeln und Artischockenböden)

3743. Richelieu (tomates recheados com cogumelos, alface braseada e batatas château ou batatas bolinha)
[INGL.] Richelieu (stuffed tomatoes with mushrooms, braised lettuce, and château potatoes or new potatoes)
[ESP.] Richelieu (tomates rellenos con setas, lechuga braseada y patatas castillo o patatas nuevas)
[FR.] Richelieu (tomates farcies aux champignons, laitue braisée et pommes de terre château ou pommes de terre nouvelles)
[IT.] Richelieu (pomodori ripieni di funghi, lattuga brasata e patate château o patatas nuevas)
[AL.] Richelieu (Tomaten mit Pilze, braisierte Salat und Schlosskartoffeln oder neue Kartoffeln)

3744. Riche, molho (molho Normande, manteiga de lagosta, conhaque e pimenta-caiena)
[INGL.] rich sauce (Normande sauce, lobster butter, cognac, and Cayenne pepper)
[ESP.] a la rica (salsa normanda, mantequilla de langosta, coñac y pimienta de Cayenna)
[FR.] sauce riche (sauce normande, beurre de homard, cognac et piment de Cayenne)
[IT.] alla ricca (salsa normanda, burro di aragosta, cognac e pepe di Caienna)
[AL.] Reicher-Sauce (normannische Sauce; Hummer Butter, Cognac und Cayenne-Pfeffer)

3745. Rico em fibras
[INGL.] high in fiber
[ESP.] con mucha fibra
[FR.] riche en fibre
[IT.] ricco di fibre
[AL.] ballaststoffreiches

3746. Ricota (queijo de textura cremosa, feito do soro do leite ou com leite de vaca desnatado)
[INGL.] ricotta cheese (creamy texture, made from whey or non-fat cow milk)
[ESP.] ricotta (queso cremoso, elaborado con suero de leche o con leche de vaca desnatada)
[FR.] ricotta (fromage à pâte tendre, élaboré avec du petit-lait ou avec du lait de vache écrémé)
[IT.] ricotta (formaggio morbido, prodotto con il siero del latte o con latte vaccino scremato)
[AL.] Ricotta (frischkäse aus Molke oder entrahmte Kuhmilch, mit weiche Konsistenz)

3747. Rigatoni (massa em forma de tubos grandes, ocos e canelados)
[INGL.] rigatoni (pasta shaped into big, hollow, and ridged tubes)
[ESP.] rigatoni (pasta hueca en forma de tubos grandes)
[FR.] rigatoni (pâtes en gros tubes creux et striés)
[IT.] rigatoni (pasta di forma tubolare di grandi dimensioni)
[AL.] Rigatoni (dicke, geriffelte Hohlnudeln)

R

3748. **Rim**
[INGL.] kidney
[ESP.] riñon
[FR.] rognon
[IT.] rognone
[AL.] Niere

3749. **Rins de cordeiro**
[INGL.] lamb kidneys
[ESP.] riñones de cordero
[FR.] rognons d'agneau
[IT.] rognoni d'agnello
[AL.] Lammnieren

3750. **Rins de cordeiro Turbigo (guarnecido com cogumelos e chipolata)**
[INGL.] lamb kidneys Turbigo (garnished with mushrooms and chipolata)
[ESP.] riñones de cordero a la Turbigo (aderezado con setas y chipolata)
[FR.] rognons d'agneau Turbigo (garni de champignons et chipolata)
[IT.] rognoni d'agnello alla Turbigo (guarnito di funghi e chipolata)
[AL.] Lammnieren Turbigo (mit Pilze und Chipolata)

3751. **Rins de porco**
[INGL.] pig kidneys
[ESP.] riñones de cerdo
[FR.] rognons de porc
[IT.] rognoni di maiale
[AL.] Schweinenieren

3752. **Rins de vitela**
[INGL.] veal kidneys
[ESP.] riñones de ternera
[FR.] rognons de veau
[IT.] rognoni di vitello
[AL.] Kalbsnieren

3753. **Risoni (massa em forma de grãos de arroz)**
[INGL.] risoni (rice grains-shaped)
[ESP.] risoni (pasta en forma de granos de arroz)
[FR.] risoni (en forme de grains de riz)
[IT.] risoni (piccolo formato di pasta a chicco di riso)
[AL.] Risoni (Nudeln in Form von Reiskörnern)

3754. **Risoto com frutos do mar**
[INGL.] risotto with seafood
[ESP.] risotto con mariscos
[FR.] risotto aux fruits de mer
[IT.] risotto ai frutti di mare
[AL.] Risotto mit Meeresfrüchten

3755. **Rissoles**
[INGL.] rissoles
[ESP.] risoles
[FR.] rissoles
[IT.] rissoles
[AL.] Rissoles

3756. **Robalo; Camorim**
[INGL.] sea bass
[ESP.] lubina; robalo
[FR.] bar; loup de mer
[IT.] branzino; spigola
[AL.] Seebarsch

3757. **Robert, molho (cebola, mostarda e vinho branco)**
[INGL.] Robert sauce (onion, mustard, and white wine)
[ESP.] salsa Robert (cebolla, mostaza y vino blanco)
[FR.] sauce Robert (oignon, moutarde et vin blanc)
[IT.] salsa Roberto (cipolla, senape e vino bianco)
[AL.] Robert-Sauce (Zwiebel, Senf und Weißwein)

3758. **Rob Roy (coquetel feito de uísque, vermute tinto e Angostura®)**
[INGL.] Rob Roy (cocktail made with whisky, sweet vermouth, and Angostura®)
[ESP.] Rob Roy (cóctel con whisky, vermut rojo y Angostura®)
[FR.] Rob Roy (cocktail de whisky, vermouth rouge et Angostura®)
[IT.] Rob Roy (cocktail fatto con whisky, vermouth rosso e Angostura®)
[AL.] Rob Roy (Cocktail mit Whisky, roter Wermut und Angostura®)

3759. **Rocambole**
[INGL.] jelly roll (U.S.)/ Swiss roll (U.K.)
[ESP.] brazo de gitano
[FR.] gâteau roulé
[IT.] dolce arrotolato
[AL.] Biskuitrolle

3760. **Rodela de limão**
[INGL.] lemon slice
[ESP.] rodaja de limón
[FR.] rondelle de citron
[IT.] fetta di limone
[AL.] Zitronenscheibe

3761. **Rodovalho** *(peixe)* (PT)
[INGL.] brill
[ESP.] rémol
[FR.] barbue
[IT.] rombo liscio
[AL.] Glattbutt

R

3762. Rohan, à la (corações de alcachofras, fatias de foie gras e lâminas de trufa, e tartelettes, recheados com rins de galinha e molho suprême)
[INGL.] Rohan style (artichoke hearts, slices of foie gras and truffles, tarts (U.S.)/tartlets (U.K.) with chicken kidneys and suprême sauce)
[ESP.] a la Rohan (fondos de alcachofas, tajadas de hígado graso de ganso, laminillas de trufa, tartaletas a los riñones de ave y salsa suprema)
[FR.] à la Rohan (cœurs d'artichauts, tranches de foie gras et lamelles de truffe, tartelettes aux rognons de volaille et sauce suprême)
[IT.] alla Rohan (cuori di carciofi, fettine di fegato grasso d'oca e lamelle di tartufo, tortine ripiene di rignone di pollo e salsa suprema)
[AL.] Rohan Art (Artischockenherzen, Gänseleber- und Trüffelscheiben, Törtchen mit Geflügelnierchen und Suprême-Sauce)

3763. Rolinhos de presunto
[INGL.] ham rolls
[ESP.] enrollados de jamón
[FR.] rouleaux de jambon
[IT.] cornetti di prosciutto
[AL.] Schinkenröllchen

3764. Rollmops (filés de arenque enroladinhos)
[INGL.] rollmops (filets of herring)
[ESP.] rollmops (filetes de arenque)
[FR.] rollmops (filets de hareng)
[IT.] rollmops (filetti di aringa)
[AL.] Rollmops (Heringsfilets)

— rollmops —

3765. Rolo de macarrão
Ver ROLO DE PASTEL

3766. Rolo de papel
[INGL.] roll of paper
[ESP.] rollo de papel
[FR.] rouleau de papier
[IT.] rotolo di carta
[AL.] Papierrolle

3767. Rolo de pastel; Rolo de macarrão
[INGL.] rolling pin
[ESP.] rodillo
[FR.] rouleau à pâtisserie
[IT.] mattarello
[AL.] Nudelholz

3768. Romã
[INGL.] pomegranate
[ESP.] granada
[FR.] grenade
[IT.] melagrana
[AL.] Granatapfel

3769. Romana, à (tomate, mozarela e anchovas)
[INGL.] Roman style (tomato, mozzarella, and anchovies)
[ESP.] a la romana (tomate, mozzarella y anchoas)
[FR.] à la romaine (tomate, mozzarelle et anchois)
[IT.] alla romana (pomodoro, mozzarella e acciughe)
[AL.] nach römischer Art (Tomaten, Mozzarella und Sardellen)

3770. Romanov (pepinos recheados, batatas duquesa recheadas com cogumelos, salsão e molho de raiz-forte)
[INGL.] Romanov (stuffed cucumbers, duchess potatoes with mushrooms, celery, and horseradish sauce)
[ESP.] Romanov (pepinos rellenos, patatas a la duquesa a las setas, apio y salsa de rábano picante)
[FR.] Romanov (concombres farcis, pommes de terre duchesse aux champignons, céleri et sauce au raifort)
[IT.] Romanov (cetrioli farciti, patate alla duchessa con ripieno di funghi, sedano e salsa al rafano)

R

[AL.] Romanov (gefüllte Gurken, Herzogin--Kartoffeln mit Pilze, Sellerie und Meerrettichsauce)

3771. **Romper**
[INGL.] break, to
[ESP.] trocear
[FR.] briser
[IT.] spezzare
[AL.] zerbrechen

3772. **Roquefort (queijo francês, de crosta úmida, feito com leite de ovelha não pasteurizado)**
[INGL.] Roquefort (French cheese, damp crust, made from unpasteurized sheep milk)
[ESP.] Roquefort (queso francés, crosta húmeda, elaborado con leche cruda de oveja)
[FR.] Roquefort (fromage français, croûte humide, à base de lait de brebis cru)
[IT.] Roquefort (formaggio francese, crosta umida, preparato con latte di pecora crudo)
[AL.] Roquefort (unpasteurisierter, Schafsmilchkäse mit feuchte Rinde)

3773. **Rosa-canina; Roseira--brava**
[INGL.] rosehip
[ESP.] agavanzo; escaramujo
[FR.] églantine
[IT.] rosa canina
[AL.] Hagebutte

3774. **Rosbife**
[INGL.] roast beef
[ESP.] rosbif
[FR.] rosbif
[IT.] rosbif; arrosto di manzo
[AL.] Rinderbraten; Roastbeef

3775. **Roseira-brava**
Ver ROSA-CANINA

3776. **Rosé, molho (creme de leite, maionese, ketchup e molho inglês)**
[INGL.] golf sauce (cream, mayonnaise, ketchup (U.S.)/ tomato sauce (U.K.), and Worcestershire sauce)
[ESP.] salsa rosa (nata, mayonesa, ketchup y salsa inglesa)
[FR.] sauce rosé (crème, mayonnaise, ketchup et sauce anglaise)
[IT.] salsa rosa (panna, maionese, ketchup e salsa Worcester)
[AL.] Rose-Sauce (Sahne, Mayonnaise, Ketchup und Worcester-Sauce)

3777. **Rosmaninho**
Ver ALECRIM

3778. **Rosmarinho**
Ver ALECRIM

3779. **Rotelle (massa em forma de roda)**
[INGL.] rotelle (wheel--shaped pasta)
[ESP.] rotelle; ruedas (pasta en forma de ruedas)
[FR.] rotelle (pâtes en forme de roue)
[IT.] ruote (pasta a forma di ruota)
[AL.] Rotelle (Nudeln in Radform)

3780. **Rótulo; Etiqueta**
[INGL.] label
[ESP.] etiqueta
[FR.] étiquette
[IT.] etichetta
[AL.] Etikett

3781. **Roupa de cozinha**
[INGL.] cook wear
[ESP.] ropa de cocina
[FR.] vêtement de cuisine
[IT.] indumenti da cucina
[AL.] Küchenkleidung

3782. **Roux (mistura de farinha de trigo cozida na manteiga)**
[INGL.] roux (mixture of all--purpose flour (U.S.)/plain flour (U.K.) and butter)
[ESP.] salsa rubia (harina de trigo rehogada en mantequilla)
[FR.] roux (mélange de farine de blé et beurre)
[IT.] roux (farina di grano rosolata nel burro)
[AL.] Mehlschwitze (Mischung aus Weizenmehl und Butter)

3783. **Royale, à la (ostras, trufas, cogumelos e quenelles de peixe)**
[INGL.] royal style (oysters, truffles, mushrooms, and fish dumplings)
[ESP.] a la real (ostras, trufas, setas y albondiguillas de pescado)

R

[FR.] à la royale (huîtres, truffes, champignons et quenelles de poisson)
[IT.] alla reale (ostriche, tartufi, funghi e polpettine di pesce)
[AL.] nach königlicher (Austern, Trüffeln, Pilze und Fischklößchen)

3784. Rúcula
[INGL.] arugula; Italian cress; rugula; rucola; rocket
[ESP.] oruga; rucola; arugula; roquette
[FR.] roquette
[IT.] rucola; ruchetta
[AL.] Rucola

3785. Ruibarbo
[INGL.] rhubarb
[ESP.] ruibarbo
[FR.] rhubarbe
[IT.] rabarbaro
[AL.] Rhabarber

3786. Ruivaca *(peixe)* (PT)
[INGL.] roach
[ESP.] bermejuela; pardilla
[FR.] gardon
[IT.] leucisco; triotto
[AL.] Plötze

3787. Rum (destilado de cana-de-açúcar)
[INGL.] rum (sugar-cane distillate)
[ESP.] ron (destilado de caña de azúcar)
[FR.] rhum (eau-de-vie de canne à sucre)
[IT.] rum (distillato di canna da zucchero)
[AL.] Rum (Destillat aus Zuckerrohr)

3788. Russe, à la (com beterraba)
[INGL.] Russian style (with beet (U.S.)/beetroot (U.K.))
[ESP.] a la rusa (con remolacha)
[FR.] à la russe (à la betterave)
[IT.] alla russa (con barbabietola)
[AL.] nach russischer Art (mit Rote Beete)

3789. Rusty Nail (coquetel feito de uísque e Drambuie®)
[INGL.] Rusty Nail (cocktail made with whisky and Drambuie®)
[ESP.] Rusty Nail (cóctel con whisky y Drambuie®)
[FR.] Rusty Nail (cocktail de whisky et Drambuie®)
[IT.] Rusty Nail (cocktail fatto con whisky e Drambuie®)
[AL.] Rusty Nail (Cocktail mit Whisky und Drambuie®)

3790. Rutabaga
Ver COUVE-NABO

S

3791. Sabão
[INGL.] soap
[ESP.] jabón
[FR.] savon
[IT.] sapone
[AL.] Seife

3792. Sablés *(bolinhos franceses)*
[INGL.] butter cookies (U.S.)/ butter biscuits (U.K.)
[ESP.] bollitos de pastaflora
[FR.] sablés
[IT.] frollini
[AL.] Mürbeteigplätzchen

3793. Saboga (PT)
Ver Savelha

3794. Sabor; Gosto
[INGL.] flavor; flavour; taste
[ESP.] sabor; gusto
[FR.] saveur; goût
[IT.] sapore; gusto
[AL.] Geschmack

3795. Saborear
[INGL.] flavor, to; flavour, to; taste, to
[ESP.] saborear
[FR.] savourer
[IT.] assaporare
[AL.] genießen

3796. Saboroso
Ver Gostoso

3797. Sabugueiro
[INGL.] elderberry
[ESP.] saúco
[FR.] sureau
[IT.] sambuco
[AL.] Holunder

3798. Sacarina
[INGL.] saccharine
[ESP.] sacarina
[FR.] saccharine
[IT.] saccarina
[AL.] Saccharin

3799. Saca-rolhas
[INGL.] corkscrew
[ESP.] sacacorchos
[FR.] tire-bouchon
[IT.] cavatappi; cavaturaccioli
[AL.] Korkenzieher

3800. Sacarose Ver Açúcar de cana-de-açúcar

3801. Sachê
[INGL.] sachet
[ESP.] bolsita
[FR.] sachet
[IT.] bustina
[AL.] Beutel

3802. Saciado *(com comida)*
[INGL.] satiated
[ESP.] harto
[FR.] rassasié

S

[IT.] sazio
[AL.] gesättigt

3803. Saciar *(a fome)*
[INGL.] satiate, to
[ESP.] hartar
[FR.] rassasier
[IT.] saziare
[AL.] sättigen

3804. Saco de confeiteiro
[INGL.] pastry bag; decorating bag; piping bag
[ESP.] manga pastelera
[FR.] poche à douille; poche à décoration
[IT.] tasca per dolci; sacchetto decoratore
[AL.] Spritzbeutel

3805. Sacola
[INGL.] bag
[ESP.] bolsa
[FR.] sac
[IT.] borsa
[AL.] Tüte

3806. Safra *(de vinho)*
[INGL.] vintage; harvest; year
[ESP.] añada; año
[FR.] millésime; année
[IT.] millesimo; annata
[AL.] Jahrgang; Jahr

3807. Sagu
[INGL.] sago
[ESP.] sagú
[FR.] sagou
[IT.] sagù
[AL.] Sago

3808. Saint-German (com ervilhas ou ervilhas-tortas)
[INGL.] Saint-German (with green peas or snow peas (U.S.)/mange-tout (U.K.))
[ESP.] Saint-German (con guisantes o tirabeque)
[FR.] Saint-Germain (aux petits pois ou pois mange-tout)
[IT.] Saint-German (con piselli o taccole)
[AL.] Saint-German (mit Erbsen oder Mangetout--Erbsen)

3809. Saint-Mandé (ervilhas, vagens e batatas Macaire)
[INGL.] Saint-Mandé (green peas, green beans (U.S.)/French beans (U.K.), and Macaire potatoes)
[ESP.] Saint-Mandé (guisantes, judías verdes y patatas Macaire)
[FR.] Saint-Mandé (petits pois, haricots verts et pommes de terre Macaire)
[IT.] Saint-Mandé (piselli, fagiolini e patate Macaire)
[AL.] Saint-Mandé (Erbsen, Fisolen und Macaire--Kartoffeln)

3810. Saint-Marcellin (queijo francês, feito com leite não pasteurizado de cabra ou de vaca)
[INGL.] Saint-Marcellin (French cheese, made from unpasteurized goat or cow milk)
[ESP.] Saint-Marcellin (queso francés, elaborado con leche de cabra o de vaca sin pasteurizar)
[FR.] Saint-Marcellin (fromage français, à base de lait de chèvre ou de vache cru)
[IT.] Saint-Marcellin (formaggio francese, prodotto con latte di capra o vaccino crudo)
[AL.] St. Marcellin (französischer Käse aus unpasteurisierter Ziegen- oder Kuhmilch)

3811. Saint-Nectaire (queijo francês, gorduroso, feito de leite de vaca não pasteurizado)
[INGL.] Saint-Nectaire (French cheese, full-fat, made from unpasteurized cow milk)
[ESP.] Saint-Nectaire (queso francés, graso, elaborado con leche de vaca sin pasteurizar)
[FR.] Saint-Nectaire (fromage français, pâte onctueuse, à base de lait de vache cru)
[IT.] Saint-Nectaire (formaggio francese, grasso, preparato con latte vaccino crudo)
[AL.] St. Nectaire (vollfette französischer unpasteurisierter Kuhmilch-Käse)

3812. Saint-Pierre *(peixe)*
[INGL.] John Dory; St. Peter's fish
[ESP.] pez de San Pedro
[FR.] dorée Saint-Pierre
[IT.] pesce San Pietro; dorata
[AL.] Petersfisch

S

3813. **Sal**
[INGL.] salt
[ESP.] sal
[FR.] sel
[IT.] sale
[AL.] Salz

3814. **Salada Bagration (corações de alcachofra, salsão e macarrão)**
[INGL.] Bagration salad (artichoke hearts, celery, and noodles)
[ESP.] ensalada Bangration (fondos de alcachofas, apio y pasta)
[FR.] salade Bagration (cœurs d'artichauts, celery et pâtes)
[IT.] insalata Bangration (cuori di carciofi, sedano e pasta)
[AL.] Bagrationsalat (Artischokenherzen, Sellerie und Makkaroni)

3815. **Salada Carmen (pimenta-vermelha, peito de frango, ervilhas e arroz)**
[INGL.] Carmen salad (red pepper, chicken breast, green peas, and rice)
[ESP.] ensalada Carmen (chile, pechuga de pollo, guisantes y arroz)
[FR.] salade Carmen (poivron rouge, blanc de poule, petits pois et riz)
[IT.] insalata Carmen (peperoncino, petto di pollo, piselli e riso)
[AL.] Carmen-Salat (rote Pfeffer, Hühnerbrust, Erbsen und Reis)

3816. **Salada da estação**
[INGL.] seasonal salad
[ESP.] ensalada del tiempo
[FR.] salade de saison
[IT.] insalata di stagione
[AL.] Salat der Saison

3817. **Salada de acelga**
[INGL.] chard salad
[ESP.] ensalada de acelga
[FR.] salade de bette
[IT.] insalata di bietola
[AL.] Mangoldsalat

3818. **Salada de agrião**
[INGL.] watercress salad
[ESP.] ensalada de berro
[FR.] salade de cresson
[IT.] insalata di crescione
[AL.] Brunnenkressesalat

3819. **Salada de alface**
[INGL.] lettuce salad
[ESP.] ensalada de lechuga
[FR.] salade de laitue
[IT.] insalata di lattuga
[AL.] Kopfsalat

3820. **Salada de alface e tomate**
[INGL.] lettuce and tomato salad
[ESP.] ensalada de lechuga y tomate
[FR.] salade de laitue et tomate
[IT.] insalata di lattuga e pomodoro
[AL.] Tomaten-Kopfsalat

3821. **Salada de alface--romana**
[INGL.] romaine lettuce salad (U.S.)/cos lettuce salad (U.K.)
[ESP.] ensalada de lechuga romana
[FR.] salade romaine
[IT.] insalata di lattuga romana
[AL.] Romana-Salat

3822. **Salada de aspargos**
[INGL.] asparagus salad
[ESP.] ensalada de espárragos
[FR.] salade d'asperges
[IT.] insalata di asparagi
[AL.] Spargelsalat

3823. **Salada de batata**
[INGL.] potato salad
[ESP.] ensalada de patatas
[FR.] salade de pommes de terre
[IT.] insalata di patate
[AL.] Kartoffelsalat

3824. **Salada de beterraba**
[INGL.] beet salad (U.S.)/beetroot salad (U.K.)
[ESP.] ensalada de remolacha
[FR.] salade de betterave
[IT.] insalata di barbabietola
[AL.] Rote Beete Salat

3825. **Salada de camarões**
[INGL.] shrimp salad (U.S.)/prawn salad (U.K.)
[ESP.] ensalada de camarones
[FR.] salade de crevettes
[IT.] insalata di gamberetti
[AL.] Garnelen-Salat

3826. **Salada de couve-flor**
[INGL.] cauliflower salad
[ESP.] ensalada de coliflor
[FR.] salade de chou-fleur
[IT.] insalata di cavolfiore
[AL.] Blumenkohlsalat

3827. **Salada de endívia**
[INGL.] Belgian endive salad (U.S.)/chicory salad (U.K.)

S

[ESP.] ensalada de endivia de Bruselas
[FR.] salade d'endive
[IT.] insalata d'indivia belga
[AL.] Chicoréesalat

3828. **Salada de escarola**
[INGL.] escarole salad
[ESP.] ensalada de escarola
[FR.] salade d'escarole
[IT.] insalata di scarola
[AL.] glatte Endiviesalat

3829. **Salada de frango**
[INGL.] chicken salad
[ESP.] ensalada de pollo
[FR.] salade de poulet
[IT.] insalata di pollo
[AL.] Geflügelsalat

3830. **Salada de frutas**
[INGL.] fruit salad
[ESP.] ensalada de frutas; macedonia de frutas
[FR.] macédoine de fruits; salade de fruits
[IT.] macedonia di frutta
[AL.] Obstsalat

3831. **Salada de frutos do mar**
[INGL.] seafood salad
[ESP.] ensalada de mariscos
[FR.] salade de fruits de mer
[IT.] insalata di mare
[AL.] Meeresfrüchte-Salat

3832. **Salada de pepino**
[INGL.] cucumber salad
[ESP.] ensalada de pepino
[FR.] salade de concombre
[IT.] insalata di cetriolo
[AL.] Gurkensalat

3833. **Salada de pepino e tomate**
[INGL.] cucumber and tomato salad
[ESP.] ensalada de pepino y tomate
[FR.] salade de concombre et tomate
[IT.] insalata di cetriolo e pomodoro
[AL.] Gurken-Tomaten-Salat

3834. **Salada de repolho-roxo**
[INGL.] red cabbage salad
[ESP.] ensalada de lombarda
[FR.] salade de chou rouge
[IT.] insalata di cavolo rosso
[AL.] Rotkohlsalat

3835. **Salada de rúcula**
[INGL.] arugula salad
[ESP.] ensalada de oruga
[FR.] salade de roquette
[IT.] insalata di rucola
[AL.] Rucolasalat

3836. **Salada de tomate**
[INGL.] tomato salad
[ESP.] ensalada de tomate
[FR.] salade de tomate
[IT.] insalata di pomodoro
[AL.] Tomatensalat

3837. **Salada Doria (salsão, trufas brancas, pontas de aspargos, beterraba e vinagrete)**
[INGL.] Doria salad (celery, white truffles, asparagus tips, beet (U.S.)/beetroot (U.K.) and vinaigrette)
[ESP.] ensalada Doria (apio, trufas blancas, puntas de espárragos, remolacha y vinagreta)
[FR.] salade Doria (céleri, truffes blanches, pointes d'asperges, betterave et vinaigrette)
[IT.] insalata Doria (sedano, tartufi bianchi, punte di asparagi, barbabietola e vinaigrette)
[AL.] Doria-Salat (Sellerie, weisse Trüffeln, Spargelspitzen, Rote Beete und Vinaigrette)

3838. **Salada Francillon (batatas, mexilhões, salsão e trufas)**
[INGL.] Francillon salad (potatoes, mussels, celery, and truffles)
[ESP.] ensalada Francillon (patatas, mejillones, apio y trufas)
[FR.] salade Francillon (pommes de terre, moules, céleri et truffes)
[IT.] insalata Francillon (patate, cozze, sedano e tartufi)
[AL.] Francillon-Salat (Kartoffeln, Muscheln, Sellerie und Trüffeln)

3839. **Salada mista**
[INGL.] mixed salad
[ESP.] ensalada mixta
[FR.] salade mixte
[IT.] insalata mista
[AL.] gemischter Salat

3840. **Salada multicolorida**
[INGL.] multicoloured salad
[ESP.] ensalada multicolor
[FR.] salade multicolore
[IT.] insalata multicolore
[AL.] bunter Salat

S

3841. **Salada niçoise (tomates, batatas, alcaparras, azeitonas pretas, anchovas e ovos cozidos)**
[INGL.] Niçoise salad (tomatoes, potatoes, capers, black olives, anchovies, and hard boiled eggs)
[ESP.] ensalada nizarda (tomates, patatas, alcaparras, aceitunas negras, anchoas y huevos duros)
[FR.] salade niçoise (tomates, pommes de terre, câpres, olives noires, anchois et œufs durs)
[IT.] insalata nizzarda (pomodori, patate, capperi, olive nere, acciughe e uova sode)
[AL.] Nizza-Salat (Tomaten, Kartoffeln, Kapern, schwarze Oliven, Sardellen und hartgekocht Eier)

3842. **Salada Ninon (alface e laranja)**
[INGL.] Ninon salad (lettuce and orange)
[ESP.] ensalada Ninon (lechuga y naranja)
[FR.] salade Ninon (laitue et orange)
[IT.] insalata Ninon (lattuga e arancia)
[AL.] Ninon-Salat (Kopfsalat und Orange)

3843. **Salada Rachel (salsão, batatas, fundos de alcachofra, pontas de aspargos e maionese)**
[INGL.] Rachel salad (celery, potatoes, artichoke bottoms, asparagus tips, and mayonnaise)
[ESP.] ensalada Rachel (apio, patatas, fondos de alcachofas, puntas de espárragos y mayonesa)
[FR.] salade Rachel (céleri, pommes de terre, fonds d'artichauts, pointes d'asperges et mayonaise)
[IT.] insalata Rachel (sedano, patate, fondi di carciofi, punte di asparagi e maionese)
[AL.] Rachel-Salat (Sellerie, Kartoffeln, Artischockenböden, Spargelspitzen und Mayonnaise)

3844. **Salada russa (macedônia de legumes com maionese)**
[INGL.] Russian salad (mixed vegetable salad dressed with mayonnaise)
[ESP.] ensalada rusa (macedonia de verduras aderezada con mayonesa)
[FR.] salade russe (macédoine de légumes liée à la mayonnaise)
[IT.] insalata russa (macedonia di verdure legata con maionese)
[AL.] russischer Salat (Germüsesalat mit Mayonnaise angemacht)

3845. **Salada verde**
[INGL.] green salad
[ESP.] ensalada verde
[FR.] salade verte
[IT.] insalata verde
[AL.] grüner Salat

3846. **Salada Waldorf (maçãs, salsão e nozes)**
[INGL.] Waldorf salad (apples, celery, and walnuts)
[ESP.] ensalada Waldorf (manzanas, apio y nueces)
[FR.] salade Waldorf (pommes, céleri et noix)
[IT.] insalata Waldorf (mele, sedano e noci)
[AL.] Waldorf-Salat (Äpfel, Sellerie und Walnüsse)

3847. **Saladeira**
[INGL.] salad bowl
[ESP.] ensaladera
[FR.] saladier
[IT.] insalatiera
[AL.] Salatschüssel

3848. **Sala de jantar**
[INGL.] dining room
[ESP.] comedor
[FR.] salle à manger
[IT.] sala da pranzo
[AL.] Eßzimmer

3849. **Salak** *Ver* FRUTA-COBRA

3850. **Salamandra**
[INGL.] salamander
[ESP.] salamandra
[FR.] salamandre
[IT.] salamandra
[AL.] Salamander

3851. **Salame (embutido italiano, feito com carne de porco e/ou boi)**
[INGL.] salami (Italian salami made from pork and/or beef)
[ESP.] salami (salchichón italiano elaborado con carne de cerdo y/o vacuno)

S

[FR.] salami (saucisson italien, à base de porc et/ou de bœuf)
[IT.] salame (insaccato a base di carne di maiale e/o manzo)
[AL.] Salami (italienische Salami aus Schweine- und/oder Rinderfleisch)

3852. **Salame italiano (feito de carne de porco e/ou boi e pimenta-vermelha)**
[INGL.] Italian salami (made from pork and/or beef and red pepper)
[ESP.] salami italiano (elaborado con carne de cerdo y/o vacuno y chile)
[FR.] salami italien (à base de porc e/ou de bœuf et poivre rouge)
[IT.] salame al pepe rosso (a base di carne di maiale e/o di manzo e peperoncino)
[AL.] italienische Salami (aus Schweine- und/oder Rindfleisch und roter Pfeffer)

3853. **Salame milano (feito de carne de porco e/ou boi, alho, grãos de pimenta e vinho branco)**
[INGL.] Milano salami (made with pork and/or beef, garlic, peppercorns, and white wine)
[ESP.] salami milano (elaborado con carne de cerdo y/o vacuno, ajo, granos de pimienta y vino blanco)
[FR.] milano (salami à base de porc e/ou de bœuf, ail, poivre en grains et vin blanc)
[IT.] salame milano (preparato con carne di maiale e/o manzo, aglio, grani di pepe e vino bianco)
[AL.] mailänder Salami (aus Schweine- und/oder Rindfleisch, Knoublauch, Pfefferkörnerm und Weißwein)

3854. **Salão de chá**
[INGL.] tearoom
[ESP.] salón de té
[FR.] salon de thé
[IT.] sala da tè
[AL.] Teestube

3855. **Sal de aipo**
[INGL.] celery salt
[ESP.] sal de apio
[FR.] sel de céleri
[IT.] sale al sedano
[AL.] Selleriesalz

3856. **Sal de alho**
[INGL.] garlic salt
[ESP.] sal de ajo
[FR.] sel d'ail
[IT.] sale aromatizzato all'aglio
[AL.] Knoblauchsalz

3857. **Sal de cebola**
[INGL.] onion salt
[ESP.] sal de cebolla
[FR.] sel d'oignon
[IT.] sale aromatizzato alla cipolla
[AL.] Zwiebelsalz

3858. **Sal de cozinha**
[INGL.] kitchen salt
[ESP.] sal de mesa
[FR.] sel de cuisine
[IT.] sale grosso da cucina
[AL.] Haushaltssalz

3859. **Saleiro**
[INGL.] salt shaker (U.S.)/saltcellar (U.K.)
[ESP.] salero
[FR.] salière
[IT.] saliera
[AL.] Salzstreuer

3860. **Salers; Cantal (queijo francês, de textura cremosa, feito de leite de vaca não pasteurizado)**
[INGL.] Salers; Cantal (French cheese, creamy texture, made from unpasteurized cow milk)
[ESP.] Salers; Cantal (queso francés, textura semiblanda, elaborado con leche de vaca sin pasteurizar)
[FR.] Salers; Cantal (fromage français, texture crémeuse, au lait de vache cru)
[IT.] Salers; Cantal (formaggio francese, pasta semidura, preparato con latte vaccino crudo)
[AL.] Salers; Cantal (französischer Käse aus unpasteurisierter Kuhmilch)

3861. **Salgadinhos**
Ver PETISCOS

3862. **Salgado** *(adj.)*
[INGL.] salty
[ESP.] salado
[FR.] salé
[IT.] salato
[AL.] salzig

3863. **Salgar**
[INGL.] salt, to
[ESP.] salar
[FR.] saler

S

[IT.] salare
[AL.] salzen

3864. Sal grosso
[INGL.] rock (coarse) salt
[ESP.] sal gruesa
[FR.] gros sel
[IT.] sale grosso
[AL.] grobes Salz

3865. Salicórnia; Funcho--do-mar
[INGL.] salicornia; glasswort; sea bean; marsh samphire
[ESP.] salicornia
[FR.] salicorne; corne à sel
[IT.] salicornia di palude
[AL.] Queller

3866. Salitre
[INGL.] saltpeter (U.S.)/salpetre (U.K.)
[ESP.] salitre
[FR.] salpêtre
[IT.] salnitro
[AL.] Salpeter

3867. Sal kosher
[INGL.] kosher salt
[ESP.] sal kosher
[FR.] sel cacher
[IT.] sale kosher
[AL.] Koshersalz

3868. Salmão
[INGL.] salmon
[ESP.] salmón
[FR.] saumon
[IT.] salmone
[AL.] Lachs

3869. Salmão defumado
[INGL.] lox (U.S.); smoked salmon
[ESP.] salmón ahumado
[FR.] saumon fumé
[IT.] salmone affumicato
[AL.] Räucherlachs

3870. Sal marinho
[INGL.] sea salt; bay salt
[ESP.] sal marina
[FR.] sel marin
[IT.] sale marino
[AL.] Meersalz

3871. Salmi (guisado de carne de caça)
[INGL.] salmi (stew of game birds)
[ESP.] salmis; salmorejo (guisado de caza)
[FR.] salmis (ragoût de gibier)
[IT.] salmi (stufato di selvaggina)
[AL.] Salmi (Wildragout)

3872. Salmoura
[INGL.] brine
[ESP.] salmuera
[FR.] saumure
[IT.] salamoia
[AL.] Salzlake

3873. Salpicar (açúcar, sal, farinha etc.) Ver POLVILHAR

3874. Salpicar (líquidos)
[INGL.] sprinkle, to
[ESP.] rociar
[FR.] asperger
[IT.] spruzzare
[AL.] sprenkeln; sprengen

3875. Salsa-de-hamburgo
[INGL.] Hamburg parsley
[ESP.] perejil Hamburgo
[FR.] persil aux racines de Navet
[IT.] prezzemolo di Amburgo
[AL.] Hamburger Petersilie

3876. Salsa-napolitana
[INGL.] Napolitan parsley
[ESP.] perejil napolitano
[FR.] persil de Naples
[IT.] prezzemolo napoletano
[AL.] italienische Petersilie

3877. Salsão Ver AIPO

3878. Salsão do mar
[INGL.] seakale
[ESP.] col de mar
[FR.] crambe; chou marin
[IT.] sedano di mare
[AL.] Meerkohl; Seekohl

3879. Salsicha
[INGL.] sausage; banger (U.K.)
[ESP.] salchicha
[FR.] saucisse
[IT.] wurstel
[AL.] Wurst

3880. Salsicha de javali com maçã
[INGL.] wild boar and apple sausage
[ESP.] salchicha de jabalí y manzana
[FR.] saucisse de sanglier aux pommes
[IT.] salsiccia di cinghiale con mele
[AL.] Wildschweinwürste mit Apfel

3881. Salsicha de porco
[INGL.] pork sausage
[ESP.] salchicha de cerdo
[FR.] saucisse de porc
[IT.] salsiccia di maiale
[AL.] Schweinwurste

3882. Salsicha de veado
[INGL.] venison sausage

S

[ESP.] salchicha de ciervo
[FR.] saucisse de venaison
[IT.] salsiccia di cervo
[AL.] Rehwurst

3883. Salsicha feita com pequenos pedaços de carne da cabeça do porco
[INGL.] head cheese (U.S.)/brawn (U.K.)
[ESP.] embutido de cabeza de cerdo
[FR.] fromage de tête
[IT.] coppa di testa
[AL.] Schweinskopf-Presssack

3884. Salsicha Frankfurt; Salsicha para cachorro-quente
[INGL.] Frankfurter
[ESP.] salchicha de Frankfurt
[FR.] saucisse de Frankfurt
[IT.] wurstel
[AL.] dicke Frankfurter

3885. Salsicha Lop Cheong Ver SALSICHA LOP CHONG

3886. Salsicha Lop Chong; Salsicha Lop Cheong (curada, feita de carne de porco)
[INGL.] lop shong sausage; lop cheong sausage (cured, made from pork)
[ESP.] salchicha lop cheong (salchicha curada, elaborada con carne de cerdo)
[FR.] saucisse lop chong (salée, à base de porc)
[IT.] salsiccia lop chong (affumicate, a base di carne di maiale)

[AL.] Lop Cheong (gepökeltes aus Schweinnefleisch)

3887. Salsicha para cachorro-quente Ver SALSICHA FRANKFURT

3888. Salsicha vienense
[INGL.] Vienna sausage
[ESP.] salchicha de Viena
[FR.] saucisse de Vienne
[IT.] salsiccia di Vienna
[AL.] Wienerwurst

3889. Salsifi Ver CERCEFI--BRANCA

3890. Salsinha
[INGL.] parsley
[ESP.] perejil
[FR.] persil
[IT.] prezzemolo
[AL.] Petersilie

3891. Salsinha crespa
[INGL.] curly parsley
[ESP.] perejil rizado
[FR.] persil frisé
[IT.] prezzemolo riccio
[AL.] krause Petersilie

3892. Salsinha lisa
[INGL.] Italian parsley (U.S.)/flat-leaf; continental parsley (U.K.); parsley
[ESP.] perejil liso
[FR.] persil plat
[IT.] prezzemolo comune; prezzemolo piatto
[AL.] glatte Petersilie; italienische Petersilie

3893. Salsinha, molho de
[INGL.] parsley sauce
[ESP.] salsa de perejil

[FR.] sauce persil
[IT.] salsa al prezzemolo
[AL.] Petersiliensauce

3894. Salteado
[INGL.] sautéed
[ESP.] salteado
[FR.] sauté
[IT.] saltato
[AL.] sautiert

3895. Saltear Ver FRITAR RAPIDAMENTE

3896. Saltimbocca (escalopinhos de vitela, presunto e sálvia)
[INGL.] saltimbocca (veal escalope with ham and sage)
[ESP.] saltimbocca (escalopes de ternera con jamón y salvia)
[FR.] saltimbocca (escalope de veau au jambon et sauge)
[IT.] saltimbocca (scaloppine di vitello con prosciutto e salvia)
[AL.] Saltimbocca (Kabsschnitzel mit Schinken und Salbei)

3897. Salvelino *(peixe)* (PT.)
[INGL.] char (fish)
[ESP.] salvelino
[FR.] omble
[IT.] salmerino
[AL.] Saibling

3898. Sálvia
[INGL.] sage
[ESP.] salvia
[FR.] sauge
[IT.] salvia
[AL.] Salbei; Echter; Salbei; Edelsalbei

S

3899. Sambal Oelek (pimenta, açúcar mascavo e sal)
[INGL.] sambal oelek (pepper, brown sugar, and salt)
[ESP.] sambal oelek (pimienta, azúcar moreno y sal)
[FR.] sambal oelek (poivre, sucre roux et sel)
[IT.] sambal oelek (pepe, zucchero bruno e sale)
[AL.] Sambal Oelek (Pfeffer, hellbrauner Zucker und Salz)

3900. Sanduíche
[INGL.] sandwich; butty (U.K.)
[ESP.] emparedado; sándwich; bocadillo
[FR.] sandwich
[IT.] panino; sandwich; tramezzino
[AL.] Sandwich

3901. Sanduíche de carne
[INGL.] meat sandwich
[ESP.] emparedado de carne
[FR.] sandwich de viande
[IT.] panino con la carne
[AL.] Fleischbrot

3902. Sanduíche de presunto
[INGL.] ham sandwich
[ESP.] emparedado de jamón
[FR.] sandwich au jambon
[IT.] panino al prosciutto
[AL.] Schinkenbrot

3903. Sanduíche de queijo
[INGL.] cheese sandwich
[ESP.] emparedado de queso
[FR.] sandwich au fromage
[IT.] panino al formaggio
[AL.] Käsebrot

3904. Sanduíche duplo
[INGL.] double sandwich
[ESP.] emparedado doble
[FR.] club sandwich
[IT.] panino doppio
[AL.] Doppeldecker

3905. Sangria (vinho tinto, frutas e açúcar)
[INGL.] sangria (red wine, fruits, and sugar)
[ESP.] sangría (vino tinto, frutas y azúcar)
[FR.] sangria (vin rouge, fruits et sucre)
[IT.] sangria (vino rosso, frutta e zucchero)
[AL.] Sangria (Rotwein, Früchte und Zucker)

3906. Sangue
[INGL.] blood
[ESP.] sangre
[FR.] sang
[IT.] sangue
[AL.] Blut

3907. Sanguissorba; Pimpinela-da-itália
[INGL.] burnet
[ESP.] pimpinela
[FR.] pimpenelle
[IT.] pimpinella
[AL.] Pimpinelle

3908. Sansho em pó *(tempero japonês)*
[INGL.] sansho powder
[ESP.] sansho en polvo
[FR.] sansho en poudre
[IT.] polvere di sansho
[AL.] Sanscho-Pfeffer; japanischer Pfeffer

3909. Sapateira *(caranguejo)* (PT)
[INGL.] edible crab
[ESP.] buey
[FR.] torteau
[IT.] granciporro
[AL.] Taschenkrebs

3910. Sapota-preta
[INGL.] sapote; chocolate pudding fruit
[ESP.] sapote
[FR.] sapote
[IT.] diospiro; frutto del budino al cioccolato
[AL.] Sapote

3911. Sapoti
[INGL.] sapodilla
[ESP.] sapodilla; zapote
[FR.] sapotille; nèfle d'Amérique
[IT.] sapodilla
[AL.] Sapodilla

3912. Saquê
[INGL.] sake
[ESP.] sake
[FR.] saké
[IT.] sake
[AL.] Sake

3913. Saquinho de chá
[INGL.] tea bag
[ESP.] té en bolsitas

— sapoti —

S

[FR.] thé en sachets
[IT.] tè in bustine
[AL.] Teebeutel

3914. **Sarão** (RJ)
Ver MANGANGÁ

3915. **Sarde, à la (croquetes de arroz, cogumelos, pepino e tomates recheados)**
[INGL.] Sardinian style (rice croquettes, mushrooms, cucumber, and stuffed tomatoes)
[ESP.] a la sarda (croquetas de arroz, setas, pepino y tomates rellenos)
[FR.] à la sarde (croquettes de riz, champignons, concombre et tomates farcis)
[IT.] alla sarda (crocchette di riso, funghi, cetriolo e pomodori ripieni)
[AL.] nach sardischer Art (Reiskroketten, Pilze, Gurke und Tomaten gefüllte)

3916. **Sardinha**
[INGL.] sardine
[ESP.] sardina
[FR.] sardine
[IT.] sardina
[AL.] Sardine

3917. **Sardinha-europeia**
[INGL.] pilchard
[ESP.] sardina
[FR.] pilchard
[IT.] sardina
[AL.] Pilchard

3918. **Sardinhas no azeite**
[INGL.] sardines in olive oil
[ESP.] sardinas en aceite
[FR.] sardines à l'huile
[IT.] sardine sott'olio
[AL.] Sardinen in Öl

3919. **Sardinha-verdadeira; Charuto** (SC); **Maromba** (ES, RJ)
[INGL.] Brazilian sardinella; sardine
[ESP.] sardinela brasileña
[FR.] sardinelle brésilienne
[IT.] sardinella brasiliana
[AL.] brasilianisch Sardinellen

3920. **Sassafrás; Canela-sassafrás**
[INGL.] sassafras
[ESP.] sasafrás
[FR.] sassafras
[IT.] sassafrasso
[AL.] Fenchelholzbaum

3921. **Satay, molho (leite de coco, curry, amendoim e açúcar)**
[INGL.] satay sauce (coconut milk, curry, peanut, and sugar)
[ESP.] salsa satay (leche de coco, curry, cacahuete y azúcar)
[FR.] sauce satay (lait de coco, cari, cacahuète et sucre)
[IT.] salsa per satay (latte di cocco, curry, arachide e zucchero)
[AL.] Saté-Sauce (Kokosmilch, Curry, Erdnuß und Zucker)

3922. **Saudável**
[INGL.] healthy
[ESP.] sano
[FR.] sain
[IT.] salutare
[AL.] gesund

3923. **Saúde** *(expressão usada para brindar)*
[INGL.] cheers
[ESP.] salud
[FR.] santé; tchin-tchin
[IT.] salute; cin-cin
[AL.] Prost; Prosit

3924. **Sauerbraten (carne marinada no vinagre, antes de ser assada)**
[INGL.] sauerbraten (braised beef marinated in vinegar)
[ESP.] sauerbraten (estofado de vaca con vinagre)
[FR.] bœuf braisé à l'aigre (bœuf mariné au vinaigre et braisé)
[IT.] manzo brasato all'agro (manzo marinato nell' aceto e brasato)
[AL.] Sauerbraten (Fleisch im Essig merinert bevor zu backen)

3925. **Savarin (bolo francês em forma de anel)**
[INGL.] savarin (French cake in shape of ring)
[ESP.] savarin (bolo francés en forma de anillo)
[FR.] savarin (gâteau français en forme de l'anneau)
[IT.] savarin (ciambella francese)
[AL.] Savarin (französisch Ringkuchen)

3926. **Sável** *(peixe)* (PT)
[INGL.] shad
[ESP.] sábalo
[FR.] alose
[IT.] alosa
[AL.] Alse

S

3927. **Savelha** *(peixe)* (PT); **Saboga** (PT)
[INGL.] shad; twaite shad
[ESP.] saboga
[FR.] alose feinte
[IT.] cheppia
[AL.] Finte

3928. **Schlachtplatte (linguiças, carne de porco cozida e chucrute)**
[INGL.] schlachtplatte (sausages, boiled pork meat, and sauerkraut)
[ESP.] schlachtplatte (salchichas, carne de cerdo cocida y chucruta)
[FR.] schlachtplatte (saucisses, viande de porc cuite et choucroute)
[IT.] schlachtplatte (salsicce, carne di maiale lessa e crauti)
[AL.] Schlachtplatte (Würste, Wellfleisch und Sauerkraut)

3929. **Schmierwurst**
Ver METTWURST

3930. **Schnapps (aguardente de cereais)**
[INGL.] schnapps (cereal distillate)
[ESP.] schnapps (aguardiente de cereales)
[FR.] schnapps (eau-de-vie de céréales)
[IT.] schnapps (distillato di cereali)
[AL.] Schnapps (Kornbranntwein)

3931. **Scone (pãozinho de soda escocês)**
[INGL.] scone (Scottish bread)
[ESP.] scone (bollito escocés)
[FR.] scone (petit pain écossais)
[IT.] scone (piccolo pane scozzese)
[AL.] Scone (brötchenartiges Teegebäck)

3932. **Sebo** *(gordura animal)*
[INGL.] suet
[ESP.] grasa de riñonada
[FR.] graisse de rognon de bœuf
[IT.] grasso di rognone
[AL.] Rindertalg

3933. **Secar**
[INGL.] dry, to
[ESP.] secar
[FR.] sécher
[IT.] asciugare
[AL.] trocknen

3934. **Seco**
[INGL.] dry
[ESP.] seco
[FR.] sec
[IT.] secco
[AL.] trocken

3935. **Seco ao sol**
[INGL.] sun-dried
[ESP.] secado al sol
[FR.] séché au soleil
[IT.] essicato al sole
[AL.] an der Sonne getrocknet

3936. **Sede**
[INGL.] thirst
[ESP.] sed
[FR.] soif
[IT.] sete
[AL.] Durst

3937. **Sedimento** *(vinho)*
Ver BORRA

3938. **Segurelha**
[INGL.] savory
[ESP.] ajedrea; sojulida
[FR.] sarriette; savourée
[IT.] santoreggia; santo
[AL.] Bohnekraut

3939. **Seladora**
[INGL.] bag sealer
[ESP.] sellador de bolsas
[FR.] soude-sac
[IT.] sigillasacchetti
[AL.] Folienschweißgerät

3940. **Seleção**
[INGL.] selection
[ESP.] selección
[FR.] sélection
[IT.] selezione
[AL.] Auswahl

3941. **Seleção de queijos**
[INGL.] choice of cheese
[ESP.] selección de quesos
[FR.] assortiment de fromages
[IT.] assortimento di formaggi
[AL.] Käseauswahl

3942. **Selecionar**
[INGL.] select, to
[ESP.] seleccionar
[FR.] sélectionner
[IT.] selezionare
[AL.] auswählen

3943. **Self-service**
[INGL.] self-service
[ESP.] selfservice; autoservicio

S

[FR.] libre-service; self--service
[IT.] self-service
[AL.] Selbstbedienung

3944. Sem açúcar
[INGL.] sugar-free; no sugar
[ESP.] sin azúcar
[FR.] sans sucre
[IT.] senza zucchero
[AL.] zuckerfreies

3945. Sem agrotóxico
[INGL.] not sprayed
[ESP.] sin tratar; no tratado
[FR.] non traités
[IT.] non trattato
[AL.] ungespritzt

3946. Sem álcool
[INGL.] alcohol-free; no alcohol
[ESP.] sin alcohol
[FR.] sans alcool
[IT.] analcolico
[AL.] alkoholfrei

3947. Sem cafeína
[INGL.] caffeine-free; no caffeine
[ESP.] sin cafeína
[FR.] sans caféine
[IT.] senza caffeina
[AL.] koffeinfrei

3948. Sem conservantes
[INGL.] without preservatives
[ESP.] sin preservativos
[FR.] sans conservateurs
[IT.] senza preservativi
[AL.] Konservierungsmittel

3949. Sêmen de peixe ou ovas de peixe macho
[INGL.] soft roe; white roe
[ESP.] lechecillas de pescado
[FR.] laitance
[IT.] latte di pesce
[AL.] Fischmilch

3950. Sementes de abóbora
[INGL.] pumpkin seeds
[ESP.] semillas de calabaza
[FR.] graines de potiron
[IT.] semi di zucca
[AL.] Kürbiskerne

3951. Sementes de aipo
[INGL.] celery seeds
[ESP.] semillas de apio
[FR.] graines de céleri
[IT.] semi di sedano
[AL.] Selleriesamen

3952. Sementes de dill
Ver SEMENTES DE ENDRO

3953. Sementes de endro; Sementes de dill
[INGL.] dill seeds
[ESP.] semillas de eneldo
[FR.] graines d'aneth
[IT.] semi di anice
[AL.] Dillsaat

3954. Sementes de faia (espécie de árvore)
[INGL.] beech nuts
[ESP.] hayuco
[FR.] faînes
[IT.] semi di faggio; faggiole
[AL.] Bucheckern

3955. Sementes de funcho
[INGL.] fennel seeds
[ESP.] semillas de hinojo
[FR.] graines de fenouil
[IT.] semi di finocchio
[AL.] Fenchelsaat

3956. Sementes de gergelim
[INGL.] sesame seeds
[ESP.] semillas de sésamo
[FR.] graines de sésame
[IT.] semi di sesamo
[AL.] Sesamkörner

3957. Sementes de girassol
[INGL.] sunflower seeds
[ESP.] semillas de girasol
[FR.] graines de tournesol
[IT.] semi di girasole
[AL.] Sonnenblumenkerne

3958. Sementes de mostarda
[INGL.] mustard seeds
[ESP.] semillas de mostaza
[FR.] graines de moutarde
[IT.] semi di senape
[AL.] Senfkerne

3959. Sementes de papoula
[INGL.] poppy seeds
[ESP.] semillas de amapola; adormidera
[FR.] graines de pavot
[IT.] semi di papavero
[AL.] Mohnkerne

3960. Sementes secas de vários legumes (feijões, ervilhas e lentilhas)
[INGL.] pulses (beans, green peas, and lentils)
[ESP.] legumbres (judías, guisantes y lentejas)
[FR.] légumineuses (haricots, petits pois et lentilles)
[IT.] legumi (fagioli, piselli, lenticchie)
[AL.] Hülsenfrüchte (Bohnen, Erbsen, Linsen)

S

3961. **Sem espinhas**
[INGL.] boned
[ESP.] sin espinas
[FR.] sans arêtes
[IT.] spinato
[AL.] entgrätet

3962. **Sem glúten**
[INGL.] gluten-free
[ESP.] sin gluten
[FR.] sans gluten
[IT.] senza glutine
[AL.] glutenfrei

3963. **Sem gordura**
[INGL.] fat-free
[ESP.] sin grasa
[FR.] sans gras
[IT.] senza grassi
[AL.] ohne Fett; fettfrei

3964. **Semisseco**
[INGL.] semi-dry
[ESP.] semi-seco
[FR.] demi-sec
[IT.] semisecco
[AL.] halbtrocken

3965. **Sem leite**
[INGL.] without milk
[ESP.] sin leche
[FR.] sans lait
[IT.] senza latte
[AL.] ohne Milch

3966. **Sem manteiga**
[INGL.] without butter
[ESP.] sin mantequilla
[FR.] sans beurre
[IT.] senza burro
[AL.] ohne Butter

3967. **Sem molho**
[INGL.] no sauce
[ESP.] sin salsa
[FR.] pas de sauce
[IT.] senza sugo
[AL.] ohne Sauce

3968. **Semolina**
[INGL.] semolina
[ESP.] sémola
[FR.] semoule
[IT.] semolino
[AL.] Grieß

3969. **Sem pele**
[INGL.] skinless
[ESP.] sin piel
[FR.] sans la peau
[IT.] senza pelle
[AL.] ohne Fell

3970. **Sem sabor**
[INGL.] flavorless; tasteless
[ESP.] sin sabor
[FR.] sans saveur
[IT.] senza sapore
[AL.] ohne Geschmack

3971. **Sem sal**
[INGL.] salt-free; no salt
[ESP.] sin sal
[FR.] sans sel
[IT.] senza sale
[AL.] ohne Salz

3972. **Senhor**
[INGL.] Mister; Sir
[ESP.] Señor
[FR.] Monsieur
[IT.] Signore
[AL.] Herr

3973. **Senhora**
[INGL.] Mistress; Lady
[ESP.] Señora
[FR.] Madame
[IT.] Signora
[AL.] Frau

3974. **Separador de gema de ovo**
[INGL.] egg separator
[ESP.] separador de yema y clara
[FR.] séparateur d'œuf
[IT.] separatuorlo
[AL.] Eiertrenner

3975. **Separar**
[INGL.] separate, to
[ESP.] separar
[FR.] séparer
[IT.] separare
[AL.] trennen

3976. **Sépia; Siba**
[INGL.] cuttlefish
[ESP.] sepia
[FR.] seiche
[IT.] seppia
[AL.] Sepia; Sepie

3977. **Ser suficiente**
Ver BASTAR

3978. **Sereia** (PT) *Ver* PAMPO

3979. **Sernambiguara; Arababéu** (BA)**; Pampo** (PE)
[INGL.] permit
[ESP.] pámpano palometa
[FR.] pampaneau plume
[IT.] permit atlantico
[AL.] Gabelmakrele

3980. **Serpil** *Ver* SERPILHO

3981. **Serpilho; Serpil; Falso-tomilho**
[INGL.] wild thyme
[ESP.] serpol
[FR.] serpolet
[IT.] serpillo
[AL.] Feldthymian

S

3982. Serralha; Chicória-brava
[INGL.] thistle (U.S.) /sow thistle (U.K.)
[ESP.] cerraja
[FR.] laiteron
[IT.] cicerbita
[AL.] Milchlattich

3983. Serra *(peixe)*
[INGL.] Atlantic bonito (U.S.)/belted bonito (U.K.)
[ESP.] bonito del Atlántico
[FR.] pélamide; maquereau bonite
[IT.] palamita
[AL.] Bonito

3984. Serviço; Atendimento
[INGL.] service
[ESP.] servicio; atención
[FR.] service
[IT.] servizio
[AL.] Bedienung

3985. Serviço de buffet
[INGL.] catering
[ESP.] buffet libre
[FR.] buffet
[IT.] servizio di buffè
[AL.] Buffet-service

3986. Serviço de quarto
[INGL.] room service
[ESP.] servicio en habitación
[FR.] service à l'étage
[IT.] servizio in camera
[AL.] Einbrenne

3987. Serviço incluído
[INGL.] service included
[ESP.] servicio incluido
[FR.] service compris
[IT.] servizio compreso
[AL.] Bedienung inbegriffen

3988. Serviço não incluso
[INGL.] service not included
[ESP.] servicio no incluido
[FR.] service non compris
[IT.] servizio non compreso
[AL.] Bedienung nicht inbegriffen

3989. Servido
[INGL.] served
[ESP.] servido
[FR.] servi
[IT.] servito
[AL.] serviert

3990. Servir
[INGL.] serve, to
[ESP.] servir
[FR.] servir
[IT.] servire
[AL.] servieren

3991. Sésamo *Ver* GERGELIM

3992. Shandy (mistura de cerveja com refrigerante à base de limão ou ginger ale)
[INGL.] shandy (beer with lemonade or ginger ale)
[ESP.] shandy (cerveza con refresco de limón o ginger ale)
[FR.] shandy (bière avec citronnade ou ginger ale)
[IT.] shandy; bicicletta (birra con limonata o ginger ale)
[AL.] Shandy (Radler)

3993. Shepherd's pie (torta de carne moída, coberta com purê de batata)
[INGL.] shepherd's pie (ground meat (U.S.)/minced meat (U.K.) topped with mashed potatoes)
[ESP.] pastel del pastor (carne molida cubierta de puré de patatas y gratinada)
[FR.] hachis Parmentier (gratin de viande hachée et de purée de pommes de terre)
[IT.] pasticcio del pastore (gratin di carne macinata e patate passate)
[AL.] Hirtenpastete (Hackfleisch auf Kartoffelpüree)

3994. Shiitake
[INGL.] shiitake mushroom; forest mushroom
[ESP.] seta shitake
[FR.] shiitake
[IT.] shitake
[AL.] Shiitake

3995. Shimeji
[INGL.] shimeji mushroom; oyster mushroom
[ESP.] seta shimeji
[FR.] shimeji
[IT.] shimeji
[AL.] Shimeji

3996. Shimeji branco
[INGL.] oyster mushrooms
[ESP.] pleurotas en forma de ostra
[FR.] pleurotes
[IT.] funghi geloni
[AL.] Austernseitlinge

3997. Shirley Temple (coquetel feito de ginger ale e grenadine)

S

[INGL.] Shirley Temple (cocktail made with ginger ale and grenadine)
[ESP.] Shirley Temple (cóctel con ginger ale y granadina)
[FR.] Shirley Temple (cocktail de ginger ale et grenadine)
[IT.] Shirley Temple (cocktail fatto con ginger ale e granatina)
[AL.] Shirley Temple (Cocktail mit Ginger Ale und Grenadine)

3998. **Shortening** *(gordura vegetal)*
[INGL.] shortening (U.S.)/ white fat (U.K.)
[ESP.] shortening
[FR.] shortening
[IT.] shortening
[AL.] Shortening; Pflanzenfett

3999. **Siba** *Ver* Sépia

4000. **Siciliana, à** *(timbale e croquetes de batata)*
[INGL.] Sicilian style (rice timbale and potato croquettes)
[ESP.] a la siciliana (timbal de arroz y croquetas de patatas)
[FR.] à la sicilienne (timbale de riz et croquettes de pommes de terre)
[IT.] alla siciliana (timballi di riso e crocchette di patate)
[AL.] nach sizilianischer Art (Reis-Pastete und Kartoffelkroketten)

4001. **Sidecar** *(coquetel feito de conhaque, Cointreau® e suco de limão)*
[INGL.] Sidecar (cocktail made with cognac, Cointreau®, and lemon juice)
[ESP.] Sidecar (cóctel con coñac, Cointreau® y zumo de limón)
[FR.] Sidecar (cocktail de cognac, Cointreau® et jus de citron)
[IT.] Sidecar (cocktail fatto con cognac, Cointreau® e succo di limone)
[AL.] Sidecar (Cocktail mit Cognac, Cointreau® und Zitronensaft)

4002. **Sidra** *(bebida fermentada, elaborada a partir do suco de maçã)*
[INGL.] hard cider; apple cider (U.S.)/cider (U.K.)
[ESP.] sidra (vino de manzana)
[FR.] cidre (vin de pomme)
[IT.] sidro (vino di mele)
[AL.] Cidre (Apfelwein)

4003. **Sidra de pera**
[INGL.] perry; pear cider
[ESP.] sidra de pera
[FR.] cidre de poire
[IT.] sidro di pere
[AL.] Birnenmost

4004. **Sifão**
[INGL.] siphon
[ESP.] sifón
[FR.] siphon
[IT.] sifone
[AL.] Siphon

4005. **Silêncio**
[INGL.] silence
[ESP.] silencio
[FR.] silence
[IT.] silenzio
[AL.] Ruhe

4006. **Silencioso**
[INGL.] silent
[ESP.] silencioso
[FR.] silencieux
[IT.] silenzioso
[AL.] ruhig

4007. **Singapore Sling** *(coquetel feito de gim, licor de cereja, suco de limão e club soda)*
[INGL.] Singapore Sling (cocktail made with gin, cherry liqueur, lemon juice, and club soda)
[ESP.] Singapore Sling (cóctel con ginebra, licor de cereza, zumo de limón y agua carbonatada)
[FR.] Singapore Sling (cocktail de gin, liqueur de cerise, jus de citron et eau gazeuse)
[IT.] Singapore Sling (cocktail fatto con gin, liquore di ciliegia, succo di limone e acqua gassata)
[AL.] Singapore Sling (Cocktail mit Gin, Kirschlikör, Zitronensaft und Sodawasser)

4008. **Sioba** (ES) *Ver* Cioba

4009. **Siri** *Ver* Caranguejo

4010. **Sirva-se**
[INGL.] help yourself
[ESP.] sírvase usted

S

[FR.] servez-vous
[IT.] si serva
[AL.] bedienen Sie sich

4011. Smitane, molho (cebolas, manteiga, creme de leite azedo e limão)
[INGL.] smitane sauce (onions, butter, sour cream (U.S.)/soured cream (U.K.), and lemon)
[ESP.] salsa smitane (cebollas, mantequilla, nata ácida y limón)
[FR.] sauce smitane (oignons, beurre, crème aigre et citron)
[IT.] salsa smitane (cipolle, burro, panna acida e limone)
[AL.] Smitane Sauce (Zwiebeln, Butter, saurer Sahne und Zitrone)

4012. Snoubar Ver PINOLI

4013. Soba (massa oriental feita de farinha de trigo e trigo-sarraceno)
[INGL.] soba (Asian noodles made of all-purpose flour (U.S.)/plain flour (U.K.) and buckwheat flour)
[ESP.] fideos de trigo sarraceno; soba (fideos japoneses elaborados con harina de trigo y harina de trigo sarraceno)
[FR.] soba (nouilles asiatiques faites de farine de blé et de farine de sarrasin)
[IT.] soba (tagliatelli asiatiche preparate con farina di grano e farina di grano saraceno)
[AL.] Soba-Nudeln (asiatische Nudeln aus Weizen- und Buchweizenmehl)

4014. Sobrar
[INGL.] be in excess, to
[ESP.] sobrar
[FR.] excéder; rester
[IT.] avanzare
[AL.] überragen

4015. Sobrecoxa de frango
[INGL.] chicken thigh
[ESP.] contra muslo dc pollo
[FR.] hanche de poulet
[IT.] sovracoscia di pollo
[AL.] Hähnchenkeule

4016. Sobremesa
[INGL.] dessert (U.S.)/afters; pudding (U.K.)
[ESP.] postres
[FR.] dessert
[IT.] dolci
[AL.] Desert

4017. Soda
[INGL.] soda
[ESP.] soda
[FR.] soda
[IT.] soda
[AL.] Soda

4018. Soja
[INGL.] soybean (U.S.) / soya bean (U.K.)
[ESP.] soja
[FR.] soja
[IT.] soia
[AL.] Soja

4019. Soja, molho de
[INGL.] soy sauce
[ESP.] salsa de soja
[FR.] sauce de soja
[IT.] salsa di soia
[AL.] Sojasauce

4020. Solha-dos-mares--do-norte *(peixe)* **(PT)**
[INGL.] yellowtail flounder
[ESP.] limanda
[FR.] limande
[IT.] limanda
[AL.] Scharbe

4021. Solha-legítima *(peixe)* **(PT)**
[INGL.] plaice
[ESP.] solla europea
[FR.] plie; carrelet
[IT.] passera; passera di mare
[AL.] Scholle; Goldbutt

4022. Solha-limão *(peixe)* **(PT)**
[INGL.] lemon sole
[ESP.] mendo limón
[FR.] limande sole
[IT.] sogliola limanda
[AL.] Limande

4023. Solha *(peixe)* **(PT)**
[INGL.] flounder
[ESP.] platija
[FR.] flet
[IT.] passera pianuzza
[AL.] Scholle; Flunder

4024. Solúvel
[INGL.] soluble
[ESP.] soluble
[FR.] soluble
[IT.] solubile
[AL.] wasserlöslich

4025. Somen (massa japonesa muito fina, feita de farinha de trigo)

S

[INGL.] somen (very thin Japanese all-purpose flour (U.S.)/plain flour (U.K.) noodles)
[ESP.] somen (fideos japoneses extrafinos elaborados con harina de trigo)
[FR.] somen (nouilles de blé japonaises très fines)
[IT.] somen (pasta giapponese più sottile preparata con farina di grano)
[AL.] Somen-Nudeln (dünne japanische Nudeln aus Weizenmehl)

4026. Sopa
[INGL.] soup
[ESP.] sopa
[FR.] potage; soupe
[IT.] minestra; zuppa
[AL.] Suppe

4027. Sopa avgolemono (caldo de galinha, arroz, ovos batidos e suco de limão)
[INGL.] avgolemono soup (chicken stock (U.S.)/white stock (U.K.), rice, beaten eggs, and lemon juice)
[ESP.] sopa avgolemono (salsa de pollo, arroz, huevos batidos y zumo de limón)
[FR.] potage avgolemono (fond de poulet, riz, œufs battus et jus de citron)
[IT.] salsa avgolemono (brodo di gallina, riso, uova sbattute e succo di limone)
[AL.] Avgolemonosuppe (Hühnersauce, Reis, geschlagene Eier und Zitronensaft)

4028. Sopa Bagration (caldo de vitela com macarrão)
[INGL.] Bagration soup (cream of veal soup with noodles)
[ESP.] sopa Bagration (crema de ternera con trocitos de pasta)
[FR.] potage Bagration (velouté de veau garni de tronçons de macaroni)
[IT.] minestra Bagration (brodo di vitello con pasta)
[AL.] Bagration-Suppe (Kalbfleischsuppe mit Makkaroni-Einlage)

4029. Sopa Beaucaire (salsão, alho-poró e repolho)
[INGL.] Beaucaire soup (celery, leek, and cabbage)
[ESP.] Beaucaire (apio, puerro y col)
[FR.] potage Beaucaire (céleri, poireau et chou)
[IT.] minestra Beaucaire (sedano, porro e cavolo)
[AL.] Beaucaire-Suppe (Sellerie, Porree und Kohl)

4030. Sopa billi-bi (mexilhões, cebola, vinho, creme de leite e temperos)
[INGL.] billi-bi soup (mussels, onion, wine, cream, and seasonings)
[ESP.] sopa billi-bi (mejillones, cebolla, vino, nata y condimentos)
[FR.] potage billi-bi (moules, oignon, vin, crème et assaisonnements)
[IT.] zuppa billi-bi (mitili, cipolla, vino, panna e condimenti)
[AL.] Billi-bi-Suppe (Muscheln, Zwiebel, Wein, Sahne und Gewürze)

4031. Sopa bouillabaisse (clássica sopa francesa de peixe e frutos do mar, temperada com açafrão)
[INGL.] bouillabaisse (French fish and seafood soup with saffron)
[ESP.] bouillabaisse (sopa francesa de pescado y mariscos con azafrán)
[FR.] bouillabaisse (soupe de poisson et de fruits de mer safranée)
[IT.] bouillabaisse (zuppa francese di pesce e frutti di mare con zafferano)
[AL.] Bouillabaisse (französische Fisch und Meerefrüchtesuppe mit Safran)

4032. Sopa Cambacérès (sopa cremosa de frango, pombo e lagostins)
[INGL.] Cambacérès soup (cream of chicken soup, pigeon, and crayfish)
[ESP.] sopa Cambacérès (crema de pollo, pichón y cigalas)
[FR.] potage Cambacérès (crème de poulet, pigeon et langoustines)
[IT.] minestra Cambacérès (crema di pollo, piccione e scampi)
[AL.] Cambacérès Suppe (Hähnchen-, Taube-, Flusskrebsecremesuppe)

S

4033. Sopa com massinhas
[INGL.] noodle soup
[ESP.] sopa de pastas
[FR.] potage aux pâtes
[IT.] pastina in brodo
[AL.] Nudelsuppe

4034. Sopa Conté (purê de feijão-mulatinho)
[INGL.] Condé soup (purée of red kidney beans)
[ESP.] sopa Condé (puré de judías rojas)
[FR.] potage Condé (purée de haricots rouges)
[IT.] minestra Condé (passato di fagioli rossi)
[AL.] Condé-Suppe (rote Kidneybohnensuppe)

4035. Sopa *(cremosa)* de alho-poró
[INGL.] cream of leek soup
[ESP.] crema de puerros
[FR.] crème de poireaux
[IT.] crema di porri
[AL.] Porreecremesuppe

4036. Sopa *(cremosa)* de aspargos
[INGL.] cream of asparagus soup
[ESP.] crema de espárragos
[FR.] crème d'asperges; crème Argenteuil
[IT.] crema di asparagi
[AL.] Spargelcremesuppe

4037. Sopa *(cremosa)* de aveia
[INGL.] cream of oatmeal soup
[ESP.] crema de avena
[FR.] crème d'avoine
[IT.] crema di avena
[AL.] Hafercremesuppe

4038. Sopa *(cremosa)* de batata
[INGL.] cream of potato soup
[ESP.] crema de patatas
[FR.] crème de pommes de terre
[IT.] crema di patate
[AL.] Kartoffelcremesuppe

4039. Sopa *(cremosa)* de cenoura
[INGL.] cream of carrot soup
[ESP.] crema de zanahorias
[FR.] crème de carottes
[IT.] crema di carote
[AL.] Karottencremesuppe

4040. Sopa *(cremosa)* de ervilhas
[INGL.] cream of green peas soup
[ESP.] crema de guisantes
[FR.] crème de petits pois
[IT.] crema di piselli
[AL.] Erbsencremesuppe

4041. Sopa *(cremosa)* de espinafre
[INGL.] cream of spinach soup
[ESP.] crema de espinacas
[FR.] crème d'épinards
[IT.] crema di spinaci
[AL.] Spinatcremesuppe

4042. Sopa *(cremosa)* de galinha
[INGL.] cream of chicken soup
[ESP.] crema de pollo
[FR.] crème de poulet
[IT.] crema di pollo
[AL.] Hühnercremesuppe

4043. Sopa *(cremosa)* de tomate
[INGL.] cream of tomato soup
[ESP.] crema de tomates
[FR.] crème de tomates
[IT.] crema di pomodori
[AL.] Tomatencremesuppe

4044. Sopa *(cremosa)* de vegetais
[INGL.] cream of vegetable soup
[ESP.] crema de legumbres
[FR.] crème de légumes
[IT.] crema di verdure
[AL.] Gemüsecremesuppe

4045. Sopa Darblay (sopa de batatas com verduras cortadas em Julienne)
[INGL.] Darblay soup (potato soup with shredded vegetables)
[ESP.] sopa Darblay (sopa de patatas con tiritas de verdura)
[FR.] potage Darblay (purée Parmentier et julienne de légumes)
[IT.] minestra Darblay (crema di patate con julienne di verdure)
[AL.] Darblay-Suppe (Kartoffelsuppe mit Gemüsestreifen)

4046. Sopa de arroz
[INGL.] rice soup
[ESP.] sopa de arroz
[FR.] potage au riz
[IT.] minestra di riso
[AL.] Reissuppe

4047. Sopa de batatas
[INGL.] potato soup

S

[ESP.] sopa de patatas
[FR.] potage de pommes de terre; potage Parmentier
[IT.] minestra di patate
[AL.] Kartoffelsuppe

4048. Sopa de cebola
[INGL.] onion soup
[ESP.] sopa de cebolla
[FR.] soupe à l'oignon
[IT.] zuppa di cipolla; carabazada (Toscana)
[AL.] Zwiebelsuppe

4049. Sopa de cebola gratinada
[INGL.] onion soup au gratin (U.S.)/browned onion soup (U.K.)
[ESP.] sopa de cebolla gratinada
[FR.] soupe gratinée à l'oignon
[IT.] zuppa di cipolla gratinata
[AL.] gratinierte Zwiebelsuppe

4050. Sopa de cerveja
[INGL.] beer soup
[ESP.] sopa de cerveza
[FR.] potage à la bière
[IT.] minestra alla birra
[AL.] Biersuppe

4051. Sopa de feijão
[INGL.] bean soup
[ESP.] sopa de judías
[FR.] potage de haricots
[IT.] minestra di fagioli; frantoiana
[AL.] Bohnensuppe

4052. Sopa de lentilhas
[INGL.] lentil soup
[ESP.] sopa de lentejas
[FR.] potage de lentille; potage Conti
[IT.] minestra di lenticchie
[AL.] Linsensuppe

4053. Sopa de peixe
[INGL.] fish soup
[ESP.] sopa de pescado
[FR.] soupe de poisson
[IT.] zuppa di pesce; brodetto
[AL.] Fischsuppe

4054. Sopa de rã
[INGL.] frog soup
[ESP.] sopa de ranas
[FR.] soupe de grenouilles
[IT.] zuppa di rane
[AL.] Froschschenkelsuppe

4055. Sopa de rabo de canguru
[INGL.] kangaroo-tail soup
[ESP.] sopa de cola de canguro
[FR.] soupe de queue de kangourou
[IT.] zuppa di coda di canguro
[AL.] Känguruschwanzsuppe

4056. Sopa de repolho
[INGL.] cabbage soup
[ESP.] sopa de coles
[FR.] soupe aux choux
[IT.] zuppa di cavoli
[AL.] Kohlsuppe

4057. Sopa de tartaruga
[INGL.] turtle soup
[ESP.] sopa de tortuga
[FR.] soupe de tortue
[IT.] brodo di tartaruga
[AL.] Schildkrötensuppe

4058. Sopa de tomates
[INGL.] tomato soup
[ESP.] sopa de tomates
[FR.] potage aux tomates
[IT.] zuppa di pomodori
[AL.] Tomatensuppe

4059. Sopa de vegetais
[INGL.] vegetable soup
[ESP.] sopa de legumbres
[FR.] potage aux légumes
[IT.] zuppa alle verdure
[AL.] Gemüsesuppe

4060. Sopa de vôngole
[INGL.] clam chowder
[ESP.] sopa de almejas
[FR.] soupe aux palourdes
[IT.] zuppa di vongole
[AL.] Venusmuschelnsuppe

4061. Sopa do dia
[INGL.] soup of the day
[ESP.] sopa del día
[FR.] soupe du jour; potage du jour
[IT.] zuppa del giorno
[AL.] Tagessuppe

4062. Sopa du Barry (sopa cremosa de couve-flor)
[INGL.] Du Barry soup (cream of cauliflower soup)
[ESP.] consomé du Barry (crema de coliflor)
[FR.] potage purée du Barry (crème de chou-fleur)
[IT.] zuppa du Barry (crema di cavolfiore)
[AL.] Blumenkohlcremesuppe

4063. Sopa escocesa (carne de cordeiro ou carneiro, verduras e cevada)
[INGL.] Scotch broth (lamb or mutton, vegetables and barley)

S

[ESP.] sopa escocesa (carne de carnero o cordero, verduras y cebada)
[FR.] potage écossais (viande d'agneau ou de mouton, légumes et orge)
[IT.] brodo scozzese (carne di montone o agnello, verdure ed orzo)
[AL.] Graupensuppe (Hammel oder Lammfleisch, Gemüse und Gerste)

4064. **Sopa falsa de tartaruga (feita com cabeça de vitela)**
[INGL.] mock-turtle soup (with calf's head)
[ESP.] sopa de tortuga falsa (con cabeza de ternera)
[FR.] potage fausse tortue (faite avec la tête de veau)
[IT.] brodo di finta tartaruga (con testina di vitello)
[AL.] falsche Schildkrötensuppe (mit Kalbskopf)

4065. **Sopa Faubonne (purê de feijão-branco comum)**
[INGL.] Faubonne soup (white beans purée (U.S.)/ haricot beans purée (U.K.)
[ESP.] sopa Faubonne (puré de judías blancas)
[FR.] potage Faubonne (purée de haricots blancs)
[IT.] minestra Faubonne (purè di fagiolini bianchi)
[AL.] Faubonne-Suppe (weiße Bohnenpüree)

4066. **Sopa Germiny (sopa de azedinha)**
[INGL.] Germiny soup (sorrel soup)
[ESP.] sopa Germiny (sopa de acedera)
[FR.] potage Germiny (potage à l'oseille)
[IT.] minestra Germiny (zuppa di acetosella)
[AL.] Germiny-Suppe (Sauerampfersuppe)

4067. **Sopa Longchamp (purê de ervilhas)**
[INGL.] Longchamp soup (green peas purée)
[ESP.] sopa Longchamp (puré de guisantes)
[FR.] potage Longchamp (purée de petits pois)
[IT.] minestra Longchamp (purè di piselli)
[AL.] Longchamp-Suppe (Erbsenpüree)

4068. **Sopa Lorraine (frango, vitela, amêndoas, gemas de ovos, pão, leite, sal, pimenta e limão)**
[INGL.] Lorraine soup (chicken, veal, almonds, egg yolks, bread, milk, salt, pepper, and lemon)
[ESP.] sopa lorenesa (pollo, ternera, almendras, yemas de huevo, pan, leche, sal, pimienta y limón)
[FR.] potage Lorraine (poulet, veau, amandes, jaunes d'œufs, pain, lait, sel, poivre et citron)
[IT.] zuppa Lorenese (pollo, vitello, mandorle, tuorli d'uovo, pane, latte, sale, pepe e limone)
[AL.] Lorrainesuppe (Hähnchen, Kalb, Mandeln, Eigelb, Brot, Milch, Salz, Pfeffer und Zitrone)

4069. **Sopa Louisiana (caranguejos, camarões, arroz, quiabo, pimentão e açafrão)**
[INGL.] Louisiana soup (crabs, shrimps (U.S.)/ prawns (U.K.), rice, gumbo, sweet pepper, and saffron)
[ESP.] sopa Louisiana (cangrejos, camarones, arroz, gombo, pimiento dulce y azafrán)
[FR.] potage Louisiane (crabes, crevettes, riz, okras, poivron doux et safran)
[IT.] zuppa Louisiana (granchi, gamberetti, riso, gombo, peperone e zafferano)
[AL.] Louisianasuppe (Krebse, Garnellen, Reis, Gombo, Paprika und Safran)

4070. **Sopa mulligatawny (sopa de galinha ao curry)**
[INGL.] mulligatawny soup (chicken soup flavored with curry)
[ESP.] sopa mulligatawny (sopa de gallina al curry)
[FR.] potage mulligatawny (soupe de poulet au cari)
[IT.] minestra mulligatawny (minestra di pollo al curry)
[AL.] Mulligatawny-Suppe (Hühnersuppe mit Curry)

4071. **Sopa Nélusko (coco, araruta e amêndoas)**
[INGL.] Nélusko soup (coconut, arrowroot (U.S.) / arrowroot flour (U.K.), and almonds)
[ESP.] sopa Nélusko (coco, arrurruz y almendras)

S

[FR.] potage Nélusko (noix de coco, marante et amandes)
[IT.] minestra Nélusko (noce di cocco, arundo e mandorle)
[AL.] Nélusko (Kokosnuß, Pfeilwurz und Mandeln)

4072. Sopa pavesa (caldo de carne com fatias de pão, ovo cru e queijo parmesão)
[INGL.] pavese soup (bread slices, raw egg, and parmesan cheese in beef stock)
[ESP.] sopa pavese (caldo de carne con rebanadas de pan, huevo crudo y queso parmesano)
[FR.] soupe pavese (bouillon de viande et tranches de pain, œuf cru et parmesan)
[IT.] zuppa pavese (brodo di carne con fette di pane, uovo crudo e parmigiano)
[AL.] Pavesersuppe (Fleischbrühe mit Brotscheiben, rohem Ei und Parmesankäse)

4073. Sopa santé (purê de batatas e azedinha)
[INGL.] santé soup (potato purée with sorrel)
[ESP.] sopa de la salud (puré de patatas con acedera)
[FR.] soupe santé (purée de pommes de terre à l'oseille)
[IT.] minestra santé (purè di patate con acetosella)

[AL.] Gesundheitssuppe (Kartoffelpüree mit Sauerampfer)

4074. Sopa vichyssoise (batata e alho-poró)
[INGL.] vichyssoise soup (potato and leek)
[ESP.] sopa vichyssoise (patata y puerro)
[FR.] vichyssoise (pomme de terre et poireau)
[IT.] zuppa vichyssoise (patata e porro)
[AL.] Porreekartoffelsuppe (Kartoffel und Porree)

4075. Sopeira
[INGL.] soup tureen
[ESP.] sopera
[FR.] soupière
[IT.] zuppiera
[AL.] Suppenschüssel

4076. Sorbet
[INGL.] sorbet (U.S.)/sherbet (U.K.)
[ESP.] sorbete
[FR.] sorbet
[IT.] sorbetto
[AL.] Sorbet

4077. Sorbet de laranja
[INGL.] orange sorbet (U.S.)/orange sherbet (U.K.)
[ESP.] sorbete de naranja
[FR.] sorbet à l'orange
[IT.] sorbetto all'arancia
[AL.] Orangen-Sorbet

4078. Sorbet de limão
[INGL.] lemon sorbet (U.S.)/lemon sherbet (U.K.)
[ESP.] sorbete de limón
[FR.] sorbet au citron

[IT.] sorbetto al limone
[AL.] Zitronen-Sorbet

4079. Sorgo *(cereal)*
[INGL.] sorghum; sorgo
[ESP.] sorgo; zahína
[FR.] sorgho; sorgo
[IT.] sorgo
[AL.] Sorghum

4080. Soro de leite
[INGL.] whey
[ESP.] suero de leche
[FR.] petit-lait; clair
[IT.] siero di latte
[AL.] Molke

4081. Sortido
[INGL.] assorted; mixed
[ESP.] mixto; surtido
[FR.] assorti; mêlé
[IT.] assortiti
[AL.] gemischt

4082. Sorveira-brava
[INGL.] sorb
[ESP.] fresno alpestre
[FR.] sorbe
[IT.] sorbo
[AL.] Vogelbeere

4083. Sorvete
[INGL.] ice-cream
[ESP.] helado
[FR.] glace
[IT.] gelato
[AL.] Eis

4084. Sorvete de baunilha
[INGL.] vanilla ice-cream
[ESP.] helado de vainilla
[FR.] glace à la vanille
[IT.] gelato alla vaniglia
[AL.] Vanilleeis

S

4085. Sorvete de café
[INGL.] coffee ice-cream
[ESP.] helado de café
[FR.] glace au café
[IT.] gelato al caffè
[AL.] Mokkaeis

4086. Sorvete de casquinha
[INGL.] ice-cream cone
[ESP.] barquillo de helado; cucurucho
[FR.] cornet
[IT.] cono gelato
[AL.] Eistute

4087. Sorvete de chocolate
[INGL.] chocolate ice-cream
[ESP.] helado de chocolate
[FR.] glace au chocolat
[IT.] gelato al cioccolato
[AL.] Schokoladeneis

4088. Sorvete de fruta
[INGL.] fruit ice-cream
[ESP.] helado de fruta
[FR.] glace aux fruits
[IT.] gelato alla frutta
[AL.] Früchteeis

4089. Sorvete de limão
[INGL.] lemon ice-cream
[ESP.] helado de limón
[FR.] glace au citron
[IT.] gelato al limone
[AL.] Zitroneneis

4090. Sorvete de pistache
[INGL.] pistachio ice-cream
[ESP.] helado de pistacho
[FR.] glace à la pistache
[IT.] gelato al pistacchio
[AL.] Pistazieneis

4091. Sorvete napolitano (em camadas de cores e sabores diferentes)
[INGL.] Neapolitan ice (ice-cream made in layers of different flavours)
[ESP.] helado napolitano (helado hecho de tres diferentes sabores)
[FR.] tranche napolitaine (glace à trois parfums déposés en couches)
[IT.] gelato alla napoletana (gelato a strati, di differenti gusti)
[AL.] Neapolitanisches Eis (Eisschnitte aus drei verschiedenfarbigen Lagen)

4092. Sorveteria
[INGL.] ice-cream parlor
[ESP.] heladería
[FR.] glacerie
[IT.] gelateria
[AL.] Eisdiele; Eiscafé

4093. Soubise, molho (molho bechamel com cebolas)
[INGL.] Soubise sauce (béchamel sauce with onions)
[ESP.] salsa Soubise (salsa bechamel con cebollas)
[FR.] sauce Soubise (sauce Béchamel et oignons)
[IT.] salsa Soubise (salsa besciamella con cipolle)
[AL.] Soubise-Sauce (Béchamelsauce mit Zwiebeln)

4094. Sovado
[INGL.] kneaded
[ESP.] amasado
[FR.] pétri
[IT.] impastato
[AL.] geknetet

4095. Sovar
[INGL.] knead, to
[ESP.] amasar
[FR.] pétrir
[IT.] impastare
[AL.] kneten

4096. Spätzle (pequenas porções de massa, preparadas à base de farinha, ovos e água)
[INGL.] spätzle (noodles made with flour, eggs, and water)
[ESP.] spätzle (ñoquis elaborados con harina, huevos y agua)
[FR.] spätzle (pâte à base de farine, d'œufs et d'eau)
[IT.] spätzle (gnocchetti a base di farina, uova e acqua)
[AL.] Spätzle (Teig wird aus Mehl, Eiern und Wasser)

4097. Spenwood (queijo inglês de consistência dura, feito com leite de ovelha)
[INGL.] Spenwood (English cheese, hard texture, made from sheep milk)
[ESP.] Spenwood (queso inglés, textura semiblanda, elaborado con leche de oveja)
[FR.] Spenwood (fromage anglais, texture ferme, à base de lait de brebis)
[IT.] Spenwood (formaggio inglese, pasta pressata, fatto con late di pecora)
[AL.] Spenwood (halbfester englischer Schafsmilchkäse)

S

4098. **Steak and kidney pie** (*mistura de carne de vaca e rins*)
[INGL.] steak and kidney pie
[ESP.] budín de bistec y riñones
[FR.] tourte à la viande et aux rognons
[IT.] torta di manzo e rognone in crosta
[AL.] Rindfleisch Nieren Pudding

4099. **Steak au poivre**
[INGL.] pepper steak
[ESP.] bistec con pimienta
[FR.] steak au poivre
[IT.] bistecca al pepe
[AL.] Pfeffersteak

4100. **Steak tartar** (*carne de boi crua, picada, servida com um ovo cru*)
[INGL.] steak tartare (raw ground steak (U.S.)/raw minced steak (U.K.) topped with egg)
[ESP.] bistec a la tártara (bistec de picadillo crudo con un huevo)
[FR.] steak tartare; bœuf tartare (steak cru haché avec jaune d'œuf dessus)
[IT.] bistecca alla tartara (carne di manzo macinata e cruda con un uovo crudo sopra)
[AL.] Beefsteak Tartar (rohes Hacksteak mit Eigelb)

4101. **Steinhäger** (*gim alemão*)
[INGL.] Steinhäger (German gin)
[ESP.] Steinhäger (ginebra alemana)
[FR.] Steinhäger (gin allemand)
[IT.] Steinhäger (gin tedesco)
[AL.] Steinhäger (deutscher Gin)

4102. **Stilton** (*queijo inglês, de veios azuis, semiduro, feito com leite de vaca*)
[INGL.] Stilton (English cheese, blue veins, semi-hard texture, made from cow milk)
[ESP.] Stilton (queso inglés, veteado azul, textura semiblanda, elaborado con leche de vaca)
[FR.] Stilton (fromage anglais, persillé, pâte pressée, à base de lait de vache)
[IT.] Stilton (formaggio inglese, muffe blu, pasta semidura, prodotto con latte vaccino)
[AL.] Stilton (englischer Kuhmilch-Käse mit Blauschimmelkulturen und cremig Konsistenz)

4103. **Stinger** (*coquetel feito de conhaque ou brandy e creme de menta branco*)
[INGL.] Stinger (cocktail made with cognac or brandy and white crème de menthe)
[ESP.] Stinger (cóctel con coñac o brandy y crema de menta blanca)
[FR.] Stinger (cocktail de cognac o brandy et crème de menthe blanche)
[IT.] Stinger (cocktail fatto con cognac o brandy e crema di menta bianca)
[AL.] Stinger (Cocktail mit Cognac oder Brandy und weiße Minzcreme)

4104. **Stracchino** (*queijo italiano, feito com leite de vaca*)
[INGL.] stracchino (Italian cheese, made from cow milk)
[ESP.] stracchino (queso italiano, elaborado con leche de vaca)
[FR.] stracchino (fromage italien, au lait de vache)
[IT.] stracchino (formaggio italiano, prodotto con latte vaccino)
[AL.] Stracchino (italienische Kuhmilch-Käse)

4105. **Stracciatella** (*caldo de carne com ovos batidos e queijo ralado*)
[INGL.] stracciatella (beef stock with beaten eggs and grated cheese)
[ESP.] stracciatella (caldo de carne con huevos hilados y queso rallado)
[FR.] stracciatella (bouillon de viande, potage aux d'œufs filés et fromage râpé)
[IT.] stracciatella (brodo di carne con uova strappazzate e formaggio grattugiato)
[AL.] Stracciatella (Fleischbrühe mit Eierstich und geriebener Käse)

S

4106. **Strasbourgeoise, à la (chucrute braseado, fatias de foie gras na manteiga e bacon)**
[INGL.] Strasbourg style (braised sauerkraut, slices of foie gras in butter, and bacon)
[ESP.] a la estrasburguesa (chucruta braseada, tajadas de hígado graso de ganso en mantequilla y tocino)
[FR.] à la strasbourgeoise (choucroute braisée, tranches de foie gras au beurre et lard)
[IT.] alla strasburghese (crauti brasato, fette di fegato grasso d'oca saltato nel burro e pancetta)
[AL.] Straßburger Art (brasiert Sauerkraut, Gänseleberscheiben in Butter und Speck)

4107. **Strega® (licor italiano, feito de ervas)**
[INGL.] Strega® (Italian herbal liqueur)
[ESP.] Strega® (licor de hierbas italiano)
[FR.] Strega® (liqueur italienne à base de herbes)
[IT.] Strega® (liquore a base di erbe)
[AL.] Strega® (italienischer Kräuterlikör)

4108. **Strudel de legumes**
[INGL.] vegetable strudel
[ESP.] strudel con verduras
[FR.] strudel de légumes
[IT.] strudel di verdure
[AL.] Gemüsestrudel

4109. **Suar; Cozinhar em fogo brando em panela com tampa bem fechada**
[INGL.] sweat, to
[ESP.] sudar
[FR.] suer; transpirer
[IT.] sudare
[AL.] schwitzen

4110. **Suave (gosto)**
[INGL.] smooth (taste)
[ESP.] suave (gusto)
[FR.] moelleux; velouté (goût)
[IT.] amabile (gusto)
[AL.] mild (geschmack)

4111. **Subir**
[INGL.] go up, to
[ESP.] subir
[FR.] monter
[IT.] salire
[AL.] hinaufgehen

4112. **Substituir**
[INGL.] substitute, to
[ESP.] sustituir
[FR.] remplacer
[IT.] sostituire
[AL.] ersetzen

4113. **Suco**
[INGL.] juice
[ESP.] zumo; jugo
[FR.] jus
[IT.] sugo; succo
[AL.] Saft

4114. **Suco de abacaxi com hortelã**
[INGL.] pineapple juice and mint
[ESP.] zumo de piña y menta
[FR.] jus d'ananas à la menthe
[IT.] succo d'ananas e menta
[AL.] Ananassaft mit Minz

4115. **Suco de fruta**
[INGL.] fruit juice
[ESP.] zumo de fruta
[FR.] jus de fruits
[IT.] succo di frutta
[AL.] Fruchtsaft

4116. **Suco de frutas tropicais**
[INGL.] tropical fruit juice
[ESP.] zumo tropical
[FR.] jus de fruits tropicaux
[IT.] succo tropicale
[AL.] Tropenfrüchte-Saft

4117. **Suco de laranja**
[INGL.] orange juice
[ESP.] zumo de naranja
[FR.] jus d'orange
[IT.] succo di arancia
[AL.] Orangensaft

4118. **Suco de legumes**
[INGL.] vegetable juice
[ESP.] zumo de verduras
[FR.] jus de légumes
[IT.] succo di verdure
[AL.] Gemüsesaft

4119. **Suco de limão**
[INGL.] lemon juice
[ESP.] zumo di limón
[FR.] jus de citron
[IT.] succo di limone
[AL.] Zitronensaft

4120. **Suco de maçã**
[INGL.] apple juice
[ESP.] zumo de manzana
[FR.] jus de pomme
[IT.] succo di mela
[AL.] Apfelsaft

S

4121. **Suco de manga**
[INGL.] mango juice
[ESP.] zumo de mango
[FR.] jus de mangue
[IT.] succo di mango
[AL.] Mangosaft

4122. **Suco de maracujá**
[INGL.] passion fruit juice
[ESP.] zumo de maracuyá
[FR.] jus de fruit de la passion
[IT.] succo di frutto della passione
[AL.] Passionsfruchtsaft

4123. **Suco de melancia**
[INGL.] watermelon juice
[ESP.] zumo de sandía
[FR.] jus de pastèque
[IT.] succo d'anguria
[AL.] Wassermelonesaft

4124. **Suco de tomate**
[INGL.] tomato juice
[ESP.] zumo de tomate
[FR.] jus de tomate
[IT.] succo di pomodoro
[AL.] Tomatensaft

4125. **Suco de uva**
[INGL.] grape juice
[ESP.] zumo de uva
[FR.] jus de raisin
[IT.] succo d'uva
[AL.] Traubensaft

4126. **Suco natural de laranja; Laranjada**
[INGL.] orange squash
[ESP.] naranjada
[FR.] orange pressée
[IT.] spremuta d'arancia
[AL.] frischgepreßter Orangensaft

4127. **Suco natural de limão; Limonada**
[INGL.] lemon squash
[ESP.] zumo fresco de limón; limonada
[FR.] citron pressé
[IT.] spremuta di limone
[AL.] frischgepreßter Zitronensaft

4128. **Suculento**
[INGL.] juicy
[ESP.] jugoso; suculento
[FR.] succulent; juteux
[IT.] succoso
[AL.] saftig

4129. **Suflê**
[INGL.] soufflé
[ESP.] suflé
[FR.] soufflé
[IT.] soufflé
[AL.] Soufflé

4130. **Suflê de cerejas**
[INGL.] cherry soufflé
[ESP.] suflé de cerezas
[FR.] soufflé aux cerises
[IT.] soufflé alle ciliegie
[AL.] Kirsch-Soufflé

4131. **Suflê de queijo**
[INGL.] cheese soufflé
[ESP.] soufflé de queso
[FR.] soufflé au fromage
[IT.] soufflé di formaggio
[AL.] Käsesoufflé

4132. **Suflê Rothschild (suflê de baunilha com frutas cristalizadas)**
[INGL.] soufflé Rothschild (vanilla soufflé with candied fruits (U.S.)/ crystallized fruits (U.K.))
[ESP.] suflé Rothschild (suflé de vainilla con frutas confitadas)
[FR.] soufflé Rothschild (soufflé vanille aux fruits confits)
[IT.] soufflé Rothschild (soufflé alla vaniglia con canditi)
[AL.] Soufflé Rothschild (Vanille Soufflé mit Kanditen)

4133. **Sugerir**
[INGL.] suggest, to
[ESP.] sugerir
[FR.] suggérer
[IT.] suggerire
[AL.] empfehlen

4134. **Sugestão do chefe**
[INGL.] chef suggests
[ESP.] sugerencia del chef
[FR.] le chef recommande
[IT.] lo chef consiglia
[AL.] Empfehlung des Chefs

4135. **Sujar**
[INGL.] dirty, to
[ESP.] ensuciar
[FR.] salir
[IT.] sporcare
[AL.] beschmutzen; schmutzig machen

4136. **Sujo**
[INGL.] dirty
[ESP.] sucio
[FR.] sale
[IT.] sporco
[AL.] schmutzig

4137. **Sultana** *Ver* UVA-
-PASSA BRANCA

S

4138. **Sultane, à la (com pistache)**
[INGL.] sultan style (with pistachios)
[ESP.] a la sultana (con pistachos)
[FR.] à la sultane (avec pistaches)
[IT.] alla sultana (con pistacchi)
[AL.] Sultansart (mit Pistazien)

4139. **Sumac** *Ver* SUMAGRE

4140. **Sumagre; Sumac**
[INGL.] sumac
[ESP.] zumaque
[FR.] sumac
[IT.] sommacco
[AL.] Sumach

4141. **Sundae**
[INGL.] sundae
[ESP.] helado con frutas y nueces; sundae
[FR.] coupe glacée; sundae
[IT.] coppa di gelato guarnita; sundae
[AL.] Eisbecher

4142. **Supermercado**
[INGL.] supermarket
[ESP.] supermercado
[FR.] supermarché
[IT.] supermercato
[AL.] Supermarkt

4143. **Suprême, molho (velouté de frango, acrescido de creme de leite, gemas de ovos e cogumelos)**
[INGL.] suprême sauce (chicken stock with cream, egg yolks, and mushrooms)
[ESP.] salsa suprema (fondo de ave con nata, yemas de huevo y setas)
[FR.] sauce suprême (velouté de volaille à la crème, jaunes d'œufs et champignons)
[IT.] salsa suprema (vellutata di pollo con panna, tuorli d'uovo e funghi)
[AL.] Suprême-Sauce (Gemüsebrühe mit Sahne, Eigelb und Pilze)

4144. **Suspiro** *Ver* MERENGUE

4145. **Syllabub (creme e xerez)**
[INGL.] syllabub (cream and Sherry)
[ESP.] syllabub (nata y Jerez)
[FR.] syllabub (creme et Xérès)
[IT.] syllabub (panna e Xeres)
[AL.] Syllabub (Sahne und Sherry)

T

4146. **Tabacaria**
[INGL.] tobacco store
[ESP.] tabaquería
[FR.] bureau de tabac
[IT.] tabaccheria
[AL.] Tabakladen

4147. **Tabela**
[INGL.] list; chart
[ESP.] lista; tablón
[FR.] tableau
[IT.] lista; tabella
[AL.] Liste; Verzeichnis

4148. **Tablete de chocolate**
[INGL.] bar of chocolate
[ESP.] tableta de chocolate; barra de chocolate
[FR.] tablette de chocolat
[IT.] tavoletta di cioccolata
[AL.] Schokoladentafel

4149. **Taboa; Espadana; Paineira-do-brejo** (planta aquática)
[INGL.] cattail (U.S.)/bulrush; reedmace (U.K.)
[ESP.] enea; junco
[FR.] janc de marais; janc des chaisiers
[IT.] stiancia; mazzasorda
[AL.] Binse; Seesimse

4150. **Tábua de cortar**
[INGL.] chopping board; cutting board
[ESP.] tabla cortante
[FR.] planche à découper
[IT.] tagliere
[AL.] Schneidebrett

4151. **Tábua de queijos**
[INGL.] cheese board
[ESP.] tabla de quesos
[FR.] plateau de fromages
[IT.] tagliere per formaggio
[AL.] Käseplatte

4152. **Taça de champanhe**
[INGL.] champagne glass
[ESP.] copa para champán
[FR.] verre à champagne; flûte
[IT.] coppa da champagne; flûte
[AL.] Sektglas

4153. **Taça de conhaque**
[INGL.] brandy glass
[ESP.] copa de coñac
[FR.] verre ballon
[IT.] napoleone
[AL.] Cognacschwenker; Cognacglas

4154. **Taça de licor**
[INGL.] liqueur glass
[ESP.] copita (para licor)

T

[FR.] verre à liqueur
[IT.] bicchierino
[AL.] Likörglas

4155. Taça de sorvete
[INGL.] ice cream bowl
[ESP.] copa de helado
[FR.] coupe de glace
[IT.] coppa da gelato
[AL.] Eisbecher

4156. Taça de vinho
[INGL.] wine glass
[ESP.] copa para vino
[FR.] verre à vin; canon
[IT.] bicchiere da vino
[AL.] Weinglas

4157. Taça de vinho branco
[INGL.] white-wine glass
[ESP.] copa para vino blanco
[FR.] verre à vin blanc
[IT.] bicchiere da vino bianco
[AL.] Weißweinglas

4158. Taça de vinho tinto
[INGL.] red-wine glass
[ESP.] copa para vino tinto
[FR.] verre à vin rouge
[IT.] bicchiere da vino rosso
[AL.] Rotweinglas

4159. Taça para ovos quentes
[INGL.] egg cup
[ESP.] huevera
[FR.] coquetier
[IT.] portauovo
[AL.] Eierbecher

4160. Tagliatelle paglia e fieno
[INGL.] yellow and green tagliatelle
[ESP.] tagliatelle blanco y verde
[FR.] tagliatelle blanches et vertes
[IT.] tagliatelle paglia e fieno
[AL.] weiße und grüne Bandnudeln

4161. Tagliatelle (tiras compridas, vendidas em ninhos)
[INGL.] tagliatelle (long strips, sold in nests)
[ESP.] tagliatelle; tallarines (tiras largas de pasta, comercializadas en nidos)
[FR.] tagliatelle (longs rubans de pâte, vendus en nids)
[IT.] tagliatelle (lunghi nastri di pasta, disposti a nido)
[AL.] Tagliatelle (Nester aus langen bandförmigen Nudeln)

4162. Tagliatelle verde
[INGL.] green tagliatelle
[ESP.] tagliatelle verde
[FR.] tagliatelle verte
[IT.] tagliatelle verdi
[AL.] grüne Bandnudeln

4163. Taglierini (tiras finas)
[INGL.] taglierini (fine flat strips)
[ESP.] taglierini (tiras muy finas y planas)
[FR.] taglierini (fines baguettes de pâte)
[IT.] taglierini (strisce sottili)
[AL.] Taglierini (sehr schmale Streifen)

4164. Tagliolini (mais fino que o linguine)
[INGL.] tagliolini (thinner than linguine)
[ESP.] tagliolini (un tipo de linguine más fino)
[FR.] tagliolini (version plus fine des linguine)
[IT.] tagliolini (versione più sottile delle linguine)
[AL.] Tagliolini (eine dünnere Variante der Linguine)

4165. Tahini (pasta de semente de gergelim)
[INGL.] tahini (sesame seed paste)
[ESP.] tahini (pasta de sésamo)
[FR.] tahini (crème de sésame)
[IT.] tahini (pasta di sesamo)
[AL.] Tahini (Sesampaste)

4166. Tainha; Cambão (PE); Cacetão (RN); Tainha-pau (RS)
[INGL.] grey mullet
[ESP.] pardete; maduro
[FR.] mulet; muge
[IT.] cefalo; muggine
[AL.] Meeräsche

4167. Tainha-dos-rios
Ver TENCA

4168. Tainha-pau (RS)
Ver TAINHA

4169. Taleggio (queijo italiano, macio, feito com leite de vaca)
[INGL.] Taleggio (Italian cheese, soft texture, made from cow milk)
[ESP.] Taleggio (queso italiano, pasta blanda, elaborado con leche de vaca)

T

[FR.] Taleggio (fromage italien, pâte pressée, à base de lait de vache)
[IT.] Taleggio (formaggio italiano, pasta molle, preparato con latte vaccino)
[AL.] Taleggio (italienische Kuhmilch-Käse mit cremig Konsistenz)

4170. **Talhar** Ver COALHAR

4171. **Talheres**
[INGL.] cutlery
[ESP.] cubiertos
[FR.] couverts
[IT.] posate
[AL.] Besteck

4172. **Talheres de peixe**
[INGL.] fish knife and fork
[ESP.] cubierto para pescado
[FR.] couvert à poisson
[IT.] posate da pesce
[AL.] Fischbesteck

4173. **Talheres para servir salada**
[INGL.] salad servers
[ESP.] cubierto para ensalada
[FR.] couvert à salade
[IT.] posate da insalata
[AL.] Salatbesteck

4174. **Talleyrand (macarrão na manteiga com queijo, trufas, foie gras e molho Périgueux)**
[INGL.] Talleyrand (noodles with butter and cheese, truffles, foie gras, and Périgueux sauce)

[ESP.] Talleyrand (pasta a la mantequilla y al queso, trufas, hígado graso de ganso y salsa Périgueux)
[FR.] Talleyrand (pâtes au beurre et au fromage, truffes, foie gras et sauce Périgueux)
[IT.] Talleyrand (pasta al burro con formaggio, tartufi, fegato grasso d'oca e salsa Périgueux)
[AL.] Talleyrand (Makkaroni mit Butter und Käse, Trüffeln, Gänseleber und Périgueux-Sauce)

4175. **Talo de aipo; Talo de salsão**
[INGL.] celery rib (U.S.)/ celery stick (U.K.)
[ESP.] tallo de apio
[FR.] branche de céleri
[IT.] gambo di sedano
[AL.] Staudensellerie

4176. **Talo de salsão** Ver TALO DE AIPO

4177. **Tamanco**
[INGL.] clog
[ESP.] zueco
[FR.] sabot
[IT.] zoccolo
[AL.] Holzschuh

4178. **Tâmara**
[INGL.] date
[ESP.] dátil
[FR.] datte
[IT.] dattero
[AL.] Dattel

4179. **Tamarilho; Tomate-de-árvore; Tomate-arbóreo**
[INGL.] tamarillo; tree tomato
[ESP.] tamarillo; tomate de árbol
[FR.] tamarillo
[IT.] tamarillo; pomodoro da albero
[AL.] Tamarillo; Baumtomate

4180. **Tamarindo; Jabaí; Jabão**
[INGL.] tamarind
[ESP.] tamarindo
[FR.] tamarin
[IT.] tamarindo
[AL.] Tamarinde

4181. **Tampa de panela**
[INGL.] cover; lid
[ESP.] tapadera
[FR.] couvercle
[IT.] coperchio
[AL.] Deckel

4182. **Tampa para champanhe**
[INGL.] champagne bottle stopper
[ESP.] tapón de champán
[FR.] bouchon à champagne
[IT.] tappo per champagne
[AL.] Sektkorken

— tâmara —

T

4183. Tanaceto; Catinga-de-mulata *(erva)*
[INGL.] tansy
[ESP.] tanaceto
[FR.] barbatine; tanaisie
[IT.] tanaceto
[AL.] Drusenkraut; Rainfarn

4184. Tangerina; Bergamota (S)
[INGL.] tangerine
[ESP.] mandarina
[FR.] mandarine
[IT.] mandarino
[AL.] Mandarine; Zwergapfelsine

4185. Tapioca; Goma (N/NE)
[INGL.] tapioca
[ESP.] tapioca
[FR.] tapioca
[IT.] tapioca
[AL.] Tapioka

4186. Taráxaco (PT)
Ver DENTE-DE-LEÃO

4187. Tarde *(período do dia)*
[INGL.] afternoon
[ESP.] tarde
[FR.] après-midi
[IT.] pomeriggio; sera
[AL.] Nachmittag

4188. Taro; Inhame japonês; Inhame havaiano
[INGL.] taro
[ESP.] taro
[FR.] taro
[IT.] taro
[AL.] Taro

4189. Tártaro, molho (maionese, alcaparras, picles, cebolas, azeitonas, suco de limão ou vinagre)
[INGL.] tartar sauce (mayonnaise, capers, pickles, onions, olives, lemon juice or vinegar)
[ESP.] salsa tártara (mayonesa, alcaparras, encurtidos, cebollas, aceitunas, zumo de limón o vinagre)
[FR.] sauce tartare (mayonnaise, câpres, pickles, oignons, olives, jus de citron ou vinaigre)
[IT.] salsa tartara (maionese, capperi, sottoaceti, cipolle, olive, succo di limone o aceto)
[AL.] Tartar-Sauce (Mayonnaise, Kapern, Pickles, Zwiebeln, Oliven, Zitronensaft oder Essig)

4190. Tártaro, molho (maionese feita com ovos duros e cebolinha francesa)
[INGL.] tartar sauce (mayonnaise of hard-boiled eggs with chives)
[ESP.] salsa tártara (mayonesa de yemas de huevos duros con cebollino)
[FR.] sauce tartare (mayonnaise aux œufs durs et ciboulette)
[IT.] salsa tartara (maionese di uova sode con erba cipolina)
[AL.] Tartar-Sauce (Mayonnaise aus hartgekochtem Eigelb, mit Schnittlauch)

4191. Tartaruga
[INGL.] turtle
[ESP.] tortuga
[FR.] tortue
[IT.] tartaruga
[AL.] Schildkröte

4192. Tartelette
[INGL.] tart (U.S.)/tartlet (U.K.)
[ESP.] tartaleta
[FR.] tartelette
[IT.] tortine; tartelette
[AL.] Törtchen

4193. Tartelette de frutas
[INGL.] fruit tart (U.S.)/fruit tartlet (U.K.)
[ESP.] tartaleta de frutas
[FR.] tartelette aux fruits
[IT.] tortine di frutta
[AL.] Obsttörchen

4194. Tartelettes de legumes
[INGL.] vegetable tarts (U.S.)/tartlets (U.K.)
[ESP.] tartaletas de verduras
[FR.] tartelettes aux légumes
[IT.] tortine alle verdure
[AL.] Gemüsetörtchen

4195. Tartelettes de queijo
[INGL.] cheese tarts (U.S.)/tartlets (U.K.)
[ESP.] tartaletas de queso
[FR.] tartelettes au fromage
[IT.] tortine al formaggio
[AL.] Käsetörtchen

4196. Tarte Tatin (torta de maçã caramelizada, servida com creme chantili)
[INGL.] tarte Tatin (apple pie covered with caramel and whipped cream)
[ESP.] tarta Tatin (tarta de manzanas acaramelada con nata batida)

T

[FR.] tarte Tatin (aux pommes caramélisées avec crème fouettée)
[IT.] crostata Tatin (crostata di mele caramellizzate servita con panna montata)
[AL.] Tatin-Mürbeteigkuchen (Apfelkuchen mit Karamel überzogen und mit Schlagsahne serviert)

4197. **Tatsoi** *(variedade de repolho chinês)* Ver **BOK CHOY**

4198. **Taverna**
[INGL.] tavern
[ESP.] taberna
[FR.] taverne
[IT.] taverna
[AL.] Taverne

4199. **Tea cake** *(bolo assado e tostado, servido com manteiga para acompanhar o chá)*
[INGL.] tea cake
[ESP.] bollito tostado y untado de mantequilla que se sirve con el té
[FR.] tea cake (brioche coupée, grillée avec beurre, servie avec le thé)
[IT.] dolce grigliato, tagliato, imburrato, da servire con il tè
[AL.] Rosinenbrötchen

4200. **Tela para fritura**
[INGL.] splatter screen
[ESP.] protector de salpicuras
[FR.] toile anti-éclaboussures
[IT.] paraspruzzi
[AL.] Spritzschutzsieb

4201. **Temperar**
Ver **CONDIMENTAR**

4202. **Temperatura**
[INGL.] temperature
[ESP.] temperatura
[FR.] température
[IT.] temperatura
[AL.] Temperatur

4203. **Tempero; Condimento**
[INGL.] seasoning; condiment
[ESP.] condimento
[FR.] assaisonnement; condiment
[IT.] condimento
[AL.] Gewürz

4204. **Tempero de salada**
[INGL.] salad dressing
[ESP.] condimento para ensalada
[FR.] assaisonnement pour la salade
[IT.] condimento per insalata
[AL.] Salatdressing

4205. **Tempo**
[INGL.] time
[ESP.] tiempo
[FR.] temps
[IT.] tempo
[AL.] Zeit

4206. **Tempo de cozimento**
[INGL.] cooking time
[ESP.] tiempo de cocción
[FR.] temps de cuisson
[IT.] tempo di cottura
[AL.] Kochzeit; Garzeit

4207. **Tempo de espera**
[INGL.] waiting time
[ESP.] minutos de espera
[FR.] minutes d'attente
[IT.] minuti d'attesa
[AL.] Zubereitungszeit

4208. **Tenca; Tainha-dos-rios**
[INGL.] tench
[ESP.] tenca
[FR.] tanche
[IT.] tinca
[AL.] Schlei; Schleie

4209. **Tendão** *(miúdos)*
[INGL.] tendon
[ESP.] tendón
[FR.] tendon
[IT.] tendine
[AL.] Sehne

4210. **Tenro** *(carne, vegetais)*
[INGL.] tender
[ESP.] tierno
[FR.] tendre
[IT.] tenero
[AL.] butterweich; mürbe

4211. **Tépido** Ver **MORNO**

4212. **Tequila (aguardente mexicana)**
[INGL.] tequila (Mexican distillate)
[ESP.] tequila (aguardiente mexicano)
[FR.] tequila (eau-de-vie mexicaine)
[IT.] tequila (distillato messicano)
[AL.] Tequila mexikanische Branntwein)

4213. **Teriyaki, molho (molho de soja, saquê e gengibre)**

T

[INGL.] teriyaki sauce (soy sauce, sake, and ginger)
[ESP.] salsa teriyaki (salsa de soja, sake y jengibre)
[FR.] sauce teriyaki (sauce de soja, saké et gingembre)
[IT.] salsa teriyaki (salsa di soia, sake e zenzero)
[AL.] Teriyaki-Sauce (Sojasauce, Sake und Ingwer)

4214. **Termômetro**
[INGL.] thermometer
[ESP.] termómetro
[FR.] thermomètre
[IT.] termometro
[AL.] Thermometer

4215. **Termômetro para carnes**
[INGL.] meat thermometer
[ESP.] termómetro de carne
[FR.] thermomètre à viandes
[IT.] termometro da carne
[AL.] Fleischthermometer

4216. **Termômetro para vinho**
[INGL.] wine thermometer
[ESP.] termómetro para vino
[FR.] thermomètre à vin
[IT.] termometro per vino
[AL.] Weinthermometer

4217. **Terrina de faisão**
[INGL.] pheasant terrine
[ESP.] terrina de faisán
[FR.] terrine de faisan
[IT.] terrina di fagiano
[AL.] Fasanenterrine

4218. **Terrina de fígado (gordo) de ganso; Terrina de foie gras**
[INGL.] goose liver terrine; foie gras terrine
[ESP.] terrina de hígado graso de ganso; terrina de foie gras
[FR.] terrine de foie gras
[IT.] terrina di fegato grasso d'oca; terrina di foie gras
[AL.] Gänsestoppfleberterrine

4219. **Terrina de foie gras**
Ver TERRINA DE FÍGADO (GORDO) DE GANSO

4220. **Tesoura**
[INGL.] scissors
[ESP.] tijera
[FR.] ciseaux
[IT.] forbici
[AL.] Schere

4221. **Tesoura de cozinha**
[INGL.] kitchen shears
[ESP.] tijera de cocina
[FR.] ciseaux de cuisine
[IT.] forbici da cucina
[AL.] Küchenschere

4222. **Tesoura para trinchar aves**
[INGL.] poultry shears
[ESP.] tijera para aves
[FR.] sécateur à volailles
[IT.] trinciapollo
[AL.] Geflügelschere

– tesoura de cozinha –

4223. **Testículos de vitelo**
[INGL.] veal testicle
[ESP.] criadillas de ternera
[FR.] testicules de veau; animelles
[IT.] granelli di vitello
[AL.] Kalbshoden

4224. **Tetraz** (ave galiforme)
[INGL.] grouse
[ESP.] urogallo; lagópedo
[FR.] coq de bruyère (grouse)
[IT.] gallo cedrone; urogallo
[AL.] Birkhuhn; Schottisches Moorschneehuhn

4225. **Tia Maria**® (licor de café)
[INGL.] Tia Maria® (coffee liqueur)
[ESP.] Tia Maria® (licor de café)
[FR.] Tia Maria® (liqueur de café)
[IT.] Tia Maria® (liquore al caffè)
[AL.] Tia Maria® (Kaffeelikör)

4226. **Tigela**
[INGL.] bowl
[ESP.] tazón; escudilla
[FR.] bol
[IT.] ciotola; scodella
[AL.] Schüssel

4227. **Tigre** (NE)
Ver TINTUREIRA

4228. **Tilápia**
[INGL.] tilapia
[ESP.] tilapia
[FR.] tilapia
[IT.] tilapia
[AL.] Tilapien

T

4229. Tília
[INGL.] linden
[ESP.] tilo
[FR.] tilleul
[IT.] tiglio
[AL.] Linde

4230. Tilsit; Tilsiter (queijo de textura semidura, feito com leite de vaca)
[INGL.] Tilsit (semi-hard cheese, made from cow milk)
[ESP.] Tilsit (queso de textura semiblanda, elaborado con leche de vaca)
[FR.] Tilsit (fromage à pâte pressée, à base de lait de vache)
[IT.] Tilsiter (formaggio a pasta semidura, preparato con latte vaccino)
[AL.] Tilsiter (halbfester Käse aus Kuhmilch)

4231. Tilsiter *Ver* TILSIT

4232. Timbale (risoto com carnes, peixe, verduras e queijo)
[INGL.] rice timbale (with meat, fish, vegetables, and cheese)
[ESP.] timbal de arroz (con carne, pescado, verduras y queso)
[FR.] timbale de riz (avec viande, poisson, légumes et fromage)
[IT.] timballo di riso (con carne, pesce, verdure e formaggio)
[AL.] Reis-Pastete (Risotto mit Fleisch, Fisch, Gemüse und Käse)

4233. Timo de vitela *Ver* MOLEJA DE VITELA

4234. Timo *Ver* MOLEJA

4235. Timo *Ver* TOMILHO

4236. Tina *Ver* CUBA

4237. Tintureira; Jaguara (NE)**; Tigre** (NE)
[INGL.] tiger shark (U.S.)/ leopard shark (U.K.)
[ESP.] tintorera
[FR.] requin tigre
[IT.] squalo tigre
[AL.] Tigerhai

4238. Tira-manchas
[INGL.] spot remover
[ESP.] quitamanchas
[FR.] détachant
[IT.] smacchiatore
[AL.] Fleckenentferner

4239. Tiramisù (sobremesa que alterna camadas de biscoitos ingleses embebidos em café com camadas de creme feito com mascarpone, polvilhadas, por fim, com cacau em pó)
[INGL.] tiramisù (ladyfingers (U.S.)/sponge biscuits (U.K.) soaked in coffee and wrapped in a mascarpone cream sprinkled with bitter cocoa)
[ESP.] tiramisù (soletillas remojadas en café, guarnecidas con una crema al mascarpone y con cacao amargo espolveado)
[FR.] tiramisù (biscuits à la cuillère imbibés de café, garni d'une crème au mascarpone et saupoudrée de poudre de cacao)
[IT.] tiramisù (savoiardi imbevuti nel caffè, ricoperti con crema di mascarpone e cosparsi di cacao amaro)
[AL.] Tiramisù (Löffelbiskuits, die mit kaltem Kaffee, getränkt werden und einer Creme aus Mascarpone, die abschliessende Cremeschicht wird mit Kakao bestäubt)

4240. Tirar a mesa
[INGL.] clear away, to
[ESP.] quitar la mesa
[FR.] desservir
[IT.] sparecchiare
[AL.] abräumen

4241. Tirar a nata; Desnatar
[INGL.] skim, to
[ESP.] desnatar; descremar
[FR.] écrémer
[IT.] scremare
[AL.] entrahmen

4242. Tirar as espinhas *(peixe)*
[INGL.] bone, to
[ESP.] quitar las espinas
[FR.] ôter les arêtes
[IT.] spinare
[AL.] entgräten

4243. Tira *(subst.)*
[INGL.] strip
[ESP.] tira
[FR.] bande
[IT.] striscia
[AL.] streifen

T

4244. Tiras de frango
[INGL.] chicken strips
[ESP.] tiras de pollo
[FR.] lamelles de poulet
[IT.] petto a listarelle
[AL.] Hähnchenstreifen

4245. Tirinhas de queijo
[INGL.] cheese straws
[ESP.] barritas de queso
[FR.] allumettes au fromage
[IT.] bastoncini al formaggio
[AL.] Käsestangen

4246. Tirolesa, à (cebolas fritas e pedaços de tomates)
[INGL.] Tyrolean style (fried onions and cubed tomatoes)
[ESP.] a la tirolesa (cebollas fritas y pedacitos de tomates)
[FR.] à la tyrolienne (oignons frits et tomates en dés)
[IT.] alla tirolese (cipolle fritte e pomodori a pezzetti)
[AL.] nach Tiroler Art (gebratenen Zwiebeln und Tomatenstückchen)

4247. Tirolês, molho (tomates e molho béarnaise)
[INGL.] Tyrolean sauce (tomatoes and béarnaise sauce)
[ESP.] salda tirolesa (tomates y salsa bearnesa)
[FR.] sauce tyrolienne (tomates et sauce béarnaise)
[IT.] salsa tirolesa (pomodori e salsa bearnese)
[AL.] Tiroler-Sauce (Tomaten und Bearner-Sauce)

4248. Tisana
Ver CHÁ DE ERVAS

4249. Toad-in-the-hole (salsichas envoltas em massa, levadas ao forno)
[INGL.] toad-in-the-hole (sausages baked in batter)
[ESP.] toad-in-the-hole (empanada de salchichas al horno)
[FR.] toad-in-the-hole (saucisses cuites au four dans une sorte de pâte à crêpes)
[IT.] toad-in-the-hole (salsiccie ricoperte di pasta frolla, cotte al forno)
[AL.] Toad-in-the-hole (Wurstchen im Pfannkuchenteig)

4250. Toalha de mão
[INGL.] hand towel
[ESP.] toalla de mano
[FR.] essuie-mains
[IT.] asciugamano
[AL.] Handtuch

4251. Toalha de mesa
[INGL.] table cloth
[ESP.] mantel
[FR.] nappe
[IT.] tovaglia
[AL.] Tischtuch

4252. Toffee Ver BALA DE CARAMELO

4253. Tofu (queijo feito com leite de soja)
[INGL.] tofu (cheese made from soymilk)
[ESP.] tofu (queso elaborado con leche de soja)
[FR.] tofu (fromage à base de lait de soja)
[IT.] tofu (formaggio preparato con latte di soia)
[AL.] Tofu (Sojamilch-Käse)

4254. Tomar
[INGL.] take, to
[ESP.] tomar
[FR.] prendre
[IT.] prendere
[AL.] nehmen

4255. Tomar café da manhã
[INGL.] have breakfast, to
[ESP.] desayunar
[FR.] déjeuner
[IT.] far colazione
[AL.] frühstücken

4256. Tomate
[INGL.] tomato
[ESP.] tomate
[FR.] tomate; pomme d'amour
[IT.] pomodoro
[AL.] Tomate

4257. Tomate-amarelo
[INGL.] yellow tomato
[ESP.] tomate amarillo
[FR.] tomate piriforme jaune
[IT.] pomodoro giallo
[AL.] gelbe Tomate

4258. Tomate-arbóreo
Ver TAMARILHO

4259. Tomate australiano
[INGL.] Bush tomato
[ESP.] tomate silvestre
[FR.] tomate aussie
[IT.] pomodoro del Bush
[AL.] Buchtomate

T

4260. Tomate-caqui; Tomate japonês
[INGL.] beef (steak) tomato
[ESP.] tomate beefsteak
[FR.] kaki; plaquemine
[IT.] pomodore cuore di bue
[AL.] Fleischtomate

4261. Tomate-cereja
[INGL.] cherry tomato
[ESP.] tomate cereza
[FR.] tomate cerise
[IT.] pomodorino; pomodoro ciliegino
[AL.] Kirsch-Tomate

4262. Tomate comum; Tomate longa-vida
[INGL.] round tomato
[ESP.] tomate común
[FR.] tomate ronde
[IT.] pomodoro comune
[AL.] runde Salattomate

4263. Tomate-de-árvore
Ver TAMARILHO

4264. Tomate holandês
[INGL.] vine tomato
[ESP.] tomate en rama
[FR.] tomate en grappe
[IT.] pomodoro da mensa
[AL.] Rispentomate; Strauchtomate

4265. Tomate italiano
[INGL.] plum tomato; Roma tomato
[ESP.] tomate ciruela
[FR.] tomate Roma; tomate olivette
[IT.] pomodoro Roma
[AL.] Flaschentomate; Eiertomate

4266. Tomate japonês
Ver TOMATE-CAQUI

4267. Tomate longa-vida
Ver TOMATE COMUM

4268. Tomate, molho de
[INGL.] tomato sauce
[ESP.] salsa de tomate
[FR.] sauce tomate
[IT.] salsa di pomodoro
[AL.] Tomatensauce

4269. Tomate seco
[INGL.] dried tomato
[ESP.] tomate seco
[FR.] tomate séchée
[IT.] pomodoro secco
[AL.] getrocknete Tomate

4270. Tomates pelados
[INGL.] peeled tomatoes
[ESP.] tomates pelados
[FR.] tomates pelées
[IT.] pomodori pelati
[AL.] Schältomaten

4271. Tomates secos ao sol
[INGL.] sun-dried tomatoes
[ESP.] tomates secados al sol
[FR.] tomates séchées au soleil
[IT.] pomodori essiccati al sole
[AL.] sonnengetrocknet Tomaten

4272. Tomatillo (tomate verde de origem mexicana)
[INGL.] tomatillo; Mexican green tomato; jamberry
[ESP.] tomatillo
[FR.] tomatillo
[IT.] tomatillo
[AL.] Tomatillo; mexikanische Blasenkirsche

4273. Tom Collins (coquetel feito com gim, calda de açúcar, suco de limão e club soda)
[INGL.] Tom Collins (cocktail made with gin, sugar syrup, lemon juice, and club soda)
[ESP.] Tom Collins (cóctel con ginebra, jarabe de azúcar, zumo de limón y agua carbonatada)
[FR.] Tom Collins (cocktail de gin, sirop de sucre, jus de citron et eau gazeuse)
[IT.] Tom Collins (cocktail fatto con gin, sciroppo di zucchero, succo di limone e acqua gassata)
[AL.] Tom Collins (Cocktail mit Gin, Zuckersirup, Zitronensaft und Sodawasser)

4274. Tomilho; Timo
[INGL.] thyme
[ESP.] tomillo
[FR.] thym
[IT.] timo; pepolino
[AL.] Thymian

4275. Tomme de Savoie (queijo francês, com gosto de amêndoas, feito com leite de vaca não pasteurizado)
[INGL.] Tomme de Savoie (French cheese, nutty flavor, made from unpasteurized cow milk)
[ESP.] Tomme de Savoya (queso francés, sabor a nuez, elaborado con leche de vaca sin pasteurizar)

T

[FR.] Tomme de Savoie (fromage français, goût de noisette, à base de lait de vache cru)
[IT.] Tomme de Savoie (formaggio francese, con sapore di noci, preparato con latte vaccino crudo)
[AL.] Tomme de Savoie (französischer Käse aus unpasteurisierter Kuhmilch und mit ein nussiges Aroma)

4276. Tonel
[INGL.] cask
[ESP.] tonel
[FR.] tonneau
[IT.] botte
[AL.] Fass

4277. Tonelada
[INGL.] ton
[ESP.] tonelada
[FR.] tonne
[IT.] tonnellata
[AL.] Tonne

4278. Toranja *Ver* POMELO

4279. Tordo *(pássaro europeu, semelhante ao melro)*
[INGL.] thrush
[ESP.] tordo
[FR.] grive
[IT.] tordo
[AL.] Drossel

4280. Torrada
[INGL.] toast
[ESP.] tostada; pan tostado
[FR.] toast; pain grillé
[IT.] toast
[AL.] Toast; Röstbrot

4281. Torrada com manteiga
[INGL.] buttered toast
[ESP.] tostada con mantequilla
[FR.] toast au beurre
[IT.] toast con burro
[AL.] Toast mit Butter

4282. Torrada com queijo e presunto
[INGL.] ham and cheese toast
[ESP.] tostada con queso y jamón
[FR.] toast au fromage et jambon
[IT.] toast con formaggio e prosciutto
[AL.] Röstbrot mit Käse und Schinken

4283. Torradeira
[INGL.] toaster
[ESP.] tostadora
[FR.] grille-pain; toasteur
[IT.] tostapane
[AL.] Toaster

4284. Torrado; Tostado
[INGL.] toast; toasted
[ESP.] tostado
[FR.] grillé
[IT.] tostato; abbrustolito
[AL.] geröstet

4285. Torrar
[INGL.] toast, to
[ESP.] tostar
[FR.] griller
[IT.] tostare
[AL.] rösten

4286. Torrone
[INGL.] white nougat
[ESP.] turrón
[FR.] nougat
[IT.] torrone
[AL.] weisser Nougat

4287. Torrone de chocolate
[INGL.] chocolate nougat
[ESP.] turrón de chocolate
[FR.] nougat au chocolat
[IT.] torrone al cioccolato
[AL.] Schokoladen-Nougat

4288. Torta
[INGL.] pie
[ESP.] tarta
[FR.] tarte
[IT.] torta
[AL.] Torte

4289. Torta de abricó
[INGL.] apricot cake
[ESP.] tarta de albaricoques
[FR.] gâteau aux abricots
[IT.] torta alle albicocche
[AL.] Aprikosenkuchen

4290. Torta de amêndoas
[INGL.] almond cake
[ESP.] tarta de almendras
[FR.] gâteau aux amandes
[IT.] torta di mandorle
[AL.] Mandeltorte

4291. Torta de banana
[INGL.] pineapple cake
[ESP.] tarta de plátano
[FR.] gâteau à l'ananas
[IT.] torta all'ananas
[AL.] Ananastorte

4292. Torta de café
[INGL.] coffee cake
[ESP.] tarta de café
[FR.] gâteau au café
[IT.] torta al caffè
[AL.] Mokkatorte

T

4293. **Torta de carne**
[INGL.] meat pie
[ESP.] tarta de carne
[FR.] tarte de viande
[IT.] sformato di carne
[AL.] Fleischtorte

4294. **Torta de cerejas**
[INGL.] cherry cake
[ESP.] tarta de cerezas
[FR.] gâteau aux cerises
[IT.] torta alle ciliege
[AL.] Kirschtorte

4295. **Torta de chocolate**
[INGL.] chocolate cake
[ESP.] tarta de chocolate
[FR.] gâteau au chocolat
[IT.] torta al cioccolato
[AL.] Schokoladentorte

4296. **Torta de frango**
[INGL.] chicken pie
[ESP.] torta de pollo
[FR.] tarte de poulet
[IT.] sformato di pollo
[AL.] Hühnertorte

4297. **Torta de lima**
[INGL.] key lime pie
[ESP.] tarta de lima
[FR.] tarte au citron vert
[IT.] torta di limetta
[AL.] Limettetorte

4298. **Torta de maçã**
[INGL.] apple pie
[ESP.] tarta de manzana
[FR.] tarte aux pommes
[IT.] torta di mele
[AL.] Apfelkuchen

4299. **Torta de mel de engenho**
[INGL.] golden syrup tart
(U.S.)/light treacle tart (U.K.)
[ESP.] tarta de melaza
[FR.] tarte à la mélasse
[IT.] torta alla melassa
[AL.] Rohrzuckermelassekuchen

4300. **Torta de morango**
[INGL.] strawberry cake
[ESP.] tarta de fresas
[FR.] gâteau aux fraises
[IT.] torta alle fragole
[AL.] Erdbeertorte

4301. **Torta de pecã**
[INGL.] pecan pie
[ESP.] tarta de pacanas
[FR.] tarte aux noix de pécan
[IT.] torta alla noce di pecan
[AL.] Pekannußtorte

4302. **Torta de queijo**
[INGL.] cheesecake
[ESP.] tarta de queso
[FR.] gâteau au fromage
[IT.] sformato di formaggio
[AL.] Käsekuchen

4303. **Tortellini (massa recheada, feita de massa fresca)**
[INGL.] tortellini (stuffed pasta made from fresh pasta)
[ESP.] tortellini (pasta rellena elaborada con pasta fresca)
[FR.] tortellini (pâte farcie faite à partir de pâte fraiche)
[IT.] tortellini (pasta ripiena tradizionalmente preparata con pasta fresca)
[AL.] Tortellini (gefüllte Nudeln aus frischem Nudelteig)

4304. **Tortelloni (versão maior do tortellini)**
[INGL.] tortelloni (large version of tortellini)
[ESP.] tortelloni (un tipo de tortellini de mayor tamaño)
[FR.] tortelloni (version plus grande des tortellini)
[IT.] tortelloni (versione più grande dei tortellini)
[AL.] Tortelloni (eine große Variante der Tortelloni)

4305. **Tortilla (massa de farinha de milho moída, de forma redonda e chata)**
[INGL.] tortilla (soft unleavened bread containing cornstarch (U.S.)/corn flour (U.K.)
[ESP.] tortilla (masa de maíz cocinada, que tiene forma circular y aplastada)
[FR.] tortilla (crêpe préparée à base de maïs)
[IT.] tortilla (tipo di pane di mais)
[AL.] Tortilla (Maisfladen)

4306. **Tortinha de cogumelos**
[INGL.] small mushroom pie
[ESP.] tartita de setas
[FR.] tartelette aux champignons
[IT.] tortino ai funghi
[AL.] Pilzetörtchen

4307. **Toscana, alla (queijo parmesão e presunto)**
[INGL.] Tuscan style (parmesan cheese and ham)
[ESP.] a la toscana (parmesano y jamón)
[FR.] à la toscane (parmesan et jambon)
[IT.] alla toscana (parmigiano e prosciutto)
[AL.] nach toskanischer Art (Parmesankäse und Schinken)

T

4308. Tostado Ver T<small>ORRADO</small>

4309. Toucinho em tiras; Lardo
[I<small>NGL</small>.] fat back (U.S.)/pork fat (U.K.)
[E<small>SP</small>.] tocino; panceta
[F<small>R</small>.] bardière; lard
[I<small>T</small>.] lardo della schiena
[A<small>L</small>.] Rückenspeck

4310. Toulousaine, à la (quenelles de galinha, moleja de cordeiro ou cristas de galo, rins de galinha, cogumelos, trufas e molho allemande)
[I<small>NGL</small>.] Toulousian style (chicken dumplings, lamb sweetbreads or cockscombs, chicken kidneys, mushrooms, truffles, and allemande sauce)
[E<small>SP</small>.] a la tolosona (albondiguillas de ave, molleja de cordero o crestas de gallo, riñones de ave, setas, trufas y salsa alemana)
[F<small>R</small>.] à la toulousaine (quenelles de volaille, ris de agneau ou crêtes de coq, rognons de volaille, champignons, truffes et sauce allemande)
[I<small>T</small>.] alla tolosona (polpettine di pollo, timo d'agnello o creste di gallo, rognoni di pollo, funghi, tartufi e salsa alemanna)
[A<small>L</small>.] Toulouser Art (Geflügelklößchen, Kalbsbries oder Hahnkämme, Gemuflügelnierchen, Pilze, Trüffeln und deutsche Sauce)

4311. Tournedos Clamart (com fundos de alcachofra e ervilhas)
[I<small>NGL</small>.] tournedos Clamart (with artichoke bottoms and green peas)
[E<small>SP</small>.] tournedós Clamart (con fondos de alcachofas y guisantes)
[F<small>R</small>.] tournedos Clamart (aux fonds d'artichauts et petits pois)
[I<small>T</small>.] tournedos Clamart (con fondi di carciofi e piselli)
[A<small>L</small>.] Lendenschnitte Clamart (mit Artischockenböden und Erbsen)

4312. Tournedos (medalhões de filé-mignon)
[I<small>NGL</small>.] tournedos (filet mignon medallion)
[E<small>SP</small>.] tournedós (medallón de solomillo pequeño)
[F<small>R</small>.] tournedos (médaillon de filet mignon)
[I<small>T</small>.] tournedos (medaglione di filetto mignon)
[A<small>L</small>.] Tournedos (Rinderfilet-Medaillon)

4313. Tournedos Rossini (com fatias de foie gras, trufas e molho Madeira)
[I<small>NGL</small>.] tournedos Rossini (with slices of foie gras, truffles, and Madeira sauce)
[E<small>SP</small>.] tournedós Rossini (con tajadas de hígado graso de ganso, trufas y salsa Madera)
[F<small>R</small>.] tournedos Rossini (garni de foie gras, truffes et sauce au Madère)
[I<small>T</small>.] tournedos Rossini (con fettine di fegato grasso d'oca, tartufi e salsa al Madeira)
[A<small>L</small>.] Lendenschnitte Rossini (mit Gänseleberscheibe, Trüffeln und Madeira-Sauce)

4314. Tóxico
[I<small>NGL</small>.] toxic
[E<small>SP</small>.] tóxico
[F<small>R</small>.] toxique
[I<small>T</small>.] tossico
[A<small>L</small>.] giftig

4315. Trabalhar a massa
[I<small>NGL</small>.] knead the dough, to
[E<small>SP</small>.] trabajar la masa
[F<small>R</small>.] travailler (manier) la pâte
[I<small>T</small>.] lavorare l'impasto
[A<small>L</small>.] den Teig kneten

4316. Tradicional
[I<small>NGL</small>.] traditional
[E<small>SP</small>.] tradicional
[F<small>R</small>.] traditionnel
[I<small>T</small>.] tradizionale
[A<small>L</small>.] Traditionell

4317. Trailer; Vagão
[I<small>NGL</small>.] trolley; wagon
[E<small>SP</small>.] carrito de servicio
[F<small>R</small>.] voiture
[I<small>T</small>.] carrello; carrozza
[A<small>L</small>.] Wagon

4318. Traqueia *(miúdos)*
[I<small>NGL</small>.] bovine trachea
[E<small>SP</small>.] tráquea
[F<small>R</small>.] trachée
[I<small>T</small>.] trachea
[A<small>L</small>.] Trachea

4319. Traseiro serrote *(corte de carne bovina)*
[I<small>NGL</small>.] pistola

T

[ESP.] pistola
[FR.] coupe arrière
[IT.] pistola
[AL.] Pistolenschnitt

4320. **Trassi** *Ver* Pasta de camarão seco

4321. **Travessa**
[INGL.] platter
[ESP.] plato grande
[FR.] plat
[IT.] piatto da portata
[AL.] Servierplatte

4322. **Travessa comprida**
[INGL.] long tray
[ESP.] bandeja larga
[FR.] plat long
[IT.] piatto lungo
[AL.] lange Servierplatte

4323. **Travessa oval**
[INGL.] oval tray
[ESP.] bandeja oval
[FR.] plat ovale
[IT.] piatto ovale
[AL.] ovale Servierplatte

4324. **Travessa redonda**
[INGL.] round tray
[ESP.] bandeja redonda
[FR.] plat rond
[IT.] piatto rotondo
[AL.] rude Servierplatte

4325. **Trazer**
[INGL.] bring, to
[ESP.] traer
[FR.] apporter
[IT.] portare
[AL.] bringen

4326. **Tremoços; Altramuz**
[INGL.] lupines
[ESP.] altramuces
[FR.] lupins; ternages
[IT.] lupini
[AL.] Lupinenkerne

4327. **Trenette (massa em forma de fita)**
[INGL.] trenette (ribbon-shaped pasta)
[ESP.] trenette (pasta en forma de cintas)
[FR.] trenette (pâtes en forme de ruban)
[IT.] trenette (pasta nastriforme)
[AL.] Trenette (bandförmigen Nudeln)

4328. **Trevo-de-cheiro** *Ver* Meliloto

4329. **Trifle (bolo com geleia de frutas e xerez)**
[INGL.] trifle (cake with jam and Sherry)
[ESP.] trifle (bollo con confitura y Jerez)
[FR.] trifle (gâteau à la confiture et Xérès)
[IT.] trifle (torta dolce con marmellata e Xeres)
[AL.] Trifle (Kuchen mit Konfiture und Sherry)

4330. **Trigo**
[INGL.] wheat
[ESP.] trigo
[FR.] blé
[IT.] grano
[AL.] Weizen

4331. **Trigo-duro**
[INGL.] durum wheat; durum;
[ESP.] trigo duro
[FR.] blé dur
[IT.] grano duro
[AL.] Hartweizen

4332. **Trigo-sarraceno**
[INGL.] buckwheat
[ESP.] trigo sarraceno; alforfón
[FR.] sarrasin; blé noir
[IT.] grano saraceno
[AL.] Buchweizen

4333. **Trigo-vermelho** *Ver* Espelta

4334. **Trincado**
[INGL.] cracked
[ESP.] rajado
[FR.] fêlé; fendu
[IT.] incrinato
[AL.] gesprungen

4335. **Trinchado**
[INGL.] carved
[ESP.] trinchado
[FR.] tranché
[IT.] trinciato
[AL.] tranchiert

4336. **Trinchante** *Ver* Garfo para carne

4337. **Trinchar (carne)**
[INGL.] carve, to (meat)
[ESP.] trinchar (carne)
[FR.] trancher; découper (viande)
[IT.] trinciare (carne)
[AL.] tranchieren (Fleisch)

4338. **Triturador de alimentos**
[INGL.] garbage disposal
[ESP.] triturador de desperdicios
[FR.] broyeur à déchets

T

[IT.] tritarifiuti
[AL.] Abfallmühle

4339. Triturador de gelo
[INGL.] ice crusher
[ESP.] picadora de hielo
[FR.] pileur à glace
[IT.] tritaghiaccio
[AL.] Eiscrusher

4340. Troco *(em moedas)*
[INGL.] change
[ESP.] resto; vuelta
[FR.] monnaie
[IT.] resto
[AL.] Rückgeld

4341. Trompette de la mort *(variedade negra do chanterelle)*
[INGL.] black chanterelle; horn of plenty
[ESP.] trompeta de la muerte
[FR.] trompette-de-la-mort
[IT.] trombette dei morti
[AL.] Totentrompete

4342. Trufa
[INGL.] truffle
[ESP.] trufa
[FR.] truffe
[IT.] tartufo
[AL.] Trüffel

4343. Trufa branca
[INGL.] white truffle
[ESP.] trufa blanca
[FR.] truffe blanche
[IT.] tartufo bianco
[AL.] weiße Trüffel

4344. Trufa de chocolate
[INGL.] chocolate truffle
[ESP.] trufa de chocolate
[FR.] truffe au chocolat

[IT.] tartufo al cioccolato
[AL.] Schokoladentrüffel

4345. Trufado; Recheado com trufas
[INGL.] flavored with truffles
[ESP.] trufado
[FR.] truffé
[IT.] tartufato
[AL.] getrüffelt

4346. Trufa negra
[INGL.] black truffle
[ESP.] trufa negra
[FR.] truffe noire
[IT.] tartufo nero
[AL.] schwarze Trüffel

4347. Trufar; Rechear com trufas
[INGL.] flavor with truffles, to
[ESP.] trufar
[FR.] truffer
[IT.] tartufare
[AL.] trüffeln

4348. Truta
[INGL.] trout
[ESP.] trucha
[FR.] truite
[IT.] trota
[AL.] Forelle

4349. Truta-arco-íris
[INGL.] rainbow trout
[ESP.] trucha arco iris
[FR.] truite arc-en-ciel
[IT.] trota arcobaleno; trota iridea
[AL.] Regenbogenforelle

4350. Truta-coral
[INGL.] coral trout
[ESP.] trucha coral

[FR.] vieille de corail
[IT.] trota leopardo
[AL.] Rotforelle

4351. Truta defumada
[INGL.] smoked trout
[ESP.] trucha ahumada
[FR.] truite fumée
[IT.] trota affumicata
[AL.] geräucherte Forelle

4352. Truta-de-lago
[INGL.] lake trout
[ESP.] trucha de lago
[FR.] omble d'Amérique
[IT.] trota di lago
[AL.] amerikanische Seeforelle

4353. Truta-de-mar
[INGL.] sea trout
[ESP.] trucha marina
[FR.] truite de mer
[IT.] trota di mare
[AL.] Meerforelle

4354. Truta dourada
[INGL.] California golden trout
[ESP.] trucha dorada
[FR.] truite dorée
[IT.] trota dorata
[AL.] Goldforelle

4355. Truta-salmão
[INGL.] salmon trout
[ESP.] trucha salmonada
[FR.] truite saumonée
[IT.] trota salmonata
[AL.] Lachsforelle

4356. Tubarão
[INGL.] shark
[ESP.] tiburón
[FR.] requin
[IT.] squalo
[AL.] Hai

T

4357. **Tubarão-azul; Bico-doce** (RS)**; Mole-mole** (ES)
[INGL.] blue shark (U.S.)/ blue dog (U.K.)
[ESP.] tiburón azul; azulejo; cailón
[FR.] peau bleue
[IT.] squalo azzurro
[AL.] Blauhai

4358. **Tubarão-branco; Anequim**
[INGL.] white shark (U.S.)/ man-eater (U.K.)
[ESP.] marrajo
[FR.] requin blanc; mangeur d'hommes
[IT.] squalo bianco; pescecane
[AL.] Weißer Hai

4359. **Tubarão-da-sopa** (PT)**; Perna-de-moça** (PT)
[INGL.] soupein
[ESP.] tollo
[FR.] milandre
[IT.] canesca
[AL.] Hundshai

4360. **Tubarão mako**
[INGL.] mako (U.S.)/bonito shark (U.K.)
[ESP.] tiburón mako
[FR.] mako
[IT.] squalo mako
[AL.] Mako-Hai

4361. **Tubetti** *Ver* DITALINI

4362. **Tubo**
[INGL.] tube
[ESP.] tubo
[FR.] tube
[IT.] tubetto
[AL.] Rohr

4363. **Tupinambo; Alcachofra-de-jerusalém; Alcachofra-da-terra**
[INGL.] Jerusalem artichoke; sunchoke
[ESP.] pataca
[FR.] topinambour
[IT.] topinambur; rapa tedesca
[AL.] Topinambur

4364. **Turbigo (chipolata e cogumelos)**
[INGL.] Turbigo (chipolata and mushrooms)
[ESP.] Turbigo (chipolata y setas)
[FR.] Turbigo (chipolata et champignons)
[IT.] Turbigo (chipolata e funghi)
[AL.] Turbigo (Chipolata und Pilze)

4365. **Turque, à la (pilaf, ovos em cocotte, omelete e berinjela)**
[INGL.] Turkish style (rice pilaf, shirred eggs, omelet, and eggplant (U.S.)/ aubergine (U.K.)
[ESP.] a la turca (arroz pilaf, huevos en cazuela, tortilla y berenjena)
[FR.] à la turque (riz pilaf, œufs cocotte, omelette et aubergine)
[IT.] alla turca (riso pilaf, uova in cocote, omelette e melanzana)
[AL.] nach türkischer Art (Pilaf, Eier backförmchen, Omelett und Aubergine)

4366. **Turvar**
[INGL.] dazzle, to
[ESP.] turbar
[FR.] troubler
[IT.] intorbidare
[AL.] trüben

4367. **Turvo**
[INGL.] dreggish
[ESP.] turbio
[FR.] trouble
[IT.] torbido
[AL.] trüb

4368. **Tutano**
[INGL.] marrow
[ESP.] tuétano
[FR.] moelle
[IT.] midollo
[AL.] Knochenmark

4369. **Tutano, molho de**
[INGL.] marrow sauce
[ESP.] salsa de tuétano
[FR.] sauce à la moelle
[IT.] salsa al midollo
[AL.] Knochenmarksauce

– 369 –

U

4370. Udon (massa oriental, feita de farinha de trigo e água)
[INGL.] milk udon (Asian noodles made of all-purpose flour (U.S.)/plain flour (U.K.) and water)
[ESP.] fideos udon (fideos asiáticos hechos con harina de trigo y agua)
[FR.] milk udon (nouilles asiatiques à base de farine de blé et d'eau)
[IT.] udon (pasta asiatica fatta con farina di grano ed acqua)
[AL.] Udon-Nudeln (asiatische Nudeln aus Weizenmehl und Wasser)

4371. Uísque
[INGL.] whisky; whiskey
[ESP.] whisky
[FR.] whisky
[IT.] whisky
[AL.] Whisky

4372. Uísque americano
[INGL.] American whisky
[ESP.] whisky americano
[FR.] whisky américain
[IT.] whisky americano
[AL.] amerikanisch Whisky

4373. Uísque bourbon
[INGL.] bourbon whisky
[ESP.] whisky bourbon
[FR.] whisky bourbon
[IT.] whisky bourbon
[AL.] Bourbon Whisky

4374. Uísque de centeio
[INGL.] rye whisky
[ESP.] whisky de centeno
[FR.] whisky de seigle
[IT.] whisky di segale
[AL.] Roggenwhisky; Ryewhisky

4375. Uísque escocês
[INGL.] Scotch whisky
[ESP.] whisky escocés
[FR.] whisky écossais
[IT.] whisky scozzese
[AL.] schottischer Whisky

4376. Uísque e soda
[INGL.] whisky and soda
[ESP.] whisky con soda
[FR.] whisky et soda
[IT.] whisky e soda
[AL.] Whisky mit Soda

4377. Uísque irlandês
[INGL.] Irish whisky
[ESP.] whisky irlandés
[FR.] whisky irlandais
[IT.] whisky irlandese
[AL.] irischer Whisky

U

4378. Úmido
[INGL.] damp
[ESP.] húmedo
[FR.] humide
[IT.] umido
[AL.] feucht

4379. Um quarto
[INGL.] a quarter
[ESP.] un cuarto
[FR.] un quart
[IT.] un quarto
[AL.] ein Viertel

4380. Um terço
[INGL.] a third
[ESP.] un tercio
[FR.] un tiers
[IT.] un terzo
[AL.] ein Drittel

4381. Unir *Ver* LIGAR

4382. Untado com manteiga
[INGL.] buttered
[ESP.] untado con mantequilla
[FR.] beurré; enduit
[IT.] imburrato
[AL.] eingefettet

4383. Untar com manteiga
[INGL.] butter, to
[ESP.] untar con mantequilla
[FR.] beurrer; enduire
[IT.] imburrare
[AL.] mit Butter einfetten

4384. Upside-down cake (depois de assado, o bolo é invertido para que o glacê de frutas fique por cima)
[INGL.] upside-down cake (before serving, the cake is inverted so the glazed fruit becomes the top of the cake)
[ESP.] torta invertida (pastel al que se le da la vuelta para servirlo)
[FR.] gâteau renversé aux fruits
[IT.] torta rovesciata (sottosopra)
[AL.] Sturzkuchen (Bevor man serviert, wird der Kuchen gewendet, damit die Fruchtglasur oben bleibt)

4385. Urso
[INGL.] bear
[ESP.] oso
[FR.] ours
[IT.] orso
[AL.] Bär

4386. Urtiga
[INGL.] nettle
[ESP.] ortiga
[FR.] ortie
[IT.] ortica
[AL.] Brennessel

4387. Urubaiana (NE) *Ver* OLHO-DE-BOI

4388. Urucum; Achiote; Anato
[INGL.] annatto
[ESP.] achiote; achote
[FR.] rocou
[IT.] annatto
[AL.] Annatto

4389. Usar
[INGL.] use, to
[ESP.] usar
[FR.] user; utiliser
[IT.] usare
[AL.] benutzen

4390. Utensílios de cozinha
[INGL.] kitchen utensils; kitchenware
[ESP.] utensilios de cocina
[FR.] ustensiles de cuisine
[IT.] utensili da cucina
[AL.] Küchenutensilien

4391. Utensílios de mesa
[INGL.] tableware
[ESP.] utensilios de mesa
[FR.] ustensiles de table
[IT.] utensili da tavola
[AL.] Tafelzubehör

4392. Utilizar
[INGL.] utilize, to
[ESP.] utilizar
[FR.] utiliser
[IT.] utilizzare
[AL.] nutzen

4393. Uva
[INGL.] grape
[ESP.] uva
[FR.] raisin
[IT.] uva
[AL.] Traube

4394. Uva-branca
[INGL.] white grape
[ESP.] uva blanca
[FR.] raisin blanc
[IT.] uva bianca
[AL.] weiße Traube

4395. Uva-moscatel *(seca)*
[INGL.] Muscat grape
[ESP.] uva Moscatel
[FR.] raisin Muscat
[IT.] uva Moscata
[AL.] Muskatellertraube

U

4396. Uva-negra
[INGL.] black grape
[ESP.] uva negra
[FR.] raisin noir
[IT.] uva nera
[AL.] blaue Traube

4397. Uva-passa branca; Sultana
[INGL.] golden raisin (U.S.)/ sultana (U.K.)
[ESP.] sultana; pasa de Esmirna
[FR.] raisin de Smyrne
[IT.] uva di Smirne
[AL.] Sultanrosinen

4398. Uva-passa comum
[INGL.] raisin
[ESP.] pasa
[FR.] raisin sec
[IT.] uva passa; uva secca
[AL.] Rosine

4399. Uva-passa de Corinto *(preta)*
[INGL.] currant; zante currant
[ESP.] pasa de Corinto
[FR.] raisin de Corinthe
[IT.] uva di Corinto
[AL.] Korinthe

4400. Uva thompson
[INGL.] Thompson grape
[ESP.] uva Thompson
[FR.] raisin Thompson
[IT.] uva Thompson
[AL.] Thompson-Traube

V

4401. Vacherin (torta em camadas alternadas de merengue e creme chantili)
[INGL.] vacherin (meringues alternated with whipped cream)
[ESP.] vacherin (capas alternadas de merengue y nata batida)
[FR.] vacherin chantilly (meringues superposées, garnies de crème fouettée)
[IT.] vacherin (dischi di meringa alternati con panna montada)
[AL.] Vacherin (Schichttorte aus Meringeböden und Schlagsahne)

4402. Vagão-restaurante
[INGL.] dining car
[ESP.] vagón restaurante; coche comedor
[FR.] wagon-restaurant
[IT.] carrozza ristorante
[AL.] Speisewagen

4403. Vagão *Ver* TRAILER

4404. Vagem; Feijão-de-vagem
[INGL.] green bean (U.S.)/ French bean (U.K.)
[ESP.] judía verde; ejote
[FR.] haricot vert
[IT.] fagiolino; cornetto
[AL.] Fisole; grüne Bohn

vagem

4405. Validade
[INGL.] validity
[ESP.] validez
[FR.] validité
[IT.] validità
[AL.] Haltbarkeit

4406. Valois (corações de alcachofra salteados e batatas Anna)
[INGL.] Valois (sautéed artichoke hearts and potatoes Anna)
[ESP.] Valois (fondos de alcachofas salteados y patatas Anna)
[FR.] Valois (cœurs d'artichauts sautés et pommes de terre Anna)
[IT.] Valois (cuori di carciofi saltati e patate Anna)
[AL.] Valois (sautierte Artischockenherzen und Kartoffeln-Anna)

V

4407. Valor nutricional
[INGL.] nutritive value
[ESP.] valor nutritivo
[FR.] valeur nutritivé
[IT.] valore nutritivo
[AL.] Nährwert

4408. Vanila *Ver* BAUNILHA

4409. Vapor
[INGL.] steam
[ESP.] vapor
[FR.] vapeur
[IT.] vapore
[AL.] Dampf

4410. Vapor, no
[INGL.] steamed
[ESP.] al vapor
[FR.] à la vapeur
[IT.] al vapore
[AL.] in Dampf gegart

4411. Variado
[INGL.] varied
[ESP.] variado
[FR.] varié
[IT.] svariato
[AL.] abwechslungsreich

4412. Variar
[INGL.] vary, to
[ESP.] variar
[FR.] varier
[IT.] variare
[AL.] variieren

4413. Variedade
[INGL.] variety
[ESP.] variedad
[FR.] variété
[IT.] varietà
[AL.] Vielfalt

4414. Varrer
[INGL.] sweep, to
[ESP.] barrer
[FR.] balayer
[IT.] spazzare
[AL.] fegen; kehren

4415. Vasilha medidora
[INGL.] measurer
[ESP.] vaso de medidas
[FR.] verre à graduations
[IT.] misurino
[AL.] Messglas

4416. Vassoura
[INGL.] broom
[ESP.] escoba para barrer
[FR.] balai
[IT.] scopa
[AL.] Besen

4417. Vazio
[INGL.] empty
[ESP.] vacío
[FR.] vide
[IT.] vuoto
[AL.] leer

4418. Veado *(carne)*
[INGL.] venison
[ESP.] corzo
[FR.] chevreuil
[IT.] capriolo
[AL.] Reh

4419. Veado *Ver* CERVO

4420. Vegan
[INGL.] vegan
[ESP.] vegetariano
[FR.] végétalien
[IT.] vegano; vegetaliano
[AL.] Veganer

4421. Vegetais crus
[INGL.] raw vegetables
[ESP.] verduras crudas
[FR.] légumes crus
[IT.] verdure crude
[AL.] rohes Gemüse

4422. Vegetariano
[INGL.] vegetarian
[ESP.] vegetariano
[FR.] végétarien
[IT.] vegetariano
[AL.] vegetarier

4423. Vela
[INGL.] candle
[ESP.] vela
[FR.] chandelle
[IT.] candela
[AL.] Kerze

4424. Vendedor de peixe
[INGL.] fishmonger
[ESP.] pescadero
[FR.] poissonnier
[IT.] pescivendolo
[AL.] Fischhändler

4425. Veneziana, alla (com cebolas)
[INGL.] Venetian style (with onions)
[ESP.] a la veneciana (con cebollas)
[FR.] à la vénitienne (aux oignons)
[IT.] alla veneziana (con le cipolle)
[AL.] nach venezianischer Art (mit Zwiebeln)

4426. Veneziano, molho (vinagre, estragão, molho allemande e ervas)
[INGL.] Venetian sauce (vinegar, tarragon, allemande sauce, and herbs)
[ESP.] salsa veneciana (vinagre, estragón, salsa alemana y hierbas)

V

[FR.] sauce vénitienne (vinaigre, estragon, sauce allemande et herbes)
[IT.] salsa veneziana (aceto, dragoncello, salsa alemanna ed erbe)
[AL.] venezianische Sauce (Essig, Estragon, deutsche Sauce und Kräuter)

4427. **Verbena**
[INGL.] vervain
[ESP.] berbena
[FR.] verveine
[IT.] verbena
[AL.] Eisenkraut

4428. **Verde, molho (com ervas)**
[INGL.] green mayonnaise (with herbs)
[ESP.] salsa verde (con hierbas)
[FR.] sauce verte (aux herbes)
[IT.] salsa verde; bagnet verd (con erbe)
[AL.] grüne Sauce (mit Kräuter)

4429. **Verde** (*pouco maduro*)
[INGL.] unripe
[ESP.] verde
[FR.] vert
[IT.] acerbo; non maturo
[AL.] unreif

4430. **Verdura**
[INGL.] vegetable
[ESP.] verdura
[FR.] légume
[IT.] verdura
[AL.] Gemüse

4431. **Verdura fervida**
[INGL.] boiled vegetable
[ESP.] verdura hervida
[FR.] légume bouilli
[IT.] verdura bollita
[AL.] gekochte Gemüse

4432. **Verduras variadas**
[INGL.] assorted vegetables
[ESP.] verduras variadas
[FR.] légumes assortis
[IT.] verdure assortite
[AL.] gemischtes Gemüse

4433. **Vergalho** (*miúdos*)
[INGL.] pizzle
[ESP.] verga
[FR.] verge
[IT.] nerbo di bue
[AL.] Ochsenziemer

4434. **Verjus; Agraço; Agraz**
[INGL.] verjuice
[ESP.] verjuice
[FR.] verjus
[IT.] agresto
[AL.] Verjuice

4435. **Vermelho-caranho**
[INGL.] cubera snapper
[ESP.] pargo cubera
[FR.] vivaneau cubéra
[IT.] cubere
[AL.] Cuberaschnapper

4436. **Vermelho; Pargo** (NE)
[INGL.] Caribbean red snapper
[ESP.] pargo colorado
[FR.] vivaneau rouget
[IT.] lutianido
[AL.] Schnapper

4437. **Vermicelli de arroz (massa oriental)**
[INGL.] rice vermicelli (Asian noodles)
[ESP.] fideos de arroz (fideos asiáticos)
[FR.] vermicelles de riz (nouilles asiatiques)
[IT.] vermicelli di riso (pasta orientale)
[AL.] Reis-Vermicelli (asiatische Nudeln)

4438. **Vermicelli (versão mais fina do espaguete)**
[INGL.] vermicelli (thinnest version of spaghetti pasta)
[ESP.] vermicelli (un tipo de espaguetis más fino)
[FR.] vermicelles (version plus fine des spaghetti)
[IT.] vermicelli (versione più sottile degli spaghetti)
[AL.] Vermicelli (eine dünnere Variante der Spaghetti)

4439. **Vermute**
[INGL.] vermouth
[ESP.] vermut
[FR.] vermouth
[IT.] vermut
[AL.] Wermut; Wermutwein

– vermute –

V

4440. **Vértebra**
[INGL.] vertebra
[ESP.] vértebra
[FR.] vertèbre
[IT.] vertebra
[AL.] Wirbel

4441. **Viçoso**
[INGL.] rank
[ESP.] lozano
[FR.] feuillu; verdoyant
[IT.] rigoglioso; attechito
[AL.] kräftig

4442. **Victoria (tomates recheados com purê de cogumelos e corações de alcachofra na manteiga)**
[INGL.] Victoria (tomatoes with mushroom purée and artichoke hearts in butter)
[ESP.] Victoria (tomates rellenos de puré de setas y fondos de alcachofas en mantequilla)
[FR.] Victoria (tomates farcies à la purée de champignons et cœurs d'artichauts au beurre)
[IT.] Vittoria (pomodori farciti con crema di funghi e cuori di carciofi saltati nel burro)
[AL.] Viktoria (Tomaten gefüllt mit Pilzepürre und Artischokenherzen im Butter)

4443. **Vieira**
[INGL.] scallop
[ESP.] concha de peregrino; vieira
[FR.] coquille Saint-Jacques
[IT.] capesante; capasanta; conchiglia di San Giacomo
[AL.] Jakobsmuschel

4444. **Viennoise, à la (filé empanado e frito, servido com batatas cozidas e alcaparras)**
[INGL.] Vienna style (breaded and fried filet served with boiled potatoes and capers)
[ESP.] a la vienesa (filete empanado y frito, aderezado con patatas hervidas y alcaparras)
[FR.] à la viennoise (filet pané et frit, servi avec pommes de terre cuites et câpres)
[IT.] alla viennese (filetto impanato e fritto, servito con patate lesse e capperi)
[AL.] nach Wienerart (panierte und gebratene Filet mit Salzkarttofeln und Kapern ganiert)

4445. **Vigneronne, à la (vinho, brandy, uvas ou folhas de parreira)**
[INGL.] vineyard style (wine, brandy, grapes or vine leaves)
[ESP.] a la viñadora (vino, brandy, uvas o hojas de parra)
[FR.] à la vigneronne (vin, brandy, raisins ou feuilles de vigne)
[IT.] alla vignaiola (vino, brandy, uve o foglie di vite)
[AL.] nach Winzerart (Wein, Brandy, Trauben oder Weinblätter)

4446. **Villeroi, molho (molho allemande aromatizado com cogumelos)**
[INGL.] Villeroi sauce (allemande sauce with essence of mushrooms)
[ESP.] salsa Villeroi (salsa alemana aromatizada con setas)
[FR.] sauce Villeroi (sauce allemande à l'extrait de champignons)
[IT.] salsa Villeroi (salsa alemanna con essenza di funghi)
[AL.] Villeroi-Sauce (deutsche Sauce mit Pilzefond)

4447. **Vinagre**
[INGL.] vinegar
[ESP.] vinagre
[FR.] vinaigre
[IT.] aceto
[AL.] Essig

— vinagre —

4448. **Vinagre aromatizado**
[INGL.] aromatic vinegar
[ESP.] vinagre aromatizado
[FR.] vinaigre aromatisé
[IT.] aceto aromatizzato
[AL.] Kräuteressig

4449. **Vinagre balsâmico**
[INGL.] balsamic vinegar
[ESP.] vinagre balsámico
[FR.] vinaigre balsamique
[IT.] aceto balsamico
[AL.] Balsamessig

V

4450. Vinagre branco
[INGL.] white vinegar
[ESP.] vinagre blanco
[FR.] vinaigre d'alcool
[IT.] aceto bianco
[AL.] Essigessenz

4451. Vinagre de arroz
[INGL.] rice vinegar
[ESP.] vinagre de arroz
[FR.] vinaigre de riz
[IT.] aceto di riso
[AL.] Reisessig

4452. Vinagre de ervas
[INGL.] herb vinegar
[ESP.] vinagre de hierbas
[FR.] vinaigre aromatisé aux herbes
[IT.] aceto aromatizzato alle erbe
[AL.] Kräuteressig

4453. Vinagre de estragão
[INGL.] tarragon vinegar
[ESP.] vinagre de estragón
[FR.] vinaigre de estragon
[IT.] aceto al dragoncello
[AL.] Estragonessig

4454. Vinagre de framboesa
[INGL.] raspberry vinegar
[ESP.] vinagre de frambuesa
[FR.] vinaigre de framboise
[IT.] aceto al lampone
[AL.] Himbeeressig

4455. Vinagre de maçã
[INGL.] apple vinegar
[ESP.] vinagre de manzana
[FR.] vinaigre de pomme
[IT.] aceto di mele
[AL.] Apfelessig

4456. Vinagre de malte
[INGL.] malt vinegar
[ESP.] vinagre de malta
[FR.] vinaigre de malte
[IT.] aceto di malto
[AL.] Malzessig

4457. Vinagre de morango
[INGL.] strawberry vinegar
[ESP.] vinagre de fresa
[FR.] vinaigre de fraise
[IT.] aceto di fragole
[AL.] Erdbeeressig

4458. Vinagre de pêssego
[INGL.] peach vinegar
[ESP.] vinagre de melocotón
[FR.] vinaigre de pêche
[IT.] aceto di pesche
[AL.] Pfirsichessig

4459. Vinagre de vinho
[INGL.] wine vinegar
[ESP.] vinagre de vino
[FR.] vinaigre de vin
[IT.] aceto di vino
[AL.] Weinessig

4460. Vinagre de xerez
[INGL.] Sherry vinegar
[ESP.] vinagre de Jerez
[FR.] vinaigre de Xérès
[IT.] aceto di Xeres
[AL.] Sherry-Essig

4461. Vinagreira-do-maranhão Ver VINAGREIRA

4462. Vinagreira; Vinagreira-do-maranhão; Caruru-azedo; Cuxá
[INGL.] Jamaica sorrel; red sorrel; roselle
[ESP.] rosella
[FR.] rozelle
[IT.] carcade
[AL.] Roselle; Karkadi

4463. Vinagre para sushi
[INGL.] vinegar for sushi
[ESP.] vinagre para sushi
[FR.] vinaigre à sushi
[IT.] aceto per il sushi
[AL.] Sushi-Essig

4464. Vinagrete, molho (azeite de oliva, sal, pimenta, vinagre, tomate e cebola)
[INGL.] vinaigrette sauce; French dressing (olive oil, salt, pepper, vinegar, tomato, and onion)
[ESP.] salsa vinagreta (aceite de oliva, sal, pimienta, vinagre, tomate y cebolla)
[FR.] sauce vinaigrette (huile d'olive, sel, poivre, vinaigre, tomate et oignon)
[IT.] salsa vinaigrette (olio di oliva, sale, pepe, aceto, pomodoro e cipolla)
[AL.] Vinaigrette-Sauce (Olivenöl, Salz, Pfeffer, Essig, Tomate und Zwiebel)

4465. Vindima (colheita das uvas)
[INGL.] grape harvest
[ESP.] vendimia
[FR.] vendange
[IT.] vendemmia
[AL.] Weinlese

4466. Vinhedo
[INGL.] vineyard
[ESP.] viñedo
[FR.] vignoble
[IT.] vigneto
[AL.] Weinbaugebiet

4467. Vinho
[INGL.] wine

V

[ESP.] vino
[FR.] vin
[IT.] vino
[AL.] Wein

4468. Vinho branco
[INGL.] white wine
[ESP.] vino blanco
[FR.] vin blanc
[IT.] vino bianco
[AL.] Weißwein

4469. Vinho branco, ao
[INGL.] with white wine
[ESP.] con vino blanco
[FR.] au vin blanc
[IT.] con vino bianco
[AL.] in Weißwein

4470. Vinho branco, molho de
[INGL.] white wine sauce
[ESP.] salsa de vino blanco
[FR.] sauce au vin blanc
[IT.] salsa di vino bianco
[AL.] Weißweinsauce

4471. Vinho de cama *Ver* VINHO DE PASSAS

4472. Vinho de mesa; Vinho de pasto
[INGL.] table wine
[ESP.] vino de mesa; vino común
[FR.] vin de table
[IT.] vino da tavola
[AL.] Tischwein

4473. Vinho de pasto *Ver* VINHO DE MESA

4474. Vinho de passas; Vinho de cama
[INGL.] raisin wine; straw-wine
[ESP.] vino asoleado; vino de uva pasa
[FR.] vin de raisins; passerillé; vin de paille
[IT.] passito; vino di paglia; vino santo
[AL.] Trockenbeerenauslese; Strobwein

4475. Vinho de sobremesa
[INGL.] dessert wine
[ESP.] vino de postre
[FR.] vin à dessert
[IT.] vino da dessert
[AL.] Dessertwein

4476. Vinho doce
[INGL.] sweet wine
[ESP.] vino dulce
[FR.] vin doux
[IT.] vino dolce
[AL.] Süßwein

4477. Vinho do Porto
[INGL.] Port wine; Port; Porto
[ESP.] Oporto
[FR.] (vin de) Porto
[IT.] Porto; vino di Porto
[AL.] Portwein

4478. Vinho em taça
[INGL.] wine in the glass
[ESP.] copa de vino
[FR.] vin au verre
[IT.] vino al bicchiere
[AL.] Schoppenwein

4479. Vinho engarrafado
[INGL.] bottled wine
[ESP.] vino en botella
[FR.] vin en bouteille
[IT.] vino in bottiglia
[AL.] Flaschenwein

4480. Vinho espumante
[INGL.] sparkling wine
[ESP.] vino espumoso
[FR.] vin mousseux
[IT.] vino spumante
[AL.] Schaumwein

4481. Vinho fortificado
[INGL.] fortified wine; natural sweet wine
[ESP.] vino fortificado
[FR.] vin fortifié
[IT.] vino alcoolizzato
[AL.] alkoholisierter Wein

4482. Vinho frisante
[INGL.] fizzy wine
[ESP.] vino de aguja
[FR.] vin pétillant
[IT.] vino frizzante
[AL.] spritzig Wein

4483. Vinho licoroso
[INGL.] liqueur wine
[ESP.] vino licoroso
[FR.] vin de liqueur
[IT.] vino liquoroso
[AL.] Likörwein

4484. Vinho Madeira, ao
[INGL.] with Madeira wine
[ESP.] con vino de Madera
[FR.] au vin Madère
[IT.] al vino Madeira
[AL.] in Madeira Wein

4485. Vinho quente
[INGL.] mulled wine
[ESP.] sangría caliente
[FR.] vin chaud
[IT.] vin brulé
[AL.] Glühwein

4486. Vinho rosado; Vinho rosé
[INGL.] rosé wine
[ESP.] vino rosado
[FR.] vin rosé

V

[IT.] vino rosato, vino rosé
[AL.] Schillerwein; Weißherbst

4487. Vinho rosé
Ver VINHO ROSADO

4488. Vinho tânico
[INGL.] tannic wine
[ESP.] vino tánico
[FR.] vin tannique
[IT.] vino tannico
[AL.] tanninhaltig Wein

4489. Vinho tinto
[INGL.] red wine
[ESP.] vino tinto
[FR.] vin rouge
[IT.] vino rosso
[AL.] Rotwein

4490. Vinho tinto, ao
[INGL.] with red wine
[ESP.] con vino tinto
[FR.] au vin rouge
[IT.] con vino rosso
[AL.] in Rotewein

4491. Vinho tinto, molho de
[INGL.] red wine sauce
[ESP.] salsa de vino tinto
[FR.] sauce vin rouge
[IT.] salsa di vino rosso
[AL.] Rotweinsauce

4492. Vinho varietal
[INGL.] varietal wine
[ESP.] vino varietal
[FR.] vin de cépage; vin variétal
[IT.] vino varietale
[AL.] varietal Wein

4493. Vinho verde
[INGL.] green wine
[ESP.] vino verde
[FR.] vin vert

[IT.] vino verde
[AL.] unreifer Wein

4494. Vinícola
[INGL.] cellar; winery; wine company
[ESP.] bodega
[FR.] cave; maison du vin
[IT.] cantina
[AL.] Weinkeller

4495. Vinicultura
[INGL.] viniculture; wine--making
[ESP.] vinicoltura
[FR.] viniculture
[IT.] vinificazione
[AL.] Weinausbau; Weinkunde

4496. Viola *(peixe)* **(PT); Rebeca (PT)**
[INGL.] guitar fish
[ESP.] viola; guitarra
[FR.] poison guitar
[IT.] pesce violina
[AL.] Geigenrochen

4497. Violetas
[INGL.] violets
[ESP.] violetas
[FR.] violettes
[IT.] violette
[AL.] Veilchen

4498. Virar
[INGL.] turn, to
[ESP.] voltear; volver
[FR.] tourner
[IT.] girare
[AL.] drehen; umdrehen

4499. Vísceras e extremidades; Miúdos *(de boi, porco, cabrito, carneiro, vitela e similares)*

[INGL.] organ meats; variety meats (U.S.)/offals (U.K.)
[ESP.] despojos y vísceras; asaduras; menudos; menudillos
[FR.] abats
[IT.] frattaglie
[AL.] Innereien

4500. Viscoso
[INGL.] viscous
[ESP.] viscoso
[FR.] visqueux
[IT.] viscoso
[AL.] zähflüssig

4501. Vitamina C
Ver ÁCIDO ASCÓRBICO

4502. Vitela assada
[INGL.] roast veal
[ESP.] asado de ternera
[FR.] rôti di veau
[IT.] arrosto di vitello
[AL.] Kalbsbraten

4503. Vivo
[INGL.] alive
[ESP.] vivo
[FR.] vivant
[IT.] vivo
[AL.] lebend

4504. Voador; Cajaleó (PE); Pirabebe (ES); Voador-de--pedra (RN)
[INGL.] flying fish (U.S.)/blue flying fish (U.K.)
[ESP.] volador
[FR.] volant
[IT.] esoceto volante
[AL.] fliegender Fisch

4505. Voador-de-pedra (RN) Ver VOADOR

V

4506. **Vodca**
[INGL.] vodka
[ESP.] vodka
[FR.] vodka
[IT.] vodka
[AL.] Wodka

4507. **Vol-au-vent**
[INGL.] patty shells; vol-au--vent
[ESP.] vol-au-vent
[FR.] vol-au-vent
[IT.] vol-au-vent
[AL.] Blätterteigpastete

4508. **Vôngole**
[INGL.] clam
[ESP.] almeja
[FR.] palourde; clovisse
[IT.] vongola; arsella (Genova e Sardegna)
[AL.] Venusmuschel

4509. **Vôngoles marinados**
[INGL.] marinated clams
[ESP.] almejas marinadas
[FR.] palourdes marinées
[IT.] vongole marinate
[AL.] marinierte Venusmuscheln

W

4510. **Wafer** *(variação de waffle)*
[INGL.] wafer
[ESP.] wafer; barquillo
[FR.] gaufrette
[IT.] wafer
[AL.] Waffel; Eiswaffel

4511. **Waffle**
[INGL.] waffle
[ESP.] barquillo
[FR.] gaufre
[IT.] cialda
[AL.] Waffel

4512. **Wakame (alga)**
[INGL.] wakame (seaweed)
[ESP.] wakame (alga)
[FR.] wakame (algue)
[IT.] wakame (alga)
[AL.] Wakame (Alge)

4513. **Walewska, à la (lagosta, lâminas de trufa e molho Mornay)**
[INGL.] Walewska style (lobster, slices of truffle, and Mornay sauce)
[ESP.] Walewska (langosta, laminillas de trufa y salsa Mornay)
[FR.] à la Walewska (homard, lamelles de truffe et sauce Mornay)
[IT.] alla Walewska (aragosta, lamelle di tartufo e salsa Mornay)
[AL.] Walewska Art (Hummer, Trüffelscheiben und Mornay-Sauce)

4514. **Wasabi**
[INGL.] wasabi
[ESP.] wasabi
[FR.] wasabi
[IT.] wasabi
[AL.] Wasabi

— wasabi —

4515. **Weijska (linguiça polonesa)**
[INGL.] weijska (Polish sausage)
[ESP.] weijska (salchicha polaca)

W

[FR.] weijska (saucisse polonaise)
[IT.] weijska (salsiccia polacca)
[AL.] Weijska (polnische Wurst)

4516. **Weisswurst (salsicha alemã, feita de carne de vitela, creme e ovos)**
[INGL.] weisswurst (sausage made with veal meat, cream, and eggs)
[ESP.] weisswurst (salchicha elaborada con carne de ternera, nata y huevos)
[FR.] weisswurst (saucisse allemande à base de veau, de crème et d'œufs)
[IT.] weisswurst (wurstel tedesco preparato con carne di vitello, panna e uova)
[AL.] Weißwurst (Wurst aus Kalbfleisch, Sahne und Eiern)

4517. **Welsh rarebit (pasta de queijo derretida e passada numa fatia de pão tostado)**
[INGL.] welsh rarebit (melted cheese on toast)
[ESP.] welsh rarebit (queso derretido sobre tostada)
[FR.] welsh rarebit (fromage fondu sur toast)
[IT.] welsh rarebit (formaggio fuso spalmato sul pane tostato)
[AL.] Welsh Rarebit (Röstbrot mit Heißern Käse belegt)

4518. **Wensleydale (queijo inglês, semiduro, feito com leite de vaca)**
[INGL.] Wensleydale (English cheese, semi-hard texture, made from cow milk)
[ESP.] Wensleydale (queso inglés, semi-duro, elaborado con leche de vaca)
[FR.] Wensleydale (fromage anglais, texture friable, à base de lait de vache)
[IT.] Wensleydale (formaggio inglese, semiduro, prodotto con latte vaccino)
[AL.] Wensleydale (halbfester englischer Kuhmilch-Käse)

4519. **Whisky Sour (coquetel feito de uísque bourbon, suco de limão e açúcar)**
[INGL.] Whisky Sour (cocktail made with bourbon whisky, lemon juice, and sugar)
[ESP.] Whisk Sour (cóctel con whisky bourbon, zumo de limón y azúcar)
[FR.] Whisky Sour (cocktail de whisky bourbon, jus de citron et sucre)
[IT.] Whisky Sour (cocktail fatto con whisky bourbon, succo di limone e zucchero)
[AL.] Whisky Sour (Cocktail mit Bourbon Whisky, Zitronensaft und Zucker)

— Whisky Sour —

4520. **White Lady (coquetel feito de gim, licor de laranja e suco de limão)**
[INGL.] White Lady (cocktail made with gin, orange liqueur, and lemon juice)
[ESP.] White Lady (cóctel con ginebra, licor de naranja y zumo de limón)
[FR.] White Lady (cocktail de gin, liqueur d'orange et jus de citron)
[IT.] White Lady (cocktail fatto con gin, liquore di arancia e succo di limone)
[AL.] White Lady (Cocktail mit Gin, Orangenlikör und Zitronensaft)

4521. **White pudding (linguiça inglesa, feita de carnes brancas)**
[INGL.] white pudding (sausage made with white meat)
[ESP.] morcilla blanca inglesa (salchicha elaborada con carne blanca)
[FR.] boudin blanc (saucisse anglaise à base de viande blanche)

W

[IT.] salsiccia blanca (salsiccia a base de carne bianca)
[AL.] White Pudding (englische Wurst aus weißen Fleisch)

4522. Wiener schnitzel (escalope de vitela empanado)
[INGL.] wiener schnitzel (breaded veal cutlet)
[ESP.] escalope a la vienesa (escalope de ternera empanada)
[FR.] escalope de veau viennoise (escalope panée)
[IT.] cotoletta alla milanese (scaloppina di vitello impanata)
[AL.] Wiener Schnitzel (panierte Kalbsschitzel)

4523. Wok (frigideira asiática)
[INGL.] wok
[ESP.] wok
[FR.] wok
[IT.] wok
[AL.] Wok

– wok –

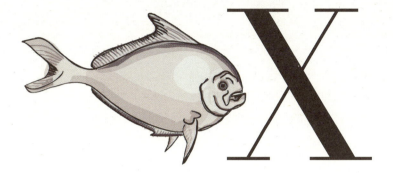

4524. **Xaputa** *(peixe)* (PT); **Freira** (PT)
[INGL.] ray's bream
[ESP.] japuta
[FR.] castagnole
[IT.] pesce castagna
[AL.] Brachsenmakrele tira

4525. **Xaréu-branco**
[INGL.] African pompano
[ESP.] pómpano bandera
[FR.] cordonier fil
[IT.] pompano africano
[AL.] afrikanischer Pompano

4526. **Xaréu; Cabeçudo** (BA)
[INGL.] crevalle jack
[ESP.] caballa
[FR.] carangue crevelle
[IT.] carango cavallo
[AL.] Cavalla

4527. **Xarope de arroz**
[INGL.] rice syrup
[ESP.] jarabe de arroz
[FR.] sirop de riz
[IT.] sciroppo di riso
[AL.] Reissirup

4528. **Xarope de glicose** *(feito de cana-de-açúcar)*
[INGL.] golden syrup; light treacle
[ESP.] melado; jarabe dorado
[FR.] mélasse raffinée; sirop de sucre
[IT.] melassa; sciroppo di zucchero di canna
[AL.] (gelber) Sirup; (heller) Zuckersirup

4529. **Xarope de groselha preta**
[INGL.] black currant syrup
[ESP.] jarabe de grosella negra
[FR.] sirop de cassis
[IT.] sciroppo di ribes nero
[AL.] schwarzer Johannisbeersirup

4530. **Xarope de malte**
[INGL.] malt syrup (U.S.)/ malt (U.K.)
[ESP.] jarabe de malta
[FR.] sirop de malt
[IT.] sciroppo di maltosio
[AL.] Malzsirup

4531. **Xarope de romã; Grenadine**
[INGL.] grenadine
[ESP.] granadina
[FR.] grenadine
[IT.] granatina
[AL.] Grenadine

X

4532. **Xerelete; Cavaco** (BA); **Guarassuma** (PE)
[INGL.] blue runner; dollar fish
[ESP.] cojinua negra
[FR.] carangue coubali
[IT.] carango mediterraneo
[AL.] Blaue Stachelmakrele

4533. **Xerez; Jerez**
[INGL.] sherry; jerez
[ESP.] jerez
[FR.] xérès
[IT.] xeres
[AL.] Sherry

4534. **Xícara**
[INGL.] cup
[ESP.] taza
[FR.] tasse
[IT.] tazza
[AL.] Tasse

4535. **Xícara de café**
[INGL.] coffee cup
[ESP.] taza de café
[FR.] tasse à café
[IT.] tazzina da caffè
[AL.] Kaffeetasse

4536. **Xícara de chá**
[INGL.] tea cup
[ESP.] taza de té
[FR.] tasse à thé
[IT.] tazza da tè
[AL.] Teetasse

4537. **Xícara e pires**
[INGL.] cup and saucer
[ESP.] taza y platillo
[FR.] tasse et soucoupe
[IT.] tazza e sottotazza; tazza e piattino
[AL.] Obertasse und Untertasse; Gedeck

4538. **Xixarro-salmão; Arabaiana-azul**
[INGL.] rainbow runner; Hawaiian salmon
[ESP.] pez rata; macarela; corredores
[FR.] carangue arc-en-ciel
[IT.] seriolina
[AL.] Regenbogenfisch

4539. **Yakisoba (frango, soba e legumes)**
[INGL.] yakisoba (chicken, soba, and vegetable)
[ESP.] yakisoba (pollo, soba y verduras)
[FR.] yakisoba (poulet, soba et légumes)
[IT.] yakisoba (pollo, soba e verdure)
[AL.] Yakisoba (Hähn, Soba--Nudeln und Gemürse)

4540. **Yorkshire pudding (pudim salgado, servido com rosbife)**
[INGL.] Yorkshire pudding (salty pudding garnished with roast beef)
[ESP.] Yorkshire budín (budín salado con guarnición de rosbif)
[FR.] Yorkshire pudding (pudding salé garni au rosbif)
[IT.] Yorkshire pudding (pastella salata servito spesso con roast beef)
[AL.] Yorkshire-Pudding (salziger Pudding mit Rinderbraten garniert)

4541. Zaatar (tomilho, sumagre e gergelim)
[INGL.] zaatar (thyme, sumac, and sesame)
[ESP.] zaatar (tomillo, zumache y sésamo)
[FR.] zaatar (thyme, sumac et sésame)
[IT.] zaatar (timo, sommaco e sesamo)
[AL.] Zaatar (Thymian, Sumach und Sesam)

4542. Zabaglione (gemas de ovos, açúcar e vinho Marsala)
[INGL.] zabaglione; zabaione (egg yolks, sugar, and Marsala wine)
[ESP.] crema sabayón (yemas de huevo, azúcar y vino de Marsala)
[FR.] sabayon (jaunes d'œufs, sucre et vin Marsala)
[IT.] zabaione; zabaglione (tuorli d'uovo, zucchero e vino Marsala)
[AL.] Zabaglione (Eigelb, Zucker und Marsala Wein)

4543. Zabaione
Ver Zabaglione

4544. Zampone (embutido feito de pé de porco recheado com a carne do próprio animal)
[INGL.] zampone (sausage made with pig feet (U.S.)/ trotters (U.K.) stuffed with pork)
[ESP.] zampone (embutido de pie de cerdo relleno con carne de cerdo)
[FR.] zampone (saucisson de pied de porc farci à la viande de porc)
[IT.] zampone (salume preparato con carne di maiale, insaccata nella cotenna della zampa del maiale stesso)
[AL.] Zampone (eingefüllter Schweinefuss aus dem Fleisch von dem Schwein)

4545. Zimbro; Fruto-de-genebra; Junípero; Junipo
[INGL.] juniper
[ESP.] enebro; junípero
[FR.] genièvre
[IT.] ginepro
[AL.] Wacholder

4546. Zimbro, molho
[INGL.] juniper sauce
[ESP.] salsa de enebro
[FR.] sauce au genièvre
[IT.] salsa al ginepro
[AL.] Wacholdersauce

Z

4547. Zingara, à la (tomates e páprica)
[INGL.] zingara style (tomatoes and paprika)
[ESP.] a la gitana (tomates y páprika)
[FR.] à la zingara (tomates et paprika)
[IT.] alla zingara (pomodori e paprika)
[AL.] Zigeunerart (Tomaten und Paprika)

4548. Zingara, molho (vinho branco, páprica, presunto e cogumelos)
[INGL.] zingara sauce (white wine, paprika, ham, and mushrooms)
[ESP.] salsa gitana (vino blanco, páprika, jamón y setas)
[FR.] sauce zingara (vin blanc, paprika, jambon et champignons)
[IT.] salsa alla zingara (vino bianco, paprika, prosciutto e funghi)
[AL.] Zigeuner-Sauce (Weißwein, Paprika, Schinken und Pilze)

4549. Ziti (massa oca, grossa e comprida)
[INGL.] zita; ziti (hollow, thick and long pasta)
[ESP.] zita; ziti (pasta hueca, espesa y alargada)
[FR.] ziti (pâtes creuses, épaisses et longues)
[IT.] ziti; zite (pasta forada, larga e lunga)
[AL.] Zite; Ziti (hohle, dicke und lange Nudeln)

4550. Zuccotto (massa de pão de ló, recheada com creme de leite, frutas cristalizadas e creme de chocolate)
[INGL.] zuccotto (sponge cake filled with cream, candied fruits (U.S.)/ crystallized fruits (U.K.), and chocolate cream)
[ESP.] zuccotto (pan de España relleno con nata, frutas confitadas y crema de chocolate)
[FR.] zuccotto (gâteau glacé à la crème au chocolat et fruits confits)
[IT.] zuccotto (semifreddo a base di pan di Spagna farcita con panna, canditi e crema di cioccolato)
[AL.] Zuccotto (Biskuitkuchen, Kanditen und Schokoladensahne)

tabelas de conversão de medidas

Equivalências americanas de volume

1 1/2 colher de chá = 1/2 colher de sopa

3 colheres de chá = 1 colher de sopa

2 colheres de sopa = 1 onça = 1/8 de xícara

16 colheres de sopa = 8 onças = 1 xícara

2 xícaras = 16 onças = 1 pinta

4 xícaras = 32 onças = 2 pintas = 1 quarto

16 xícaras = 128 onças = 4 quartos = 1 galão

Volumes americanos	Volume métrico (ml/L)
1/4 colher de chá	1,23 ml
1/2 colher de chá	2,5 ml
3/4 de colher de chá	3,7 ml
1 colher de chá	4,9 ml
1 1/2 colher de chá (1/2 colher de sopa)	7,5 ml
2 colheres de chá	10 ml
3 colheres de chá (1 colher de sopa)	15 ml
1/8 de xícara (2 colheres de sopa/1 onça)	30 ml

(continua)

(continuação)

Volumes americanos	Volume métrico (ml/L)
1/4 de xícara (4 colheres de sopa/2 onças)	60 ml
1/2 xícara (8 colheres de sopa/4 onças)	120 ml
3/4 de xícara (12 colheres de sopa/6 onças)	180 ml
1 xícara (16 colheres de sopa/8 onças)	240 ml
2 xícaras (32 colheres de sopa/1 pinta/16 onças)	480 ml
2 1/4 xícaras (18 onças)	540 ml
2 1/2 xícaras (20 onças)	600 ml
2 3/4 xícaras (22 onças)	660 ml
3 xícaras (1 1/2 pinta/24 onças)	720 ml
4 xícaras (2 pintas/1 quarto/32 onças)	960 ml
4 quartos (1 galão/128 onças/16 xícaras)	3,8 L

Medidas americanas (peso/onças)	Medida métrica (peso/gramas)
0,035 onça	1 grama
1/4 onça	7 gramas
1/2 onça	14 gramas
3/4 onça	21 gramas
1 onça	28 gramas

(continua)

(continuação)

Medidas americanas (peso/onças)	Medida métrica (peso/gramas)
1 1/2 onça	42,5 gramas
2 onças	57 gramas
3 onças	85 gramas
4 onças	113 gramas
5 onças	142 gramas
6 onças	170 gramas
7 onças	198 gramas
8 onças	227 gramas
16 onças (1 libra)	454 gramas
32 onças (2 libras)	907 gramas
64 onças (4 libras)	1.814 gramas

Fórmulas de conversão métrica

xícaras × 0,236 = litros

xícaras × 236,59 = mililitros

galões × 3,785 = litros

gramas : 28,35 = onças

quilogramas : 0,454 = libras

litros : 0,236 = xícaras

(continua)

(continuação)

Fórmulas de conversão métrica

litros : 3,785 = galões

litros : 0,473 = pintas

litros : 0,946 = quartos

mililitros : 236,59 = xícaras

mililitros : 29,57 = onças

mililitros : 14,79 = colheres de sopa

mililitros : 4,93 = colheres de chá

onças × 28,35 = gramas

onças × 29,57 = mililitros

pintas × 0,473 = litros

libras × 0,454 = quilogramas

quartos × 0,946 = litros

colheres de sopa × 14,79 = mililitros

colheres de chá × 4,93 = mililitros

conversion tables

U.S. volume equivalents

1 1/2 teaspoon = 1/2 tablespoon

3 teaspoons = 1 tablespoon

2 tablespoons = 1 ounce = 1/8 cup

16 tablespoons = 8 ounces = 1 cup

2 cups = 16 ounces = 1 pint

4 cups = 32 ounces = 2 pints = 1 quart

16 cups = 128 ounces = 4 quarts = 1 gallon

U.S. volume	Metric volume (ml/L)
1/4 teaspoon	1.23 ml
1/2 teaspoon	2.5 ml
3/4 teaspoon	3.7 ml
1 teaspoon	4.9 ml
1 1/2 teaspoon	7.5 ml
2 teaspoons	10 ml
3 teaspoons (1 tablespoon)	15 ml
1/8 cup (2 tablespoons/1 ounce)	30 ml

(to be continued)

(continued)

U.S. volume	Metric volume (ml/L)
1/4 cup (4 tablespoons/2 ounces)	60 ml
1/2 cup (8 tablespoons/4 ounces)	120 ml
3/4 cup (12 tablespoons/6 ounces)	180 ml
1 cup (16 tablespoons/8 ounces)	240 ml
2 cups (32 tablespoons/1 pint/16 ounces)	480 ml
2 1/4 cups (18 ounces)	540 ml
2 1/2 cups (20 ounces)	600 ml
2 3/4 cups (22 ounces)	660 ml
3 cups (1 1/2 pint/24 ounces)	720 ml
4 cups (2 pints/1 quart/32 ounces)	960 ml
4 quarts (1 gallon/128 ounces/16 cups)	3.8 L

U.S. measurements (weight/ounce)	Metric measurements (weight/grams)
0.035 ounce	1 gram
1/4 ounce	7 grams
1/2 ounce	14 grams
3/4 ounce	21 grams
1 ounce	28 grams

(to be continued)

(continued)

U.S. measurements (weight/ounce)	Metric measurements (weight/grams)
1 1/2 ounces	42.5 grams
2 ounces	57 grams
3 ounces	85 grams
4 ounces	113 grams
5 ounces	142 grams
6 ounces	170 grams
7 ounces	198 grams
8 ounces	227 grams
16 ounces (1 pound)	454 grams
32 ounces (2 pounds)	907 grams
64 ounces (4 pounds)	1,814 grams

Metric conversion formulas

cups × 0.236 = liters

cups × 236.59 = milliliters

gallons × 3.785 = liters

grams : 28.35 = ounces

kilograms : 0.454 = pounds

liters : 0.236 = cups

(to be continued)

(continued)

Metric conversion formulas

liters : 3.785 = gallons

liters : 0.473 = pints

liters : 0.946 = quarts

milliliters : 236.59 = cups

milliliters : 29.57 = ounces

milliliters : 14.79 = tablespoons

milliliters : 4.93 = teaspoons

ounces × 28.35 = grams

ounces × 29.57 = milliliters

pints × 0.473 = liters

pounds × 0.454 = kilograms

quarts × 0.946 = liters

tablespoons × 14.79 = milliliters

teaspoons × 4.93 = milliliters

tablas de conversión

Equivalencias americanas de volumen

1 1/2 cucharilla de té = 1/2 cuchara de sopa

3 cucharillas de té = 1 cuchara de sopa

2 cucharas de sopa = 1 onza = 1/8 de taza

16 cucharas de sopa = 8 onzas = 1 taza

2 tazas = 16 onzas = 1 pinta

4 tazas = 32 onzas = 2 pintas = 1 cuarto

16 tazas = 128 onzas = 4 cuartos = 1 galone

Volúmenes americanos	Volumen métrico (ml/L)
1/4 cucharilla de té	1,23 ml
1/2 cucharilla de té	2,5 ml
3/4 de cucharilla de té	3,7 ml
1 cucharilla de té	4,9 ml
1 1/2 cucharilla de té (1/2 cuchara de sopa)	7,5 ml
2 cucharillas de té	10 ml
3 cucharillas de té (1 cuchara de sopa)	15 ml
1/8 taza (2 cucharas de sopa/1 onza)	30 ml

(continúa)

(continuación)

Volúmenes americanos	Volumen métrico (ml/L)
1/4 taza (4 cucharas de sopa/2 onzas)	60 ml
1/2 taza (8 cucharas de sopa/4 onzas)	120 ml
3/4 taza (12 cucharas de sopa/6 onzas)	180 ml
1 taza (16 cucharas de sopa/8 onzas)	240 ml
2 tazas (32 cucharas de sopa/1 pinta/16 onzas)	480 ml
2 1/4 tazas (18 onzas)	540 ml
2 1/2 tazas (20 onzas)	600 ml
2 3/4 tazas (22 onzas)	660 ml
3 tazas (1 1/2 pintas/24 onzas)	720 ml
4 tazas (2 pintas/1 cuarto/32 onzas)	960 ml
4 cuartos (1 galón/128 onzas/16 tazas)	3,8 L

Medidas americanas (peso/onzas)	Medidas métricas (peso/gramos)
0,035 onza	1 gramo
1/4 onza	7 gramos
1/2 onza	14 gramos
3/4 onza	21 gramos
1 onza	28 gramos

(continúa)

(continuación)

Medidas americanas (peso/onzas)	Medidas métricas (peso/gramos)
1 1/2 onza	42,5 gramos
2 onzas	57 gramos
3 onzas	85 gramos
4 onzas	113 gramos
5 onzas	142 gramos
6 onzas	170 gramos
7 onzas	198 gramos
8 onzas	227 gramos
16 onzas (1 libra)	454 gramos
32 onzas (2 libras)	907 gramos
64 onzas (4 libras)	1.814 gramos

Fórmulas de conversión métrica

tazas × 0,236 = litros

tazas × 236,59 = mililitros

galones × 3,785 = litros

gramos : 28,35 = onzas

kilogramos : 0,454 = libras

litros : 0,236 = tazas

(continúa)

(continuación)

Fórmulas de conversión métrica

litros : 3,785 = galones

litros : 0,473 = pintas

litros : 0,946 = cuartos

mililitros : 236,59 = tazas

mililitros : 29,57 = onzas

mililitros : 14,79 = cucharas de sopa

mililitros : 4,93 = cucharillas de té

onzas × 28,35 = gramos

onzas × 29,57 = mililitros

pintas × 0,473 = litros

libras × 0,454 = kilogramos

cuartos × 0,946 = litros

cucharas de sopa × 14,79 = mililitros

cucharillas de té × 4,93 = mililitros

tableaux de conversion

Équivalences américaines de mesures de volume

1 1/2 cuillère à thé = 1/2 cuillère à soupe

3 cuillères à thé = 1 cuillère à soupe

2 cuillères à soupe = 1 once = 1/8 tasse

16 cuillères à soupe = 8 onces = 1 tasse

2 tasses = 16 onces = 1 pinte

4 tasses = 32 onces = 2 pintes = 1 quart

16 tasses = 128 onces = 4 quarts = 1 gallon

Mesures américaines de volume	Volume métrique (ml/L)
1/4 cuillère à thé	1,23 ml
1/2 cuillère à thé	2,5 ml
3/4 cuillère à thé	3,7 ml
1 cuillère à thé	4,9 ml
1 1/2 cuillère à thé (1/2 cuillère à soupe)	7,5 ml
2 cuillères à thé	10 ml
3 cuillères à thé (1 cuillère à soupe)	15 ml
1/8 tasse (2 cuillères à soupe/1 once)	30 ml

(à suivre)

(suite)

Mesures américaines de volume	Volume métrique (ml/L)
1/4 tasse (4 cuillères à soupe/2 onces)	60 ml
1/2 tasse (8 cuillères à soupe/4 onces)	120 ml
3/4 tasse (12 cuillères à soupe/6 onces)	180 ml
1 tasse (16 cuillères à soupe/8 onces)	240 ml
2 tasses (32 cuillères à soupe/1 pinte/16 onces)	480 ml
2 1/4 tasses (18 onces)	540 ml
2 1/2 tasses (20 onces)	600 ml
2 3/4 tasses (22 onces)	660 ml
3 tasses (1 1/2 pinte/24 onces)	720 ml
4 tasses (2 pintes/1 quart/32 onces)	960 ml
4 quarts (1 gallon/128 onces/16 tasses)	3,8 L

Mesures américaines (poids/onces)	Mesures métriques (poids/grammes)
0,035 once	1 gramme
1/4 once	7 grammes
1/2 once	14 grammes
3/4 once	21 grammes
1 once	28 grammes

(à suivre)

(suite)

Mesures américaines (poids/onces)	Mesures métriques (poids/grammes)
1 1/2 once	42,5 grammes
2 onces	57 grammes
3 onces	85 grammes
4 onces	113 grammes
5 onces	142 grammes
6 onces	170 grammes
7 onces	198 grammes
8 onces	227 grammes
16 onces (1 livre)	454 grammes
32 onces (2 livres)	907 grammes
64 onces (4 livres)	1.814 grammes

Formules de conversion métrique

tasses × 0,236 = litres

tasses × 236,59 = millilitres

gallons × 3,785 = litres

grammes : 28,35 = onces

kilogrammes : 0,454 = livres

litres : 0,236 = tasses

(à suivre)

(suite)

Formules de conversion métrique

litres : 3,785 = gallons

litres : 0,473 = pintes

litres : 0,946 = quarts

millilitres : 236,59 = tasses

millilitres : 29,57 = onces liquides

millilitres : 14,79 = cuillères à soupe

millilitres : 4,93 = cuillères à thé

ounces × 28,35 = grammes

ounces × 29,57 = millilitres

pintes × 0,473 = litres

livres × 0,454 = kilogrammes

quarts × 0,946 = litres

cuillères à soupe × 14,79 = millilitres

cuillères à thé × 4,93 = millilitres

tabelle di conversione

Gli stati uniti equivalenti del volume

1 1/2 cuchiaino da tè = 1/2 cucchiaio da tavola

3 cucchiaini da tè = 1 cucchiaio da tavola

2 cucchiai da tavola = 1 oncia = 1/8 tazza

16 cucchiai da tavola = 8 once = 1 tazza

2 tazze = 16 once = 1 pinta

4 tazze = 32 once = 2 pinte = 1 quarto

16 tazze = 128 once = 4 quarti = 1 gallone

Gli stati uniti volume	Volume metrico (ml/L)
1/4 cucchiaino da tè	1,23 ml
1/2 cucchiaino da tè	2,5 ml
3/4 cucchiaino da tè	3,7 ml
1 cucchiaino da tè	4,9 ml
1 1/2 cucchiaini da tè (1/2 cucchiaio da tavola)	7,5 ml
2 cucchiaini da tè	10 ml
3 cucchiaini da tè (1 cucchaio da tavola)	15 ml
1/8 tazza (2 cucchiai da tavola/1 oncia)	30 ml

(continua)

(continuazione)

Gli stati uniti volume	Volume metrico (ml/L)
1/4 tazza (4 cucchiai da tavola/2 once)	60 ml
1/2 tazza (8 cucchiai da tavola/4 once)	120 ml
3/4 tazza (12 cucchiai da tavola/6 once)	180 ml
1 tazza (16 cucchiai da tavola/8 once)	240 ml
2 tazze (32 cucchiai da tavola/1 pinta/16 once)	480 ml
2 1/4 tazze (18 once)	540 ml
2 1/2 tazze (20 once)	600 ml
2 3/4 tazze (22 once)	660 ml
3 tazze (1 1/2 pinta/24 once)	720 ml
4 tazze (2 pinte/1 quarto/32 once)	960 ml
4 quarti (1 gallone/128 once/16 tazze)	3,8 L

Gli stati uniti misure (peso/once)	Misure metrici (peso/grammi)
0,035 oncia	1 grammo
1/4 oncia	7 grammi
1/2 oncia	14 grammi
3/4 oncia	21 grammi
1 oncia	28 grammi

(continua)

(continuazione)

Gli stati uniti misure (peso/once)	Misure metrici (peso/grammi)
1 1/2 oncia	42,5 grammi
2 once	57 grammi
3 once	85 grammi
4 once	113 grammi
5 once	142 grammi
6 once	170 grammi
7 once	198 grammi
8 once	227 grammi
16 once (1 libbra)	454 grammi
32 once (2 libbre)	907 grammi
64 once (4 libbre)	1.814 grammi

Formule di conversione metrica

tazze × 0,236 = litri

tazze × 236,59 = millilitri

galloni × 3,785 = litri

grammi : 28,35 = once

chilogrammi : 0,454 = libbre

litri : 0,236 = tazze

(continua)

(continuazione)

Formule di conversione metrica

litri : 3,785 = galloni

litri : 0,473 = pinte

litri : 0,946 = quarti

millilitri : 236,59 = tazze

millilitri : 29,57 = once

millilitri : 14,79 = cuchiai da tavola

millilitri : 4,93 = cuchiai da tè

once × 28,35 = grammi

once × 29,57 = millilitri

pinte × 0,473 = litri

libbre × 0,454 = chilogrammi

quarti × 0,946 = litri

cucchiai da tavola × 14,79 = millilitri

cucchiaini da tè × 4,93 = millilitri

Umrechnungstabellen

US Volumen-Äquivalent

1 1/2 Teelöffel = 1/2 Esslöffel

3 Teelöffel = 1 Esslöffel

3 Esslöffel = 1 Unze = 1/8 Tasse

16 Esslöffel = 8 Unzen = 1 Tasse

2 Tassen = 16 Unzen = 1 Pint

4 Tassen = 32 Unzen = 2 Pinte = 1 Viertel

16 Tassen = 128 Unzen = 4 Viertel = 1 Gallone

US Volumen	Metrisches Volumen (ml/L)
1/4 Teelöffel	1,23 ml
1/2 Teelöffel	2,5 ml
3/4 Teelöffel	3,7 ml
1 Teelöffel	4,9 ml
1 1/2 Teelöffel (1/2 Esslöffel)	7,5 ml
2 Teelöffel	10 ml
3 Teelöffel (1 Esslöffel)	15 ml
1/8 Tasse (2 Esslöffel/1 Unze)	30 ml

(wird fortgesetzt)

(Fortsetzung)

US Volumen	Metrisches Volumen (ml/L)
1/4 Tasse (4 Esslöffel/2 Unzen)	60 ml
1/2 Tasse (8 Esslöffel/4 Unzen)	120 ml
3/4 Tasse (12 Esslöffel/6 Unzen)	180 ml
1 Tasse (16 Esslöffel/8 Unzen)	240 ml
2 Tassen (32 Esslöffel/1 Pint/16 Unzen)	480 ml
2 1/4 Tassen (18 Unzen)	540 ml
21/2 Tassen (20 Unzen)	600 ml
2 3/4 Tassen (22 Unzen)	660 ml
3 Tassen (1 1/2 Pint/24 Unzen)	720 ml
4 Tassen (2 Pinte/1 Viertel/32 Unzen)	960 ml
4 Viertel (1 Gallone/128 Unzen/16 Tassen)	3.8 L

US Messen (Gewicht/Unzen)	Metrische Messen (Gewicht/Gramm)
0,035 Unze	1 Gramm
1/4 Unze	7 Gramm
1/2 Unze	14 Gramm
3/4 Unze	21 Gramm
1 Unze	28 Gramm

(wird fortgesetzt)

(Fortsetzung)

US Messen (Gewicht/Unzen)	Metrische Messen (Gewicht/Gramm)
1 1/2 Unze	42,5 Gramm
2 Unzen	57 Gramm
3 Unzen	85 Gramm
4 Unzen	113 Gramm
5 Unzen	142 Gramm
6 Unzen	170 Gramm
7 Unzen	198 Gramm
8 Unzen	227 Gramm
16 Unzen (1 Pfund)	454 Gramm
32 Unzen (2 Pfund)	907 Gramm
64 Unzen (4 Pfund)	1.814 Gramm

Metrische Umrechnungs Formeln

Tassen × 0,236 = Liter

Tassen × 236,59 = Milliliter

Gallone × 3,785 = Liter

Gramm : 28,35 = Unzen

Kilogramm : 0,454 = Pfund

Liter : 0,236 = Tassen

(wird fortgesetzt)

(Fortsetzung)

Metrische Umrechnungs Formeln

Liter : 3,785 = Gallone

Liter : 0,473 = Pinte

Liter : 0,946 = Viertel

Milliliter : 236,59 = Tassen

Milliliter : 29,57 = Unzen

Milliliter : 14,79 = Esslöffel

Milliliter : 4,93 = Teelöffel

Unzen × 28,35 = Gramm

Unzen × 29,57 = Milliliter

Pinte × 0,473 = Liter

Pfund × 0,454 = Kilogramm

Viertel × 0,946 = Liter

Esslöffel × 14,79 = Milliliter

Teelöffel × 4,93 = Milliliter

temperaturas do forno

Fahrenheit (°F)	Celsius (°C)	Gás	Descrição
225°F	110°C	1/4	frio
250°F	120°C	1/2	frio
275°F	140°C	1	muito baixo
300°F	150°C	2	muito baixo
325°F	160°C	3	baixo
350°F	170°C	4	moderado
375°F	190°C	5	moderado
400°F	200°C	6	moderadamente quente
425°F	220°C	7	quente
450°F	230°C	8	quente
475°F	245°C	9	quente
500°F	260°C	10	extremamente quente

Para converter Fahrenheit em Celsius: subtraia 32, multiplique por 5 e divida por 9.

Para converter Celsius em Fahrenheit: multiplique por 9, divida por 5 e adicione 32.

oven temperatures

Fahrenheit (°F)	Celsius (°C)	Gas Number	Description
225°F	110°C	1/4	very cool
250°F	120°C	1/2	very low (or very slow)
275°F	140°C	1	very low (or very slow)
300°F	150°C	2	low (or slow)
325°F	160°C	3	low (or slow)
350°F	170°C	4	moderate
375°F	190°C	5	moderate
400°F	200°C	6	moderately hot
425°F	220°C	7	hot
450°F	230°C	8	very hot
475°F	245°C	9	very hot
500°F	260°C	10	extremely hot

To convert Fahrenheit to Celsius: subtract 32, multiply by 5, then divide by 9.

To convert Celsius to Fahrenheit: multiply by 9, divide by 5, then add 32.

temperaturas del horno

Fahrenheit (°F)	Celsius (°C)	Gas número	Descripción
225°F	110°C	1/4	super bajo
250°F	120°C	1/2	muy bajo
275°F	140°C	1	muy bajo
300°F	150°C	2t	bajo
325°F	160°C	3	bajo
350°F	170°C	4	moderado
375°F	190°C	5	moderado
400°F	200°C	6	moderadamente caliente
425°F	220°C	7	caliente
450°F	230°C	8	caliente
475°F	245°C	9	caliente
500°F	260°C	10	muy caliente

Para convertir de Fahrenheit a Celsius: reste 32, multiplique por 5, después divida por 9.

Para convertir de Celsius a Fahrenheit: multiplique por 9, divida por 5, después sume 32.

températures du four

Fahrenheit (°F)	Celsius (°C)	Gaz	Description
225°F	110°C	1/4	froid
250°F	120°C	1/2	froid
275°F	140°C	1	très doux
300°F	150°C	2	très doux
325°F	160°C	3	doux
350°F	170°C	4	moyen
375°F	190°C	5	moyen
400°F	200°C	6	mi-chaud
425°F	220°C	7	chaud
450°F	230°C	8	chaud
475°F	245°C	9	chaud
500°F	260°C	10	très chaud

Pour faire la conversion de Fahrenheit vers Celsius: soustrayez 32, multipliez par 5, puis divisez par 9.

Pour faire la conversion de Celsius vers Fahrenheit: multipliez par 9, divisez par 5, puis additionnez 32.

temperature del forno

Fahrenheit (°F)	Celsius (°C)	Numero del gas	Descrizione
225°F	110°C	110°C	molto freddo
250°F	120°C	120°C	molto lento
275°F	140°C	140°C	molto lento
300°F	150°C	150°C	lento
325°F	160°C	160°C	lento
350°F	170°C	170°C	moderate
375°F	190°C	190°C	moderate
400°F	200°C	200°C	moderatamente caldo
425°F	220°C	220°C	caldo
450°F	230°C	230°C	caldo
475°F	245°C	245°C	caldo
500°F	260°C	260°C	estremamente caldo

Per convertire Fahrenheit in Celsius: sottragga 32, moltiplichi vicino 5, quindi divida per 9.

Per convertire Celsius in Fahrenheit: moltiplichi per 9, divida vicino 5, quindi aggiunga 32.

Ofentemperaturen

Fahrenheit (°F)	Celsius (°C)	Gas-Zahl	Ofen-Ausdrücke
225°F	110°C	110°C	geringe Hitze
250°F	120°C	120°C	geringe Hitze
275°F	140°C	140°C	geringe Hitze
300°F	150°C	150°C	geringe Hitze
325°F	160°C	160°C	mittlere Hitze
350°F	170°C	170°C	mittlere Hitze
375°F	190°C	190°C	mittlere Hitze
400°F	200°C	200°C	mittlere Hitze
425°F	220°C	220°C	hoche Hitze
450°F	230°C	230°C	hoche Hitze
475°F	245°C	245°C	hoche Hitze
500°F	260°C	260°C	sehr hoche Hitze

Zu Fahrenheit in Celsius umwandeln: subtrahieren Sie 32, multiplizieren Sie mit 5, dann teilen Sie sich durch 9.

Zu Celsius in Fahrenheit in umwandeln: multiplizieren Sie mit 9, teilen Sie mit 5, dann addieren Sie 32.

referências bibliográficas

ALGRANTI, Márcia. *Pequeno dicionário da gula*. Rio de Janeiro: Record, 2000.

ALÍCIA; EL BULLITALLER. *Léxico científico-gastronômico: as chaves para entender a cozinha hoje*. São Paulo: Senac São Paulo, 2008.

ANDERSON, Kenneth N.; ANDERSON, Lois E. *The international dictionary of food and nutrition*. New York: John Wiley & Sons, Inc., 1993.

ASSOCIAÇÃO BRASILEIRA DAS INDÚSTRIAS DE EXPORTADORES DE CARNES INDUSTRIALIZADAS. *Catálogo brasileiro de cortes bovinos*. São Paulo: Abiec, 2003.

AZEVEDO, Domingos de. *Grande dicionário francês-português*. Portugal: Bertrand, 1998.

BARRETO, Ronaldo Lopes Pontes. *Passaporte para o sabor*. 4. ed. São Paulo: Senac São Paulo, 2003.

BARRON'S. *French: visual language guide*. Hauppauge, New York: Barron's Educational Series, Inc., 2003.

_____. *Italian: visual language guide*. Hauppauge, New York: Barron's Educational Series, Inc., 2003.

_____. *Spanish: visual language guide*. Hauppauge, New York: Barron's Educational Series, Inc., 2003.

BARTLETT, Jonathan. *The cook's dictionary and culinary reference: a comprehensive, definitive guide to cooking and food*. Chicago, Illinois: NTC Contemporary Publishing Company, 1996.

BERLITZ *European menu reader: for eating out in over 25 countries*. 2nd Edition. Princeton, New Jersey: Berlitz Publishing Company, 1997. (Berlitz European Guides.)

BLEU, Le Cordon. *Le Cordon Bleu's complete cooking techniques*. New York: William Morrow Cookbooks, 1997.

BLEU, Le Cordon; MARTINEZ, Ana Maria Perez. *Las técnicas del chef: equipo, ingredientes, terminología gastronómica*. Barcelona: Blume, 2002.

BOHRMANN, Peter. *The bartender's guide*. London: Salamander Books Limited, 2001.

BORNHAUSEN, Rosy L. *As ervas do sítio*. 12. ed. São Paulo: Bei Comunicação, 2008.

_____. *As ervas na cozinha*. 3. ed. São Paulo: Bei Comunicação, 2008.

BROS, Elvira Auros. *Diccionario gastronómico ilustrado*. Barcelona: Hymsa, 1992.

CARLUCCIO, Antonio; CARLUCCIO, Priscilla. *Complete Italian food*. New York: Rizzoli International Publications Inc., 1997.

CASAS, Penelope. *The foods and wines of Spain*. New York: Alfred A. Knopf, 1993.

CATUREGLI, Maria Penny. *Gastronomia de A a Z: principais alimentos, bebidas, utensílios e modos de preparo da cozinha mundial descritos e traduzidos para o português*. São Paulo: Aleph, 2011.

COLLIN, Simon. *Menu reader's dictionary*. Great Britain: Peter Collin Publishing Ltd., 2000.

CONRAN, Caroline; CONRAN, Terence; HOPKINSON, Simon. *Enciclopedia culinaria: ingredientes, equipo, recetas*. Barcelona: Blumes, 1998.

DAVIDSON, Alan. *The oxford companion to food*. 2nd Edition. New York: Oxford University Press, 2006.

DELL CONTE, Anna. *Gastronomy of Italy*. New York: Friedman/Fairfax Publishers, 2001.

DK PUBLISHING. *European Phrase Book*. Eyewitness Travel Guide Phrase Books. New York: DK Publishing, 2003.

_____. *French Phrase Book*. Eyewitness Travel Guide Phrase Books. New York: DK Publishing, 2003.

DK PUBLISHING. *German Phrase Book*. Eyewitness Travel Guide Phrase Books. New York: DK Publishing, 2003.

_____. *Italian Phrase Book*. Eyewitness Travel Guide Phrase Books. New York: DK Publishing, 2003.

_____. *Spanish Phrase Book*. Eyewitness Travel Guide Phrase Books. New York: DK Publishing, 2003.

DORLING KINDERSLEY LIMITED. *O grande livro dos ingredientes*. São Paulo: Publifolha, 2011. (*The cook's book of ingredients, 2010.*)

DOWELL, Philip; BAILEY, Adrian. *The book of ingredients*. London: Dorling Kindersley Ltd., 1980.

DUBOUX, J. P. *Dictionary of gastronomy – Hotel industry – Tourism – German –English – French*. Cambridge: IBD Ltd., 1990.

DUCASSE, Alain. *Ducasse de A a Z*. Rio de Janeiro: Ediouro, 2005.

DUMAS, Alexandre. *Petit dictionnaire de la cuisine*. Paris: Payot Rivage, 1994.

ENDRES, Aline. *Pocket culinary art dictionary*. English-Portuguese, Portuguese--English. Flórida: New Global Publishing, 2007.

EVANS, Matthew; COSSI, Gabriela; D'ONGHIA, Peter. *World food Italy*. Oakland: Lonely Planet Offices, 2000.

EVANS, Sarah Jane; ROWLEY, Gil. *The European menu guide*. North Yorkshire: Absolute Press, 2002.

EZQUERRA, Manuel Alvar; CLARK, Michael; MOHAN, Bernadette. *The oxford-duden pictorial Spanish and English dictionary*. 2nd Edition. New York: Oxford University Press, 1995.

FEIJÓ, Gelson Luís Dias. Embrapa – *Gado de corte: padronização dos cortes de carne bovina*. Disponível em: <www.cnpgc.embrapa.br/publicacoes/nao seriadas/cortes/>. Acesso em: 21 ago. 2003.

FERREIRA, Aurélio Buarque de Holanda. *Miniaurélio: o minidicionário da língua portuguesa*. 7. ed. Curitiba: Positivo, 2008.

FERREIRA, Aurélio Buarque de Holanda. *Pequeno dicionário da língua portuguesa*. Rio de Janeiro: Nova Fronteira, 1997.

FLORIN, Ulrich. *Fruit and vegetables: three-language dictionary of fruit and vegetable processing*. Hamburgo: Behr's, 1987.

FONSECA, José da. *Novo dicionário francês-português*. Portugal: Lello, 1998.

FORNARI, Claudio. *Mangez-vouz français: glossário francês-português de culinária*. Rio de Janeiro: Axcel Books do Brasil, 2004.

FORTIN, François; d'AMICO, Serge. *The visual food encyclopedia*. New York: Macmillan, 1996

FORTIN, Jacques. *Guía completa de alimentos* (Spanish Edition). New York: Konemann, 1999

FOUR *languages culinary dictionary: Hungarian, English, French, German*. New York: Saphrograph Company, 1969.

FRIEND, Michael A. *Kitchen Spanish: a quick phrase guide of restaurant and culinary terms*. Great Neck, New York: Cane Brothers, 1996.

GISSLEN, Wayne. *Professional cooking*. 5th Edition. Rio de Janeiro: John Wiley & Sons, Inc., 2002.

GOMENSORO, Maria Lucia. *Pequeno dicionário de gastronomia*. Rio de Janeiro: Objetiva, 1999.

GOTTI, Marco Guarnaschelli (Org.). *Grande enciclopedia illustrata della gastronomia*. 1ª edizione. Milano: Selezione dal Reader's Digest, 1990.

GONÇALVES, Francisco Esteves. *Dicionário gastronômico*. Lisboa: Abril/Controljornal Editora (Exame. Biblioteca VIP).

GROZOVSKI, Reuven. *Gastronomy: enciclopaedic dictionary of the art and science of good eating in five languages: Hebrew; English; French; Italy; German*. Jerusalem: Keter Publishing House Ltd., 1990.

HARPERCOLLINS. *Language survival guide France: the visual phrasebook and dictionary*. New York: Collins Reference, 2003. (HarperCollins Language Survival Guides).

HARPERCOLLINS. *Language survival guide Spain: the visual phrasebook and dictionary.* New York: Collins Reference, 2003. (HarperCollins Language Survival Guides).

HEINZ-MAZZONI, Maria Luisa et al. *The oxford-duden pictorial Italian and English dictionary.* New York: Oxford University Press, 1995.

HELENE, Helen. *Dicionário de termos de gastronomia: francês/português.* São Paulo: Gaia, 2006.

HERBST, Sharon Tyler. *The new food lover's companion: comprehensive definition's of nearly 6000 food, drink and culinary terms.* 3rd Edition. Hauppauge: Barron's Educational Series, Inc., 2001.

HOLBEN, Jason. *Stailess steel translation: English to Spanish for restaurants and commercial kitchens.* Denver: Stock Pot Publishing, 1997.

HOUAISS, Antonio. *Novo dicionário Folha Webster's: inglês-português, português-inglês.* São Paulo: Folha da Manhã, 1996.

IGOE, Robert S.; HUI, Y.H. *Dictionary of foods ingredients.* 4th Edition. Gaithersburg: Aspen Publishers, Inc., 2001.

INGRAM, Christine. *Cooking ingredients.* London: Hermes House, 2002.

JACOBS, Jay. *The eaten word: the language of food, the food in our language.* New York: Birch Lane Press, 1995.

JONES, Bridget. *Dicionário prático de culinária.* São Paulo: Melhoramentos, 1996.

KERNDTER, Fritz. *Vocabulário prático de culinária internacional: português, inglês, francês, italiano, espanhol.* Tradução de Eurides Avance de Souza. São Paulo: WMF Martins Fontes, 2010.

KING, Sarah Belk. *French: the hungry traveler.* Kansas City: Andrews Mc Meel Publishing, 1997. (The Hungry Traveler Series.)

KLIE, Virginia. *Glossário de gastronomia: português-inglês, inglês-português.* São Paulo: Disal, 2006. (Série Easy Way.)

_____. *Not just hamburgers.* Barueri: Disal, 2003.

KRANE, Willibald; BARIAND, Pierre. *Five language dictionary of fish, crustaceans and molluscs*. London: Chapman Hail, 1992.

LABENSKY, Sarah R.; HAUSE, Alan M. *On cooking-techniques from expert chefs*. 2nd Edition. Upper Saddle River, New York: Prentice Hall, 1999.

LABENSKY, Steven; INGRAM, Gaveg G.; LABENSKY Sarah R. *Webster's new world dictionary of culinary arts*. 2nd Edition. New Jersey: Prentice Hall, 2000.

LANG, Jennifer H. *Larousse gastronomique: the new American edition of the world's greatest culinary encyclopedia*. Reprint edition. New York: Crown Publishers, 1998.

LAROUSSE *gastronomique*. New York: Clarkson Potter Publishers, 2001.

LAROUSSE *concise dictionary: French-English, English-French*. New York: Larousse Kingfisher Chambers, 2001.

_____: *German-English, English-German*. New York: Larousse Kingfisher Chambers, 2002.

_____: *Italian-English, English-Italian*. New York: Larousse Kingfisher Chambers, 2002.

_____: *Spanish-English, English-Spanish*. New York: Larousse Kingfisher Chambers, 2002.

LAROUSSE. *Petit Larousse de la cuisine*. Paris: Larousse, 2004.

LEBAUT, Geneviève; CLARK, Michael; MOHAN, Bernadette. *The oxford-duden pictorial French and English dictionary*. 2nd Edition. New York: Oxford University Press, 1996.

LINGUANOTTO NETO, Nelusko. *Dicionário gastronômico: ervas e especiarias com suas receitas*. São Paulo: Boccato, 2003.

LIPINSKI, Robert A.; LIPINSKI, Kathie. *Complete beverage dictionary*. 2nd Edition. New York: John Wiley & Sons, Inc., 1997.

LUCE, Bernard. *Dictionnaire gastronomique: français-anglais/Dictionary of gastronomic terms: French-English*. New York: Hippocrene Books Inc., 1997.

LUCK, Erich. *Fruit & vegetables dictionary: English-German-French*. Hamburg: Behr's, 1991.

LUEDER John. *Gastronomic passport: French menus translated and explained in English/Passeport gastronomique: les menus français traduits et expliqués en anglais*. Toulon: Les Press du Midi, 2001.

MARIANI, John; BELL, Harriet. *The dictionary of Italian food and drink*. 1st Edition. New York: Broadway, 1998.

MELO, Josimar. *Berinjela se escreve com J*. São Paulo: DBA, 1999.

MENDEZ-TRELLES, Ignacio. *Diccionario de gastronomía y hostelería inglés- -español/español-inglés* (Spanish edition). Madrid: Paraninfo, 1999.

MONETTE, Solange. *Nouveau dictionnaire des aliments*. 2. ed. Montreal: Québec Amérique Littérature, 1997.

MOURA, Roberto de Almeida. *Dicionário de culinária e termos afins: inglês/ português português/inglês*. São Paulo: Atheneu Cultura, 2000.

MOZERSKY, Pat. *Italy: the hungry traveler*. Kansas City: Andrews Mc Meel Publishing, 1997. (The Hungry Traveler Series.)

NEGRAES, Paula. *Guia A-Z de plantas:* beleza. São Paulo: Bei Comunicação, 2003.

_____. *Guia A-Z de plantas*. São Paulo: Bei Comunicação, 2003.

NEIGER, Elisabeth. *Food in 5 languages: an international menu guide – English – French – German – Italian – Spanish*. 1st Edition. New York: Interlink Books, 1997.

NORMAN, Jill; ALVAREZ, Maria Victoria; OLINS, Pepa Roman. *Spanish phrasebook: new edition* (Spanish and English edition). London: Penguin Books, 1998. (Phrase Book, Penguin.)

NORMAN, Jill; GALUCCI, Sonia; GIORGETTI, Pietro; TAGG, Daphne. *Italian phrasebook: new edition* (Italian and English edition). London: Penguin Books, 1998. (Phrase Book, Penguin.)

NORMAN, Jill; HITCHIN, Ute. *German phrasebook: new edition* (German and English edition). London: Penguin Books, 1998. (Phrase Book, Penguin.)

NORMAN, Jill; ORTEU, Henri. *French phrasebook: new edition* (French and English edition). London: Penguin Books, 1998. (Phrase Book, Penguin.)

OLNEY, Richard. *Provence: the beautiful cookbook*. 2nd Edition. New York: Harpers Collins Publishers, 1998.

PEREIRA, Helena B. C.; SIGNER, Rena. *Michaelis. Minidicionário francês--português; português-francês.* São Paulo: Melhoramentos, 1993.

PICCINARDI, Antonio. *Dizionario di gastronomia*. Prima Edizione. Milano: RCS Rizzoli Libri S.p.A, 1993.

POLITO, André Guilherme. *Michaelis. Pequeno dicionário italiano-português; português-italiano*. São Paulo: Melhoramentos, 1993.

PROTEJ, Vittoria Bowles. *Italian vocabulary: a complete learning tool*. London: Lincolnwood, Il: NTC Publishing Group, 1996.

RIELY, Elizabeth. *A culinary dictionary: the chef's companion*. 3rd Edition. Hoboken: John Wiley & Sons Inc., 1996.

ROLLAND, Jacques L. *The cook's essential dictionary: a complete culinary resource*. Toronto: Robert Rose Inc., 2004

SADOWSKI, Jeffrey A. *French cuisine: the gourmet's companion*. New York: John Wiley & Sons Inc., 1997.

_____. *Italian cuisine: the gourmet's companion*. New York: John Wiley & Sons Inc., 1997.

SALDANHA, Roberta Malta. *Minidicionário de enologia em 6 idiomas*. Rio de Janeiro: Senac Rio de Janeiro, 2012.

SCHRAEMLI, Harry. *Dictionnaire gastronomique.* Heirgiswil: Gastropress, 1991.

SILVA, Guido Gómez da. *International dictionary of gastronomy*. New York: Hippocrene Books, Inc., 2002.

SIMON, André; HOWE, Robin. *Dictionary of gastronomy*. New York: McGraw-Hill, 1970.

SINCLAIR, Charles. *International dictionary of food and cooking*. Great Britain: Peter Collin Publishing Ltd, 1999.

SMITH, Andrew F. *The Oxford Companion to American food and drink*. New York: Oxford University Press, 2009.

STEWART, Kerry Brady. *German: the hungry traveler*. Kansas City: Andrews Mc Meel Publishing, 1997. (The Hungry Traveler Series.)

SZPILMANN, Marcelo. *Peixes marinhos do Brasil: guia prático de identificação*. Rio de Janeiro: Instituto Ecológico Aqualung/Mauad, 2000.

TEMMERMAN, Geneviève de. *Die französische gastronomie von A bis Z: L'ABC de la gastronomie française*. Rambouillet: Scribo, 2001.

_____. *La Gastronomía Francesa de la A à la Z: Diccionario gastronomico francés-espagñol*. Rambouillet: Scribo, 2001.

TEMMERMAN, Geneviève de; CHEDORGE, Didier. *The A-Z of French food: L'ABC de la gastronomie française*. Rambouillet: Scribo, 1998.

THE CULINARY INSTITUTE OF AMERICA. *The professional chef*. 7th Edition. New York: John Wiley & Sons, Inc., 2002.

VIVANCO, Ginés. *Diccionario de alimentación, gastronomía y enología española y latinoamericana: mas de 7000 definiciones de alimentos, bebidas, técnicas y preparaziones culinarias, con su traducción en varios idiomas*. Espanha: Everest, 2003.

WARD, Susie; CLIFTON, Claire; STALY, Jenny; DONOVAN, Mary. *The gourmet atlas: the history, origin, and migration of foods of the world*. New York: John Wiley & Sons, Inc., 1997.

WEIß, Joachim; CLARK, Michael. *The oxford-duden pictorial German and English dictionary*. New York: Oxford University Press, 1995.

WERLE, Loukie; COX, Jill. *Ingredients*. New York: J B Fairfax Press Pty Ltd. Revised edition, 1998.

WHITE, Judith A. *Bon appétit: French-English menu dictionary*. Bilingual edition. London: Robert Hale Ltd, 1999.

WHITNEY H; GALBRAIT, Anne T. *European menu translator*. 1st Edition. Reno, Nevada: Creative Minds Press, 2002.

WILDIK, Visconde de. *Novo diccionario hespanhol-portuguez e portuguez--hespanhol*. Paris: Garnier Hermanos, s.d.

WRIGHT, Jenny Cart. *Le Cordon Bleu: todas as técnicas culinárias*. São Paulo: Marco Zero, 1997.

índice remissivo

Saiba onde encontrar os termos gastronômicos nos idiomas inglês, espanhol, francês, italiano e alemão.

[INGL.] Table of contents — 484

[ESP.] Índice — 517

[FR.] Sommaire — 550

[IT.] Indice — 583

[AL.] Stichwortverzeichnis — 616

No índice remissivo de cada idioma, os termos estão listados em ordem alfabética.

Cada termo aparece com a indicação da página em que se encontra, seguido de seu respectivo número.

Exemplo:
Menu à la carte **246**, *2808*

Onde:

Termo | **Página** | *Nº do termo*

A

Abacate 35, *1*
Abacaxi 35, *2*
Abadejo *Ver* Badejo 35, *3*
Abalone *(molusco)* 35, *4*
Abastecer 35, *5*
Abastecimento 35, *6*
Abate (de animais) 35, *7*
Abater 35, *8*
Aberto 35, *9*
Abertura 35, *10*
Abiu-do-pará 35, *11*
Abóbora; Jerimum (ne) 36, *12*
Abóbora-cheirosa 36, *13*
Abóbora-d'água *Ver* Abobrinha 36, *14*
Abóbora espaguete 36, *15*
Abóbora gila; Gila (s) 36, *16*
Abóbora-japonesa 36, *17*
Abóbora-menina 36, *18*
Abóbora-moranga; Moranga (s) 36, *19*
Abóbora-pescoçuda 36, *20*
Abobrinha; Abóbora--d'água 36, *21*
Abricó; Damasco 36, *22*
Abridor de garrafas 36, *23*
Abridor de latas 36, *24*
Abridor de tampas universal 36, *25*
Abrir 36, *26*
Abrir a massa com rolo; Estender a massa com rolo 36, *27*
Abrótea 36, *28*
Abrótea-da-costa 36, *29*
Abrunho *(semelhante à ameixa)* 37, *30*
Abruzzese, alla (com pimenta-vermelha) 37, *31*
Absinto; Losna 37, *32*
Absorver 37, *33*
Abundância 37, *34*
Abundante 37, *35*
Açafrão 37, *36*
Açafrão-da-índia 37, *37*
Açafrão-da-terra *Ver* Cúrcuma 37, *38*
Açafrão-de-raiz *Ver* Cúrcuma 37, *39*
Açafrão-do-amazonas *Ver* Cúrcuma 37, *40*
Açafroa *Ver* Cártamo 37, *41*
Açaí 37, *42*
Acelga 37, *43*
Acelga japonesa; Couve-chinesa 37, *44*
Acelga vermelha 37, *45*
Acém 37, *46*
Acendedor de gás 37, *47*
Acerola; Cereja-das-antilhas 37, *48*
Achiote *Ver* Urucum 38, *49*
Acidez 38, *50*
Ácido *(adj.)* 38, *51*
Ácido acético 38, *52*
Ácido ascórbico; Vitamina C 38, *53*
Ácido cítrico 38, *54*
Ácido málico 38, *55*
Ácido tartárico 38, *56*
Acidulado 38, *57*
Acini di pepe *(massa própria para sopas)* 38, *58*
Acompanhamento *(prato secundário que acompanha o principal)* 38, *59*
Acompanhar 38, *60*
Acondicionar 38, *61*
Aconselhar 38, *62*
Ácoro *Ver* Cálamo--aromático 38, *63*
Açougue 38, *64*
Açougueiro 38, *65*
Acrescentar *Ver* Adicionar 39, *66*
Açúcar aromatizado com baunilha 39, *67*
Açúcar aromatizado com cevada 39, *68*
Açúcar cristal *(comum)* 39, *69*
Açúcar de beterraba 39, *70*
Açúcar de bordo 39, *71*
Açúcar de cana-de--açúcar; Sacarose 39, *72*
Açúcar de confeiteiro; Açúcar para glacê 39, *73*
Açúcar de fruta *Ver* Frutose 39, *74*
Açúcar demerara 39, *75*
Açúcar de palma 39, *76*
Açúcar em tabletes 39, *77*
Açúcar granulado 39, *78*
Açúcar invertido; Açúcar líquido (1/3 glicose, 1/3 frutose e 1/3 sacarose) 39, *79*
Açúcar líquido *Ver* Açúcar invertido 39, *80*
Açúcar mascavo claro 39, *81*
Açúcar mascavo escuro 40, *82*
Açúcar não refinado 40, *83*
Açúcar para glacê *Ver* Açúcar de confeiteiro 40, *84*
Açúcar refinado 40, *85*
Açucarado 40, *86*
Açucareiro 40, *87*
Adega 40, *88*
Adega climatizada 40, *89*
Adeus 40, *90*
Adicional 40, *91*
Adicionar; Acrescentar 40, *92*
Aditivo 40, *93*
Adoçado 40, *94*
Adoçante 40, *95*
Adoçar com açúcar 40, *96*
Adocicar 40, *97*
Aerar 40, *98*
Aferventar; Cozer ligeiramente 40, *99*
Afiado 40, *100*
Africaine, à l' (batata, pepino, berinjela ou abobrinha) 41, *101*
Ágar-ágar (gelatina de algas) 41, *102*
Agitar 41, *103*
Agnès Sorel (peito de frango, cogumelos e língua de boi marinada) 41, *104*
Agnolotti (massa recheada feita de massa fresca) 41, *105*
Agraço *Ver* Verjus 41, *106*
Agradável 41, *107*
Agraz *Ver* Verjus 41, *108*
Agrião-americano *Ver* Agrião-da-terra 41, *109*
Agrião-comum 41, *110*
Agrião-da-terra; Agrião-americano; Erva-de--santa-bárbara 41, *111*
Agrião-do-brasil *Ver* Jambu 41, *112*
Agrião-do-pará *Ver* Jambu 41, *113*
Agrião-dos-jardins 41, *114*
Agrião-dos-prados; Cardamina 41, *115*
Agricultura 42, *116*
Agridoce 42, *117*
Agridoce, molho 42, *118*
Água 42, *119*
Água da torneira 42, *120*
Água de flor; Água de flor de laranjeira 42, *121*
Água de flor de laranjeira *Ver* Água de flor 42, *122*
Água de manancial 42, *123*
Água de rosas 42, *124*
Aguado; Aquoso 42, *125*
Água efervescente sem sabor 42, *126*
Água engarrafada 42, *127*
Água fervente 42, *128*
Água gaseificada *Ver* Club Soda 42, *129*
Água gelada 42, *130*
Água mineral 42, *131*
Água mineral com gás 42, *132*
Água mineral sem gás 42, *133*
Água potável 42, *134*
Aguardar; Esperar 43, *135*
Aguardente 43, *136*
Aguardente da cana-de--açúcar 43, *137*
Aguardente (de caroços) de cereja 43, *138*
Aguardente de cereais 43, *139*
Aguardente de fruta 43, *140*
Aguardente de maçã 43, *141*
Aguardente de vinho 43, *142*
Água tônica 43, *143*
Água-viva 43, *144*

| Termo | Página | Nº do termo |

Agulhão (peixe) (PT); Marabumbo (PT) 43, *145*
Aïoli, molho; Alho, molho de (alho, gemas de ovos e azeite de oliva) 43, *146*
Aipim (s) Ver MANDIOCA 43, *147*
Aipo branco 43, *148*
Aipo-rábano; Raiz de aipo 43, *149*
Aipo; Salsão 43, *150*
Aipo selvagem 43, *151*
Ajowan 44, *152*
Ajuda 44, *153*
Ajudante 44, *154*
Ajudante de cozinha 44, *155*
Ajudar 44, *156*
Alabote-da-gronelândia (peixe) (PT); Alabote negro (PT) 44, *157*
Alabote-do-atlântico (peixe) (PT); Hipoglosso (PT) 44, *158*
Alabote negro (PT) Ver ALABOTE-DA-GRONELÂNDIA 44, *159*
Alambique 44, *160*
Albacora-bandolim Ver ATUM-CACHORRA 44, *161*
Albacora-branca; Atum-branco 44, *162*
Albacora-de-laje 44, *163*
Albacorinha 44, *164*
Albigeoise, à l' (tomates recheados e croquetes de batata) 44, *165*
Albufera (língua de boi marinada, moleja de vitela e cogumelos) 44, *166*
Albufera, à la d' (com frango ou pato) 45, *167*
Alcachofra 45, *168*
Alcachofra chinesa Ver ALCACHOFRA JAPONESA 45, *169*
Alcachofra-da-terra Ver TUPINAMBO 45, *170*
Alcachofra-de-jerusalém Ver TUPINAMBO 45, *171*
Alcachofra japonesa; Alcachofra chinesa 45, *172*

Alcachofras marinadas 45, *173*
Alcaçuz 45, *174*
Alcaparra 45, *175*
Alcaparras, molho de 45, *176*
Alcaravia; Carvi; Kümmel 45, *177*
Alcatra 45, *178*
Alcatra com picanha 45, *179*
Alcatra de porco 45, *180*
Alce 45, *181*
Alcoólico 45, *182*
Alecrim-do-norte 45, *183*
Alecrim; Rosmaninho; Rosmarinho 45, *184*
Alergia 46, *185*
Alérgico 46, *186*
Alexander (coquetel feito de conhaque ou brandy, creme de cacau, creme de leite e noz-moscada ralada) 46, *187*
Alexandra (frango, trufas e pontas de aspargos) 46, *188*
Alface 46, *189*
Alface-americana 46, *190*
Alface-crespa 46, *191*
Alface-de-cordeiro 46, *192*
Alface-do-mar 46, *193*
Alface frisée 46, *194*
Alface-lisa 46, *195*
Alface-mimosa 46, *196*
Alface-romana 46, *197*
Alface roxa 46, *198*
Alfafa; Luzerna 46, *199*
Alfarroba 47, *200*
Alfavaca 47, *201*
Alfazema; Lavanda 47, *202*
Alforba Ver FENO-GREGO 47, *203*
Algas 47, *204*
Algas marinhas 47, *205*
Algérienne, à la (tomates e croquetes de batata-doce) 47, *206*
Algodão-doce 47, *207*
Alho 47, *208*
Alho, ao 47, *209*
Alho-de-espanha Ver ALHO-ESPANHOL 47, *210*

Alho-de-urso Ver ALHO SELVAGEM 47, *211*
Alho e óleo, ao 47, *212*
Alho-espanhol; Alho--de-espanha; Alho--mourisco 47, *213*
Alho, molho de Ver AÏOLI, MOLHO 47, *214*
Alho-mourisco Ver ALHO-ESPANHOL 47, *215*
Alho-poró; Alho-porro 47, *216*
Alho-porro Ver ALHO-PORÓ 47, *217*
Alho selvagem; Alho-de--urso 47, *218*
Aliária; Erva-aliária 47, *219*
Alimentação 48, *220*
Alimentos 48, *221*
Alimentos funcionais 48, *222*
Allemande, molho; Parisienne, molho (velouté de vitela ligado com gemas de ovos) 48, *223*
Almoço 48, *224*
Almoço de negócios 48, *225*
Almofariz Ver PILÃO 48, *226*
Almôndegas 48, *227*
Alpínia Ver GALANGA 48, *228*
Alquermes (licor) 48, *229*
Alsacienne, à l' (chucrute, presunto, bacon e/ou salsichas) 48, *230*
Alsacienne, à l' (com patê de foie gras) 48, *231*
Alta estação 48, *232*
Altramuz Ver TREMOÇOS 48, *233*
Amaciar 48, *234*
Amadurecer 48, *235*
Amadurecido 49, *236*
Amaretto (licor italiano de amêndoas) 49, *237*
Amargo (sabor) 49, *238*
Amarrado de ervas aromáticas; Bouquet garni 49, *239*
Amarrar as asas e as coxas de uma ave para assar 49, *240*

Amassador de batatas 49, *241*
Amatriciana, all' (salsa de tomate, bacon e pimenta) 49, *242*
Ambassadeur; Ambassadrice (corações de alcachofra recheados e batatas-duquesa) 49, *243*
Ambassadrice Ver AMBASSADEUR 49, *244*
Ambiente 49, *245*
Amchoor (manga verde em pó) 49, *246*
Amêijoa (molusco) (PT) 49, *247*
Amêijoa fina (molusco) (PT) 49, *248*
Ameixa fresca 50, *249*
Ameixa, molho de 50, *250*
Ameixa seca 50, *251*
Amêndoa 50, *252*
Amêndoa doce 50, *253*
Amêndoa do mar (molusco) (PT) 50, *254*
Amêndoa torrada 50, *255*
Amendoim 50, *256*
Américaine, à l' (lagosta e molho armoricaine) 50, *257*
Américaine, à l' (lagosta, molho de tomate, azeite de oliva, cebola e vinho) 50, *258*
Américaine, à l' (ovos, aves ou carne, tomates e fatias de bacon na grelha) 50, *259*
Americano (coquetel feito de Campari®, vermute tinto e club soda) 50, *260*
Amido de milho 51, *261*
Amiral, à l' (ostras, mexilhões, lagostins, cogumelos, trufas e molho Nantua) 51, *262*
Amolador de facas 51, *263*
Amolar 51, *264*
Amora 51, *265*
Amora-preta 51, *266*
Amor-dos-homens (PT) Ver DENTE-DE-LEÃO 51, *267*

| Termo | Página | Nº do termo |

Anato Ver URUCUM 51, 268
Anchovas, molho de 51, 269
Ancienne, à l' (cebolinhas-pérola e cogumelos) 51, 270
Andalouse, à l' (carne, pimentão, beringela, arroz e chipolata) 51, 271
Andalouse, molho (maionese, molho de tomate e pimentão) 51, 272
Andu (BA) Ver FEIJÃO-GUANDO 52, 273
Anéis de lula fritos 52, 274
Anellini (massa em forma de argolinhas) 52, 275
Anequim Ver TUBARÃO-BRANCO 52, 276
Aneto Ver ENDRO 52, 277
Ânfora 52, 278
Angel food cake (bolo feito sem gemas de ovos) 52, 279
Angélica; Erva-do-espírito-santo; Jacinto-da-índia 52, 280
Angels on horseback (ostras fritas enroladas em fatias de bacon e servidas sobre torradas) 52, 281
Anglaise, à l' (alimentos cozidos ou escaldados e servidos com manteiga) 52, 282
Angostura® 52, 283
Anilina Ver CORANTE 52, 284
Anis-da-china Ver ANIS-ESTRELADO 52, 285
Anis-estrelado; Anis-da-china; Badiana 52, 286
Anisette 52, 287
Anis verdadeiro Ver ERVA-DOCE 52, 288
Anis-verde Ver ERVA-DOCE 52, 289
Anis Ver ERVA-DOCE 53, 290
Anjo-do-mar Ver CAÇÃO-ANJO 53, 291

Antepasto 53, 292
Antes 53, 293
Antiaderente 53, 294
Antioxidante 53, 295
Anversoise, à l' (tartelettes com brotos de lúpulo e batatas cozidas ou ovos quentes) 53, 296
Ao ar livre Ver DO LADO DE FORA 53, 297
Aorta (miúdos) 53, 298
Aparar 53, 299
Aparelho de chá 53, 300
Aparelho de jantar 53, 301
Aparelho de jantar de porcelana 53, 302
À parte Ver DE LADO 53, 303
Aperitivo (bebida) 53, 304
Aperitivos variados 53, 305
Apetite 53, 306
Apetitoso 53, 307
Apfelstrudel 54, 308
Apimentado 54, 309
Apimentar 54, 310
Appenzeller (queijo suíço, feito com leite de vaca) 54, 311
Apreciar 54, 312
Aquavit (aguardente de cereais escandinava) 54, 313
Aquecer; Esquentar 54, 314
Aquecido 54, 315
Aquiléa 54, 316
Aquoso Ver AGUADO 54, 317
Arababéu (BA) Ver SERNAMBIGUARA 54, 318
Arabaiana-azul Ver XIXARRO-SALMÃO 54, 319
Araçá (BA) Ver GOIABA 54, 320
Arando; Mirtilo 54, 321
Araruta 54, 322
Araximbora Ver GUARAJUBA 54, 323
Archiduc, à l' (com cebolas e páprica) 54, 324
Área para não fumantes 54, 325

Arenque 55, 326
Arenque defumado 55, 327
Argenteuil (com pontas de aspargos ou purê de aspargos) 55, 328
Argola para guardanapo 55, 329
Arlésienne, à la (berinjelas, tomates e cebolas) 55, 330
Armanhaque (aguardente vínica) 55, 331
Armazenagem 55, 332
Armoricaine, molho (tomates, cebolinha-verde, conhaque, vinho branco e estragão) 55, 333
Aroma 55, 334
Aromático 55, 335
Aromatizado 55, 336
Aromatizar 55, 337
Arraia; Raia 55, 338
Arrefecer; Esfriar 56, 339
Arroz 56, 340
Arroz à grega 56, 341
Arroz arbóreo 56, 342
Arroz basmati 56, 343
Arroz branco 56, 344
Arroz branco de grão curto 56, 345
Arroz branco de grão longo (agulhinha) 56, 346
Arroz branco glutinoso 56, 347
Arroz calasparra (próprio para paella) 56, 348
Arroz carnaroli 56, 349
Arroz cozido 56, 350
Arroz de jasmim 56, 351
Arroz-de-leite (s) Ver ARROZ-DOCE 56, 352
Arroz de pato 56, 353
Arroz de sushi 56, 354
Arroz-doce; Arroz-de-leite (s) 56, 355
Arroz integral 56, 356
Arroz integral de grão curto 57, 357
Arroz integral de grão longo 57, 358
Arroz japonês 57, 359
Arroz parboilizado 57, 360

Arroz polido 57, 361
Arroz puro 57, 362
Arroz selvagem 57, 363
Arroz tailandês 57, 364
Arruda 57, 365
Artemísia 57, 366
Asas 57, 367
Asas de frango 57, 368
Asas de pato 57, 369
Aspargo 57, 370
Aspargo dos pobres Ver CERCEFI-BRANCA 57, 371
Aspartame 57, 372
Aspérula 57, 373
Aspic (gelatina salgada feita com caldo de carne, peixe ou legumes) 57, 374
Assadeira 58, 375
Assado (adj.) 58, 376
Assado (subst.) 58, 377
Assado no forno 58, 378
Assa-fétida; Férula; Goma-fedorenta (tempero) 58, 379
Assar em calor seco 58, 380
Assar no forno 58, 381
Assar sobre brasas 58, 382
Assar a massa antes de rechear 58, 383
Assento 58, 384
Assinar 58, 385
Atapu (molusco) 58, 386
Até amanhã 58, 387
Até logo 58, 388
Atendimento Ver SERVIÇO 58, 389
Atum 59, 390
Atum-branco Ver ALBACORA-BRANCA 59, 391
Atum-cachorra; Albacora-bandolim 59, 392
Atum no azeite 59, 393
Aurora, molho (molho bechamel e extrato de tomate) 59, 394
Autrichienne, à l' (páprica, cebolas fritas, funcho e creme de leite azedo) 59, 395
Aveia 59, 396
Avelã 59, 397

Aveludado 59, *398*
Avental 59, *399*
Aves domésticas 59, *400*
Avestruz 59, *401*
Avinhado; Regado com vinho 59, *402*
Azeda-brava *Ver* Azedinha 59, *403*
Azedar 59, *404*
Azedeira *Ver* Azedinha 59, *405*
Azedinha; Azedinha-da--horta; Azeda-brava; Azedeira 59, *406*
Azedinha-da-horta *Ver* Azedinha 60, *407*
Azedinha-miúda 60, *408*
Azedo *(sabor)* 60, *409*
Azeite de dendê 60, *410*
Azeite de ervas 60, *411*
Azeite de laranja 60, *412*
Azeite de limão 60, *413*
Azeite de oliva 60, *414*
Azeite de oliva extravirgem 60, *415*
Azeite de oliva virgem 60, *416*
Azeite de trufa 60, *417*
Azeiteiro 60, *418*
Azeite; Óleo 60, *419*
Azeitona 60, *420*
Azeitona kalamata (azeitonas gregas) 60, *421*
Azeitona preta 60, *422*
Azeitonas recheadas 60, *423*
Azeitona verde 60, *424*

B

B & B® (Bénédictine e Brandy) 63, *425*
Baba ao rum 63, *426*
Babador 63, *427*
Babycorn *Ver* Minimilho 63, *428*
Bacalhau *(a espécie)* 63, *429*
Bacalhau fresco 63, *430*
Bacalhau salgado 63, *431*
Bacalhau seco 63, *432*
Baço *(miúdos)* 63, *433*
Bacon (toucinho fatiado, curado e defumado) 63, *434*

Bacon defumado 64, *435*
Badejo; Abadejo 64, *436*
Badiana *Ver* Anis--estrelado 64, *437*
Baga 64, *438*
Bagaceira (aguardente produzida da casca ou do bagaço da uva) 64, *439*
Bagas de sabugueiro 64, *440*
Bagas de zimbro 64, *441*
Bagel (pão judaico) 64, *442*
Bagre 64, *443*
Baguete 64, *444*
Baixa estação 64, *445*
Baixas calorias 64, *446*
Baixo nível de colesterol 64, *447*
Baixo teor de gordura 64, *448*
Bala de caramelo; Toffee 64, *449*
Balança de cozinha 64, *450*
Balas; Bombons 64, *451*
Balas de goma 64, *452*
Balcão do bar 65, *453*
Balde de champanhe 65, *454*
Balde de gelo 65, *455*
Balde de gelo térmico 65, *456*
Balde de vinho 65, *457*
Baleia 65, *458*
Balsamita; Hortelã--francesa 65, *459*
Banana 65, *460*
Banana-comprida *Ver* Banana-da-terra 65, *461*
Banana-da-terra; Banana--comprida 65, *462*
Banana flambada 65, *463*
Banana-nanica 65, *464*
Banana split (banana, sorvete, creme chantili e amêndoas) 65, *465*
Bananinha *(corte de carne bovina)* 65, *466*
Bananinha do contrafilé *(corte de carne bovina)* 65, *467*
Bandeja 66, *468*

Banha; Gordura de porco derretida 66, *469*
Banheiro 66, *470*
Banheiro feminino 66, *471*
Banheiro masculino 66, *472*
Banon (queijo francês, feito com leite de vaca, cabra ou ovelha, envolto em folhas de castanha) 66, *473*
Banquete 66, *474*
Banquière, à la (quenelles de galinha, cogumelos e trufas) 66, *475*
Bar 66, *476*
Barato 66, *477*
Barba-de-bode *Ver* Cercefi-branca 66, *478*
Barbatanas de tubarão 66, *479*
Barbecued *(carne preparada em grelha ou espeto, sobre brasas)* 66, *480*
Barbecue, molho (tomate, cebola, mostarda, alho, açúcar mascavo e vinagre) 66, *481*
Barbo *(peixe)* (PT) 67, *482*
Bardana 67, *483*
Barigoule, à la (fundos de alcachofra recheados) 67, *484*
Barman 67, *485*
Barquetes de lagosta 67, *486*
Barra de chocolate 67, *487*
Barracuda; Bicuda-de--corso (PE); Carana (CE) 67, *488*
Barramundi *(peixe)* (PT) 67, *489*
Barriga com costela *(corte de carne suína)* 67, *490*
Barriga sem costela *(corte de carne suína)* 67, *491*
Barril 67, *492*
Barulhento 67, *493*
Barulho 67, *494*
Base de, à 67, *495*
Basilicão *Ver* Manjericão 67, *496*

Basquaise, à la (tomate, pimentão e presunto de Bayonne) 67, *497*
Basta 68, *498*
Bastante (quantidade) 68, *499*
Bastar; Ser suficiente 68, *500*
Baster 68, *501*
Batata 68, *502*
Batata-doce 68, *503*
Batata-doce branca 68, *504*
Batata-doce roxa 68, *505*
Batata Jersey Royal (a rainha das batatinhas--bolinha) 68, *506*
Batatas à boulangère (batatas assadas com cebolas) 68, *507*
Batatas Anna (rodelas de batatas comprimidas e fritas levadas ao forno com manteiga) 68, *508*
Batatas ao estilo inglês (cozidas e servidas com manteiga) 68, *509*
Batatas ao forno 69, *510*
Batatas à Savoy (gratinadas com leite e queijo) 69, *511*
Batatas assadas 69, *512*
Batatas Berny (bolinhos de batata com amêndoas) 69, *513*
Batatas-bolinha 69, *514*
Batatas château (cortadas em forma de grossas azeitonas e salteadas na manteiga) 69, *515*
Batatas Chatouillard (batatas cortadas em tiras longas e fritas) 69, *516*
Batatas com casca 69, *517*
Batatas cozidas 69, *518*
Batatas Dauphine (espécie de sonho feito de batata) 70, *519*
Batatas douradas *Ver* Batatas salteadas 70, *520*
Batatas duquesa (ninhos feitos de purê de batatas levados ao forno para gratinar) 70, *521*

Termo | Página | Nº do termo

Batatas em papillote 70, *522*
Batatas fondantes 70, *523*
Batatas fritas 70, *524*
Batatas fritas industrializadas 70, *525*
Batatas gratinadas 70, *526*
Batatas Lorette (espécie de sonho feito de batata, acrescido de queijo ralado) 70, *527*
Batatas Lyonnaise (fritas com cebolas) 70, *528*
Batatas Macaire (bolinhos de batata fritos na manteiga) 70, *529*
Batatas noisette (batatas cortadas em forma de esferas) 71, *530*
Batatas palha (fritas) 71, *531*
Batatas palito (fritas) 71, *532*
Batatas parisienne (batatas noisette com ervas aromáticas) 71, *533*
Batatas parmentier (batatas cortadas em quadradinhos e fritas na manteiga) 71, *534*
Batatas pont neuf (batatas fritas em bastonetes) 71, *535*
Batatas salteadas; Batatas douradas 71, *536*
Batatas sarladaises (batatas fatiadas salteadas em gordura de ganso) 71, *537*
Batatas soufflés (batatas que são fritas duas vezes) 71, *538*
Batatas Williams (croquetes em forma de pera) 72, *539*
Batedeira elétrica 72, *540*
Batedeira manual 72, *541*
Batedor de carne 72, *542*
Batedor de ovos; Fouet 72, *543*
Bâtelière, à la (camarões, lagostins, cogumelos, cebolas glaceadas e ovos fritos) 72, *544*

Bater 72, *545*
Bater no liquidificador 72, *546*
Bater vigorosamente (creme, ovos) 72, *547*
Batido 72, *548*
Batido vigorosamente (creme, ovos) 72, *549*
Baunilha; Vanila 72, *550*
Bavaroise (creme chantili e gelatina) 72, *551*
Bavaroise de chocolate 73, *552*
Béarnaise, molho (molho holandês com estragão) 73, *553*
Beatinha (BA) Ver MANGANGÁ 73, *554*
Bêbado; Embriagado 73, *555*
Beber 73, *556*
Bebericar 73, *557*
Bebida; Drinque 73, *558*
Bebida quente 73, *559*
Bebidas alcoólicas 73, *560*
Bebidas sem álcool 73, *561*
Bebida servida sem adição de água e gelo 73, *562*
Bebidas incluídas 73, *563*
Bechamel, molho (manteiga derretida, farinha de trigo e leite) 73, *564*
Beignet de banana 73, *565*
Beignet de maçã 73, *566*
Beignets *(pequenos sonhos, feitos com frutas)* 74, *567*
Beijo-pirá (RN) Ver BIJUPIRÁ 74, *568*
Beijupirá (NE) Ver BIJUPIRÁ 74, *569*
Beldroega; Beldroega-da-horta 74, *570*
Beldroega-da-horta Ver BELDROEGA 74, *571*
Beliscar Ver MORDISCAR 74, *572*
Belle Hélène (pedaços de carne, tomates, ervilhas, cenouras e croquetes de batata) 74, *573*
Bellini (suco de pêssego e champanhe) 74, *574*

Bem malpassado 74, *575*
Bem passado 74, *576*
Bénédictine, à la (com purê de bacalhau seco e purê de batatas) 74, *577*
Bénédictine D.O.M.® (licor de ervas) 74, *578*
Berbigão *(molusco)* 74, *579*
Bercy, molho (caldo de peixe, manteiga, echalotas e vinho branco) 74, *580*
Bergamota (S) Ver TANGERINA 75, *581*
Bergamota Ver ERVA--BERGAMOTA 75, *582*
Berinjela 75, *583*
Berinjela tailandesa 75, *584*
Berny (tartelettes com purê de lentilhas) 75, *585*
Berrichonne, à la (repolho, cebolas, castanhas e bacon) 75, *586*
Bertalha 75, *587*
Besan Ver FARINHA DE GRÃO-DE-BICO 75, *588*
Besuntar 75, *589*
Beterraba 75, *590*
Beurre noir (manteiga, vinagre ou suco de limão, alcaparras e salsinha) 75, *591*
Bezerro 75, *592*
Bicarbonato de sódio 75, *593*
Bico-doce (RS) Ver TUBARÃO-AZUL 75, *594*
Bicuda-de-corso (PE) Ver BARRACUDA 75, *595*
Bicuda; Gorana (RJ); Pescada-goirana (PE) 75, *596*
Bicudo *(peixe)* (PT) 76, *597*
Bife a cavalo *(fatia de carne com um ovo frito em cima)* 76, *598*
Bife de canguru 76, *599*
Bife de rena 76, *600*
Bife do vazio; Pacu 76, *601*
Bigarade, molho (molho de laranja) 76, *602*

Bijupirá; Parambiju (PA); Peixe-rei (PE); Pirabiju (RJ); Beijo-pirá (RN); Parabiju (SP); Beijupirá (NE) 76, *603*
Biltong (tiras secas de carne de vaca ou de caça) 76, *604*
Biodinâmico 76, *605*
Biscoito amanteigado 76, *606*
Biscoito integral 76, *607*
Biscoito doce; Bolacha doce 76, *608*
Biscoito salgado 76, *609*
Biscoitos crocantes de amêndoas 76, *610*
Biscoitos de canela 77, *611*
Biscoitos de Natal 77, *612*
Bisque (sopa à base de crustáceos, vinho branco, conhaque e creme de leite) 77, *613*
Bisteca de porco; Costeleta de porco 77, *614*
Bitter 77, *615*
Blachan Ver PASTA DE CAMARÃO SECO 77, *616*
Black Russian (coquetel feito de vodca e licor de café) 77, *617*
Blanc manger (manjar branco feito com amêndoas reduzidas a pó) 77, *618*
Bleu de Gex (queijo francês de consistência firme, feito com leite de vaca não pasteurizado) 77, *619*
Blinis (pequenas panquecas feitas com trigo-sarraceno) 77, *620*
Bloody Mary (coquetel feito de suco de tomate, vodca, molho inglês, sal e Tabasco®) 77, *621*
Blue d'Auvergne (queijo francês, feito com leite de vaca) 78, *622*
Blue Hawaii (coquetel feito de rum, Cointreau® e Blue Curaçao) 78, *623*

— 448 —

| Termo | Página | Nº do termo |

Blue Hawaiian (coquetel feito de Blue Curaçao, rum, suco de abacaxi e leite de coco) 78, *624*
Boa noite 78, *625*
Boa tarde 78, *626*
Boca de fogão; Queimador 78, *627*
Bocado 78, *628*
Bocconcini (bolinhas de mozarela fresca, conservadas em soro de leite) 78, *629*
Bochecha de porco 79, *630*
Bockwurst (salsicha alemã de carne de vitela e ervas) 79, *631*
Bodião; Budião *(peixe)* 79, *632*
Boga-do-mar *(peixe)* (PT) 79, *633*
Bok choy; Tatsoi (variedade de repolho chinês) 79, *634*
Bolacha *Ver* Descanso para copo de cerveja 79, *635*
Bolacha doce *Ver* Biscoito doce 79, *636*
Bola de sorvete 79, *637*
Bolas de prata 79, *638*
Boldo 79, *639*
Boleador de frutas 79, *640*
Bolha *Ver* Borbulha 79, *641*
Bolinha de manteiga 79, *642*
Bolinhas de queijo 79, *643*
Bolinhos de peixe 79, *644*
Bolo 79, *645*
Bolo de aniversário 79, *646*
Bolo de carne 80, *647*
Bolo de casamento 80, *648*
Bolo de cenoura 80, *649*
Bolo de chocolate 80, *650*
Bolo de coco 80, *651*
Bolo de frutas 80, *652*
Bolo de gengibre 80, *653*
Bolo de laranja 80, *654*
Bolo de Natal 80, *655*
Bolo Floresta Negra 80, *656*

Bolo mármore 80, *657*
Bolonhesa, à (com ragu) 80, *658*
Bolo-rei 80, *659*
Bolo Sacher (açúcar de confeiteiro, chocolate e vinho Madeira) 80, *660*
Bolo Saint-Honoré (bolo de creme rodeado com carolinas) 80, *661*
Bolota *(noz do carvalho)* 81, *662*
Bom 81, *663*
Bom apetite 81, *664*
Bombay duck (tempero à base de peixe seco e salgado) 81, *665*
Bombe (camadas de sorvete variados moldadas em formato de cone, com cobertura de creme chantili ou frutas) 81, *666*
Bombinhas de chocolate 81, *667*
Bombons *Ver* Balas 81, *668*
Bom dia 81, *669*
Bonchester (queijo escocês, de textura cremosa, feito com leite de vaca não pasteurizado) 81, *670*
Bonito-de-barriga-listrada 81, *671*
Bonito-pintado 81, *672*
Bonne femme, molho (creme de leite, pão, cenoura, cebola e cogumelos) 81, *673*
Borboleta do coxão duro *(corte de carne bovina)* 82, *674*
Borbulha; Bolha 82, *675*
Borda 82, *676*
Bordelaise, molho (vinho tinto com caldo à base de tutano) 82, *677*
Borra; Sedimento *(vinho)* 82, *678*
Borracho *(pombo novo)* 82, *679*
Borragem; Borrago 82, *680*

Borrago *Ver* Borragem 82, *681*
Borrego *(cordeiro com menos de 1 ano)* 82, *682*
Borrifar 82, *683*
Botarga *Ver* Ova de tainha salgada 82, *684*
Boulangère, à la (batatas e cebolas assadas no forno) 82, *685*
Boule-de-neige (sorvete de chocolate e creme chantili) 82, *686*
Boulette d'Avesnes (queijo fresco em formato de cone e de consistência firme) 82, *687*
Bouquet garni *Ver* Amarrado de ervas aromáticas 83, *688*
Bouquetière, à la (com buquê de vegetais) 83, *689*
Bourgeoise, à la (cenouras, cebolas e bacon) 83, *690*
Bourguignonne, à la (vinho tinto, cogumelos e cebolinha-pérola) 83, *691*
Bourguignonne, molho (molho de vinho tinto) 83, *692*
Boursin® (queijo francês, de textura cremosa, feito com leite de vaca) 83, *693*
Brabançonne, à la (couve-de-bruxelas, chicória e lúpulo) 83, *694*
Branco, molho 83, *695*
Brandy (qualquer bebida destilada proveniente de frutas) 83, *696*
Branqueado; Pelado em água fervente 83, *697*
Branqueador de café *(em pó)* 84, *698*
Branquear; Pelar com água fervente 84, *699*
Brânquias *Ver* Guelras 84, *700*
Braseado 84, *701*

Brasear *(dourar previamente o alimento em gordura quente e cozinhá-lo com pouco líquido em panela bem tampada)* 84, *702*
Bréhan (corações de alcachofra recheados com purê de favas, couve-flor, molho holandês e batatas com salsinha) 84, *703*
Brema *(peixe)* 84, *704*
Bresaola (carne bovina seca e curada com sal) 84, *705*
Brettone, à la (com feijão) 84, *706*
Bretonne, molho (vinho branco, creme de leite, cenoura, salsão, cebola e alho-poró) 84, *707*
Brie (queijo francês, de textura macia, feito de leite de vaca) 84, *708*
Briex de Meaux (queijo francês, de casca branca e aveludada, e consistência cremosa depois de amadurecer, feito com leite de vaca não pasteurizado) 85, *709*
Brigada de cozinha 85, *710*
Brioche 85, *711*
Brócolis 85, *712*
Brócolis-chinês *Ver* Gai Lan 85, *713*
Brotos 85, *714*
Brotos de alfafa 85, *715*
Brotos de bambu 85, *716*
Brotos de feijão 85, *717*
Brotos de soja 85, *718*
Brunch *(refeição que combina café da manhã com almoço)* 85, *719*
Bruschetta (fatia de pão tostado com alho e azeite de oliva) 85, *720*
Bruxelloise, à la (couve-de-bruxelas, chicória e batatas château) 86, *721*
Bubble and squeak (batata e repolho salteados) 86, *722*

Bucatini (massa oca) 86, *723*
Bûche-de-Nöel (rocambole em formato de tronco de árvore, feito com castanhas e chocolate) 86, *724*
Buchinho *(miúdos)* 86, *725*
Bucho *(miúdos)* 86, *726*
Bucho branqueado *(miúdos)* 86, *727*
Bucho-de-rã *Ver* PHYSALIS 86, *728*
Budião *(peixe) Ver* BODIÃO 86, *729*
Bufê de saladas 86, *730*
Bufê frio 86, *731*
Bule de café 86, *732*
Bule de chá 86, *733*
Bulgare, à la (maionese, molho de tomate e salsão cortado em quadradinhos) 86, *734*
Bulgur *(trigo utilizado no preparo de quibe e tabule)* 87, *735*
Bull Shot (vodca, caldo de carne, molho inglês, sal de aipo e Tabasco®) 87, *736*
Bun *(pãozinho inglês de uva-passa)* 87, *737*
Burro *(animal)* 87, *738*
Busecca (sopa de tripas com feijão-branco comum) 87, *739*
Butterscotch, molho (creme de leite, manteiga, açúcar e limão) 87, *740*

C

Cabeça de cordeiro 89, *741*
Cabeça de ovelha 89, *742*
Cabeça de porco 89, *743*
Cabeçudo (BA) *Ver* XARÉU 89, *744*
Cabelo de anjo *Ver* CAPELLINI D'ANGELO 89, *745*
Cabra 89, *746*
Cabrinha *(peixe)* (PT) 89, *747*

Cabrito 89, *748*
Cabrito de montanha 89, *749*
Caça 89, *750*
Caçadora, molho à (vinho branco, echalotas, cogumelos e tomates) 89, *751*
Cação 90, *752*
Cação-anjo; Anjo-do-mar 90, *753*
Cação-martelo; Chapéu-armado; Cornudo (RS) 90, *754*
Cação-pena *Ver* CAÇÃO-RAPOSA 90, *755*
Cação-raposa; Cação-pena 90, *756*
Caçarola 90, *757*
Cacau 90, *758*
Cacau em pó 90, *759*
Cacetão (RN) *Ver* TAINHA 90, *760*
Cachaça (aguardente da cana-de-açúcar) 90, *761*
Cacho de uva 90, *762*
Cachorro-quente 90, *763*
Cadeira 90, *764*
Cadeirão *Ver* CADEIRA PARA CRIANÇA 90, *765*
Cadeira para criança; Cadeirão 90, *766*
Caesar salad (alface-romana, anchovas e ovo) 90, *767*
Café 91, *768*
Café carioca *Ver* CAFÉ EXPRESSO DILUÍDO EM TRÊS PARTES DE ÁGUA 91, *769*
Café com creme 91, *770*
Café com leite 91, *771*
Café curto 91, *772*
Café da manhã 91, *773*
Café da manhã completo 91, *774*
Café de coador 91, *775*
Café descafeinado 91, *776*
Café em pó 91, *777*
Café expresso com creme chantili 91, *778*
Café expresso com leite cremoso vaporizado 91, *779*

Café expresso com licor 91, *780*
Café expresso diluído em três partes de água; Café carioca; Café paulista 91, *781*
Café expresso; Expresso 91, *782*
Café expresso frio servido com gelo, em um copo 91, *783*
Café grego *Ver* CAFÉ TURCO 91, *784*
Café irlandês (quente, à base de café e uísque irlandês) 91, *785*
Café marroquino (cappuccino preparado com leite e chocolate quente) 92, *786*
Café Mocha (expresso misturado à calda de chocolate e leite quente) 92, *787*
Café paulista *Ver* CAFÉ EXPRESSO DILUÍDO EM TRÊS PARTES DE ÁGUA 92, *788*
Café puro 92, *789*
Café quente 92, *790*
Café solúvel 92, *791*
Cafeteira elétrica 92, *792*
Cafeteria *Ver* LOJA DE CAFÉ 92, *793*
Café turco; Café grego (pó de café misturado com açúcar e fervido com água) 92, *794*
Caffe macchiato (expresso com leite espumante em cima) 92, *795*
Caipirinha (cachaça, limão-taiti e açúcar) 92, *796*
Caipiroska (vodca, limão-taiti e açúcar) 93, *797*
Caixa 93, *798*
Caixa registradora 93, *799*
Cajaleó (PE) *Ver* VOADOR 93, *800*
Caju 93, *801*
Calaminta 93, *802*
Cálamo-aromático; Ácoro; Cana-cheirosa 93, *803*

Calandra *Ver* COTOVIA 93, *804*
Calda 93, *805*
Calda de açúcar 93, *806*
Calda de chocolate 93, *807*
Calda de chocolate quente 93, *808*
Calda de fruta 93, *809*
Calda de morango 93, *810*
Caldeirada de peixe 93, *811*
Caldo 93, *812*
Caldo com pedaços de carne e verduras 93, *813*
Caldo concentrado em cubinho 93, *814*
Caldo concentrado líquido 94, *815*
Caldo de carne 94, *816*
Caldo de galinha 94, *817*
Caldo de peixe 94, *818*
Caldo de vegetais 94, *819*
Calêndula 94, *820*
Calor 94, *821*
Caloria 94, *822*
Calórico 94, *823*
Calvados (brandy de maçã) 94, *824*
Calzone (pizza recheada e dobrada no formato de um pastel) 94, *825*
Camada 94, *826*
Camapu *Ver* PHYSALIS 94, *827*
Camarão-d'água-doce; Pitu 94, *828*
Camarão-grande 94, *829*
Camarão, molho de 94, *830*
Camarão-pequeno 94, *831*
Camarão-tigre 95, *832*
Camarões secos 95, *833*
Cambacèrès (lagostins, cogumelos e trufas) 95, *834*
Cambão (PE) *Ver* TAINHA 95, *835*
Cameline, molho (canela, cravo-da-índia, gengibre, cardamomo, mace, pimenta e verjus) 95, *836*
Camembert da Normandia (queijo francês, de casca

| Termo | **Página** | *Nº do termo* |

branca e aveludada e consistência cremosa depois de amadurecer, feito com leite de vaca não pasteurizado) 95, *837*
Camembert (queijo francês, de textura macia, feito com leite de vaca) 95, *838*
Camomila 96, *839*
Camorim *Ver* ROBALO 96, *840*
Campânula; Raponço; Rapúncio 96, *841*
Campari® (bitter italiano) 96, *842*
Camponesa, molho à *Ver* PAESANA, MOLHO 96, *843*
Cana-cheirosa *Ver* CÁLAMO-AROMÁTICO 96, *844*
Canapés de caviar 96, *845*
Canapés de salmão 96, *846*
Cancalaise, à la (ostras e molho de vinho branco) 96, *847*
Cancelar 96, *848*
Candelabro 96, *849*
Caneca 96, *850*
Canela; Canela-do-ceilão; Cinamomo 96, *851*
Canela-da-china *Ver* CÁSSIA 96, *852*
Canela-da-pérsia *Ver* CÁSSIA 96, *853*
Canela-do-ceilão *Ver* CANELA 96, *854*
Canela em pau 96, *855*
Canela-sassafrás *Ver* SASSAFRÁS 96, *856*
Canelone (massa em forma de tubos grandes e ocos) 96, *857*
Caneta 96, *858*
Cangulo-do-alto (PE) *Ver* CANGULO-REI 97, *859*
Cangulo-rei; Cangurro, Capado (CE); Peroá (ES); Peixe-gatilho (RJ); Lírio; Cangulo-do-alto (PE) 97, *860*

Cangurro *Ver* CANGULO-REI 97, *861*
Canguru 97, *862*
Canja 97, *863*
Cantal *Ver* SALERS 97, *864*
Cantarelo *Ver* CHANTERELLE 97, *865*
Cantina 97, *866*
Cantuccini (biscoito italiano com amêndoas) 97, *867*
Canudo *(para beber)* 97, *868*
Capa da paleta *(corte de carne bovina)* 97, *869*
Capa de filé *(corte de carne bovina)* 97, *870*
Capado (CE) *Ver* CANGULO-REI 97, *871*
Capão *(galo castrado)* 97, *872*
Capatão *(peixe)*(PT) 97, *873*
Capellini d'angelo; Cabelo de anjo (massa própria para sopas) 97, *874*
Capim-cidreira *Ver* CAPIM-LIMÃO 97, *875*
Capim-limão; Capim-cidreira, Capim-santo 97, *876*
Capim-santo *Ver* CAPIM-LIMÃO 97, *877*
Capote *Ver* GALINHA-D'ANGOLA 97, *878*
Cappelletti in brodo 97, *879*
Cappuccino 98, *880*
Capuchinha; Nastúrcio 98, *881*
Caqui 98, *882*
Caracóis 98, *883*
Carambola 98, *884*
Caramelizado 98, *885*
Caramelizar 98, *886*
Caramelo *(açúcar queimado)* 98, *887*
Caramujo *Ver* CORNETINHA 98, *888*
Carana (CE) *Ver* BARRACUDA 98, *889*
Caranguejo; Siri 98, *890*
Carapau *(peixe)* (ES) *Ver* GUARAJUBA 98, *891*

Carapau *(peixe)* (PT) 98, *892*
Carboidratos 98, *893*
Carbonara, molho à (bacon, ovos e queijo parmesão) 98, *894*
Carcaça 98, *895*
Carcaça de frango 98, *896*
Carcaça de pato 98, *897*
Carcaça de peru 98, *898*
Cardamina *Ver* AGRIÃO-DOS-PRADOS 99, *899*
Cardamomo; Eletária 99, *900*
Cardápio 99, *901*
Cardápio do dia 99, *902*
Cardinal (lagosta e trufas) 99, *903*
Cardinal, molho (velouté de peixe e manteiga de lagosta) 99, *904*
Cardoon *(espécie de alcachofra do mato)* 99, *905*
Caril (PT) *Ver* CURRY 99, *906*
Carne de búfalo 99, *907*
Carne de carneiro 99, *908*
Carne de cavalo 99, *909*
Carne defumada 99, *910*
Carne de veado 99, *911*
Carne de vitela 99, *912*
Carne do ceará *Ver* CARNE-SECA 99, *913*
Carneiro assado 99, *914*
Carne magra 99, *915*
Carne moída 99, *916*
Carne preservada em salmoura 99, *917*
Carnes (assadas) na brasa 100, *918*
Carne-seca; Jabá; Carne do ceará; Charque (S) 100, *919*
Carnes grelhadas 100, *920*
Caro *(preço)* 100, *921*
Carolina de chocolate; Profiterole de chocolate 100, *922*
Carolinas; Profiteroles 100, *923*
Carpa 100, *924*
Carpaccio de salmão (fatias finas de salmão) 100, *925*

Carpaccio (fatias finas de carne crua temperada com azeite de oliva e queijo parmesão) 100, *926*
Carpano® (vermute italiano) 100, *927*
Carretilha *(para cortar massa)* 100, *928*
Carrinho de sobremesas 100, *929*
Carta de vinhos 101, *930*
Cártamo; Açafroa; Falso-açafrão 101, *931*
Cartão de crédito 101, *932*
Cartilagem 101, *933*
Caruru-azedo *Ver* VINAGREIRA 101, *934*
Carvão vegetal 101, *935*
Carvi *Ver* ALCARAVIA 101, *936*
Casca de cebola 101, *937*
Casca de cítricos 101, *938*
Casca de fruta cristalizada 101, *939*
Casca de laranja cristalizada 101, *940*
Casca de limão 101, *941*
Casca de limão cristalizada 101, *942*
Casca de ovo 101, *943*
Casca de pão 101, *944*
Casca do queijo 101, *945*
Casca ralada 101, *946*
Caseiro *Ver* FEITO EM CASA 101, *947*
Cashel Blue (queijo irlandês, com sabor picante, feito com leite de vaca) 101, *948*
Cassata siciliana (bolo de sorvete com ricota, chocolate e frutas cristalizadas) 102, *949*
Cassata (sorvete em camadas alternadas com frutas cristalizadas) 102, *950*
Cássia; Canela-da-china; Canela-da-pérsia 102, *951*
Cassoulet (feijoada de feijão-branco, com carnes de carneiro, de porco e de ganso) 102, *952*

| Termo | **Página** | Nº *do termo*

Castanha-americana *(variedade)* 102, *953*
Castanha-d'água 102, *954*
Castanha-da-índia 102, *955*
Castanha-de-caju 102, *956*
Castanha-do-brasil; Castanha-do-pará 102, *957*
Castanha-do-pará *Ver* CASTANHA-DO-BRASIL 102, *958*
Castanha-portuguesa 102, *959*
Castillane, à la (tomates, cebolas e croquetes de batata) 102, *960*
Catalene, à la (berinjela e pilaf) 103, *961*
Catalene, à la (tomates, castanhas, chipolata e azeitonas) 103, *962*
Catinga-de-mulata *Ver* TANACETO 103, *963*
Cavaco (BA) *Ver* XERELETE 103, *964*
Cavala-aipim (PE) *Ver* CAVALA WAHOO 103, *965*
Cavala-sardinheira (PE) *Ver* CAVALINHA 103, *966*
Cavala-verdadeira 103, *967*
Cavala wahoo; Cavala-aipim (PE) 103, *968*
Cavalinha; Cavala-sardinheira (PE), Muzundu (RJ) 103, *969*
Cavaquinha; Cigarra-do-mar 103, *970*
Cavatappi (massa em forma espiralada) 103, *971*
Caviar 103, *972*
Cavour (croquetes de semolina e ravióli) 103, *973*
Cear 103, *974*
Cebola 103, *975*
Cebola-branca 103, *976*
Cebola-espanhola 104, *977*
Cebola-roxa 104, *978*
Cebolas em conserva 104, *979*

Cebolinha-branca *Ver* ECHALOTA 104, *980*
Cebolinha-calabresa; Cebolinha-selvagem 104, *981*
Cebolinha; Cebolinha-verde; Cebolinha-de-cheiro 104, *982*
Cebolinha-de-cheiro *Ver* CEBOLINHA 104, *983*
Cebolinha-de-flor-azul; Jacinto-de-tapetes 104, *984*
Cebolinha-francesa 104, *985*
Cebolinha-francesa, molho de 104, *986*
Cebolinha-pérola 104, *987*
Cebolinha-selvagem *Ver* CEBOLINHA-CALABRESA 104, *988*
Cebolinhas em conserva 104, *989*
Cebolinha-verde *Ver* CEBOLINHA 104, *990*
Ceia 104, *991*
Ceia de Ano-novo 104, *992*
Ceia de Natal 104, *993*
Cenoura 104, *994*
Cenoura-branca *Ver* PASTINACA 104, *995*
Cenouras Vicky (cozidas na água e servidas com manteiga e salsinha) 105, *996*
Centeio 105, *997*
Centola *(caranguejo gigante)* 105, *998*
Centrifugado 105, *999*
Centrifugar 105, *1000*
Cercefi-branca; Aspargo dos pobres; Barba-de-bode; Salsifi 105, *1001*
Cerceta *Ver* MARRECO 105, *1002*
Cereais 105, *1003*
Cérebro *Ver* MIOLO 105, *1004*
Cerefólio; Cerefolho 105, *1005*
Cerefolho *Ver* CEREFÓLIO 105, *1006*
Cereja 105, *1007*

Cereja-das-antilhas *Ver* ACEROLA 105, *1008*
Cereja-negra 105, *1009*
Cerveja 105, *1010*
Cerveja bock 105, *1011*
Cerveja de gengibre 105, *1012*
Cerveja engarrafada 105, *1013*
Cerveja importada 106, *1014*
Cerveja inglesa amarga de barril 106, *1015*
Cerveja inglesa amarga e clara 106, *1016*
Cerveja inglesa escura e forte 106, *1017*
Cerveja light 106, *1018*
Cerveja nacional 106, *1019*
Cerveja pilsen 106, *1020*
Cervejaria *(fábrica de produção de cervejas)* 106, *1021*
Cerveja sem álcool 106, *1022*
Cervelat *(tipo de salsicha alemã, feita de carne de boi e de porco moídas, ervas e especiarias)* 106, *1023*
Cervo; Veado 106, *1024*
Cesta de frutas 106, *1025*
Cesta de pão 106, *1026*
Cesta para cozinhar no vapor 106, *1027*
Cesta para repousar a garrafa de vinho 106, *1028*
Cevada 106, *1029*
Cevada perolada; Cevadinha 107, *1030*
Cevadinha *Ver* CEVADA PEROLADA 107, *1031*
Chá 107, *1032*
Chã de dentro *Ver* COXÃO MOLE 107, *1033*
Chã de fora *Ver* COXÃO DURO 107, *1034*
Chá com leite 107, *1035*
Chá com limão 107, *1036*
Chá-da-indonésia; Chá-de-java (com um sabor forte, ideal para o café da manhã) 107, *1037*

Chá Darjeeling (chá-preto) 107, *1038*
Chá das cinco 107, *1039*
Chá de camomila 107, *1040*
Chá de ervas; Tisana 107, *1041*
Chá de jasmim 107, *1042*
Chá-de-java *Ver* CHÁ-DA-INDONÉSIA 107, *1043*
Chá de menta 107, *1044*
Chá de tília 107, *1045*
Chá-do-ceilão 108, *1046*
Chá Earl Grey (chá-preto) 108, *1047*
Chá English breakfast (mistura de folhas de chá-preto) 108, *1048*
Chá gelado 108, *1049*
Chaira 108, *1050*
Chaleira 108, *1051*
Chá Lapsang Souchong (chá-preto) 108, *1052*
Chalota *Ver* ECHALOTA 108, *1053*
Chamar 108, *1054*
Chá Matcha; Hiki-cha (chá-verde) 108, *1055*
Chá-mate 108, *1056*
Chambord (quenelles de peixe, cogumelos, ovas de peixe, lagostins e trufas) 108, *1057*
Chambrer *Ver* DEIXAR (O VINHO) ADQUIRIR A TEMPERATURA DO AMBIENTE 108, *1058*
Champanhe 108, *1059*
Champanhe rosé 108, *1060*
Champignon-de-paris *Ver* COGUMELO-DE-PARIS 108, *1061*
Chamuscar; Queimar de leve 109, *1062*
Chá Nilgiri (feito com folhas de orange pekoe) 109, *1063*
Chanterelle; Cantarelo, Chapéu-de-cobra, Girolle (fungo comestível) 109, *1064*
Chantili, molho *Ver* MOUSSELINE, MOLHO 109, *1065*

| Termo | Página | Nº do termo |

Chá Oolong (mistura de folhas de chá-preto e chá-verde) 109, *1066*
Chapa de metal para cozinhar 109, *1067*
Chapa elétrica 109, *1068*
Chapa, na 109, *1069*
Chapéu-armado *Ver* CAÇÃO-MARTELO 109, *1070*
Chapéu-de-cobra *Ver* CHANTERELLE 109, *1071*
Chá-preto 109, *1072*
Charcutaria 109, *1073*
Charlotte (creme com biscoitos ingleses e frutas cristalizadas) 109, *1074*
Charlotte de maçãs 109, *1075*
Charque (S) *Ver* CARNE-SECA 109, *1076*
Chartres, à la (com estragão) 109, *1077*
Chartreuse® (licor francês feito com aguardente de vinho e mais de 130 ervas) 110, *1078*
Charuto 110, *1079*
Charuto (SC) *Ver* SARDINHA-VERDADEIRA 110, *1080*
Chá Sencha (chá-verde) 110, *1081*
Chasseur (com molho à base de cogumelos, echalotas, tomates e vinho branco) 110, *1082*
Chá Sichuan (chá-preto) 110, *1083*
Chateaubriand, molho (echalotas, tomilho, louro, cogumelos, vinho branco, manteiga e salsinha) 110, *1084*
Chausson *(pastel de massa folhada recheado com maçã)* 110, *1085*
Chá-verde 110, *1086*
Chá Yunnan (chá-preto) 110, *1087*
Cheddar (queijo inglês, feito com leite de vaca) 111, *1088*

Cheeseburger 111, *1089*
Chef *Ver* CHEFE DE COZINHA 111, *1090*
Chefe de cozinha; Chef 111, *1091*
Chefe dos garçons; Maître 111, *1092*
Chegar 111, *1093*
Cheio 111, *1094*
Cheirar 111, *1095*
Cheiro 111, *1096*
Cheque de viagem 111, *1097*
Cherimólia 111, *1098*
Cheshire; Chester (queijo inglês, feito de leite de vaca não pasteurizado) 111, *1099*
Chester *Ver* CHESHIRE 111, *1100*
Chianti (vinho italiano) 111, *1101*
Chicória 111, *1102*
Chicória-brava *Ver* SERRALHA 111, *1103*
Chicória-crespa 112, *1104*
Chili com carne (ensopado picante de carne de vaca com feijão) 112, *1105*
Chili em pó 112, *1106*
Chilindrón, molho (pimentão, cebola, tomate e presunto) 112, *1107*
Chili *Ver* PIMENTA-MALAGUETA 112, *1108*
Chimichurri, molho (ervas, azeite de oliva, vinagre, orégano, cebola e alho) 112, *1109*
Chinois; Peneira chinesa 112, *1110*
Chinotto (refrigerante digestivo italiano, composto de extratos vegetais) 112, *1111*
Chipolata, à la (cebolinhas-pérola, castanhas, cenouras, bacon e chipolata) 112, *1112*
Chipolata (salsicha francesa feita com carne de porco) 112, *1113*

Chocolate amargo 113, *1114*
Chocolate ao leite 113, *1115*
Chocolate branco 113, *1116*
Chocolate derretido 113, *1117*
Chocolate granulado 113, *1118*
Chocolate meio-amargo 113, *1119*
Chocolate quente 113, *1120*
Chocolates 113, *1121*
Choisy (com alface) 113, *1122*
Chope 113, *1123*
Chorizo (salsicha espanhola feita com carne de porco) 113, *1124*
Choron (corações de alcachofra, pontas de aspargos e batatas noisette) 113, *1125*
Choron, molho (molho béarnaise com purê de tomate) 113, *1126*
Chouriço de sangue; Morcela (salsicha de sangue de porco, aveia e temperos) 114, *1127*
Chowder (sopa de frutos do mar) 114, *1128*
Choy-sum (verdura chinesa) 114, *1129*
Chuchu 114, *1130*
Chucrute 114, *1131*
Churrascaria 114, *1132*
Churrasco 114, *1133*
Chutney 114, *1134*
Chutney de manga 114, *1135*
Chutney de tomate 114, *1136*
Cidra 114, *1137*
Cidrão *Ver* LIMONETE 114, *1138*
Cidrilha *Ver* LIMONETE 114, *1139*
Cigarra-do-mar *Ver* CAVAQUINHA 114, *1140*
Cigarrinhos de chocolate 114, *1141*

Cigarro 114, *1142*
Cinamomo *Ver* CANELA 115, *1143*
Cinco especiarias chinesas (pimenta Sichuan, anis-estrelado, funcho, cravo-da-índia e canela) 115, *1144*
Cinzeiro 115, *1145*
Cioba; Sioba (ES) 115, *1146*
Cioppino (ensopado de peixe e frutos do mar com molho de tomate) 115, *1147*
Ciriguela 115, *1148*
Cítricos 115, *1149*
Citronela *Ver* ERVA-CIDREIRA 115, *1150*
Civet (carne de caça, cozida com o sangue do animal) 115, *1151*
Clamart, à la (com ervilhas) 115, *1152*
Clara de ovo 115, *1153*
Clarete (vinho tinto de Bordeaux) 115, *1154*
Clarificar 116, *1155*
Cliente 116, *1156*
Cliente habitual 116, *1157*
Clientela 116, *1158*
Climatizado 116, *1159*
Club sandwich (fatias de frango ou peru, alface, tomate e bacon) 116, *1160*
Club soda; Água gaseificada 116, *1161*
Coador 116, *1162*
Coador de chá 116, *1163*
Coador de chá *(de bolinha)* 116, *1164*
Coagular 116, *1165*
Coalhada 116, *1166*
Coalhada de limão *Ver* PASTA DE LIMÃO 116, *1167*
Coalhar; Talhar 116, *1168*
Coalho 116, *1169*
Coar 116, *1170*
Cobb salad (frango, peru, bacon, ovos duros, tomates, abacate, agrião, cebolinha-verde, queijo cheddar e alface) 116, *1171*

| Termo | Página | Nº do termo |

Coberto 117, *1172*
Cobertura para bolo 117, *1173*
Cobrar 117, *1174*
Cobre-mancha 117, *1175*
Cobrir 117, *1176*
Cobrir uma carne com camadas finas de toucinho ou gordura 117, *1177*
Cock-a-leekie (sopa de galinha e alho-poró) 117, *1178*
Coco 117, *1179*
Coco ralado 117, *1180*
Codorna 117, *1181*
Codornas com arroz 117, *1182*
Codorna sem osso 117, *1183*
Coelho 117, *1184*
Coelho frito 117, *1185*
Coelho selvagem 117, *1186*
Coentro; Erva-percevejo 118, *1187*
Cogumelo 118, *1188*
Cogumelo branco *Ver* COGUMELO-DE-PARIS 118, *1189*
Cogumelo comum *Ver* COGUMELO-DE-PARIS 118, *1190*
Cogumelo-da-montanha *Ver* MOUSSERON 118, *1191*
Cogumelo-de-paris; Champignon-de-paris; Cogumelo branco; Cogumelo comum 118, *1192*
Cogumelos cultivados 118, *1193*
Cogumelos, molho de 118, *1194*
Cogumelos silvestres 118, *1195*
Coifa; Exaustor (de cozinha) 118, *1196*
Coifa; Redenho (membrana gordurosa que reveste a cavidade abdominal dos animais. Geralmente é retirada de porcos) 118, *1197*

Cointreau® (licor de laranja) 118, *1198*
Colarinho *Ver* ESPUMA DA CERVEJA 118, *1199*
Colbert, molho (vinho Marsala, manteiga, estragão e suco de limão) 118, *1200*
Coleslaw (repolho, tomate, batata, alcaparras e anchovas) 118, *1201*
Colheita 119, *1202*
Colher *(utensílio de cozinha)* 119, *1203*
Colher de café 119, *1204*
Colher de chá 119, *1205*
Colher de medida 119, *1206*
Colher de pau 119, *1207*
Colher de plástico 119, *1208*
Colher de sobremesa 119, *1209*
Colher de sopa *(medida)* 119, *1210*
Colher de sopa *(para tomar sopa)* 119, *1211*
Colher para servir 119, *1212*
Colher para servir molho 119, *1213*
Colher para servir sorvete 119, *1214*
Colher *(verbo)* 119, *1215*
Colherada *(porção que cabe em uma colher)* 119, *1216*
Colmeia *(parte integrante do aparelho digestivo do boi)* 119, *1217*
Colocado; Posto 120, *1218*
Colocar; Pôr 120, *1219*
Colocar em infusão 120, *1220*
Colocar na conta 120, *1221*
Colomba de Páscoa 120, *1222*
Colza; Couve-nabiça 120, *1223*
Com abobrinhas 120, *1224*
Com atum 120, *1225*
Combinar *Ver* COMPOR 120, *1226*

Com creme de leite 120, *1227*
Comer 120, *1228*
Com ervas aromáticas 120, *1229*
Com ervilhas 120, *1230*
Com especiarias 120, *1231*
Com espinafre 120, *1232*
Comestível 120, *1233*
Com frutos do mar 120, *1234*
Com gelo 120, *1235*
Com gordura 120, *1236*
Comida condimentada 121, *1237*
Comida kosher 121, *1238*
Comida para bebês 121, *1239*
Comida para viagem 121, *1240*
Comida; Refeição 121, *1241*
Comilão; Glutão 121, *1242*
Cominho 121, *1243*
Cominho-negro 121, *1244*
Com legumes ou verduras 121, *1245*
Com leite 121, *1246*
Com linguiça *Ver* COM SALSICHA 121, *1247*
Com manteiga 121, *1248*
Commodore (quenelles de peixe, croquetes de lagostins e mexilhões) 121, *1249*
Com molho de carne 121, *1250*
Com molho de tomate 121, *1251*
Com osso 121, *1252*
Com pele 121, *1253*
Com pimenta 122, *1254*
Completado 122, *1255*
Completar 122, *1256*
Completo 122, *1257*
Compor; Combinar 122, *1258*
Composição 122, *1259*
Compota 122, *1260*
Compota de morango 122, *1261*
Compoteira 122, *1262*
Compote (pombo, perdiz ou coelho cozido com

cebolinha-pérola e bacon) 122, *1263*
Compra 122, *1264*
Comprar 122, *1265*
Com presunto 122, *1266*
Comprido 122, *1267*
Com ricota 122, *1268*
Com salsicha; Com linguiça 122, *1269*
Com trufas 122, *1270*
Comum 123, *1271*
Com vôngole 123, *1272*
Concha *(de moluscos)* 123, *1273*
Concha *(talher)* 123, *1274*
Conchiglie (massa em forma de concha) 123, *1275*
Conchigliette (massa em forma de conchinhas) 123, *1276*
Condé (com purê de feijão-mulatinho) 123, *1277*
Condessa; Coração-de-boi 123, *1278*
Condimentado 123, *1279*
Condimentar; Temperar 123, *1280*
Condimento *Ver* TEMPERO 123, *1281*
Confeitaria 123, *1282*
Confeiteiro 123, *1283*
Confeitos 123, *1284*
Confeitos cintilantes 123, *1285*
Confirmar 123, *1286*
Confraria de vinho 124, *1287*
Congelado 124, *1288*
Congelar 124, *1289*
Congro; Congro-rosa 124, *1290*
Congro-rosa *Ver* CONGRO 124, *1291*
Conhaque 124, *1292*
Conservado 124, *1293*
Conservante 124, *1294*
Conservar 124, *1295*
Conservar em sal 124, *1296*
Conservas 124, *1297*
Consomê 124, *1298*
Consomê Célestine (consomê de galinha

– 454 –

guarnecido com tapioca) 124, *1299*
Consomê de galinha 124, *1300*
Consomê de peixe 124, *1301*
Consomê frio 124, *1302*
Consomê princesse (consomê de galinha guarnecido com pontas de aspargos) 124, *1303*
Consumir 125, *1304*
Consumo 125, *1305*
Conta de consumo em estabelecimento comercial 125, *1306*
Contas separadas 125, *1307*
Conti (purê de lentilhas com bacon) 125, *1308*
Contrafilé 125, *1309*
Controle de qualidade 125, *1310*
Convidado 125, *1311*
Copo 125, *1312*
Copo d'água 125, *1313*
Copo de cerveja 125, *1314*
Copo de conhaque 125, *1315*
Copo limpo 125, *1316*
Copo medidor 125, *1317*
Copo para água 125, *1318*
Copo plástico 125, *1319*
Copra (gordura derivada do coco) 126, *1320*
Coq au vin (frango preparado com vinho tinto) 126, *1321*
Coquetel 126, *1322*
Coquetel de camarão 126, *1323*
Coquetel de frutas 126, *1324*
Coqueteleira 126, *1325*
Coração *(miúdos)* 126, *1326*
Coração da alcatra *Ver* Miolo da alcatra 126, *1327*
Coração da paleta *Ver* Miolo da paleta 126, *1328*
Coração-de-boi *Ver* Condessa 126, *1329*

Coração do filé-mignon *Ver* Miolo do filé--mignon 126, *1330*
Corações de alcachofra 126, *1331*
Corado 126, *1332*
Coral 126, *1333*
Corallini (massa própria para sopas) 126, *1334*
Corante; Anilina 126, *1335*
Corça 126, *1336*
Cordão do filé-mignon 126, *1337*
Corneta siciliana (recheada com ricota e frutas cristalizadas) 126, *1338*
Cornetinha; Caramujo 127, *1339*
Cornudo (rs) *Ver* Cação--martelo 127, *1340*
Coroa assada de cordeiro 127, *1341*
Corta-cápsula 127, *1342*
Cortado 127, *1343*
Cortador de batatas 127, *1344*
Cortador de frios 127, *1345*
Cortador de maçãs 127, *1346*
Cortador de ovo 127, *1347*
Cortador de pizza 127, *1348*
Cortador de verduras 127, *1349*
Cortar 127, *1350*
Cortar ao meio 127, *1351*
Cortar em cubos 127, *1352*
Cortar em fatias; Fatiar 127, *1353*
Cortar em filés 127, *1354*
Cortar em Julienne 128, *1355*
Cortar em pedacinhos 128, *1356*
Cortar em quadradinhos 128, *1357*
Cortar em tiras 128, *1358*
Corte *(de carne)* 128, *1359*
Corvina; Cururuca (pe); Murucaia (ba) 128, *1360*
Costela *(corte de carne suína)* 128, *1361*

Costela do dianteiro *(corte de carne bovina)* 128, *1362*
Costeleta de porco *Ver* Bisteca de porco 128, *1363*
Costelinha *(corte de carne suína)* 128, *1364*
Cotechino (embutido italiano feito de uma mistura de carne de porco, pele de porco e especiarias) 128, *1365*
Cotovia; Calandra 128, *1366*
Cottage (queijo inglês, fresco, com baixo teor de gordura, feito com leite de vaca) 128, *1367*
Coupe (sorvete, com frutas e marrom-glacê) 128, *1368*
Court bouilon (caldo de cozimento de legumes em vinho ou vinagre) 129, *1369*
Couve 129, *1370*
Couve-chinesa *Ver* Acelga japonesa 129, *1371*
Couve-crespa *Ver* Couve--de-saboia 129, *1372*
Couve-de-bruxelas 129, *1373*
Couve-de-saboia; Couve-crespa; Couve--lombarda 129, *1374*
Couve-flor 129, *1375*
Couve-flor gratinada 129, *1376*
Couve-galega 129, *1377*
Couve-lombarda *Ver* Couve-de-saboia 129, *1378*
Couve-nabiça *Ver* Colza 129, *1379*
Couve-nabo; Rutabaga 129, *1380*
Couve-rábano 129, *1381*
Coxa de ave 129, *1382*
Coxa de javali 129, *1383*
Coxa de peru 129, *1384*
Coxão-bola *(corte de carne bovina)* 129, *1385*

Coxão duro; Chã de fora *(corte de carne bovina)* 129, *1386*
Coxão duro *(corte de carne suína)* 130, *1387*
Coxão duro sem lagarto *(corte de carne bovina)* 130, *1388*
Coxão mole; Chã de dentro *(corte de carne bovina)* 130, *1389*
Coxão mole *(corte de carne suína)* 130, *1390*
Coxinha de frango 130, *1391*
Coxinha de pato 130, *1392*
Cozer ligeiramente *Ver* Aferventar 130, *1393*
Cozido 130, *1394*
Cozido demais 130, *1395*
Cozido no leite *Ver* Escalfado no leite 130, *1396*
Cozido no vapor 130, *1397*
Cozimento 130, *1398*
Cozinha 130, *1399*
Cozinha caseira 130, *1400*
Cozinha internacional 130, *1401*
Cozinhar 130, *1402*
Cozinha regional 130, *1403*
Cozinhar em água fervente *Ver* Escalfar 130, *1404*
Cozinhar em fogo baixo, sem ferver 131, *1405*
Cozinhar em fogo brando em panela com tampa bem fechada *Ver* Suar 131, *1406*
Cozinhar no vapor 131, *1407*
Cozinha vegetariana 131, *1408*
Cozinheira 131, *1409*
Cozinheiro 131, *1410*
Cravo-da-índia 131, *1411*
Cravo-rosa 131, *1412*
Cream cheese (queijo inglês, fresco, feito com leite integral de vaca) 131, *1413*
Crécy, à la (com cenouras) 131, *1414*

Termo | **Página** | *Nº do termo*

Crema catalana 131, *1415*
Creme aromatizado de baunilha 131, *1416*
Crème brûlée 131, *1417*
Creme chantili *Ver* Creme de leite batido 131, *1418*
Creme de confeiteiro 131, *1419*
Creme de leite 131, *1420*
Creme de leite azedo 131, *1421*
Creme de leite batido; Creme chantili 131, *1422*
Creme de leite com teor de gordura em torno de 18% a 30% 132, *1423*
Creme de leite com teor de gordura em torno de 36% a 40% 132, *1424*
Crème diplomate (frutas cristalizadas, ladyfingers e creme inglês) 132, *1425*
Creme inglês (creme doce, à base de leite e gemas) 132, *1426*
Cremor tártaro 132, *1427*
Cremoso *(textura)* 132, *1428*
Créole, à la (tomates, cebolas, pimentão e arroz) 132, *1429*
Crepe de salmão 132, *1430*
Crêpes Suzette (com suco de laranja e licor Curaçao) 132, *1431*
Cristalino 132, *1432*
Cristalizar 132, *1433*
Cristas de galo 132, *1434*
Crocante 133, *1435*
Crocodilo 133, *1436*
Croissant 133, *1437*
Cronômetro de cozinha 133, *1438*
Croque madame (sanduíche de presunto e queijo tostados e ovo frito) 133, *1439*
Croque monsieur (sanduíche de presunto e queijo tostados) 133, *1440*

Croquetes de arroz 133, *1441*
Croquetes de batata 133, *1442*
Croquetes de frango 133, *1443*
Crostata (torta italiana de frutas) 133, *1444*
Crottin de Chavignol (queijo do Loire, feito com leite de cabra não pasteurizado) 133, *1445*
Croûtons *(cubinhos de pão torrados)* 133, *1446*
Cru 134, *1447*
Crustáceos 134, *1448*
Cuarenta y Tres® (licor espanhol) 134, *1449*
Cuba Libre (coquetel feito de rum, Coca-Cola® e suco de limão) 134, *1450*
Cuba; Tina 134, *1451*
Cubos de gelo 134, *1452*
Cuidadosamente 134, *1453*
Culinária 134, *1454*
Cumberland, molho (geleia de groselha, tirinhas de casca de laranja e mostarda) 134, *1455*
Cumquat *Ver* Laranja-kinkan 134, *1456*
Cup (ponche feito de vinho branco e frutas) 134, *1457*
Cupim *(corte de carne bovina)* 134, *1458*
Curaçao (licor holandês feito com cascas de laranjas amargas) 134, *1459*
Curado *(queijos, embutidos, carnes etc.)* 135, *1460*
Cúrcuma; Açafrão-da-terra, Açafrão-de-raiz; Açafrão-do-amazonas; Gengibre dourado 135, *1461*
Curry, ao 135, *1462*
Curry; Caril (PT) 135, *1463*
Curry em pó 135, *1464*
Curso de cozinha 135, *1465*

Cururuca (PE) *Ver* Corvina 135, *1466*
Cuscuz 135, *1467*
Cussy (corações de alcachofra recheados com purê de cogumelos, rins de galo, trufas e molho Madeira) 135, *1468*
Cuxá *Ver* Vinagreira 135, *1469*
Cynar® (bitter à base de alcachofras) 135, *1470*

D

Da fazenda (ovos, aves) 137, *1471*
Da granja (ovos, aves) 137, *1472*
Daikon; Mooli (rabanete japonês) 137, *1473*
Daiquiri (coquetel feito de rum, suco de limão, açúcar e grenadine) 137, *1474*
Damasco *Ver* Abricó 137, *1475*
Danablu; Danish Blue (queijo dinamarquês, de veios azuis, feito com leite de vaca) 137, *1476*
Danish Blue *Ver* Danablu 138, *1477*
Danish Port Salut *Ver* Esrom 138, *1478*
Dar liga 138, *1479*
d'Artois (croquetes de batata recheados com ervilhas, acompanhados de molho Madeira) 138, *1480*
Dashi (caldo básico japonês) 138, *1481*
Daumont, à la (quenelles de peixe, trufas, lagostins ao molho Nantua, cogumelos e migalhas de pão) 138, *1482*
Decantação 138, *1483*
Decantar 138, *1484*
Decorado; Enfeitado *(bolo)* 138, *1485*

Decorar; Enfeitar *(bolo)* 138, *1486*
Dedo-de-moça *Ver* Pimenta-vermelha 138, *1487*
De fácil digestão 138, *1488*
Defumado 138, *1489*
Defumar 138, *1490*
Degelar; Descongelar *(geladeira, freezer)* 139, *1491*
Deglaçar 139, *1492*
Deixar esfriar 139, *1493*
Deixar *(o vinho)* adquirir a temperatura do ambiente; Chambrer 139, *1494*
De lado; À parte 139, *1495*
Delicado 139, *1496*
Delicatessen 139, *1497*
Delicioso 139, *1498*
Demasiado 139, *1499*
Demi-glace (redução em quantidades iguais de molho de fundo escuro e de molho espanhol) 139, *1500*
Demitasse (xícara própria para servir café turco ou espresso) 139, *1501*
Demora 139, *1502*
Dente, ao 139, *1503*
Dente de alho 139, *1504*
Dente-de-leão; Amor-dos-homens (PT); Taráxaco (PT) 139, *1505*
Dentro 139, *1506*
Denver sandwich (alface, presunto, cebola e ovos mexidos) 140, *1507*
Depenar 140, *1508*
Depois 140, *1509*
Depressa 140, *1510*
Depurar 140, *1511*
Derramar 140, *1512*
Derreter; Fundir 140, *1513*
Derretido; Fundido 140, *1514*
Desagradável 140, *1515*
Desarrolhar; Desrolhar 140, *1516*
Desrolhar *Ver* Desarrolhar 140, *1517*

| Termo | **Página** | *N.º do termo* |

Descafeinado 140, *1518*
Descanso para copo de cerveja; Bolacha 140, *1519*
Descanso para copos 140, *1520*
Descanso para pratos 140, *1521*
Descanso para talher 140, *1522*
Descar (croquetes de batata e corações de alcachofra na manteiga, recheados de peito de galinha) 140, *1523*
Descaroçador de frutas *Ver* Descaroçador de maçã 141, *1524*
Descaroçador de maçã; Descaroçador de frutas 141, *1525*
Descaroçar 141, *1526*
Descartar 141, *1527*
Descascador de batata 141, *1528*
Descascar 141, *1529*
Descer 141, *1530*
Descongelado 141, *1531*
Descongelar *(comida)* 141, *1532*
Descongelar *Ver* Degelar 141, *1533*
Desconto 141, *1534*
Desculpar-se 141, *1535*
Desculpe-me 141, *1536*
Desejar 142, *1537*
Desembrulhar 142, *1538*
Desenformar 142, *1539*
Desengordurar 142, *1540*
Desfiar 142, *1541*
Desidratação 142, *1542*
Desidratar 142, *1543*
Desnatar *Ver* Tirar a nata 142, *1544*
Desossado 142, *1545*
Desossar 142, *1546*
Despejar *(líquido)* 142, *1547*
Despelar *Ver* Pelar 142, *1548*
Despensa 142, *1549*
Dessalgar 142, *1550*
Destampar 142, *1551*
Destilação 142, *1552*

Destilado 142, *1553*
Destilar 142, *1554*
Destilaria 142, *1555*
Detergente 142, *1556*
Detestar 143, *1557*
Devagar 143, *1558*
Dextrose *Ver* Glicose 143, *1559*
Diabético 143, *1560*
Diable, à la (aves grelhadas, empanadas e fritas) 143, *1561*
Diable, molho (vinho, vinagre e pimenta--do-reino) 143, *1562*
Diana, molho (muito apimentado) 143, *1563*
Diane, à la (com purê de carne de caça) 143, *1564*
Dianteiro sem paleta *(corte de carne bovina)* 143, *1565*
Dieppoise, à la (camarões e mexilhões com molho de vinho branco) 143, *1566*
Dieta 143, *1567*
Dietético 143, *1568*
Digerir 143, *1569*
Digerível 143, *1570*
Digestão 144, *1571*
Digestivo *(aperitivo)* 144, *1572*
Dijonnaise, à la (com mostarda de Dijon) 144, *1573*
Dill *Ver* Endro 144, *1574*
Diluído 144, *1575*
Diluído, não 144, *1576*
Diluir 144, *1577*
Dinheiro 144, *1578*
Diplomate, à la (com lagosta e trufas) 144, *1579*
Dispor em camadas 144, *1580*
Dissolver 144, *1581*
Distribuir 144, *1582*
Ditalini (massa própria para sopas); Tubetti 144, *1583*
Dividir 144, *1584*
Dividir em porções; Porcionar 144, *1585*

Dobrada (PT) *Ver* Dobradiça 144, *1586*
Dobrar 144, *1587*
Dobradiça *(peixe)* (PT); Dobrada (PT) 144, *1588*
Doce *(adj.)* 145, *1589*
Do lado de fora; Ao ar livre 145, *1590*
Dolcelatte® (queijo italiano, de veios azuis, feito com leite de vaca) 145, *1591*
Doçura 145, *1592*
Dono de restaurante 145, *1593*
Donzela *(peixe)* (PT); Maroca (PT) 145, *1594*
Dosador para bebidas 145, *1595*
Dose 145, *1596*
Doughnut 145, *1597*
Dourada *(peixe)* (PT) 145, *1598*
Dourado *(peixe)* 145, *1599*
Dourar 145, *1600*
Dourar levemente 145, *1601*
Drambuie® (licor feito de malt whisky e mel silvestre) 145, *1602*
Drink gelado 146, *1603*
Drinque *Ver* Bebida 146, *1604*
Drops 146, *1605*
Dry Martini (coquetel feito de gim, vermute e azeitona verde) 146, *1606*
Du Barry (couve-flor e batatas château com molho Mornay) 146, *1607*
Duchesse, à la (com ninhos de purê de batatas, levados ao forno para gratinar) 146, *1608*
Dukkah (coentro, cominho, sementes de gergelim e avelãs) 146, *1609*
Dulse (alga vermelha) 146, *1610*
Dumpling *(pequeno bolinho de massa cozido)* 146, *1611*
Duplo 146, *1612*
Dura (carne) 147, *1613*
Duro 147, *1614*
Duse (vagens, tomates e batatas parmentier) 147, *1615*
Duxelles, molho (cogumelos, cebola e vinho branco) 147, *1616*
Dúzia 147, *1617*

E

Ebulição 149, *1618*
Echalota; Cebolinha--branca; Chalota 149, *1619*
Écossaise, à la (ovos pochés com salmão) 149, *1620*
Edam (queijo holandês de textura semidura, feito com leite de vaca semidesnatado) 149, *1621*
Efervescente 149, *1622*
Eisbein (joelho de porco cozido) com chucrute 149, *1623*
Eletária *Ver* Cardamomo 150, *1624*
Eletrodomésticos 150, *1625*
Ema 150, *1626*
Emagrecer 150, *1627*
Embalado a vácuo 150, *1628*
Embalar 150, *1629*
Em banho-maria 150, *1630*
Embeber 150, *1631*
Embriagado *Ver* Bêbado 150, *1632*
Embrulhar 150, *1633*
Embutidos 150, *1634*
Em diagonal 150, *1635*
Em jejum 150, *1636*
Emmenthal (queijo suíço, com buracos de tamanhos variados e sabor de amêndoas) 150, *1637*
Empadão de carne 150, *1638*

| Termo | Página | Nº do termo |

Empanado 150, *1639*
Empanar; Panar 150, *1640*
Emulsão 150, *1641*
Emulsionar 151, *1642*
Encaroçado 151, *1643*
Encaroçar 151, *1644*
Encher; Preencher 151, *1645*
Enchova; Enchoveta *(pequeno porte)* 151, *1646*
Enchoveta *Ver* Enchova 151, *1647*
Encorpado (molho, sopa) 151, *1648*
Encorpar (molho, sopa) 151, *1649*
Endívia; Endívia-belga 151, *1650*
Endívia-belga *Ver* Endívia 151, *1651*
Endro; Aneto; Dill; Funcho-bastardo 151, *1652*
Endro, molho de 151, *1653*
Enfarinhado 151, *1654*
Enfarinhar 151, *1655*
Enfeitar a salada 151, *1656*
Enfeitado *Ver* Decorado (bolo) 151, *1657*
Enfeitar *Ver* Decorar (bolo) 151, *1658*
Engarrafado 151, *1659*
Engarrafar 151, *1660*
Engolir 151, *1661*
Engordar 152, *1662*
Engordurado 152, *1663*
Enguia 152, *1664*
Enguia *(bebê)* 152, *1665*
Enguia defumada 152, *1666*
Enlatado 152, *1667*
Enlatar 152, *1668*
Enófilo 152, *1669*
Enogastronomia 152, *1670*
Enokitake (variedade de cogumelo) 152, *1671*
Enologia 152, *1672*
Enólogo 152, *1673*
Enoteca 152, *1674*
Enroladinho de salsicha 152, *1675*

Enrolado 152, *1676*
Enrolar 152, *1677*
Ensopado de carneiro à moda irlandesa (com batatas e cebolas) 152, *1678*
Entornar 153, *1679*
Entrada; Primeiro prato 153, *1680*
Entrecôte *Ver* Filé de costela 153, *1681*
Entremear a carne com tiras de toucinho *Ver* Lardear 153, *1682*
Envelhecido 153, *1683*
Envolto em massa *(feita de ovos e farinha)* 153, *1684*
Envolver 153, *1685*
Enxaguar 153, *1686*
Enxugar 153, *1687*
Epazote *Ver* Erva-de--santa-maria 153, *1688*
Eperlano *(peixe)* (pt) 153, *1689*
Equilibrado 153, *1690*
Equivocar-se 153, *1691*
Erva 153, *1692*
Erva-aliária *Ver* Aliária 153, *1693*
Erva-benta *Ver* Mâche 153, *1694*
Erva-bergamota; Bergamota; Monarda 153, *1695*
Erva-cidreira; Citronela; Melissa 153, *1696*
Erva-de-santa-bárbara *Ver* Agrião-da-terra 153, *1697*
Erva-de-santa-maria; Epazote; Mastruz 153, *1698*
Erva-de-são-lourenço *Ver* Poejo 154, *1699*
Erva-doce; Anis; Anis--verde; Anis verdadeiro 154, *1700*
Erva-doce-de-cabeça *Ver* Funcho 154, *1701*
Erva-do-espírito-santo *Ver* Angélica 154, *1702*
Erva-do-tomate *Ver* Manjericão 154, *1703*

Erva-luísa *Ver* Limonete 154, *1704*
Erva-percevejo *Ver* Coentro 154, *1705*
Ervas finas 154, *1706*
Ervas frescas 154, *1707*
Erva-sagrada *Ver* Hissopo 154, *1708*
Ervilha-de-galinha *Ver* Grão-de-bico 154, *1709*
Ervilha-egípcia *Ver* Grão--de-bico 154, *1710*
Ervilhas 154, *1711*
Ervilhas secas partidas 154, *1712*
Ervilha-torta; Mange-tout 154, *1713*
Escabeche (frito e marinado) 154, *1714*
Escaldar 154, *1715*
Escalfado no leite; Cozido no leite 154, *1716*
Escalfado; Poché 154, *1717*
Escalfar; Cozinhar em água fervente 154, *1718*
Escalope 154, *1719*
Escalope Cordon Bleu (recheados de presunto e queijo e empanados) 154, *1720*
Escalope de peru 155, *1721*
Escalope de vitela 155, *1722*
Escamar 155, *1723*
Escamudo *(peixe)*(pt) 155, *1724*
Escarola 155, *1725*
Escolha 155, *1726*
Escolha, à sua 155, *1727*
Escolher 155, *1728*
Escorcioneira 155, *1729*
Escorredor de massa 155, *1730*
Escorredor de pratos 155, *1731*
Escorrer 155, *1732*
Escorrido 155, *1733*
Escova 155, *1734*
Escova para limpar vegetais 155, *1735*
Escrever 155, *1736*
Escumadeira 155, *1737*

Escumar 155, *1738*
Escuro 156, *1739*
Escuro, molho 156, *1740*
Esfregão 156, *1741*
Esfregar 156, *1742*
Esfriar *Ver* Arrefecer 156, *1743*
Esmagar 156, *1744*
Esmigalhar 156, *1745*
Esôfago 156, *1746*
Espadana *Ver* Taboa 156, *1747*
Espadarte *(peixe)* 156, *1748*
Espadilha *(peixe)* (pt) 156, *1749*
Espagnole, à l' (tomates, cebolas, alho e pimentão) 156, *1750*
Espaguete (a mais conhecida das massas) 156, *1751*
Espaguete com molho à bolonhesa 156, *1752*
Espaguete marinho (alga marinha) 156, *1753*
Espátula; Pão-duro 156, *1754*
Espátula para fritura 157, *1755*
Especialidade 157, *1756*
Especialidade da casa 157, *1757*
Especialidade regional 157, *1758*
Especialidades 157, *1759*
Especiaria 157, *1760*
Espelta; Trigo-vermelho 157, *1761*
Esperar *Ver* Aguardar 157, *1762*
Espetinho 157, *1763*
Espetinhos para milho 157, *1764*
Espeto 157, *1765*
Espeto, no 157, *1766*
Espiga de milho 157, *1767*
Espinafre 157, *1768*
Espinafre-da-nova--zelândia 157, *1769*
Espinhas de peixe 157, *1770*
Esponja 157, *1771*
Espremedor de alho 157, *1772*

Espremedor de legumes e verduras 157, *1773*
Espremedor de limão 158, *1774*
Espremedor de suco 158, *1775*
Espremer frutas 158, *1776*
Espremido 158, *1777*
Espuma 158, *1778*
Espuma da cerveja; Colarinho 158, *1779*
Espuma de leite 158, *1780*
Esquentar *Ver* AQUECER 158, *1781*
Esrom; Danish Port Salut (queijo dinamarquês de textura semidura, feito com leite de vaca) 158, *1782*
Essência 158, *1783*
Essência de amêndoas 158, *1784*
Essência de baunilha 158, *1785*
Essência de laranja 158, *1786*
Essência de rosas 158, *1787*
Estacionamento 158, *1788*
Estar atrasado 159, *1789*
Estar com fome 159, *1790*
Estar com pressa 159, *1791*
Estar com sede 159, *1792*
Estar de dieta 159, *1793*
Estender a massa com rolo *Ver* ABRIR A MASSA COM ROLO 159, *1794*
Esterilizar 159, *1795*
Estévia 159, *1796*
Estragado 159, *1797*
Estragão 159, *1798*
Estragar 159, *1799*
Estrelinha (massa própria para sopas) 159, *1800*
Estripar; Retirar as tripas *(animal)* 159, *1801*
Estrogonofe (iscas de carne, creme de leite e cogumelos) 159, *1802*
Esturjão 159, *1803*
Esvaziar 159, *1804*
Etiqueta *Ver* RÓTULO 160, *1805*

Evaporar 160, *1806*
Exato; Preciso 160, *1807*
Exaustor *(de cozinha) Ver* COIFA 160, *1808*
Excelente 160, *1809*
Exótico 160, *1810*
Experimentar 160, *1811*
Expresso *Ver* CAFÉ EXPRESSO 160, *1812*
Extrato 160, *1813*
Extrato de amêndoa 160, *1814*
Extrato de carne 160, *1815*
Extrato de levedura 160, *1816*
Extrato de malte 160, *1817*
Extrato de tomate 160, *1818*
Extrato de vegetais 160, *1819*

F

Faca 163, *1820*
Faca de carne 163, *1821*
Faca de cozinha; Faca do chef 163, *1822*
Faca de desossar 163, *1823*
Faca de lardear *Ver* FACA DE TRINCHAR 163, *1824*
Faca de pão 163, *1825*
Faca de peixe 163, *1826*
Faca de sobremesa 163, *1827*
Faca de trinchar; Faca de lardear 163, *1828*
Faca do chef *Ver* FACA DE COZINHA 163, *1829*
Faca elétrica 164, *1830*
Faca para abrir ostra 164, *1831*
Faca para descascar 164, *1832*
Faca para filetar 164, *1833*
Fácil 164, *1834*
Fágara *Ver* PIMENTA SICHUAN 164, *1835*
Fagottini (massa fresca recheada) 164, *1836*
Faisão 164, *1837*
Faisão de montanha 164, *1838*

Faláfel (bolinhos feitos com fava e grão-de-bico, moídos e temperados) 164, *1839*
Falsa-erva-cidreira *Ver* LIMONETE 164, *1840*
Falso-açafrão *Ver* CÁRTAMO 164, *1841*
Falso-anis *Ver* FUNCHO 164, *1842*
Falso-tomilho *Ver* SERPILHO 164, *1843*
Farelo 164, *1844*
Farelo de arroz 164, *1845*
Farelo de aveia 164, *1846*
Farelo de trigo 164, *1847*
Farfalle (massa em forma de borboleta ou gravatinha) 165, *1848*
Farinha 165, *1849*
Farinha de amaranto 165, *1850*
Farinha de arroz 165, *1851*
Farinha de castanha 165, *1852*
Farinha de centeio 165, *1853*
Farinha de cevada 165, *1854*
Farinha de espelta 165, *1855*
Farinha de grão-de-bico; Besan; Farinha gram 165, *1856*
Farinha de lentilha 165, *1857*
Farinha de linhaça 165, *1858*
Farinha de mandioca 165, *1859*
Farinha de matzá 165, *1860*
Farinha de milho; Fubá 165, *1861*
Farinha de pão 165, *1862*
Farinha de peixe 165, *1863*
Farinha de rosca 166, *1864*
Farinha de soja 166, *1865*
Farinha de trigo *(comum)* 166, *1866*
Farinha de trigo duro 166, *1867*

Farinha de trigo integral 166, *1868*
Farinha de trigo-sarraceno 166, *1869*
Farinha gram *Ver* FARINHA DE GRÃO-DE-BICO 166, *1870*
Farinhento 166, *1871*
Fast food 166, *1872*
Fatia 166, *1873*
Fatia de pão 166, *1874*
Fatiado 166, *1875*
Fatiador de ovos 166, *1876*
Fatiador de queijo 166, *1877*
Fatia fina 166, *1878*
Fatiar *Ver* CORTAR EM FATIAS 166, *1879*
Fatura 166, *1880*
Fava de baunilha 166, *1881*
Fava; Feijão-verde 167, *1882*
Favart (quenelles de galinha, estragão e tartelettes de cogumelos) 167, *1883*
Favo de mel 167, *1884*
Favorite, à la (pontas de aspargos, foie gras e trufas) 167, *1885*
Fazer espuma 167, *1886*
Fazer um purê 167, *1887*
Fechado 167, *1888*
Fécula 167, *1889*
Fécula de batata 167, *1890*
Fédora (barquete recheado com pontas de aspargos, cenoura, nabo, laranja e castanha) 167, *1891*
Feijão 167, *1892*
Feijão-azuki 167, *1893*
Feijão-alado 168, *1894*
Feijão-borlotti; Feijão-romano 168, *1895*
Feijão-branco comum 168, *1896*
Feijão-branco *(tipo)* 168, *1897*
Feijão-carioquinha; Feijão-rajado 168, *1898*
Feijão-da-espanha 168, *1899*

Feijão-de-lima; Feijão-
-fava 168, *1900*
Feijão-de-soja 168, *1901*
Feijão-de-vagem *Ver*
Vagem 168, *1902*
Feijão-fava *Ver* Feijão-de-
-lima 168, *1903*
Feijão-fradinho 168, *1904*
Feijão-grande-de-jardim
168, *1905*
Feijão-guando; Andu (ba);
Guandu 168, *1906*
Feijão-mulatinho; Feijão-
-roxinho 168, *1907*
Feijão-mungo 168, *1908*
Feijão-preto 168, *1909*
Feijão-preto, molho de
168, *1910*
Feijão-rajado *Ver* Feijão-
-carioquinha 168, *1911*
Feijão-romano *Ver* Feijão-
-borlotti 168, *1912*
Feijão-roxinho *Ver*
Feijão-mulatinho 169,
1913
Feijão-verde *Ver* Fava
169, *1914*
Feijoada (especialidade
brasileira à base de
feijão-preto) 169, *1915*
Feito em casa; Caseiro
169, *1916*
Feno-grego; Alforba 169,
1917
Fermentação 169, *1918*
Fermentado 169, *1919*
Fermentar 169, *1920*
Fermento biológico 169,
1921
Fermento em pó 169, *1922*
Fermento seco 169, *1923*
Férula *Ver* Assa-fétida
169, *1924*
Ferval (croquetes de
batata, recheados de
presunto e corações de
alcachofra) 169, *1925*
Ferver 169, *1926*
Fervido 169, *1927*
Festa 169, *1928*
Feta (queijo grego, feito
com leite de cabra,
ovelha ou vaca) 169,
1929

Fettuccine (ninhos de
massa em forma de fita)
170, *1930*
Fibra 170, *1931*
Fibroso 170, *1932*
Fidelinho (fios de massa
finos e curtos) 170, *1933*
Fígado 170, *1934*
Fígado de cordeiro 170,
1935
Fígado de frango 170,
1936
Fígado de ganso 170, *1937*
Fígado de pato 170, *1938*
Fígado de porco 170, *1939*
Fígado de vitela 170, *1940*
Fígado (gordo) de ganso
com trufas *Ver* Foie
gras com trufas 170,
1941
Fígado (gordo) de ganso
ou de pato; Foie gras
170, *1942*
Figo 170, *1943*
Figo-da-índia; Figo-da-
-palma 170, *1944*
Figo-da-palma *Ver* Figo-
da-índia 170, *1945*
Figo seco 171, *1946*
Filé à Wellington (filé-
-mignon, foie gras e
cogumelos) 171, *1947*
Filé ao molho Madeira
171, *1948*
Filé de costela; Entrecôte
171, *1949*
Filé de frango 171, *1950*
Filé de lebre 171, *1951*
Filé de salmão 171, *1952*
Filé-mignon 171, *1953*
Filé-mignon com cordão
171, *1954*
Filé-mignon sem cordão
171, *1955*
Filés de anchova 171,
1956
Filme plástico 171, *1957*
Filtrar 171, *1958*
Filtro 171, *1959*
Filtro de água 171, *1960*
Filtro de café 172, *1961*
Financière, à la (cristas
de galo, quenelles de
galinha, cogumelos,

trufas e molho Madeira)
172, *1962*
Financière, molho (vinho
Madeira e trufas) 172,
1963
Fines herbs (salsinha,
estragão, cerefólio e
cebolinha) 172, *1964*
Fino *(espessura)* 172, *1965*
Fiore Sardo (queijo da
Sardenha, de textura
dura, feito com leite de
ovelha) 172, *1966*
Firme 172, *1967*
Flambado 172, *1968*
Flambar 172, *1969*
Fleur du Maquis (queijo
da Córsega, feito de
leite de ovelha não
pasteurizado) 172, *1970*
Fleuron (massa bem fina
cortada em formato
de meia-lua, assada no
forno) 173, *1971*
Flocos de arroz 173, *1972*
Flocos de aveia 173, *1973*
Flocos de centeio 173,
1974
Flocos de cereais 173, *1975*
Flocos de cevada 173, *1976*
Flocos de milho 173, *1977*
Flocos de trigo 173, *1978*
Flor 173, *1979*
Florentine, à la (com
espinafre) 173, *1980*
Florian (alface braseada,
cebolas, cenouras e
croquetes de batata)
173, *1981*
Focaccia (pão italiano)
173, *1982*
Fogão 174, *1983*
Fogão a gás 174, *1984*
Fogão elétrico 174, *1985*
Fogo alto 174, *1986*
Fogo baixo 174, *1987*
Fogo médio 174, *1988*
Foice 174, *1989*
Foie gras com trufas;
Fígado (gordo) de ganso
com trufas 174, *1990*
Foie gras *Ver* Fígado
(gordo) de ganso ou de
pato 174, *1991*

Folha de curry 174, *1992*
Folha de lima Kaffir 174,
1993
Folha de louro 174, *1994*
Folha de manjericão 174,
1995
Folha de ouro 174, *1996*
Folha de pandan 174,
1997
Folha de parreira *Ver*
Folha de uva 174, *1998*
Folha de uva; Folha de
parreira 174, *1999*
Folhado 174, *2000*
Folhas de uva em
conserva 174, *2001*
Folhas de wonton (massa
oriental) 175, *2002*
Fome 175, *2003*
Fondant (cobertura
açúcarada, de
consistência marmórea,
usada para recobrir
bolos e pequenos
doces) 175, *2004*
Fondue 175, *2005*
Fontina (queijo italiano,
de textura cremosa,
feito com leite de vaca
integral) 175, *2006*
Fool (musse feita de
frutas e creme inglês)
175, *2007*
Fora da estação 175, *2008*
Forestière, à la (com
morels, batatas noisette
ou rissoles e bacon)
175, *2009*
Fôrma 175, *2010*
Fôrma com fundo
removível 175, *2011*
Fôrma de bolo 175, *2012*
Fôrma de pão 176, *2013*
Fôrma de torta 176, *2014*
Fôrma para assar
biscoitos 176, *2015*
Fôrminhas 176, *2016*
Fornada 176, *2017*
Fornecedor 176, *2018*
Fornecer 176, *2019*
Forninho de pizza 176,
2020
Forninho elétrico 176,
2021

| Termo | Página | Nº do termo |

Forno 176, *2022*
Forno a vapor 176, *2023*
Forno de convecção 176, *2024*
Forno micro-ondas 176, *2025*
Forno, no 176, *2026*
Forte 176, *2027*
Fósforos 176, *2028*
Fouet *Ver* BATEDOR DE OVOS 176, *2029*
Fougasse (pão francês) 176, *2030*
Fourme d'Ambert (queijo francês, de veios azuis, feito com leite de vaca) 177, *2031*
Foyot, molho (molho béarnaise com glacê de carne) 177, *2032*
Frágil 177, *2033*
Fralda *(corte de carne bovina)* 177, *2034*
Fraldinha *(diafragma) (corte de carne bovina)* 177, *2035*
Framboesa 177, *2036*
Framboesa-amarela 177, *2037*
Française, à la (pontas de aspargos, alface braseada e couve-flor com molho holandês) 177, *2038*
Frangelico® (licor italiano de avelãs) 177, *2039*
Frango 177, *2040*
Frango à la king (com cogumelos e Xerez) 177, *2041*
Frango à Marengo (com cogumelos e tomates) 178, *2042*
Frango ao curry 178, *2043*
Frango assado 178, *2044*
Frango-d'água 178, *2045*
Frango de leite; Galeto 178, *2046*
Frango frito 178, *2047*
Frango Kiev (peito de frango recheado com pedaços de manteiga e empanado) 178, *2048*
Frascati, à la (foie gras, pontas de aspargos,

cogumelos, trufas e batatas duquesa) 178, *2049*
Freira (PT) *Ver* XAPUTA 178, *2050*
Fresco 178, *2051*
Fricassê de frango 178, *2052*
Fricassê de vitela 178, *2053*
Frigideira 178, *2054*
Frigideira para saltear 178, *2055*
Frio 179, *2056*
Frios 179, *2057*
Fritadeira elétrica 179, *2058*
Fritar 179, *2059*
Fritar em fogo alto mexendo sempre 179, *2060*
Fritar em frigideira com pouca gordura 179, *2061*
Fritar pela imersão em grande quantidade de óleo quente ou gordura 179, *2062*
Fritar rapidamente; Saltear 179, *2063*
Frito 179, *2064*
Fritura 179, *2065*
Fruta 179, *2066*
Fruta-cobra; Salak 179, *2067*
Fruta cristalizada 179, *2068*
Fruta da estação 179, *2069*
Fruta-da-rainha *Ver* MANGOSTÃO 179, *2070*
Fruta desidratada *Ver* FRUTA SECA 179, *2071*
Frutado 179, *2072*
Fruta em calda 179, *2073*
Fruta em conserva 180, *2074*
Fruta fresca 180, *2075*
Fruta-pão 180, *2076*
Fruta seca; Fruta desidratada 180, *2077*
Frutas cristalizadas 180, *2078*
Frutas silvestres 180, *2079*
Fruteira 180, *2080*
Fruto 180, *2081*

Fruto-de-genebra *Ver* ZIMBRO 180, *2082*
Frutos do mar 180, *2083*
Frutose; Açúcar de fruta; Levulose 180, *2084*
Fubá *Ver* FARINHA DE MILHO 180, *2085*
Fumaça 180, *2086*
Fumante 180, *2087*
Fumar 180, *2088*
Funcho; Erva-doce-de-cabeça; Falso-anis; Funcho-romano 180, *2089*
Funcho-bastardo *Ver* ENDRO 180, *2090*
Funcho-do-mar *Ver* SALICÓRNIA 180, *2091*
Funcho-romano *Ver* FUNCHO 180, *2092*
Fundido *Ver* DERRETIDO 180, *2093*
Fundir *Ver* DERRETER 180, *2094*
Fundo de torta 181, *2095*
Fundos de alcachofra 181, *2096*
Funghi, ao 181, *2097*
Funghi porcino *Ver* PORCINO 181, *2098*
Funil 181, *2099*
Fusilli (massa em forma de parafuso) 181, *2100*

G

Gado 183, *2101*
Gai Lan; Brócolis-chinês 183, *2102*
Galanga; Alpínia; Galangal; Gengibre tailandês 183, *2103*
Galangal *Ver* GALANGA 183, *2104*
Galantina (pedaços de carnes brancas, desossadas, picadas e cozidas numa fôrma com a gelatina feita do caldo do cozimento) 183, *2105*
Galeto *Ver* FRANGO DE LEITE 183, *2106*
Galha-branca 183, *2107*

Galhudo malhado *(peixe)* (PT); Melga (PT) 183, *2108*
Galinha 184, *2109*
Galinha-d'angola; Capote; Pintada 184, *2110*
Galinha-do-mato 184, *2111*
Galinha-gorda própria para assar 184, *2112*
Galinhola 184, *2113*
Galliano(licor de anis italiano) 184, *2114*
Galo 184, *2115*
Ganso 184, *2116*
Ganso à alsacienne (com chucrute) 184, *2117*
Garacimbora (PE) *Ver* GUARAJUBA 184, *2118*
Garam Masala (mistura indiana de especiarias) 184, *2119*
Garão dianteiro *Ver* MÚSCULO MOLE 184, *2120*
Garão traseiro *Ver* MÚSCULO DURO 184, *2121*
Garbure (sopa de vegetais com repolho e carne de ganso) 184, *2122*
Garçom 184, *2123*
Garçonete 184, *2124*
Garfo 185, *2125*
Garfo de cozinha 185, *2126*
Garfo de ostra 185, *2127*
Garfo de peixe 185, *2128*
Garfo de plástico 185, *2129*
Garfo de sobremesa 185, *2130*
Garfo para carne; Trinchante 185, *2131*
Gargalo *(parte superior da garrafa)* 185, *2132*
Garoupa 185, *2133*
Garrafa 185, *2134*
Garrafa de água mineral 185, *2135*
Garrafa de vinho 185, *2136*
Garrafa de vinho branco 185, *2137*
Garrafa de vinho tinto 185, *2138*
Garrafa de vidro ou cristal, de pescoço curto

| Termo | Página | Nº do termo |

e embocadura larga 185, *2139*
Garrafa térmica 185, *2140*
Gasoso 185, *2141*
Gastronome, à la (galinha recheada ou timo de vitela com castanhas, trufas e morels) 185, *2142*
Gastronomia 186, *2143*
Gastronômico 186, *2144*
Gastrônomo; Gourmet 186, *2145*
Gauloise, à la (cristas de galo e rins) 186, *2146*
Gazpacho (sopa fria de verduras cruas com vinagre e azeite de oliva) 186, *2147*
Geladeira 186, *2148*
Gelado 186, *2149*
Gelar 186, *2150*
Gelatina 186, *2151*
Gelatina em folhas 186, *2152*
Gelatinizar Ver GELIFICAR 186, *2153*
Gelatinoso 186, *2154*
Geleia de abacaxi 186, *2155*
Geleia de ameixa 186, *2156*
Geleia de amora-preta 187, *2157*
Geleia de cereja 187, *2158*
Geleia de damasco 187, *2159*
Geleia de framboesa 187, *2160*
Geleia de frutas vermelhas 187, *2161*
Geleia de goiaba 187, *2162*
Geleia de groselha 187, *2163*
Geleia de groselha--vermelha 187, *2164*
Geleia de hortelã 187, *2165*
Geleia de laranja 187, *2166*
Geleia de morango 187, *2167*
Geleia de pêssego 187, *2168*

Geleia de uva 187, *2169*
Geleia *(feita com a fruta inteira ou com pedaços de fruta)* 187, *2170*
Geleia *(feita com o sumo da fruta)* 187, *2171*
Geleia real 187, *2172*
Gelificar; Gelatinizar 188, *2173*
Gelo 188, *2174*
Gelo picado; Gelo triturado 188, *2175*
Gelo triturado Ver GELO PICADO 188, *2176*
Gema de ovo 188, *2177*
Geneticamente modificado 188, *2178*
Genevoise, molho (consomê e molho espanhol) 188, *2179*
Genevoise, molho (mirepoix, vinho tinto e manteiga) 188, *2180*
Gengibre 188, *2181*
Gengibre-canadense Ver GENGIBRE-SELVAGEM 188, *2182*
Gengibre-dourado Ver CÚRCUMA 188, *2183*
Gengibre-selvagem; Gengibre-canadense 188, *2184*
Gengibre tailandês Ver GALANGA 188, *2185*
Genovese, alla (ervas frescas, verduras e frutos do mar) 188, *2186*
Gerânio 188, *2187*
Gergelim; Sésamo 188, *2188*
Germe de trigo 189, *2189*
Ghee (manteiga sem sal, clarificada) 189, *2190*
Gianduiotti (chocolate italiano recheado com creme de avelãs) 189, *2191*
Gigante 189, *2192*
Gila (s) Ver ABÓBORA GILA 189, *2193*
Gim 189, *2194*
Gim-tônica 189, *2195*
Gin Fizz (coquetel feito de gim, suco de limão e club soda) 189, *2196*

Ginger Ale (água mineral gaseificada acrescida de gotas de essência de gengibre) 189, *2197*
Gingerbread *(pão de gengibre)* 189, *2198*
Girassol 189, *2199*
Girolle Ver CHANTERELLE 189, *2200*
Glaceado 189, *2201*
Glacear 189, *2202*
Glacê de carne 190, *2203*
Glacê (molho forte, grosso e reduzido) 190, *2204*
Glicose de milho 190, *2205*
Glicose; Glucose; Dextrose 190, *2206*
Glucose Ver GLICOSE 190, *2207*
Glutamato monossódico 190, *2208*
Glutão Ver COMILÃO 190, *2209*
Glúten 190, *2210*
Gobio *(peixe)* (PT) 190, *2211*
Godard (quenelles, moleja de cordeiro, cristas de galo, rins, trufas e cogumelos) 190, *2212*
Goiaba; Araçá (BA) 190, *2213*
Goma (N/NE) Ver TAPIOCA 190, *2214*
Goma-fedorenta Ver ASSA-FÉTIDA 190, *2215*
Gorana (RJ) Ver BICUDA 190, *2216*
Gordura 190, *2217*
Gordura de ganso 190, *2218*
Gordura de porco derretida Ver BANHA 190, *2219*
Gordura resultante da carne e/ou ossos de animais, aquecida ou fervida 190, *2220*
Gordura saturada 191, *2221*
Gorduroso 191, *2222*
Gorgonzola (queijo italiano, cremoso, feito

com leite de vaca) 191, *2223*
Gorjeta 191, *2224*
Gorjeta incluída 191, *2225*
Gosto Ver SABOR 191, *2226*
Gostoso; Saboroso 191, *2227*
Gota; Pingo 191, *2228*
Gouda (queijo holandês de textura semidura, feito com leite de vaca) 191, *2229*
Goulash (cozido húngaro) 191, *2230*
Gourmet Ver GASTRÔNOMO 191, *2231*
Grama *(peso)* 191, *2232*
Grana Padano (queijo italiano de textura dura, feito com leite de vaca semidesnatado) 191, *2233*
Grand-Duc (pontas de aspargos, trufas e molho Mornay) 192, *2234*
Grande 192, *2235*
Grand Marnier® (licor francês feito de laranjas maceradas em conhaque) 192, *2236*
Grand-Mère (cebolas, cogumelos, batatas e bacon) 192, *2237*
Grand-Veneur, molho (com geleia de groselha--vermelha) 192, *2238*
Granita *(sorvete italiano não cremoso)* 192, *2239*
Granulado 192, *2240*
Granular 192, *2241*
Grão-de-bico; Ervilha-de--galinha; Ervilha--egípcia 192, *2242*
Grãos de pimenta 192, *2243*
Grapefruit vermelha 193, *2244*
Grapefruit Ver POMELO 193, *2245*
Grappa 193, *2246*
Gratinado 193, *2247*
Gratinar 193, *2248*
Grátis Ver GRATUITO 193, *2249*

| Termo | Página | Nº do termo |

Gratuito; Grátis 193, *2250*
Graúna (SP) *Ver* PIRAÚNA 193, *2251*
Graviola 193, *2252*
Gravy *(molho feito do suco da carne)* 193, *2253*
Grega, à (azeite de oliva, suco de limão e ervas aromáticas) 193, *2254*
Grelha 193, *2255*
Grelhado no forno 193, *2256*
Grelhar no forno 193, *2257*
Grenadine *Ver* XAROPE DE ROMÃ 193, *2258*
Grenobloise, à la (alcaparras e limão em cubinhos) 193, *2259*
Gribiche, molho (maionese com alcaparras, pepinos em conserva, ovos cozidos e ervas aromáticas) 193, *2260*
Grissini *(palitinhos crocantes e salgados)* 194, *2261*
Grog (bebida quente à base de rum) 194, *2262*
Groselha-branca 194, *2263*
Groselha-da-china *Ver* KIWI 194, *2264*
Groselha-espinhosa *Ver* GROSELHA-VERDE 194, *2265*
Groselha-preta 194, *2266*
Groselha-verde; Groselha-espinhosa 194, *2267*
Groselha-vermelha 194, *2268*
Grosso *(espessura)* 194, *2269*
Grudar 194, *2270*
Gruyère (queijo suíço de textura dura) 194, *2271*
Guandu *Ver* FEIJÃO--GUANDO 194, *2272*
Guaraiúba (BA) *Ver* GUARAJUBA 194, *2273*
Guarajuba; Araximbora; Carapau (ES);

Garacimbora (PE); Guaraiúba (BA); Guaricema (RJ) 194, *2274*
Guaraná 194, *2275*
Guarassuma (PE) *Ver* XERELETE 194, *2276*
Guardanapo 195, *2277*
Guardanapo de papel 195, *2278*
Guardar 195, *2279*
Guarde o troco 195, *2280*
Guaricema (RJ) *Ver* GUARAJUBA 195, *2281*
Guarnecer 195, *2282*
Guarnecido 195, *2283*
Guarnição 195, *2284*
Guelras; Brânquias 195, *2285*
Guisado *(adj.)* 195, *2286*
Guisar *(semelhante a brasear)* 195, *2287*
Guloseima 195, *2288*
Gumbo (sopa de caldo de galinha e quiabo) 195, *2289*
Gustativo 195, *2290*

H

Hadoque defumado 197, *2291*
Hadoque fresco 197, *2292*
Haggis (estômago de carneiro, recheado com carne picada do animal, cebola e aveia) 197, *2293*
Halloumi (queijo do Oriente Médio, feito com leite de cabra) 197, *2294*
Hambúrguer 197, *2295*
Hambúrguer de frango 198, *2296*
Hambúrguer vegetariano 198, *2297*
Harissa, molho (pimenta--vermelha, alho, cominho, coentro, alcaravia e azeite de oliva) 198, *2298*
Harvey Wallbanger (coquetel feito com vodca, suco de laranja e Galliano®) 198, *2299*

Hash browns (batatas e cebolas salteadas) 198, *2300*
Hashi *Ver* PAUZINHOS COM OS QUAIS OS ORIENTAIS COMEM 198, *2301*
Hedgehog *Ver* PIED DE MOUTON 198, *2302*
Helder (batatas noisette e molho de tomate) 198, *2303*
Henri IV (batatas pont--neuf e molho béarnaise) 198, *2304*
Henri IV (corações de alcachofra, recheados com batatas noisette e molho béarnaise) 198, *2305*
Herbes de Provence (manjericão, alecrim, segurelha, louro e tomilho) 199, *2306*
Hidromel (bebida alcoólica fermentada à base de mel e água) 199, *2307*
Highball (uísque e club soda) 199, *2308*
Hijiki; Hiziki (algas secas) 199, *2309*
Hiki-cha *Ver* CHÁ MATCHA 199, *2310*
Hipercalórico 199, *2311*
Hipocalórico 199, *2312*
Hipoglosso (PT) *Ver* ALABOTE-DO-ATLÂNTICO 199, *2313*
Hissopo; Erva-sagrada 199, *2314*
Hiziki *Ver* HIJIKI 199, *2315*
Ho Fen (massa de trigo chinesa) 199, *2316*
Hoisin, molho; Pequim, molho de (à base de soja, alho, pimenta--vermelha e especiarias) 199, *2317*
Hokkien (massa fresca de ovos) 200, *2318*
Holandês, molho (gemas de ovos, manteiga derretida e suco de limão) 200, *2319*

Hollandaise, à la (ovos pochés, vegetais fervidos ou peixe escaldado e molho holandês) 200, *2320*
Hollandaise, à la (peixe com batatas cozidas) 200, *2321*
Homus *Ver* HUMMUS 200, *2322*
Hora 200, *2323*
Hora do almoço 200, *2324*
Hora do jantar 200, *2325*
Horário 200, *2326*
Horário de funcionamento 200, *2327*
Horse's Neck (coquetel de uísque bourbon, Angostura® e ginger ale) 200, *2328*
Horta 201, *2329*
Hortelã-d'água; Hortelã--rasteira 201, *2330*
Hortelã-das-cozinhas; Hortelã-verde 201, *2331*
Hortelã-das-hortas 201, *2332*
Hortelã-de-folhas--grossas; Hortelã-do--maranhão 201, *2333*
Hortelã-do-maranhão *Ver* HORTELÃ-DE-FOLHAS--GROSSAS 201, *2334*
Hortelã-francesa *Ver* BALSAMITA 201, *2335*
Hortelã; Menta 201, *2336*
Hortelã-pimenta 201, *2337*
Hortelã-rasteira *Ver* HORTELÃ-D'ÁGUA 201, *2338*
Hortelã-verde *Ver* HORTELÃ-DAS-COZINHAS 201, *2339*
Hortaliça 201, *2340*
Hortulana 201, *2341*
Hóspede 201, *2342*
Hotel 201, *2343*
Hotpot (cozido de carne de carneiro e cevada) 201, *2344*
Hummus; Homus (grão--de-bico, pasta de

| Termo | Página | Nº do termo

gergelim, suco de limão, alho, azeite de oliva, salsinha e hortelã) 201, *2345*
Húngara, à (couve-flor, páprica e batatas salteadas) 202, *2346*
Hussarde, à la (tomates recheados com purê de cebola e cogumelos recheados com purê de espinafre) 202, *2347*

I

Ibérico (feito de uma mistura de leite de vaca, ovelha e cabra, é um queijo prensado e de breve maturação) 205, *2348*
Idiazabal (queijo espanhol, feito com leite de ovelha não pasteurizado) 205, *2349*
Iguaria 205, *2350*
Ikam teri *Ver* IKAN BILIS 205, *2351*
Ikan bilis; Ikam teri (anchovas secas) 205, *2352*
Imperador-vermelho *(peixe)* (PT) 206, *2353*
Imperial, à (escalopes de foie gras, trufas e cogumelos) 206, *2354*
Incisão 206, *2355*
Indiano, molho (maionese, curry em pó e cebolinha-francesa) 206, *2356*
Indigestão 206, *2357*
Indigesto 206, *2358*
Infusão 206, *2359*
Inglesa, à (cozido na água e servido com manteiga) 206, *2360*
Inglês, molho 206, *2361*
Ingredientes 206, *2362*
Inhame havaiano *Ver* TARO 206, *2363*
Inhame japonês *Ver* TARO 206, *2364*
Inhame 206, *2365*

Insípido 206, *2366*
Insosso 207, *2367*
Instantâneo 207, *2368*
Inteiro 207, *2369*
Intolerância à lactose 207, *2370*
Intoxicação alimentar 207, *2371*
Iogurte 207, *2372*
Iogurte com cereais 207, *2373*
Iogurte com frutas 207, *2374*
Iogurte desnatado 207, *2375*
Iogurte grego 207, *2376*
Iogurteira 207, *2377*
Iogurte, molho de 207, *2378*
Iogurte natural 207, *2379*
Isqueiro 207, *2380*
Italiano, molho (azeite de oliva, vinagre de vinho, suco de limão, alho, orégano, endro e erva-doce) 207, *2381*
Italiano, molho (presunto, cogumelos e molho de tomate) 208, *2382*
Italienne, à la (corações de alcachofra ou macarrão) 208, *2383*

J

Jabá *Ver* CARNE-SECA 211, *2384*
Jabaí *Ver* TAMARINDO 211, *2385*
Jabão *Ver* TAMARINDO 211, *2386*
Jabuticaba 211, *2387*
Jaca 211, *2388*
Jacinto-da-índia *Ver* ANGÉLICA 211, *2389*
Jacinto-de-tapetes *Ver* CEBOLINHA-DE-FLOR-AZUL 211, *2390*
Jaguara (NE) *Ver* TINTUREIRA 211, *2391*
Jambalaya (arroz com camarões, frango, presunto e tomates) 211, *2392*

Jambo 211, *2393*
Jambu; Nhambu; Agrião-do-brasil; Agrião-do-pará 211, *2394*
Jantar à luz de velas 211, *2395*
Jantar dançante 212, *2396*
Jantar de gala 212, *2397*
Jantar é servido às ... 212, *2398*
Jantar *(subst.)* 212, *2399*
Jantar *(verbo)* 212, *2400*
Japonesa, à (alcachofras japonesas e croquetes de batata) 212, *2401*
Jardineira, à (com legumes variados) 212, *2402*
Jarra 212, *2403*
Javali 212, *2404*
Javali assado 212, *2405*
Javali novo *(até 6 meses)* 212, *2406*
Jee choy *Ver* LAVER 212, *2407*
Jejuar 212, *2408*
Jenipapo 212, *2409*
Jerez *Ver* XEREZ 212, *2410*
Jerimum (NE) *Ver* ABÓBORA 212, *2411*
Jicama 212, *2412*
Joá-de-capote *Ver* PHYSALIS 213, *2413*
Jogo americano 213, *2414*
Jogo de panelas 213, *2415*
Jogo de tigelas 213, *2416*
Joinville (camarões, trufas e cogumelos) 213, *2417*
Joinville, molho (molho normande com manteiga de camarão) 213, *2418*
Judic (alface braseada, tomates recheados e batatas château) 213, *2419*
Jujuba-selvagem 213, *2420*
Jules-Verne (batatas recheadas, nabos e cogumelos) 213, *2421*
Juliana *(peixe)* (PT); Pescada-polaca (PT) 213, *2422*

Junípero *Ver* ZIMBRO 213, *2423*
Junipo *Ver* ZIMBRO 213, *2424*
Juve, à la (carpa, cebolas, vinho branco e ervas) 213, *2425*

K

Kabanos (linguiça de carne de porco e/ou boi picada) 215, *2426*
Kamaboko (bolo de peixe, especialidade japonesa) 215, *2427*
Kasseler (lombo do porco curado e defumado) 215, *2428*
Kebab (pedaços de carne de carneiro, no espeto) 215, *2429*
Kecap manis (molho doce de soja) 216, *2430*
Kedgeree (arroz com peixe defumado, ovos cozidos, lentilhas e cebola) 216, *2431*
Ketchup 216, *2432*
Kino; Kiwano; Melão-africano-chifrudo; Pepino chifrudo 216, *2433*
Kir (coquetel feito de creme de cassis e vinho branco) 216, *2434*
Kir Royal (coquetel feito de creme de cassis e champanhe) 216, *2435*
Kirsch (aguardente de cerejas) 216, *2436*
Kiwano *Ver* KINO 216, *2437*
Kiwi; Groselha-da-china 216, *2438*
Knäckebrot (pão integral sueco) 216, *2439*
Knackwurst (salsicha feita de carne de porco e/ou boi e alho) 217, *2440*
Kombu; Konbu (algas secas) 217, *2441*
Konbu *Ver* KOMBU 217, *2442*

| Termo | Página | Nº do termo |

Kugel (pudim salgado, feito de batata ou macarrão) 217, *2443*
Kugelhopf (bolo austríaco com uvas-passas e amêndoas) 217, *2444*
Kümmel *Ver* ALCARAVIA 217, *2445*
Kumquat *Ver* LARANJA--KINKAN 217, *2446*

L

Lábios *(miúdos)* 219, *2447*
Lactose *(açúcar natural do leite)* 219, *2448*
Ladyfingers *(bolinhos de massa leve, em formato alongado)* 219, *2449*
Lagarto *(corte de carne bovina)* 219, *2450*
Lagosta 219, *2451*
Lagosta à Thermidor (lagosta na casca, gratinada) 219, *2452*
Lagostins 219, *2453*
Lamber 219, *2454*
Lamentar 220, *2455*
Lâmina *(de faca)* 220, *2456*
Lampreia 220, *2457*
Lanche; Refeição rápida 220, *2458*
Languedocienne, à la (tomates, berinjelas e cogumelos) 220, *2459*
Lapa *(molusco)* (PT) 220, *2460*
Lap Cheong; Lap Chong (linguiça chinesa de carne de porco) 220, *2461*
Lap Chong *Ver* LAP CHEONG 220, *2462*
Laranja 220, *2463*
Laranja-amarga; Laranja--da-terra; Laranja-de--sevilha 220, *2464*
Laranja-baía 220, *2465*
Laranjada *Ver* SUCO NATURAL DE LARANJA 220, *2466*
Laranja-da-china *Ver* LARANJA-DOCE 220, *2467*
Laranja-de-sevilha *Ver* LARANJA-AMARGA 220, *2468*

Laranja-da-sicília; Laranja-sanguínea 220, *2469*
Laranja-da-terra *Ver* LARANJA-AMARGA 220, *2470*
Laranja-doce; Laranja-da--china 220, *2471*
Laranja, molho de 220, *2472*
Laranja-kinkan; Kumquat 221, *2473*
Laranja-sanguínea *Ver* LARANJA-DA-SICÍLIA 221, *2474*
Lardeado 221, *2475*
Lardear; Entremear a carne com tiras de toucinho 221, *2476*
Lardo *Ver* TOUCINHO EM TIRAS 221, *2477*
Lasanha (encontrada em folhas, pode ser seca ou fresca) 221, *2478*
Lasanha vegetariana 221, *2479*
Lasanha verde (preparada com espinafre) 221, *2480*
Lascas de trufa 221, *2481*
Lata 221, *2482*
Laticínios 221, *2483*
Lava-dedos 221, *2484*
Lavadeira *Ver* LAVANDEIRA 221, *2485*
Lavado 221, *2486*
Lavallière (cordeiro, corações de alcachofra recheada com purê de aspargos e molho Bordelaise) 221, *2487*
Lavanda *Ver* ALFAZEMA 222, *2488*
Lavandeira; Lavadeira *(pássaro)* 222, *2489*
Lavar 222, *2490*
Laver; Jee choy (algas secas) 222, *2491*
Lebre 222, *2492*
Lechia *Ver* LICHIA 222, *2493*
Legumes 222, *2494*
Legumes cozidos no vapor 222, *2495*

Legumes ou verduras congelados 222, *2496*
Legumes ou verduras em conserva 222, *2497*
Leidsekaas *Ver* LEYDEN 222, *2498*
Leitãozinho 222, *2499*
Leite 222, *2500*
Leite ácido; Leitelho 222, *2501*
Leite aromatizado 222, *2502*
Leite com baixo teor de gordura 222, *2503*
Leite concentrado sem açúcar *Ver* LEITE EVAPORADO 222, *2504*
Leite condensado 222, *2505*
Leite de amêndoa 222, *2506*
Leite de búfala 223, *2507*
Leite de cabra 223, *2508*
Leite de coco 223, *2509*
Leite de ovelha 223, *2510*
Leite de soja 223, *2511*
Leite desnatado 223, *2512*
Leite desnatado em pó 223, *2513*
Leite de vaca 223, *2514*
Leite em pó 223, *2515*
Leite evaporado; Leite concentrado sem açúcar 223, *2516*
Leite integral 223, *2517*
Leiteira 223, *2518*
Leitelho *Ver* LEITE ÁCIDO 223, *2519*
Leite longa vida 223, *2520*
Leite não pasteurizado 223, *2521*
Leite pasteurizado 223, *2522*
Leiteria 223, *2523*
Leite semidesnatado 223, *2524*
Leite talhado 224, *2525*
Leite UHT 224, *2526*
Leitoso 224, *2527*
Lenha 224, *2528*
Lentilha 224, *2529*
Lentilhas Puy 224, *2530*
Lépiote *(cogumelo)* 224, *2531*

Letrinhas (massa própria para sopas) 224, *2532*
Levantar-se 224, *2533*
Leve 224, *2534*
Levedo de cerveja 224, *2535*
Levístico; Ligústica 224, *2536*
Levulose *Ver* FRUTOSE 224, *2537*
Leyden; Leidsekaas (queijo holandês de textura firme, feito com leite de vaca semidesnatado) 224, *2538*
Libra *(peso)* 224, *2539*
Lichia; Lechia 225, *2540*
Lichia tailandesa 225, *2541*
Licor 225, *2542*
Licor de amoras selvagens 225, *2543*
Licor de ervas 225, *2544*
Licor de laranja 225, *2545*
Licor de pêssego 225, *2546*
Ligamento cervical *(miúdos)* 225, *2547*
Ligar; Unir 225, *2548*
Ligurienne, à la (carne com tomates recheados e risoto de açafrão) 225, *2549*
Ligústica *Ver* LEVÍSTICO 225, *2550*
Lima Kaffir 225, *2551*
Limão em conserva 225, *2552*
Limão, molho de 225, *2553*
Limão-siciliano 225, *2554*
Limão-taiti 225, *2555*
Limburger (queijo belga de textura semidura, feito com leite de vaca) 225, *2556*
Limonada *Ver* SUCO NATURAL DE LIMÃO 226, *2557*
Limonete; Cidrão; Cidrilha; Erva-luísa; Falsa erva-cidreira 226, *2558*

– 465 –

| Termo | Página | Nº do termo |

Limpar 226, *2559*
Limpo 226, *2560*
Língua *(miúdos)* 226, *2561*
Língua de boi 226, *2562*
Língua de cordeiro 226, *2563*
Língua de gato *(tipo de chocolate)* 226, *2564*
Língua de porco 226, *2565*
Linguado 226, *2566*
Linguado Choiseul (ao molho de vinho branco trufado) 226, *2567*
Linguiça 226, *2568*
Linguiça de fígado de porco 226, *2569*
Linguine (massa de forma chata e longa) 226, *2570*
Linzertorte (torta feita com especiarias e coberta de geleia) 226, *2571*
Liofilizado 227, *2572*
Liofilizar 227, *2573*
Liquidificador 227, *2574*
Líquido *(adj.)* 227, *2575*
Líquido para tirar gordura 227, *2576*
Lírio *Ver* Cangulo-rei 227, *2577*
Liso *(textura)* 227, *2578*
Lista de compras 227, *2579*
Lista de preços 227, *2580*
Litro 227, *2581*
Livarot (queijo da Normandia, de textura semimacia, feito com leite de vaca não pasteurizado) 227, *2582*
Lixo 227, *2583*
Local; Regional 227, *2584*
Loganberry (variedade híbrida de framboesa e amora-preta) 227, *2585*
Loja 228, *2586*
Loja de bebidas 228, *2587*
Loja de café; Cafeteria 228, *2588*
Loja de vinhos 228, *2589*
Lombinho *(corte de carne bovina)* 228, *2590*
Lombinho *(corte de carne suína)* 228, *2591*

Lombo de boi 228, *2592*
Lombo de carneiro 228, *2593*
Lombo de coelho 228, *2594*
Lombo de javali 228, *2595*
Lombo de lebre 228, *2596*
Lombo de lebre à la Saint Hubert (com cogumelos e molho poivrade) 228, *2597*
Lombo de porco 228, *2598*
Long Island (coquetel feito com tequila, gim, vodca, Coca-Cola® e limão) 228, *2599*
Lorette (croquetes de frango, pontas de aspargos e trufas) 229, *2600*
Lorraine, à la (repolho roxo, maçãs e vinho tinto) 229, *2601*
Losna *Ver* Absinto 229, *2602*
Lota-do-rio 229, *2603*
Louça 229, *2604*
Loukanika (salsicha grega, feita com carne de porco, temperada com coentro) 229, *2605*
Louro 229, *2606*
Lúcio *(peixe)* (PT) 229, *2607*
Lucioperca *(peixe)* (PT) 229, *2608*
Lula 229, *2609*
Lúpulo 229, *2610*
Luva 230, *2611*
Luva de cozinha 230, *2612*
Luz 230, *2613*
Luzerna *Ver* Alfafa 230, *2614*
Lyonnaise, à la (cebolas e batatas) 230, *2615*
Lyonnaise, à la (com cebolas fritas em manteiga) 230, *2616*
Lyonnaise, molho (cebolas e vinho branco) 230, *2617*

M

Maçã 233, *2618*
Maçã Fuji 233, *2619*

Maçã Gala 233, *2620*
Maçã, molho de 233, *2621*
Macarrão *(nome genérico, em português, para designar diversos tipos de massas italianas)* 233, *2622*
Macarrão com molho de tomate 233, *2623*
Macarrão transparente (massa oriental) 233, *2624*
Maçãs ao forno 233, *2625*
Macaxeira (NE) *Ver* Mandioca 233, *2626*
Maccheroni (tubinhos de massa curtos e ocos) 234, *2627*
Mace; Macis 234, *2628*
Macedônia de legumes 234, *2629*
Macerar 234, *2630*
Mâche; Erva-benta *(folhas ligeiramente amargas)* 234, *2631*
Macio 234, *2632*
Macis *Ver* Mace 234, *2633*
Macrobiótico 234, *2634*
Madeira 234, *2635*
Madeira (vinho português) 234, *2636*
Madeira, molho (caldo da carne com vinho Madeira) 234, *2637*
Madrilène, à la (com tomates ou suco de tomate) 234, *2638*
Maduro 234, *2639*
Magret *Ver* Peito de pato sem osso 234, *2640*
Mahlab *Ver* Mahleb 234, *2641*
Mahleb; Mahlab (tempero feito de caroços de cerejas negras) 234, *2642*
Mahón (queijo da Minorca, prensado, mas não cozido, feito com leite de vaca) 235, *2643*
Maionese 235, *2644*
Maionese à la suédoise (com purê de maçã e raiz-forte) 235, *2645*

Maionese de alho 235, *2646*
Mais 235, *2647*
Maisena 235, *2648*
Mai Tai (coquetel feito de rum claro, rum escuro, Curaçao, suco de laranja, suco de limão e suco de abacaxi) 235, *2649*
Maître *Ver* Chefe dos garçons 235, *2650*
Maître d'Hôtel, à la (grelhado e com manteiga maître d'hôtel) 235, *2651*
Majorana *Ver* Manjerona 235, *2652*
Malcozido 235, *2653*
Malmsey (vinho Madeira) 235, *2654*
Malpassado 236, *2655*
Maltaise, molho (molho holandês, raspas e suco de laranja) 236, *2656*
Malte 236, *2657*
Maltose *(açúcar de malte)* 236, *2658*
Mamadeira 236, *2659*
Mamão 236, *2660*
Maminha 236, *2661*
Manchego (queijo espanhol, feito com leite de ovelha cru ou pasteurizado) 236, *2662*
Mandioca; Aipim (S); Macaxeira (NE) 236, *2663*
Mandolin *(utensílio de cozinha)* 236, *2664*
Manga 236, *2665*
Mangaba 236, *2666*
Mangangá; Beatinha (BA); Moriati (ES); Sarão (RJ) 236, *2667*
Mange-tout *Ver* Ervilha--torta 236, *2668*
Mangostão; Fruta-da--rainha 236, *2669*
Manhã *(período do dia)* 237, *2670*
Manhattan (coquetel de gim, uísque, vermute seco e vermute tinto) 237, *2671*

| Termo | Página | Nº do termo |

Manjericão; Basilicão; Erva-do-tomate 237, 2672
Manjerona; Majorana 237, 2673
Manteiga 237, 2674
Manteiga clarificada (manteiga que teve o soro eliminado depois de aquecida) 237, 2675
Manteiga Colbert (manteiga maître d'hôtel misturada com estragão picado e glacê de carne) 237, 2676
Manteiga de alho 237, 2677
Manteiga de amêndoa 237, 2678
Manteiga de amendoim 237, 2679
Manteiga de anchova 237, 2680
Manteiga de cacau 237, 2681
Manteiga de camarão 238, 2682
Manteiga de caviar 238, 2683
Manteiga de ervas 238, 2684
Manteiga de estragão 238, 2685
Manteiga de lagosta 238, 2686
Manteiga de leite de cabra 238, 2687
Manteiga de mostarda 238, 2688
Manteiga derretida 238, 2689
Manteiga de salmão 238, 2690
Manteiga de trufa 238, 2691
Manteiga ligeiramente tostada 238, 2692
Manteiga maître d'hôtel (com salsinha picada e suco de limão ou vinagre) 238, 2693
Manteiga, molho de 238, 2694
Manteiga sem sal 238, 2695

Manteigueira 238, 2696
Manter refrigerado 238, 2697
Maple syrup *(xarope da seiva do bordo)* 239, 2698
Máquina de lavar louça 239, 2699
Máquina para fazer massa 239, 2700
Marabumbo (PT) *Ver* AGULHÃO 239, 2701
Maracujá 239, 2702
Maracujá-banana 239, 2703
Maraîchère, à la (com cenouras e cebolas glaceadas, pepino recheado e corações de alcachofra) 239, 2704
Marasquino (licor feito de cerejas maraska fermentadas) 239, 2705
Maréchale, à la (pontas de aspargos, trufas e molho Chateaubriand) 239, 2706
Margarina 239, 2707
Margarita *Ver* MARGUERITA 239, 2708
Marguerita; Margarita (coquetel feito de tequila, licor de laranja e suco de limão) 239, 2709
Maria-mole *(peixe)* (PT); Pechelim (PT) 240, 2710
Marie-Louise (batatas noisette, fundos de alcachofra recheados com purê de cogumelos e de cebolas) 240, 2711
Marigny (batatas fondantes, tartelettes recheadas com ervilhas e vagens) 240, 2712
Marinado 240, 2713
Marinar 240, 2714
Marinara, alla (tomates, alho, azeite de oliva e vinho) 240, 2715
Mariscos *(designação comum a todos os moluscos e crustáceos)* 240, 2716

Marlim-azul 240, 2717
Marlim-branco 240, 2718
Marmelada 240, 2719
Marmelo 240, 2720
Mármore 240, 2721
Marmorizada *(carne)* 241, 2722
Maroca (PT) *Ver* DONZELA 241, 2723
Marocaine, à la (arroz pilaf, abobrinhas e pimentões recheados) 241, 2724
Maroilles (queijo francês, quadrado, feito com leite de vaca) 241, 2725
Maromba (ES, RJ) *Ver* SARDINHA-VERDADEIRA 241, 2726
Marreco; Cerceta 241, 2727
Marrom-glacê 241, 2728
Marsala (vinho de sobremesa siciliano) 241, 2729
Marshmallow 241, 2730
Martelo para amaciar carne 241, 2731
Martini® (vermute italiano) 241, 2732
Marzipã 241, 2733
Masala Chai (chá-preto, canela, cardamomo, gengibre e cravo-da-índia) 241, 2734
Mascarpone (queijo italiano, feito com creme de leite fresco) 242, 2735
Mascotte (corações de alcachofra na manteiga, batatas e trufas) 242, 2736
Massa com ovos 242, 2737
Massa crua de bolo *Ver* MASSA MOLE 242, 2738
Massa crua de pão, pizza ou torta 242, 2739
Massa de arroz (feita de farinha de arroz e água) 242, 2740
Massa de bomba *Ver* MASSA FOLHADA PASTOSA 242, 2741

Massa de grano duro, de trigo duro 242, 2742
Massa de semolina 242, 2743
Massa filo *(massa folhada laminada)* 242, 2744
Massa folhada amanteigada 242, 2745
Massa folhada pastosa; Massa de bomba 242, 2746
Massa folhada quebradiça 242, 2747
Massa folhada quebradiça doce 243, 2748
Massa fresca 243, 2749
Massa integral 243, 2750
Massa mole; Massa crua de bolo 243, 2751
Massa podre 243, 2752
Massa própria para sopas 243, 2753
Massa recheada 243, 2754
Masséna (com fundos de alcachofra, tutano e molho de trufas) 243, 2755
Mastigar 243, 2756
Mastruz *Ver* ERVA-DE-SANTA-MARIA 243, 2757
Matelote (croûtons, cebolinhas-pérola, cogumelos e lagostins) 243, 2758
Maturar *(carne)* 243, 2759
Maturar *(queijo)* 243, 2760
Mau *(adj.)* 243, 2761
Máximo *(quantidade)* 243, 2762
Maxixe 243, 2763
Mazarine, à la (croquetes de arroz, cogumelos e corações de alcachofra recheadas com legumes) 244, 2764
Médicis (batatas noisette, corações de alcachofra na manteiga, ervilhas, cenouras e nabos) 244, 2765
Medida *(capacidade)* 244, 2766
Médio *(tamanho)* 244, 2767
Medir 244, 2768

| Termo | Página | Nº do termo |

Medula espinhal *(miúdos)* 244, *2769*
Meia dúzia 244, *2770*
Meia garrafa 244, *2771*
Meia-porção 244, *2772*
Meio cozido 244, *2773*
Meio litro 244, *2774*
Meio quilo 244, *2775*
Mel 244, *2776*
Melaço 245, *2777*
Melaço de romã 245, *2778*
Melado *(de cana-de--açúcar)*; Mel de engenho 245, *2779*
Melancia 245, *2780*
Melão 245, *2781*
Melão-africano-chifrudo *Ver* KINO 245, *2782*
Melão-amargo-chinês; Melão-de-são-caetano 245, *2783*
Melão-cantalupo 245, *2784*
Melão-charentais 245, *2785*
Melão-de-são-caetano *Ver* MELÃO-AMARGO-CHINÊS 245, *2786*
Melão e presunto cru 245, *2787*
Melão-gália 245, *2788*
Mel de acácia 245, *2789*
Mel de alecrim 245, *2790*
Mel de castanha 245, *2791*
Mel de engenho *Ver* MELADO 245, *2792*
Mel de laranjeira 245, *2793*
Mel de tomilho 245, *2794*
Mel de trevo 245, *2795*
Mel de urze 246, *2796*
Melga (PT) *Ver* GALHUDO MALHADO 246, *2797*
Melhor 246, *2798*
Meliloto; Trevo-de-cheiro 246, *2799*
Melissa *Ver* ERVA--CIDREIRA 246, *2800*
Melro 246, *2801*
Membrana do diafragma *(miúdos)* 246, *2802*
Menos 246, *2803*
Menta, molho de 246, *2804*

Menta *Ver* HORTELÃ 246, *2805*
Mentinha 246, *2806*
Menu 246, *2807*
Menu à la carte 246, *2808*
Menu de Natal 246, *2809*
Menu degustação 246, *2810*
Menu dietético 246, *2811*
Menu do dia 246, *2812*
Menu gastronômico 246, *2813*
Menu para crianças 246, *2814*
Menu turístico 247, *2815*
Mercado 247, *2816*
Mercado de frutas 247, *2817*
Mercearia 247, *2818*
Mercédès (tomates, cogumelos, alface braseada e croquetes de batata) 247, *2819*
Merengue; Suspiro 247, *2820*
Merluza 247, *2821*
Mero *(peixe)* 247, *2822*
Mesa 247, *2823*
Mesa ao ar livre 247, *2824*
Mesa com vista para o mar 247, *2825*
Mesa de apoio *Ver* MESA DE SERVIÇO 247, *2826*
Mesa de serviço; Mesa de apoio 247, *2827*
Mesa livre 247, *2828*
Mesa no canto 247, *2829*
Mesa no terraço 247, *2830*
Mesa ocupada 247, *2831*
Mesa para... pessoas 248, *2832*
Mesa perto da janela 248, *2833*
Mesa quadrada 248, *2834*
Mesa redonda 248, *2835*
Mesa reservada 248, *2836*
Mesa retangular 248, *2837*
Metade 248, *2838*
Mettwurst; Schmierwurst (salsicha alemã feita de carne de porco) 248, *2839*
Meunière, à la (peixes passados na farinha de trigo e dourados na manteiga) 248, *2840*
Mexer 248, *2841*
Mexerica 248, *2842*
Mexerica-poncã *Ver* PONCÃ 248, *2843*
Mexicane, à la (cogumelos recheados com tomates, pimentões e berinjelas) 248, *2844*
Mexilhões 249, *2845*
Mexilhões marinados 249, *2846*
Mezzaluna *(tipo de faca)* 249, *2847*
Migalhas de pão 249, *2848*
Mikado (receitas francesas elaboradas com ingredientes da cozinha japonesa) 249, *2849*
Milanesa, à *(empanado)* 249, *2850*
Milanaise, à la (macarrão com queijo parmesão, língua de boi marinada, presunto, cogumelos, trufas e molho de tomate) 249, *2851*
Mil-folhas 249, *2852*
Mil-folhas de chocolate 249, *2853*
Milho de pipoca 249, *2854*
Milho-verde 249, *2855*
Milk-shake 250, *2856*
Milk-shake com fruta 250, *2857*
Milk-shake de chocolate 250, *2858*
Milleens (queijo irlandês, feito com leite de vaca não pasteurizado) 250, *2859*
Mimolette Vieille (queijo francês, de consistência firme, feito com leite de vaca) 250, *2860*
Mincemeat (recheio doce de frutas secas, amêndoas e brandy) 250, *2861*
Minestra (tubérculos e cogumelos ou lentilhas) 250, *2862*

Minestrone (sopa de vegetais com arroz ou pasta) 250, *2863*
Mingau de aveia 250, *2864*
Minialho-poró 250, *2865*
Minilegumes 250, *2866*
Minimilho; Babycorn 251, *2867*
Mínimo *(quantidade)* 251, *2868*
Minutos de espera 251, *2869*
Miolo; Cérebro *(miúdos)* 251, *2870*
Miolo da alcatra; Coração da alcatra 251, *2871*
Miolo da paleta; Coração da paleta 251, *2872*
Miolo de pão 251, *2873*
Miolo de vitela 251, *2874*
Miolo do filé-mignon; Coração do filé-mignon 251, *2875*
Mirabeau (filés de anchovas, azeitonas, folhas de estragão e manteiga de anchova) 251, *2876*
Mirepoix (caldo feito com salsão, cenoura e cebola) 251, *2877*
Mirin (vinho de arroz japonês) 251, *2878*
Mirtilo *Ver* ARANDO 251, *2879*
Mistura *(subst.)* 251, *2880*
Misturado 252, *2881*
Misturador de massa 252, *2882*
Misturar 252, *2883*
Miúdos *Ver* VÍSCERAS E EXTREMIDADES 252, *2884*
Miúdos de aves de granja 252, *2885*
Miúdos de ganso 252, *2886*
Mixer 252, *2887*
Mizuna (verdura japonesa) 252, *2888*
Moda, à (carne assada com cenouras e cebolas) 252, *2889*
Moda da casa, à 252, *2890*
Moda de, à 252, *2891*

Moderne, à la (alface braseada e repolho) 252, *2892*
Modo de preparo 252, *2893*
Moedor de café 252, *2894*
Moedor de carne 252, *2895*
Moedor de ervas 253, *2896*
Moedor de pimenta 253, *2897*
Moela 253, *2898*
Moer 253, *2899*
Mofar 253, *2900*
Moído 253, *2901*
Moleja de vitela; Timo de vitela 253, *2902*
Moleja; Timo *(miúdos)* 253, *2903*
Mole-mole (ES) *Ver* Tubarão-azul 253, *2904*
Molhado 253, *2905*
Molhar 253, *2906*
Molheira 253, *2907*
Molho à parte 253, *2908*
Moluscos 253, *2909*
Mônaco (ostras pochés e croûtons) 253, *2910*
Monarda *Ver* Erva--bergamota 253, *2911*
Montbazon (moleja de cordeiro, quenelles de galinha, cogumelos e trufas) 253, *2912*
Mont Blanc (purê de castanhas com creme chantili) 254, *2913*
Montmorency (fundos de alcachofra recheados de batatas noisette e cenouras) 254, *2914*
Montpensier (corações de alcachofra, pontas de aspargos, trufas e molho Madeira) 254, *2915*
Montreuil (corações de alcachofra recheados de ervilhas e cenouras) 254, *2916*
Mooli *Ver* Daikon 254, *2917*
Moranga *Ver* Abóbora--moranga 254, *2918*

Morango 254, *2919*
Morango Mara de bois 254, *2920*
Morango-silvestre 254, *2921*
Morcela *Ver* Chouriço de sangue 254, *2922*
Morchella *Ver* Morel 254, *2923*
Morder 254, *2924*
Mordiscar; Beliscar 254, *2925*
Moreia 255, *2926*
Morel; Morchella *(fungo comestível)* 255, *2927*
Morello *(variedade de cereja)* 255, *2928*
Moriati (ES) *Ver* Mangangá 255, *2929*
Mornay, molho (queijos gruyère e parmesão) 255, *2930*
Morno; Tépido 255, *2931*
Mortadela (embutido italiano feito com carne de porco) 255, *2932*
Moscatel (vinho doce natural) 255, *2933*
Mostarda 255, *2934*
Mostarda alemã 255, *2935*
Mostarda-amarela *Ver* Mostarda-branca 255, *2936*
Mostarda americana 255, *2937*
Mostarda-branca; Mostarda-amarela 255, *2938*
Mostarda de Cremona (frutas em calda e mostarda em pó) 255, *2939*
Mostarda de Dijon 256, *2940*
Mostarda de ervas 256, *2941*
Mostarda de grãos grosseiramente picados 256, *2942*
Mostarda de tomate 256, *2943*
Mostarda inglesa 256, *2944*
Mostarda, molho de 256, *2945*

Mostarda-negra *Ver* Mostarda-preta 256, *2946*
Mostarda-preta; Mostarda-negra 256, *2947*
Mostarda provençal 256, *2948*
Mostrar 256, *2949*
Moussaka (camadas intercaladas de fatias de berinjelas e carne de cordeiro assadas no forno) 256, *2950*
Mousseline, molho; Chantili, molho (molho holandês com creme chantili) 256, *2951*
Mousseron; Cogumelo--da-montanha (cogumelo branco silvestre) 256, *2952*
Mozarela 257, *2953*
Mozarela de búfala 257, *2954*
Mozart (corações de alcachofra, recheados com purê de salsão e batatas) 257, *2955*
Mudar 257, *2956*
Muesli; Müsli 257, *2957*
Muffin *(bolinho que pode ser doce ou salgado)* 257, *2958*
Muito ácido 257, *2959*
Muito amargo 257, *2960*
Muito cru 257, *2961*
Muito doce 257, *2962*
Muito duro 257, *2963*
Muito frio 257, *2964*
Muito gorduroso 257, *2965*
Muito quente *(sabor)* 257, *2966*
Muito quente *(temperatura)* 257, *2967*
Muito salgado 257, *2968*
Muito seco 257, *2969*
Multiprocessador 258, *2970*
Munster (queijo da Alsácia, feito com leite de vaca) 258, *2971*
Murcho 258, *2972*

Murta-cheirosa; Murta--das-noivas 258, *2973*
Murta-das-noivas *Ver* Murta-cheirosa 258, *2974*
Murta-limão 258, *2975*
Murucaia (BA) *Ver* Corvina 258, *2976*
Músculo do dianteiro *(corte de carne bovina)* 258, *2977*
Músculo duro; Garão traseiro *(corte de carne bovina)* 258, *2978*
Músculo mole; Garão dianteiro *(corte de carne bovina)* 258, *2979*
Müsli *Ver* Muesli 258, *2980*
Musse de chocolate 258, *2981*
Musse de morango 258, *2982*
Musse de salmão 258, *2983*
Muzundu (RJ) *Ver* Cavalinha 258, *2984*

N

Nabo 261, *2985*
Nabo-roxo 261, *2986*
Na brasa 261, *2987*
Na grelha 261, *2988*
Nam pla, molho (molho asiático de peixe) 261, *2989*
Nameko (cogumelo japonês) 261, *2990*
Nantua, à la (com lagostins e trufas) 261, *2991*
Nantua, molho (molho bechamel, manteiga e lagostins) 261, *2992*
Não fumante 262, *2993*
Napoletana, alla (tomates e azeite de oliva) 262, *2994*
Narceja 262, *2995*
Nastúrcio *Ver* Capuchinha 262, *2996*
Natural 262, *2997*
Navalheira-azul *(caranguejo)* (PT) 262, *2998*

— 469 —

Termo | Página | Nº do termo

Néctar de frutas 262, *2999*
Nectarina 262, *3000*
Negroni (coquetel feito de gim, vermute tinto e Campari®) 262, *3001*
Nemours (quenelles, cogumelos e molho normande) 262, *3002*
Nervo 262, *3003*
Nêspera japonesa 262, *3004*
Nesselrode (com purê de castanhas) 262, *3005*
Nesselrode pudding (pudim gelado de castanhas) 263, *3006*
Neufchâtel (queijo francês, fresco, de textura cremosa, feito com leite de vaca) 263, *3007*
Nhambu *Ver* Jambu 263, *3008*
Nhoque 263, *3009*
Nhoque de ricota 263, *3010*
Niçoise, à la (anchovas, azeitonas pretas e alcaparras) 263, *3011*
Nigela (semente negra indiana) 263, *3012*
Nirá (cebolinha chinesa) 263, *3013*
Nivernaise, à la (com cebolas glaceadas e cenouras) 263, *3014*
Nó 263, *3015*
Nocivo 264, *3016*
Noisette (licor francês de avelãs) 264, *3017*
Noite *(período do dia)* 264, *3018*
Nori (folhas de alga marinha processada) 264, *3019*
Normal *(tamanho)* 264, *3020*
Normande, à la (ostras, mexilhões, cogumelos, trufas e lagostins) 264, *3021*
Normande, molho (caldo de peixe e cogumelos) 264, *3022*

Norvégienne, à la (peixe ou frutos do mar, pepino recheado, ovos duros e salada russa) 264, *3023*
Norvégienne, molho (gemas de ovos duras, mostarda e vinagre) 264, *3024*
Novo 265, *3025*
Noz 265, *3026*
Noz-americana *Ver* Pecã 265, *3027*
Noz-macadâmia 265, *3028*
Noz-moscada 265, *3029*
Número da mesa 265, *3030*
Nutrição 265, *3031*
Nutricionista 265, *3032*
Nutriente 265, *3033*
Nutritivo 265, *3034*

O

Oatcake *(biscoito de farinha de aveia)* 267, *3035*
Obrigado(a) 267, *3036*
Ocupado 267, *3037*
Old Fashioned (coquetel feito de uísque bourbon, Angostura®, açúcar em cubinhos e club soda) 267, *3038*
Óleo de abacate 267, *3039*
Óleo de açafroa 267, *3040*
Óleo de amêndoa 267, *3041*
Óleo de amendoim 268, *3042*
Óleo de avelã 268, *3043*
Óleo de baleia 268, *3044*
Óleo de canola 268, *3045*
Óleo de chili 268, *3046*
Óleo de fígado de bacalhau 268, *3047*
Óleo de gergelim 268, *3048*
Óleo de girassol 268, *3049*
Óleo de milho 268, *3050*
Óleo de nozes 268, *3051*
Óleo de pistache 268, *3052*
Óleo de sementes de abóbora 268, *3053*

Óleo de sementes de mostarda 268, *3054*
Óleo de sementes de uva 268, *3055*
Óleo de soja 268, *3056*
Oleoso 268, *3057*
Óleo vegetal 268, *3058*
Óleo *Ver* Azeite 268, *3059*
Olhete 268, *3060*
Olhete (sp) *Ver* Olho-de-boi 269, *3061*
Olho-de-boi; Pintagola (rj); Olhete (sp); Urubaiana (ne) 269, *3062*
Omelete 269, *3063*
Omelete com abobrinhas 269, *3064*
Omelete com bacon 269, *3065*
Omelete com batatas 269, *3066*
Omelete com cebolas 269, *3067*
Omelete com cogumelos 269, *3068*
Omelete com molho de tomate 269, *3069*
Omelete com presunto 269, *3070*
Omelete com queijo 269, *3071*
Omelete com salsicha 269, *3072*
Omelete com tomates 269, *3073*
Omelete doce 269, *3074*
Omelete espanhola (com tomates, cebolas e pimentões) 269, *3075*
Omelete Savoy (com batatas e queijo gruyère) 269, *3076*
Omelete simples, preparada sem recheio 270, *3077*
Onça *(peso)* 270, *3078*
Ondulador de manteiga 270, *3079*
Opaco 270, *3080*
Opéra (pontas de aspargos e tartelettes recheadas de fígado de galinha) 270, *3081*
Orchata *(bebida à base de amêndoas)* 270, *3082*

Orecchiette (massa em forma de orelhinha) 270, *3083*
Orégano; Orégão 270, *3084*
Orégão *Ver* Orégano 270, *3085*
Orelha de porco 270, *3086*
Orgânico 270, *3087*
Orientale, à l' (tomates recheados e batata-doce) 270, *3088*
Origem *Ver* Procedência 270, *3089*
Ossau-Iraty (queijo originário dos Pirineus, feito com leite de ovelha) 270, *3090*
Ossobuco (canela da vitela assada) 271, *3091*
Osso com tutano 271, *3092*
Osso(s) 271, *3093*
Ostras 271, *3094*
Ostras, molho de 271, *3095*
Ostra Sidney rock 271, *3096*
Ouriço-do-mar; Pinaúma (n) 271, *3097*
Ova de tainha salgada; Botarga 271, *3098*
Ovas de ouriço-do-mar 271, *3099*
Ovas de peixe 271, *3100*
Ovas de salmão 271, *3101*
Ovo 271, *3102*
Ovo cru 271, *3103*
Ovo da dinastia Ming; Ovo dos cem anos; Ovo dos mil anos (ovo de pata, coberto com uma pasta de folhas, cinzas, limão e sal) 271, *3104*
Ovo de avestruz 272, *3105*
Ovo de ema 272, *3106*
Ovo de faisão 272, *3107*
Ovo de gaivota 272, *3108*
Ovo de galinha 272, *3109*
Ovo de galinha-d'angola 272, *3110*
Ovo de ganso 272, *3111*
Ovo de Páscoa 272, *3112*
Ovo de pata 272, *3113*

| Termo | Página | Nº do termo |

Ovo dos cem anos Ver Ovo da dinastia Ming 272, *3114*
Ovo dos mil anos Ver Ovo da dinastia Ming 272, *3115*
Ovo estragado 272, *3116*
Ovos à escocesa (ovos cozidos, cobertos com salsicha picada, empanados e fritos) 272, *3117*
Ovos à la Berny (ovos mexidos com chipolata e molho de tomate) 272, *3118*
Ovos à la Sardou (ovos pochés, presunto, anchovas, trufas, coração de alcachofras e molho holandês) 273, *3119*
Ovos Benedict (ovos pochés, presunto, molho holandês e pão de forma) 273, *3120*
Ovos cozidos 273, *3121*
Ovos cozidos à la Chimay (gratinados e recheados com cogumelos) 273, *3122*
Ovos de codorna 273, *3123*
Ovos en cocotte *(ovos cozidos em formas de cerâmica, chamadas cocottes)* 273, *3124*
Ovos escalfados Ver Ovos pochés 273, *3125*
Ovos estrelados Ver Ovos fritos 273, *3126*
Ovos fritos com bacon 273, *3127*
Ovos fritos com presunto 273, *3128*
Ovos fritos Holstein (com filés de anchovas) 274, *3129*
Ovos fritos Meyerbeer (com rins de cordeiro grelhados e molho de trufas) 274, *3130*
Ovos fritos Mirabeau (com filés de anchovas, azeitonas e estragão) 274, *3131*
Ovos fritos; Ovos estrelados 274, *3132*
Ovos mexidos 274, *3133*
Ovos modelados 274, *3134*
Ovos moles (fervidos 5-6 min) 274, *3135*
Ovos nevados 274, *3136*
Ovos pochés à Joinville (com camarões) 274, *3137*
Ovos pochés à l'américaine (com tomate e bacon) 274, *3138*
Ovos pochés alla fiorentina (com espinafre e molho Mornay) 275, *3139*
Ovos pochés ao molho Mornay (gratinados no molho Mornay) 275, *3140*
Ovos pochés na torrada 275, *3141*
Ovos pochés; Ovos escalfados 275, *3142*
Ovos quentes (fervidos 3-4 min) 275, *3143*
Ovos recheados 275, *3144*
Oxicoco 275, *3145*

P

Pá (corte de carne bovina) 277, *3146*
Pacote 277, *3147*
Pacu Ver Bife do vazio 277, *3148*
Padaria 277, *3149*
Padeiro 277, *3150*
Pá de lixo 277, *3151*
Paella 277, *3152*
Paesana, molho; Camponesa, molho à (cogumelos, bacon, manteiga e queijo parmesão) 277, *3153*
Pagar 277, *3154*
Painço 278, *3155*
Paineira-do-brejo Ver Taboa 278, *3156*
Paleta (corte de carne bovina) 278, *3157*
Paleta (corte de carne suína) 278, *3158*
Palha de aço 278, *3159*
Paliteiro 278, *3160*
Palito de bambu 278, *3161*
Palitos de dente 278, *3162*
Palmier *(biscoito feito com massa folhada amanteigada e açúcar de confeiteiro)* 278, *3163*
Palmito 278, *3164*
Pâmpano-manteiga Ver Peixe-manteiga 278, *3165*
Pampo (PE) Ver Sernambiguara 278, *3166*
Pampo *(peixe)* (PT); Sereia (PT) 278, *3167*
Panar Ver Empanar 278, *3168*
Pancetta (toucinho italiano) 278, *3169*
Panch Phoron (cominho, mostarda preta, nigela, feno-grego e sementes de funcho) 278, *3170*
Panela 278, *3171*
Panela de barro 279, *3172*
Panela de barro, em 279, *3173*
Panela de pressão 279, *3174*
Panela para cozinhar no vapor 279, *3175*
Panela para frituras 279, *3176*
Panela própria para fondue 279, *3177*
Panetone 279, *3178*
Panforte (bolo de Natal de mel, chocolate, frutas secas e cristalizadas) 279, *3179*
Panna cotta *(sobremesa preparada com creme de leite, semelhante a um pudim)* 279, *3180*
Pano para segurar panelas e pratos quentes 279, *3181*
Panqueca fina 279, *3182*
Panzotti (massa recheada, feita de massa fresca) 279, *3183*
Pão 279, *3184*
Pão americano Ver Pão de fôrma 279, *3185*
Pão árabe 280, *3186*
Pão ázimo 280, *3187*
Pão com frutas 280, *3188*
Pão com manteiga 280, *3189*
Pão de alho 280, *3190*
Pão de centeio 280, *3191*
Pão de especiarias 280, *3192*
Pão de fôrma; Pão americano 280, *3193*
Pão de ló 280, *3194*
Pão de milho 280, *3195*
Pão de nozes 280, *3196*
Pão de soda *(elaborado com bicarbonato de sódio)* 280, *3197*
Pão de trigo 280, *3198*
Pão-duro Ver Espátula 280, *3199*
Pão feito em casa 280, *3200*
Pão fresco 280, *3201*
Pão integral 280, *3202*
Pão, molho de (migalhas de pão, leite, cebolas e cravos-da-índia) 280, *3203*
Pão preto 281, *3204*
Pão velho 281, *3205*
Pãozinho 281, *3206*
Pãozinho com sementes de papoula 281, *3207*
Pãozinho de leite 281, *3208*
Pãozinho doce com uvas-passas 281, *3209*
Papaia 281, *3210*
Pá para pizza 281, *3211*
Papel absorvente; Papel-toalha 281, *3212*
Papel-alumínio 281, *3213*
Papel de arroz (elaborado com farinha de arroz, água e sal, colocado em esteiras e seco ao sol) 281, *3214*
Papel-manteiga; Papel vegetal 281, *3215*

Termo | Página | Nº do termo

Papel-toalha Ver Papel absorvente 281, *3216*
Papel vegetal Ver Papel--manteiga 281, *3217*
Papillote, em *(embrulhado em papel-manteiga ou papel-alumínio)* 281, *3218*
Pappadam (pão indiano, feito com farinha de lentilhas) 282, *3219*
Pappardelle (vendida em ninhos, a mais larga das massas em forma de fita) 282, *3220*
Páprica, molho de 282, *3221*
Páprica; Pimenta-doce 282, *3222*
Parabiju (sp) Ver Bijupirá 282, *3223*
Parambiju (pa) Ver Bijupirá 282, *3224*
Parfait americano (frutas, sorvete e creme chantili) 282, *3225*
Parfait francês (purê de frutas, gemas de ovos e creme chantili) 282, *3226*
Pargo-liso (ne) Ver Pargo 282, *3227*
Pargo (ne) Ver Vermelho 282, *3228*
Pargo; Pargo-liso (ne); Pargo-róseo (rs) 282, *3229*
Pargo-róseo (rs) Ver Pargo 282, *3230*
Parisienne, à la (batatas parisienne, alface braseada e corações de alcachofra) 282, *3231*
Parisienne, molho Ver Allemande, molho 283, *3232*
Parmesão 283, *3233*
Parmiggiana, alla (com queijo parmesão ralado) 283, *3234*
Parmigiano Reggiano (queijo originário de Parma, de consistência dura, feito com leite de vaca) 283, *3235*

Páscoa 283, *3236*
Passado *(maturação)* 283, *3237*
Pasta de amêndoas 283, *3238*
Pasta de anchovas 283, *3239*
Pasta de avelãs 283, *3240*
Pasta de azeitonas pretas 283, *3241*
Pasta de camarão seco; Blachan; Trassi 283, *3242*
Pasta de limão; Coalhada de limão 283, *3243*
Pasta de tomates secos 283, *3244*
Pastelão da Cornualha (feito com carne e batatas) 283, *3245*
Pasteurizar 284, *3246*
Pastiera (torta recheada com grãos de trigo integral, ricota e frutas cristalizadas) 284, *3247*
Pastinaca; Cenoura--branca 284, *3248*
Pastoso 284, *3249*
Pastrami (carne bovina curada e temperada, servida fria) 284, *3250*
Patê de foie gras 284, *3251*
Patê de presunto 284, *3252*
Patê de queijo 284, *3253*
Patinho *(corte de carne bovina)* 284, *3254*
Patinho *(corte de carne suína)* 284, *3255*
Pato 284, *3256*
Pato com laranja 284, *3257*
Pato jovem 284, *3258*
Pato selvagem 284, *3259*
Pauzinhos com os quais os orientais comem; Hashi 284, *3260*
Pavão jovem 285, *3261*
Paysanne, à la (cenouras, cebolas, batatas e bacon) 285, *3262*
Pecã; Noz-americana 285, *3263*
Pechelim (pt) Ver Maria--mole 285, *3264*

Pecorino romano (queijo italiano, de consistência dura, feito com leite de ovelhas) 285, *3265*
Pedaço 285, *3266*
Pedaços pequenos de pão tostado ou frito 285, *3267*
Pé dianteiro 285, *3268*
Pedido 285, *3269*
Pedir 285, *3270*
Pedir licença 285, *3271*
Pegador de mel 285, *3272*
Pegador Ver Pinça 285, *3273*
Peito 285, *3274*
Peito de cordeiro 285, *3275*
Peito de faisão 285, *3276*
Peito de frango 286, *3277*
Peito de galinhola 286, *3278*
Peito de pato 286, *3279*
Peito de pato sem osso; Magret 286, *3280*
Peito de perdiz 286, *3281*
Peito de peru 286, *3282*
Peixaria 286, *3283*
Peixe 286, *3284*
Peixe-agulha 286, *3285*
Peixe assado no forno 286, *3286*
Peixe cru 286, *3287*
Peixe de água doce 286, *3288*
Peixe de água salgada 286, *3289*
Peixe defumado 286, *3290*
Peixe-espada 286, *3291*
Peixe-espada-branco (pt) 286, *3292*
Peixe frito 286, *3293*
Peixe-gatilho (rj) Ver Cangulo-rei 286, *3294*
Peixeira *(panela própria para o preparo de peixe)* 287, *3295*
Peixe-manteiga; Pâmpano-manteiga 287, *3296*
Peixe-rei (pe) Ver Bijupirá 287, *3297*
Peixe-rei (pt) 287, *3298*
Peixe-sapo 287, *3299*

Peixe-sombra (pt) 287, *3300*
Peixinho *(corte de carne bovina)* 287, *3301*
Pelado *(sem pele)* 287, *3302*
Pelado em água fervente Ver Branqueado 287, *3303*
Pelar com água fervente Ver Branquear 287, *3304*
Pelar; Despelar 287, *3305*
Pele 287, *3306*
Pele crocante do porco assado 287, *3307*
Peneira 287, *3308*
Peneira chinesa Ver Chinois 287, *3309*
Peneirado 287, *3310*
Peneirar 287, *3311*
Penne (massa curta e oca) 287, *3312*
Peperonata (pimentão vermelho, tomates, cebolas e azeite de oliva) 287, *3313*
Pepino 288, *3314*
Pepino-chifrudo Ver Kino 288, *3315*
Pepinos em conserva 288, *3316*
Pepperoni (embutido italiano, feito com carne de porco e carne de boi) 288, *3317*
Pequeno 288, *3318*
Pequeno peixe de rio 288, *3319*
Pequim, molho de Ver Hoisin, molho 288, *3320*
Pera 288, *3321*
Pera Bourdaloue (com creme de amêndoas) 288, *3322*
Pera d'Anjou 288, *3323*
Pera d'Anjou vermelha 288, *3324*
Pera Hélène (pera cozida, servida com sorvete de baunilha, creme chantili e calda de chocolate) 288, *3325*
Pera Nashi *(pera asiática)* 288, *3326*
Pera portuguesa 289, *3327*
Pera Williams 289, *3328*

Perca 289, *3329*
Perciatelli (massa longa e oca) 289, *3330*
Perdiz 289, *3331*
Perdiz-cinzenta 289, *3332*
Perdiz-vermelha 289, *3333*
Perecível 289, *3334*
Périgueux, molho (com trufas e vinho Madeira) 289, *3335*
Permitido o uso em micro-ondas 289, *3336*
Perna de carneiro 289, *3337*
Perna de lebre 289, *3338*
Perna-de-moça (PT) *Ver* TUBARÃO-DA-SOPA 289, *3339*
Peroá (ES) *Ver* CANGULO-REI 289, *3340*
Peru 289, *3341*
Peru jovem 289, *3342*
Peru recheado e assado no forno 289, *3343*
Pesado *(adj.)* 290, *3344*
Pés de porco 290, *3345*
Pesar *(verbo)* 290, *3346*
Pescada 290, *3347*
Pescada-goirana (PE) *Ver* BICUDA 290, *3348*
Pescada-polaca (PT) *Ver* JULIANA (PT) 290, *3349*
Pescar 290, *3350*
Pescoço 290, *3351*
Pés de vitela 290, *3352*
Peso 290, *3353*
Pêssego 290, *3354*
Pêssego-do-deserto *Ver* QUANDONG 290, *3355*
Pêssego-selvagem *Ver* QUANDONG 290, *3356*
Pêssegos Melba (pêssegos com sorvete de baunilha e calda de framboesa) 290, *3357*
Pesto, molho (queijo pecorino romano, pignoli e manjericão) 290, *3358*
Pétalas de rosas cristalizadas 290, *3359*
Petinga *(peixe ou sardinha miúda)* (PT) 290, *3360*
Petiscos de camarão 290, *3361*

Petiscos; Salgadinhos 291, *3362*
Petit-Duc (tartelettes com purê de galinha, pontas de aspargos e trufas) 291, *3363*
Petite marmite (caldo com carnes, aves, tutano e vegetais) 291, *3364*
Petit four 291, *3365*
Petit-suisse (queijo francês, de textura cremosa) 291, *3366*
Pé traseiro 291, *3367*
Physalis; Bucho-de-rã; Camapu; Joá-de-capote 291, *3368*
Picado 291, *3369*
Picanha 291, *3370*
Picante 291, *3371*
Picante, molho 291, *3372*
Picante, molho (molho espanhol com echalotas, vinho branco, vinagre, pepinos em conserva e salsinha) 291, *3373*
Picar 292, *3374*
Piccalilli (vinagre, pepinos em conserva e mostarda) 292, *3375*
Piccata (escalopes de vitela com cebolinha e suco de limão) 292, *3376*
Picles (mistura de legumes, conservada em sal, vinagre e açúcar) 292, *3377*
Picolé 292, *3378*
Pied de mouton; Hedgehog *(variedade de cogumelo)* 292, *3379*
Piémontaise, alla (com risoto de trufas brancas) 292, *3380*
Pilaf *(arroz frito em azeite de oliva e cozido com caldo de carne)* 292, *3381*
Pilão; Almofariz 292, *3382*
Pimenta 292, *3383*
Pimenta-anis *Ver* PIMENTA SICHUAN 292, *3384*
Pimenta-caiena 292, *3385*
Pimenta-chinesa *Ver* PIMENTA SICHUAN 293, *3386*

Pimenta chipotle 293, *3387*
Pimenta-cravo *Ver* PIMENTA-DA-JAMAICA 293, *3388*
Pimenta-da-costa 293, *3389*
Pimenta-da-jamaica; Pimenta-cravo 293, *3390*
Pimenta-doce *Ver* PÁPRICA 293, *3391*
Pimenta-do-reino branca 293, *3392*
Pimenta-do-reino *(preta)* 293, *3393*
Pimenta-do-reino verde 293, *3394*
Pimenta em grão 293, *3395*
Pimenta habanera 293, *3396*
Pimenta jalapeña 293, *3397*
Pimenta-malagueta; Chili 293, *3398*
Pimentão 293, *3399*
Pimentão amarelo 293, *3400*
Pimentão laranja 293, *3401*
Pimentão verde 293, *3402*
Pimentão vermelho 294, *3403*
Pimenta poblana 294, *3404*
Pimenta recheada 294, *3405*
Pimenta-rosa 294, *3406*
Pimenta serrano 294, *3407*
Pimenta Sichuan; Pimenta chinesa; Pimenta-anis; Fágara 294, *3408*
Pimenta-vermelha; Dedo-de-moça 294, *3409*
Pimenteira 294, *3410*
Pimpinela-da-itália *Ver* SANGUISSORBA 294, *3411*
Piña Colada (coquetel feito de rum branco, leite de coco e suco de abacaxi) 294, *3412*
Pinaúma (N) *Ver* OURIÇO-DO-MAR 294, *3413*

Pinça; Pegador 294, *3414*
Pinça para crustáceos 294, *3415*
Pinça para gelo 294, *3416*
Pinça para lagosta 294, *3417*
Pinça para pegar cubinhos de açúcar 294, *3418*
Pincel 294, *3419*
Pincelar 295, *3420*
Pincel de cozinha 295, *3421*
Pingo *Ver* GOTA 295, *3422*
Pinhão 295, *3423*
Pink Lady (coquetel feito de gim, suco de limão, clara de ovo e grenadine) 295, *3424*
Pinoli; Snoubar 295, *3425*
Pintada *Ver* GALINHA-D'ANGOLA 295, *3426*
Pintagola (RJ) *Ver* OLHO-DE-BOI 295, *3427*
Pintinho 295, *3428*
Piperade (omelete basca, feita com pimentões e tomates) 295, *3429*
Pipe Rigate (massa em forma de conchinhas de caracol) 295, *3430*
Pipoca 295, *3431*
Piquenique 295, *3432*
Pirabebe (ES) *Ver* VOADOR 295, *3433*
Pirabiju (RJ) *Ver* BIJUPIRÁ 295, *3434*
Pirapema 295, *3435*
Piraúna; Graúna (SP) 296, *3436*
Pires 296, *3437*
Pyrex® *Ver* PRATO REFRATÁRIO 296, *3438*
Pirulito 296, *3439*
Pisco Sour (coquetel feito de pisco, suco de limão, clara de ovo e açúcar) 296, *3440*
Pistache 296, *3441*
Pitada 296, *3442*
Pitanga 296, *3443*
Pitomba 296, *3444*
Pitu *Ver* CAMARÃO-D'ÁGUA-DOCE 296, *3445*

| Termo | Página | Nº do termo |

Pizza à romana (tomates, mozarela e anchovas) 296, *3446*
Pizzaiola, molho (tomates, alho, azeite de oliva e manjericão) 296, *3447*
Pizzaria 296, *3448*
Planter's Punch (coquetel feito com rum, marasquino, Curaçao, suco de laranja, suco de limão e suco de abacaxi) 296, *3449*
Plástico 297, *3450*
Poché *Ver* Escalfado 297, *3451*
Podre 297, *3452*
Poejo; Erva-de-são--lourenço; Poejo-das--hortas 297, *3453*
Poejo-das-hortas *Ver* Poejo 297, *3454*
Poire (aguardente de pera) 297, *3455*
Poivrade, molho (demi--glace, vinagre, ervas, pepinos em conserva e salsinha) 297, *3456*
Pólen 297, *3457*
Polenta 297, *3458*
Polenta branca 297, *3459*
Polenta frita 297, *3460*
Polenta instantânea 297, *3461*
Polonaise, à la (com croûtons) 297, *3462*
Polpa de fruta 297, *3463*
Polvilhado 297, *3464*
Polvilhar; Salpicar *(açúcar, sal, farinha etc.)* 298, *3465*
Polvo 298, *3466*
Pomar 298, *3467*
Pomba selvagem 298, *3468*
Pombo 298, *3469*
Pomelo; Toranja; Grapefruit 298, *3470*
Poncã; Mexerica Poncã 298, *3471*
Ponche 298, *3472*
Ponta do peito *(corte de carne bovina)* 298, *3473*
Pontas de aspargos 298, *3474*

Ponto, ao 298, *3475*
Ponto de condensação 298, *3476*
Ponto para malpassado, ao 298, *3477*
Pôr *Ver* Colocar 298, *3478*
Pôr a mesa 298, *3479*
Por cabeça *Ver* Por pessoa 298, *3480*
Porção 298, *3481*
Porcelana 298, *3482*
Porcino; Funghi porcino *(cogumelo selvagem)* 298, *3483*
Porcionar *Ver* Dividir em porções 298, *3484*
Porco assado 299, *3485*
Por copo 299, *3486*
Pôr de molho 299, *3487*
Por favor 299, *3488*
Por favor, não fume 299, *3489*
Pôr no espeto 299, *3490*
Por pessoa; Por cabeça 299, *3491*
Porta-guardanapos 299, *3492*
Porta-temperos 299, *3493*
Port Salut® (queijo francês de textura semimacia, feito de leite de vaca) 299, *3494*
Portugaise, à la (com tomates) 299, *3495*
Posto *Ver* Colocado 299, *3496*
Pot-au-feu (cozido de carne de segunda, legumes e ossobuco) 299, *3497*
Potável 299, *3498*
Pouco 299, *3499*
Prairie-oyster (gema crua temperada com sal, pimenta e limão) 299, *3500*
Praliné (crocante de noz--pecã) 300, *3501*
Prato 300, *3502*
Prato de carne 300, *3503*
Prato de pão 300, *3504*
Prato de papelão 300, *3505*
Prato de peixe 300, *3506*

Prato de queijo 300, *3507*
Prato de sobremesa 300, *3508*
Prato de sopa *Ver* Prato fundo 300, *3509*
Prato de um cardápio 300, *3510*
Prato do dia 300, *3511*
Prato encomendado 300, *3512*
Prato frio 300, *3513*
Prato fundo; Prato de sopa 300, *3514*
Prato para escargot 300, *3515*
Prato para peixe 300, *3516*
Prato principal 300, *3517*
Prato quente 301, *3518*
Prato raso 301, *3519*
Prato refratário; Pyrex® 301, *3520*
Pratos para crianças 301, *3521*
Pratos prontos 301, *3522*
Pratos recomendados 301, *3523*
Pratos regionais *Ver* Pratos típicos 301, *3524*
Pratos típicos; Pratos regionais 301, *3525*
Prazo de validade para consumo 301, *3526*
Preaquecer 301, *3527*
Preciso *Ver* Exato 301, *3528*
Preço 301, *3529*
Preço fixo 301, *3530*
Pré-cozido 301, *3531*
Preencher *Ver* Encher 301, *3532*
Preferir 301, *3533*
Pré-frito 301, *3534*
Pregado *(peixe)* (PT) 301, *3535*
Preparado em forno a lenha 301, *3536*
Preparado na mesa do cliente 302, *3537*
Preparar 302, *3538*
Presunto 302, *3539*
Presunto defumado 302, *3540*
Presunto de Paris (ligeiramente salgado) 302, *3541*

Presunto de Parma; Prosciutto 302, *3542*
Presunto desossado, curado e fervido lentamente em água 302, *3543*
Presunto de York (defumado) 302, *3544*
Presunto espanhol (curado) 302, *3545*
Pretzel (biscoitinho alemão salgado) 302, *3546*
Primeiro prato *Ver* Entrada 302, *3547*
Prímula 302, *3548*
Princesse, à la (com pontas de aspargos e trufas) 302, *3549*
Printanière, à la (com uma mistura de vegetais) 302, *3550*
Procedência; Origem 303, *3551*
Produto 303, *3552*
Produtor 303, *3553*
Profissionais da cozinha 303, *3554*
Profissionais do salão 303, *3555*
Profiterole de chocolate *Ver* Carolina de chocolate 303, *3556*
Profiteroles *Ver* Carolinas 303, *3557*
Pronto 303, *3558*
Prosciutto *Ver* Presunto de Parma 303, *3559*
Proteína 303, *3560*
Provar 303, *3561*
Provençal, à (azeite de oliva e alho) 303, *3562*
Provolone (queijo italiano, feito com leite de vaca) 303, *3563*
Pudim 303, *3564*
Pudim de chocolate 303, *3565*
Pudim de leite 303, *3566*
Pudim de pão 303, *3567*
Pudim inglês de Natal 303, *3568*
Pumpernickel (pão de centeio alemão) 304, *3569*

Punhado *(mão cheia)* 304, *3570*
Purê 304, *3571*
Purê de batata 304, *3572*
Purê de castanhas 304, *3573*
Purê de ervas 304, *3574*
Purê de espinafre 304, *3575*
Purê de maçã 304, *3576*
Purê de tomate 304, *3577*
Purê Soubisse (de cebolas) 304, *3578*
Puro 304, *3579*
Puttanesca, molho (tomates, anchovas, alcaparras, azeitonas pretas, orégano, alho e azeite de oliva) 304, *3580*

Q

Qualidade 307, *3581*
Quandong; Pêssego-do-deserto; Pêssego-selvagem 307, *3582*
Quantidade 307, *3583*
Quark (queijo sem sal, feito com leite de vaca desnatado) 307, *3584*
Quarto *(habitação)* 307, *3585*
Quarto *(medida)* 307, *3586*
Quarto-dianteiro *(corte de carne bovina)* 307, *3587*
Quarto-traseiro *(corte de carne bovina)* 307, *3588*
Quatre-quarts (bolo feito com partes iguais de farinha de trigo, açúcar, ovos e manteiga) 308, *3589*
Quatro queijos 308, *3590*
Quebra-nozes 308, *3591*
Quebrar 308, *3592*
Quebrar os ovos 308, *3593*
Queijeira 308, *3594*
Queijo 308, *3595*
Queijo com ervas 308, *3596*
Queijo curado 308, *3597*
Queijo da região 308, *3598*
Queijo de búfala 308, *3599*

Queijo de cabra 308, *3600*
Queijo defumado 308, *3601*
Queijo de ovelha 308, *3602*
Queijo derretido 308, *3603*
Queijo de vaca 309, *3604*
Queijo duro 309, *3605*
Queijo fresco 309, *3606*
Queijo macio 309, *3607*
Queijo ralado 309, *3608*
Queijo semiduro 309, *3609*
Queijo semimacio 309, *3610*
Queijo típico 309, *3611*
Queimado 309, *3612*
Queimador *Ver* Boca de fogão 309, *3613*
Queimar 309, *3614*
Queimar de leve *Ver* Chamuscar 309, *3615*
Quenelles (bolinho salgado de massa leve, recheado de peixe, ave ou carne de vitela) 309, *3616*
Quente *(temperatura)* 309, *3617*
Querer 309, *3618*
Quiabo 309, *3619*
Quiche de legumes 309, *3620*
Quiche lorraine (torta com toucinho e creme de leite) 309, *3621*
Quilo 310, *3622*
Quinoa 310, *3623*
Quitanda 310, *3624*

R

Rã 313, *3625*
Rabanada 313, *3626*
Rabanete 313, *3627*
Rabanete preto 313, *3628*
Rabanete vermelho 313, *3629*
Rabo 313, *3630*
Rabo de cordeiro 313, *3631*
Rabo de porco 313, *3632*
Ração 313, *3633*
Rachado (copo, prato) 313, *3634*

Rachel (corações de alcachofra, recheados com tutano e molho bordelaise) 314, *3635*
Racionar 314, *3636*
Radicchio 314, *3637*
Ragu 314, *3638*
Raia *Ver* Arraia 314, *3639*
Raia-cravadora *Ver* Raia-prego 314, *3640*
Raia-gererera (rs) *Ver* Raia-manteiga 314, *3641*
Raia-manteiga; Raia-gererera (rs) 314, *3642*
Raia-prego; Raia-cravadora 314, *3643*
Rainha-cláudia *(variedade de ameixa)* 314, *3644*
Raiz de aipo *Ver* Aipo-rábano 314, *3645*
Raiz-de-lótus 314, *3646*
Raiz-forte 314, *3647*
Ralado 314, *3648*
Ralador 314, *3649*
Ralar 314, *3650*
Rambutão 314, *3651*
Ramekin *(recipiente refratário de cerâmica, porcelana ou vidro temperado)* 314, *3652*
Ramen (massa fresca japonesa, feita de farinha de trigo, ovos e água) 315, *3653*
Rançoso 315, *3654*
Rápido 315, *3655*
Raponço *Ver* Campânula 315, *3656*
Rapúncio *Ver* Campânula 315, *3657*
Raquete *(corte de carne bovina)* 315, *3658*
Raro 315, *3659*
Rascasso-vermelho *(peixe)* (pt) 315, *3660*
Rasgar 315, *3661*
Raso 315, *3662*
Raspado 315, *3663*
Raspador de limão 315, *3664*
Raspar 315, *3665*
Raspas de chocolate 315, *3666*
Ravigote, molho (pepinos em conserva, alcaparras, estragão, salsinha e vinagre) 315, *3667*
Ravióli de carne 316, *3668*
Ravióli (massa recheada, feita de massa fresca) 316, *3669*
Reaquecer *Ver* Requentar 316, *3670*
Reaquecido *Ver* Requentado 316, *3671*
Rebeca (pt) *Ver* Viola 316, *3672*
Receita 316, *3673*
Receita tradicional 316, *3674*
Réchaud 316, *3675*
Recheado 316, *3676*
Recheado com trufas *Ver* Trufado 316, *3677*
Rechear 316, *3678*
Rechear com trufas *Ver* Trufar 316, *3679*
Recheio 316, *3680*
Recibo 316, *3681*
Reclamação 316, *3682*
Reclamar 316, *3683*
Recoberto 316, *3684*
Recobrir 316, *3685*
Recomendar 316, *3686*
Recortes de desossa 317, *3687*
Recusar 317, *3688*
Redenho *Ver* Coifa 317, *3689*
Redondo 317, *3690*
Reduzir 317, *3691*
Refeição *Ver* Comida 317, *3692*
Refeição rápida *Ver* Lanche 317, *3693*
Refinado 317, *3694*
Refinar 317, *3695*
Refrescante 317, *3696*
Refrescar 317, *3697*
Refresco de cidra 317, *3698*
Refrigerante 317, *3699*
Refrigerante à base de laranja 317, *3700*
Refrigerante à base de limão 317, *3701*
Regado com vinho *Ver* Avinhado 317, *3702*
Regar *(com molho, gordura etc.)* 317, *3703*

Régence, molho (vinho branco, cogumelos e trufas) 317, *3704*
Régence (quenelles, cogumelos e trufas) 317, *3705*
Regional *Ver* LOCAL 318, *3706*
Regra 318, *3707*
Regular *(tamanho)* 318, *3708*
Reine, à la (com galinha e molho suprême) 318, *3709*
Remontar 318, *3710*
Rémoulade, molho (maionese com pepinos em conserva, alcaparras e mostarda) 318, *3711*
Remover 318, *3712*
Rena 318, *3713*
Renovar 318, *3714*
Repartir 318, *3715*
Repetir 318, *3716*
Repolho 318, *3717*
Repolho-branco 318, *3718*
Repolho-roxo 318, *3719*
Repolho-verde 318, *3720*
Repor 318, *3721*
Requentado; Reaquecido 319, *3722*
Requentar; Reaquecer 319, *3723*
Reserva 319, *3724*
Reservado 319, *3725*
Reservar 319, *3726*
Reservar (uma mesa) 319, *3727*
Reserva telefônica 319, *3728*
Resfriado *(temperatura)* 319, *3729*
Resfriar *(temperatura)* 319, *3730*
Resíduo 319, *3731*
Resistir 319, *3732*
Ressaca 319, *3733*
Restaurante 319, *3734*
Restaurante ao ar livre 319, *3735*
Restaurante típico 319, *3736*
Restaurante vegetariano 319, *3737*

Restos de comida 319, *3738*
Retalhar 319, *3739*
Retirar a gordura da carne 320, *3740*
Retirar as tripas *Ver* ESTRIPAR 320, *3741*
Riche, à la (medalhão de fígado de ganso, trufas e fundos de alcachofra) 320, *3742*
Richelieu (tomates recheados com cogumelos, alface braseada e batatas château ou batatas bolinha) 320, *3743*
Riche, molho (molho Normande, manteiga de lagosta, conhaque e pimenta-caiena) 320, *3744*
Rico em fibras 320, *3745*
Ricota (queijo de textura cremosa, feito do soro do leite ou com leite de vaca desnatado) 320, *3746*
Rigatoni (massa em forma de tubos grandes, ocos e canelados) 320, *3747*
Rim 321, *3748*
Rins de cordeiro 321, *3749*
Rins de cordeiro Turbigo (guarnecido com cogumelos e chipolata) 321, *3750*
Rins de porco 321, *3751*
Rins de vitela 321, *3752*
Risoni (massa em forma de grãos de arroz) 321, *3753*
Risoto com frutos do mar 321, *3754*
Rissoles 321, *3755*
Robalo; Camorim 321, *3756*
Robert, molho (cebola, mostarda e vinho branco) 321, *3757*
Rob Roy (coquetel feito de uísque, vermute tinto e Angostura®) 321, *3758*

Rocambole 321, *3759*
Rodela de limão 321, *3760*
Rodovalho *(peixe)* (PT) 321, *3761*
Rohan, à la (corações de alcachofras, fatias de foie gras e lâminas de trufa, e tartelettes, recheados com rins de galinha e molho suprême) 322, *3762*
Rolinhos de presunto 322, *3763*
Rollmops (filés de arenque enroladinhos) 322, *3764*
Rolo de macarrão *Ver* ROLO DE PASTEL 322, *3765*
Rolo de papel 322, *3766*
Rolo de pastel; Rolo de macarrão 322, *3767*
Romã 322, *3768*
Romana, à (tomate, mozarela e anchovas) 322, *3769*
Romanov (pepinos recheados, batatas duquesa recheadas com cogumelos, salsão e molho de raiz-forte) 322, *3770*
Romper 323, *3771*
Roquefort (queijo francês, de crosta úmida, feito com leite de ovelha não pasteurizado) 323, *3772*
Rosa-canina; Roseira-brava 323, *3773*
Rosbife 323, *3774*
Roseira-brava *Ver* ROSA-CANINA 323, *3775*
Rosé, molho (creme de leite, maionese, ketchup e molho inglês) 323, *3776*
Rosmaninho *Ver* ALECRIM 323, *3777*
Rosmarinho *Ver* ALECRIM 323, *3778*
Rotelle (massa em forma de roda) 323, *3779*
Rótulo; Etiqueta 323, *3780*
Roupa de cozinha 323, *3781*

Roux (mistura de farinha de trigo cozida na manteiga) 323, *3782*
Royale, à la (ostras, trufas, cogumelos e quenelles de peixe) 323, *3783*
Rúcula 324, *3784*
Ruibarbo 324, *3785*
Ruivaca *(peixe)* (PT) 324, *3786*
Rum (destilado de cana--de-açúcar) 324, *3787*
Russe, à la (com beterraba) 324, *3788*
Rusty Nail (coquetel feito de uísque e Drambuie®) 324, *3789*
Rutabaga *Ver* COUVE-NABO 324, *3790*

S

Sabão 327, *3791*
Sablés *(bolinhos franceses)* 327, *3792*
Saboga (PT) *Ver* SAVELHA 327, *3793*
Sabor; Gosto 327, *3794*
Saborear 327, *3795*
Saboroso *Ver* GOSTOSO 327, *3796*
Sabugueiro 327, *3797*
Sacarina 327, *3798*
Saca-rolhas 327, *3799*
Sacarose *Ver* AÇÚCAR DE CANA-DE-AÇÚCAR 327, *3800*
Sachê 327, *3801*
Saciado *(com comida)* 327, *3802*
Saciar *(a fome)* 328, *3803*
Saco de confeiteiro 328, *3804*
Sacola 328, *3805*
Safra *(de vinho)* 328, *3806*
Sagu 328, *3807*
Saint-German (com ervilhas ou ervilhas--tortas) 328, *3808*
Saint-Mandé (ervilhas, vagens e batatas Macaire) 328, *3809*
Saint-Marcellin (queijo francês, feito com leite

| Termo | **Página** | *Nº do termo* |

não pasteurizado de cabra ou de vaca) 328, *3810*
Saint-Nectaire (queijo francês, gorduroso, feito de leite de vaca não pasteurizado) 328, *3811*
Saint-Pierre *(peixe)* 328, *3812*
Sal 329, *3813*
Salada Bagration (corações de alcachofra, salsão e macarrão) 329, *3814*
Salada Carmen (pimenta-vermelha, peito de frango, ervilhas e arroz) 329, *3815*
Salada da estação 329, *3816*
Salada de acelga 329, *3817*
Salada de agrião 329, *3818*
Salada de alface 329, *3819*
Salada de alface e tomate 329, *3820*
Salada de alface-romana 329, *3821*
Salada de aspargos 329, *3822*
Salada de batata 329, *3823*
Salada de beterraba 329, *3824*
Salada de camarões 329, *3825*
Salada de couve-flor 329, *3826*
Salada de endívia 329, *3827*
Salada de escarola 330, *3828*
Salada de frango 330, *3829*
Salada de frutas 330, *3830*
Salada de frutos do mar 330, *3831*
Salada de pepino 330, *3832*
Salada de pepino e tomate 330, *3833*
Salada de repolho-roxo 330, *3834*
Salada de rúcula 330, *3835*

Salada de tomate 330, *3836*
Salada Doria (salsão, trufas brancas, pontas de aspargos, beterraba e vinagrete) 330, *3837*
Salada Francillon (batatas, mexilhões, salsão e trufas) 330, *3838*
Salada mista 330, *3839*
Salada multicolorida 330, *3840*
Salada niçoise (tomates, batatas, alcaparras, azeitonas pretas, anchovas e ovos cozidos) 331, *3841*
Salada Ninon (alface e laranja) 331, *3842*
Salada Rachel (salsão, batatas, fundos de alcachofra, pontas de aspargos e maionese) 331, *3843*
Salada russa (macedônia de legumes com maionese) 331, *3844*
Salada verde 331, *3845*
Salada Waldorf (maçãs, salsão e nozes) 331, *3846*
Saladeira 331, *3847*
Sala de jantar 331, *3848*
Salak *Ver* Fruta-cobra 331, *3849*
Salamandra 331, *3850*
Salame (embutido italiano, feito com carne de porco e/ou boi) 331, *3851*
Salame italiano (feito de carne de porco e/ou boi e pimenta-vermelha) 332, *3852*
Salame milano (feito de carne de porco e/ou boi, alho, grãos de pimenta e vinho branco) 332, *3853*
Salão de chá 332, *3854*
Sal de aipo 332, *3855*
Sal de alho 332, *3856*
Sal de cebola 332, *3857*
Sal de cozinha 332, *3858*
Saleiro 332, *3859*
Salers; Cantal (queijo francês, de textura

cremosa, feito de leite de vaca não pasteurizado) 332, *3860*
Salgadinhos *Ver* Petiscos 332, *3861*
Salgado *(adj.)* 332, *3862*
Salgar 332, *3863*
Sal grosso 332, *3864*
Salicórnia; Funcho-do-mar 333, *3865*
Salitre 333, *3866*
Sal kosher 333, *3867*
Salmão 333, *3868*
Salmão defumado 333, *3869*
Sal marinho 333, *3870*
Salmi (guisado de carne de caça) 333, *3871*
Salmoura 333, *3872*
Salpicar *(açúcar, sal, farinha etc.) Ver* Polvilhar 333, *3873*
Salpicar *(líquidos)* 333, *3874*
Salsa-de-hamburgo 333, *3875*
Salsa-napolitana 333, *3876*
Salsão *Ver* Aipo 333, *3877*
Salsão do mar 333, *3878*
Salsicha 333, *3879*
Salsicha de javali com maçã 333, *3880*
Salsicha de porco 333, *3881*
Salsicha de veado 333, *3882*
Salsicha feita com pequenos pedaços de carne da cabeça do porco 334, *3883*
Salsicha Frankfurt; Salsicha para cachorro-quente 334, *3884*
Salsicha Lop Cheong *Ver* Salsicha Lop Chong 334, *3885*
Salsicha Lop Chong; Salsicha Lop Cheong (curada, feita de carne de porco) 334, *3886*
Salsicha para cachorro-quente *Ver* Salsicha Frankfurt 334, *3887*

Salsicha vienense 334, *3888*
Salsifi *Ver* Cercefi-branca 334, *3889*
Salsinha 334, *3890*
Salsinha crespa 334, *3891*
Salsinha lisa 334, *3892*
Salsinha, molho de 334, *3893*
Salteado 334, *3894*
Saltear *Ver* Fritar rapidamente 334, *3895*
Saltimbocca (escalopinhos de vitela, presunto e sálvia) 334, *3896*
Salvelino *(peixe)* (pt.) 334, *3897*
Sálvia 334, *3898*
Sambal Oelek (pimenta, açúcar mascavo e sal) 335, *3899*
Sanduíche 335, *3900*
Sanduíche de carne 335, *3901*
Sanduíche de presunto 335, *3902*
Sanduíche de queijo 335, *3903*
Sanduíche duplo 335, *3904*
Sangria (vinho tinto, frutas e açúcar) 335, *3905*
Sangue 335, *3906*
Sanguissorba; Pimpinela-da-itália 335, *3907*
Sansho em pó *(tempero japonês)* 335, *3908*
Sapateira *(caranguejo)* (pt) 335, *3909*
Sapota-preta 335, *3910*
Sapoti 335, *3911*
Saquê 335, *3912*
Saquinho de chá 335, *3913*
Sarão (rj) *Ver* Mangangá 336, *3914*
Sarde, à la (croquetes de arroz, cogumelos, pepino e tomates recheados) 336, *3915*
Sardinha 336, *3916*
Sardinha-europeia 336, *3917*

— 477 —

| Termo | Página | Nº do termo

Sardinhas no azeite 336, *3918*
Sardinha-verdadeira; Charuto (sc); Maromba (es, rj) 336, *3919*
Sassafrás; Canela--sassafrás 336, *3920*
Satay, molho (leite de coco, curry, amendoim e açúcar) 336, *3921*
Saudável 336, *3922*
Saúde *(expressão usada para brindar)* 336, *3923*
Sauerbraten (carne marinada no vinagre, antes de ser assada) 336, *3924*
Savarin (bolo francês em forma de anel) 336, *3925*
Sável *(peixe)* (pt) 336, *3926*
Savelha *(peixe)* (pt); Saboga (pt) 337, *3927*
Schlachtplatte (linguiças, carne de porco cozida e chucrute) 337, *3928*
Schmierwurst *Ver* Mettwurst 337, *3929*
Schnapps (aguardente de cereais) 337, *3930*
Scone (pãozinho de soda escocês) 337, *3931*
Sebo *(gordura animal)* 337, *3932*
Secar 337, *3933*
Seco 337, *3934*
Seco ao sol 337, *3935*
Sede 337, *3936*
Sedimento *(vinho) Ver* Borra 337, *3937*
Segurelha 337, *3938*
Seladora 337, *3939*
Seleção 337, *3940*
Seleção de queijos 337, *3941*
Selecionar 337, *3942*
Self-service 337, *3943*
Sem açúcar 338, *3944*
Sem agrotóxico 338, *3945*
Sem álcool 338, *3946*
Sem cafeína 338, *3947*
Sem conservantes 338, *3948*
Sêmen de peixe ou ovas de peixe macho 338, *3949*

Sementes de abóbora 338, *3950*
Sementes de aipo 338, *3951*
Sementes de dill *Ver* Sementes de endro 338, *3952*
Sementes de endro; Sementes de dill 338, *3953*
Sementes de faia *(espécie de árvore)* 338, *3954*
Sementes de funcho 338, *3955*
Sementes de gergelim 338, *3956*
Sementes de girassol 338, *3957*
Sementes de mostarda 338, *3958*
Sementes de papoula 338, *3959*
Sementes secas de vários legumes (feijões, ervilhas e lentilhas) 338, *3960*
Sem espinhas 339, *3961*
Sem glúten 339, *3962*
Sem gordura 339, *3963*
Semisseco 339, *3964*
Sem leite 339, *3965*
Sem manteiga 339, *3966*
Sem molho 339, *3967*
Semolina 339, *3968*
Sem pele 339, *3969*
Sem sabor 339, *3970*
Sem sal 339, *3971*
Senhor 339, *3972*
Senhora 339, *3973*
Separador de gema de ovo 339, *3974*
Separar 339, *3975*
Sépia; Siba 339, *3976*
Ser suficiente *Ver* Bastar 339, *3977*
Sereia (pt) *Ver* Pampo 339, *3978*
Sernambiguara; Arababéu (ba); Pampo (pe) 339, *3979*
Serpil *Ver* Serpilho 339, *3980*
Serpilho; Serpil; Falso-tomilho 339, *3981*
Serralha; Chicória-brava 340, *3982*
Serra *(peixe)* 340, *3983*

Serviço; Atendimento 340, *3984*
Serviço de buffet 340, *3985*
Serviço de quarto 340, *3986*
Serviço incluído 340, *3987*
Serviço não incluso 340, *3988*
Servido 340, *3989*
Servir 340, *3990*
Sésamo *Ver* Gergelim 340, *3991*
Shandy (mistura de cerveja com refrigerante à base de limão ou ginger ale) 340, *3992*
Shepherd's pie (torta de carne moída, coberta com purê de batata) 340, *3993*
Shiitake 340, *3994*
Shimeji 340, *3995*
Shimeji branco 340, *3996*
Shirley Temple (coquetel feito de ginger ale e grenadine) 340, *3997*
Shortening *(gordura vegetal)* 341, *3998*
Siba *Ver* Sépia 341, *3999*
Siciliana, à (timbale e croquetes de batata) 341, *4000*
Sidecar (coquetel feito de conhaque, Cointreau® e suco de limão) 341, *4001*
Sidra (bebida fermentada, elaborada a partir do suco de maçã) 341, *4002*
Sidra de pera 341, *4003*
Sifão 341, *4004*
Silêncio 341, *4005*
Silencioso 341, *4006*
Singapore Sling (coquetel feito de gim, licor de cereja, suco de limão e club soda) 341, *4007*
Sioba (es) *Ver* Cioba 341, *4008*
Siri *Ver* Caranguejo 341, *4009*
Sirva-se 341, *4010*
Smitane, molho (cebolas, manteiga, creme de leite azedo e limão) 342, *4011*

Snoubar *Ver* Pinoli 342, *4012*
Soba (massa oriental feita de farinha de trigo e trigo-sarraceno) 342, *4013*
Sobrar 342, *4014*
Sobrecoxa de frango 342, *4015*
Sobremesa 342, *4016*
Soda 342, *4017*
Soja 342, *4018*
Soja, molho de 342, *4019*
Solha-dos-mares-do--norte *(peixe)* (pt) 342, *4020*
Solha-legítima *(peixe)* (pt) 342, *4021*
Solha-limão *(peixe)* (pt) 342, *4022*
Solha *(peixe)* (pt) 342, *4023*
Solúvel 342, *4024*
Somen (massa japonesa muito fina, feita de farinha de trigo) 342, *4025*
Sopa 343, *4026*
Sopa avgolemono (caldo de galinha, arroz, ovos batidos e suco de limão) 343, *4027*
Sopa Bagration (caldo de vitela com macarrão) 343, *4028*
Sopa Beaucaire (salsão, alho-poró e repolho) 343, *4029*
Sopa billi-bi (mexilhões, cebola, vinho, creme de leite e temperos) 343, *4030*
Sopa bouillabaisse (clássica sopa francesa de peixe e frutos do mar, temperada com açafrão) 343, *4031*
Sopa Cambacérès (sopa cremosa de frango, pombo e lagostins) 343, *4032*
Sopa com massinhas 344, *4033*
Sopa Conté (purê de feijão-mulatinho) 344, *4034*

| Termo | Página | Nº do termo |

Sopa *(cremosa)* de alho-
-poró 344, *4035*
Sopa *(cremosa)* de
aspargos 344, *4036*
Sopa *(cremosa)* de aveia
344, *4037*
Sopa *(cremosa)* de batata
344, *4038*
Sopa *(cremosa)* de cenoura
344, *4039*
Sopa *(cremosa)* de ervilhas
344, *4040*
Sopa *(cremosa)* de
espinafre 344, *4041*
Sopa *(cremosa)* de galinha
344, *4042*
Sopa *(cremosa)* de tomate
344, *4043*
Sopa *(cremosa)* de vegetais
344, *4044*
Sopa Darblay (sopa de
batatas com verduras
cortadas em Julienne)
344, *4045*
Sopa de arroz 344, *4046*
Sopa de batatas 344, *4047*
Sopa de cebola 345, *4048*
Sopa de cebola gratinada
345, *4049*
Sopa de cerveja 345, *4050*
Sopa de feijão 345, *4051*
Sopa de lentilhas 345, *4052*
Sopa de peixe 345, *4053*
Sopa de rã 345, *4054*
Sopa de rabo de canguru
345, *4055*
Sopa de repolho 345,
4056
Sopa de tartaruga 345,
4057
Sopa de tomates 345,
4058
Sopa de vegetais 345,
4059
Sopa de vôngole 345,
4060
Sopa do dia 345, *4061*
Sopa du Barry (sopa
cremosa de couve-flor)
345, *4062*
Sopa escocesa (carne de
cordeiro ou carneiro,
verduras e cevada) 345,
4063

Sopa falsa de tartaruga
(feita com cabeça de
vitela) 346, *4064*
Sopa Faubonne (purê de
feijão-branco comum)
346, *4065*
Sopa Germiny (sopa de
azedinha) 346, *4066*
Sopa Longchamp (purê
de ervilhas) 346, *4067*
Sopa Lorraine (frango,
vitela, amêndoas, gemas
de ovos, pão, leite, sal,
pimenta e limão) 346,
4068
Sopa Louisiana
(caranguejos, camarões,
arroz, quiabo, pimentão
e açafrão) 346, *4069*
Sopa mulligatawny (sopa
de galinha ao curry)
346, *4070*
Sopa Nélusko (coco,
araruta e amêndoas)
346, *4071*
Sopa pavesa (caldo de
carne com fatias de
pão, ovo cru e queijo
parmesão) 347, *4072*
Sopa santé (purê de
batatas e azedinha) 347,
4073
Sopa vichyssoise (batata e
alho-poró) 347, *4074*
Sopeira 347, *4075*
Sorbet 347, *4076*
Sorbet de laranja 347,
4077
Sorbet de limão 347, *4078*
Sorgo *(cereal)* 347, *4079*
Soro de leite 347, *4080*
Sortido 347, *4081*
Sorveira-brava 347, *4082*
Sorvete 347, *4083*
Sorvete de baunilha 347,
4084
Sorvete de café 348, *4085*
Sorvete de casquinha
348, *4086*
Sorvete de chocolate 348,
4087
Sorvete de fruta 348, *4088*
Sorvete de limão 348,
4089

Sorvete de pistache 348,
4090
Sorvete napolitano (em
camadas de cores e
sabores diferentes) 348,
4091
Sorveteria 348, *4092*
Soubise, molho (molho
bechamel com cebolas)
348, *4093*
Sovado 348, *4094*
Sovar 348, *4095*
Spätzle (pequenas
porções de massa,
preparadas à base de
farinha, ovos e água)
348, *4096*
Spenwood (queijo inglês
de consistência dura,
feito com leite de
ovelha) 348, *4097*
Steak and kidney pie
*(mistura de carne de vaca
e rins)* 349, *4098*
Steak au poivre 349, *4099*
Steak tartar (carne de boi
crua, picada, servida com
um ovo cru) 349, *4100*
Steinhäger (gim alemão)
349, *4101*
Stilton (queijo inglês, de
veios azuis, semiduro,
feito com leite de vaca)
349, *4102*
Stinger (coquetel feito de
conhaque ou brandy e
creme de menta branco)
349, *4103*
Stracchino (queijo
italiano, feito com leite
de vaca) 349, *4104*
Stracciatella (caldo de
carne com ovos batidos
e queijo ralado) 349,
4105
Strasbourgeoise, à la
(chucrute braseado,
fatias de foie gras na
manteiga e bacon) 350,
4106
Strega® (licor italiano,
feito de ervas) 350, *4107*
Strudel de legumes 350,
4108

Suar; Cozinhar em fogo
brando em panela com
tampa bem fechada
350, *4109*
Suave (gosto) 350, *4110*
Subir 350, *4111*
Substituir 350, *4112*
Suco 350, *4113*
Suco de abacaxi com
hortelã 350, *4114*
Suco de fruta 350, *4115*
Suco de frutas tropicais
350, *4116*
Suco de laranja 350, *4117*
Suco de legumes 350,
4118
Suco de limão 350, *4119*
Suco de maçã 350, *4120*
Suco de manga 351, *4121*
Suco de maracujá 351,
4122
Suco de melancia 351,
4123
Suco de tomate 351, *4124*
Suco de uva 351, *4125*
Suco natural de laranja;
Laranjada 351, *4126*
Suco natural de limão;
Limonada 351, *4127*
Suculento 351, *4128*
Suflê 351, *4129*
Suflê de cerejas 351, *4130*
Suflê de queijo 351, *4131*
Suflê Rothschild (suflê
de baunilha com frutas
cristalizadas) 351, *4132*
Sugerir 351, *4133*
Sugestão do chefe 351,
4134
Sujar 351, *4135*
Sujo 351, *4136*
Sultana *Ver* Uva-passa
branca 351, *4137*
Sultane, à la (com
pistache) 352, *4138*
Sumac *Ver* Sumagre 352,
4139
Sumagre; Sumac 352,
4140
Sundae 352, *4141*
Supermercado 352, *4142*
Suprême, molho (velouté
de frango, acrescido de
creme de leite, gemas

| Termo | Página | Nº do termo |

de ovos e cogumelos) 352, *4143*
Suspiro *Ver* MERENGUE 352, *4144*
Syllabub (creme e xerez) 352, *4145*

T

Tabacaria 355, *4146*
Tabela 355, *4147*
Tablete de chocolate 355, *4148*
Taboa; Espadana; Paineira--do-brejo *(planta aquática)* 355, *4149*
Tábua de cortar 355, *4150*
Tábua de queijos 355, *4151*
Taça de champanhe 355, *4152*
Taça de conhaque 355, *4153*
Taça de licor 355, *4154*
Taça de sorvete 356, *4155*
Taça de vinho 356, *4156*
Taça de vinho branco 356, *4157*
Taça de vinho tinto 356, *4158*
Taça para ovos quentes 356, *4159*
Tagliatelle paglia e fieno 356, *4160*
Tagliatelle (tiras compridas, vendidas em ninhos) 356, *4161*
Tagliatelle verde 356, *4162*
Taglierini (tiras finas) 356, *4163*
Tagliolini (mais fino que o linguine) 356, *4164*
Tahini (pasta de semente de gergelim) 356, *4165*
Tainha; Cambão (PE); Cacetão (RN); Tainha--pau (RS) 356, *4166*
Tainha-dos-rios *Ver* TENCA 356, *4167*
Tainha-pau (RS) *Ver* TAINHA 356, *4168*
Taleggio (queijo italiano, macio, feito com leite de vaca) 356, *4169*

Talhar *Ver* COALHAR 357, *4170*
Talheres 357, *4171*
Talheres de peixe 357, *4172*
Talheres para servir salada 357, *4173*
Talleyrand (macarrão na manteiga com queijo, trufas, foie gras e molho Périgueux) 357, *4174*
Talo de aipo; Talo de salsão 357, *4175*
Talo de salsão *Ver* TALO DE AIPO 357, *4176*
Tamanco 357, *4177*
Tâmara 357, *4178*
Tamarilho; Tomate-de--árvore; Tomate--arbóreo 357, *4179*
Tamarindo; Jabaí; Jabão 357, *4180*
Tampa de panela 357, *4181*
Tampa para champanhe 357, *4182*
Tanaceto; Catinga-de--mulata *(erva)* 358, *4183*
Tangerina; Bergamota (S) 358, *4184*
Tapioca; Goma (N/NE) 358, *4185*
Taráxaco (PT) *Ver* DENTE--DE-LEÃO 358, *4186*
Tarde *(período do dia)* 358, *4187*
Taro; Inhame japonês; Inhame havaiano 358, *4188*
Tártaro, molho (maionese, alcaparras, picles, cebolas, azeitonas, suco de limão ou vinagre) 358, *4189*
Tártaro, molho (maionese feita com ovos duros e cebolinha francesa) 358, *4190*
Tartaruga 358, *4191*
Tartelette 358, *4192*
Tartelette de frutas 358, *4193*
Tartelettes de legumes 358, *4194*

Tartelettes de queijo 358, *4195*
Tarte Tatin (torta de maçã caramelizada, servida com creme chantili) 358, *4196*
Tatsoi *(variedade de repolho chinês) Ver* BOK CHOY 359, *4197*
Taverna 359, *4198*
Tea cake *(bolo assado e tostado, servido com manteiga para acompanhar o chá)* 359, *4199*
Tela para fritura 359, *4200*
Temperar *Ver* CONDIMENTAR 359, *4201*
Temperatura 359, *4202*
Tempero; Condimento 359, *4203*
Tempero de salada 359, *4204*
Tempo 359, *4205*
Tempo de cozimento 359, *4206*
Tempo de espera 359, *4207*
Tenca; Tainha-dos-rios 359, *4208*
Tendão *(miúdos)* 359, *4209*
Tenro *(carne, vegetais)* 359, *4210*
Tépido *Ver* MORNO 359, *4211*
Tequila (aguardente mexicana) 359, *4212*
Teriyaki, molho (molho de soja, saquê e gengibre) 359, *4213*
Termômetro 360, *4214*
Termômetro para carnes 360, *4215*
Termômetro para vinho 360, *4216*
Terrina de faisão 360, *4217*
Terrina de fígado (gordo) de ganso; Terrina de foie gras 360, *4218*
Terrina de foie gras *Ver* TERRINA DE FÍGADO (GORDO) DE GANSO 360, *4219*
Tesoura 360, *4220*

Tesoura de cozinha 360, *4221*
Tesoura para trinchar aves 360, *4222*
Testículos de vitelo 360, *4223*
Tetraz *(ave galiforme)* 360, *4224*
Tia Maria® (licor de café) 360, *4225*
Tigela 360, *4226*
Tigre (NE) *Ver* TINTUREIRA 360, *4227*
Tilápia 360, *4228*
Tília 361, *4229*
Tilsit; Tilsiter (queijo de textura semidura, feito com leite de vaca) 361, *4230*
Tilsiter *Ver* TILSIT 361, *4231*
Timbale (risoto com carnes, peixe, verduras e queijo) 361, *4232*
Timo de vitela *Ver* MOLEJA DE VITELA 361, *4233*
Timo *Ver* MOLEJA 361, *4234*
Timo *Ver* TOMILHO 361, *4235*
Tina *Ver* CUBA 361, *4236*
Tintureira; Jaguara (NE); Tigre (NE) 361, *4237*
Tira-manchas 361, *4238*
Tiramisù (sobremesa que alterna camadas de biscoitos ingleses embebidos em café com camadas de creme feito com mascarpone, polvilhadas, por fim, com cacau em pó) 361, *4239*
Tirar a mesa 361, *4240*
Tirar a nata; Desnatar 361, *4241*
Tirar as espinhas *(peixe)* 361, *4242*
Tira *(subst.)* 361, *4243*
Tiras de frango 362, *4244*
Tirinhas de queijo 362, *4245*
Tirolesa, à (cebolas fritas e pedaços de tomates) 362, *4246*

| Termo | Página | Nº do termo |

Tirolês, molho (tomates e molho béarnaise) 362, *4247*
Tisana *Ver* CHÁ DE ERVAS 362, *4248*
Toad-in-the-hole (salsichas envoltas em massa, levadas ao forno) 362, *4249*
Toalha de mão 362, *4250*
Toalha de mesa 362, *4251*
Toffee *Ver* BALA DE CARAMELO 362, *4252*
Tofu (queijo feito com leite de soja) 362, *4253*
Tomar 362, *4254*
Tomar café da manhã 362, *4255*
Tomate 362, *4256*
Tomate-amarelo 362, *4257*
Tomate-arbóreo *Ver* TAMARILHO 362, *4258*
Tomate australiano 362, *4259*
Tomate-caqui; Tomate japonês 363, *4260*
Tomate-cereja 363, *4261*
Tomate comum; Tomate longa-vida 363, *4262*
Tomate-de-árvore *Ver* TAMARILHO 363, *4263*
Tomate holandês 363, *4264*
Tomate italiano 363, *4265*
Tomate japonês *Ver* TOMATE-CAQUI 363, *4266*
Tomate longa-vida *Ver* TOMATE COMUM 363, *4267*
Tomate, molho de 363, *4268*
Tomate seco 363, *4269*
Tomates pelados 363, *4270*
Tomates secos ao sol 363, *4271*
Tomatillo *(tomate verde de origem mexicana)* 363, *4272*
Tom Collins (coquetel feito com gim, calda de açúcar, suco de limão e club soda) 363, *4273*
Tomilho; Timo 363, *4274*
Tomme de Savoie (queijo francês, com gosto de amêndoas, feito com leite de vaca não pasteurizado) 363, *4275*
Tonel 364, *4276*
Tonelada 364, *4277*
Toranja *Ver* POMELO 364, *4278*
Tordo *(pássaro europeu, semelhante ao melro)* 364, *4279*
Torrada 364, *4280*
Torrada com manteiga 364, *4281*
Torrada com queijo e presunto 364, *4282*
Torradeira 364, *4283*
Torrado; Tostado 364, *4284*
Torrar 364, *4285*
Torrone 364, *4286*
Torrone de chocolate 364, *4287*
Torta 364, *4288*
Torta de abricó 364, *4289*
Torta de amêndoas 364, *4290*
Torta de banana 364, *4291*
Torta de café 364, *4292*
Torta de cereja 365, *4293*
Torta de cerejas 365, *4294*
Torta de chocolate 365, *4295*
Torta de frango 365, *4296*
Torta de lima 365, *4297*
Torta de maçã 365, *4298*
Torta de mel de engenho 365, *4299*
Torta de morango 365, *4300*
Torta de pecã 365, *4301*
Torta de queijo 365, *4302*
Tortellini (massa recheada, feita de massa fresca) 365, *4303*
Tortelloni (versão maior do tortellini) 365, *4304*
Tortilla (massa de farinha de milho moída, de forma redonda e chata) 365, *4305*
Tortinha de cogumelos 365, *4306*
Toscana, alla (queijo parmesão e presunto) 365, *4307*
Tostado *Ver* TORRADO 366, *4308*
Toucinho em tiras; Lardo 366, *4309*
Toulousaine, à la (quenelles de galinha, moleja de cordeiro ou cristas de galo, rins de galinha, cogumelos, trufas e molho allemande) 366, *4310*
Tournedos Clamart (com fundos de alcachofra e ervilhas) 366, *4311*
Tournedos (medalhões de filé-mignon) 366, *4312*
Tournedos Rossini (com fatias de foie gras, trufas e molho Madeira) 366, *4313*
Tóxico 366, *4314*
Trabalhar a massa 366, *4315*
Tradicional 366, *4316*
Trailer; Vagão 366, *4317*
Traqueia *(miúdos)* 366, *4318*
Traseiro serrote *(corte de carne bovina)* 366, *4319*
Trassi *Ver* PASTA DE CAMARÃO SECO 367, *4320*
Travessa 367, *4321*
Travessa comprida 367, *4322*
Travessa oval 367, *4323*
Travessa redonda 367, *4324*
Trazer 367, *4325*
Tremoços; Altramuz 367, *4326*
Trenette (massa em forma de fita) 367, *4327*
Trevo-de-cheiro *Ver* MELILOTO 367, *4328*
Trifle (bolo com geleia de frutas e xerez) 367, *4329*
Trigo 367, *4330*
Trigo-duro 367, *4331*
Trigo-sarraceno 367, *4332*
Trigo-vermelho *Ver* ESPELTA 367, *4333*
Trincado 367, *4334*
Trinchado 367, *4335*
Trinchante *Ver* GARFO PARA CARNE 367, *4336*
Trinchar (carne) 367, *4337*
Triturador de alimentos 367, *4338*
Triturador de gelo 368, *4339*
Troco *(em moedas)* 368, *4340*
Trompette de la mort *(variedade negra do chanterelle)* 368, *4341*
Trufa 368, *4342*
Trufa branca 368, *4343*
Trufa de chocolate 368, *4344*
Trufado; Recheado com trufas 368, *4345*
Trufa negra 368, *4346*
Trufar; Rechear com trufas 368, *4347*
Truta 368, *4348*
Truta-arco-íris 368, *4349*
Truta-coral 368, *4350*
Truta defumada 368, *4351*
Truta-de-lago 368, *4352*
Truta-de-mar 368, *4353*
Truta dourada 368, *4354*
Truta-salmão 368, *4355*
Tubarão 368, *4356*
Tubarão-azul; Bico-doce (RS); Mole-mole (ES) 369, *4357*
Tubarão-branco; Anequim 369, *4358*
Tubarão-da-sopa (PT); Perna-de-moça (PT) 369, *4359*
Tubarão mako 369, *4360*
Tubetti *Ver* DITALINI 369, *4361*
Tubo 369, *4362*
Tupinambo; Alcachofra--de-jerusalém; Alcachofra-da-terra 369, *4363*
Turbigo (chipolata e cogumelos) 369, *4364*
Turque, à la (pilaf, ovos em cocotte, omelete e berinjela) 369, *4365*
Turvar 369, *4366*
Turvo 369, *4367*
Tutano 369, *4368*
Tutano, molho de 369, *4369*

— 481 —

| Termo | **Página** | *Nº do termo* |

U

Udon (massa oriental, feita de farinha de trigo e água) 371, *4370*
Uísque 371, *4371*
Uísque americano 371, *4372*
Uísque bourbon 371, *4373*
Uísque de centeio 371, *4374*
Uísque escocês 371, *4375*
Uísque e soda 371, *4376*
Uísque irlandês 371, *4377*
Úmido 372, *4378*
Um quarto 372, *4379*
Um terço 372, *4380*
Unir *Ver* LIGAR 372, *4381*
Untado com manteiga 372, *4382*
Untar com manteiga 372, *4383*
Upside-down cake (depois de assado, o bolo é invertido para que o glacê de frutas fique por cima) 372, *4384*
Urso 372, *4385*
Urtiga 372, *4386*
Urubaiana (NE) *Ver* OLHO-DE-BOI 372, *4387*
Urucum; Achiote; Anato 372, *4388*
Usar 372, *4389*
Utensílios de cozinha 372, *4390*
Utensílios de mesa 372, *4391*
Utilizar 372, *4392*
Uva 372, *4393*
Uva-branca 372, *4394*
Uva-moscatel (*seca*) 372, *4395*
Uva-negra 373, *4396*
Uva-passa branca; Sultana 373, *4397*
Uva-passa comum 373, *4398*
Uva-passa de Corinto (*preta*) 373, *4399*
Uva thompson 373, *4400*

V

Vacherin (torta em camadas alternadas de merengue e creme chantili) 375, *4401*
Vagão-restaurante 375, *4402*
Vagão *Ver* TRAILER 375, *4403*
Vagem; Feijão-de-vagem 375, *4404*
Validade 375, *4405*
Valois (corações de alcachofra salteados e batatas Anna) 375, *4406*
Valor nutricional 376, *4407*
Vanila *Ver* BAUNILHA 376, *4408*
Vapor 376, *4409*
Vapor, no 376, *4410*
Variado 376, *4411*
Variar 376, *4412*
Variedade 376, *4413*
Varrer 376, *4414*
Vasilha medidora 376, *4415*
Vassoura 376, *4416*
Vazio 376, *4417*
Veado (*carne*) 376, *4418*
Veado *Ver* CERVO 376, *4419*
Vegan 376, *4420*
Vegetais crus 376, *4421*
Vegetariano 376, *4422*
Vela 376, *4423*
Vendedor de peixe 376, *4424*
Veneziana, alla (com cebolas) 376, *4425*
Veneziano, molho (vinagre, estragão, molho allemande e ervas) 376, *4426*
Verbena 377, *4427*
Verde, molho (com ervas) 377, *4428*
Verde (*pouco maduro*) 377, *4429*
Verdura 377, *4430*
Verdura fervida 377, *4431*
Verduras variadas 377, *4432*
Vergalho (*miúdos*) 377, *4433*
Verjus; Agraço; Agraz 377, *4434*
Vermelho-caranho 377, *4435*
Vermelho; Pargo (NE) 377, *4436*
Vermicelli de arroz (massa oriental) 377, *4437*
Vermicelli (versão mais fina do espaguete) 377, *4438*
Vermute 377, *4439*
Vértebra 378, *4440*
Viçoso 378, *4441*
Victoria (tomates recheados com purê de cogumelos e corações de alcachofra na manteiga) 378, *4442*
Vieira 378, *4443*
Viennoise, à la (filé empanado e frito, servido com batatas cozidas e alcaparras) 378, *4444*
Vigneronne, à la (vinho, brandy, uvas ou folhas de parreira) 378, *4445*
Villeroi, molho (molho allemande aromatizado com cogumelos) 378, *4446*
Vinagre 378, *4447*
Vinagre aromatizado 378, *4448*
Vinagre balsâmico 378, *4449*
Vinagre branco 379, *4450*
Vinagre de arroz 379, *4451*
Vinagre de ervas 379, *4452*
Vinagre de estragão 379, *4453*
Vinagre de framboesa 379, *4454*
Vinagre de maçã 379, *4455*
Vinagre de malte 379, *4456*
Vinagre de morango 379, *4457*
Vinagre de pêssego 379, *4458*
Vinagre de vinho 379, *4459*
Vinagre de xerez 379, *4460*
Vinagreira-do-maranhão *Ver* VINAGREIRA 379, *4461*
Vinagreira; Vinagreira-do-maranhão; Caruru-azedo; Cuxá 379, *4462*
Vinagre para sushi 379, *4463*
Vinagrete, molho (azeite de oliva, sal, pimenta, vinagre, tomate e cebola) 379, *4464*
Vindima (*colheita das uvas*) 379, *4465*
Vinhedo 379, *4466*
Vinho 379, *4467*
Vinho branco 380, *4468*
Vinho branco, ao 380, *4469*
Vinho branco, molho de 380, *4470*
Vinho de cama *Ver* VINHO DE PASSAS 380, *4471*
Vinho de mesa; Vinho de pasto 380, *4472*
Vinho de pasto *Ver* VINHO DE MESA 380, *4473*
Vinho de passas; Vinho de cama 380, *4474*
Vinho de sobremesa 380, *4475*
Vinho doce 380, *4476*
Vinho do Porto 380, *4477*
Vinho em taça 380, *4478*
Vinho engarrafado 380, *4479*
Vinho espumante 380, *4480*
Vinho fortificado 380, *4481*
Vinho frisante 380, *4482*
Vinho licoroso 380, *4483*
Vinho Madeira, ao 380, *4484*
Vinho quente 380, *4485*
Vinho rosado; Vinho rosé 380, *4486*
Vinho rosé *Ver* VINHO ROSADO 381, *4487*

| Termo | Página | Nº do termo

Vinho tânico 381, *4488*
Vinho tinto 381, *4489*
Vinho tinto, ao 381, *4490*
Vinho tinto, molho de 381, *4491*
Vinho varietal 381, *4492*
Vinho verde 381, *4493*
Vinícola 381, *4494*
Vinicultura 381, *4495*
Viola *(peixe)* (PT); Rebeca (PT) 381, *4496*
Violetas 381, *4497*
Virar 381, *4498*
Vísceras e extremidades; Miúdos *(de boi, porco, cabrito, carneiro, vitela e similares)* 381, *4499*
Viscoso 381, *4500*
Vitamina C *Ver* Ácido ascórbico 381, *4501*
Vitela assada 381, *4502*
Vivo 381, *4503*
Voador; Cajaleó (PE); Pirabebe (ES); Voador--de-pedra (RN) 381, *4504*
Voador-de-pedra (RN) *Ver* Voador 381, *4505*
Vodca 382, *4506*
Vol-au-vent 382, *4507*
Vôngole 382, *4508*
Vôngoles marinados 382, *4509*

W

Wafer *(variação de waffle)* 385, *4510*
Waffle 385, *4511*
Wakame (alga) 385, *4512*
Walewska, à la (lagosta, lâminas de trufa e molho Mornay) 385, *4513*
Wasabi 385, *4514*
Weijska (linguiça polonesa) 385, *4515*
Weisswurst (salsicha alemã, feita de carne de vitela, creme e ovos) 386, *4516*
Welsh rarebit (pasta de queijo derretida e passada numa fatia de pão tostado) 386, *4517*

Wensleydale (queijo inglês, semiduro, feito com leite de vaca) 386, *4518*
Whisky Sour (coquetel feito de uísque bourbon, suco de limão e açúcar) 386, *4519*
White Lady (coquetel feito de gim, licor de laranja e suco de limão) 386, *4520*
White pudding (linguiça inglesa, feita de carnes brancas) 386, *4521*
Wiener schnitzel (escalope de vitela empanado) 387, *4522*
Wok *(frigideira asiática)* 387, *4523*

X

Xaputa *(peixe)* (PT); Freira (PT) 389, *4524*
Xaréu-branco 389, *4525*
Xaréu; Cabeçudo (BA) 389, *4526*
Xarope de arroz 389, *4527*
Xarope de glicose *(feito de cana-de-açúcar)* 389, *4528*
Xarope de groselha preta 389, *4529*
Xarope de malte 389, *4530*
Xarope de romã; Grenadine 389, *4531*
Xerelete; Cavaco (BA); Guarassuma (PE) 390, *4532*
Xerez; Jerez 390, *4533*
Xícara 390, *4534*
Xícara de café 390, *4535*
Xícara de chá 390, *4536*
Xícara e pires 390, *4537*
Xixarro-salmão; Arabaiana-azul 390, *4538*

Y

Yakisoba (frango, soba e legumes) 393, *4539*

Yorkshire pudding (pudim salgado, servido com rosbife) 393, *4540*

Z

Zaatar (tomilho, sumagre e gergelim) 395, *4541*
Zabaglione (gemas de ovos, açúcar e vinho Marsala) 395, *4542*
Zabaione *Ver* Zabaglione 395, *4543*
Zampone (embutido feito de pé de porco recheado com a carne do próprio animal) 395, *4544*
Zimbro; Fruto-de--genebra; Junípero; Junipo 395, *4545*
Zimbro, molho 395, *4546*
Zingara, à la (tomates e páprica) 396, *4547*
Zingara, molho (vinho branco, páprica, presunto e cogumelos) 396, *4548*
Ziti (massa oca, grossa e comprida) 396, *4549*
Zuccotto (massa de pão de ló, recheada com creme de leite, frutas cristalizadas e creme de chocolate) 396, *4550*

table of contents

Know where to find culinary terms in English, Spanish, French, Italian, and German.

[INGL.] Table of contents	484
[ESP.] Índice	517
[FR.] Sommaire	550
[IT.] Indice	583
[AL.] Stichwortverzeichnis	616

In the index for each language, the terms are listed alphabetically.

Each term appears with the indication of the page where it is found, followed by its respective number.

Example:
A la carte menu **246**, *2808*

Where:

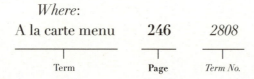

Term | Page | Term No.

100-year-old egg;
  1000-year-old egg (duck's
  egg covered with a paste
  of leaves, wood ash,
  lemon, and salt) 271, *3104*

A

abalone (U.S.)/ormer (U.K.)
  35, *4*
Abruzzo style (with red
  pepper) 37, *31*
abundance 37, *34*
abundant 37, *35*
acacia honey 245, *2789*
acclimatized wine cellar
  40, *89*
accompany, to 38, *60*
acerola; Barbados cherry
  37, *48*
acid 38, *51*
acidity 38, *50*
acini di pepe (pasta for
  soup) 38, *58*
acorn 81, *662*
additional 40, *91*
additive 40, *93*
add, to 40, *92*
Admiral style (oysters,
  mussels, crayfish,
  mushrooms, truffles, and
  Nantua sauce) 51, *262*
advise, to 38, *62*
adzuki bean 167, *1893*
African pompano 389,
  4525
African style (potato,
  cucumber, eggplant
  (U.S.)/aubergine (U.K.) or
  zucchini (U.S.)/courgette
  (U.K.) 41, *101*
after 140, *1509*
afternoon 358, *4187*
agar-agar (gelatin made of
  seaweed) 41, *102*
aged 153, *1683*
Agnès Sorel (chicken
  breast, mushrooms, and
  marinated ox tongue)
  41, *104*
agnolotti (stuffed pasta
  made of fresh pasta)
  41, *105*
agreeable 41, *107*

agriculture 42, *116*
aïoli sauce (garlic, egg
  yolks, and olive oil)
  43, *146*
air-conditioned 116, *1159*
air, to 40, *98*
ajowan; bishop's weed
  44, *152*
a la carte menu 246, *2808*
alambic; alembic 44, *160*
à la mode (braised beef
  with carrots and onions)
  252, *2889*
albacore; white tuna (U.S.)/
  albacore; white tunny
  (U.K.) 44, *162*
Albigenese style (stuffed
  tomatoes and potato
  croquettes) 44, *165*
Albufera (marinated ox
  tongue, calf sweetbreads,
  and mushrooms) 44, *166*
Albufera style (with
  chicken or duck) 45, *167*
Alchermes (liqueur) 48,
  229
alcohol-free; no alcohol
  338, *3946*
alcoholic 45, *182*
alcoholic drink 73, *560*
Alexander (cocktail made
  with cognac or brandy,
  crème de cacao, cream,
  and grated nutmeg)
  46, *187*
Alexandra (chicken,
  truffles, and asparagus
  tips) 46, *188*
alfafa 46, *199*
alfafa sprouts 85, *715*
Algerian style (tomatoes
  and sweet potatoes
  croquettes) 47, *206*
alive 381, *4503*
all-purpose flour (U.S.)/plain
  flour (U.K.) 166, *1866*
allemande sauce;
  parisienne sauce
  (velouté sauce blended
  with egg yolks) 48, *223*
allergic 46, *186*
allergy 46, *185*
almond 50, *252*
almond butter 237, *2678*

almond cake 364, *4290*
almond cookies (U.S.)/
  almond biscuits (U.K.)
  76, *610*
almond extract (U.S.)/
  almond essence (U.K.)
  158, *1784*
almond extract 160, *1814*
almond milk 222, *2506*
almond oil 267, *3041*
almond paste 283, *3238*
alphabet (pasta for soup)
  224, *2532*
Alsatian style (sauerkraut,
  ham, bacon, and/or
  sausages) 48, *230*
Alsatian style (with foie
  gras pâté) 48, *231*
aluminum foil; tinfoil
  (U.K.) 281, *3213*
amaranth flour 165, *1850*
Amaretto (Italian almond
  liqueur) 49, *237*
amatriciana style (tomato
  sauce, bacon, and hot
  pepper) 49, *242*
Ambassador (stuffed
  artichoke hearts and
  potatoes duchess) 49,
  243
amberjack; bull eye 269,
  3062
ambience; atmosphere
  49, *245*
amchoor (mango powder)
  49, *246*
American cress; herb of
  St. Barbara 41, *111*
American mustard 255,
  2937
American style (eggs,
  poultry or meat, grilled
  tomatoes, and grilled
  slices of bacon) 50, *259*
American style (lobster
  and armoricaine sauce)
  50, *257*
American style (lobster,
  tomato sauce, olive oil,
  onion, and wine) 50, *258*
American whisky 371,
  4372
Americano (cocktail
  made with Campari®,

red vermouth, and club
  soda) 50, *260*
amphora 52, *278*
anchovy butter 237, *2680*
anchovy filets 171, *1956*
anchovy paste 283, *3239*
anchovy sauce 51, *269*
Andalusian sauce
  (mayonnaise, tomato
  sauce, and sweet
  pepper) 51, *272*
Andalusian style (meat,
  sweet pepper, eggplant
  (U.S.)/aubergine (U.K.),
  chipolata, and rice)
  51, *271*
anellini (ringlet-shaped
  pasta) 52, *275*
angel cake (cake without
  egg yolks) 52, *279*
angel shark; sand devil
  (U.S.)/monkfish; angel
  shark (U.K.) 90, *753*
angelica 52, *280*
angels on horseback
  (fried oysters wrapped
  in fine bacon strips and
  served on toasts) 52, *281*
anglerfish; monkfish 287,
  3299
Angostura® 52, *283*
anise 154, *1700*
anisette; anise-flavored
  liqueur 52, *287*
Anjou pear 288, *3323*
annatto 372, *4388*
antioxidant 53, *295*
Antwerp style (tarts (U.S.)/
  tartlets (U.K.) with hop
  sprouts and boiled
  potatoes or soft-boiled
  eggs) 53, *296*
aorta 53, *298*
aperitif; short drink 53,
  304
apfelstrudel 54, *308*
Appenzeller (Swiss
  cheese, made from cow
  milk) 54, *311*
appetite 53, *306*
appetizer; hors-d'oeuvre
  53, *292*
appetizing 53, *307*
apple 233, *2618*

— 485 —

Term | Page | Term No.

apple charlotte **109**, *1075*
apple corer **141**, *1525*
apple distillate **43**, *141*
apple divider **127**, *1346*
apple fritter **73**, *566*
apple juice **350**, *4120*
apple pie **365**, *4298*
apple purée **304**, *3576*
apple sauce **233**, *2621*
apple turnover **110**, *1085*
apple vinegar **379**, *4455*
appreciate, to **54**, *312*
apricot **36**, *22*
apricot cake **364**, *4289*
apricot jam **187**, *2159*
apron **59**, *399*
a quarter **372**, *4379*
aquavit (Scandinavian cereal distillate) **54**, *313*
arborio rice **56**, *342*
Archiduke style (with onions and paprika) **54**, *324*
Argenteuil (with asparagus tips or asparagus purée) **55**, *328*
Argentine hake (u.s.)/ Atlantic hake (u.k.) **247**, *2821*
Arlesian style (eggplants (u.s.)/aubergines (u.k.), tomatoes, and onions) **55**, *330*
armagnac (distilled from wine) **55**, *331*
armoricaine sauce (tomatoes, scallion (u.s.)/ spring onion (u.k.), cognac, white wine, and tarragon) **55**, *333*
aroma **55**, *334*
aromatic **55**, *335*
aromatic herbs (parsley, tarragon, garden chervil and chives) **172**, *1964*
aromatic herbs **154**, *1706*
aromatic vinegar **378**, *4448*
aromatized **55**, *336*
aromatize, to **55**, *337*
arrive, to **111**, *1093*
arrowroot (u.s.)/arrowroot flour (u.k.) **54**, *322*
artichoke **45**, *168*
artichoke bottoms **181**, *2096*

artichoke hearts **126**, *1331*
artificial sweetener **40**, *95*
arugula; Italian cress; rugula; rucola; rocket **324**, *3784*
arugula salad **330**, *3835*
asafoetida (spice) **58**, *379*
ascorbic acid; vitamin C **38**, *53*
ash tray **115**, *1145*
aside **139**, *1495*
asparagus **57**, *370*
asparagus salad **329**, *3822*
asparagus tip **298**, *3474*
aspartame **57**, *372*
aspic (salty jelly made of beef, fish or vegetable stock) **57**, *374*
assai; assai palm; acai palm; cabbage palm **37**, *42*
assistant **44**, *154*
assistant chef **44**, *155*
assorted appetizers (u.s.)/ assorted starters (u.k.) **53**, *305*
assorted vegetables **377**, *4432*
assorted; mixed **347**, *4081*
at choice; at pleasure **155**, *1727*
atherine **287**, *3298*
a third **372**, *4380*
Atlantic blue marlin **240**, *2717*
Atlantic bonito (u.s.)/ belted bonito (u.k.) **340**, *3983*
Atlantic butterfish **287**, *3296*
Atlantic sailfish **76**, *597*
Atlantic saury; saury **43**, *145*
Atlantic tarpon **295**, *3435*
au gratin (u.s.)/browned (u.k.) **193**, *2247*
Aurore sauce (béchamel sauce and tomato paste (u.s.)/tomato purée (u.k.)) **59**, *394*
Austrian style (paprika, fried onions, fennel, and sour cream (u.s.)/soured cream (u.k.)) **59**, *395*

avgolemono soup (chicken stock (u.s.)/ white stock (u.k.), rice, beaten eggs and lemon juice) **343**, *4027*
avocado; alligator pear **35**, *1*
avocado oil **267**, *3039*

B

B & B® (Bénédictine and Brandy) **63**, *425*
baby corn **251**, *2867*
baby eel; elver **152**, *1665*
baby food **121**, *1239*
baby leeks **250**, *2865*
baby's bottle **236**, *2659*
baby vegetables **250**, *2866*
back ribs (u.s.)/loin ribs (u.k.) **128**, *1364*
bacon (cut into strips, cured, and smoked) **63**, *434*
bad **243**, *2761*
bag **328**, *3805*
bag sealer **337**, *3939*
bagel (jewish bread) **64**, *442*
Bagration salad (artichoke hearts, celery, and noodles) **329**, *3814*
Bagration soup (cream of veal soup with noodles) **343**, *4028*
bake blind, to **58**, *383*
bake in the oven, to; cook in the oven, to **58**, *381*
baked **176**, *2026*
baked apples **233**, *2625*
baked fish **286**, *3286*
baked in foil **281**, *3218*
baked in foil; roasted; baked **58**, *378*
baked potatoes (u.s.)/ jacket potatoes (u.k.) **69**, *510*
baker **277**, *3150*
baker's wife style (baked potatoes and onions) **82**, *685*
bakery **277**, *3149*
baking powder **169**, *1922*
baking sheet; cookie sheet

(u.s.)/baking tray (u.k.) **176**, *2015*
baking soda (u.s.)/ bicarbonate of soda (u.k.) **75**, *593*
balanced; harmonious **153**, *1690*
balsamic vinegar **378**, *4449*
bamboo skewer **278**, *3161*
bamboo sprouts **85**, *716*
banana **65**, *460*
banana fritter **73**, *565*
banana passion fruit **239**, *2703*
banana split (banana, ice cream, whipped cream, and almonds) **65**, *465*
banker style (chicken dumplings, mushrooms, and truffles) **66**, *475*
Banon (French cheese, made from cow, goat or sheep milk, wrapped in chestnut leaves) **66**, *473*
banquet **66**, *474*
bar **66**, *476*
bar counter **65**, *453*
bar of chocolate **355**, *4148*
barbecue sauce (tomato, onion, mustard, garlic, brown sugar, and vinegar) **66**, *481*
barbecued **66**, *480*
barbel **67**, *482*
bard, to **117**, *1177*
Barigoule style (stuffed artichoke bottoms) **67**, *484*
barley **106**, *1029*
barley flakes **173**, *1976*
barley flour **165**, *1854*
barley-flavored sugar **39**, *68*
barramundi **67**, *489*
barrel **67**, *492*
bartender; barkeeper; barman **67**, *485*
based on **67**, *495*
basil **237**, *2672*
basil leaf **174**, *1995*
basmati rice **56**, *343*
Basque style (tomato, sweet pepper, and

— 486 —

Bayonne ham) **67**, *497*
baste, to **317**, *3703*
batch **176**, *2017*
batter **243**, *2751*
Bavarian cream (whipped cream and gelatin) **72**, *551*
bay leaf **174**, *1994*
bay leaf **229**, *2606*
BBQ (U.S.)/chargrill (U.K.); barbecue **114**, *1133*
bean **167**, *1892*
bean soup **345**, *4051*
bean sprouts **85**, *717*
bear **372**, *4385*
bear head **158**, *1779*
bear's garlic **47**, *218*
béarnaise sauce (hollandaise sauce with tarragon) **73**, *553*
beaten **72**, *548*
beat, to **72**, *545*
Beaucaire soup (celery, leek, and cabbage) **343**, *4029*
béchamel sauce (melted butter, all-purpose flour (U.S.)/plain flour (U.K.), and milk) **73**, *564*
become lumpy, to **151**, *1644*
be delayed, to **159**, *1789*
beech nuts **338**, *3954*
beef (steak) tomato **363**, *4260*
beef stock; beef bouillon; brown stock (U.K.) **94**, *816*
beef strip loin (U.S.)/strip loin (U.K.) **125**, *1309*
beef stroganoff (cubed with cream and mushrooms) **159**, *1802*
beef tenderloin in Madeira gravy **171**, *1948*
beef tenderloin Wellington (filet mignon, foie gras, and mushrooms) **171**, *1947*
beefsteak topped with a fried egg **76**, *598*
beer **105**, *1010*
beer glass **125**, *1314*
beer soup **345**, *4050*
beermat **140**, *1519*
beet (U.S.)/beetroot (U.K.) **75**, *590*

beet salad (U.S.)/beetroot salad (U.K.) **329**, *3824*
beet sugar (U.S.)/beetroot sugar (U.K.) **39**, *70*
before **53**, *293*
be hungry, to **159**, *1790*
be in a hurry, to **159**, *1791*
be in excess, to **342**, *4014*
Belgian endive salad (U.S.)/chicory salad (U.K.) **329**, *3827*
Belgian endive; French endive (U.S.)/chicory (U.K.) **151**, *1650*
Belle Hélène (cuts of meat, tomatoes, green peas, carrots, and potato croquettes) **74**, *573*
Bellini (peach juice and champagne) **74**, *574*
belly bone, in **67**, *490*
belly single ribbed (U.S.)/belly deboned (U.K.) **67**, *491*
be mistaken, to **153**, *1691*
Bénédictine D.O.M.® (herbal liqueur) **74**, *578*
Benedictine style (dried cod fish purée and potatoes purée) **74**, *577*
be on a diet, to **159**, *1793*
Bercy sauce (fish stock, butter, shallots, and white wine) **74**, *580*
bergamot **153**, *1695*
Berny (tarts (U.S.)/tartlets (U.K.) with lentil purée) **75**, *585*
berry **64**, *438*
Berry style (cabbage, onions, chestnuts, and bacon) **75**, *586*
be sorry, to **141**, *1535*
be thirsty, to **159**, *1792*
better **246**, *2798*
beverage; drink **73**, *558*
bible tripe; bible **86**, *725*
bibleleaf (U.S.)/costmary; alecost (U.K.) **65**, *459*
big; large **192**, *2235*
Bigarade sauce (orange sauce) **76**, *602*
bigeye tuna (U.S.)/bigeye tunny (U.K.) **59**, *392*

billi-bi soup (mussels, onion, wine, cream, and seasonings) **343**, *4030*
biltong (dried strips of lean beef or game) **76**, *604*
bind, to **225**, *2548*
biodynamic **76**, *605*
birthday cake **79**, *646*
bison meat; buffalo meat **99**, *907*
bison milk; buffalo milk **223**, *2507*
bisque (crustaceans soup with white wine, cognac, and cream) **77**, *613*
bites; tidbits **291**, *3362*
bite, to **254**, *2924*
bitter **49**, *238*
bitter **77**, *615*
bitter beer **106**, *1015*
bitter chocolate; baking chocolate; unsweetened chocolate **113**, *1114*
bitter cress; cardamine **41**, *115*
bitter orange; Seville orange **220**, *2464*
black bean **168**, *1909*
black bean sauce **168**, *1910*
blackberry **51**, *266*
blackberry jam **187**, *2157*
blackbird **246**, *2801*
black bread (U.S.)/brown bread (U.K.) **281**, *3204*
black butter (butter, vinegar or lemon juice, capers, and parsley) **75**, *591*
black chanterelle; horn of plenty **368**, *4341*
black cherry **105**, *1009*
blackcock **164**, *1838*
black coffee **92**, *789*
black cumin **121**, *1244*
black currant **194**, *2266*
black currant syrup **389**, *4529*
black drum **296**, *3436*
black-eyed pea **168**, *1904*
blackfin tuna (U.S.)/blackfin tunny (U.K.) **44**, *164*
Black Forest cake **80**, *656*

black grape **373**, *4396*
black molasses (U.S.)/dark treacle (U.K.) **245**, *2777*
black mustard; brown mustard (U.K.) **256**, *2947*
black olive **60**, *422*
black olive paste **283**, *3241*
black pepper **293**, *3393*
black radish **313**, *3628*
Black Russian (cocktail made with vodka and coffee liqueur) **77**, *617*
black tea **109**, *1072*
black truffle **368**, *4346*
blade **220**, *2456*
blanched **83**, *697*
blanched celery **43**, *148*
blanch, to **84**, *699*
blancmange (a simple cooked pudding made of pulverized almonds) **77**, *618*
bleaks **288**, *3319*
blend **251**, *2880*
blended; mixed **252**, *2881*
blender (U.S.)/ mixer (U.K.) **252**, *2887*
blender **227**, *2574*
blend, to; mix, to **252**, *2883*
Bleu de Gex (French cheese, firm texture, made from unpasteurized cow milk) **77**, *619*
blinis (small buckwheat pancakes) **77**, *620*
blood **335**, *3906*
blood orange **220**, *2469*
blood sausage; blood pudding; black pudding (Ireland) (sausage made from pig blood, oatmeal, and seasonings) **114**, *1127*
Bloody Mary (cocktail made with tomato juice, vodka, Worcestershire sauce, salt, and Tabasco®) **78**, *621*
blue crab **262**, *2998*
Blue d'Auvergne (French cheese, made from cow milk) **78**, *622*
Blue Hawaii (cocktail

made with rum, Cointreau®, and Blue Curaçao) 78, *623*
Blue Hawaiian (cocktail made with Blue Curaçao, rum, pineapple juice, and coconut milk) 78, *624*
blue runner; dollar fish 390, *4532*
blue shark (U.S.)/blue dog (U.K.) 369, *4357*
blue whiting 240, *2710*
blueberry (U.S.)/bilberry (U.K.) 54, *321*
bluefish 151, *1646*
boatman style (shrimp (U.S.)/prawn (U.K.), crayfish, mushrooms, glazed onions, and fried eggs) 72, *544*
Bocconcini (small balls of fresh mozzarella, preserved in whey) 78, *629*
bock beer 105, *1011*
bockwurst (German sausage made from veal and spices) 79, *631*
bog myrtle; sweet gale 45, *183*
bogue 79, *633*
boiled 169, *1927*
boiled ham 302, *3543*
boiled potatoes 69, *518*
boiled rice; cooked rice 56, *350*
boiled vegetable 377, *4431*
boiling water 42, *128*
boil, to 169, *1926*
boldo 79, *639*
Bolognese style (with ragout) 80, *658*
bombay duck (small, dried, strongly flavored fish) 81, *665*
bombe (layers of ice-cream covered with whipped cream or fruits in a spherical mould) 81, *666*
Bonchester (Scottish cheese, creamy texture, made from unpasteurized cow milk) 81, *670*
boned 339, *3961*
boneless 142, *1545*
boneless duck breast; magret 286, *3280*
boneless quail 117, *1183*
boneless sirloin; chump (U.S.)/chump (U.K.) 45, *180*
bone(s) 271, *3093*
bone, to 142, *1546*
bone, to 361, *4242*
boning knife 163, *1823*
bonne femme sauce (cream, bread, carrot, onion, and mushrooms) 81, *673*
borage 82, *680*
Bordeaux sauce (wine sauce with marrow) 82, *677*
borlotti bean 168, *1895*
Boston lettuce; Bibb lettuce (U.S.)/round; cabbage lettuce (U.K.) 46, *195*
botarga 271, *3098*
bottle 185, *2134*
bottle of mineral water 185, *2135*
bottle of red wine 185, *2138*
bottle of white wine 185, *2137*
bottle of wine 185, *2136*
bottle opener 36, *23*
bottled 151, *1659*
bottled beer 105, *1013*
bottle, to 151, *1660*
bottled water 42, *127*
bottled wine 380, *4479*
(bottle) neck 185, *2132*
botton sirloin; tri tip (U.S.)/rump tail; tail of round (U.K.) 236, *2661*
bouillabaisse (French fish and seafood soup with saffron) 343, *4031*
bouillon cubes (U.S.)/stock cubes (U.K.) 94, *814*
boulangère potatoes (baked with onions) 68, *507*
Boulette d'Avesnes (cone--shaped fresh cheese and firm texture) 82, *687*
bouquet garni (bunch of aromatic herbs) 49, *239*
bourbon whisky 371, *4373*
Bourgeois style (carrots, onions, and bacon) 83, *690*
Boursin® (French cheese, creamy texture, made from cow milk) 83, *693*
bovine trachea 366, *4318*
bowl 360, *4226*
box 93, *798*
Brabantine style (Brussels sprouts, chicory (U.S.)/endive (U.K.), and hops) 83, *694*
brain 251, *2870*
braised 84, *701*
braise, to 84, *702*
bran 164, *1844*
brandy 83, *696*
brandy glass 355, *4153*
Brazil cress; Para cress 211, *2394*
Brazil mate 108, *1056*
Brazil nut 102, *957*
Brazilian pine nut 295, *3423*
Brazilian sardinella; sardine 336, *3919*
bread 279, *3184*
bread and butter 280, *3189*
bread basket 106, *1026*
bread crumbs 166, *1864*
bread crumbs; raspings 249, *2848*
bread crust; crust 101, *944*
breaded 150, *1639*
bread flour 165, *1862*
breadfruit 180, *2076*
bread knife 163, *1825*
bread pan (U.S.)/ bread tin (U.K.) 176, *2013*
bread plate 300, *3504*
bread pudding 303, *3567*
bread sauce (bread crumbs, milk, onions, and cloves) 280, *3203*
bread, to; crumb, to 150, *1640*
breadsticks 194, *2261*
break the eggs, to 308, *3593*
break, to 308, *3592*
break, to 323, *3771*
breakfast 91, *773*
bream 84, *704*
Bréhan (artichoke hearts with fava bean (U.S.)/broad bean (U.K.) purée, cauliflower, hollandaise sauce, and parsley potatoes) 84, *703*
bresaola (air-dried salted beef fillet) 84, *705*
Bretonne sauce (white wine, cream, carrot, celery, onion, and leek) 84, *707*
Bretonne style (with beans) 84, *706*
brewer's yeast 224, *2535*
brewery 106, *1021*
Brie (French cheese, soft texture, made from cow milk) 84, *708*
Briex de Meaux (French cheese, white and bloomy rind, creamy texture when ripe, made from unpasteurized cow milk) 85, *709*
brill 321, *3761*
brine 333, *3872*
bring, to 367, *4325*
brioche 85, *711*
brisket 285, *3274*
brisket point (U.S.)/brisket navel end (U.K.) 298, *3473*
broccoli 85, *712*
broiled (U.S.)/ grilled (U.K.) 193, *2256*
broil, to (U.S.)/grill, to (U.K.) 193, *2257*
broom 376, *4416*
brotherhood; wine society 124, *1287*
brown butter 238, *2692*
browned 126, *1332*
brown long-grain rice 57, *358*
brown rice 56, *356*
brown sauce 156, *1740*
brown short-grain rice 57, *357*
brown slightly, to 145, *1601*

| Term | Page | Term No. |

brown sugar (U.S.)/
   demerara sugar (U.K.)
   39, 75
brown, to 145, 1600
brunch 85, 719
bruschetta (toast with
   garlic and olive oil)
   85, 720
brush 155, 1734
brush, to 295, 3420
Brussels sprouts 129, 1373
Brussels style (Brussels
   sprouts, chicory (U.S.)/
   endive (U.K.), and
   château potatoes) 86,
   721
bubble 82, 675
bubble and squeak
   (sautéed potatoes and
   cabbage) 86, 722
bucatini (hollow pasta)
   86, 723
buck 89, 748
buckwheat 367, 4332
buckwheat flour 166,
   1869
buffalo cheese 308, 3599
buffalo milk mozzarella
   257, 2954
bulb baster 68, 501
Bulgarian style
   (mayonnaise, tomato
   sauce, and diced celery)
   87, 734
bulgur 87, 735
Bull Shot (vodka,
   beef bouillon,
   Worcestershire
   sauce, celery salt, and
   Tabasco®) 87, 736
bun 87, 737
bunch of grapes 90, 762
burbot 229, 2603
burdock (root) 67, 483
Burgundy sauce (red wine
   sauce) 83, 692
Burgundy style (with red
   wine, mushrooms, and
   pearl onion) 83, 691
burner 78, 627
burnet 335, 3907
burnt 309, 3612
burn, to 309, 3614
busecca (tripe soup with

white beans (U.S)/haricot
   beans (U.K) 87, 739
Bush tomato 362, 4259
business meal 48, 225
butcher 38, 65
butchery 38, 64
butter 237, 2674
butter biscuit 76, 606
butter cookies (U.S.)/
   butter biscuits (U.K.)
   327, 3792
butter curler 270, 3079
butter dish 238, 2696
buttered 372, 4382
buttered toast 364, 4281
butterfly flat 82, 674
buttermilk 222, 2501
butternut squash 36, 20
butter sauce 238, 2694
butterscotch sauce
   (cream, butter, sugar,
   and lemon) 87, 740
butter, to 372, 4383
buy, to 122, 1265

C

cabbage 318, 3717
cabbage soup 345, 4056
cachaça (sugarcane
   distillate) 90, 761
Caesar salad (romaine
   lettuce (U.S.)/cos lettuce
   (U.K.), anchovies, and
   egg) 90, 767
caffè macchiato (espresso
   with a dollop of
   steamed milk foam)
   92, 795
caffeine-free; no caffeine
   338, 3947
caipirinha (cachaça, lime,
   and sugar) 92, 796
caipiroska (vodka, lime,
   and sugar) 93, 797
cake 79, 645
cake base 181, 2095
cake pan (U.S.)/ cake tin
   (U.K.) 175, 2012
calamint 93, 802
calamos; sweet grass;
   sweet rush; wild iris
   93, 803
calasparra rice (especially

for paella) 56, 348
California golden trout
   368, 4354
call, to 108, 1054
caloric 94, 823
calorie 94, 822
Calvados (apple brandy)
   94, 824
Cambacérès (crayfish,
   mushrooms, and
   truffles) 95, 834
Cambacérès soup (cream
   of chicken soup, pigeon,
   and crayfish) 343, 4032
cameline sauce
   (cinnamon, clove,
   ginger, cardamom,
   mace, pepper, and
   verjus) 95, 836
Camembert (French
   cheese, soft texture,
   made from cow milk)
   95, 838
Camembert de
   Normandie (French
   cheese, has white and
   bloomy rind, creamy
   texture when ripe, made
   from unpasteurized cow
   milk) 95, 837
camomile tea 107, 1040
camomile; chamomile
   96, 839
Campari® (Italian bitter)
   96, 842
can (U.S.)/tin (U.K.) 221,
   2482
canapé; toast 285, 3267
cancalaise style (oysters
   and white wine sauce)
   96, 847
cancel, to 96, 848
candied fruit (U.S.)/
   crystallized fruit; glacé
   fruit (U.K.) 179, 2068
candied fruits (U.S.)/
   crystallized fruits; glacé
   fruits (U.K.) 180, 2078
candied lemon peel 101,
   942
candied orange peel 101,
   940
candied peel 101, 939
candle 376, 4423

candlelight dinner 211,
   2395
candlestick 96, 849
candy (U.S.)/sweets (U.K.)
   64, 451
candy store(U.S.)/candy
   shop (U.K.) 123, 1282
cane sugar 39, 72
canned (U.S.)/tinned (U.K.)
   152, 1667
canned fruit (U.S.)/tinned
   fruit (U.K.) 180, 2074
canned vegetables (U.S.)/
   tinned vegetables (U.K.)
   222, 2497
cannellini bean 168, 1897
cannelloni (pasta shaped
   into big and hollow
   tubes) 96, 857
canola oil (U.S.)/rape oil;
   rapeseed oil (U.K.) 268,
   3045
can opener (U.S.)/ tin
   opener (U.K.) 36, 24
cantaloupe 245, 2784
canteen 97, 866
can, to 152, 1668
cantuccini (dry biscuits
   with almonds) 97, 867
cape gooseberries 291,
   3368
capellini; angel hair (pasta
   for soup) 97, 874
caper 45, 175
capers sauce 45, 176
capon 97, 872
cappelletti in stock 97,
   879
cappuccino 98, 880
carafe 185, 2139
carambola; stair fruit
   98, 884
caramel (burnt sugar)
   98, 887
caramelized 98, 885
caramelize, to 98, 886
caraway 45, 177
carbohydrate 98, 893
carbonara sauce (bacon,
   eggs, and parmesan
   cheese) 98, 894
carcass 98, 895
cardamom 99, 900
Cardinal (lobster and

— 489 —

Term | Page | Term No.

truffles) 99, *903*
cardinal sauce (fish sauce and lobster butter) 99, *904*
cardoon 99, *905*
careful 134, *1453*
Caribean red snapper 377, *4436*
Carmen salad (red pepper, chicken breast, green peas, and rice) 329, *3815*
carnaroli rice 56, *349*
carob 47, *200*
carp 100, *924*
carpaccio (thin slices of raw beef seasoned with olive oil and parmesan cheese) 100, *926*
Carpano® (Italian vermouth) 100, *927*
carrot 104, *994*
carrot cake 80, *649*
carrots Vicky (cooked in water and served with butter and parsley) 105, *996*
carved 367, *4335*
carve, to (meat) 367, *4337*
carving knife; slicing knife 163, *1828*
cash register 93, *799*
Cashel Blue (Irish cheese, with sharp taste, made from cow milk) 101, *948*
cashew 93, *801*
cashew nut 102, *956*
cask 364, *4276*
cassata (layers of ice-cream with candied fruits (U.S.)/crystallized fruits (U.K.) 102, *950*
cassava; manioc; yucca 236, *2663*
cassava flour; manioc flour 165, *1859*
cassia 102, *951*
cassoulet (casserole of white bean (U.S.)/haricot bean (U.K.), mutton, pork, and goose) 102, *952*
Castile style (tomatoes, onions, and potato

croquettes) 102, *960*
Catalan cream 131, *1415*
Catalan style (eggplant (U.S.)/aubergine (U.K.) and rice pilaf) 103, *961*
Catalan style (tomatoes, chestnuts, chipolata, and olives) 103, *962*
catering 340, *3985*
cattail (U.S.)/bulrush; reedmace (U.K.) 355, *4149*
cattle 183, *2101*
cat tongue cookies (U.S.)/cat tongue biscuits (U.K.) 226, *2564*
cauliflower 129, *1375*
cauliflower au gratin 129, *1376*
cauliflower salad 329, *3826*
cavatappi (corkscrew-shaped pasta) 103, *971*
caviar 103, *972*
caviar butter 238, *2683*
caviar canapés 96, *845*
Cavour (semolina croquettes and ravioli) 103, *973*
Cayenne pepper 292, *3385*
celeriac; celery root 43, *149*
celery 43, *150*
celery rib (U.S.)/celery stick (U.K.) 357, *4175*
celery salt 332, *3855*
celery seeds 338, *3951*
cellar; apotheke 40, *88*
cellar; winery; wine company 381, *4494*
cellophane noodles (Asian noodles) 233, *2624*
center of heel (U.S.)/golden coin muscle (U.K.) 65, *466*
centrifuged 105, *999*
centrifuge, to 105, *1000*
cereal distillate 43, *139*
cereal flakes 173, *1975*
cereals 105, *1003*
cereal yogurt 207, *2373*
cervelat (German sausage made from ground

(U.S.)/minced (U.K.) beef and pork, herbs and spices) 106, *1023*
Ceylon tea 108, *1046*
chafing dish 316, *3675*
Chai (black tea, cinnamon, cardamom, ginger, and cloves) 241, *2734*
chair 90, *764*
Chambord (fish dumplings, mushrooms, soft roe, crayfish, and truffles) 108, *1057*
chambrer 139, *1494*
chamois 89, *749*
champagne 108, *1059*
champagne bottle stopper 357, *4182*
champagne bucket 65, *454*
champagne glass 355, *4152*
change 368, *4340*
change, to 257, *2956*
chanterelle 109, *1064*
char (fish) 334, *3897*
charcoal 101, *935*
charcoal-grilled meats 100, *918*
charcuterie 109, *1073*
chard salad 329, *3817*
chard; Swiss chard 37, *43*
charentais 245, *2785*
charge, to 117, *1174*
charlotte (cream with ladyfingers (U.S.)/sponge biscuits (U.K.) and candied fruits (U.S.)/crystallized fruits (U.K.) 109, *1074*
Charthes style (with tarragon) 109, *1077*
Chartreuse® (French liqueur composed of distilled wine alcohol flavored with more than 130 herbal extracts) 110, *1078*
Chasseur (with sauce made from mushrooms, shallots, tomatoes, and white wine) 110, *1082*
chasseur sauce (white

wine, shallots, mushrooms, and tomatoes) 89, *751*
château potatoes (olive-shaped potatoes sautéed in butter) 69, *515*
Chateaubriand sauce (shallots, thyme, bay leaf, mushrooms, white wine, butter, and parsley) 110, *1084*
chayote 114, *1130*
cheap 66, *477*
check (U.S.)/bill (U.K.) 125, *1306*
Cheddar (English cheese, made from cow milk) 111, *1088*
cheers 336, *3923*
cheese 308, *3595*
cheese balls 79, *643*
cheese board 355, *4151*
cheese bowl 308, *3594*
cheeseburger 111, *1089*
cheesecake 365, *4302*
cheese omelet 269, *3071*
cheese pâté 284, *3253*
cheese plane; cheese slicer 166, *1877*
cheese rind 101, *945*
cheese sandwich 335, *3903*
cheese soufflé 351, *4131*
cheese straws 362, *4245*
cheese tarts (U.S.)/tartlets (U.K.) 358, *4195*
cheese tray 300, *3507*
chef suggests 351, *4134*
cherimoya; custard apple (U.K.) 111, *1098*
cherry 105, *1007*
cherry brandy 43, *138*
cherry cake 365, *4294*
cherry jam 187, *2158*
cherry soufflé 351, *4130*
cherry tomato 363, *4261*
Cheshire; Chester (British cheese, made from unpasteurized cow milk) 111, *1099*
chestnut 102, *959*
chestnut flour 165, *1852*
chestnut honey 245, *2791*
chestnut purée 304, *3573*
chew, to 243, *2756*

Term | Page | Term No.

Chianti (Italian wine) 111, *1101*
chick 295, *3428*
chick pea; garbanzo bean 192, *2242*
chicken 177, *2040*
chicken à la king (with mushrooms and Sherry) 177, *2041*
chicken breast 286, *3277*
chicken broth with rice 97, *863*
chicken carcass 98, *896*
chicken consommé 124, *1300*
chicken croquettes 133, *1443*
chicken curry 178, *2043*
chicken drumstick 130, *1391*
chicken filet 171, *1950*
chicken fricassée 178, *2052*
chicken giblets 252, *2885*
chicken gumbo 195, *2289*
chicken hamburger 198, *2296*
chicken Kiev (chicken breast filled with butter and breaded) 178, *2048*
chicken liver 170, *1936*
chicken Marengo (with mushrooms and tomatoes) 178, *2042*
chicken pie 365, *4296*
chicken salad 330, *3829*
chicken stock; chicken broth (U.S.)/white stock (U.K.) 94, *817*
chicken strips 362, *4244*
chicken thigh 342, *4015*
chicken wings 57, *368*
chickpeas flour; besan (U.S.)/gram flour; besan (U.K.) 165, *1856*
chicory (U.S.)/endive (U.K.) 111, *1102*
child's bib 63, *427*
children's meal 301, *3521*
children's menu 246, *2814*
chili con carne (chili flavored stew of ground beef (U.S.)/minced beef (U.K.) and beans) 112, *1105*

chili oil 268, *3046*
chili pepper; bird pepper; hot pepper 293, *3398*
chili powder 112, *1106*
chilindrón sauce (sweet pepper, onion, tomato, and ham) 112, *1107*
chill, to 319, *3730*
chimichurri sauce (herbs, olive oil, vinegar, oregano, onion, and garlic) 112, *1109*
china (service) 53, *302*
Chinese bitter melon; Persian melon 245, *2783*
Chinese cabbage 37, *44*
Chinese sieve 112, *1110*
Chinotto (Italian soft drink flavored with sour orange) 112, *1111*
chip pan 279, *3176*
chipolata (French pork sausage) 112, *1113*
chipolata style (pearl onions, chestnuts, carrots, bacon, and chipolata) 112, *1112*
chipotle chili 293, *3387*
chipped (glass, plate) 313, *3634*
chives 104, *985*
chives sauce 104, *986*
chocolate bar 67, *487*
chocolate Bavarian cream 73, *552*
chocolate cake 365, *4295*
chocolate cake 80, *650*
chocolate cigarettes 114, *1141*
chocolate cream puff; chocolate profiterole 100, *922*
chocolate éclairs 81, *667*
chocolate hot fudge 93, *808*
chocolate ice-cream 348, *4087*
chocolate milk shake 250, *2858*
chocolate millefeuille 249, *2853*
chocolate mousse 258, *2981*
chocolate nougat 364, *4287*

chocolate pudding 303, *3565*
chocolates 113, *1121*
chocolate shavings; chocolate curls 315, *3666*
chocolate sprinkles (U.S.)/jimmies; chocolate vermicelli (U.K.) 113, *1118*
chocolate syrup 93, *807*
chocolate truffle 368, *4344*
choice 155, *1726*
choice of cheese 337, *3941*
Choisy (with lettuce) 113, *1122*
choose, to 155, *1728*
chopped (U.S.)/minced (U.K.) 291, *3369*
chopping board; cutting board 355, *4150*
chopsticks 285, *3260*
chop, to; hash, to; cut up, to 292, *3374*
chorizo (Spanish pork sausage) 113, *1124*
Choron (artichoke hearts, asparagus tips, and noisette potatoes) 113, *1125*
Choron sauce (béarnaise sauce with tomato purée) 113, *1126*
choux pastry; cream-puff pastry 242, *2746*
chowder (seafood soup) 114, *1128*
choy sum (Chinese green); flowering white cabbage 114, *1129*
Christmas cake 80, *655*
Christmas cookies (U.S.)/Christmas biscuits (U.K.) 77, *612*
Christmas dinner 104, *993*
Christmas log (sponge cake flavored with chestnuts and chocolate) 86, *724*
Christmas menu 246, *2809*
chub mackerel (U.S.)/Spanish mackerel (U.K.) 103, *969*
chuck 37, *46*

chuck short ribs (U.S.)/ribs roast (U.K.) 128, *1362*
chuck with brisket 143, *1565*
chutney 114, *1134*
cigar 110, *1079*
cigarette; fag (U.K.) 114, *1142*
cinnamon 96, *851*
cinnamon cookies (U.S.)/cinnamon biscuits (U.K.) 77, *611*
cinnamon stick 96, *855*
Cioppino (stew of fish and shellfish in tomato sauce) 115, *1147*
citric acid 38, *54*
citron 114, *1137*
citron lemonade 317, *3698*
citrus fruit 115, *1149*
civet (blood-flavored game stew) 115, *1151*
clam 382, *4508*
clam 49, *247*
clam chowder 345, *4060*
Clamart style (with green peas) 115, *1152*
clams 240, *2716*
clarified butter (melted and separated from whey) 237, *2675*
clarify, to 116, *1155*
classic recipe 316, *3674*
clean 226, *2560*
clean glass 125, *1316*
clean, to 226, *2559*
clear away, to 361, *4240*
clementine 248, *2842*
clog 357, *4177*
closed 167, *1888*
clove 131, *1411*
clove of garlic 139, *1504*
clove pink; gillyflower 131, *1412*
clover honey 245, *2795*
club sandwich (slices of chicken or turkey, lettuce, tomato, and bacon) 116, *1160*
club soda; soda water; carbonated water 116, *1161*
coagulate, to; clot, to 116, *1165*

Term	Page	Term No.

coarse sugar; sanding sugar; crystal sugar 39, *78*
coated 316, *3684*
coat, to 316, *3685*
cob; corn on the cob 157, *1767*
Cobb salad (chicken, turkey, bacon, hard-boiled eggs, tomatoes, avocado, watercress, scallion (U.S.)/spring onion (U.K.), cheddar, and lettuce) 116, *1171*
cobia 76, *603*
cock au gratin, to (U.S.)/ brown a dish, to (U.K.) 193, *2248*
cock-a-leekie (soup of chicken and leeks) 117, *1178*
cockle 74, *579*
cocks' combs; rooster's combs 132, *1434*
cocktail 126, *1322*
cocktail shaker; mixing glass 126, *1325*
cocoa 90, *758*
cocoa butter 237, *2681*
cocoa powder 90, *759*
coconut 117, *1179*
coconut cake 80, *651*
coconut milk 223, *2509*
cod 63, *429*
cod liver oil 268, *3047*
coffee 91, *768*
coffee cake 364, *4292*
coffee cup 390, *4535*
coffee filter 172, *1961*
coffee grinder 252, *2894*
coffee ice-cream 348, *4085*
coffee machine 92, *792*
coffeepot 86, *732*
coffee powder; ground coffee 91, *777*
coffee set; coffee service 53, *300*
coffee shop; cafeteria 228, *2588*
coffee spoon 119, *1204*
coffee whitener 84, *698*
coffee with cream 91, *770*
coffee with milk; café au lait 91, *771*

coffee without caffeine; decaffeinated coffee; decaf 91, *776*
cognac glass 125, *1315*
cognac; French brandy 124, *1292*
Cointreau® (orange-flavored liqueur) 118, *1198*
colander 155, *1730*
Colbert butter (maître d'hôtel butter mixed with chopped tarragon and meat glaze) 237, *2676*
Colbert sauce (Marsala wine, butter, tarragon, and lemon juice) 118, *1200*
cold 179, *2056*
cold buffet 86, *731*
cold consommé 124, *1302*
cold cuts 179, *2057*
cold dish 300, *3513*
cold drink 146, *1603*
coleslaw (U.S.)/cabbage salad (U.K.) (cabbage, tomato, potato, capers, and anchovies) 119, *1201*
collard; collard greens 129, *1370*
Commodore (fish dumplings, crayfish croquettes, and mussels) 121, *1249*
complaint 316, *3682*
complain, to 316, *3683*
complete 122, *1257*
completed 122, *1255*
complete, to 122, *1256*
composition 122, *1259*
Compote (pigeon, partridge or rabbit, pearl onions, and bacon) 122, *1263*
compote jar 122, *1262*
compote; stewed fruit; preserves 122, *1260*
conchiglie (shell shaped pasta) 123, *1275*
conchigliette (tiny pasta shells) 123, *1276*
Condé (with red kidney bean purée) 123, *1277*
Condé soup (purée of red kidney beans) 344, *4034*
condition, to 38, *61*
confectioner 123, *1283*
confirm, to 123, *1286*
conger 124, *1290*
consommé 124, *1298*
consommé Célestine (chicken consommé with tapioca) 124, *1299*
consommé princess (chicken consommé with asparagus tips) 124, *1303*
consume, to 125, *1304*
consumption 125, *1305*
Conti (lentil purée with bacon) 125, *1308*
continental breakfast 91, *774*
convection oven 176, *2024*
cook 131, *1410*
cook's knife 163, *1822*
cooked 130, *1394*
cooked in a wood burning oven 301, *3536*
cookery course 135, *1465*
cookie (U.S.)/ biscuit (U.K.) 76, *608*
cooking 130, *1398*
cooking time 359, *4206*
cook, to 130, *1402*
cook wear 323, *3781*
cooled 319, *3729*
cool, to 56, *339*
copra (fat derived from the coconut) 126, *1320*
coq au vin (rooster in wine sauce) 126, *1321*
coral 126, *1333*
coral trout 368, *4350*
corallini (pasta for soup) 126, *1334*
core, to; pit, to; seed, to (U.S.)/stone, to (U.K.) 141, *1526*
corkscrew 327, *3799*
corn (U.S.)/sweetcorn (U.K.) 249, *2855*
corn bread 280, *3195*
corn flakes 173, *1977*
cornmeal 165, *1861*
corn oil 268, *3050*

corn skewers 157, *1764*
cornstarch (U.S.)/corn flour (U.K.) 235, *2648*
cornstarch (U.S.)/corn flour (U.K.) 51, *261*
corn syrup (U.S.)/glucose syrup (U.K.) 190, *2205*
corned beef 99, *917*
cotechino (Italian sausage made from pork meat and the skin of the pig, and seasoned with spices) 128, *1365*
cottage (English cheese, fresh, low fat, made from cow milk) 128, *1367*
cotton candy (U.S.)/candy floss (U.K.) 47, *207*
coupe (ice cream, fruits, and marron glacé) 128, *1368*
course 300, *3510*
court bouillon (broth made by cooking various vegetables in wine or vinegar) 129, *1369*
couscous 135, *1467*
cover; lid 357, *4181*
cover, to; top, to 117, *1176*
covered 117, *1172*
cow cheese 309, *3604*
cow milk 223, *2514*
crab 98, *890*
cracked 367, *4334*
cracked ice; crushed ice 188, *2175*
cracker 76, *609*
crackling 287, *3307*
cranberry 275, *3145*
crawfish 94, *828*
cream 131, *1420*
cream cheese (English, fresh, made from whole cow milk) 131, *1413*
cream of asparagus soup 344, *4036*
cream of carrot soup 344, *4039*
cream of chicken soup 344, *4042*
cream of green peas soup 344, *4040*

| Term | Page | Term No. |

cream of leek soup 344, *4035*
cream of oatmeal soup 344, *4037*
cream of potato soup 344, *4038*
cream of spinach soup 344, *4041*
cream of tartar 132, *1427*
cream of tomato soup 344, *4043*
cream of vegetable soup 344, *4044*
cream pudding 279, *3180*
cream puffs; profiteroles 100, *923*
creamy 132, *1428*
Crécy style (with carrots) 131, *1414*
credit card 101, *932*
crème anglaise (a rich custard sauce) 132, *1426*
crème brûlée (U.S.)/ burnt cream (U.K.) 131, *1417*
Cremona mustard (fruit in syrup and mustard powder) 255, *2939*
Creole style (tomatoes, onions, sweet pepper, and rice) 132, *1429*
crepe 279, *3182*
crêpes Suzette (with orange juice and Curaçao) 132, *1431*
crevalle jack 389, *4526*
crisp; crunchy 133, *1435*
croaker 128, *1360*
crocodile 133, *1436*
croissant 133, *1437*
croque madame (toasted ham and cheese, and fried egg sandwich) 133, *1439*
croque monsieur (toasted ham and cheese sandwich) 133, *1440*
crostata (Italian fruit pie (U.S.)/fruit tart (U.K.)) 133, *1444*
Crottin de Chavignol (cheese originates in Loire, made from unpasteurized goat milk) 133, *1445*

croutons 133, *1446*
crown roast of lamb 127, *1341*
cruet stand 60, *418*
crumb 251, *2873*
crumble, to 156, *1745*
crush, to 156, *1744*
crustaceans 134, *1448*
crystalline 132, *1432*
crystallized rose petals 290, *3359*
crystallize, to 132, *1433*
Cuarenta y Tres® (Spanish liqueur) 134, *1449*
Cuba Libre (cocktail made with rum, Coke®, and lemon juice) 134, *1450*
cube, to; dice, to 127, *1352*
cubera snapper 377, *4435*
cucumber 288, *3314*
cucumber and tomato salad 330, *3833*
cucumber salad 330, *3832*
culinary 134, *1454*
cultivated mushrooms 118, *1193*
Cumberland sauce; Oxford sauce (currant jelly, shreds of orange rind, and mustard) 134, *1455*
cumin 121, *1243*
cup (chilled drink with white wine and fruits) 134, *1457*
cup 390, *4534*
cup and saucer 390, *4537*
Curaçao (Dutch liqueur made with peels of bitter oranges) 135, *1459*
curd cheese 116, *1166*
curdled milk 224, *2525*
curdle, to 116, *1168*
cured 135, *1460*
curly endive 112, *1104*
curly endive; frisée 46, *194*
curly kale 129, *1377*
curly leafed mint 201, *2332*
curly lettuce; green lollo 46, *191*
curly parsley 334, *3891*
currant jelly; gooseberry

jelly 187, *2163*
currant; zante currant 373, *4399*
curry 135, *1463*
curry leaf 174, *1992*
curry powder 135, *1464*
cusk 36, *28*
Cussy (artichoke hearts with mushrooms purée, cocks' kidneys, truffles, and Madeira sauce) 135, *1468*
custard apple 123, *1278*
custard; flan 303, *3566*
customer 116, *1156*
customers 116, *1158*
cut 127, *1343*
cut 128, *1359*
cut in Julienne, to 128, *1355*
cut into pieces, to; chop up, to 128, *1356*
cut into slices; slice, to 127, *1353*
cut into small pieces, to; slash, to 319, *3739*
cut into strips, to; shred, to 128, *1358*
cutlass fish; largehead tail 286, *3291*
cutlery 357, *4171*
cuttlefish 339, *3976*
cut, to 127, *1350*
Cynar® (artichoke flavored bitter) 135, *1470*

D

d'Artois (potato croquettes with green peas stuffing and Madeira sauce) 138, *1480*
daikon radish (U.S.)/mooli (U.K.) (Japanese radish) 137, *1473*
daily special 300, *3511*
Daiquiri (cocktail made with rum, lemon juice, sugar, and grenadine) 137, *1474*
dairy product 221, *2483*
damp 372, *4378*
dandelion 139, *1505*
Danish Blue (Danish

cheese, blue veins, made from cow milk) 137, *1476*
Darblay soup (potato soup with shredded vegetables) 344, *4045*
Darjeeling tea (black tea) 107, *1038*
dark 156, *1739*
dashi (Japanese stock) 138, *1481*
date 357, *4178*
Daumont style (fish dumplings, truffles, crayfish with Nantua sauce, mushrooms, and bread crumbs) 138, *1482*
dazzle, to 369, *4366*
decaffeinated 140, *1518*
decantation; decanting 138, *1483*
decant, to 138, *1484*
decorated 138, *1485*
decorate, to 138, *1486*
deep freeze, to; freeze, to 124, *1289*
deep-fry, to 179, *2062*
deer 106, *1024*
defrost, to 139, *1491*
deglaze, to 139, *1492*
dehydrate, to 142, *1543*
dehydration 142, *1542*
delay 139, *1502*
delicacy 195, *2288*
delicacy 205, *2350*
delicate 139, *1496*
delicatessen 139, *1497*
delicious 139, *1498*
demi-glace (sauce resulting from a reduction of brown stock and Spanish sauce) 139, *1500*
demitasse 139, *1501*
Denver sandwich; Western sandwich (lettuce, onion, ham, and scrambled eggs) 140, *1507*
depurate, to 140, *1511*
desalt, to 142, *1550*
Descar (potato croquettes and artichoke hearts in butter with chicken

breast stuffing) 140, *1523*
dessert (U.S.)/afters; pudding (U.K.) 342, *4016*
dessert cart 100, *929*
dessert fork 185, *2130*
dessert knife 163, *1827*
dessert plate 300, *3508*
dessert spoon 119, *1209*
dessert wine 380, *4475*
detergent 142, *1556*
devil's sauce (wine, vinegar, and black pepper) 143, *1562*
devilled style (grilled, breaded, and fried poultry) 143, *1561*
dewpoint 298, *3476*
diabetic 143, *1560*
Diana sauce (with plenty of peppers) 143, *1563*
Diana style (with game purée) 143, *1564*
diaphragm membrane 246, *2802*
diary; creamery 223, *2523*
dice, to 128, *1357*
Dieppe style (shrimps (U.S.)/prawns (U.K.) and mussels with white wine sauce) 143, *1566*
diet 143, *1567*
dietetic 143, *1568*
dietetic menu 246, *2811*
digestible 138, *1488*
digestible 143, *1570*
digestion 144, *1571*
digest, to 143, *1569*
Dijon mustard 256, *2940*
Dijon style (with Dijon mustard) 144, *1573*
dill 151, *1652*
dill sauce 151, *1653*
dill seeds 338, *3953*
diluted 144, *1575*
dilute, to 144, *1577*
dining car 375, *4402*
dining room 331, *3848*
dining room staff 303, *3555*
dinner; supper 212, *2399*
dinner is served at... 212, *2398*
dinner set; dinner service 53, *301*

dinner time 200, *2325*
diplomate pudding (candied fruits (U.S.)/crystallized fruits (U.K.), ladyfingers (U.S.)/sponge biscuits (U.K.), and crème anglaise) 132, *1425*
diplomatic style (with lobster and truffles) 144, *1579*
dirty 351, *4136*
dirty, to 351, *4135*
disagreeable 140, *1515*
discard, to; dispose of, to 141, *1527*
discount 141, *1534*
dish drainer 155, *1731*
dish to order 300, *3512*
dish washer 239, *2699*
dishware; chinaware; crockery 229, *2604*
dissolve, to 144, *1581*
distillate 142, *1553*
distillation 142, *1552*
distillery 142, *1555*
distil, to 142, *1554*
distribute, to 144, *1582*
ditali; tubetti (pasta for soup) 144, *1583*
divide into portions, to; 144, *1585*
divide, to 144, *1584*
dog cockle 50, *254*
dogfish 90, *752*
Dolcelatte®; gorgonzola dolce (Italian cheese, blue veins, made from cow milk) 145, *1591*
dolphinfish 145, *1599*
donkey 87, *738*
Doria salad (celery, white truffles, asparagus tips, beet (U.S.)/beetroot (U.K.), and vinaigrette) 330, *3837*
dose 145, *1596*
double 146, *1612*
double sandwich 335, *3904*
dough 242, *2739*
doughnut; donut 145, *1597*
dozen 147, *1617*
drain, to (to use the

solids) 155, *1732*
drained 155, *1733*
Drambuie® (liqueur made with malt whisky and wild honey) 145, *1602*
draught beer; draft beer; tap beer 113, *1123*
dreggish 369, *4367*
dress a salad, to 151, *1656*
dried fig 171, *1946*
dried fruit 180, *2077*
dried meat; jerky beef 100, *919*
dried shrimp paste (U.S.)/dried prawn paste (U.K.); blachan; trasi 283, *3242*
dried shrimps (U.S.)/dried prawns (U.K.) 95, *833*
dried tomato 363, *4269*
drinkable 299, *3498*
drinking straw 97, *868*
drinking water 42, *134*
drinks included 73, *563*
drink, to 73, *556*
drop 191, *2228*
drops 146, *1605*
D-rump 45, *179*
drumsticks 129, *1382*
drunk; pissed, bladdered (U.K.) 73, *555*
dry 337, *3934*
Dry Martini (cocktail made with gin, vermouth, and green olive) 146, *1606*
dry, to 337, *3933*
dry yeast 169, *1923*
Du Barry (cauliflower and château potatoes with Mornay sauce) 146, *1607*
Du Barry soup (cream of cauliflower soup) 345, *4062*
duchess style (with moulds of mashed potatoes au gratin) 146, *1608*
duck 284, *3256*
duck breast 286, *3279*
duck carcass 98, *897*
duck drumstick 130, *1392*
duck egg 272, *3113*
duckling 284, *3258*
duckling with oranges 284, *3257*
duck liver 170, *1938*

duck wings 57, *369*
dukkah (cilantro (U.S.)/coriander (U.K.), cumin, sesame seeds, and hazelnuts) 146, *1609*
dulse (red seaweed) 146, *1610*
dumpling 146, *1611*
dumplings 309, *3616*
durum wheat; durum; 367, *4331*
durum wheat flour 166, *1867*
durum wheat pasta 242, *2742*
Duse (green beans (U.S.)/French beans (U.K.), tomatoes, and parmentier potatoes) 147, *1615*
dust pan 277, *3151*
Dutch style (fish with boiled potatoes) 200, *2321*
Dutch style (poached eggs, boiled vegetables or poached fish, and hollandaise sauce) 200, *2320*
Duxelles sauce (mushrooms, onion, and white wine) 147, *1616*

E

Earl Grey tea (black tea) 108, *1047*
earthenware pot 279, *3172*
Easter 283, *3236*
Easter dove 120, *1222*
Easter egg 272, *3112*
Eastern style (stuffed tomatoes and sweet potato) 270, *3088*
easy 164, *1834*
eat, to 120, *1228*
ebullition 149, *1618*
edam (Dutch cheese, semi-hard texture, made from low fat cow milk) 149, *1621*
edge 82, *676*
edible 120, *1233*
edible acid; acetic acid 38, *52*

Term | Page | Term No.

edible crab 335, *3909*
eel 152, *1664*
effervescent 149, *1622*
egg 271, *3102*
egg cup 356, *4159*
eggplant (U.S.)/aubergine (U.K.) 75, *583*
egg pasta 242, *2737*
eggs Berny style (scrambled eggs with chipolata and tomato sauce) 272, *3118*
egg separator 339, *3974*
eggshell 101, *943*
egg slicer 127, *1347*
egg slicer 166, *1876*
egg white 115, *1153*
egg yolk 188, *2177*
elderberries 64, *440*
elderberry 327, *3797*
electric fryer 179, *2058*
electric knife 164, *1830*
electric mixer 72, *540*
electric stove 174, *1985*
Emmental; Emmentaler; Emmethaler (Swiss cheese, with large holes and nutty taste) 150, *1637*
emperor red snapper 206, *2353*
empty 376, *4417*
empty, to 159, *1804*
emu egg 272, *3106*
emulsify, to 151, *1642*
emulsion 150, *1641*
emus 150, *1626*
English breakfast tea (black tea blend) 108, *1048*
English style (boiled and served with butter) 206, *2360*
English style (boiled and served with butter) 52, *282*
enjoy your meal 81, *664*
enokitake mushroom; enoki mushroom (mushroom variety) 152, *1671*
enough 68, *498*
enough (quantity) 68, *499*

entrée (U.S.)/main dish; main course 300, *3517*
entrée; first course 153, *1680*
envelop, to 153, *1685*
epazote 153, *1698*
escabeche (fried and marinated) 154, *1714*
escalope 154, *1719*
escalope Cordon Bleu (filled with ham and cheese, and breaded) 154, *1720*
escarole; Batavian endive 155, *1725*
escarole salad 330, *3828*
espresso 91, *782*
espresso with liqueur 91, *780*
espresso with steamed milk 91, *779*
espresso with whipped cream 91, *778*
Esrom; Danish Port Salut (Danish cheese, semi-hard texture, made from cow milk) 158, *1782*
essence 158, *1783*
evaporated milk 223, *2516*
evaporate, to 160, *1806*
even; level; plain 315, *3662*
even; smooth 227, *2578*
evening with dancing 212, *2396*
exact; precise 160, *1807*
excellent 160, *1809*
excuse me 285, *3271*
exotic 160, *1810*
expensive 100, *921*
extra virgin olive oil 60, *415*
extract 160, *1813*
eye of round; eye round 219, *2450*

F

fagottini (stuffed pasta made of fresh pasta) 164, *1836*
fairy ring mushroom 256, *2952*
falafel (small, deep-fried

balls made of fava bean (U.S.)/broad bean (U.K.) and chickpeas) 164, *1839*
farfalle (butterfly-shaped pasta) 165, *1848*
farm (eggs, chickens) 137, *1472*
fast food 166, *1872*
fast, to 212, *2408*
fat; grease 190, *2217*
fat back (U.S.)/pork fat (U.K.) 366, *4309*
fat-free 339, *3963*
fatten, to 152, *1662*
Faubonne soup (white beans purée (U.S.)/ haricot beans purée (U.K.) 346, *4065*
fava bean (U.S.)/broad bean (U.K.) 167, *1882*
Favart (chicken dumplings, tarragon, and mushroom tarts (U.S.)/tartlets (U.K.) 167, *1883*
favorite style (asparagus tips, foie gras, and truffles) 167, *1885*
Fédora (boats filled with asparagus tips, carrot, turnip, orange, and chestnut) 167, *1891*
feijoada (Brazilian specialty with black beans) 169, *1915*
(female) cook 131, *1409*
fennel seeds 338, *3955*
fennel; Florence fennel 180, *2089*
fenugreek 169, *1917*
fermentation 169, *1918*
Ferval (potato croquettes stuffed with ham and artichoke hearts) 169, *1925*
feta (Greek cheese, made from goat, sheep or cow milk) 169, *1929*
fettuccine (ribbon-shaped pasta nests) 170, *1930*
fibre 170, *1931*
fibrous 170, *1932*

fig 170, *1943*
filet mignon; beef tenderloin 171, *1953*
filet mignon chain off 171, *1955*
filet mignon chain on 171, *1954*
filet mignon side chain 126, *1337*
filini (thin and short threads of pasta) 170, *1933*
fill, to 151, *1645*
fillet, to 127, *1354*
filling (general and with cream, chocolate etc., for cakes); stuffing (with sausage, chestnuts etc., for meat vegetables etc.) 316, *3680*
filo pastry; phyllo pastry 242, *2744*
filter 171, *1959*
filtered coffee; American coffee 91, *775*
filter, to 171, *1958*
financier sauce (Madeira wine, and truffles) 172, *1963*
financier style (cockscombs, chicken dumplings, mushrooms, truffles and Madeira sauce) 172, *1962*
fine clam (U.S.)/carpet shells (U.K.) 49, *248*
finger banana; dwarf banana 65, *464*
finger bowl 221, *2484*
Fiore Sardo (Sardinian cheese, hard texture, made from ewe milk) 172, *1966*
firewood 224, *2528*
firm 172, *1967*
firm to the bite; not overcooked 139, *1503*
fish 286, *3284*
fish bones 157, *1770*
fish cakes; fish balls 79, *644*
fish consommé 124, *1301*
fish dish 300, *3506*
fish flour 165, *1863*

— 495 —

fish fork 185, *2128*
fish knife 163, *1826*
fish knife and fork 357, *4172*
fish market 286, *3283*
fishmonger 376, *4424*
fish plate 300, *3516*
fish poacher; fish kettle 287, *3295*
fish soup 345, *4053*
fish stock; fish broth (U.S.)/white stock (U.K.) 94, *818*
fish, to 290, *3350*
five o'clock tea; afternoon tea 107, *1039*
five spices powder (Sichuan pepper, star anise, fennel, clove, and cinnamon) 115, *1144*
fixed price 301, *3530*
fizzy wine 380, *4482*
flambé; flamed; covered with flaming brandy 172, *1968*
flame, to; cover with flaming brandy, to 172, *1969*
flamed banana 65, *463*
flank steak; skirt steak 76, *601*
flat lobster; slipper lobster 103, *970*
flavor; flavour; taste 327, *3794*
flavored milk 222, *2502*
flavored with truffles 368, *4345*
flavorless; tasteless 339, *3970*
flavor, to; flavour, to; taste, to 327, *3795*
flavor with truffles, to 368, *4347Fleur* de Maquis (cheese originates in Corsica, made from unpasteurized sheep milk) 172, 1970
fleuron (a crescent-shaped piece of puff pastry (U.S.)/puff (U.K.) 173, *1971*
floating islands 274, *3136*
Florentine style (with spinach) 173, *1980*
Florian (braised lettuce, onions, carrots, and potato croquettes) 173, *1981*
Florida pompano 278, *3167*
florist style (with vegetables bouquet) 83, *689*
flounder 342, *4023*
flour 165, *1849*
floured; dredged 151, *1654*
flour, to; dredge, to 151, *1655*
floury; mealy 166, *1871*
flower 173, *1979*
flying fish (U.S.)/blue flying fish (U.K.) 381, *4504*
foam 158, *1778*
foam, to; froth, to; lather, to 167, *1886*
focaccia (Italian flat bread) 173, *1982*
foie gras 170, *1942*
foie gras pâté 284, *3251*
foil cutter 127, *1342*
fold, to 144, *1587*
fondant (an icing mixture used as a coating in confectionery and pastry) 175, *2004*
fondant potatoes 70, *523*
fondue 175, *2005*
fondue casserole 279, *3177*
Fontina (Italian cheese, creamy texture, made from whole cow milk) 175, *2006*
food 48, *221*
food coloring 126, *1335*
food poisoning 207, *2371*
food processor 258, *2970*
food slicer 127, *1345*
food; alimentation 48, *220*
fool (mousse prepared with fruits and crème anglaise) 175, *2007*
fore foot 285, *3268*
forequarter 307, *3587*
forest berries 180, *2079*
forest mushrooms 118, *1195*

fork 185, *2125*
forkbeard 36, *29*
fortified wine; natural sweet wine 380, *4481*
fougasse (French bread) 176, *2030*
Fourme d'Ambert (French cheese, blue veins, made from cow milk) 177, *2031*
Foyot sauce (béarnaise sauce with meat glaze) 177, *2032*
fragile 177, *2033*
Francillon salad (potatoes, mussels, celery, and truffles) 330, *3838*
Frangelico® (Italian hazelnut liqueur) 177, *2039*
Frankfurter 334, *3884*
Frascati style (foie gras, asparagus tips, mushrooms, truffles, and potatoes duchesse) 178, *2049*
free (of charge) 193, *2250*
free-range (eggs, chickens) 137, *1471*
free table 247, *2828*
freeze-dried 227, *2572*
freeze-dry, to 227, *2573*
freeze, to 186, *2150*
French fries (U.S.)/chips (U.K.) 70, *524*
French fritters 74, *567*
French loaf; baguette 64, *444*
French style (asparagus tips, braised lettuce, and cauliflower with hollandaise sauce) 177, *2038*
French toast (U.S.)/poor knights of Windsor (U.K.) 313, *3626*
fresh 178, *2051*
fresh bread 280, *3201*
fresh cheese 309, *3606*
(fresh) cilantro; Chinese parsley; (seeds) coriander (U.S.)/ coriander (U.K.) 118, *1187*

fresh cod fish 63, *430*
fresh fruit 180, *2075*
fresh herbs 154, *1707*
fresh pasta 243, *2749*
(freshwater) crayfish; scampi 219, *2453*
fresh water fish 286, *3288*
fried 179, *2064*
fried chicken 178, *2047*
fried eggs 274, *3132*
fried eggs Holstein (with anchovy fillets) 274, *3129*
fried eggs Meyerbeer (with grilled lamb kidney and truffle sauce) 274, *3130*
fried eggs Mirabeau (with anchovy fillets, olives, and tarragon) 274, *3131*
fried eggs with bacon 273, *3127*
fried eggs with ham 273, *3128*
fried fish 286, *3293*
fried polenta 297, *3460*
fried rabbit 117, *1185*
fried squid ring 52, *274*
frog 313, *3625*
frog soup 345, *4054*
frostfish 286, *3292*
frozen 124, *1288*
frozen vegetables 222, *2496*
fructose; fruit sugar 180, *2084*
fruit 179, *2066*
fruit 180, *2081*
fruit basket 106, *1025*
fruit bowl 180, *2080*
fruit bread; fruit loaf 280, *3188*
fruit cake 80, *652*
fruit cocktail 126, *1324*
fruit distillate 43, *140*
fruit ice-cream 348, *4088*
fruit in season 179, *2069*
fruit in syrup 179, *2073*
fruit juice 350, *4115*
fruit market 247, *2817*
fruit milk shake 250, *2857*
fruit nectar 262, *2999*
fruit pulp; fruit flesh 297, *3463*
fruit salad 330, *3830*

| Term | Page | Term No.

fruit syrup 93, *809*
fruit tart (U.S.)/fruit tartlet
  (U.K.) 358, *4193*
fruity 179, *2072*
fruit yogurt 207, *2374*
fry, to 179, *2059*
frying; fritter 179, *2065*
Fuji apple 233, *2619*
full 111, *1094*
functional food 48, *222*
funnel 181, *2099*
fusilli (spring-shaped
  pasta) 181, *2100*

G

gai lan; Chinese broccoli
  183, *2102*
Gala apple 233, *2620*
gala evening 212, *2397*
galanga; galangal; Thai
  ginger 183, *2103*
galantine (white meat,
  boned, cooked, and
  pressed into a shape
  with gelatin) 183, *2105*
Galia melon 245, *2788*
Galliano® (Italian anise
  liqueur) 184, *2114*
game 89, *750*
garam masala (Indian
  spice mixture) 184, *2119*
garbage disposal 367,
  4338
garbage, trash (U.S.)/
  rubbish (U.K.) 227, *2583*
garbure (vegetable soup
  with cabbage and goose
  meat) 184, *2122*
garden chervil 105, *1005*
garden cress; land cress;
  peppercress 41, *114*
gardener style (with
  assorted vegetables)
  212, *2402*
garfish 286, *3285*
garlic 47, *208*
garlic bread 280, *3190*
garlic butter 237, *2677*
garlic mayonnaise 235, *2646*
garlic mustard; alliaria;
  sauce alone; onion
  nettle 47, *219*
garlic press 157, *1772*

garlic salt 332, *3856*
garlicky 47, *209*
garnish 195, *2284*
garnish, to 195, *2282*
garnished 195, *2283*
gas cooker 174, *1984*
gas lighter 37, *47*
gastronome style (stuffed
  chicken or calf's
  sweetbreads with
  chestnuts, truffles, and
  morels) 186, *2142*
gastronome; epicure;
  gourmet 186, *2145*
gastronomic 186, *2144*
gastronomic menu;
  gastronomical menu
  246, *2813*
gastronomy 186, *2143*
Gaulish style (cockscombs
  and chicken kidneys)
  186, *2146*
gazpacho (cold soup of
  uncooked vegetables
  with vinegar and olive
  oil) 186, *2147*
gel, to; jell, to 188, *2173*
genetically modified 188,
  2178
Genevoise sauce
  (consommé and
  Spanish sauce) 188,
  2179
Genevoise sauce
  (mirepoix, red wine, and
  butter) 188, *2180*
genipap; jagua 212, *2409*
Genoese style (fresh
  herbs, vegetables, and
  seafood) 188, *2186*
geranium 188, *2187*
German mustard 255, *2935*
Germiny soup (sorrel
  soup) 346, *4066*
get up, to 224, *2533*
ghee (clarified unsalted
  butter) 189, *2190*
gherkins 288, *3316*
gianduiotti (Italian
  chocolate with hazelnut
  cream) 189, *2191*
giant grouper 247, *2822*
giant; jumbo 189, *2192*
gills 195, *2285*

gilthead bream 145, *1598*
gin 189, *2194*
gin and tonic 189, *2195*
Gin Fizz (cocktail made
  with gin, lemon juice,
  and club soda) 189, *2196*
ginger 188, *2181*
ginger ale (carbonated
  water flavored with
  extract of ginger (U.S.)/
  essence of ginger (U.K.)
  189, *2197*
ginger beer 105, *1012*
ginger cake 80, *653*
gingerbread 189, *2198*
gingerbread 280, *3192*
gizzard 253, *2898*
glass 125, *1312*
(glass) coaster 140, *1520*
glass of water 125, *1313*
glazed 189, *2201*
glaze, to 189, *2202*
glaze (very thick sauce)
  190, *2204*
glove 230, *2611*
glucose 190, *2206*
gluten 190, *2210*
gluten-free 339, *3962*
gnocchi 263, *3009*
goat 89, *746*
goat butter 238, *2687*
goat cheese 308, *3600*
goat milk 223, *2508*
Godard (dumplings,
  lamb sweetbreads,
  cockscombs, chicken
  kidneys, truffles, and
  mushrooms) 190, *2212*
go down, to 141, *1530*
gold leaf 174, *1996*
golden raisin (U.S.)/sultana
  (U.K.) 373, *4397*
golden raspberry 177,
  2037
golden syrup tart (U.S.)/
  light treacle tart (U.K.)
  365, *4299*
golden syrup; light treacle
  389, *4528*
golf sauce (cream,
  mayonnaise, ketchup
  (U.S.)/tomato sauce (U.K.),
  and Worcestershire
  sauce) 323, *3776*

go mouldy, to 253, *2900*
good 81, *663*
good afternoon 78, *626*
good morning 81, *669*
good night 78, *625*
goodbye 40, *90*
goodbye 58, *388*
goose 184, *2116*
goose Alsatian style (with
  sauerkraut) 184, *2117*
gooseberry 194, *2267*
goose egg 272, *3111*
goose fat; goose grease
  190, *2218*
goose giblets 252, *2886*
goose liver 170, *1937*
goose liver terrine; foie
  gras terrine 360, *4218*
gooseneck; bottom round
  (U.S.)/silverside (U.K.)
  130, *1386*
Gorgonzola (Italian
  cheese, creamy texture,
  made from cow milk)
  191, *2223*
Gouda (Dutch cheese,
  semi-hard texture, made
  from cow milk) 191,
  2229
goulash (Hungarian stew)
  191, *2230*
go up, to 350, *4111*
gram 191, *2232*
Grana Padano (Italian
  cheese, hard texture,
  made from low fat cow
  milk) 191, *2233*
Grand Marnier® (French
  orange-flavored,
  cognac-based liqueur)
  192, *2236*
Grand-Duc (asparagus
  tips, truffles, and
  Mornay sauce) 192, *2234*
Grand-Mère (onions,
  mushrooms, potatoes,
  and bacon) 192, *2237*
grand-veneur sauce (with
  red currant jelly) 192,
  2238
granulated 192, *2240*
granulated sugar 39, *69*
granulate, to 192, *2241*
grape 372, *4393*

| Term | Page | Term No.

grape harvest 379, *4465*
grape jam 187, *2169*
grape juice 351, *4125*
grape seed oil 268, *3055*
grapefruit 298, *3470*
grate; grill 193, *2255*
grated 314, *3648*
grated cheese 309, *3608*
grated peel 101, *946*
grater 314, *3649*
grate, to 314, *3650*
gravy; jus (U.S.)/roast gravy (U.K.) 193, *2253*
grayling 287, *3300*
grease cleaner 227, *2576*
grease, to; smear, to 75, *589*
greasy 152, *1663*
greasy; fattening; fatty 191, *2222*
greedy 121, *1242*
Greek rice 56, *341*
Greek style (olive oil, lemon juice, and aromatic herbs) 193, *2254*
Greek yogurt 207, *2376*
green (bell) pepper 293, *3402*
green bean (U.S.)/French bean (U.K.) 375, *4404*
green cabbage 318, *3720*
greengage 314, *3644*
greengrocer (seller of fresh fruits and vegetables) 310, *3624*
greengrocer style (glazed onions and carrots, stuffed cucumber, and artichoke hearts) 239, *2704*
Greenland halibut; black halibut 44, *157*
green lasagne (spinach is added to the basic pasta dough) 221, *2480*
green mayonnaise (with herbs) 377, *4428*
green oak lettuce 46, *196*
green olive 60, *424*
green peas; peas 154, *1711*
green pepper 293, *3394*
green salad 331, *3845*
green tagliatelle 356, *4162*

green tea 110, *1086*
green wine 381, *4493*
grenadine 389, *4531*
Grenoble style (capers and diced lemon) 193, *2259*
grey mullet 356, *4166*
grey-legged partridge 289, *3332*
gribiche sauce (mayonnaise with capers, gherkins, hard-boiled eggs, and aromatic herbs) 193, *2260*
griddle 109, *1067*
grilled 109, *1069*
grilled 261, *2988*
grilled meats; grills 100, *920*
grill, to; chargrill, to 58, *382*
grind, to (U.S.)/mince, to (U.K.) 253, *2899*
gristle 101, *933*
grocery store 247, *2818*
Grog (hot rum-based drink) 194, *2262*
ground (U.S.)/minced (U.K.) 253, *2901*
ground beef (U.S.)/minced meat (U.K.) 99, *916*
grouper 185, *2133*
grouse 360, *4224*
Gruyère (Swiss cheese, hard texture) 194, *2271*
guachanche barracuda 75, *596*
guarana 194, *2275*
guava jam 187, *2162*
guava; bay plum 190, *2213*
gudgeon 190, *2211*
guest 125, *1311*
guest 201, *2342*
guinea hen (U.S.)/guinea fowl (U.K.) 184, *2110*
Guinea hen eggs (U.S.)/Guinea fowl egg (U.K.) 272, *3110*
Guinea pepper; African pepper 293, *3389*
guitar fish 381, *4496*
gull egg 272, *3108*
gumbo; okra 309, *3619*
gustative 195, *2290*
gut, to 159, *1801*

H

habanero chili 293, *3396*
haddock 197, *2292*
haggis (sheep variety meat (U.S.)/sheep offal (U.K.) boiled in the animal's stomach) 197, *2293*
hake 290, *3347*
half 248, *2838*
half a kilo 244, *2775*
half bottle 244, *2771*
half-cooked 244, *2773*
half-dozen 244, *2770*
half-liter 244, *2774*
half portion 244, *2772*
halibut; Atlantic halibut 44, *158*
Haloumi (cheese originates in Middle Eastern, made from goat milk) 197, *2294*
halve, to 127, *1351*
ham 302, *3539*
ham and cheese toast 364, *4282*
ham hock with sauerkraut 149, *1623*
ham pâté 284, *3252*
ham rolls 322, *3763*
ham sandwich 335, *3902*
hamburger 197, *2295*
Hamburg parsley 333, *3875*
hammerhead shark (U.S.)/common hammerhead (U.K.) 90, *754*
hand mixer 72, *541*
hand towel 362, *4250*
handful 304, *3570*
hanging tender (U.S.) / thick skirt (U.K.) 228, *2590*
hangover 319, *3733*
hard 147, *1614*
hard-boiled eggs 273, *3121*
hard-boiled eggs Chimay style (au gratin (U.S.)/browned (U.K.) with mushrooms stuffing) 273, *3122*
hard cheese 309, *3605*
hard cider; apple cider

(U.S.)/cider (U.K.) 341, *4002*
hare 222, *2492*
hare filet 171, *1951*
hare leg 289, *3338*
harissa sauce (red pepper, garlic, cumin, cilantro (U.S.)/coriander (U.K.), caraway, and olive oil) 198, *2298*
harvest 119, *1202*
Harvey Wallbanger (cocktail made with vodka, orange juice, and Galliano®) 198, *2299*
hash browns (sautéed potatoes and onions) 198, *2300*
hate, to 143, *1557*
have breakfast, to 362, *4255*
have dinner, to; dine, to 212, *2400*
hazel grouse 184, *2111*
hazelnut 59, *397*
hazelnut oil 268, *3043*
hazelnut paste 283, *3240*
head cheese (U.S.)/brawn (U.K.) 334, *3883*
head cock; chef 111, *1091*
headwaiter; maître 111, *1092*
healthy 336, *3922*
heart 126, *1326*
heart of filet mignon 251, *2875*
heart of palm 278, *3164*
heat 94, *821*
heather honey 246, *2796*
heavy (whipping) cream (U.S.)/double cream (U.K.) 132, *1424*
heavy 290, *3344*
heel meat (U.S.)/heel muscle (U.K.) 258, *2979*
Helder (noisette potatoes and tomato sauce) 198, *2303*
help 44, *153*
help, to 44, *156*
help yourself 341, *4010*
hen 184, *2109*
hen egg 272, *3109*
Henry IV (artichoke

Term | Page | *Term No.*

hearts with noisette potatoes and béarnaise sauce) 198, *2305*
Henry IV (pont-neuf potatoes and béarnaise sauce) 198, *2304*
herb 153, *1692*
herbal liqueur 225, *2544*
herbal tea; tisane 107, *1041*
herb butter 238, *2684*
herb cheese; green cheese 308, *3596*
herbes de Provence (basil, rosemary, savory, bay leaf, and thyme) 199, *2306*
herb grinder 253, *2896*
herb mustard 256, *2941*
herb oil 60, *411*
herbs purée 304, *3574*
herb vinegar 379, *4452*
herring 55, *326*
hickory nut 102, *953*
high chair 90, *766*
high heat 174, *1986*
high in calories 199, *2311*
high in fiber 320, *3745*
high season 48, *232*
Highball (whisky and club soda) 199, *2308*
hijiki; hiziki (dried kelp) 199, *2309*
hind foot 291, *3367*
hindquarter 307, *3588*
ho fen (Chinese wheat noodles) 199, *2316*
hoisin sauce; Peking sauce (soybean (U.S.)/ soya bean (U.K.), garlic, red pepper, and spices) 199, *2317*
hokkien (fresh yellow egg noodles) 200, *2318*
Hollandaise sauce (egg yolks, melted butter, and lemon juice) 200, *2319*
home appliance 150, *1625*
homemade 169, *1916*
homemade bread 280, *3200*
homemade cooking 130, *1400*
honey 244, *2776*

honey dipper 285, *3272*
honeycomb 120, *1217*
honeycomb 167, *1884*
hop 229, *2610*
horehound 201, *2333*
horse chestnut tree 102, *955*
horse-eye jack; bigeye jack 194, *2274*
horse-mackerel; scad 98, *892*
horse meat 99, *909*
horseradish 314, *3647*
Horse's Neck (cocktail made with bourbon whisky, Angostura®, and ginger ale) 200, *2328*
hot 309, *3617*
hot; spicy; sharp 291, *3571*
hot chocolate 113, *1120*
hot coffee 92, *790*
hot dish 301, *3518*
hot-dog 90, *763*
hot drink 73, *559*
hot English mustard 256, *2944*
hot plate 109, *1068*
hot spicy sauce 291, *3572*
hotel 201, *2343*
hotpot (stew made with mutton and barley) 201, *2344*
hour 200, *2323*
house specialty 157, *1757*
hummus (chick-pea, sesame paste, lemon juice, garlic, olive oil, parsley, and mint) 201, *2345*
hump 134, *1458*
Hungarian style (cauliflower, paprika, and sautéed potatoes) 202, *2346*
hunger 175, *2003*
Hussarde style (tomatoes stuffed with onion purée and mushrooms stuffed with spinach purée) 202, *2347*
hyssop 199, *2314*

I

I am sorry 141, *1536*
Ibérico (cheese made from a blend of cow, sheep and goat milk, it is pressed and short maturing) 205, *2348*
ice 188, *2174*
ice bucket 65, *455*
ice-cream 347, *4083*
ice cream bowl 356, *4155*
ice-cream cone 348, *4086*
ice-cream parlor 348, *4092*
ice-cream scoop 79, *637*
ice cream scoop 119, *1214*
ice crusher 368, *4339*
ice cubes 134, *1452*
ice tong 294, *3416*
iceberg lettuce; head lettuce 46, *190*
iced 186, *2149*
iced coffee 91, *783*
iced tea 108, *1049*
iced water; chilled water 42, *130*
icing; frosting 117, *1173*
Idiazabal (Spanish cheese, made from unpasteurized sheep milk) 205, *2349*
Ikan bilis (dried anchovies) 205, *2352*
imperial style (foie gras escalope, truffles, and mushrooms) 206, *2354*
imported beer 106, *1014*
in bain-marie; in double water; in water bath 150, *1630*
incision 206, *2355*
Indian saffron 37, *37*
Indian sauce (mayonnaise, curry powder, and chives) 206, *2356*
indigestible 206, *2358*
indigestion 206, *2357*
in earthenware pot 279, *3173*
infuse, to 120, *1220*
infusion 206, *2359*
ingredients 206, *2362*
inside 139, *1506*
inside round (U.S.)/topside (U.K.) 130, *1389*

insipid 206, *2366*
instant coffee 92, *791*
instant polenta 297, *3461*
instantaneous 207, *2368*
international cuisine 130, *1401*
in the style of; with 252, *2891*
invert sugar; inverted sugar syrup (1/3 glucose, 1/3 fructose, and 1/3 saccharose) 39, *79*
invoice 166, *1880*
Irish coffee (hot coffee with Irish whisky) 91, *785*
Irish stew (with potatoes and onions) 152, *1678*
Irish whisky 371, *4377*
isotherm ice pail 65, *456*
Italian parsley (U.S.)/flat--leaf; continental parsley (U.K.); parsley 334, *3892*
Italian salami (made from pork and/or beef and red pepper) 332, *3852*
Italian sauce (ham, mushrooms, and tomato sauce) 208, *2382*
Italian sauce (olive oil, wine vinegar, lemon juice, garlic, oregano, dill, and anise) 207, *2381*
Italian style (artichoke hearts or noodles) 208, *2383*

J

jabuticaba 211, *2387*
jackfruit; honey jack 211, *2388*
jalapeno chili 293, *3397*
jam (U.S.)/preserves (U.K.) 187, *2170*
Jamaica pepper; allspice 293, *3390*
Jamaica sorrel; red sorrel; roselle 379, *4462*
jambalaya (rice with shrimp, (U.S.)/prawn (U.K.), chicken, ham, and

| Term | Page | Term No. |

tomatoes) 211, *2392*
Japanese artichoke; Chinese artichoke; crosne 45, *172*
Japanese rice 57, *359*
Japanese style (Japanese artichokes and potato croquettes) 212, *2401*
jap squash; Japanese squash 36, *17*
jasmine rice 56, *351*
jasmine tea 107, *1042*
Java Malabar tea (with a strong flavour, best for breakfast) 107, *1037*
jellied 186, *2154*
jello (U.S.)/jelly (U.K.); gelatin 186, *2151*
jelly 187, *2171*
jelly diamonds; jelly beans 64, *452*
jellyfish 43, *144*
jelly roll (U.S.)/ Swiss roll (U.K.) 321, *3759*
Jersey Royal potato (the king of new potatoes) 68, *506*
Jerusalem artichoke; sunchoke 369, *4363*
Jewish style (carp, onions, white wine, and herbs) 213, *2425*
jicama; yam bean root; Mexican potato 212, *2412*
jigger 145, *1595*
John Dory; St. Peter's fish 328, *3812*
Joinville (shrimp (U.S.)/ prawn (U.K.), truffles, and mushrooms) 213, *2417*
Joinville sauce (normande sauce with shrimp butter (U.S.)/prawn butter (U.K.) 213, *2418*
Judic (braised lettuces, stuffed tomatoes, and château potatoes) 213, *2419*
jug; pitcher 212, *2403*
juice 350, *4113*
juice extractor 158, *1775*
juicy 351, *4128*

jujube; Chinese date 213, *2420*
Jules-Verne (stuffed potatoes, turnips, and mushrooms) 213, *2421*
juniper 395, *4545*
juniper berries 64, *441*
juniper sauce 395, *4546*

K

kabanos (sausage with ground pork and/or beef (U.S.)/minced pork and/or beef (U.K.) 215, *2426*
Kaffir lime leaf 174, *1993*
kalamata olive (Greek olives) 60, *421*
kamakobo (fish cake, Japanese specialty) 215, *2427*
kangaroo 97, *862*
kangaroo steak 76, *599*
kangaroo-tail soup 345, *4055*
kasseler (cured and smoked pig loin) 215, *2428*
kebab (mutton on skewers) 215, *2429*
kedgeree (rice with smoked fish, hard-boiled eggs, lentils, and onion) 216, *2431*
keep refrigerated 238, *2697*
keep the change 195, *2280*
keep, to 195, *2279*
Kentucky wonder bean (U.S.)/runner bean (U.K.) 168, *1899*
ketchup; catsup (U.S.)/ tomato sauce (U.K.) 216, *2432*
ketjab manis; kecap manis (sweet soy sauce) 216, *2430*
kettle; tea kettle 108, *1051*
key lime pie 365, *4297*
kidney 321, *3748*
kilo 310, *3622*
king mackerel 103, *967*
Kir (cocktail made with

crème de cassis and white wine) 216, *2434*
Kir Royal (cocktail made with crème de cassis and champagne) 216, *2435*
kirsch (sour-cherry distillate) 216, *2436*
kitchen 130, *1399*
kitchen brigade 85, *710*
kitchen fork 185, *2126*
kitchen glove; hot pads 230, *2612*
kitchen salt 332, *3858*
kitchen scale 64, *450*
kitchen shears 360, *4221*
kitchen staff 303, *3554*
kitchen utensils; kitchenware 372, *4390*
kiwano; African horned cucumber 216, *2433*
kiwi 216, *2438*
knäckerbrot (Swedish whole wheat (U.S.)/ whole meal (U.K.) crisp bread) 216, *2439*
knackwurst (sausage made with beef and/or pork meat and garlic) 217, *2440*
kneaded 348, *4094*
knead the dough, to 366, *4315*
knead, to 348, *4095*
knife 163, *1820*
knife rest 140, *1522*
knife sharpener 51, *263*
knot 263, *3015*
knuckle 284, *3254*
kosher meal 121, *1238*
kosher salt 333, *3867*
kugel (salty pudding made with potato or noodles) 217, *2443*
Kugelhopf (Austrian cake with raisins and almonds) 217, *2444*
kumquat 221, *2473*

L

label 323, *3780*
lactose 219, *2448*
lactose intolerance 207, *2370*

ladies' restroom 66, *471*
ladle 123, *1274*
ladyfingers (U.S.)/sponge biscuits (U.K.) 219, *2449*
lake trout 368, *4352*
lamb breast 285, *3275*
lamb head 89, *741*
lamb kidneys 321, *3749*
lamb kidneys Turbigo (garnished with mushrooms and chipolata) 321, *3750*
lamb liver 170, *1935*
lamb tail 313, *3631*
lamb tongue 226, *2563*
lamb's lettuce 234, *2631*
lamb's lettuce 46, *192*
lamprey 220, *2457*
Languedoc style (tomatoes, eggplants (U.S.)/ aubergines (U.K.), and mushrooms) 220, *2459*
lap cheong; lap chong (Chine sausage made from pork) 220, *2461*
Lapsang Souchong tea (black tea) 108, *1052*
lapwing 285, *3261*
larded 221, *2475*
lard, to 221, *2476*
lasagne (in sheets, available dried and fresh) 221, *2478*
Lavallière (lamb, artichoke hearts with asparagus tips, and Bordelaise sauce) 221, *2487*
lavender 47, *202*
laver; purple laver (dried seaweed) 217, *2441*
laver; purple laver (dried seaweed) 222, *2491*
layer; tier 94, *826*
layer, to 144, *1580*
lean meat 99, *915*
leavened 169, *1919*
leaven, to 169, *1920*
lee; sediment 82, *678*
leek 47, *216*
leftovers 319, *3738*
leg outside muscle (U.S.)/ silverside muscle (U.K.) 130, *1387*

| Term | Page | Term No. |

leg inside muscle (U.S.)/ topside muscle (U.K.) 130, *1390*
lemon 225, *2554*
lemonade; lemon soda 317, *3701*
lemon balm; sweet balm 153, *1696*
lemon curd 283, *3243*
lemon grass 97, *876*
lemon ice-cream 348, *4089*
lemon juice 350, *4119*
lemon myrtle 258, *2975*
lemon oil 60, *413*
lemon peel 101, *941*
lemon sauce 225, *2553*
lemon slice 321, *3760*
lemon sole 342, *4022*
lemon sorbet (U.S.)/ lemon sherbet (U.K.) 347, *4078*
lemon squash 351, *4127*
lemon squeezer 158, *1774*
lemon verbena 226, *2558*
lemon zester 315, *3664*
lentil 224, *2529*
lentil flour 165, *1857*
lentil soup 345, *4052*
less 246, *2803*
(let) cool off, to; (let) cool down, to 139, *1493*
(let) hang (meat) 243, *2759*
lettuce 46, *189*
lettuce and tomato salad 329, *3820*
lettuce salad 329, *3819*
Leyden; Leidsekaas (Dutch cheese, close textured, made from low fat cow milk) 224, *2538*
lick, to 219, *2454*
lid opener; jar opener 36, *25*
lift up, to 318, *3710*
light 224, *2534*
light 230, *2613*
light beer 106, *1018*
light cream; table cream (U.S.)/single cream (U.K.) 132, *1423*
lighter 207, *2380*
Ligurian style (meat, stuffed tomatoes, and saffron risotto) 225, *2549*
Lima bean 168, *1900*
Limburger (Belgian cheese, semi-hard texture, made from cow milk) 225, *2556*
lime 225, *2555*
limpet 220, *2460*
linden 361, *4229*
linden tea 107, *1045*
ling 145, *1594*
linguine (flat long shape pasta) 226, *2570*
linseed meal 165, *1858*
linzertort (tart made of spices and covered with jam) 226, *2571*
lips 219, *2447*
liqueur 144, *1572*
liqueur 225, *2542*
liqueur glass 355, *4154*
liqueur wine 380, *4483*
liquid 227, *2575*
liquid stock 94, *815*
liquor store (U.S.)/off license (U.K.) 228, *2587*
liquorice 45, *174*
list; chart 355, *4147*
litre; liter 227, *2581*
little 299, *3499*
little tuna (U.S.)/little tunny (U.K.) 81, *672*
Livarot (cheese originates in Normandy, semi-soft texture, made from unpasteurized cow milk) 227, *2582*
liver 170, *1934*
liver sausage; liverwurst 226, *2569*
lobster 219, *2451*
lobster boat; lobster barquette 67, *486*
lobster butter 238, *2686*
lobster Thermidor style (au gratin (U.S.)/browned (U.K.) in its carapace) 219, *2452*
lobster tong; lobster cracker 294, *3417*
local 227, *2584*
local cheese 308, *3598*
local specialty 157, *1758*

loganberry 227, *2585*
lollypop; lollipop 296, *3439*
long 122, *1267*
Longchamp soup (green peas purée) 346, *4067*
Long Island (cocktail made with tequila, gin, vodka, Coke®, and lemon juice) 228, *2599*
long-life milk 223, *2520*
long tray 367, *4322*
lop shong sausage; lop cheong sausage (cured, made from pork) 334, *3886*
loquat 262, *3004*
Lorette (chicken croquettes, asparagus tips, and truffles) 229, *2600*
Lorraine soup (chicken, veal, almonds, egg yolks, bread, milk, salt, pepper, and lemon) 346, *4068*
Lorraine style (red cabbage, apples, and red wine) 229, *2601*
lose weight, to 150, *1627*
lotus root 314, *3646*
Louisiana soup (crabs, shrimps (U.S.)/prawns (U.K.), rice, gumbo, sweet pepper, and saffron) 346, *4069*
loukanika (Greek sausage, made with pork, seasoned with cilantro (U.S.)/coriander (U.K.) 229, *2605*
lovage 224, *2536*
low calories; light; lite 64, *446*
low cholesterol 64, *447*
low fat 64, *448*
low-fat milk 222, *2503*
low-fat milk; semi-skimmed milk 223, *2524*
low-fat yogurt 207, *2375*
low heat 174, *1987*
low in calories 199, *2312*
low season 64, *445*
lox (U.S.); smoked salmon 333, *3869*

lukewarm 255, *2931*
lumpy 151, *1643*
lunch; luncheon 48, *224*
lunchtime 200, *2324*
lupines 367, *4326*
lychee; litchi 225, *2540*
Lyonese style (onions and potatoes) 230, *2615*
Lyonnaise sauce (onions and white wine) 230, *2617*
Lyonnese style (fried onions in butter) 230, *2616*

M

macadamia nut 265, *3028*
Macaire potatoes (potato cake fried in butter) 70, *529*
maccheroni (short length hollow pasta tubes) 234, *2627*
mace 234, *2628*
macerate, to 234, *2630*
macrobiotic 234, *2634*
Madeira (Portuguese wine) 234, *2636*
Madeira sauce (meat sauce with Madeira wine) 234, *2637*
Madrilene style (with tomatoes or tomato juice) 234, *2638*
mahleb (the inner core of sour cherry pips) 234, *2642*
Mahón (cheese originates in Minorca, pressed but not cooked, made from cow milk) 235, *2643*
Mai Tai (cocktail made with light rum, dark rum, Curaçao, orange juice, lemon juice, and pineapple juice) 235, *2649*
maître d'hôtel butter (with chopped parsley and lemon juice or vinegar) 238, *2693*
maître d'hôtel style (grilled and with maître

— 501 —

Term | Page | Term No.

d'hôtel butter) 235, *2651*
make a reservation, to 319, *3726*
make a reservation, to (U.S.)/book, to (a table) (U.K.) 319, *3727*
mako (U.S.)/bonito shark (U.K.) 369, *4360*
Malabar squash; fig-leaf gourd 36, *16*
malic acid 38, *55*
Malmsey (Madeira wine) 235, *2654*
malt 236, *2657*
malt extract 160, *1817*
malt sugar 236, *2658*
malt syrup (U.S.)/malt (U.K.) 389, *4530*
malt vinegar 379, *4456*
Maltese sauce (Hollandaise sauce, orange peel, and juice) 236, *2656*
Manchego (Spanish cheese, made from raw or pasteurized sheep milk) 236, *2662*
mandolin 236, *2664*
mangaba 236, *2666*
mango 236, *2665*
mango chutney 114, *1135*
mango juice 351, *4121*
mangosteen; queen of fruits 236, *2669*
Manhattan (cocktail made with gin, whisky, dry vermouth, and red vermouth) 237, *2671*
maple sugar 39, *71*
maple syrup 239, *2698*
Mara de bois strawberry 254, *2920*
maraschino (sweet liqueur from sour cherries) 239, *2705*
marble (meat) 241, *2722*
marble 240, *2721*
marble cake 80, *657*
marc brandy; grappa 193, *2246*
margarine; butterine 239, *2707*
Margarita (cocktail made with tequila, orange

liqueur, and lemon juice) 239, *2709*
Marie-Louise (noisette potatoes, artichoke hearts with mushrooms, and onions purée) 240, *2711*
Marigny (fondant potatoes, tarts (U.S.)/tartlets (U.K.) with green peas and green beans (U.S.)/ French beans (U.K.)) 240, *2712*
marigold 94, *820*
marinara style (with tomatoes, garlic, olive oil, and wine) 240, *2715*
marinated 240, *2713*
marinated artichokes 45, *173*
marinated clams 382, *4509*
marinate, to 240, *2714*
marjoram 237, *2673*
market 247, *2816*
Maroilles (French cheese, square, made from cow milk) 241, *2725*
marron glacé 241, *2728*
marrow 369, *4368*
marrow bone 271, *3092*
marrow sauce 369, *4369*
Marsala (Sicilian dessert wine) 241, *2729*
marsh mint; water mint 201, *2330*
Marshal style (asparagus tips, truffles, and Chateaubriand sauce) 239, *2706*
marshmallow 241, *2730*
Martini® (Italian vermouth) 241, *2732*
marzipan 241, *2733*
mascarpone (Italian cheese, made from fresh cream) 242, *2735*
Mascotte (artichoke hearts in butter, potatoes, and truffles) 242, *2736*
mashed potatoes 304, *3572*
mash, to; puree, to 167, *1887*
Masséna (artichoke

bottoms, marrow, and truffle sauce) 243, *2755*
Matcha tea (green tea) 108, *1055*
matches 176, *2028*
matchstick potatoes (fried) 71, *532*
Matelote (bread croutons, pearl onions, mushrooms, and crayfish) 243, *2758*
mature, to 243, *2760*
matured cheese 308, *3597*
matzo meal 165, *1860*
maximum 243, *2762*
mayonnaise 235, *2644*
mazarine style (rice croquettes, mushrooms, and artichoke hearts with vegetables) 244, *2764*
mead (alcoholic beverage, made by fermenting honey and water) 199, *2307*
meal 121, *1241*
measure 244, *2766*
measurer 376, *4415*
measure, to 244, *2768*
measuring cup 125, *1317*
measuring spoon 119, *1206*
meatballs 48, *227*
meat dish 300, *3503*
meat extract 160, *1815*
meat fork 185, *2131*
meat glaze 190, *2203*
meat grinder (U.S.)/mincer (U.K.) 252, *2895*
meat loaf 80, *647*
(meat) mallet 241, *2731*
meat pie 150, *1638*
meat pie 365, *4293*
meat ravioli 316, *3668*
meat sandwich 335, *3901*
meat tenderizer 72, *542*
meat thermometer 360, *4215*
meat turnover (U.S.)/Cornish pasty (U.K.) (turnover with meat and potatoes) 283, *3245*
Médicis (noisette potatoes, artichoke

hearts in butter, green peas, carrots, and turnips) 244, *2765*
medium 244, *2767*
medium 298, *3475*
medium hard cheese 309, *3609*
medium heat 174, *1988*
medium rare 298, *3477*
medium soft cheese 309, *3610*
medium-boiled eggs (cooked 5-6 min) 274, *3135*
melilot; sweet clover 246, *2799*
melon 245, *2781*
melon baller 79, *640*
melted 140, *1514*
melted butter 238, *2689*
melted cheese 308, *3603*
melted chocolate 113, *1117*
melt, to 140, *1513*
men's restroom 66, *472*
menu 246, *2807*
menu 99, *901*
menu of the day 246, *2812*
Mercédès (tomatoes, mushrooms, braised lettuce, and potato croquettes) 247, *2819*
meringue 247, *2820*
mettwurst; schmierwurst (German salami made with pork) 248, *2839*
Mexican style (mushrooms with tomato stuffing, sweet peppers, and eggplants (U.S.)/aubergines (U.K.) 248, *2844*
microwaveable 289, *3336*
microwave oven 176, *2025*
Mikado (French recipes made with ingredients of Japanese cuisine) 249, *2849*
Milanese style (breaded) 249, *2850*
Milanese style (noodles with parmesan cheese, pickled ox tongue, ham, mushrooms, truffles, and

— 502 —

| Term | Page | Term No. |

tomato sauce) 249, *2851*
Milano salami (made with pork and/or beef, garlic, peppercorns, and white wine) 332, *3853*
milk 222, *2500*
milk chocolate 113, *1115*
milk froth 158, *1780*
milk jug 223, *2518*
milk roll 281, *3208*
milk shake 250, *2856*
milk udon (Asian noodles made of all-purpose flour (U.S.)/plain flour (U.K.) and water) 371, *4370*
milky 224, *2527*
millefeuille 249, *2852*
Millens (Irish cheese, made from unpasteurized cow milk) 250, *2859*
miller's style (floured fish and fried in butter) 248, *2840*
millet 278, *3155*
Mimolette Vieille (French cheese, firm texture, made from cow milk) 250, *2860*
mincemeat (preserve made of dried fruits, almonds, and brandy) 250, *2861*
mineral water 42, *131*
minestra (tubers and mushrooms or lentils) 250, *2862*
minestrone (vegetable soup with rice or pasta) 250, *2863*
minimum 251, *2868*
mint 201, *2336*
mint jelly 187, *2165*
mints 246, *2806*
mint sauce 246, *2804*
mint tea 107, *1044*
Mirabeau (anchovy fillets, olives, tarragon leaves, and anchovy butter) 251, *2876*
mirepoix (broth made of celery, carot, and onion) 251, *2877*
mirin (Japanese rice wine) 251, *2878*

Mister; Sir 339, *3972*
Mistress; Lady 339, *3973*
mixed salad 330, *3839*
mixed vegetable salad 234, *2629*
mix, to 72, *546*
mizuna (Japanese green) 252, *2888*
mocha coffee (espresso combined with chocolate syrup and hot milk) 92, *787*
mock-turtle soup (with calf's head) 346, *4064*
modern style (braised lettuce and cabbage) 252, *2892*
molasses (U.S.)/treacle (U.K.) 245, *2779*
mollusks 253, *2909*
Monaco (poached oysters and croutons) 253, *2910*
money 144, *1578*
monosodium glutamate; MSG 190, *2208*
Montbazon (lamb sweetbreads, chicken dumplings, mushrooms, and truffles) 253, *2912*
Mont Blanc (chestnut purée with whipped cream) 254, *2913*
Montmorency (artichoke bottoms stuffed with carrots and noisette potatoes) 254, *2914*
Montpensier (artichoke hearts, asparagus tips, truffles and Madeira sauce) 254, *2915*
Montreuil (artichoke hearts stuffed with green peas and carrots) 254, *2916*
moose 45, *181*
mop 156, *1741*
moray 255, *2926*
more 235, *2647*
morel 255, *2927*
Mornay sauce; cheese sauce (gruyère and parmesan cheese) 255, *2930*
morning 237, *2670*

Moroccan coffee (cappuccino prepared with milk and hot chocolate) 92, *786*
Moroccan style (rice pilaf, zucchini (U.S.)/ courgettes (U.K.), stuffed sweet peppers) 241, *2724*
mortadella (Italian salami made from pork meat) 255, *2932*
mortar; pestle 292, *3382*
mould 175, *2010*
moussaka (consists of sliced eggplant (U.S.)/ aubergine (U.K.) and ground lamb that are layered, then baked) 256, *2950*
mousseline sauce (Hollandaise sauce with whipped cream) 256, *2951*
mouthful; morsel; bite 78, *628*
Mozart (artichoke hearts with celery purée and potatoes) 257, *2955*
mozzarella 257, *2953*
muesli 257, *2957*
muffin 257, *2958*
mug 96, *850*
mugwort 57, *366*
mulberry 51, *265*
mulled wine 380, *4485*
mulligatawny soup (chicken soup flavored with curry) 346, *4070*
multicoloured salad 330, *3840*
mung bean 168, *1908*
Munster; Muenster (cheese originates in Alsace, made from cow milk) 258, *2971*
Muscat grape 372, *4395*
Muscatel; Muscat (natural sweet wine) 255, *2933*
mushroom 118, *1188*
mushrooms sauce 118, *1194*
musky squash 36, *13*
mussels 249, *2845*
mussels marinara style;

marinated mussels 249, *2846*
mustard 255, *2934*
mustard butter 238, *2688*
mustard sauce 256, *2945*
mustard seed oil 268, *3054*
mustard seeds 338, *3958*
mutton 99, *908*
mutton leg 289, *3337*
mutton snaper; muttonfish 115, *1146*
myrtle 258, *2973*

N

nameko (Japanese mushroom) 261, *2990*
nam pla (Asian fish sauce) 261, *2989*
Nantua sauce (béchamel sauce, butter, and crayfish) 262, *2992*
Nantua style (with crayfish and truffles) 261, *2991*
napkin holder 299, *3492*
napkin ring 55, *329*
Napolitan parsley 333, *3876*
Nashi pear 288, *3326*
nasturtium; Indian cress 98, *881*
national beer 106, *1019*
natural 262, *2997*
navel orange 220, *2465*
Neapolitan ice (ice-cream made in layers of different flavours) 348, *4091*
Neapolitan style (tomatoes and olive oil) 262, *2994*
neck 290, *3351*
neck tendon 225, *2547*
nectarine 262, *3000*
Negroni (cocktail made with gin, red vermouth, and Campari®) 262, *3001*
Nélusko soup (coconut, arrowroot (U.S.) / arrowroot flour (U.K.), and almonds) 346, *4071*

– 503 –

| Term | Page | Term No. |

Nemours (dumplings, mushrooms, and Normande sauce) 262, *3002*
nerve 262, *3003*
Nesselrode (with chestnut purée) 262, *3005*
Nesselrode pudding (iced chestnut pudding) 263, *3006*
nettle 372, *4386*
Neufchâtel (French cheese, fresh, creamy texture, made from cow milk) 263, *3007*
new 265, *3025*
new potatoes (tiny) 69, *514*
New Year's Eve dinner 104, *992*
New Zealand spinach 157, *1769*
nibble, to 254, *2925*
Nice style (anchovies, black olives and capers) 263, *3011*
Niçoise salad (tomatoes, potatoes, capers, black olives, anchovies, and hard boiled eggs) 331, *3841*
nigella (Indian black seed) 263, *3012*
night 264, *3018*
Nilgiri tea (made from flowery, orange pekoe leaves) 109, *1063*
Ninon salad (lettuce and orange) 331, *3842*
nira (Chinese chives) 263, *3013*
Nivernais style (with glazed onions and carrots) 263, *3014*
no sauce 339, *3967*
noise 67, *494*
noisette (French hazelnut liqueur) 264, *3017*
noisette potatoes (sphere-shaped potatoes) 71, *530*
noisy 67, *493*
non-alcoholic beer 106, *1022*
non-alcoholic drinks; soft drinks 73, *561*
non carbonated mineral water; still water 42, *133*
non-smoking 262, *2993*
non-smoking area 54, *325*
non-stick 53, *294*
nonfat milk; skim milk; skimmed milk 223, *2512*
noodle soup 344, *4033*
noodles 233, *2622*
noodles with tomato sauce 233, *2623*
nori (paper-thin sheets of dried seaweed) 264, *3019*
normande sauce (fish stock and mushrooms 264, *3022*
Normandy style (oysters, mussels, mushrooms, truffles, and crayfish) 264, *3021*
Norwegian sauce (hard-boiled egg yolks, mustard, and vinegar) 264, *3024*
Norwegian style (fish or seafood, stuffed cucumber, hard-boiled eggs, and Russian salad) 264, *3023*
not sprayed 338, *3945*
noxious 264, *3016*
nutcracker 308, *3591*
nutmeg 265, *3029*
nutrient 265, *3033*
nutrient 265, *3034*
nutrition 265, *3031*
nutritionist 265, *3032*
nutritive value 376, *4407*

O

oat 59, *396*
oat bran 164, *1846*
oatcake 267, *3035*
oat flakes 173, *1973*
oat meal (U.S.)/porridge (U.K.) 250, *2864*
occupied (U.S.)/engaged (U.K.) 267, *3037*
occupied table 247, *2831*
octopus 298, *3466*
oenogastronomy 152, *1670*
oenologist; enologist 152, *1673*
oenology; enology 152, *1672*
oenophilist; oenophile; winelover 152, *1669*
off (food, wine) 283, *3237*
oil 60, *419*
oily 268, *3057*
Old Fashioned (cocktail made with bourbon whisky, Angostura®, sugar lump, and club soda) 267, *3038*
old fashioned style (pearl onions and mushrooms) 51, *270*
old wife (U.S.)/queen trigger fish (U.K.) 97, *860*
olive 60, *420*
olive oil 60, *414*
omelet; omelette 269, *3063*
omelet with bacon 269, *3065*
omelet with ham 269, *3070*
omelet with mushrooms 269, *3068*
omelet with onions 269, *3067*
omelet with potatoes 269, *3066*
omelet with sausage 269, *3072*
omelet with tomato sauce 269, *3069*
omelet with tomatoes 269, *3073*
omelet with zucchini (U.S.)/courgettes (U.K.) 269, *3064*
on a empty stomach 150, *1636*
onion 103, *975*
onion salt 332, *3857*
onion skin 101, *937*
onion soup 345, *4048*
onion soup au gratin (U.S.)/browned onion soup (U.K.) 345, *4049*
on the bone 121, *1252*
on the grill 261, *2987*
on the rocks 120, *1235*
on the spit 157, *1766*
Oolong tea (combining the black and green tea leaves) 109, *1066*
opaque 270, *3080*
open 35, *9*
open-air restaurant 319, *3735*
opening 35, *10*
opening times 200, *2327*
open, to 36, *26*
Opéra (asparagus tips and tarts (U.S.)/tartlets (U.K.) with chicken liver) 270, *3081*
orange 220, *2463*
orangeade; orange soda 317, *3700*
orange (bell) pepper 293, *3401*
orange cake 80, *654*
orange extract (U.S.)/orange essence (U.K.) 158, *1786*
orange honey 245, *2793*
orange juice 350, *4117*
orange liqueur 225, *2545*
orange marmalade 187, *2166*
orange oil 60, *412*
orange sauce 220, *2472*
orange sorbet (U.S.)/orange sherbet (U.K.) 347, *4077*
orange squash 351, *4126*
orange water; orange flower water 42, *121*
orchard 298, *3467*
order 285, *3269*
order, to 285, *3270*
orecchiette (small ear-shaped pasta) 270, *3083*
oregano 270, *3084*
organ meats; variety meats (U.S.)/offals (U.K.) 381, *4499*
organic 270, *3087*
orgeat (almond-based flavoring) 270, *3082*
origin 303, *3551*
ortolan 201, *2341*
Ossau-Iraty (cheese originates in the Pyrénées, made from sheep milk) 270, *3090*
ossobuco (braised veal

| Term | Page | Term No. |

shank slice) 271, *3091*
ostrich 59, *401*
ostrich egg 272, *3105*
ounce 270, *3078*
out of season 175, *2008*
outdoors; outside 145, *1590*
outside flat; flat 130, *1388*
outside skirt; diaphragm (U.S.)/thin skirt (U.K.) 177, *2035*
outside table 247, *2824*
oval tray 367, *4323*
oven 176, *2022*
ovenware 301, *3520*
overcooked 130, *1395*
ox tongue 226, *2562*
oyster fork 185, *2127*
oyster knife 164, *1831*
oyster mushrooms 340, *3996*
oyster sauce 271, *3095*
oysters 271, *3094*

P

pack; packet 277, *3147*
pack, to; wrap (up), to 150, *1629*
paella 277, *3152*
paesana sauce (mushrooms, bacon, butter, and parmesan cheese) 277, *3153*
paint brush 294, *3419*
Pale (red Bordeaux wine) 115, *1154*
pale ale 106, *1016*
palm oil 60, *410*
palm sugar 39, *76*
pan 278, *3171*
pancetta (type of Italian bacon) 278, *3169*
panch phora (cumin, black mustard, nigella, fenugreek, and fennel seeds) 278, *3170*
pandanus leaf; screw pine leaf 174, *1997*
panettone 279, *3178*
panforte (cake with honey, chocolate, dried and candied fruits (U.S.)/crystallized fruits

(U.K.) 279, *3179*
pan-fry, to 179, *2061*
panset 213, *2415*
pantry; larder 142, *1549*
panzotti (stuffed pasta made from fresh pasta) 279, *3183*
papaya 236, *2660*
papaya 281, *3210*
paper napkin 195, *2278*
paper plate 300, *3505*
paper towels (U.S.)/kitchen roll (U.K.) 281, *3212*
pappadam (Indian bread made with lentil flour) 282, *3219*
paprika sauce 282, *3221*
paprika; hot paprika 282, *3222*
parasol mushrooms 224, *2531*
par-boiled 301, *3531*
parboiled rice 57, *360*
parboil, to 40, *99*
parfait (fruit purée, egg yolks, and whipped cream) 282, *3226*
parfait (fruits, ice-cream, and whipped cream) 282, *3225*
paring knife 164, *1832*
Paris ham (slight salty) 302, *3541*
Paris mushrooms 118, *1192*
Parisian style (parisienne potatoes, braised lettuce, and artichoke hearts) 282, *3231*
parisienne potatoes (noisette potatoes with aromatic herbs) 71, *533*
parking-lot (U.S.)/parking-pot (U.K.) 158, *1788*
Parma ham 302, *3542*
Parmentier potatoes (cube-shaped potatoes fried in butter) 71, *534*
Parmesan cheese 283, *3233*
Parmesan style (with grated parmesan cheese) 283, *3234*

Parmigiano Reggiano (cheese originates in Parma, hard texture, made from cow milk) 283, *3235*
parpadelle (sold in nests, the widest ribbon-shaped pasta) 282, *3220*
parrot fish 79, *632*
parsley 334, *3890*
parsley sauce 334, *3893*
parsnip 284, *3248*
partridge 289, *3331*
partridge breast 286, *3281*
party 169, *1928*
passion fruit 239, *2702*
passion fruit juice 351, *4122*
pasta for soup 243, *2753*
pasta machine 239, *2700*
pasteurized milk 223, *2522*
pasteurize, to 284, *3246*
pastiera (cake with wheat grains, ricotta cheese, and candied fruits (U.S.)/crystallized fruits (U.K.) 284, *3247*
pastrami (cured and spiced cold meat) 284, *3250*
pastry bag; decorating bag; piping bag 328, *3804*
pastry blender 252, *2882*
pastry brush; basting brush 295, *3421*
pastry cream 131, *1419*
pastry wheel; pastry cutter 100, *928*
pasty 284, *3249*
patty shells; vol-au-vent 382, *4507*
pavese soup (bread slices, raw egg, and parmesan cheese in beef stock) 347, *4072*
pay, to 277, *3154*
peach 290, *3354*
peach jam 187, *2168*
peach liqueur 225, *2546*
peach Melba (peach with vanilla ice cream and raspberry sauce) 290, *3357*

peach vinegar 379, *4458*
peanut butter 237, *2679*
peanut oil (U.S.)/groundnut oil (U.K.) 268, *3042*
peanut; goober; monkey nut (U.K.) 50, *256*
pear 288, *3321*
pearl barley 107, *1030*
pear Bourdaloue (with almond cream) 288, *3322*
pear Helena (pear with vanilla ice cream, whipped cream, and chocolate syrup) 288, *3325*
pearl onion; pickling onion 104, *987*
peasant style (carrots, onions, potatoes, and bacon) 285, *3262*
pecan nut 285, *3263*
pecan pie 365, *4301*
Pecorino Romano (Italian cheese, hard texture, made from sheep milk) 285, *3265*
peel 287, *3306*
peeled 287, *3302*
peeled tomatoes 363, *4270*
peel, to 287, *3305*
peel, to (fruit, vegetables); skin, to (almond, tomato); shell, to (eggs) 141, *1529*
pen 96, *858*
penne (short and hollow pasta) 287, *3312*
pennyroyal 297, *3453*
peperonata (red bell pepper, tomatoes, onions, and olive oil) 287, *3313*
pepper 292, *3383*
peppercorn 293, *3395*
peppercorns 192, *2243*
pepper grinder; pepper mill 253, *2897*
peppermint 201, *2337*
pepper shaker (U.S.)/pepper-pot (U.K.) 294, *3410*
pepper steak 349, *4099*
pepper, to 54, *310*
pepperoni (Italian salami

| Term | Page | *Term No.* |

made from pork and beef meat) 288, *3317*
peppery; spicy; deviled 54, *309*
perch 289, *3329*
perciatelli (long and hollow pasta) 289, *3330*
per glass 299, *3486*
Périgueux sauce (truffles and Madeira wine) 289, *3335*
perishable 289, *3334*
permit 339, *3979*
per person; per head 299, *3491*
perry; pear cider 341, *4003*
persimmon (U.S.)/Sharon fruit (U.K.) 98, *882*
pesto sauce (pecorino romano, pignoli, and basil) 290, *3358*
Petit-Duc (tarts (U.S.)/ tartlets (U.K.) with chicken purée, asparagus tips, and truffles) 291, *3363*
petit four 291, *3365*
petit-suisse (French cheese, creamy texture) 291, *3366*
petite marmite (stock with meat, marrow, and vegetables) 291, *3364*
pheasant 164, *1837*
pheasant breast 285, *3276*
pheasant egg 272, *3107*
pheasant terrine 360, *4217*
phone reservation 319, *3728*
piccalilli (vinegar, gherkins, and mustard) 292, *3375*
piccata (veal escalope with parsley and lemon juice) 292, *3376*
pick, to; pluck, to 119, *1215*
picked dogfish 183, *2108*
pickled onion 104, *979*
pickled pearl onions 104, *989*
pickles (mixture of vegetables preserved in salt, vinegar, and sugar) 292, *3377*

pickle, to; salt, to 124, *1296*
picnic 295, *3432*
pie 364, *4288*
pie pan (U.S.)/ pie tin (U.K.) 176, *2014*
piece 285, *3266*
pied de mouton; hedgehog mushroom 292, *3379*
Piemontese style (risotto with white truffles) 292, *3380*
pig caul 118, *1197*
pig cheek (U.S.)/ bath chap (U.K.) 79, *630*
pigeon 298, *3469*
pigeon pea; Congo bean 168, *1906*
pig feet (U.S.)/trotters (U.K.) 290, *3345*
pig head 89, *743*
pig kidneys 321, *3751*
pig liver 170, *1939*
pig tail 313, *3632*
pig tongue 226, *2565*
pig's ear 270, *3086*
pike 229, *2607*
pike perch 229, *2608*
pilaf; pilau 292, *3381*
pilchard 336, *3917*
pilsen beer 106, *1020*
Piña Colada (cocktail made with white rum, coconut milk, and pineapple juice) 294, *3412*
pinch 296, *3442*
pineapple 35, *2*
pineapple cake 364, *4291*
pineapple jam 186, *2155*
pineapple juice and mint 350, *4114*
pine nuts 295, *3425*
pink bean (U.S.)/red kidney bean; red bean; kidney bean 168, *1907*
pink grapefruit 193, *2244*
Pink Lady (cocktail made with gin, lemon juice, egg white, and grenadine) 295, *3424*
pink pepper 294, *3406*
pine nuts 295, *3425*

pinto bean 168, *1898*
pipe rigate (snail shells--shaped) 295, *3430*
pipérade (Basque omelet made of sweet peppers and tomatoes) 295, *3429*
piquant sauce (Spanish sauce with shallots, white wine, vinegar, gherkins, and parsley) 291, *3373*
Pisco Sour (cocktail made with Pisco, lemon juice, egg white, and sugar) 296, *3440*
pistachio 296, *3441*
pistachio ice-cream 348, *4090*
pistachio oil 268, *3052*
pistola 366, *4319*
pita bread 280, *3186*
pitomba 296, *3444*
pizza calzone (stuffed) 94, *825*
pizza cutter; pizza wheel 127, *1348*
pizzaiola sauce (tomatoes, garlic, olive oil, and basil) 296, *3447*
pizza oven 176, *2020*
pizza peel 281, *3211*
pizza Roman style (tomatoes, mozzarella, and anchovies) 296, *3446*
pizzeria 296, *3448*
pizzle 377, *4433*
place mat 213, *2414*
plaice 342, *4021*
plain omelet 270, *3077*
plain rice 57, *362*
plain yogurt 207, *2379*
plantain 65, *462*
Planter's Punch (cocktail made with rum, maraschino, Curaçao, orange juice, lemon juice, and pineapple juice) 296, *3449*
plastic 297, *3450*
plastic cup 125, *1319*
plastic fork 185, *2129*
plastic spoon 119, *1208*
plastic wrap (U.S.)/cling film (U.K.) 171, *1957*

plate 300, *3502*
platter 367, *4321*
please 299, *3488*
please, do not smoke 299, *3489*
plover 222, *2489*
pluck, to 140, *1508*
plum 50, *249*
plum jelly 186, *2156*
plum pudding 303, *3568*
plum sauce 50, *250*
plum tomato; Roma tomato 363, *4265*
poached 154, *1717*
poached eggs 275, *3142*
poached eggs American style (with tomato and bacon) 274, *3138*
(poached) eggs Benedict (with ham, hollandaise sauce, and white bread) 273, *3120*
poached eggs Florentine style (with spinach and Mornay sauce) 275, *3139*
poached eggs Joinville style (with shrimps (U.S.)/with prawns (U.K.) 274, *3137*
poached eggs Mornay (au gratin (U.S.)/browned (U.K.) with Mornay sauce) 275, *3140*
poached eggs on toast 275, *3141*
poached eggs Sardou (with ham, anchovies, truffles, artichoke hearts, and hollandaise sauce) 273, *3119*
poached in milk 154, *1716*
poach, to 154, *1718*
poblano chili 294, *3404*
Poire (pear distillate) 297, *3455*
poivrade sauce (demi--glace, vinegar, herbs, gherkins, and parsley) 297, *3456*
polenta 297, *3458*
Polish style (with croutons) 297, *3462*
polished rice 57, *361*
pollack 213, *2422*

| Term | Page | Term No. |

pollen 297, *3457*
pomace brandy 64, *439*
pomegranate 322, *3768*
pomegranate molasses 245, *2778*
pont neuf potatoes (French fries (U.S.)/chips (U.K.); potato strips) 71, *535*
popcorn 295, *3431*
popcorn kernel 249, *2854*
poppy seeds 338, *3959*
poppy-seed roll 281, *3207*
popsicle; ice-cream bars (U.S.)/ice lolly (U.K.) 292, *3378*
porcelain 298, *3482*
porcini; cèpe 298, *3483*
pork chop (U.S.)/pork cutlet (U.K.) 77, *614*
(pork) knuckle 284, *3255*
(pork) lard 66, *469*
pork loin 228, *2598*
pork sausage 333, *3881*
pork tenderloin 228, *2591*
Port wine; Port; Porto 380, *4177*
Port-Salut® (French cheese, semi-soft texture, made from cow milk) 299, *3494*
portion 298, *3481*
Portuguese style (with tomatoes) 299, *3495*
pot holder 279, *3181*
pot-au-feu (beef cooked with vegetables and ossobuco) 299, *3497*
pot-stew of fish 93, *811*
potato 68, *502*
potato chipper 127, *1344*
potato chips (U.S.)/potato crisps (U.K.) 70, *525*
potato croquettes 133, *1442*
potatoes Anna (sliced, layered potatoes cooked in melted butter) 68, *508*
potatoes au gratin (U.S.)/browned potatoes (U.K.) 70, *526*
potatoes baked in foil 70, *522*
potatoes Berny (potato croquettes with almonds) 69, *513*
potatoes Chatouillard (potatoes cut into long strips and deep fried) 69, *516*
potatoes Dauphine (fluffy potato croquettes) 70, *519*
potatoes duchesse (moulds of potato purée au gratin) 70, *521*
potatoes English style (boiled, with butter) 68, *509*
potatoes Lorette (fluffy croquettes with grated cheese) 70, *527*
potatoes Lyonnaise (fried with onions) 70, *528*
potatoes Williams (pear-shaped croquettes) 72, *539*
potato flour; potato starch 167, *1890*
potato masher 49, *241*
potato peeler 141, *1528*
potato salad 329, *3823*
potato soup 344, *4047*
poulard 184, *2112*
poultry 59, *400*
poultry shears 360, *4222*
pound 224, *2539*
pound cake (made of equal portions of all-purpose flour (U.S.)/plain flour (U.K.), sugar, eggs, and butter) 308, *3589*
pour, to 142, *1547*
powdered milk 223, *2515*
powdered sugar; confectioners' sugar; confectioner's sugar (U.S.)/icing sugar (U.K.) 39, *73*
Prairie-oyster (raw yolk with salt, pepper, and lemon) 300, *3500*
praliné (crunchy pecan nut) 300, *3501*
prefer, to 301, *3533*
pre-fried 301, *3534*
preheat, to 301, *3527*

prepared at guest's table 302, *3537*
prepare, to 302, *3538*
preservative 124, *1294*
preserved 124, *1293*
preserved lemon 225, *2552*
preserved meats (all kinds of sausages and cold meats) 150, *1634*
preserved vine leaf 174, *2001*
preserves 124, *1297*
preserve, to 124, *1295*
pressure cooker 279, *3174*
pretzel (German cracker) 302, *3546*
price 301, *3529*
price list 227, *2580*
prickly pear 170, *1944*
primroses 302, *3548*
princess style (asparagus tips and truffles) 302, *3549*
producer 303, *3553*
product 303, *3552*
protein 303, *3560*
provençal mustard 256, *2948*
Provençal style (olive oil and garlic) 303, *3562*
provolone (Italian cheese, made from cow's milk) 303, *3563*
prune 50, *251*
pudding 303, *3564*
puff pastry (U.S.)/puff (U.K.) 242, *2745*
puff pastry 174, *2000*
puff pastry fans (U.S.)/puff fans (U.K.) 278, *3163*
pulses (beans, green peas, and lentils) 338, *3960*
pumpernickel (German rye bread) 304, *3569*
pumpkin 36, *19*
pumpkin seed oil 268, *3053*
pumpkin seeds 338, *3950*
punch 298, *3472*
purchase 122, *1264*
pure 304, *3579*
purée 304, *3571*
purple onion 104, *978*
purple-top turnip 261, *2986*

purslane; pussley 74, *570*
put 120, *1218*
put on the check, to (U.S.)/put on the bill, to (U.K.) 120, *1221*
puttanesca sauce (tomatoes, anchovies, capers, black olives, oregano, garlic, and olive oil) 304, *3580*
put, to 120, *1219*
put together, to 122, *1258*
puy lentils 224, *2530*

Q

quail 117, *1181*
quail egg 273, *3123*
quails with rice 117, *1182*
quality 307, *3581*
quality control 125, *1310*
quandong 307, *3582*
quantity 307, *3583*
quark (unsalted cheese, made from nonfat cow milk) 307, *3584*
quarter 307, *3586*
queen style (with chicken and suprême sauce) 318, *3709*
quiche lorraine (tart with bacon and cream) 309, *3621*
quick 140, *1510*
quince 240, *2720*
quince sweet 240, *2719*
quinoa (Inca rise) 310, *3623*

R

rabbit 117, *1184*
Rachel (artichoke hearts with marrow and bordelaise sauce) 314, *3635*
Rachel salad (celery, potatoes, artichoke bottoms, asparagus tips, and mayonnaise) 331, *3843*
radicchio; red chicory 314, *3637*
radish 313, *3627*

| Term | Page | Term No. |

ragout 314, *3638*
rainbow runner; Hawaiian salmon 390, *4538*
rainbow trout 368, *4349*
raisin 373, *4398*
raisins roll 281, *3209*
raisin wine; straw-wine 380, *4474*
rambutan 314, *3651*
ramekin 314, *3652*
ramen (fresh Japanese noodles made of all--purpose flour (U.S.)/ plain flour (U.K.), egg, and water) 315, *3653*
rampion (bellflower) 96, *841*
rancid 315, *3654*
range hood; stove hood 118, *1196*
rank 378, *4441*
rapeseed; rape; oilseed rape; rapa; rapaseed 120, *1223*
rapid 315, *3655*
rare 236, *2655*
raspberry 177, *2036*
raspberry jam 187, *2160*
raspberry vinegar 379, *4454*
ration 313, *3633*
ration, to 314, *3636*
ravigote sauce (gherkins, capers, tarragon, parsley, and vinegar) 315, *3667*
ravioli (stuffed pasta made from fresh pasta) 316, *3669*
raw 134, *1447*
raw egg 271, *3103*
raw fish 286, *3287*
raw ham and melon 245, *2787*
raw milk 223, *2521*
raw sugar 40, *83*
raw vegetables 376, *4421*
ray's bream 389, *4524*
ready 303, *3558*
ready dishes 301, *3522*
receipt 316, *3681*
recipe 316, *3673*
recommend, to 316, *3686*
rectangular table 248, *2837*

red Anjou pear 288, *3324*
red (bell) pepper; sweet red pepper 294, *3403*
red berry jam 187, *2161*
red cabbage 318, *3719*
red cabbage salad 330, *3834*
red currant 194, *2268*
red currant jelly 187, *2164*
red-legged partridge; French partridge 289, *3333*
red lettuce; red lollo 46, *198*
red mombin; Spanish plum 115, *1148*
red pepper 294, *3409*
red porgy (U.S.)/porgy (U.K.) 282, *3229*
red radish 313, *3629*
red scorpion fish 315, *3660*
red sweet potato; red yam (U.S.) 68, *505*
red Swiss chard 37, *45*
reduce, to 317, *3691*
red wine 381, *4489*
red-wine glass 356, *4158*
red wine sauce 381, *4491*
refined 317, *3694*
refine, to 317, *3695*
refreshing 317, *3696*
refresh, to 317, *3697*
refrigerator; fridge 186, *2148*
refuse, to 317, *3688*
Regency (dumplings, mushrooms, and truffles) 317, *3705*
regency sauce (white wine, mushrooms, and truffles) 317, *3704*
regional cuisine 130, *1403*
regional dishes; local dishes 301, *3525*
regret, to 220, *2455*
regular 264, *3020*
regular 318, *3708*
regular customer 116, *1157*
reindeer 318, *3713*
reindeer steak 76, *600*
rémoulade sauce (mayonnaise with gherkins, capers, and mustard) 318, *3711*
remove, to 318, *3712*
rendered fat from cooked meat (U.S.)/dripping (U.K.) 190, *2220*
renew, to 318, *3714*
rennet; curds 116, *1169*
repeat, to 318, *3716*
replace, to 318, *3721*
reservation 319, *3724*
reserved 319, *3725*
reserved table 248, *2836*
residue 319, *3731*
resist, to 319, *3732*
restaurant 319, *3734*
restaurant owner; restaurateur 145, *1593*
restroom 66, *470*
rhubarb 324, *3785*
rib eye (U.S.)/prime rib; cube roll (U.K.) 171, *1949*
rib eye roll (U.S.)/cap of cube roll (U.K.) 97, *870*
rib fingers 65, *467*
rice 56, *340*
rice bran 164, *1845*
rice croquettes 133, *1441*
rice flakes 173, *1972*
rice flour (U.S.)/ground rice (U.K.) 165, *1851*
rice noodles (made of rice flour (U.S.)/ground rice (U.K.) and water) 242, *2740*
rice papers (made of rice flour (U.S.)/ground rice (U.K.), water, and salt, are dried in the sun on mats) 281, *3214*
rice pudding 56, *355*
rice soup 344, *4046*
rice syrup 389, *4527*
rice timbale (with meat, fish, vegetables, and cheese) 361, *4232*
rice vermicelli (Asian noodles) 377, *4437*
rice vinegar 379, *4451*
rice with duck 56, *353*
rich sauce (Normande sauce, lobster butter, cognac, and Cayenne pepper) 320, *3744*
rich style (medallion of goose liver, truffles, and artichoke bottoms) 320, *3742*
Richelieu (stuffed tomatoes with mushrooms, braised lettuce, and château potatoes or new potatoes) 320, *3743*
ricotta cheese (creamy texture, made from whey or non-fat cow milk) 320, *3746*
ricotta cheese gnocchi 263, *3010*
rigatoni (pasta shaped into big, hollow, and ridged tubes) 320, *3747*
rinse, to 153, *1686*
ripe 234, *2639*
ripen, to 48, *235*
ripened 49, *236*
risoni (rice grains-shaped) 321, *3753*
risotto with seafood 321, *3754*
rissoles 321, *3755*
roach 324, *3786*
roast 58, *377*
roast beef 323, *3774*
roast chicken 178, *2044*
roasted 58, *376*
roasted almond 50, *255*
roasting pan 58, *375*
roast mutton 99, *914*
roast pork 299, *3485*
roast potatoes 69, *512*
roast stuffed turkey 289, *3343*
roast, to; bake, to 58, *380*
roast veal 381, *4502*
Rob Roy (cocktail made with whisky, sweet vermouth, and Angostura®) 321, *3758*
Robert sauce (onion, mustard, and white wine) 321, *3757*
rocambole; Spanish garlic 47, *213*
Rocha pear 289, *3327*
rock (coarse) salt 333, *3864*
roe; hard roe 271, *3100*

roe deer 126, *1336*
Rohan style (artichoke hearts, slices of foie gras and truffles, tarts (U.S.)/tartlets (U.K.) with chicken kidneys and suprême sauce) 322, *3762*
roll 281, *3206*
rolled 152, *1676*
rolling pin 322, *3767*
rollmops (filets of herring) 322, *3764*
roll of butter; pat of butter 79, *642*
roll of paper 322, *3766*
roll out dough, to 36, *27*
roll (up), to 152, *1677*
romaine lettuce (U.S.)/cos lettuce (U.K.) 46, *197*
romaine lettuce salad (U.S.)/cos lettuce salad (U.K.) 329, *3821*
Roman style (tomato, mozzarella, and anchovies) 322, *3769*
Romanov (stuffed cucumbers, duchess potatoes with mushrooms, celery, and horseradish sauce) 322, *3770*
room 307, *3585*
room service 340, *3986*
rooster; cock 184, *2115*
Roquefort (French cheese, damp crust, made from unpasteurized sheep milk) 323, *3772*
rose apple; Malay apple 211, *2393*
rosé champagne 108, *1060*
rose extract (U.S.)/rose essence (U.K.) 158, *1787*
rosehip 323, *3773*
rosemary 45, *184*
rosemary honey 245, *2790*
rosette bok choy; tatsoi (variety of Chinese cabbage) 79, *634*
rose water 42, *124*
rosé wine 380, *4486*
rotelle (wheel-shaped pasta) 323, *3779*

rotten 297, *3452*
rotten egg 272, *3116*
round 129, *1385*
round 317, *3690*
round table 248, *2835*
round tomato 363, *4262*
round tray 367, *4324*
roux (mixture of all-purpose flour (U.S.)/plain flour (U.K.) and butter) 323, *3782*
royal jelly 187, *2172*
royal style (oysters, truffles, mushrooms, and fish dumplings) 323, *3783*
rub, to 156, *1742*
rue 57, *365*
rule 318, *3707*
rum baba 63, *426*
rumen (U.S.)/tripe bleached (U.K.) 86, *727*
rum (sugar-cane distillate) 324, *3787*
Russian salad (mixed vegetable salad dressed with mayonnaise) 331, *3844*
Russian style (with beet (U.S.)/beetroot (U.K.) 324, *3788*
Rusty Nail (cocktail made with whisky and Drambuie®) 324, *3789*
rutabaga (U.S.)/swede (U.K.) 129, *1380*
rye 105, *997*
rye bread 280, *3191*
rye flakes 173, *1974*
rye flour 165, *1853*
rye whisky 371, *4374*

S

saccharine 327, *3798*
Sacher torte (confectioners' sugar (U.S.)/icing sugar (U.K.), chocolate, and Madeira wine) 80, *660*
sachet 327, *3801*
saddled bream 145, *1588*
saddle of hare 228, *2596*
saddle of hare Saint

Hubert style (with mushrooms and poivrade sauce) 228, *2597*
saddle of mutton 228, *2593*
saddle of rabbit 228, *2594*
saddle of wild boar 228, *2595*
safflower oil 267, *3040*
safflower; bastard saffron 101, *931*
saffron 37, *36*
sage 334, *3898*
sago 328, *3807*
Saint-German (with green peas or snow peas (U.S.)/mange-tout (U.K.)) 328, *3808*
Saint-Honoré cake (cream cake bordered with puffs) 80, *661*
Saint-Mandé (green peas, green beans (U.S.)/French beans (U.K.), and Macaire potatoes) 328, *3809*
Saint-Marcellin (French cheese, made from unpasteurized goat or cow milk) 328, *3810*
Saint-Nectaire (French cheese, full-fat, made from unpasteurized cow milk) 328, *3811*
saithe 155, *1724*
sake 335, *3912*
salad bowl 331, *3847*
salad buffet 86, *730*
salad dressing 359, *4204*
salad servers 357, *4173*
salamander 331, *3850*
salami (Italian salami made from pork and/or beef) 331, *3851*
Salers; Cantal (French cheese, creamy texture, made from unpasteurized cow milk) 332, *3860*
salicornia; glasswort; sea bean; marsh samphire 333, *3865*
salmi (stew of game birds) 333, *3871*
salmon 333, *3868*

salmon butter 238, *2690*
salmon canapés 96, *846*
salmon carpaccio (thin slices of salmon) 100, *925*
salmon crêpe 132, *1430*
salmon mousse 258, *2983*
salmon roe (U.S.)/keta (U.K.) 271, *3101*
salmon steak 171, *1952*
salmon trout 368, *4355*
salsify; oyster plant; goat's beard 105, *1001*
salt 329, *3813*
salted cod fish; salt cod 63, *431*
salt-free; no salt 339, *3971*
saltimbocca (veal escalope with ham and sage) 334, *3896*
saltpeter (U.S.)/salpetre (U.K.) 333, *3866*
salt shaker (U.S.)/saltcellar (U.K.) 332, *3859*
salt, to 332, *3863*
salt water pike; barracuda (U.S.)/sea pike (U.K.) 67, *488*
salty 332, *3862*
sambal oelek (pepper, brown sugar, and salt) 335, *3907*
sandwich; butty (U.K.) 335, *3900*
sandwich loaf; white bread 280, *3193*
sangria (red wine, fruits, and sugar) 335, *3905*
sansho powder 335, *3908*
santé soup (potato purée with sorrel) 347, *4073*
sapodilla 335, *3911*
sapote; chocolate pudding fruit 335, *3910*
sardine 336, *3916*
sardines in olive oil 336, *3918*
Sardinian style (rice croquettes, mushrooms, cucumber, and stuffed tomatoes) 336, *3915*
Sarladaise potatoes (sliced potatoes sautéed in goose fat) 71, *537*
sassafras 336, *3920*

Term | Page | *Term No.*

satay sauce (coconut milk, curry, peanut, and sugar) 336, *3921*
satiated 327, *3802*
satiate, to 328, *3803*
saturated fat 191, *2221*
sauce boat; gravy boat 253, *2907*
sauce ladle 119, *1213*
sauce on the side; dressing on the side 253, *2908*
saucepan; casserole 90, *757*
saucer 296, *3437*
sauerbraten (braised beef marinated in vinegar) 336, *3924*
sauerkraut 114, *1131*
sausage 226, *2568*
sausage; banger (U.K.) 333, *3879*
sausage roll 152, *1675*
sautéed 334, *3894*
sautéed potatoes 71, *536*
sauté pan 178, *2055*
sauté, to 179, *2063*
savarin (French cake in shape of ring) 336, *3925*
savory 337, *3938*
Savoy cabbage 129, *1374*
Savoy omelet (with potatoes and gruyère) 270, *3076*
Savoy potatoes (potatoes au gratin (U.S.)/browned (U.K.) with milk and cheese) 69, *511*
scald, to 154, *1715*
scale, to 155, *1723*
scallion; green onion (U.S.)/spring onion; salad onion (U.K.) 104, *982*
scallop 378, *4443*
schlachtplatte (sausages, boiled pork meat, and sauerkraut) 337, *3928*
schnapps (cereal distillate) 337, *3930*
scissors 360, *4220*
scone (Scottish bread) 337, *3931*
scorpionfish 236, *2667*
scorzonera; black salsify;
vegetable oyster 155, *1729*
Scotch broth (lamb or mutton, vegetables and barley) 345, *4063*
Scotch egg (hard-boiled egg coated with sausage, breaded and fried) 272, *3117*
Scotch whisky 371, *4375*
Scottish style (poached eggs with salmon) 149, *1620*
scrambled eggs 274, *3133*
scraped 315, *3663*
scrape, to 315, *3665*
sea bass 321, *3756*
sea bream dentex 97, *873*
sea fish 286, *3289*
seafood 180, *2083*
seafood salad 330, *3831*
seakale 333, *3878*
sea lettuce 46, *193*
sea salt; bay salt 333, *3870*
sea spaghetti (seaweed) 156, *1753*
sea trout 368, *4353*
sea urchin 271, *3097*
sea urchin roe 271, *3099*
searobin (U.S.)/gurnard (U.K.) 89, *747*
seasonal salad 329, *3816*
seasoned 123, *1279*
seasoning; condiment 359, *4203*
season, to; spice, to 123, *1280*
seat 58, *384*
seaweed 47, *204*
seaweed 47, *205*
see you tomorrow 58, *387*
select, to 337, *3942*
selection 337, *3940*
self-service 337, *3943*
sell by date; shelf life 301, *3526*
seltzer 42, *126*
semi-dry 339, *3964*
semisweet chocolate; bittersweet chocolate (U.S.)/dark cooking chocolate (U.K.) 113, *1119*
semolina 339, *3968*
semolina pasta 242, *2743*
Sencha tea (green tea) 110, *1081*
separate checks (U.S.)/ separate bills (U.K.) 125, *1307*
separate, to 339, *3975*
Serrano chili 294, *3407*
Serrano ham; Spanish ham (cured) 302, *3545*
served 340, *3989*
serve, to 340, *3990*
service 340, *3984*
service included 340, *3987*
service not included 340, *3988*
service table; side table 247, *2827*
serving spoon 119, *1212*
sesame 188, *2188*
sesame oil 268, *3048*
sesame seeds 338, *3956*
set of bowls 213, *2416*
set the table, to 298, *3479*
shad 336, *3926*
shad; twaite shad 337, *3927*
shake, to 41, *103*
shallot; Spanish garlic 149, *1619*
shallow plate 301, *3519*
shandy (beer with lemonade or ginger ale) 340, *3992*
shank 258, *2978*
shank; fore shank (U.S.)/ shin (U.K.) 258, *2977*
shaped eggs 274, *3134*
shark 368, *4356*
shark fins 66, *479*
sharp 40, *100*
sharpen, to 51, *264*
sheatfish; catfish 64, *443*
sheep cheese 308, *3602*
sheep head 89, *742*
sheep milk 223, *2510*
sheep sorrel 60, *408*
sheet gelatin; leaf gelatin 186, *2152*
shell 123, *1273*
shellfish tong 294, *3415*
shepherd's pie (ground meat (U.S.)/minced meat (U.K.) topped with
mashed potatoes) 340, *3993*
sherry; jerez 390, *4533*
Sherry vinegar 379, *4460*
shiitake mushroom; forest mushroom 340, *3994*
shimeji mushroom; oyster mushroom 340, *3995*
Shirley Temple (cocktail made with ginger ale and grenadine) 341, *3997*
shirred eggs; eggs en cocotte 273, *3124*
shopping list 227, *2579*
short crust pastry 243, *2752*
shortening (U.S.)/white fat (U.K.) 341, *3998*
short pastry 242, *2747*
shoulder 278, *3157*
shoulder 97, *869*
shoulder; picnic (U.S.)/ shoulder (U.K.) 278, *3158*
shoulder clod 277, *3146*
shoulder heart 251, *2872*
show, to 256, *2949*
shredded coconut (U.S.)/ desiccated coconut (U.K.) 117, *1180*
shred, to 142, *1541*
shrimp (U.S.)/prawn (U.K.) 94, *829*
shrimp (U.S.)/prawn; baby prawn (U.K.) 94, *831*
shrimp bites (U.S.)/prawn bites (U.K.) 290, *3361*
shrimp butter (U.S.)/prawn shrimp (U.K.) 238, *2682*
shrimp cocktail (U.S.)/ prawn cocktail (U.K.) 126, *1323*
shrimp salad (U.S.)/prawn salad (U.K.) 329, *3825*
shrimp sauce (U.S.)/prawn sauce (U.K.) 94, *830*
Sichuan pepper; Chinese pepper; anise pepper; fagara 294, *3408*
Sichuan tea (black tea) 110, *1083*
Sicilian cassata (cake filled with ricotta cheese, chocolate, and candied fruits (U.S.)/

— 510 —

| Term | Page | Term No. |

crystallized fruits (u.k.)) 102, *949*
Sicilian cornets (with ricotta cheese and candied fruits (u.s.)/ crystallized fruits (u.k.)) 127, *1338*
Sicilian style (rice timbale and potato croquettes) 341, *4000*
sickle 174, *1989*
Sidecar (cocktail made with cognac, Cointreau®, and lemon juice) 341, *4001*
side dish; accompaniment 38, *59*
Sidney rock oyster 271, *3096*
sieve 287, *3308*
sifted; sieved 287, *3310*
sift, to; sieve, to 287, *3311*
sign, to 58, *385*
silence 341, *4005*
silent 341, *4006*
silver dragée; silver bullets 79, *638*
simmer, to 131, *1405*
Singapore Sling (cocktail made with gin, cherry liqueur, lemon juice, and club soda) 341, *4007*
singe, to; scorch, to 109, *1062*
siphon 341, *4004*
sip, to 73, *557*
sirloin (u.s.)/rump (u.k.) 45, *178*
sirloin 228, *2592*
skewer, to 299, *3490*
skillet; frying pan; pan 178, *2054*
skim powdered milk 223, *2513*
skim the fat off, to 142, *1540*
skim, to 155, *1738*
skim, to 361, *4241*
skimming ladle; skimmer 155, *1737*
skin on 121, *1253*
skinless 339, *3969*
skipjack tuna; false albacore (u.s.)/skipjack tunny (u.k.) 81, *671*

skylark 128, *1366*
slaughter 35, *7*
slaughter, to 35, *8*
slice 166, *1873*
slice of bread 166, *1874*
sliced 166, *1875*
slicing knife 164, *1833*
sloe 37, *30*
sloe gin 225, *2543*
sloping 150, *1635*
slowly 143, *1558*
small 288, *3318*
small moulds 176, *2016*
small mushroom pie 365, *4306*
small skewer 157, *1763*
small slice 166, *1878*
small tablecloth 117, *1175*
smell 111, *1096*
smell, to 111, *1095*
smelt 153, *1689*
smitane sauce (onions, butter, sour cream (u.s.)/ soured cream (u.k.), and lemon) 342, *4011*
smoke 180, *2086*
smoked 138, *1489*
smoked bacon 64, *435*
smoked cheese 308, *3601*
smoked eel 152, *1666*
smoked fish 286, *3290*
smoked haddock (u.s.)/ finnanhaddie (u.k.) 197, *2291*
smoked ham (u.s.)/ gammon (u.k.) 302, *3540*
smoked herring 55, *327*
smoked meat 99, *910*
smoked trout 368, *4351*
smoker 180, *2087*
smoke, to 138, *1490*
smoke, to 180, *2088*
smooth (taste) 350, *4110*
snack 220, *2458*
snails 98, *883*
snail service 300, *3515*
snake fruit; salak 179, *2067*
snipe 262, *2995*
snow peas (u.s.)/mange-tout (u.k.) 154, *1713*
snowball (chocolate ice--cream and whipped cream) 82, *686*

soak, to 150, *1631*
soak, to 299, *3487*
soak up, to; absorb, to 37, *33*
soap 327, *3791*
soba (Asian noodles made of all-purpose flour (u.s.)/plain flour (u.k.) and buckwheat flour) 342, *4013*
soda 342, *4017*
soda bread 280, *3197*
soft-boiled eggs (cooked 3-4 min) 275, *3143*
soft cheese 309, *3607*
(soft) dark brown sugar 40, *82*
soft drink 317, *3699*
(soft) light brown sugar 39, *81*
soft roe; white roe 338, *3949*
sole 226, *2566*
sole Choiseul (with truffled white wine sauce) 226, *2567*
soluble 342, *4024*
somen (very thin Japanese all-purpose flour (u.s.)/plain flour (u.k.) noodles) 343, *4025*
sorb 347, *4082*
sorbet (u.s.)/sherbet (u.k.) 347, *4076*
sorghum; sorgo 347, *4079*
sorrel; garden sorrel 60, *406*
Soubise purée (of onions) 304, *3578*
Soubise sauce (béchamel sauce with onions) 348, *4093*
soufflé 351, *4129*
soufflé Rothschild (vanilla soufflé with candied fruits (u.s.)/crystallized fruits (u.k.)) 351, *4132*
soup 343, *4026*
soupein 369, *4359*
soup of the day 345, *4061*
soup plate 300, *3514*
soup spoon 119, *1211*
soup tureen 347, *4075*
sour 60, *409*

sour; acidic 38, *57*
sour cherries (u.s.)/ Morella cherry; English Morella cherry (u.k.) 255, *2928*
sour cream (u.s.)/soured cream (u.k.) 131, *1421*
soursop 193, *2252*
Southern stingray 314, *3643*
soy flour 166, *1865*
soy sauce 342, *4019*
soy sprouts 85, *718*
soybean (u.s.) / soya bean (u.k.) 342, *4018*
soybean (u.s.)/soya bean (u.k.) 168, *1901*
soybean oil (u.s.) / soya bean oil (u.k.) 268, *3056*
soymilk 223, *2511*
spaghetti squash 36, *15*
spaghetti (the most popular pasta) 156, *1751*
spaghetti with Bologna sauce 156, *1752*
Spanish omelet (with tomatoes, onions, and sweet peppers) 269, *3075*
Spanish onion (u.s.)/large red onion (u.k.) 104, *977*
Spanish style (tomatoes, onions, garlic, and sweet pepper) 156, *1750*
sparerib (belly) 128, *1361*
sparkling 185, *2141*
sparkling cachous 123, *1285*
sparkling (mineral) water; carbonated water (u.s.)/ fizzy water (u.k.) 42, *132*
sparkling wine 380, *4480*
spatula; rubber spatula; rubber scraper (u.s.)/fish slice (u.k.) 156, *1754*
spätzle (noodles made with flour, eggs, and water) 348, *4096*
spearmint 201, *2331*
special dishes 157, *1759*
specialty 157, *1756*
spelt 157, *1761*
spelt meal 165, *1855*
Spenwood (English

Term | Page | *Term No.*

cheese, hard texture, made from sheep milk) 348, *4097*
spice 157, *1760*
spice rack 299, *3493*
spicy food 121, *1237*
spider crab 105, *998*
spill, to 140, *1512*
spill, to 153, *1679*
spinach 157, *1768*
spinach purée 304, *3575*
spinal cord 244, *2769*
spiny butterfly ray 314, *3642*
spirit 43, *136*
spit (grill); skewer (for meat) 157, *1765*
splatter screen 359, *4200*
spleen 63, *433*
split peas; dried peas 154, *1712*
split, to 318, *3715*
spoiled; soured 159, *1797*
spoil, to 159, *1799*
sponge 157, *1771*
sponge cake 280, *3194*
spoon 119, *1203*
spoonful 119, *1216*
spot remover 361, *4238*
sprat 156, *1749*
spread 297, *3464*
spring chicken; cock 178, *2046*
spring form 175, *2011*
spring lamb; baby lamb 82, *682*
Spring style (with a mixture of vegetables) 302, *3550*
spring water 42, *123*
sprinkles; confection 123, *1284*
sprinkle, to 82, *683*
sprinkle, to 298, *3465*
sprinkle, to 333, *3874*
sprouts; shoots 85, *714*
squab 82, *679*
square table 248, *2834*
squash; pumpkin; gourd 36, *12*
squeezed 158, *1777*
squeeze, to 158, *1776*
squid 229, *2609*
stale bread 281, *3205*

star anise; Chinese anise 52, *286*
star-apple 35, *11*
starch 167, *1889*
steak and kidney pie 349, *4098*
steak house; barbecue restaurant 114, *1132*
steak knife 163, *1821*
steak tartare (raw ground steak (U.S.)/raw minced steak (U.K.) topped with egg) 349, *4100*
steam 376, *4409*
steamed 130, *1397*
steamed 376, *4410*
steamed vegetables 222, *2495*
steamer 279, *3175*
steamer basket; vegetable basket 106, *1027*
steam oven 176, *2023*
steam, to 131, *1407*
steel 108, *1050*
steel wool 278, *3159*
Steinhäger (German gin) 349, *4101*
stelline; stellette (pasta for soup) 159, *1800*
sterilize, to 159, *1795*
stevia 159, *1796*
stewed 195, *2286*
stew, to 195, *2287*
stick, to 194, *2270*
Stilton (English cheese, blue veins, semi-hard texture, made from cow milk) 349, *4102*
Stinger (cocktail made with cognac or brandy and white crème de menthe) 349, *4103*
stingray 55, *338*
stir-fry, to 179, *2060*
stir, to 248, *2841*
stock; broth; bouillon 93, *812*
stockfish (dried cod fish) 63, *432*
stock with bits of meat and vegetables 93, *813*
storage 55, *332*
store 228, *2586*
stout 106, *1017*

stove; cooker 174, *1983*
stracchino (Italian cheese, made from cow milk) 349, *4104*
stracciatella (beef stock with beaten eggs and grated cheese) 349, *4105*
straight (U.S.)/neat (U.K.) 73, *562*
strainer; sieve 116, *1162*
strain, to (to separate the solids from liquids) 116, *1170*
Strasbourg style (braised sauerkraut, slices of foie gras in butter, and bacon) 350, *4106*
strawberry 254, *2919*
strawberry cake 365, *4300*
strawberry jelly 187, *2167*
strawberry mousse 258, *2982*
strawberry preserves 122, *1261*
strawberry syrup 93, *810*
strawberry vinegar 379, *4457*
straw potatoes (fried) 71, *531*
Strega® (Italian herbal liqueur) 350, *4107*
strip 361, *4243*
strong 176, *2027*
strong coffee 91, *772*
stuffed; filled 316, *3676*
stuffed eggs 275, *3144*
stuffed olives 60, *423*
stuffed pasta; filled pasta 243, *2754*
stuffed pepper 294, *3405*
stuff, to; fill, to 316, *3678*
sturgeon 159, *1803*
substitute, to 350, *4112*
suckling pig; piglet 222, *2499*
suet 337, *3932*
suffice, to 68, *500*
suflé potatoes (sliced potatoes fried twice in deep fat) 71, *538*
sugar bowl 40, *87*
sugarcane distillate 43, *137*
sugared 40, *86*

sugar-free; no sugar 338, *3944*
sugar lumps; sugar cubes 39, *77*
sugar syrup 93, *806*
sugar, to 40, *96*
sugar tong 294, *3418*
suggested dishes 301, *3523*
suggest, to 351, *4133*
sultan style (with pistachios) 352, *4138*
sumac 352, *4140*
sundae 352, *4141*
sun-dried 337, *3935*
sun-dried tomato paste 283, *3244*
sun-dried tomatoes 363, *4271*
sunflower 189, *2199*
sunflower oil 268, *3049*
sunflower seeds 338, *3957*
superfine sugar (U.S.)/castor sugar; caster sugar (U.K.) 40, *85*
supermarket 352, *4142*
supper 104, *991*
supper, to 103, *974*
supplier 176, *2018*
supply 35, *6*
supply, to; furnish, to 176, *2019*
supply, to; furnish, to 35, *5*
suprême sauce (chicken stock with cream, egg yolks, and mushrooms) 352, *4143*
Surinam cherry; Brazilian cherry 296, *3443*
sushi rice 56, *354*
swallow, to 151, *1661*
sweat, to 350, *4109*
Swedish mayonnaise (with apple purée and horseradish) 235, *2645*
sweep, to 376, *4414*
sweet 145, *1589*
sweet almond 50, *253*
sweet and sour 42, *117*
sweet and sour sauce 42, *118*
sweetbreads; thymus glands 253, *2903*

— 512 —

| Term | Page | Term No. |

sweetened 40, *94*
sweetened condensed milk 222, *2505*
sweeten, to 40, *97*
sweetness 145, *1592*
sweet omelet 269, *3074*
sweet orange 220, *2471*
sweet pepper; bell pepper 293, *3399*
sweet potato; yam (U.S.) 68, *503*
sweet shortcrust pastry 243, *2748*
sweet wine 380, *4476*
sweet woodruff; asperula 57, *373*
swordfish 156, *1748*
syllabub (cream and Sherry) 352, *4145*
syrup 93, *805*

T

table 247, *2823*
table by the window 248, *2833*
table cloth 362, *4251*
table for... people 248, *2832*
table in the corner 247, *2829*
table mat 140, *1521*
table napkin 195, *2277*
table number 265, *3030*
table on the terrace 247, *2830*
table wine 380, *4472*
table with sea view 247, *2825*
tablespoon (measure) 119, *1210*
tableware 372, *4391*
tagliatelle (long strips, sold in nests) 356, *4161*
taglierini (fine flat strips) 356, *4163*
tagliolini (thinner than linguine) 356, *4164*
tahini (sesame seed paste) 356, *4165*
tail 313, *3630*
take out, to; go, to (U.S.)/ take away, to (U.K.) 121, *1240*

take, to 362, *4254*
Taleggio (Italian cheese, soft texture, made from cow milk) 356, *4169*
Talleyrand (noodles with butter and cheese, truffles, foie gras, and Périgueux sauce) 357, *4174*
tamarillo; tree tomato 357, *4179*
tamarind 357, *4180*
tangerine 358, *4184*
tank; vat; fermenter; fermentation tank; holding vat 134, *1451*
tannic wine 381, *4488*
tansy 358, *4183*
tap water 42, *120*
tapioca 358, *4185*
taro 358, *4188*
tarragon 159, *1798*
tarragon butter 238, *2685*
tarragon vinegar 379, *4453*
tart (U.S.)/tartlet (U.K.) 358, *4192*
tartaric acid 38, *56*
tartar sauce (mayonnaise of hard-boiled eggs with chives) 358, *4190*
tartar sauce (mayonnaise, capers, pickles, onions, olives, lemon juice or vinegar) 358, *4189*
tarte Tatin (apple pie covered with caramel and whipped cream) 358, *4196*
tassel grape hyacinth (U.S.)/tassel hyacinth (U.K.) 104, *984*
taste, to 303, *3561*
tasting menu 246, *2810*
tasty 191, *2227*
tavern 359, *4198*
tea 107, *1032*
tea bag 335, *3913*
tea ball 116, *1164*
tea cake 359, *4199*
tea cup 390, *4536*
teal 241, *2727*
teapot 86, *733*
tearoom 332, *3854*
tear, to 315, *3661*

tea spoon 119, *1205*
tea strainer 116, *1163*
tea with lemon 107, *1036*
tea with milk 107, *1035*
temperature 359, *4202*
tench 359, *4208*
tender 359, *4210*
tender; soft 234, *2632*
tenderize, to 48, *234*
tendon 359, *4209*
tequila (Mexican distillate) 359, *4212*
teriyaki sauce (soy sauce, sake, and ginger) 360, *4213*
Thai apple eggplant (U.S.)/ Thai apple aubergine (U.K.) 75, *584*
Thai lime; Kaffir lime 225, *2551*
Thai lychee; Thai litchi 225, *2541*
Thai rice 57, *364*
thank you 267, *3036*
thaw, to; defrost, to 141, *1532*
thawed 141, *1531*
the home way 252, *2890*
thermometer 360, *4214*
thermos jug; thermal carafe 185, *2140*
thick 194, *2269*
thicken, to (sauce, soup) 151, *1649*
thickened (sauce, soup) 151, *1648*
thicken, to 138, *1479*
thin 172, *1965*
thin flank; skirt 177, *2034*
thirst 337, *3936*
thistle (U.S.) /sow thistle (U.K.) 340, *3982*
Thompson grape 373, *4400*
thresher shark (U.S.)/ slasher (U.K.) 90, *756*
thrush 364, *4279*
thyme 363, *4274*
thyme honey 245, *2794*
Tia Maria® (coffee liqueur) 360, *4225*
tiger prawn; black tiger prawn 95, *832*
tiger shark (U.S.)/leopard shark (U.K.) 361, *4237*

tilapia 360, *4228*
Tilsit (semi-hard cheese, made from cow milk) 361, *4230*
time 359, *4205*
timer 133, *1438*
timetable 200, *2326*
tip included 191, *2225*
tip; gratuity 191, *2224*
tiramisù (ladyfingers (U.S.)/sponge biscuits (U.K.) soaked in coffee and wrapped in a mascarpone cream sprinkled with bitter cocoa) 361, *4239*
toad-in-the-hole (sausages baked in batter) 362, *4249*
toast 364, *4280*
toast; toasted 364, *4284*
toaster 364, *4283*
toaster oven 176, *2021*
toast, to 364, *4285*
tobacco store 355, *4146*
today's menu 99, *902*
toffee 64, *449*
tofu (cheese made from soymilk) 362, *4253*
tomatillo; Mexican green tomato; jamberry 363, *4272*
tomato 362, *4256*
tomato chutney 114, *1136*
tomato juice 351, *4124*
tomato mustard 256, *2943*
tomato paste (U.S.)/tomato purée (U.K.) 160, *1818*
tomato purée 304, *3577*
tomato salad 330, *3836*
tomato sauce 363, *4268*
tomato soup 345, *4058*
Tom Collins (cocktail made with gin, sugar syrup, lemon juice, and club soda) 363, *4273*
Tomme de Savoie (French cheese, nutty flavor, made from unpasteurized cow milk) 363, *4275*
ton 364, *4277*
tong 294, *3414*
tongue 226, *2561*

Term	Page, Term No.		
tonic water 43, *143*	traditional 366, *4316*	turn sour, to 59, *404*	whipped cream) 375, *4401*
too bitter 257, *2960*	traditional local restaurant 319, *3736*	turn, to 381, *4498*	vacuum packed 150, *1628*
too cold 257, *2964*	traveler's check 111, *1097*	turtle 358, *4191*	validity 375, *4405*
too fatty 257, *2965*	tray 66, *468*	turtle soup 345, *4057*	Valois (sautéed artichoke hearts and potatoes Anna) 375, *4406*
too hot 257, *2967*	trenette (ribbon-shaped pasta) 367, *4327*	Tuscan style (parmesan cheese and ham) 365, *4307*	vanilla 72, *550*
too much 139, *1499*	trifle (cake with jam and Sherry) 367, *4329*	twelfth cake 80, *659*	vanilla bean (U.S.)/vanilla pod (U.K.) 166, *1881*
too rare 257, *2961*	trim, to 53, *299*	typical cheese 309, *3611*	vanilla cream 131, *1416*
too salty 257, *2968*	trim, to 320, *3740*	Tyrolean sauce (tomatoes and béarnaise sauce) 362, *4247*	vanilla extract (U.S.)/vanilla essence (U.K.) 158, *1785*
too sour 257, *2959*	trimmings 317, *3687*		
too spicy 257, *2966*	tripe 86, *726*	Tyrolean style (fried onions and cubed tomatoes) 362, *4246*	vanilla-flavored sugar 39, *67*
too sweet 257, *2962*	trolley; wagon 366, *4317*		
toothpick holder 278, *3160*	tropical fruit juice 350, *4116*		vanilla ice-cream 347, *4084*
toothpicks 278, *3162*	trout 368, *4348*	**U**	varied 376, *4411*
too tough 257, *2963*	truffle 368, *4342*	ugli fruit; ponkan orange 298, *3471*	varietal wine 381, *4492*
top blade (U.S.)/oyster blade; blade (U.K.) 315, *3658*	truffle butter 238, *2691*		variety 376, *4413*
	truffled foie gras; truffled goose liver 174, *1990*	UHT milk (ultrahigh temperature treated milk) 224, *2526*	vary, to 376, *4412*
top blade portion (U.S.)/chuck tender (U.K.) 287, *3301*			veal brain 251, *2874*
	truffle oil 60, *417*	uncork, to 140, *1516*	veal escalope 155, *1722*
top sirloin cap (U.S.)/rump cap (U.K.) 291, *3370*	truffle slivers 221, *2481*	uncover, to 142, *1551*	veal feet 290, *3352*
	truss, to 49, *240*	undercooked 235, *2653*	veal fricassée 178, *2053*
top sirloin; centre cut (U.S.)/rump heart (U.K.) 251, *2871*	try, to 160, *1811*	undiluted; neat (alcohol) 144, *1576*	veal kidneys 321, *3752*
	tube 369, *4362*		veal liver 170, *1940*
	tuna (U.S.) in olive oil/tunny (U.K.) in olive oil 59, *393*	unleavened bread 280, *3187*	veal meat 99, *912*
tortellini (stuffed pasta made from fresh pasta) 365, *4303*			veal sweetbreads 253, *2902*
		unmold, to; turn out, to 142, *1539*	
tortelloni (large version of tortellini) 365, *4304*	tuna (U.S.)/tunny (U.K.) 59, *390*		veal testicle 360, *4223*
		unpeeled potatoes (U.S.)/potatoes in their jackets (U.K.) 69, *517*	vegan 376, *4420*
tortilla (soft unleavened bread containing cornstarch (U.S.)/corn flour (U.K.) 365, *4305*	Turbigo (chipolata and mushrooms) 369, *4364*		vegetable 201, *2340*
			vegetable 377, *4430*
	turbot 301, *3535*	unripe 377, *4429*	vegetable brush 155, *1735*
	turkey 289, *3341*	unsalted 207, *2367*	vegetable chopper; mezzaluna 249, *2847*
	turkey breast 286, *3282*	unsalted butter; sweet butter 238, *2695*	
tough (meat) 147, *1613*	turkey carcass 98, *898*		vegetable cutter 127, *1349*
Toulousian style (chicken dumplings, lamb sweetbreads or cockscombs, chicken kidneys, mushrooms, truffles, and allemande sauce) 366, *4310*	turkey escalope 155, *1721*	unusual 315, *3659*	vegetable extract 160, *1819*
	turkey thigh 129, *1384*	unwrap, to 142, *1538*	
	Turkish coffee; Greek coffee (ground coffee combined with sugar and boiled with water) 92, *794*	upside-down cake (before serving, the cake is inverted so the glazed fruit becomes the top of the cake) 372, *4384*	vegetable garden; kitchen garden 201, *2329*
			vegetable juice 350, *4118*
			vegetable mill 158, *1773*
			vegetable oil 268, *3058*
	Turkish style (rice pilaf, shirred eggs, omelet, and eggplant (U.S.)/aubergine (U.K.) 369, *4365*	use, to 372, *4389*	vegetable quiche 309, *3620*
tourist menu 247, *2815*		usual 123, *1271*	
tournedos Clamart (with artichoke bottoms and green peas) 366, *4311*		utilize, to 372, *4392*	vegetables 222, *2494*
			vegetable soup 345, *4059*
	turmeric 135, *1461*	**V**	vegetable stock; vegetable broth 94, *819*
tournedos (filet mignon medallion) 366, *4312*	turner 157, *1755*		
	turnip 261, *2985*	vacherin (meringues alternated with	vegetable strudel 350, *4108*
tournedos Rossini (with slices of foie gras, truffles, and Madeira sauce) 366, *4313*	turnip cabbage; kohlrabi 129, *1381*		vegetable tarts (U.S.)/tartlets (U.K.) 358, *4194*
toxic 366, *4314*			

| Term | Page | Term No. |

vegetarian 376, *4422*
vegetarian cooking 131, *1408*
vegetarian hamburger 198, *2297*
vegetarian lasagne 221, *2479*
vegetarian restaurant 319, *3737*
velvety 59, *398*
Venetian sauce (vinegar, tarragon, allemande sauce, and herbs) 376, *4426*
Venetian style (with onions) 376, *4425*
venison 376, *4418*
venison 99, *911*
venison sausage 333, *3882*
verjuice 377, *4434*
vermicelli (thinnest version of spaghetti pasta) 377, *4438*
vermouth 377, *4439*
vertebra 378, *4440*
vervain 377, *4427*
very dry 257, *2969*
very rare 74, *575*
vichyssoise soup (potato and leek) 347, *4074*
Victoria (tomatoes with mushroom purée and artichoke hearts in butter) 378, *4442*
Vienna sausage 334, *3888*
Vienna style (breaded and fried filet served with boiled potatoes and capers) 378, *4444*
Villeroi sauce (allemande sauce with essence of mushrooms) 378, *4446*
vinaigrette sauce; French dressing (olive oil, salt, pepper, vinegar, tomato, and onion) 379, *4464*
vinegar 378, *4447*
vinegar for sushi 379, *4463*
vine leaf 174, *1999*
vine spinach; night shade; malabar 75, *587*
vine tomato 363, *4264*
vineyard 379, *4466*
vineyard style (wine,

brandy, grapes or vine leaves) 378, *4445*
viniculture; wine--making 381, *4495*
vintage; harvest; year 328, *3806*
violets 381, *4497*
virgin olive oil 60, *416*
viscous 381, *4500*
vodka 382, *4506*

W

wafer 385, *4510*
waffle 385, *4511*
wahoo 103, *968*
wait, to 43, *135*
waiter 184, *2123*
waiting time 359, *4207*
waiting time... minutes 251, *2869*
waitress 184, *2124*
wakame (seaweed) 385, *4512*
Waldorf salad (apples, celery, and walnuts) 331, *3846*
Walewska style (lobster, slices of truffle, and Mornay sauce) 385, *4513*
walnut 265, *3026*
walnut bread 280, *3196*
walnut oil 268, *3051*
want, to 309, *3618*
warm up, to; heat, to 54, *314*
warm up, to; reheat, to 319, *3723*
warmed up 54, *315*
warmed up; reheated 319, *3722*
wasabi 385, *4514*
wash, to 222, *2490*
washed 221, *2486*
water 42, *119*
water chestnut 102, *954*
watercress 41, *110*
watercress salad 329, *3818*
water filter 171, *1960*
water glass 125, *1318*
water hen; marsh hen 178, *2045*
water ice; sherbet 192, *2239*
watermelon 245, *2780*

watermelon juice 351, *4123*
watery; aqueous 42, *125*
waxed paper (U.S.)/ parchment paper (U.K.) 281, *3215*
ways to prepare 252, *2893*
weak coffee (espresso diluted in three parts of water) 91, *781*
weasand meat 156, *1746*
wedding cake 80, *648*
weight 290, *3353*
weigh, to 290, *3346*
weijska (Polish sausage) 385, *4515*
weisswurst (sausage made with veal meat, cream, and eggs) 386, *4516*
well done; overdone 74, *576*
welsh rarebit (melted cheese on toast) 386, *4517*
Wensleydale (English cheese, semi-hard texture, made from cow milk) 386, *4518*
West Indian gherkin; maroon cucumber 243, *2763*
wet 253, *2905*
wet, to 253, *2906*
whale 65, *458*
whale oil 268, *3044*
wheat 367, *4330*
wheat bran 164, *1847*
wheat flakes 173, *1978*
wheat germ 189, *2189*
whelk; buckie 58, *386*
whey 347, *4080*
whipped (cream, eggs) 72, *549*
whipped cream; chantilly 132, *1422*
whip, to; whisk, to (cream, eggs) 72, *547*
whisk 72, *543*
whisky and soda 371, *4376*
Whisky Sour (cocktail made with bourbon whisky, lemon juice, and sugar) 386, *4519*
whisky; whiskey 371, *4371*
whitebait 290, *3360*

white bean; navy bean (U.S.)/haricot bean (U.K.) 168, *1896*
white bread; wheat bread 280, *3198*
white cabbage 318, *3718*
white chocolate 113, *1116*
white currant 194, *2263*
white glutinous rice 56, *347*
white grape 372, *4394*
White Lady (cocktail made with gin, orange liqueur, and lemon juice) 386, *4520*
white long-grain rice 56, *346*
white marlin 240, *2718*
white mustard; yellow mustard 255, *2938*
white nougat 364, *4286*
white onion 103, *976*
white pepper 293, *3392*
white polenta 297, *3459*
white pudding (sausage made with white meat) 386, *4521*
white rice 56, *344*
white sauce 83, *695*
white shark (U.S.)/man--eater (U.K.) 369, *4358*
white short-grain rice 56, *345*
white sweet potato; white yam (U.S.) 68, *504*
whitetip shark 183, *2107*
white truffle 368, *4343*
white vinegar 379, *4450*
white wine 380, *4468*
white wine sauce 380, *4470*
white-wine glass 356, *4157*
whiting; silver hake 64, *436*
whole 207, *2369*
whole milk 223, *2517*
whole wheat bread (U.S.)/ whole meal bread; brown bread (U.K.) 280, *3202*
whole wheat cookie (U.S.)/ whole meal biscuit (U.K.) 76, *607*

| Term | Page | Term No. |

whole wheat flour;
  graham flour (U.S.)/
  whole meal flour (U.K.)
  166, *1868*
whole wheat pasta (U.S.)/
  whole meal pasta (U.K.)
  243, *2750*
wholegrain mustard 256,
  2942
wiener schnitzel (breaded
  veal cutlet) 387, *4522*
wild basil 47, *201*
wild boar 212, *2404*
wild boar and apple
  sausage 333, *3880*
wild boar haunch 129,
  1383
wild boar roast 212, *2405*
wild celery 43, *151*
wild duck; mallard 284,
  3259
wild ginger 188, *2184*
wild onion 104, *981*
wild rabbit 117, *1186*
wild rice 57, *363*
wild strawberry; alpine
  strawberry 254, *2921*
wild thyme 339, *3981*
Williams pear 289, *3328*
wilted 258, *2972*
wine 379, *4467*
wine basket; cradle 106,
  1028
wine bucket 65, *457*
wine collection 152, *1674*
wine distillate 43, *142*
wine glass 356, *4156*
wine in the glass 380,
  4478
wine list 101, *930*
wine shop 228, *2589*
wine thermometer 360,
  4216
wine vinegar 379, *4459*
wing bean; Goa bean 168,
  1894
wings 57, *367*
winkle 127, *1339*
winter squash 36, *18*
winy 59, *402*
wipe, to; dry, to 153, *1687*
wish, to 142, *1537*
with aromatic herbs 120,
  1229

with butter 121, *1248*
with clams 123, *1272*
with cream 120, *1227*
with curry 135, *1462*
with fat 120, *1236*
with four cheeses 308,
  3590
with garlic and oil 47, *212*
with green peas 120, *1230*
with ham 122, *1266*
with Madeira wine 380,
  4484
with meat sauce 121, *1250*
with milk 121, *1246*
with mushrooms 181,
  2097
without butter 339, *3966*
without milk 339, *3965*
without preservatives
  338, *3948*
with pepper 122, *1254*
with red wine 381, *4490*
with ricotta cheese 122,
  1268
with sausage 122, *1269*
with seafood 120, *1234*
with spices 120, *1231*
with spinach 120, *1232*
with tomato sauce 121,
  1251
with truffles 122, *1270*
with tuna (U.S.)/with
  tunny (U.K.) 120, *1225*
with vegetables 121, *1245*
with white wine 380, *4469*
with zucchini (U.S.)/
  courgettes (U.K.) 120, *1224*
wok 387, *4523*
wonton wrappers (Asian
  wrappers) 175, *2002*
wood 234, *2635*
wood pigeon 298, *3468*
woodcock 184, *2113*
woodcock breast 286, *3278*
wooden spoon 119, *1207*
woodman style (with
  morels, noisette
  potatoes or rissoles, and
  bacon) 175, *2009*
Worcestershire sauce
  206, *2361*
wormwood 37, *32*
wrapped in pastry 153,
  1684

wrap, to 150, *1633*
write, to 155, *1736*

Y

yakisoba (chicken, soba,
  and vegetable) 393, *4539*
yam 206, *2365*
yard-long bean; Chinese
  bean 168, *1905*
yarrow 54, *316*
yeast 169, *1921*
yeast extract 160, *1816*
yellow and green
  tagliatelle 356, *4160*
yellow (bell) pepper 293,
  3400
yellow tomato 362, *4257*
yellowfin tuna (U.S.)/
  yellowfin tunny (U.K.)
  44, *163*
yellowtail 268, *3060*
yellowtail flounder 342,
  4020
yogurt maker 207, *2377*
yogurt sauce 207, *2378*
yogurt; yoghurt 207, *2372*
York ham (smoked) 302,
  3544
Yorkshire pudding (salty
  pudding garnished with
  roast beef) 393, *4540*
young cow 75, *592*
young turkey 289, *3342*
young wild boar 212, *2406*
Yunnan tea (black tea)
  110, *1087*

Z

zaatar (thyme, sumac, and
  sesame) 395, *4541*
zabaglione; zabaione
  (egg yolks, sugar, and
  Marsala wine) 395, *4542*
zampone (sausage made
  with pig feet (U.S.)/
  trotters (U.K.) stuffed
  with pork) 395, *4544*
zest 101, *938*
zingara sauce (white
  wine, paprika, ham, and
  mushrooms) 396, *4548*
zingara style (tomatoes

and paprika) 396, *4547*
zita; ziti (hollow, thick and
  long pasta) 396, *4549*
zucchini (U.S.)/courgette
  (U.K.) 36, *21*
zuccotto (sponge cake
  filled with cream,
  candied fruits (U.S.)/
  crystallized fruits (U.K.),
  and chocolate cream)
  396, *4550*

— 516 —

índice

Sepa dónde encontrar los términos gastronómicos en los idiomas inglés, español, francés, italiano y alemán.

[INGL.] Table of contents   484

[ESP.] Índice   517

[FR.] Sommaire   550

[IT.] Indice   583

[AL.] Stichwortverzeichnis   616

En el índice remisivo de cada idioma, los términos están listados en orden alfabético.

Cada término aparece con la indicación de la página en que se encuentra, seguido de su respectivo número.

Ejemplo:
Menú a la carta **246**, *2808*

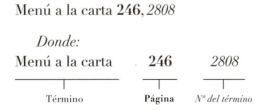

Término | **Página** | *Nº del término*

...minutos de espera **251**, *2869*

A

abanicos **278**, *3163*
a baño maría **150**, *1630*
abastecer; suministrar **35**, *5*
abastecimiento; suministro **35**, *6*
abertura **35**, *10*
abierto **35**, *9*
ablandador de carne; martillo para carnes **241**, *2731*
abrebotellas; abridor **36**, *23*
abrelatas **36**, *24*
abridor para botes **36**, *25*
abrir **36**, *26*
abrir **142**, *1538*
absorber **37**, *33*
abundancia **37**, *34*
abundante **37**, *35*
acedar **59**, *404*
acedera **60**, *406*
acedera pequeña **60**, *408*
aceite **60**, *419*
aceite de aguacate **267**, *3039*
aceite de almendra **267**, *3041*
aceite de avellana **268**, *3043*
aceite de ballena **268**, *3044*
aceite de cacahuete **268**, *3042*
aceite de canola **268**, *3045*
aceite de cártamo **267**, *3040*
aceite de chile **268**, *3046*
aceite de girasol **268**, *3049*
aceite de hierbas **60**, *411*
aceite de hígado de bacalao **268**, *3047*
aceite de limón **60**, *413*
aceite de maíz **268**, *3050*
aceite de naranja **60**, *412*
aceite de nuez **268**, *3051*
aceite de oliva **60**, *414*
aceite de palma **60**, *410*
aceite de pepita de uva **268**, *3055*

aceite de pistacho **268**, *3052*
aceite de semillas de calabaza **268**, *3053*
aceite de semillas de mostaza **268**, *3054*
aceite de sésamo **268**, *3048*
aceite de soja **268**, *3056*
aceite de trufa **60**, *417*
aceite extra virgen de oliva **60**, *415*
aceitera **60**, *418*
aceite vegetal **268**, *3058*
aceite virgen de oliva **60**, *416*
aceitoso **268**, *3057*
aceituna **60**, *420*
aceituna kalamata (aceitunas griegas) **60**, *421*
aceituna negra **60**, *422*
aceituna verde **60**, *424*
aceitunas rellenas **60**, *423*
acelga **37**, *43*
acelga de tallo rojo **37**, *45*
acerola; cereza de las Antillas **38**, *48*
achicoria **111**, *1102*
achicoria de Treviso **314**, *3637*
achiote; achote **372**, *4388*
acidez **38**, *50*
ácido **38**, *51*
ácido ascórbico; vitamina C **38**, *53*
ácido cítrico **38**, *54*
ácido comestible **38**, *52*
ácido málico **38**, *55*
ácido tartárico **38**, *56*
acidulado **38**, *57*
acini di pepe (pasta para sopas) **38**, *58*
acompañar **38**, *60*
acondicionar **38**, *61*
aconsejar **38**, *62*
adelgazar **150**, *1627*
aderezar la ensalada **151**, *1656*
adicional **40**, *91*
adiós **40**, *90*
aditivo **40**, *93*
adobar; salar **124**, *1296*
adornado **138**, *1485*

a elección **155**, *1727*
afilado; cortante **41**, *100*
afilador de cuchillos **51**, *263*
afilar **51**, *264*
afilón; chaira **108**, *1050*
agar-agar (gelatina de algas) **41**, *102*
agarradera **279**, *3181*
agavanzo; escaramujo **323**, *3773*
agitar **41**, *103*
Agnès Sorel (pechuga de pollo, setas y lengua de buey salada) **41**, *104*
agnolotti (pasta rellena elaborada con pasta fresca) **41**, *105*
agradable **41**, *107*
agricultura **42**, *116*
agridulce **42**, *117*
agrio **60**, *409*
agrios; cítricos **115**, *1149*
agua **42**, *119*
agua carbonatada; club soda **116**, *1161*
aguacate **35**, *1*
agua de azahar **42**, *121*
agua de manantial **42**, *123*
agua de rosas **42**, *124*
agua de Seltz **42**, *126*
agua del grifo **42**, *120*
aguado; acuoso **42**, *125*
agua en botella **42**, *127*
agua fría **42**, *130*
agua hirviendo **42**, *128*
aguamiel; hidromiel (bebida alcohólica fermentada a base de miel y agua) **199**, *2307*
agua mineral **42**, *131*
agua mineral con gas **42**, *132*
agua mineral sin gas **42**, *133*
agua potable **42**, *134*
aguardar; esperar **43**, *135*
aguardiente **43**, *136*
aguardiente de caña de azúcar **43**, *137*
aguardiente de cereales **43**, *139*
aguardiente de cerezas **43**, *138*

aguardiente de frutas **43**, *140*
aguardiente de manzanas **43**, *141*
aguardiente de orujo **64**, *439*
aguardiente de vino **43**, *142*
agua tónica **43**, *143*
aguja **37**, *46*
aguja azul **240**, *2717*
aguja blanca **240**, *2718*
aguja con pecho **143**, *1565*
ahumado **138**, *1489*
ahumar **138**, *1490*
airear **40**, *98*
ajedrea; sojulida **337**, *3938*
ajenjo **37**, *32*
ajo **47**, *208*
ajo de oso **47**, *218*
ajo puerro; porro **47**, *216*
ajowan **44**, *152*
a la; al **252**, *2891*
a la abruza (con chile) **37**, *31*
a la africana (patata, pepino, berenjena o calabacín) **41**, *101*
à la albigense (tomates rellenos y croquetas de patatas) **44**, *165*
a la almirante (ostras, mejillones, cigalas, setas, trufas y salsa Nantua) **51**, *262*
a la alsaciana (con pasta de hígado graso de ganso) **48**, *231*
a la alsaciana (crucruta, jamón, tocino y/o salsichas) **48**, *230*
a la amatriciana (salsa de tomate, tocino y pimienta) **49**, *242*
a la amberina (tartaletas a las brotes de lúpulo y patatas cocidas o huevos pasados por agua) **53**, *296*
a la americana (huevos, aves o carne, tomates a la parrila y lonjas de tocino a la parrilla) **50**, *259*

| Término | Página | Nº del término |

a la americana (langosta y salsa armoricaine) 50, *257*

a la americana (langosta, salsa de tomate, aceite de oliva, cebolla y vino) 50, *258*

a la andaluza (carne, pimiento dulce, berenjena, chipolata y arroz) 51, *271*

a la antigua (cebollitas y setas) 51, *270*

a la archiduque (con cebollas y páprika) 54, *324*

a la argelina (tomates y croquetas de boniato) 47, *206*

a la arlesiana (berenjenas, tomates y cebollas) 55, *330*

a la austriaca (páprika, cebollas fritas, hinojo y nata ácida) 59, *395*

a la banquera (albondiguillas de ave, setas y trufas) 66, *475*

a la barbacoa 66, *480*

a la barigoule (fondos de alcachofas rellenos) 67, *484*

a la barquera (camarones, cigalas, setas, cebollas glaseadas y huevos fritos) 72, *544*

a la benedictina (con puré de bacalao seco y puré de patatas) 74, *577*

a la Berry (repollo, cebollas, castañas y tocino) 75, *586*

a la boloñesa (con ragú) 80, *658*

a la borgoñona (con vino tinto, setas y cebollino) 83, *691*

a la brabanzona (col de Bruselas, achicoria y lúpulo) 83, *694*

a la brasa 261, *2987*

a la bretona (con judías) 84, *706*

a la bruselense (col de Bruselas, achicoria y patatas castillo) 86, *721*

a la búlgara (mayonesa, salsa de tomate y apio en daditos) 87, *734*

a la burguesa (zanahorias, cebollas y tocino) 83, *690*

a la campesina (zanahorias, cebollas, patatas y tocino) 285, *3262*

a la cancalesa (ostras y salsa de vino blanco) 96, *847*

a la casera 252, *2890*

a la castellana (tomates, cebollas y croquetas de patatas) 102, *960*

a la catalana (berenjena y arroz pilaf) 103, *961*

a la catalana (tomates, castañas, chipolata y aceitunas) 103, *962*

a la Chartres (con estragón) 110, *1077*

a la chipolata (cebollitas, castañas, zanahorias, tocino y chipolata) 112, *1112*

a la Clamart (con guisantes) 115, *1152*

a la Crécy (con zanahorias) 131, *1414*

a la criolla (tomates, cebollas, pimiento dulce y arroz) 132, *1429*

à la d'albufera (con pollo o pato) 45, *167*

a la Daumont (albondiguillas de pescado, trufas, cigalas, setas y migas de pan) 138, *1482*

a la diabla (aves asadas a la parrilla, empanadas y fritas) 143, *1561*

a la Diana (con puré de caza) 143, *1564*

a la diepesa (camarones y mejillones a la salsa al vino blanco) 143, *1566*

a la dijonesa (con mostaza de Dijon) 144, *1573*

a la diplomática (con langosta y trufas) 144, *1579*

a la duquesa (rosetas de puré de patatas gratinadas) 146, *1608*

a la escocesa (huevos escalfados con salmón) 149, *1620*

a la española (tomates, cebollas, ajo y pimiento dulce) 156, *1750*

a la estrasburguesa (chucruta braseada, tajadas de hígado graso de ganso en mantequilla y tocino) 350, *4106*

a la favorita (puntas de espárragos, hígado graso de ganso y trufas) 167, *1885*

a la financiera (crestas de gallo, albondiguillas de ave, setas, trufas y salsa Madera) 172, *1962*

a la florentina (con espinacas) 173, *1980*

a la florera (con ramillete de verduras) 83, *689*

a la forestal (con morillas, patatas salteadas o risoles y tocino) 175, *2009*

a la francesa (puntas de espárragos, lechuga braseada y coliflor a la salsa holandesa) 177, *2038*

a la Frascati (hígado graso de ganso, puntas de espárragos, setas, trufas y patatas a la duquesa) 178, *2049*

a la gala (crestas de gallo y riñones de ave) 186, *2146*

a la gastrónomo (pollo relleno o malejas de ternera con castañas, trufas y morillas) 186, *2142*

a la genovesa (hierbas frescas, verduras y mariscos) 188, *2186*

a la gitana (tomates y páprika) 396, *4547*

a la grenoblesa (alcaparras y cubitos de limón) 193, *2259*

a la griega (aceite de oliva, zumo de limón y hierbas aromáticas) 193, *2254*

a la holandesa (huevos escalfados, verduras hervidas o pescado escalfado y salsa holandesa) 200, *2320*

a la holandesa (pescado con patatas hervidas) 200, *2321*

a la húngara (coliflor, páprika y patatas salteadas) 202, *2346*

a la hussarde (tomates rellenos con puré de cebolla y setas rellenas con puré de espinacas) 202, *2347*

a la imperial (escalopes de hígado graso de ganso, trufas y setas) 206, *2354*

a la inglesa (hervido y aderezado con mantequilla) 206, *2360*

a la inglesa (hervido y aderezado con mantequilla) 52, *282*

al aire libre 145, *1590*

a la italiana (fondos de alcachofas o pasta) 208, *2383*

a la japonesa (crosnes y croquetas de patatas) 212, *2401*

a la jardinera (con verduras variadas) 212, *2402*

al ajo; con ajo 47, *209*

alajú 189, *2198*

a la judía (carpa, cebollas, vino blanco y hierbas) 213, *2425*

a la languedociana (tomates, berenjenas y setas) 220, *2459*

a la ligurina (carne,

— 519 —

Término | **Página** | *Nº del término*

tomates rellenos y risotto al azafrán) **225**, *2549*
a la lionesa (cebollas fritas en mantequilla) **230**, *2616*
a la lionesa (cebollas y patatas) **230**, *2615*
a la lorenesa (col lombarda, manzanas y vino tinto) **229**, *2601*
a la madrileña (con tomates o zumo de tomate) **234**, *2638*
a la maître d'hôtel (a la parrila con mantequilla a la maître d'hôtel) **235**, *2651*
a la manera de Piemonte (risotto con trufas blancas) **292**, *3380*
a la marinera (tomates, ajo, aceite de oliva y vino) **240**, *2715*
a la mariscale (puntas de espárragos, trufas y salsa Chateaubriand) **239**, *2706*
a la marroquina (arroz pilaf, calabacines y pimientos dulces rellenos) **241**, *2724*
a la mazarine (croquetas de arroz, setas y fondos de alcachofas a las verduras) **244**, *2764*
alambique **44**, *160*
a la mejicana (setas rellenas de tomates, pimientos dulces y berenjenas) **248**, *2844*
a la milanesa (pasta con parmesano, lengua de buey salada, jamón, setas, trufas y salsa de tomate) **249**, *2851*
a la milanesa (rebozado; empanado **249**, *2850*
a la moda (carne de vaca braseada con zanahorias y cebollas) **252**, *2889*
a la moderna (lechuga braseada y col) **252**, *2892*

a la molinera (pescado rebozado con harina de trigo y cocinado con mantequilla) **248**, *2840*
a la Nantua (con cigalas y trufas) **261**, *2991*
a la napolitana (tomates y aceite de oliva) **262**, *2994*
a la nivernesa (con cebollas glaseadas y zanahorias) **263**, *3014*
a la nizarda (anchoas, aceitunas negras y alcaparras) **263**, *3011*
a la normanda (ostras, mejillones, setas, trufas y cigalas) **264**, *3021*
a la noruega (pescado o mariscos, pepino relleno, huevos duros y ensalada rusa) **264**, *3023*
a la oriental (tomates rellenos y boniato) **270**, *3088*
a la panadera (patatas e cebollas asadas al horno) **82**, *685*
a la parisina (patatas a la parisina, lechuga braseada y fondos de alcachofas) **282**, *3231*
a la parmesana (con parmesano rallado) **283**, *3234*
a la parrilla **261**, *2988*
a la plancha **109**, *1069*
a la polaca (con crostoncitos) **297**, *3462*
a la portuguesa (con tomates) **299**, *3495*
a la primavera (con mezcla de verduras) **302**, *3550*
a la princesa (puntas de espárragos y trufas) **302**, *3549*
a la provenzal (aceite de oliva y ajo) **303**, *3562*
a la real (ostras, trufas, setas y albondiguillas de pescado) **323**, *3783*
a la reina (con pollo y salsa suprema) **318**, *3709*

a la rica (medallón de hígado de ganso, trufas y fondos de alcachofas) **320**, *3742*
a la rica (salsa normanda, mantequilla de langosta, coñac y pimienta de Cayenna) **320**, *3744*
a la Rohan (fondos de alcachofas, tajadas de hígado graso de ganso, laminillas de trufa, tartaletas a los riñones de ave y salsa suprema) **322**, *3762*
a la romana (tomate, mozzarella y anchoas) **322**, *3769*
a la rusa (con remolacha) **324**, *3788*
alas **57**, *367*
al asador; al pincho **157**, *1766*
a la sarda (croquetas de arroz, setas, pepino y tomates rellenos) **336**, *3915*
alas de pato **57**, *369*
a la siciliana (timbal de arroz y croquetas de patatas) **341**, *4000*
a la sultana (con pistachos) **352**, *4138*
a la tirolesa (cebollas fritas y pedacitos de tomates) **362**, *4246*
a la tolosona (albondiguillas de ave, molleja de cordero o crestas de gallo, riñones de ave, setas, trufas y salsa alemana) **366**, *4310*
a la toscana (parmesano y jamón) **365**, *4307*
a la turca (arroz pilaf, huevos en cazuela, tortilla y berenjena) **369**, *4365*
a la vasca (tomate, pimiento dulce y jamón de Bayonne) **68**, *497*
a la veneciana (con cebollas) **376**, *4425*
a la verdulera (con

cebollas y zanahorias glaseadas, pepino relleno y fondos de alcachofas) **239**, *2704*
a la vienesa (filete empanado y frito, aderezado con patatas hervidas y alcaparras) **378**, *4444*
a la viñadora (vino, brandy, uvas o hojas de parra) **378**, *4445*
albahaca **237**, *2672*
albahaca silvestre **47**, *201*
albaricoque **36**, *22*
albóndiga de masa **146**, *1611*
albóndigas **48**, *227*
albondiguillas **309**, *3616*
Albufera (lengua de buey salada, molleja de ternera y setas) **44**, *166*
albures **288**, *3319*
alcachofa **45**, *168*
alcachofas marinadas **45**, *173*
alcaparra **45**, *175*
alcaravea; carvi **45**, *177*
alce **45**, *181*
alcohólico **45**, *182*
al dente **139**, *1503*
alergia **46**, *185*
alérgico **46**, *186*
aletas de tiburón **66**, *479*
Alexander (cóctel con coñac o brandy, crema de cacao, nata y nuez moscada en polvo) **46**, *187*
Alexandra (pollo, trufas y puntas de espárragos) **46**, *188*
alfabeto (pasta para sopas) **224**, *2532*
alfafa **47**, *199*
al funghi **181**, *2097*
algarroba **47**, *200*
algas **47**, *204*
algas marinas **47**, *205*
algodón dulce **47**, *207*
alhelí; clavel **131**, *1412*
al horno **176**, *2026*
alimentación **48**, *220*
alimentos funcionales **48**, *222*

| Término | Página | Nº del término

alioli; ajoaceite **47**, *212*
alitas de pollo **57**, *368*
almacenamiento **55**, *332*
almeja **382**, *4508*
almeja fina **49**, *248*
almejas **240**, *2716*
almejas marinadas **382**, *4509*
almendra **50**, *252*
almendra de mar **50**, *254*
almendra dulce **50**, *253*
almendra tostada **50**, *255*
almuerzo **48**, *224*
alondra **128**, *1366*
alquequenjes; physalis **291**, *3368*
Alquermes (licor) **48**, *229*
al punto **298**, *3475*
altramuces **367**, *4326*
al vapor **376**, *4410*
Amaretto (licor italiano de almendras) **49**, *237*
amargo **49**, *238*
amargo; bitter **77**, *615*
amasado **348**, *4094*
amasar **348**, *4095*
ambiente **49**, *245*
amchoor (mango verde en polvo) **49**, *246*
Americano (cóctel con Campari®, vermut rojo y agua carbonatada) **51**, *260*
anacardo **93**, *801*
anacardo; nuez de anacardo **102**, *956*
añada; año **328**, *3806*
añadir **40**, *92*
anellini (pasta en forma de pequeños anillos) **52**, *275*
ánfora **52**, *278*
angélica **52**, *280*
angelote **90**, *753*
Angostura® **52**, *283*
anguila **152**, *1664*
anguila **152**, *1665*
anguila ahumada **152**, *1666*
anillo para servilletas **55**, *329*
anillos de calamar fritos **52**, *274*
anisete **52**, *287*

anjova **151**, *1646*
anona corazón **123**, *1278*
antes **53**, *293*
antiadherente **53**, *294*
antioxidante **53**, *295*
aorta **53**, *298*
aparcamiento **159**, *1788*
aparte **139**, *1495*
aperitivo **53**, *304*
apetito **53**, *306*
apetitoso **53**, *307*
apfelstrudel **54**, *308*
apio **43**, *150*
apio blanco **43**, *148*
apio salvaje **43**, *151*
apio-nabo; raíz de apio **43**, *149*
aplasta patatas **49**, *241*
aplastador de carne **72**, *542*
Appenzeller (queso suizo, elaborado con leche de vaca) **54**, *311*
apreciar **54**, *312*
aprisa **140**, *1510*
apropiado para microondas **289**, *3336*
aquavit (aguardiente de cereales escandinavo) **54**, *313*
arándano rojo **275**, *3145*
arándanos **54**, *321*
arenque **55**, *326*
arenque ahumado **55**, *327*
Argenteuil (con puntas de espárragos o puré de espárragos) **55**, *328*
armagnac (aguardiente de vino) **55**, *331*
armario climatizado para vino **40**, *89*
aroma **55**, *334*
aromático **55**, *335*
aromatizado **55**, *336*
aromatizar **55**, *337*
arroz **56**, *340*
arroz a la griega **56**, *341*
arroz arborio **56**, *342*
arroz basmati **56**, *343*
arroz blanco **56**, *344*
arroz blanco de grano corto **56**, *345*
arroz blanco de grano largo **56**, *346*

arroz blanco glutinoso **56**, *347*
arroz carnaroli **56**, *349*
arroz con leche **56**, *355*
arroz de calasparra (especial para paella) **56**, *348*
arroz de jazmín **56**, *351*
arroz de pato **56**, *353*
arroz de sushi **56**, *354*
arroz hervido **56**, *350*
arroz integral **56**, *356*
arroz integral de grano corto **57**, *357*
arroz integral de grano longo **57**, *358*
arroz japonés **57**, *359*
arroz pilaf **292**, *3381*
arroz pulido **57**, *361*
arroz sancochado **57**, *360*
arroz silvestre **57**, *363*
arroz sin salsa **57**, *362*
arroz tailandés **57**, *364*
arrurruz; maranta **54**, *322*
artemisia **57**, *366*
asa fétida (condimento) **58**, *379*
asado **58**, *376*
asado **58**, *377*
asado de carnero **99**, *914*
asado de jabalí **212**, *2405*
asado de ternera **381**, *4502*
asado de tira; sobrecostilla **128**, *1362*
asador; pincho; broqueta **157**, *1765*
asaí, azaí, huasaí **37**, *42*
asar **58**, *380*
asar en parrillas; asar sobre ascuas **58**, *382*
asaro de Canadá **188**, *2184*
asiento **58**, *384*
aspartamo **57**, *372*
aspérula olorosa **57**, *373*
aspic (gelatina transparente y salada, preparada con caldo clarificado de carne, o de pescado, o de verduras que se cuece en el horno en un molde) **57**, *374*
astilla de canela **96**, *855*

atar **49**, *240*
aterciopelado **59**, *398*
atún **59**, *390*
atún aletinegro **44**, *164*
atún blanco **44**, *162*
atún en aceite **59**, *393*
avefría **285**, *3261*
avellana **59**, *397*
avena **59**, *396*
aves **59**, *400*
avestruz **59**, *401*
avinado **59**, *402*
ayuda **44**, *153*
ayudante **44**, *154*
ayudar **44**, *156*
ayunar **212**, *2408*
azafrán **37**, *36*
azafrán árabe **37**, *37*
azúcar aromatizado con vainilla **39**, *67*
azúcar cristalizado **39**, *78*
azúcar de arce **39**, *71*
azúcar de caña **39**, *72*
azúcar de cebada **39**, *68*
azúcar de leche; lactosa **219**, *2448*
azúcar de malta; maltosa **236**, *2658*
azúcar demerara; azúcar terciado **39**, *75*
azúcar de palma **39**, *76*
azúcar de remolacha **39**, *70*
azúcar en torrones **39**, *77*
azúcar extrafino **40**, *85*
azúcar glas; azúcar en polvo **39**, *73*
azúcar granulado **39**, *69*
azúcar invertido (1/3 *glucosa*, 1/3 fructosa y 1/3 sacarosa) **39**, *79*
azúcar moreno claro **39**, *81*
azúcar moreno oscuro **40**, *82*
azúcar sin refinar **40**, *83*
azucarado **40**, *86*
azucarar **40**, *96*
azucarero **40**, *87*

B

B & B® (Bénédictine y Brand) **63**, *425*

Término | **Página** | *N° del término*

babá al ron 63, *426*
babero 63, *427*
babilla 284, *3255*
bacaladilla 240, *2710*
bacalao 63, *429*
bacalao fresco 63, *430*
bacalao salado 63, *431*
bacoreta 81, *672*
badiana 52, *286*
bagel (pan judío) 64, *442*
bajar 141, *1530*
bajo en calorías 64, *446*
bajo en colesterol 64, *447*
bajo en grasas 64, *448*
balanza 64, *450*
ballena 65, *458*
balsamita 65, *459*
banana split (plátano, helado, nata batida y almendras) 65, *465*
bandeja 66, *468*
bandeja larga 367, *4322*
bandeja oval 367, *4323*
bandeja para hornear galletas 176, *2015*
bandeja para queso 300, *3507*
bandeja redonda 367, *4324*
Banon (queso francés, elaborado con leche de vaca, cabra o oveja, envuelto en hojas de castaño) 66, *473*
banquete 66, *474*
bar 66, *476*
barato 66, *477*
barbacoa parrillada 114, *1133*
barbo 67, *482*
bardana 67, *483*
bardear; albardear 117, *1177*
barquillas de langosta 67, *486*
barquillo 385, *4511*
barquillo de helado; cucurucho 348, *4086*
barra de bar 65, *453*
barra de chocolate 67, *487*
barra de pan; baguette 64, *444*
barramundi 67, *489*
barrer 376, *4414*

barril 67, *492*
barrilete 81, *671*
barritas de queso 362, *4245*
basta 68, *498*
bastante (cantidad) 68, *499*
bastar 68, *500*
basura 227, *2583*
batido (nata); montado (huevos) 72, *549*
batido 72, *548*
batido 250, *2856*
batido de chocolate 250, *2858*
batido natural de fruta 250, *2857*
batidora 252, *2887*
batidora 72, *541*
batidora de pastelería 252, *2882*
batidora eléctrica 72, *540*
batir (nata); montar (huevos) 72, *547*
batir 72, *545*
batir en la batidora 72, *546*
baya 64, *438*
bayas de enebro 64, *441*
bayas de saúco 64, *440*
bazo 63, *433*
Beaucaire (apio, puerro y col) 343, *4029*
beber 73, *556*
beber a sorbos 73, *557*
bebida 73, *558*
bebida caliente 73, *559*
bebidas alcohólicas 73, *560*
bebidas incluidas 73, *563*
bebidas sin alcohol 73, *561*
becacina 262, *2995*
becada; chocha 184, *2113*
becerra 75, *592*
beef Wellington (solomillo pequeño, hígado graso de ganso y setas) 171, *1947*
Belle Hélène (pedazos de carne, tomates guisantes, zanahorias y croquetas de patatas) 74, *573*

Bellini (zumo de melocotón y champán) 74, *574*
bellota 81, *662*
Bénédictine D.O.M.® (licor de hierbas) 74, *578*
berbena 377, *4427*
berberecho 74, *579*
berenjena 75, *583*
berenjena tailandesa 75, *584*
bergamota 153, *1695*
bermejuela; pardilla 324, *3786*
Berny (tartaletas con puré de lentejas) 75, *585*
berro (de agua); crenchas 41, *110*
besuguera 287, *3295*
biberón 236, *2659*
bicarbonato de sodio 75, *593*
bife ancho 171, *1949*
bife de vacío; carne de falda 76, *601*
bígaro 127, *1339*
biltong (tiras de buey o caza curadas y secadas al aire) 76, *604*
biodinámico 76, *605*
bisquet (sopa a base de crustáceos con vino blanco, coñac y nata) 77, *613*
bistec a la tártara (bistec de picadillo crudo con un huevo) 349, *4100*
bistec con huevo frito encima 76, *598*
bistec con pimienta 349, *4099*
bistec de reno 76, *600*
bizcocho (bollo norteamericano sin yemas de huevo) 52, *279*
bizcocho cuatro cuartos (contiene partes iguales de harina de trigo, azúcar, huevos y mantequilla) 308, *3589*
bizcochos de canela 77, *611*
bizcochos de Navidad 77, *612*

Black Russian (cóctel con vodka y crema de café) 77, *617*
blando 234, *2632*
blanqueador del café 84, *698*
blanquear; poner en agua hirviendo 84, *699*
Bleu de Gex (queso francés, textura dura, elaborado con leche de vaca sin pasteurizar) 77, *619*
blinis (crepes pequeñas de trigo sarraceno) 77, *620*
Bloody Mary (cóctel con zumo de tomate, vodka, salsa inglesa, sal y Tabasco®) 78, *621*
Blue d'Auvergne (queso francés, elaborado con leche de vaca) 78, *622*
Blue Hawaii (cóctel con ron, Cointreau® y Blue Curaçao) 78, *623*
Blue Hawaiian (cóctel con Blue Curaçao, ron, zumo de piña y leche de coco) 78, *624*
bocaditos de camarones 290, *3361*
bocado 78, *628*
Bocconcini (pequeñas bolas de mozzarella fresca conservada en suero de leche) 78, *629*
bocina 58, *386*
bockwurst (salchicha alemana preparada con carne de ternera y especias) 79, *631*
bodega 381, *4494*
bodega de vinos 228, *2589*
bodega; apoteca 40, *88*
boga 79, *633*
bok choy variedad rosette (variedad de col China) 79, *634*
bola 129, *1385*
bola de helado 79, *637*
bola de lomo; babilla 284, *3254*

| Término | **Página** | *Nº del término* |

bolas de nieve (helado de chocolate y nata batida) **82**, *686*
boldo **79**, *639*
bolígrafo **96**, *858*
bolilla de mantequilla **79**, *642*
bolitas de queso **79**, *643*
bollito tostado y untado de mantequilla que se sirve con el té **359**, *4199*
bollitos de pastaflora **327**, *3792*
bollo de leche **281**, *3208*
bolsa **328**, *3805*
bolsita **327**, *3801*
bombay duck (condimento con pescado seco y salado) **81**, *665*
bombe (helado a capas y cubierto con nata o frutas) **81**, *666*
Bonchester (queso escocés, consistencia cremosa, elaborado con leche de vaca sin pasteurizar) **81**, *670*
bonete **120**, *1217*
boniato **68**, *503*
boniato blanco **68**, *504*
boniato rojo **68**, *505*
bonito del Atlántico **340**, *3983*
borde **82**, *676*
borracho **73**, *555*
borraja **82**, *680*
botarga **271**, *3098*
botella **185**, *2134*
botella de agua mineral **185**, *2135*
botella de vino **185**, *2136*
botella de vino blanco **185**, *2137*
botella de vino tinto **185**, *2138*
bouillabaisse (sopa francesa de pescado y mariscos con azafrán) **343**, *4031*
Boulette d'Avesnes (queso fresco en forma de cono y textura firme) **82**, *687*

Boursin® (queso francés, consistencia cremosa, elaborado con leche de vaca) **83**, *693*
bowle (bebida fría de vino blanco y frutas) **134**, *1457*
brandy **83**, *696*
branquias; agallas **195**, *2285*
braseado; asado **84**, *701*
brasear; cocer a fuego lento en olla tapada **84**, *702*
brazo de gitano **321**, *3759*
brécol chino **183**, *2102*
Bréhan (fondos de alcachofas al puré de habas, coliflor, salsa holandesa y patatas al perejil) **84**, *703*
brema **84**, *704*
bresaola (lonchas finísimas de buey secado) **84**, *705*
Brie (queso francés, pasta blanda, elaborado con leche de vaca) **85**, *708*
Briex de Meaux (queso francés, corteza aterciopelada y blanca, textura cremosa una vez maduro, elaborado con leche de vaca sin pasteurizar) **85**, *709*
brigada de cocina **85**, *710*
brioche **85**, *711*
brócoles; brécol **85**, *712*
broquetas de ostras sobre tostada **52**, *281*
brotes **85**, *714*
brotes de alfalfa **85**, *715*
brotes de bambú **85**, *716*
brotes de judía **85**, *717*
brotes de soja **85**, *718*
brótola **36**, *28*
brótola de roca **37**, *29*
brunch **85**, *719*
bruschetta (rebanada de pan tostado con ajo y aceite de oliva) **85**, *720*
bubble and squeak (patata y repollo salteados) **86**, *722*

bucatini (pasta hueca) **86**, *723*
budín de bistec y riñones **349**, *4098*
budín de chocolate **303**, *3565*
budín de ciruela; budín inglés **303**, *3568*
budín de nata **279**, *3180*
budín de pan **303**, *3567*
budín diplomático (frutas confitadas, soletillas y crema inglesa) **132**, *1425*
budín Nesselrode (budín helado de castañas) **263**, *3006*
budín; pudín **303**, *3564*
buenas noches **78**, *625*
buenas tardes **78**, *626*
bueno **81**, *663*
buenos días **81**, *669*
buey **335**, *3909*
buffet de ensaladas; bufé de ensaladas **86**, *730*
buffet frío; bufé frío **86**, *731*
buffet libre **340**, *3985*
bulgur **87**, *735*
Bull Shot (vodka, caldo de buey, salsa inglesa, sal de apio y Tabasco®) **87**, *736*
buñuelo de manzana **73**, *566*
buñuelo de plátano **73**, *565*
buñuelos **74**, *567*
burbuja **82**, *675*
burro **87**, *738*
busecca (sopa de callos con judías blancas) **87**, *739*

C

caballa **389**, *4526*
cabeza de cerdo **89**, *743*
cabeza de cordero **89**, *741*
cabeza de oveja **89**, *742*
cabra **89**, *746*
cabrito **89**, *748*
cacahuete; maní **50**, *256*
cacao **90**, *758*
cacao en polvo **90**, *759*

cacerola **90**, *757*
cachaza (aguardiente de caña de azúcar) **90**, *761*
cadera; cuadril; palomilla **45**, *178*
café **91**, *768*
café; cafetería **228**, *2588*
café con leche **91**, *771*
café con nata **91**, *778*
café correcto **91**, *780*
café corto **91**, *772*
café crema **91**, *770*
café descafeinado **91**, *776*
café filtro **91**, *775*
café frío **91**, *783*
café irlandés (café hirviendo con whisky) **92**, *785*
café largo **91**, *781*
café macchiato (café cortado con leche espumosa) **92**, *795*
café marroquí (cappuccino preparado con leche y chocolate caliente) **92**, *786*
café moca (exprés con chocolate deshecho y leche caliente) **92**, *787*
café muy caliente **92**, *790*
café solo; café negro **92**, *789*
café soluble **92**, *791*
café turco (se mezclan juntos agua, azúcar y polvo de café) **92**, *794*
cafetera **86**, *732*
cagarria; murgula; colmenilla **255**, *2927*
caimito; estrella **35**, *11*
caipirinha (cachaza, lima y azúcar) **92**, *796*
caipiroska (vodka, lima y azúcar) **93**, *797*
caja **93**, *798*
caja registradora **93**, *799*
calabacín **36**, *21*
calabaza cidra **36**, *20*
calabaza espagueti **36**, *15*
calabaza grande; zapallo **36**, *18*
calabaza jap; calabaza de Japón **36**, *17*
calabaza moscada **36**, *13*

– 523 –

Término | Página | Nº del término

calabaza redonda 36, *19*
calabaza; calabacín 36, *12*
calamar 229, *2609*
calamento 93, *802*
cálamo aromático 93, *803*
caldereta de pescado 93, *811*
caldo 93, *812*
caldo con cappelletti 97, *879*
caldo con pedazos de carne y verduras 93, *813*
caldo concentrado líquido 94, *815*
caldo de carne 94, *816*
caldo de pescado 94, *818*
caldo de pollo 94, *817*
caldo de verduras 94, *819*
caléndula; maravilla 94, *820*
calentado 54, *315*
calentador 109, *1068*
calentar 54, *314*
calidad 307, *3581*
caliente 309, *3617*
calor 94, *821*
caloría 94, *822*
calórico 94, *823*
Calvados (brandy de manzana) 94, *824*
camarera 184, *2124*
camarero 184, *2123*
camarón; quisquilla 94, *831*
camarones desecados; gambitas desecadas 95, *833*
camasec; moxeren 256, *2952*
Cambacèrés (cigalas, setas e trufas) 95, *834*
Camembert de Normandie (queso francés, corteza aterciopelada y blanca, textura cremosa una vez maduro, elaborado con leche de vaca sin pasteurizar) 95, *837*
Camembert (queso francés, pasta blanda, elaborado con leche de vaca) 95, *838*
campana extractora (de cucina) 118, *1196*

Campari® (amargo italiano) 96, *842*
canapés de caviar 96, *845*
canapés de salmón 96, *846*
canasta de bambú; vaporera 106, *1027*
cancelar 96, *848*
candelero; candelabro 96, *849*
canela 96, *851*
cangrejo azul 262, *2998*
cangrejo de río 94, *828*
cangrejo; jaiba 98, *890*
canguro 97, *862*
cannelloni; canelones (pasta en forma de tubos) 96, *857*
cantalupo 245, *2784*
cantarelo 109, *1064*
cantidad 307, *3583*
cantina 97, *866*
cantinero; bartender; barman 67, *485*
cantuccini (bizcochos secos con almendras) 97, *867*
canutos sicilianos (con ricotta y frutas confitadas) 127, *1338*
capa 94, *826*
capellini; cabello de ángel (pasta para sopas) 97, *874*
capón 97, *872*
cappuccino 98, *880*
capuchina; nasturcia 98, *881*
caqui 98, *882*
caracoles 98, *883*
carambola 98, *884*
caramelizado 98, *885*
caramelizar 98, *886*
caramelo (azúcar tostado) 98, *887*
caramelos; golosinas 64, *451*
caramelos de goma 64, *452*
caramelos de menta 246, *2806*
caramelos plateados 79, *638*
caramelos; golosinas 64, *451*

carbón; carboncillo 101, *935*
carcasa 98, *895*
carcasa de pato 98, *897*
carcasa de pavo 98, *898*
carcasa de pollo 98, *896*
cardamina 41, *115*
cardamomo 99, *900*
Cardinal (langosta y trufas) 99, *903*
cardo 99, *905*
careta de cerdo 79, *630*
cargar 117, *1174*
cargar en la cuenta 120, *1221*
carita 103, *967*
carlota (crema con soletillas y frutas confitadas) 109, *1074*
carlota de manzanas 109, *1075*
carnaza de paleta; espadilla 277, *3146*
carne ahumada 99, *910*
carne de bisonte 99, *907*
carne de buey en conserva 100, *917*
carne de caballo 99, *909*
carne de carnero 99, *908*
carne de corzo 99, *911*
carne de erizos 271, *3099*
carne de falda 177, *2034*
carne de ternera 99, *912*
carne magra 99, *915*
carne picada; carne molida 99, *916*
carne seca 100, *919*
carnes a la parrilla 100, *920*
carnes en la brasa 100, *918*
carnicería 38, *64*
carnicero 38, *65*
caro 100, *921*
carpa 100, *924*
carpaccio (tajadas finas de carne cruda de vaca con aceite de oliva y parmesano) 100, *926*
carpaccio de salmón (tajadas finas de salmón) 100, *925*
Carpano® (vermut italiano) 100, *927*

carrito de los postres 100, *929*
carrito de servicio 366, *4317*
carta de vinos 101, *930*
cártamo 101, *931*
cartílago 101, *933*
cascanueces 308, *3591*
cáscara 101, *938*
cáscara de huevo 101, *943*
cáscara de naranja confitada 101, *940*
cáscara rallada 101, *946*
Cashel Blue (queso irlandés, sabor intenso, elaborado con leche de vaca) 101, *948*
casia 102, *951*
cassata (helado a capas relleno con frutas confitadas) 102, *950*
cassata siciliana (dulce relleno con ricotta, chocolate y frutas confitadas) 102, *949*
castaña 102, *959*
castaña de agua 102, *954*
castaña de indias 102, *955*
caussolet (estofado de judías brancas, con carnes de cerdo, de carnero y de ganso) 102, *952*
caviar 103, *972*
Cavour (croquetas de sémola y ravioli) 103, *973*
caza 89, *750*
cazo 123, *1274*
cazuela de barro 279, *3172*
cebada 106, *1029*
cebada perlada 107, *1030*
cebolla 103, *975*
cebolla blanca 103, *976*
cebolla común; cebolla española 104, *977*
cebolla roja redonda 104, *978*
cebolla silvestre 104, *981*
cebollas de albarrana 104, *984*
cebollas en vinagre 104, *979*
cebolleta; cebolla verde;

cebolla tierna 104, *982*
cebollino 104, *985*
cebollino 104, *987*
cebollitas en vinagre 104, *989*
cena 104, *991*
cena 212, *2399*
cena a la luz de las velas 211, *2395*
cena de gala 212, *2397*
cena de Navidad 104, *993*
cena de Nochevieja 104, *992*
cenar 103, *974*
cenar 212, *2400*
cenicero 115, *1145*
centeno 105, *997*
centollo 105, *998*
centro de carnaza de paleta 251, *2872*
cepillo 155, *1734*
cepillo para limpiar verduras 155, *1735*
cerceta 241, *2727*
cerdo asado 299, *3485*
cereales 105, *1003*
cereza 105, *1007*
cerezo negro 105, *1009*
cerillas 176, *2028*
cerrado 167, *1888*
cerraja 340, *3982*
cervecería 106, *1021*
cervelat (salsicha elaborada con carne de vacuno y de cerdo molidas, hierbas y especias) 106, *1023*
cerveza 105, *1010*
cerveza bock 105, *1011*
cerveza clara; cerveza blanca 106, *1016*
cerveza de barril 113, *1123*
cerveza de jengibre 105, *1012*
cerveza en botella 105, *1013*
cerveza extranjera 106, *1014*
cerveza ligera 106, *1018*
cerveza nacional 106, *1019*
cerveza negra 106, *1017*
cerveza oscura 106, *1015*
cerveza Pilsen 106, *1020*

cerveza sin alcohol 106, *1022*
cesta para el pan 106, *1026*
cesta para el vino 106, *1028*
cesta para frutas 106, *1025*
chai (té negro, canela, cardamomo, jengibre y clavos) 241, *2734*
Chambord (albondiguillas de pescado, setas, lechecillas de pescado, cigalas y trufas) 108, *1057*
chambrer 139, *1494*
champán rosé 108, *1060*
champán; champaña; champagne 108, *1059*
champiñon de Paris 118, *1192*
chamuscar 109, *1062*
charcutería 109, *1073*
Chartreuse® (licor francés compuesto de un destilado de vino aromatizado con 130 extractos de hierbas) 110, *1078*
Chasseur (con salsa de setas, cebollas, escaloñas, tomates y vino blanco) 110, *1082*
chayote 114, *1130*
Cheddar (queso inglés, elaborado con leche de vaca) 111, *1088*
cheeseburger; hamburguesa con queso 111, *1089*
cheque de viajero 111, *1097*
Cheshire; Chester (queso británico, elaborado con leche de vaca sin pasteurizar) 111, *1099*
Chianti (vino italiano) 111, *1101*
chicharra; chicharrón; corteza de cerdo asado 287, *3307*
chilacayote 36, *16*
chile 294, *3409*
chile con carne (estofado

de vaca con guindilla y judías) 112, *1105*
chile en polvo 112, *1106*
chile; chilli; guindilla 293, *3398*
Chinotto (bebida italiana elaborada con naranjo amargo) 112, *1111*
chipolata (salchicha francesa elaborada con carne de cerdo) 112, *1113*
chirimoya 111, *1098*
chocolate amargo 113, *1114*
chocolate blanco 113, *1116*
chocolate caliente 113, *1120*
chocolate con leche 113, *1115*
chocolate derretido 113, *1117*
chocolate medio amargo 113, *1119*
chocolates 113, *1121*
Choisy (con lechuga) 113, *1122*
chorizo (salchicha elaborada con carne de cerdo) 113, *1124*
chorlito 222, *2489*
Choron (fondos de alcachofas, puntas de espárragos y patatas salteadas) 113, *1125*
chowder (sopa de mariscos) 114, *1128*
choy sum (verdura china) 114, *1129*
chucruta 114, *1131*
chuleta 77, *614*
chupa-chups 296, *3439*
churrasquería 114, *1132*
chutney 114, *1134*
chutney de mango 114, *1135*
chutney de tomate 114, *1136*
cidra 114, *1137*
cidrada 317, *3698*
ciervo; venado 106, *1024*
cigalas 219, *2453*
cigarra de mar 103, *970*
cigarrillo 114, *1142*

cigarrillos de chocolate 114, *1141*
cigarro 110, *1079*
cilantro; coriandro 118, *1187*
Cioppino (guiso de pescado y mariscos en salsa de tomate) 115, *1147*
ciruela 50, *249*
ciruela claudia 314, *3644*
ciruela colorada; ciruelo; jocote 115, *1148*
ciruela pasa 50, *251*
civé (estofado de caza aromatizado con sangre) 115, *1151*
clara de huevo 115, *1153*
Clarete; tintillo (vino tinto de Burdeos) 115, *1154*
clarificar 116, *1155*
clavo 131, *1411*
clementina 248, *2842*
cliente 116, *1156*
cliente 201, *2342*
cliente habitual 116, *1157*
clientela 116, *1158*
climatizado 116, *1159*
club sandwich (tajadas de pollo o pavo, lechuga, tomate y tocino) 116, *1160*
cobia; peje palo; bacalao 76, *603*
cocción 130, *1398*
cocer 130, *1402*
cocer a fuego lento 131, *1405*
cocer al vapor 131, *1407*
cocer a medias; sancochar; hervir brevemente 40, *99*
cocer en blanco 58, *383*
cocer en horno; hornear 58, *381*
cocido 130, *1394*
cocido al vapor 130, *1397*
cocido en horno de leña 301, *3536*
cocido en horno; horneado 58, *378*
cocina 130, *1399*
cocina 174, *1983*
cocina casera 130, *1400*

Término | **Página** | *N° del término*

cocina de gas 174, *1984*
cocina eléctrica 174, *1985*
cocina internacional 130, *1401*
cocina regional 130, *1403*
cocina vegetariana 131, *1408*
cocinado 74, *576*
cocinera 131, *1409*
cocinero 131, *1410*
cocinero asistente 44, *155*
coco 117, *1179*
coco rallado 117, *1180*
cocodrilo 133, *1436*
cóctel 126, *1322*
cóctel de camarones 126, *1323*
cóctel de frutas 126, *1324*
coctelera 126, *1325*
codornices con arroz 117, *1182*
codorniz 117, *1181*
codorniz deshuesada 117, *1183*
cofradía 124, *1287*
Cointreau® (licor de naranja) 118, *1198*
cojinua negra 390, *4532*
col 129, *1370*
col; repollo 318, *3717*
cola; rabo 313, *3630*
cola de cerdo 313, *3632*
cola de cordero 313, *3631*
colador 116, *1162*
colador bola de té 116, *1164*
colador chino 112, *1110*
colador de pasta 155, *1730*
colador de té 116, *1163*
colar 116, *1170*
col de Bruselas 129, *1373*
col de China 37, *44*
col de mar 333, *3878*
coliflor 129, *1375*
coliflor gratinada al gratén 129, *1376*
colirábano 129, *1381*
colita de cuadril; rabillo 236, *2661*
col lombarda 318, *3719*
colocado 120, *1218*
colocar; poner 120, *1219*
colorado 126, *1332*
colorantes alimenticios 126, *1335*

col rizada 129, *1377*
col rizada de Milán 129, *1374*
col verde 318, *3720*
comedor 331, *3848*
comer 120, *1228*
comestible 120, *1233*
comida 121, *1241*
comida de empresa 48, *225*
comida kosher; comida kasher 121, *1238*
comida para bebé 121, *1239*
comida picante 121, *1237*
comida rápida 166, *1872*
comida; alimentos 48, *221*
comino 121, *1243*
comino negro 121, *1244*
Commodore (albondiguillas de pescado, croquetas de cigalas y mejillones) 121, *1249*
completado 122, *1255*
completar 122, *1256*
completo 122, *1257*
componer; reunir 122, *1258*
composición 122, *1259*
compota 122, *1260*
Compote (pichón, perdiz o conejo, cebollinos y tocino) 122, *1263*
compotera 122, *1262*
compra 122, *1264*
comprar 122, *1265*
coñac 124, *1292*
con almejas 123, *1272*
con atún 120, *1225*
con calabacines 120, *1224*
concentrado de tomate 160, *1818*
concha 123, *1273*
concha 49, *247*
concha de peregrino; vieira 378, *4443*
conchiglie (pasta en forma de conchas) 123, *1275*
conchigliette (pasta en forma de minúsculas conchas) 123, *1276*
con cuatro quesos 308, *3590*

con curry 135, *1462*
Condé (con puré de judías rojas) 123, *1277*
condimentado 123, *1279*
condimentar; sazonar 123, *1280*
condimento 359, *4203*
condimento para ensalada 359, *4204*
con tomate 121, *1251*
conejo 117, *1184*
conejo frito 117, *1185*
conejo silvestre 117, *1186*
con especias 120, *1231*
con espinacas 120, *1232*
confirmar 123, *1286*
confitar; escarchar 132, *1433*
confitería; bombonería 123, *1282*
confitero 123, *1283*
confitura; mermelada 187, *2170*
confitura de fresas 122, *1261*
congelado 124, *1288*
congelar 124, *1289*
con grasa 120, *1236*
congrio 124, *1290*
con guisantes 120, *1230*
con hielo 120, *1235*
con hierbas aromáticas 120, *1229*
con hueso 121, *1252*
con jamón 122, *1266*
con leche 121, *1246*
con legumbres o verduras 121, *1245*
conservado 124, *1293*
conservante 124, *1294*
conservar 124, *1295*
conservas 124, *1297*
consomé 124, *1298*
consomé Celestina (consomé de pollo con tapioca) 124, *1299*
consomé de pescado 124, *1301*
consomé de pollo 124, *1300*
consomé du Barry (crema de coliflor) 345, *4062*
consomé frío 124, *1302*
consomé princesa (consomé de pollo con puntas de espárragos) 125, *1303*
consumir 125, *1304*
consumo 125, *1305*
Conti (puré de lentejas al tocino) 125, *1308*
contra 130, *1387*
contra muslo de pollo 342, *4015*
control de calidad 125, *1310*
con trufas 122, *1270*
con vino blanco 380, *4469*
con vino de Madera 380, *4484*
con vino tinto 381, *4490*
copa de coñac 125, *1315*
copa de coñac 355, *4153*
copa de helado 356, *4155*
copa de vino 380, *4478*
copa (helado, frutas y marron glacé) 129, *1368*
copa para champán 355, *4152*
copa para vino 356, *4156*
copa para vino blanco 356, *4157*
copa para vino tinto 356, *4158*
copita (para licor) 355, *4154*
copos de arroz 173, *1972*
copos de avena 173, *1973*
copos de cebada 173, *1976*
copos de centeno 173, *1974*
copos de cereales 173, *1975*
copos de chocolate 315, *3666*
copos de maíz 173, *1977*
copos de trigo 173, *1978*
copra (grasa obtenida del coco) 126, *1320*
coq au vin (gallo con vino) 126, *1321*
coral 126, *1333*
corallini (pasta para sopas) 126, *1334*
corazón 126, *1326*
corazón de cadera; corazón de cuadril 251, *2871*

— 526 —

| Término | Página | Nº del término |

corazón de solomillo pequeño 251, *2875*
corbina 128, *1360*
cordero lechal 82, *682*
cordón de solomillo pequeño 126, *1337*
corona de cordero asada 127, *1341*
correoso (carne) 147, *1613*
corta cápsula 127, *1342*
corta huevos 166, *1876*
corta pastas de rueda; rueda pasta 100, *928*
cortado 91, *779*
cortado 127, *1343*
cortado en rodajas (carne); en rebanadas (pan); en lonchas (queso); en rajas (limón, salchicha) 166, *1875*
cortador de frutas 79, *640*
cortador de manzana 127, *1346*
cortador de patatas 127, *1344*
cortador de pizza 127, *1348*
cortador de queso 166, *1877*
cortar 53, *299*
cortar 127, *1350*
cortar en cubitos 127, *1352*
cortar en daditos 128, *1357*
cortar en filetes 127, *1354*
cortar en Juliana 128, *1355*
cortar en pedacitos 128, *1356*
cortar en rodajas (carne); en rebanadas (pan); en lonchas (queso); en rajas (limón, salchicha) 127, *1353*
cortar en tiritas 128, *1358*
cortaverduras 127, *1349*
corte 128, *1359*
corteza confitada 101, *939*
corteza de limón 101, *941*
corteza de pan 101, *944*
corvinón negro; tambor 296, *3436*
corza 126, *1336*
corzo 376, *4418*

cosecha 119, *1202*
cosechar; recoger 119, *1215*
costra de queso 101, *945*
cotechino (salchicha italiana, con carne de cerdo y sazonada con especias) 128, *1365*
cottage (queso inglés, bajo en grasas, elaborado con leche de vaca) 128, *1367*
court bouillon (caldo hecho con varias verduras cocidas con vino o vinagre) 129, *1369*
crácker 76, *609*
crema bávara de chocolate 73, *552*
crema bávara (nata batida y gelatina) 72, *551*
crema catalana 131, *1415*
crema de avena 344, *4037*
crema de espárragos 344, *4036*
crema de espinacas 344, *4041*
crema de guisantes 344, *4040*
crema de legumbres 344, *4044*
crema de limón 283, *3243*
crema de patatas 344, *4038*
crema de pollo 344, *4042*
crema de puerros 344, *4035*
crema de tomates 344, *4043*
crema de zanahorias 344, *4039*
crema inglesa (crema hecha con leche y yemas) 132, *1426*
crema pastelera 131, *1419*
crema quemada 131, *1417*
crema sabayón (yemas de huevo, azúcar y vino de Marsala) 395, *4542*
cremor tártaro 132, *1427*
cremoso 132, *1428*
crepe; tortita 279, *3182*
crepe de salmón 132, *1430*
crepes Suzette (con zumo

de naranja y Curaçao) 132, *1431*
crestas de gallo 132, *1434*
criadillas de ternera 360, *4223*
cristalino 132, *1432*
croissant 133, *1437*
cronómetro de cocina 133, *1438*
croque madame (emparedado tostado de jamón y queso con huevo frito) 133, *1439*
croque monsieur (emparedado tostado de jamón y queso) 133, *1440*
croquetas de arroz 133, *1441*
croquetas de patatas 133, *1442*
croquetas de pescado 79, *644*
croquetas de pollo 133, *1443*
crosne; alcachofa china 45, *172*
crostata (tarta italiana de frutas) 133, *1444*
crostoncitos; pedacitos de pan frito 133, *1446*
Crottin de Chavignol (queso procedente del Loira, elaborado con leche de cabra sin pasteurizar) 133, *1445*
crudo 134, *1447*
crujiente 133, *1435*
crustáceos 134, *1448*
cuadrada con peceto 130, *1386*
cuadrada sin peceto 130, *1388*
cuadril con tapa 45, *179*
cuajada 116, *1166*
cuajar; cortar (leche, salsa) 116, *1168*
cuajo 116, *1169*
Cuarenta y Tres® (licor español) 134, *1449*
cuarto 307, *3586*
cuarto delantero 307, *3587*
cuarto trasero 307, *3588*

Cuba Libre (cóctel con ron, Coca-Cola® y zumo de limón) 134, *1450*
cuba; dornajo; tina de depósito; tina de fermentación 134, *1451*
cubeta de hielo 65, *455*
cubierto 117, *1172*
cubierto para ensalada 357, *4173*
cubierto para pescado 357, *4172*
cubiertos 357, *4171*
cubito de caldo 94, *814*
cubitos de hielo 134, *1452*
cubo de champán 65, *454*
cubo del vino 65, *457*
cubo para hielo isotérmico 65, *456*
cubre mantel 117, *1175*
cubrir 117, *1176*
cuchara 119, *1203*
cuchara de la salsa 119, *1213*
cuchara de madera 119, *1207*
cuchara de plástico 119, *1208*
cuchara de postre 119, *1209*
cuchara de servir 119, *1212*
cuchara de sopa 119, *1211*
cuchara de sopa (medida) 119, *1210*
cuchara medidora 119, *1206*
cuchara para la miel 285, *3272*
cuchara para servir helado 119, *1214*
cucharada 119, *1216*
cucharita de café; cucharadilla de café 119, *1204*
cucharita de té; cucharadilla de té 119, *1205*
cuchillo 163, *1820*
cuchillo de carne 163, *1821*
cuchillo de cocina; cuchillo del chef 163, *1822*
cuchillo de deshuesar 163, *1823*

cuchillo de pescado 163, *1826*
cuchillo de postre 163, *1827*
cuchillo de rebanar 164, *1833*
cuchillo del pan 163, *1825*
cuchillo eléctrico 164, *1830*
cuchillo mondador 164, *1832*
cuchillo para ostras; abreostras 164, *1831*
cuchillo trinchante 163, *1828*
cuello; cogote 290, *3351*
cuello; gollete 185, *2132*
cuenta 125, *1306*
cuentas separadas 125, *1307*
cuidadosamente 134, *1453*
culinaria 134, *1454*
Curaçao (licor holandés de cortezas amargas) 135, *1459*
curado 135, *1460*
curar 243, *2760*
cúrcuma 135, *1461*
curry 135, *1463*
curry en polvo 135, *1464*
curso de cocina 135, *1465*
cuscús 135, *1467*
Cussy (fondos de alcachofas con puré de setas, riñones de ave, trufas y salsa Madera) 135, *1468*
Cynar® (aperitivo amargo elaborado con alcachofa) 135, *1470*

D

daikon (rábano japonés) 137, *1473*
Daiquiri (cóctel con ron blanco, zumo de limón, azúcar y granadina) 137, *1474*
Danablu (queso veteado azul, elaborado con leche de vaca) 137, *1476*
d'Artois (croquetas de patatas rellenas de guisantes y salsa Madera) 138, *1480*
dashi (caldo japonés) 138, *1481*
dátil 357, *4178*
decantación 138, *1483*
decantar 138, *1484*
decorar; adornar 138, *1486*
de fácil digestión 138, *1488*
deglasar 139, *1492*
de granja (huevos, pollos) 137, *1471*
de granja (huevos, pollos) 137, *1472*
(dejar) enfriar 139, *1493*
(dejar) madurar (carne) 243, *2759*
delantal 59, *399*
delicado 139, *1496*
delicatessen 139, *1497*
delicioso 139, *1498*
demasiado 139, *1499*
demasiado agrio 257, *2959*
demasiado amargo 257, *2960*
demasiado caliente 257, *2967*
demasiado crudo 257, *2961*
demasiado dulce 257, *2962*
demasiado duro 257, *2963*
demasiado frío 257, *2964*
demasiado grasiento 257, *2965*
demasiado picante 257, *2966*
demasiado salado 257, *2968*
demi-glace (reducción de un fondo de ternera y de una salsa española) 139, *1500*
demora; retraso 139, *1502*
dentón 97, *873*
dentro 139, *1506*
Denver sandwich (lechuga, cebolla, jamón y huevos revueltos) 140, *1507*
depurar 140, *1511*
derramar 140, *1512*
derramar 153, *1679*
derretido; fuso 140, *1514*
derretir; fundir 140, *1513*
desagradable 140, *1515*
desalar 142, *1550*
desayunar 362, *4255*
desayuno 91, *773*
desayuno continental 91, *774*
descafeinado 140, *1518*
Descar (croquetas de patatas y fondos de alcachofas en mantequilla rellenos de pechuga de pollo) 141, *1523*
descartar; desechar 141, *1527*
descongelado 141, *1531*
descongelar 141, *1532*
descorazonador de manzana; vaciador 141, *1525*
descorchar 140, *1516*
descuento 141, *1534*
desear 142, *1537*
desengrasar 142, *1540*
deshelar; descongelar 139, *1491*
deshidratación 142, *1542*
deshidratar 142, *1543*
deshilar 142, *1541*
deshuesado 142, *1545*
deshuesar 142, *1546*
desmigar; desmigajar; desmenuzar 156, *1745*
desmoldar 142, *1539*
desnatar; descremar 361, *4241*
despacio 143, *1558*
despensa 142, *1549*
despepitar; descorazonar 141, *1526*
desplumar 140, *1508*
despojos y vísceras; asaduras; menudos; menudillos 381, *4499*
desportillado (vaso, plato) 313, *3634*
después 140, *1509*
destapar 142, *1551*
destilación 142, *1552*
destilado 142, *1553*
destilar 142, *1554*
destilería 142, *1555*
destripar 159, *1801*
detergente 142, *1556*
detestar 143, *1557*
diabético 143, *1560*
diente de ajo 139, *1504*
diente de león; amargón 139, *1505*
dieta 143, *1567*
dietético 143, *1568*
digerir 143, *1569*
digestible; digerible 143, *1570*
digestión 144, *1571*
digestivo 144, *1572*
diluido 144, *1575*
diluir; desleír 144, *1577*
dinero 144, *1578*
disculparse 141, *1535*
disolver 144, *1581*
disponer en capas 144, *1580*
distribuir 144, *1582*
ditalini; daditos (pasta para sopas) 144, *1583*
dividir; partir 144, *1584*
dividir en porciones 144, *1585*
doblar 144, *1587*
doble 146, *1612*
docena 147, *1617*
Dolcelatte® (queso italiano, veteado azul, elaborado con leche de vaca) 145, *1591*
dónut 145, *1597*
dorada 145, *1598*
dorado; llampuga 145, *1599*
dosador 145, *1595*
Drambuie® (licor elaborado con malt whisky y miel silvestre) 146, *1602*
drops 146, *1605*
Dry Martini (cóctel con ginebra, vermut y aceituna verde) 146, *1606*
du Barry (coliflor y patatas castillo a la salsa Mornay) 146, *1607*
dueño de un restaurante 145, *1593*
dukkah (cilantro, comino, semillas de sésamo y avellanas) 146, *1609*

Término | **Página** | *Nº del término*

dulce 145, *1589*
dulce de membrillo 240, *2719*
dulse (alga roja) 146, *1610*
dulzura 145, *1592*
duro 147, *1614*
Duse (judías verdes, tomates y patatas parmentier) 147, *1615*

E

ebullición 149, *1618*
echar a perder 159, *1799*
éclairs de chocolate 81, *667*
edam (queso holandés, textura semiblanda, elaborado con leche de vaca semidesnatada) 149, *1621*
edulcorado 40, *94*
edulcorante 40, *95*
edulcorar 40, *97*
efervescente 149, *1622*
eglefino 197, *2292*
eglefino ahumado 197, *2291*
elección 155, *1726*
electrodomésticos 150, *1625*
elejir; escoger 155, *1728*
Embajador (fondos de alcachofas rellenos y patatas a la duquesa) 49, *243*
embalar; envasar 150, *1629*
embotellado 151, *1659*
embotellar 151, *1660*
embudo 181, *2099*
embutido de cabeza de cerdo 334, *3883*
embutidos 150, *1634*
Emmental (queso suizo, con grandes agujeros y sabor a nuez) 150, *1637*
empanada de carne 150, *1638*
empanada de manzana 110, *1085*
empanar 150, *1640*
emparedado de carne 335, *3901*

emparedado de jamón 335, *3902*
emparedado de queso 335, *3903*
emparedado doble 335, *3904*
emparedado; sándwich; bocadillo 335, *3900*
emparrillar 193, *2257*
empelotado 151, *1643*
empelotar 151, *1644*
emú 150, *1626*
emulsión 150, *1641*
emulsionar 151, *1642*
en ayunas 150, *1636*
en cazuela de barro 279, *3173*
encendedor 207, *2380*
encendedor de gas 37, *47*
encurtidos (mezcla de hortalizas fermentada en una salmuera con sal, vinagre a azúcar) 292, *3377*
endivia de Bruselas 151, *1650*
endrina 37, *30*
enea; junco 355, *4149*
enebro; junípero 395, *4545*
eneldo 151, *1652*
enfriado 319, *3729*
enfriar 319, *3730*
enfriar 56, *339*
en gelatina 186, *2154*
engordar 152, *1662*
engrasador 68, *501*
engrumecerse (hacer grumos) 116, *1165*
enharinado 151, *1654*
enharinar 151, *1655*
enjuagar 153, *1686*
enjugar 153, *1687*
en lata 152, *1667*
enlardar 317, *3703*
enlatar; envasar 152, *1668*
enmohecer 253, *2900*
enófilo 152, *1669*
enogastronomía 152, *1670*
enoki; agujas doradas (variedad de setas) 152, *1671*
enología 152, *1672*
enólogo 152, *1673*

en papillote 281, *3218*
Enrique IV (fondos de alcachofas a las patatas salteadas y salsa bearnesa) 198, *2305*
Enrique IV (patatas pont-neuf y salsa bearnesa) 198, *2304*
enrollado 152, *1676*
enrollados de jamón 322, *3763*
enrollar 152, *1677*
ensalada Bangration (fondos de alcachofas, apio y pasta) 329, *3814*
ensalada Carmen (chile, pechuga de pollo, guisantes y arroz) 329, *3815*
ensalada César (lechuga romana, anchoas y huevo) 90, *767*
ensalada Cobb (pollo, pavo, tocino, huevos duros, tomates, aguacate, berro, cebolleta, cheddar y lechuga) 117, *1171*
ensalada de acelga 329, *3817*
ensalada de berro 329, *3818*
ensalada de camarones 329, *3825*
ensalada de coles (col, tomate, patata, alcaparras y anchoas) 119, *1201*
ensalada de coliflor 329, *3826*
ensalada de endivia de Bruselas 330, *3827*
ensalada de escarola 330, *3828*
ensalada de espárragos 329, *3822*
ensalada de frutas; macedonia de frutas 330, *3830*
ensalada de lechuga 329, *3819*
ensalada de lechuga romana 329, *3821*
ensalada de lechuga y tomate 329, *3820*
ensalada de lombarda 330, *3834*
ensalada de mariscos 330, *3831*
ensalada de oruga 330, *3835*
ensalada de patatas 329, *3823*
ensalada de pepino 330, *3832*
ensalada de pepino y tomate 330, *3833*
ensalada de pollo 330, *3829*
ensalada de remolacha 329, *3824*
ensalada de tomate 330, *3836*
ensalada del tiempo 329, *3816*
ensalada Doria (apio, trufas blancas, puntas de espárragos, remolacha y vinagreta) 330, *3837*
ensalada Francillon (patatas, mejillones, apio y trufas) 330, *3838*
ensalada mixta 330, *3839*
ensalada multicolor 330, *3840*
ensalada Ninon (lechuga y naranja) 331, *3842*
ensalada nizarda (tomates, patatas, alcaparras, aceitunas negras, anchoas y huevos duros) 331, *3841*
ensalada Rachel (apio, patatas, fondos de alcachofas, puntas de espárragos y mayonesa) 331, *3843*
ensalada rusa (macedonia de verduras aderezada con mayonesa) 331, *3844*
ensalada verde 331, *3845*
ensalada Waldorf (manzanas, apio y nueces) 331, *3846*
ensaladera 331, *3847*
ensartar 299, *3490*

ensuciar 351, *4135*
entero 207, *2369*
entraña fina 177, *2035*
entraña gruesa 228, *2590*
entremés 53, *292*
entremeses variados 53, *305*
envasado al vacío 150, *1628*
envejecido 153, *1683*
envolver 150, *1633*
envolver 153, *1685*
envuelto en hojaldre 153, *1684*
epazote 153, *1698*
eperlano 153, *1689*
equilibrado 153, *1690*
equivocarse 153, *1691*
erísimo 47, *219*
erizo de mar 271, *3097*
escabeche (frito y marinado) 154, *1714*
escaldado 83, *697*
escaldar 154, *1715*
escalfado 154, *1717*
escalfado en leche 154, *1716*
escalfar; pochar 154, *1718*
escaloña; chalota 149, *1619*
escalope 154, *1719*
escalope a la vienesa (escalope de ternera empanada) 387, *4522*
escalope Cordon Bleu (relleno con jamón y queso y empanado) 154, *1720*
escalope de pavo 155, *1721*
escalope de ternera 155, *1722*
escamar 155, *1723*
escarola 112, *1104*
escarola 155, *1725*
escoba para barrer 376, *4416*
escorpena; cabracho 315, *3660*
escorzonera 155, *1729*
escribir 155, *1736*
escurrido 155, *1733*
escurridor de platos; escurreplatos 155, *1731*
escurrir 155, *1732*

esencia 158, *1783*
esencia de almendras 158, *1784*
esencia de naranja 158, *1786*
esencia de rosas 158, *1787*
esencia de vainilla 158, *1785*
esófago 156, *1746*
espadín 156, *1749*
espaguetis (el tipo más popular de pasta) 156, *1751*
espaguetis a la boloñesa 156, *1752*
espárrago 57, *370*
espátula 157, *1754*
espátula para freír 157, *1755*
especia 157, *1760*
especialidad 157, *1756*
especialidad de la casa 157, *1757*
especialidades 157, *1759*
especialidad regional 157, *1758*
especiero 299, *3493*
espesar (salsa, sopa) 151, *1649*
espeso (salsa, sopa) 151, *1648*
espetón; broqueta 157, *1763*
espinaca 157, *1768*
espinaca de Malabar 75, *587*
espinas 157, *1770*
espolvoreado; rociado 297, *3464*
espolvorear 298, *3465*
esponja 157, *1771*
espuma 158, *1778*
espuma de la cerveza 158, *1779*
espuma de leche 158, *1780*
espumadera 155, *1737*
espumar 155, *1738*
Esrom; Danish Port Salut (queso danés, textura semiblanda, elaborado con leche de vaca) 158, *1782*
estar a dieta 159, *1793*

esterilizar 159, *1795*
estirar con rodillo 36, *27*
estofado (adj.) 195, *2286*
estofado de carnero y cebada 201, *2344*
estofado de cordero a la irlandesa (con patatas y cebollas) 153, *1678*
estofado; ragú 314, *3638*
estomino; macarela 103, *969*
estragón 159, *1798*
esturión 159, *1803*
etiqueta 323, *3780*
evaporar 160, *1806*
exacto; preciso 160, *1807*
excelente 160, *1809*
exótico 160, *1810*
exprés 91, *782*
exprimido 158, *1777*
exprimidor de suco 158, *1775*
exprimidor; exprimidor de cítricos 158, *1774*
exprimir 158, *1776*
exquisitez 205, *2350*
extracto 160, *1813*
extracto de almendra 160, *1814*
extracto de carne 160, *1815*
extracto de levadura 160, *1816*
extracto de malta 160, *1817*
extracto de vegetales 160, *1819*

F

fácil 164, *1834*
factura 166, *1880*
fagottini (pasta rellena elaborada con pasta fresca) 164, *1836*
faisán 164, *1837*
falafel (croqueta de garbanzos y habas) 164, *1839*
farfalle; mariposas (pasta en forma de mariposa) 165, *1848*
farro 157, *1761*
Favart (albondiguillas de ave, estragón y tartaletas a las setas) 167, *1883*
fecha de caducidad 301, *3526*
fécula 167, *1889*
fécula de patata 167, *1890*
Fédora (barquillas rellenas de puntas de espárragos, zanahoria, nabo, naranja y castaña) 167, *1891*
feijoada (plato brasileño de judías negras) 169, *1915*
fenugreco; alhova 169, *1917*
fermentación 169, *1918*
fermentado; leudado 169, *1919*
fermentar 169, *1920*
Ferval (croquetas de patatas rellenas de jamón y fondos de alcachofas) 169, *1925*
feta (queso griego, elaborado con leche de oveja, cabra o vaca) 170, *1929*
fettuccine (nidos de cintas de pasta) 170, *1930*
fiambres 179, *2057*
fibra 170, *1931*
fibroso 170, *1932*
fideos de arroz (elaborados con harina de arroz y agua) 242, *2740*
fideos de arroz (fideos asiáticos) 377, *4437*
fideos de celofán (fideos asiáticos) 233, *2624*
fideos de chocolate 113, *1118*
fideos de trigo sarraceno; soba (fideos japoneses elaborados con harina de trigo y harina de trigo sarraceno) 342, *4013*
fideos multicolores 123, *1284*
fideos udon (fideos asiáticos hechos con harina de trigo y agua) 371, *4370*

fiesta 169, *1928*
filete de canguro 76, *599*
filete de liebre 171, *1951*
filete de pollo 171, *1950*
filete de salmón 171, *1952*
filetes de anchoa 171, *1956*
filini (hilos de pasta finos y cortos) 170, *1933*
film transparente 171, *1957*
filtrar 171, *1958*
filtro 171, *1959*
filtro de agua 171, *1960*
filtro de café 172, *1961*
fino 172, *1965*
Fiore Sardo (queso de Cerdeña, textura firme, elaborado con leche de oveja) 172, *1966*
firmar 58, *385*
firme 172, *1967*
flambeado; flameado 172, *1968*
flambear; flamear 172, *1969*
flan 303, *3566*
flanera individual 314, *3652*
Fleur de Maquis (queso procedente de Córcega, elaborado con leche de oveja sin pasteurizar) 172, *1970*
fleuron (hojaldre en forma de media luna) 173, *1971*
flor 173, *1979*
Florian (lechuga braseada, cebollas, zanahorias y croquetas de patatas) 173, *1981*
focaccia (pan italiano) 173, *1982*
foie gras con trufas; hígado graso de ganso con trufas 174, *1990*
fondant (a base de azúcar y glucosa, se utiliza mucho en la repostería) 175, *2004*
fondo de tarta 181, *2095*
fondos de alcachofas 126, *1331*

fondos de alcachofas 181, *2096*
fondue 175, *2005*
Fontina (queso italiano, textura blanda, elaborado con leche de vaca entera) 175, *2006*
fool (mousse hecha con frutas y crema inglesa) 175, *2007*
fougasse (pan francés) 176, *2030*
Fourme d'Ambert (queso francés, veteado azul, elaborado con leche de vaca) 177, *2031*
frágil 177, *2033*
frambuesa 177, *2036*
frambuesa americana 227, *2585*
frambuesa dorada 177, *2037*
Frangelico® (licor italiano de avellanas) 177, *2039*
fregadera 156, *1741*
freidora 279, *3176*
freidora eléctrica 179, *2058*
freír 179, *2059*
freír en aceite abundante 179, *2062*
freír en sartén 179, *2061*
freír y mezclar durante poco tiempo 179, *2060*
fresa 254, *2919*
fresa Mara de bois 254, *2920*
fresco 178, *2051*
fresita silvestre 254, *2921*
fresno alpestre 347, *4082*
fricasé de pollo 178, *2052*
fricasé de ternera 178, *2053*
fríjol alado 168, *1894*
frío 179, *2056*
frito 179, *2064*
fritura 179, *2065*
frotar 156, *1742*
fructosa; azúcar de frutas 180, *2084*
fruta 179, *2066*
fruta confitada 179, *2068*
fruta de jack 211, *2388*
fruta del pan 180, *2076*

fruta del tiempo 179, *2069*
fruta en almíbar 179, *2073*
fruta en conserva 180, *2074*
fruta fresca 180, *2075*
fruta seca; fruta pasa 180, *2077*
frutado 179, *2072*
frutas confitadas; frutas escarchadas 180, *2078*
frutas silvestres 180, *2079*
frutería 247, *2817*
frutero 180, *2080*
fruto 180, *2081*
fuego lento 174, *1987*
fuego medio 174, *1988*
fuego vivo 174, *1986*
fuera de la temporada 175, *2008*
fuerte 176, *2027*
fumador 180, *2087*
fumar 180, *2088*
fusilli (pasta en forma de espiral) 181, *2100*

G

gachas; papilla de avena 250, *2864*
galanga 183, *2103*
galantina (carne de aves rellenas, cocidas y recubiertas con gelatina) 183, *2105*
galleta 76, *608*
galleta de avena 267, *3035*
galleta dulce de mantequilla 76, *606*
galleta integral 76, *607*
Galliano® (licor italiano de anís) 184, *2114*
gallina 184, *2109*
gallito; pollito 178, *2046*
gallo 184, *2115*
galludo; melga 183, *2108*
gamba; carabinero 94, *829*
gamuza 89, *749*
ganado 183, *2101*
ganso 184, *2116*
ganso a la alsaciana (con chucruta) 184, *2117*
garam masala (mezcla de especias indiana) 184, *2119*

garbanzo 192, *2242*
garbure (sopa de verduras con coles y carne de oca) 184, *2122*
garrafa; jarra 185, *2139*
garrón delantero; morcillo delantero 258, *2977*
garrón trasero; ossobuco 258, *2978*
gaseoso 185, *2141*
gastronomía 186, *2143*
gastronómico 186, *2144*
gastrónomo 186, *2145*
gazpacho (sopa fría de legumbres crudos con vinagre y aceite de oliva) 186, *2147*
gelatina 186, *2151*
gelificar 188, *2173*
genéticamente modificado 188, *2178*
genipapo; jagua 212, *2409*
geranio 188, *2187*
germen de trigo 189, *2189*
ghee (mantequilla sin sal, clarificada) 189, *2190*
gianduiotti (chocolate italiano con crema de avellanas) 189, *2191*
gigante 189, *2192*
ginebra 189, *2194*
Gin Fizz (cóctel con ginebra, zumo de limón y agua carbonatada) 189, *2196*
ginger ale (gaseosa de jengibre) 189, *2197*
gin tonic 189, *2195*
girasol 189, *2199*
glasa (salsa muy densa) 190, *2204*
glasa de carne 190, *2203*
glaseado 117, *1173*
glaseado 189, *2201*
glasear 189, *2202*
glotón 121, *1242*
glucosa 190, *2206*
glutamato 190, *2208*
gluten 190, *2210*
gobio 190, *2211*
Godard (albondiguillas, molleja de cordero, crestas de gallo, riñones

— 531 —

de ave, setas y trufas) 190, *2212*
golosina 195, *2288*
gombo; quimbombó 309, *3619*
Gorgonzola (queso italiano, textura cremosa, elaborado con leche de vaca) 191, *2223*
gota 191, *2228*
Gouda (queso holandés, textura semiblanda, elaborado con leche de vaca) 191, *2229*
goulash (estofado húngaro) 191, *2230*
gracias 267, *3036*
gramo 191, *2232*
granada 322, *3768*
granadina 389, *4531*
Grana Padano (queso italiano, textura dura, elaborado con leche de vaca desnatada) 191, *2233*
Grand-Duc (puntas de espárragos, setas y salsa Mornay) 192, *2234*
Grand Marnier® (licor francés, se elabora a partir de la maceración de naranjas en coñac) 192, *2236*
Grand-Mère (cebollas, setas, patatas y tocino) 192, *2237*
grande 192, *2235*
granizado 192, *2239*
granos de pimienta 192, *2243*
granulado 192, *2240*
granular 192, *2241*
grapa; aguardiente de orujo 193, *2246*
grasa 190, *2217*
grasa de cerdo 66, *469*
grasa de ganso 190, *2218*
grasa de riñonada 337, *3932*
grasa derretida 190, *2220*
grasa saturada 191, *2221*
grasiento 152, *1663*
grasiento 191, *2222*
gratinado 193, *2247*

gratinar 193, *2248*
gratis 193, *2250*
grévol; bonasa 184, *2111*
grigallo 164, *1838*
grisines 194, *2261*
Grog (cóctel caliente elaborado con ron) 194, *2262*
grosella blanca 194, *2263*
grosella negra 194, *2266*
grosella roja 194, *2268*
grueso 194, *2269*
Gruyère (queso suizo, textura dura) 194, *2271*
guanábana 193, *2252*
guante 230, *2611*
guante de cocina 230, *2612*
guaraná 194, *2275*
guardar 195, *2279*
guarnecer 195, *2282*
guarnecido 195, *2283*
guarnición 195, *2284*
guarnición 38, *59*
guava; guayaba 190, *2213*
guinda 255, *2928*
guindilla chipotle 293, *3387*
guisante de Angola; guando 168, *1906*
guisantes; chícharos 154, *1711*
guisantes secos 154, *1712*
guisar; estofar 195, *2287*
gustativo 195, *2290*

H

haba 167, *1882*
habitación 307, *3585*
hacer espuma 167, *1886*
(hacer) hervir 169, *1926*
hacer puré 167, *1887*
hacer una infusión 120, *1220*
haggis (picado de cordero, cebolla y avena en forma de embutido) 197, *2293*
halibut negro; hipogloso negro 44, *157*
Haloumi (queso procedente de Oriente Medio, elaborado con

leche de cabra) 197, *2294*
hambre 175, *2003*
hamburger; hamburguesa 197, *2295*
hamburguesa de pollo 198, *2296*
hamburguesa vegetariana 198, *2297*
harina 165, *1849*
harina de amaranto 165, *1850*
harina de arroz 165, *1851*
harina de castañas 165, *1852*
harina de cebada 165, *1854*
harina de centeno 165, *1853*
harina de espelta 165, *1855*
harina de garbanzo; besan 165, *1856*
harina de lentejas 165, *1857*
harina de linaza 165, *1858*
harina de maíz 165, *1861*
harina de maíz 51, *261*
harina de mandioca; yuca 165, *1859*
harina de matzá 165, *1860*
harina de pescado 165, *1863*
harina de soja 166, *1865*
harina de trigo 166, *1866*
harina de trigo duro 166, *1867*
harina de trigo sarraceno 166, *1869*
harina integral 166, *1868*
harina para pan 165, *1862*
harinoso 166, *1871*
hartar 328, *3803*
harto 327, *3802*
Harvey Wallbanger (cóctel con vodka, zumo de naranja y Galliano®) 198, *2299*
hash browns (salteado de patatas y cebollas) 198, *2300*
hasta luego 58, *388*
hasta mañana 58, *387*
hayuco 338, *3954*
hecho a la parilla 193, *2256*

hecho en casa 169, *1916*
heladería 348, *4092*
helado 186, *2149*
helado 347, *4083*
helado con frutas y nueces; sundae 352, *4141*
helado de café 348, *4085*
helado de chocolate 348, *4087*
helado de fruta 348, *4088*
helado de limón 348, *4089*
helado de pistacho 348, *4090*
helado de vainilla 347, *4084*
helado napolitano (helado hecho de tres diferentes sabores) 348, *4091*
helar 186, *2150*
Helder (patatas salteadas y salsa de tomate) 198, *2303*
hervido 169, *1927*
hervidor 108, *1051*
hez; madre del vino; sedimento 82, *678*
hidrato de carbono 98, *893*
hielo 188, *2174*
hielo triturado 188, *2175*
hierba 153, *1692*
hierba buena 201, *2331*
hierba de Santa Bárbara 41, *111*
hierba dulce 159, *1796*
hierba limón 97, *876*
hierba luisa 226, *2558*
hierbas aromáticas (perejil, estragón, perifollo y cebollino) 172, *1964*
hierbas aromáticas 154, *1706*
hierbas de Provenza (albahaca, romero, ajedrea, laurel y tomillo) 199, *2306*
hierbas frescas 154, *1707*
hígado 170, *1934*
hígado de cerdo 170, *1939*
hígado de cordero 170, *1935*
hígado de ganso 170, *1937*

| Término | Página | Nº del término |

hígado de pato **170**, *1938*
hígado de pollo **170**, *1936*
hígado de ternera **170**, *1940*
hígado graso de ganso o de pato; foie gras **170**, *1942*
Highball (whisky y agua carbonatada) **199**, *2308*
higo **170**, *1943*
higo chumbo; tuna **170**, *1944*
higo seco **171**, *1946*
hijiki; hiziki (algas desecadas) **199**, *2309*
hinojo **180**, *2089*
hinojo; anís **154**, *1700*
hipercalórico **199**, *2311*
hipocalórico **199**, *2312*
hipogloso **44**, *158*
hisopo **199**, *2314*
ho fen (fideos chinos de trigo) **199**, *2316*
hoja **220**, *2456*
hoja de albahaca **174**, *1995*
hoja de curry **174**, *1992*
hoja de gelatina **186**, *2152*
hoja de laurel **174**, *1994*
hoja de limero Kaffir **174**, *1993*
hoja de oro **174**, *1996*
hoja de pandano **174**, *1997*
hoja de parra **174**, *1999*
hojaldre **174**, *2000*
hojas de parra en salmuera **174**, *2001*
hokkien (fideos amarillos frescos, al huevo) **200**, *2318*
hora **200**, *2323*
hora de la comida; hora de la cena **200**, *2325*
hora del almuerzo **200**, *2324*
horario **200**, *2326*
horas de apertura **200**, *2327*
hornada **176**, *2017*
horno **176**, *2022*
horno a vapor **176**, *2023*
horno de convección **176**, *2024*

horno microondas **176**, *2025*
horno para pizza **176**, *2020*
horno tostador **176**, *2021*
Horse's Neck (cóctel con whisky bourbon, Angostura® y ginger ale) **200**, *2328*
hortaliza **201**, *2340*
hortelano **201**, *2341*
hotel **201**, *2343*
hoz **174**, *1989*
huerta; huerto **201**, *2329*
huerto **298**, *3467*
hueso con tuétano **271**, *3092*
hueso(s) **271**, *3093*
huevas de salmón **271**, *3101*
huevas; ovas **271**, *3100*
huevera **356**, *4159*
huevo **271**, *3102*
huevo a la ostra (yema cruda con sal, pimienta y limón) **300**, *3500*
huevo crudo **271**, *3103*
huevo de 100 años; huevo de 1.000 años (huevo de pato cubierto con una pasta de hojas, cenizas de madera, limón y sal) **271**, *3104*
huevo de avestruz **272**, *3105*
huevo de emú **272**, *3106*
huevo de faisán **272**, *3107*
huevo de gallina **272**, *3109*
huevo de ganso **272**, *3111*
huevo de gaviota **272**, *3108*
huevo de Pascua **272**, *3112*
huevo de pato **272**, *3113*
huevo de pintada **272**, *3110*
huevo escocés (huevos duros envueltos en carne picada de salchicha y rebozado) **272**, *3117*
huevo podrido **272**, *3116*
huevos (escalfados) Benedict (con jamón, salsa holandesa y pan blanco) **273**, *3120*

huevos a la nieve **274**, *3136*
huevos cocidos (hervidos 5-6 min) **274**, *3135*
huevos cocinados al horno en cocotera; huevos en cazuela **273**, *3124*
huevos de codorniz **273**, *3123*
huevos duros **273**, *3121*
huevos duros a la Chimay (al gratén rellenos de setas) **273**, *3122*
huevos en molde **274**, *3134*
huevos escalfados **275**, *3142*
huevos escalfados a la americana (con tomate y tocino) **274**, *3138*
huevos escalfados a la florentina (con espinacas y salsa Mornay) **275**, *3139*
huevos escalfados a la Mornay (gratinados con salsa Mornay) **275**, *3140*
huevos escalfados a la Sardou (con jamón, anchoas, trufas, fondos de alcachofas y salsa holandesa) **273**, *3119*
huevos escalfados Joinville (con gambas) **274**, *3137*
huevos escalfados sobre tostada **275**, *3141*
huevos fritos con jamón **273**, *3128*
huevos fritos con tocino **273**, *3127*
huevos fritos Holstein (con filetes de anchoa) **274**, *3129*
huevos fritos Meyerbeer (con riñones de cordero a la parrilla y salsa de trufas) **274**, *3130*
huevos fritos Mirabeau (con filetes de anchoas, aceitunas y estragón) **274**, *3131*
huevos fritos; huevos estrellados **274**, *3132*
huevos pasados por agua (hervidos 3-4 min) **275**, *3143*
huevos rellenos **275**, *3144*
huevos revueltos **274**, *3133*
huevos revueltos a la Berny (con chipolata y salsa de tomate) **272**, *3118*
húmedo **372**, *4378*
hummus; pasta de garbanzos (garbanzo, pasta de sésamo, zumo de limón, ajo, aceite de oliva, perejil y menta) **201**, *2345*
humo **180**, *2086*

I

Ibérico (elaborado con leche de vaca, oveja y cabra, es un queso prensado de maduación corta) **205**, *2348*
Idiazabal (queso español, elaborado con leche cruda de oveja) **205**, *2349*
Ikan bilis (anchoas desecadas) **205**, *2352*
incisión **206**, *2355*
indigestión **206**, *2357*
indigesto **206**, *2358*
infusión **206**, *2359*
infusión de tila **107**, *1045*
ingredientes **206**, *2362*
insípido **206**, *2366*
instantáneo **207**, *2368*
intolerancia a la lactosa **207**, *2370*
intoxicación alimenticia **207**, *2371*
invitado **125**, *1311*

J

jabalí **212**, *2404*
jabato **212**, *2406*
jabón **327**, *3791*
jabuticaba **211**, *2387*
jalea **187**, *2171*
jalea de fresas **187**, *2167*

| Término | **Página** | *Nº del término* |

jalea de grosella 187, *2163*
jalea de grosellas rojas 187, *2164*
jalea de menta 187, *2165*
jalea real 187, *2172*
jambalaya (arroz con camarones, pollo, jamón y tomates) 211, *2392*
jambu 211, *2394*
jamón 302, *3539*
jamón ahumado 302, *3540*
jamón cocido 302, *3543*
jamón de París (ligeramente salado) 302, *3541*
jamón de Parma 302, *3542*
jamón de York (ahumado) 302, *3544*
jamón serrano (curado) 302, *3545*
jamón serrano con melón 245, *2787*
japuta 389, *4524*
jarabe 93, *805*
jarabe de arce 239, *2698*
jarabe de arroz 389, *4527*
jarabe de azúcar 93, *806*
jarabe de chocolate 93, *807*
jarabe de chocolate caliente 93, *808*
jarabe de fresas 93, *810*
jarabe de fruta 93, *809*
jarabe de glucosa; jarabe de maíz 190, *2205*
jarabe de grosella negra 389, *4529*
jarabe de malta 389, *4530*
jarra 212, *2403*
jarrete de cerdo con chucruta 149, *1623*
jarro de leche 223, *2518*
jefe de cocina; chef 111, *1091*
jefe de comedor 111, *1092*
jengibre 188, *2181*
jerez 390, *4533*
jícama 212, *2412*
Joinville (camarones, trufas y setas) 213, *2417*
joroba 134, *1458*
judía; fríjol; habichuela 167, *1892*
judía adzuki 167, *1893*

judía blanca 168, *1896*
judía borlotti 168, *1895*
judía cannellini; judía blanca alargada 168, *1897*
judía chino 168, *1905*
judía de careta; alubia de ojo 168, *1904*
judía de Lima 168, *1900*
judía de soja 168, *1901*
judía española 168, *1899*
judía marina (alga marina) 156, *1753*
judía mungo 168, *1908*
judía negra 168, *1909*
judía pinto 168, *1898*
judía roja; fríjol; habichuela 168, *1907*
judía verde; ejote 375, *4404*
Judic (lechuga braseada, tomates rellenos y patatas castillo) 213, *2419*
juego de ollas 213, *2415*
juego de tazones 213, *2416*
jugoso; suculento 351, *4128*
jujuba 213, *2420*
Jules-Verne (patatas rellenas, nabos y setas) 213, *2421*
juliana 213, *2422*
jurel 98, *892*
jurel caballo; jurel ojón 194, *2274*

K

kabanos (salchicha elaborada con carne de cerdo y/o vacuno picado) 215, *2426*
kamakobo (pasta de pescados, especialidad japonesa) 215, *2427*
kasseler (lomo de cerdo curado y ahumado) 215, *2428*
kebab (broquetas de cordero al pincho) 215, *2429*
kedgeree (arroz con pescado ahumado, huevos duros, lentejas y cebolla) 216, *2431*
ketchup 216, *2432*
ketjap manis (salsa de soja dulce) 216, *2430*
kilo 310, *3622*
Kir (cóctel de crema de casis y vino blanco) 216, *2434*
Kir Royal (cóctel de crema de casis y champán) 216, *2435*
kirsch (aguardiente de guindas garrafales) 216, *2436*
kiwano; pepino silvestre africano 216, *2433*
kiwi 216, *2438*
knäckerbrot (pan integral sueco) 216, *2439*
knackwurst (salchicha de carne de buey y/o cerdo y ajo) 217, *2440*
kugel (budín salado hecho de patata o pasta) 217, *2443*
kugelhopf (dulce austríaco con pasas y almendras) 217, *2444*

L

labios 219, *2447*
lamentar; desagradar 220, *2455*
lamer 219, *2454*
laminilla 166, *1878*
laminillas de trufa 221, *2481*
lamprea 220, *2457*
lana de acero 278, *3159*
langosta 219, *2451*
langosta Thermidor (gratinada en el caparazón) 219, *2452*
langostino tigre 95, *832*
lapa 220, *2460*
lap cheong; lap chong (salchicha china elaborada con carne de cerdo) 220, *2461*
largo 122, *1267*
lasaña (pasta en hojas, se puede encontrar seca o fresca) 221, *2478*
lasaña vegetariana 221, *2479*
lasaña verde (con espinacas) 221, *2480*
lata 221, *2482*
laurel 229, *2606*
lavadedos 221, *2484*
Lavallière (cordero, fondos de alcachofas a las puntas de espárragos y salsa bordelesa) 221, *2487*
lavanda 47, *202*
lavaplatos 239, *2699*
laver (algas desecadas) 217, *2441*
laver (algas desecadas) 222, *2491*
leche 222, *2500*
lechecillas de pescado 338, *3949*
leche con sabor 222, *2502*
leche condensada 222, *2505*
leche cremosa 223, *2517*
leche cruda 223, *2521*
leche cuajada 224, *2525*
leche de almendra 222, *2506*
leche de bisonte 223, *2507*
leche de cabra 223, *2508*
leche de coco 223, *2509*
leche de larga duración 223, *2520*
leche de oveja 223, *2510*
leche de soja 223, *2511*
leche de vaca 223, *2514*
leche desnatada 222, *2503*
leche desnatada 223, *2512*
leche desnatada en polvo 223, *2513*
leche en polvo 223, *2515*
leche evaporada 223, *2516*
leche pasteurizada 223, *2522*
lechería 223, *2523*
leche semidesnatada 223, *2524*
leche UHT (leche submetida a temperatura altíssima) 224, *2526*

| Término | Página | Nº del término |

lechón; cochinillo de leche 222, *2499*
lechoso 224, *2527*
lechuga 46, *189*
lechuga arrepollada; lechuga francesa 46, *195*
lechuga frisée 46, *194*
lechuga hoja de roble verde 46, *196*
lechuga iceberg 46, *190*
lechuga marina 46, *193*
lechuga roja 46, *198*
lechuga romana 46, *197*
lechuga verde 46, *191*
legumbres (judías, guisantes y lentejas) 338, *3960*
legumbres 222, *2494*
legumbres en conserva 222, *2497*
leña 224, *2528*
lengua 226, *2561*
lengua de buey 226, *2562*
lengua de cerdo 226, *2565*
lengua de cordero 226, *2563*
lengua de gato 226, *2564*
lengua de gato; gamuza 292, *3379*
lenguado 226, *2566*
lenguado Choiseul (a la salsa al vino blanco trufada) 226, *2567*
lenteja 224, *2529*
lentejas de Puy 224, *2530*
lepidio 41, *114*
levadura 169, *1921*
levadura de cerveza 224, *2535*
levadura química 169, *1922*
levadura seca 169, *1923*
levantarse 224, *2533*
levístico; apio de montaña 224, *2536*
Leyden; Leidsekaas (queso holandés, textura compacta, elaborado con leche de vaca semidesnatada) 224, *2538*
libra 225, *2539*
librillo 86, *725*
lichi 225, *2540*
lichi tailandés 225, *2541*
licor 225, *2542*
licor de endrinas 225, *2543*
licor de hierbas 225, *2544*
licor de melocotón 225, *2546*
licor de naranja 225, *2545*
licuado 105, *999*
licuadora 227, *2574*
licuar 105, *1000*
liebre 222, *2492*
ligamento cervical 225, *2547*
ligar 138, *1479*
ligero 224, *2534*
lima 225, *2555*
limanda 342, *4020*
Limburger (queso belga, textura semiblanda, elaborado con leche de vaca) 226, *2556*
limero kaffir 225, *2551*
limón 225, *2554*
limón en conserva 225, *2552*
limpiado 221, *2486*
limpiar 222, *2490*
limpiar 226, *2559*
limpio 226, *2560*
linguine (pasta alargada y plana) 226, *2570*
lionesa de chocolate; profiterole de chocolate 100, *922*
lionesas; profiteroles 100, *923*
líquido 227, *2575*
líquido para limpiar grasa 227, *2576*
liso 227, *2578*
lista de compras 227, *2579*
lista de precios 227, *2580*
lista; tablón 355, *4147*
listo 303, *3558*
litro 227, *2581*
Livarot (queso procedente de Normandia, textura elástica, elaborado con leche de vaca sin pasteurizar) 227, *2582*
llamar 108, *1054*
llegar 111, *1093*
llenar 151, *1645*
lleno 111, *1094*
lo siento; perdón 141, *1536*
local 227, *2584*
lomo alto; tapa de bife de ancho 97, *870*
lomo de cerdo 228, *2598*
lomo de libre 228, *2596*
lomo de libre San Huberto (con setas y salsa poivrade) 228, *2597*
lomo; solomillo 125, *1309*
Long Island (cóctel con tequila, ron, vodka, Coca-Cola® y zumo de limón) 228, *2599*
Lorette (croquetas de ave, puntas de espárragos y trufas) 229, *2600*
lota; lota de río 229, *2603*
loukanika (salchicha griega, elaborada con carne de cerdo y sazonada con coriandro) 229, *2605*
lozano 378, *4441*
lubina; robalo 321, *3756*
lucio 229, *2607*
lucioperca 229, *2608*
lúpulo 229, *2610*
luz 230, *2613*

M

maccheroni (pasta en forma de pequeños tubos huecos) 234, *2627*
macedonia de verduras 234, *2629*
macerar 234, *2630*
machacar 156, *1744*
macís 234, *2628*
macrobiótico 234, *2634*
Madera (vino portugués) 234, *2636*
madera 234, *2635*
madurado 49, *236*
madurar 48, *235*
maduro 234, *2639*
mahleb (corazones de huesos de guindas) 234, *2642*
Mahón (queso de Menorca, prensado pero sin cocer, elaborado con leche de vaca) 235, *2643*
Mai Tai (cóctel con ron claro, ron oscuro, Curaçao, zumo de naranja, zumo de limón y zumo de piña) 235, *2649*
maicena 235, *2648*
maíz dulce 249, *2855*
maíz mini; maíz baby 251, *2867*
Malmsey (vino Madera) 235, *2654*
malo 159, *1797*
malo 243, *2761*
malta 236, *2657*
mañana 237, *2670*
Manchego (queso español, elaborado con leche cruda o pasteurizada de oveja) 236, *2662*
mandarina 358, *4184*
mandioca; yuca 236, *2663*
mandolina 236, *2664*
maneras de prepararse 252, *2893*
manga pastelera 328, *3804*
mangaba 236, *2666*
mango 236, *2665*
mangostán 237, *2669*
Manhattan (cóctel con ginebra, whisky, vermut seco y vermut rojo) 237, *2671*
manir 48, *234*
manitas de ternera 290, *3352*
manjar blanco (budín de leche con almendras en polvo) 77, *618*
mano 285, *3268*
manojo de hierbas aromáticas 49, *239*
mantel 362, *4251*
mantellina; vela italiana; vaca 314, *3642*
mantener refrigerado 238, *2697*
mantequilla; manteca 237, *2674*
mantequilla clarificada (fundida y separada del

Término | **Página** | *Nº del término*

suero) 237, *2675*
mantequilla Colbert (mantequilla maître d'hôtel con estragón picado y glasa de carne) 237, *2676*
mantequilla de ajo 237, *2677*
mantequilla de almendra 237, *2678*
mantequilla de anchoa 237, *2680*
mantequilla de cabra 238, *2687*
mantequilla de cacahuete 237, *2679*
mantequilla de cacao 237, *2681*
mantequilla de camarones 238, *2682*
mantequilla de caviar 238, *2683*
mantequilla de estragón 238, *2685*
mantequilla de hierbas 238, *2684*
mantequilla de langosta 238, *2686*
mantequilla de mostaza 238, *2688*
mantequilla de salmón 238, *2690*
mantequilla de trufa 238, *2691*
mantequilla derretida 238, *2689*
mantequilla dorada 238, *2692*
mantequilla maître d'hôtel (con perejil picado y zumo de limón o vinagre) 238, *2693*
mantequilla sin sal 238, *2695*
mantequilla tostada; mantequilla negra (mantequilla, vinagre o zumo de limón, alcaparras y perejil) 75, *591*
mantequillera 238, *2696*
manzana 233, *2618*
manzana Fuji 233, *2619*
manzana Gala 233, *2620*

manzanas al horno 233, *2625*
manzanilla 96, *839*
máquina de café 92, *792*
máquina para cortar fiambres; cortafiambres 127, *1345*
máquina para pasta 239, *2700*
maracuyá; granadilla 239, *2702*
marchito 258, *2972*
margarina 239, *2707*
Margarita (cóctel con tequila, licor de naranja y zumo de limón) 239, *2709*
Marie-Louise (patatas salteadas, fondos de alcachofas al puré de setas y de cebollas) 240, *2711*
Marigny (patatas fundentes, tartaletas a los guisantes y a las judías verdes) 240, *2712*
marinado 240, *2713*
marinar 240, *2714*
mariposa 82, *674*
mariscos 180, *2083*
mármol 240, *2721*
marmoleada; entreverada (carne) 241, *2722*
Maroilles (queso francés, forma cuadrada, elaborado con leche de vaca) 241, *2725*
marrajo 369, *4358*
marrasquino (licor dulce de guindas garrafales) 239, *2705*
marron glacé 241, *2728*
marrubio 201, *2333*
Marsala (vino licoroso de Sicilia) 241, *2729*
marshmallow 241, *2730*
Martini® (vermut italiano) 241, *2732*
maruca; arbitán; brezo común 145, *1594*
marucha; llata 315, *3658*
más 235, *2647*
masa 242, *2739*
mascarpone (queso

italiano, elaborado con crema fresca de leche) 242, *2735*
Mascotte (fondos de alcachofas en mantequilla, patatas y trufas) 242, *2736*
Masséna (fondos de alcachofas, tuétano y salsa de trufas) 243, *2755*
masticar 243, *2756*
mate brasileño 108, *1056*
Matelote (crostoncitos, cebollitas, setas y cigalas) 243, *2758*
máximo 243, *2762*
mayonesa 235, *2644*
mayonesa a la sueca (puré de manzanas y rábano picante) 235, *2645*
mayonesa alioli 235, *2646*
mazapán 241, *2733*
mazorca de maíz 157, *1767*
mechado; lardeado 221, *2475*
mechar; lardear 221, *2476*
media botella 244, *2771*
media docena 244, *2770*
media ración 244, *2772*
medialuna 249, *2847*
Médicis (patatas salteadas, fondos de alcachofas en mantequilla, guisantes, zanahorias y nabos) 244, *2765*
medida 244, *2766*
medidor; taza medidora 125, *1317*
medio 244, *2767*
medio crudo 235, *2653*
medio crudo 244, *2773*
medio crudo; poco cocinado 236, *2655*
medio hecho; semicocinado 298, *3477*
medio kilo 244, *2775*
medio litro 244, *2774*
medir 244, *2768*
medregal coronado; pez de limón 269, *3062*
medula espinal 244, *2769*
medusa 43, *144*

mejillones 249, *2845*
mejillones a la marinera 249, *2846*
mejor 246, *2798*
mejorana 237, *2673*
melado; jarabe dorado 389, *4528*
melaza de caña 245, *2779*
melaza de granada 245, *2778*
melaza negra; miel de caña 245, *2777*
melisa; toronjil 153, *1696*
melocotón 290, *3354*
melocotón Melba (melocotón con helado de vainilla y salsa de frambuesas) 290, *3357*
melón 245, *2781*
melón amargo 245, *2783*
melón charentais 245, *2785*
melón Galia 245, *2788*
membrana del diafragma 246, *2802*
membrillo 240, *2720*
mendo limón 342, *4022*
menos 246, *2803*
menta; hierbabuena 201, *2336*
menta crispa 201, *2332*
menta de agua 201, *2330*
menta piperita 201, *2337*
menú 246, *2807*
menú; carta 99, *901*
menú a la carta 246, *2808*
menú de Navidad 246, *2809*
menú de turista 247, *2815*
menú degustación 246, *2810*
menú del día 246, *2812*
menú del día 99, *902*
menú dietético 246, *2811*
menú gastronómico 246, *2813*
menú para niños 246, *2814*
menudillos de aves 252, *2885*
menudillos de ganso 252, *2886*
mercado 247, *2816*
Mercédès (tomates, setas,

| Término | **Página** | *Nº del término* |

lechuga braseada y croquetas de patatas 247, *2819*
merengue 247, *2820*
merlán 64, *436*
merluza 290, *3347*
merluza argentina 247, *2821*
mermelada de albaricoques 187, *2159*
mermelada de cerezas 187, *2158*
mermelada de ciruelas 186, *2156*
mermelada de frambuesas 187, *2160*
mermelada de frutas rojas 187, *2161*
mermelada de guayaba 187, *2162*
mermelada de melocotón 187, *2168*
mermelada de naranja 187, *2166*
mermelada de piña 186, *2155*
mermelada de uva 187, *2169*
mermelada de zarzamoras 187, *2157*
mero 185, *2133*
mero guasa 247, *2822*
mesa 247, *2823*
mesa cerca de la ventana 248, *2833*
mesa con vistas al mar 247, *2825*
mesa cuadrada 248, *2834*
mesa en el patio 247, *2830*
mesa en el rincón 247, *2829*
mesa fuera 247, *2824*
mesa libre 247, *2828*
mesa ocupada 247, *2831*
mesa para... personas 248, *2832*
mesa rectangular 248, *2837*
mesa redonda 248, *2835*
mesa reservada 248, *2836*
mesita de servicio 247, *2827*
mettwurst (salami alemán, elaborado con carne de cerdo) 248, *2839*
mezcla 252, *2880*
mezclado 252, *2881*
mezclar 252, *2883*
miel 244, *2776*
miel de acacia 245, *2789*
miel de azahar 245, *2793*
miel de brezo 246, *2796*
miel de castaño 245, *2791*
miel de romero 245, *2790*
miel de tomillo 245, *2794*
miel de trébol 245, *2795*
miga de pan 251, *2873*
migas de pan 249, *2848*
mijo 278, *3155*
Mikado (recetas francesas elaboradas con ingredientes de la cocina japonesa) 249, *2849*
milenrama 54, *316*
milhojas 249, *2852*
milhojas de chocolate 249, *2853*
mililoto; trébol dulce 246, *2799*
Millens (queso irlandés, elaborado con leche de vaca sin pasteurizar) 250, *2859*
Mimolette Vieille (queso francés, pasta dura, elaborado con leche de vaca) 250, *2860*
mincemeat (picadillo de frutos secos, almendras y brandy) 250, *2861*
minestra (tubérculos y setas o lentejas) 250, *2862*
minestrone (sopa de verduras con arroz o pasta) 250, *2863*
mínimo 251, *2868*
minutos de espera 359, *4207*
Mirabeau (filetes de anchoa, aceitunas, hojas de estragón y mantequilla de anchoa) 251, *2876*
mirepoix (caldo hecho de apio, zanahoria y cebolla) 251, *2877*
mirin (vino de arroz japonés) 251, *2878*
mirlo 246, *2801*
mirto de limón 258, *2975*
mirto holandês 45, *183*
mirto; arrayán 258, *2973*
mitad 248, *2838*
mixto; surtido 347, *4081*
mizuna (verdura de Japón) 252, *2888*
mojado 253, *2905*
mojar 150, *1631*
mojar 253, *2906*
molde 175, *2010*
molde de pan 176, *2013*
molde de paredes desmontables 175, *2011*
molde para pastel 176, *2012*
molde para tarta 176, *2014*
moldes pequeños 176, *2016*
moler 253, *2899*
molido 253, *2901*
molinillo de café 252, *2894*
molinillo de hierbas 253, *2896*
molinillo de pimienta 253, *2897*
molleja 253, *2898*
molleja 253, *2903*
molleja de ternera 253, *2902*
mollete 257, *2958*
moluscos 253, *2909*
Monaco (ostras escalfadas y crostoncitos) 253, *2910*
mondongo 86, *726*
mondongo blanqueado 86, *727*
monta claras; batidor de huevos 72, *543*
Montbazon (molleja de cordero, albondiguillas de ave, setas y trufas) 253, *2912*
Montmorency (fondos de alcachofas rellenas de patatas salteadas y zanahorias) 254, *2914*
Montpensier (fondos de alcachofas, puntas de espárragos, trufas y salsa Madera) 254, *2915*
Montreuil (fondos de alcachofas rellenas con guisantes y zanahorias) 254, *2916*
mora 51, *265*
moralla; chanquetes 290, *3360*
morcilla blanca inglesa (salchicha elaborada con carne blanca) 386, *4521*
morcilla negra inglesa (con sangre de cerdo, avena y condimentos) 114, *1127*
morder 254, *2924*
mordisquear 254, *2925*
morena 255, *2926*
mortadela (salchichón italiano elaborado con carne de cerdo) 255, *2932*
mortero 292, *3382*
Moscatel (vino dulce natural) 255, *2933*
mostachones 76, *610*
mostaza 255, *2934*
mostaza a la antigua 256, *2942*
mostaza a la hierbas 256, *2941*
mostaza alemana 255, *2935*
mostaza americana 255, *2937*
mostaza con tomate 256, *2943*
mostaza de Cremona (fruta en almíbar y mostaza en polvo) 255, *2939*
mostaza de Dijon 256, *2940*
mostaza de Provenza 256, *2948*
mostaza inglesa picante 256, *2944*
mostaza negra 256, *2947*
mostaza silvestre 255, *2938*
mostrar 256, *2949*
mousse de chocolate 258, *2981*
mousse de fresas 258, *2982*
mousse de salmón 258, *2983*

Término | **Página** | *Nº del término*

mover 248, *2841*
Mozart (fondos de alcachofas a la puré de apio y patatas) 257, *2955*
mozzarella 257, *2953*
mozzarella di bufala 257, *2954*
mudar 257, *2956*
muesli 257, *2957*
Munster (queso elaborado en Alsacia, con leche de vaca) 258, *2971*
musaca (consiste de berenjena en rebanadas y carne de cordero cocidas en horno) 256, *2950*
muslito de pato 130, *1392*
muslitos de pollo 130, *1391*
muslo de pavo 129, *1384*
muslos de pollo o pavo 129, *1382*
muy cocido 130, *1395*
muy crudo 74, *575*
muy seco 257, *2969*

N

nabo 261, *2985*
nabo morado 261, *2986*
nabo sueco; rutabaga 129, *1380*
ñame 206, *2365*
nameko (seta japonesa) 261, *2990*
nam pla (salsa asiática de pescado) 261, *2989*
naranja 220, *2463*
naranja amarga; naranja de Sevilla 220, *2464*
naranja China 220, *2471*
naranja japonesa 221, *2473*
naranja navel 220, *2465*
naranja sanguina 220, *2469*
naranjada 351, *4126*
nata; crema 131, *1420*
nata ácida 131, *1421*
nata batida 132, *1422*
nata para cocinar 132, *1423*
nata para dulces 132, *1424*
natillas 131, *1416*
natural 262, *2997*
néctar de frutas 262, *2999*

nectarina 262, *3000*
Negro en camisa (puré de castañas con nata batida) 254, *2913*
Negroni (cóctel con ginebra, vermut rojo y Campari®) 262, *3001*
Nemours (albondiguillas, setas y salsa normanda) 262, *3002*
nervio 262, *3003*
Nesselrode (con puré de castañas) 262, *3005*
Neufchâtel (queso francés, fresco, consistencia blanda, elaborado con leche de vaca) 263, *3007*
nevera; heladera 186, *2148*
nigela (semilla negra indiana); neguilla 263, *3012*
nira (cebollino chino) 263, *3013*
níspero japonés 262, *3004*
no fumador 262, *2993*
noche 264, *3018*
noche con bailable 212, *2396*
nocivo 264, *3016*
noisette (licor francés de avellanas) 264, *3017*
ñoqui 263, *3009*
ñoqui de ricotta 263, *3010*
nori (trozos de algas prensadas) 264, *3019*
normal 264, *3020*
nudo 263, *3015*
nuevo 265, *3025*
nuez 265, *3026*
nuez de Brasil; pacana 102, *957*
nuez de macadamia 265, *3028*
nuez moscada 265, *3029*
número de mesa 265, *3030*
nutrición 265, *3031*
nutricionista 265, *3032*
nutriente 265, *3033*
nutritivo 265, *3034*

O

oblada 145, *1588*
oblicuamente;

sesgadamente 150, *1635*
ocupado 267, *3037*
Old Fashioned (cóctel con whisky bourbon, Angostura®, cubos de azúcar y agua carbonatada) 267, *3038*
oler (a) 111, *1095*
olla de presión 279, *3174*
olla; cazuela 278, *3171*
olor 111, *1096*
omento; redaño 118, *1197*
ondulador de mantequilla 270, *3079*
onza 270, *3078*
opaco 270, *3080*
Opéra (puntas de espárragos y tartaletas rellenas de hígado de ave) 270, *3081*
Oporto 380, *4477*
orchata 270, *3082*
ordinario 123, *1271*
orecchiette (pasta en forma de orejas pequeñas) 270, *3083*
orégano 270, *3084*
oreja de mar 35, *4*
orejas de cerdo 270, *3086*
orgánico 270, *3087*
origen 303, *3551*
ortiga 372, *4386*
oruga; rucola; arugula; roquette 324, *3784*
oscuro; tostado 156, *1739*
oso 372, *4385*
Ossau-Iraty (queso originario de los Pirineos, elaborado con leche de oveja) 270, *3090*
ossobuco (tajada de jarrete de ternera braceada) 271, *3091*
ostra de Sidney 271, *3096*
ostras 271, *3094*

P

pacana; nogal americana 102, *953*
pacana; nuez de pecán 285, *3263*
paella 277, *3152*

pagar 277, *3154*
pajita 97, *868*
pala para pizza 281, *3211*
palero 155, *1724*
paleta 278, *3157*
paletilla; paleta; cabeza de lomo 278, *3158*
palillero 278, *3160*
palillo de bambú 278, *3161*
palillos chinos 285, *3260*
palillos; mondadientes 278, *3162*
palmito 278, *3164*
paloma pascual 120, *1222*
palometa pintada 287, *3296*
palomitas de maíz 249, *2854*
palomitas de maíz 295, *3431*
palomo torcaz 298, *3468*
pámpano amarillo 278, *3167*
pámpano palometa 339, *3979*
pan 279, *3184*
panal de miel 167, *1884*
pan ázimo 280, *3187*
pan blanco 280, *3198*
pan casero 280, *3200*
panceta con hueso 67, *490*
panceta sin hueso 67, *491*
panceta (tipo de tocino italiano) 278, *3169*
panch phora (comino, mostaza negra, nigela, fenugreco y semillas de hinojo) 278, *3170*
pan con mantequilla 280, *3189*
pan de carne; rollo de carne 80, *647*
pan de centeno 280, *3191*
pan de España; bizcochón 280, *3194*
pan de especias 280, *3192*
pan de frutas 280, *3188*
pan de levadura 280, *3197*
pan de maíz 280, *3195*
pan de molde; pan inglés 280, *3193*
pan de nueces 280, *3196*
pan de pita 280, *3186*

| Término | Página | Nº del término |

pan duro 281, *3205*
panecillo 281, *3206*
panecillo con adormidera 281, *3207*
panecillo con pasas 281, *3209*
panecillo con pasas 87, *737*
panettone 279, *3178*
panforte (bolo de miel, chocolate, frutas secas y confitadas) 279, *3179*
pan fresco 280, *3201*
pan integral 280, *3202*
pan moreno 281, *3204*
pan rallado 166, *1864*
pan tostado con ajo 280, *3190*
panzotti (pasta rellena elaborada con pasta fresca) 279, *3183*
panadería 277, *3149*
panadero 277, *3150*
paparda del Atlántico 43, *145*
papaya 236, *2660*
papaya 281, *3210*
papel de aluminio 281, *3213*
papel de arroz (elaborado con harina de arroz, agua y sal, y secada al sol sobre esteras) 281, *3214*
papel de cera 281, *3215*
papel de cocina 281, *3212*
pappadam (pan indio hecho con harina de lentejas) 282, *3219*
páprika 282, *3222*
paquete 277, *3147*
para llevar 121, *1240*
parasole; apagador 224, *2531*
pardete; maduro 356, *4166*
parfait (frutas, helado y nata batida) 282, *3225*
parfait (puré de frutas, yemas de huevo y nata batida) 282, *3226*
pargo 282, *3229*
pargo colorado 377, *4236*
pargo criollo 115, *1146*
pargo cubera 377, *4235*
pargo imperial 206, *2353*

parmesano 283, *3233*
Parmigiano Reggiano (queso de Parma, pasta dura, elaborado con leche de vaca) 283, *3235*
parpadelle (en forma de cintas más ancho, comercializadas en nidos) 282, *3220*
parrilla 193, *2255*
partir por la mitad 127, *1351*
pasa 373, *4398*
pasa de Corinto 373, *4399*
pasa verduras 158, *1773*
Pascua 283, *3236*
passado 283, *3237*
pasta 233, *2622*
pasta al huevo 242, *2737*
pasta azucarada 243, *2748*
pasta brisa 242, *2747*
pasta con salsa de tomate 233, *2623*
pasta de aceitunas negras 283, *3241*
pasta de almendras 283, *3238*
pasta de anchoas 283, *3239*
pasta de avellanas 283, *3240*
pasta de camarones; blachan; trasi 283, *3242*
pasta de hígado graso de ganso; pasta de foie gras 284, *3251*
pasta de hojaldre 242, *2745*
pasta de hojaldre muy fina 242, *2744*
pasta de jamón 284, *3252*
pasta de queso 284, *3253*
pasta de sémola 242, *2743*
pasta de tomate seco 283, *3244*
pasta de trigo duro 242, *2742*
pasta fresca 243, *2749*
pasta integral 243, *2750*
pasta lionesa; pasta de petisù 242, *2746*
pasta para freír 243, *2751*
pasta para sopas 243, *2753*
pasta quebrada 243, *2752*

pasta rellena 243, *2754*
pastas de té; petit four 291, *3365*
pasta wontón (fideos asiáticos) 175, *2002*
pastel de zanahoria 80, *649*
pastel del pastor (carne molida cubierta de puré de patatas y gratinada) 340, *3993*
pastel relleno de carne y patatas 283, *3245*
pasteurizar 284, *3246*
pastiera (tarta de granos de trigo con ricotta y frutas confitadas) 284, *3247*
pastinaca; chirivía 284, *3248*
pastinaca; raya látigo americana 314, *3643*
pastoso 284, *3249*
pastrami (carne curada, condimentada y cocida en seco, servida fría) 284, *3250*
pataca 369, *4363*
patata 68, *502*
patata Jersey Royal (la mejor de las patatas tempranas) 68, *506*
patatas a la Delfina (suaves buñuelos de patatas) 70, *519*
patatas a la duquesa (rosetas de puré de patatas gratinadas) 70, *521*
patatas a la inglesa (cocidas, servidas con mantequilla) 68, *509*
patatas a la lionesa (fritas con cebollas) 70, *528*
patatas a la panadera (asadas al horno con cebollas) 68, *507*
patatas a la parisina (patatas salteadas con hierbas aromáticas) 71, *533*
patatas a la saboyarda (gratinadas con leche y queso) 69, *511*
patatas al horno 69, *510*

patatas Anna (pastel de patatas al horno) 68, *508*
patatas asadas 69, *512*
patatas Berna (en buñuelos de patatas con almendras) 69, *513*
patatas castillo (patatas cortadas en forma de gruesas aceitunas salteadas en mantequilla) 69, *515*
patatas cerilla (fritas) 71, *532*
patatas Chatouillard (patatas cortadas en tiras largas e fritas) 69, *516*
patatas chips 70, *525*
patatas con cáscara 69, *517*
patatas en papillote 70, *522*
patatas fritas 70, *524*
patatas fundentes 70, *523*
patatas gratinadas 70, *526*
patatas hervidas 69, *518*
patatas Loreta (suaves buñuelos con queso rallado) 70, *527*
patatas Macaire (buñuelos de patatas dorado en mantequilla) 70, *529*
patatas nuevas 69, *514*
patatas paja (fritas) 71, *531*
patatas Parmentier (patatas en forma de dado salteadas en mantequilla) 71, *534*
patatas pont neuf (patatas fritas en forma de bastoncillos) 71, *535*
patatas salteadas 71, *536*
patatas salteadas (patatas en forma de esfera) 71, *530*
patatas sarladaises (cortadas y salteadas en crudo con grasa de oca) 71, *537*
patatas soufflés (patatas fritas dos veces) 71, *538*
patatas Williams (croquetas con forma de pera) 72, *539*

Término | **Página** | *Nº del término*

patito 284, *3258*
pato 284, *3256*
pato a la naranja 284, *3257*
pato silvestre 284, *3259*
patudo 59, *392*
pavipollo; pavo joven 289, *3342*
pavo 289, *3341*
pavo relleno al horno 289, *3343*
peceto; redondo 219, *2450*
pecho 285, *3274*
pechuga de becada 286, *3278*
pechuga de cordero 285, *3275*
pechuga de faisán 285, *3276*
pechuga de pato 286, *3279*
pechuga de pato deshuesado; magret 286, *3280*
pechuga de pavo 286, *3282*
pechuga de perdiz 286, *3281*
pechuga de pollo 286, *3277*
pechugas de pollo a la Kiev (rellenas con mantequilla y empanadas) 178, *2048*
Pecorino Romano (queso italiano, pasta dura, elaborado con leche de oveja) 285, *3265*
pedido 285, *3269*
pedir permiso 285, *3271*
pedir; ordenar 285, *3270*
pegar 194, *2270*
pejerrey 287, *3298*
pela patatas 141, *1528*
pelado 287, *3302*
pelador de cítricos 315, *3664*
pelar 287, *3305*
pelar; mondar (legumbres, frutas, agrios); limpiar (almendras); quitar la cáscara (huevos, nueces) 141, *1529*
penne (pasta corta y hueca) 287, *3312*

peperonata (pimiento rojo, tomates, cebollas y aceite de oliva) 287, *3313*
pepinillos en vinagre 288, *3316*
pepinito; pepino espinoso 243, *2763*
pepino 288, *3314*
pepperoni (salchichón italiano elaborado con carne de cerdo y vacuno) 288, *3317*
pequeño 288, *3318*
pera 288, *3321*
pera Anjou 288, *3323*
pera Anjou roja 288, *3324*
pera Bourdaloue (con crema de almendras) 288, *3322*
pera Helena (pera con helado de vainilla, nata batida y jarabe de chocolate) 288, *3325*
pera Nashi 288, *3326*
pera Rocha 289, *3327*
pera Williams 289, *3328*
perca 289, *3329*
perciatelli (pasta alargada y hueca) 289, *3330*
perdiz 289, *3331*
perdiz de pata gris 289, *3332*
perdiz de pata roja; perdiz francesa 289, *3333*
perecedero 289, *3334*
perejil 334, *3890*
perejil Hamburgo 333, *3875*
perejil liso 334, *3892*
perejil napolitano 333, *3876*
perejil rizado 334, *3891*
perifollo 105, *1005*
perlas multicolores 123, *1285*
perro caliente; hot dog 90, *763*
pesado 290, *3344*
pesar 290, *3346*
pescadería 286, *3283*
pescadero 376, *4424*
pescado 286, *3284*
pescado ahumado 286, *3290*

pescado crudo 286, *3287*
pescado de agua dulce 286, *3288*
pescado frito 286, *3293*
pescado marino 286, *3289*
pescar 290, *3350*
peso 290, *3353*
pétalos de rosa confitados 290, *3359*
Petit-Duc (tartaletas al puré de pollo, puntas de espárragos y trufas) 291, *3363*
petit-suisse (queso francés, cremoso) 291, *3366*
petite marmite (caldo con carnes, tuétano y verduras) 291, *3364*
peto 103, *968*
pez; chingolo 287, *3301*
pez aguja 286, *3285*
pez cinto 286, *3292*
pez cocido al horno 286, *3286*
pez de San Pedro 328, *3812*
pez espada 156, *1748*
pez martillo 90, *754*
pez puerco 97, *860*
pez rata; macarela; corredores 390, *4538*
pez sable 286, *3291*
pez vela del Atlántico 76, *597*
pez zorro 90, *756*
picadora de hielo 368, *4339*
picante 291, *3371*
picante 54, *309*
picar 292, *3374*
piccalilli (vinagre, pepinillos en vinagre y mostaza) 292, *3375*
piccata (escalope de ternera con perejil y zumo de limón) 292, *3376*
pichón 298, *3469*
pichón joven 82, *679*
picnic 295, *3432*
picuda; barracuda 67, *488*
picuda guachanche; picúa china 75, *596*

pie 291, *3367*
piel 287, *3306*
piel de cebolla 101, *937*
piel de limón confitada; cidra confitada 101, *942*
pierna de carnero 289, *3337*
pierna de jabalí 129, *1383*
pierna de liebre 289, *3338*
pies de cerdo 290, *3345*
pimentero 294, *3410*
pimienta 292, *3383*
pimienta africana 293, *3389*
pimienta blanca 293, *3392*
pimienta de Cayena 292, *3385*
pimienta de Jamaica; pimento 293, *3390*
pimienta en granos 293, *3395*
pimienta habanero 293, *3396*
pimienta jalapeño 293, *3397*
pimienta negra 293, *3393*
pimienta poblano 294, *3404*
pimienta rosa 294, *3406*
pimienta serrano 294, *3407*
pimienta Sichuan; pimienta china; pimienta de anís 294, *3408*
pimienta verde 293, *3394*
pimiento amarillo 293, *3400*
pimiento dulce 293, *3399*
pimiento naranja 293, *3401*
pimiento relleno 294, *3405*
pimiento rojo 294, *3403*
pimiento verde 293, *3402*
pimpinela 335, *3907*
Piña Colada (cóctel con ron, leche de coco y zumo de piña) 294, *3412*
piña; ananás 35, *2*
pincel 294, *3419*
pincel de pastelería 295, *3421*
pincho; comida ligera;

— 540 —

| Término | **Página** | *Nº del término* |

piscolabis 220, *2458*
pinchos para maíz 157, *1764*
Pink Lady (cóctel con ginebra, zumo de limón, clara de huevo y granadina) 295, *3424*
piñón brasileño 295, *3423*
piñones 295, *3425*
pintada; gallina de Guinea 184, *2110*
pintarroja; cazón 90, *752*
pinza 294, *3414*
pinza para crustáceos 294, *3415*
pinza para hielo 294, *3416*
pinza para langosta 294, *3417*
pipe rigate (pasta en forma de caracoles) 295, *3430*
piperade (tortilla vasca con pimientos dulces y tomates) 295, *3429*
Pisco Sour (cóctel con Pisco, zumo de limón, clara de huevo y azúcar) 296, *3440*
pistacho 296, *3441*
pistola 367, *4319*
pitanga 296, *3443*
pitomba 296, *3444*
pizca 296, *3442*
pizza a la romana (tomates, mozzarella y anchoas) 296, *3446*
pizza calzone (rellena) 94, *825*
pizzería 296, *3448*
plancha para cocinar 109, *1067*
Planter's Punch (cóctel con ron, marrasquino, Curaçao, zumo de naranja, zumo de limón y zumo de piña) 296, *3449*
plástico 297, *3450*
plátano 65, *460*
plátano Cavendish 65, *464*
plátano de la pasión 239, *2703*
plátano flambeado 65, *463*
plátano macho; banano 65, *462*

platija 342, *4023*
platillo 296, *3437*
plato 300, *3502*
plato 300, *3510*
plato a pedido 300, *3512*
plato caliente 301, *3518*
plato de carne 300, *3503*
plato de pan 300, *3504*
plato de papel 300, *3505*
plato de pescado 300, *3506*
plato del día 300, *3511*
plato frío 300, *3513*
plato grande 367, *4321*
plato llano 301, *3519*
plato para escargot 300, *3515*
plato para pescado 300, *3516*
plato para postre 300, *3508*
plato principal 300, *3517*
plato sopero 300, *3514*
platos listos 301, *3522*
platos recomendados 301, *3523*
platos típicos; platos locales 301, *3525*
pleurotas en forma de ostra 340, *3996*
poco 299, *3499*
podrido 297, *3452*
Poire (aguardiente de peras) 297, *3455*
polen 297, *3457*
polenta 297, *3458*
polenta blanca 297, *3459*
polenta frita 297, *3460*
polenta instantánea 297, *3461*
poleo 297, *3453*
polla de agua; rascón 178, *2045*
pollo 177, *2040*
pollo a la Marengo (con setas y tomates) 178, *2042*
pollo a la real (con setas y Jerez) 177, *2041*
pollo asado 178, *2044*
pollo con curry 178, *2043*
pollo frito 178, *2047*
polluelo 295, *3428*
polo; paleta 292, *3378*
polvo de café 91, *777*

polvo de cinco especias (pimienta Sichuan, anís estrellado, hinojo, clavo y canela) 115, *1144*
pomarrosa 211, *2393*
pomelo 298, *3470*
pomelo rosado 193, *2244*
pómpano bandera 389, *4525*
ponche 298, *3472*
poner en remojo 299, *3487*
poner la mesa 298, *3479*
por favor 299, *3488*
por persona 299, *3491*
por vaso 299, *3486*
porcelana 298, *3482*
porción 298, *3481*
porción; trozo 285, *3266*
porciones para niños 301, *3521*
Port-Salut® (queso francés, textura blanda, elaborado con leche de vaca) 299, *3494*
porta cuchillo 140, *1522*
posaplatos 140, *1521*
posavasos 140, *1520*
posavasos de cerveza 140, *1519*
postres 342, *4016*
potable; que se puede beber 299, *3498*
pot-au-feu (cocido de carne de vaca con verduras y ossobuco) 299, *3497*
praliné (crocante de nuez de pecán) 300, *3501*
precalentar 301, *3527*
precio 301, *3529*
precio fijo 301, *3530*
precocinado 301, *3531*
preferir 301, *3533*
prefrito 301, *3534*
prensador de ajo 157, *1772*
preparado en la mesa del cliente 302, *3537*
preparar 302, *3538*
pretzel (cracker alemán) 302, *3546*
primer plato 153, *1680*
probar 303, *3561*
probar; degustar 160, *1811*
producto 303, *3552*

producto lácteo 221, *2483*
productor 303, *3553*
profesionales de cocina 303, *3554*
profesionales del salón 303, *3555*
propina 191, *2224*
propina incluida 191, *2225*
protector de salpicuras 359, *4200*
proteína 303, *3560*
proveedor; sumistrador 176, *2018*
proveer; suministrar 176, *2019*
provolone (queso italiano, elaborado con leche de vaca) 303, *3563*
puerros pequeñitos 250, *2865*
pularda 184, *2112*
pulpa 297, *3463*
pulpo 298, *3466*
pumpernickel (pan de centeno alemán) 304, *3569*
puñado 304, *3570*
punta de jamón 45, *180*
punta del pecho 298, *3473*
puntas de espárragos 298, *3474*
punto de rocío 298, *3476*
puré 304, *3571*
puré de castañas 304, *3573*
puré de espinacas 304, *3575*
puré de hierbas 304, *3574*
puré de manzanas 304, *3576*
puré de patatas 304, *3572*
puré de tomate 304, *3577*
puré Soubisse (de cebollas) 304, *3578*
puro 304, *3579*
puro; sin diluir 144, *1576*

Q

quandong 307, *3582*
quark (queso sin sal, elaborado con leche de vaca desnatada) 307, *3584*

Término | **Página** | *Nº del término*

que (le/les) aproveche 81, *664*
quédese con el cambio 195, *2280*
quemado 309, *3612*
quemador 78, *627*
quemar 309, *3614*
querer 309, *3618*
quesera 308, *3594*
queso 308, *3595*
queso ahumado 308, *3601*
queso blando 309, *3607*
queso con hierbas 308, *3596*
queso crema (inglés, fresco, elaborado con leche de vaca entera) 131, *1413*
queso curado 308, *3597*
queso de búfalo 308, *3599*
queso de cabra 308, *3600*
queso de oveja 308, *3602*
queso de vaca 309, *3604*
queso duro 309, *3605*
queso fresco 309, *3606*
queso fundido 309, *3603*
queso local 308, *3598*
queso rallado 309, *3608*
queso semiblando 309, *3610*
queso textura semiblanda 309, *3609*
queso típico 309, *3611*
quiche lorraine (tarta con tocino y nata) 310, *3621*
quinoa; quinua 310, *3623*
quitamanchas 361, *4238*
quitar la grasa 320, *3740*
quitar la mesa 361, *4240*
quitar las espinas 361, *4242*
quitar; sacar 318, *3712*

R

rábano 313, *3627*
rábano negro 313, *3628*
rábano picante 314, *3647*
rábano rojo; rabanillo 313, *3629*
rabil 44, *163*
Rachel (fondos de alcachofas rellenos de tuétano y salsa bordelesa) 314, *3635*

racimo 90, *762*
ración 145, *1596*
rácion 313, *3633*
racionar 314, *3636*
raíz de loto 314, *3646*
rajado 367, *4334*
rallado 314, *3648*
rallador 314, *3649*
rallar 314, *3650*
rambután 314, *3651*
ramen (fideos frescos japoneses elaborados con harina de trigo, huevo y agua) 315, *3653*
rana 313, *3625*
rancio 315, *3654*
rape 120, *1223*
rape; pejesapo 287, *3299*
rápido 315, *3655*
rapónchigo 96, *841*
raro 315, *3659*
rasgar 315, *3661*
raso 315, *3662*
raspado 315, *3663*
raspar 315, *3665*
ravioli de carne 316, *3668*
ravioli (pasta rellena elaborada con pasta fresca) 316, *3669*
raya 55, *338*
rebanada de pan 166, *1874*
rebanador de huevos 127, *1347*
rebozado; empanado 150, *1639*
recalentado 319, *3722*
recalentar 319, *3723*
receta 316, *3673*
receta clásica 316, *3674*
réchaud 316, *3675*
recibo 316, *3681*
reclamación; queja 316, *3682*
reclamar 316, *3683*
recogedor 277, *3151*
recomendar; aconsejar 316, *3686*
recorte especial de bife angosto 65, *466*
recortes de tapa de asado 65, *467*
recortes de troceo 317, *3687*

recubierto 316, *3684*
recubrir 316, *3685*
recusar 317, *3688*
redondo 317, *3690*
reducir 317, *3691*
refinado 317, *3694*
refinar 317, *3695*
refrescante 317, *3696*
refrescar 317, *3697*
refresco 317, *3699*
refresco; bebida fría 146, *1603*
refresco de limón; limonada 317, *3701*
refresco de naranja 317, *3700*
regaliz 45, *174*
Regencia (albondiguillas, setas y trufas) 317, *3705*
regla 318, *3707*
regular 318, *3708*
rellenar 316, *3678*
relleno 316, *3676*
relleno 316, *3680*
rémol 321, *3761*
remolacha 75, *590*
remontar 318, *3710*
reno 318, *3713*
renovar 318, *3714*
repartir 318, *3715*
repetir 318, *3716*
repollo 318, *3718*
reponer 318, *3721*
resaca 319, *3733*
reserva 319, *3724*
reservado 319, *3725*
reservar 319, *3726*
reservar (una mesa) 319, *3727*
reserva telefónica 319, *3728*
residuo 319, *3731*
resistir 319, *3732*
restaurante 319, *3734*
restaurante al aire libre 319, *3735*
restaurante típico 319, *3736*
restaurante vegetariano 319, *3737*
resto; vuelta 368, *4340*
restos; sobras 319, *3738*
retazar 320, *3739*
Richelieu (tomates rellenos con setas, lechuga braseada y patatas castillo o patatas nuevas) 320, *3743*
ricotta (queso cremoso, elaborado con suero de leche ou con leche de vaca desnatada) 320, *3746*
rigatoni (pasta hueca en forma de tubos grandes) 320, *3747*
riñon 321, *3748*
riñones de cerdo 321, *3751*
riñones de cordero 321, *3749*
riñones de cordero a la Turbigo (aderezado con setas y chipolata) 321, *3750*
riñones de ternera 321, *3752*
risoles 321, *3755*
risoni (pasta en forma de granos de arroz) 321, *3753*
risotto con mariscos 321, *3754*
Rob Roy (cóctel con whisky, vermut rojo y Angostura®) 321, *3758*
robot de cocina 258, *2970*
rocambola 47, *213*
rociar 333, *3874*
rociar 82, *683*
rodaballo 301, *3535*
rodaja (de carne); rebanada (de pan); loncha (de queso); raja (de limón, de salchicha) 166, *1873*
rodaja de limón 321, *3760*
rodelón 298, *3483*
rodillo 322, *3767*
rollmops (filetes de arenque) 322, *3764*
rollo de papel 322, *3766*
Romanov (pepinos rellenos, patatas a la duquesa a las setas, apio y salsa de rábano picante) 322, *3770*
romero 45, *184*

romper 308, *3592*
romper los huevos 308, *3593*
ron (destilado de caña de azúcar) 324, *3787*
ropa de cocina 323, *3781*
Roquefort (queso francés, crosta húmeda, elaborado con leche cruda de oveja) 323, *3772*
rosbif 323, *3774*
rosca de Reys 80, *659*
rosella 379, *4462*
rotelle; ruedas (pasta en forma de ruedas) 323, *3779*
rubio 89, *747*
ruda 57, *365*
ruibarbo 324, *3785*
ruido 67, *494*
ruidoso 67, *493*
Rusty Nail (cóctel con whisky y Drambuie®) 324, *3789*

S

sábalo 336, *3926*
saboga 337, *3927*
sabor; gusto 327, *3794*
saborear 327, *3795*
sabroso 191, *2227*
sacacorchos (pasta en forma de sacacorchos) 103, *971*
sacacorchos 327, *3799*
sacarina 327, *3798*
sacrificar; matar 35, *8*
sacrificio; matanza 35, *7*
sagú 328, *3807*
Saint-German (con guisantes o tirabeque) 328, *3808*
Saint-Mandé (guisantes, judías verdes y patatas Macaire) 328, *3809*
Saint-Marcellin (queso francés, elaborado con leche de cabra o de vaca sin pasteurizar) 328, *3810*
Saint-Nectaire (queso francés, graso,

elaborado con leche de vaca sin pasteurizar) 328, *3811*
sake 335, *3912*
sal 329, *3813*
salado 332, *3862*
salak; fruta serpiente 179, *2067*
salamandra 331, *3850*
salami italiano (elaborado con carne de cerdo y/o vacuno y chile) 332, *3852*
salami milano (elaborado con carne de cerdo y/o vacuno, ajo, granos de pimienta y vino blanco) 332, *3853*
salami (salchichón italiano elaborado con carne de cerdo y/o vacuno) 331, *3851*
salar 332, *3863*
salchicha 226, *2568*
salchicha 333, *3879*
salchicha de cerdo 333, *3881*
salchicha de ciervo 334, *3882*
salchicha de Frankfurt 334, *3884*
salchicha de hígado 226, *2569*
salchicha de jabalí y manzana 333, *3880*
salchicha de Viena 334, *3888*
salchicha envuelta en hojaldre 152, *1675*
salchicha lop cheong (salchicha curada, elaborada con carne de cerdo) 334, *3886*
salda tirolesa (tomates y salsa bearnesa) 362, *4247*
sal de ajo 332, *3856*
sal de apio 332, *3855*
sal de cebolla 332, *3857*
sal de mesa 332, *3858*
salero 332, *3859*
Salers; Cantal (queso francés, textura semiblanda, elaborado

con leche de vaca sin pasteurizar) 332, *3860*
sal gruesa 333, *3864*
salicornia 333, *3865*
salitre 333, *3866*
sal kosher 333, *3867*
sal marina 333, *3870*
salmis; salmorejo (guisado de caza) 333, *3871*
salmón 333, *3868*
salmón ahumado 333, *3869*
salmuera 333, *3872*
salón de té 332, *3854*
salsa a base del jugo de la carne asada 193, *2253*
salsa agridulce 42, *118*
salsa a la cazadora (vino blanco, escaloñas, setas y tomates) 89, *751*
salsa alemana; salsa parisina (salsa velouté con yemas de huevo) 48, *223*
salsa alioli (ajo, yemas de huevo e aceite de oliva) 43, *146*
salsa andaluzia (mayonesa, salsa de tomate y pimiento dulce) 51, *272*
salsa a parte; aliño a parte 253, *2908*
salsa armoricaine (tomates, cebolleta, coñac, vino blanco y estragón) 55, *333*
salsa aurora (salsa bechamel y concentrado de tomate) 59, *394*
salsa barbacoa (tomate, cebolla, mostaza, ajo, azúcar moreno y vinagre) 66, *481*
salsa bearnesa (salsa holandesa con estragón) 73, *553*
salsa bechamel; salsa besamel (mantequilla derretida, harina de trigo y leche) 73, *564*
salsa Bercy (salsa de pescado, mantequilla, escaloñas y vino blanco) 74, *580*

salsa Bigarade (salsa de naranjas) 76, *602*
salsa blanca 83, *695*
salsa bonne femme (nata, pan, zanahoria, cebolla y setas) 81, *673*
salsa bordelesa (salsa de vino con tuétano) 82, *677*
salsa borgoñona (salsa de vino tinto) 83, *692*
salsa Bretona (vino blanco, nata, zanahoria, apio, cebolla y puerro) 84, *707*
salsa butterscotch (nata, mantequilla, azúcar y limón) 87, *740*
salsa cameline (canela, clavo, jengibre, cardamomo, macís, pimienta y verjuice) 95, *836*
salsa carbonara (tocino, huevos y parmesano) 98, *894*
salsa cardenal (salsa de pescado y mantequilla de langosta) 99, *904*
salsa Chateaubriand (escaloñas, tomillo, laurel, setas, vino blanco, mantequilla y perejil) 110, *1084*
salsa chilindrón (pimiento dulce, cebolla, tomate y jamón) 112, *1107*
salsa chimichurri (hierbas, aceite de oliva, vinagre, orégano, cebolla y ajo) 112, *1109*
salsa Choron (salsa bearnesa con puré de tomate) 113, *1126*
salsa Colbert (vino Marsala, mantequilla, estragón y zumo de limón) 118, *1200*
salsa Cumberland (jalea de grosellas, tiritas de cáscara de naranja y mostaza) 134, *1455*
salsa de alcaparras 45, *176*
salsa de anchoas 51, *269*

salsa de camarones 94, *830*
salsa de cebollino 104, *986*
salsa de ciruela 50, *250*
salsa de enebro 395, *4546*
salsa de eneldo 151, *1653*
salsa de judías negras 168, *1910*
salsa de limón 225, *2553*
salsa de mantequilla 238, *2694*
salsa de manzana 233, *2621*
salsa de menta 246, *2804*
salsa de mostaza 256, *2945*
salsa de naranja 220, *2472*
salsa de ostras 271, *3095*
salsa de pan (migas de pan, leche, cebollas y clavos) 280, *3203*
salsa de páprika 282, *3221*
salsa de perejil 334, *3893*
salsa de setas 118, *1194*
salsa de soja 342, *4019*
salsa de tomate 363, *4268*
salsa de tuétano 369, *4369*
salsa de vino blanco 380, *4470*
salsa de vino tinto 381, *4491*
salsa de yogur 207, *2378*
salsa diabla (vino, vinagre y pimienta negra) 143, *1562*
salsa Diana (con mucha pimienta) 143, *1563*
salsa Duxelles (setas, cebolla y vino blanco) 147, *1616*
salsa financiera (vino de Madera y trufas) 172, *1963*
salsa Foyot (salsa bearnesa con glasa de carne) 177, *2032*
salsa ginebrina (consomé y salsa española) 188, *2179*
salsa ginebrina (mirepoix, vino tinto con mantequilla) 188, *2180*
salsa gitana (vino blanco, páprika, jamón y setas) 396, *4548*

salsa grand-veneur (con jalea de grosellas rojas) 192, *2238*
salsa gribiche (mayonesa con alcaparras, pepinillos, huevos duros y hierbas aromáticas) 194, *2260*
salsa harissa (chile, ajo, comino, coriandro, alcaravea y aceite di oliva) 198, *2298*
salsa hoisin (soja, ajo, chile y especias) 199, *2317*
salsa holandesa (yemas de huevo, mantequilla derretida y zumo de limón) 200, *2319*
salsa india (mayonesa, curry en polvo y cebollino) 206, *2356*
salsa inglesa 206, *2361*
salsa italiana (aceite de oliva, vinagre de vino, zumo de limón, ajo, orégano, eneldo y anís) 207, *2381*
salsa italiana (jamón, setas y salsa de tomate) 208, *2382*
salsa Joinville (salsa normanda y mantequilla de camarones) 213, *2418*
salsa lionesa (cebollas y vino blanco) 230, *2617*
salsa Madera (salsa de carne con vino de Madera) 234, *2637*
salsa maltesa (salsa holandesa, cortezas y jugo de naranja) 236, *2656*
salsa Mornay (gruyère y parmesano) 255, *2930*
salsa muselina (salsa holandesa con nata batida) 256, *2951*
salsa Nantua (salsa bechamel, mantequilla y cigalas) 262, *2992*
salsa normanda (salsa de pescado y setas) 264, *3022*

salsa noruega (yemas de huevo duro, mostaza y vinagre) 264, *3024*
salsa oscura 156, *1740*
salsa paesana (setas, tocino, mantequilla y parmesano) 277, *3153*
salsa Périgueux (trufas y vino de Madera) 289, *3335*
salsa pesto (pecorino romano, pignoli y albahaca) 290, *3358*
salsa picante (salsa española con escaloñas, vino blanco, vinagre, pepinillos y perejil) 291, *3373*
salsa picante 291, *3372*
salsa pizzaiola (tomates, ajo, aceite de oliva y albahaca) 296, *3447*
salsa poivrade (demi-glace, vinagre, hierbas, pepinillos en vinagre y perejil) 297, *3456*
salsa puttanesca (tomates, anchoas, alcaparras, aceitunas negras, orégano, ajo y aceite de oliva) 304, *3580*
salsa ravigote (pepinillos en vinagre, alcaparras, estragón, perejil y vinagre) 315, *3667*
salsa regencia (vino blanco, setas y trufas) 317, *3704*
salsa remolada (mayonesa con pepinillos en vinagre, alcaparras y mostaza) 318, *3711*
salsa Robert (cebolla, mostaza y vino blanco) 321, *3757*
salsa rosa (nata, mayonesa, ketchup y salsa inglesa) 323, *3776*
salsa rubia (harina de trigo rehogada en mantequilla) 323, *3782*
salsa satay (leche de coco, curry, cacahuete y azúcar) 336, *3921*

salsa smitane (cebollas, mantequilla, nata ácida y limón) 342, *4011*
salsa Soubise (salsa bechamel con cebollas) 348, *4093*
salsa suprema (fondo de ave con nata, yemas de huevo y setas) 352, *4143*
salsa tártara (mayonesa de yemas de huevos duros con cebollino) 358, *4190*
salsa tártara (mayonesa, alcaparras, encurtidos, cebollas, aceitunas, zumo de limón o vinagre) 358, *4189*
salsa teriyaki (salsa de soja, sake y jengibre) 360, *4213*
salsa veneciana (vinagre, estragón, salsa alemana y hierbas) 376, *4426*
salsa verde (con hierbas) 377, *4428*
salsa Villeroi (salsa alemana aromatizada con setas) 378, *4446*
salsa vinagreta (aceite de oliva, sal, pimienta, vinagre, tomate y cebolla) 379, *4464*
salsera 253, *2907*
salsifí blanca; barba de cabra 105, *1001*
salteado 334, *3894*
saltear; sofreír 179, *2063*
saltimbocca (escalopes de ternera con jamón y salvia) 334, *3896*
salud 336, *3923*
salvado 164, *1844*
salvado de arroz 164, *1845*
salvado de avena 164, *1846*
salvado de trigo 164, *1847*
salvamantel individual 213, *2414*
salvelino 334, *3897*
salvia 334, *3898*
sambal oelek (pimienta, azúcar moreno y sal) 335, *3899*
sandía; melón de agua 245, *2780*

| Término | Página | N° del término |

sangre 335, *3906*
sangría (vino tinto, frutas y azúcar) 335, *3905*
sangría caliente 380, *4485*
sano 336, *3922*
sansho en polvo 335, *3908*
sapo negro 236, *2667*
sapodilla; zapote 335, *3911*
sapote 335, *3910*
sardina 336, *3917*
sardina 336, *3916*
sardinas en aceite 336, *3918*
sardinela brasileña 336, *3919*
sartén 178, *2054*
sartén para fondue 279, *3177*
sartén para saltear 178, *2055*
sasafrás 336, *3920*
saúco 327, *3797*
sauerbraten (estofado de vaca con vinagre) 336, *3924*
savarin (bolo francés en forma de anillo) 336, *3925*
sazonar con pimienta 54, *310*
schlachtplatte (salchichas, carne de cerdo cocida y chucruta) 337, *3928*
schnapps (aguardiente de cereales) 337, *3930*
scone (bollito escocés) 337, *3931*
secado al sol 337, *3935*
secar 337, *3933*
seco 337, *3934*
se come a las ... 212, *2398*
sed 337, *3936*
selección 337, *3940*
selección de quesos 337, *3941*
seleccionar 337, *3942*
selfservice; autoservicio 337, *3943*
sellador de bolsas 337, *3939*
semillas de amapola; adormidera 338, *3959*
semillas de apio 338, *3951*

semillas de calabaza 338, *3950*
semillas de eneldo 338, *3953*
semillas de girasol 338, *3957*
semillas de hinojo 338, *3955*
semillas de mostaza 338, *3958*
semillas de sésamo 338, *3956*
semi-seco 339, *3964*
sémola 339, *3968*
Señor 339, *3972*
Señora 339, *3973*
separador de yema y clara 339, *3974*
separar 339, *3975*
sepia 339, *3976*
serpol 339, *3981*
se ruega no fumar 299, *3489*
servicio; atención 340, *3984*
servicio de caballeros 66, *472*
servicio de mesa 53, *301*
servicio de porcelana 53, *302*
servicio de señoras 66, *471*
servicio de té 53, *300*
servicio en habitación 340, *3986*
servicio incluido 340, *3987*
servicio no incluido 340, *3988*
servicios 66, *470*
servido 340, *3989*
servilleta 195, *2277*
servilleta de papel 195, *2278*
servilletero 299, *3492*
serviola 268, *3060*
servir 340, *3990*
sésamo 188, *2188*
seso 251, *2870*
seso de ternera 251, *2874*
seta shimeji 340, *3995*
seta shitake 340, *3994*
seta; hongo 118, *1188*
setas cultivadas 118, *1193*

setas del bosque; hongos silvestres 118, *1195*
shandy (cerveza con refresco de limón o ginger ale) 340, *3992*
Shirley Temple (cóctel con ginger ale y granadina) 341, *3997*
shortening 341, *3998*
Sidecar (cóctel con coñac, Cointreau® y zumo de limón) 341, *4001*
sidra (vino de manzana) 341, *4002*
sidra de pera 341, *4003*
sifón 341, *4004*
silencio 341, *4005*
silencioso 341, *4006*
silla 90, *764*
silla de carnero 228, *2593*
silla de conejo 228, *2594*
silla de jabalí 228, *2595*
silla de niño 90, *766*
siluro 64, *443*
sin alcohol 338, *3946*
sin azúcar 338, *3944*
sin cafeína 338, *3947*
sin espinas 339, *3961*
Singapore Sling (cóctel con ginebra, licor de cereza, zumo de limón y agua carbonatada) 341, *4007*
sin gluten 339, *3962*
sin grasa 339, *3963*
sin leche 339, *3965*
sin mantequilla 339, *3966*
sin piel 339, *3969*
sin preservativos 338, *3948*
sin sabor 339, *3970*
sin sal 339, *3971*
sin salsa 339, *3967*
sin tratar; no tratado 338, *3945*
sírvase usted 341, *4010*
soasar; dorar a fuego vivo 145, *1600*
sobrar 342, *4014*
soda 342, *4017*
sofreír; rehogar 145, *1601*
soja 342, *4018*
soletillas; soletas 219, *2449*
solla europea 342, *4021*

sólo; sin hielo ni agua 73, *562*
solomillo 228, *2592*
solomillo de cerdo 228, *2591*
solomillo de vaca al Madera 171, *1948*
solomillo pequeño; lomo/filete (Chile) 171, *1953*
solomillo pequeño con cordón/filete con cordón (Chile) 171, *1954*
solomillo pequeño sin cordón/filete con cordón (Chile) 171, *1955*
solomillo strogonoff (a pedacitos con nata y setas) 159, *1802*
soluble 342, *4024*
somen (fideos japoneses extrafinos elaborados con harina de trigo) 343, *4025*
sopa 343, *4026*
sopa avgolemono (salsa de pollo, arroz, huevos batidos y zumo de limón) 343, *4027*
sopa Bagration (crema de ternera con trocitos de pasta) 343, *4028*
sopa billi-bi (mejillones, cebolla, vino, nata y condimentos) 343, *4030*
sopa Cambacérès (crema de pollo, pichón y cigalas) 343, *4032*
sopa Condé (puré de judías rojas) 344, *4034*
sopa Darblay (sopa de patatas con tiritas de verdura) 344, *4045*
sopa de almejas 345, *4060*
sopa de arroz 344, *4046*
sopa de cebolla 345, *4048*
sopa de cebolla gratinada 345, *4049*
sopa de cerveza 345, *4050*
sopa de cola de canguro 345, *4055*
sopa de coles 345, *4056*
sopa de gallina com arroz 97, *863*
sopa de judías 345, *4051*

Término | **Página** | *Nº del término*

sopa de la salud (puré de patatas con acedera) 347, *4073*
sopa del día 345, *4061*
sopa de legumbres 345, *4059*
sopa de lentejas 345, *4052*
sopa de pastas 344, *4033*
sopa de patatas 345, *4047*
sopa de pescado 345, *4053*
sopa de pollo y gombo 195, *2289*
sopa de pollo y puerros 117, *1178*
sopa de ranas 345, *4054*
sopa de tomates 345, *4058*
sopa de tortuga 345, *4057*
sopa de tortuga falsa (con cabeza de ternera) 346, *4064*
sopa escocesa (carne de carnero o cordero, verduras y cebada) 346, *4063*
sopa Faubonne (puré de judías blancas) 346, *4065*
sopa Germiny (sopa de acedera) 346, *4066*
sopa Longchamp (puré de guisantes) 346, *4067*
sopa lorenesa (pollo, ternera, almendras, yemas de huevo, pan, leche, sal, pimienta y limón) 346, *4068*
sopa Louisiana (cangrejos, camarones, arroz, gombo, pimiento dulce y azafrán) 346, *4069*
sopa mulligatawny (sopa de gallina al curry) 346, *4070*
sopa Nélusko (coco, arrurruz y almendras) 346, *4071*
sopa pavese (caldo de carne con rebanadas de pan, huevo crudo y queso parmesano) 347, *4072*
sopa vichyssoise (patata y puerro) 347, *4074*
sopera 347, *4075*

sorbete 347, *4076*
sorbete de limón 347, *4078*
sorbete de naranja 347, *4077*
sorgo; zahína 347, *4079*
soso 207, *2367*
soufflé de queso 351, *4131*
spätzle (ñoquis elaborados con harina, huevos y agua) 348, *4096*
Spenwood (queso inglés, textura semiblanda, elaborado con leche de oveja) 348, *4097*
Steinhäger (ginebra alemana) 349, *4101*
stelline; estrellitas (pasta para sopas) 159, *1800*
Stilton (queso inglés, veteado azul, textura semiblanda, elaborado con leche de vaca) 349, *4102*
Stinger (cóctel con coñac o brandy y crema de menta blanca) 349, *4103*
stockfish (bacalao seco) 63, *432*
stracchino (queso italiano, elaborado con leche de vaca) 349, *4104*
stracciatella (caldo de carne con huevos hilados y queso rallado) 349, *4105*
Strega® (licor de hierbas italiano) 350, *4107*
strudel con verduras 350, *4108*
suave (gusto) 350, *4110*
subir 350, *4111*
sucio 351, *4136*
sudar 350, *4109*
suero de leche 347, *4080*
suero de leche ácida 222, *2501*
suflé 351, *4129*
suflé de cerezas 351, *4130*
suflé Rothschild (suflé de vainilla con frutas confitadas) 351, *4132*
sugerencia del chef 351, *4134*
sugerir 351, *4133*

sultana; pasa de Esmirna 373, *4397*
supermercado 352, *4142*
sustituir 350, *4112*
syllabub (nata y Jerez) 352, *4145*

T

tabaquería 355, *4146*
taberna 359, *4198*
tabla cortante 355, *4150*
tabla de quesos 355, *4151*
tableta de chocolate; barra de chocolate 355, *4148*
tacita (de café) 139, *1501*
tagliatelle; tallarines (tiras largas de pasta, comercializadas en nidos) 356, *4161*
tagliatelle blanco y verde 356, *4160*
tagliatelle verde 356, *4162*
taglierini (tiras muy finas y planas) 356, *4163*
tagliolini (un tipo de linguine más fino) 356, *4164*
tahini (pasta de sésamo) 356, *4165*
Taleggio (queso italiano, pasta blanda, elaborado con leche de vaca) 356, *4169*
Talleyrand (pasta a la mantequilla y al queso, trufas, hígado graso de ganso y salsa Périgueux) 357, *4174*
tallo de apio 357, *4175*
tamarillo; tomate de árbol 357, *4179*
tamarindo 357, *4180*
tamiz 287, *3308*
tamizado 287, *3310*
tamizar 287, *3311*
tanaceto 358, *4183*
tapa 130, *1390*
tapa; nalga de adentro con tapa 130, *1389*
tapa de cuadril; tapilla 291, *3370*
tapa de paleta 97, *869*

tapadera 357, *4181*
tapas 291, *3362*
tapioca 358, *4185*
tapón de champán 357, *4182*
tarde 358, *4187*
tarjeta de crédito 101, *932*
taro 358, *4188*
tarpón 295, *3435*
tarta 364, *4288*
tarta; pastel 79, *645*
tarta de albaricoques 364, *4289*
tarta de almendras 364, *4290*
tarta de café 364, *4292*
tarta de carne 365, *4293*
tarta de cerezas 365, *4294*
tarta de chocolate 365, *4295*
tarta de chocolate 80, *650*
tarta de coco 80, *651*
tarta de cumpleaños 79, *646*
tarta de fresas 365, *4300*
tarta de frutas 80, *652*
tarta de jengibre 80, *653*
tarta de lima 365, *4297*
tarta de Linz (tarta hecha con especias y cubierta con mermelada) 226, *2571*
tarta de manzana 365, *4298*
tarta de melaza 365, *4299*
tarta de naranja 80, *654*
tarta de Navidad 80, *655*
tarta de pacanas 365, *4301*
tarta de plátano 364, *4291*
tarta de queso 365, *4302*
tarta de verduras 309, *3620*
tartaleta 358, *4192*
tartaleta de frutas 358, *4193*
tartaletas de queso 358, *4195*
tartaletas de verduras 358, *4194*
tarta mármol; torta marmolada 80, *657*
tarta nupcial 80, *648*
tarta Sacher (azúcar glas, chocolate y vino de

— 546 —

Término	Página	Nº del término

Madera) 80, *660*
tarta San Honorato (tarta de crema guarnecida de lionesas) 80, *661*
tarta Selva Negra 80, *656*
tarta Tatin (tarta de manzanas acaramelada con nata batida) 358, *4196*
tartita de setas 365, *4306*
taza 390, *4534*
taza 96, *850*
taza de café 390, *4535*
taza de té 390, *4536*
taza y platillo 390, *4537*
tazón; escudilla 360, *4226*
té 107, *1032*
té con leche 107, *1035*
té con limón 107, *1036*
té Darjeeling (té negro) 107, *1038*
té de Ceilán 108, *1046*
té de desayuno inglés (mezcla de tés negros) 108, *1048*
té de hierbas; tisana 107, *1041*
té de jazmín 107, *1042*
té de las cinco 107, *1039*
té de manzanilla 107, *1040*
té de menta 107, *1044*
té Earl Grey (té negro) 108, *1047*
té en bolsitas 335, *3913*
té frío 108, *1049*
té Java Malabar (con sabor fuerte, ideal para desayunar) 107, *1037*
té Lapsang Souchong (té negro) 108, *1052*
té Matcha (té verde) 108, *1055*
temperatura 359, *4202*
templado 255, *2931*
temporada alta 48, *232*
temporada baja 64, *445*
tenacillas para coger cúbitos de azúcar 294, *3418*
tenca 359, *4208*
tendón 359, *4209*
tenedor 185, *2125*
tenedor de cocina 185, *2126*

tenedor de ostra 185, *2127*
tenedor de pescado 185, *2128*
tenedor de postre 185, *2130*
tenedor para trinchar 185, *2131*
tenedor plástico 185, *2129*
té negro 109, *1072*
tener hambre 159, *1790*
tener prisa 159, *1791*
tener sed 159, *1792*
té Nilgiri parkside (hecho de las hojas del orange pekoe) 109, *1063*
té Oolong (mezcla de hojas de té negras y verdes) 109, *1066*
tequila (aguardiente mexicano) 359, *4212*
termo 185, *2140*
termómetro 360, *4214*
termómetro de carne 360, *4215*
termómetro para vino 360, *4216*
terrina de faisán 360, *4217*
terrina de hígado graso de ganso; terrina de foie gras 360, *4218*
tener hambre 159, *1790*
tener prisa 159, *1791*
tener sed 159, *1792*
té Sencha (té verde) 110, *1081*
té Sichuan (té negro) 110, *1083*
tetera 86, *733*
tetragonias 157, *1769*
té verde 110, *1086*
té Yunnan (té negro) 110, *1087*
Tia Maria® (licor de café) 360, *4225*
tiburón 368, *4356*
tiburón azul; azulejo; cailón 369, *4357*
tiburón mako 369, *4360*
tiburón oceánico 183, *2107*
tiempo 359, *4205*
tiempo de cocción 359, *4206*
tienda 228, *2586*

tienda de alimentación 247, *2818*
tienda de bebidas alcohólicas 228, *2587*
tierno 359, *4210*
tijera 360, *4220*
tijera de cocina 360, *4221*
tijera para aves 360, *4222*
tilapia 360, *4228*
tilo 361, *4229*
Tilsit (queso de textura semiblanda, elaborado con leche de vaca) 361, *4230*
timalo 287, *3300*
timbal de arroz (con carne, pescado, verduras y queso) 361, *4232*
tintorera 361, *4237*
tira 361, *4243*
tirabeque 154, *1713*
tira de costilla; chuletera 128, *1364*
tira de costilla (panceta) 128, *1361*
tiramisù (soletillas remojadas en café, guarnecidas con una crema al mascarpone y con cacao amargo espolvoreado) 361, *4239*
tiras de pollo 362, *4244*
toad-in-the-hole (empanada de salchichas al horno) 362, *4249*
toalla de mano 362, *4250*
tocino; panceta 366, *4309*
tocino (cortado en lonchas, curado y ahumado) 63, *434*
tocino ahumado 64, *435*
toffee; tofi 64, *449*
tofu (queso elaborado con leche de soja) 362, *4253*
tollo 369, *4359*
tomando como base 67, *495*
tomar 362, *4254*
tomate 362, *4256*
tomate amarillo 362, *4257*
tomate beefsteak 363, *4260*
tomate cereza 363, *4261*
tomate ciruela 363, *4265*

tomate común 363, *4262*
tomate en rama 363, *4264*
tomate seco 363, *4269*
tomate silvestre 362, *4259*
tomates pelados 363, *4270*
tomates secados al sol 363, *4271*
tomatillo 363, *4272*
Tom Collins (cóctel con ginebra, jarabe de azúcar, zumo de limón y agua carbonatada) 363, *4273*
tomillo 363, *4274*
Tomme de Savoya (queso francés, sabor a nuez, elaborado con leche de vaca sin pasteurizar) 363, *4275*
tonel 364, *4276*
tonelada 364, *4277*
tordo 364, *4279*
torrijas; torrejas 313, *3626*
torta de pollo 365, *4296*
torta invertida (pastel al que se le da la vuelta para servirlo) 372, *4384*
tortellini (pasta rellena elaborada con pasta fresca) 365, *4303*
tortelloni (un tipo de tortellini de mayor tamaño) 365, *4304*
tortera 58, *375*
tortilla 269, *3063*
tortilla a la española (con tomates, cebollas y pimientos dulces) 269, *3075*
tortilla a la saboyarda (con patatas y gruyère) 270, *3076*
tortilla con salsa de tomate 269, *3069*
tortilla con tocino 269, *3065*
tortilla de calabacines 269, *3064*
tortilla de cebollas 269, *3067*
tortilla de jamón 269, *3070*
tortilla de patatas 269, *3066*

— 547 —

tortilla de queso 269, *3071*
tortilla de salchicha 269, *3072*
tortilla de setas 269, *3068*
tortilla de tomates 269, *3073*
tortilla dulce 269, *3074*
tortilla francesa 270, *3077*
tortilla (masa de maíz cocinada, que tiene forma circular y aplastada) 365, *4305*
tortuga 358, *4191*
tortuguita 258, *2979*
tostada; pan tostado 364, *4280*
tostada con mantequilla 364, *4281*
tostada con queso y jamón 364, *4282*
tostadita; crostroncito 285, *3267*
tostado 364, *4284*
tostadora 364, *4283*
tostar 364, *4285*
tournedós (medallón de solomillo pequeño) 366, *4312*
tournedós Clamart (con fondos de alcachofas y guisantes) 366, *4311*
tournedós Rossini (con tajadas de hígado graso de ganso, trufas y salsa Madera) 366, *4313*
tóxico 366, *4314*
trabajar la masa 366, *4315*
tradicional 366, *4316*
traer 367, *4325*
tragar 151, *1661*
tráquea 366, *4318*
trenette (pasta en forma de cintas) 367, *4327*
trifle (bollo con confitura y Jerez) 367, *4329*
trigo 367, *4330*
trigo duro 367, *4331*
trigo sarraceno; alforfón 367, *4332*
trinchado 367, *4335*
trinchar (carne) 367, *4337*
triturado; picado 291, *3369*
triturador de carne;
máquina de picar carne 252, *2895*
triturador de desperdicios 367, *4338*
trocear 323, *3771*
trompeta de la muerte 368, *4341*
tronco de Navidad (bizcochón hecho con castañas y chocolate) 86, *724*
trucha 368, *4348*
trucha ahumada 368, *4351*
trucha arco iris 368, *4349*
trucha coral 368, *4350*
trucha de lago 368, *4352*
trucha dorada 368, *4354*
trucha marina 368, *4353*
trucha salmonada 368, *4355*
trufa 368, *4342*
trufa blanca 368, *4343*
trufa de chocolate 368, *4344*
trufa negra 368, *4346*
trufado 368, *4345*
trufar 368, *4347*
tubo 369, *4362*
tuétano 369, *4368*
turbar 369, *4366*
Turbigo (chipolata y setas) 369, *4364*
turbio 369, *4367*
turrón 364, *4286*
turrón de chocolate 364, *4287*

U

ugli 298, *3471*
un cuarto 372, *4379*
unir 225, *2548*
untado con mantequilla 372, *4382*
untar 75, *589*
untar con mantequilla 372, *4383*
untar con pincel 295, *3420*
un tercio 372, *4380*
urogallo; lagópedo 360, *4224*
usar 372, *4389*
utensilios de cocina 372, *4390*
utensilios de mesa 372, *4391*
utilizar 372, *4392*
uva 372, *4393*
uva blanca 372, *4394*
uva espina 194, *2267*
uva Moscatel 372, *4395*
uva negra 373, *4396*
uva Thompson 373, *4400*

V

vacherin (capas alternadas de merengue y nata batida) 375, *4401*
vaciar 159, *1804*
vacío 376, *4417*
vagón restaurante; coche comedor 375, *4402*
vaina; chaucha de vainilla 166, *1881*
vainilla 72, *550*
vajilla 229, *2604*
vajilla refractaria 301, *3520*
valeriana 234, *2631*
valerianella 46, *192*
validez 375, *4405*
Valois (fondos de alcachofas salteados y patatas Anna) 375, *4406*
valor nutritivo 376, *4407*
vapor 376, *4409*
vaporera 279, *3175*
variado 376, *4411*
variar 376, *4412*
variedad 376, *4413*
vaso 125, *1312*
vaso de agua 125, *1313*
vaso de cerveza 125, *1314*
vaso de medidas 376, *4415*
vaso de plástico 125, *1319*
vaso limpio 125, *1316*
vaso para agua 125, *1318*
vegetariano 376, *4420*
vegetariano 376, *4422*
vela 376, *4423*
velloritas 302, *3548*
vendimia 379, *4465*
verde 377, *4429*
verdolaga 74, *570*
verdulería 310, *3624*
verdura 377, *4430*
verdura hervida 377, *4431*
verduras al vapor 222, *2495*
verduras congeladas 222, *2496*
verduras crudas 376, *4421*
verduras enanas 250, *2866*
verduras variadas 377, *4432*
verga 377, *4433*
verjuice 377, *4434*
vermicelli (un tipo de espaguetis más fino) 377, *4438*
vermut 377, *4439*
versar 142, *1547*
vértebra 378, *4440*
Victoria (tomates rellenos de puré de setas y fondos de alcachofas en mantequilla) 378, *4442*
vieja 79, *632*
vinagre 378, *4447*
vinagre aromatizado 378, *4448*
vinagre balsámico 378, *4449*
vinagre blanco 379, *4450*
vinagre de arroz 379, *4451*
vinagre de estragón 379, *4453*
vinagre de frambuesa 379, *4454*
vinagre de fresa 379, *4457*
vinagre de hierbas 379, *4452*
vinagre de Jerez 379, *4460*
vinagre de malta 379, *4456*
vinagre de manzana 379, *4455*
vinagre de melocotón 379, *4458*
vinagre de vino 379, *4459*
vinagre para sushi 379, *4463*
viñedo 379, *4466*
vinicoltura 381, *4495*
vino 380, *4467*
vino asoleado; vino de uva pasa 380, *4474*
vino blanco 380, *4468*
vino de aguja 380, *4482*
vino de mesa; vino común 380, *4472*
vino de postre 380, *4475*

— 548 —

vino dulce 380, *4476*
vino en botella 380, *4479*
vino espumoso 380, *4480*
vino fortificado 380, *4481*
vino licoroso 380, *4483*
vino rosado 380, *4486*
vino tánico 381, *4488*
vinoteca 152, *1674*
vino tinto 381, *4489*
vino varietal 381, *4492*
vino verde 381, *4493*
viola; guitarra 381, *4496*
violetas 381, *4497*
viscoso 381, *4500*
vivo 381, *4503*
vodka 382, *4506*
vol-au-vent 382, *4507*
volador 381, *4504*
voltear; volver 381, *4498*

W

wafer; barquillo 385, *4510*
wakame (alga) 385, *4512*
Walewska (langosta, laminillas de trufa y salsa Mornay) 385, *4513*
wasabi 385, *4514*
weijska (salchicha polaca) 385, *4515*
weisswurst (salchicha elaborada con carne de ternera, nata y huevos) 386, *4516*
welsh rarebit (queso derretido sobre tostada) 386, *4517*
Wensleydale (queso inglés, semi-duro, elaborado con leche de vaca) 386, *4518*
Whisk Sour (cóctel con whisky bourbon, zumo de limón y azúcar) 386, *4519*
whisky 371, *4371*
whisky americano 371, *4372*
whisky bourbon 371, *4373*
whisky con soda 371, *4376*
whisky de centeno 371, *4374*
whisky escocés 371, *4375*
whisky irlandés 371, *4377*

White Lady (cóctel con ginebra, licor de naranja y zumo de limón) 386, *4520*
wok 387, *4523*

Y

yakisoba (pollo, soba y verduras) 393, *4539*
yema de huevo 188, *2177*
yogur 207, *2372*
yogur con cereales 207, *2373*
yogur con frutas 207, *2374*
yogur griego 207, *2376*
yogur magro 207, *2375*
yogur natural 207, *2379*
yogurtera 207, *2377*
Yorkshire budín (budín salado con guarnición de rosbif) 393, *4540*

Z

zaatar (tomillo, zumache y sésamo) 395, *4541*
zampone (embutido de pie de cerdo relleno con carne de cerdo) 395, *4544*
zanahoria 104, *994*
zanahorias Vichy (cocidas en agua, servidas con mantequilla y perejil) 105, *996*
zarzamora 51, *266*
zita; ziti (pasta hueca, espesa y alargada) 396, *4549*
zona de no fumadores 54, *325*
zuccotto (pan de España relleno con nata, frutas confitadas y crema de chocolate) 396, *4550*
zueco 357, *4177*
zumaque 352, *4140*
zumo; jugo 350, *4113*
zumo de fruta 350, *4115*
zumo de mango 351, *4121*
zumo de manzana 350, *4120*
zumo de maracuyá 351, *4122*

zumo de naranja 350, *4117*
zumo de piña y menta 350, *4114*
zumo de sandía 351, *4123*
zumo de tomate 351, *4124*
zumo de uva 351, *4125*
zumo de verduras 350, *4118*
zumo di limón 350, *4119*
zumo fresco de limón; limonada 351, *4127*
zumo tropical 350, *4116*

sommaire

Sachez où trouver les termes gastronomiques en anglais, en espagnol, en français, en italien et en allemand.

[INGL.] Table of contents	484
[ESP.] Índice	517
[FR.] Sommaire	550
[IT.] Indice	583
[AL.] Stichwortverzeichnis	616

Dans le sommaire de chaque langue, les termes sont répertoriés par ordre alphabétique.

Chaque terme apparaît avec une indication de la page dans laquelle il se trouve, suivi par son numéro respectif.

Exemple:
Menu à la carte **246**, *2808*

Où:

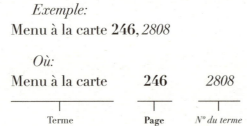

| Terme | Page | N° du terme |

...minutes d'attente **251**, *2869*

A

à base de **67**, *495*
abats **381**, *4499*
abattage **35**, *7*
abattis de volailles **252**, *2885*
abattis d'oie **252**, *2886*
abattre **35**, *8*
abiettes **288**, *3319*
abondance **37**, *34*
abondant **37**, *35*
à bonne femme **252**, *2890*
abricot **36**, *22*
absinthe **37**, *32*
absorber **37**, *33*
açaï **37**, *42*
accompagnement **38**, *59*
accompagner **38**, *60*
acérole ; cerise des Antilles ; azarole ; cerise des Antilles, acérola **38**, *48*
achat **122**, *1264*
acheter **122**, *1265*
achillée **54**, *316*
acide **38**, *51*
acide ascorbique ; vitamine C **38**, *53*
acide citrique **38**, *54*
acide comestible ; acide acétique **38**, *52*
acide malique **38**, *55*
acide tartrique **38**, *56*
acidité **38**, *50*
acidulé **38**, *57*
acini di pepe (pâtes à potage) **38**, *58*
à conserver au froid ; à conserver au réfrigérateur **238**, *2697*
addition **125**, *1306*
additions séparées **125**, *1307*
additive ; supplément **40**, *93*
à demain **58**, *387*
adieu **40**, *90*
à emporter **121**, *1240*
aérer **40**, *98*
affiloir **108**, *1050*
affiner **243**, *2760*

affûte-couteaux ; aiguisoir **51**, *263*
affûter ; aiguiser **51**, *264*
agar-agar (gélatine d'algues) **41**, *102*
agiter **41**, *103*
agneau de lait **82**, *682*
Agnès Sorel (blanc de poulet, champignons et langue de boeuf à l'écarlate) **41**, *104*
agnolotti (pâte farcie faite à partir de pâte fraiche) **41**, *105*
agréable **41**, *107*
agriculture **42**, *116*
agrumes **115**, *1149*
aide **44**, *153*
aide **44**, *154*
aide de cuisine **44**, *155*
aider **44**, *156*
aiglefin ; églefin ; aigrefin **197**, *2292*
aigre ; sur **60**, *409*
aigre-doux **42**, *117*
aigrir ; surir **59**, *404*
aiguillat **184**, *2108*
aiguillette ; aiguille de mer ; balaou d l'Atlantique **43**, *145*
aiguillette baronne **236**, *2661*
aiguillette du rumsteck ; culotte **291**, *3370*
aiguisé ; tranchant **41**, *100*
ail **47**, *208*
ail des ours **47**, *218*
ailes **57**, *367*
ailes de canard **57**, *369*
ailes de poulet **57**, *368*
aillé **47**, *209*
ail rocambole **47**, *213*
à jeun **150**, *1636*
ajouter **40**, *92*
ajowan **44**, *152*
à la ; à l' ; au ; aux ; à la mode de **252**, *2891*
à la banquière (quenelles de volaille, champignons et truffes) **66**, *475*
à la barigoule (fonds d'artichauts farcis) **67**, *484*

à la basquaise (tomate, poivron doux et jambon de Bayonne) **68**, *497*
à la bâtelière (crevettes, langoustines, champignons, oignons glacés et oeufs frits) **72**, *544*
à la bénédictine (purée de morue séchée et purée de pommes de terre) **74**, *577*
à la berrichonne (chou, oignons, marrons et lard) **75**, *586*
à la bolognaise (avec ragoût) **80**, *658*
à la boulangère (pommes de terre et oignons cuites au four) **82**, *685*
à la bouquetière (au bouquet de légumes) **83**, *689*
à la bourgeoise (carottes, oignons et lard) **83**, *690*
à la bourguignonne (au vin rouge, champignons et oignon grelot) **83**, *691*
à la brabançonne (choux de Bruxelles, chicorée et houblon) **83**, *694*
à la braise **261**, *2987*
à la bretonne (aux haricots) **84**, *706*
à la broche **157**, *1766*
à la bruxelloise (choux de Bruxelles, chicorée et pommes de terre château) **86**, *721*
à la bulgare (mayonnaise, sauce tomate et céleri en dés) **87**, *734*
à la cancalaise (huîtres et sauce au vin blanc) **96**, *847*
à la castillane (tomates, oignons et croquettes de pommes de terre) **102**, *960*
à la catalane (aubergine et riz pilaf) **103**, *961*
à la catalane (tomates, châtaignes, chipolata et olives) **103**, *962*

à la Chartres (à l'estragon) **110**, *1077*
à la chipolata (oignons grelot, châtaignes, carottes, lard et chipolata) **112**, *1112*
à la Clamart (aux petits-pois) **115**, *1152*
à la crème **120**, *1227*
à la créole (tomates, oignons, poivron doux et riz) **132**, *1429*
à la Daumont (quenelles de poisson, truffes, langoustines à la sauce Nantua, champignons et miettes de pain) **138**, *1482*
à la diable (volaille grillée, panée et frite) **143**, *1561*
à la Diana (à la purée de gibier) **143**, *1564*
à la dieppoise (crevettes et moules à la sauce au vin blanc) **143**, *1566*
à la dijonnaise (à la moutarde de Dijon) **144**, *1573*
à la diplomate (avec homard et truffes) **144**, *1579*
à la duchesse (aux rosettes de purée de pommes de terre au gratin) **146**, *1608*
à la favorite (pointes d'asperges, foie gras et truffes) **167**, *1885*
à la financière (crêtes de coq, quenelles de volaille, champignons, truffes et sauce au Madère) **172**, *1962*
à la florentine (aux épinards) **173**, *1980*
à la forestière (aux morilles, pommes de terre noisettes ou rissoles et lard) **175**, *2009*
à la française (pointes d'asperges, laitue braisée et chou-fleur à la sauce hollandaise) **177**, *2038*

— 551 —

| Terme | Page | N° du terme |

à la Frascati (foie gras, pointes d'asperges, champignons, truffes et pommes de terre duchesse) 178, *2049*
à l'africaine (pomme de terre, concombre, aubergine ou courgette) 41, *101*
à la gastronome (poulet farci ou ris de veau aux châtaignes, aux truffes et aux morilles) 186, *2142*
à la gauloise (crêtes de coq et rognons de volaille) 186, *2146*
à la génoise (herbes fraîches, légumes et fruits de mer) 188, *2186*
à la grecque (huile d'olive, jus de citron et fines herbes) 193, *2254*
à la grenobloise (câpres et citron en dés) 193, *2259*
à la hollandaise (oeufs pochés, légumes bouillis ou poisson poché et sauce hollandaise) 200, *2320*
à la hollandaise (poisson aux pommes de terre bouillies) 200, *2321*
à la hongroise (chou-fleur, paprika et pommes de terre sautées) 202, *2346*
à la hussarde (tomates farcies à la purée d'oignon et champignons farcis à la purée d'épinards) 202, *2347*
à l'ail et huile; aïoli 47, *212*
à la japonaise (crosnes et croquettes de pommes de terre) 212, *2401*
à la jardinière (aux légumes assortis) 212, *2402*
à la juive (carpe, oignons, vin blanc et herbes) 213, *2425*
à la languedocienne (tomates, aubergines et champignons) 220, *2459*
à l'albigeoise (tomates farcies et croquettes de pommes de terre) 44, *165*
à l'algérienne (tomates et croquettes de patate douce) 47, *206*
à la ligurienne (viande, tomates farcies et risotto au safran) 225, *2549*
à la lorraine (chou rouge, pommes et vin rouge) 229, *2601*
à l'alsacienne (au foie gras) 48, *231*
à l'alsacienne (choucroute, jambon, lard et/ou saucisses) 48, *230*
à la lyonnaise (oignons et pommes de terre) 230, *2615*
à la lyonnaise (oignons frits au beurre) 230, *2616*
à la madrilène (avec tomates ou jus de tomate) 234, *2638*
à la maître d'hôtel (au gril et au beurre maître d'hôtel) 235, *2651*
à la maraîchère (oignons et carottes glacées, concombre farci et coeurs d'artichauts) 239, *2704*
à la maréchale (pointes d'asperges, truffes et sauce Chateaubriand) 239, *2706*
à la marocaine (riz pilaf, courgettes et poivrons doux farcis) 241, *2724*
à l'amatriciana (sauce tomate, lard et piment) 49, *242*
à la mazarine (croquette de riz, champignons et coeurs d'artichauts aux légumes) 244, *2764*
alambic 44, *160*
à l'américaine (homard et sauce armoricaine) 50, *257*
à l'américaine (homard, sauce tomate, huile d'olive, oignon et vin) 50, *258*
à l'américaine (oeufs, volaille ou viande, tomates grillées et tranches de lard grillées) 50, *259*
à la meunière (poisson passé dans la farine de blé et sauté au beurre) 248, *2840*
à la mexicaine (champignons farcis aux tomates, poivrons doux et aubergines) 248, *2844*
à la milanaise (pané) 249, *2850*
à la milanaise (pâtes au parmesan, langue de boeuf écarlate, jambon, champignons, truffes et sauce tomate) 249, *2851*
à l'amiral (huîtres, moules, langoustines, champignons, truffes et sauce Nantua) 51, *262*
à la mode (boeuf braisé aux carottes et oignons) 252, *2889*
à la mode des Abruzzes (au poivre rose) 37, *31*
à la moderne (laitue braisée et chou) 252, *2892*
à la Nantua (aux langoustines et aux truffes) 261, *2991*
à la napolitaine (tomates et huile d'olive) 262, *2994*
à l'ancienne (oignons grelot et champignons) 51, *270*
à l'andalouse (viande, poivron doux, aubergine, chipolata et riz) 51, *271*
à l'anglaise (bouilli et servi avec du beurre) 52, *282*
à l'anglaise (bouilli et servi avec du beurre) 206, *2360*
à la niçoise (anchois, olives noires et câpres) 263, *3011*
à la nivernaise (aux oignons glacées et aux carottes) 263, *3014*
à la normande (huîtres, moules, champignons, truffes et langoustines) 264, *3021*
à la norvégienne (poisson ou fruits de mer, concombre farci, oeufs durs et salade russe) 264, *3023*
à l'anversoise (tartelettes aux pousses de houblon et pommes de terre cuites ou oeufs à la coque) 53, *296*
à la parisienne (pommes de terre à la parisienne, laitue braisée et coeurs d'artichauts) 282, *3231*
à la parmesane (au parmesan râpé) 283, *3234*
à la paysanne (carottes, oignons, pommes de terre et lard) 285, *3262*
à la piémontaise (risotto aux truffes blanches) 292, *3380*
à la polonaise (avec croûtons) 297, *3462*
à la portugaise (aux tomates) 299, *3495*
à la princesse (pointes d'asperges et truffes) 302, *3549*
à la printanière (avec un mélange de légumes) 302, *3550*
à la provençale (huile d'olive et ail) 303, *3562*
à l'archiduc (aux oignons et paprika) 54, *324*
à la reine (au poulet et sauce suprême) 318, *3709*
à la riche (médaillon de

— 552 —

| Terme | Page | N° du terme |

foie d'oie, truffes et fonds d'artichauts) 320, *3742*
à la ricotta 122, *1268*
à l'arlésienne (aubergines, tomates et oignons) 55, *330*
à la Rohan (coeurs d'artichauts, tranches de foie gras et lamelles de truffe, tartelettes aux rognons de volaille et sauce suprême) 322, *3762*
à la romaine (tomate, mozzarelle et anchois) 322, *3769*
à la royale (huîtres, truffes, champignons et quenelles de poisson) 324, *3783*
à la russe (à la betterave) 324, *3788*
à la sarde (croquettes de riz, champignons, concombre et tomates farcis) 336, *3915*
à la sauce de viande 121, *1250*
à la saucisse 122, *1269*
à la sicilienne (timbale de riz et croquettes de pommes de terre) 341, *4000*
à la strasbourgeoise (choucroute braisée, tranches de foie gras au beurre et lard) 350, *4106*
à la sultane (avec pistaches) 352, *4138*
à la tomate 121, *1251*
à la toscane (parmesan et jambon) 365, *4307*
à la toulousaine (quenelles de volaille, ris de agneau ou crêtes de coq, rognons de volaille, champignons, truffes et sauce allemande) 366, *4310*
à la turque (riz pilaf, oeufs cocotte, omelette et aubergine) 369, *4365*
à la tyrolienne (oignons frits et tomates en dés) 362, *4246*
à l'autrichienne (paprika, oignons frits, fenouil et crème aigre) 59, *395*
à la vapeur 376, *4410*
à la vénitienne (aux oignons) 376, *4425*
à la viennoise (filet pané et frit, servi avec pommes de terre cuites et câpres) 378, *4444*
à la vigneronne (vin, brandy, raisins ou feuilles de vigne) 378, *4445*
à la Walewska (homard, lamelles de truffe et sauce Mornay) 385, *4513*
à la zingara (tomates et paprika) 396, *4547*
Albufera (langue de boeuf à l'écarlate, ris de veau et champignons) 44, *166*
alcoolique 45, *182*
al dente; pas trop cuit 139, *1503*
à l'écossaise (oeufs pochés au saumon) 149, *1620*
à l'espagnole (tomates, oignons, ail et poivron doux) 156, *1750*
à l'étouffée 195, *2286*
Alexander (cocktail de cognac, crème de cacao, crème et noix de muscade râpée) 46, *187*
Alexandra (poulet, truffes et pointes d'asperges) 46, *188*
algues 47, *204*
algues marines 47, *205*
alimentation 48, *220*
aliments à propriétés fonctionnelles 48, *222*
à l'impériale (escalopes de foie gras, truffes et champignons) 206, *2354*
à l'intérieur; dedans 140, *1506*
à l'italienne (coeurs d'artichauts ou pâtes) 208, *2383*
Alkermès (liqueur) 48, *229*
allégé 64, *447*
allégé (produits laitiers); magre (viandes, charcuterie) , 448
allergie 46, *185*
allergique 46, *186*
alliaire 47, *219*
allume-gaz 37, *47*
allumettes 176, *2028*
allumettes au fromage 362, *4245*
à l'orientale (tomates farcies et patate douce) 270, *3088*
alose 336, *3926*
alose feinte 337, *3927*
alouette; mauviette 128, *1366*
aloyau 228, *2592*
amande 50, *252*
amande de mer 50, *254*
amande douce 50, *253*
amande grillée 50, *255*
Amaretto (liqueur italienne d'amandes) 49, *237*
Ambassadeur (coeur d'artichauts farcis et pommes de terre duchesse) 49, *243*
ambiance 49, *245*
amchoor (poudre de mangue verte) 49, *246*
amer 49, *238*
Americano (cocktail de Campari®, vermouth rouge et eau gazeuse) 51, *260*
à moitié cuit 244, *2773*
amphore 52, *278*
amuse-gueule; amuse-bouche 291, *3362*
ananas 35, *2*
âne 87, *738*
anellini (pâtes en forme de petites bagues) 52, *275*
aneth; anet; fenouil bâtard 151, *1652*
ange de mer 90, *753*
angélique 52, *280*
Angostura® 52, *283*
anguille 152, *1664*
anguille fumée 152, *1666*
anis 154, *1700*
anis étoilé; badiane 52, *286*
anisette 52, *287*
anneaux de calmar frits 52, *274*
annone; anone 193, *2252*
antioxydant 53, *295*
aorte 53, *298*
à part 139, *1495*
apéritif 53, *304*
apfelstrudel 54, *308*
à point; rose 298, *3475*
appareils ménagers 150, *1625*
appeler 108, *1054*
Appenzeller (fromage suisse, au lait de vache) 54, *311*
appétissant 53, *307*
appétit 53, *306*
apporter 367, *4325*
apprécier 54, *312*
approvisionnement 35, *6*
approvisionner; fournir 35, *5*
après 140, *1509*
après-midi 358, *4187*
aquavit (eau-de-vie de céréales scandinave) 54, *313*
aqueux 42, *125*
araignée de mer 105, *998*
arêtes 157, *1770*
argent 144, *1578*
Argenteuil (aux pointes d'asperges ou à la purée d'asperges) 55, *328*
armagnac (eau-de-vie de vin) 55, *331*
armoise 57, *366*
aromatique 55, *335*
aromatisé 55, *336*
aromatiser 55, *337*
arôme 55, *334*
arriver 111, *1093*
arroser 317, *3703*
artichaut 45, *168*
artichauts marinés 45, *173*
asa foetida (assaisonnement) 58, *379*
asaret du Canada;

— 553 —

| Terme | Page | N° du terme |

gingembre sauvage 188, *2184*
aspartam 57, *372*
asperge 57, *370*
asperger 82, *683*
asperger 333, *3874*
aspérule 57, *373*
aspic (mets froid, de composition de viande, poisson ou légumes, moulé en gelée et décoré) 58, *374*
assaisonné 123, *1279*
assaisonnement; condiment 359, *4203*
assaisonnement pour la salade 359, *4204*
assaisonner; condimenter 123, *1280*
assaisonner la salade 151, *1656*
assez 68, *498*
assez (quantité) 68, *499*
assiette; auge 300, *3502*
assiette à dessert 300, *3508*
assiette anglaise 179, *2057*
assiette à pain 300, *3504*
assiette à poisson 300, *3516*
assiette creuse 300, *3514*
assiette en papier 300, *3505*
assiette plate 301, *3519*
assorti; mêlé 347, *4081*
assortiment de fromages 337, *3941*
athérine 287, *3298*
attendre 43, *135*
attendrir 48, *234*
attendrisseur à viande 241, *2731*
au bain-marie 150, *1630*
aubergine 75, *583*
aubergine thaïlandaise 75, *584*
au beurre; avec beurre 121, *1248*
au cari 135, *1462*
au choix 155, *1727*
au four 176, *2026*
au jambon 122, *1266*
au poivre 122, *1254*
au revoir 58, *388*

au thon 120, *1225*
autocuiseur; cocotte-minute; marmite à pression 279, *3174*
au vin blanc 380, *4469*
au vin Madère 380, *4484*
au vin rouge 381, *4490*
aux champignons 181, *2097*
aux courgettes 120, *1224*
aux épices 120, *1231*
aux épinards 120, *1232*
aux fines herbes 120, *1229*
aux fruits de mer 120, *1234*
aux légumes 121, *1245*
aux palourdes 123, *1272*
aux petit-pois 120, *1230*
aux quatre fromages 308, *3590*
aux truffes 122, *1270*
avaler 151, *1661*
avant 53, *293*
avec de la glace 120, *1235*
avec du lait; au lait 121, *1246*
avec gras 121, *1236*
avec la peau 122, *1253*
avec l'os 121, *1252*
avec soin; soigneusement 134, *1453*
aviné 59, *402*
avocat 35, *1*
avoine 59, *396*
avoir faim 159, *1790*
avoir soif 159, *1792*

B

B & B® (Bénédictine et Brandy) 63, *425*
baba au rhum 63, *426*
bagel (pain juif) 64, *442*
baguette 64, *444*
baguettes chinoises 285, *3260*
baie 64, *438*
baies de genièvre 64, *441*
baies de sureau 64, *440*
balai 376, *4416*
balance 64, *450*
balayer 376, *4414*
baleine 65, *458*

baliste royal 97, *860*
balsamite 65, *459*
banana split (banane, glace, crème fouettée et amandes) 65, *465*
banane 65, *460*
banane Cavendish 65, *464*
banane flambée 65, *463*
banane fruit de la passion 239, *2703*
banane plantain 65, *462*
bande 361, *4243*
Banon (fromage français, à base de lait de vache, de chèvre ou de brebis, on l'enveloppe de feuills de châtaignier) 66, *473*
banquet 66, *474*
bar 66, *476*
bar; loup de mer 321, *3756*
barbarée; printanière; cresson(s) de jardin(s) 41, *111*
barbatine; tanaisie 358, *4183*
barbe-à-papa 47, *207*
barbeau 67, *482*
barbecue; braise 114, *1133*
barbue 321, *3761*
bardane; gobo 67, *483*
barder 117, *1177*
bardière; lard 366, *4309*
baril 67, *492*
barman 67, *485*
barquettes de homard 67, *486*
barracuda; bécune 67, *488*
barramundi 67, *489*
barre de chocolat 67, *487*
bas en calories 64, *446*
baselle; épinard de Malabar 75, *587*
basilic 237, *2672*
basilic sauvage 47, *201*
basse saison; hors saison 64, *445*
bâton de cannelle 96, *855*
batteur électrique 72, *540*
battre 72, *545*
battre 72, *546*
battu 72, *548*
bavaroise (crème fouettée

et gélatine) 72, *551*
bavaroise au chocolat 73, *552*
bavette d'aloyau 177, *2034*
bavette de flanchet 76, *601*
bavette; bavoir 63, *427*
bec de gaz 78, *627*
bec-de-grue; géranium rosat 188, *2187*
bécasse 184, *2113*
bécassine 262, *2995*
bécune guachanche; brochet de mer 75, *596*
beignet aux bananes 73, *565*
beignet aux pommes 73, *566*
beignets 74, *567*
Belle Hélène (morceaux de viande, tomates, petits pois, carottes et croquettes de pommes de terre) 74, *573*
Bellini (jus de pêche et champagne) 74, *574*
Bénédictine D.O.M.® (liqueur aux herbes) 74, *578*
Berny (tartelettes à la purée de lentilles) 75, *585*
bétail 183, *2101*
bette; blette 37, *43*
betterave 75, *590*
beurre 237, *2674*
beurré; enduit 372, *4382*
beurre aux fines herbes 238, *2684*
beurre clarifié (fondu et séparé du petit-lait) 237, *2675*
beurre Colbert (beurre maître d'hôtel additionné d'estragon haché et de glace de viande) 237, *2676*
beurre d'ail; beurre à l'ail 237, *2677*
beurre d'amande 237, *2678*
beurre d'anchois 237, *2680*
beurre d'arachide 237, *2679*

— 554 —

Terme | Page | *Nº du terme*

beurre de cacao 237, *2681*
beurre de caviar 238, *2683*
beurre de chèvre 238, *2687*
beurre de crevette 238, *2682*
beurre de homard 238, *2686*
beurre de moutarde 238, *2688*
beurre de saumon 238, *2690*
beurre d'estragon 238, *2685*
beurre de truffe 238, *2691*
beurre doux 238, *2695*
beurre fondu 238, *2689*
beurre maître d'hôtel (beurre avec persil haché et jus de citron ou vinaigre) 238, *2693*
beurre noir (beurre, vinaigre ou jus de citron, câpres et persil) 75, *591*
beurre noisette 238, *2692*
beurrer; enduire 372, *4383*
beurrier 238, *2696*
biberon 236, *2659*
bicarbonate de soude 75, *593*
bien cuit 74, *576*
bière (à la) pression 113, *1123*
bière 105, *1010*
bière au gingembre 105, *1012*
bière blonde 106, *1016*
bière bock 105, *1011*
bière brune 106, *1017*
bière en bouteille 105, *1013*
bière étrangère 106, *1014*
bière légère 106, *1018*
bière nationale 106, *1019*
bière pilsen 106, *1020*
bière rousse 106, *1015*
bière sans alcool 106, *1022*
bifteck de filet papillon 82, *674*
bifteck surmonté d'un œuf au plat 76, *598*

bigorneau 127, *1339*
biltong (lamelles séchées de bœuf ou de gibier) 76, *604*
biodynamique 76, *605*
biscuit 76, *608*
biscuit à la farine intégrale 76, *607*
biscuit mousseline (gâteau sans jaunes d'œufs) 52, *279*
biscuit salé 76, *609*
biscuits à la cannelle 77, *611*
biscuits à la cuillère 219, *2449*
biscuits de Noël 77, *612*
biscuits secs aux amandes 76, *610*
bisque (soupe à base de crustacés au vin blanc, cognac et crème) 77, *613*
bitter 77, *615*
Black Russian (cocktail de vodka et liqueur de café) 77, *617*
blanc d'œuf; glaire 115, *1153*
blanc de bécasse 286, *3278*
blanc de canard 286, *3279*
blanc de dindon 286, *3282*
blanc de faisan 286, *3276*
blanc de perdreau 286, *3281*
blanc de poulet 286, *3277*
blanc-manger (crème au lait d'amandes) 77, *618*
blanchaille 290, *3360*
blanchi 83, *697*
blanchir 84, *699*
blanchissant de café 84, *698*
blé 367, *4330*
blé dur 367, *4331*
bleu 74, *575*
Bleu d'Auvergne (fromage français, à base de lait de vache) 78, *622*
Bleu de Gex (fromage français, texture ferme, élaboré avec du lait de vache cru) 77, *619*
blinis (petites crêpes au

sarrasin) 77, *620*
bloc d'épaule 97, *869*
Bloody Mary (cocktail de jus de tomate, vodka, sauce anglaise, sel et Tabasco®) 78, *621*
Blue Hawaii (cocktail de rhum, Cointreau® et Curaçao Bleu) 78, *623*
Blue Hawaiian (cocktail de Curaçao Bleu, rhum, jus d'ananas et lait de coco) 78, *624*
Bocconcini (boules de mozzarelle fraîche conservées dans du petit-lait) 78, *629*
bockwurst (saucisse allemande à base de veau et d'épices) 79, *631*
bœuf braisé à l'aigre (bœuf mariné au vinaigre et braisé) 336, *3924*
bœuf salé en conserve 100, *917*
bœuf strogonoff (en dès, à la crème et aux champignons) 159, *1802*
boga 79, *633*
boire 73, *556*
boire à petites gorgées 73, *557*
bois 234, *2635*
bois à brûler 224, *2528*
boisson 73, *558*
boisson chaude 73, *559*
boisson froide 146, *1603*
boisson non alcoolisée 317, *3699*
boissons alcooliques 73, *560*
boissons sans alcool 73, *561*
boîte 93, *798*
boîte 221, *2482*
bok choy (variété du chou chinois) 79, *634*
bol 360, *4226*
boldo 79, *639*
bombay duck (poisson apparenté au flétan, séché et consommé frit) 81, *665*

bombe (entremets glacé en forme de demi-sphère ou de cône, avec crème fouettée ou fruits) 81, *666*
bombons 64, *451*
bon 81, *663*
bon appétit 81, *664*
bon après-midi 78, *626*
bon marché 66, *477*
bonbons à la menthe 246, *2806*
Bonchester (fromage écossais, consistance crémeuse, au lait de vache cru) 81, *670*
bonite à ventre rayé 81, *671*
bonjour 81, *669*
bonsoir 78, *625*
bord 82, *676*
bouchée 78, *628*
bouchée de crevettes 290, *3361*
boucher 38, *65*
boucherie 38, *64*
bouchon à champagne 357, *4182*
boudin blanc (saucisse anglaise à base de viande blanche) 386, *4521*
boudin noir (saucisse à base de sang de porc, avoine et assaisonnements) 114, *1127*
bouillabaisse (soupe de poisson et de fruits de mer safranée) 343, *4031*
bouilli 169, *1927*
bouillie d'avoine; porridge 250, *2864*
bouillir 169, *1926*
bouilloire 108, *1051*
bouillon 93, *812*
bouillon cube 94, *814*
bouillon de boeuf; bouillon de viande 94, *816*
bouillon de légumes 94, *819*
bouillon de poisson 94, *818*

bouillon de poulet 94, *817*
bouillon de viande et de légumes 93, *813*
bouillon liquide 94, *815*
boulanger 277, *3150*
boulangerie 277, *3149*
boule à thé 116, *1164*
boule de glace 79, *637*
boule-de-neige (glace au chocolat et crème fouettée) 82, *686*
boules argentées 79, *638*
boules brillantes 123, *1285*
boules de gomme 64, *452*
Boulette d'Avesnes (fromage frais en forme de cône et consistance ferme) 83, *687*
boulettes 48, *227*
boulettes de fromage 79, *643*
boulghour 87, *735*
bouquet garni 49, *239*
bourrache 82, *680*
Boursin® (fromage français, texture crémeuse, à base de lait de vache) 83, *693*
boutargue; poutargue 271, *3098*
bouteille 185, *2134*
bouteille d'eau minérale 185, *2135*
bouteille de vin 185, *2136*
bouteille de vin blanc 185, *2137*
bouteille de vin rouge 185, *2138*
bouteille thermos; verseuse isolante 185, *2140*
boutique de vins et spiritueux 228, *2587*
boutique de vins et spiritueux 228, *2589*
braisé 84, *701*
braiser; cuire à l'étouffée; cuire à l'étuvée 84, *702*
branche de céleri 357, *4175*
brandy 83, *696*
brasserie 106, *1021*
Bréhan (cœur d'artichauts à la purée de fèves,

chou-fleur, sauce hollandaise et pommes de terre persillées) 84, *703*
brème 84, *704*
bresaola (viande séchée) 84, *705*
Brie (fromage français, pâte molle, à base de lait de vache) 85, *708*
Briex de Meaux (fromage français, croûte tendre et blanche, sa texture devient onctueuse en vieillissant, au lait de vache cru) 85, *709*
brigade de cuisine 85, *710*
brioche 85, *711*
briquet 207, *2380*
briser 323, *3771*
broche 157, *1765*
brochet 229, *2607*
brochette 157, *1763*
brochette de bambou 278, *3161*
brochettes d'huîtres sur toast (huîtres frites entourées de lard, sur toast) 52, *281*
brocoli 85, *712*
brosme 36, *28*
brosse 155, *1734*
brosse à légumes 155, *1735*
broyeur à déchets 367, *4338*
bruit 67, *494*
brûlé 309, *3612*
brûler 309, *3614*
brûler légèrement; surprendre 109, *1062*
brunch 85, *719*
bruschetta (pain grillé à l'ail et à l'huile d'olive) 85, *720*
bruyant 67, *493*
bubble and squeak (pommes de terre et choux sautés) 86, *722*
bucatini (pâtes creuses) 86, *723*
buccin; bulot 58, *386*
bûche de Noël (génoise aux marrons et au

chocolat) 86, *724*
buffet 340, *3985*
buffet de salades 86, *730*
buffet froid 86, *731*
Bull Shot (vodka, bouillon de bœuf, sauce anglaise, sel de céleri et Tabasco®) 87, *736*
bulle 82, *675*
bureau de tabac 355, *4146*
busecca (gras-double de veau et haricots blancs) 87, *739*

C

cabillaud 63, *429*
cacahuète 50, *256*
cacao 90, *758*
cachaça (eau-de-vie de canne à sucre) 90, *761*
café 91, *768*
café; cafétéria 228, *2588*
café à la crème 91, *770*
café américain; café long 91, *781*
café arrosé 91, *780*
café au lait 91, *771*
café au lait 91, *779*
café brûlant 92, *790*
café complet 91, *774*
café décaféiné; déca 91, *776*
café filtré 91, *775*
café froid 91, *783*
café marocain (cappuccino fait avec du lait chocolaté chaud) 92, *786*
café noir; noir 92, *789*
café serré 91, *772*
café soluble 92, *791*
cafetière 86, *732*
cafetière électrique 92, *792*
café turc (mélange d'eau, de sucre et de poudre de café) 92, *794*
caffè macchiato (express recouvert d'un nuage de lait mousseux) 92, *795*
caille 117, *1181*
caille désossée 117, *1183*
caillebotte 116, *1166*

cailler (lait) ; tourner (sauce); tomber (mayonnaise) 116, *1168*
cailles au riz 117, *1182*
caipirinha (cachaça, lime et sucre) 92, *796*
caipiroska (vodka, lime et sucre) 93, *797*
caisse enregistreuse 93, *799*
cajou 93, *801*
calament 93, *802*
calamus; lis de marais; roseau aromatique; jonc odorant 93, *803*
calmar 229, *2609*
calorie 94, *822*
calorique 94, *823*
Calvados (eau-de-vie de pommes) 94, *824*
Cambacérès (langoustines, champignons et truffes) 95, *834*
Camembert (fromage français, pâte molle, à base de lait de vache) 95, *838*
Camembert de Normandie (fromage français, croûte tendre et blanche, sa texture devient onctueuse en vieillissant, au lait de vache cru) 95, *837*
camomille 96, *839*
Campari® (bitter italien) 96, *842*
canapé; croûte 285, *3267*
canapés au caviar 96, *845*
canapés au saumon 96, *846*
canard 284, *3256*
canard à l'orange 284, *3257*
canard au riz 56, *353*
canard sauvage 284, *3259*
caneton 284, *3258*
canneberge 275, *3145*
cannelle 96, *851*
cannelloni (pâtes en forme de gros tubes) 96, *857*
cantaloup 245, *2784*

— 556 —

| Terme | Page | Nº du terme |

cantine 97, *866*
cantuccini (biscuits croquants aux amandes) 97, *867*
capellini; cheveux d'ange (pâtes à potage) 97, *874*
cappelletti en bouillon 97, *879*
cappuccino 98, *880*
câpre 45, *175*
capucine 98, *881*
caquelon à fondue 279, *3177*
carafe 185, *2139*
carambole 98, *884*
caramel (au beurre); toffee 64, *449*
caramel (sucre fondu) 98, *887*
caramélisé 98, *885*
caraméliser 98, *886*
carangue arc-en-ciel 390, *4538*
carangue coubali 390, *4532*
carangue crevelle 389, *4526*
carangue mayole 194, *2274*
carcasse 98, *895*
carcasse de canard 98, *897*
carcasse de dindon 98, *898*
carcasse de poulet 98, *896*
cardamine des prés; cresson élégant 41, *115*
cardamome 99, *900*
Cardinal (homard et truffes) 99, *903*
cardon 99, *905*
cari en poudre 135, *1464*
cari; curry 135, *1463*
carobe 47, *200*
carotte 104, *994*
carottes Vichy (cuites à l'eau, au beurre et au persil) 105, *996*
carpaccio (fines tranches de viande de bœuf crue à l'huile d'olive et parmesan) 100, *926*
carpaccio de saumon (fines tranches de saumon) 100, *925*
Carpano® (vermouth italien) 100, *927*
carpe 100, *924*
carte; menu 99, *901*
carte de crédit 101, *932*
carte des vins 101, *930*
carte du jour 99, *902*
carthame; safran bâtard 101, *931*
cartilage 101, *933*
carvi; cumin des prés 45, *177*
Cashel Blue (fromage irlandais, goût puissant, au lait de vache) 101, *948*
cassate (glace aux fruits confits) 102, *950*
cassate sicilienne (gâteau fourré de ricotta, chocolat et fruits confits) 102, *949*
casse 102, *951*
casse-croûte 220, *2458*
casse-noisette; casse-noix 308, *3591*
casser 308, *3592*
casser les œufs 308, *3593*
casserole 90, *757*
casserole 279, *3171*
cassis 194, *2266*
cassonade; sucre roux 39, *75*
cassoulet (ragoût de haricots blancs avec viande de mouton, de porc et confit d'oie) 102, *952*
castagnole 389, *4524*
cavatappi (pâtes en spirale) 103, *971*
cave à vin climatisée 40, *89*
cave; chai; cellier; aphothèque 40, *88*
cave; maison du vin 381, *4494*
caviar 103, *972*
Cavour (croquettes de semoule et ravioli) 103, *973*
cédrat 114, *1137*
céleri 43, *150*
céleri blanchi 43, *148*
céleri de montagne 224, *2536*
céleri-rave 43, *149*
céleri sauvage 43, *151*
cendrier 115, *1145*
centrifugé 105, *999*
centrifuger 105, *1000*
centrifugeuse 158, *1775*
cèpe 298, *3483*
céréales 105, *1003*
cerfeuil 105, *1005*
cerise 105, *1007*
cerise tardive 105, *1009*
cervelat (saucisse allemande de bœuf et de porc hachés, herbes et épices) 106, *1023*
cervelle 251, *2870*
cervelle de veau 251, *2874*
Chaï (thé noir, cannelle, cardamome, gingembre et clous de girofle) 241, *2734*
chaînette de filet mignon 126, *1337*
chaise 90, *764*
chaise d'enfant 90, *766*
chaleur 94, *821*
Chambord (quenelles de poisson, champignons, laitances, langoustines et truffes) 108, *1057*
chambre 307, *3585*
chambrer 139, *1494*
chamois 89, *749*
champagne 108, *1059*
champagne rosé 108, *1060*
champignon 118, *1188*
champignon de Paris 118, *1192*
champignons de couche 118, *1193*
champignons des bois; champignons sylvestres 118, *1195*
chandelier 96, *849*
chandelle 376, *4423*
changer 257, *2956*
chanterelle; girolle 109, *1064*
chapelure 166, *1864*
chapon 97, *872*
charbon 101, *935*
charcuterie 109, *1073*
charcuterie 150, *1634*
charentais lisse 245, *2785*
charlotte (crème avec biscuits à la cuillère et fruits confits) 109, *1074*
charlotte aux pommes 109, *1075*
Chartreuse® (liqueur d'eau-de-vie de raisins élaborée avec 130 plantes) 110, *1078*
Chasseur (avec sauce à base de champignons, échalotes, tomates et vin blanc) 110, *1082*
châtaigne; marron 102, *959*
châtaigne d'eau 102, *954*
chaud 309, *3617*
chauffé 54, *315*
chauffe-plat 109, *1068*
chauffer 54, *314*
chausson aux pommes 110, *1085*
chausson de viande et de pommes de terre 283, *3245*
chayote 114, *1130*
Cheddar (fromage anglais, à base de lait de vache) 111, *1088*
cheeseburger 111, *1089*
chef (de cuisine) 111, *1091*
chef de rang 111, *1092*
chèque de voyage 111, *1097*
cher 100, *921*
chérimole; anone 111, *1098*
Cheshire; Chester (fromage britannique, au lait de vache cru) 111, *1099*
chèvre 89, *746*
chevreau 89, *748*
chevrette 126, *1336*
chevreuil 376, *4418*
chevreuil 99, *911*
Chianti (vin italien) 111, *1101*
chicorée 111, *1102*
chicorée frisée 112, *1104*
chili con carne (ragoût de bœuf haché au piment

Terme | **Page** | *N° du terme*

et aux haricots) **112**, *1105*
chinchard **98**, *892*
chinois **112**, *1110*
Chinotto (boisson italienne à base du fruit du bigaradier et d'extraits d'herbes) **112**, *1111*
chipolata (saucisse à base de porc) **112**, *1113*
chocolat amer **113**, *1114*
chocolat au lait **113**, *1115*
chocolat blanc **113**, *1116*
chocolat chaud **113**, *1120*
chocolat fondant **113**, *1117*
chocolat granulé **113**, *1118*
chocolat noir; chocolat mi-amer **113**, *1119*
chocolats **113**, *1121*
choï sam (légume chinois) **114**, *1129*
choisir **155**, *1728*
Choisy (avec laitue) **113**, *1122*
choix **155**, *1726*
chorizo (saucisse espagnole à base de porc) **113**, *1124*
Choron (cœur d'artichauts, pointes d'asperges et pommes de terre noisettes) **113**, *1125*
chou **129**, *1370*
chou **318**, *3717*
chou blanc **318**, *3718*
chou chinois **37**, *44*
chou de Bruxelles **129**, *1373*
chou-fleur **129**, *1375*
chou-fleur au gratin **129**, *1376*
chou frisé; chou cavalier **129**, *1377*
chou-rave **129**, *138*
chou rouge **318**, *3719*
chou vert **318**, *3720*
chou-vert **129**, *1374*
choucroute **114**, *1131*
choux; profiteroles **100**, *923*

choux au chocolat; profiterole au chocolat **100**, *922*
chowder (soupe de fruits de mer) **114**, *1128*
chutney **114**, *1134*
chutney à la mangue **114**, *1135*
chutney à la tomate **114**, *1136*
ciboule **104**, *982*
ciboulette **104**, *985*
cidre (vin de pomme) **341**, *4002*
cidre de poire **341**, *4003*
cigale de mer **103**, *970*
cigare **110**, *1079*
cigarette **115**, *1142*
cigarettes en chocolat **114**, *1141*
Cioppino (ragoût de poisson et de fruits de mer à la tomate) **115**, *1147*
ciseaux **360**, *4220*
ciseaux de cuisine **360**, *4221*
citron **225**, *2554*
citron en conserve **225**, *2552*
citron pressé **351**, *4127*
citronnade; limonade **317**, *3701*
citronnat **101**, *942*
citronnelle **97**, *876*
citronnier Kaffir; limettier hérissé **225**, *2551*
civet (ragoût de gibier cuit avec son sang) **115**, *1151*
Clairet (bordeaux rouge) **115**, *1154*
clarifier **116**, *1155*
clémentine; mandarine **248**, *2842*
client **116**, *1156*
client **201**, *2342*
clientèle **116**, *1158*
climatisé **116**, *1159*
clou de girofle; girofle **131**, *1411*
clovisse; moule **49**, *247*
club sandwich (tranches de poulet ou dindon,

laitue, tomate et lard) **116**, *1160*
club sandwich **335**, *3904*
coaguler **116**, *1165*
cochon-de-lait; porcelet **222**, *2499*
cock-a-leekie (bouillon de volaille aux poireaux) **117**, *1178*
cocktail **126**, *1322*
cocktail de crevettes **126**, *1323*
cocktail de fruits **126**, *1324*
cœur **126**, *1326*
cœur d'artichaut **126**, *1331*
cœur de bœuf **123**, *1278*
cœur de macreuse **251**, *2872*
cœur de palmier; palmiste **278**, *3164*
cœur de rumsteak **251**, *2871*
cœur du filet mignon **251**, *2875*
cognac **124**, *1292*
coing **240**, *2720*
Cointreau® (liqueur à base d'écorces d'oranges douces et amères) **118**, *1198*
col; collet; cou **185**, *2132*
coller **194**, *2270*
collier **290**, *3351*
colombe de Pâques **120**, *1222*
colorants alimentaires **126**, *1335*
colza **120**, *1223*
comestible; mangeable **120**, *1233*
commande **285**, *3269*
commander **285**, *3270*
Commodore (quenelles de poisson, croquettes de langoustines et de moules) **121**, *1249*
complet **122**, *1257*
complété **122**, *1255*
compléter **122**, *1256*
composer; combiner **122**, *1258*
composition **122**, *1259*
compote **122**, *1260*

compote de fraises **122**, *1261*
Compote (pigeon, perdrix ou lapin aux oignons grelot et au lard) **122**, *1263*
compotier **122**, *1262*
comptoir **65**, *453*
concentré de tomate **160**, *1818*
conchiglie (pâtes en forme de coquille) **123**, *1275*
conchigliette (petites pâtes en forme de coquillage) **123**, *1276*
concombre **288**, *3314*
concombre des Antilles; concombre marron **244**, *2763*
Condé (à la purée de haricots rouges) **123**, *1277*
conditionner **38**, *61*
confirmer **124**, *1286*
confiserie **123**, *1282*
confiseur **123**, *1283*
confiture; marmelade **187**, *2170*
confiture d'abricots **187**, *2159*
confiture d'ananas **186**, *2155*
confiture de baies rouges **187**, *2161*
confiture de cerises **187**, *2158*
confiture de coing **240**, *2719*
confiture de fraises **187**, *2167*
confiture de framboises **187**, *2160*
confiture de goyave **187**, *2162*
confiture de groseille **187**, *2163*
confiture de groseilles rouges **187**, *2164*
confiture de mûres **187**, *2157*
confiture de pêches **187**, *2168*
confiture de prunes **187**, *2156*

— 558 —

| Terme | Page | N° du terme |

confiture de raisin 187, *2169*
confrérie 124, *1287*
congre; anguille de mer 124, *1290*
conseiller 38, *62*
conservateur 124, *1294*
conservé 124, *1293*
conserve de légumes 222, *2497*
conserver 124, *1295*
conserves 124, *1297*
consommation 125, *1305*
consommé 124, *1298*
consommé Célestine (consommé de poulet garnie de tapioca) 124, *1299*
consommé de poisson 124, *1301*
consommé de poulet 124, *1300*
consommé de volaille 97, *863*
consommé froid 124, *1302*
consommé princesse (consommé de poulet garnie de pointes d'asperges) 125, *1303*
consommer 125, *1304*
Conti (purée de lentilles au lard) 125, *1308*
contrôle de qualité 125, *1310*
coq 184, *2115*
coq au vin 126, *1321*
coq de bruyère (grouse) 360, *4224*
coque 74, *579*
coquelet 178, *2046*
coquetelier; shaker 126, *1325*
coquetier 356, *4159*
coquille 123, *1273*
coquille d'oeuf 101, *943*
coquille de beurre 79, *642*
coquille Saint-Jacques 378, *4443*
coquilleur à beurre 270, *3079*
corail 126, *1333*
corallini (pâtes à potage) 126, *1334*
corbeille à fruits 106, *1025*

cordonier fil 389, *4525*
coriace (viande) 147, *1613*
coriandre 118, *1187*
cornet 348, *4086*
cornets siciliens (à la ricotta et aux fruits confits) 127, *1338*
cornichons 288, *3316*
coryphène 145, *1599*
côte de longe 128, *1364*
cotechino (saucisson italien à base de porc et épices) 128, *1365*
cottage (fromage anglais, frais allégé, à base de lait de vache) 128, *1367*
couche 94, *826*
couenne croquante du rôti de porc 287, *3307*
couler 116, *1170*
coulis de fraises 93, *810*
coulis de fruits 93, *809*
coupé 127, *1343*
coupe à fruits 180, *2080*
coupe arrière 367, *4319*
coupe-capsules 127, *1342*
coupe de glace 356, *4155*
coupé en tranches 166, *1875*
coupe-frites 127, *1344*
coupe (glace, fruits et marrons glacés) 129, *1368*
coupe glacée; sundae 352, *4141*
coupe-légumes; hache-légumes 127, *1349*
coupe-œuf sur socle 166, *1876*
coupe-pizza 127, *1348*
coupe-pomme 127, *1346*
couper 127, *1350*
couper en cubes 127, *1352*
couper en dés 128, *1357*
couper en deux 127, *1351*
couper en Julienne 128, *1355*
couper en morceaux; tronçonner 128, *1356*
couper en portions 144, *1585*
couper en rubans; chiffonnade 128, *1358*

couper en tranches 127, *1353*
coupes de désossage 317, *3687*
coupe spéciale du faux-filet 65, *466*
coupe spéciale du faux-filet 65, *467*
courge 36, *12*
courge japonaise 36, *17*
courge muscarde 36, *13*
courge musquée 36, *20*
courge spaghetti 36, *15*
courgette; courge verte 36, *21*
couronne d'agneau rôtie 127, *1341*
cours de cuisine 135, *1465*
court bouillon (à base de vin blanc ou vinaigre et peut comporter légumes et aromates) 129, *1369*
couscous 135, *1467*
couscoussier 279, *3175*
couteau 163, *1820*
couteau à dépecer 163, *1828*
couteau à désosser 163, *1823*
couteau à dessert 163, *1827*
couteau à huîtres; ouvre-huîtres 164, *1831*
couteau à légumes 164, *1832*
couteau à pain; taille-pain 163, *1825*
couteau à poisson; truelle 163, *1826*
couteau à viande 163, *1821*
couteau de cuisinier 163, *1822*
couteau électrique 164, *1830*
couteau tranchelard 164, *1833*
couvercle 357, *4181*
couvert 117, *1172*
couvert à poisson 357, *4172*
couvert à salade 357, *4173*
couverts 357, *4171*

couvrir 117, *1176*
crabe 98, *890*
crabe bleu 262, *2998*
crambe; chou marin 333, *3878*
cream cheese (fromage anglais à la crème, frais, à base de lait de vache entier) 131, *1413*
Crécy (aux carottes) 131, *1414*
crème 131, *1420*
crème aigre 131, *1421*
crème à la vanille 131, *1416*
crème anglaise (crème au lait et aux œufs) 132, *1426*
crème au citron 283, *3243*
crème brûlée 131, *1417*
crème caramel; crème renversée 303, *3566*
crème catalane 131, *1415*
crème cuite 279, *3180*
crème d'asperges; crème Argenteuil 344, *4036*
crème d'avoine 344, *4037*
crème de carottes 344, *4039*
crème de légumes 344, *4044*
crème de petits pois 344, *4040*
crème d'épinards 344, *4041*
crème de poireaux 344, *4035*
crème de pommes de terre 344, *4038*
crème de poulet 344, *4042*
crème de tartre 132, *1427*
crème de tomates 344, *4043*
crème fouettée; crème chantilly 132, *1422*
crème fraîche 132, *1423*
crème pâtissière 131, *1419*
crème pour pâtisserie 132, *1424*
crémerie 223, *2523*
crémeux 132, *1428*
crêpe 279, *3182*
crêpe au saumon 132, *1430*
crêpes Suzette (au jus

— 559 —

| Terme | Page | N° du terme |

d'orange et Curaçao) 132, *1431*
crépine de porc 118, *1197*
cresson (de fontaine), cresson (d'eau) 41, *110*
cresson alénois; passerage cultivée 41, *114*
cresson de Pará 211, *2394*
crêtes de coq 132, *1434*
crevette; boucot 94, *831*
crevettes séchées 95, *833*
crevette tigrée 95, *832*
cristallin 132, *1432*
crocodile 133, *1436*
croissant 133, *1437*
croquant; croustillant 133, *1435*
croque madame (sandwich grillé au jambon, fromage et œuf au plat) 133, *1439*
croque monsieur (sandwich grillé au jambon et fromage) 133, *1440*
croquettes de poisson 79, *644*
croquettes de pommes de terre 133, *1442*
croquettes de poulet 133, *1443*
croquettes de riz 133, *1441*
crosne du Japon; crosne 45, *172*
crostata (tarte aux fruits italienne) 133, *1444*
Crottin de Chavignol (fromage du Sancerrois, à base de lait de chèvre cru) 133, *1445*
croupe mamelon 134, *1458*
croûte de fromage 101, *945*
croûte de pain 101, *944*
croûtons 133, *1446*
cru 134, *1447*
cruche 212, *2403*
crustacés 134, *1448*
Cuarenta y Tres® (liqueur espagnole) 134, *1449*
Cuba Libre (cocktail de rhum, Coca-Cola® et jus de citron) 134, *1450*
cueillir 119, *1215*

cuillère à café 119, *1204*
cuillère à dessert 119, *1209*
cuillère à glace 119, *1214*
cuillère à melon 79, *640*
cuillère à mesurer 119, *1206*
cuillère à miel 285, *3272*
cuillère à sauce 119, *1213*
cuillère à soupe (mesure) 119, *1210*
cuillère à soupe; cuillère à bouche 119, *1211*
cuillère à thé 119, *1205*
cuillère de service 119, *1212*
cuillère en bois 119, *1207*
cuillère plastique 119, *1208*
cuillère; cuiller 119, *1203*
cuillerée 119, *1216*
cuire à blanc 58, *383*
cuire à demi 40, *99*
cuire à la braise 58, *382*
cuire à la vapeur; à l'étuvée 131, *1407*
cuire à petit feu; mijoter 131, *1405*
cuire au four 58, *381*
cuire en ragoût; cuire à la casserole; mijoter 195, *2287*
cuisine 130, *1399*
cuisine de ménage 130, *1400*
cuisine internationale 130, *1401*
cuisine régionale 130, *1403*
cuisine végétarienne 131, *1408*
cuisinier; queux 131, *1410*
cuisinière 131, *1409*
cuisinière 174, *1983*
cuisinière à gaz 174, *1984*
cuisinière électrique 174, *1985*
cuisse de dindon 129, *1384*
cuisse de lièvre 289, *3338*
cuisse de sanglier 129, *1383*
cuisse de volaille 129, *1382*

cuisson; cuite 130, *1398*
cuit 130, *1394*
cuit à la vapeur 130, *1397*
cuite au four à bois 301, *3536*
culinaire 134, *1454*
cumin 121, *1243*
cumin noir 121, *1244*
cup (boisson froide à base de vin blanc et de fruits) 134, *1457*
Curaçao (liqueur hollandaise aromatisée avec l'écorce séchée d'oranges amères) 135, *1459*
curcuma 135, *1461*
cure-dents 278, *3162*
Cussy (cœur d'artichauts à la purée de champignons, rognons de volaille, truffes et sauce au Madère) 135, *1468*
cuve; cuve de fermentation; tine 134, *1451*
Cynar® (bitter à base d'artichaut) 135, *1470*

D

daikon (racine japonaise) 137, *1473*
daim 106, *1024*
Daiquiri (cocktail de rhum blanc, jus de citron, sucre et grenadine) 137, *1474*
d'albufera (au poulet ou canard) 45, *167*
Danablu (fromage danois, pâte persillée, à base de lait de vache) 137, *1476*
darne de saumon 171, *1952*
d'Artois (croquettes de pommes de terre farcies aux petits pois et sauce Madère) 138, *1480*
dashi (bouillon japonais) 138, *1481*
date limite de vente 301, *3526*

datte 357, *4178*
daurade 145, *1598*
de biais 150, *1635*
de la ferme (œufs, poulets) 137, *1472*
déballer; ouvrir 142, *1538*
débiter 117, *1174*
déboucher 140, *1516*
déboucher; découvrir 142, *1551*
décaféiné 140, *1518*
decantation; décantage 138, *1483*
décanter 138, *1484*
déchirer 315, *3661*
décommander 96, *848*
décongelé 141, *1531*
décongeler 141, *1532*
décoré 138, *1485*
décorer 138, *1486*
deduction; rabais 141, *1534*
défiler 142, *1541*
dégivrer 139, *1491*
déglacer 139, *1492*
dégraissant 227, *2576*
dégraisser 142, *1540*
dehors; à l'extérieur 145, *1590*
déjeuner 48, *224*
déjeuner 362, *4255*
déjeuner d'affaires 48, *225*
délicat 139, *1496*
délicieux 139, *1498*
demi; moitié 248, *2838*
demi-bouteille 244, *2771*
demi-douzaine 244, *2770*
demi-glace; sauce brune (réduction d'un fond brun et sauce espagnole) 139, *1500*
demi-kilo 244, *2775*
demi-litre 244, *2774*
demi-portion 244, *2772*
demi-sec 339, *3964*
demi-tasse; tasse à expresso 139, *1501*
démouler 142, *1539*
dénoyauter; enlever le cœur 141, *1526*
denté 97, *873*
Denver sandwich (laitue, oignon, jambon et œufs brouillés) 140, *1507*

| Terme | Page | N° du terme |

dépurer 140, *1511*
désagréable 140, *1515*
Descar (croquettes de pommes de terre et fonds d'artichauts au beurre farcis de blanc de poulet) 141, *1523*
descendre 141, *1530*
déshydratation 142, *1542*
déshydrater 142, *1543*
désirer 142, *1537*
désossé 142, *1545*
désosser 142, *1546*
dessaler 142, *1550*
dessert 342, *4016*
desservir 361, *4240*
dessous-de-plat 140, *1521*
dessous-de-verre 140, *1520*
détachant 361, *4238*
détergent 142, *1556*
détester 143, *1557*
diabétique 143, *1560*
diététique 143, *1568*
digérer 143, *1569*
digeste 144, *1570*
digestif 144, *1572*
digestion 144, *1571*
dilué 144, *1575*
diluer 144, *1577*
dindon 289, *3341*
dindon farci au four 289, *3343*
dindonneau 289, *3342*
dîner 212, *2400*
dîner aux chandelles 212, *2395*
dîner; souper 212, *2399*
diplomate (pudding à la crème anglaise, fruits confits et biscuits à la cuillère) 132, *1425*
disposer en couches 144, *1580*
dissoudre 144, *1581*
distillat 142, *1553*
distillation 142, *1552*
distiller 142, *1554*
distillerie 142, *1555*
distribuer 144, *1582*
ditali; tubetti (pâtes à potage) 144, *1583*
diviser; partager 144, *1584*
Dolcelatte® (fromage italien, pâte persillée,

élaboré au lait de vache) 145, *1591*
donut; beignet 145, *1597*
dorée Saint-Pierre 328, *3812*
dose 145, *1596*
doseur 145, *1595*
double 146, *1612*
douceur 145, *1592*
doux; douce 145, *1589*
douzaine 147, *1617*
Drambuie® (liqueur de malt whisky et de miel sauvage) 146, *1602*
drops 146, *1605*
Dry Martini (cocktail de gin, vermouth et olive verte) 146, *1606*
du Barry (chou-fleur et pommes de terre château à la sauce Mornay) 146, *1607*
du pays; local(e); régional(e) 227, *2584*
dukkah (coriandre, cumin, graines de sésame et noisettes) 146, *1609*
dulse (algue rouge) 146, *1610*
dumpling (boulette de pâte) 146, *1611*
dur 147, *1614*
Duse (haricots verts, tomates et pommes de terre parmentier) 147, *1615*

E

eau 42, *119*
eau bouillante 42, *128*
eau de cédrat 317, *3698*
eau de fleur d'oranger 42, *121*
eau de rose 42, *124*
eau de Seltz; eau gazeuse 42, *126*
eau de source 42, *123*
eau-de-vie 43, *136*
eau-de-vie de canne à sucre 43, *137*
eau-de-vie de céréales 43, *139*
eau-de-vie de cerise; cherry brandy 43, *138*

eau-de-vie de fruits 43, *140*
eau-de-vie de marc 64, *439*
eau-de-vie de pomme 43, *141*
eau-de-vie de vin 43, *142*
eau du robinet 42, *120*
eau en bouteille 42, *127*
eau gazeuse 42, *132*
eau gazeuse; club soda 116, *1161*
eau glacée 42, *130*
eau minérale 42, *131*
eau plate 42, *133*
eau potable 43, *134*
eau tonic 43, *143*
ébréchée (verre, assiette) 314, *3634*
ébullition 149, *1618*
écailler; enlever les écailles 155, *1723*
échalote 149, *1619*
échauder 154, *1715*
éclairs au chocolat 81, *667*
éclats de chocolat 315, *3666*
écorce confite 101, *939*
écorce râpée 101, *946*
écraser 156, *1744*
écrémer 361, *4241*
écrevisse 94, *828*
écrire 155, *1736*
écumer 156, *1738*
écumoire 155, *1737*
edam (fromage hollandais, pâte pressée, à base de lait de vache demi--écrémé) 149, *1621*
édulcorant; sucrette; adoucissant 40, *95*
édulcorer; adoucir 40, *97*
effervescent 149, *1622*
églantine 323, *3773*
égoutté 155, *1733*
égoutter 155, *1732*
égouttoir à vaisselle 155, *1731*
élan 45, *181*
emballé sous vide 150, *1628*
emballer 150, *1629*
emballer 150, *1633*
embouteillé 151, *1659*

embouteiller 151, *1660*
embrocher 299, *3490*
émeu 150, *1626*
émietter 156, *1745*
éminceur à fromage 166, *1877*
Emmental (fromage suisse à pâte cuite, aux gros yeux et arôme fruité) 150, *1637*
emulsion 150, *1641*
émulsionner 151, *1642*
en boîte; en conserve 152, *1667*
en croûte 153, *1684*
en gelée 186, *2154*
en papillote 281, *3218*
en pot de terre 279, *3173*
en retard 159, *1789*
endive 151, *1650*
enduire 75, *589*
enduire au pinceau 295, *3420*
enfariné 151, *1654*
enfariner 151, *1655*
engraisser 152, *1662*
enlever le gras 320, *3740*
enokitake (genre de champignon) 152, *1671*
entier 207, *2369*
entonnoir 181, *2099*
entrecôte 171, *1949*
entrée 153, *1680*
envelopper 153, *1685*
épaissi (sauce, potage) 151, *1648*
épaissir (sauce, potage) 151, *1649*
épaule 278, *3158*
épazote 153, *1698*
épeautre 157, *1761*
éperlan 153, *1689*
épi de maïs; maïs en épi 157, *1767*
épice 157, *1760*
épicerie 247, *2818*
épicerie fine 139, *1497*
épinard 157, *1768*
épluche-légumes 141, *1528*
éponge 157, *1771*
équilibré 153, *1690*
escabèche (frit et mariné) 154, *1714*

— 561 —

| Terme | Page | N° du terme |

escalope 154, *1719*
escalope Cordon Bleu (farcie de jambon et fromage et panée) 154, *1720*
escalope de dinde 155, *1721*
escalope de veau 155, *1722*
escalope de veau viennoise (escalope panée) 387, *4522*
escargots 98, *883*
espadon 156, *1748*
espécialité gastronomique 205, *2350*
esquimau 292, *3378*
Esrom; Danish Port Salut (fromage danois, pâte pressée, à base de lait de vache) 158, *1782*
essayer; goûter 160, *1811*
essence; extrait 158, *1783*
essence d'amande 158, *1784*
essence de rose 158, *1787*
essence de vanille; vanilline 158, *1785*
essence d'orange 158, *1786*
essuie-mains 362, *4250*
essuie-tout 281, *3212*
essuyer 153, *1687*
estragon 159, *1798*
esturgeon 159, *1803*
étagère à épices 299, *3493*
étendre au rouleau; abaisser 36, *27*
étiquette 323, *3780*
être au régime 159, *1793*
être pressé 159, *1791*
évaporer 160, *1806*
exact; précis 160, *1807*
excéder; rester 342, *4014*
excellent 160, *1809*
exotique 160, *1810*
express à la crème fouettée 91, *778*
express; café express 91, *782*
extrait 160, *1813*
extrait d'amande 160, *1814*
extrait de levure 160, *1816*

extrait de malt 160, *1817*
extrait de viande 160, *1815*
extrait végétal 160, *1819*

F

facile 164, *1834*
facile à digérer 138, *1488*
façon de préparer; préparation 252, *2893*
facture 166, *1880*
fade 207, *2367*
fagottini (pâte farcie faite à partir de pâte fraiche) 164, *1836*
faim 175, *2003*
faînes 338, *3954*
(faire) cuire 130, *1402*
faire des grumeaux; grumeler 151, *1644*
faire frire 179, *2062*
(faire) griller 193, *2257*
(faire) rassir (viande) 243, *2759*
faire revenir 145, *1601*
faire sauter à feu vif en remuant 179, *2060*
faire tremper 299, *3487*
faisan 164, *1837*
faisan de montagne 164, *1838*
falafel (boulettes frites de pois chiches et de fèves) 164, *1839*
fané 258, *2972*
farandole 100, *929*
farce (en général salée); garniture (en général sucrée) 316, *3680*
farci; étouffé 316, *3676*
farcir 316, *3678*
farfalle (pâtes en forme de papillons) 165, *1848*
farine 165, *1849*
farine à pain 165, *1862*
farine d'amarante 165, *1850*
farine de blé 166, *1866*
farine de boulangerie 166, *1867*
farine de châtaignes 165, *1852*
farine de lentilles 165, *1857*

farine de lin 165, *1858*
farine de maïs 165, *1861*
farine de manioc 165, *1859*
farine de matsa 165, *1860*
farine d'épeautre 165, *1855*
farine de pois chiche 165, *1856*
farine de poisson 165, *1863*
farine de riz 165, *1851*
farine de sarrasin 166, *1869*
farine de seigle 165, *1853*
farine de soja 166, *1865*
farine d'orge 165, *1854*
farine intégrale 166, *1868*
farineux 166, *1871*
fast-food; prêt-à-manger 166, *1872*
faucille 174, *1989*
faux filet (FR.)/contre-filet (CA.) 125, *1309*
faux mousseron; marasme montagnard 256, *2952*
Favart (quenelles de volaille, estragon et tartelettes aux champignons) 167, *1883*
fécule 167, *1889*
fécule de maïs; amidon 51, *261*
fécule de pommes de terre 167, *1890*
Fédora (barquettes remplies de pointes d'asperges, carotte, navet, orange et châtaigne) 167, *1891*
feijoada (plat brésilien aux haricots noirs) 169, *1915*
fêlé; fendu 367, *4334*
fenouil; aneth doux 180, *2089*
fenugrec 169, *1917*
ferme 172, *1967*
fermé 167, *1888*
fermentation 169, *1918*
fermenté; au levain 169, *1919*
fermenter; lever 169, *1920*
fermier (œufs, poulets) 137, *1471*

Ferval (croquettes de pommes de terre farcies au jambon et aux cœurs d'artichauts) 169, *1925*
feta (fromage grec, à base de lait de chèvre, de brebis ou de vache) 170, *1929*
fête 169, *1928*
fettuccine (nids de pâtes en ruban) 170, *1930*
feu doux 174, *1987*
feu moyen 174, *1988*
feu vif 174, *1986*
feuille de basilic 174, *1995*
feuille de cari 174, *1992*
feuille de chêne verte 46, *196*
feuille de citronnier Kaffir 174, *1993*
feuille de laurier 174, *1994*
feuille de pandanus 174, *1997*
feuille de vigne 174, *1999*
feuille d'or 174, *1996*
feuilles de vigne en conserve 174, *2001*
feuilleté 174, *2000*
feuillu; verdoyant 378, *4441*
fève 167, *1882*
fibre 170, *1931*
fibreux 170, *1932*
figue 170, *1943*
figue de Barbarie 170, *1944*
figue séchée 171, *1946*
filet de bœuf au Madère 171, *1948*
filet de bœuf Wellington (filet mignon, foie gras et champignons) 171, *1947*
filet de lièvre 171, *1951*
filet de poulet 171, *1950*
filet mignon 171, *1953*
filet mignon avec chaînette 171, *1954*
filet mignon de porc 228, *2591*
filet mignon sans chaînette 171, *1955*
filets d'anchois 171, *1956*

— 562 —

| Terme | Page | Nº du terme |

filini (pâtes très fines et courtes) 170, *1933*
film alimentaire 171, *1957*
filtre 171, *1959*
filtre à café 172, *1961*
filtre à eau 172, *1960*
filtrer 171, *1958*
fines herbes 154, *1706*
fines herbes (persil, estragon, cerfeuil et ciboulette) 172, *1964*
Fiore Sardo (fromage sarde, texture dure, à base de lait de brebis) 172, *1966*
flambé 172, *1968*
flamber 172, *1969*
flan au pain 303, *3567*
flet 342, *4023*
flétan atlantique 44, *158*
flétan du Groenland; flétan noir 44, *157*
fleur 173, *1979*
Fleur du Maquis (fromage originaire de Corse, à base de lait de brebis cru) 173, *1970*
fleuron (morceau de pâte feuilletée en forme de croissant) 173, *1971*
flocons d'avoine 173, *1973*
flocons de blé 173, *1978*
flocons de céréales 173, *1975*
flocons de maïs 173, *1977*
flocons de riz 173, *1972*
flocons de seigle 173, *1974*
flocons d'orge 173, *1976*
Florian (laitue braisée, oignons, carottes et croquettes de pommes de terre) 173, *1981*
focaccia (pain italien) 173, *1982*
foie 170, *1934*
foie d'agneau 170, *1935*
foie de canard 170, *1938*
foie de porc 170, *1939*
foie de poulet 170, *1936*
foie de veau 170, *1940*
foie d'oie 170, *1937*
foie gras d'oie ou de canard; foie gras 170, *1942*

foie gras truffé 174, *1990*
fond de tarte; abaisse 181, *2095*
fondant (pâte à base de sucre et de glucose dont on se sert pour glacer les pâtisseries) 175, *2004*
fondant au chocolat 93, *808*
fondre 140, *1513*
fonds d'artichauts 181, *2096*
fondu 140, *1514*
fondue 175, *2005*
Fontina (fromage italien, texture tendre, à base de lait de vache entier) 175, *2006*
fool (mousse faite de fruits et de crème anglaise) 175, *2007*
forfait boissons 73, *563*
forme; moule 175, *2010*
fort 176, *2027*
fouet; moussoir 72, *543*
fouetté (crème); monté (oeufs) 72, *549*
fouetter (crème); monter (oeufs) 72, *547*
fougasse; fouace 176, *2030*
four 176, *2022*
four à convection 176, *2024*
four à micro-ondes 176, *2025*
four à pizza 176, *2020*
four à vapeur 176, *2023*
four électrique 176, *2021*
fourchette 185, *2125*
fourchette à dessert 185, *2130*
fourchette à huître 185, *2127*
fourchette à poisson 185, *2128*
fourchette à viande; bident 185, *2131*
fourchette de cuisine 185, *2126*
fourchette plastique 185, *2129*
Fourme d'Ambert (fromage français, pâte persillée, au lait de

vache) 177, *2031*
fournée 176, *2017*
fournisseur 176, *2018*
fragile 177, *2033*
frais 178, *2051*
fraise 254, *2919*
fraise des bois 254, *2921*
fraise Mara des bois 254, *2920*
framboise 177, *2036*
framboise jaune 177, *2037*
Frangelico (liqueur italienne aux noisettes) 177, *2039*
frappé; glacé 186, *2149*
frapper 319, *3730*
frapper; glacer 186, *2150*
fricassée de poulet 178, *2052*
fricassée de veau 178, *2053*
frire; faire sauter 179, *2059*
frire à la poêle 179, *2061*
frisée 46, *194*
friteuse électrique 179, *2058*
friture 179, *2065*
froid 179, *2056*
fromage 308, *3595*
fromage affiné 308, *3597*
fromage aux herbes 308, *3596*
fromage de brebis 308, *3602*
fromage de bufflonne 308, *3599*
fromage de chèvre 308, *3600*
fromage de pays 308, *3598*
fromage de tête 334, *3883*
fromage de vache 309, *3604*
fromage demi-dur 309, *3609*
fromage demi-mou 309, *3610*
fromage dur 309, *3605*
fromage fondu 309, *3603*
fromage frais 309, *3606*
fromage fumé 308, *3601*
fromage moelleux 309, *3607*
fromage râpé 309, *3608*

fromage typique 309, *3611*
fromagère 308, *3594*
frotter 156, *1742*
fructose; sucre de fruit; lévulose 180, *2084*
fruit 179, *2066*
fruit 180, *2081*
fruit au sirop 180, *2073*
fruit confit 179, *2068*
fruit de l'arbre à pain 180, *2076*
fruit de la passion 239, *2702*
fruit de saison 179, *2069*
fruit en conserve 180, *2074*
fruit frais 180, *2075*
fruit séché 180, *2077*
fruité 179, *2072*
fruits confits 180, *2078*
fruits de mer 180, *2083*
fruits des bois 180, *2079*
fumé 138, *1489*
fumée 180, *2086*
fumer 138, *1490*
fumer 180, *2088*
fumeur 180, *2087*
fusilli (pâtes en forme de ressorts) 181, *2100*

G

galanga 183, *2103*
galantine (à base d'un mélange de viandes blanches désossées, avec l'ajout d'une farce épicé et aromatisée et gélatine 183, *2105*
galé odorant; poivre de Brabant; myrte des marais 45, *183*
galette des Rois 80, *659*
galettes de riz (faites de farine de riz, d'eau et de sel, séchées au soleil sur des nattes) 281, *3214*
Galliano® (liqueur italienne d'anis) 184, *2114*
gamba 94, *829*
gant 230, *2611*
gant de cuisine 230, *2612*
garam masala (mélange d'épices indien) 184, *2119*

— 563 —

| Terme | Page | N° du terme |

garbure (soupe de légumes aux choux et au confit d'oie) 184, *2122*
garçon 184, *2123*
garde-manger 142, *1549*
garder 195, *2279*
gardez la monnaie 195, *2280*
gardon 324, *3786*
garni 195, *2283*
garnir 195, *2282*
garniture 195, *2284*
gastronomie 186, *2143*
gastronomique 186, *2144*
gâté 159, *1797*
gâteau 79, *645*
gâteau à l'ananas 364, *4291*
gâteau à l'orange 80, *654*
gâteau à la noix de coco 80, *651*
gâteau au café 364, *4292*
gâteau au chocolat 365, *4295*
gâteau au chocolat 80, *650*
gâteau au fromage 365, *4302*
gâteau au gingembre 80, *653*
gâteau aux abricots 364, *4289*
gâteau aux amandes 364, *4290*
gâteau aux carottes 80, *649*
gâteau aux cerises 365, *4294*
gâteau aux fraises 365, *4300*
gâteau aux fruits 80, *652*
gâteau d'anniversaire 80, *646*
gâteau de Noël 80, *655*
gâteau Forêt-Noire 80, *656*
gâteau marbré 80, *657*
gâteau nuptial 80, *648*
gâteau renversé aux fruits 372, *4384*
gâteau roulé 321, *3759*
gâteau Saint-Honoré (gâteau à la crème avec bordure de choux) 80, *661*

gâter 159, *1799*
gaufre 385, *4511*
gaufrette 385, *4510*
gazeux 185, *2141*
gazpacho (potage froide de légumes crus au vinaigre et à l'huile d'olive) 186, *2147*
géant 189, *2192*
gélatine 186, *2151*
gélatine en feuille 186, *2152*
gelée 187, *2171*
gelée à la menthe 187, *2165*
gelée royale 187, *2172*
gélifier 188, *2173*
gelinotte de bois 184, *2111*
génétiquement modifié 188, *2178*
genièvre 395, *4545*
germe de blé 189, *2189*
germes de luzerne 85, *715*
germes de soja 85, *718*
germon; thon blanc 44, *162*
gésier 253, *2898*
ghee (beurre doux, clarifié) 189, *2190*
gianduiotti (chocolat italien à la crème de noisettes) 189, *2191*
gibier 89, *750*
gigot d'agneau 289, *3337*
Gin Fizz (cocktail de gin, jus de citron et eau gazeuse) 189, *2196*
gin; genièvre 189, *2194*
gingembre 188, *2181*
ginger ale (boisson gazeuse au gingembre) 189, *2197*
gin-tonic 189, *2195*
giraumon 36, *18*
gîte 130, *1386*
gîte à la noix 130, *1388*
gîte arrière 129, *1385*
glaçage 117, *1173*
glace 188, *2174*
glace 347, *4083*
glacé 189, *2201*
glace à la pistache 348, *4090*
glace à la vanille 347, *4084*
glace au café 348, *4085*

glace au chocolat 348, *4087*
glace au citron 348, *4089*
glace aux fruits 348, *4088*
glace de viande 190, *2203*
glace pilée 188, *2175*
glacer 189, *2202*
glacerie 348, *4092*
glace (sauce très concentrée) 190, *2204*
glaçons 134, *1452*
gland 81, *662*
glucides (hydrates de carbone) 98, *893*
glucose 190, *2206*
glutamate 190, *2208*
gluten 190, *2210*
gnocchi 263, *3009*
gnocchi de ricotta 263, *3010*
Godard (quenelles, ris d'agneau, crêtes de coq, rognons de volaille, truffes et chamignons) 190, *2212*
goinfre 121, *1242*
Gorgonzola (fromage italien, texture tendre, à base de lait de vache) 191, *2223*
Gouda (fromage hollandais, pâte pressée, à base de lait de vache) 191, *2229*
goujon; goujon de rivière 190, *2211*
goulash (ragoût hongrois) 191, *2230*
gourde de Malabar 36, *16*
gourmandise 195, *2288*
gourmet 186, *2145*
gousse d'ail 139, *1504*
gousse de vanille 166, *1881*
goûter 303, *3561*
goutte 191, *2228*
goyave 190, *2213*
graine de soja 168, *1901*
graines d'aneth 338, *3953*
graines de céleri 338, *3951*
graines de fenouil 338, *3955*
graines de moutarde 338, *3958*

graines de pavot 338, *3959*
graines de potiron 338, *3950*
graines de sésame 338, *3956*
graines de tournesol 338, *3957*
grains de poivre 192, *2243*
graisse 190, *2217*
graisse de rognon de bœuf 337, *3932*
graisse de rôti 190, *2220*
graisse d'oie 190, *2218*
graisse saturée 191, *2221*
gramme 191, *2232*
Grana Padano (fromage italien, pâte dure, à base de lait de vache demi-écrémé) 191, *2233*
grand 192, *2235*
Grand Marnier® (liqueur française faite à partir de différents cognacs, distillés avec des essences d'orange) 192, *2236*
grand tambour 296, *3436*
Grand-Duc (pointes d'asperges, truffes et sauce Mornay) 192, *2234*
Grand-Mère (oignons, champignons, pommes de terre et lard) 192, *2237*
granité 192, *2239*
granulé 192, *2240*
granuler 192, *2241*
grappe 90, *762*
gras 152, *1663*
gras 191, *2222*
gratiné 193, *2247*
gratiner 193, *2248*
gratuit 193, *2250*
grenade 322, *3768*
grenadine 389, *4531*
grenouille 313, *3625*
gressin 194, *2261*
grignoter 254, *2925*
gril en fonte 109, *1067*
grillades 100, *918*
grillades 100, *920*
grille; gril 193, *2255*
grillée; au barbecue 66, *480*

| Terme | Page | N° du terme |

grillé 193, *2256*
grillé 364, *4284*
grille-pain; toasteur 364, *4283*
griller 364, *4285*
griotte 255, *2928*
grive 364, *4279*
Grog (cocktail chaud fait avec du rhum) 194, *2262*
grondin 89, *747*
gros 194, *2269*
gros sel 333, *3864*
groseille blanche 194, *2263*
groseille rouge 194, *2268*
groseille verte 194, *2267*
grumeleux 151, *1643*
Gruyère (fromage suisse, pâte dure) 194, *2271*
guarana 194, *2275*
guéridon; table de service 247, *2827*
gueule-de-bois 319, *3733*
gustatif 195, *2290*

H

habitué 116, *1157*
haché; charpie 291, *3369*
hacher; piquer 292, *3374*
hachis 99, *916*
hachis Parmentier (gratin de viande hachée et de purée de pommes de terre) 340, *3993*
hachoir à viande 252, *2895*
haddock (églefin fumé) 197, *2291*
haggis (estomac de mouton contenant un hachis d'abattis de mouton, oignon et avoine, le tout bouilli) 197, *2293*
Haloumi (fromage originaire du Moyen--Orient, à base de lait de chèvre) 197, *2294*
hamburger 197, *2295*
hamburger au poulet 198, *2296*
hamburger végétarien 198, *2297*
hampe 177, *2035*

hanche de poulet 342, *4015*
hareng 55, *326*
hareng fumé; hareng sour 55, *327*
haricot; faséole 167, *1892*
haricot adzuki 167, *1893*
haricot blanc 168, *1896*
haricot blanc 168, *1897*
haricot cornille 168, *1904*
haricot de Lima 168, *1900*
haricot de mer; spaghetti de mer (algue marine) 156, *1753*
haricot grimpant 168, *1899*
haricot italien 168, *1895*
haricot kilomètre 168, *1905*
haricot mungo jaune 168, *1908*
haricot noir 168, *1909*
haricot pinto 168, *1898*
haricot rouge 168, *1907*
haricot vert 375, *4404*
Harvey Wallbanger (cocktail de vodka, jus d'orange et Galliano®) 198, *2299*
hash browns (pommes de terre râpées et sautées avec des oignons) 198, *2300*
haute saison; en saison 48, *232*
Helder (pommes de terre noisettes et sauce tomate) 198, *2303*
Henri IV (cœurs d'artichauts farcis de pommes de terre noisettes et sauce béarnaise) 198, *2305*
Henri IV (pommes de terre pont-neuf et sauce béarnaise) 198, *2304*
herbe 153, *1692*
herbes de Provence (basilic, romarin, sarriette, laurier et thym) 199, *2306*
herbes fraîches 154, *1707*
heure 200, *2323*
heures d'ouverture 200, *2327*

Highball (whisky et eau gazeuse) 199, *2308*
hijiki; hiziki (algues séchées) 199, *2309*
ho fen (nouilles de blé chinoises) 199, *2316*
hokkien (nouilles de blé fraîches jaunes) 200, *2318*
homard; langouste 219, *2451*
horaire 200, *2326*
hors de saison 175, *2008*
hors-d'œuvre assortis 53, *305*
Horse's Neck (cocktail de cognac ou whisky bourbon, Angostura® et ginger ale) 200, *2328*
hot dog 90, *763*
hôtel 201, *2343*
hotpot (ragoût de mouton et orge) 201, *2344*
hotte 118, *1196*
houblon 229, *2610*
huile 60, *419*
huile à l'orange 60, *412*
huile aromatisée 60, *411*
huile au citron 60, *413*
huile d'amande 267, *3041*
huile d'arachide 268, *3042*
huile d'avocat 267, *3039*
huile de baleine 268, *3044*
huile de carthame 267, *3040*
huile de colza 268, *3045*
huile de coprah (extraite de la noix de coco) 126, *1320*
huile de foie de morue 268, *3047*
huile de graines de courge 268, *3053*
huile de maïs 268, *3050*
huile de moutarde 268, *3054*
huile de noisette 268, *3043*
huile de noix 268, *3051*
huile de palme 60, *410*
huile de pépins de raisin 268, *3055*
huile de pistache 268, *3052*
huile de sésame 268, *3048*

huile de soja 268, *3056*
huile de tournesol 268, *3049*
huile de truffe 60, *417*
huile d'olive 60, *414*
huile d'olive vierge 60, *416*
huile d'olive vierge extra 60, *415*
huile pimentée 268, *3046*
huile végétale 268, *3058*
huileux 268, *3057*
huilier 60, *418*
huître creuse de Sidney 271, *3096*
huîtres 271, *3094*
humide 372, *4378*
hummus (pois chiches, pâte de sésame, jus de citron, ail, huile d'olive, persil et menthe) 201, *2345*
hydromel (boisson fermentée, faite d'eau et de miel) 199, *2307*
hypercalorique 199, *2311*
hypocalorique 199, *2312*
hysope 199, *2314*

I

Ibérico (fromage fait avec un mélange de lait de vache, de lait de brebis et lait de chèvre, pressé et affiné peu de temps) 205, *2348*
Idiazabal (fromage espagnol, à base de lait de brebis cru) 205, *2349*
igname 206, *2365*
Ikan bilis (anchois séchés) 205, *2352*
imbiber; tremper 150, *1631*
incision 206, *2355*
indigeste 206, *2358*
indigestion 206, *2357*
infuser 120, *1220*
infusion 206, *2359*
ingrédients 206, *2362*
insipide 206, *2366*
instantané 207, *2368*
intolérance au lactose 207, *2370*

| Terme | Page | Nº du terme |

intoxication alimentaire 207, *2371*
invité 125, *1311*
irish coffee (café chaud au whisky) 92, *785*
ivre 73, *555*

J

jabuticaba 211, *2387*
jacque 211, *2388*
jambalaya (riz avec crevettes, poulet, jambon et tomates) 211, *2392*
jambon 302, *3539*
jambon cru et melon 245, *2787*
jambon de Paris; jambon blanc (légèremente salé) 302, *3541*
jambon de Parme 302, *3542*
jambon d'York (fumé) 302, *3544*
jambon fumé 302, *3540*
jambon poché 302, *3543*
jambon serrano (salé) 302, *3545*
janc de marais; janc des chaisiers 355, *4149*
jardin potager 201, *2329*
jarret arrière 258, *2978*
jarret avant; gîte avant 258, *2977*
jarret de porc à la choucroute 149, *1623*
jaune d'œuf 188, *2177*
jenipaye; jagua 212, *2409*
je regrette; je suis désolé 141, *1536*
jeûner 212, *2408*
jicama 212, *2412*
Joinville (crevettes, truffes et champignons) 213, *2417*
joue de porc 79, *630*
Judic (laitue braisée, tomates farcies et pommes de terre château) 213, *2419*
jujubier; jujube 213, *2420*
Jules-Verne (pommes de terre farcies, navets et champignons) 213, *2421*
jumeau de bifteck (fr.)/macreuse de palette (ca.) 287, *3301*
jus 350, *4113*
jus d'ananas à la menthe 350, *4114*
jus de citron 350, *4119*
jus de fruit de la passion 351, *4122*
jus de fruits 350, *4115*
jus de fruits tropicaux 350, *4116*
jus de légumes 350, *4118*
jus de mangue 351, *4121*
jus de pastèque 351, *4123*
jus de pomme 350, *4120*
jus de raisin 351, *4125*
jus de tomate 351, *4124*
jus de viande 193, *2253*
jus d'orange 350, *4117*

K

kabanos (saucisse à base de porc et/ou de bœuf haché) 215, *2426*
kaïlan; brocoli chinois 183, *2102*
kaki; plaquemine 363, *4260*
kaki; plaquemine 98, *882*
kamakobo (blocs de poisson, spécialité japonaise) 215, *2427*
kangourou 97, *862*
kasseler (longe de porc salé et fumé) 215, *2428*
kebab (brochettes de mouton) 215, *2429*
kedgeree (riz au poisson fumé avec œufs durs, lentilles et oignon) 216, *2431*
ketchup 216, *2432*
ketjab manis (sauce de soja douce) 216, *2430*
kilo 310, *3622*
Kir (cocktail de crème de cassis et vin blanc) 216, *2434*
Kir Royal (cocktail de crème de cassis et champagne) 216, *2435*
kirsch (eau-de-vie de griottes) 216, *2436*
kiwano; spoutnik 216, *2433*
kiwi; groseille de Chine 216, *2438*
knäckerbrot (pain complet suédois) 216, *2439*
knackwurst (saucisse de bœuf et/ou de porc et ail) 217, *2440*
kugel (pudding salé fait de pommes de terre ou pâtes) 217, *2443*
kugelhopf (gâteau autrichien aux raisins secs et amandes) 217, *2444*
kumquat 221, *2473*

L

lactose; sucre de lait 219, *2448*
(laisser) refroidir 139, *1493*
lait 222, *2500*
lait aromatisé 222, *2502*
lait caillé 224, *2525*
lait concentré 223, *2516*
lait concentré sucré 222, *2505*
lait cru 223, *2521*
lait d'amande 222, *2506*
lait de beurre; babeurre 222, *2501*
lait de bison 223, *2507*
lait de brebis 223, *2510*
lait de chèvre 223, *2508*
lait de coco 223, *2509*
lait de longue conservation 223, *2520*
lait de soja 223, *2511*
lait de vache 223, *2514*
lait demi-écrémé 224, *2524*
lait écrémé 223, *2512*
lait écrémé en poudre 223, *2513*
lait en poudre 223, *2515*
lait entier 223, *2517*
lait maigre 222, *2503*
lait pasteurisé 223, *2522*
lait UHT; lait de longue conservation 224, *2526*
laitance 338, *3949*
laiteron 340, *3982*
laiteux 224, *2527*
laitue 46, *189*
laitue beurre 46, *195*
laitue de mer; ulve 46, *193*
laitue iceberg; laitue reine-des-glaces; batavia 46, *190*
laitue romaine; chicon 46, *197*
lame 220, *2456*
lamelle 166, *1878*
lamelles de poulet 362, *4244*
lamelles de truffe 221, *2481*
lamproie 220, *2457*
langouste Thermidor (gratinée dans sa carapace) 219, *2452*
langoustines; scampi 219, *2453*
langue 226, *2561*
langue d'agneau 226, *2563*
langue de bœuf 226, *2562*
langue de chat 226, *2564*
langue de porc 226, *2565*
lap cheong; lap chong (saucisse chinoise faite à base de porc) 220, *2461*
lapin 117, *1184*
lapin de garenne 117, *1186*
lapin frit 117, *1185*
lard (coupé en trainches, salé et fumé) 64, *434*
lard fumé 64, *435*
lardé 221, *2475*
larder 221, *2476*
lasagne (en feuilles, elles peuvent être sèches ou fraîches) 221, *2478*
lasagne végétarienne 221, *2479*
lasagne verte (aux épinards) 221, *2480*
laurier 229, *2606*
Lavallière (agneau, cœur d'artichauts aux pointes d'asperges et sauce bordelaise) 221, *2487*

— 566 —

| Terme | Page | N° du terme |

lavande 47, *202*
lavé 221, *2486*
laver 222, *2490*
lave-vaisselle 239, *2699*
le chef recommande 351, *4134*
lécher 219, *2454*
léger 224, *2534*
légume 377, *4430*
légume bouilli 377, *4431*
légume vert 201, *2340*
légumes 222, *2494*
légumes à la vapeur 222, *2495*
légumes assortis 377, *4432*
légumes congelés 222, *2496*
légumes crus 376, *4421*
légumineuses (haricots, petits pois et lentilles) 338, *3960*
lentement 143, *1558*
lentille 224, *2529*
lentilles vertes de Puy 224, *2530*
lépiotes 224, *2531*
letchi; litchi; lychee 225, *2540*
le verre 299, *3486*
lèvres; babine 219, *2447*
levure biologique; levure de boulanger 169, *1921*
levure chimique; poudre à lever; poudre levante 169, *1922*
levure de bière 224, *2535*
levure de boulanger sèche 169, *1923*
Leyden; Leidsekaas (fromage hollandais, pâte compacte, à base de lait de vache demi-écrémé) 224, *2538*
l'heure du déjeuner 200, *2324*
l'heure du dîner 200, *2325*
libre-service; self-service 338, *3943*
lie; sédiment 82, *678*
lier 138, *1479*
lier 225, *2548*
lieu jaune 213, *2422*
lieu noir 155, *1724*
lièvre 222, *2492*

ligament cervical 225, *2547*
limande 342, *4020*
limande sole 342, *4022*
Limbourg (fromage belge, pâte pressée, à base de lait de vache) 226, *2556*
lime; citron verte 225, *2555*
lingue 145, *1594*
linguine (pâte en forme longue et plate) 226, *2570*
linzertarte (tarte aux épices et garnie de confiture) 227, *2571*
liqueur 225, *2542*
liqueur à l'orange 225, *2545*
liqueur à la pêche 225, *2546*
liqueur aux herbes 225, *2544*
liqueur de mûres sauvages 225, *2543*
liquide 227, *2575*
lisse 227, *2578*
liste d'achats 227, *2579*
litchi thaïlandais 225, *2541*
litre 227, *2581*
Livarot (fromage de Normandie, texture élastique, à base de lait de vache cru) 227, *2582*
livre 225, *2539*
livrer; fournir 176, *2019*
lollo rosso 46, *198*
lollo verte 46, *191*
long 122, *1267*
Long Island (cocktail de tequila, gin, vodka, Coca-Cola® et jus de citron) 228, *2599*
longe de porc 228, *2598*
Lorette (croquettes de volaille, pointes d'asperges et truffes) 229, *2600*
lotte 287, *3299*
lotte (d'eau douce) 229, *2603*
louche 123, *1274*
loukanika (saucisse grecque, à base de porc et coriandre) 229, *2605*
lourd 290, *3344*
lumière 230, *2613*
lupins; ternages 367, *4326*
luzerne 47, *199*
lyophilisée 227, *2572*
lyophiliser 227, *2573*

M

macaroni (petits tubes de pâtes creux) 234, *2627*
macédoine de fruits; salade de fruits 330, *3830*
macédoine de légumes 234, *2629*
macérer 234, *2630*
mâche 234, *2631*
mâcher; mastiquer 243, *2756*
machine à pâtes 239, *2700*
macis; fleur de muscade 234, *2628*
macreuse 278, *3157*
macrobiotique 234, *2634*
Madame 339, *3973*
Madère (vin portugais) 234, *2636*
mafou 76, *603*
magasin 228, *2586*
magret 286, *3280*
mahleb (intérieur de noyaux de cerises aigres) 234, *2642*
Mahón (fromage de Minorque, pressé mais pas cuit, à base de lait de vache) 235, *2643*
Mai Tai (cocktail de rhum blanc, rhum ambré, Curaçao, jus d'orange, jus de citron et jus d'ananas) 235, *2649*
maigrir 150, *1627*
maïs à pop-corn 249, *2854*
maïs doux 249, *2855*
maison 169, *1916*
maïzena 235, *2648*
makaire blanc; marlin 240, *2718*
makaire bleu 240, *2717*

mako 369, *4360*
malaxeur à pâtisserie 252, *2882*
Malmsey (vin Madère) 235, *2654*
malt 236, *2657*
maltose; sucre de malt 236, *2658*
Manchego (fromage espagnol, élaboré à partir du lait de brebis cru ou pasteurisé) 236, *2662*
mandarine 358, *4184*
mandoline 236, *2664*
mangaba 236, *2666*
manger 120, *1228*
mangoustan 237, *2669*
mangue 236, *2665*
Manhattan (cocktail de gin, whisky, vermouth sec et vermouth rouge) 237, *2671*
manioc; yucca 236, *2663*
manique; protège-main 279, *3181*
maquereau espagnol 103, *969*
marante 54, *322*
marasquin (liqueur de marasques) 239, *2705*
marbre 240, *2721*
marbré; persillé (viande) 241, *2722*
marc 193, *2246*
marcassin 212, *2406*
marchand aux légumes; fruiterie 310, *3624*
marché 247, *2816*
marché aux fruits 247, *2817*
margarine 239, *2707*
Margarita (cocktail de tequila, liqueur d'orange et jus de citron) 239, *2709*
margose 245, *2783*
Marie-Louise (pommes noisettes, fonds d'artichauts farcis à la purée de champignons et d'oignons) 240, *2711*
Marigny (pommes de terre fondantes,

— 567 —

| Terme | Page | N° du terme |

tartelettes aux petits pois et aux haricots verts) 240, *2712*
mariné 240, *2713*
mariner 240, *2714*
marinière (tomates, ail, huile d'olive et vin) 240, *2715*
marjolaine 237, *2673*
marmelade d'oranges 187, *2166*
Maroilles (fromage français en forme de pavé, à base de lait de vache) 241, *2725*
marron glacé 241, *2728*
marronnier d'Inde 102, *955*
marrube 201, *2333*
Marsala (vin liquoreux sicilien) 241, *2729*
marshmallow 241, *2730*
Martini® (vermouth italien) 241, *2732*
mascarpone (fromage italien, élaboré à partir de crème fraîche) 242, *2735*
Mascotte (cœur d'artichauts au beurre, pommes de terre et truffes) 242, *2736*
Masséna (fonds d'artichauts, moelle et sauce aux truffes) 243, *2755*
massepain 241, *2733*
maté 108, *1056*
Matelote (croûtons, oignons grelot, champignons et langoustines) 243, *2758*
matin 237, *2670*
mauvais 243, *2761*
mauvais; pourri; tounê 283, *3237*
maximum 243, *2762*
mayonnaise 235, *2644*
mayonnaise à l'ail 235, *2646*
mayonnaise à la suédoise (avec purée de pommes et raifort) 235, *2645*
Médicis (pommes

noisettes, cœurs d'artichauts au beurre, petits pois, carottes et navets) 244, *2765*
méduse 43, *144*
meilleur 246, *2798*
mélange 252, *2880*
mélangé 252, *2881*
mélange de cinq épices (poivre du Sichuan, anis étoilé, fenouil, clou de girofle et cannelle) 115, *1144*
mélanger 252, *2883*
mélangeur 252, *2887*
mélasse 245, *2779*
mélasse de grenade 245, *2778*
mélasse noire; doucette 245, *2777*
mélasse raffinée; sirop de sucre 389, *4528*
mélilot 246, *2799*
mélisse; citronnelle 153, *1696*
melon 245, *2781*
melon Galia 245, *2788*
membrane du diaphragme 246, *2802*
menthe 201, *2336*
menthe aquatique; menthe aux grenouilles 201, *2330*
menthe frisée 201, *2332*
menthe poivrée 201, *2337*
menthe pouliot 297, *3453*
menthe verte 201, *2331*
menu 246, *2807*
menu à la carte 246, *2808*
menu de Noël 246, *2809*
menu dégustation 246, *2810*
menu diététique; menu régime 246, *2811*
menu du jour 246, *2812*
menu gastronomique 246, *2813*
menu pour enfant 246, *2814*
menu touristique 247, *2815*
Mercédès (tomates, champignons, laitue braisée et croquettes

de pommes de terre) 247, *2819*
merci 267, *3036*
meringue 247, *2820*
merlan 64, *436*
merlan bleu 240, *2710*
merle 246, *2801*
merlu 290, *3347*
merluche 247, *2821*
mérou 185, *2133*
mérou géant 247, *2822*
mesure 244, *2766*
mesurer 244, *2768*
mets 300, *3510*
mets locaux; plats locaux 301, *3525*
mettre au rebut 141, *1527*
mettre en conserve 152, *1668*
mettre en purée; réduire en purée 167, *1887*
mettre le couvert 298, *3479*
mettre sur l'addition 120, *1221*
mettwurst (saucisse allemande à base de porc) 248, *2839*
mezzaluna 249, *2847*
mie de pan 251, *2873*
miel 244, *2776*
miel d'acacia 245, *2789*
miel de bruyère 246, *2796*
miel de châtaignier 245, *2791*
miel de romarin 245, *2790*
miel de thym 245, *2794*
miel de trèfle 245, *2795*
miel d'oranger 245, *2793*
miettes de pain 249, *2848*
Mikado (recettes françaises à base d'ingrédients de la cuisine japonaise) 249, *2849*
milandre 369, *4359*
milano (salami à base de porc e/ou de bœuf, ail, poivre en grains et vin blanc) 332, *3853*
milk-shake au chocolat 250, *2858*
milk-shake aux fruits 250, *2857*

milk-shake; mousse lait 250, *2856*
milk udon (nouilles asiatiques à base de farine de blé et d'eau) 371, *4370*
millefeuille 249, *2852*
millefeuille au chocolat 249, *2853*
Millens (fromage irlandais, au lait de vache cru) 250, *2859*
millésime; année 328, *3806*
millet; mil 278, *3155*
Mimolette Vieille (fromage français, pâte ferme, à base de lait de vache) 250, *2860*
mince 172, *1965*
mincemeat (préparation sucrée à base d'un mélange de fruits secs, d'amandes et de brandy) 250, *2861*
minestra (tubercules et champignons ou lentilles) 250, *2862*
minestrone (soupe de légumes avec riz ou pâtes) 250, *2863*
mini-maïs 251, *2867*
minimum 251, *2868*
minutes d'attente 359, *4207*
minuteur 133, *1438*
Mirabeau (filets d'anchois, olives, feuilles d'estragon et beurre d'anchois) 251, *2876*
mirepoix (bouillon fait de céleri, carotte et oignon) 251, *2877*
mirin (vin de riz japonais) 251, *2878*
mi-saignant 298, *3477*
mise en bouche; hors--d'oeuvre 53, *292*
mixeur-batteur 72, *541*
mixeur; blender 227, *2574*
mizuna (légume japonais) 252, *2888*
moelle 369, *4368*
moelle épinière 244, *2769*

— 568 —

| Terme | Page | Nº du terme |

moelleux; velouté (goût) 350, *4110*
moins 246, *2803*
moisir 253, *2900*
moka (express mélangé à du sirop de chocolat et du lait chaud) 92, *787*
mollusques 253, *2909*
mombin rouge; prune d'Espagne 115, *1148*
Monaco (huîtres pochées et croûtons) 253, *2910*
monarde 153, *1695*
monnaie 368, *4340*
Monsieur 339, *3972*
Mont Blanc (purée de marrons et crème fouettée) 254, *2913*
Montbazon (ris d'agneau, quenelles de volaille, champignons et truffes) 253, *2912*
monter 350, *4111*
Montmorency (fonds d'artichauts farcis de carottes et pommes de terre aux noisettes) 254, *2914*
Montpensier (cœurs d'artichauts, pointes d'asperges, truffes et sauce Madère) 254, *2915*
montrer 256, *2949*
Montreuil (cœurs d'artichauts farcis aux petits pois et carottes) 254, *2916*
morceau 128, *1359*
morceau 285, *3266*
mordre 254, *2924*
morille 255, *2927*
mortadelle (saucisson italien, à base de porc) 255, *2932*
mortier; égrugeoir 292, *3382*
morue fraîche 63, *430*
morue salée 63, *431*
mostelle; moustelle de roche 37, *29*
moudre; broyer 253, *2899*
mouillé 253, *2905*
mouiller 253, *2906*
moule à gâteaux 176, *2012*

moule à pain 176, *2013*
moule à tarte 176, *2014*
moule fond démontable 175, *2011*
moules 249, *2845*
moules marinière 249, *2846*
moulin à café 252, *2894*
moulin à herbes 253, *2896*
moulin à légumes 158, *1773*
moulin à poivre 253, *2897*
moulu; haché; pilé 253, *2901*
moussaka (composé d'aubergines et de viande hachée de mouton et mis au four) 256, *2950*
mousse 158, *1778*
mousse au chocolat 258, *2981*
mousse aux fraises 258, *2982*
mousse de la bière 158, *1779*
mousse de lait 158, *1780*
mousse de saumon 258, *2983*
mousser 167, *1886*
moutarde 255, *2934*
moutarde à l'ancienne 256, *2942*
moutarde à la tomate 256, *2943*
moutarde allemande 255, *2935*
moutarde américaine 255, *2937*
moutarde aux fines herbes 256, *2941*
moutarde blanche 255, *2938*
moutarde de Crémone (fruit au sirop et moutarde en poudre) 255, *2939*
moutarde de Dijon 256, *2940*
moutarde forte anglaise 256, *2944*
moutarde noire 256, *2947*
moutarde provençale 256, *2948*
mouton 99, *908*

moyen 244, *2767*
mozarelle de bufflonne 257, *2954*
Mozart (cœurs d'artichauts à la purée de céleri et pommes de terre) 257, *2955*
mozzarelle 257, *2953*
muesli 257, *2957*
muffin 257, *2958*
mulet; muge 356, *4166*
Munster (fromage fabriqué en Alsace, à base de lait de vache) 258, *2971*
mûr 234, *2639*
mûre 51, *265*
mûre-framboise 227, *2585*
mûre sauvage 51, *266*
murène 255, *2926*
mûri 49, *236*
mûrir; août 48, *235*
muscaris à toupet 104, *984*
Muscat (vin doux naturel) 255, *2933*
myrte 258, *2973*
myrte citronné 258, *2975*
myrtille 54, *321*

N

nageoires de requin 66, *479*
nameko (champignon japonais) 261, *2990*
nam pla (sauce asiatique de poisson) 261, *2989*
nappe 362, *4251*
naturel 262, *2997*
navet 261, *2985*
navet à collet violet 261, *2986*
nectar de fruits 262, *2999*
nectarine; brugnon 262, *3000*
nèfle du Japon 262, *3004*
Negroni (cocktail de gin, vermouth rouge et Campari®) 262, *3001*
Nemours (quenelles, champignons et sauce normande) 262, *3002*
nerf 262, *3003*

nerveux; tendron 258, *2979*
Nesselrode (avec purée de marrons) 262, *3005*
nettoyé 226, *2560*
nettoyer 226, *2559*
Neufchâtel (fromage français, frais, pâte tendre, à base de lait de vache) 263, *3007*
nigelle (graines noires indiennes); cheveux de Vénus 263, *3012*
nira (ciboulette chinoise) 263, *3013*
nœud 264, *3015*
noisette (liqueur française de noisette) 264, *3017*
noisette; aveline 59, *397*
noix 265, *3026*
noix d'Amérique; noix de pécan 285, *3263*
noix d'entrecôte 97, *870*
noix de cajou 102, *956*
noix de coco 117, *1179*
noix de coco râpée 117, *1180*
noix (de jambon) 130, *1390*
noix de macadamia 265, *3028*
noix de muscade 265, *3029*
noix de ronde 219, *2450*
noix du Brésil 102, *957*
non adhésive 53, *294*
non dilué; pur 144, *1576*
non fumeur 262, *2993*
non traités 338, *3945*
nori (fines lamelles d'algue) 264, *3019*
nougat 364, *4286*
nougat au chocolat 364, *4287*
nouilles de riz (faites de farine de riz et d'eau) 242, *2740*
nourriture 48, *221*
nourriture épicée 121, *1237*
nourriture pour bébé 121, *1239*
nouveau 265, *3025*
noyer blanc d'Amérique 102, *953*

— 569 —

| Terme | Page | *N° du terme* |

nuisible 264, *3016*
nuit 264, *3018*
numéro de la table 265, *3030*
nutritif 265, *3034*
nutrition 265, *3031*
nutritionniste 265, *3032*
nutritive 265, *3033*

O

oatcake (biscuit à la farine d'avoine) 267, *3035*
oblade 145, *1588*
occupé 267, *3037*
odeur 111, *1096*
œillet-giroflée 131, *1412*
oenogastronomie 152, *1670*
oenologie 152, *1672*
oenologue 152, *1673*
oenophile; amateur de vin 152, *1669*
œnothèque; vinothèque 152, *1674*
œsophage 156, *1746*
œuf 271, *3102*
œuf à l'huître (jaune cru au sel, poivre et citron) 300, *3500*
œuf cru 271, *3103*
œuf d'autruche 272, *3105*
œuf de cane 272, *3113*
œuf de cent ans; œuf de mille ans (oeuf de cane recouvert d'une pâte de feuilles, de cendre de bois, de citron et de sel) 272, *3104*
œuf de faisan 272, *3107*
œuf de mouette 272, *3108*
œuf d'émeu 272, *3106*
œuf d'oie 272, *3111*
œuf de Pâques 272, *3112*
œuf de pintadeau 272, *3110*
œuf de poule 272, *3109*
œuf pourri 272, *3116*
œufs (pochés) Bénédicte (au jambon, sauce hollandaise et pain blanc) 273, *3120*
œufs à la coque (cuits 3-4 min) 275, *3143*
œufs à la neige 274, *3136*
œufs au plat au jambon 274, *3128*
œufs au plat au lard 273, *3127*
œufs au plat Holstein (aux filets d'anchois) 274, *3129*
œufs au plat Meyerbeer (aux rognons d'agneau grillés et sauce aux truffes) 274, *3130*
œufs au plat Mirabeau (aux filets d'anchois, olives et estragon) 274, *3131*
œufs au plat; œufs frits 274, *3132*
œufs brouillés 274, *3133*
œufs brouillés à la Berny (à la chipolata et sauce tomate) 272, *3118*
œufs cocotte 273, *3124*
œufs de caille 273, *3123*
œufs de poisson; frai 271, *3100*
œufs de saumon 271, *3101*
œufs d'oursin 271, *3099*
œufs durs 273, *3121*
œufs durs Chimay (gratinés, farcis aux champignons) 273, *3122*
œufs écossais (œuf dur enrobé de chair à saucisse, pané et frit) 272, *3117*
œufs en caissette 274, *3134*
œufs farcis 275, *3144*
œufs mollets (cuits 5-6 min) 274, *3135*
œufs pochés 275, *3142*
œufs pochés à la florentine (aux épinards et sauce Mornay) 275, *3139*
œufs pochés à la Joinville (aux crevettes) 274, *3137*
œufs pochés à l'américaine (à la tomate et au lard) 274, *3138*
œufs pochés à la Mornay (gratinés à la sauce Mornay) 275, *3140*
œufs pochés à la Sardou (au jambon, anchois, truffes, cœur d'artichaut et sauce hollandaise) 273, *3119*
œufs pochés sur toast 275, *3141*
oie 184, *2116*
oie à l'alsacienne (à la choucroute) 184, *2117*
oignon 103, *975*
oignon blanc 104, *976*
oignon grelot 104, *987*
oignon rouge d'Italie 104, *978*
oignon rouge; oignon d'Espagne 104, *977*
oignon sauvage 104, *981*
oignons au vinaigre 104, *979*
okras 309, *3619*
Old Fashioned (cocktail de whisky bourbon, Angostura®, sucre en morceaux et eau gazeuse) 267, *3038*
olive 60, *420*
olive kalamata (olives grecques) 60, *421*
olive noire 60, *422*
olive verte 60, *424*
olives fourrées 60, *423*
omassum 86, *725*
omble 334, *3897*
omblé d'Amérique 368, *4352*
ombre 287, *3300*
omelette 269, *3063*
omelette à la sauce tomate 269, *3069*
omelette à la saucisse 269, *3072*
omelette au fromage 269, *3071*
omelette au jambon 269, *3070*
omelette au lard 269, *3065*
omelette aux champignons 269, *3068*
omelette aux courgettes 269, *3064*
omelette aux oignons 269, *3067*
omelette aux pommes de terre 269, *3066*
omelette aux tomates 269, *3073*
omelette espagnole (aux tomates, oignons et poivrons doux) 269, *3075*
omelette nature 270, *3077*
omelette savoyarde (aux pommes de terre et gruyère) 270, *3076*
omelette sucrée 269, *3074*
on dîne à... heures 212, *2398*
once 270, *3078*
onglet 228, *2590*
opaque 270, *3080*
Opéra (pointes d'asperges et tartelettes au foie de volaille) 270, *3081*
orange 220, *2463*
orange amère; bigarade; orange de Séville 220, *2464*
orange douce 220, *2471*
orange navel 220, *2465*
orange ponkan 298, *3471*
orange pressée 351, *4126*
orange sanguine 220, *2469*
orangeade 317, *3700*
orangeat 101, *940*
ordinaire; habituel 123, *1271*
ordures 227, *2583*
orecchiette (petits pâtes en forme d'oreille) 270, *3083*
oreille de porc 270, *3086*
organique 270, *3087*
orge 106, *1029*
orge perlée 107, *1030*
orgeat 270, *3082*
origan 270, *3084*
origine; provenance 303, *3551*
ormeau 35, *4*
orphie 286, *3285*
ortie 372, *4386*
ortolan 201, *2341*
os 271, *3093*
os à moelle 271, *3092*
oseille de Belleville 60, *406*

— 570 —

| Terme | Page | N° du terme |

Ossau-Iraty (fromage originaire des Pyrénées, à base de lait de brebis) 270, *3090*
osso buco (tranche de jarret de veau braisée) 271, *3091*
ôter les arêtes 361, *4242*
ouïes; branchies 195, *2285*
ours 372, *4385*
oursin; hérisson de mer 271, *3097*
ouvert 35, *9*
ouverture 35, *10*
ouvre-bocal 36, *25*
ouvre-boîte 36, *24*
ouvre-bouteille 36, *23*
ouvrir 36, *26*

P

paella 277, *3152*
pagre 282, *3229*
paille 97, *868*
paille de fer 278, *3159*
pain à l'ail 280, *3190*
pain anglais 280, *3198*
pain au bicarbonate de soude 280, *3197*
pain aux fruits 280, *3188*
pain aux noix 280, *3196*
pain azyme 280, *3187*
pain beurré 280, *3189*
pain complet 280, *3202*
pain de Gênes; génoise 280, *3194*
pain de maïs 280, *3195*
pain de ménage 280, *3200*
pain de mie 280, *3193*
pain d'épices 280, *3192*
pain d'épices au gingembre; pain de gingembre 189, *2198*
pain de seigle 280, *3191*
pain de viande 80, *647*
pain frais 280, *3201*
pain noir 281, *3204*
pain perdu 313, *3626*
pain pita 280, *3186*
pain rassis 281, *3205*
pain; bricheton; brignolet 279, *3184*
paleron, surlonge; basses-côtes (FR.)/bloc d'épaule (CA.) 37, *46*
paleron; raquette (FR.)/ haut de palette (CA.) 315, *3658*
palette 157, *1755*
palette à pizza 281, *3211*
palmier (biscuit fair de pâte feuilletée sablée et sucre glace) 278, *3163*
palourde; clovisse 382, *4508*
palourdes marinées 382, *4509*
palourdes; moules 240, *2716*
pampaneau plume 339, *3979*
pamplemousse; grapefruit 298, *3470*
panais 284, *3248*
pancetta (sorte de lard italien) 278, *3169*
panch phora (cumin, moutarde noire, nigelle, fenugrec et graines de fenouil) 278, *3170*
pané 150, *1639*
paner 150, *1640*
panettone 279, *3178*
panforte (gâteau aux fruits secs, confits, miel et chocolat) 279, *3179*
panier (de vin) 106, *1028*
panier 106, *1026*
panier à vapeur 106, *1027*
panier de la friteuse 279, *3176*
panzotti (pâte farcie faite à partir de pâte fraiche) 279, *3183*
papaye 236, *2660*
papaye 281, *3210*
papier aluminium 281, *3213*
papier cuisson; papier sulfurisé 281, *3215*
pappadam (pain indien à base de farine de lentilles) 282, *3219*
paprika; piment doux 282, *3222*
Pâques 283, *3236*
paquet 277, *3147*
par personne; par tête 299, *3491*
parfait (fruits, glace et crème fouettée) 282, *3225*
parfait (purée de fruits, jaunes d'œufs et crème fouettée) 282, *3226*
parking 159, *1788*
parmesan 283, *3233*
Parmigiano Reggiano (fromage italien, pâte dure, à base de lait de vache) 283, *3235*
parpadelle (très larges pâtes en ruban, vendues en nids) 282, *3220*
partager 318, *3715*
pas assez cuit 235, *2653*
pas de sauce 339, *3967*
passoire 116, *1162*
passoire 155, *1730*
passoire à thé 116, *1163*
pastenague 314, *3643*
pastenague ailée; masca 314, *3642*
pastèque; melon d'eau 245, *2780*
pasteuriser 284, *3246*
pastiera (gâteau aux grains de blé, ricotta et fruits confits) 284, *3247*
pastrami (viande salée, épicée et cuite à sec) 284, *3250*
patate (douce) 68, *503*
patate douce blanche 68, *504*
patate douce rouge 68, *505*
pâte 242, *2739*
pâte à choux 242, *2746*
pâte à frire 243, *2751*
pâte à pâtisserie très mince; pâte phyllo 242, *2744*
pâte à wonton (pâtes asiatiques) 175, *2002*
pâte brisée; pâte à foncer 242, *2747*
pâté d'amandes 283, *3238*
pâté d'anchois 283, *3239*
pâte de boulangerie 242, *2742*
pâté de crevettes séchées; blachan; trasi 283, *3242*
pâté de foie gras 284, *3251*
pâté de fromage 284, *3253*
pâté de jambon 284, *3252*
pâté de noisettes 283, *3240*
pâte de semoule 242, *2743*
pâté de tomates séchées 283, *3244*
pâte farci 243, *2754*
pâte feuilletée 242, *2745*
pâte fraîche 243, *2749*
pâte intégrale 243, *2750*
pâte sablée 243, *2752*
pâte sucrée 243, *2748*
patelle 220, *2460*
pâtes 233, *2622*
pâtes à potage 243, *2753*
pâtes alphabet (pâtes à potage) 224, *2532*
pâtes aux œufs 242, *2737*
pâtes sauce tomate 233, *2623*
pâteux 284, *3249*
payer 278, *3154*
peau bleue 369, *4357*
pêche 290, *3354*
pêche Melba (pêche à la glace à la vanille et coulis de framboises) 290, *3357*
pêcher 290, *3350*
Pecorino Romano (fromage italien, pâte dure, à base de lait de brebis) 285, *3265*
pélamide; maquereau bonite 340, *3983*
pelé 287, *3302*
peler 287, *3305*
peler, éplucher (fruits, légumes); monder (amandes); écailler (œufs, noix); zester (agrumes); décortiquer 141, *1529*
pelle 277, *3151*
pelure; peau 287, *3306*
pelure d'oignon 101, *937*
penne (pâtes courtes et creuses) 287, *3312*
peperonata (poivron rouge, tomates, oignons et huile

| Terme | Page | N° du terme |

d'olive) 287, *3313*
pepperoni (saucisson italien, à base de porc e de bœuf) 288, *3317*
perche 289, *3329*
perciatelli (pâtes longues et creuses) 289, *3330*
perdrix 289, *3331*
perdrix grise 289, *3332*
perdrix rouge 289, *3333*
périssable 289, *3334*
persil 334, *3890*
persil aux racines de Navet 333, *3875*
persil de Naples 333, *3876*
persil frisé 334, *3891*
persil plat 334, *3892*
peser 290, *3346*
pétales de rose cristallisés 290, *3359*
petit 288, *3318*
petit four 291, *3365*
petit pain 281, *3206*
petit pain au lait 281, *3208*
petit pain au pavot 281, *3207*
petit pain aux raisins secs 87, *737*
petit pain aux raisins secs 281, *3209*
petit-déjeuner 91, *773*
Petit-Duc (tartelettes à la purée de poulet, pointes d'asperges et truffes) 291, *3363*
petit-lait; clair 347, *4080*
petit-suisse (fromage français, texture crémeuse) 291, *3366*
petite marmite (bouillon de viande, moelle et légumes) 291, *3364*
petite oseille 60, *408*
petits légumes 251, *2866*
petits moules 176, *2016*
petits oignons au vinaigre 104, *989*
petits poireaux 250, *2865*
petits pois 154, *1711*
pétri 348, *4094*
pétrir 348, *4095*
peu 299, *3499*
physalis; alkékenges 291, *3368*

pibales; civelles 152, *1665*
piccalilli (vinaigre, cornichons et moutarde) 292, *3375*
piccata (escalope de veau sautée au persil et au jus de citron) 292, *3376*
pickles (mélange de légumes conservés au vinaigre aromatisé) 292, *3377*
pied arrière 291, *3367*
pied avant 285, *3268*
pied-de-mouton 292, *3379*
pieds de porc 290, *3345*
pieds de veau 290, *3352*
pigeon 298, *3469*
pigeonneau 82, *679*
pignon brésilien 295, *3423*
pignons; pignoli; snoubar 295, *3425*
pilchard 336, *3917*
pileur à glace 368, *4339*
pilon à viande 72, *542*
pilon de canard 130, *1392*
pilon de poulet 130, *1391*
piment chipotle 293, *3387*
piment fort 293, *3398*
piment fort en poudre 112, *1106*
piment habañero 293, *3396*
piment jalapeño 293, *3397*
piment poblano 294, *3404*
piment serrano 294, *3407*
pimpenelle 335, *3907*
Piña Colada (cocktail de rhum, lait de coco et jus d'ananas) 294, *3412*
pince 294, *3414*
pince à crustacés 294, *3415*
pince à glace 294, *3416*
pince à homard 294, *3417*
pince à sucre 294, *3418*
pinceau 294, *3419*
pinceau pâtissier 295, *3421*
pincée 296, *3442*
Pink Lady (cocktail de gin, jus de citron, blanc d'œuf et grenadine) 295, *3424*
pintade 184, *2110*
pipe rigate (pâtes en

forme des coquilles d'escargot) 295, *3430*
pipérade (omelette basque aux poivrons doux et aux tomates) 295, *3429*
piquant 291, *3371*
pique-épis 157, *1764*
pique-nique 295, *3432*
Pisco Sour (cocktail de Pisco, jus de citron, blanc d'œuf et sucre) 296, *3440*
pissenlit; dent de lion 139, *1505*
pistache 296, *3441*
pitanga 296, *3443*
pitomba 296, *3444*
pizza à la romaine (tomates, mozzarelle et anchois) 296, *3446*
pizza en chausson (farcie) 94, *825*
pizzeria 296, *3448*
place 58, *384*
placé; mis 120, *1218*
placer; mettre 120, *1219*
planche à découper 355, *4150*
Planter's Punch (cocktail de rhum, marasquin, Curaçao, jus d'orange, jus de citron et jus d'ananas) 297, *3449*
plastique 297, *3450*
plat 367, *4321*
plat à escargot 300, *3515*
plat à four 58, *375*
plat chaud 301, *3518*
plat de côte 128, *1361*
plat de côte; rôti de carré 128, *1362*
plat de poisson 300, *3506*
plat de résistance 300, *3517*
plat de viande 300, *3503*
plat du jour 300, *3511*
plat froid 300, *3513*
plat long 367, *4322*
plat ovale 367, *4323*
plat pour le four 301, *3520*
plat rond 367, *4324*
plat sur commande 300, *3512*

plateau 66, *468*
plateau à fromage 300, *3507*
plateau de fromages 355, *4151*
plats recommandés 301, *3523*
plats tout prêts 301, *3522*
plein 111, *1094*
pleurotes 340, *3996*
plie; carrelet 342, *4021*
plier; replier 144, *1587*
plumer 140, *1508*
plus 235, *2647*
pluvier 222, *2489*
poché 154, *1717*
poche à douille; poche à décoration 328, *3804*
poché dans du lait 154, *1716*
pocher 154, *1718*
poêle 178, *2054*
poids 290, *3353*
poignée 304, *3570*
point de longe 45, *180*
point de rosée 298, *3476*
pointe d'épaule; boule de macreuse 277, *3146*
pointe de poitrine 298, *3473*
pointes d'asperges 298, *3474*
poire 288, *3321*
poire à jus; pompe à jus 68, *501*
poire Anjou 288, *3323*
poire Anjou rouge 288, *3324*
poire Bourdaloue (à la crème d'amandes) 288, *3322*
Poire (eau-de-vie de poire) 297, *3455*
poire Hélène (poire cuite à la glace à la vanille, crème fouettée et sirop de chocolat) 288, *3325*
poire Nashi 288, *3326*
poire Rocha 289, *3327*
poire Williams 289, *3328*
poireau 47, *216*
poirée rhubarbe, blette à carde rouge 37, *45*
pois cassés 154, *1712*
pois chiche 192, *2242*

| Terme | Page | N° du terme |

pois d'Angola; pois cajan 168, *1906*
pois de Nouvelle-Guinée 168, *1894*
pois mange-tout; pois gourmand 154, *1713*
poison guitar 381, *4496*
poisson 286, *3284*
poisson cru 286, *3287*
poisson cuit au four 286, *3286*
poisson de mer 286, *3289*
poisson de rivière 286, *3288*
poisson frit 286, *3293*
poisson fumé 286, *3290*
poisson sabre 286, *3291*
poisson-chat; silure 64, *443*
poisson-limon 269, *3062*
poisson-perroquet 79, *632*
poissonnerie 286, *3283*
poissonnier 376, *4424*
poissonnière 287, *3295*
poitrine 285, *3274*
poitrine avec os 67, *490*
poitrine d'agneau 285, *3275*
poitrine désossée 67, *491*
poivre 292, *3383*
poivré 54, *309*
poivre blanc 293, *3392*
poivre de Cayenne; piment de Cayenne 293, *3385*
poivre de Guinée 293, *3389*
poivre de Jamaïque; piment; toute-épice 293, *3390*
poivre du Sichuan; poivre chinois; poivre anisé 294, *3408*
poivre en grain 293, *3395*
poivre noir 293, *3393*
poivre rose 294, *3406*
poivre rouge 294, *3409*
poivre vert 293, *3394*
poivrer; pimenter 54, *310*
poivrière 294, *3410*
poivron doux; piment doux 293, *3399*
poivron farci 294, *3405*
poivron jaune 293, *3400*
poivron orange 293, *3401*

poivron rouge 294, *3403*
poivron vert 293, *3402*
polenta 297, *3458*
polenta blanche 297, *3459*
polenta frite 297, *3460*
polenta précuite 297, *3461*
pollen 297, *3457*
pomelo; pamplemousse rose 193, *2244*
pomme (de terre) Jersey Royal (la reine des pommes de terre nouvelles) 68, *506*
pomme 233, *2618*
pomme de lait 36, *11*
pomme de terre 68, *502*
pomme Fuji 233, *2619*
pomme rosée; pomme de Malacca; guibolle 211, *2393*
pomme Royal Gala 233, *2620*
pommes au four 233, *2625*
pommes (de terre) à l'anglaise (cuites au beurre) 68, *509*
pommes (de terre) à la parisienne (pommes de terre aux fines herbes) 71, *533*
pommes (de terre) à la sarladaise (sautées à la graisse d'oie) 71, *537*
pommes (de terre) à la savoyarde (gratin de pommes de terre au lait et fromage) 69, *511*
pommes (de terre) allumettes (frites) 71, *532*
pommes (de terre) Anna (timbale de pommes de terre) 68, *508*
pommes (de terre) au four 69, *510*
pommes (de terre) Berny (en croquettes aux amandes) 69, *513*
pommes (de terre) boulangère (cuites au four avec oignons) 68, *507*
pommes (de terre) château (tournées en

grosses olives et sautées au beurre) 69, *515*
pommes (de terre) Chatouillard (pommes de terre détaillées en longs rubans et traitées en friture) 69, *516*
pommes (de terre) cuites 69, *518*
pommes (de terre) Dauphine (croquettes moelleuses de pommes de terre) 70, *519*
pommes (de terre) duchesse (rosettes de purée de pommes de terre au gratin) 70, *521*
pommes (de terre) en papillote 70, *522*
pommes (de terre) en robe 69, *517*
pommes (de terre) en robe de chambre 69, *512*
pommes (de terre) fondantes 70, *523*
pommes (de terre) frites; frites 70, *524*
pommes (de terre) gratinées 70, *526*
pommes (de terre) industrialisées 70, *525*
pommes (de terre) Lorette (croquettes moelleuses au fromage râpé) 70, *527*
pommes (de terre) lyonnaises (frites aux oignons) 70, *528*
pommes (de terre) Macaire (galette de pommes de terre rissolée a la poêle) 70, *529*
pommes (de terre) noisettes (pommes de terre en forme de boulettes) 71, *530*
pommes (de terre) nouvelles 69, *514*
pommes (de terre) pailles (frites) 71, *531*
pommes (de terre) Parmentier (pommes de terre en gros dés,

sautées au beurre) 71, *534*
pommes (de terre) pont neuf (pommes de terre frites en bâtonnets) 71, *535*
pommes (de terre) sautées 71, *536*
pommes (de terre) soufflées (pommes de terre frites, replongées dans la friture) 72, *538*
pommes (de terre) Williams (croquettes en forme de poire) 72, *539*
pompaneau sole 278, *3167*
pop-corn 295, *3431*
porc rôti 299, *3485*
porcelaine 298, *3482*
porphyrée pourpre (algues séchées) 217, *2441*
porphyrée pourpre (algues séchées) 222, *2491*
porte-couteau 140, *1522*
porte-cure-dents 278, *3160*
porte-serviette 299, *3492*
portion 298, *3481*
portions pour les enfants 301, *3521*
Port-Salut® (fromage français, pâte molle, à base de lait de vache) 299, *3494*
potable 299, *3498*
potage à la bière 345, *4050*
potage au riz 344, *4046*
potage aux légumes 345, *4059*
potage aux pâtes 344, *4033*
potage aux tomates 345, *4058*
potage avgolemono (fond de poulet, riz, œufs battus et jus de citron) 343, *4027*
potage Bagration (velouté de veau garni de tronçons de macaroni) 343, *4028*
potage Beaucaire (céleri,

| Terme | Page | N° du terme |

poireau et chou) 343, *4029*

potage billi-bi (moules, oignon, vin, crème et assaisonnements) 343, *4030*

potage Cambacérès (crème de poulet, pigeon et langoustines) 343, *4032*

potage Condé (purée de haricots rouges) 344, *4034*

potage Darblay (purée Parmentier et julienne de légumes) 344, *4045*

potage de haricots 345, *4051*

potage de lentille; potage Conti 345, *4052*

potage de pommes de terre; potage Parmentier 345, *4047*

potage de poulet et gombo 195, *2289*

potage écossais (viande d'agneau ou de mouton, légumes et orge) 346, *4063*

potage Faubonne (purée de haricots blancs) 346, *4065*

potage fausse tortue (faite avec la tête de veau) 346, *4064*

potage Germiny (potage à l'oseille) 346, *4066*

potage Longchamp (purée de petits pois) 346, *4067*

potage Lorraine (poulet, veau, amandes, jaunes d'œufs, pain, lait, sel, poivre et citron) 346, *4068*

potage Louisiane (crabes, crevettes, riz, okras, poivron doux et safran) 346, *4069*

potage mulligatawny (soupe de poulet au cari) 346, *4070*

potage Nélusko (noix de coco, marante et amandes) 347, *4071*

potage purée du Barry (crème de chou-fleur) 345, *4062*

potage; soupe 343, *4026*

pot-au-feu (viandes de bœuf, légumes et osso buco cuits) 299, *3497*

pot-au-lait 223, *2518*

pot de terre 279, *3172*

potée marinière 93, *811*

potiron 36, *19*

poudre de cacao 90, *759*

poudre de café 91, *777*

poudré; saupoudré 297, *3464*

poularde 184, *2112*

poule 184, *2109*

poule d'eau 178, *2045*

poulet 177, *2040*

poulet à la Kiev (blanc de poulet farci au beurre et pané) 178, *2048*

poulet à la royale (aux champignons et Xérès) 177, *2041*

poulet au cari 178, *2043*

poulet frit 178, *2047*

poulet rôti 178, *2044*

poulet sauté Marengo (aux champignons et aux tomates) 178, *2042*

poulpe 298, *3466*

pour four à micro-ondes 289, *3336*

pourboire 191, *2224*

pourboire compris 191, *2225*

pourpier; portulaca 74, *570*

pourri 297, *3452*

pousses 85, *714*

pousses de bambou 85, *716*

pousses de haricots 85, *717*

poussin 295, *3428*

praires 49, *248*

praliné (croquant aux noix de pécan) 300, *3501*

pré-cuit; mi-cuit 301, *3531*

préchauffer 301, *3527*

préférer 301, *3533*

préfrit 301, *3534*

prendre 362, *4254*

préparé à la table 302, *3537*

préparer; apprêter 302, *3538*

préparer en filets 127, *1354*

pressé 158, *1777*

presse-ail 157, *1772*

presse-citron 158, *1774*

presse-purée 49, *241*

presser les fruits 158, *1776*

présure 116, *1169*

prêt 303, *3558*

pretzel (biscuit salé allemand) 302, *3546*

prière de ne pas fumer 299, *3489*

primevères 302, *3548*

prix 301, *3529*

prix fixe 301, *3530*

producteur 303, *3553*

produit 303, *3552*

produit laitier; laitage 221, *2483*

professionnel de cuisine 303, *3554*

professionnel de la salle 303, *3555*

protège nappe 117, *1175*

protéine 303, *3560*

provolone (fromage italien, à base de lait de vache) 303, *3563*

prune 50, *249*

pruneau 50, *251*

prunelle 37, *30*

pudding; pouding 303, *3564*

pudding au chocolat 303, *3565*

pudding de Noël; plum pudding 303, *3568*

pudding Nesselrode (pudding glacé aux marrons) 263, *3006*

pulpe 297, *3463*

pumpernickel (pain de seigle allemand) 304, *3569*

punch 298, *3472*

pur 304, *3579*

purée 304, *3571*

purée de marrons 304, *3573*

purée d'épinards 304, *3575*

purée de pommes 304, *3576*

purée de pommes de terre 304, *3572*

purée de tomate 304, *3577*

purée d'herbes 304, *3574*

purée Soubisse (d'oignons) 304, *3578*

Q

qualité 307, *3581*

quandong; pêche du désert 307, *3582*

quantité 307, *3583*

quark (fromage non salé, à base de lait de vache écrémé) 307, *3584*

quart 307, *3586*

quartier arrière 307, *3588*

quartier avant 307, *3587*

quatre-quarts (gâteau fait avec la même quantité de farine de blé, de sucre, d'œufs et de beurre) 308, *3589*

quenelles 309, *3616*

queue 313, *3630*

queue d'agneau 313, *3631*

queue de porc 313, *3632*

quiche aux légumes 309, *3620*

quiche lorraine (tarte à la crème et au lard) 310, *3621*

quinoa (riz des incas) 310, *3623*

R

râble de lapin 228, *2594*

râble de lièvre 228, *2596*

râble de lièvre Saint Hubert (aux champignons et à la sauce poivrade) 228, *2597*

Rachel (cœurs d'artichauts farcis à la moelle et sauce bordelaise) 314, *3635*

— 574 —

| Terme | Page | N° du terme |

racine de lotus 314, *3646*
raclé 315, *3663*
racler 315, *3665*
radis 313, *3627*
radis noir 313, *3628*
radis rose 313, *3629*
raffiné 317, *3694*
raffiner 317, *3695*
rafraîchir 317, *3697*
rafraîchissant 317, *3696*
ragoût 314, *3638*
ragoût de mouton à l'irlandaise (aux pommes de terre et oignons) 153, *1678*
raie 55, *338*
raifort; cranson de Bretagne 314, *3647*
raiponce 96, *841*
raisin 372, *4393*
raisin blanc 372, *4394*
raisin de Corinthe 373, *4399*
raisin de Smyrne 373, *4397*
raisin Muscat 372, *4395*
raisin noir 373, *4396*
raisin sec 373, *4398*
raisin Thompson 373, *4400*
ramboutan 314, *3651*
ramen (nouilles fraîches japonaises faites de farine de blé, d'œuf et d'eau) 315, *3653*
ramequin 315, *3652*
ramier 298, *3468*
rance 315, *3654*
râpe 314, *3649*
râpé 314, *3648*
râper 314, *3650*
râper; couper en lanières 320, *3739*
rapide 315, *3655*
rare 315, *3659*
ras; plan 315, *3662*
rascasse 236, *2667*
rascasse rouge 315, *3660*
rassasié 327, *3802*
rassasier 328, *3803*
rate 63, *433*
ration 313, *3633*
rationner 314, *3636*
ravioli (pâte farcie faite à partir de pâte fraiche) 316, *3669*

ravioli de viande 316, *3668*
rayon de miel; gaufre 167, *1884*
recette 316, *3673*
recette classique 316, *3674*
réchaud 316, *3675*
réchauffé 319, *3722*
réchauffer 319, *3723*
réclamation 316, *3682*
réclamer 316, *3683*
récolte 119, *1202*
recommender; conseiller 316, *3686*
recouvert 316, *3684*
recouvrir 316, *3685*
reçu 316, *3681*
réduire 317, *3691*
réfrigérateur 186, *2148*
refroidi 319, *3729*
refroidir 56, *339*
refuser 317, *3688*
Régence (quenelles, champignons et truffes) 317, *3705*
régime 143, *1567*
règle; ordre 318, *3707*
réglisse 45, *174*
regretter 220, *2455*
réguler 264, *3020*
régulier 318, *3708*
reine-claude 314, *3644*
remonter 318, *3710*
remplacer 350, *4112*
remplir 151, *1645*
remuer 248, *2841*
renard 90, *756*
renne 318, *3713*
renouveler 318, *3714*
renverser 140, *1512*
repas 121, *1241*
repas cacher 121, *1238*
repas de Noël 104, *993*
répéter 318, *3716*
replacer 318, *3721*
requin 368, *4356*
requin blanc; mangeur d'hommes 369, *4358*
requin-marteau; cagnole 90, *754*
requin océanique 183, *2107*
requin tigre 361, *4237*

réservation 319, *3724*
réservation par téléphone 319, *3728*
réservé 319, *3725*
réserver (une table) 319, *3727*
réserver 319, *3726*
résidu 319, *3731*
résister 319, *3732*
restaurant 319, *3734*
restaurant en plein air 319, *3735*
restaurant grill 114, *1132*
restaurant local traditionnel 319, *3736*
restaurant végétarien 319, *3737*
restaurateur 145, *1593*
restes 319, *3738*
retardement 139, *1502*
réticulum 120, *1217*
retirer; enlever 318, *3712*
Réveillon de la Saint--Sylvestre 104, *992*
rhubarbe 324, *3785*
rhum (eau-de-vie de canne à sucre) 324, *3787*
riche en fibre 320, *3745*
Richelieu (tomates farcies aux champignons, laitue braisée et pommes de terre château ou pommes de terre nouvelles) 320, *3743*
ricotta (fromage à pâte tendre, élaboré avec du petit-lait ou avec du lait de vache écrémé) 320, *3746*
rigatoni (pâtes en gros tubes creux et striés) 320, *3747*
rince-doigts 221, *2484*
rincer 153, *1686*
ris de veau 253, *2902*
ris; thymus 253, *2903*
risoni (en forme de grains de riz) 321, *3753*
risotto aux fruits de mer 321, *3754*
rissolé 126, *1332*
rissoler; blondir; dorer 145, *1600*
rissoles 321, *3755*

riz 56, *340*
riz à la grecque 56, *341*
riz à l'eau; riz blanc 56, *344*
riz arborio 56, *342*
riz à sushi 56, *354*
riz au blanc; riz à la chinoise 56, *350*
riz au lait 56, *355*
riz basmati 56, *343*
riz calaspara (idéal pour la paella) 56, *348*
riz carnaroli 56, *349*
riz complet 57, *356*
riz gluant blanc 56, *347*
riz japonais 57, *359*
riz long blanc 56, *346*
riz long complet 57, *358*
riz nature 57, *362*
riz parfumé au jasmin 56, *351*
riz pilaf; riz pilau 292, *3381*
riz poli 57, *361*
riz précuit; riz étuvé 57, *360*
riz rond blanc 56, *345*
riz rond complet 57, *357*
riz sauvage; riz noir 57, *363*
riz thaï 57, *364*
Rob Roy (cocktail de whisky, vermouth rouge et Angostura®) 321, *3758*
robot; ménager 258, *2970*
rocou 372, *4388*
rognon 321, *3748*
rognons d'agneau 321, *3749*
rognons d'agneau Turbigo (garni de champignons et chipolata) 321, *3750*
rognons de porc 321, *3751*
rognons de veau 321, *3752*
rollmops (filets de hareng) 322, *3764*
Romanov (concombres farcis, pommes de terre duchesse aux champignons, céleri et sauce au raifort) 322, *3770*
romarin; rosmarin 45, *184*
rond 317, *3690*

— 575 —

| Terme | Page | Nº du terme |

rond à bière; sous-bock 140, *1519*
rond de serviette 55, *329*
rondelle de citron 321, *3760*
Roquefort (fromage français, croûte humide, à base de lait de brebis cru) 323, *3772*
roquette 324, *3784*
rosbif 323, *3774*
rôt 58, *377*
rotelle (pâtes en forme de roue) 323, *3779*
rôti 58, *376*
rôti au four 58, *378*
rôti de mouton 99, *914*
rôti di veau 381, *4502*
rôtir 58, *380*
roulé 152, *1676*
rouleau à pâtisserie 322, *3767*
rouleau de papier 322, *3766*
rouleaux de jambon 322, *3763*
rouler 152, *1677*
roulette à pâtisserie 100, *928*
roussette 90, *752*
roux (mélange de farine de blé et beurre) 323, *3782*
rozelle 379, *4462*
rue 57, *365*
rumsteak (FR.)/surlonge (CA.) 45, *178*
rumsteak (FR.)/surlonge (CA.) avec aiguillette 45, *179*
Rusty Nail (cocktail de whisky et Drambuie®) 324, *3789*
rutabaga; chou-navet; navet de Suède 129, *1380*

S

sabayon (jaunes d'œufs, sucre et vin Marsala) 395, *4542*
sablé 76, *606*
sablés 327, *3792*
sabot 357, *4177*
sabre d'argent 286, *3292*
sac 328, *3805*
saccharine 327, *3798*
Sachertorte (sucre glace, chocolat et vin Madère) 80, *660*
sachet 327, *3801*
safran 37, *36*
safran des Indes 37, *37*
sagou 328, *3807*
saignant 236, *2655*
sain 336, *3922*
saindoux 66, *469*
Saint-Germain (aux petits pois ou pois mange-tout) 328, *3808*
Saint-Mandé (petits pois, haricots verts et pommes de terre Macaire) 328, *3809*
Saint-Marcellin (fromage français, à base de lait de chèvre ou de vache cru) 328, *3810*
Saint-Nectaire (fromage français, pâte onctueuse, à base de lait de vache cru) 328, *3811*
saké 335, *3912*
salade Bagration (cœurs d'artichauts, celery et pâtes) 329, *3814*
salade Carmen (poivron rouge, blanc de poule, petits pois et riz) 329, *3815*
salade César (laitue romaine, anchois et œuf) 90, *767*
salade Cobb (poulet, dindon, lard, œufs durs, tomates, avocat, cresson, ciboule, cheddar et laitue) 117, *1171*
salade d'asperges 329, *3822*
salade de bette 329, *3817*
salade de betterave 329, *3824*
salade de chou (chou, tomate, pomme de terre, câpres et anchois) 119, *1201*
salade de chou rouge 330, *3834*
salade de chou-fleur 329, *3826*
salade de concombre 330, *3832*
salade de concombre et tomate 330, *3833*
salade de cresson 329, *3818*
salade de crevettes 329, *3825*
salade de fruits de mer 330, *3831*
salade de laitue 329, *3819*
salade de laitue et tomate 329, *3820*
salade d'endive 330, *3827*
salade de pommes de terre 329, *3823*
salade de poulet 330, *3829*
salade de roquette 330, *3835*
salade de saison 329, *3816*
salade d'escarole 330, *3828*
salade de tomate 330, *3836*
salade Doria (céleri, truffes blanches, pointes d'asperges, betterave et vinaigrette) 330, *3837*
salade Francillon (pommes de terre, moules, céleri et truffes) 330, *3838*
salade mixte 330, *3839*
salade multicolore 330, *3840*
salade niçoise (tomates, pommes de terre, câpres, olives noires, anchois et œufs durs) 331, *3841*
salade Ninon (laitue et orange) 331, *3842*
salade Rachel (céleri, pommes de terre, fonds d'artichauts, pointes d'asperges et mayonaise) 331, *3843*
salade romaine 329, *3821*
salade russe (macédoine de légumes liée à la mayonnaise) 331, *3844*
salade verte 331, *3845*
salade Waldorf (pommes, céleri et noix) 331, *3846*
saladier 331, *3847*
saladiers 213, *2416*
salak 179, *2067*
salamandre 331, *3850*
salami (saucisson italien, à base de porc et/ou de bœuf) 332, *3851*
salami italien (à base de porc e/ou de bœuf et poivre rouge) 332, *3852*
salé 135, *1460*
salé 332, *3862*
sale 351, *4136*
saler 332, *3863*
saler; saumurer 124, *1296*
Salers; Cantal (fromage français, texture crémeuse, au lait de vache cru) 332, *3860*
salicorne; corne à sel 333, *3865*
salière 332, *3859*
salir 351, *4135*
salle à manger 331, *3848*
salmis (ragoût de gibier) 333, *3871*
salon de thé 332, *3854*
salpêtre 333, *3866*
salsifis blanc 105, *1001*
salsifis noir; scorsonère 155, *1729*
saltimbocca (escalope de veau au jambon et sauge) 334, *3896*
sambal oelek (poivre, sucre roux et sel) 335, *3899*
sandre 229, *2608*
sandwich 335, *3900*
sandwich au fromage 335, *3903*
sandwich au jambon 335, *3902*
sandwich de viande 335, *3901*
sang 335, *3906*
sanglier 212, *2404*
sanglier rôti 212, *2405*
sangria (vin rouge, fruits et sucre) 335, *3905*
sans alcool 338, *3946*
sans arêtes 339, *3961*
sans beurre 339, *3966*
sans caféine 338, *3947*

— 576 —

| Terme | Page | N° du terme |

sans conservateurs 338, *3948*
sans eau ni glace 73, *562*
sans gluten 339, *3962*
sans gras 339, *3963*
sansho en poudre 335, *3908*
sans la peau 339, *3969*
sans lait 339, *3965*
sans saveur 339, *3970*
sans sel 339, *3971*
sans sucre 338, *3944*
santé; tchin-tchin 336, *3923*
sapote 335, *3910*
sapotille; nèfle d'Amérique 335, *3911*
sarcelle 241, *2727*
sardine 336, *3916*
sardinelle brésilienne 336, *3919*
sardines à l'huile 336, *3918*
sarrasin; blé noir 367, *4332*
sarriette; savourée 337, *3938*
sassafras 336, *3920*
sauce à la prune 50, *250*
sauce aigre-douce 42, *118*
sauce aïoli; sauce ailloli (ail, jaunes d'œufs et huile d'olive) 43, *146*
sauce (à la) ciboulette 104, *986*
sauce à l'aneth 151, *1653*
sauce à l'orange 221, *2472*
sauce à la menthe 246, *2804*
sauce à la moelle 369, *4369*
sauce à la moutarde 256, *2945*
sauce allemande; sauce parisienne (velouté de veau le tout lié aux jaunes d'œufs) 48, *223*
sauce andalouse (mayonnaise, sauce tomate et poivron doux) 51, *272*
sauce anglaise; sauce Worcestershire 206, *2361*
sauce à part 253, *2908*
sauce armoricaine (tomates, ciboule, cognac, vin blanc et estragon) 55, *333*
sauce au citron 225, *2553*
sauce au genièvre 395, *4546*
sauce au Madère (fond de viande au vin Madère) 234, *2637*
sauce au pain (miettes de pain, lait, oignons et clous de girofle) 280, *3203*
sauce au paprika 282, *3221*
sauce au vin blanc 380, *4470*
sauce au yaourt 207, *2378*
sauce aurore (sauce béchamel et concentré de tomate) 59, *394*
sauce aux anchois 51, *269*
sauce aux beurre 238, *2694*
sauce aux câpres 45, *176*
sauce aux champignons 118, *1194*
sauce aux crevettes 94, *830*
sauce aux pommes 233, *2621*
sauce barbecue (tomate, oignon, moutarde, ail, sucre roux et vinaigre) 67, *481*
sauce béarnaise (sauce hollandaise à l'estragon) 73, *553*
sauce béchamel (beurre fondu, farine de blé et lait) 73, *564*
sauce Bercy (fumet de poisson, beurre, échalotes et vin blanc) 74, *580*
sauce Bigarade (sauce à l'orange) 76, *602*
sauce blanche 134, *695*
sauce bonne femme (crème, pain, carotte, oignon et champignons) 82, *673*
sauce bordelaise (sauce au vin avec moelle) 82, *677*
sauce bourguignonne (sauce au vin rouge) 83, *692*
sauce Bretonne (vin blanc, crème, carotte, céleri, oignon et poireau) 84, *707*
sauce brune 156, *1740*
sauce butter scotch (crème, beurre, sucre et citron) 87, *740*
sauce cameline (cannelle, clous de girofle, gingembre, cardamome, macis, poivre et verjuice) 95, *836*
sauce carbonara (lard, œufs et parmesan) 98, *894*
sauce cardinal (fond de poisson et beurre de homard) 99, *904*
sauce chasseur (vin blanc, échalotes, champignons et tomates) 90, *751*
sauce Chateaubriand (échalotes, thym, laurier, champignons, vin blanc, beurrée et persil) 110, *1084*
sauce chilindrón (poivron doux, oignon, tomate et jambon) 112, *1107*
sauce chimichurri (herbes, huile d'olive, vinaigre, origan, oignon et ail) 112, *1109*
sauce Choron (sauce béarnaise à la purée de tomate) 114, *1126*
sauce Colbert (vin Marsala, beurre, estragon et jus de citron) 118, *1200*
sauce Cumberland (gelée de groseilles, zeste d'orange en julienne et moutarde) 134, *1455*
sauce d'huîtres 271, *3095*
sauce de haricots noirs 168, *1910*
sauce de soja 342, *4019*
sauce diable (vin, vinaigre et poivre noir) 143, *1562*
sauce Diana (très poivre) 143, *1563*
sauce Duxelles (champignons, oignon et vin blanc) 147, *1616*
sauce financière (vin Madère et truffes) 172, *1963*
sauce Foyot (sauce béarnaise avec glace de viande) 177, *2032*
sauce genevoise (consommé et sauce espagnole) 188, *2179*
sauce genevoise (mirepoix, vin rouge et beurre) 188, *2180*
sauce grand-veneur (à gelée de groseilles rouges) 192, *2238*
sauce gribiche (mayonnaise aux câpres, cornichons, œufs durs et fines herbes) 194, *2260*
sauce harissa (poivre rouge, ail, cumin, coriandre, carvi et huile d'olive) 198, *2298*
sauce hoisin (soja, ail, poivre rose et épices) 199, *2317*
sauce hollandaise (jaunes d'œufs, émulsion de beurre et jus de citron) 200, *2319*
sauce indienne (mayonnaise, cari en poudre et ciboulette) 206, *2356*
sauce italienne (huile d'olive, vinaigre de vin, jus de citron, ail, origan, aneth et anis) 207, *2381*
sauce italienne (jambon, champignons et sauce tomate) 208, *2382*
sauce Joinville (sauce normande au beurre de crevettes) 213, *2418*
sauce lyonnaise (oignons et vin blanc) 230, *2617*
sauce maltaise (sauce hollandaise, écorces et jus d'orange) 236, *2656*
sauce Mornay (gruyère et parmesan) 255, *2930*

— 577 —

| Terme | Page | N° du terme |

sauce mousseline (sauce hollandaise et crème fouettée) **256**, *2951*
sauce Nantua (sauce béchamel, beurre et langoustines) **262**, *2992*
sauce normande (fond de poisson et champignons) **264**, *3022*
sauce norvégienne (jaunes d'œufs durs, moutarde et vinaigre) **264**, *3024*
sauce paesana (champignons, lard, beurre et parmesan) **277**, *3153*
sauce Périgueux (truffes et vin Madère) **289**, *3335*
sauce persil **334**, *3893*
sauce pesto (pecorino romano, pignoli et basilic) **290**, *3358*
sauce piquante (sauce espagnole aux échalotes, vin blanc, vinaigre, cornichons et persil) **291**, *3373*
sauce piquante **291**, *3372*
sauce pizzaiola (tomates, ail, huile d'olive et basilic) **296**, *3447*
sauce poivrade (demi--glace, vinaigre, herbes, cornichons et persil) **297**, *3456*
sauce puttanesca (tomates, anchois, câpres, olives noires, origan, ail et huile d'olive) **304**, *3580*
sauce ravigote (cornichons, câpres, estragon, persil et vinaigre) **315**, *3667*
sauce régence (vin blanc, champignons et truffes) **317**, *3704*
sauce rémoulade (mayonnaise aux cornichons, câpres et moutarde) **318**, *3711*
sauce riche (sauce normande, beurre de homard, cognac et piment de Cayenne) **320**, *3744*
sauce Robert (oignon, moutarde et vin blanc) **321**, *3757*
sauce rosé (crème, mayonnaise, ketchup et sauce anglaise) **323**, *3776*
sauce satay (lait de coco, cari, cacahuète et sucre) **336**, *3921*
sauce smitane (oignons, beurre, crème aigre et citron) **342**, *4011*
sauce Soubise (sauce Béchamel et oignons) **348**, *4093*
sauce suprême (velouté de volaille à la crème, jaunes d'œufs et champignons) **352**, *4143*
sauce tartare (mayonnaise aux œufs et ciboulette) **358**, *4190*
sauce tartare (mayonnaise, câpres, pickles, oignons, olives, jus de citron ou vinaigre) **358**, *4189*
sauce teriyaki (sauce de soja, saké et gingembre) **360**, *4213*
sauce tomate **363**, *4268*
sauce tyrolienne (tomates et sauce béarnaise) **362**, *4247*
sauce vénitienne (vinaigre, estragon, sauce allemande et herbes) **377**, *4426*
sauce verte (aux herbes) **377**, *4428*
sauce Villeroi (sauce allemande à l'extrait de champignons) **378**, *4446*
sauce vin rouge **381**, *4491*
sauce vinaigrette (huile d'olive, sel, poivre, vinaigre, tomate et oignon) **379**, *4464*
sauce zingara (vin blanc, paprika, jambon et champignons) **396**, *4547*
saucière **253**, *2907*
saucisse **226**, *2568*
saucisse **333**, *3879*
saucisse de foie **226**, *2569*
saucisse de Frankfurt **334**, *3884*
saucisse de porc **333**, *3881*
saucisse de sanglier aux pommes **333**, *3880*
saucisse de venaison **334**, *3882*
saucisse de Vienne **334**, *3888*
saucisse lop chong (salée, à base de porc) **334**, *3886*
saucisses roulées dans une pâte feuilletée; friand **152**, *1675*
sauge **334**, *3898*
saumon **333**, *3868*
saumon fumé **333**, *3869*
saumure **334**, *3872*
saupoudrer **298**, *3465*
sauté **179**, *2064*
sauté **334**, *3894*
sauter **179**, *2063*
sautoir; poêle à sauter; sauteuse **178**, *2055*
savarin (gâteau français en forme de l'anneau) **336**, *3925*
saveur; goût **327**, *3794*
savon **327**, *3791*
savourer **327**, *3795*
savoureux **191**, *2227*
scarole **155**, *1725*
schlachtplatte (saucisses, viande de porc cuite et choucroute) **337**, *3928*
schnapps (eau-de-vie de céréales) **337**, *3930*
scone (petit pain écossais) **337**, *3931*
seau à champagne **65**, *454*
seau à glace **65**, *455*
seau à glace isotherme **65**, *456*
seau à vin **65**, *457*
sec **337**, *3934*
(se) candir; confire **132**, *1433*
sécateur à volailles **360**, *4222*
séché au soleil **337**, *3935*
sécher **337**, *3933*
seiche **339**, *3976*
seigle; petit blé **105**, *997*
sel **329**, *3813*
sel cacher **333**, *3867*
sel d'ail **332**, *3856*
sel de céleri **332**, *3855*
sel de cuisine **332**, *3858*
sel d'oignon **332**, *3857*
sel marin **333**, *3870*
sélection **337**, *3940*
sélectionner **337**, *3942*
se lever **224**, *2533*
selle de mouton **228**, *2593*
selle de sanglier **228**, *2595*
semoule **339**, *3968*
sentir (odeur) **111**, *1095*
séparateur d'œuf **339**, *3974*
séparer **339**, *3975*
sériole **269**, *3060*
serpillière **156**, *1741*
serpolet **339**, *3981*
serveuse **184**, *2124*
servez-vous **342**, *4010*
servi **340**, *3989*
service **340**, *3984*
service à l'étage **340**, *3986*
service à thé **53**, *300*
service compris **340**, *3987*
service de porcelaine **53**, *302*
service de table **53**, *301*
service non compris **340**, *3988*
serviette **195**, *2277*
serviette en papier **195**, *2278*
servir **340**, *3990*
sésame **188**, *2188*
set de casseroles; batterie de cuisine **213**, *2415*
set de table **213**, *2414*
se tromper **153**, *1691*
s'excuser **141**, *1535*
s'excuser **285**, *3271*
shandy (bière avec citronnade ou ginger ale) **340**, *3992*
shiitake **340**, *3994*
shimeji **340**, *3995*
Shirley Temple (cocktail de ginger ale et

| Terme | Page | Nº du terme |

grenadine) 341, *3997*
shortening 341, *3998*
Sidecar (cocktail de cognac, Cointreau® et jus de citron) 341, *4001*
signer 58, *385*
silence 341, *4005*
silencieux 341, *4006*
s'il vous plaît 299, *3488*
Singapore Sling (cocktail de gin, liqueur de cerise, jus de citron et eau gazeuse) 341, *4007*
siphon 341, *4004*
sirop 93, *805*
sirop de cassis 389, *4529*
sirop de chocolat 93, *807*
sirop de glucose; sirop de maïs 190, *2205*
sirop de malt 389, *4530*
sirop d'érable 239, *2698*
sirop de riz 389, *4527*
sirop de sucre 93, *806*
soba (nouilles asiatiques faites de farine de blé et de farine de sarrasin) 342, *4013*
soda 342, *4017*
soif 337, *3936*
soirée dansante 212, *2396*
soirée de gala 212, *2397*
soja 342, *4018*
sole 226, *2566*
sole à la Choiseul (à la sauce au vin blanc truffée) 226, *2567*
soluble 342, *4024*
sombre (pièce, salle); foncé (sauce, pâtisserie) 156, *1739*
somen (nouilles de blé japonaises très fines) 343, *4025*
son 164, *1844*
son d'avoine 164, *1846*
son de blé 164, *1847*
son de riz 164, *1845*
sorbe 115, *1146*
sorbe 347, *4082*
sorbet 347, *4076*
sorbet à l'orange 347, *4077*
sorbet au citron 347, *4078*
sorgho; sorgo 347, *4079*
souci 94, *820*

soucoupe 296, *3437*
soude-sac 337, *3939*
soufflé 351, *4129*
soufflé au fromage 351, *4131*
soufflé aux cerises 351, *4130*
soufflé Rothschild (soufflé vanille aux fruits confits) 351, *4132*
soupe à l'oignon 345, *4048*
soupe aux choux 345, *4056*
soupe aux palourdes 345, *4060*
soupe de grenouilles 345, *4054*
soupe de poisson 345, *4053*
soupe de queue de kangourou 345, *4055*
soupe de tortue 345, *4057*
soupe du jour; potage du jour 345, *4061*
soupe gratinée à l'oignon 345, *4049*
soupe pavese (bouillon de viande et tranches de pain, œuf cru et parmesan) 347, *4072*
soupe santé (purée de pommes de terre à l'oseille) 347, *4073*
souper 103, *974*
souper 104, *991*
soupière 347, *4075*
sous noix 130, *1387*
spaghetti (la plus connue des pâtes) 156, *1751*
spaghetti à la bolognaise 156, *1752*
spatule; maryse 157, *1754*
spätzle (pâte à base de farine, d'œufs et d'eau) 348, *4096*
spécialité 157, *1756*
spécialité de la maison 157, *1757*
spécialité régionale 157, *1758*
spécialités 157, *1759*
Spenwood (fromage anglais, texture ferme, à

base de lait de brebis) 348, *4097*
sprat 156, *1749*
steak au poivre 349, *4099*
steak d'aloyau; côtelette 77, *614*
steak de kangourou 76, *599*
steak de renne 76, *600*
steak tartare; bœuf tartare (steak cru haché avec jaune d'œuf dessus) 349, *4100*
Steinhäger (gin allemand) 349, *4101*
stelline; stellette (pâtes à potage) 159, *1800*
stériliser 159, *1795*
stevia 159, *1796*
Stilton (fromage anglais, persillé, pâte pressée, à base de lait de vache) 349, *4102*
Stinger (cocktail de cognac o brandy et crème de menthe blanche) 349, *4103*
stockage 55, *332*
stockfish (morue séchée) 63, *432*
stomatée 287, *3296*
stracchino (fromage italien, au lait de vache) 349, *4104*
stracciatella (bouillon de viande, potage aux d'œufs filés et fromage râpé) 349, *4105*
Strega® (liqueur italienne à base de herbes) 350, *4107*
strudel de légumes 350, *4108*
stylo 96, *858*
succulent; juteux 351, *4128*
sucette 296, *3439*
sucré 40, *86*
sucré 40, *94*
sucre cristallisé 39, *78*
sucre d'érable 39, *71*
sucre d'orge 39, *68*
sucre de betterave 39, *70*
sucre de canne,

saccharose 39, *72*
sucre de mélasse 40, *82*
sucre de palme 39, *76*
sucre en morceaux 39, *77*
sucre glace 39, *73*
sucre granulé 39, *69*
sucre inverti (1/3 glucose, 1/3 fructose et 1/3 saccharose) 39, *79*
sucre roux 39, *81*
sucre semoule 40, *85*
sucre vanillé 39, *67*
sucrer 40, *96*
sucrier 40, *87*
suer; transpirer 350, *4109*
suffire 68, *500*
suggérer 351, *4133*
sumac 352, *4140*
supermarché 352, *4142*
supplémentaire 40, *91*
sureau 327, *3797*
surgelé 124, *1288*
surgeler 124, *1289*
sur la plaque; sur contre-feu 109, *1069*
sur le gril 261, *2988*
surlonge avec poitrine, basses-côtes avec poitrine 143, *1565*
syllabub (creme et Xérès) 352, *4145*

T

table 247, *2823*
table à l'extérieur 247, *2824*
tableau 355, *4147*
table carrée 248, *2834*
table dans le coin 247, *2829*
table libre 247, *2828*
table occupée 248, *2831*
table pour... personnes; table pour ... couverts 248, *2832*
table près de la fenêtre 248, *2833*
table rectangulaire 248, *2837*
table réservée 248, *2836*
table ronde 248, *2835*
table sur la terrasse 247, *2830*

| Terme | Page | N° du terme |

tablette de chocolat 355, *4148*
table vue sur la mer 247, *2825*
tablier 59, *399*
tagliatelle blanches et vertes 356, *4160*
tagliatelle (longs rubans de pâte, vendus en nids) 356, *4161*
tagliatelle verte 356, *4162*
taglierini (fines baguettes de pâte) 356, *4163*
tagliolini (version plus fine des linguine) 356, *4164*
tahini (crème de sésame) 356, *4165*
tailler 53, *299*
Taleggio (fromage italien, pâte pressée, à base de lait de vache) 357, *4169*
Talleyrand (pâtes au beurre et au fromage, truffes, foie gras et sauce Périgueux) 357, *4174*
tamarillo 357, *4179*
tamarin 357, *4180*
tambour 128, *1360*
tamis 287, *3308*
tamisé 287, *3310*
tamiser; sasser 287, *3311*
tanche 359, *4208*
tapenade 283, *3241*
tapioca 358, *4185*
tarif 227, *2580*
taro 358, *4188*
tarpon de l'Atlantique; savale 295, *3435*
tarte 364, *4288*
tarte à la mélasse 365, *4299*
tarte au citron vert 365, *4297*
tarte aux noix de pécan 365, *4301*
tarte aux pommes 365, *4298*
tarte de poulet 365, *4296*
tarte de viande 365, *4293*
tarte Tatin (aux pommes caramélisées avec crème fouettée) 359, *4196*
tartelette 358, *4192*

tartelette aux champignons 365, *4306*
tartelette aux fruits 358, *4193*
tartelettes au fromage 358, *4195*
tartelettes aux légumes 358, *4194*
tasse 390, *4534*
tasse 96, *850*
tasse à café 390, *4535*
tasse à thé 390, *4536*
tasse et soucoupe 390, *4537*
tassergal 151, *1646*
taverne 359, *4198*
tea cake (brioche coupée, grillée avec beurre, servie avec le thé) 359, *4199*
température 359, *4202*
temps 359, *4205*
temps de cuisson 359, *4206*
tendon 359, *4209*
tendre 359, *4210*
tendre; mou; moelleux 234, *2632*
tendre de tranche (rosbif) 130, *1389*
tequila (eau-de-vie mexicaine) 359, *4212*
terrine de faisan 360, *4217*
terrine de foie gras 360, *4218*
testicules de veau; animelles 360, *4223*
tête d'agneau 89, *741*
tête de mouton 89, *742*
tête de porc 89, *743*
tétragones 157, *1769*
thazard 103, *967*
thazard-bâtard 103, *968*
thé 107, *1032*
thé à la camomille 107, *1040*
thé à la menthe 107, *1044*
thé au citron 107, *1036*
thé au jasmin 107, *1042*
thé au lait 107, *1035*
thé Darjeeling (thé noir) 107, *1038*
thé de Ceylan 108, *1046*
thé de cinq heures 107, *1039*
thé Earl Grey (thé noir) 108, *1047*

thé English breakfast (mélange de thés noirs) 108, *1048*
thé en sachets 336, *3913*
thé glacé 108, *1049*
théière 86, *733*
thé Java Malabar (au goût fort, idéal au petit déjeuner) 107, *1037*
thé Lapsang Souchong (thé noir) 108, *1052*
thé Matcha (thé vert) 108, *1055*
thé Nilgiri parkside (fait à partir des feuilles de orange pekoe) 109, *1063*
thé noir 109, *1072*
thé Oolong (mélange de feuilles de thé noires et vertes) 109, *1066*
thermomètre 360, *4214*
thermomètre à viandes 360, *4215*
thermomètre à vin 360, *4216*
thé Sencha (thé vert) 110, *1081*
thé Sichuan (thé noir) 110, *1083*
thé vert 110, *1086*
thé Yunnan (thé noir) 110, *1087*
thon 59, *390*
thon à l'huile 59, *393*
thon albacore 44, *163*
thon obèse 59, *392*
thonine 81, *672*
thym 363, *4274*
Tia Maria® (liqueur de café) 360, *4225*
tiède 255, *2931*
tilapia 360, *4228*
tilleul 361, *4229*
Tilsit (fromage à pâte pressée, à base de lait de vache) 361, *4230*
timbale de riz (avec viande, poisson, légumes et fromage) 361, *4232*
tiramisù (biscuits à la cuillère imbibés de café, garni d'une crème au mascarpone et

saupoudrée de poudre de cacao) 361, *4239*
tire-bouchon 327, *3799*
tisane 107, *1041*
tisane au tilleul 107, *1045*
toad-in-the-hole (saucisses cuites au four dans une sorte de pâte à crêpes) 362, *4249*
toast au beurre 364, *4281*
toast au fromage et jambon 364, *4282*
toast; pain grillé 364, *4280*
tofu (fromage à base de lait de soja) 362, *4253*
toile anti-éclaboussures 359, *4200*
toilettes 66, *470*
toilettes des dames 66, *471*
toilettes des hommes 66, *472*
tôle à biscuits 176, *2015*
tomate aussie 362, *4259*
tomate cerise 363, *4261*
tomate en grappe 363, *4264*
tomate piriforme jaune 362, *4257*
tomate Roma; tomate olivette 363, *4265*
tomate ronde 363, *4262*
tomate séchée 363, *4269*
tomate; pomme d'amour 362, *4256*
tomates pelées 363, *4270*
tomates séchées au soleil 363, *4271*
tomatillo 363, *4272*
Tom Collins (cocktail de gin, sirop de sucre, jus de citron et eau gazeuse) 363, *4273*
Tomme de Savoie (fromage français, goût de noisette, à base de lait de vache cru) 364, *4275*
tonne 364, *4277*
tonneau 364, *4276*
topinambour 369, *4363*
torteau 335, *3909*
tortellini (pâte farcie faite à partir de pâte fraiche) 365, *4303*

| Terme | Page | Nº du terme |

tortelloni (version plus grande des tortellini) 365, 4304
tortilla (crêpe préparée à base de maïs) 365, 4305
tortue 358, 4191
tournedos Clamart (aux fonds d'artichauts et petits pois) 366, 4311
tournedos (médaillon de filet mignon) 366, 4312
tournedos Rossini (garni de foie gras, truffes et sauce au Madère) 366, 4313
tourner 381, 4498
tournesol 189, 2199
tourte à la viande et aux rognons 349, 4098
tourte de viande 150, 1638
toxique 366, 4314
trachée 366, 4318
traditionnel 366, 4316
tranche 166, 1873
tranché 367, 4335
tranche à œuf coque; coupe-œuf 127, 1347
tranche de pain 166, 1874
tranche grasse 284, 3255
tranche grasse du jarret; araignée 284, 3254
tranche napolitaine (glace à trois parfums déposés en couches) 348, 4091
trancher; découper (viande) 367, 4337
trancheuse 127, 1345
travailler (manier) la pâte 366, 4315
trenette (pâtes en forme de ruban) 367, 4327
trévise 314, 3637
trifle (gâteau à la confiture et Xérès) 367, 4329
tripes blanchies 86, 727
tripes; bonnet 86, 726
trompette-de-la-mort 368, 4341
trop 139, 1499
trop aigre 257, 2959
trop amer 257, 2960
trop chaud 257, 2967
trop cuit 130, 1395
trop dur 257, 2963

trop épicé 257, 2966
trop froid 257, 2964
trop gras 257, 2965
trop saignant 257, 2961
trop salé 257, 2968
trop sec 257, 2969
trop sucré 257, 2962
trouble 369, 4367
troubler 369, 4366
trousser 49, 240
truffe 368, 4342
truffé 368, 4345
truffe au chocolat 368, 4344
truffe blanche 368, 4343
truffe noire 368, 4346
truffer 368, 4347
truite 368, 4348
truite arc-en-ciel 368, 4349
truite de mer 368, 4353
truite dorée 368, 4354
truite fumée 368, 4351
truite saumonée 368, 4355
tube 369, 4362
tuna thon 44, 164
Turbigo (chipolata et champignons) 369, 4364
turbot 301, 3535

U

un quart 372, 4379
un tiers 372, 4380
user; utiliser 372, 4389
ustensiles de cuisine 372, 4390
ustensiles de table 372, 4391
utiliser 372, 4392

V

vacherin chantilly (meringues superposées, garnies de crème fouettée) 375, 4401
vaisselle 229, 2604
valérianelle 46, 192
valeur nutritive 376, 4407
validité 375, 4405
Valois (cœurs d'artichauts sautés et pommes de terre Anna) 375, 4406

vanille 72, 550
vanneau 285, 3261
vapeur 376, 4409
varié 376, 4411
varier 376, 4412
variété 376, 4413
veau 75, 592
végétalien 376, 4420
végétarien 376, 4422
velouté 59, 398
vendange 379, 4465
verge 377, 4433
vergeoise 40, 83
verger 298, 3467
verjus 377, 4434
vermicelle de soja (nouilles asiatiques) 233, 2624
vermicelles (version plus fine des spaghetti) 377, 4438
vermicelles arc-en-ciel 123, 1284
vermicelles de riz (nouilles asiatiques) 377, 4437
vermouth 377, 4439
verre 125, 1312
verre à bière 125, 1314
verre à champagne; flûte 355, 4152
verre à eau 125, 1318
verre à graduations 376, 4415
verre à liqueur 356, 4154
verre à vin; canon 356, 4156
verre à vin blanc 356, 4157
verre à vin rouge 356, 4158
verre ballon 125, 1315
verre ballon 355, 4153
verre d'eau 125, 1313
verre gradué 125, 1317
verre plastique 125, 1319
verre propre 125, 1316
verser 142, 1547
verser 153, 1679
vert 377, 4429
vertèbre 378, 4440
verveine 377, 4427
verveine-citronnelle 226, 2558
vêtement de cuisine 323, 3781

viande de bison 99, 907
viande de cheval 99, 909
viande de veau 99, 912
viande fumée 99, 910
viande maigre 99, 915
viande sèche 100, 919
vichyssoise (pomme de terre et poireau) 347, 4074
Victoria (tomates farcies à la purée de champignons et cœurs d'artichauts au beurre) 378, 4442
vide 376, 4417
vide-pomme 141, 1525
vider 159, 1801
vider 159, 1804
vieille de corail 368, 4350
vieilli 153, 1683
vignoble 379, 4466
vin 380, 4467
vin à dessert 380, 4475
vinaigre 378, 4447
vinaigre aromatisé 378, 4448
vinaigre aromatisé aux herbes 379, 4452
vinaigre à sushi 379, 4463
vinaigre balsamique 378, 4449
vinaigre d'alcool 379, 4450
vinaigre de estragon 379, 4453
vinaigre de fraise 379, 4457
vinaigre de framboise 379, 4454
vinaigre de malte 379, 4456
vinaigre de pêche 379, 4458
vinaigre de pomme 379, 4455
vinaigre de riz 379, 4451
vinaigre de vin 379, 4459
vinaigre de Xérès 379, 4460
vin au verre 380, 4478
vin blanc 380, 4468
vin chaud 380, 4485
vin de cépage; vin variétal 381, 4492

| Terme | Page | N° du terme |

vin de liqueur 380, *4483*
vin de raisins; passerillé; vin de paille 380, *4474*
(vin de) Porto 380, *4477*
vin de table 380, *4472*
vin doux 380, *4476*
vin en bouteille 380, *4479*
vin fortifié 380, *4481*
viniculture 381, *4495*
vin mousseux 380, *4480*
vin pétillant 380, *4482*
vin rosé 380, *4486*
vin rouge 381, *4489*
vin tannique 381, *4488*
vin vert 381, *4493*
violettes 381, *4497*
visqueux 381, *4500*
vite 140, *1510*
vivaneau bourgeois 206, *2353*
vivaneau cubéra 377, *4435*
vivaneau rouget 377, *4436*
vivant 381, *4503*
vodka 382, *4506*
voilier de l'Atlantique 76, *597*
voiture 366, *4317*
vol-au-vent 382, *4507*
volaille 59, *400*
volant 381, *4504*
vouloir 309, *3618*

W

wagon-restaurant 375, *4402*
wakame (algue) 385, *4512*
wasabi 385, *4514*
weijska (saucisse polonaise) 386, *4515*
weisswurst (saucisse allemande à base de veau, de crème et d'œufs) 386, *4516*
welsh rarebit (fromage fondu sur toast) 386, *4517*
Wensleydale (fromage anglais, texture friable, à base de lait de vache) 386, *4518*
whisky 371, *4371*

whisky américain 371, *4372*
whisky bourbon 371, *4373*
whisky de seigle 371, *4374*
whisky écossais 371, *4375*
whisky et soda 371, *4376*
whisky irlandais 371, *4377*
Whisky Sour (cocktail de whisky bourbon, jus de citron et sucre) 386, *4519*
White Lady (cocktail de gin, liqueur d'orange et jus de citron) 386, *4520*
wok 387, *4523*

X

xérès 390, *4533*

Y

yakisoba (poulet, soba et légumes) 393, *4539*
yaourt 207, *2372*
yaourt à la grecque 207, *2376*
yaourt aux céréales 207, *2373*
yaourt aux fruits 207, *2374*
yaourt maigre 207, *2375*
yaourt nature 207, *2379*
yaourtière 207, *2377*
Yorkshire pudding (pudding salé garni au rosbif) 393, *4540*

Z

zaatar (thyme, sumac et sésame) 395, *4541*
zampone (saucisson de pied de porc farci à la viande de porc) 395, *4544*
zeste 101, *938*
zeste de citron; écorce de citron 101, *941*
zesteur 315, *3664*
ziti (pâtes creuses, épaisses et longues) 396, *4549*
zone non-fumeurs 54, *325*

zuccotto (gâteau glacé à la crème au chocolat et fruits confits) 396, *4550*

indice

Dove trovare i termini gastronomici in inglese, spagnolo, francese, italiano e tedesco.

[INGL.] Table of contents   484

[ESP.] Índice   517

[FR.] Sommaire   550

[IT.] Indice   583

[AL.] Stichwortverzeichnis   616

Nell'indice di ogni lingua, i termini sono elencati in ordine alfabetico.

Ogni voce comprende il numero della pagina in cui si trova ed il suo rispettivo numero.

Esempio:
Menù alla carta **246**, *2808*

Dove:

Termine | **Pagina** | *Numero della voce*

...minuti di attesa 251, *2869*

A

a bagnomaria 150, *1630*
a base di 67, *495*
abbastanza (quantità) 68, *499*
abbondante 37, *35*
abbondanza 37, *34*
abiu 36, *11*
abramide 84, *704*
açaí 37, *42*
acantocibio 103, *968*
accendigas 37, *47*
accendino 207, *2380*
acciarino; acciaiolo 108, *1050*
accompagnare 38, *60*
acerbo; non maturo 377, *4429*
acerola 38, *48*
aceto 378, *4447*
aceto al dragoncello 379, *4453*
aceto al lampone 379, *4454*
aceto aromatizzato 378, *4448*
aceto aromatizzato alle erbe 379, *4452*
aceto balsamico 378, *4449*
aceto bianco 379, *4450*
aceto di fragole 379, *4457*
aceto di malto 379, *4456*
aceto di mele 379, *4455*
aceto di pesche 379, *4458*
aceto di riso 379, *4451*
aceto di vino 379, *4459*
aceto di Xeres 379, *4460*
aceto per il sushi 379, *4463*
acetosa maggiore 60, *406*
acetosa minore 60, *408*
achillea; millefoglio 54, *316*
acidità 38, *50*
acido 38, *51*
acido acetico 38, *52*
acido ascorbico; vitamina C 38, *53*
acido citrico 38, *54*
acido malico 38, *55*

acido tartarico 38, *56*
acidulo; asprigno 38, *57*
acqua 42, *119*
acqua bollente 42, *128*
acqua del rubinetto 42, *120*
acqua di fiori d'arancio 42, *121*
acqua di rose 42, *124*
acqua di seltz; seltz 42, *126*
acqua di sorgente 42, *123*
acqua gassata; club soda 116, *1161*
acqua ghiacciata 42, *130*
acqua in bottiglia 42, *127*
acqua minerale 42, *131*
acqua minerale gassata; acqua con gas 42, *132*
acqua minerale naturale 42, *133*
acqua potabile 43, *134*
acqua tonica 43, *143*
acquavite 43, *136*
acquoso 42, *125*
adatto al microonde 289, *3336*
addebitare 117, *1174*
addensare (salsa, zuppa) 151, *1649*
addensato (salsa, zuppa) 151, *1648*
addio 40, *90*
additivo 40, *93*
a digiuno 150, *1636*
a domani 58, *387*
aerare 40, *98*
affettamela 127, *1346*
affettare; tagliare a fette 127, *1353*
affettati 179, *2057*
affettato 166, *1875*
affettatrice 127, *1345*
affettaverdure; mandolino 127, *1349*
affila coltelli 51, *263*
affilare 51, *264*
affilato; tagliente 41, *100*
affogare 154, *1718*
affogato 154, *1717*
affogato nel latte 154, *1716*
affumicare 138, *1490*
affumicato 138, *1489*

agar-agar (gelatina di alghe) 41, *102*
aggiungere 40, *92*
agitare 41, *103*
agli spinaci 120, *1232*
aglio 47, *208*
aglio orsino 47, *218*
agnello da latte; abbacchio 82, *682*
Agnès Sorel (petto di pollo, funghi e lingua di manzo marinata) 41, *104*
agnolotti (pasta ripiena preparata con pasta fresca) 41, *105*
agresto 377, *4434*
agretto 41, *114*
agricoltura 42, *116*
agro 60, *409*
agrodolce 42, *117*
agrumi 115, *1149*
aguglia 286, *3285*
aguglia saira; costardella 43, *145*
ai frutti di mare 120, *1234*
ai funghi 181, *2097*
ai quattro formaggi 308, *3590*
aiutante 44, *154*
aiutare 44, *156*
aiuto 44, *153*
ajowan 44, *152*
alambicco 44, *160*
al bicchiere 299, *3486*
albicocca 36, *22*
alborelle 288, *3319*
Albufera (lingua di manzo marinata, animella di vitello e funghi) 44, *166*
albume; bianco d'uovo; chiara 115, *1153*
al pepe 122, *1254*
al pomodoro 121, *1251*
al prosciutto 122, *1266*
al punto; al puntino 298, *3475*

al cartoccio 282, *3218*
alce 45, *181*
alchechengi 291, *3368*
Alchermes (liquore) 48, *229*
al coccio 279, *3173*
alcolico 45, *182*

al curry 135, *1462*
al dente 139, *1503*
alette di pollo 57, *368*
Alexander (cocktail fatto con cognac o brandy, crema di cacao, panna e noce moscata grattugiata) 46, *187*
Alexandra (pollo, tartufi e punte di asparagi) 46, *188*
alfabeto (pastina per minestre) 224, *2532*
alfafa; luzerne 47, *199*
al forno 176, *2026*
alga rossa; alga laver (alghe secche) 217, *2441*
alga rossa; alga laver (alghe secche) 222, *2491*
alghe 47, *204*
alghe marine 47, *205*
ali 57, *367*
ali di anatra 57, *369*
alimentari 310, *3624*
alimentazione 48, *220*
alimenti funzionali 48, *222*
all'; alla; alle; allo 252, *2891*
alla arciduca (con cipolle e paprika) 54, *324*
all'abruzzese (con peperoncino) 37, *31*
all'africana (patata, cetriolo, melanzana o zucchina) 41, *101*
all'aglio 47, *209*
all'aglio e olio 47, *212*
all'albigese (pomodori farciti e crocchette di patate) 44, *165*
all'albufera (con pollo o anatra) 45, *167*
all'algerina (pomodori e crocchette di patate dolci) 47, *206*
all'alsaziana (con pâté di fegato grasso d'oca) 48, *231*
all'alsaziana (crauti, prosciutto, pancetta e/o salsicce) 48, *230*
all'amatriciana (salsa di pomodoro, pancetta e

— 584 —

Termine | **Pagina** | *Numero della voce*

peperoncino) 49, *242*
all'americana (aragosta e salsa armoricaine) 50, *257*
all'americana (aragosta, salsa di pomodoro, olio di oliva, cipolla e vino) 50, *258*
all'americana (uova, pollo o carne, pomodori e fette di pancetta alla griglia) 50, *259*
all'ammiraglia (ostriche, cozze, scampi, funghi, tartufi e salsa Nantua) 51, *262*
all'andalusa (carne, peperone, melanzana, chipolata e riso) 51, *271*
all'anversese (tortine ai germogli di luppolo e patate lesse o uova alla coque) 53, *296*
all'arlesiana (melanzane, pomodori e cipolle) 55, *330*
all'austriaca (paprika, cipolle fritte, finocchio e panna acida) 59, *395*
alla banchiera (polpette di pollame, funghi e tartufi) 66, *475*
alla barigoule (fondi di carciofi farciti) 67, *484*
alla basca (pomodoro, peperone e prosciutto de Bayonne) 68, *497*
alla benedettina (con purè di stoccafisso e purè di patate) 74, *577*
alla Berry (cavolo, cipolle, castagne e pancetta) 75, *586*
alla bolognese (con ragù) 80, *658*
alla borghese (carote, cipolle e pancetta) 83, *690*
alla borgognona (con vino rosso, funghi e cipollina) 83, *691*
alla brabantina (cavoletti di Bruxelles, cicoria e luppolo) 83, *694*

alla brace 261, *2987*
alla bretone (con fagioli) 84, *706*
alla brussellese (cavoletti di Bruxelles, cicoria e patate château) 86, *721*
alla bulgara (maionese, salsa di pomodoro e sedano tagliato a dadi) 87, *734*
alla campagnola (carote, cipolle, patate e pancetta) 285, *3262*
alla cancalese (ostriche e salsa di vino bianco) 96, *847*
alla canottiera (gamberetti, scampi, funghi, cipolle glassate e uova fritte) 72, *544*
alla casalinga; alla casareccia 252, *2890*
alla castigliana (pomodori, cipolle e crocchette di patate) 103, *960*
alla catalana (melanzane e riso pilaf) 103, *961*
alla catalana (pomodori, castagne, chipolata e olive) 103, *962*
alla Chartres (con dragoncello) 110, *1077*
alla chipolata (cipolline, castagne, carote, pancetta e chipolata) 112, *1112*
alla Clamart (con piselli) 115, *1152*
alla Crécy (con carote) 131, *1414*
alla crema; alla panna 120, *1227*
alla creola (pomodori, cipolle, peperone e riso) 132, *1429*
alla Daumont (polpettine di pesce, tartufi, scampi alla salsa Nantua, funghi e briciole de pain) 138, *1482*
alla Diana (con purè di selvaggina) 143, *1564*
alla diavola (pollame cotto alla griglia,

impanato e fritto) 143, *1561*
alla dieppese (gamberetti e mitili alla salsa al vino bianco) 143, *1566*
alla digionese (con senape di Digione) 144, *1573*
alla diplomatica (con aragosta e tartufi) 144, *1579*
alla duchessa (rosette di patate passate e poi gratinate) 146, *1608*
alla favorita (punte di asparagi, fegato grasso d'oca e tartufi) 167, *1885*
alla fiamma; flambato 172, *1968*
alla finanziera (creste di gallo, polpettine di pollo, funghi, tartufi e salsa al Madeira) 172, *1962*
alla fioraia (con mazzetto di verdure) 83, *689*
alla fiorentina (con spinaci) 173, *1980*
alla forestale (con spugnole, patate nocciola o rissoles e pancetta) 175, *2009*
alla fornaia (patate e cipolle cotte in forno) 82, *685*
alla francese (punte di asparagi, lattuga brasata e cavolfiori alla salsa olandese) 177, *2038*
alla Frascati (fegato grasso d'oca, punte di asparagi, funghi, tartufi e patate alla duchessa) 178, *2049*
alla gallica (creste e rognoni di gallo) 186, *2146*
alla gastronomo (pollo farcito o animelle di vitello con castagne, tartufi e spugnole) 186, *2142*
alla genovese (erbe fresche, verdure e frutti di mare) 188, *2186*
alla giapponese (carciofi

giapponesi e crocchette di patate) 212, *2401*
alla giardiniera (con verdure assortite) 212, *2402*
alla giudea (carpa, cipolle, vino bianco e erbe) 213, *2425*
alla greca (olio di oliva, succo di limone e erbe aromatiche) 193, *2254*
alla grenoblese (capperi e cubetti di limone) 193, *2259*
alla griglia 261, *2988*
alla ligure (carne, pomodori farciti e risotto allo zafferano) 225, *2549*
alla linguadoca (pomodori, melanzane e funghi) 220, *2459*
alla lionese (cipolle e patate) 230, *2615*
alla lionese (cipolle fritte nel burro) 230, *2616*
alla lorenese (cavolo rosso, mele e vino rosso) 229, *2601*
alla madrilena (con pomodori o succo di pomodoro) 234, *2638*
alla maître d'hôtel (alla griglia e con burro alla maître d'hôtel) 235, *2651*
alla marescialla (punte di asparagi, tartufi e salsa Chateaubriand) 239, *2706*
alla marinara (pomodori, aglio, olio di oliva e vino) 240, *2715*
alla marocchina (riso pilaf, zucchini e peperoni farciti) 241, *2724*
alla mazarine (crocchette di riso, funghi e cuori di carciofi con ripieno di verdure) 244, *2764*
alla messicana (funghi farciti con pomodori, peperoni e melanzane) 248, *2844*

alla milanese (impanato) 249, *2850*
alla milanese (pasta con parmigiano, lingua di manzo marinata, prosciutto, funghi, tartufi e salsa di pomodoro) 249, *2851*
alla moda (manzo brasato con carote e cipolle) 252, *2889*
alla moderna (lattuga brasata e cavolo) 252, *2892*
alla mugnaia (pesce infarinato e cotto nel burro) 248, *2840*
alla Nantua (con scampi e tartufi) 261, *2991*
alla napoletana (pomodori e olio di oliva) 262, *2994*
alla nivernesa (con cipolle glassate e carote) 263, *3014*
alla nizzarda (acciughe, olive nere e capperi) 263, *3011*
alla normanna (ostriche, mitilli, funghi, tartufi e scampi) 264, *3021*
alla norvegese (pesce o frutti di mare, cetriolo farcito, uova sode e insalata russa) 264, *3023*
alla olandese (pesce con patate lesse) 200, *2321*
alla olandese (uova affogate, verdure bollite o pesce affogato e salsa olandese) 200, *2320*
alla parigina (patate alla parigiana, lattuga brasata e cuori di carciofi) 282, *3231*
alla parmigiana (con parmegiano grattugiato) 283, *3234*
alla piastra 109, *1069*
alla piemontese (risotto con tartufi bianchi) 292, *3380*
alla polaca (con crostini) 297, *3462*
alla portoghese (con pomodori) 299, *3495*
alla primavera (con verdure miste) 302, *3550*
alla principessa (con punte di asparagi e tartufi) 302, *3549*
alla provenzale (olio di oliva e aglio) 303, *3562*
alla reale (ostriche, tartufi, funghi e polpettine di pesce) 324, *3783*
alla regina (con pollo e salsa suprema) 318, *3709*
alla ricca (medaglione de fegato d'oca, tartufi e fondi di carciofi) 320, *3742*
alla ricca (salsa normanda, burro di aragosta, cognac e pepe di Caienna) 320, *3744*
alla Rohan (cuori di carciofi, fettine di fegato grasso d'oca e lamelle di tartufo, tortine ripiene di rignone di pollo e salsa suprema) 322, *3762*
alla romana (pomodoro, mozzarella e acciughe) 322, *3769*
alla russa (con barbabietola) 324, *3788*
alla sarda (crocchette di riso, funghi, cetriolo e pomodori ripieni) 336, *3915*
alla scozzese (uova pochés con salmone) 149, *1620*
alla siciliana (timballi di riso e crocchette di patate) 341, *4000*
alla spagnola (pomodori, cipolle, aglio e peperoni) 156, *1750*
alla strasburghese (crauti brasato, fette di fegato grasso d'oca saltato nel burro e pancetta) 350, *4106*
alla sultana (con pistacchi) 352, *4138*
alla tirolese (cipolle fritte e pomodori a pezzetti) 362, *4246*
alla tolosona (polpettine di pollo, timo d'agnello o creste di gallo, rognoni di pollo, funghi, tartufi e salsa alemanna) 366, *4310*
alla toscana (parmigiano e prosciutto) 365, *4307*
alla turca (riso pilaf, uova in cocote, omelette e melanzana) 369, *4365*
alla vecchia maniera (cipolline e funghi) 51, *270*
alla veneziana (con le cipolle) 376, *4425*
alla viennese (filetto impanato e fritto, servito con patate lesse e capperi) 378, *4444*
alla vignaiola (vino, brandy, uve o foglie di vite) 378, *4445*
alla Walewska (aragosta, lamelle di tartufo e salsa Mornay) 385, *4513*
alla zingara (pomodori e paprika) 396, *4547*
alle erbe aromatiche 120, *1229*
allergia 46, *185*
allergico 46, *186*
alle spezie 120, *1231*
alle verdure 121, *1245*
alle vongole 123, *1272*
alle zucchine 120, *1224*
alliaria; aglliaria 47, *219*
all'imperiale (scaloppine di fegato grasso d'oca, tartufi e funghi) 206, *2354*
all'inglese (bollito e guarnito con burro) 206, *2360*
all'inglese (bollito e guarnito con burro) 52, *282*
all'italiana (cuori di carciofi oppure pasta) 208, *2383*
allodola 128, *1366*
all'orientale (pomodori farciti e patata dolce) 270, *3088*
alloro 229, *2606*
all'ortolana (cipolle e carote glassate, cetriolo farcito e cuori di carciofi) 239, *2704*
allo spiedo 157, *1766*
all'ungherese (cavolfiore, paprika e patatesaltate) 202, *2346*
all'ussara (pomodori ripieni di purè di cipolla e funghi ripieni di purè di spinaci) 202, *2347*
alosa 336, *3926*
al sangue 236, *2655*
al sugo di carne 121, *1250*
alta stagione 48, *232*
altavela 314, *3642*
al tonno 120, *1225*
al vapore 376, *4410*
al vino Madeira 380, *4484*
alvogere; incartare 150, *1633*
alzarci 224, *2533*
alzavola 241, *2727*
amabile (gusto) 350, *4110*
amarena; marasca; marasche 255, *2928*
amaretti 76, *610*
Amaretto (liquore italiano alle mandorle) 49, *237*
amaro 49, *238*
amaro 77, *615*
Ambasciatore (cuori di carciofi ripieni e patate alla duchessa) 49, *243*
ambientare 139, *1494*
ambiente 49, *245*
amchoor (polvere di mango verde) 49, *246*
Americano (cocktail fatto di Campari®, vermouth rosso e acqua gassata) 51, *260*
amido di mais 51, *261*
ammuffire 253, *2900*
anacardo 102, *956*
analcolico 338, *3946*
ananas; ananasso 35, *2*
anatra 284, *3256*
anatra all'arancia 284, *3257*
anatra al riso 56, *353*

Termine | **Pagina** | *Numero della voce*

anatra novella **284**, *3258*
anatra selvatica **284**, *3259*
andato a male **283**, *3237*
andato male; marcio **159**, *1797*
anelli di calamaro fritti **52**, *274*
anellini (pasta a forma di anelli) **52**, *275*
anello portatovaglioli **55**, *329*
aneto **151**, *1652*
anfora **52**, *278*
angel cake (torta dolce senza tuorli d'uovo) **52**, *279*
angelica **52**, *280*
Angostura® **52**, *283*
anguilla; bisato **152**, *1664*
anguilla affumicata **152**, *1666*
anguria delle Antilles **244**, *2763*
anice **154**, *1700*
anice stelatto **52**, *286*
animella; timo **253**, *2903*
animella di vitello **253**, *2902*
anisetta **52**, *287*
annatto **372**, *4388*
annona **111**, *1098*
antiaderente **53**, *294*
antiossidante **53**, *295*
antipasti assortiti **53**, *305*
antipasto **53**, *292*
aorta **53**, *298*
aperitivo **53**, *304*
a persona; a testa **299**, *3491*
aperto **35**, *9*
apertura **35**, *10*
apfelstrudel **54**, *308*
apparecchiare **298**, *3479*
appassito **258**, *2972*
Appenzeller (formaggio svizzero, preparato con latte vaccino) **54**, *311*
appetito **53**, *306*
appetitoso **53**, *307*
apprezzare **54**, *312*
approvvigionare; fornire **35**, *5*
apribarattoli; apritutto **36**, *25*

apribottiglie **36**, *23*
apriostrice **164**, *1831*
aprire **36**, *26*
apriscatole **36**, *24*
aquavit (distillato di cereali scandinavo) **54**, *313*
arachidi **50**, *256*
aragosta **219**, *2451*
aragosta Thermidor (gratinata nel carapace) **219**, *2452*
arancia **220**, *2463*
arancia amara; arancia di Siviglia **220**, *2464*
arancia dolce **220**, *2471*
aranciata **317**, *3700*
Argenteuil (con punte di asparagi o purea di asparagi) **55**, *328*
aringa **55**, *326*
aringa affumicata **55**, *327*
armadio climatizzato per vini **40**, *89*
armagnac (distillate di vino) **55**, *331*
armonico; equilibrato **153**, *1690*
aroma **55**, *334*
aromatico **55**, *335*
aromatizzare **55**, *337*
aromatizzato **55**, *336*
arricciaburro **270**, *3079*
arrivare **111**, *1093*
arrivederci **58**, *388*
arrostire **58**, *380*
arrostito **58**, *376*
arrosto **58**, *377*
arrosto di cinghiale **212**, *2405*
arrosto di montone **99**, *914*
arrosto di vitello **381**, *4502*
arrotolare **152**, *1677*
arrotolato **152**, *1676*
artemisia **57**, *366*
arundo; maranta **54**, *322*
asafetida (condiment) **58**, *379*
asarum canadense **188**, *2184*
a scelta **155**, *1727*
asciugamano **362**, *4250*
asciugare **153**, *1687*

asciugare **337**, *3933*
asino **87**, *738*
asparago **57**, *370*
aspartame **57**, *372*
asperula; stellina odorosa **57**, *373*
aspettare **43**, *135*
aspic (una preparazione a base di carne, pesce o verdure presentata in gelatina) **58**, *374*
assaggiare **303**, *3561*
assaporare **327**, *3795*
assenzio **37**, *32*
assitente di cucina **44**, *155*
assorbire **37**, *33*
assortimento di formaggi **337**, *3941*
assortiti **347**, *4081*
attaccare; appiccicare **194**, *2270*
avanzare **342**, *4014*
avanzi **319**, *3738*
avena **59**, *396*
aver fame **159**, *1790*
aver fretta **159**, *1791*
aver sete **159**, *1792*
avocado **35**, *1*
avviluppare **153**, *1685*
avvinato **59**, *402*
azuki **167**, *1893*
azzannatore imperiale **206**, *2353*

B

B & B® (Bénédictine e Brandy) **63**, *425*
babà al rum **63**, *426*
bacca **64**, *438*
baccalà salato **63**, *431*
bacche di ginepro **64**, *441*
bacche di sambuco **64**, *440*
bacchette cinesi **285**, *3260*
bagel (pane ebraico) **64**, *442*
bagnare **253**, *2906*
bagnato **253**, *2905*
bagno **66**, *470*
bagno degli uomini **66**, *472*
bagno delle donne **66**, *471*
balena **65**, *458*

balsamite **65**, *459*
banana **65**, *460*
banana alla fiamma **65**, *463*
banana Cavendish **65**, *464*
banana split (banana, gelato, panna montata e mandorle) **65**, *465*
banchetto **66**, *474*
banco del bar **65**, *453*
Banon (formaggio francese, preparato con latte di vacca, capra o pecora, avvolto in foglie di castagno) **66**, *473*
bar **66**, *476*
barbabietola; bietola **75**, *590*
barbecue **114**, *1133*
barbo; barbio **67**, *482*
barchette d'aragosta **67**, *486*
bardana **67**, *483*
bardare **117**, *1177*
barile **67**, *492*
barista; bartender; barman **67**, *485*
barracuda **67**, *488*
barretta di cioccolato **67**, *487*
basilico **237**, *2672*
basilico selvaggio **47**, *201*
bassa stagione **64**, *445*
basso colesterolo **64**, *447*
basso contenuto di grassi; magro **64**, *448*
basta **68**, *498*
bastare **68**, *500*
bastoncini al formaggio **362**, *4245*
battere **72**, *545*
batteria di tegami **213**, *2415*
batticarne **241**, *2731*
batticarne **72**, *542*
battuto **72**, *548*
bavaglino **63**, *427*
bavarese (panna montata e gelatina) **73**, *551*
bavarese al cioccolato **73**, *552*
beccaccia **184**, *2113*
beccaccino **262**, *2995*
beef Wellington (mignon, fegato grasso d'oca e

funghi) 171, *1947*
Belle Hélène (pezzi di carne, pomodori, piselli, carote e crocchette di patate) 74, *573*
Bellini (succo di pesche e champagne) 74, *574*
ben cotto; troppo cotto 74, *576*
Bénédictine D.O.M.® (liquore alle erbe) 74, *578*
bere 73, *556*
bergamotto; monarda 153, *1695*
Berny (tortine alla purea di lenticchie) 75, *585*
bestiame 183, *2101*
bevanda calda 73, *559*
bevanda; bibita 73, *558*
bevande alcoliche 73, *560*
bevande analcoliche 73, *561*
bevande incluse 73, *563*
bianchetti 290, *3360*
biancomangiare (budino di latte e polvere di mandorle) 77, *618*
biberon 236, *2659*
bibita analcolica 317, *3699*
bibita fredda 146, *1603*
bicarbonato di sodio 75, *593*
bicchiere 125, *1312*
bicchiere d'acqua 125, *1313*
bicchiere da birra 125, *1314*
bicchiere da cognac 125, *1315*
bicchiere da vino 356, *4156*
bicchiere da vino bianco 356, *4157*
bicchiere da vino rosso 356, *4158*
bicchiere di plastica 125, *1319*
bicchiere graduato 125, *1317*
bicchiere miscelatore 126, *1325*
bicchiere per l'acqua 125, *1318*

bicchiere pulito 125, *1316*
bicchierino 356, *4154*
bietola 37, *43*
bietola rossa; bieta rossa 37, *45*
bignè 74, *567*
bignè alle banane 73, *565*
bignè alle mele 73, *566*
bignés; profiteroles 100, *923*
bignés al cioccolato; profiterole al cioccolato 100, *922*
bilancia 64, *450*
biltong (listarelle di carne essiccata di manzo o selvaggina) 76, *604*
biodinamico 76, *605*
biologico 270, *3087*
birra 105, *1010*
birra alla spina 113, *1123*
birra allo zenzero 105, *1012*
birra analcolica 106, *1022*
birra bock 105, *1011*
birra chiara 106, *1016*
birra estera 106, *1014*
birra in bottiglia 105, *1013*
birra leggera 106, *1018*
birra nazionale 106, *1019*
birra pilsen 106, *1020*
birra scura 106, *1017*
birra scura; birra rossa 106, *1015*
birreria; birrificio 106, *1021*
biscotti alla cannella 77, *611*
biscotti natalizi 77, *612*
biscotti savoiardi 219, *2449*
biscotto 76, *608*
biscotto alla farina d'avena 267, *3035*
biscotto integrale 76, *607*
bisquet (zuppa a base di crostacei con vino bianco, cognac e panna) 77, *613*
bistecca al pepe 349, *4099*
bistecca alla tartara (carne di manzo macinata e cruda con un uovo crudo sopra) 349, *4100*

bistecca con uovo fritto sopra 76, *598*
bistecca di canguro 76, *599*
bistecca di renna 76, *600*
Black Russian (cocktail fatto con vodka e liquore di caffè) 77, *617*
Bleu de Gex (formaggio francese, pasta soda, preparato con latte vaccino crudo) 77, *619*
blinis (piccole frittelle fatte con grano saraceno) 77, *620*
Bloody Mary (cocktail fatto con succo di pomodoro, vodka, salsa worcester, sale e Tabasco®) 78, *621*
Blue d'Auvergne (formaggio francese, preparato con latte vaccino) 78, *622*
Blue Hawaii (cocktail fatto con rum, Cointreau® e Curaçao Blu) 78, *623*
Blue Hawaiian (cocktail fatto con Curaçao Blu, rum, succo di ananas e latte di cocco) 78, *624*
bocconcini ai gamberetti 290, *3361*
Bocconcini (bocconcini di mozzarella fresca conservati nel loro siero) 78, *629*
boccone 78, *628*
bockwurst (wurstel a base di vitello e spezie) 79, *631*
boga 79, *633*
bok choy; tatsoi (varietà del cavolo cinese) 79, *634*
boldo 79, *639*
bolla; bollicine 82, *675*
bollilatte 223, *2518*
bollire parzialmente; sbollentare; scottare 40, *99*
bollire; far bollire; lessare 169, *1926*
bóllito 169, *1927*
bollitore 108, *1051*

bombay duck (condimento a base di pesce secco e salato) 81, *665*
bombe (gelato a strati coperto con panna montata o frutta) 81, *666*
Bonchester (formaggio scozzese, consistenza cremosa, preparato con latte crudo) 81, *670*
bordo 82, *676*
borragine 82, *680*
borsa 328, *3805*
bottarga 271, *3098*
bottatrice 229, *2603*
botte 364, *4276*
bottiglia 185, *2134*
bottiglia di acqua minerale 185, *2135*
bottiglia di vino 185, *2136*
bottiglia di vino bianco 185, *2137*
bottiglia di vino rosso 185, *2138*
bouillabaisse (zuppa francese di pesce e frutti di mare con zafferano) 343, *4031*
Boulette d'Avesnes (formaggio fresco modellato a cono e pasta molle) 83, *687*
Boursin® (formaggio francese, consistenza cremosa, prodotto con latte vaccino) 83, *693*
bowle (bevanda fredda di vino bianco e frutta) 134, *1457*
brace; carbone di legna 101, *935*
branchie 195, *2285*
brandy 83, *696*
branzino; spigola 321, *3756*
brasare 84, *702*
brasato 84, *701*
Bréhan (cuori di carciofi alla purea di fave, cavolfiore, salsa olandese e patate al prezzemolo) 84, *703*
bresaola (carne di manzo salata ed essiccata) 84, *705*

| Termine | **Pagina** | *Numero della voce* |

briciole di pane 249, *2848*
Brie (formaggio francese, pasta molle, prodotto con latte vaccino) 85, *708*
Briex de Meaux (formaggio francese, crosta bianca e vellutata, pasta cremosa dopo la stagionatura, prodotto con latte vaccino crudo) 85, *709*
brigata di cucina 85, *710*
brioche 85, *711*
brocca 212, *2403*
broccoli; broccoletti 85, *712*
brodo 93, *812*
brodo con pezzi di carne e verdure 93, *813*
brodo di carne 94, *816*
brodo di finta tartaruga (con testina di vitello) 346, *4064*
brodo di pesce 94, *818*
brodo di pollo 94, *817*
brodo di pollo con riso 97, *863*
brodo di tartaruga 345, *4057*
brodo di verdure 94, *819*
brodo liquido pronto 94, *815*
brodo scozzese (carne di montone o agnello, verdure ed orzo) 346, *4063*
brosmio 36, *28*
bruciacchiare 109, *1062*
bruciare 309, *3614*
bruciato 309, *3612*
bruciatore 78, *627*
brunch 85, *719*
bruschetta (fetta di pane abbrustolito con aglio e olio di oliva) 85, *720*
bubble and squeak (patate e cavolo saltati in padella) 86, *722*
bucatini (pasta forata) 86, *723*
buccia di cipolla 101, *937*
buccina 58, *386*
budino 303, *3564*

budino al cioccolato 303, *3565*
budino di pane 303, *3567*
budino di prugna 303, *3568*
budino diplomatico (canditi, savoiardi e crema inglese) 132, *1425*
budino Nesselrode (budino gelato di marroni) 263, *3006*
buffet delle insalate 86, *730*
buffet freddo 86, *731*
bulgur 87, *735*
Bull Shot (vodka, brodo di carne, salsa Worcester, sale al sedano e Tabasco®) 87, *736*
buon appetito 81, *664*
buon pomeriggio 78, *626*
buona sera 78, *625*
buongiorno; buon giorno 81, *669*
buongustaio 186, *2145*
buono 81, *663*
burriera 238, *2696*
burro 237, *2674*
burro al dragoncello 238, *2685*
burro alla maître d'hôtel (con prezzemolo trito e succo di limone o aceto) 238, *2693*
burro chiarificato (fuso e separato dal siero) 237, *2675*
burro Colbert (burro alla maître d'hôtel con dragoncello tritato e glassa di carne) 237, *2676*
burro d'aglio 237, *2677*
burro di acciuga 237, *2680*
burro di arachide 237, *2679*
burro di aragosta 238, *2686*
burro di cacao 237, *2681*
burro di capra 238, *2687*
burro di caviale 238, *2683*
burro di erbe 238, *2684*
burro di gamberetti 238, *2682*

burro di mandorle 237, *2678*
burro di salmone 238, *2690*
burro di senape 238, *2688*
burro di tartufo 238, *2691*
burro fuso 238, *2689*
burro nero (burro, aceto o succo di limone, capperi e prezzemolo) 75, *591*
burro nocciola; burro rosso 238, *2692*
burro non salato 238, *2695*
busecca (zuppa di trippa con fagioli bianchi) 87, *739*
bustina 327, *3801*

C

cabanossi (salsiccia preparata con carne di maiale e/o di manzo tritata) 215, *2426*
cacao 90, *758*
cachaça (distillato di canna da zucchero) 90, *761*
caco 98, *882*
caffè 91, *768*
caffè; caffeteria 228, *2588*
caffè bollente 92, *790*
caffè con panna 91, *778*
caffè corretto 91, *780*
caffè crema 91, *770*
caffè decaffeinato 91, *776*
caffè e latte 91, *771*
caffè filtro 91, *775*
caffè freddo 91, *783*
caffè irlandese (caffè bollente con whisky) 92, *785*
caffellatte 91, *779*
caffè lungo 91, *781*
caffè macchiato (caffè espresso guarnito con latte schiumoso) 92, *795*
caffè marocchino (cappuccino ottenuto con latte e cioccolata calda) 92, *786*
caffè moka (espresso mescolato con sciroppo

di cioccolato e latte caldo) 92, *787*
caffè nero 92, *789*
caffè ristretto 91, *772*
caffè solubile 92, *791*
caffettiera 86, *732*
caffè turco (acqua, zucchero e polvere di caffè mescolati) 92, *794*
cagliare 116, *1168*
cagliata 116, *1166*
caglio 116, *1169*
caipirinha (cachaça, limetta e zucchero) 93, *796*
caipiroska (vodka, limetta e zucchero) 93, *797*
calamaro; calameretto 229, *2609*
calaminta 93, *802*
calamo aromatico 93, *803*
caldo 309, *3617*
calendula; florrancio 94, *820*
calore 94, *821*
caloria 94, *822*
calorico 94, *823*
Calvados (brandy di mela) 94, *824*
calzone (pizza farcita) 94, *825*
Cambacérès (scampi, funghi e tartufi) 95, *834*
Camembert de Normandie (formaggio francese, crosta bianca e vellutata e pasta cremosa dopo la stagionatura, prodotto con latte vaccino crudo) 95, *837*
Camembert (formaggio francese, pasta molle, prodotto con latte vaccino) 95, *838*
camera 307, *3585*
camomilla 96, *839*
camoscio 89, *749*
campanello; pesce 258, *2979*
Campari® (amaro italiano) 96, *842*
canapès di caviale 96, *845*
canapès di salmone 96, *846*

Termine | **Pagina** | *Numero della voce*

cancellare 96, *848*
candela 376, *4423*
candelabro 96, *849*
candire 132, *1433*
canditi 180, *2078*
canesca 369, *4359*
canguro 97, *862*
cannella 96, *851*
cannellini 168, *1897*
cannelloni (pasta arrotolata a forma di tubo) 96, *857*
cannoli siciliani (con ricotta e canditi) 127, *1338*
cannuccia 97, *868*
cantalupo 245, *2784*
cantalupo di charentais 245, *2785*
cantarelo; galletto; gallinaccio; capo gallo 109, *1064*
cantina 381, *4494*
cantina; enoteca; apoteca; tinaia 40, *88*
cantucci (biscotti secchi alle mandorle) 97, *867*
capellini d'angelo (pastina per minestre) 97, *874*
capesante; capasanta; conchiglia di San Giacomo 378, *4443*
capocameriere 111, *1092*
capocuoco; chef 111, *1091*
cappa aspirante; cappa per cucina 118, *1196*
cappelletti in brodo 97, *879*
cappero 45, *175*
cappone 97, *872*
cappuccino 98, *880*
capra 89, *746*
capretto 89, *748*
capriola 126, *1336*
capriolo 376, *4418*
caraffa 185, *2139*
carambola 98, *884*
caramellare 98, *886*
caramellato 98, *885*
caramelle alla menta 246, *2806*
caramelle, cioccolattini 64, *451*
caramello (zucchero bruciato) 98, *887*
caramello al burro; toffee 64, *449*
carangide 194, *2274*
carango cavallo 389, *4526*
carango mediterraneo 390, *4532*
carboidrati 98, *893*
carcade 379, *4462*
carcassa 98, *895*
carcassa di anatra 98, *897*
carcassa di pollo 98, *896*
carcassa di tacchino 98, *898*
carciofi marinati 45, *173*
carciofo 45, *168*
carciofo giapponese 45, *172*
cardamomo 99, *900*
cardi 99, *905*
Cardinale (aragosta e tartufi) 99, *903*
carne affumicata 99, *910*
carne di bufalo 99, *907*
carne di capriolo 99, *911*
carne di cavallo 99, *909*
carne di manzo in scatola; manzo salato 100, *917*
carne di montone 99, *908*
carne di pancia 177, *2034*
carne di vitello 99, *912*
carne macinata; carne trita 99, *916*
carne magra 99, *915*
carne secca 100, *919*
carni alla brace 100, *918*
carni alla griglia 100, *920*
caro 100, *921*
carobe 47, *200*
carota 104, *994*
carote Vicky (lessate e servite con burro e prezzemolo) 105, *996*
carpa 100, *924*
carpaccio (fette sottili di carne di manzo cruda condite con olio di oliva e parmigiano) 100, *926*
carpaccio di salmone (fette sottili di salmone) 100, *925*
Carpano® (vermouth italiano) 100, *927*
carrello dei dolci 100, *929*
carrello; carrozza 366, *4317*
carrozza ristorante 375, *4402*
carta; lista 99, *901*
carta da cucina 281, *3212*
carta da forno 281, *3215*
carta dei vini 101, *930*
carta di credito 101, *932*
carta di riso (preparata con farina di riso, acqua e sale, quindi stesa su piccole stuoie ed essicata al sole) 281, *3214*
carta stagnola 281, *3213*
cartamo; falso zafferano 101, *931*
cartilagine 101, *933*
carvi; comino dei prati 45, *177*
Cashel Blue (formaggio irlandese, sapore pungente, preparato con latte vaccino) 101, *948*
cassata (gelato a strati farcito con canditi) 102, *950*
cassata siciliana (dolce farcito con ricotta, cioccolata e canditi) 102, *949*
casseruola 90, *757*
cassia 102, *951*
cassoulet (stufato di fagioli bianchi con carne di maiale, di montone e d'oca) 102, *952*
castagna 102, *959*
castagne d'acqua 102, *954*
catena del filetto mignon 126, *1337*
cattivo 243, *2761*
cavatappi; cavaturaccioli 327, *3799*
caviale 103, *972*
cavoletti di Bruxelles 129, *1373*
cavolfiore 129, *1375*
cavolfiore gratinato 129, *1376*
cavolo 129, *1370*
cavolo 318, *3717*
cavolo bianco; verza 318, *3718*
cavolo cinese 37, *44*
cavolo-rafano; cavolo rapa 129, *1381*
cavolo riccio 129, *1377*
cavolo rosso 318, *3719*
cavolo verde 318, *3720*
cavolo verza 129, *1374*
Cavour (crocchette di semolino e ravioli) 103, *973*
ceci; cicero 192, *2242*
cedrata 317, *3698*
cedro 114, *1137*
cefalo; muggine 356, *4166*
cellentani (pasta corta a spirale) 103, *971*
cena 104, *991*
cena 212, *2399*
cena a lume di candele 212, *2395*
cenare 103, *974*
cenare 212, *2400*
cenone di San Silvestro 104, *992*
centrifugare 105, *1000*
centrifugato 105, *999*
cereali 105, *1003*
cerfoglio 105, *1005*
cernia 185, *2133*
cernia gigante 247, *2822*
cervelat (salsiccia tedesca fatto con carne di manzo e maiale macinata, erbe e spezie) 106, *1023*
cervella 251, *2870*
cervella di vitello 251, *2874*
cestello per cottura a vapore; cuoci verdure 106, *1027*
cestino per il panne 106, *1026*
cestino per il vino 106, *1028*
cestino per la frutta 106, *1025*
cetriolini sottaceto 288, *3316*
cetriolo 288, *3314*
chai (tè nero, cannella, cardamomo, zenzero e chiòdi di garofano) 242, *2734*

– 590 –

Chambord (polpettine di pesce, funghi, latte di pesce, scampi e tartufi) **108**, *1057*
champagne **108**, *1059*
champagne rosé **108**, *1060*
champignon de Paris; funghi di coltura **118**, *1192*
charlotte (crema con savoiardi e canditi) **109**, *1074*
charlotte di mele **109**, *1075*
Chartreuse® (liquore francese composto da distillato di vino aromatizzato con 130 estratti d'erbe) **110**, *1078*
Chasseur (con salsa a base di funghi, scalogni, pomodori e vino bianco) **110**, *1082*
chayote; zucchina spinosa **114**, *1130*
Cheddar (formaggio inglese, prodotto con latte vaccino) **111**, *1088*
cheeseburger **111**, *1089*
cheppia **337**, *3927*
cherry brandy **43**, *138*
Cheshire; Chester (formaggio inglese, prodotto con latte vaccino crudo) **111**, *1099*
chiamare **108**, *1054*
Chianti (vino italiano) **111**, *1101*
Chiaretto (vino rosso de Bordeaux) **115**, *1154*
chiarificare **116**, *1155*
chiedere scusa **285**, *3271*
chili con carne (stufato di manzo tritato e fagioli al peperoncino) **112**, *1105*
chilo **310**, *3622*
Chinotto (bevanda a base di agrume chinotto) **112**, *1111*
chiocciola di mare (di scogliera); littorina di mare **127**, *1339*
chiòdo di garofano **131**, *1411*
chipolata (salsiccia francese preparata con carne di maiale) **113**, *1113*
chiuso **167**, *1888*
Choisy (con lattuga) **113**, *1122*
chorizo (salsiccia spagnola preparata con carne di maiale) **113**, *1124*
Choron (cuori di carciofi, punte di asparagi e patate nocciole) **113**, *1125*
chowder (zuppa di frutti di mare) **114**, *1128*
choy sum (cavolo cinese) **114**, *1129*
chutney **114**, *1134*
chutney al mango **114**, *1135*
chutney al pomodoro **114**, *1136*
cialda **385**, *4511*
ciambella **145**, *1597*
cibo; alimenti **48**, *221*
cibo piccante **121**, *1237*
cicale di mare; magnosa **103**, *970*
cicerbita **340**, *3982*
cicoria **111**, *1102*
cieche **152**, *1665*
ciliegia **105**, *1007*
cimbopogone **97**, *876*
cime di rapa **120**, *1223*
cinghiale **212**, *2404*
cinghialetto **212**, *2406*
cioccolata calda **113**, *1120*
cioccolatini **113**, *1121*
cioccolato al latte **113**, *1115*
cioccolato bianco **113**, *1116*
cioccolato fondente **113**, *1114*
cioccolato fuso **113**, *1117*
cioccolato leggermente dolce **113**, *1119*
Cioppino (stufato di pesce e frutti di mare al pomodoro) **115**, *1147*
ciotola; scodella **360**, *4226*
ciotoloni **213**, *2416*
cipolla **103**, *975*
cipolla bianca **104**, *976*
cipolla rossa; cipolla dorata **104**, *977*
cipolla rossa forte **104**, *978*
cipolla selvatica; lampascioni **104**, *981*
cipollaccio; cipollaccio col fiocco; lampascioni **104**, *984*
cipolle in salamoia **104**, *979*
cipolletta **104**, *982*
cipollina **104**, *987*
cipolline in salamoia **104**, *989*
civet; civé (stufato di selvaggina aromatizado con sangue) **115**, *1151*
cliente **116**, *1156*
cliente **201**, *2342*
cliente abituale **116**, *1157*
clientela **116**, *1158*
climatizzato **116**, *1159*
club sandwich (fette di pollo o tacchino, lattuga, pomodoro e pancetta) **116**, *1160*
coagulare; coagularsi **116**, *1165*
cobia **76**, *603*
coccio **279**, *3172*
coccodrillo **133**, *1436*
cocktail **126**, *1322*
cocktail di frutta **126**, *1324*
cocktail di gamberetti **126**, *1323*
cocomero; anguria **245**, *2780*
coda **313**, *3630*
coda d'agnello **313**, *3631*
coda di maiale **313**, *3632*
coda di rospo **287**, *3299*
codine di cioccolato **113**, *1118*
codine multicolori **123**, *1284*
cogliere **119**, *1215*
cognac **124**, *1292*
Cointreau® (liquore di arancia) **118**, *1198*
colabrodo **112**, *1110*
colare **116**, *1170*
colazione continentale **91**, *774*
colino **116**, *1162*
colino a tè **116**, *1163*
colino per tè a forma di palla **116**, *1164*
collo **185**, *2132*
collo **290**, *3351*
colomba pasquale **120**, *1222*
colombaccio **298**, *3468*
coloranti alimentari **126**, *1335*
coltello **163**, *1820*
coltello da bistecca **163**, *1821*
coltello da cuoco **163**, *1822*
coltello da dessert **163**, *1827*
coltello da pane **163**, *1825*
coltello da pesce **163**, *1826*
coltello elettrico **164**, *1830*
coltello per affettare **164**, *1833*
coltello per disossare **163**, *1823*
coltello trinciante **163**, *1828*
commestibile **120**, *1233*
Commodore (polpettine di pesce, crocchette di scampi e mitili) **121**, *1249*
compera **122**, *1264*
comperare **122**, *1265*
completare **122**, *1256*
completato **122**, *1255*
completo **122**, *1257*
comporre; combinare **122**, *1258*
composizione **122**, *1259*
composta di fragole **122**, *1261*
compostiera **122**, *1262*
Compote (piccione, pernice o coniglio cotto con cipolline e pancetta) **122**, *1263*
con attenzione; con cura **134**, *1453*
con burro; al burro **121**, *1248*
concentrato di pomodoro **160**, *1818*
conchiglie (pasta a forma

di conchiglia) 123, *1275*
conchigliette (pasta a forma di piccolissime conchiglie) 123, *1276*
Condé (con purè di fagioli rossi) 123, *1277*
condimento 359, *4203*
condimento per insalata 359, *4204*
condire l' insalata 151, *1656*
condire; aromatizzare 123, *1280*
condito 123, *1279*
confermare 124, *1286*
confetti argentati 79, *638*
confetti colorati 123, *1285*
confettura; marmellata 187, *2170*
confettura di lamponi 187, *2160*
confraternita 124, *1287*
con ghiaccio 120, *1235*
con grasso 121, *1236*
coniglio 117, *1184*
coniglio fritto 117, *1185*
coniglio selvatico 117, *1186*
con l'osso 121, *1252*
con la pelle 122, *1253*
con latte; al latte 121, *1246*
cono gelato 348, *4086*
con piselli 120, *1230*
con ricotta 122, *1268*
con salsiccia; con wurstel (frankfurter) 122, *1269*
conserva di limone 225, *2552*
conserva di verdure 222, *2497*
conservante 124, *1294*
conservare 124, *1295*
conservato 124, *1293*
conserve 124, *1297*
consigliare 316, *3686*
consigliare 38, *62*
consommé Celestina (consommé di pollo con tapioca) 124, *1299*
consommé di pesce 124, *1301*
consommé di pollo 124, *1300*
consommé freddo 124, *1302*

consommé principessa (consommé di pollo con punte di asparagi) 125, *1303*
consommé; brodo ristretto 124, *1298*
consumare 125, *1304*
consumo 125, *1305*
contaminuti 133, *1438*
con tartufi; al tartufo 123, *1270*
Conti (purè di lenticchie alla pancetta) 125, *1308*
conti separati 125, *1307*
conto 125, *1306*
contorno 38, *59*
controfiletto; roastbeef 125, *1309*
controllo di qualità 125, *1310*
con vino bianco 380, *4469*
con vino rosso 381, *4490*
coperchio 357, *4181*
coperchio del fesone di spalla 97, *869*
coperchio di filetto 97, *870*
copertina di spalla 315, *3658*
coperto 117, *1172*
coppa da champagne; flûte 355, *4152*
coppa da gelato 356, *4155*
coppa di gelato guarnita; sundae 352, *4141*
coppa di testa 334, *3883*
coppa (gelato, frutta e marron glacé) 129, *1368*
coprimacchia 117, *1175*
coprire 117, *1176*
coq au vin (gallo al vino) 126, *1321*
corallini (pastina per minestre) 126, *1334*
corallo 126, *1333*
coriandolo 118, *1187*
cornetti di prosciutto 322, *3763*
cornetto 133, *1437*
corona d'agnello arrosto 127, *1341*
corso di cucina 135, *1465*
corvina 128, *1360*
coscia 129, *1385*

coscia di cinghiale 129, *1383*
coscia di lepre 289, *3338*
coscia di tacchino 129, *1384*
cosciotto di montone; lacchetta 289, *3337*
cosparso 297, *3464*
costina della pancetta 128, *1361*
costina di lombata 128, *1364*
costine di pancia; costole anteriore 128, *1362*
costolette 77, *614*
cotechino (salsiccia preparata con carne e pelle di maiale e condita con spezie) 128, *1365*
cotenna di maiale arrosto 287, *3307*
cotogna; mela cotogna 240, *2720*
cotognate 240, *2719*
cotoletta alla milanese (scaloppina di vitello impanata) 387, *4522*
cottage (formaggio inglese, fresco, magro, preparato con latte vaccino) 128, *1367*
cotto 130, *1394*
cotto al barbecue 66, *480*
cotto al forno 58, *378*
cotto al vapore 130, *1397*
cotto alla griglia 193, *2256*
cotto nel forno a legna 301, *3536*
cottura 130, *1398*
court bouillon (brodo vegetale acidulato) 129, *1369*
cracker; salatini 76, *609*
crauti 114, *1131*
cream cheese (formaggio inglese, fresco, preparato con latte vaccino intero) 131, *1413*
crema alla vaniglia 131, *1416*
crema bruciata 131, *1417*
crema catalana 131, *1415*
crema di asparagi 344, *4036*

crema di avena 344, *4037*
crema di carote 344, *4039*
crema di patate 344, *4038*
crema di piselli 344, *4040*
crema di pollo 344, *4042*
crema di pomodori 344, *4043*
crema di porri 344, *4035*
crema di spinaci 344, *4041*
crema di verdure 344, *4044*
crema inglese (crema di latte e uova) 132, *1426*
crema pasticciera 131, *1419*
créme caramel 303, *3566*
cremor tartaro 132, *1427*
cremoso 132, *1428*
crêpes Suzette (con succo d'arancia e Curaçao) 132, *1431*
crescione (d'acqua) 41, *110*
crescione dei prati; cardamine 42, *115*
crespella al salmone 132, *1430*
crespelle 279, *3182*
creste di gallo 132, *1434*
cristallino 132, *1432*
croccante 133, *1435*
crocchette di patate 133, *1442*
crocchette di pesce 79, *644*
crocchette di pollo 133, *1443*
crocchette di riso 133, *1441*
croque madame (toast con prosciutto e formaggio servito con uovo fritto) 133, *1439*
croque monsieur (toast con prosciutto e formaggio) 133, *1440*
crosta di formaggio 101, *945*
crosta di pane 101, *944*
crostacei 134, *1448*
crostata alla frutta 133, *1444*
crostata Tatin (crostata di mele caramellizzate

| Termine | **Pagina** | *Numero della voce*

servita con panna montata) 359, *4196*
crostini 133, *1446*
crostini 285, *3267*
Crottin de Chavignol (formaggio della regione della Loira, preparato con latte di capra crudo) 133, *1445*
crudo 134, *1447*
crusca 164, *1844*
crusca di avena 164, *1846*
crusca di grano 165, *1847*
crusca di riso 164, *1845*
Cuarenta y Tres® (liquore spagnolo) 134, *1449*
Cuba Libre (cocktail fatto con rum, Coca-Cola® e succo di limone) 134, *1450*
cubere 377, *4435*
cubetti di ghiaccio 134, *1452*
cucchiai dosatori 119, *1206*
cucchiaiata 119, *1216*
cucchiaino da caffè 119, *1204*
cucchiaino da tè 119, *1205*
cucchiaio 119, *1203*
cucchiaio da dessert 119, *1209*
cucchiaio da minestra 119, *1211*
cucchiaio da tavola (misura) 119, *1210*
cucchiaio di legno 119, *1207*
cucchiaio di plastica 119, *1208*
cucchiaione 119, *1212*
cucina 130, *1399*
cucina 174, *1983*
cucina a gas 174, *1984*
cucina casalinga; cucina casareccia 130, *1400*
cucina elettrica 174, *1985*
cucina internazionale 130, *1401*
cucina regionale 130, *1403*
cucina vegetariana 131, *1408*

culinaria 134, *1454*
cumino 121, *1243*
cumino nero 121, *1244*
cuoca 131, *1409*
cuocere 130, *1402*
cuocere a fuoco lento 131, *1405*
cuocere al forno 58, *381*
cuocere al vapore 131, *1407*
cuocere alla brace; arrostire in graticola 58, *382*
cuocere in bianco, senza ripieno 58, *383*
cuocere in umido; stufare 195, *2287*
cuoco 131, *1410*
cuore 126, *1326*
cuore de fesone di spalla 251, *2872*
cuore del filetto mignon 251, *2875*
cuore dello scamone 251, *2871*
cuore di bue 123, *1278*
cuore di carciofi 126, *1331*
cuore di mare; cocciòla 74, *579*
cuore di palme 278, *3164*
Curaçao (liquore olandese a base di scorze di arancia amara 135, *1459*
curcuma 135, *1461*
curry 135, *1463*
cuscus 135, *1467*
Cussy (cuori di carciofi farciti con purea di funghi, rognoni di pollame, tartufi e salsa al Madeira) 135, *1468*
Cynar® (amaro a base di carciofo) 135, *1470*

D

dado per brodo 94, *814*
daikon (ravanello giapponese) 137, *1473*
daino 106, *1024*
Daiquiri (cocktail fatto con rum bianco, succo di limone, zucchero e granatina) 137, *1474*

Danablu (formaggio danese, muffe blu, preparato con latte vaccino) 138, *1476*
da parte 139, *1495*
da portar via 121, *1240*
d'Artois (crocchette di patate farcite con piselli e salsa al Madeira) 138, *1480*
dashi (broto giapponese) 138, *1481*
data di scadenza 301, *3526*
dattero 357, *4178*
decaffeinato 140, *1518*
decantare 138, *1484*
decantazione 138, *1483*
decorare 138, *1486*
decorato 138, *1485*
deglassare 139, *1492*
deglutire 152, *1661*
delicato 139, *1496*
delizioso 139, *1498*
demi-glace; salsa bruna (riduzione di un fondo bruno di vitello con salsa spagnola) 139, *1500*
dente di leone; soffione 139, *1505*
dentice 97, *873*
dentro 140, *1506*
Denver sandwich (lattuga, prosciutto, cipolla e uova strapazzate) 140, *1507*
deperibile 289, *3334*
depurare 140, *1511*
Descar (crocchette di patate e cuori di carciofi al burro ripieni di petto di pollo) 141, *1523*
desiderare 142, *1537*
detersivo 142, *1556*
detestare 143, *1557*
diabetico 143, *1560*
di allevamento a terra (uova, polli) 137, *1471*
dieta 143, *1567*
dietetico 143, *1568*
di facile digestione 138, *1488*
di fattoria (uova, polli) 137, *1472*

digeribile 144, *1570*
digerire 143, *1569*
digestione 144, *1571*
digestivo 144, *1572*
digiunare 212, *2408*
diluire 144, *1577*
diluito 144, *1575*
dimagrire 150, *1627*
diospiro; frutto del budino al cioccolato 335, *3910*
di sbieco; obliquamente 150, *1635*
disidratare 142, *1543*
disidratazione 142, *1542*
disossare 142, *1546*
disossato 142, *1545*
dispensa 142, *1549*
disporre a strati 144, *1580*
dissalare 142, *1550*
distillare 142, *1554*
distillato 142, *1553*
distillato di canna da zucchero 43, *137*
distillato di cereali 43, *139*
distillato di frutta 43, *140*
distillato di mele 43, *141*
distillato di vino 43, *142*
distillazione 142, *1552*
distilleria 142, *1555*
distribuire 144, *1582*
ditali; ditalini; ditaloni (pastina per minestre) 144, *1583*
diventare grumoso 151, *1644*
dividere 144, *1584*
dividere in porzioni; porzionare 144, *1585*
dolce 145, *1589*
dolce arrotolato 321, *3759*
dolce grigliato, tagliato, imburrato, da servire con il tè 359, *4199*
dolce marmorizzato 80, *657*
Dolcelatte®; gorgonzola dolce (formaggio italiano, muffa blu, preparato con latte vaccino) 145, *1591*
dolcezza 145, *1592*
dolci 342, *4016*
dolcificante 40, *95*

Termine | **Pagina** | *Numero della voce*

dopo 140, *1509*
doppio 146, *1612*
dosatore 145, *1595*
dose 145, *1596*
dozzina 147, *1617*
dragoncello; estragone 159, *1798*
Drambuie® (liquore fatto con malt whisky e miele silvestre) 146, *1602*
drops 146, *1605*
Dry Martini (cocktail fatto con gin, vermouth e oliva verde) 146, *1606*
du Barry (cavolfiore e patate château alla salsa Mornay) 146, *1607*
dukkah (coriandolo, cumino, semi di sesamo e nocciole) 146, *1609*
dulse (alga rossa) 146, *1610*
dura (carne) 147, *1613*
duro 147, *1614*
Duse (fagiolini, pomodori e patate parmentier) 147, *1615*

E

ebollizione 149, *1618*
eccellente 160, *1809*
éclairs al cioccolato 81, *667*
economico 66, *477*
edam (formaggio olandese, pasta semidura, prodotto con latte vaccino parzialmente scremato) 149, *1621*
edulcorare; addolcire 40, *97*
effervescente 149, *1622*
eglefino 197, *2292*
eglefino affumicato 197, *2291*
elettrodomestici 150, *1625*
Emmental (formaggio svizzero, con grandi occhi e sapore dolce) 150, *1637*
emù 150, *1626*
emulsionare 151, *1642*

emulsione 150, *1641*
endivia riccia 112, *1104*
enofilo 152, *1669*
enogastronomia 152, *1670*
enokitake (specie di funghi) 152, *1671*
enologia 152, *1672*
enologo 152, *1673*
enoteca 152, *1674*
Enrico IV (cuori di carciofi farciti con patate noisette e salsa bearnaise) 198, *2305*
Enrico IV (patate pont--neuf e salsa bearnaise) 198, *2304*
epazote 153, *1698*
erba 153, *1692*
erba cipollina 104, *985*
erba di Santa Barbara 41, *111*
erbe aromatiche (prezzemolo, dragoncello, cerfoglio ed erba cipollina) 172, *1964*
erbe aromatiche 154, *1706*
erbe di Provenza (basilico, rosmarino, santoreggia, alloro e timo) 199, *2306*
erbe fresche 154, *1707*
esatto; preciso 160, *1807*
esoceto volante 381, *4504*
esofago 156, *1746*
esotico 160, *1810*
espresso 91, *782*
Esrom; Danish Port Salut (formaggio danese, pasta semidura, preparato con latte vaccino) 158, *1782*
essenza 158, *1783*
essenza d'arancia 158, *1786*
essenza di mandorle 158, *1784*
essenza di rose 158, *1787*
essenza di vaniglia 158, *1785*
essere a dieta 159, *1793*
essere in ritardo 159, *1789*
essicato al sole 337, *3935*
estratto 160, *1813*
estratto di carne 160, *1815*
estratto di lievito 160, *1816*

estratto di malto 160, *1817*
estratto di mandorle 160, *1814*
estratto di verdure 160, *1819*
estrattore di succhi 158, *1775*
etichetta 323, *3780*
eupatorio 159, *1796*
evaporare 160, *1806*

F

facile 164, *1834*
fagiano 164, *1837*
fagiano di monte 164, *1838*
fagiolino; cornetto 375, *4404*
fagiolino di mare (alga marina) 156, *1753*
fagiolino wing 168, *1894*
fagiolio di Spagna 168, *1899*
fagiolo 167, *1892*
fagiolo bianco 168, *1896*
fagiolo borlotti 168, *1895*
fagiolo cinese 168, *1905*
fagiolo dall'occhio; fagiolo cornetto 168, *1904*
fagiolo di Lima 168, *1900*
fagiolo di soia 168, *1901*
fagiolo nero 168, *1909*
fagiolo pinto 168, *1898*
fagiolo rosso 168, *1907*
fagottini (pasta ripiena tradizionalmente preparata con pasta fresca) 164, *1836*
fagottino alle mele 110, *1085*
falafel (polpette fritte e speziate, a base di fave e ceci) 164, *1839*
falce 174, *1989*
fame 175, *2003*
far colazione 362, *4255*
farcire 316, *3678*
farcito 316, *3676*
fare schiuma 167, *1886*
fare una purea; fare un purè; schiacciare 167, *1887*
farfalle (pasta a forma di

farfalla) 165, *1848*
farina 165, *1849*
farina da pane 165, *1862*
farina de manioca 165, *1859*
farina de matzo 165, *1860*
farina di amaranto 165, *1850*
farina di castagne; farina dolce 165, *1852*
farina di ceci 165, *1856*
farina di grano 166, *1866*
farina di grano duro 166, *1867*
farina di grano saraceno 166, *1869*
farina di lenticchie 165, *1857*
farina di mais; farina gialla 165, *1861*
farina di orzo 165, *1854*
farina di pesce 165, *1863*
farina di riso 165, *1851*
farina di segale 165, *1853*
farina di semi di lino 165, *1858*
farina di soia 166, *1865*
farina di spelta 165, *1855*
farina integrale 166, *1868*
farinoso 166, *1871*
farro 157, *1761*
fast food 166, *1872*
fatto in casa; casareccio 169, *1916*
fattura 166, *1880*
fava 167, *1882*
Favart (polpettine di pollo, dragoncello e tortine ai funghi) 167, *1883*
favo di miele 167, *1884*
feccia; deposito 82, *678*
fecola 167, *1889*
fecola di patate 167, *1890*
Fédora (barchette ripiene di punte di asparagi, carota, rape, arancia e castagna) 167, *1891*
fegatini 170, *1936*
fegato 170, *1934*
fegato d'agnello 170, *1935*
fegato d'anatra 170, *1938*
fegato di maiale 170, *1939*
fegato di vitello 170, *1940*

fegato d'oca 170, *1937*
fegatto grasso d'oca o d'anatra; foie gras 170, *1942*
feijoada (piatto brasiliano a base di fagioli neri) 169, *1915*
fermentazione 169, *1918*
Ferval (crocchette di patate farcite con prosciutto e cuori di carciofi) 169, *1925*
fesa con coperchio 130, *1389*
fesa di maiale 130, *1390*
fesone di spalla 278, *3157*
festa 169, *1928*
feta (formaggio greco, preparato con latte di capra, di pecora o di vacca) 170, *1929*
fetta 166, *1873*
fetta di limone 321, *3760*
fetta di pane 166, *1874*
fettina 166, *1878*
fettuccine (pasta nastriforme che viene raccolta a nido) 170, *1930*
fiammeggiare; flambare 172, *1969*
fiammiferi 176, *2028*
fianchetto; spinacino 236, *2661*
fibra 170, *1931*
fibroso 170, *1932*
fico 170, *1943*
fico d'India 170, *1944*
fico secco 171, *1946*
fieno greco 169, *1917*
fieto 287, *3296*
filetti d'acciuga 171, *1956*
filetto di lepre 171, *1951*
filetto di maiale 228, *2591*
filetto di manzo al Madeira 171, *1948*
filetto di pollo 171, *1950*
filetto di salmone 171, *1952*
filetto mignon 171, *1953*
filetto mignon con catena 171, *1954*
filetto mignon senza catena 171, *1955*

filetto strogonoff (a pezzetti, con panna e funghi) 159, *1802*
filini (pastina a fili sottile) 170, *1933*
filoncino; baguette 64, *444*
filtrare 171, *1958*
filtro 171, *1959*
filtro acqua 172, *1960*
filtro per caffè 172, *1961*
finocchio 180, *2089*
fiocchi di avena 173, *1973*
fiocchi di cereali 173, *1975*
fiocchi di grano 173, *1978*
fiocchi di mais 173, *1977*
fiocchi di riso 173, *1972*
fiocchi di segale 173, *1974*
fiocchi d'orzo 173, *1976*
fiore 173, *1979*
Fiore Sardo (formaggio sardo, pasta dura, preparato con latte di pecora) 172, *1966*
firmare 58, *385*
Fleur de Maquis (formaggio della Corsica, preparato con latte di pecora crudo) 173, *1970*
fleuron (sfoglia sottile tagliata a forma di mezzaluna, cotta al forno) 173, *1971*
Florian (lattuga brasata, cipolle, carote e crocchette di patate) 173, *1981*
focaccia; fugazza 173, *1982*
foglia d'alloro 174, *1994*
foglia della limetta Kaffir 174, *1993*
foglia di basilico 174, *1995*
foglia di curry 174, *1992*
foglia di pandano 174, *1997*
foglia di vite 174, *1999*
foglia d'oro 174, *1996*
fogliato 174, *2000*
foglie di vite conservate 175, *2001*
foie gras tartufato; fegato d'oca grasso tartufato 174, *1990*

foiolo 86, *725*
fondant (pasta di zucchero indurita, di colore bianco che in pasticceria si usa per decorare torte o pasticcini) 175, *2004*
fondello 45, *180*
fondere; sciogliere 140, *1513*
fondi di carciofi 181, *2096*
fondo di carne trasformato in una salsa 193, *2253*
fondo di torta 181, *2095*
fonduta 175, *2005*
Fontina (formaggio italiano, pasta elastica, preparato con latte vaccino intero) 175, *2006*
fool (mousse fatta con frutta e crema inglese) 175, *2007*
forbici 360, *4220*
forbici da cucina 360, *4221*
forchetta 185, *2125*
forchetta da cucina 185, *2126*
forchetta da dessert 185, *2130*
forchetta da ostriche 185, *2127*
forchetta da pesce 185, *2128*
forchetta di plastica 185, *2129*
forchettina per miglio 157, *1764*
forchettone 185, *2131*
formaggiera 308, *3594*
formaggio 308, *3595*
formaggio affumicato 308, *3601*
formaggio alle erbe 308, *3596*
formaggio di bufala 308, *3599*
formaggio di capra; caprino 308, *3600*
formaggio duro 309, *3605*
formaggio fresco 309, *3606*

formaggio fuso 309, *3603*
formaggio grattugiato; cacio grattato 309, *3608*
formaggio locale 308, *3598*
formaggio morbido 309, *3607*
formaggio pecorino 308, *3602*
formaggio semiduro 309, *3609*
formaggio semimorbido 309, *3610*
formaggio stagionato 308, *3597*
formaggio tipico 309, *3611*
formaggio vaccino 309, *3604*
forma per il pane 176, *2013*
formine 176, *2016*
fornaio; panettiere 277, *3150*
fornire 176, *2019*
fornitore 176, *2018*
forno 176, *2022*
forno a convezione 176, *2024*
forno a grill 176, *2021*
forno a microonde 176, *2025*
forno a vapore 176, *2023*
forno per pizza 176, *2020*
forte 176, *2027*
fougasse (pane francese) 176, *2030*
Fourme d'Ambert (formaggio francese, muffa blu, preparato con latte vaccino) 177, *2031*
fragile 177, *2033*
fragola 254, *2919*
fragola Mara di bosco 254, *2920*
fragoline di bosco 254, *2921*
francolino di monte 184, *2111*
Frangelico® (liquore italiano alle nocciole) 177, *2039*
frappé 250, *2856*
frappé al cioccolato 250, *2858*

Termine | **Pagina** | *Numero della voce*

frattaglie 381, *4499*
freddo 179, *2056*
fresco 178, *2051*
fricassea di pollo 178, *2052*
fricassea di vitello 178, *2053*
friggere 179, *2059*
friggere in olio abbondante 179, *2062*
friggere in padella 179, *2061*
friggitrice 279, *3176*
friggitrice elettrica 179, *2058*
frigorifero 186, *2148*
fritto 179, *2064*
frittura 179, *2065*
frollare 48, *234*
frollini 327, *3792*
frollino 76, *606*
frullare 72, *546*
frullato 250, *2857*
frullatore 227, *2574*
frullatore 252, *2887*
frusta 72, *543*
frutta 179, *2066*
frutta candita 179, *2068*
frutta composta 122, *1260*
frutta dell'albero del pane 180, *2076*
frutta di stagione 179, *2069*
frutta fresca 180, *2075*
frutta in scatola 180, *2074*
frutta sciroppata 180, *2073*
frutta secca 180, *2077*
fruttato 179, *2072*
frutteto 298, *3467*
frutti di bosco 180, *2079*
frutti di mare 180, *2083*
fruttiera 180, *2080*
frutto 180, *2081*
frutto della passione 239, *2702*
frutto della passione a banana 239, *2703*
fruttosio; zucchero di frutta 180, *2084*
fumare 180, *2088*
fumatore 180, *2087*
fumo 180, *2086*
funghi coltivati 118, *1193*

funghi di bosco 118, *1195*
funghi geloni 340, *3996*
funghi lepiote brune 224, *2531*
fungho 118, *1188*
fuoco alto 174, *1986*
fuoco lento; fuoco basso 174, *1987*
fuoco medio 174, *1988*
fuori; all'aperto 145, *1590*
fuori stagione 175, *2008*
fusello di anatra 130, *1392*
fusello di pollo 130, *1391*
fusi 129, *1382*
fusilli (pasta a forma di spirale) 181, *2100*
fuso; sciolto 140, *1514*

G

gai-lan; broccoli cinese 183, *2102*
galanga 183, *2103*
galantina (carne bianca e disossata a pezzetti, lessata in uno stampo con la gelatina fatta con il brodo di cottura) 183, *2105*
galletto 178, *2046*
Galliano® (liquore italiano all'anice) 184, *2114*
gallina 184, *2109*
gallina faraona; galinella 184, *2110*
gallinella d'acqua; folaga 178, *2045*
gallo 184, *2115*
gallo cedrone; urogallo 360, *4224*
gambasecche 256, *2952*
gamberetti secchi 95, *833*
gamberetto; gamberello 94, *831*
gambero d'acqua dolce 94, *828*
gamberone 94, *829*
gamberone tigre 95, *832*
gambo di sedano 357, *4175*
garam masala (miscela di spezie indiane) 184, *2119*
garbure (zuppa di verdure

con cavolo e oca) 184, *2122*
garofano 131, *1412*
gassato 185, *2141*
gastronomia 186, *2143*
gastronomico 186, *2144*
gattuccio 90, *752*
gazpacho (crema fredda di verdure crude con aceto e olio di oliva) 186, *2147*
gelateria 348, *4092*
gelatina 186, *2151*
gelatina 187, *2171*
gelatina di menta 187, *2165*
gelatina di ribes 187, *2163*
gelatina di ribes rosso 187, *2164*
gelatina in foglia 186, *2152*
gelatine colorate 64, *452*
gelatinoso 186, *2154*
gelato 347, *4083*
gelato al caffè 348, *4085*
gelato al cioccolato 348, *4087*
gelato alla frutta 348, *4088*
gelato alla napoletana (gelato a strati, di differenti gusti) 348, *4091*
gelato alla vaniglia 347, *4084*
gelato al limone 348, *4089*
gelato al pistacchio 348, *4090*
gelificare; gelatinizzare 188, *2173*
geneticamente modificato 188, *2178*
genipapo; jagua 212, *2409*
gentilina verde 46, *196*
geranio odoroso 188, *2187*
geretto anteriore; musculo anteriore 258, *2977*
geretto posteriore; muscolo posteriore 258, *2978*
germe di grano 189, *2189*
germogli 85, *714*
germogli di alfafa 85, *715*
germogli di bambù 85, *716*

germogli di fagiolo 85, *717*
germogli di soia 85, *718*
ghee (burro non salato, chiarificato) 189, *2190*
ghiacciare 186, *2150*
ghiacciato 186, *2149*
ghiaccio 188, *2174*
ghiaccio tritato 188, *2175*
ghiacciolo 292, *3378*
ghianda 81, *662*
ghottonería 195, *2288*
gianduiotti; giandujotti (cioccolatini italiani con ripieno di crema di nocciole) 189, *2191*
gigante 189, *2192*
gin 189, *2194*
ginepro 395, *4545*
Gin Fizz (cocktail fatto con gin, succo di limone e acqua gassata) 189, *2196*
ginger ale (acqua minerale gassata con gocce di essenza di zenzero) 189, *2197*
gin tonic 189, *2195*
girare 381, *4498*
girasole 189, *2199*
girello di spalla 287, *3301*
girello; magatello 219, *2450*
giuggiole 213, *2420*
glassa; glassatura 117, *1173*
glassa di carne 190, *2203*
glassare 189, *2202*
glassa (salsa molto ristretta) 190, *2204*
glassato 189, *2201*
glucosio 190, *2206*
glutammato 190, *2208*
glutine 190, *2210*
gnocchi 263, *3009*
gnocchi di ricotta 263, *3010*
gnocco 146, *1611*
gobba 134, *1458*
gobione 190, *2211*
goccia 191, *2228*
Godard (polpettine, timo d'agnello, creste e rognoni di pollo, tartufi

| Termine | **Pagina** | *Numero della voce* |

e funghi) 190, *2212*
gombo 309, *3619*
Gorgonzola (formaggio italiano, pasta cremosa, preparato con latte vaccino) 191, *2223*
Gouda (formaggio olandese, pasta semidura, prodotto con latte vaccino) 191, *2229*
goulash (stufato ungherese) 191, *2230*
gradevole; piacevole 41, *107*
grammo 191, *2232*
Grana Padano (formaggio italiano, pasta dura, prodotto con latte vaccino parzialmente scremato) 191, *2233*
granatina 389, *4531*
grancevola 105, *998*
granchio 98, *890*
granchio asiatico 262, *2998*
granciporro 335, *3909*
Grand-Duc (punte di asparagi, tartufi e salsa Mornay) 192, *2234*
Grand Marnier® (liquore francese, a base di cognac e essenzi d'arancia) 192, *2236*
Grand-Mère (cipolle, funghi, patate e pancetta) 192, *2237*
grande 192, *2235*
granelli di pepe 192, *2243*
granelli di vitello 360, *4223*
granita 192, *2239*
grano 367, *4330*
grano duro 367, *4331*
grano saraceno 367, *4332*
granulare 192, *2241*
granulato; granuloso; in granuli 192, *2240*
grappa 193, *2246*
grappa; grappa de vino 64, *439*
grappolo 90, *762*
grasso 190, *2217*
grasso 191, *2222*
grasso d'oca 190, *2218*

grasso dell'arrosto 191, *2220*
grasso di rognone 337, *3932*
grasso saturo 191, *2221*
gratinare 193, *2248*
gratinato 193, *2247*
gratis 193, *2250*
grattugia 314, *3649*
grattugiare 314, *3650*
grattugiato 314, *3648*
graviola 193, *2252*
grazie 267, *3036*
grembiule 59, *399*
griglia 193, *2255*
grigliare 193, *2257*
grissini 194, *2261*
Grog (cocktail caldo fatto con rum) 194, *2262*
grongo 124, *1290*
grumoso 151, *1643*
Gruyère; Groviera (formaggio svizzero, pasta dura) 194, *2271*
guaiava 190, *2213*
guanciale 79, *630*
guanto 230, *2611*
guanto da cucina 230, *2612*
guaranà 194, *2275*
guarnire 195, *2282*
guarnito 195, *2283*
guarnizione 195, *2284*
guscio d'uovo 101, *943*
guscio; conchiglia 123, *1273*
gustativo 195, *2290*
gustoso 191, *2227*

H

Haggis (stomaco di montone ripieno di carne macinata, cipolla e avena e poi bollito) 197, *2293*
halibut; ipoglosso dell'Atlantico 44, *158*
halibut di Groenlandia 44, *157*
Haloumi (formaggio originario del Medioriente, preparato con latte di capra) 197, *2294*

hamburger 197, *2295*
hamburger di pollo 198, *2296*
hamburger vegetariano 198, *2297*
Harvey Wallbanger (cocktail fatto con vodka, succo di arancia e Galliano®) 198, *2299*
hash browns (pezzi di patate e cipolle in padella) 198, *2300*
Helder (patate nocciola e salsa di pomodoro) 198, *2303*
Highball (whisky e acqua gassata) 199, *2308*
hijiki; hiziki (alghe secche) 199, *2309*
ho fen (tagliatelle cinesi di grano) 199, *2316*
hokkien (tagliatelle fresche all'uovo) 200, *2318*
Horse's Neck (cocktail fatto con whisky bourbon, Angostura® e ginger ale) 201, *2328*
hot dog 90, *763*
hotel 201, *2343*
hummus (ceci, pasta di sesamo, succo de limone, aglio, olio di oliva, prezzemolo e menta) 202, *2345*

I

Ibérico (prodotto con latte vaccino, di pecora e di capra, è un formaggio a pasta pressata e che richiede una breve stagionatura) 205, *2348*
Idiazabal (formaggio spagnolo, prodotto con latte di pecora crudo) 205, *2349*
idromele (bevanda alcolica, prodotto dalla fermentazione del miele) 199, *2307*
Ikan bilis (acciughe

secche) 205, *2352*
il condimento a parte 253, *2908*
imballare 38, *61*
imballare; confezionare 150, *1629*
imbottigliare 151, *1660*
imbottigliato 151, *1659*
imburrare 372, *4383*
imburrato 372, *4382*
imbuto 181, *2099*
impanare; panare 150, *1640*
impanato 150, *1639*
impastare 348, *4095*
impastato 348, *4094*
impasto per bignè 242, *2746*
impepato 54, *309*
incisione 206, *2355*
incrinato 367, *4334*
in crosta 153, *1684*
indigestione 206, *2357*
indigesto 206, *2358*
indivia belga 151, *1650*
indivia riccia 46, *194*
indumenti da cucina 323, *3781*
infarinare 151, *1655*
infarinato 151, *1654*
infilzare (in uno spiedo) 299, *3490*
infornata 176, *2017*
infusione 206, *2359*
infuso di camomilla 107, *1040*
infuso di tiglio 107, *1045*
ingrassare 152, *1662*
ingredienti 206, *2362*
insalata alla Cesare (lattuga romana, acciughe e uovo) 90, *767*
insalata Bangration (cuori di carciofi, sedano e pasta) 329, *3814*
insalata Carmen (peperoncino, petto di pollo, piselli e riso) 329, *3815*
insalata Cobb (pollo, tacchino, pancetta, uova sode, pomodori, avocado, crescione, cipolletta, cheddar e lattuga) 117, *1171*

– 597 –

insalata di asparagi **329**, *3822*
insalata di barbabietola **329**, *3824*
insalata di bietola **329**, *3817*
insalata di cavolfiore **329**, *3826*
insalata di cavoli (cavolo, pomodoro, patata, capperi e acciughe) **119**, *1201*
insalata di cavolo rosso **330**, *3834*
insalata di cetriolo **330**, *3832*
insalata di cetriolo e pomodoro **330**, *3833*
insalata di crescione **329**, *3818*
insalata di gamberetti **329**, *3825*
insalata di lattuga **329**, *3819*
insalata di lattuga e pomodoro **329**, *3820*
insalata di lattuga romana **329**, *3821*
insalata di mare **330**, *3831*
insalata d'indivia belga **330**, *3827*
insalata di patate **329**, *3823*
insalata di pollo **330**, *3829*
insalata di pomodoro **330**, *3836*
insalata di rucola **330**, *3835*
insalata di scarola **330**, *3828*
insalata di stagione **329**, *3816*
insalata Doria (sedano, tartufi bianchi, punte di asparagi, barbabietola e vinaigrette) **330**, *3837*
insalata Francillon (patate, cozze, sedano e tartufi) **330**, *3838*
insalata mista **330**, *3839*
insalata multicolore **330**, *3840*
insalata Ninon (lattuga e arancia) **331**, *3842*
insalata nizzarda (pomodori, patate, capperi, olive nere, acciughe e uova sode) **331**, *3841*
insalata Rachel (sedano, patate, fondi di carciofi, punte di asparagi e maionese) **331**, *3843*
insalata russa (macedonia di verdure legata con maionese) **331**, *3844*
insalata verde **331**, *3845*
insalata Waldorf (mele, sedano e noci) **331**, *3846*
insalatiera **331**, *3847*
in scatola **152**, *1667*
inscatolare **152**, *1668*
insipido **206**, *2366*
instantaneo **207**, *2368*
intero **207**, *2369*
intolleranza al lattosio **207**, *2370*
intorbidare **369**, *4366*
intossicazione alimentare **207**, *2371*
in umido **195**, *2286*
invecchiato **153**, *1683*
invitato **125**, *1311*
inzuppare **150**, *1631*
ipercalorico **199**, *2311*
ipocalorico **199**, *2312*
ippocastano; castagno d'India **102**, *955*
issopo **199**, *2314*

J

jabuticaba **211**, *2387*
jackfruit **211**, *2388*
jambalaya (riso con gamberetti, pollo, prosciutto e pomodori) **211**, *2392*
jicama **212**, *2412*
Joinville (gamberetti, tartufi e funghi) **213**, *2417*
Judic (lattuga brasata, pomodori ripieni e patate château) **213**, *2419*
Jules-Verne (patate ripiene, rape e funghi) **213**, *2421*

K

kamakobo (pasta di pesce, specialità giapponese) **215**, *2427*
kasseler (lonza di maiale posta in salamoia e affumicata) **215**, *2428*
kebab (spiedini di montone) **215**, *2429*
kecap manis (salsa di soia dolce) **216**, *2430*
kedgeree (riso al pesce affumicato con uova sode, lenticchie e cipolla) **216**, *2431*
ketchup **216**, *2432*
Kir (cocktail fatto con creme de cassis e vino bianco) **216**, *2434*
Kir Royal (cocktail fatto con creme de cassis e champagne) **216**, *2435*
kirsch (distillato di ciliegie marasche) **216**, *2436*
kiwano **216**, *2433*
kiwi **216**, *2438*
knäckerbrot (pane integrale svedese) **216**, *2439*
knackwurst (wurstel a base di manzo e/o maiale e aglio) **217**, *2440*
kugel (budino salato a base di patata o pasta) **217**, *2443*
kugelhopf (dolce austriaco con uvetta e mandorle) **217**, *2444*
kumquat **221**, *2473*

L

labbra **219**, *2447*
lama **220**, *2456*
lamelle di tartufo **221**, *2481*
lamentare; dispiacere **220**, *2455*
lampone **177**, *2036*
lampone dorata **177**, *2037*
lampreda **220**, *2457*
lampuga **145**, *1599*
lana d'acciaio **278**, *3159*
lanzardo; sgombro **103**, *969*
lap cheong; lap chong (salsiccia cinese di carne di maiale) **220**, *2461*
lardellare; lardare **221**, *2476*
lardellato **221**, *2475*
lardo della schiena **366**, *4309*
lasagne (sfoglie di pasta, essicate o fresche) **221**, *2478*
lasagne vegetariane **221**, *2479*
lasagne verdi (aromatizzate con spinaci) **221**, *2480*
(lasciar) frollare (la carne) **243**, *2759*
(lasciar) raffreddare **139**, *1493*
latta **221**, *2482*
lattarino **287**, *3298*
latte **222**, *2500*
latte a lunga conservazione **223**, *2520*
latte aromatizzato **222**, *2502*
latte cagliato **224**, *2525*
latte concentrato **223**, *2516*
latte condensato **222**, *2505*
latte crudo **223**, *2521*
latte di bisonte **223**, *2507*
latte di capra **223**, *2508*
latte di cocco **223**, *2509*
latte di mandorla; mandorlato **223**, *2506*
latte di pecora **223**, *2510*
latte di pesce **338**, *3949*
latte di soia **223**, *2511*
latte in polvere **223**, *2515*
latte in polvere scremato **223**, *2513*
latte intero **223**, *2517*
latte magro **222**, *2503*
latteo **224**, *2527*
latte parzialmente scremato **224**, *2524*
latte pastorizzato **223**, *2522*

latteria 223, *2523*
latte scremato 223, *2512*
latte UHT (riscaldato a temperatura ultraalta) 224, *2526*
latte vaccino 223, *2514*
latticello (siero di latte acido) 222, *2501*
latticino 221, *2483*
lattosio 219, *2448*
lattuga 46, *189*
lattuga a cappuccio 46, *195*
lattuga di mare 46, *193*
lattuga iceberg 46, *190*
lattuga riccia rossa 46, *198*
lattuga romana 46, *197*
lattuga verde riccia 46, *191*
lattughella; dolcetta 234, *2631*
lavadita 221, *2484*
Lavallière (agnello, cuori di carciofi ripieni di purea di asparagi e salsa bordolese) 221, *2487*
lavanda 47, *202*
lavare 222, *2490*
lavastoviglie 239, *2699*
lavato 221, *2486*
lavorare l'impasto 366, *4315*
lecca-lecca 296, *3439*
leccare 219, *2454*
leccia stella 278, *3167*
legamento cervicale 225, *2547*
legare 49, *240*
legare 225, *2548*
legare, addensare 138, *1479*
leggero 224, *2534*
legna 224, *2528*
legno 234, *2635*
legumi (fagioli, piselli, lenticchie) 338, *3960*
lenticchia 224, *2529*
lenticchie di Puy 224, *2530*
lepre 222, *2492*
leucisco; triotto 324, *3786*
levatorsoli; vuotamele 141, *1525*
levistico 224, *2536*

Leyden; Leidsekaas (formaggio olandese, pasta compatta, prodotto con latte vaccino parzialmente scremato) 224, *2538*
libbra 225, *2539*
lievitare; fermentare 169, *1920*
lievitato 169, *1919*
lievito 169, *1921*
lievito di birra 224, *2535*
lievito granulare 169, *1923*
lievito in polvere 169, *1922*
limanda 342, *4020*
Limburger (formaggio belga, pasta semidura, prodotto con latte vaccino) 226, *2556*
limetta Kaffir 225, *2551*
limetta; lime 225, *2555*
limonata 317, *3701*
limoncina 226, *2558*
limone 225, *2554*
lingua 226, *2561*
lingua d'agnello 226, *2563*
lingua di bue 226, *2562*
lingua di gatto 226, *2564*
lingua di maiale 226, *2565*
linguine (pasta lunga ed appiattita) 226, *2570*
liofilizzare 227, *2573*
liofilizzato 227, *2572*
liquido 227, *2575*
liquido sgrassante 227, *2576*
liquirizia 45, *174*
liquore 225, *2542*
liquore alla pesca 225, *2546*
liquore all'arancia 225, *2545*
liquore alle erbe 225, *2544*
liquore di prugnola selvatica 225, *2543*
liscio 227, *2578*
liscio; senza aggiunta di acqua o ghiaccio 73, *562*
lista della spesa 227, *2579*
lista; tabella 355, *4147*
listino prezzi 227, *2580*
litchi 225, *2540*
litchi thailandese 225, *2541*
litro 227, *2581*

Livarot (formaggio originario della Normandia, pasta semimolle, preparato con latte vaccino crudo) 227, *2582*
lo chef consiglia 351, *4134*
locale 227, *2584*
loganberry (varietà ibrida di lampone e mora) 227, *2585*
lombata 228, *2592*
lombata di maiale 228, *2598*
lombatello 228, *2590*
lombatello sottile 177, *2035*
lombo di lepre 228, *2596*
lombo di lepre Sant'Uberto (con funghi e salsa poivrade) 228, *2597*
Long Island (cocktail fatto con tequila, rum, vodka, Coca-Cola® e succo di limone) 229, *2599*
Lorette (crocchette di pollo, punte di asparagi e tartufi) 229, *2600*
loukanika (salsiccia greca a base di carne di maiale condita con coriandolo) 229, *2605*
luccio 229, *2607*
luccio marino 75, *596*
luce 230, *2613*
lucioperca 229, *2608*
lumache 98, *883*
lungo 122, *1267*
luppolo 229, *2610*
lutianido 377, *4436*

M

maccheroni (pasta forata a forma di piccolo tubetto) 234, *2627*
macchina per caffè elettrica 92, *792*
macchina per pasta 239, *2700*
macedonia di frutta 330, *3830*
macedonia di verdure 234, *2629*

macellaio 38, *65*
macellare 35, *8*
macellazione 35, *7*
macelleria 38, *64*
macerare 234, *2630*
macinaerbe 253, *2896*
macinare 253, *2899*
macinato 253, *2901*
macinino di caffè; macinacaffè 252, *2894*
macinino di pepe; macinapepe 253, *2897*
macis 234, *2628*
macrobiotico 234, *2634*
Madeira (vino portoghese) 234, *2636*
maggiorana 237, *2673*
mahleb (semi di ciliegia amara) 234, *2642*
Mahón (formaggio di Minorca, pasta pressata ma non cotta, prodotto con latte vaccino) 235, *2643*
Mai Tai (cocktail fatto con rum bianco, rum escuro, Curaçao, succo di arancia, succo di limone e succo di ananas) 235, *2649*
maiale arrosto 299, *3485*
maionese 235, *2644*
maionese aioli; maionese aglioli 235, *2646*
maionese alla svedese (con purè di mele e rafano) 235, *2645*
mais 249, *2855*
mais da popcorn 249, *2854*
maizena 235, *2648*
Malmsey (vino Madeira) 236, *2654*
malto 236, *2657*
maltosio 236, *2658*
Manchego (formaggio spagnolo, prodotto con latte di pecora crudo o pastorizzato) 236, *2662*
mancia 191, *2224*
mancia inclusa 191, *2225*
manciata 304, *3570*
mandarancio; clementina 248, *2842*
mandarino 358, *4184*

Termine | **Pagina** | *Numero della voce*

mandolino 236, *2664*
mandorla 50, *252*
mandorla di mare 50, *254*
mandorla dolci 50, *253*
mandorla tostata 50, *255*
mangaba 236, *2666*
mangiare 120, *1228*
mangione; trangugiatore 121, *1242*
mango 236, *2665*
mangostano 237, *2669*
Manhattan (cocktail fatto con gin, whisky, vermouth secco e vermouth rosso) 237, *2671*
manioca; cassava; iucca 236, *2663*
manzo brasato all'agro (manzo marinato nell' aceto e brasato) 336, *3924*
maraschino (liquore dolce di ciliegie marasche) 239, *2705*
marcio 297, *3452*
margarina 239, *2707*
Margarita (cocktail fatto con tequila, liquore di arancia e succo di limone) 239, *2709*
Marie-Louise (patate nocciola, fondi di carciofi con ripieno di purea di funghi e di cipolle) 240, *2711*
Marigny (patate fondenti, tortine ai piselli e ai fagiolini) 240, *2712*
marinare 240, *2714*
marinato 240, *2713*
marlin azzurro 240, *2717*
marlin bianco 240, *2718*
marmellata d'arance 187, *2166*
marmellata de ciliegie 187, *2158*
marmellata di albicocche 187, *2159*
marmellata di ananas 186, *2155*
marmellata di fragole 187, *2167*
marmellata di frutti di bosco 187, *2161*

marmellata di guaiava 187, *2162*
marmellata di more 187, *2157*
marmellata di pesche 187, *2168*
marmellata di prugne 187, *2156*
marmellata di uva 187, *2169*
marmo 241, *2721*
marmorizzata (carne) 241, *2722*
Maroilles (formaggio francese, forma quadrata, preparato con latte vaccino) 241, *2725*
marrobio 201, *2333*
marron glacé 241, *2728*
Marsala (vino liquoroso siciliano) 241, *2729*
marshmallow 241, *2730*
Martini® (vermouth italiano) 241, *2732*
marzapane 241, *2733*
mascarpone (formaggio italiano, prodotto con panna fresca) 242, *2735*
Mascotte (cuori di carciofi saltati al burro, patate e tartufi) 242, *2736*
Masséna (fondi di carciofi, midollo e salsa di tartufi) 243, *2755*
massimo 243, *2762*
masticare 243, *2756*
mate brasiliano 108, *1056*
Matelote (crostini, cipolline, funghi e scampi) 243, *2758*
mattarello 322, *3767*
mattina 237, *2670*
maturare 49, *235*
maturato 49, *236*
maturo 234, *2639*
mazzetto di erbe aromatiche 49, *239*
Médicis (patate nocciola, cuori di carciofi al burro, piselli, carote e rape) 244, *2765*
medio 244, *2767*
medusa 43, *144*
mela 233, *2618*
mela d'anacardio 93, *801*

mela Fuji 233, *2619*
mela Gala 233, *2620*
melagrana 322, *3768*
melanzana 75, *583*
melanzana thailandese 75, *584*
mela rosa 211, *2393*
melassa 245, *2779*
melassa di melograno 245, *2778*
melassa scura 245, *2777*
melassa; sciroppo di zucchero di canna 389, *4528*
mele al forno 233, *2625*
meliloto 246, *2799*
melissa; melisa; cedronella 153, *1696*
melone; popone 245, *2781*
melone amaro 245, *2783*
melone Galia 245, *2788*
melù 240, *2710*
membrana del diaframma 246, *2802*
meno 246, *2803*
mensa 97, *866*
menta 201, *2336*
menta (crispa) 201, *2332*
menta piperita 201, *2337*
menta verde 201, *2331*
mentastro d'acqua 201, *2330*
menù 246, *2807*
menù alla carta 246, *2808*
menù degustazione 246, *2810*
menù del giorno 246, *2812*
menù del giorno 99, *902*
menù di Natale 246, *2809*
menù dietetico 246, *2811*
menù gastronomico 246, *2813*
menù per bambini 247, *2814*
menù turistico 247, *2815*
mercato 247, *2816*
mercato di frutta 247, *2817*
Mercédès (pomodori, funghi, lattuga brasata e crocchette di patate) 247, *2819*
meringa 247, *2820*

merlano 64, *436*
merlano nero 213, *2422*
merlo 246, *2801*
merluzzo 63, *429*
merluzzo; nasello 247, *2821*
merluzzo fresco 63, *430*
merluzzo nero 155, *1724*
mescolare 248, *2841*
mescolare 252, *2883*
mescolato 252, *2881*
messo 120, *1218*
mestolo 123, *1274*
mestolo per salsa 119, *1213*
mettere 120, *1219*
mettere ammollo 299, *3487*
mettere in infusione 120, *1220*
mettere sul conto 120, *1221*
mezza bottiglia 244, *2771*
mezza dozzina 244, *2770*
mezza porzione 244, *2772*
mezzaluna 249, *2847*
mezzo 248, *2838*
mezzo chilo 244, *2775*
mezzo crudo 244, *2773*
mezzo litro 244, *2774*
mi dispiace, chiedo scusa 141, *1536*
midollo 369, *4368*
midollo spinale 244, *2769*
miele 244, *2776*
miele di acacia 245, *2789*
miele di castagno 245, *2791*
miele di erica 246, *2796*
miele di fiori di arancio 245, *2793*
miele di rosmarino 245, *2790*
miele di timo 245, *2794*
miele di trifoglio 245, *2795*
miglio 278, *3155*
migliore 246, *2798*
Mikado (ricette francesi preparate con ingredienti della cucina giapponese) 249, *2849*
millefoglie 249, *2852*
millefoglie al cioccolato 249, *2853*

| Termine | **Pagina** | *Numero della voce*

Millens (formaggio irlandese, prodotto con latte vaccino crudo) 250, *2859*
millesimo; annata 328, *3806*
milza 63, *433*
Mimolette Vieille (formaggio francese, pasta dura, prodotto con latte vaccino) 250, *2860*
mincemeat (preparato zuccherato a base di frutti secchi, mandorle e brandy) 250, *2861*
minestra; zuppa 343, *4026*
minestra alla birra 345, *4050*
minestra Bagration (brodo di vitello con pasta) 343, *4028*
minestra Beaucaire (sedano, porro e cavolo) 343, *4029*
minestra Cambacérès (crema di pollo, piccione e scampi) 343, *4032*
minestra Condé (passato di fagioli rossi) 344, *4034*
minestra Darblay (crema di patate con julienne di verdure) 344, *4045*
minestra di fagioli; frantoiana 345, *4051*
minestra di lenticchie 345, *4052*
minestra di patate 345, *4047*
minestra di riso 344, *4046*
minestra Faubonne (purè di fagiolini bianchi) 346, *4065*
minestra Germiny (zuppa di acetosella) 346, *4066*
minestra Longchamp (purè di piselli) 346, *4067*
minestra mulligatawny (minestra di pollo al curry) 346, *4070*
minestra Nélusko (noce di cocco, arundo e mandorle) 347, *4071*
minestra santé (purè de patate con acetosella) 347, *4073*
minestra (tuberi e funghi o lenticchie) 250, *2862*
minestrone (minestra di verdure con riso o pasta) 250, *2863*
minimo 251, *2868*
minuti d'attesa 359, *4207*
Mirabeau (filetti di acciuga, olive, foglie di dragoncello e burro di acciugha) 251, *2876*
mirepoix (brodo fatto con sedano, carota e cipolla) 251, *2877*
mirica 45, *183*
mirin (vino di riso giapponese) 251, *2878*
mirtillo 54, *321*
mirtillo palustre 275, *3145*
mirto limoncello 258, *2975*
mirto mortella 258, *2973*
miscela 252, *2880*
miscelatore da pasticceria 252, *2882*
misura 244, *2766*
misurare 244, *2768*
misurino 376, *4415*
mitili; cozze 249, *2845*
mitili alla marinara 249, *2846*
mizuna (ortaggio giapponese) 252, *2888*
mocio 156, *1741*
molla per zucchero 294, *3418*
molle; tenero 234, *2632*
mollica di pane 251, *2873*
molluschi 253, *2909*
molto al sangue 74, *575*
molto secco 257, *2969*
molva 145, *1594*
Monaco (ostriche affogate e crostini) 253, *2910*
montare (panna, uova) 72, *547*
montato (panna, uova) 72, *549*
Montbazon (timo d'agnello, polpettine di pollo, funghi e tartufi) 253, *2912*
Monte bianco (purè di castagne con panna montata) 254, *2913*
Montmorency (fondi di carciofi ripieni di carote e patate nocciola) 254, *2914*
Montpensier (cuori di carciofi, punte di asparagi, tartufi e salsa al Madeira) 254, *2915*
Montreuil (cuori di carciofi ripieni di piselli e carote) 254, *2916*
mora di gelso 51, *265*
mora di rovo 51, *266*
mordere 254, *2924*
mortadella (salume a base di carne di maiale) 255, *2932*
mortaio 292, *3382*
Moscato (vino dolce naturale) 255, *2933*
mostarda di Cremona (frutta sciroppata e senape in polvere) 256, *2939*
mostrare 256, *2949*
moussaka (sformato a base di melanzane e carne d'agnello tritata da cuocere in forno) 256, *2950*
mousse al cioccolato 258, *2981*
mousse alla fragola 258, *2982*
mousse di salmone 258, *2983*
Mozart (cuori di carciofi farciti con purea di sedano e patate) 257, *2955*
mozzarella 257, *2953*
mozzarella di bufala 257, *2954*
muesli 257, *2957*
muffin inglese 257, *2958*
mungo giallo 168, *1908*
Munster (formaggio alsaziano, preparato con latte vaccino) 258, *2971*
murena 255, *2926*
muscolo circostante del controfiletto 65, *467*
muscolo tra costole 65, *466*
musdea 37, *29*
mutare 257, *2956*
mutton snapper 115, *1146*

N

nameko (fungo giapponase) 261, *2990*
nam pla (salsa asiatica a base di pesce) 261, *2989*
napoleone 355, *4153*
nasello 290, *3347*
Nashi; pera asiatica 288, *3326*
nasturzio 98, *881*
naturale 262, *2997*
navel 220, *2465*
negozio 228, *2586*
negozio di alimentari; drogheria 247, *2818*
negozio di liquori 228, *2587*
negozio di vini 228, *2589*
Negroni (cocktail fatto con gin, vermouth rosso e Campari®) 262, *3001*
Nemours (polpettine, funghi e salsa normanna) 262, *3002*
nerbo di bue 377, *4433*
nervo 262, *3003*
nespola giapponese 262, *3004*
Nesselrode (con purè di castagne) 263, *3005*
nettare di frutta 262, *2999*
Neufchâtel (formaggio francese, fresco, pasta compatta, prodotto con latte vaccino) 263, *3007*
nigella (seme nero indiano) 263, *3012*
nira (cipollina cinese) 263, *3013*
nocciola 59, *397*
nocciolina americana; noce di pecan 285, *3263*
noce 265, *3026*
noce 284, *3254*

noce brasiliana 102, *957*
noce costata 171, *1949*
noce d'America 102, *953*
noce di cocco 117, *1179*
noce di cocco grattugiata 117, *1180*
noce di macadamia 265, *3028*
noce (di maiale) 284, *3255*
noce moscata 265, *3029*
nocivo 264, *3016*
nodo 264, *3015*
noisette (liquore francese di nocciole) 264, *3017*
non diluito 144, *1576*
non fumatore 262, *2993*
non trattato 338, *3945*
nori (fogli di alghe sottili come carta) 264, *3019*
norma 318, *3707*
normale 264, *3020*
notte 264, *3018*
numero del tavolo 265, *3030*
nuovo 265, *3025*
nutriente 265, *3033*
nutritivo 265, *3034*
nutrizione 265, *3031*
nutrizionista 265, *3032*

O

oca 184, *2116*
oca all'alsaziana (con crauti) 184, *2117*
occcupato 267, *3037*
occhiata 145, *1588*
odore 111, *1096*
Old Fashioned (cocktail fatto con whisky bourbon, Angostura®, zolette di zucchero e acqua gassata) 267, *3038*
oleoso 268, *3057*
oliera 60, *418*
olio 60, *419*
olio al limone 60, *413*
olio al peperoncino 268, *3046*
olio all'arancia 60, *412*
olio alle erbe 60, *411*
olio aromatizzato al tartufo 60, *417*
olio di arachidi 268, *3042*
olio di avocado 267, *3039*
olio di balena 268, *3044*
olio di canola 268, *3045*
olio di copra (ricavato dalla polpa di noce di cocco) 126, *1320*
olio di fegato di merluzzo 268, *3047*
olio di girasole 268, *3049*
olio di mais 268, *3050*
olio di mandorle 267, *3041*
olio di nocciole 268, *3043*
olio di noci 268, *3051*
olio di oliva 60, *414*
olio di palma 60, *410*
olio di pistacchio 268, *3052*
olio di semi 268, *3058*
olio di semi di cartamo 267, *3040*
olio di semi di senape 268, *3054*
olio di semi di zucca 268, *3053*
olio di sesamo 268, *3048*
olio di soia 268, *3056*
olio di vinaccioli 268, *3055*
olio extravergine di oliva 60, *415*
olio vergine di oliva 60, *416*
oliva 60, *420*
oliva kalamata (olive greche) 60, *421*
oliva nera 60, *422*
oliva verde 60, *424*
olive ripiene 60, *423*
omelette; frittata 269, *3063*
omelette ai funghi 269, *3068*
omelette ai pomodori 269, *3073*
omelette al formaggio 269, *3071*
omelette alla pancetta 269, *3065*
omelette alla savoiarda (con patate e groviera) 270, *3076*
omelette alla spagnola (con pomodori, cipolle e peperoni) 269, *3075*
omelette alle patate 269, *3066*
omelette alle zucchine 269, *3064*
omelette al naturale 270, *3077*
omelette al prosciutto 269, *3070*
omelette con cipolle 269, *3067*
omelette con il wurstel 269, *3072*
omelette con salsa di pomodori 269, *3069*
omelette dolce 269, *3074*
omento di maiale 118, *1197*
omogeneizzati per bambini 121, *1239*
oncia 270, *3078*
opaco 270, *3080*
Opéra (punte di asparagi e tortine di fegatini) 270, *3081*
ora 200, *2323*
ora di cena 200, *2325*
ora dipranzo 200, *2324*
orari d'apertura 200, *2327*
orario 200, *2326*
orata 145, *1598*
ordinare 285, *3270*
ordine 285, *3269*
orecchia di mare; abalone 35, *4*
orecchiette (pasta a forma di piccole orecchie) 270, *3083*
orecchio di maiale 270, *3086*
origano 270, *3084*
orso 372, *4385*
ortaggio 201, *2340*
ortica 372, *4386*
orto 201, *2329*
ortolano 201, *2341*
orzata 270, *3082*
orzo 106, *1029*
orzo perlato; orzo mondato 107, *1030*
Ossau-Iraty (formaggio de pecora prodotto nei Pirenei) 271, *3090*
osso com midolo 271, *3092*
osso(i) 271, *3093*
ossobuco (fetta di geretto di vitello brasato) 271, *3091*
ostrica Sidney 271, *3096*
ostriche 271, *3094*
ostriche fritte arrotolate in pancetta, servite su crostini di pane 52, *281*

P

pacco; pacchetto 277, *3147*
padella 178, *2054*
padella per saltare 179, *2055*
paella 277, *3152*
pagare 278, *3154*
pagro 282, *3229*
palamita 340, *3983*
paletta da gelato 119, *1214*
paletta per la spazzatura 277, *3151*
palla di neve (gelato al cioccolato e panna montata) 82, *686*
pallina de gelato 79, *637*
palline al formaggio 79, *643*
pancarré 280, *3193*
pancetta; carnesecca (Toscana) 278, *3169*
pancetta (affettata, stagionata e affumicata) 64, *434*
pancetta affumicata 64, *435*
pancetta con costina 67, *490*
pancetta senza costina 67, *491*
panch phora (cumino, senape nera, nigelia, fieno greco e semi di finocchio) 278, *3170*
pan di Spagna 280, *3194*
pan di zenzero 189, *2198*
pan dorato 313, *3626*
pane 279, *3184*
pane al bicarbonato di sodio 280, *3197*
pane alle noci 280, *3196*
pane azzimo 280, *3187*
pane bianco 280, *3198*

| Termine | **Pagina** | *Numero della voce* |

pane casereccio 280, *3200*
pane con aglio 280, *3190*
pane con burro 280, *3189*
pane di frutta 280, *3188*
pane di granturco 280, *3195*
pane di segale 280, *3191*
pane di spezie 280, *3192*
pane fresco 280, *3201*
pane integrale 280, *3202*
pane nero 281, *3204*
pane pitta 280, *3186*
pane raffermo 281, *3205*
panetteria 277, *3149*
panettone 279, *3178*
panforte (dolce con miele, cioccolato, frutta secca e canditi) 279, *3179*
pangrattato 166, *1864*
panino 281, *3206*
panino; sandwich; tramezzino 335, *3900*
panino al formaggio 335, *3903*
panino al latte 281, *3208*
panino all'uva passa 87, *737*
panino all'uvetta 281, *3209*
panino al papavero 281, *3207*
panino al prosciutto 335, *3902*
panino con la carne 335, *3901*
panino doppio 335, *3904*
panna; crema 131, *1420*
panna acida 131, *1421*
panna cotta 279, *3180*
panna da cucina 132, *1423*
panna montata 132, *1422*
panna per dolci 132, *1424*
pannocchia di mais 157, *1767*
pannocchiette 251, *2867*
panzotti (pasta ripiena tradizionalmente preparata con pasta fresca) 279, *3183*
papaia 236, *2660*
papaia 281, *3210*
papalina 156, *1749*
pappadam (pane indiano fatto con farina di lenticchie) 282, *3219*
pappa di avena 250, *2864*
pappardelle (la più larga delle paste nastriformi, disposta a forma di nido) 282, *3220*
pappa reale 187, *2172*
paprika 282, *3222*
paraspruzzi 359, *4200*
parcheggio 159, *1788*
parfait (frutta, gelato e panna montata) 282, *3225*
Parfait (purea di frutta, tuorli d'uovo e panna montata) 282, *3226*
parmigiano 283, *3233*
Parmigiano Reggiano (formaggio italiano, pasta dura, prodotto con latte vaccino) 283, *3235*
Pasqua 283, *3236*
passaverdura 158, *1773*
passera; passera di mare 342, *4021*
passera pianuzza 342, *4023*
passito; vino di paglia; vino santo 380, *4474*
pasta 233, *2622*
pasta; impasto 242, *2739*
pasta all'uovo 242, *2737*
pasta al pomodoro 233, *2623*
pasta brisée 242, *2747*
pasta di acciughe 283, *3239*
pasta di grano duro 242, *2742*
pasta di limone 283, *3243*
pasta di mandorle 283, *3238*
pasta di nocciole 283, *3240*
pasta di olive nere 283, *3241*
pasta di pomodori secchi 283, *3244*
pasta di riso (preparata con farina di riso e acqua) 242, *2740*
pasta di semolino 242, *2743*
pasta fillo (sfoglia) 242, *2744*
pasta fresca 243, *2749*
pasta frolla 243, *2748*
pasta frolla sablée 243, *2752*
pasta integrale 243, *2750*
pasta per wonton (pasta asiatica) 175, *2002*
pasta ripiena 243, *2754*
pasta secca di gamberetti; blachan; trasi 283, *3242*
pasta sfoglia; sfogliata 242, *2745*
pastella 243, *2751*
pasticceria 123, *1282*
pasticciere 123, *1283*
pasticcini da tè; petit four 291, *3365*
pasticcio del pastore (gratin di carne macinata e patate passate) 340, *3993*
pasticcio ripieno de carne e patate 284, *3245*
pastiera di grano (torta di chicchi di grano con ricotta e canditi) 284, *3247*
pastinaca 284, *3248*
pastinaca; trigono 314, *3643*
pastina in brodo 344, *4033*
pastina per minestre 243, *2753*
pasto 121, *1241*
pasto kasher; pasto cascer 121, *1238*
pastorizzare 284, *3246*
pastoso 284, *3249*
pastrami (carne di manzo speziata e stagionata, consumata fredda) 284, *3250*
patata 68, *502*
patata dolce; patata americana 68, *503*
patata dolce bianca 68, *504*
patata dolce rossa 68, *505*
patata Jersey Royal (la regina delle patate novelle) 68, *506*
patate al cartoccio 70, *522*
patate al forno 69, *510*
patate alla Delfina (soffici crocchette di patate) 70, *519*
patate alla duchessa (rosette di patate passate e poi gratinate) 70, *521*
patate alla fornaia (cotte in forno con cipolle) 68, *507*
patate alla lionese (fritte con cipolle) 70, *528*
patate alla parigina (patate nocciola alle erbe aromatiche) 71, *533*
patate alla sarladese (fette di patate rosolate in grasso d'oca) 71, *537*
patate alla savoiarda (gratinate con latte e formaggio) 69, *511*
patate all'inglese (lessate e condite con del burro) 69, *509*
patate Anna (rondelle di patate pressate e fritte, poi cotte al forno con del burro) 68, *508*
patate arrosto 69, *512*
patate Berny (crocchette di patate con mandorle) 69, *513*
patate château; patate castelo (tagliate in forma di grosse olive e rosolate nel burro) 69, *515*
patate Chatouillard (patate tagliate a strisce e fritte) 69, *516*
patate fiammifero (fritte) 71, *532*
patate fondenti 70, *523*
patate fritte 70, *524*
patate gratinate 70, *526*
patate in camicia 69, *517*
patate lesse; patate bollite 69, *518*
patate Lorette (soffici crocchette al formaggio grattugiato) 70, *527*
patate Macaire (palline di patate fritte nel burro) 70, *529*

| Termine | **Pagina** | *Numero della voce* |

patate nocciola (patate tagliate a forma di palline) 71, *530*
patate novelle 69, *514*
patate paglia (fritte) 71, *531*
patate Parmentier (patate a dadi rosolate nel burro) 71, *534*
patate pont neuf (patate fritte a bastoncini) 71, *535*
patate saltate; patate rosolate 71, *536*
patate soffiate (fritte, quindi rituffate in una seconda frittura) 72, *538*
patate Williams (crocchette a forma di pera) 72, *539*
patatine 70, *525*
pâté di fegato grasso d'oca; pâté de foie gras 284, *3251*
pâté di formaggio 284, *3253*
pâté di prosciutto 284, *3252*
patella 220, *2460*
Pecorino Romano (formaggio italiano, pasta dura, prodotto con latte di pecora) 285, *3265*
pelapatate 141, *1528*
pelle 287, *3306*
pellicola 171, *1957*
penna 96, *858*
penne (pasta corta e forata) 287, *3312*
pennello 295, *3419*
pennello per dolci 295, *3421*
pentola 279, *3171*
pentola a pressione 279, *3174*
pentola per cottura a vapore 279, *3175*
pentolino per fondue; pentolino per fonduta 279, *3177*
pepare 54, *310*
pepe 292, *3383*
pepe bianco 293, *3392*

pepe di Caienna 293, *3385*
pepe di Giamaica; pimiento 293, *3390*
pepe di Guinea 293, *3389*
pepe di Sichuan; pepe cinese; pepe d'anice 294, *3408*
pepe in grani 293, *3395*
pepe nero 293, *3393*
peperonata (peperone rosso, pomodori, cipolle e olio di oliva) 288, *3313*
peperoncino 294, *3409*
peperoncino; diavoletto (sud dell'Italia) 293, *3398*
peperoncino chipotle 293, *3387*
peperoncino habanero 293, *3396*
peperoncino in polvere 112, *1106*
peperoncino jalapeño 293, *3397*
peperoncino poblano 294, *3404*
peperoncino serrano 294, *3407*
peperone 293, *3399*
peperone arancione 293, *3401*
peperone giallo 293, *3400*
peperone rosso 294, *3403*
peperone verde 293, *3402*
peperoni ripieno 294, *3405*
pepe rosa 294, *3406*
pepe verde 293, *3394*
pepiera 294, *3410*
pepperoni (salsiccia a base di maiale o di manzo) 288, *3317*
pera 288, *3321*
pera Anjou rossa 288, *3324*
pera Anjou verte 288, *3323*
pera Bourdaloue (con crema di mandorle) 288, *3322*
pera Elena (pera con gelato di vaniglia, panna montata e sciroppo di cioccolato) 288, *3325*

pera Rocha 289, *3327*
pera Williams 289, *3328*
perciatelli (pasta lunga e forada) 289, *3330*
permit atlantico 339, *3979*
pernice 289, *3331*
pernice grigia; pernice starna 289, *3332*
pernice rossa 289, *3333*
persico gigante di mare 67, *489*
persico perca 289, *3329*
pesante 290, *3344*
pesare 290, *3346*
pesca 290, *3354*
pesca Melba (pesca con gelato alla vaniglia e salsa ai lamponi) 290, *3357*
pesca nettarina; pesca noce 262, *3000*
pescare 290, *3350*
pesce 286, *3284*
pesce affumicato 286, *3290*
pesce balestra; balistidi 97, *860*
pesce bandiera 90, *756*
pesce capone 89, *747*
pesce castagna 389, *4524*
pesce coltello 286, *3291*
pesce cotto al forno 286, *3286*
pesce crudo 286, *3287*
pesce d'acqua dolce 286, *3288*
pesce di mare 286, *3289*
pesce fritto 286, *3293*
pesce martello 90, *754*
pesce pappagallo 79, *632*
pesce San Pietro; dorata 328, *3812*
pesce sciabola 286, *3292*
pesce scorpione 236, *2667*
pesce serra 151, *1646*
pesce spada 156, *1748*
pesce vela 76, *597*
pesce violina 381, *4496*
pescheria 286, *3283*
pesciera 287, *3295*
pescivendolo 376, *4324*
peso 290, *3353*
petali di rosa canditi 290, *3359*

Petit-Duc (tortine alla purea di pollo, punte di asparagi e tartufi) 291, *3363*
petit-suisse (formaggio francese, cremoso) 291, *3366*
petite marmite (brodo con carni, midollo e verdure) 291, *3364*
petto 285, *3274*
petto a listarelle 362, *4244*
petto d'agnello 285, *3275*
petto d'anatra 286, *3279*
petto d'anatra disossato; magret 286, *3280*
petto di beccaccia 286, *3278*
petto di fagiano 286, *3276*
petto di pernice 286, *3281*
petto di pollo 286, *3277*
petto di tacchino 286, *3282*
pezzo 285, *3266*
piano 143, *1558*
piastra per cucinare 109, *1067*
piatti consigliati 301, *3523*
piatti pronti 301, *3522*
piatti tipici 301, *3525*
piattino 296, *3437*
piatto 300, *3502*
piatto caldo 301, *3518*
piatto da dolci 300, *3508*
piatto da farsi 300, *3512*
piatto da formaggio 300, *3507*
piatto da portata 367, *4321*
piatto del giorno 300, *3511*
piatto di carne 300, *3503*
piatto di carta 300, *3505*
piatto di pesce 300, *3506*
piatto fondo 300, *3514*
piatto freddo 300, *3513*
piatto lungo 367, *4322*
piatto ovale 367, *4323*
piatto per il pane 300, *3504*
piatto per lumache 300, *3515*
piatto per pesce 300, *3516*
piatto piano 301, *3519*

| Termine | **Pagina** | *Numero della voce*

piatto principale 301, *3517*
piatto rotondo 367, *4324*
piccalilli (aceto, cetriolini sottaceto e senape) 292, *3375*
piccante 291, *3371*
piccata (scaloppine di vitello con prezzemolo e succo di limone) 292, *3376*
piccione 298, *3469*
piccione novello 82, *679*
piccolo 288, *3318*
picnic 295, *3432*
piede anteriore 285, *3268*
piede posteriore 291, *3367*
piedini di vitello 290, *3352*
piegare 144, *1587*
pieno 111, *1094*
pimpinella 335, *3907*
Piña Colada (cocktail fatto con rum, latte di cocco e succo di ananas) 294, *3412*
Pink Lady (cocktail fatto con gin, succo di limone, albume d'uovo e granatina) 295, *3424*
pinne di pescecane 66, *479*
pinoli 295, *3425*
pinoli brasiliano 295, *3423*
pinza 294, *3414*
pinza per aragosta 294, *3417*
pinza per crostacei 294, *3415*
pinza per ghiaccio 294, *3416*
pipe rigate (pasta di forma a guscio di lumaca) 295, *3430*
piperade (omelette basca con peperoni e pomodori) 295, *3429*
pirofila 301, *3520*
Pisco Sour (cocktail fatto con Pisco, succo di limone, albume d'uovo e zucchero) 296, *3440*
piselli 154, *1711*
piselli secchi 154, *1712*
pisello d'Angola; caiano 168, *1906*
pistacchio 296, *3441*
pistola 367, *4319*

pitanga 296, *3443*
pitomba 296, *3444*
più 235, *2647*
piviere 222, *2489*
pizza alla romana (pomodori, mozzarella e acciughe) 296, *3446*
pizzeria 296, *3448*
pizzico 296, *3442*
Planter's Punch (cocktail fatto con rum, maraschino, Curaçao, succo di arancia, succo di limone e succo di ananas) 297, *3449*
plastico 297, *3450*
platano 65, *462*
poche calorie 64, *446*
poco 299, *3499*
poco cotto 235, *2653*
poco cotto 298, *3477*
Poire (distillato di pere) 297, *3455*
polenta 297, *3458*
polenta bianca 297, *3459*
polenta fritta 297, *3460*
polenta non sbiancata 297, *3461*
pollame 59, *400*
pollastra 184, *2112*
polline 297, *3457*
pollo 177, *2040*
pollo al curry 178, *2043*
pollo alla Kiev (petto de pollo farcito con burro e impanato) 178, *2048*
pollo alla Marengo (con funghi e pomodori) 178, *2042*
pollo alla reale (con funghi e Xeres) 177, *2041*
pollo arrosto 178, *2044*
pollo fritto 178, *2047*
polpa del frutto 297, *3463*
polpette di carne; coppiette 48, *227*
polpettine 309, *3616*
polpettone 80, *647*
polpo 298, *3466*
polvere delle cinque spezie (pepe di Sichuan, anice stellato, finocchio, chiòdo di garofano e

cannella) 115, *1144*
polvere di cacao; cacao in polvere 90, *759*
polvere di caffè 91, *777*
polvere di curry 135, *1464*
polvere di sansho 335, *3908*
pomeriggio; sera 358, *4187*
pomodore cuore di bue 363, *4260*
pomodori essiccati al sole 363, *4271*
pomodorino; pomodoro ciliegino 363, *4261*
pomodori pelati 363, *4270*
pomodoro 362, *4256*
pomodoro comune 363, *4262*
pomodoro da mensa 363, *4264*
pomodoro del Bush 362, *4259*
pomodoro giallo 362, *4257*
pomodoro Roma 363, *4265*
pomodoro secco 363, *4269*
pompano africano 389, *4525*
pompelmo 298, *3470*
pompelmo rosa 193, *2244*
pompetta per salsa 68, *501*
popcorn 295, *3431*
porcellana 298, *3482*
porcellino da latte; maialino 222, *2499*
porcino 298, *3483*
porri piccoli 250, *2865*
porro 47, *216*
Port-Salut® (formaggio francese, pasta molle, preparato con latte vaccino) 299, *3494*
portare 367, *4325*
portaspezie 299, *3493*
portastuzzicadenti 278, *3160*
portata 300, *3510*
portatovaglioli 299, *3492*
portauovo 356, *4159*
Porto; vino di Porto 380, *4477*

portulaca 74, *570*
porzione 298, *3481*
porzioni per bambini 301, *3521*
posacenere 115, *1145*
posate 357, *4171*
posate da insalata 357, *4173*
posate da pesce 357, *4172*
posto; sedile 58, *384*
pot-au-feu (manzo bollito con verdure e ossobuco) 299, *3497*
potabile 299, *3498*
praliné (croccante di noce di pecan) 300, *3501*
pranzo 48, *224*
pranzo d'affari 48, *225*
pranzo di Natale 104, *993*
precotto 301, *3531*
preferire 301, *3533*
prefritto 301, *3534*
prego; per favore 299, *3488*
prendere 362, *4254*
prenotazione 319, *3724*
prenotazione telefonica 319, *3728*
preparare 302, *3538*
preparato al tavolo del cliente 302, *3537*
preparazione 252, *2893*
preriscaldare 301, *3527*
presto 140, *1510*
pretzel (cracker tedesco) 302, *3546*
prezzemolo 334, *3890*
prezzemolo comune; prezzemolo piatto 334, *3892*
prezzemolo di Amburgo 333, *3875*
prezzemolo napoletano 333, *3876*
prezzemolo riccio 334, *3891*
prezzo 301, *3529*
prezzo fisso 301, *3530*
prima 53, *293*
(prima) colazione 91, *773*
primo piatto 153, *1680*
primule 302, *3548*
prodotto 303, *3552*
produttore 303, *3553*
professionisti di cucina 303, *3554*

Termine | **Pagina** | *Numero della voce*

professionisti di salone 303, *3555*
pronto 303, *3558*
prosciutto (cotto) 302, *3539*
prosciutto affumicato 302, *3540*
prosciutto bollito 302, *3543*
prosciutto crudo e melone 245, *2787*
prosciutto di Parigi (leggermente salato) 302, *3541*
prosciutto di Parma 302, *3542*
prosciutto di York (affumicato) 302, *3544*
prosciutto serrano (salato) 302, *3545*
proteina 303, *3560*
provare; assaggiare 160, *1811*
provenienza; origine 303, *3551*
provolone (formaggio italiano, prodotto con latte vaccino) 303, *3563*
provvista 35, *6*
prugna; susina 50, *249*
prugna regina claudia 314, *3644*
prugna secca 50, *251*
prugnola selvatica 37, *30*
prugnolo tardivo 105, *1009*
pulcino 295, *3428*
puleggio 297, *3453*
pulire 226, *2559*
pulito 226, *2560*
pumpernickel (pane di segale tedesco) 304, *3569*
punch; ponce 298, *3472*
punta di petto 298, *3473*
punta di scamone; copertura dello scamone 291, *3370*
punte di asparagi 298, *3474*
punto di rugiada 298, *3476*
purè; purea 304, *3571*
purè di castagne 304, *3573*
purè di erbe 304, *3574*
purè di mele 304, *3576*
purè di patate 304, *3572*
purè di pomodoro 304, *3577*
purè di spinaci 304, *3575*
purè Soubisse (di cipolle) 304, *3578*
puro 304, *3579*

Q

quaglia 117, *1181*
quaglia disossata 117, *1183*
quaglie al riso 117, *1182*
qualità 307, *3581*
quandong 307, *3582*
quantità 307, *3583*
quark (formaggio senza sale, prodotto con latte scremato) 307, *3584*
quarto 307, *3586*
quarto anteriore 307, *3587*
quarto posteriore 308, *3588*
quiche di verdure 309, *3620*
quiche lorraine (torta con pancetta e panna) 310, *3621*
quinoa 310, *3623*

R

rabarbaro 324, *3785*
raccolta 119, *1202*
Rachel (cuori di carciofi ripieni di midollo e salsa bordolese) 314, *3635*
radicchio di Treviso 314, *3637*
radice di loto 314, *3646*
rafano; cren 314, *3647*
raffilare 53, *299*
raffinare 317, *3695*
raffinato 317, *3694*
raffreddare 319, *3730*
raffreddare 56, *339*
raffreddato 319, *3729*
ragù 314, *3638*
rambutan 314, *3651*
ramen (pasta lunga giapponese preparata con farina di grano, uova ed acqua) 315, *3653*
ramequin; tartelleta 315, *3652*
rana 313, *3625*
rancido 315, *3654*
rapa 261, *2985*
rapa bianca dal colletto rosso 261, *2986*
raperonzolo 96, *841*
rapido 315, *3655*
raro 315, *3659*
raschiare 315, *3665*
raschiato 315, *3663*
raso 315, *3662*
ravanello 313, *3627*
ravanello nero 313, *3628*
ravanello rosso 313, *3629*
ravioli (pasta ripiena tradizionalmente preparata con pasta fresca) 316, *3669*
ravioli di carne 316, *3668*
razionare 314, *3636*
razione 313, *3633*
razza 56, *338*
reale 76, *601*
reclamare 316, *3683*
reclamo; critica 316, *3682*
Reggenza (polpettine, funghi e tartufi) 317, *3705*
reggiposata 140, *1522*
registratore di cassa 93, *799*
regolare 318, *3708*
rendere agro 59, *404*
renna 318, *3713*
residuo 319, *3731*
resistere 319, *3732*
resto 368, *4340*
reticolo 120, *1217*
ribes bianco 194, *2263*
ribes nero 194, *2266*
ribes rosso 194, *2268*
ricci di mare; echino 271, *3097*
ricciola 269, *3062*
ricciola australiana 269, *3060*
ricciolo di burro 79, *642*
ricco di fibre 320, *3745*
ricetta 316, *3673*
ricetta classica 316, *3674*
ricevuta (ristorante); scontrino (bar) 316, *3681*
Richelieu (pomodori ripieni di funghi, lattuga brasata e patate château o patatas nuevas) 320, *3743*
ricoperto 316, *3684*
ricoprire 316, *3685*
ricotta (formaggio morbido, prodotto con il siero del latte o con latte vaccino scremato) 320, *3746*
ridurre 317, *3691*
riempire 151, *1645*
rifiutare 317, *3688*
rifiuti 227, *2583*
rigaglie d'oca 252, *2886*
rigaglie di pollo 252, *2885*
rigatoni (pasta di forma tubolare di grandi dimensioni) 320, *3747*
rigoglioso; attechito 378, *4441*
rimontare 318, *3710*
rimpiazzare 318, *3721*
rinfrescante 317, *3696*
rinfrescare 317, *3697*
rinnovare 318, *3714*
ripartire 318, *3715*
ripetere 318, *3716*
ripieno; farcia (composto per farcire) 316, *3680*
riscaldare 319, *3723*
riscaldato 319, *3722*
riservare 319, *3726*
riservare (un tavolo) 319, *3727*
riservato 319, *3725*
riso 56, *340*
riso alla greca 56, *341*
riso al latte 56, *355*
riso arborio 56, *342*
riso basmati 56, *343*
riso bianco a chicco lungo 56, *346*
riso bianco a chicco tondo 56, *345*
riso bollito 56, *350*
riso brillato 57, *361*
riso calasparra (per

| Termine | **Pagina** | *Numero della voce* |

preparare la paella) 56, *348*
riso carnaroli 56, *349*
riso giapponese 57, *359*
riso glutinoso bianco 56, *347*
riso in bianco 56, *344*
riso in bianco 57, *362*
riso integrale 57, *356*
riso integrale a chicco lungo 57, *358*
riso integrale a chicco tondo 57, *357*
riso jasmine 56, *351*
riso parboiled 57, *360*
riso per sushi 56, *354*
riso pilaf 292, *3381*
riso selvatico 57, *363*
riso thailandese 57, *364*
risoni (piccolo formato di pasta a chicco di riso) 321, *3753*
risotto ai frutti di mare 321, *3754*
rissoles 321, *3755*
ristorante 319, *3734*
ristorante all'aperto 319, *3735*
ristorante specializzato in bistecche 114, *1132*
ristorante tipico 319, *3736*
ristorante vegetariano 319, *3737*
ristoratore 145, *1593*
ritagli di carne disossata 317, *3687*
ritagliare 320, *3739*
ritardo 139, *1502*
Rob Roy (cocktail fatto con whisky, vermouth rosso e Angostura®) 321, *3758*
rocambola; aglio di Spagna 47, *213*
rognone 321, *3748*
rognoni d'agnello 321, *3749*
rognoni d'agnello alla Turbigo (guarnito di funghi e chipolata) 321, *3750*
rognoni di maiale 321, *3751*
rognoni di vitello 321, *3752*

rollmops (filetti di aringa) 322, *3764*
Romanov (cetrioli farciti, patate alla duchessa con ripieno di funghi, sedano e salsa al rafano) 322, *3770*
rombo chiodato 301, *3535*
rombo liscio 321, *3761*
rompere 308, *3592*
rompere le uova 308, *3593*
Roquefort (formaggio francese, crosta umida, preparato con latte di pecora crudo) 323, *3772*
rosa canina 323, *3773*
rosbif; arrosto di manzo 323, *3774*
rosicchiare 254, *2925*
rosmarino; ramerino 45, *184*
rosolare; abbrustolire 145, *1600*
rosolare a fuoco vivo mescolando 179, *2060*
rosolato 126, *1332*
rotella taglia pasta 100, *928*
rotolino di wurstel in crosta 152, *1675*
rotolo di carta 322, *3766*
rotondo 317, *3690*
roux (farina di grano rosolata nel burro) 323, *3782*
rovinare 159, *1799*
rucola; ruchetta 324, *3784*
rum (distillato di canna da zucchero) 324, *3787*
rumore 67, *494*
rumoroso 67, *493*
ruote (pasta a forma di ruota) 323, *3779*
Rusty Nail (cocktail fatto con whisky e Drambuie®) 324, *3789*
ruta 57, *365*
rutabaga 129, *1380*

S

saccarina 327, *3798*
sagù 328, *3807*
Saint-German (con piselli o taccole) 328, *3808*
Saint-Mandé (piselli, fagiolini e patate Macaire) 328, *3809*
Saint-Marcellin (formaggio francese, prodotto con latte di capra o vaccino crudo) 328, *3810*
Saint-Nectaire (formaggio francese, grasso, preparato con latte vaccino crudo) 328, *3811*
sake 335, *3912*
sala da pranzo 331, *3848*
sala da tè 332, *3854*
salak 179, *2067*
salamandra 331, *3850*
salame al pepe rosso (a base di carne di maiale e/o di manzo e peperoncino) 332, *3852*
salame (insaccato a base di carne di maiale e/o manzo) 332, *3851*
salame milano (preparato con carne di maiale e/o manzo, aglio, grani di pepe e vino bianco) 332, *3853*
salamoia 333, *3872*
salare 333, *3863*
salato 135, *1460*
salato 332, *3862*
sale 329, *3813*
sale al sedano 332, *3855*
sale aromatizzato alla cipolla 332, *3857*
sale aromatizzato all'aglio 332, *3856*
sale grosso 333, *3864*
sale grosso da cucina 332, *3858*
sale kosher 333, *3867*
sale marino 333, *3870*
Salers; Cantal (formaggio francese, pasta semidura, preparato con latte vaccino crudo) 332, *3860*
salicornia di palude 333, *3865*
saliera 332, *3859*
salire 350, *4111*
salmerino 334, *3897*

salmi (stufato di selvaggina) 333, *3871*
salmistrare; mettere in salamoia 124, *1296*
salmone 333, *3868*
salmone affumicato 333, *3869*
salnitro 333, *3866*
salsa agrodolce 42, *118*
salsa aïoli (aglio, tuorli d'uovo e olio di oliva) 43, *146*
salsa al burro 238, *2694*
salsa alemanna; salsa parigina (vellutata di vitello amalgamata con tuorli d'uovo) 48, *223*
salsa al ginepro 395, *4546*
salsa alla borgognona (salsa di vino rosso) 83, *692*
salsa alla cacciatora (vino bianco, scalogni, funghi e pomodori) 90, *751*
salsa alla carbonara (pancetta, uova e parmigiano) 98, *894*
salsa alla diavola (vino, aceto e pepe nero) 143, *1562*
salsa alla ginevrina (consommé e salsa spagnola) 188, *2179*
salsa alla ginevrina (mirepoix, vino rosso e burro) 188, *2180*
salsa alla menta 246, *2804*
salsa all'aneto 151, *1653*
salsa alla paprika 282, *3221*
salsa all'arancia 221, *2472*
salsa alla senape 256, *2945*
salsa alla zingara (vino bianco, paprika, prosciutto e funghi) 396, *4548*
salsa alle acciughe 51, *269*
salsa alle ostriche 271, *3095*
salsa all'erba cipollina 104, *986*
salsa al limone 225, *2553*
salsa allo yogurt 207, *2378*
salsa al Madeira (salsa di carne con vino Madeira) 234, *2637*

Termine | **Pagina** | *Numero della voce*

salsa al midollo 369, *4369*
salsa al prezzemolo 334, *3893*
salsa andalusa (maionese, salsa di pomodoro e peperone) 51, *272*
salsa armoricaine (pomodori, cipolletta, cognac, vino bianco e dragoncello) 55, *333*
salsa aurora (salsa besciamella e concentrato di pomodoro) 59, *394*
salsa avgolemono (brodo di gallina, riso, uova sbattute e succo di limone) 343, *4027*
salsa barbecue (pomodoro, cipolla, senape, aglio, zucchero bruno e aceto) 67, *481*
salsa bearnese (salsa olandese al dragoncello) 73, *553*
salsa Bercy (salsa di pesce, burro, scalogni e vino bianco) 74, *580*
salsa besciamella; salsa balsamella (burro fuso, farina di grano e latte) 73, *564*
salsa bianca 83, *695*
salsa Bigarade (salsa all'arancia) 76, *602*
salsa bonne femme (panna, pane, carota, cipolla e funghi) 82, *673*
salsa bordolese (salsa di vino con midollo) 82, *677*
salsa Bretone (vino bianco, panna, carota, sedano, cipolla e porro) 84, *707*
salsa bruna 156, *1740*
salsa butterscotch (panna, burro, zucchero e limone) 87, *740*
salsa calda al cioccolato 93, *808*
salsa cameline (cannella, chiòdo di garofano, zenzero, cardamomo, macis, peperoncino e agresto) 95, *836*

salsa cardinale (salsa vellutata a base di pesce e burro di aragosta) 99, *904*
salsa Chateaubriand (scalogni, timo, alloro, funghi, vino bianco, burro e prezzemolo) 110, *1084*
salsa chilindrón (peperone, cipolla, pomodoro e prosciutto) 112, *1107*
salsa chimichurri (erbe, olio di oliva, aceto, origano, cipolla e aglio) 112, *1109*
salsa Choron (salsa bearnaise con purea di pomodoro) 114, *1126*
salsa Colbert (vino Marsala, burro, dragoncello e succo di limone) 118, *1200*
salsa Cumberland (marmellata di ribes, julienne di scorze d'arancia e senape) 134, *1455*
salsa Diana (molto piccante) 143, *1563*
salsa di capperi 45, *176*
salsa di fagioli neri 168, *1910*
salsa di funghi 118, *1194*
salsa di gamberetti 94, *830*
salsa di mele 233, *2621*
salsa di pane (briciole di pane, latte, cipolle e chiòdi di garofano) 281, *3203*
salsa di pomodoro 363, *4268*
salsa di prugna 50, *250*
salsa di soia 342, *4019*
salsa di vino bianco 380, *4470*
salsa di vino rosso 381, *4491*
salsa Duxelles (funghi, cipolla e vino bianco) 147, *1616*
salsa finanziera (vino Madeira e tartufi) 172, *1963*
salsa Foyot (salsa

bearnaise con glassa di carne) 177, *2032*
salsa grand-veneur (con gelatina di ribes rosso) 192, *2238*
salsa gribiche (maionese con capperi, cetriolini, uova sode e erbe aromatiche) 194, *2260*
salsa harissa (peperoncino, aglio, cumino, coriandolo, carvi e olio di oliva) 198, *2298*
salsa hoisin (soia, aglio, peperoncino e spezie) 200, *2317*
salsa indiana (maionese, polvere di curry e erba cipollina) 206, *2356*
salsa italiana (olio di oliva, aceto di vino, succo di limone, aglio, origano, aneto e anice) 207, *2381*
salsa italiana (prosciutto, funghi e salsa di pomodoro) 208, *2382*
salsa Joinville (salsa normanda con burro al gamberetti) 213, *2418*
salsa lionese (cipolle e vino bianco) 230, *2617*
salsa maltese (salsa olandese, scorze e succo di arancia) 236, *2656*
salsa Mornay (groviera e parmigiano) 255, *2930*
salsa mousseline (salsa olandese con panna montata) 256, *2951*
salsa Nantua (salsa besciamella, burro e scampi) 262, *2992*
salsa normanna (brodo di pesce e funghi) 264, *3022*
salsa norvegese (tuorli d'uovo sodo, senape e aceto) 264, *3024*
salsa olandese (tuorli d'uovo, burro fuso e succo di limone) 200, *2319*
salsa paesana (funghi, pancetta, burro e

parmigiano) 277, *3153*
salsa Périgueux (tartufi e vino Madeira) 289, *3335*
salsa per satay (latte di cocco, curry, arachide e zucchero) 336, *3921*
salsa pesto (pecorino romano, pignoli e basilico) 290, *3358*
salsa piccante (salsa spagnola con scalogni, vino bianco, aceto, cetriolini e prezzemolo) 291, *3373*
salsa piccante 291, *3372*
salsa pizzaiola (pomodori, aglio, olio d'oliva e basilico) 296, *3447*
salsa poivrade (demi--glace, aceto, erbe, cetriolini sottaceto e prezzemolo) 297, *3456*
salsa puttanesca (pomodori, acciughe, capperi, olive nere, origano, aglio e olio di oliva) 304, *3580*
salsa ravigote (cetriolini sottaceto, capperi, dragoncello, prezzemolo e aceto) 315, *3667*
salsa reggenza (vino bianco, funghi e tartufi) 317, *3704*
salsa rémoulade (maionese con cetriolini sottaceto, capperi e senape) 318, *3711*
salsa Roberto (cipolla, senape e vino bianco) 321, *3757*
salsa rosa (panna, maionese, ketchup e salsa Worcester) 323, *3776*
salsa smitane (cipolle, burro, panna acida e limone) 342, *4011*
salsa Soubise (salsa besciamella con cipolle) 348, *4093*
salsa suprema (vellutata di pollo con panna,

| Termine | **Pagina** | *Numero della voce* |

tuorli d'uovo e funghi) 352, *4143*
salsa tartara (maionese di uova sode con erba cipolina) 358, *4190*
salsa tartara (maionese, capperi, sottoaceti, cipolle, olive, succo di limone o aceto) 358, *4189*
salsa teriyaki (salsa di soia, sake e zenzero) 360, *4213*
salsa tirolesa (pomodori e salsa bearnese) 362, *4247*
salsa veneziana (aceto, dragoncello, salsa alemanna ed erbe) 377, *4426*
salsa verde; bagnet verd (con erbe) 377, *4428*
salsa Villeroi (salsa alemanna con essenza di funghi) 378, *4446*
salsa vinaigrette (olio di oliva, sale, pepe, aceto, pomodoro e cipolla) 379, *4464*
salsa Worcester 206, *2361*
salsiccia 226, *2568*
salsiccia blanca (salsiccia a base di carne bianca) 387, *4521*
salsiccia di cervo 334, *3882*
salsiccia di cinghiale con mele 333, *3880*
salsiccia di fegato 226, *2569*
salsiccia di maiale 333, *3881*
salsiccia di Vienna 334, *3888*
salsiccia lop chong (affumicate, a base di carne di maiale) 334, *3886*
salsiera 253, *2907*
saltare 179, *2063*
saltato 334, *3894*
saltimbocca (scaloppine di vitello con prosciutto e salvia) 334, *3896*
salumeria 109, *1073*

salumi; insaccati 150, *1634*
salutare 336, *3922*
salute; cin-cin 336, *3923*
salvia 334, *3898*
sambal oelek (pepe, zucchero bruno e sale) 335, *3899*
sambuco 327, *3797*
sangria (vino rosso, frutta e zucchero) 335, *3905*
sangue 335, *3906*
sanguinaccio nero (salsiccia preparata con sangue di maiale, avena e condimenti) 114, *1127*
sanguinella 220, *2469*
santoreggia; santo 337, *3938*
sapodilla 335, *3911*
sapone 327, *3791*
sapore; gusto 327, *3794*
sardina 336, *3916*
sardina 336, *3917*
sardinella brasiliana 336, *3919*
sardine sott'olio 336, *3918*
sassafrasso 336, *3920*
savarin (ciambella francese) 336, *3925*
saziare 328, *3803*
sazio 328, *3802*
sbagliare 153, *1691*
sbattitore 72, *541*
sbattitore elettrico 72, *540*
sbollentato 84, *697*
sbornia 319, *3733*
sbrinare 139, *1491*
sbuccialimoni 315, *3664*
sbucciare 287, *3305*
sbucciare; pelare (frutta); sgusciare (uova); mondare (cereali) 141, *1529*
sbucciato 287, *3302*
scaglie di cioccolato 315, *3666*
scaldapiatti 109, *1068*
scaldapietanze 316, *3675*
scaldare 54, *314*
scaldato 54, *315*
scalogno 149, *1619*
scaloppina 154, *1719*
scaloppina Cordon Bleu (fettina farcita con

prosciutto e formaggio e poi impanata) 154, *1720*
scaloppine di tacchino 155, *1721*
scaloppine di vitello 155, *1722*
scamone 45, *178*
scamone con coperchio 45, *179*
scampi 219, *2453*
scapece (fritto e marinato) 154, *1714*
scarola 155, *1725*
scartare 141, *1527*
scatola 93, *798*
scavino 79, *640*
scegliere 155, *1728*
scelta 155, *1726*
scendere 141, *1530*
scheggiato (bicchieri, piatto) 314, *3634*
schiaccianoci 308, *3591*
schiacciapatate 49, *241*
schiacciare 156, *1744*
schiuma 158, *1778*
schiuma della birra 158, *1779*
schiumare 156, *1738*
schiumarola 155, *1737*
schiumma di latte 158, *1780*
schlachtplatte (salsicce, carne di maiale lessa e crauti) 337, *3928*
schnapps (distillato di cereali) 337, *3930*
sciacquare 153, *1686*
sciapo; sciocco 207, *2367*
scienidi 296, *3436*
sciogliere 144, *1581*
sciroppo 93, *805*
sciroppo d'acero 239, *2698*
sciroppo di cioccolato 93, *807*
sciroppo di fragole 93, *810*
sciroppo di frutta 93, *809*
sciroppo di glucosio; sciroppo di mais 190, *2205*
sciroppo di maltosio 389, *4530*
sciroppo di ribes nero 389, *4529*

sciroppo di riso 389, *4527*
sciroppo di zucchero 93, *806*
scolapasta 155, *1730*
scolapiatti 155, *1731*
scolare 155, *1732*
scolato 155, *1733*
scone (piccolo pane scozzese) 337, *3931*
scongelare 141, *1532*
scongelato 141, *1531*
sconto 141, *1534*
scopa 376, *4416*
scoperchiare 142, *1551*
scorfano rosso 315, *3660*
scorza 101, *938*
scorza candita 101, *939*
scorza d'arancia candita 101, *940*
scorza di limone 101, *941*
scorza di limone candita 101, *942*
scorza grattugiata 101, *946*
scorzonera 155, *1729*
scorzonera bianca; barba di becco 105, *1001*
scottare 154, *1715*
scottare nell'acqua bollente 84, *699*
scottona; sorana 75, *592*
scremare 361, *4241*
scrivere 155, *1736*
scuro; cupo 156, *1739*
scusarsi 141, *1535*
secchiello da champagne 65, *454*
secchiello da ghiaccio 65, *455*
secchiello da vino 65, *457*
secco 337, *3934*
sedano; apio 43, *150*
sedano da costa 43, *148*
sedano di mare 333, *3878*
sedano rapa 43, *149*
sedano selvaggio 43, *151*
sedia 90, *764*
segale 105, *997*
seggiolone per bambini 90, *766*
selezionare 337, *3942*
selezione 337, *3940*
self-service 338, *3943*
sella di cinghiale 228, *2595*

| Termine | **Pagina** | *Numero della voce* |

sella di coniglio 228, *2594*
sella di montone 228, *2593*
selvaggina 89, *750*
semi di anice 338, *3953*
semi di faggio; faggiole 338, *3954*
semi di finocchio 338, *3955*
semi di girasole 338, *3957*
semi di papavero 338, *3959*
semi di sedano 338, *3951*
semi di senape 338, *3958*
semi di sesamo 338, *3956*
semi di zucca 338, *3950*
semisecco 339, *3964*
semolino 339, *3968*
senape 255, *2934*
senape alle erbe 256, *2941*
senape al pomodoro 256, *2943*
senape americana 255, *2937*
senape bianca 255, *2938*
senape di Digione 256, *2940*
senape granulosa 256, *2942*
senape inglese piccante 256, *2944*
senape nera 256, *2947*
senape provenzale 256, *2948*
senape tedesca 255, *2935*
sentire l'odore 111, *1095*
senza burro 339, *3966*
senza caffeina 338, *3947*
senza glutine 339, *3962*
senza grassi 339, *3963*
senza latte 339, *3965*
senza pelle 339, *3969*
senza preservativi 338, *3948*
senza sale 339, *3971*
senza sapore 339, *3970*
senza sugo 339, *3967*
senza zucchero 338, *3944*
separare 339, *3975*
separatuorlo 339, *3974*
seppia 339, *3976*
serata danzante 212, *2396*
serata di gala 212, *2397*
seriolina 390, *4538*

serpillo 339, *3981*
servimiele 285, *3272*
servire 340, *3990*
servito 340, *3989*
servizio 340, *3984*
servizio compreso 340, *3987*
servizio da caffè 53, *300*
servizio di buffè 340, *3985*
servizio di piatti; servizio da tavola 53, *301*
servizio di porcellana 53, *302*
servizio in camera 340, *3986*
servizio non compreso 340, *3988*
sesamo 188, *2188*
setacciare 287, *3311*
setacciato 287, *3310*
setaccio 287, *3308*
sete 337, *3936*
sfilare 142, *1541*
sfilettare 127, *1354*
sformare 142, *1539*
sformato di carne 365, *4293*
sformato di formaggio 365, *4302*
sformato di pollo 365, *4296*
sfregare; strofinare 156, *1742*
sgombro bastardo; surellu 98, *892*
sgombro reale 103, *967*
sgrassare 142, *1540*
sgretolare 156, *1745*
shandy; bicicletta (birra con limonata o ginger ale) 340, *3992*
shimeji 340, *3995*
Shirley Temple (cocktail fatto con ginger ale e granatina) 341, *3997*
shitake 340, *3994*
shortening 341, *3998*
si cena alle... 212, *2398*
Sidecar (cocktail fatto con cognac, Cointreau® e succo di limone) 341, *4001*
sidro di pere 341, *4003*
sidro (vino di mele) 341, *4002*

siero di latte 347, *4080*
sifone 341, *4004*
sigaretta 115, *1142*
sigarette al cioccolato 114, *1141*
sigaro 110, *1079*
sigillasacchetti 337, *3939*
Signora 339, *3973*
Signore 339, *3972*
signore; cameriere 184, *2123*
signorina 184, *2124*
silenzio 341, *4005*
silenzioso 341, *4006*
siluro 64, *443*
Singapore Sling (cocktail fatto con gin, liquore di ciliegia, succo di limone e acqua gassata) 341, *4007*
si prega di non fumare 299, *3489*
si serva 342, *4010*
smacchiatore 361, *4238*
soba (tagliatelli asiatiche preparate con farina di grano e farina di grano saraceno) 342, *4013*
soda 342, *4017*
sodo; compatto 172, *1967*
soffriggere 145, *1601*
sogliola 226, *2566*
sogliola Choiseul (alla salsa al vino bianco tarturfata) 226, *2567*
sogliola limanda 342, *4022*
soia 342, *4018*
soldi 144, *1578*
solito; usuale; ordinario; comune 123, *1271*
solubile 342, *4024*
somen (pasta giapponese più sottile preparata con farina di grano) 343, *4025*
sommacco 352, *4140*
sorbetto 347, *4076*
sorbetto all'arancia 347, *4077*
sorbetto al limone 347, *4078*
sorbo 347, *4082*
sorgo 347, *4079*
sorseggiare 73, *557*

sostituire 350, *4112*
sottile 172, *1965*
sotto pentola 279, *3181*
sottoaceti (verdure miste lessate conservate in sale, aceto e zucchero) 292, *3377*
sottobicchiere 140, *1520*
sottobicchiere per birra 140, *1519*
sottofesa 130, *1387*
sottofesa con girello 130, *1386*
sottofesa senza girello 130, *1388*
sottopiatto 140, *1521*
sottospalla con petto 143, *1565*
sottospalla; braciole 37, *46*
sottovuoto 150, *1628*
soufflé 351, *4129*
soufflé alle ciliegie 351, *4130*
soufflé di formaggio 351, *4131*
soufflé Rothschild (soufflé alla vaniglia con canditi) 351, *4132*
sovracoscia di pollo 342, *4015*
spaghetti alla bolognese 156, *1752*
spaghetti di soia (pasta asiatica) 233, *2624*
spaghetti di zucca 36, *15*
spaghetti (la pasta più conosciuta) 156, *1751*
spalla; collo 278, *3158*
spalla alta 277, *3146*
spalmare 75, *589*
spandere 153, *1679*
sparecchiare 361, *4240*
spatola 157, *1754*
spatola per pizza 281, *3211*
spatola per frittura 157, *1755*
spätzle (gnocchetti a base di farina, uova e acqua) 348, *4096*
spazzare 376, *4414*
spazzola 155, *1734*
spazzola per verdure 155, *1735*
specialità 157, *1759*

| Termine | **Pagina** | *Numero della voce*

specialità 157, *1756*
specialità 205, *2350*
specialità alimentari 139, *1497*
specialità della casa 157, *1757*
specialità regionale 157, *1758*
spelucchino 164, *1832*
spennare 140, *1508*
Spenwood (formaggio inglese, pasta pressata, fatto con late di pecora) 348, *4097*
sperlano 153, *1689*
spesso 194, *2269*
spezia 157, *1760*
spezzare 323, *3771*
spiacevole 140, *1515*
spianare; stendere col matterello 36, *27*
spicchio d'aglio 139, *1504*
spiedino 157, *1763*
spiedo 157, *1765*
spiedo di bambú 278, *3161*
spilante 211, *2394*
spinaci di Malabar 75, *587*
spinacio 157, *1768*
spinare 361, *4242*
spinarolo 184, *2108*
spinato 339, *3961*
spine; lische 157, *1770*
spolverizzare 298, *3465*
sporcare 351, *4135*
sporco 351, *4136*
spremere 158, *1776*
spremiaglio 157, *1772*
spremiagrumi 158, *1774*
spremuta d'arancia 351, *4126*
spremuta di limone 351, *4127*
spremuto 158, *1777*
spruzzare 333, *3874*
spruzzare 82, *683*
spugna 157, *1771*
spugnola rotonda 255, *2927*
spuntini 291, *3362*
spuntino 220, *2458*
squadro 90, *753*
squalo 368, *4356*
squalo alalunga 183, *2107*
squalo azzurro 369, *4357*

squalo bianco; pescecane 369, *4358*
squalo mako 369, *4360*
squalo tigre 361, *4237*
squamare 155, *1723*
stagionare 243, *2760*
stampo per torta 176, *2012*
stampo per torta 176, *2014*
stappare 140, *1516*
stecca di cannella 96, *855*
stecca di vaniglia 166, *1881*
steccherino 292, *3379*
Steinhäger (gin tedesco) 349, *4101*
stelline (pastina per minestre) 159, *1800*
sterilizzare 159, *1795*
stiancia; mazzasorda 355, *4149*
Stilton (formaggio inglese, muffe blu, pasta semidura, prodotto con latte vaccino) 349, *4102*
Stinger (cocktail fatto con cognac o brandy e crema di menta bianca) 349, *4103*
stoccafisso; stocco 63, *432*
stoccaggio 55, *332*
storione 159, *1803*
stoviglie; piatti 229, *2604*
stracchino (formaggio italiano, prodotto con latte vaccino) 349, *4104*
stracciare 315, *3661*
stracciatella (brodo di carne con uova strappazzate e formaggio grattugiato) 349, *4105*
strato 94, *826*
Strega® (liquore a base di erbe) 350, *4107*
striscia 361, *4243*
strudel di verdure 350, *4108*
strutto 66, *469*
struzzo 59, *401*
sttofesa a farfalla 82, *674*
stufato di montone all'irlandese (con patate e cipolle) 153, *1678*

stufato di montone e orzo 201, *2344*
stuzzicadenti 278, *3162*
succo d'ananas e menta 350, *4114*
succo d'anguria 351, *4123*
succo di arancia 350, *4117*
succo di frutta 350, *4115*
succo di frutto della passione 351, *4122*
succo di limone 350, *4119*
succo di mango 351, *4121*
succo di mela 350, *4120*
succo di pomodoro 351, *4124*
succo di verdure 350, *4118*
succo d'uva 351, *4125*
succo tropicale 350, *4116*
succoso 351, *4128*
sudare 350, *4109*
suggerire 351, *4133*
sugo; succo 350, *4113*
supermercato 352, *4142*
supplementare 40, *91*
surgelare 124, *1289*
surgelato 124, *1288*
surrogato del latte (per caffè) 84, *698*
susine mombin rosse 115, *1148*
svariato 376, *4411*
sventrare 159, *1801*
svolgere; scartare 142, *1538*
syllabub (panna e Xeres) 352, *4145*

T

tabaccheria 355, *4146*
tacchino 289, *3341*
tacchino ripieno al forno 289, *3343*
tacchinotto; tacchino giovane 289, *3342*
taccole 154, *1713*
tagliacapsule 127, *1342*
tagliaformaggio 166, *1877*
tagliapatate 127, *1344*
tagliapizza 127, *1348*
tagliare 127, *1350*
tagliare 292, *3374*
tagliare a cubetti 127, *1352*
tagliare a dadi 128, *1357*

tagliare a Julienne 128, *1355*
tagliare a metà 127, *1351*
tagliare a pezzetti 128, *1356*
tagliare a striscioline 128, *1358*
tagliatelle (lunghi nastri di pasta, disposti a nido) 356, *4161*
tagliatelle paglia e fieno 356, *4160*
tagliatelle verdi 356, *4162*
tagliato 127, *1343*
tagliauova 127, *1347*
tagliauova a fette 166, *1876*
tagliere 355, *4150*
tagliere per formaggio 355, *4151*
taglierini (strisce sottili) 356, *4163*
taglio 128, *1359*
tagliolini (versione più sottile delle linguine) 356, *4164*
tahini (pasta di sesamo) 356, *4165*
Taleggio (formaggio italiano, pasta molle, preparato con latte vaccino) 357, *4169*
Talleyrand (pasta al burro con formaggio, tartufi, fegato grasso d'oca e salsa Périgueux) 357, *4174*
tamarillo; pomodoro da albero 357, *4179*
tamarindo 357, *4180*
tanaceto 358, *4183*
tapioca 358, *4185*
tappo per champagne 357, *4182*
taro 358, *4188*
tarpone 295, *3435*
tartaruga 358, *4191*
tartufare 368, *4347*
tartufato 368, *4345*
tartufo 368, *4342*
tartufo al cioccolato 368, *4344*
tartufo bianco 368, *4343*
tartufo nero 368, *4346*

tasca per dolci; sacchetto decoratore 328, *3804*
taverna 359, *4198*
tavola sulla terrazza 247, *2830*
tavoletta di cioccolata 355, *4148*
tavolino di servizio 247, *2827*
tavolo 247, *2823*
tavolo all'aperto 247, *2824*
tavolo con vista sul mare 247, *2825*
tavolo d'angolo 247, *2829*
tavolo libero 247, *2828*
tavolo occupato 248, *2831*
tavolo per... persone 248, *2832*
tavolo quadrato 248, *2834*
tavolo rettangolare 248, *2837*
tavolo riservato 248, *2836*
tavolo tondo 248, *2835*
tavolo vicino alla finestra 248, *2833*
tazza 390, *4534*
tazza 96, *850*
tazza da tè 390, *4536*
tazza e sottotazza; tazza e piattino 390, *4537*
tazzina (da caffè) 139, *1501*
tazzina da caffè 390, *4535*
tè; thè 107, *1032*
tè alla menta 107, *1044*
tè con latte 107, *1035*
tè con limone 107, *1036*
tè Darjeeling (tè nero) 107, *1038*
tè delle cinque 107, *1039*
tè di Ceylon 108, *1046*
tè Earl Grey (tè nero) 108, *1047*
tè English breakfast (miscela di tè neri) 108, *1048*
tè freddo 108, *1049*
tè in bustine 336, *3913*
tè jasmine 107, *1042*
tè Java Malabar (con sabore forte, ideale per la prima colazione) 107, *1037*
tè Lapsang Souchong (tè nero) 108, *1052*

tè Matcha (tè verde) 108, *1055*
tè nero 109, *1072*
tè Nilgiri parkside (fatto con le foglie di orange pekoe) 109, *1063*
tè Oolong (miscela di foglie di tè nero e verde) 109, *1066*
tè Sencha (tè verde) 110, *1081*
tè Sichuan (tè nero) 110, *1083*
tè verde 110, *1086*
tè Yunnan (tè nero) 110, *1087*
teglia 58, *375*
teglia con gancio a molla 175, *2011*
teglia per biscotti 176, *2015*
teglia; stampo 175, *2010*
teiera 86, *733*
temolo 287, *3300*
temperatura 359, *4202*
tempestine; acini di pepe (pastina per minestre) 38, *58*
tempo 359, *4205*
tempo de cottura 359, *4206*
tendine 359, *4209*
tenere 195, *2279*
tenere in frigorifero 239, *2697*
tenero 359, *4210*
tenga la moneta 195, *2280*
tequila (distillato messicano) 359, *4212*
termometro 360, *4214*
termometro da carne 360, *4215*
termometro per vino 360, *4216*
terrina di fagiano 360, *4217*
terrina di fegato grasso d'oca; terrina di foie gras 360, *4218*
testa di maiale 89, *743*
testa di pecora 89, *742*
testina d'agnello 89, *741*
tetragonie 157, *1769*
thermos 185, *2140*

thermos per il ghiaccio 65, *456*
Tia Maria® (liquore al caffè) 360, *4225*
tiepido 255, *2931*
tiglio 361, *4229*
tilapia 360, *4228*
Tilsiter (formaggio a pasta semidura, preparato con latte vaccino) 361, *4230*
timballo di riso (con carne, pesce, verdure e formaggio) 361, *4232*
timo; pepolino 363, *4274*
tinca 359, *4208*
tino; tino di deposito; tino di fermentazione 134, *1451*
tiramisù (savoiardi imbevuti nel caffè, ricoperti con crema di mascarpone e cosparsi di cacao amaro) 361, *4239*
tisana 107, *1041*
toad-in-the-hole (salsicce ricoperte di pasta frolla, cotte al forno) 362, *4249*
toast 364, *4280*
toast con burro 364, *4281*
toast con formaggio e prosciutto 364, *4282*
tofu (formaggio preparato con latte di soia) 362, *4253*
togliere; levare 318, *3712*
togliere il grasso 320, *3740*
togliere il torsolo 141, *1526*
tomatillo 363, *4272*
Tom Collins (cocktail fatto con gin, sciroppo di zucchero, succo di limone e acqua gassata) 363, *4273*
Tomme de Savoie (formaggio francese, con sapore di noci, preparato con latte vaccino crudo) 364, *4275*
tonnellata 364, *4277*
tonnetto; alletterato 81, *672*
tonnetto striato 81, *671*
tonno 59, *390*

tonno albacora 44, *163*
tonno bianco; alalonga 44, *162*
tonno obeso 59, *392*
tonno pinna nera 44, *164*
tonno sott'olio 59, *393*
topinambur; rapa tedesca 369, *4363*
torbido 369, *4367*
tordo 364, *4279*
torrone 364, *4286*
torrone al cioccolato 364, *4287*
torta 79, *645*
torta 364, *4288*
torta al caffè 364, *4292*
torta al cioccolato 365, *4295*
torta al cioccolato 80, *650*
torta alla frutta 80, *652*
torta alla melassa 365, *4299*
torta all'ananas 364, *4291*
torta alla noce di cocco 80, *651*
torta alla noce di pecan 365, *4301*
torta all'arancia 80, *654*
torta alle albicocche 364, *4289*
torta alle ciliege 365, *4294*
torta alle fragole 365, *4300*
torta allo zenzero 80, *653*
torta dell'Epifania 80, *659*
torta di carne 150, *1638*
torta di carote 80, *649*
torta di compleanno 80, *646*
torta di limetta 365, *4297*
torta di Linz (torta con spezie e coperta di marmellata) 227, *2571*
torta di mandorle 364, *4290*
torta di manzo e rognone in crosta 349, *4098*
torta di mele 365, *4298*
torta Foresta Nera 80, *656*
torta natalizia 80, *655*
torta nuziale 80, *648*
torta paradiso; quattro quarti (fatta con farina, zucchero, uova e burro in uguali quantità) 308, *3589*
torta rovesciata

| Termine | **Pagina** | *Numero della voce* |

(sottosopra) 372, *4384*
torta Sacher (zucchero a velo, cioccolato e vino Madeira) 80, *660*
torta Saint-Honoré (torta alla crema guarnita tutt'intorno di bignè) 80, *661*
tortellini (pasta ripiena tradizionalmente preparata con pasta fresca) 365, *4303*
tortelloni (versione più grande dei tortellini) 365, *4304*
tortilla (tipo di pane di mais) 365, *4305*
tortine; tartelette 358, *4192*
tortine al formaggio 358, *4195*
tortine alle verdure 358, *4194*
tortine di frutta 358, *4193*
tortino ai funghi 365, *4306*
tossico 366, *4314*
tostapane 364, *4283*
tostare 364, *4285*
tostato; abbrustolito 364, *4284*
tournedos Clamart (con fondi di carciofi e piselli) 366, *4311*
tournedos (medaglione de filetto mignon) 366, *4312*
tournedos Rossini (con fettine di fegato grasso d'oca, tartufi e salsa al Madeira) 366, *4313*
tovaglia 362, *4251*
tovaglietta all'americana 213, *2414*
tovagliolo 195, *2277*
tovagliolo di carta 195, *2278*
trachea 366, *4318*
tradizionale 366, *4316*
traveller's cheque 111, *1097*
trenette (pasta nastriforme) 367, *4327*
trifle (torta dolce con marmellata e Xeres) 367, *4329*

trinciapollo 360, *4222*
trinciare (carne) 367, *4337*
trinciato 367, *4335*
trippa 86, *726*
trippa imbianchita 86, *727*
tritacarne 252, *2895*
tritaghiaccio 368, *4339*
tritarifiuti 368, *4338*
tritato 291, *3369*
tritatutto 258, *2970*
trombette dei morti 368, *4341*
tronchetto di Natale (pan di Spagna a forma di tronco d'albero, fatto con castagne e cioccolato) 86, *724*
troppo 139, *1499*
troppo acido 257, *2959*
troppo al sangue 257, *2961*
troppo amaro 257, *2960*
troppo caldo 257, *2967*
troppo cotto 130, *1395*
troppo dolce 257, *2962*
troppo duro 257, *2963*
troppo freddo 257, *2964*
troppo grasso 257, *2965*
troppo piccante 257, *2966*
troppo salato 257, *2968*
trota 368, *4348*
trota affumicata 368, *4351*
trota arcobaleno; trota iridea 368, *4349*
trota di lago 368, *4352*
trota di mare 368, *4353*
trota dorata 368, *4354*
trota leopardo 368, *4350*
trota salmonata 368, *4355*
tubetto 369, *4362*
tuorlo d'uovo 188, *2177*
Turbigo (chipolata e funghi) 369, *4364*

U

ubriaco 73, *555*
udon (pasta asiatica fatta con farina di grano ed acqua) 371, *4370*
ugli 298, *3471*
umido 372, *4378*
ungere 317, *3703*
ungere con il pennello 295, *3420*

un quarto 372, *4379*
un terzo 372, *4380*
unto 152, *1663*
uova affogate 275, *3142*
uova affogate all'americana (con pomodoro e pancetta) 274, *3138*
uova (affogate) alla Benedict (con prosciutto, salsa olandese e pancarré) 273, *3120*
uova affogate alla fiorentina (con spinaci e salsa Mornay) 275, *3139*
uova affogate alla Mornay (gratinate con salsa Mornay) 275, *3140*
uova affogate alla Sardou (con prosciutto, acciughe, tartufi, fondi di carciofi e salsa olandese) 273, *3119*
uova affogate Joinville (con gamberetti) 274, *3137*
uova affogate sul pane tostato 275, *3141*
uova alla coque (bollite 3-4 min) 275, *3143*
uova alla neve 274, *3136*
uova alla scozzese (uova sode coperti con wurstel, impanate e fritte) 272, *3117*
uova bazzotte (bollite 5-6 min) 274, *3135*
uova di pesce; fregola 271, *3100*
uova di quaglia 273, *3123*
uova di riccio di mare 271, *3099*
uova di salmone 271, *3101*
uova fritte alla pancetta 273, *3127*
uova fritte al prosciutto 274, *3128*
uova fritte Holstein (con filetti d'acciuga) 274, *3129*
uova fritte Meyerbeer (con rognone d'agnello alla griglia e salsa di tartufi) 274, *3130*
uova fritte Mirabeau (con filetti d'acciuga, olive e dragoncello) 274, *3131*
uova fritte; uova al piatto 274, *3132*
uova in cocotte 273, *3124*
uova in forma 274, *3134*
uova ripiene 275, *3144*
uova sode 273, *3121*
uova sode alla Chimay (gratinate e ripiene di funghi) 273, *3122*
uova strapazzate 274, *3133*
uova strapazzate alla Berny (con chipolata e salsa di pomodoro) 272, *3118*
uovo 271, *3102*
uovo all'ostrica (tuorlo crudo con sale, pepe e limone) 300, *3500*
uovo centenario (uovo d'anatra coperto con un miscuglio di foglie, cenere di legna, limone e sale) 272, *3104*
uovo crudo 271, *3103*
uovo d'anatra 272, *3113*
uovo di emu 272, *3106*
uovo di fagiano 272, *3107*
uovo di faraona 272, *3110*
uovo di gabbiano 272, *3108*
uovo di gallina 272, *3109*
uovo di Pasqua 272, *3112*
uovo di struzzo 272, *3105*
uovo d'oca 272, *3111*
uovo marcio 272, *3116*
usare 372, *4389*
utensili da cucina 372, *4390*
utensili da tavola 372, *4391*
utilizzare 372, *4392*
uva 372, *4393*
uva bianca 372, *4394*
uva di Corinto 373, *4399*
uva di Smirne 373, *4397*
uva Moscata 372, *4395*
uva nera 373, *4396*
uva passa; uva secca 373, *4398*
uva spina 194, *2267*
uva Thompson 373, *4400*

| Termine | **Pagina** | *Numero della voce* |

V

vacherin (dischi di meringa alternati con panna montata) 375, *4401*
valerianella 46, *192*
validità 375, *4405*
Valois (cuori di carciofi saltati e patate Anna) 375, *4406*
valore nutritivo 376, *4407*
vanello; pavoncella 285, *3261*
vaniglia 72, *550*
vapore 376, *4409*
variare 376, *4412*
varietà 376, *4413*
vassoio 66, *468*
vegano; vegetaliano 376, *4420*
vegetariano 376, *4422*
vellutato 59, *398*
vendemmia 379, *4465*
ventagli 278, *3163*
ventriglio 253, *2898*
verbena 377, *4427*
verdura 377, *4430*
verdura bollita 377, *4431*
verdure 222, *2494*
verdure assortite 377, *4432*
verdure cotte al vapore 222, *2495*
verdure crude 376, *4421*
verdure piccole 251, *2846*
verdure surgelate 222, *2496*
vermicelli (versione più sottile degli spaghetti) 377, *4438*
vermicelli di riso (pasta orientale) 377, *4437*
vermut 377, *4439*
versare 140, *1512*
versare 142, *1547*
vertebra 378, *4440*
vigneto 379, *4466*
vin brulé 380, *4485*
vinificazione 381, *4495*
vino 380, *4467*
vino al bicchiere 380, *4478*
vino alcoolizzato 380, *4481*
vino bianco 380, *4468*
vino da dessert 380, *4475*
vino da tavola 380, *4472*
vino dolce 380, *4476*
vino frizzante 380, *4482*
vino in bottiglia 380, *4479*
vino liquoroso 380, *4483*
vino rosato, vino rosé 381, *4486*
vino rosso 381, *4489*
vino spumante 380, *4480*
vino tannico 381, *4488*
vino varietale 381, *4492*
vino verde 381, *4493*
violette 381, *4497*
viscoso 381, *4500*
Vittoria (pomodori farciti con crema di funghi e cuori di carciofi saltati nel burro) 378, *4442*
vivo 381, *4503*
vodka 382, *4506*
vol-au-vent 382, *4507*
volere 309, *3618*
vongola 49, *247*
vongola; arsella (Genova e Sardegna) 382, *4508*
vongola verace 49, *248*
vongole 240, *2716*
vongole marinate 382, *4509*
vuotare; svuotare 159, *1804*
vuoto 376, *4417*

W

wafer 385, *4510*
wakame (alga) 385, *4512*
wasabi 385, *4514*
weijska (salsiccia polacca) 386, *4515*
weisswurst (wurstel tedesco preparato con carne di vitello, panna e uova) 386, *4516*
welsh rarebit (formaggio fuso spalmato sul pane tostato) 386, *4517*
Wensleydale (formaggio inglese, semiduro, prodotto con latte vaccino) 386, *4518*
whisky 371, *4371*

whisky americano 371, *4372*
whisky bourbon 371, *4373*
whisky di segale 371, *4374*
whisky e soda 371, *4376*
whisky irlandese 371, *4377*
whisky scozzese 371, *4375*
Whisky Sour (cocktail fatto con whisky bourbon, succo di limone e zucchero) 386, *4519*
White Lady (cocktail fatto con gin, liquore di arancia e succo di limone) 386, *4520*
wok 387, *4523*
wurstel 333, *3879*
wurstel 334, *3884*
wurstel tedesco (fatto con carne di maiale) 248, *2839*

X

xeres 390, *4533*

Y

yakisoba (pollo, soba e verdure) 393, *4539*
yam 206, *2365*
yogurt 207, *2372*
yogurt ai cereali 207, *2373*
yogurt alla frutta 207, *2374*
yogurt alla greca 207, *2376*
yogurtiera 207, *2377*
yogurt magro 207, *2375*
yogurt naturale 207, *2379*
Yorkshire pudding (pastella salata servito spesso con roast beef) 393, *4540*

Z

zaatar (timo, sommaco e sesamo) 395, *4541*
zabaione; zabaglione (tuorli d'uovo, zucchero e vino Marsala) 395, *4542*

zafferano 37, *36*
zafferano dell'India 37, *37*
zampetto di maiale 290, *3345*
zampetto di maiale con crauti 149, *1623*
zampone (salume preparato con carne di maiale, insaccata nella cotenna della zampa del maiale stesso) 395, *4544*
zenzero 188, *2181*
ziti; zite (pasta forada, larga e lunga) 396, *4549*
zoccolo 357, *4177*
zollette di zucchero 39, *77*
zona non fumatori 55, *325*
zucca 36, *12*
zucca 36, *19*
zucca butternut 36, *20*
zucca del Malabar 36, *16*
zucca giapponese 36, *17*
zucca gigante 36, *18*
zucca moscata; zucca torta 36, *13*
zuccherare 40, *96*
zuccherato 40, *94*
zuccheriera 40, *87*
zucchero a velo 39, *73*
zucchero bruno chiaro 40, *81*
zucchero bruno scuro 40, *82*
zucchero cristallino 39, *78*
zucchero cristallizzato 39, *69*
zucchero demerara 39, *75*
zucchero di acero 39, *71*
zucchero di barbabietola 39, *70*
zucchero di canna; saccarosio 39, *72*
zucchero di palma 39, *76*
zucchero d'orzo 39, *68*
zucchero filato 47, *207*
zucchero grezzo 40, *83*
zucchero invertito; (1/3 glucosio, 1/3 fruttosio e 1/3 saccarosio) 39, *79*
zuccheroso 40, *86*
zucchero vanigliato 39, *67*
zucchina 36, *21*
zuccotto (semifreddo a base di pan di Spagna

farcita con panna, canditi e crema di cioccolato) **396**, *4550*
zuchero semolato **40**, *85*
zuppa alle verdure **345**, *4059*
zuppa billi-bi (mitili, cipolla, vino, panna e condimenti) **343**, *4030*
zuppa del giorno **345**, *4061*
zuppa di cavoli **345**, *4056*
zuppa di cipolla gratinata **345**, *4049*
zuppa di cipolla; carabazada (Toscana) **345**, *4048*
zuppa di coda di canguro **345**, *4055*
zuppa di pesce **93**, *811*
zuppa di pesce; brodetto **345**, *4053*
zuppa di pollo e gombo **195**, *2289*
zuppa di pollo e porri **117**, *1178*
zuppa di pomodori **345**, *4058*
zuppa di rane **345**, *4054*
zuppa di vongole **345**, *4060*
zuppa du Barry (crema di cavolfiore) **345**, *4062*
zuppa Lorenese (pollo, vitello, mandorle, tuorli d'uovo, pane, latte, sale, pepe e limone) **346**, *4068*
zuppa Louisiana (granchi, gamberetti, riso, gombo, peperone e zafferano) **346**, *4069*
zuppa pavese (brodo di carne con fette di pane, uovo crudo e parmigiano) **347**, *4072*
zuppa vichyssoise (patata e porro) **347**, *4074*
zuppiera **347**, *4075*

Stichwortverzeichnis

Nehmen Sie zur Kenntnis wo Sie die gastronomischen Begriffe in Englisch, Spanisch, Französisch, Italienisch und Deutsch finden können.

[INGL.] Table of contents 484

[ESP.] Índice 517

[FR.] Sommaire 550

[IT.] Indice 583

[AL.] Stichwortverzeichnis 616

Die Begriffe werden im Inhaltsverzeichnis in alphabetischer Reihenfolge aufgeführt.

Jeder Begriff erscheint mit Angabe der Seite auf der er sich befindet, gefolgt von seiner jeweiligen Nummer

Beispiel:
Menü à la carte **246**, 2808

Wo:

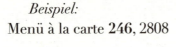

A

Aal 152, *1664*
abbestellen 96, *848*
abbinden 225, *2548*
Abendbrot essen 103, *974*
abendessen 212, *2400*
Abendessen 212, *2399*
Abfallmühle 368, *4338*
abfüllen 151, *1660*
abgefüllt 151, *1659*
abgegossen 155, *1733*
abgesotten 169, *1927*
abgiessen 155, *1732*
abhängen (lassen) 243, *2759*
abkühlen (lassen) 139, *1493*
abkühlen 56, *339*
ablehnen 317, *3688*
abmagern 150, *1627*
abräumen 361, *4240*
abschöpfen 156, *1738*
Absinth 37, *32*
absorbieren 37, *33*
abspülen 153, *1686*
abtrocken 153, *1687*
Abtropfständer 155, *1731*
abwechslungsreich 376, *4411*
Açai (ähnliche wie Pflaume) 37, *42*
Acerola (ähnliche wie Kirsche) 38, *48*
Acini di Pepe (Suppennudeln) 38, *58*
Admiralsart (Austern, Muscheln, Flusskrebse, Pilze, Trüffeln und Nantua-Sauce) 51, *262*
Adzuki-Bohne 167, *1893*
afrikanischer Pfeffer 293, *3389*
afrikanischer Pompano 389, *4525*
Agar-Agar (Algen Gelee) 41, *102*
Agnès Sorel (Hähnchenbrust, Pilze und marinierte Rinderzunge) 41, *104*
Agnolotti (gefüllte Nudel aus frischem Nudelteig) 41, *105*
Ahornsirup 239, *2698*

Ahornzucker 39, *71*
Ährenfisch 287, *3298*
Aïoli-Sauce (Knoblauch, Eigelb und Olivenöl) 43, *146*
Ajowan 44, *152*
Akazienhonig 245, *2789*
Albigenser Art (gefüllte Tomaten und Kartoffelkroketten) 44, *165*
Albufera (marinierte gepökelte Rinderzunge, Kalbsbries und Pilze) 44, *166*
Albufera Art (mit Hähnchen oder Ente) 45, *167*
Alexander (Cocktail mit Cognac oder Brandy, Cacao Creme, Sahne und geriebene Muskatnuß) 46, *187*
Alexandra (Hähnchen, Trüffeln und Spargelspitzen) 46, *188*
Alfafasprossen 85, *715*
Algen 47, *204*
Alkermes (Likör) 48, *229*
alkoholfrei 338, *3946*
alkoholfreies Bier 106, *1022*
alkoholfreies Getränke 73, *561*
alkoholisch 45, *182*
alkoholische Getränke 73, *560*
alkoholisierter Wein 380, *4481*
Allergie 46, *185*
allergisch 46, *186*
Allesschneider 127, *1345*
allzu gern; allzu sehr 139, *1499*
Alse 336, *3926*
altbackenes Brot 281, *3205*
alte Art (Silberzwiebelchen und Pilze) 51, *270*
Alufolie 281, *3213*
Amaranthmehl 165, *1850*
Amaretto (italienischer Mandellikör) 49, *237*
Ambiente; Atmosphäre 49, *245*

Amchoor (grüne Mango im Pulver) 49, *246*
americanischer Pfeilhecht 75, *596*
Americano (Cocktail mit Campari®, roter Wermut und Sodawasser) 51, *260*
amerikanisch Whisky 371, *4372*
amerikanische Gurke; Auguriengurke 244, *2763*
amerikanische Seeforelle 368, *4352*
amerikanische Traubenkirsche 105, *1009*
amerikanischer Senf 255, *2937*
Amphore 52, *278*
Amsel 246, *2801*
am Tisch zubereiten 302, *3537*
Ananas 35, *2*
Ananasmarmelade 186, *2155*
Ananassaft mit Minz 350, *4114*
Ananastorte 364, *4291*
anbraten 145, *1601*
andalusische Art (Fleisch, Paprika, Aubergine, Chipolata und Reis) 51, *271*
andalusische Sauce (Mayonnaise, Tomatensauce und Paprika) 52, *272*
an der Sonne getrocknet 337, *3935*
Anellini (kleine Ringeförmige Nudeln) 52, *275*
anfeuchten 253, *2906*
angefeuchtet 253, *2905*
Angelika; Engelwurz 52, *280*
angenehm 41, *107*
angeschlagen (Glas, Teller) 314, *3634*
Angostura® 52, *283*
Anis 154, *1700*
Anis Pfeffer 294, *3408*

Anisett; Anislikör 52, *287*
Anjou-Birne 288, *3323*
ankommen 111, *1093*
anmachen den Salat 151, *1656*
Annatto 372, *4388*
anrösten 145, *1600*
Antihaft- 53, *294*
Antioxidantien 53, *295*
Antwerpener Art (Törtchen mit Hopfensprossen und Salzkartoffeln oder weichgekocht Eier) 53, *296*
Aorta 53, *298*
Aperitif 53, *304*
Apfel 233, *2618*
Apfel-Beignet 73, *566*
Apfelausstecher 141, *1525*
Apfelcharlotte 109, *1075*
Apfelessig 379, *4455*
Apfelkorn 43, *141*
Apfelkuchen 365, *4298*
Äpfelmus 304, *3576*
Apfelsaft 350, *4120*
Äpfelsauce 233, *2621*
Apfelsäure 38, *55*
Apfelsine; süße Orange 220, *2471*
Apfelstrudel 54, *308*
Apfeltasche 110, *1085*
Äpfelteiler 127, *1346*
Apfelwein 114, *1137*
Appenzeller (schweizer Kuhmilch-Käse) 54, *311*
Appetit 53, *306*
appetitlich 53, *307*
Aprikose 36, *22*
Aprikosenkuchen 364, *4289*
Aprikosenmarmelade 187, *2159*
Aquavit (skandinavisches Kornbranntwein) 54, *313*
Arborio-Reis; Risotosreis 56, *342*
Argenteuil (mit Spargelspitzen oder Spargelpüree) 55, *328*
argentinischer Seehecht 247, *2821*
arktischer Bonito 81, *671*

Begriff | Seite | *Begriff Nr.*

arlesische Art (Auberginen, Tomaten und Zwiebeln) 55, *330*
Armagnac (Weinbrand) 55, *331*
Arme Ritter 313, *3626*
Armoricaine--Sauce (Tomaten, Schnittzwiebel, Cognac, Weißwein und Estragon) 55, *333*
Aroma 55, *334*
aromatisch 55, *335*
aromatisieren 55, *337*
aromatisiert 55, *336*
Arrowroot; Pfeilwurz 54, *322*
Artischocke 45, *168*
Artischockenböden 181, *2096*
Artischockenherzen 126, *1331*
Asant; Stinkasant; Teufelsdreck (Gewürz) 58, *379*
Äsche 287, *3300*
Aschenbecher 115, *1145*
Ascorbinsäure; Vitamin C 38, *53*
Aspartame 57, *372*
Aspik (Speisen mit Fleisch, Fisch oder Gemüse, die in Gelee eingesetzt Sülze) 58, *374*
atlantischer Adlerfisch 128, *1360*
atlantischer Fächerfisch 76, *597*
atlantischer Heilbutt 44, *158*
Aubergine; Eierfrucht 75, *583*
aubtauen 139, *1491*
aufdecken 142, *1551*
auf der Grundlage 67, *495*
auf die Rechnung setzen 120, *1221*
aufgeschlagen Sahne; Eierschnee 72, *549*
aufgetaut 141, *1531*
aufgewärmt 319, *3722*
aufgießen 120, *1220*
Aufguss 206, *2359*
Auflaufförmchen 315, *3652*

auflösen 144, *1581*
Auf nüchternen Magen 150, *1636*
auf provenzalische Art (Olivenöl und Knoblauch) 303, *3562*
Aufschnitt 179, *2057*
aufspießen 299, *3490*
aufstehen 224, *2533*
auftauen 141, *1532*
aufteilen; teilen 144, *1584*
aufwärmen 319, *3723*
aufwärmen 54, *314*
auf Wiedersehen 40, *90*
auf Wiedersehen 58, *388*
Ausgelöstes Zwischenrippenfleisch 65, *466*
Ausgelöstes Zwischenrippenfleisch 65, *467*
Aurora-Sauce (Béchamelsauce und Tomatenmark) 59, *394*
ausdauern 319, *3732*
ausfüllen 122, *1256*
ausgefüllt 122, *1255*
ausgeglichen 153, *1690*
ausgepresst 158, *1777*
ausgezeichnet 160, *1809*
Aushilfe 44, *154*
ausländisches Bier 106, *1014*
auslösen 142, *1546*
ausnehmen 159, *1801*
auspressen 158, *1776*
ausrangieren 141, *1527*
außer Saison 175, *2008*
austatten 38, *61*
Austern 271, *3094*
Austerngabel 185, *2127*
Austernmesser 164, *1831*
Austernsauce 271, *3095*
Austernseitlinge 340, *3996*
australische Felsenauster 271, *3096*
Auswahl 337, *3940*
auswählen 337, *3942*
auswickeln 142, *1538*
Avgolemonosuppe (Hühnersauce, Reis, geschlagene Eier und Zitronensaft) 343, *4027*
Avocado 35, *1*
Avocadoöl 267, *3039*

B

B & B® (Bénédictine und Brandy) 63, *425*
Baba mit Rum 63, *426*
Baby-Aal 152, *1665*
Babyflasche 236, *2659*
Baby-Gemüse 251, *2866*
Babymais 251, *2867*
Babynahrung 121, *1239*
Baby-Poree 250, *2865*
Backblech 109, *1067*
Backblech 176, *2015*
Bäcker 277, *3150*
Bäckerei 277, *3149*
Backfett 179, *2065*
Backfisch 286, *3293*
Backhähnchen 178, *2047*
Backkartoffeln (mit Zwiebeln gebraten) 68, *507*
Backpulver 169, *1922*
Bagel (jüdisches Brot) 64, *442*
Bagration-Suppe (Kalbfleischsuppe mit Makkaroni-Einlage) 343, *4028*
Bagrationsalat (Artischockenherzen, Sellerie und Makkaroni) 329, *3814*
Baguette; Stangenbrot 64, *444*
ballaststoffreiches 320, *3745*
Balsamessig 378, *4449*
Balsamkraut; Marienblatt; Frauenblatt; Pfefferblatt 65, *459*
Bambussprossen 85, *716*
Bambusstäbchen 278, *3161*
Banane 65, *460*
Banane-Beignet 73, *565*
Bananen-Passionsfrucht 239, *2703*
Bananensplit (Banane, Eis, Schlagsahne und Mandel) 65, *465*
Bankett 66, *474*
Bankiersart (Geflügelklößchen, Pilze und Trüffeln) 66, *475*

Banon (französischer Käse kann aus Kuh-, Ziegen- oder Schafmilch bestehen und im Kastanienblätter gehüllt) 66, *473*
Bar 66, *476*
Bär 372, *4385*
Barbe 67, *482*
Barbecue; Grillfest 114, *1133*
Bardana; Klette 67, *483*
bardieren 117, *1177*
Bären 103, *970*
Bärendreck; Lakritze 45, *174*
Barigoule Art (gefüllte Artischockenböden) 67, *484*
Bärlauch 47, *218*
Barmann 67, *485*
Barrakuda 67, *488*
Barramundi 67, *489*
Basilikum; Basilienkraut 237, *2672*
Basilikumblatt 174, *1995*
Basmati-Reis 56, *343*
Bastardmarkrele 98, *892*
Bauch mit Kotelette 67, *490*
bayerische Creme (Schlag und Gelee) 73, *551*
bayerische Creme mit Schokolade 73, *552*
Beanstandung; Beschwerde 316, *3682*
Bearner-Sauce (holländische Sauce mit Estragon) 73, *553*
Beaucaire-Suppe (Sellerie, Porree und Kohl) 343, *4029*
Béchamelsauce (zerlassene Butter, Weizenmehl und Milch) 73, *564*
bedauern 220, *2455*
bedauren; sich entschuldigen 141, *1535*
bedienen Sie sich 342, *4010*
Bedienung 340, *3984*
Bedienung inbegriffen 340, *3987*

– 618 –

Begriff | **Seite** | *Begriff Nr.*

Bedienung nicht inbegriffen 340, *3988*
Beefsteak mit Spiegeleie darauf 76, *598*
Beefsteak Tartar (rohes Hacksteak mit Eigelb) 349, *4100*
Beef Wellington (Filet Mignon, Gänseleber und Pilze) 171, *1947*
Beere 64, *438*
begießen 317, *3703*
begleiten 38, *60*
behalten Sie das Wechselgeld 195, *2280*
Beifuß 57, *366*
Beignets (Klein süsses Brot mit Obst) 74, *567*
Beilage 195, *2284*
Beilage 38, *59*
Beinscheibe (Hinterteil) 258, *2978*
Beinscheibe 258, *2977*
beiseite 139, *1495*
beissen 254, *2924*
Beistelltisch 247, *2827*
beliefern 35, *5*
Belle Hélène (Fleischstücke, Tomaten, Erbsen, Karotten und Kartoffelkroketten 74, *573*
Bellini (Pfirsichsaft und Champagner) 74, *574*
Bénédictine D.O.M.® (Kräuterlikör) 74, *578*
Benediktinerkrapfen (mit Stockfisch- und Kartoffelpüree) 74, *577*
benutzen 372, *4389*
beraten; raten 38, *62*
Bercy-Sauce (Fischsauce, Butter, Schalotten und Weißwein) 75, *580*
berechnen 117, *1174*
Bergminze 93, *802*
Berny (Törtchen mit Linsenpüree) 75, *585*
Beryer Art (Kohl, Zwiebeln, Kastanien und Speck) 75, *586*
Besan 165, *1856*
beschmutzen; schmutzig machen 351, *4135*

beschneiden 53, *299*
Besen 376, *4416*
besetzt 267, *3037*
besetzter Tisch 248, *2831*
besser 246, *2798*
bestätigen 124, *1286*
Besteck 357, *4171*
bestellen 285, *3270*
Bestellung 285, *3269*
bestreichen 75, *589*
bestreuen mit Mehl 151, *1655*
bestreut; bestäubt 297, *3464*
betrunken; kruppeln 73, *555*
Beutel 327, *3801*
bewahren 195, *2279*
Bier 105, *1010*
Bierbrauerei 106, *1021*
Bierglas 125, *1314*
Bierhefe 224, *2535*
Bierschaum 158, *1779*
Biersuppe 345, *4050*
Bierteller 140, *1519*
Bier vom Faß; Faßbier 113, *1123*
Bigarade-Sauce (Orangensauce) 76, *602*
Billi-bi-Suppe (Muscheln, Zwiebel, Wein, Sahne und Gewürze) 343, *4030*
billiges 66, *477*
Biltong (getrockneten Streifen vom Rind- oder Wildfleisch) 76, *604*
Binse; Seesimse 355, *4149*
biologisch-dynamisch 76, *605*
Birkhahn 164, *1838*
Birkhuhn; Schottisches Moorschneehuhn 360, *4224*
Birne 288, *3321*
Birne Bourdaloue (mit Mandelcreme) 288, *3322*
Birne Helene (Birne mit Vanilleeis, Schlagsahne und Schokoladensirup) 288, *3325*
Birnenmost 341, *4003*
Bis morgen 58, *387*
Biskuitkuchen 280, *3194*

Biskuitrolle 321, *3759*
Bisonmilch 223, *2507*
Bisque (Krustentieresuppe mit Weißwein, Cognac und Sahne) 77, *613*
Bisschen 78, *628*
bitte 299, *3488*
bitter 49, *238*
Bitter 77, *615*
bittere Schokolade 113, *1114*
Bittergurke 245, *2783*
Bitterkresse 42, *115*
Black Pudding (Wurst aus Schweineblut, Hafer und Gewürze) 114, *1127*
Black Russian (Cocktail mit Wodka und Kaffeelikör) 77, *617*
blanchieren 40, *99*
blanchieren 84, *699*
blanchiert 84, *697*
Blancmanger (Mandelmilch-Pudding) 77, *618*
Blandbrasse; Seebrasse 145, *1588*
Bläschen 82, *675*
Blasenkirschen 291, *3368*
blassroter Pfeffer 294, *3406*
Blätterkohl 120, *1223*
Blättermagen 86, *725*
Blätterteig 174, *2000*
Blätterteig 242, *2745*
Blätterteigfächer 278, *3163*
Blätterteigpastete 382, *4507*
Blattgelatine 186, *2152*
Blauer Marlin 240, *2717*
Blauer Wittling 240, *2710*
Blaue Stachelmakrele 390, *4532*
blaue Traube 373, *4396*
Blaufisch 151, *1646*
Blauhai 369, *4357*
Blaukrabbe 262, *2998*
Blech 58, *375*
Bleu de Gex (harter französischer unpasteurisierter Kuhmilch-Käse) 77, *619*

Blinis (Hefeplinsen mit Buchweizenmehl) 77, *620*
Bloody Mary (Cocktail mit Tomatensaft, Wodka, Worcester-Sauce, Salz und Tabasco®) 78, *621*
Blue d'Auvergne (französischer Kuhmilch-Käse) 78, *622*
Blue Hawaii (Cocktail mit Rum, Cointreau® und Blauer Curaçao) 78, *623*
Blue Hawaiian (Cocktail mit Blauer Curaçao, Rum, Ananassaft und Kokosmilch) 78, *624*
Blume 173, *1979*
Blumenkohl 129, *1375*
Blumenkohlcremesuppe 345, *4062*
Blumenkohlsalat 329, *3826*
Blumenmädchenart (mit Gemüsebukett) 83, *689*
Blut 335, *3906*
blutig 236, *2655*
blutig; englisch 74, *575*
Blutorange 220, *2469*
Bocconcini (kleinMozzarella--Kugeln, die zum konservieren in Molke) 78, *629*
Bockbier 105, *1011*
Bockshomklee 169, *1917*
Bockwurst (Wurst aus Kalbfleisch und Gewürze) 79, *631*
Bodensatz; Depot 82, *678*
Bohne 167, *1892*
Bohnekraut 337, *3938*
Bohnen-Sprossen 85, *717*
Bohnensuppe 345, *4051*
Bok Choy (Chinakolh) 79, *634*
Boldo 79, *639*
Bolognesser Art (mit Ragout) 80, *658*
Bombay Duck (kleine, getrocknete und intensiv schmeckende Fischart) 81, *665*
Bonchester (schottischer

| Begriff | Seite | *Begriff Nr.*

unpasteurisierter Kuhmilch-Käse mit weichen Konsistenz) 81, *670*
Bonito 340, *3983*
Bonne Femme-Sauce (Sahne, Brot, Karotte, Zwiebel und Pilze) 82, *673*
Bordelaise-Sauce (Weinsauce mit Knochenmark) 82, *677*
Borlotti-Bohne 168, *1895*
Borrestsch 82, *680*
Botarga 271, *3098*
Botschafter (gefüllte Artischockenherzen und Herzogin--Karttofeln) 49, *243*
Bottich; Kübel; Bütte; Gärbehälter 134, *1451*
Bouillabaisse (französische Fisch und Meerefrüchtesuppe mit Safran) 343, *4031*
Boulette d'Avesnes (Frischkäse mit fest Konsistenz) 83, *687*
Bourbon Whisky 371, *4373*
Boursin® (weicher französischer Käse aus Kuhmilch) 83, *693*
Bowle (kaltes Gertränk aus Weißwein und Früchten) 134, *1457*
Brabanter Art (Rosenkohl, Zichorie und Hopfen) 83, *694*
Brachsenmakrele tira 389, *4524*
brandig 309, *3612*
Brandteig 242, *2746*
Brandy 83, *696*
Branntwein 43, *142*
brasilianische Pinienkerne 295, *3423*
brasilianischer Mate 108, *1056*
brasilianisch Sardinellen 336, *3919*
Brasilkresse 211, *2394*
Brasse 84, *704*
Bratäpfel 233, *2625*

Braten 58, *377*
braten; rösten 58, *380*
Bratenfett 191, *2220*
Bratenkruste; Kruste 287, *3307*
Bratensoße; Bratensauce 193, *2253*
Bratkartoffeln 71, *536*
Bratpfanne 178, *2054*
braune Butter; Nußbutter 238, *2692*
braune Sauce 156, *1740*
brauner Zucker 39, *75*
brauner Zucker 40, *82*
braungebratenes 126, *1332*
Bréhan (Artischockenherzen mit Saubohnen-Püree, Blumenkohl, holländische Sauce und Petersilienkarttofeln) 84, *703*
breitflossiger Stechrochen 314, *3642*
brennen; anbrennen 309, *3614*
Brenner 78, *627*
Brennerei 142, *1555*
Brennessel 372, *4386*
Brennholz 244, *2528*
Bresaola (Bündnerfleisch) 84, *705*
Bretonne-Sauce (Weißwein, Sahne, Karotte, Sellerie, Zwiebel und Porree) 84, *707*
Bretzel 302, *3546*
Brie (weicher französischer Kuhmilch-Käse) 85, *708*
Briex de Meaux (französischer unpasteurisierter Kuhmilch-Käse mit einem weichen Weiß-pelzige Rinde und ist bei voller Reife im Inneren cremig) 85, *709*
bringen 367, *4325*
Brioche 85, *711*
Brokkoli 85, *712*
Brombeere 51, *266*

Brombeeremarmelade 187, *2157*
Brösel 249, *2848*
Brot 279, *3184*
Brötchen 281, *3206*
Brotform 176, *2013*
Brotfrucht 180, *2076*
Brotkorb 106, *1026*
Brotkruste 101, *944*
Brotmehl 165, *1862*
Brotmesser 163, *1825*
Brotpudding 303, *3567*
Brotsauce (Brösel, Milch, Zwiebeln und Gewürznelken) 281, *3203*
Brotscheibe 166, *1874*
Brotteller 300, *3504*
Bruderschaft; Confrérie 124, *1287*
Brühe 93, *812*
Brühe mit Fleisch und Gemüsestückchen 93, *813*
Brühwürfel 94, *814*
Brunch 85, *719*
Brunnenkresse 41, *110*
Brunnenkressesalat 329, *3818*
Bruschetta (geröstete Brotscheibe mit Knoblauch und Olivenöl) 86, *720*
Brüsseler Art (Rosenkohl, Zichorie und Schlosskartoffeln) 86, *721*
Brust 285, *3274*
Brustbeere; chinesische Dattel 213, *2420*
Bubble and Squeak (gebacken Kartoffel und Kohl) 86, *722*
Bucatini (hohlen Nudeln) 86, *723*
Bucheckern 338, *3954*
Buchtomate 362, *4259*
Buchweizen 367, *4332*
Buchweizenmehl 166, *1869*
Büffelfleisch 99, *907*
Büffelkäse 308, *3599*
Buffet-service 340, *3985*
Bulgur; Weizenkleie 87, *735*
Bull Shot (Wodka, Fleischbouillon, Worcester-Sauce,

Selleriesalz und Tabasco®) 87, *736*
bunte Glitzerperlen 123, *1285*
bunter Salat 330, *3840*
bunte Zuckerstreusel 123, *1284*
bürgerliche Art (Karotten, Zwiebeln und Speck) 83, *690*
Burgunder-Sauce (Rotweinsauce) 83, *692*
Bürste 155, *1734*
bürsten 295, *3420*
Busecca (Kuttelsuppe mit weißen Bohnen) 87, *739*
Butter 237, *2674*
Butterbrot 280, *3189*
Butterdose 238, *2696*
Butterfisch 287, *3296*
Butterformer 270, *3079*
Butterkeks 76, *606*
Buttermilch 222, *2501*
Butternut-Kürbis 36, *20*
Butterröllchen 79, *642*
Buttersauce 238, *2694*
Butterscotch-Sauce (Sahne, Butter, Zucker und Zitron) 87, *740*
butterweich; mürbe 359, *4210*

C

Cachaça (Zuckerrohrschnaps) 90, *761*
caffè macchiato (Espresso mit wenig schäumender Milch) 92, *795*
Caipirinha (Cachaça, Limette und Zucker) 93, *796*
Caipiroska (Wodka, Limette und Zucker) 93, *797*
Calasparra Reis (eignet sich hervorragend für Paella) 56, *348*
Calvados (Apfel-Brandy) 94, *824*
Cambacérès (Flusskrebse, Pilze und Trüffeln) 95, *834*

Cambacérès Suppe (Hähnchen-, Taube-, Flusskrebsecremesuppe) 343, *4032*
Cameline-Sauce (Ceylonzimt, Gewürzenelke, Ingwer, Kardamom, Muskatblute, Pfeffer und Verjus) 95, *836*
Camembert de Normandie (französischer unpasteurisierter Kuhmilch-Käse mit einer samtigen und cremigen Schale nach der Reifezeit) 95, *837*
Camembert (weicher französischer Kuhmilch-Käse) 95, *838*
Campari® (italienischer Bitter) 96, *842*
Cancaler Art (Austern und Weißweinsauce) 96, *847*
Cannellini-Bohne 168, *1897*
Cannelloni (dicke, hohle Röhren aus Nudeln) 96, *857*
Canolaöl 268, *3045*
Cantaloupe-Melone 245, *2784*
Cantuccini (trockenes Gebäck mit Mandeln) 97, *867*
Capellini; Engelshaar (Suppennudeln) 97, *874*
Cappelletti in Brühe 97, *879*
Cappuccino 98, *880*
Carbonara-Sauce (Speck, Eier und Parmesankäse) 98, *894*
Carmen-Salat (rote Pfeffer, Hühnerbrust, Erbsen und Reis) 329, *3815*
Carnaroli-Reis 56, *349*
Carpaccio (hauchdünne rohe Rindfleischscheiben mit Olivenöl und Parmesankäse) 100, *926*
Carpano® (italienischer Wermut) 100, *927*
Cäsarsalat (Romana--Salat, Sardellen und Ei) 90, *767*
Cashel Blue (irischen Kuhmilch-Käse, mit scharfen Geschmack) 102, *948*
Cashewnüsse 102, *956*
Cassata (Schichteis mit Kanditen) 102, *950*
Cassoulet (weiße Bohnen mit Hammel-, Schweine- und Gänsenfleisch) 102, *952*
Cavalla 389, *4526*
Cavatappi (Korkenzieherförmige Nudeln) 103, *971*
Cavendish-Banane 65, *464*
Cavour (Grießkroketten und Ravioli) 103, *973*
Cayenne-Pfeffer 293, *3385*
Cedrolimonengetränk 317, *3698*
Célestine-Kraftbrühe (Hühnerkraftbrühe mit Tapioca) 124, *1299*
Cervelat (Wurst aus Rind- und Schweinefleisch, Kräuter und Gewürze) 106, *1023*
Ceylon-Tee 108, *1046*
Ceylonzimt; Zimt 96, *851*
Chambord (Fischklößchen, Pilze, Fischmilch, Flusskrebse und Trüffeln) 108, *1057*
Champagner; Sekt 108, *1059*
Champagnerkühler; Sektkühler 65, *454*
Champagner Rosé 108, *1060*
Charcuterie 109, *1073*
Charentais-Melone 245, *2785*
Charlotte (Creme mit Löffelbiskuits und Kanditen) 109, *1074*
Chartres Art (mit Estragon) 110, *1077*
Chartreuse® (Branntwein werden angeblich 130 verschiedene Heilkräuter und Würzpflanzen) 110, *1078*
Chasseur (mit Soße aus Pilze, Schalotten, Tomaten und Weißwein) 110, *1082*
Chateaubriand-Sauce (Schalotten, Thymian, Lorbeer, Pilze, Weißwein, Butter und Petersilie) 110, *1084*
Chatouillard Kartoffeln (lange, schmale Bänder von rohen Kartoffeln geschnitten, in Fett schwimmend gebacken) 69, *516*
Chayote 114, *1130*
Cheddar (englischer Kuhmilch-Käse) 111, *1088*
Cheeseburger 111, *1089*
Cherry Brandy 43, *138*
Cheshire; Chester (britisch unpasteurisierter Kuhmilch-Käse) 111, *1099*
Chianti (italienischer Wein) 111, *1101*
Chicoréesalat 330, *3827*
Chicorie; Indivia; Wegeleuchte; Wegwarte; Hindlauf 111, *1102*
Chili con Carne (mit Chillies gewürztes Fleischragout mit Bohnen) 112, *1105*
Chilindrón-Sauce (Paprika, Zwiebel, Tomate und Schinken) 112, *1107*
Chiliöl 268, *3046*
Chilipfeffer 293, *3398*
Chilipulver 112, *1106*
Chimichurri-Sauce (Kräuter, Olivenöl, Essig, Oregano, Zwiebel und Knoblauch) 112, *1109*
Chinakohl 37, *44*
chinesische Bohne 168, *1905*
Chinotto (italienischer Bitterorangengetränk) 112, *1111*
Chipolata Art (Silberzwiebeln, Kastanien, Karotten, Speck und Chipolata) 112, *1112*
Chipolata (französische Wurst aus Schweinefleisch) 113, *1113*
Chipotle-Chili 293, *3387*
Chirimoya; Honigapfel 111, *1098*
Choisy (mit Kopfsalat) 113, *1122*
Cholesterinarm 64, *447*
Chorizo (spanische Wurst aus Schweinefleisch) 113, *1124*
Choron (Artischockenherzen, Spargelspitzen und Nußkartoffeln) 113, *1125*
Choron-Sauce (Béarnaise-Sauce mit Tomatenpüree) 114, *1126*
Chowder (Meeresfrüchtesuppe) 114, *1128*
Choy Sum (chinesische Gemüse) 114, *1129*
Chutney 114, *1134*
Cidre (Apfelwein) 341, *4002*
Cioppino (Fisch- und Meeresfrüchteragout in Tomatensauce) 115, *1147*
Club-Sandwich (Hähnchen oder Truthahn, Kopfsalat, Tomate und Speck) 116, *1160*
Cobbsalat (Hähnchen, Truthahn, Speck, hartgekocht Eier, Tomaten, Avocado, Brunnenkresse, Schnittzwiebel,

Cheddar und Kopfsalat) 117, *1171*
Cochigliette (kleine Muschelnudeln) 123, *1276*
Cocktail 126, *1322*
Cocktail Shaker 126, *1325*
Coffee-Shop; Schnellgaststättte 228, *2588*
Cognac 124, *1292*
Cognacschwenker 125, *1315*
Cognacschwenker; Cognacglas 355, *4153*
Cointreau® (Orangelikör) 118, *1198*
Colbert Butter (Kräuterbutter mit gehacktem Estragon und Fleisch-Glace vermischt) 237, *2676*
Colbert-Sauce (Marsala Wein, Butter, Estragon und Zitronensaft) 118, *1200*
Commodore (Fischklößchen, Flusskrebsekroketten und Muscheln) 121, *1249*
Compote (Taube, Feldhuhn oder Kaninchen, Silberzwiebeln und Speck) 122, *1263*
Conchiglie (Nudeln in Muschelform) 123, *1275*
Condé (mit rote Kidneybohnepüree) 123, *1277*
Condé-Suppe (rote Kidneybohnensuppe) 344, *4034*
Conti (Linsenpüree mit Speck) 125, *1308*
Coq au vin (Hähnchen in Weinsauce) 126, *1321*
Corallini (Suppennudeln) 126, *1334*
Corned Beef 100, *917*
Cornichons; Essiggurken 288, *3316*
Cornish Fleischpastete mit Kartoffeln 284, *3245*

Cotechino (italienischer Wurst aus Schweinefleisch und Gewürze) 128, *1365*
Coupe (Eis, Obst und kandierten Maronen) 129, *1368*
Couscous 135, *1467*
Cräcker 76, *609*
Créme Brülee 131, *1417*
Cremeschnitte 249, *2852*
cremig 132, *1428*
Cremona-Senf (eingemachtes Obst und Senfpulver) 256, *2939*
Crêpe 279, *3182*
Crêpe mit Lachs 132, *1430*
Crêpes Suzette (mit Oragensaft und Curaçao) 132, *1431*
Croissant 133, *1437*
Croque madame (getoasteter Schinken- -Käse-Sandwich und Spiegelei) 133, *1439*
Croque monsieur (getoasteter Schinken- -Käse-Sandwich) 133, *1440*
Crostata (italienische Obstkuchen) 133, *1444*
Crottin de Chavignol (Käse an der Loire aus unpasteurisierter Ziegenmilch hergestellt) 133, *1445*
Croûtons 133, *1446*
Cuarenta y Tres® (spanischer Likör) 134, *1449*
Cuba Libre (Cocktail mit Rum, Coca-Cola® und Zitronensaft) 134, *1450*
Cuberaschnapper 377, *4435*
Cumberland-Sauce (Johannisbeergelee, Streifen von Orangen und Senf) 134, *1455*
Curaçao (holländisch Bitterorangenlikör) 135, *1459*
Curry 135, *1463*
Curry-Pulver 135, *1464*

Curryblatt 174, *1992*
Curryhähnchen 178, *2043*
Cussy Artischockenherzen mit Pilzepüree, Geflügelnierchen, Trüffeln und Madeirasauce) 135, *1468*
Cynar (Artichocke Bitter) 135, *1470*

D

d'Artois (Erbsen gefüllte Kartoffelkroketten und Madeira-Sauce) 138, *1480*
Daikon-Rettich (japanische Radieschen) 137, *1473*
Daiquiri (Cocktail mit weiß Rum, Zitronensaft, Zucker und Grenadine) 137, *1474*
Damentoiletten 66, *471*
Damhirsch 106, *1024*
Dampf 376, *4409*
dämpfen 131, *1407*
Dampfkochtopf 279, *3175*
Dampfkorb 106, *1027*
Dampfofen 176, *2023*
Danablu (blauschimmelkäse danischer aus Kuhmilch) 138, *1476*
danke 267, *3036*
Darblay-Suppe (Kartoffelsuppe mit Gemüsestreifen) 344, *4045*
Darjeeling Tee (schwarzer Tee) 107, *1038*
Das Abendessen wird um... uhr serviert 212, *2398*
das Doppelt 146, *1612*
Dashi (japanische Brühe) 138, *1481*
Dattel 357, *4178*
Daumont Art (Fischklößchen, Trüffeln, Flusskrebsen mit Nantua-Sauce, Pilze und Brösel) 138, *1482*
Dauphine- Kartoffeln (zarte

Kartoffelkroketten) 70, *519*
Deckel 357, *4181*
Degenfisch 286, *3292*
deglacieren 139, *1492*
dehydrieren 142, *1543*
Dekantieren 138, *1483*
dekantieren 138, *1484*
Delikatesse 205, *2350*
Delikatessen; Feinkostgeschäft 139, *1497*
Demi-glace; braune Sauce 139, *1500*
den Teig kneten 366, *4315*
den Tisch decken 298, *3479*
Denver Sandwich (Kopfsalat, Zwiebel, Schinken und Rührei) 140, *1507*
Descar (Kartoffelkroketten und Artischockenherzen im Butter eingefüllt mit Hähnchenbrust) 141, *1523*
Desert 342, *4016*
Dessertgabel 185, *2130*
Dessertmesser 163, *1827*
Dessertteller 300, *3508*
Dessertwagen 100, *929*
Dessertwein 380, *4475*
Destillat 142, *1553*
Destillation 142, *1552*
destillieren 142, *1554*
Destillierkolben 44, *160*
deutsche Sauce; pariser Sauce (samtige Kalbsauce mit Eigelb) 48, *223*
deutscher Senf 255, *2935*
diabetiker 143, *1560*
Diana-Sauce (mit viel Pfeffer) 143, *1563*
Diane-Art (mit Wildbretpüree) 143, *1564*
Diät 143, *1567*
diätisch 143, *1568*
Diätmenü 246, *2811*
dick 194, *2269*
dicke Frankfurter 334, *3884*

Begriff | Seite | *Begriff Nr.*

dicke Milch **116,** *1166*
Dicker Bauchlappen **177,** *2034*
Dicker Bug **251,** *2872*
Dickes Bugstück **277,** *3146*
dickflüssig **284,** *3249*
die Eier aufschlagen **308,** *3593*
Diepper-Art (Garnelen und Muscheln mit Weißweinsauce) **143,** *1566*
Dijon-Senf **256,** *2940*
Dill **151,** *1652*
Dill-Sauce **151,** *1653*
Dillsaat **338,** *3953*
Diner bei Kerzenlicht **212,** *2395*
Dinkel **157,** *1761*
Diplomaten Art (mit Hummer und Trüffeln) **144,** *1579*
Diplomatenpudding (Kanditen, Löffelbiskuits und englischer Creme) **132,** *1425*
Ditali; Tubetti (Suppennudeln) **144,** *1583*
Dolcelatte® (italienische Kuhmilch-Käse, mit blauen Adern) **145,** *1591*
Doppeldecker **335,** *3904*
Doppelsahne; Crème double **132,** *1424*
Doria-Salat (Sellerie, weisse Trüffeln, Spargelspitzen, Rote Beete und Vinaigrette) **330,** *3837*
Dornhai **184,** *2108*
Dörrfleisch **100,** *919*
Dorsch (frische) **63,** *430*
Dorschleberöl **268,** *3047*
Dose **221,** *2482*
dosen **152,** *1667*
Dosengemüse **222,** *2497*
Dosenöffner; Büchsenöffner **36,** *24*
Dosierer **145,** *1595*
Doughnut; Donut; Berliner **145,** *1597*

Drachenkopf **236,** *2667*
Drambuie® (Likör mit Malt Whisky und wilder Honig) **146,** *1602*
drehen; umdrehen **381,** *4498*
Drops **146,** *1605*
Drossel **364,** *4279*
Drusenkraut; Rainfarn **358,** *4183*
Dry Martini (Cocktail mit Gin, Wermut und grüne Olive) **146,** *1606*
Du Barry (Blumenkohl und Schlosskartoffeln mit Mornay-Sauce) **146,** *1607*
Dukkah (Koriander, Kreuzkümmel, Sesamsaat und Haselnüsse) **146,** *1609*
Dulse (Rotalge) **146,** *1610*
dunkel **156,** *1739*
dünn **172,** *1965*
Dunstabzugshaube **118,** *1196*
durchgebraten **298,** *3475*
durchgebraten **74,** *576*
durchnässen **150,** *1631*
Durchschlag **155,** *1730*
Durchschlag **287,** *3308*
durchwachsen (Fleisch) **241,** *2722*
Dürrobst **180,** *2077*
Durst **337,** *3936*
Durst haben **159,** *1792*
Duse (Fisole, Tomaten und Parmentier-Kartoffeln) **147,** *1615*
Dutzend **147,** *1617*
Duxelles-Sauce (Pilze, Zwiebel und Weißwein) **147,** *1616*

E

Earl Grey Tee (schwarzer Tee) **108,** *1047*
echter Bonito **81,** *672*
Echtes Barbarakraut **41,** *111*
Edamer (halbfester holländischer Käse aus teilentrahmte Milch) **149,** *1621*

Ei **271,** *3102*
Eichel **81,** *662*
Eierbecher **356,** *4159*
Eier in Backförmchen; Eier in Cocotte **273,** *3124*
Eier in der Form **274,** *3134*
Eiernudeln **242,** *2737*
Eierschale **101,** *943*
Eierschnee **274,** *3136*
Eierschneider **127,** *1347*
Eierschneider **166,** *1876*
Eiertrenner **339,** *3974*
Eigelb **188,** *2177*
Ei nach Austernart (rohes Eigelb mit Salz, Pfeffer und Zitrone gewurst) **300,** *3500*
Einbrenne **340,** *3986*
eindicken (Sauce, Suppe) **151,** *1649*
eindosen **152,** *1668*
ein Drittel **372,** *4380*
eine Diät machen **159,** *1793*
eingedickt (Sauce, Suppe) **151,** *1648*
eingefettet **372,** *4382*
eingelegte Perlzwiebeln **104,** *989*
eingelegte Weinblätter **175,** *2001*
eingelegte Zwiebeln **104,** *979*
Eingemachtes **124,** *1297*
eingemachtes Obst **180,** *2073*
eingerollt **152,** *1676*
Einhandwiegemesser **252,** *2882*
einhüllen **153,** *1685*
Einkauf; Ankauf **122,** *1264*
Einkaufsliste **227,** *2579*
einschenken **142,** *1547*
Einschnitt **206,** *2355*
ein Tisch mit Meerblick **247,** *2825*
ein Viertel **372,** *4379*
einwickeln **299,** *3487*
einwickeln **150,** *1633*
Einzelsahne **132,** *1423*
Eis **188,** *2174*
Eis **347,** *4083*
Eis am Stiel **292,** *3378*

Eisbecher **352,** *4141*
Eisbecher **356,** *4155*
Eisbein mit Sauerkraut **149,** *1623*
Eisbergsalat **46,** *190*
Eisbombe (Schichteis und Schlagsahne oder Früchten) **81,** *666*
Eiscrusher **368,** *4339*
Eisdiele; Eiscafé **348,** *4092*
Eisenkraut **377,** *4427*
eiskalt **186,** *2149*
Eiskübel isoliert; Thermos-Eiskübel **65,** *456*
Eiskugel **79,** *637*
Eiskühler **65,** *455*
Eisportionierer **119,** *1214*
Eistute **348,** *4086*
Eiswasser **42,** *130*
Eiswürfel **134,** *1452*
Eiszange **294,** *3416*
Eiweiß **115,** *1153*
Eiweiß; Proteine **303,** *3560*
Elch; Elentier **45,** *181*
elektrische Fritteuse **179,** *2058*
Elektroherd **174,** *1985*
Elektromesser **164,** *1830*
Emährung **265,** *3031*
Emährungswissenschaftler; Emährungswissenschaftlerin **265,** *3032*
emeuern; renovieren **318,** *3714*
Emmental (schweizer Hartekäse mit großen Löchern und nussige Geschmack) **150,** *1637*
empfehlen **316,** *3686*
empfehlen **351,** *4133*
Empfehlung des Chefs **351,** *4134*
empfohlene Gerichte **301,** *3523*
Emu **150,** *1626*
Emu-Ei **272,** *3106*
emulgieren **151,** *1642*
Emulsion **150,** *1641*
Endivie **151,** *1650*
englegte Zitrone **225,** *2552*
Engelhai **90,** *753*
Engelskuchen (Kuchen

Begriff | **Seite** | *Begriff Nr.*

ohne Eigelb) 52, *279*
englischer Creme 132, *1426*
English Breakfast Tee (Schwarzerteemischung) 108, *1048*
Enokitake (verschiedene Pilze) 152, *1671*
entbeint 142, *1545*
entbeint Wachtel 117, *1183*
Ente 284, *3256*
Ente mit Orangen 284, *3257*
Entenbrust 286, *3279*
Entenbrust ohne Knochen; Magret 286, *3280*
Entenei 272, *3113*
Entenkarkasse 98, *897*
Entenleber 170, *1938*
Entenreis 56, *353*
Enterflügel 57, *369*
entfernen; wegnehmen 318, *3712*
entfetten; Fett abschöpfen 142, *1540*
entformen 142, *1539*
entgräten 361, *4242*
entgrätet 339, *3961*
entkernen 141, *1526*
entkoffeinierter Kaffee 91, *776*
entkorken 140, *1516*
entrahmen 361, *4241*
Entrecote; Hochrippendeckel 97, *870*
Entsafter 158, *1775*
entsalzen 142, *1550*
Entschuldigung 285, *3271*
Entwässerung 142, *1542*
Epazote 153, *1698*
Erbsen 154, *1711*
Erbsencremesuppe 344, *4040*
Erdbeere 254, *2919*
Erdbeeressig 379, *4457*
Erdbeerkonfitüre 122, *1261*
Erdbeermarmelade 187, *2167*
Erdbeer-Mousse 258, *2982*

Erdbeersirup 93, *810*
Erdbeertorte 365, *4300*
Erdnüss 50, *256*
Erdnußbutter 237, *2679*
Erdnußöl 268, *3042*
erdrücken 156, *1744*
erfrischen 317, *3697*
erfrischend 317, *3696*
Erfrischungsgetränk; Soft Drink 317, *3699*
erhitzt 54, *315*
Ernte 119, *1202*
ersetzen 350, *4112*
erster Gang; Vorspeisen 153, *1680*
Erzeugnis 303, *3552*
Erzherogsart (mit Zwiebeln und Paprika) 54, *324*
Es eilig haben 159, *1791*
es tut mir leid 141, *1536*
Escabeche (fritiert und mariniert) 154, *1714*
Escalope Cordon Bleu (panierte Schnitzel, mit Schinken und Käse gefüllte) 155, *1720*
Esel 87, *738*
Espresso 91, *782*
Espresso mit Schlagsahne 91, *778*
Esrom (halbfester dänischer Käse aus Kuhmilch) 158, *1782*
essbar 120, *1233*
essen 120, *1228*
Essen 48, *221*
Essenszeit 200, *2325*
Essenz 158, *1783*
Essgeschirr 53, *301*
Essgeschirr aus Porzelan 53, *302*
Essig 378, *4447*
Essigessenz 379, *4450*
Essigsäure 38, *52*
Esslöffel (Mass) 119, *1210*
Essstäbchen 285, *3260*
Eßzimmer 331, *3848*
Estragon 159, *1798*
Estragonbutter 238, *2685*
Estragonessig 379, *4453*
Etikett 323, *3780*
exotisch 160, *1810*
Extrakt 160, *1813*

F

Fagottini (gefüllte Nudeln werden aus frischem Nudelteig hergestellt) 164, *1836*
Fahrplan 200, *2326*
Falafel (frittierte Bällchen aus pürierten Bohnen und Kichererbsen, Kräuter und Gewürzen) 164, *1839*
falsche Schildkrötensuppe (mit Kalbskopf) 346, *4064*
falsches Filet 287, *3301*
falten 144, *1587*
Farce (Fleisch- und Fischspeisen); Füllung (im allg) 316, *3680*
Farfalle (Schmetterlingnudeln) 165, *1848*
Fasan 164, *1837*
Fasanei 272, *3107*
Fasanenbrust 286, *3276*
Fasanenterrine 360, *4217*
Faser 170, *1931*
faserig 170, *1932*
Fass 364, *4276*
Faß 67, *492*
fasten 212, *2408*
Faubonne-Suppe (weiße Bohnenpüree) 346, *4065*
faul 159, *1797*
faules Ei 272, *3116*
Faux-Filet 125, *1309*
Favart (Geflügelklößchen, Estragon und Pilzetörchen) 167, *1883*
Fédora (Spargelspitzen-Schiffchen, Karotte, Rübe, Orange und Kastanie) 167, *1891*
fegen; kehren 376, *4414*
Feige 170, *1943*
Feigenblattkürbis 36, *16*
Feijoada (brasilianischer Eintopf mit schwarzen Kidneybohnen) 169, *1915*
Feinfrostgemüse 222, *2496*
Feinschmecker 186, *2145*
feinschmeckerisch 186, *2144*

Feinschmeckerischmenü 246, *2813*
Feldhuhn 289, *3331*
Feldsalat 234, *2631*
Feldsalat 46, *192*
Feldschwindling 256, *2952*
Feldthymian 339, *3981*
Fenchel 180, *2089*
Fenchelholzbaum 336, *3920*
Fenchelsaat 338, *3955*
fertig 303, *3558*
fertige Gerichte 301, *3522*
Ferval (Kartoffelkroketten mit Schinken und Artischockenherzen) 169, *1925*
fest 172, *1967*
fester Preis 301, *3530*
Feta (griechischen Käse kann aus Kuh-, Schaf- oder Ziegenmilch bestehen) 170, *1929*
Fett 190, *2217*
Fett abschneiden 320, *3740*
fettarm; Mager- 64, *448*
fettarme Milch; Leichtmilch 222, *2503*
fettig 152, *1663*
fettig 191, *2222*
Fettrennungsmittel; Entfetter 227, *2576*
Fettuccine (Nester aus bandförmigen Nudeln) 170, *1930*
feucht 372, *4378*
feuerfeste Form 301, *3520*
Feuertopf (gekochtes Rindfleisch mit Gemüse und Ossobuco) 299, *3497*
Feuerzeug 207, *2380*
Filet Mignon 171, *1953*
Filet Mignon mit Kette 171, *1954*
Filet Mignon ohne Kette 171, *1955*
Filet Stroganov (gehackte Fleisch mit Sahne und Pilze) 159, *1802*
Filet-Kette 126, *1337*
Filetherz 251, *2875*
filetieren 127, *1354*
Filini (kurze, dünne

— 624 —

Begriff | Seite | *Begriff Nr.*

Nudelfäden) 170, *1933*
Filo-Teig 242, *2744*
Filter 171, *1959*
Filterkaffee 91, *775*
Filterkaffee 92, *790*
filtern 171, *1958*
filtrieren 116, *1170*
Finanzmann-Sauce (Madeira Wein und Trüffeln) 172, *1963*
Fingerschale 221, *2484*
Finte 337, *3927*
Fiore Sardo (sardinien Schafsmilchkäse, mit feste Konsistenz) 172, *1966*
Fisch 286, *3284*
Fischbesteck 357, *4172*
Fischbrühe 94, *818*
Fischeintopf 93, *811*
fischen 290, *3350*
Fischfrikadellen; Fischbuletten 79, *644*
Fischgabel 185, *2128*
Fischgericht 300, *3506*
Fischgeschäft 286, *3283*
Fischhändler 376, *4424*
Fischkochkessel 287, *3295*
Fischkraftbrühe 124, *1301*
Fischlaich; Rogen 271, *3100*
Fischmehl 165, *1863*
Fischmesser 163, *1826*
Fischmilch 338, *3949*
Fischsud (Fischfond mit Weißwein, geröstete Gemüse und Gewürzen) 129, *1369*
Fischsuppe 345, *4053*
Fischteller 300, *3516*
Fisole; grüne Bohn 375, *4404*
flach 315, *3662*
flacher Teller 301, *3519*
flambieren 172, *1969*
flambiert 172, *1968*
flambiert Banane 65, *463*
Flasche 185, *2134*
Flasche Mineralwasser 185, *2135*
Flaschenbier 105, *1013*
Flaschenöffner 36, *23*
Flaschentomate; Eiertomate 363, *4265*
Flaschenwasser;

Tafelwasser 42, *127*
Flaschenwein 380, *4479*
Flasche Rotwein 185, *2138*
Flasche Wein 185, *2136*
Flasche Weißwein 185, *2137*
Fleckenentferner 117, *1175*
Fleckenentferner 361, *4238*
Fleckengalaxie 290, *3360*
Fleischbrot 335, *3901*
Fleischbrühe 94, *816*
Fleischer; Metzger 38, *65*
Fleischerei; Metzgerei 38, *64*
Fleischextrakt 160, *1815*
Fleischgabel; Tranchiergabel 185, *2131*
Fleisch-Glace 190, *2203*
Fleischgericht 300, *3503*
Fleischklopfer 241, *2731*
Fleischklößchen 48, *227*
Fleischpastete 150, *1638*
Fleischplätter 72, *542*
Fleisch-Ravioli 316, *3668*
Fleischthermometer 360, *4215*
Fleischtomate 363, *4260*
Fleischtorte 365, *4293*
Fleischwolf 252, *2895*
Fleisch vom Holzkohlegrill 100, *918*
Fleisdünnung 76, *601*
Fleur de Maquis (unpasteurisierter Schafsmilchkäse aus der Korsika Insel) 173, *1970*
Fleuron (Blätterteig--Halbmonde/dünne Blätterteig im Halbmondeformat 173, *1971*
fliegender Fisch 381, *4504*
Florentiner Art (mit Spinat) 173, *1980*
Florian (brasierte Salat, Zwiebeln, Karotten und Kartoffelkroketten) 173, *1981*
Flügel 57, *367*

Flussbarsch 289, *3329*
flüssig 227, *2575*
Flusskrebse; Kaisergranatschwänze; Scampi 219, *2453*
Focaccia (italienisches Fladenbrot) 173, *1982*
Folie 171, *1957*
Folienschweißgerät 337, *3939*
Fond 94, *815*
Fondant (Glasur) 175, *2004*
Fondue 175, *2005*
Fondue-Caquelon; Fondue-Pfanne 279, *3177*
Fontina (italienische Käse aus Vollmilch, mit seiner weichen Konsistenz) 175, *2006*
Fool (süßspeise aus Obstpüree und englischer Creme) 175, *2007*
fordern; reklamieren; beanstanden 316, *3683*
Forelle 368, *4348*
Förm 175, *2010*
Förmchen 176, *2016*
Fougasse (französisches Brot) 176, *2030*
Fourme d'Ambert (französischer Blauschimmelkäse aus Kuhmilch) 177, *2031*
Foyot-Sauce (Béarnaise--Sauce mit Fleisch--Glace) 177, *2032*
Francillon-Salat (Kartoffeln, Muscheln, Sellerie und Trüffeln) 330, *3838*
Frangelico® (italienischer Haselnußlikör) 177, *2039*
frappieren 319, *3730*
Frascati (Gänseleber, Spargelspitzen, Pilze, Trüffeln und Herzogin--Kartoffeln) 178, *2049*
Frau 339, *3973*
freier Tisch 247, *2828*
Freiland- (Eier, Huhn) 137, *1471*
frisch 178, *2051*

frischen Kräuter 154, *1707*
frische Pflaume 50, *249*
frisches Brot 280, *3201*
frisches Obst 180, *2075*
frischgemachte Nudeln 243, *2749*
frischgepreßter Orangensaft 351, *4126*
frischgepreßter Zitronensaft 351, *4127*
Frischkäse 309, *3606*
Frischkäse; Rahmkäse (englischer Käse aus Vollmilch) 131, *1413*
Frischling 212, *2406*
Frisée 46, *194*
Frites-Topf 279, *3176*
fritieren 179, *2059*
fritierte Tintenfischeringe 52, *274*
Fritten; Pommes frites 70, *524*
Frosch 313, *3625*
Froschschenkelsuppe 345, *4054*
Frucht 180, *2081*
Früchtebrot 280, *3188*
Früchtecocktail 126, *1324*
Früchteeis 348, *4088*
Fruchtfleisch 297, *3463*
fruchtig 179, *2072*
Fruchtjoghurt 207, *2374*
Fruchtnektar 262, *2999*
Fruchtsaft 350, *4115*
Fruchtsirup 93, *809*
Frühlingsart (mit Gemüsemischung) 302, *3550*
Frühstück 91, *773*
frühstücken 362, *4255*
Fruktose; Fruchtzucker 180, *2084*
Fuchshai 90, *756*
Fuji-Apfel 233, *2619*
füllen 151, *1645*
füllen 316, *3678*
füllen das Fleisch mit Speckstreifen 221, *2475*
Fünf Gewürze (Anis--Pfeffer, Sternanis, Fenchel, Gewürznelke und Zimt) 115, *1144*
Fünfuhrtee 107, *1039*
funkitionelle

Lebensmittel 48, *222*
für Mikrowelle geeignet 289, *3336*
Fusilli (Spiralförmige Nudeln) 181, *2100*

G

Gabel 185, *2125*
Gabelmakrele 339, *3979*
Gagel 45, *183*
Gai Lan; Chinabrokkoli 183, *2102*
Gala-Abend 212, *2397*
Gala-Apfel 233, *2620*
Galanga; Thai-Ingwer 183, *2103*
Galantine; Sülzplatte (weiße Fleisch in Aspik) 183, *2105*
Galia-Melone 245, *2788*
Galliano (italienischer Anislikör) 184, *2114*
gallische Art (Hahnkämme und Geflügelnierchen) 186, *2146*
Gang 300, *3510*
Gans 184, *2116*
Gänseei 272, *3111*
Gänseklein 252, *2886*
Gänseleber 170, *1937*
Gänseleber oder Entenleber; Foie Gras 170, *1942*
Gänseleberpastete 284, *3251*
Gans Elsässer Art (mit Sauerkraut) 184, *2117*
Gänsestoppfleberterrine 360, *4218*
Gansfett 190, *2218*
ganz 207, *2369*
Garam masala (indische Gewürzmischung) 184, *2119*
Garbure (Gemüsesuppe mit Kohl und Gansenfleisch) 184, *2122*
gären 169, *1920*
Garnele 94, *829*
Garnelen-Häppchen 290, *3361*
Garnelen-Salat 329, *3825*

Garnelenbutter 238, *2682*
Garnelensauce 94, *830*
garnieren 195, *2282*
garniert 195, *2283*
Gartenammen 201, *2341*
Gartenkresse 41, *114*
Gartennelke 131, *1412*
Gärung 169, *1918*
Gasanzünder 37, *47*
Gasherd 174, *1984*
Gast 125, *1311*
Gast 201, *2342*
Gastronomie 186, *2143*
Gastwirt 145, *1593*
Gazpacho (kalte Suppe aus rohem Gemüse mit Essig und Olivenöl) 186, *2147*
gebacken Fisch 286, *3286*
gebackene Polenta 297, *3460*
gebatren Huhn 178, *2044*
gebleicht Pansen 86, *727*
gebraten 58, *376*
gebraten; fritiert 179, *2064*
gebratene Austern eingewickelte im Speck auf Toast 52, *281*
gebratener Lammkrone 127, *1341*
gebraten Schwein 299, *3485*
Geburtstagstorte 80, *646*
gedämpft 130, *1397*
gedünstetes Gemüse 222, *2495*
Geflügel 59, *400*
Geflügel-Hamburger 198, *2296*
Geflügelmagen 253, *2898*
Geflügelsalat 330, *3829*
Geflügelschere 360, *4222*
Geflügelunterschenkel; Keule; Schlegel 129, *1382*
gefrieren 186, *2150*
gefriergetrocknet 227, *2572*
gefriertrocknen 227, *2573*
gefüllt 316, *3676*
gefüllte Eier 275, *3144*
gefüllte Oliven 60, *423*
gefüllter Truthahn, im Ofen gebraten 289, *3343*
gefülte Paprika 294, *3405*

gegoren 169, *1919*
gegrillt 193, *2256*
gegrillt 66, *480*
gehackt 291, *3369*
Geigenrochen 381, *4496*
geklärte Butter (zerlassen und von der Molke getrennt) 237, *2675*
geknetet 348, *4094*
gekocht 130, *1394*
gekochte Gemüse 377, *4431*
gekochter Reis 56, *350*
gekochter Schinken 302, *3543*
gekörnt; körnig; granulat 192, *2240*
gekühlt 319, *3729*
Gelatine 186, *2151*
gelbe Himbeere 177, *2037*
gelbe Mungobohne 168, *1908*
gelbe Paprika 293, *3400*
gelbe Tomate 362, *4257*
(gelber) Sirup; (heller) Zuckersirup 389, *4528*
Gelbflossenthun 44, *163*
Gelbschwanz; Bernsteinfisch 269, *3060*
Gelbschwanzmakrele 269, *3062*
Gelbstriemen 79, *633*
Gelbwurz 135, *1461*
Geld 144, *1578*
Gelee 187, *2171*
Gelee royal 187, *2172*
Geleebonbons 64, *452*
gelieren 188, *2173*
gemahlen 253, *2901*
Gemeiner Pampano 278, *3167*
gemischt 252, *2881*
gemischt 347, *4081*
gemischte Vorspeisen 53, *305*
gemischter Salat 330, *3839*
gemischtes Gemüse 377, *4432*
Gemse 89, *749*
Gemürzspritze; Bratenspritze 68, *501*
Gemüse 201, *2340*
Gemüse 222, *2494*

Gemüse 377, *4430*
Gemüsebrühe 94, *819*
Gemüsecremesuppe 344, *4044*
Gemüseextrakt 160, *1819*
Gemüsegarden 201, *2329*
Gemüsehobel 127, *1349*
Gemüsemesser 164, *1832*
Gemüse-Quiche 309, *3620*
Gemüsesaft 350, *4118*
Gemüsestrudel 350, *4108*
Gemüsesuppe 345, *4059*
Gemüsetörtchen 358, *4194*
genau 160, *1807*
Genfer-Sauce (Kraftbrühe und spanische-Sauce) 188, *2179*
Genfer-Sauce (Mirepoix, Rotwein und Butter) 188, *2180*
genießen 327, *3795*
Genipapo; Jagua 212, *2409*
genmanipuliert 188, *2178*
Genueser Art (frischen Kräuter, Gemüse und Meeresfrüchte) 188, *2186*
genug 68, *498*
genügen 68, *500*
genügend (Menge) 68, *499*
gepökelt 135, *1460*
Geranie 188, *2187*
geräuchert 138, *1489*
geräucherte Forelle 368, *4351*
gereif 49, *236*
gereift 153, *1683*
gereiften Käse 308, *3597*
gerieben 314, *3648*
geriebener Käse 309, *3608*
geriebene Schale 101, *946*
geriebt 315, *3663*
gerinnen 116, *1165*
gerinnen; käsen (Milch) 116, *1168*
germeine Meerbrasse 282, *3229*
Germiny-Suppe (Sauerampfersuppe) 346, *4066*
Germon; weißer Thun 44, *162*

Begriff | Seite | *Begriff Nr.*

Germüsesalat 234, *2629*
geröstet 364, *4284*
geröstete Mandel 50, *255*
Gerste 106, *1029*
Gerstenflocken 173, *1976*
Gerstenmehl 165, *1854*
Gerstenzucker 39, *68*
Geruch 111, *1096*
gesättigt 328, *3802*
gesättigtes Fett 191, *2221*
Geschäft; Laden 228, *2586*
Geschäftsessen 48, *225*
geschält 287, *3302*
Geschirr 229, *2604*
Geschirrserie 213, *2415*
Geschirrspüler 239, *2699*
geschlagen 72, *548*
geschlossen 167, *1888*
Geschmack 327, *3794*
geschmacklos 206, *2366*
geschmacks 195, *2290*
geschmolzene Schokolade 113, *1117*
geschmolzene; zerlassen 140, *1514*
geschmolzener Käse 309, *3603*
geschmort 195, *2286*
geschmort 84, *701*
geschnitten 127, *1343*
Gesellschaft 169, *1928*
gesiebt 287, *3310*
gesprungen 367, *4334*
gestellt 120, *1218*
gesund 336, *3922*
Gesundheitssuppe (Kartoffelpüree mit Sauerampfer) 347, *4073*
gesüßte Kondensmilch 222, *2505*
Getränk; Drink 73, *558*
Getränke inclusive 73, *563*
Getreide; Zerealie 105, *1003*
Getreideflocken 173, *1975*
getrennte Rechnung 125, *1307*
getrockene Pflaume 50, *251*
getrocknete Erbsen 154, *1712*
getrocknete Feige 171, *1946*
getrocknete Garnelen 95, *833*

getrocknete Garnelenpaste; Belachan 283, *3242*
getrocknete Tomate 363, *4269*
getrüffelt 368, *4345*
getruffelte Foie Gras; getruffelte Gänseleber 174, *1990*
gewaschen 221, *2486*
gewendet 151, *1654*
Gewicht 290, *3353*
gewöhnlich 123, *1271*
Gewürz 157, *1760*
Gewürz 359, *4203*
Gewürzkräuter (Petersilie, Estragon, Kerbel und Schnittlauch) 172, *1964*
Gewürzkräuter 154, *1706*
Gewürznelke; Nelke 131, *1411*
Gewürzregal 299, *3493*
gewürzt 123, *1279*
gezuckert 40, *86*
gezuckert 40, *94*
Ghee (ungesalzene Butter) 189, *2190*
Gianduiotti (Nußcreme--Pralinen) 189, *2191*
giftig 366, *4314*
Gin 189, *2194*
Gin Fizz (Cocktail mit Gin, Zitronensaft und Sodawasser) 189, *2196*
Ginger Ale (Ingwerlimonade) 189, *2197*
Gin Tonic 189, *2195*
Glace (sehr konzentrierte Sauce) 190, *2204*
Glace; Zuckerglasur; Zuckerguss 117, *1173*
Glas 125, *1312*
Glas Wasser 125, *1313*
glasieren 189, *2202*
glasiert 189, *2201*
Glasnudeln (asiatische Nudeln) 233, *2624*
Glasuntersetzer 140, *1520*
glatt 227, *2578*
Glattbutt 321, *3761*
glatte Endivie 155, *1725*
glatte Endiviesalat 330, *3828*

glatte Petersilie; italienische Petersilie 334, *3892*
Glühwein 380, *4485*
Glukose; Traubenzucker 190, *2206*
Glukosesirup 190, *2205*
Glutamat 190, *2208*
Gluten 190, *2210*
glutenfrei 339, *3962*
Gnocchi 263, *3009*
Goa Bohne 168, *1894*
Godard (Klößchen, Kalbsbries, Hahnkämme, Gemuflügelnierchen, Trüffeln und Pilze) 190, *2212*
Goldbrasse 145, *1598*
Goldfblatt 174, *1996*
Goldforelle 368, *4354*
Goldmakrele 145, *1599*
Gombo; Okra 309, *3619*
Gorgonzola (italienische Kuhmilch-Käse, mit cremig Struktur) 191, *2223*
Gouda (halbfester holländischer Käse aus Kuhmilch) 191, *2229*
Gramm 191, *2232*
Grana Padano (italienische Hartkäse aus teilentrahmter Kuhmilch) 191, *2233*
Granatapfel 322, *3768*
Granatapfel-Melasse 245, *2778*
Grand-Duc (Spargelspitzen, Trüffeln und Mornay-Sauce) 192, *2234*
Grand Marnier® (französischer Orangenliköre) 192, *2236*
Grand-Mère (Zwiebeln, Pilze, Kartoffeln und Speck) 192, *2237*
Grand-Veneur Sauce (mit rote Johannisbeermarmelade) 192, *2238*
Granita 192, *2239*
granulieren 192, *2241*
Grappa 193, *2246*
Gräten 157, *1770*

gratinieren; überbacken 193, *2248*
gratiniert 193, *2247*
gratiniert Blumenkohl 129, *1376*
gratinierte Kartoffeln 70, *526*
gratinierte Zwiebelsuppe 345, *4049*
Graupensuppe (Hammel oder Lammfleisch, Gemüse und Gerste) 346, *4063*
Grenadine 389, *4531*
Grenobler Art (Kapern und Zitronenwürfelchen) 193, *2259*
Gribiche-Sauce (Mayonnaise mit Kapern, Cornichons, hartegekocht Eier und Würzkräuter) 194, *2260*
griechischer Joghurt 207, *2376*
Grieß 339, *3968*
Grießnudeln 242, *2743*
Grill 176, *2021*
Grill 193, *2255*
Grill-Sauce (Tomate, Zwiebel, Senf, Knoblauch, hellbrauner Zucker und Essig) 67, *481*
Grilladen 100, *920*
grillen 193, *2257*
grillen; auf dem Rost braten 58, *382*
Grissini 194, *2261*
grobes Salz 333, *3864*
Grog (heißes Cocktail mit Rum) 194, *2262*
groß 192, *2235*
grossaugen Stachelmakrele 194, *2274*
Großaugenthun 59, *392*
großer Esser; Gefrässig 121, *1242*
Gründling 190, *2211*
grüne Bandnudeln 356, *4162*
grüne Lasagne (mit Spinat) 221, *2480*

| Begriff | Seite | *Begriff Nr.* |

Grüneminze 201, *2331*
grüne Olive 60, *424*
grüne Paprika 293, *3402*
grüner Eichblattsalat 46, *196*
grüner Meerlattich 46, *193*
grüner Pfeffer 293, *3394*
grüner Salat 331, *3845*
grüner Tee 110, *1086*
grüner Weißkohl 318, *3720*
grüne Sauce (mit Kräuter) 377, *4428*
Grünfuß Waldrebhuhn 289, *3332*
Grünkohl 129, *1377*
Gruyère; Greyerzer (schweizer Hartkäse) 194, *2271*
Guarana 194, *2275*
Guave 190, *2213*
Guavenmarmelade 187, *2162*
Gugelhupf (österreichischer Kuchen mit Rosinen und Mandel) 217, *2444*
Gulasch (ungarisches Eintopfgericht) 191, *2230*
Gurke 288, *3314*
Gurkensalat 330, *3832*
Gurken-Tomaten-Salat 330, *3833*
gut 81, *663*
guten Abend 78, *625*
guten Appetit 81, *664*
guten Morgen 78, *626*
guten Tag 81, *669*

H

Haarschwanz 286, *3291*
Habanero-Chili 293, *3396*
Hackbraten 80, *647*
Hackfleisch 99, *916*
Haddock (geräucherter Schellfisch) 197, *2291*
Haferbrei 250, *2864*
Hafercremesuppe 344, *4037*
Haferflocken 173, *1973*
Haferkeks 267, *3035*

Haferkleie 164, *1846*
Hafermehl 59, *396*
Haferwurzel; Bocksbart 105, *1001*
Hagebutte 323, *3773*
Haggis (im Schafsmagen- gekochte, gehackte- Schafsinnereien und Haferschrot) 197, *2293*
Hahn 184, *2115*
Hähnchen 177, *2040*
Hähnchenbrust Kiev (panierte Hähnchenbrust mit Butterfüllung) 178, *2048*
Hähnchenbrust; Hühnerbrust 286, *3277*
Hähnchenfilet 171, *1950*
Hähnchenflügel 57, *368*
Hähnchenkeule 342, *4015*
Hähnchenkroketten 133, *1443*
Hähnchenstreifen 362, *4244*
Hahnkämme 132, *1434*
Hai 368, *4356*
Haifischflossen 66, *479*
Halb 248, *2838*
halb durchgebraten 298, *3477*
halbe Dutzend 244, *2770*
halbe Flasche 244, *2771*
halbe Kilo 244, *2775*
halbe Liter 244, *2774*
halbe Portion 244, *2772*
halbgar 235, *2653*
halbhart Käse 309, *3609*
halbieren 127, *1351*
halbtrocken 339, *3964*
halbweich gekochte Eier (5-6 min) 274, *3135*
halbweich Käse 309, *3610*
Haloumi (Ziegenkäse stammt aus dem Mittleren Osten) 197, *2294*
Hals 290, *3351*
Hals; Flaschenhals 185, *2132*
Haltbarkeit 375, *4405*
Hamburger 197, *2295*
Hamburger Petersilie 333, *3875*
Hammelbraten 99, *914*
Hammelfleisch 99, *908*

Hammelragout mit Gerste 201, *2344*
Hammelrücken 228, *2593*
Hammelschnapper 115, *1146*
Hammerhai 90, *754*
Handrührgerät 72, *541*
Handschuh 230, *2611*
Handtuch 362, *4250*
Handvoll 304, *3570*
Harissa-Sauce (roter Pfeffer, Knoblauch, Kreuzkümmel, Koriander, Kümmel und Olivenöl) 198, *2298*
hart 147, *1614*
hartgekocht Eier 273, *3121*
hartgekocht Eier nach Chimay Art (überbackene Eier mit Pilzfülle) 273, *3122*
Hartkäse 309, *3605*
Hartweizen 367, *4331*
Hartweizenmehl 166, *1867*
Hartweizennudeln 242, *2742*
Harvey Wallbanger (Cocktail mit Wodka, Orangensaft und Galliano®) 199, *2299*
Hase 222, *2492*
Haselnuß 59, *397*
Haselnussöl 268, *3043*
Hasenfilet 171, *1951*
Hasenkeule 289, *3338*
Hasenrücken 228, *2596*
Hasenrücken St. Hubertus (mit Pilze und Pfeffersauce) 228, *2597*
Hash Browns (Kartoffelpuffer) 198, *2300*
Hasselnußpaste 283, *3240*
Hauptgerichte 301, *3517*
hausbackenes Brot 280, *3200*
hausgemacht 169, *1916*
Haushaltsgerät 150, *1625*
Haushaltssalz 332, *3858*
Hausmannskost 130, *1400*
Hazelhuhn 184, *2111*
Hecht 229, *2607*
Hefe 169, *1921*
Hefeextrakt 160, *1816*

Heidehonig 246, *2796*
Heidelbeere 54, *321*
Heinrich IV (Artischockenherzen mit Nußkartoffeln und Bearner-Sauce) 199, *2305*
Heinrich IV (Pont--Neuf-Kartoffeln und Bearner-Sauce) 198, *2304*
heißes Getränk 73, *559*
Helder (Nußkartoffeln und Tomatensauce) 198, *2303*
helfen 44, *156*
hellbrauner Zucker 40, *81*
helles Bier 106, *1016*
Henne 184, *2109*
Herbstkürbis 36, *17*
Herd 174, *1983*
Hering 55, *326*
Herkunft 303, *3551*
Herr 339, *3972*
Herrentoiletten 66, *472*
Herz 126, *1326*
Herzmuschel 74, *579*
Herzogin Art (mit Spritzgebackenes aus Kartoffelpüree) 146, *1608*
Herzogin-Kartoffeln (Spritzgebackenes aus Kartoffelpüree) 70, *521*
Hickorynuss 102, *953*
Highball (Whisky und Sodawasser) 199, *2308*
Hijiki; Hiziki (getrockneten Algen) 199, *2309*
Hilfe 44, *153*
Himbeere 177, *2036*
Himbeeressig 379, *4454*
Himbeermarmelade 187, *2160*
hinaufgehen 350, *4111*
hinteres Spitzbein 291, *3367*
Hinterviertel 308, *3588*
hinuntergehen 141, *1530*
hinzufügen 40, *92*
Hirn 251, *2870*
Hirse 278, *3155*
Hirtenpastete (Hackfleisch auf

Kartoffelpüree) 340, *3993*
H-Milch 223, *2520*
Hochrippe 171, *1949*
Hochsaison 48, *232*
Hochsee-Weißflossenhai 183, *2107*
Hochzeitstorte 80, *648*
Höcker 134, *1458*
Ho Fen (chinesische Weizennudeln) 199, *2316*
Hoisin-Sauce (Soja, Knoblauch, rote Pfeffer und Gewürze) 200, *2317*
Hokkien (frische gelbe Eiernudeln) 200, *2318*
holländische Sauce (Eigelb, zerlassene Butter und Zitronensaft) 200, *2319*
Holunder 327, *3797*
Holunderbeere 64, *440*
Holz 234, *2635*
Holzkohle 101, *935*
Holzlöffel 119, *1207*
Holzschuh 357, *4177*
Honig 244, *2776*
Honigklee 246, *2799*
Honignehmer 285, *3272*
Honigwabe 167, *1884*
Honigwein; Met (alkoholisches Getränk aus Honig und Wasser) 199, *2307*
Hopfen 229, *2610*
Hornhechte 286, *3285*
Horse's Neck (Cocktail mit Bourbon Whisky, Angostura und Ginger Ale) 201, *2328*
Horzfisch 97, *860*
Hot Dog 90, *763*
Hotel 201, *2343*
Hüftdeckel 291, *3370*
Hüfte 45, *178*
Hüfte 45, *180*
Hüfte mit Hüftdeckel 45, *179*
Hüftspitze 236, *2661*
Hühnchen nach Königsart (Pilze und Sherry) 177, *2041*
Hühnerbrühe 94, *817*
Hühnercremesuppe 344, *4042*

Hühnerei 272, *3109*
Hühner-Gombo 195, *2289*
Hühnerfrikassee 178, *2052*
Hühnerkarkasse 98, *896*
Hühnerklein 252, *2885*
Hühnerkraftbrühe 124, *1300*
Hühnerleber 170, *1936*
Hühnersuppe mit Porree 117, *1178*
Hühnersuppe mit Reis 97, *863*
Hühnertorte 365, *4296*
Huhn Marengo (mit Pilze und Tomaten) 178, *2042*
Hülsenfrüchte (Bohnen, Erbsen, Linsen) 338, *3960*
Hummer 219, *2451*
Hummerbutter 238, *2686*
Hummer-Schiffchen 67, *486*
Hummer Thermidor (in der Schale gratiniert) 219, *2452*
Hummerzange 294, *3417*
Hummus (Kichererbsen, Sesampaste, Zitronensaft, Knoblauch, Oivenöl, Petersilie und Minz) 202, *2345*
Hundertjähriges Ei; Tausendjähriges Ei (Entenei mit einer Paste aus Blättern, Holzasche, Zitron und Salz bestrichen) 272, *3104*
Hundshai 369, *4359*
Hunger 175, *2003*
Hunger haben 159, *1790*
Hussarenart (Tomaten mit Zwiebelpüree und Pilze mit Spinatpurrée) 202, *2347*
Hüttenkäse (fettarme Käse besteht aus Kuhmilch) 128, *1367*

I

Ibérico (eine Mischung aus Kuh-, Schafs- und Ziegenmilch wird für diesen gepreßten Käse mit kurzer Reifungszeit verwendet) 205, *2348*
Idiazabal (spanische Käse aus unpasteurisierter Schafsmilch hergestellt) 205, *2349*
Ikan Bilis (getrockneten Sardellen) 205, *2352*
im Freien 145, *1590*
im Holzofen gebackene 301, *3536*
im Ofen backen 58, *381*
im Ofen gebacken 58, *378*
im Teigmantel 153, *1684*
im Tontopf 279, *3173*
im Wasserbad; im Bainmarie 150, *1630*
in Dampf gegart 376, *4410*
in der Pfanne braten 179, *2061*
indische Sauce (Mayonnaise, Curry-Pulver und Schnittlauch) 206, *2356*
indischer Safran 37, *37*
in Fett schwimmend backen 179, *2062*
in Folie gebacken 282, *3218*
Ingwer 188, *2181*
Ingwerbier 105, *1012*
Ingwerbrot 189, *2198*
Ingwerkuchen 80, *653*
inländisches Bier 106, *1019*
in Madeira Wein 380, *4484*
in Milch pochiert 154, *1716*
innen 140, *1506*
Innereien 381, *4499*
in Portionen teilen 144, *1585*
in Rotewein 381, *4490*
in Scheiben geschnitten 166, *1875*
in Scheiben schneiden 127, *1353*
in Streifen schneiden 128, *1358*
in Stücke schneiden 128, *1356*
instant 207, *2368*
instant Polenta 297, *3461*
Instantkaffee 92, *791*
internationale Küche 130, *1401*

Invertflüssigzucker; Invertzuckersirup (1/3 Glucose, 1/3 Fruchtzucker und 1/3 Rohzucker) 39, *79*
in Weißwein 380, *4469*
in Würfel schneiden 128, *1357*
irischer Whisky 371, *4377*
Irish coffee (heißer Kaffee mit einem Schuss Whisky) 92, *785*
Irish-Stew (Eintopfgericht aus Hammelfleisch, Kartoffeln und Zwiebeln) 153, *1678*
Isolierkanne 185, *2140*
italienische Petersilie 333, *3876*
italienische Salami (aus Schweine- und/oder Rindfleisch und roter Pfeffer) 332, *3852*
italienische Sauce (Olivenöl, Weinessig, Zitronensaft, Knoblauch, Oregano, Dill und Anis) 208, *2381*
italienische Sauce (Schinken, Pilze und Tomatensauce) 208, *2382*

J

Jabuticaba (ähnlich wie Pflaume) 211, *2387*
Jackfrucht 211, *2388*
Jägersauce (Weißwein, Schalotten, Pilze und Tomaten) 90, *751*
Jahrgang; Jahr 328, *3806*
Jakobsmuschel 378, *4443*
Jalapeño-Chili 293, *3397*
Jamaika-Pfeffer 293, *3390*
Jambalaya (Reis mit Garnelen, Huhn, Schinken und Tomaten) 211, *2392*
japanische Artichoke; chinesische Artichoke; Knollenziest 45, *172*
japanische Orange 221, *2473*

japanische Reis 57, *359*
Jasmin-Reis 56, *351*
Jasmintee 107, *1042*
Java Malabar Tee (er eignet sich sehr gut als Frühstückstee) 107, *1037*
Jersey Royal-Kartoffel (eine der besten Frühkartoffelsorten) 68, *506*
Jicamawurzel; Yambohne 212, *2412*
Joghurt 207, *2372*
Joghurtbereiter 207, *2377*
Joghurtsauce 207, *2378*
Johannisbeermarmelade 187, *2163*
Johannisbrot 47, *200*
Joinville (Garnelen, Trüffeln und Pilze) 213, *2417*
Joinville-Sauce (Normannische Sauce mit Krabbenbutter) 213, *2418*
Judic (brasierte Salat, gefülte Tomaten und Schlosskartoffeln) 213, *2419*
Jules-Verne (gefülte Kartoffeln, Rüben und Pilze) 213, *2421*
junge Taube 82, *679*
Jungente 284, *3258*
junger Truthahn 289, *3342*
junges Hähnchen 178, *2046*

K

Kabanos (Wurst aus Schweine-und/oder Rindfleisch) 215, *2426*
Kabeljau 63, *429*
Kaffee 91, *768*
Kaffee mit Milch 91, *771*
Kaffee mit Sahne 91, *770*
Kaffee mit Schuss 91, *780*
Kaffeefilter 172, *1961*
Kaffeegeschirr 53, *300*
Kaffeekanne 86, *732*
Kaffeelöffel 119, *1204*
Kaffeemaschine 92, *792*
Kaffeemühle 252, *2894*

Kaffeepulver 91, *777*
Kaffeetasse 390, *4535*
Kaffeeweißer 84, *698*
Kaffir-Limette 225, *2551*
Kaffir-Limettenblatt 174, *1993*
Kaiserschnapper 206, *2353*
Kakao 90, *758*
Kakaobutter 237, *2681*
Kakaopulver 90, *759*
Kaki 98, *882*
Kaktusfeige 170, *1944*
Kalamata-Olive (griechische Oliven) 60, *421*
Kalb 75, *592*
Kalbfleisch 99, *912*
Kalbfüße 290, *3352*
Kalbsbraten 381, *4502*
Kalbsbries 253, *2902*
Kalbsbries; Milchen 253, *2903*
Kalbsfrikassee 178, *2053*
Kalbsgehirn 251, *2874*
Kalbshoden 360, *4223*
Kalbsleber 170, *1940*
Kalbsnieren 321, *3752*
Kalbsschnitzel 155, *1722*
Kalorie 94, *822*
kalorienarm 64, *446*
kalorienarm 199, *2312*
kalorienhaltig 199, *2311*
kalorisch 94, *823*
kalt 179, *2056*
kalte Kraftbrühe 124, *1302*
kalter Kaffee 91, *783*
kalter Tee 108, *1049*
kaltes Büffet 86, *731*
Kaltespeisen 300, *3513*
kalts Getränk 146, *1603*
Kamakobo (Fischkäse japanische Spezialität) 215, *2427*
Kamille 96, *839*
Kamillentee 107, *1040*
Kanadische Haselwurz 188, *2184*
kandierte Frücht 179, *2068*
kandierte Fruchtschale 101, *939*
kandierte Maronen 241, *2728*

kandierte Rosenblätter 290, *3359*
kandileren 132, *1433*
Kanditen 180, *2078*
Känguruh 97, *862*
Känguruhsteak 76, *599*
Känguruschwanzsuppe 345, *4055*
Kaninchen 117, *1184*
Kaninchen gebacken 117, *1185*
Kaninchenrücken 228, *2594*
Kantine 97, *866*
Kapaun 97, *872*
Kaper 45, *175*
Kapernsauce 45, *176*
Kapselschneider 127, *1342*
Kapuzinerkresse 98, *881*
Karaffe 185, *2139*
Karambole 98, *884*
Karamelcreme 303, *3566*
Karamel (gebrannter Zucker) 98, *887*
Karamellbonbon; Toffee 64, *449*
karamellisieren 98, *886*
karamellisiert 98, *885*
Kardamone 99, *900*
Karde 99, *905*
Kardinal (Hummer und Trüffeln) 99, *903*
Kardinal-Sauce (Fischsauce und Hummerbutter) 99, *904*
Karkasse 98, *895*
Karotte; Möhre 104, *994*
Karotten Vichy (in Wasser gekocht, mit Butter und Petersilie serviert) 105, *996*
Karottencremesuppe 344, *4039*
Karottenkuchen 80, *649*
Karpfen 100, *924*
Kartoffel 68, *502*
Kartoffelchips 70, *525*
Kartoffelcremesuppe 344, *4038*
Kartoffelkroketten 133, *1442*
Kartoffelmehl 167, *1890*
Kartoffeln-Anna

(Kartoffelscheibe im Offen gebacken mit Butter) 68, *508*
Kartoffeln-Berny (Kartoffelkroketten mit Mandeln) 69, *513*
Kartoffeln in der Schale 69, *517*
Kartoffeln in Folie gebacken 70, *522*
Kartoffeln nach englischer Art (Salzkartoffeln mit Butter) 69, *509*
Kartoffelpüree 304, *3572*
Kartoffelsalat 329, *3823*
Kartoffelschäler 141, *1528*
Kartoffelsoufflées (zweimal in heißen Fett gebacken) 72, *538*
Kartoffelstampfer 49, *241*
Kartoffelsuppe 345, *4047*
Kaschu 93, *801*
Käse 308, *3595*
Käse aus Kuhmilch 309, *3604*
Käseauswahl 337, *3941*
Käsebällchen 79, *643*
Käsebrot 335, *3903*
Käse der Region 308, *3598*
Käsedose 308, *3594*
Käsehobel 166, *1877*
Käsekuchen 365, *4302*
Käse-Omelett 269, *3071*
Käsepastete 284, *3253*
Käseplatte 355, *4151*
Käserinde 101, *945*
Käsesoufflé 351, *4131*
Käsestangen 362, *4245*
Käsetablett; Käsebrett 300, *3507*
Käsetörtchen 358, *4195*
Kasseler (gepökelte und geräucherte Schweinefleisch) 215, *2428*
Kasserole 90, *757*
Kassia; Keneel 102, *951*
Kastanie 102, *959*
Kastanienhonig 245, *2791*
Kastanienmehl 165, *1852*
Kastenbrot; Toastbrot 280, *3193*

Begriff | **Seite** | *Begriff Nr.*

Kastorzucker 40, *85*
katalanische Creme 131, *1415*
Kater 319, *3733*
Katzenhai 90, *752*
Katzenzungen 226, *2564*
kauen 243, *2756*
kaufen 122, *1265*
Kaviar 103, *972*
Kaviarbutter 238, *2683*
Kaviar-Canapés 96, *845*
Kebab (Hammelspießchen) 215, *2429*
Kecap Manis (süße Sojasauce) 216, *2430*
Kedgeree (geräucherter Fischrisotto mit hartgekocht Eier, Linsen und Zwiebel) 216, *2431*
Kehrichtschaufel 277, *3151*
Keks 76, *608*
Kellnerin 184, *2124*
Kerbel 105, *1005*
Kerze 376, *4423*
Kerzenhalter; Leuchter 96, *849*
Kessel 108, *1051*
Ketchup 216, *2432*
Keule 129, *1385*
Kichererbsen 192, *2242*
Kiebitz 285, *3261*
Kieme 195, *2285*
Kilo 310, *3622*
Kindermenü; Kinderteller 301, *3521*
Kinderstuhl 90, *766*
Kir (Crème de Cassis und Weißwein) 216, *2434*
Kir Royal (Cocktail mit Crème de Cassis und Champagner oder Sekt) 216, *2435*
Kirsch; Kirschwasser (Sauerkirschdestillat) 216, *2436*
Kirsche 105, *1007*
Kirschmarmelade 187, *2158*
Kirsch-Soufflé 351, *4130*
Kirsch-Tomate 363, *4261*
Kirschtorte 365, *4294*
Kiste 93, *798*

Kiwano 216, *2433*
Kiwi 216, *2438*
Klarettwein (roter Bordeauxwein) 115, *1154*
klarifizieren; klären 116, *1155*
kleben 194, *2270*
Kleehonig 245, *2795*
Kleie 164, *1844*
klein 288, *3318*
kleine Buchstabenudeln (Suppennüdeln) 224, *2532*
kleiner Hitze 174, *1987*
Kleinerlöffel 119, *1209*
Kleiner Sauerampfer 60, *408*
klein schneiden 142, *1541*
Klementine 248, *2842*
Klimaschrank 40, *89*
klimatisiert 116, *1159*
Klinge 220, *2456*
Klößchen; Knödel 309, *3616*
klumpig 151, *1643*
klumpig werden 151, *1644*
knabbern 254, *2925*
Knäckebrot (schwedisches Vollkornbrot) 216, *2439*
Knackwurst (Wurst aus Rind- und/oder Schweinefleisch und Knoblauch) 217, *2440*
kneten 348, *4095*
Kniekehlfleisch 258, *2979*
Knoblauch 47, *208*
Knoblauchbrot 280, *3190*
Knoblauchbutter 237, *2677*
Knoblauchmayonnaise 235, *2646*
Knoblauchpress 157, *1772*
Knoblauchsalz 332, *3856*
Knoblauchzehe 139, *1504*
Knochen 271, *3093*
Knochenmark 369, *4368*
Knochenmarksauce 369, *4369*
Knochenmesser 163, *1823*
Knödel; Nockerl 146, *1611*
Knollensellerie 43, *149*
Knorpel 101, *933*

Knoten 264, *3015*
Knurrhahn 89, *747*
knusprig 133, *1435*
Koch 131, *1410*
Kochbanane 65, *462*
Kochen 130, *1398*
kochen lassen 169, *1926*
kochen; garen 130, *1402*
kochendes Wasser 42, *128*
Köchin 131, *1409*
Kochkunst 134, *1454*
Kochkurs 135, *1465*
Kochmesser 163, *1822*
Kochzeit; Garzeit 359, *4206*
koffeinfrei 140, *1518*
koffeinfrei 338, *3947*
Kohl 129, *1370*
Kohl 318, *3717*
Kohlenhydrat 98, *893*
kohlensäure 185, *2141*
Kohlrabi 129, *1381*
Kohlrübe 261, *2986*
Kohlsuppe 345, *4056*
Kokosfett (Kokosnüssen hiergestellte Fett) 126, *1320*
Kokosmilch 223, *2509*
Kokosnuß 117, *1179*
Kokosnusstorte 80, *651*
Kokosraspeln 117, *1180*
Kompott 122, *1260*
Kompottschüssel 122, *1262*
Kondensmilch; Büchsenmilch 223, *2516*
Konditor 123, *1283*
Konditorcreme 131, *1419*
Konfitüre 187, *2170*
Königin Art (mit Hähnchen und Suprême-Sauce) 318, *3709*
Königsbarsch; Kobia 76, *603*
Königskuchen 80, *659*
Königsmakrele 103, *967*
konservieren 124, *1295*
konserviert 124, *1293*
Konservierungsmittel 124, *1294*
Konservierungsmittel 338, *3948*
kontinentales Frühstuck 91, *774*

Konvektionsofen 176, *2024*
Kopfsalat 329, *3819*
Kopfsalat 46, *189*
Kopfsalat 46, *195*
Koralle 126, *1333*
Koriander; Krapfenkörner; Schwindelkraut 118, *1187*
Korinthe 373, *4399*
Korkenzieher 327, *3799*
Kornbranntwein 43, *139*
Körnerjoghurt 207, *2373*
körniger Senf 256, *2942*
koscher Gericht 121, *1238*
Koshersalz 333, *3867*
kosten 303, *3561*
kostenlos; frei; gratis 193, *2250*
Kotelett 77, *614*
Krabbe; Garnele 94, *831*
Krabbencocktail 126, *1323*
Kraftbrühe 124, *1298*
kräftig 176, *2027*
kräftig 378, *4441*
Krake 298, *3466*
krause Endivie 112, *1104*
Krausemince 201, *2332*
krause Petersilie 334, *3891*
Kräut 153, *1692*
Kräuterbündel (klein) 49, *239*
Kräuterbutter 238, *2684*
Kräuterbutter (Butter mit gehackter Petersilie und Zitronensaft oder Essig) 238, *2693*
Kräuteressig 378, *4448*
Kräuteressig 379, *4452*
Kräuterkäse 308, *3596*
Kräuterlikör 225, *2544*
Kräutermühle 253, *2896*
Kräuter-Öl 60, *411*
Kräuterpüree 304, *3574*
Kräutersenf 256, *2941*
Kräutertee 107, *1041*
Krautsalat (Kohl, Tomate, Kartoffel, Kapern und Sardellen) 119, *1201*
Krebs 94, *828*
Krebs 98, *890*
Kreditkarte 101, *932*
Kreuzkümmel 121, *1243*

Krickente 241, *2727*
kristallklar 132, *1432*
Kristallzucker 39, *69*
Kristallzucker 39, *78*
Krokodil 133, *1436*
Krug 212, *2403*
Krustentiere 134, *1448*
Küche 130, *1399*
Kuchen 242, *2747*
Kuchenboden 181, *2095*
Küchenbrigade 85, *710*
Küchenchef 111, *1091*
Kuchenform 176, *2012*
Küchengabel 185, *2126*
Küchenhandschuh; Topfhandschuh 230, *2612*
Küchenhilfe 44, *155*
Küchenkleidung 323, *3781*
Küchenmaschine 258, *2970*
Kuchenmaschine 72, *540*
Küchenpersonal 303, *3554*
Kuchenpinsel 295, *3421*
Küchenrolle 281, *3212*
Küchenschere 360, *4221*
Küchenschüsseln 213, *2416*
Küchenutensilien 372, *4390*
Küchewaage 64, *450*
Kugel 284, *3254*
Kugel (salziger Pudding aus Kartoffel oder Makkaroni) 217, *2443*
Kugelschreiber; Füller 96, *858*
kühl aufbewahren 239, *2697*
Kühlschrank 186, *2148*
Kuhmilch 223, *2514*
Küken 295, *3428*
Kulturpilz; Zucht- Champignon 118, *1192*
Kümmel; Karbe; Feldkümmel 45, *177*
Kunde 116, *1156*
Kundschaft 116, *1158*
Kürbis 36, *19*
Kürbis; Speisekürbis 36, *12*
Kürbiskerne 338, *3950*
Kürbiskernöl 268, *3053*

L

Lachs 333, *3868*
Lachsbutter 238, *2690*
Lachs-Canapés 96, *846*
Lachscarpaccio (hauchdünne rohe Lachs) 100, *925*
Lachsfilet 171, *1952*
Lachsforelle 368, *4355*
Lachskaviar 271, *3101*
Lachsmousse 258, *2983*
Lactoseunverträglichkeit 207, *2370*
Lagerung 55, *332*
Laktose; Milchzucker 219, *2448*
Lamm 82, *682*
Lammbrust 285, *3275*
Lammkeule 289, *3337*
Lammkopt 89, *741*
Lammleber 170, *1935*
Lammnieren 321, *3749*
Lammnieren Turbigo (mit Pilze und Chipolata) 321, *3750*
Lammschwanz 313, *3631*
Lammzunge 226, *2563*
Land- (Eier, Huhn) 137, *1472*
Landwirtschaft 42, *116*
lang 122, *1267*
lange Servierplatte 367, *4322*
langsam 143, *1558*
Languedoc Art (Tomaten, Auberginen und Pilze) 220, *2459*
Lap Cheong; Lap Chong (chinesische Würst aus Schweinnefleisch) 220, *2461*
Lapsang Souchong Tee (schwarzer Tee) 108, *1052*
Lärm 67, *494*
Lasagne (die nudeln werden zu Platten ausgerollt, man kann Lasagne getrocknet und frisch kaufen) 221, *2478*
Latz; Lätzchen 63, *427*
Lauchhederich; Lauchkraut 48, *219*

laut 67, *493*
Lavallière (Lamm, Artischockenherzen mit Spargelspitzen und Bordeleser-Sauce) 221, *2487*
Lavendel 47, *202*
Laver-Algen (getrockneter Algen) 217, *2441*
Laver-Algen (getrockneter Algen) 222, *2491*
lebend 381, *4503*
Lebensmittelfarbe 126, *1335*
Lebensmittelgeschäft 247, *2818*
Lebensmittelvergiftung 207, *2371*
Leber 170, *1934*
Leberwurst 226, *2569*
Lebkuchen 280, *3192*
lecken 219, *2454*
lecker 139, *1498*
leer 376, *4417*
leeren 159, *1804*
legieren 138, *1479*
leicht 164, *1834*
leicht 224, *2534*
leichtes Bier 106, *1018*
Leinsamenschrot 165, *1858*
Leitungswasser 42, *120*
Lendchen; Nierenzapfen 228, *2590*
Lende; Rippenstück; Rinderrücken 228, *2592*
Lendenschnitte Clamart (mit Artischockenböden und Erbsen) 366, *4311*
Lendenschnitte Rossini (mit Gänseleberscheibe, Trüffeln und Madeira- Sauce) 366, *4313*
Leng 145, *1594*
Lerche 128, *1366*
Leyden; Leidsekaas (holländischer Käse aus teilentrahmter Kuhmilch, mit harter Rinde) 224, *2538*
Libra 225, *2539*
Licht 230, *2613*
Lieblingsart (Spargelspitzen, Gänseleber und

Trüffeln) 167, *1885*
Liebstöckel 224, *2536*
Lieferant 176, *2018*
liefern 176, *2019*
Likör 225, *2542*
Likörglas 356, *4154*
Likörwein 380, *4483*
Limabohne 168, *1900*
Limande 342, *4022*
Limburger (halbfester belgischer Käse aus Kuhmilch) 226, *2556*
Limette; Limone 225, *2555*
Limettetorte 365, *4297*
Limonade 317, *3701*
Linde 361, *4229*
Lindenblütentee 107, *1045*
Linguine (lange und flache Nudeln) 226, *2570*
Linse 224, *2529*
Linsenmehl 165, *1857*
Linsensuppe 345, *4052*
Linzer torte (mit Gewürzen und Marmelade überzogen) 227, *2571*
Lippen 219, *2447*
Liste; Verzeichnis 355, *4147*
Litchi 225, *2540*
Liter 225, *2581*
Livarot (Käse in der Normandie aus unpasteurisierter Kuhmilch) 227, *2582*
Löffel 119, *1203*
Löffelbiskuits 219, *2449*
Löffelvoll 119, *1216*
Loganbeere 227, *2585*
Loinrib; Kotelettrippe 128, *1364*
Lollo Rosso 46, *198*
Lollo Verte 46, *191*
Long Island (Cocktail mit Tequila, Gin, Wodka, Coca-Cola® und Zitronensaft) 229, *2599*
Longchamp-Suppe (Erbsenpüree) 346, *4067*
Lop Cheong (gepökeltes aus Schweinnefleisch) 334, *3886*
Loquat; japanische Mispel 262, *3004*
Lorbeer 229, *2606*

Lorbeerblatt 174, *1994*
Lorette (Geflügelkroketten, Spargelspitzen und Trüffeln) 229, *2600*
Lorette-Kartoffeln (zarte Kroketten mit geriebener Käse) 70, *527*
Lorraine Art (Rotkohl, Äpfel und Rotwein) 229, *2601*
Lorrainesuppe (Hähnchen, Kalb, Mandeln, Eigelb, Brot, Milch, Salz, Pfeffer und Zitrone) 346, *4068*
Lotuswurzel 314, *3646*
Louisianasuppe (Krebse, Garnellen, Reis, Gombo, Paprika und Safran) 346, *4069*
Loukanika (griechische Wurst aus Schweinefleisch und Koriander) 229, *2605*
Löwenzahn 139, *1505*
lüften 40, *98*
Lumb 36, *28*
Lupinenkerne 367, *4326*
Lutscher 296, *3439*
Luzerne; Klee 47, *199*
Lyoner Kartoffeln (mit Zwiebeln gebraten) 70, *528*
Lyoner-Sauce (Zwiebeln und Weißwein) 230, *2617*

M

Macadamianuß 265, *3028*
Macaire-Kartoffeln (kleine Kartoffelkuchen in der Pfanne gebräunt) 71, *529*
Maccheroni (kurze, dünne Nudelröhrchen) 234, *2627*
macerieren 234, *2630*
Madeira (portugiesischer Wein) 234, *2636*
Madeirasauce (Fleischsauce mit Madeira Wein) 234, *2637*

Magenverstimmung 206, *2357*
mageres Fleisch 99, *915*
Magerjoghurt 207, *2375*
Magermilch; entrahmte Milch 223, *2512*
Magermilchpulver 223, *2513*
Mahleb (das Innere von Sauerkirschkernen) 234, *2642*
mahlen 253, *2899*
Mahlzeit 121, *1241*
Mahón (Käse aus Kuhmilch stammt von der Insel Menorca, er wird gepreßt, aber nicht erwärmt) 235, *2643*
Mai Tai (Cocktail mit weißer Rum, brauner Rum, Curaçao, Orangensaft, Zitronensaft und Ananassaft) 235, *2649*
mailänder Salami (aus Schweine- und/ oder Rindfleisch, Knoublauch, Pfefferkörnern und Weißwein) 332, *3853*
Maisbrot 280, *3195*
Maisflocken 173, *1977*
Maiskolben 157, *1767*
Maismehl 165, *1861*
Maisöl 268, *3050*
Maisspieß 157, *1764*
Maizena; Maisstärke 235, *2648*
Majoran 237, *2673*
Makkaroni mit Tomatensauce 233, *2623*
Makkaroni; Nudeln 233, *2622*
Mako-Hai 369, *4360*
Makrelenhecht 43, *145*
makrobiotisch 234, *2634*
Malabarspinat 75, *587*
Malay-Apfel 211, *2393*
Malmsey (Madeira Wein) 236, *2654*
Malteser-Sauce (holländische Sauce, Schale und Saft von Orangen) 236, *2656*

Maltose; Mallzzucker 236, *2658*
Malz 236, *2657*
Malzenxtrakt 160, *1817*
Malzessig 379, *4456*
Malzsirup 389, *4530*
Mamorkuchen 80, *657*
Manchego (spanisce Käse aus pasteurisierten milch dort lebender) 236, *2662*
Mandarine; Zwergapfelsine 358, *4184*
Mandel 50, *252*
Mandelbutter 237, *2678*
Mandelessenz 158, *1784*
Mandelextrakt 160, *1814*
Mandelmakronen 76, *610*
Mandelmilch 223, *2506*
Mandelmilch 270, *3082*
Mandelnpaste 283, *3238*
Mandelöl 267, *3041*
Mandelsüße 50, *253*
Mandeltorte 364, *4290*
Mandoline 236, *2664*
Mangaba 236, *2666*
Mangetout-Erbse 154, *1713*
Mango 236, *2665*
Mango-Chutney 114, *1135*
Mangold 37, *43*
Mangoldsalat 329, *3817*
Mangosaft 351, *4121*
Mangostane 237, *2669*
Manhattan (Cocktail mit Gin, Whisky, trocken Wermut und roter Wermut) 237, *2671*
Maniok 236, *2663*
Maniok-Mehl 165, *1859*
Mara de Bois Erdbeer 254, *2920*
Maraschino (süßer Likör aus Maraschino-Kirschen) 239, *2705*
Margarine 239, *2707*
Margarita (Cocktail mit Tequila, Orangelikör und Zitronensaft) 239, *2709*
Marie-Louise (Nußkarttofeln, Artischockenböden mit

Pilz-Zwiebel Püree) 240, *2711*
Marigny (Schemelzkartoffeln, Törtchen mit Erbsen und Fisole) 240, *2712*
marinieren 240, *2714*
mariniert 240, *2713*
marinierte Artichocken 45, *173*
marinierte Venusmuscheln 382, *4509*
Markknochen 271, *3092*
Markt 247, *2816*
Marmor 241, *2721*
Maroilles (französischer quadratischen Käse aus Kuhmilch) 241, *2725*
marokkanische Art (Pilafreis, Zucchini und gefülte Paprikas) 241, *2724*
marokkanisch Kaffee (Cappuccino mit dampferhitzter Schokoladenmilch) 92, *786*
Maronenpüree 304, *3573*
Marsala (sizilianischer Likörwein) 241, *2729*
Marschalsart (Spargelspitzen, Trüffeln und Chateaubriand-Sauce) 239, *2706*
Marshmallow 241, *2730*
Martini® (italienischer Wermut) 241, *2732*
Marzipan 241, *2733*
Mascarpone (italienische Käse aus purer Sahne hergestellt) 242, *2735*
Maskotchen (Artischokenherzen in Butter, Kartoffeln und Trüffeln) 242, *2736*
Mass 244, *2766*
Masséna (Artischokenböden, Knochenmark und Trüffelnsauce) 243, *2755*
mästen 152, *1662*
Matcha Tee (grüner Tee) 108, *1055*
Matelote (Croûtons,

— 633 —

| Begriff | Seite | *Begriff Nr.* |

Silberzwiebelchen,
  Pilze und Flusskrebse)
  243, *2758*
Matzemehl 165, *1860*
Maulbeere 51, *265*
Maximum 243, *2762*
Mayonnaise 235, *2644*
Mazarinesart
  (Reiskroketten, Pilze
  und Artischockenherzen
  mit Gemüse) 244, *2764*
Médicis (Nußkartoffeln,
  Artischokenböden in
  Butter, Erbsen, Karotten
  und Rüben) 244, *2765*
Meeraal 124, *1290*
Meeräsche 356, *4166*
Meerbohne (Seetang)
  156, *1753*
Meeresalgen; Seetang
  47, *205*
Meeresfrüchte 180, *2083*
Meeressfrüchte-Salat
  330, *3831*
Meerforelle 368, *4353*
Meerkohl; Seekohl 333, *3878*
Meerrettich; Kren 314, *3647*
Meersalz 333, *3870*
Mehl 165, *1849*
mehlig 166, *1871*
Mehlschwitze (Mischung
  aus Weizenmehl und
  Butter) 323, *3782*
mehr 235, *2647*
Melasse; Zuckerdicksaaft
  245, *2779*
Melone 245, *2781*
Melonenausstecher 79,
  640
Menge 307, *3583*
Menge; Dose 145, *1596*
Menü 246, *2807*
Menü à la carte 246, *2808*
Menü für Kinder 247,
  2814
Mercédès (Tomaten, Pilze,
  braisierte Salat und
  Kartoffelkroketten) 247,
  2819
Meringue 247, *2820*
Merlan; Wittling 64, *436*
Messbecher 125, *1317*
messen 244, *2768*
Messer 163, *1820*

Messerbänkchen 140,
  1522
Messerschärfer 51, *263*
Messglas 376, *4415*
Messlöffel 119, *1206*
Mettwurst; Schmierwurst
  (aus Schweinefleisch)
  248, *2839*
Miesmuschel 49, *247*
Mikado (französisch
  Rezepte mit Zutaten
  der japanischen Küche)
  249, *2849*
Mikrowelle 176, *2025*
Milch 222, *2500*
Milchbrötchen 281, *3208*
Milchgeschäft 223, *2523*
milchig 224, *2527*
Milchkaffee 91, *779*
Milchlattich 340, *3982*
Milchmischgetränke 222,
  2502
Milchprodukt 221, *2483*
Milchpulver 223, *2515*
Milchreis 56, *355*
Milchschaum 158, *1780*
Milchschokolade 113, *1115*
Milchtopf 223, *2518*
mild (geschmack) 350, *4110*
Milkshake 250, *2856*
Millens (irische Käse
  unpasteurisierter
  Kuhmilch) 250, *2859*
Milz 63, *433*
Mimolette Vieille
  (harter französischer
  Kuhmilch-Käse) 250,
  2860
Mincemeat (süße Füllung
  aus Dörrobst, Mandeln
  und Brandy) 250, *2861*
Mineralwasser 42, *131*
Minestra (Knollen und
  Pilze oder Linsen) 250,
  2862
Minestrone (Gemüsesuppe
  mit Reis oder Teigwaren-
  Einlage) 250, *2863*
Minimum 251, *2868*
Minze 201, *2336*
Minzmarmelade 187, *2165*
Minzsauce 246, *2804*
Mirabeau (Sardellenfilets,
  Oliven, Estragonblätter

  und Sardellenbutter)
  251, *2876*
Mirepoix; Röstgemüse
  (Brühe gebildet von
  Sellerie, Karotte und
  Zwiebel) 251, *2877*
Mirin (Reiswein aus
  Japan) 251, *2878*
mischen 252, *2883*
Mischung 252, *2880*
mit Backpulver gebackenes
  Brot 280, *3197*
mit Butter 121, *1248*
mit Butter einfetten 372,
  4383
mit Curry 135, *1462*
mit Eis 120, *1235*
mit Erbsen 120, *1230*
mit Fett 121, *1236*
mit Fleischsauce 121, *1250*
mit Gelee 186, *2154*
mit Gemüse 121, *1245*
mit Gewürze 120, *1231*
mit Haut 122, *1253*
mit Knoblauch 47, *209*
mit Knoblauch und Öl
  47, *212*
mit Knochen 121, *1252*
mit Meeresfrüchten 120,
  1234
mit Milch 121, *1246*
mit Pfeffer 122, *1254*
mit Pilze 181, *2097*
mit Rahmsauce; mit
  Sahnesauce 120, *1227*
mit Ricotta 122, *1268*
mit Schinken 122, *1266*
mit Spinat 120, *1232*
Mittagessen; Lunch 48,
  224
Mittagpause 200, *2324*
mitte 244, *2767*
Mittelmeer-Gabeldorsh
  37, *29*
mit Thunfisch 120, *1225*
mittlerer Hitze 174, *1988*
mit Tomatensauce 121,
  1251
mit Trüffeln 123, *1270*
mit Venusmuscheln 123,
  1272
mit Verspätung 159, *1789*
mit Wurst 122, *1269*
mit Würzkräutern 120, *1229*

mit Zucchini 120, *1224*
mixen 72, *546*
Mixer 227, *2574*
Mixer 252, *2887*
Mizuna (japanisches
  Gemüse) 252, *2888*
Moderne Art (braisierte
  Salat und Kohl) 252,
  2892
Mohnbrötchen 281, *3207*
Mohnkerne 338, *3959*
Mokka-Kaffee (Espresso
  mit Schokoladensirup
  und geschäumter Milch)
  92, *787*
Mokkaeis 348, *4085*
Mokkatasse 139, *1501*
Mokkatorte 364, *4292*
Molke 347, *4080*
Mombinpflaume 115, *1148*
Monaco (pochierte
  Austern und Croûtons)
  253, *2910*
Montbazon
  (Lammkalbsbries,
  Geflügelklößchen, Pilze
  und Trüffeln) 254, *2912*
Montblanc
  (Kastanienpüree mit
  Schlagsahne) 254, *2913*
Montmorency
  (Artischockenböden
  mit Karotten und
  Nußkartoffeln) 254,
  2914
Montpensier
  (Artischockenherzen,
  Spargelspitzen, Trüffeln
  und Madeira-Sauce)
  254, *2915*
Montreuil
  (Artischockenherzen
  mit Erbsen und
  Karotten) 254, *2916*
Mopp; Schrubber 156,
  1741
Morchuskürbis 36, *13*
Morgen 237, *2670*
Mornay Sauce; Käsesauce
  (Gruyère und
  Parmesankäse) 255, *2930*
Mörser 292, *3382*
Mortadella (italienische
  Salami aus

Schweinefleisch) 255, *2932*
Moussaka (Schichtaubergine und Lammfleisch) 256, *2950*
Mousseline-Sauce (holändische Sauce mit geschlagener Schlagsahne) 256, *2951*
Mövei 272, *3108*
Mozart (Artischockenherzen mit Selleriepürre und Kartoffeln) 257, *2955*
Mozzarella 257, *2953*
Mozzarella aus Büffelmilch 257, *2954*
Muffin 257, *2958*
Müll 227, *2583*
Mulligatawny-Suppe (Hühnersuppe mit Curry) 346, *4070*
Munster (Kuhmilch-Käse aus dem Elsaß) 258, *2971*
Muräne 255, *2926*
mürb 234, *2632*
Mürbeteig 243, *2748*
Mürbeteig 243, *2752*
Mürbeteigplätzchen 327, *3792*
Muscheln 249, *2845*
Muscheln nach Matrosenart 249, *2846*
Muskatblüte 234, *2628*
Muskateller (natürlich sußer Wein) 255, *2933*
Muskatellertraube 372, *4395*
Muskatnuß 265, *3029*
Müsli 257, *2957*
Myrte 258, *2973*

N

nach abruzzesischer Art (mit rote Pfeffer) 37, *31*
nach afrikanischer Art (Kartoffel, Gurke, Aubergine oder Zucchini) 41, *101*
nach algerische Art (Tomaten und Süsskartoffelkroketten) 47, *206*
nach Amatriciana Art (Tomatensauce, geraucherter Speck und Pfeffer) 49, *242*
nach amerikanischer Art (Hummer und Armoricaine-Sauce) 50, *257*
nach amerikanischer Art (Hummer, Tomatensauce, Olivenöl, Zwiebel und Wein) 50, *258*
nach amerikanischer (Eier, Geflügel oder Fleisch, gegrillten Tomaten und gegrillten Speckscheiben) 50, *259*
nach Art 252, *2891*
nach Art der Gemüsegärtnerin (glasierte Zwiebeln und Karotten, gefüllt Gurke und Artischockenherzen) 239, *2704*
nach Art des Feinschmeckers (Hähnchen mit Füllung oder Kalbsbries mit Kastanien, Trüffeln und Morcheln) 186, *2142*
nach Bäcker Art (gebraten Kartoffeln und Zwiebeln) 82, *685*
nach baskischer Art (Tomate, Paprika und Bayonne-Schinken) 68, *497*
nach Boule-de-neige Art (Schokoladeneis und Schlagsahne) 82, *686*
nach bretonischer Art (mit Bohnen) 84, *706*
Nachbrust 298, *3473*
nach Bûche-de-Nöel Art (Biskuitkuchen aus Kastanien und Schokolade) 86, *724*
nach bulgarischer Art (Mayonnaise, Tomatensauce und Sellerie in Würfel geschitten) 87, *734*
nach burgunder Art (mit Rotwein, Pilze und Silberzwiebel) 83, *691*
nach Castillane Art (Tomaten, Zwiebeln und Kartoffelkroketten) 103, *960*
nach Clamart Art (mit Erbsen) 115, *1152*
nach Crecy Art (mit Karotten) 131, *1414*
nach Dijoner Art (mit Dijon-senf) 144, *1573*
nach Elsässer Art (mit Gänseleberpastete) 48, *231*
nach Elsässer Art (Sauerkraut, Schinken, Speck mit/oder Würste) 48, *230*
nach englischer Art (gekocht und mit Butter ganiert) 206, *2360*
nach englischer Art (Nahrungsmittel gekocht oder gebrüht mit Butter gedient) 52, *282*
nacher; danach 140, *1509*
nach Finanzmannsart (Hahnkämme, Geflügelklößchen, Pilze, Trüffeln und Madeirasauce) 172, *1962*
nach Försterart (mit Morcheln, Nußkartoffeln und Speck) 175, *2009*
nach französische Art (Spargelspitzen, brasierte Salat und Blumenkohl mit holländischer Sauce) 177, *2038*
nach Gärtnerinart (mit gemischtes Gemüse) 212, *2402*
nach griechischer Art (Olivenöl, Zitronensaft und Würzkräuter) 193, *2254*
nach Hausfrauenart 252, *2890*
nach holländischer Art (Fisch mit Salzkartoffeln) 200, *2321*
nach holländischer Art (verlorene Eier, gekochtes Gemüse oder pochierte Fisch und holländische Sauce) 200, *2320*
nach italienischer Art (Artischockenherzen oder Makkaroni) 208, *2383*
nach japanischer Art (japanische Artischocken und Kartoffelkroketten) 212, *2401*
nach jüdischer Art (Karpfen, Zwiebeln, Weißwein und Kräuter) 213, *2425*
nach Kaiserart (Gänseleberschnitzel, Trüffeln und Pilze) 206, *2354*
nach katalanische Art (Tomaten, Kastanien, Chipolata und Oliven) 103, *962*
nach katalanischer Art (Aubergine und Pilaf) 103, *961*
nach königlicher (Austern, Trüffeln, Pilze und Fischklößchen) 324, *3783*
nach kreolischer Art (Tomaten, Zwiebeln, Paprika und Reis) 132, *1429*
nach ländlicher Art (Karotten, Zwiebeln, Kartoffeln und Speck) 285, *3262*
nach ligurischer Art (Fleisch, gefüllte Tomaten und Safran--Risotto) 225, *2549*
nach Lyoner Art (gebackene Zwiebeln in Butter) 230, *2616*
nach Lyoner Art (Zwiebeln und Kartoffeln) 230, *2615*

Begriff | Seite | *Begriff Nr.*

nach Madrid Art
  (mit Tomaten oder
  Tomatensaft) 234, *2638*
nach Mailänder Art
  (Makkaroni mit
  Parmesankäse, gepökelte
  Rinderzunge, Schinken,
  Pilze, Trüffeln und
  Tomatensauce) 249, *2851*
nach Mailänder Art
  (paniert) 249, *2850*
nach Maître d'Hôtel
  Art (gegrillt, mit
  Kräuterbutter) 235, *2651*
nach Matrosenart
  (Tomaten, Knoblauch,
  Olivenöl und Wein)
  240, *2715*
nach mexikanischer
  Art (mit Pilze gefülte
  Tomaten, Paprika und
  Auberginen) 248, *2844*
Nachmittag 358, *4187*
nach modische Art
  (Rinderschmorbraten
  und Karotten und
  Zwiebeln) 252, *2889*
nach Müllerin Art
  (Fisch in Weizenmehl
  gewendet mit Butter
  gebacken) 248, *2840*
nach neapoletanischer
  Art (Tomaten und
  Olivenöl) 262, *2994*
nach norwegischer
  Art (Fisch oder
  Meeresfrüchten, gefüllt
  Gurke, hartgekocht Eier
  und russischer Salat)
  264, *3023*
nach orientalischer Art
  (gefüllte Tomaten und
  Süßkartoffel) 270, *3088*
nach österreichischer Art
  (Paprika, gebratenen
  Zwiebeln, Fenchel und
  saure Sahne) 59, *395*
nach Pariser Art
  (pariser Kartoffeln,
  braisierte Salat und
  Artichockenherzen)
  282, *3231*
nach Parma Art
  (mit geriebener

Parmesankäse) 283, *3234*
nach piemontesischer
  Art (Risotto mit weißen
  Trüffeln) 292, *3380*
nach polnischer Art (mit
  Croûtons) 297, *3462*
nach portugiesischer Art
  (mit Tomaten) 299, *3495*
nach reicher Art
  (Gänseleber-Medailon,
  Trüffeln und
  Artischockenböden)
  320, *3742*
nach römischer Art
  (Tomaten, Mozzarella
  und Sardellen) 322, *3769*
nach russischer Art (mit
  Rote Beete) 324, *3788*
nach sardischer Art
  (Reiskroketten, Pilze,
  Gurke und Tomaten
  gefüllte) 336, *3915*
nach sizilianischer Art
  (Reis-Pastete und
  Kartoffelkroketten) 341,
  4000
nach spanischer Art
  (Tomaten, Zwiebeln,
  Knoblauch und Paprika)
  156, *1750*
Nacht 264, *3018*
Nachtessen; Abendbrot
  104, *991*
nach Tiroler Art
  (gebratenen Zwiebeln
  und Tomatenstückchen)
  362, *4246*
nach toskanischer Art
  (Parmesankäse und
  Schinken) 365, *4307*
nach türkischer Art (Pilaf,
  Eier backförmchen,
  Omelett und Aubergine)
  369, *4365*
nach ungarischer Art
  (Blumenkohl, Paprika
  und Bratkartoffeln) 202,
  2346
nach venezianischer Art
  (mit Zwiebeln) 376, *4425*
nach Wahl 155, *1727*
nach Wienerart (panierte
  und gebratene Filet
  mit Salzkartoffeln und

Kapern ganiert) 378,
  4444
nach Winzerart (Wein,
  Brandy, Trauben oder
  Weinblätter) 378, *4445*
Nackenband 225, *2547*
nährend 265, *3034*
Nährstoff 265, *3033*
Nährwert 376, *4407*
Nameko (japanische Pilze)
  261, *2990*
Nam pla (asiatische
  Fischsauce) 261, *2989*
Nantua Art (mit
  Flusskrebse und
  Trüffeln) 261, *2991*
Nantua-Sauce (Béchamel-
  Sauce, Butter und
  Flusskrebse) 262, *2992*
Napfschnecke 220, *2460*
Nashi-birne 288, *3326*
natives Olivenöl 60, *416*
natives Olivenöl extra
  60, *415*
Natron 75, *593*
naturel 262, *2997*
Naturjoghurt 207, *2379*
natur Omelett 270, *3077*
Navel Orange 220, *2465*
Neapolitanisches Eis
  (Eisschnitte aus drei
  verschiedenfarbigen
  Lagen) 348, *4091*
Negroni (Cocktail mit
  Gin, roter Wermut und
  Campari®) 262, *3001*
nehmen 362, *4254*
Nektarine 262, *3000*
Nélusko (Kokosnuß,
  Pfeilwurz und Mandeln)
  347, *4071*
Nemours (Klößchen, Pilze
  und normannische
  Sauce) 262, *3002*
Nerv 262, *3003*
Nesselrode (mit
  Kastanienpüree) 263,
  3005
Netzannone 123, *1278*
Netzmagen 120, *1217*
neu 265, *3025*
neue Kartoffeln 69, *514*
Neufchâtel (weicher
  französischer Kuhmilch-

Frischkäse) 263, *3007*
Neunauge 220, *2457*
neuseeländer Spinat 157,
  1769
nicht fertiggekocht 244,
  2773
Nichtraucher 262, *2993*
Nichtraucherzone 55, *325*
nicht zu weich gekocht
  139, *1503*
Niere 321, *3748*
Nigella (indische schwarzer
  Samen); Schwarzkummel
  263, *3012*
Nilgiri-Tee (aus duftigen
  Orange-Pekoe-Blättern)
  109, *1063*
Ninon-Salat (Kopfsalat
  und Orange) 331, *3842*
nippen 73, *557*
Nizza-Art (mit Zwiebeln
  glaciert und Karotten)
  263, *3014*
Nizza-Art (Sardellen,
  schwarze Oliven und
  Kapern) 263, *3011*
Nizza-Salat (Tomaten,
  Kartoffeln, Kapern,
  schwarze Oliven,
  Sardellen und
  hartgekocht Eier) 331,
  3841
Noisette (franzosischer
  Haselnußlikör) 264,
  3017
Nori (getrocknete Blätter
  aus Seealgen, die an
  Papier erinnern) 264,
  3019
normal 264, *3020*
normannische Art
  (Austern, Muscheln,
  Pilze, Trüffeln und
  Flusskrebse) 264, *3021*
normannische Sauce
  (Fischsauce und Pilze)
  264, *3022*
norwegische Sauce
  (hartgekochtes Eigelb,
  Senf und Essig) 264, *3024*
Nudelholz 322, *3767*
Nudelmaschine 239, *2700*
Nudeln mit Füllung 243,
  2754

Nudelsuppe 344, *4033*
Nuß (Kugel mit Nase) 284, *3255*
Nußkartoffeln (Kartoffeln geschnitten im Kugelform) 71, *530*
Nussknacker 308, *3591*
nutzen 372, *4392*

O

Ober; Kellner 184, *2123*
Oberkellner 111, *1092*
Oberschale 130, *1389*
Oberschale mit Deckel 130, *1390*
Obertasse und Untertasse; Gedeck 390, *4537*
Obst 179, *2066*
Obst der Saison 179, *2069*
Obst- und Gemüsegeschäft 310, *3624*
Obst-Milkshake 250, *2857*
Obstbranntwein 43, *140*
Obstgarden 298, *3467*
Obstgeschäft 247, *2817*
Obstkonserve 180, *2074*
Obstkorb 106, *1025*
Obstkuchen 80, *652*
Obstsalat 330, *3830*
Obstschale 180, *2080*
Obsttörchen 358, *4193*
Ochsenziemer 377, *4433*
Ochsenzunge 226, *2562*
Oenophil 152, *1669*
Ofen 176, *2022*
Ofenkartoffeln 69, *510*
offen 35, *9*
öffnen 36, *26*
Öffnung 35, *10*
Öffnungszeiten 200, *2327*
ohne Butter 339, *3966*
ohne Fell 339, *3969*
ohne Fett; fettfrei 339, *3963*
ohne Geschmack 339, *3970*
ohne Milch 339, *3965*
ohne Salz 339, *3971*
ohne Sauce 339, *3967*
Öl 60, *419*
Ölbehälter 60, *418*
Old Fashioned (Cocktail mit Bourbon Whisky, Angostura, Würfelzucker und Sodawasser) 267, *3038*
ölig 268, *3057*
Olive 60, *420*
Olivenöl 60, *414*
Omelett 269, *3063*
Omelett auf savoyische Art (mit Kartoffeln und Gruyère) 270, *3076*
Omelett auf spanische Art (mit Tomaten, Zwiebeln und Paprika) 269, *3075*
Omelett mit Kartoffeln 269, *3066*
Omelett mit Pilze 269, *3068*
Omelett mit Schinken 269, *3070*
Omelett mit Speck 269, *3065*
Omelett mit Tomaten 269, *3073*
Omelett mit Tomatensauce 269, *3069*
Omelett mit Wurst 269, *3072*
Omelett mit Zucchini 269, *3064*
Omelett mit Zwiebeln 269, *3067*
Önogastronomie 152, *1670*
Önologe 152, *1673*
Önologie; Weinkunde 152, *1672*
Oolong Tee (Mischung der schwarzen und grünen Teeblätter) 109, *1066*
Opéra (Spargelspitzen und Törtchen mit Geflügelleber) 270, *3081*
Orange 220, *2463*
Orangeat; Aranzini 101, *940*
Orangenblütenhonig 245, *2793*
Orangenblüttenwasser 42, *121*
Orangenessenz 158, *1786*
Orangenkonfitüre 187, *2166*
Orangenlikör 225, *2545*
Orangenlimonade 317, *3700*
Orangenöl 60, *412*
Orangensaft 350, *4117*
Orangensauce 221, *2472*
Orangen-Sorbet 347, *4077*
Orangentorte 80, *654*
orange Paprika 293, *3401*
Orecchiette (kleine, ohrenförmige Nudeln) 270, *3083*
Oregano 270, *3084*
organish 270, *3087*
Ossau-Iraty (Schafsmilchkäse stammt aus den Pyrenäen) 271, *3090*
Ossobuco (geschmorter Kalbshaxenscheibe) 271, *3091*
Osterei 272, *3112*
Ostern 283, *3236*
Ostertaube 120, *1222*
ovale Servierplatte 367, *4323*

P

Päckchen 277, *3147*
Paella 277, *3152*
Paesana-Sauce (Pilze, Speck, Butter und Parmesankäse) 277, *3153*
Palmenmark 278, *3164*
Palmöl 60, *410*
Palmzucker 39, *76*
Pampelmuse 298, *3470*
Pancetta (geräucherter Speck) 278, *3169*
Panch Phora (Kreuzkümmel, schwarze Senf, Nigella, Bockshomklee und Fenchelsaat) 278, *3170*
Pandanusblatt 174, *1997*
Panettone 279, *3178*
Panforte (Kuchen mit Honig, Schokolade, gertrockneten und kandierten Früchten) 279, *3179*
panieren 150, *1640*
paniert 150, *1639*
Pansen 86, *726*
Panzotti (gefüllte Nudeln werden aus frischem Nudelteig hergestellt) 279, *3183*
Papageienfisch 79, *632*
Papaya 236, *2660*
Papaya; Baummelone 281, *3210*
Papierrolle 322, *3766*
Papierserviette 195, *2278*
Papierteller 300, *3505*
Pappadam (indisches Brot mit Linsenmehl) 282, *3219*
Paprika 282, *3222*
Paprika 293, *3399*
Paprikasauce 282, *3221*
Paranüss 102, *957*
Parasolpilze 224, *2531*
Parfait (Früchten, Eis und Schlagsahne) 282, *3225*
Parfait (Früchtpüree, Eigelb und Schlagsahne) 282, *3226*
pariser Kartoffeln (Nußkartoffeln mit Würzkräuter) 71, *533*
Parkplatz 159, *1788*
Parmaschinken 302, *3542*
Parmentier-Kartoffeln (gebratene Kartoffelwürfel im Butter) 71, *534*
Parmesankäse 283, *3233*
Parmigiano Reggiano (italienischen Hartkäse aus Kuhmilch) 283, *3235*
Parpadelle (die breitesten Bandnudeln werden in Form von Nestern verkauft) 282, *3220*
Passiergerät; Passiermühle 158, *1773*
Passionsfrucht 239, *2702*
Passionsfruchtsaft 351, *4122*
pasteurisieren 284, *3246*
pasteurisierte Milch 223, *2522*
Pastiera (Weizenkorn-Kuchen mit Ricotta und Kanditen) 284, *3247*
Pastinake 284, *3248*
Pastrami (gepökeltes

Begriff | **Seite** | *Begriff Nr.*

und würziges kaltes Rindfleisch) 284, *3250*
Pavesersuppe (Fleischbrühe mit Brotscheiben, rohem Ei und Parmesankäse) 347, *4072*
Pecannuß 285, *3263*
Pecorino Romano (italienische Hartkäse aus Schafsmilch) 285, *3265*
peinlich; unangenehm 140, *1515*
Pekannußtorte 365, *4301*
Penne (kurze, Hohlnudeln) 287, *3312*
Peperonata (rote Paprika, Tomaten, Zwiebeln und Olivenöl) 288, *3313*
Pepperoni (italienische Salami aus Schweine- und Rinderfleisch) 288, *3317*
Perciatelli (langen und hohlen Nudeln) 289, *3330*
Périgueux-Sauce (Trüffeln und Madeira Wein) 289, *3335*
Perlgraupen 107, *1030*
Perlhuhn 184, *2110*
Perlhuhnei 272, *3110*
Pesto-Sauce (Pecorino Romano, Pignoli und Basilikum) 290, *3358*
Petersfisch 328, *3812*
Petersilie 334, *3890*
Petersiliensauce 334, *3893*
Petit Four; Teegebäck 291, *3365*
Petit-Duc (Törtchen mit Hähnchenpüree, Spargelspitzen und Trüffeln) 291, *3363*
Petit-suisse (französischer Käse mit weichen Konsistenz) 291, *3366*
Petite Marmite (Brühe mit Fleisch, Knochenmark und Gemüsen) 291, *3364*
Pfannenwender 157, *1755*
Pfeffer 292, *3383*

Pfefferkörner 192, *2243*
Pfefferkörner 293, *3395*
Pfefferminzbonbons 246, *2806*
Pfefferminze 201, *2337*
Pfefferminztee 107, *1044*
Pfeffermühle 253, *2897*
pfeffern; würzen 54, *310*
Pfeffersauce (Demi-Glace, Essig, Kräuter, Cornichons und Petersilie) 297, *3456*
Pfeffersteak 349, *4099*
Pfefferstreuer 294, *3410*
Pferdefleisch 99, *909*
Pfifferling; Eierschwamm 109, *1064*
Pfirsich 290, *3354*
Pfirsichessig 379, *4458*
Pfirsichlikör 225, *2546*
Pfirsichmarmelade 187, *2168*
Pfirsich Melba (Pfirsich mit Vanilleeis und Himbeersauce) 290, *3357*
Pflanzenöl 268, *3058*
Pflaumengelee 187, *2156*
Pflaumensauce 50, *250*
pflücken 119, *1215*
Piccalilli (Senf-Relish) 292, *3375*
Piccata (Wierner Schnitzel mit Petersillie und Zitronensaft) 292, *3376*
Pickles (Eine bunte Gemüsemischung, eingelegt in Salz, Essig und Zucker) 292, *3377*
Picknick 295, *3432*
Pikante-Sauce (spanische Sauce, Schalotten, Weißwein, Essig, Cornichons und Petersillie) 292, *3373*
Pilaf; Pilaw; Pilau 292, *3381*
Pilchard 336, *3917*
Pilsen Bier 106, *1020*
Pilz 118, *1188*
Pilze-Sauce 118, *1194*
Pilzetörtchen 365, *4306*
Pimpinelle 335, *3907*

Piña Colada (Cocktail mit Rum, Kokosmilch und Ananassaft) 294, *3412*
Pinienkerne 295, *3425*
Pink Lady (Cocktail mit Gin, Zitronensaft, Eiweiß und Grenadine) 295, *3424*
Pinsel 295, *3419*
Pipe Rigate (Schneckenhäuserförmige Nudeln) 295, *3430*
Pipérade (baskisches Omelett mit Paprika und Tomaten) 295, *3429*
Pisco Sour (Cocktail mit Pisco, Zitronensaft, Eiweiß und Zucker) 296, *3440*
Pistazie 296, *3441*
Pistazieneis 348, *4090*
Pistazienöl 268, *3052*
Pistolenschnitt 367, *4319*
Pitanga; Surinam-Kirsche 296, *3443*
Pitomba 296, *3444*
Pittabrot 280, *3186*
Pizza Calzone (gefüllte) 94, *825*
Pizza Ofen 176, *2020*
Pizzaheber 281, *3211*
Pizzaiola-Sauce (Tomaten, Knoblauch, Olivenöl und Basilikum) 296, *3447*
Pizzaschneider 127, *1348*
Pizzeria 296, *3448*
Planter's Punch (Cocktail mit Rum, Maraschino, Curaçao, Orangensaft, Zitronensaft und Ananassaft) 297, *3449*
Plastik; Kunststoff 297, *3450*
Plastikgabel 185, *2129*
Plastikglas 125, *1319*
Plastiklöffel 119, *1208*
Plattedeckchen 213, *2414*
Plötze 324, *3786*
Plum Pudding 303, *3568*
Poblano-Chili 294, *3404*
pochieren 154, *1718*
pochiert 154, *1717*
Poire (Birnenkorn) 297, *3455*
pökeln 124, *1296*
Poleimisse 297, *3453*
Polenta 297, *3458*
Polierterreis 57, *361*

Pollack 213, *2422*
Pollen 297, *3457*
Pomeranze 220, *2464*
Pommes-frites-Schneider 127, *1344*
Pont Neuf-Kartoffeln (gebackene Kartoffelstäbchen) 71, *535*
Popcorn-Mais 249, *2854*
Popkorn 295, *3431*
Porree 47, *216*
Porreecremesuppe 344, *4035*
Porreekartoffelsuppe (Kartoffel und Porree) 347, *4074*
Portion 298, *3481*
Port-Salut® (halbfester französischer Kuhmilch--Käse) 299, *3494*
Portulak 74, *570*
Portwein 380, *4477*
Porzellan 298, *3482*
Poularde 184, *2112*
Praliné (Pecanusskrokant) 300, *3501*
Pralinen 113, *1121*
Preis 301, *3529*
Preiselbeere 275, *3145*
Preisliste 227, *2580*
Primeln 302, *3548*
Prinzessin Art (Spargelspitzen und Trüffeln) 302, *3549*
Prinzessin-Kraftbrühe (Hühnerkraftbrühe mit Spargelspitzen) 125, *1303*
Prise 296, *3442*
pro Glas 299, *3486*
pro Person 299, *3491*
Probiermenü 246, *2810*
Produzent 303, *3553*
Prost; Prosit 336, *3923*
Provencekräuter (Basilikum, Rosmarein, Bohnenkraut, Lorbeer und Thymian) 199, *2306*
provenzalischer Senf 256, *2948*
Provolone (italienische Kuhmilch-Käse) 303, *3563*
Pudding 303, *3564*
Pudding Nesselrode (Maronen-Eispudding) 263, *3006*

Puderzucker 39, *73*
Pumpernickel (deutsch Roggenbrot) 304, *3569*
Punsch 298, *3472*
pur 73, *562*
pur Reis 57, *362*
Püree 304, *3571*
pürieren 167, *1887*
Putenkarkasse 98, *898*
Putenoberkeule 129, *1384*
Putenschnitzel 155, *1721*
Puttanesca-Sauce (Tomaten, Sardellen, Kapern, schwarze Oliven, Oregano, Knoblauch und Olivenöl) 304, *3580*
putzen; reinigen 226, *2559*
Puy Linsen 224, *2530*

Q

quadratischer Tisch 248, *2834*
Qualität 307, *3581*
Qualitätskontrolle 125, *1310*
Qualle 43, *144*
Qualm; Rauch 180, *2086*
Quandong; wild Pfirsich 307, *3582*
Quappe 229, *2603*
Quark (ungesalzener Käse aus entrahmter Milch) 307, *3584*
Queller 333, *3865*
Quellwasser 42, *123*
Querrippe 128, *1362*
Quiche Lorraine (Lothringer Specktorte) 310, *3621*
Quinoa; Reismelde 310, *3623*
Quitte 240, *2720*
Quittemarmelade 240, *2719*
Quittung 316, *3681*

R

Rabatt 141, *1534*
Rachel (Artischockenherzen mit Knochenmark und Bordeleser Sauce) 314, *3635*
Rachel-Salat (Sellerie, Kartoffeln, Artischockenböden, Spargelspitzen und Mayonnaise) 331, *3843*
Radicchio 314, *3637*
Radies 313, *3629*
Radieschen 313, *3627*
raffinieren 317, *3695*
raffiniert 317, *3694*
Ragout 314, *3638*
Rambutan 314, *3651*
Ramen (japanischen Nudeln aus Weizenmehl, Eiern und Wasser) 315, *3653*
Rand 82, *676*
ranzig 315, *3654*
Rapunzel-Glockenblume 96, *841*
rasch 315, *3655*
Ration 313, *3633*
rationieren 314, *3636*
rauchen 180, *2088*
Raucher 180, *2087*
Räucheraal 152, *1666*
Räucherfisch 286, *3290*
Räucherhering 55, *327*
Räucherkäse 308, *3601*
Räucherlachs 333, *3869*
räuchern 138, *1490*
Räucherschinken 302, *3540*
Räucherspeck 64, *435*
Räuchfleisch 99, *910*
Ravigote-Sauce (Cornichons, Kapern, Estragon, Petersilie und Essig) 315, *3667*
Ravioli (gefüllte Nudeln aus frischem Nudelteig) 316, *3669*
rebeln 156, *1742*
Rebhuhnbrust 286, *3281*
Rechaud; Wärmplatte 316, *3675*
Rechnung 125, *1306*
Rechnung 166, *1880*
rechteckiger Tisch 248, *2837*
reduzieren 317, *3691*
Regel 318, *3707*
regeln 318, *3708*
Regenbogenfisch 390, *4538*
Regenbogenforelle 368, *4349*
Régence (Klößchen, Pilze und Trüffeln) 318, *3705*
Régence-Sauce (Weißwein, Pilze und Trüffeln) 317, *3704*
Regenpfeifer 222, *2489*
regional; der Region 227, *2584*
regionale Küche 130, *1403*
regionale Spezialitäten; heimische Spezialitäten 301, *3525*
Registrierkasse 93, *799*
Reh 126, *1336*
Reh 376, *4418*
Rehfleisch 99, *911*
Rehwurst 334, *3882*
Reibe 314, *3649*
reiben 314, *3650*
Reicher-Sauce (normannische Sauce; Hummer Butter, Cognac und Cayenne-Pfeffer) 320, *3744*
reichlich 37, *35*
reif 234, *2639*
reifen 243, *2760*
reifen 49, *235*
rein 304, *3579*
reinigen 140, *1511*
Reis 56, *340*
Reis auf griechische Art 56, *341*
Reis-Crips 173, *1972*
Reisescheck 111, *1097*
Reisessig 379, *4451*
Reiskleie 164, *1845*
Reiskroketten 133, *1441*
Reismehl 165, *1851*
Reisnudeln (werden aus Reismehl und Wasser hergestellt) 242, *2740*
Reispapier (Nudeln aus Reismehl, Wasser und Salz werden auf Matten in der Sonne getrocknet) 281, *3214*
Reis-Pastete (Risotto mit Fleisch, Fisch, Gemüse und Käse) 361, *4232*
Reissirup 389, *4527*
Reissuppe 344, *4046*
Reis-Vermicelli (asiatische Nudeln) 377, *4437*
remontieren 318, *3710*
Remouladen-Sauce (Mayonnaise mit Cornichons, Kapern und Senf) 318, *3711*
Renekloden 314, *3644*
Renette 116, *1169*
Rentier 318, *3713*
Rentiersteak 76, *600*
reservieren (einen Tisch) 319, *3727*
reservieren 319, *3726*
reserviert 319, *3725*
reservierter Tisch 248, *2836*
Reservierung 319, *3724*
Restaurant 319, *3734*
Restaurant im Freien 319, *3735*
Restaurantsberufe 303, *3555*
Reste 319, *3731*
Rezept 316, *3673*
Rhabarber 324, *3785*
Richelieu (Tomaten mit Pilze, braisierte Salat und Schlosskartoffeln oder neue Kartoffeln) 320, *3743*
Ricotta (frischkäse aus Molke oder entrahmte Kuhmilch, mit weiche Konsistenz) 320, *3746*
Ricotta-Gnocchi 263, *3010*
riechen 111, *1095*
riesen 189, *2192*
Riesengarnele 95, *832*
Riesenkürbis 36, *18*
Riesenzackenbarsch 247, *2822*
Rigatoni (dicke, gerifflete Hohlnudeln) 320, *3747*
Rinderbraten; Roastbeef 323, *3774*
Rinderfilet in Madeirasauce 171, *1948*
Rindertalg 337, *3932*
Rindfleisch Nieren

Begriff | Seite | Begriff Nr.

Pudding 349, *4098*
Ringelblume 94, *820*
Risoni (Nudeln in Form von Reiskörnern) 321, *3753*
Risotto mit Meeresfrüchten 321, *3754*
Rispentomate; Strauchtomate 363, *4264*
Rissoles 321, *3755*
Rob Roy (Cocktail mit Whisky, roter Wermut und Angostura®) 321, *3758*
Robert-Sauce (Zwiebel, Senf und Weißwein) 321, *3757*
Rocha-Birne 289, *3327*
Rochen 56, *338*
Rockenbolle; Schlangenknoblauch 47, *213*
Roggen 105, *997*
Roggenbrot 280, *3191*
Roggenflocken 173, *1974*
Roggenmehl 165, *1853*
Roggenwhisky; Ryewhisky 371, *4374*
roh 134, *1447*
Rohan Art (Artischockenherzen, Gänseleber- und Trüffelscheiben, Törtchen mit Geflügelnierchen und Suprême-Sauce) 322, *3762*
roher Fisch 286, *3287*
roher Schinken mit Melone 245, *2787*
rohes Ei 271, *3103*
rohes Gemüse 376, *4421*
Rohmilch 223, *2521*
Rohr 369, *4362*
Rohrzucker 39, *72*
Rohrzuckermelassekuchen 365, *4299*
Rohzucker 40, *83*
rollen 152, *1677*
Rollmops (Heringsfilets) 322, *3764*
Romana-Salat 329, *3821*

Romana-Salat 46, *197*
Romanov (gefüllte Gurken, Herzogin-Kartoffeln mit Pilze, Sellerie und Meerrettichsauce) 323, *3770*
römische Pizza (Tomaten, Mozzarella und Sardellen) 296, *3446*
Roquefort (unpasteurisierter, Schafsmilchkäse mit feuchte Rinde) 323, *3772*
rosafarben Grapefruit 193, *2244*
Rose-Sauce (Sahne, Mayonnaise, Ketchup und Worcester-Sauce) 323, *3776*
Roselle; Karkadi 379, *4462*
Rosenbrötchen 87, *737*
Rosenenessenz 158, *1787*
Rosenkohl 129, *1373*
Rosenwasser 42, *124*
Rosine 373, *4398*
Rosinenbrötchen 281, *3209*
Rosinenbrötchen 359, *4199*
Rosmarein; Rosmarin; Kranzenkraut 45, *184*
Rosmarinhonig 245, *2790*
Rosskastanie 102, *955*
Röstbrot 285, *3267*
Röstbrot mit Käse und Schinken 364, *4282*
rösten 364, *4285*
Röstkartoffeln 69, *512*
rote Anjou-Birne 288, *3324*
rote Beeremarmelade 187, *2161*
Rote Beete 75, *590*
Rote Beete Salat 329, *3824*
rote Gemüsezwiebel 104, *977*
rote Johannisbeere 194, *2268*
rote Johannisbeermarmelade 187, *2164*
rote Kidneybohne 168, *1907*

Rotelle (Nudeln in Radform) 323, *3779*
rote Mangold 37, *45*
rote Paprika 294, *3403*
roter DrachenKopff 315, *3660*
roter Pfeffer 294, *3409*
rotes Bier 106, *1015*
rote Süßkartoffel 68, *505*
rote Zwiebel 104, *978*
Rotforelle 368, *4350*
Rothuhn 289, *3333*
Rotkohl 318, *3719*
Rotkohlsalat 330, *3834*
Rotwein 381, *4489*
Rotweinglas 356, *4158*
Rotweinsauce 381, *4491*
Rübe 261, *2985*
Rübenzucker 39, *70*
Rückenmark 244, *2769*
Rückenspeck 366, *4309*
Rückgeld 368, *4340*
Rucola 324, *3784*
Rucolasalat 330, *3835*
rude Servierplatte 367, *4324*
rufen 108, *1054*
Ruhe 341, *4005*
ruhig 341, *4006*
Rühreier 274, *3133*
Rühreier nach Berny Art (mit Chipolata und Tomatensauce) 272, *3118*
rühren 248, *2841*
Rum (Destillat aus Zuckerrohr) 324, *3787*
rund 317, *3690*
runde Salattomate 363, *4262*
runder Tisch 248, *2835*
russischer Salat (Germüsesalat mit Mayonnaise angemacht) 331, *3844*
Rusty Nail (Cocktail mit Whisky und Drambuie®) 324, *3789*

S

Saccharin 327, *3798*
Saccharinpflanze 159, *1796*
Sacher-Torte (Puderzucker,

Schokolade und Madeira Wein) 80, *660*
Saflor; Färbedistel 101, *931*
Saflordistelöl 267, *3040*
Safran 37, *36*
Saft 350, *4113*
saftig 351, *4128*
Sägemesser 163, *1821*
Sago 328, *3807*
Sahne; Rahm 131, *1420*
Sahnepudding 279, *3180*
Saibling 334, *3897*
Saint-German (mit Erbsen oder Mangetout-Erbsen) 328, *3808*
Saint-Honoré-Torte (Creme-Torte mit Windbeutelchen garniert) 81, *661*
Saint-Mandé (Erbsen, Fisolen und Macaire-Kartoffeln) 328, *3809*
Sake 335, *3912*
Salak; Schlangenfrucht 179, *2067*
Salamander 331, *3850*
Salami (italienische Salami aus Schweine- und/oder Rinderfleisch) 332, *3851*
Salatbesteck 357, *4173*
Salatbüffet 86, *730*
Salat der Saison 329, *3816*
Salatdressing 359, *4204*
Salatschüssel 331, *3847*
Salbei; Echter; Salbei; Edelsalbei 334, *3898*
Salers; Cantal (französischer Käse aus unpasteurisierter Kuhmilch) 332, *3860*
Salmi (Wildragout) 333, *3871*
Salpeter 333, *3866*
saltzafertig Bauch 67, *491*
Saltimbocca (Kabsschnitzel mit Schinken und Salbei) 334, *3896*
Salz 329, *3813*
Salzdorsch 63, *431*
salzen 333, *3863*

— 640 —

salzig 332, *3862*
Salzkartoffeln 69, *518*
Salzlake 333, *3872*
Salzstreuer 332, *3859*
Salzwasserfisch 286, *3289*
Sambal Oelek (Pfeffer, hellbrauner Zucker und Salz) 335, *3899*
samtig 59, *398*
Samtmuschel 50, *254*
Sandkuchen (Kuchen, der mit den gleichen Mengen an Weinzenmehl, Zucker, Eier und Butter gemacht ist) 308, *3589*
Sandwich 335, *3900*
Sangria (Rotwein, Früchte und Zucker) 335, *3905*
Sanscho-Pfeffer; japanischer Pfeffer 335, *3908*
Sapodilla 335, *3911*
Sapote 335, *3910*
Sardellenbutter 237, *2680*
Sardellenfilets 171, *1956*
Sardellenpaste 283, *3239*
Sardellensauce 51, *269*
Sardine 336, *3916*
Sardinen in Öl 336, *3918*
Sarladaise Kartoffeln (Kartoffelscheiben in Gänsefett gebraten) 71, *537*
Saté-Sauce (Kokosmilch, Curry, Erdnuß und Zucker) 336, *3921*
sättigen 328, *3803*
sauber 226, *2560*
sauberes Glas 125, *1316*
Saubohne 167, *1882*
sauce separat; salatsosse separat 253, *2908*
Saucelöffel 119, *1213*
Sauciere 253, *2907*
sauer 38, *51*
sauer 60, *409*
Sauerampfer 60, *406*
Sauerbraten (Fleisch im Essig merinert bevor zu backen) 336, *3924*
Sauerkraut 114, *1131*
säuerlich 38, *57*
Sauermilch 224, *2525*

säuern 59, *404*
Sauersack 193, *2252*
Saumfleisch 177, *2035*
Säuregehalt 38, *50*
saure Sahne 131, *1421*
Sauteuse 179, *2055*
sautieren 179, *2063*
sautiert 334, *3894*
Savarin (französisch Ringkuchen) 336, *3925*
Savoyer Kartoffeln (mit Käse und Milch überbacken) 69, *511*
schaben; reiben 315, *3665*
schädlich 264, *3016*
Schafgarbe 54, *316*
Schafkäse 308, *3602*
Schafmilch 223, *2510*
Schafskopf 89, *742*
Schale 123, *1273*
Schale; Haut 287, *3306*
schälen 287, *3305*
schälen (Tomaten, Mandeln, Eier); enthäuten (Frucht) 141, *1529*
Schalotte 149, *1619*
Schältomaten 363, *4270*
Scharbe 342, *4020*
scharf 291, *3371*
scharf 41, *100*
scharf 54, *309*
scharfe Sauce 291, *3372*
scharfer englischer Senf 256, *2944*
Schattenmorelle 255, *2928*
schätzen; abschmecken 54, *312*
Schaufeldeckel 97, *869*
Schaufelstück 315, *3658*
Schaum 158, *1778*
schäumen 167, *1886*
Schaumlöffel 155, *1737*
Schaumwein 380, *4480*
Scheibchen 166, *1878*
Scheibe 166, *1873*
Schellfisch 197, *2292*
Schere 360, *4220*
Schicht 94, *826*
schichten 144, *1580*
Schifferinart (Garnelen, Flusskrebse, Pilze, Zwiebeln glaciert und

gebackene Eier) 72, *544*
Schildkröte 358, *4191*
Schildkrötensuppe 345, *4057*
Schilffeder; Schilfrohr 93, *803*
Schillerwein; Weißherbst 381, *4486*
schimmeln 253, *2900*
Schinken 302, *3539*
Schinkenbrot 335, *3902*
Schinkenpastete 284, *3252*
Schinkenröllchen 322, *3763*
Schlachten 35, *7*
schlachten 35, *8*
Schlachtplatte (Würste, Wellfleisch und Sauerkraut) 337, *3928*
schlagen 72, *545*
Schlagsahne 132, *1422*
schlecht 243, *2761*
Schleckerei 195, *2288*
Schlehe 37, *30*
Schlehenlikör 225, *2543*
Schlei; Schleie 359, *4208*
schleifen 51, *264*
schleudern 105, *1000*
schleudert 105, *999*
Schlosskartoffeln (olivenformig geschnitten und in Butter gebraten) 69, *515*
schlucken 152, *1661*
schmackhaft 139, *1496*
schmackhaft 191, *2227*
Schmelzkartoffeln 70, *523*
Schmetterlingrochen 314, *3643*
schmoren 195, *2287*
schmoren; brasieren 84, *702*
schmoren lassen 131, *1405*
schmutzig 351, *4136*
Schnapper 377, *4436*
Schnapps (Kornbranntwein) 337, *3930*
Schnaps 43, *136*
Schnaps 64, *439*
Schnecken 98, *883*
Schneckenteller 300, *3515*
Schneebesen 72, *543*

Schneidebrett 355, *4150*
schneiden 127, *1350*
schneiden Julienne 128, *1355*
schnell 140, *1510*
Schnellimbiß 166, *1872*
Schnellkochreis 57, *360*
Schnellkochtopf 279, *3174*
Schnepfe 184, *2113*
Schnittknoblauch 263, *3013*
Schnittlauch 104, *985*
Schnittlauchsauce 104, *986*
Schnittzwiebel 104, *982*
Schnitzel 154, *1719*
Schokolade 113, *1120*
Schokoladencreme--schnitte 249, *2853*
Schokoladeneclairs 81, *667*
Schokoladeneis 348, *4087*
Schokoladenfondant 93, *808*
Schokoladenkuchen 80, *650*
Schokoladen-Milkshake 250, *2858*
Schokoladenmousse 258, *2981*
Schokoladen-Nougat 364, *4287*
Schokoladenpudding 303, *3565*
Schokoladenraspel 315, *3666*
Schokoladenriegel 67, *487*
Schokoladensirup 93, *807*
Schokoladenstreusel 113, *1118*
Schokoladentafel 355, *4148*
Schokoladentorte 365, *4295*
Schokoladentrüffel 368, *4344*
Schokoladenzigaretten 114, *1141*
Scholle; Flunder 342, *4023*
Scholle; Goldbutt 342, *4021*
Schöpfkelle 123, *1274*
Schoppenwein 380, *4478*
schottische Art (verlorene

Eier mit Lachs) 149, *1620*
schottischer Whisky 371, *4375*
schottisches Ei (paniertes, in Wurstbrät gerolltes Ei) 272, *3117*
schräg 150, *1635*
Schraubdeckelzange; Glasöffner 36, *25*
schreiben 155, *1736*
Schub 176, *2017*
Schulter 278, *3158*
Schulter mit Knochen 278, *3157*
schuppen; entschuppen (Fisch) 155, *1723*
Schürze 59, *399*
Schüssel 360, *4226*
schütteln 41, *103*
schwacher Kaffee 91, *781*
Schwamm 157, *1771*
Schwanz 313, *3630*
Schwarzaugen-Bohne 168, *1904*
Schwarzbrot 281, *3204*
schwarze Butter (Butter, Essig oder Zitronensaft, Kapern und Petersilie) 75, *591*
schwarze Johannisbeere 194, *2266*
schwarze Kidneybohne 168, *1909*
schwarze Kidneybohnen 168, *1910*
schwarzen Senf 256, *2947*
schwarze Oliven 60, *422*
schwarze Olivenpaste 283, *3241*
schwarzer Heilbutt 44, *157*
schwarzer Johannisbeersirup 389, *4529*
schwarzer Kaffee 92, *789*
schwarzer Kümmel 121, *1244*
schwarze Rohrzuckermelasse 245, *2777*
schwarzer Pfeffer 293, *3393*
schwarzer Tee 109, *1072*
schwarzer Trommler 296, *3436*

schwarze Trüffel 368, *4346*
Schwarzflossen Thun; Bonitofisch 44, *164*
Schwarzrettich 313, *3628*
Schwarzwälder Kirschtorte 80, *656*
schwedische Mayonnaise (mit Apfelmus und Meerrettich) 235, *2645*
Schweinefilet 228, *2591*
Schweinefüße 290, *3345*
Schweineleber 170, *1939*
Schweinelende 228, *2598*
Schweinenetz 118, *1197*
Schweinenieren 321, *3751*
Schweineschmalz 66, *469*
Schweineschwanz 313, *3632*
Schweinezunge 226, *2565*
Schweinsbacken 79, *630*
Schweinskopf 89, *743*
Schweinskopf-Presssack 334, *3883*
Schweinsohren 270, *3086*
Schweinwurste 333, *3881*
schwer 290, *3344*
Schwertfisch 156, *1748*
schwitzen 350, *4109*
Scone (brötchenartiges Teegebäck) 337, *3931*
Seebarsch 321, *3756*
Seehecht 290, *3347*
Seeigel 271, *3097*
Seelachs 155, *1724*
Seemerrolle 219, *2450*
Seemerrolle mit Fett und mit Haut 82, *674*
Seeohr 35, *4*
Seespinne 105, *998*
Seeteufel 287, *3299*
Seezunge 226, *2566*
Seezunge Choiseul (mit getrüffelter Weißweinsauce) 226, *2567*
Sehne 359, *4209*
sehr trocken 257, *2969*
Seife 327, *3791*
Seigelrogen 271, *3099*
Sektglas 355, *4152*
Sektkorken 357, *4182*
Selbstbedienung 338, *3943*
Sellerie 43, *150*

Selleriesalz 332, *3855*
Selleriesamen 338, *3951*
selten 315, *3659*
Selterswasser ohne Aroma 42, *126*
Semmelbrösel 166, *1864*
Semmel-Stoppelpilz 292, *3379*
Sencha Tee (grüner Tee) 110, *1081*
Senf 255, *2934*
Senfbutter 238, *2688*
Senfkerne 338, *3958*
Senfsaatöl 268, *3054*
Senfsauce 256, *2945*
Sepia; Sepie 339, *3976*
Serrano-Chili 294, *3407*
Serrano-Schinken; spanischer Schinken (gepökelt) 302, *3545*
servieren 340, *3990*
Servierlöffel 119, *1212*
Servierplatte 367, *4321*
serviert 340, *3989*
Serviette 195, *2277*
Serviettenhalter 299, *3492*
Serviettenring 55, *329*
Sesam 188, *2188*
Sesamkörner 338, *3956*
Sesamöl 268, *3048*
Shandy (Radler) 340, *3992*
Sherry 390, *4533*
Sherry-Essig 379, *4460*
Shiitake 340, *3994*
Shimeji 340, *3995*
Shirley Temple (Cocktail mit Ginger Ale und Grenadine) 341, *3997*
Shortening; Pflanzenfett 341, *3998*
Sichel 174, *1989*
sich irren 153, *1691*
Sichuan Tee (schwarzer Tee) 110, *1083*
Sidecar (Cocktail mit Cognac, Cointreau® und Zitronensaft) 341, *4001*
Sieb 116, *1162*
sieben 287, *3311*
Silberkugel 79, *638*
Silberzwiebelche; Perlzwiebel 104, *987*
Silvesteressen 104, *992*
Singapore Sling (Cocktail

mit Gin, Kirschlikör, Zitronensaft und Sodawasser) 341, *4007*
Siphon 341, *4004*
Sirup 93, *805*
Sitz; Sitzplatz 58, *384*
sizilianische Cassata (Kuchen gefüllte mit Ricotta, Schokolade und Kanditen) 102, *949*
Sizilianische Waffelrollen (mit Füllung aus Ricotta und Kanditen) 127, *1338*
Smitane Sauce (Zwiebeln, Butter, saurer Sahne und Zitrone) 342, *4011*
Snack 220, *2458*
Soba-Nudeln (asiatische Nudeln aus Weizen- und Buchweizenmehl) 342, *4013*
Soda 342, *4017*
Sodawasser 116, *1161*
Soja 342, *4018*
Sojabohne 168, *1901*
Sojamehl 166, *1865*
Sojamilch 223, *2511*
Sojaöl 268, *3056*
Sojasauce 342, *4019*
Sojasprossen 85, *718*
Somen-Nudeln (dünne japanische Nudeln aus Weizenmehl) 343, *4025*
Sonnenblume 189, *2199*
Sonnenblumenkerne 338, *3957*
Sonnenblumenöl 268, *3049*
sonnengetrocknet Tomaten 363, *4271*
Sorbet 347, *4076*
sorgfältig 134, *1453*
Sorghum 347, *4079*
Soubise-Sauce (Béchamelsauce mit Zwiebeln) 348, *4093*
Soubissepüree (von Zwiebein) 304, *3578*
Soufflé 351, *4129*
Soufflé Rothschild (Vanille Soufflé mit Kanditen) 351, *4132*
Spaghetti (die wohl beliebtesten aller

Nudeln) 156, *1751*
Spaghetti nach Bologneser Art 156, *1752*
Spaghettikürbis 36, *15*
Spanferkel 222, *2499*
spanische Makrele 103, *969*
spanische Schwarzwurzel 155, *1729*
Sparerib; Bauchrippe 128, *1361*
Spargel 57, *370*
Spargelcremesuppe 344, *4036*
Spargelsalat 329, *3822*
Spargelspitzen 298, *3474*
Spätzle (Teig wird aus Mehl, Eiern und Wasser) 348, *4096*
Speciereste 319, *3738*
Speck (Speck in scheibe und geräuchert) 64, *434*
Speise auf Bestellung 300, *3512*
Speisekammer 142, *1549*
Speisekarte 99, *901*
Speisemorchel 255, *2927*
Speiseröhre 156, *1746*
Speisestärke 51, *261*
Speisewagen 375, *4402*
Spelzmehl; Dinkelmehl 165, *1855*
Spenwood (halbfester englischer Schafsmilchkäse) 348, *4097*
Spezialität 157, *1756*
Spezialität aus der Gegend 157, *1758*
Spezialität des Hauses 157, *1757*
Spezialitäten 157, *1759*
spicken; belegen 221, *2476*
Spiegeleier; Setzeier 274, *3132*
Spiegeleier Holstein (mit Sardellenfilets) 274, *3129*
Spiegeleier Meyerbeer (mit gegrillter Lammniere und Trüffelnsauce) 274, *3130*
Spiegeleier Mirabeau (mit Sardellenfilets, Oliven und Estragon) 274, *3131*
Spiegeleier mit geräuchertem Speck 273, *3127*
Spiegeleier mit Schinken 274, *3128*
Spieß 157, *1765*
Spießchen 157, *1763*
Spinat 157, *1768*
Spinatcremesuppe 344, *4041*
Spinatpüree 304, *3575*
Spirituosengeschäft 228, *2587*
Spitzsieb 112, *1110*
sprenkeln; sprengen 333, *3874*
Springform 175, *2011*
Spritzbeutel 328, *3804*
spritzen; bespritzen 82, *683*
spritzig Wein 380, *4482*
Spritzschutzsieb 359, *4200*
Sprossen; Keime 85, *714*
Sprotte 156, *1749*
Sprudel; Mineralwasser 42, *132*
sprudelnd 149, *1622*
Spülbürste 155, *1735*
St. Marcellin (französischer Käse aus unpasteurisierter Ziegen- oder Kuhmilch) 328, *3810*
St. Nectaire (vollfette französischer unpasteurisierter Kuhmilch-Käse) 328, *3811*
Stachelbeere; Agrasel 194, *2267*
Stahlwolle 278, *3159*
Stammgast 116, *1157*
Stangenbohne 168, *1899*
Stangensellerie 43, *148*
stark gewürztes Essen 121, *1237*
starke Hitze 174, *1986*
Stärkenmehl 167, *1889*
starker Kaffee 91, *772*
Staudensellerie 357, *4175*
Steakhaus 114, *1132*
Steakhüfte 251, *2871*
Steckrübe 129, *1380*
Steinbutt 301, *3535*
Steinhäger (deutscher Gin) 349, *4101*
Steinpilz 298, *3483*
stellen 120, *1219*
Stelline; Stellette (Suppennudeln) 159, *1800*
sterilisieren 159, *1795*
Sternanis 52, *286*
Sternapfel 36, *11*
stilles Mineralwasser 42, *133*
Stilton (englischer Kuhmilch-Käse mit Blauschimmelkulturen und cremig Konsistenz) 349, *4102*
Stinger (Cocktail mit Cognac oder Brandy und weiße Minzcreme) 349, *4103*
Stint 153, *1689*
Stockente; Wildente 284, *3259*
Stockfisch 63, *432*
Stör 159, *1803*
Stout; dunkles Bier 106, *1017*
Stracchino (italienische Kuhmilch-Käse) 349, *4104*
Stracciatella (Fleischbrühe mit Eierstich und geriebener Käse) 349, *4105*
Strandschnecke 127, *1339*
Straßburger Art (brasiert Sauerkraut, Gänseleberscheiben in Butter und Speck) 350, *4106*
Straucherbse; Strauchbohne 168, *1906*
Strauss 59, *401*
Sträußenei 272, *3105*
Strega® (italienischer Kräuterlikör) 350, *4107*
Streichhölzer 176, *2028*
Streichholzkartoffeln (fritiert) 71, *532*
streifen 361, *4243*
streuen 298, *3465*
Strohhalm 97, *868*
Strohkartoffeln (fritiert) 71, *531*
Stück 128, *1359*
Stück 285, *3266*
Stuhl 90, *764*
Stundee 200, *2323*
Sturzkuchen (Bevor man serviert, wird der Kuchen gewendet, damit die Fruchtglasur oben bleibt) 372, *4384*
Sultanrosinen 373, *4397*
Sultansart (mit Pistazien) 352, *4138*
Sumach 352, *4140*
Sumpfschnepfe 262, *2995*
Supermarkt 352, *4142*
Suppe 343, *4026*
Suppenlöffel 119, *1211*
Suppennüdeln 243, *2753*
Suppenschüssel 347, *4075*
Suppenteller 300, *3514*
Suprême-Sauce (Gemüsebrühe mit Sahne, Eigelb und Pilze) 352, *4143*
Sushi-Essig 379, *4463*
Sushi-Reis 56, *354*
süß 145, *1589*
süß-sauer 42, *117*
süß-saure Sauce 42, *118*
Süße 145, *1592*
süße Omelett 269, *3074*
süßen 40, *97*
Süßigkeiten; Bonbons 64, *451*
Sußkartoffel; Batate 68, *503*
Süßstoff 40, *95*
Süßwarenladen 123, *1282*
Süßwasserfisch 286, *3288*
Süßwein 380, *4476*
Syllabub (Sahne und Sherry) 352, *4145*

T

Tabakladen 355, *4146*
Tablett 66, *468*
Tafelzubehör 372, *4391*
Tagesgericht 300, *3511*
Tageskarte 99, *902*

Begriff | Seite | *Begriff Nr.*

Tagesmenü 246, *2812*
Tagessuppe 345, *4061*
Tagliatelle (Nester aus langen bandförmigen Nudeln) 356, *4161*
Taglierini (sehr schmale Streifen) 356, *4163*
Tagliolini (eine dünnere Variante der Linguine) 356, *4164*
Tahini (Sesampaste) 356, *4165*
Taleggio (italienische Kuhmilch-Käse mit cremig Konsistenz) 357, *4169*
Talleyrand (Makkaroni mit Butter und Käse, Trüffeln, Gänseleber und Périgueux-Sauce) 357, *4174*
Tamarillo; Baumtomate 357, *4179*
Tamarinde 357, *4180*
tanninhaltig Wein 381, *4488*
Tanzabend 212, *2396*
Tapioka 358, *4185*
Taro 358, *4188*
Tarpon 295, *3435*
Tartar-Sauce (Mayonnaise aus hartgekochtem Eigelb, mit Schnittlauch) 358, *4190*
Tartar-Sauce (Mayonnaise, Kapern, Pickles, Zwiebeln, Oliven, Zitronensaft oder Essig) 358, *4189*
Taschenkrebs 335, *3909*
Tasse 390, *4534*
Tasse 96, *850*
Tatin-Mürbeteigkuchen (Apfelkuchen mit Karamel überzogen und mit Schlagsahne serviert) 359, *4196*
Taube 298, *3469*
Taupunkt 298, *3476*
Taverne 359, *4198*
Tchai (schwarzer Tee, Zimt, Kardomom, Ingwer und Gewürzenelken) 242, *2734*

Tee 107, *1032*
Teebeutel 336, *3913*
Tee-Ei 116, *1164*
Teekanne 86, *733*
Teelöffel 119, *1205*
Tee mit Milch 107, *1035*
Tee mit Zitrone 107, *1036*
Teesieb 116, *1163*
Teestube 332, *3854*
Teetasse 390, *4536*
Teig 242, *2739*
teigausrollen 36, *27*
Teig backen bevor gefüllt wird 58, *383*
Teigrädchen 100, *928*
Teigschaber 157, *1754*
teilen 318, *3715*
teilentrahmte Milch 224, *2524*
telefonische Reservierung 319, *3728*
Teller 300, *3502*
Temperatur 359, *4202*
Teppichmuscheln 49, *248*
Tequila mexicanische Branntwein) 359, *4212*
Teriyaki-Sauce (Sojasauce, Sake und Ingwer) 360, *4213*
teuer 100, *921*
Teufelsart (gegrilltes, paniertes und gebratenes Geflügel) 143, *1561*
Teufelssauce (Wein, Essig und schwarzer Pfeffer) 143, *1562*
Thai-Litchi 225, *2541*
Thai-Reis 57, *364*
thailändische Aubergine 75, *584*
Theke; Tresen 65, *453*
Thermometer 360, *4214*
Thompson-Traube 373, *4400*
Thunfisch 59, *390*
Thunfisch in Öl 59, *393*
Thymian 363, *4274*
Thymianhonig 245, *2794*
Tia Maria® (Kaffeelikör) 360, *4225*
tiefgefrieren 124, *1289*
tiefgefroren 124, *1288*
Tigerhai 361, *4237*

Tilapien 360, *4228*
Tilsiter (halbfester Käse aus Kuhmilch) 361, *4230*
Timer; Küchenwecker 133, *1438*
Tintenfisch 229, *2609*
Tiramisù (Löffelbiskuits, die mit kaltem Kaffee, getränkt werden und einer Creme aus Mascarpone, die abschliessende Cremeschicht wird mit Kakao bestäubt) 361, *4239*
Tiroler-Sauce (Tomaten und Bearner-Sauce) 362, *4247*
Tisch 247, *2823*
Tisch am Fenster 248, *2833*
Tisch auf der Terrasse 247, *2830*
Tisch für... Personen 248, *2832*
Tisch im Freien 247, *2824*
Tisch in der Ecke 247, *2829*
Tischnummer 265, *3030*
Tischtuch 362, *4251*
Tischwein 380, *4472*
Toad-in-the hole (Wurstchen im Pfannkuchenteig) 362, *4249*
Toast; Röstbrot 364, *4280*
Toast mit Butter 364, *4281*
Toaster 364, *4283*
Tofu (Sojamilch-Käse) 362, *4253*
Toilette 66, *470*
Tomate 362, *4256*
Tomaten-Chutney 114, *1136*
Tomaten-Kopfsalat 329, *3820*
Tomatencremesuppe 344, *4043*
Tomatenmark 160, *1818*
Tomatenmark aus Dörrtomaten 283, *3244*
Tomatenpüree 304, *3577*
Tomatensaft 351, *4124*
Tomatensalat 330, *3836*
Tomatensauce 363, *4268*
Tomatensenf 256, *2943*

Tomatensuppe 345, *4058*
Tomatillo; mexikanische Blasenkirsche 363, *4272*
Tom Collins (Cocktail mit Gin, Zuckersirup, Zitronensaft und Sodawasser) 363, *4273*
Tomme de Savoie (französischer Käse aus unpasteurisierter Kuhmilch und mit ein nussiges Aroma) 364, *4275*
Tonicwasser 43, *143*
Tonne 364, *4277*
Tontopf 279, *3172*
Topf 279, *3171*
Topflappen 279, *3181*
Topinambur 369, *4363*
Törtchen 358, *4192*
Torte 364, *4288*
Torte; Kuchen 79, *645*
Tortellini (gefüllte Nudeln aus frischem Nudelteig) 365, *4303*
Tortelloni (eine große Variante der Tortelloni) 365, *4304*
Tortenform 176, *2014*
Tortilla (Maisfladen) 365, *4305*
Totentrompete 368, *4341*
Toulouser Art (Geflügelklößchen, Kalbsbries oder Hahnkämme, Gemuflügelnierchen, Pilze, Trüffeln und deutsche Sauce) 366, *4310*
Touristenmenü 247, *2815*
Tournedos (Rinderfilet--Medaillon) 366, *4312*
Trachea 366, *4318*
Traditionell 366, *4316*
traditionelle Rezept 316, *3674*
traditionelles Gutbürgerliches 319, *3736*
tranchieren (Fleisch) 367, *4337*
Tranchiermesser 164, *1833*

Tranchiermesser;
 Vorlegemesser 163, *1828*
tranchiert 367, *4335*
Traube 372, *4393*
Traube 90, *762*
Traubenhyazinthe 104, *984*
Traubenkernöl 268, *3055*
Traubenmarmelade 187, *2169*
Traubensaft 351, *4125*
Trenette (bandförmigen Nudeln) 367, *4327*
trennen 339, *3975*
Trichter 181, *2099*
Trifle (Kuchen mit Konfiture und Sherry) 367, *4329*
trinkbar 299, *3498*
trinken 73, *556*
Trinkgeld 191, *2224*
Trinkgeld inbegriffen 191, *2225*
Trinkwasser 43, *134*
trocken 337, *3934*
Trockenbeerenauslese; Strohwein 380, *4474*
Trockenhefe 169, *1923*
trocknen 337, *3933*
Tropenfrüchte-Saft 350, *4116*
Tropfen 191, *2228*
Tropfteig 243, *2751*
trüb 369, *4367*
trüben 369, *4366*
Trüffel 368, *4342*
Trüffelbutter 238, *2691*
trüffeln 368, *4347*
Trüffelöl 60, *417*
Trüffelscheibchen 221, *2481*
Truthahn; Puter 289, *3341*
Truthahnbrust 286, *3282*
Turbigo (Chipolata und Pilze) 369, *4364*
türkischer Kaffee (Kaffeepulver gemischt mit Zucker und im Wasser gekocht) 92, *794*
Tüte 328, *3805*
typisch Käse 309, *3611*

U

überbacken 176, *2026*
Überfluss 37, *34*
überragen 342, *4014*
Udon-Nudeln (asiatische Nudeln aus Weizenmehl und Wasser) 371, *4370*
Ugli 298, *3471*
UHT Milch (ultrahocherhitze Milch) 224, *2526*
Ukeleien 288, *3319*
undurchsichtig 270, *3080*
ungesalzen 207, *2367*
ungesalzene Butter 238, *2695*
ungesäuertes Brot 280, *3187*
ungespritzt 338, *3945*
unreif 377, *4429*
unreifer Wein 381, *4493*
Unterkeule vom Hahn 130, *1391*
Unterkeule von der Ente 130, *1392*
unter Rühren schnell braten 179, *2060*
Unterschale 130, *1387*
Unterschale mit Seemerrolle 130, *1386*
Unterschale ohne Seemerrolle, ohne Kniekehlfleisch und ohne Fett 130, *1388*
unterschreiben 58, *385*
Untersetzer 140, *1521*
Untertasse 296, *3437*
unverdünnen 144, *1576*
Unze 270, *3078*

V

Vacherin (Schichttorte aus Meringeböden und Schlagsahne) 375, *4401*
vakuumverpackt 150, *1628*
Valois (sautierte Artischokenherzen und Kartoffeln-Anna) 375, *4406*
Vanille 72, *550*
Vanillecreme 131, *1416*
Vanilleeis 347, *4084*
Vanilleessenz 158, *1785*
Vanilleschote 166, *1881*
Vanillezucker 39, *67*
varietal Wein 381, *4492*
variieren 376, *4412*
Veganer 376, *4420*
vegetarier 376, *4422*
vegetarische Küche 131, *1408*
vegetarische Lasagne 221, *2479*
vegetarischer Hamburger 198, *2297*
vegetarisches Restaurant 319, *3737*
Veilchen 381, *4497*
venezianische Sauce (Essig, Estragon, deutsche Sauce und Kräuter) 377, *4426*
Venusmuschel 382, *4508*
Venusmuscheln 240, *2716*
Venusmuschelnsuppe 345, *4060*
verabscheuen; hassen 143, *1557*
Verbrauch; Verzehr 125, *1305*
verbrauchen; verzehren 125, *1304*
verbrühen 154, *1715*
verdauen 143, *1569*
verdaulich (leicht) 138, *1488*
verdaulich 144, *1570*
Verdauung 144, *1571*
Verdauungslikör 144, *1572*
verdauungsstörung; unverdaulich 206, *2358*
verderben 159, *1799*
verderblich 289, *3334*
verdorben; korkig 283, *3237*
verdünnen 144, *1577*
verdünnt 144, *1575*
verdunsten 160, *1806*
Verfallsdatum 301, *3526*
verfault; faulig 297, *3452*
vergiessen 153, *1679*
Verjuice 377, *4434*
verkocht; verbraten 130, *1395*
verlorene Eier 275, *3142*
verlorene Eier auf Toast 275, *3141*
(verlorene) Eier Benedikt (mit Schinken, holländische Sauce und Weißbrot) 273, *3120*
verlorene Eier Joinville Art (mit Garnelen) 274, *3137*
verlorene Eier nach amerikanischer Art (mit Tomate und Speck) 275, *3138*
verlorene Eier nach Florentiner Art (mit Spinat und Mornay-Sauce) 275, *3139*
verlorene Eier nach Mornay Art (mit Mornay Sauce gratiniert) 275, *3140*
verlorene Eier nach Sardou Art (mit Schinken, Sardellen, Trüffeln, Artichockenböden und holländische Sauce) 273, *3119*
Vermicelli (eine dünnere Variante der Spaghetti) 377, *4438*
verpacken 150, *1629*
Verpflegung; Ernährung 48, *220*
verquirlen (Sahne, Eier) 72, *547*
verschütten 140, *1512*
versengen 109, *1062*
Versorgung; Vorrat 35, *6*
Verspätung 139, *1502*
versuchen 160, *1811*
verteilen 144, *1582*
verzieren 138, *1486*
verziert 138, *1485*
Vieh 183, *2101*
Vielfalt 376, *4413*
vier Käsesorten 308, *3590*
Viertel 307, *3586*
Viktoria (Tomaten gefüllt mit Pilzepürre und Artischokenherzen im Butter) 378, *4442*
Villeroi-Sauce (deutsche Sauce mit Pilzefond) 378, *4446*
Vinaigrette-Sauce (Olivenöl, Salz, Pfeffer, Essig, Tomate

Begriff | **Seite** | *Begriff Nr.*

und Zwiebel) 379, *4464*
Vinothek 152, *1674*
Vogelbeere 347, *4082*
voll 111, *1094*
Vollkornbrot 280, *3202*
Vollkornkeks 76, *607*
Vollkornlangreis 57, *358*
Vollkornmehl 166, *1868*
Vollkornnudeln 243, *2750*
Vollkornreis 57, *356*
Vollkornrundreis 57, *357*
Vollmilch 223, *2517*
vollständig 122, *1257*
vom Grill 109, *1069*
vom Grill 261, *2988*
vom Holzkohlengrill 261, *2987*
vom Spieß 157, *1766*
Vonderviertel 307, *3587*
Vorderpfote 285, *3268*
Vorderschinken (leicht Salzig) 302, *3541*
vorfrittiert 301, *3534*
vorgebacken; vorgerkocht 301, *3531*
vorher 53, *293*
Vorsaison; Nachsaison 64, *445*
Vorspeise 53, *292*
vorwärmen 301, *3527*
vorziehen 301, *3533*

W

Wacholder 395, *4545*
Wacholderbeeren 64, *441*
Wacholdersauce 395, *4546*
Wachspapier; Backpapier 281, *3215*
Wachtel 117, *1181*
Wachtelbohne 168, *1898*
Wachteleier 273, *3123*
Wachteln mit Reis 117, *1182*
Waffel 385, *4511*
Waffel; Eiswaffel 385, *4510*
Wagon 366, *4317*
Wahl 155, *1726*
wählen 155, *1728*
Wahoo 103, *968*
Wakame (Alge) 385, *4512*
Walderdbeere 254, *2921*
Waldfrüchte 180, *2079*

Waldmeister; Aspik 57, *373*
Waldorf-Salat (Äpfel, Sellerie und Walnüsse) 331, *3846*
Waldschnepfenbrust 286, *3278*
Walewska Art (Hummer, Trüffelscheiben und Mornay-Sauce) 385, *4513*
Walfisch 65, *458*
Wallöl 268, *3044*
Wallung 149, *1618*
Walnuß 265, *3026*
Walnußbrot 280, *3196*
Walnußöl 268, *3051*
Wantan-Blätter (asiatische Nudeln) 175, *2002*
warm 255, *2931*
warm 309, *3617*
Wärme 94, *821*
Warmeplatte 109, *1068*
Warmespeisen 301, *3518*
warten 43, *135*
Wasabi 385, *4514*
waschen 222, *2490*
Waschmittel; Reinigungsmittel; Spülmittel 142, *1556*
Wasser 42, *119*
Wasserfilter 172, *1960*
Wasserglas 125, *1318*
Wasserhuhn 178, *2045*
wässerig 42, *125*
Wasserkastanien 102, *954*
wasserlöslich 342, *4024*
Wassermelone 245, *2780*
Wassermelonesaft 351, *4123*
Wasserminze 201, *2330*
wechseln 257, *2956*
weich Käse 309, *3607*
weich klopfen 48, *234*
weicher teil des Brotes 251, *2873*
weichgekocht Eier; weiche Eier (3-4 Min) 275, *3143*
Weichtiere 253, *2909*
Weihnachtsessen 104, *993*
Weihnachtskuchen 80, *655*
Weihnachtsmenü 246, *2809*

Weihnachtsplätzchen 77, *612*
Weijska (polnische Wurst) 386, *4515*
Wein 380, *4467*
Weinausbau; Weinkunde 381, *4495*
Weinbaugebiet 379, *4466*
Weinblatt 174, *1999*
Weinessig 379, *4459*
Weinglas 356, *4156*
Weinhandlung 228, *2589*
weinig 59, *402*
Weinkarte 101, *930*
Weinkeller 381, *4494*
Weinkeller; Keller 40, *88*
Weinkorb 106, *1028*
Weinkühler 65, *457*
Weinlese 379, *4465*
Weinraute 57, *365*
Weinsäure 38, *56*
Weinstein 132, *1427*
Weinthermometer 360, *4216*
weiß Bohne 168, *1896*
weiße Johannisbeere 194, *2263*
weiße Polenta 297, *3459*
weißer Andorn 201, *2333*
Weißer Hai 369, *4358*
weißer Klebereis 56, *347*
weißer Langkornreis 56, *346*
weißer Marlin 240, *2718*
weisser Nougat 364, *4286*
weißer Pfeffer 293, *3392*
weißer Reis 56, *344*
weißer Rundkornreis 56, *345*
weißer Senf; echter Senf 255, *2938*
weiße Sauce 83, *695*
weisse Schokolade 113, *1116*
weiße Süßkartoffel 68, *504*
weiße Traube 372, *4394*
weiße Trüffel 368, *4343*
weiße und grüne Bandnudeln 356, *4160*
weiße Zwiebel 104, *976*
Weißkohl 318, *3718*
Weißwein 380, *4468*
Weißweinglas 356, *4157*

Weißweinsauce 380, *4470*
Weißwurst (Wurst aus Kalbfleisch, Sahne und Eiern) 386, *4516*
Weizen 367, *4330*
Weizenbrot 280, *3198*
Weizenflocken 173, *1978*
Weizenkeime 189, *2189*
Weizenkleie 165, *1847*
Weizenmehl 166, *1866*
welk 258, *2972*
Wellhornschnecke 58, *386*
Wels; Waller 64, *443*
Welsh Rarebit (Röstbrot mit Heißern Käse belegt) 386, *4517*
wenig 299, *3499*
weniger 246, *2803*
Wensleydale (halbfester englischer Kuhmilch-Käse) 386, *4518*
Wermut; Wermutwein 377, *4439*
Wetzstahl 108, *1050*
Whisky 371, *4371*
Whisky mit Soda 371, *4376*
Whisky Sour (Cocktail mit Bourbon Whisky, Zitronensaft und Zucker) 386, *4519*
White Lady (Cocktail mit Gin, Orangenlikör und Zitronensaft) 386, *4520*
White Pudding (englische Wurst aus weißen Fleisch) 387, *4521*
wiederhinlegen 318, *3721*
wiederholen 318, *3716*
Wiegemesser 249, *2847*
wiegen 290, *3346*
Wiener Schnitzel (panierte Kalbsschitzel) 387, *4522*
Wienerwurst 334, *3888*
Wild 89, *750*
wilde Basilikum 47, *201*
wilde Zwiebel 104, *981*
Wildkaninchen 117, *1186*
Wildpfeffer (geschmortes Wildbret, mit Blut aromatisiert) 115, *1151*
Wildpilze 118, *1195*
Wildreis 57, *363*

Wildschwein 212, *2404*
Wildschweinbraten 212, *2405*
Wildschweinkeule 129, *1383*
Wildschweinrücken 228, *2595*
Wildschweinwürste mit Apfel 333, *3880*
Wildsellerie 43, *151*
Wildtaube 298, *3468*
Williams-Birne 289, *3328*
Williams-Kartoffeln (birneförmige Kroketten) 72, *539*
Windbeutel mit Schokolade; Profiterole mit Schokolate 100, *922*
Windbeutel; Profiteroles 100, *923*
Wirbel 378, *4440*
Wir bitten Sie, nicht zu rauchen 299, *3489*
Wirsingkohl 129, *1374*
Wodka 382, *4506*
Wok 387, *4523*
Worcester-Sauce 206, *2361*
wünschen 142, *1537*
wünschen 309, *3618*
würfelchen 127, *1352*
Würfelzucker 39, *77*
Wurst 226, *2568*
Wurst 333, *3879*
Würstchen im Schlafrock 152, *1675*
Wurstwaren 150, *1634*
würzen 123, *1280*

Y

Yakisoba (Hähn, Soba--Nudeln und Gemürse) 393, *4539*
Yamswurzel 206, *2365*
Yorkerschinken (geräuchert) 302, *3544*
Yorkshire-Pudding (salziger Pudding mit Rinderbraten garniert) 393, *4540*
Ysop 199, *2314*
Yunnan-Tee (schwarzer Tee) 110, *1087*

Z

Zaatar (Thymian, Sumach und Sesam) 395, *4541*
Zabaglione (Eigelb, Zucker und Marsala Wein) 395, *4542*
Zackenbarsch 185, *2133*
zäh (Fleisch) 147, *1613*
zähflüssig 381, *4500*
zahlen 278, *3154*
Zahnbrasse 97, *873*
Zahnstocher 278, *3162*
Zahnstocherbehälter 278, *3160*
Zampone (eingefüllter Schweinefuss aus dem Fleisch von dem Schwein) 395, *4544*
Zander 229, *2608*
Zange 294, *3414*
Zange für Krustentiere 294, *3415*
Zartbitterschokolade 113, *1119*
zeigen 256, *2949*
Zeit 359, *4205*
zerbrechen 323, *3771*
zerbrechen; abrechen 308, *3592*
zerbrechlich 177, *2033*
(zer) hacken 292, *3374*
zerkleinertes Eis 188, *2175*
zerkrümeln 156, *1745*
zerlassen; ausgelassen 140, *1513*
zerlassene Butter 238, *2689*
Zerlegtes 317, *3687*
zerreissen 315, *3661*
zerschneiden 320, *3739*
Zeste 101, *938*
Zicklein 89, *748*
Ziege 89, *746*
Ziegebutter 238, *2687*
Ziegenkäse 308, *3600*
Ziegenmilch 223, *2508*
Zigarette 115, *1142*
Zigarre 110, *1079*
Zigeunerart (Tomaten und Paprika) 396, *4547*
Zigeuner-Sauce (Weißwein, Paprika, Schinken und Pilze) 396, *4548*
Zimmer 307, *3585*
zimmertemperatur 139, *1494*
Zimtplätzchen 77, *611*
Zimtstock 96, *855*
Zite; Ziti (hohle, dicke und lange Nudeln) 396, *4549*
Zitronat 101, *942*
Zitrone 225, *2554*
Zitronencreme 283, *3243*
Zitroneneis 348, *4089*
Zitronengras 97, *876*
Zitronenmelisse 153, *1696*
Zitronenminze; Bergamotte; Scharlach-Monarde 153, *1695*
Zitronenmyrte 258, *2975*
Zitronenöl 60, *413*
Zitronenpresse 158, *1774*
Zitronensaft 350, *4119*
Zitronensauce 225, *2553*
Zitronenschaber 315, *3664*
Zitronenschale 101, *941*
Zitronenscheibe 321, *3760*
Zitronen-Sorbet 347, *4078*
Zitronenstrauch 226, *2558*
Zitronesäure 38, *54*
Zitrusfrüchte 115, *1149*
zubereiten 302, *3538*
Zubereitungsarten 252, *2893*
Zubereitungszeit 359, *4207*
Zübereitungszeit... minuten 251, *2869*
zu bitter 257, *2960*
Zucchini 36, *21*
Zuccotto (Biskuitkuchen, Kanditen und Schokoladensahne) 396, *4550*
Zuchtpilze 118, *1193*
Zuckerdose 40, *87*
zuckerfreies 338, *3944*
Zuckermais 249, *2855*
zuckern 40, *96*
Zuckerrohrschnaps 43, *137*
Zuckersirup 93, *806*
Zuckerwatte 47, *207*
Zuckerzange 294, *3418*
zudecken 117, *1176*
zudecken 316, *3685*
zu fett 257, *2965*
zugedeckt 117, *1172*
zugedeckt 316, *3684*
zu heiss 257, *2967*
zu kalt 257, *2964*
zum Knabbern 291, *3362*
zum Mitnehmen 121, *1240*
Zunge 226, *2561*
Zungenstück; Hochrippe; Querrippe 37, *46*
Zungenstück mit Brust 143, *1565*
zupfen 140, *1508*
zu roh 257, *2961*
zu salzig 257, *2968*
zusammenbinden 49, *240*
Zusammensetzung 122, *1259*
zusammenstellen 122, *1258*
zu sauer 257, *2959*
zusätzlich 40, *91*
Zusatzstoff 40, *93*
zu scharf 257, *2966*
zu süss 257, *2962*
Zutaten 206, *2362*
zu zäh 257, *2963*
Zwerchfell 246, *2802*
Zwiebel 103, *975*
Zwiebelsalz 332, *3857*
Zwiebelschale 101, *937*
Zwiebelsuppe 345, *4048*

A Editora Senac Rio de Janeiro publica livros nas áreas de Beleza e Estética, Ciências Humanas, Comunicação e Artes, Desenvolvimento Social, Design e Arquitetura, Educação, Gastronomia e Enologia, Gestão e Negócios, Informática, Meio Ambiente, Moda, Saúde e Turismo e Hotelaria.

Visite o site **www.rj.senac.br/editora**, escolha os títulos de sua preferência e boa leitura.

Fique atento aos nossos próximos lançamentos!

À venda nas melhores livrarias do país.

Editora Senac Rio de Janeiro

Tel.: (21) 2545-4819 (Comercial)

comercial.editora@rj.senac.br

Disque-Senac: (21) 4002-2002

Este livro foi composto na tipografia Didot (regular, bold e italic), por Cria Caso Publicações Customizadas/Mariana Nahoum, e impresso pela Imos Gráfica e Editora Ltda., em papel *off white* Norbrite branco 66,6g/m², para a Editora Senac Rio de Janeiro, em agosto de 2015.